国家出版基金项目
NATIONAL PUBLICATION FOUNDATION

國家出版基金項目

教育部哲學社會科學研究重大課題攻關項目

「十一五」「十二五」「十三五」國家重點圖書出版規劃項目・重大工程出版規劃

「十四五」國家重點出版物出版专項規劃項目・古籍出版規劃

國家社會科學基金重大項目
北京大學「九八五工程」重點項目

儒藏

精華編二一一冊
經部書類

儒藏

北京大學《儒藏》編纂與研究中心

《儒藏》精華編第二一册

首席總編纂　季羡林

項目首席專家　湯一介

總編纂　湯一介　龐樸　孫欽善　安平秋（按年齡排序）

本册主編　吕文郁

《儒藏》精華編凡例

一、中國傳統文化以儒家思想爲中心。《儒藏》爲儒家經典和反映儒家思想、體現儒家經世做人原則的典籍的叢編。收書時限自先秦至清代結束。

二、《儒藏》精華編爲《儒藏》的一部分，選收《儒藏》中的精要書籍。

三、《儒藏》精華編所收書籍，包括傳世文獻和出土文獻。傳世文獻按《四庫全書總目》經史子集四部分類法分類，大類、小類基本參照《中國叢書綜録》和《中國古籍善本書目》，於個別處略作調整。凡單書已收入入選的個人叢書或全集者，僅存目録，並注明互見。出土文獻單列爲一個部類，原件以古文字書寫者一律收其釋文文本。韓國、日本、越南儒學者用漢文寫作的儒學著作，編爲海外文獻部類。

四、所收書籍的篇目卷次，一仍底本原貌，不選編，不改編，保持原書的完整性和獨立性。

五、對入選書籍進行簡要校勘。以對校爲主，確定内容完足、精確率高的版本爲底本，精選有校勘價值的版本爲校本。出校堅持少而精，以校正誤爲主，酌校異同。校記力求規範、精煉。

六、根據現行標點符號用法，結合古籍標點通例，進行規範化標點。專名號除書名號用角號（《》）外，其他一律省略。

七、對較長的篇章，根據文字内容，適當劃分段落。正文原已分段者，不作改動。千字以内的短文一般不分段。

八、各書卷端由整理者撰寫《校點説明》，簡要介紹作者生平、該書成書背景、主要内容及影響，以及整理時所確定的底本、校本（舉全稱後括注簡稱）及其他有關情況。重複出現的作者，其生平事蹟按出現順序前詳後略。

九、本書用繁體漢字豎排，小注一律排爲單行。

《儒藏》精華編第二一册

經部書類

附録

今文尚書考證

〔清〕皮錫瑞　撰
曹書傑
朱僊林
楊　棟　校點
劉書惠

目録

校點説明

《今文尚書考證》三十卷，清皮錫瑞撰。皮錫瑞（一八五〇—一九〇八），字鹿門，一字麓雲，湖南善化人。光緒八年（一八八二）順天鄉試舉人，後三試不第，遂絶意科舉，終生以講學著書爲業，曾講學於桂陽龍潭書院、南昌經訓學院，任維新派組織湖南長沙南學會學長。戊戌變法失敗後「革去舉人，交地方官管束」。後皮氏力倡新式學校制度，創辦善化小學堂，歷任湖南高等學堂、師範館、中路師範、長沙府中學堂講席，光緒三十四年卒。皮氏以今文經學名世，於《尚書》今文學用力最勤，因敬慕西漢伏生而自署居所曰「師伏堂」。平生著書三十餘種，除本書外，尚有《尚書大傳疏證》、《古文尚書冤詞平議》、《尚書古文疏證辨正》、《尚書中候疏證》、《尚書古文考實》、《駁五經異義疏證》、《六藝論疏證》、《孝經鄭注疏》、《鄭志疏證》、《王制箋》、《師伏堂筆記》及《經學歷史》、《經學通論》等。

經學史上兩漢的今文學派、古文學派的今古文之争，以《尚書》的紛争發生最早，篇目、文字、經説糾紛最多，早期傳本又相繼失傳。今傳《尚書》是東晉出現的所謂孔安國傳古文五十八篇本，自問世以來流傳日廣，特别是唐孔穎達奉詔纂定《五經正義》，即以此五十八篇本爲底本，從而取得了正統地位，影響極爲深遠。但《尚書》的今古文之争並未因此而結束。宋代吴棫、朱熹等學者發現這個東晉始出的所謂古文五十八篇本及孔安國傳存在很多問題，似乎不大可靠，或明確指出其是僞作。蔡沈承朱熹之意所作《書集傳》，已將五十八篇區分爲「今文古文皆有」、「今文無古文有」，雖未明言其真僞，實際上所謂「今文有」者是西漢《尚書》的今文真本，「今文無」者是東晉始出的古文僞篇。蔡沈《書集傳》影響甚大，元、明兩朝規定《尚書》一尊蔡注。後經元、明、清衆多学者的疑辨，其中元代吴澄《書纂言》、明代梅鷟《尚書考異》、清初閻若璩《尚書古文疏證》最爲有力。五十八篇中的古文二十五篇被認定爲僞作，而今文三十三篇則得到清代今文學家考辨研究，其中皮錫瑞《今文尚書考證》取材豐富，考訂嚴謹，言必有據，持論也較爲平允，在清人疏證《尚書》的衆多著作中占有較爲突出的地位，具有很高的參考價值。主要特點大致如下：

一是該書在衆家《尚書》今文研究考辨著作中晚出，對前人成果多有借鑒，可以説是清人《尚書》今文學集大成之作。故王先謙《序》稱之云：「其條理今文，詳密精審，兼諸大儒之長而去其蔽。後之治今文者，得是編爲前導，可不迷於所往。」

二是將傳本中的今文三十三篇合爲二十九篇，具體篇目如下。《唐書》一篇：《堯典》（合《舜典》）。《虞書》一篇：《皋陶謨》（合《益稷》）。《夏書》二篇：《禹貢》、《甘誓》。《商書》五篇：《湯誓》、《般庚》（合三篇为一篇）、《高宗肜日》、《西伯戡耆》、《微子》。《周書》二十篇：《牧誓》、《鴻範》、《大誥》、《金縢》、《康誥》、《酒誥》、《梓材》、《召誥》、《洛誥》、《多士》、《無逸》、《君奭》、《多方》、《立政》、《顧命》、《康王之誥》、《吕刑》、《文侯之命》、《費誓》、《秦誓》，另《書序》一篇，篇各一卷。書前有王先謙《序》及皮氏自撰《凡例》。

三是《尚書》經文的文字一從通行本，凡與今文不同者則在注文中首先説明，然後詳加舉證，最後辨論今古文之異同。皮氏深信《尚書》乃孔子手訂，《書序》也是孔子手撰，漢初伏生所傳今文經文、經説乃《尚書》學之根本，歐陽和伯、夏侯勝、夏侯始昌是《尚書》今文學之嫡傳，司馬遷所見及《史記》所載《尚書》經文自是今文，所載之《書序》也信實可靠。故考證今文，首舉列伏生《尚書大傳》、司馬遷《史記》之文而復加辯證發明，再取先秦諸子及兩漢典籍、碑文、緯書等所引經文、經説作爲參證。

四是皮氏身爲今文學家，雖然主張持平守中的治學精神，但未能完全排除門户之見。皮氏自云

「解經當實事求是，不當黨同妒真」、「凡解經，當論其是非，不可徒爭門户」，在具體考證中對古文家説并不完全排斥，每每也有所引證，但基本觀點仍然堅持認爲「今文廢而經義不明，不得不歸咎於毛公、馬、鄭之崇尚古文者矣」，故書中固守一以今文爲折衷的基本原則，對馬融、鄭玄等古文家經文、經説採取「合於今文者録之，不合於今文者去之，或於疏引而加駁正」的態度，對於清代《尚書》著作也只取合於今文者，偶舉古文家説。可見其作爲今文學家的基本立場是無法徹底改變的。

《今文尚書考證》舊時僅有光緒二十三年（一八九七）師伏堂刻本，經文用大字，皮氏考證用雙行小字，其中又有小雙行夾注，所引漢石經中闕文作方框。一九八九年，中華書局出版有盛冬鈴、陳抗校點本。

本次整理，以《續修四庫全書》影印師伏堂本爲底本，參校皮氏所引諸書，參考中華書局盛、陳校點本（簡稱「中華本」）的校勘成果，仍有不能決斷者再參證以顧頡剛、劉起釪《尚書校釋譯論》等今人的《尚書》整理研究成果，但原則上僅在校勘記中説明而不改動原書。

朱僊林同志承擔了本書的録入工作，並與楊棟、劉書惠同志共同承擔了文字的核對工作。

校點者　曹書傑　朱僊林
楊　棟　劉書惠

序

《尚書》傳自伏生，其徒歐陽、夏侯，西京立學，宗習徧天下。溯龍門著《記》，虎觀講經，迄於熹平所刊，一以今文爲主。雖其間有史公雜采之説，有三家歧出之説，要皆截然不紊，考迹可知。古文肇出魯壁，不列學官，盛於新莽，微於中興。厥後杜、衛、賈、馬賡續倡和，若故爲今文樹之敵者，而其從來亦遠矣。夫經義不窮，引而日新，學塗衆趨，則材高者激而返古，理勢固然，無足怪者。《漢書》稱今文徒衆，或善修章句，或增多師法，未嘗不各自爲說。若古文當日之不泯，亦非獨文字古也。史遷從孔安國問故，明孔氏嘗爲故矣。遷書載《堯典》諸篇，多古文說，是古文有説矣。桑君長名傳古文，其言散見《地志》、《水經》，與今文不同者，皆可決其爲古文說。劉歆又從而推演之。如莽立六宗、建三公，及《三統曆》言文王受命、武王克殷之年，顯背今文，由歆創說，此可以意定者。而必謂古文義説盡出於歆，或不其然。自鄭君以漢末儒宗，雜糅今古，爲《書》學一大變。東晉僞經傳出，茫昧千年。本朝碩學朋興，今古文界域始明，而蔽亦因之。曲阿高密，强仞今文，蔽一。尊尚古文，故抑伏《傳》，蔽二。不信《史記》，擯斥舊聞，蔽三。皮君鹿門治《尚書》最精，嘗爲《大傳疏證》、《古文冤詞平議》二書行世矣。近復以《今文尚書考證》視余，其條理今文，詳密精審，兼諸大儒之長而去其蔽。後之治今文者，得是編爲前導，可不迷於所往。余讀君撰箸，每有鍼芥之合。惟於論古文義説，反求於心而未能釋然。序君書，因併出所見相質，竊附於諍友之義云。

光緒二十三年歲次丁酉月正元日，長沙愚弟王先謙謹撰。

凡例

自獲麟奮筆，删《書》百篇。祖龍熸經，烈火一炬。憖遺一老，肇啓三家。漢代今文，沛南爲盛。雖復河内屋壁，搜魚、烏之墜文；廟堂金絲，發科斗之奇字。而或僞真莫辨，傳注全無。今文《大誓》疑引緯書與《大傳》、《史記》之文爲之，與廿九篇之文不類。伏生所傳本無《大誓》。孔安國無受詔作傳事。是以二百餘年不參異義，十四博士合爲通家。御史大夫衍三大宗之緒，歐陽、大小夏侯《尚書》皆出於兒寬。昌邑太傅開兩夏侯之傳。大小夏侯《尚書》、大小戴《禮》同出於夏侯始昌。戫戫彬彬，元元本本。是知子駿之移博士，本屬讕言；敬仲之序《官書》，皆爲謬論。劉歆《移太常博士書》云：「《尚書》初出於屋壁，朽折散絶，今其書見在，時師傳讀而已。」衛宏《古文官書序》云：「錯所不知者十二三，略以其意屬讀而已。」此皆祖古文而詆今文之謬論。沛南之學極盛，烏有「朽折散絶」、「略以其意屬讀」者哉？趙宋以降，伏書散亡。沛南顓家，無復「别風」之字；吴中孤本，僅傳雅雨之編。抱經補其遺，恭甫刊其誤。於是福州輯本，鄞縣佚書，踵事遂精，考文較覈。覽其閎恉，拱璧足珍；葆此殘篇，碎金斯貴。如大麓之野，必是名山；旋機之星，乃爲北極。四方上下，六宗之義可尋；三才四時，七政之文具在。十二州之兆祀，是祭星辰；三千條之肉刑，何關畫象？七始七律，文猶見於唐山；五服五章，制豈同於周世？三公絀陟，在巡守之先；重華禪讓，居賓客之位。西伯受命，逮六載而稱王；元公居攝，閲七年而致政。成王抗法，爲世子以迎侯；皇天動威，開金縢而改葬。凡此塙詁，皆當信從。勿因瓦釜之鳴，反棄黄鍾之寶。

龍門箸史，多列《尚書》之文；馬遷傳經，實守歐陽之法。如大麓是林麓，非録尚書；百揆即百官，何云宰相？堯太祖稱文祖，異於禰祖之名；胤子朱爲丹朱，❶知非胤國之主。舜年凡百歲，見「徵庸三十」之譌；帝咨廿二臣，有彭祖一人在内。九官、十二牧合以彭祖，塙是二十有二人。四嶽即在十二牧之中。「夔曰」八字，本屬衍文；「予乘四載」，必當分列。「戛擊鳴球」以下，記自虞史伯夷；「明」、「良」、「喜」、「起」之歌，即爲舜傳大禹。《般庚》屬小辛時作，比於陳古刺今；微子咨樂官乃行，何與剖心胥靡？《多士》文兼《毋佚》，意在兩義互明；《君奭》告以勿疑，事屬初崩居攝。成王開金匱，非因管、蔡之言；重耳賜彤弓，乃作《文侯之命》。魯公就國，誓衆征戎；秦伯封殽，懲前悔過。參考舊文，不乖師説。至若文王囚羑里之後，乃出戓耆；箕子封朝鮮之前，已先訪範。《史記》惟此二事與《大傳》不合。雖有小異，無害大同。

西京舊説，既萃龍門；東漢逸文，亦叢虎觀。《白虎通》多載今《尚書》説。琮璜五玉，麑鹿二牲。九族親睦，並列異聞；三考黜陟，不拘一義。放勳非號，説見於郊天；伯夷不名，義彰於敬老。鳴球堂上，尤貴降神之歌；燔柴岱宗，斯隆封禪之典。考績事由二伯，州牧旁立三人。五行衰王之宜，八音方位之別。受銅即位，大斂即可稱王；改朔應

❶「胤」，原避清世宗諱作「允」，今回改。下同逕改，不再出校。

天，太平亦宜革正。社稷用《孝經》之説，博士理本相通；巡守徵《王制》之篇，今文義原一貫。他若周公薨當改葬，康叔封據平安，皆不背於伏書，亦無違於遷史。

三家派分，顓門教授。説經者言逾百萬，從學者衆至千人。大麓、旋機，或更古義；象刑、章服，亦背師傳。漢人以「大麓」爲大録，「旋機」爲渾儀，「象刑」爲象天道作刑，服章爲十二章、九章，皆與伏生、史公之義不合，蓋三家博士新説也。然矛盾無多，淄澠可辨。考其得失，足用證明。乃知熹平刊經，皆據學官之本；白虎議奏，不主中祕之書。意在同文，名非慕古。至於赤文緑字，毖緯可甄；翠琬青珉，豐碑未泐。殘竹捃逸，斷碣鉤沈。凡屬隻義單詞，皆同吉光片羽。漢世通行今文，漢碑尤可據信。

疏通古義，當據舊文。俗儒不知，妄説斯啟。是末師而非古，執誤本以疑經。如《索隱》據僞《孔》以詆史公，近人據馬、鄭以詆伏生皆是。豈知懸牛頭而賣馬脯，何怪抵牾；斷鶴厀以續鳧脛，安能强合？故事實不可移易，古今尤戒混淆。如箕因而微乃奔，詎有父師可告；衛封以伯爲爵，見《史記·衛世家》、《漢書·古今人表》。胡云康叔稱侯？君奭以居攝爲疑，非因時已致政；伯禽以征戎就國，何得尚未受封？略舉數端，足資隅反。誠能塙守伏義，證明今文，究馬、班二史之異同，掇東、西兩京之遺逸，則通如馬、鄭，尚難執簡而爭；僞若梅、姚，何從緣隙而奮？

漆書一卷，出自西州；馬、鄭古文，本於杜林漆書。古文四十六卷，漆書止一卷，則非全文。孔安國本藏於中祕，新莽赤眉之亂蓋已亡佚，此一卷當即其中佚出者。漢時民間相傳本有古文《尚書》，蓋孔安國副本，然不立學，私相授受，不無譌脱變亂。如「我其試哉」脱「帝曰」，「夔曰」八字重出，「優賢揚」作「心腹賢腸」，殷三宗無太宗而有祖甲，必非孔壁之舊。杜林好小學，蓋用漆書一卷校正當時之古文《尚書》文字，其本較他本爲善，故馬、鄭依用之。然漆書非完文，近人以爲馬、鄭即孔壁古文，非也。古《序》百篇，疑由東海。今所傳《書序》與《史記》所引《書序》多不同，詳見《書序考證》。或以《毛詩序》爲衛宏作，古文《書序》疑亦出於宏，蓋不無變亂。文惟崇古，義乃戾今。豈知中祕舊藏，外人莫覯；臨淮早卒，箸述無傳。孔壁真本，惟劉向校中古文見之，至東漢蓋亡矣。《史記》云安國爲臨淮太守，蚤卒，不云有箸述。《漢·藝文志》列歐陽、夏侯《章句》、《說義》，《古文尚書經》四十六卷不列《章句》、《說義》，蓋本無之。凡屬班《志》臚列，《論衡》徵引，《說文》表其逸字，《異義》述其遺聞，大率遠出國師，近宗衛、賈。掇《周官》於屋壁，掊《左氏》於山巖。孔安國古文《尚書》惟以今文正其文字，並無義說。其義說蓋創自劉歆。歆於哀帝時請立古文《尚書》，爲諸儒所持。平帝時，王莽從之，卒立學。既立學，當有章句義說，蓋皆歆爲之。莽立六宗，建三公，歆作《三統曆》，以爲文王受命九年崩，武王十三年克殷，皆與今文《尚書》異，即其說也。《後漢·儒林傳》云：「杜林古文《尚書》，賈逵爲之作《訓》。」又云：「衛宏從杜林受古文《尚書》，爲作《訓旨》。」是杜林止有定本而無訓義，衛、賈、馬、鄭相繼成之。馬、鄭注《尚書》，多引《周禮》說虞、夏之制，或亦本於劉歆說也。《漢書·地理志》、《論衡》、《說文》、《異義》引古文《尚書》說，亦即劉歆、衛、賈之說。諸君厭故喜新，是丹非素。遂使彗孛旁出，搶北斗之光芒；妖譌紛乘，啟黎丘之誕幻。❶且孔壁文多譌脫，不如伏書遠有師承。膠東傳經，竟漏「帝曰」，嬀汭降女，皆屬臣言。此則誤始庸生，咎非馬、鄭。孔穎達《書正義》曰：「馬、鄭、王本皆無『帝曰』，當時庸生之徒漏之也。」庸生傳古文，爲孔安國再傳弟子，其書已譌脫如此。如其說，則當以「我其試哉」并爲四嶽語，豈可通乎？據此，足知安國古文不及伏生今文。此一有師承、一無師承之明驗也。《史記》云：「堯曰：『吾其試哉。』」是史公所據今文有「帝曰」。僞《孔》

❶「丘」，原避孔子諱作「邱」，今回改。下同逕改，不再出校。

本亦有「帝曰」，此僞《孔》從今文，勝於馬、鄭古文之一證也。段茂堂左袒馬、鄭，乃以「我其試哉」應爲四嶽語，蓋絶知者之聽。足見壁中古本已遜泲南今文，何必補安國之遺，開子雍之僞？

洨長、侍中，皆名碩學；扶風、高密，并號通儒。乃必寶守漆書、力崇祕簡者，蓋以壁藏舊本體少變更，世俗通行字多譌省。是以兩漢碑碣不盡合於六書，中郎石經間亦參夫變體。向疑賈、馬、許、鄭皆大儒，何以必舍當時通行之今文，而崇不合時用之古文。及觀石經與漢碑文字多譌，乃知今文因當時通行，不免譌俗，諸君好古，故鄙棄今學。向使參稽脱誤，法中壘之挍文；不尚怪奇，戒紅休之立學。字體或依古本，訓辭仍襲今文。義兼取其兩長，聖可俟夫百世。今文有譌俗，不妨以古文參考。然古文無説解，劉歆、衛、賈皆不足據，説解應仍用三家今文，兼采所長，乃爲盡善。乃必疾其蔽冒，詆爲俗儒。輕博士而重孤家，別立漢幟；祧泲南而禰棘下，强撥秦灰。卒致三反之人，乘抵巇隙；兩家同廢，并付煨塵。僞《孔》顛倒經文，競傳魯鼎之贋；衛包改更隸古，復失廬山之真。好古諸君，實階之厲已。鄭疾歐陽之蔽冒，馬詆三家爲俗儒，別創古文説，而説又無一定，馬不同於鄭，鄭不同於馬。王肅乃乘其隙，僞造孔安國傳，後人誤信之，而東漢古文乃與西漢今文同歸於盡。且諸君之崇古文，蓋愛其文字之古耳，唐衛包乃盡易以譌俗之字，豈諸君所及料者哉！

解經當實事求是，不當黨同妒真。康成博通，多參《異義》；子雍僞謬，間襲今文。蓋鄭受恭祖之傳，每觴源於衛、賈；王承父朗之學，或毫采於歐陽。王肅父朗，師楊賜，傳歐陽《尚書》。洪稚存《傳經表》以肅爲伏生十七傳弟子，故肅作僞《孔傳》，名爲古文，實間襲取今文以駁馬、鄭。其説有遠勝馬、鄭者，當分別觀之。是以純不免疵，憎當知善。如僞《孔》云羲、和四子，別無天地之官；僞《孔》以四子即是羲、和，非別有羲、和，其説是也。而云四子即是四岳，則沿鄭誤。觀刑二女，當爲放動之語。見前。帝甲淫亂，豈足知依；僞《孔》以祖甲爲太甲，是也；而次叙誤同馬、鄭古文。王肅云「先盛德，後有過」，謬論也。子雍務與康成爲難，而今古雜糅，則實效尤康成。故鄭、王《尚書》注皆非古非今，必袒鄭廢王，非公論也。予之去取，一以與今文異同爲斷。元公避居，本無其事。史逸作策，即烝祭而不在明年；僞《孔》以烝祭歲爲一時事，本於劉歆。《三統術》云：「是歲十二月戊辰晦，周公以反政。《洛誥》篇曰：『戊辰，王在新邑，烝祭歲，命作策，惟周公誕保文、武受命，惟七年。』」其説是也。鄭分烝與祭歲爲兩年之事，按之經文，殊不可通。成王踐奄，非東征而實因再叛。《大傳》踐奄周公事，《史記》踐奄成王事。周公踐奄，王不親行。經云「王來自奄」，「昔朕來自奄」，知非一事。僞《孔》以爲再叛再征，其説甚塙。蓋王肅襲用今文舊説，鄭誤合爲一事。王西莊、孫淵如、陳樸園必駁孔申鄭，乃或以伏生爲誤，或以史公爲誤，其解《多士》、《多方》兩篇之義，皆不可通，由門户之見太拘也。此皆遠勝古説，原本今文。可以搴芳草於蕭稂，掇明珠於沙礫。乃必批剥孔傳，曲阿鄭君，以致踳駁難通，齟齬不合。於是具文飾説，詆史公爲謬悠；顛倒是非，譏伏生爲老耄。陳樸園於文王受命、周公避居兩事，皆詆伏生老耄，記憶不全。不知千慮一失，無損智者之名；以人廢言，初非公允之義。兹特平其曲直，參其合離。不爲北海之佞臣，寧作泲南之肖子。

國朝經學，盡闢榛蕪；山東大師，猶鮮墨守。百詩專攻僞《孔》，不及今文；西莊獨阿鄭君，無關伏義。艮庭兼疏伏、鄭，多以鄭學爲宗；茂堂辨析古今，每據古文爲是。淵如以《史記》多古説，遂反執鄭義爲今；樸園謂鄭注皆今文，不顧與伏書相背。伯申考證郅塙簡略，昔不多傳；默深詆訶實工武斷，乃兼宋學。兹取其精當，辨其舛譌。不使今文亂真，非與前人立異。

先漢經師，必由口授。文字多寡，不免

參差。派別三家，經有異本。師法雖無大異，傳習不必全符。是以龍門、蘭臺，馬、班殺其青簡；熹平太學，陳留書以丹文。「於乎」、「烏虖」，不同「於戲」之字；「無逸」、「亡佚」，別傳「毋劮」之文。「邦」、「國」，「恒」、「常」，非關避忌；「維」、「惟」，「乃」、「迺」，或別古今。良由習本判殊，非盡後人改竄。許君《解字》，有伏書雜出之辭；顏監《匡謬》，乃蔡氏一家之學。《匡謬正俗》云古文《尚書》作「惟」，今文《尚書》作「維」；古文《尚書》作「烏乎」，今文《尚書》作「於戲」。專據石經言之，按之《史記》、《漢書》，亦不盡合。凡此遺文可證，皆於大義無關。茲各依其本書，不敢强之使一。

是書體例，本仿樸園；博訪通人，改從薇省。先用陳樸園《今文尚書經説考》之例，經字一切改從今文。後依王逸梧先生更定，仍仿孫淵如《尚書今古文注疏》體例，正文用通行本，小字分注今文。良以史公所載，完篇不過十餘；《史記》載《堯典》、《皋陶謨》、《禹貢》、《甘誓》、《湯誓》、《高宗肜日》、《西伯戡耆》、《牧誓》、《鴻範》、《金縢》、《肸誓》，尚屬完篇；《微子》、《多士》、《毋佚》、《君奭》、《甫刑》、《文侯之命》、《秦誓》，皆不完。博士之傳，列宿難尋廿八。若必勇更習本，臆造經文，則天吴、紫鳳，未免倒顛，《清廟》、《生民》將遭塗改。自我作古，恐爲西河所訶；毛西河《古文尚書冤詞》詆訶羅氏父子私造今文《尚書》甚。至若改造經字，恐似羅氏所爲。獨抱遺經，詎真東漢之舊？漢石經亡，今文《尚書》遂無完本。仍用通行之字，庶無杜撰之譏。凡有古義可憑，但云今文作某。

今文尚書考證卷一

善化　皮錫瑞

堯典第一　唐書

幖目云「堯典第一」者，《書正義》曰：「檢古本竝石經，直言『堯典第一』。」漢石經乃今文《尚書》，孔穎達及見石經搨本，是今文《尚書》以「堯典第一」幖目也。云「唐書」者，王充《論衡·正説篇》曰：「唐、虞、夏、殷、周者，土地之名。堯以唐侯嗣位，舜從虞地得達，禹由夏而起，湯因殷而興，武王階周而伐，皆本所興昌之地，重本不忘始，故以爲號，若人之有姓矣。説《尚書》謂之有天下之代號唐、虞、夏、殷、周者，功德之名，盛隆之意也。故唐之爲言蕩蕩也；虞者，樂也；夏者，大也；殷者，中也；周者，至也。堯則蕩蕩，民無能名；舜則天下虞樂；禹承二帝之業，使道尚蕩蕩，民無能名；殷則道得中；周則功德無不至。❶其立義美也，其褒五家大矣，然而違其正實，失其初意。唐、虞、夏、殷、周，猶秦之爲秦，漢之爲漢。秦起於秦，漢興於漢中，故曰猶秦漢。使秦漢在經傳之上，説者將復爲秦漢作道德之説矣。」此引當時博士今文家言，仲任非之，而自爲之説。其説雖不同，而以唐、虞、夏、殷、周爲五家則同。鄭君《書贊》曰：「三科之條，五家之教。」三科者，古文家説，謂虞、夏一科，商一科，周一科也。五家者，今文家説，謂唐一家，虞一家，夏一家，商一家，周一家也。據《尚書大傳·堯典》之前題曰「唐傳」，以後題曰「虞傳」、「夏傳」。有書而後有傳，則伏生所治《尚書》，當以《堯典》爲《唐書》，《皋陶謨》爲《虞書》，《禹貢》以下爲《夏書》，《湯誓》以下爲《商書》，《牧誓》以下爲《周書》矣。《白虎通·號》篇云：「或曰：唐，蕩蕩也。蕩蕩者，道德至大之貌也。虞者，樂也，言天下有道，人皆樂也。」正與《論衡》所引《尚書》説同，亦今文家言也。段玉裁云：「漢魏人祇有歐陽、夏侯《尚書》，無謂歐陽、夏侯《尚書》爲今文《尚書》者。晉以後古文盛行，始言今文《尚書》以别之。」案：段説甚塙。今必以「今文《尚書》」幖目者，以别於僞古文，竝以别於馬、鄭古文。

❶「周」下，《論衡·正説篇》有「武」字。

且所據伏生、史公之説，有出於歐陽、夏侯三家之先者，故不得以「歐陽、夏侯《尚書》」幖目也。漢人解《尚書》之義不同，鄭君《書贊》曰：「孔子尊而命之曰《尚書》。尚者，上也。尊而重之，若天書然，故曰《尚書》。」引《尚書璇璣鈐》曰：「因而謂之書，加『尚』以尊之。」《書正義》云：「鄭康成依緯，以『尚』字爲孔子所加。」今遺其文。《藝文類聚》引《璇璣鈐》曰：「《尚書》篇題號。尚者，上也。上天垂文象，布節度。書者，如也，如天行也。」又曰：「書務以天言之。」鄭君蓋用其説。《春秋説題辭》曰：「尚者，上也。上世帝王之遺書也。」又曰：「《尚書》者，二帝之迹，三王之義，所以推期運，明受命之際。」緯書皆今文説。《論衡·正説篇》曰：「《尚書》者，以爲上古帝王之書，或以爲上所爲下所書。」又《須頌篇》曰：「或説《尚書》曰：尚者，上也，上所爲下所書也。下者誰也？曰：臣子也。」仲任所引亦今文説，而與鄭君以《尚書》爲天書，又以「尚」字爲孔子所加之説不同。《釋名·釋典藝》曰：❶「《尚書》：尚，上也。以堯爲上始，而書其時事也。」與《論衡》説略同。《論衡·書解篇》言「世傳《詩》家魯申公，《書》家千乘歐陽公孫」，則仲任習歐陽《尚書》，所引蓋歐陽説，鄭君殆用夏侯説，故不同歟？

堯典

《大傳》曰：「《堯典》可以觀美。」

曰若稽古，桓譚《新論》曰：「秦延君能説《堯典》，篇目兩字之説至十餘萬言。但説『曰若稽古』至三萬言。」錫瑞謹案：《漢書·儒林傳》曰：「張山拊事小夏侯建，爲博士。授信都秦恭延君，恭增師法，至百萬言。」《夏侯建傳》曰：「左右采獲，又從五經諸儒問與《尚書》相出入者，牽引以次章句。」是小夏侯本文繁理富，延君復申其説，故其文尤繁，惜其説皆不可考。據桓君山所引，則小夏侯《尚書》以「曰若稽古」四字絶句。班固《東巡頌》曰：「曰若稽古，在漢迪哲。」孟堅亦習夏侯《尚書》者。漢策文多以「若稽古」三字發端，用今文《尚書》説也。《周書·寤儆解》云：「奉若稽古惟王。」又《武穆解》云：「粤若稽古，昭天之道，熙帝之載。」皆以「若稽古」發端。段玉裁説：「『曰若稽古』四字爲句，不特《臯陶謨》也，蓋《堯典》亦然，《逸周書·武穆解》可證也。」劉逢禄説：「孔子序三統之書，首《夏書》，唐、虞者，夏之三統也。則『曰若稽古』四字，當是孔子尊加之辭，或周史臣所加。」〇今文一作「粤若稽古」。〇今文《尚書》亦

❶「典藝」，原作「書契」，考下引出自《釋名·釋典藝》，今據改。

作「粤若稽古」。王文考《靈光殿賦》曰：「粤若稽古，帝漢祖宗。」王叔師注《楚辭》用今文說，其子文考所引亦必今文，蓋三家之本不同也。稽古之義，今文家皆以爲考古。《漢書·郊祀志》匡衡奏曰：「八人不按經藝，考古制，而以爲不宜，無法之議，難以定吉凶。《大誓》曰：『正稽古立功立事，可以永年，丕天之大律。』」稚圭以稽古爲考古，其誼甚明。《大誓》之篇雖非伏生所得，然其文載於《大傳》、《史記》，博士已合於今文廿九篇之内，則其說必與今文同。又匡衡《告祭毁廟文》云：「欽若稽古，承順天心。」誼亦當爲考古，若訓爲同天，與下句不合也。《郊祀志》又引《大誓》曰：「正稽古。」師古曰：「今文《大誓》，《周書》也。稽，考也。」《志》又曰：「今既稽古，建定天地之大禮。」《律曆志》曰：「三代稽古，法度章焉。」師古曰：「稽，考也。考於古事，而法度益明。」《志》又曰：「稽之於古今。」則以稽爲考甚明，師古之說不誤。《武帝紀》元狩六年詔曰：「稽諸往古。」《贊》曰：「至於稽古禮文之事，猶多闕焉。」《董賢傳》曰：「朕承天序，惟稽古建爾于公。」《杜鄴傳》曰：「事稽諸古。」《王莽傳》曰：「則天稽古。」《後漢書》章帝詔曰：「五經剖判，去聖彌遠，章句遺辭，乖疑難正，恐先師微言將遂廢絶，非所以重稽古，求道真也。」《范升傳》曰：「臣聞主不

稽古，無以承天；臣不述舊，無以奉君。」馬融誣奏李固引同，亦必引用成語。稽古與述舊相對爲義，則稽古爲考古無疑。舊不指君，古亦不當指天，承天蓋言稽古之效耳。若云主不同天，無以承天，則重複無義。李賢注引鄭注「同天」解之，非是。近人猶或引此以證同天之義，蓋亦未之思耳。他若班固《東都賦》曰：「憲章稽古。」張衡《陳事疏》曰：「願陛下思惟所以稽古率舊。」黄瓊《請舉藉田禮疏》曰：「竊見陛下遵稽古之鴻業，體虔肅以應天。」《桓榮傳》曰：「今日所蒙，稽古之力也。」《東觀書》曰：「稽乾則古。」安帝《策夏勤文》曰：「朕承天序維稽古。」又《郭丹傳》曰：「古者卿士讓位，今功曹稽古合經。」蔡邕《和熹鄧后謚議》曰：「事不稽古，不以爲政。」趙岐《孟子題辭》曰：「訪論稽古。」荀悦《漢紀》曰：「夫成大化者，必稽古立中，務以正其本也。」《續漢書·律曆志》曰：「比諸術爲近，然猶未稽於古。」《劉寬碑》曰：「開學稽古，訓咨儒林。」凡此諸說，皆不可以同天解之，是以稽古爲考古，兩漢諸儒皆無異義。賈、馬、王肅說爲順考古道，今文家說蓋亦相同，惟鄭君解爲同天，《正義》云用《尚書緯》說。緯書多同今文，似亦今文異義，然與漢人所引稽古之義皆不相合。孫星衍以鄭君同天之解爲解帝堯「帝」字，非解稽古，其說近是。或《正義》誤

引鄭注歟？

帝堯《璇璣鈐》曰：「帝者，天號；王者，人稱。在政不私公位，稱之曰帝。」《樂稽耀嘉》曰：「德象天地爲帝，仁義所生爲王。」《風俗通・皇霸》篇引《尚書大傳》説云：「堯者，高也，饒也，言其隆興焕炳最高明也。舜者，推也，循也，言其推行道德循堯緒也。」《白虎通・號》篇云：「帝王者何？號也。德合天地者稱帝。帝者，天號。號言爲帝者何？帝者，諦也，象可承也。」又云：「書曰『帝堯』、『帝舜』。謂之堯者何？堯猶嶢嶢也，至高之貌。清妙高遠，優游博衍，衆聖之主，百王之長也。謂之舜者何？舜猶僢僢也，言能推信堯道而行之。」劉熙《謚法》曰：「以爲其尊高堯堯然，物莫之先，故謂之堯也。」義本《大傳》。又《白虎通・謚》篇曰：「帝者，天號也。以爲堯，猶謚。顧上世質直，死後以其名爲號耳。所以謚之爲堯何？爲謚有七十二品。《禮・謚法》記曰：『翼善傳聖曰堯，仁聖盛明曰舜。』」錫瑞謹案：此今文家以堯爲名，死後即以名爲謚也。《檀弓》曰：「死謚，周道也。」自殷以上，未有謚法，但以生前之號即爲死後之稱，如黄帝、顓頊、帝嚳、堯、舜皆是也。《大傳》説五帝之稱皆一例，是伏生以堯爲號，故《史記・三代世表》云：「號唐堯。」《正義》引譙周説亦以堯爲號。《白虎通》引《謚法》有「堯」、「舜」，蓋後人加之耳。《史記》云：「帝堯者，放勛。」則當以「帝堯曰放勛」五字爲句。而《考河命》曰：「若稽古帝舜。」《契握》曰：「若稽古王湯。」《擿雒戒》曰：「若稽古周公旦。」皆連「若稽古」三字成文，則今文家亦或以「曰若稽古帝堯」六字爲句。蓋「帝堯」二字上屬下屬義皆可通，故《大戴禮》以「曰放勳」三字爲句。《考靈耀》曰：「放勛欽明文塞晏晏。」亦以「放勛」下屬爲句也。又案：《大傳》曰：「維十有三祀，帝乃稱王而入唐郊。」是舜當時本稱王，今稱帝堯、帝舜，皆據周制言之。《春秋繁露・三代改制質文》篇曰：「王者之法必正號，絀王當作「三王之前」。謂之帝，封其後以小國，使奉祀之。下存二王之後以大國，使服其服，行其禮樂，稱客而朝。故同時稱帝者五，稱王者三，所以昭五端通三統也。是故周人之王，尚推神農爲九皇，而改號軒轅謂之黄帝，因存帝顓頊、帝嚳、帝堯之帝號，絀虞而號舜曰帝舜，録五帝以小國。下存禹之後於杞，存湯之後於宋，以方百里，爵號公，皆使服其服，行其禮樂，稱先王客而朝。」又曰：「黄帝之先謚，四帝之後謚，何也？曰：帝號必存五，帝代首天之色，號至五而反。周人之王，軒轅直首天黄號，故曰黄帝云。帝號尊而謚卑，故四帝後謚也。帝，尊號也，録以小何？曰：遠者號尊而地小，近者號卑而地大，親疏之義也。」又曰：「德侔天地者稱皇帝，天祐而子之，號稱天子，故聖王生則稱天子，崩遷則存爲三王，絀滅則爲五帝，下至附庸，絀爲九皇，下極其爲民。」董子之説以爲古天子生時皆稱王，推前二代竝爲三王，又推前五代爲五帝，又推前九代爲九皇。後人以夏、殷、周爲三王，黄帝、顓頊、帝嚳、堯、舜爲五帝，皆沿周制言之。《漢舊儀》曰：「祭三王、五帝、九皇、六十四民，皆古帝王，凡八十一姓。」蓋用董子之説。蒼頡，黄帝史臣，其製字以王居門中爲閏，是黄帝當時亦稱王。據董子説，則黄帝乃周人追謚耳。此西漢今文説，東漢以後知之者尟矣。

曰放勳。《大戴禮》、趙岐《孟子注》皆作「勳」，《武梁祠畫象》作「放勳」，蓋「勳」本今文也。○今文一作「放勛」。○《史記》、《考靈耀》皆作「勛」，《白虎通・爵》篇引《中候》曰：「天子臣放勛。」《御覽》八十《皇王部》五引《中候運衡》曰：「帝堯刻璧，率羣臣東沈于雒，書曰：天子臣放勛，德薄施行不元。」此今文作「勛」之證。《中候》引堯祀天文，稱「臣放勛」。祀天必自稱名，則今文説以放勛爲堯名。《史記・堯本紀》曰：「帝堯者，放勛。」《舜本紀》曰：「帝舜者，名曰重華。」故馬融注曰：「放勳，堯名。」趙岐注《孟子》曰：「放勳，堯名也。」《武梁祠畫象》曰：「帝堯，放勳。帝舜，名重華。」重華爲名，則放勛亦名可知。蓋堯、舜，名也。放勳、重華，亦名也。皋陶一名庭堅，不得以古無二名爲疑。《説文》「勳」古文作「勛」。今文亦作「勛」者，段玉裁説：「壁中亦有今文，伏生亦有古文。非孔氏者皆古文無今字，伏生者皆今文無古字也。」劉逢禄説：「放勳，號也。馬融以爲堯名，名即號也。」帝者，三王以前尊加之辭，堯當時亦稱王也。孔子曰：「天無二日，民無二王。」

欽明文思安安，○今文作「欽明文塞晏晏」。○《後漢書・和熹鄧后紀》《第五倫》《陳寵傳》李賢注皆引《尚書考靈耀》曰：「文塞晏晏。」此今文作「文塞晏晏」之證。《鄧后紀》劉毅上疏曰：「崇晏晏之政。」《第五倫傳》曰：「體晏晏之姿。」《陳寵傳》曰：「弘崇晏晏。」❶何敞諫爲篤、景起第疏曰：「陛下履晏晏之姿。」又奏記宋由曰：「明公履晏晏之純德。」又上疏論郅壽曰：「誠不欲聖朝行誹謗之誅，㠯傷塞晏之化。」《馮衍傳・顯志賦》曰：「思唐虞之晏晏。」崔瑗《司隸校尉箴》曰：「昔唐虞晏晏。」《論衡・恢國篇》曰：「唐之晏晏。」蔡邕《司空袁逢碑》曰：「其惠和也，晏晏然。」

❶「弘」，原避清高宗諱作「宏」，今回改。下同逕改，不再出校。

《衛尉卿衡方碑》曰：「少㠯文塞，敦庬允元。長㠯欽明，耽《詩》悦《書》。」《唐扶頌》曰：「崇晏晏之惠康。」《受禪碑》曰：「欽明文塞。」皆漢人引今文義也。鄭注《考靈耀》曰：「道德純備謂之塞，寬容覆載謂之晏。」鄭亦用今文義。○一作「欽明文思晏晏」。○《後漢書・馮衍傳》李賢注引《尚書考靈耀》曰：「放勛欽明文思晏晏。」《論衡・須頌篇》曰：「問説《書》者：『欽明文思』以下，誰所言也？曰：篇家也。篇家誰也？孔子也。」是今文亦作「文思」。或三家本異，不盡由後人改之。仲任以「欽明文思」以下爲孔子所言，蓋指《書序》言之。漢人皆以《書序》爲孔子作。今《書序》作「聰明文思」，而仲任云「欽明文思」者，或今文《書序》與古文《書序》之字不同也。○一作「聰明文塞晏晏」。○《後漢書・陳寵傳》注引《尚書考靈耀》曰：「堯聰明文塞晏晏。」則今文《尚書》「欽明」或作「聰明」。《書序》曰：「昔在帝堯，聰明文思。」《考靈耀》與《書序》合。《建武泰山刻石文》曰：「昔在帝堯，聰明密微。」亦是引用今文《尚書》。段玉裁不知今古文不同，疑《考靈耀》「聰」字爲誤，未免疏失。

允恭克讓，○今文一作「克攘」。○《説苑・敬慎》篇曰：「昔堯履天子之位，猶允恭以持之，虚静以待下。」《東觀漢記・桓郁傳》：「謙謙允恭。」《漢書・藝文志》曰：「道家者流，清虚以自守，卑弱以自持，此君人南面之術也。合於堯之克攘。」師古曰：「攘，古讓字。」是今文亦用古字作「攘」也。《史記》云：「其仁如天，其知如神。就之如日，望之如雲。富而不驕，貴而不舒。黄收純衣，彤車乘白馬。」《大戴禮・五帝德》篇文略同，蓋《史記》所本也。此今文家解「欽明」至「克攘」之義。

光被四表，○今文亦作「光被四表」。○《漢書・宣帝紀》《蕭望之傳》載黄霸、于定國等議皆曰「聖德充塞天地，光被四表」，荀爽《易》注曰「聖王之信，光被四表」，《樂緯》注曰「言德光被四表」，黄瓊《言宦官縱恣疏》曰「光被八極」，胡廣《邊都尉箴》曰「光被八埏」，班固《典引》曰「光被六幽」，蔡邕注曰「六幽謂上下四方也」，引《尚書》曰「光被四表，格于上下」，蔡邕《釋誨》曰「舒之足以光四表」，高誘《淮南》注曰「頗，讀『光被四表』之『被』」，《中論・法象》篇曰「唐帝允恭克讓，光被四表」，《史晨祀孔廟碑》曰「光于上下」，《魏公卿上尊號奏碑》曰「光被四表」，王粲《無射鍾銘》曰「格于上下，光於四方」，曹植《求通親親表》曰「欲使陛下崇光被時雍之美」，《吳封禪國山碑》曰「格于上下，光被六幽」是也。○一作「横被四表」。○《漢書》王褒《聖主得賢臣頌》曰「化溢四表，横被無窮」，《王莽傳》曰「昔唐堯横被四表」，《後漢書・馮異傳》安帝詔曰「昔我光武受命，横被四表」，《崔駰傳》崔篆《慰志賦》曰「聖德滂以横被兮」，《班固傳・西都賦》曰「是故横被六合」，張衡《東京賦》曰「惠風横被」，《東巡誥》曰「帝道横被，旁行海表」是也。《玉燭寶典序》：「横被四表。」亦沿用今文義。○一作「廣被四表」。○《禮緯・含文嘉》「堯廣被四表」，《漢書・禮樂志》平當正雅樂議曰「況於聖主廣被之資」，《成陽靈臺碑》曰「爰生聖堯，名蓋世兮。廣被之恩，流荒外兮」，樊毅《復華下民租田口算碑》曰「廣被四表」，沈子琚《緜竹江堰碑》曰「廣被四表」，《唐扶頌》曰「追惟堯德廣被之恩」，《五經通義》曰「無四夷之樂，明德澤廣被四表也」，《華陽國志》但望請分郡疏曰「聖德廣被」，《三國・魏志・文帝紀》注引《獻帝傳》曰「廣被四表」，又曰「至德廣被」，郭璞《山海經圖讚・狄山帝堯葬於陽》云「聖德廣被」是也。蓋光、廣古通用，光、横古同聲，亦通用。漢人引用，或作「横」，或作「廣」，或作「光」，皆歐陽、夏侯三家今文異字，然字異而義同，光被即廣被，亦即横被，皆是充塞之義。《後漢書・陳寵傳》曰：「聖德充塞，假于上下。」是其明證。僞《孔傳》訓光爲充，蓋本三家今文舊説。鄭君訓爲光耀，非其義也。段玉裁以爲古文《尚書》作「光」，今文《尚書》作「横」，蓋未知今文亦有作「光」者。陳喬樅據《後漢書・桓焉傳》云焉傳歐陽《尚書》，永初元年入授安帝；《鄧宏傳》云宏少治歐陽《尚書》，授帝禁中，以安帝詔引「横被」爲歐陽今文；又據《黄霸傳》從夏侯勝學《尚書》，以霸議引「光被」爲大、小夏侯異文。其證甚塙。然未引今文一作「廣被」，所引漢人「横被」、「光被」之文亦有未盡，蓋猶有漏義也。若《成陽靈臺碑》云「德彼四表」，乃叚彼爲被，非今文家有作「彼」之本也。下云「廣彼之恩」，亦叚彼爲被，可證四表之義。《考靈耀》曰：「二十八宿之外各有萬五千里，是謂四游之極，謂之四表。《書説》云：日照四極九光，東日日中，南日日永，西日宵中，北日日短，光照四十四萬六千里。又云：日道出於列宿之外萬有餘里，正月假上八萬里，假下一十萬四千里。又云：地與星辰四游，升降於三萬里之中。春則星辰西游，夏則星辰北游，秋則星辰東游，冬則星辰南游。地有四游，冬至地上行北而西三萬里，夏至地下行南而東亦三萬里，春秋二分其中矣。」鄭注曰：「天旁行四表之中，冬南，夏北，春西，秋東，皆薄四表而止。地亦升降於天之中，冬至而下，夏至而上，二至上下蓋極地厚也。」鄭注緯書亦用今文，故方行作旁行，然因此附會光爲光耀，則非也。

格于上下。○今文亦作「格于上下」。蔡邕《典引》注引作「格于上下」，張超《靈帝河間舊廬碑》、王粲《無射鍾銘》、《樂緯注》、《獻帝傳》、《吴國山碑》皆引作「格于上下」。○一作「假于上下」。○段玉裁説：「《説文解字》引《虞書》曰：『假于上下。』王逸注《招魂》曰：『假，至也。《書》曰：「假于上下。」』叔師多用今文《尚書》，此今文與古文同也。《後漢書・順帝紀》：『丕顯之德，假于上下。』《史記》：『假人元龜。』『假于皇天。』『假于上帝。』《漢書》：『惟先假王正厥事。』《尚書大傳》：『祖考來假。』皆今文《尚書》有『假』無『格』之證。」錫瑞謹案：假、格通用，三家異文有作「格」者，非必後人改之。段云古文作「格」，今文作「假」，亦未盡然也。《後漢書・明帝紀》詔、《陳寵傳》疏皆引「假于上下」，《馮異傳》安帝詔云：「昭假上下。」《白虎通・禮樂》篇引《尚書》曰：「前歌後舞，假于上下。」所引雖《大誓》之文，然作「假」當無異。此皆漢人用今文作「假」，段氏所未及引者。

克明俊德，○今文亦作「克明俊德」。《論衡・程材篇》曰：「堯以俊德，致黎民雍。」仲任習歐陽《尚書》，蓋歐陽別本有作「俊」者。又《講瑞篇》曰：「然而唐虞之瑞必真是者，堯之德明也。」仲任以明德屬堯，與《大學》「自明」義合。《郙閣頌》曰：「降兹惠君，克明俊德，允武允文。」亦以明德爲自明其德。鄭君以俊德爲賢才兼人者，非今文義也。○一作「克明馴德」。○《史記》曰：「能明馴德。」徐廣曰：「馴，古訓字。」言堯自明其德，以訓九族。段玉裁説：「訓、馴、順三字通用，《堯典》在歐陽、夏侯當作『克明訓德』，與『五品不訓』用字正同。徐中散在晉末，雖今文《尚書》已佚，而『祖飢』、『謐哉』之類尚存一二，又采集舊聞，知馴即訓字，故云『古訓字』也。」○一作「克明峻德」。○《大學》引《帝典》作「峻」。大、小戴與夏侯《尚書》同師，是夏侯本作「峻」。《漢書・平當傳》曰：「昔者帝堯南面而治，先『克明峻德，以親九族』，而化及萬國。」當習歐陽《尚書》，見《儒林傳》，則歐陽家亦作「峻」也。當引此以證聖人之德亡以加於孝，則亦以峻德爲堯德。

以親九族，九族既睦。《正義》引夏侯、歐陽説云：「九族者，父族四，母族三，妻族二，皆據異姓有服。」《異義》引《尚書》歐陽説：「九族乃異姓有屬者。父族四：五屬之内爲一族，父女昆弟適人者與其子爲一族，己女昆弟適人者與其子爲一族，己之女子子適人者與其子爲一族。母族三：母之父姓爲一族，母之母姓爲一族，母女昆弟適人者與其子爲一族。妻族二：妻之父姓爲一族，妻之母姓爲一族。古《尚書》説九族者，從高祖至玄孫凡九，❶皆同姓。許慎案：《禮》緦麻三月以上服，恩之所及。禮，爲妻父母有服，明在九族中。九族不得但施於同姓。」鄭駁云：「玄之聞也，婦人歸宗，女子雖適人，字猶繫姓，❷明不得與父兄爲異族。其子則然。《昏禮》請期辭曰：『唯是三族之不虞。』欲及今三族未有不億度之事而迎婦也。如此，所云三族，不當有異姓。異姓其服皆緦麻。《禮・雜記》下：緦麻之服，不禁嫁女取婦。是爲異姓不在族中明矣。」據此，則許從今文，鄭從古文。然《昏禮》云「三族不虞」，不云「九族」，且禮，爲外祖父母、從母皆小功，則異姓有服不止緦麻，鄭君之説未足以難今文也。《白虎通・宗族》篇云：「族者何也？族者，湊也，聚也，謂恩愛相流湊也。生相親愛，死相哀痛，有會聚之道，故謂之族。《尚書》曰：『以親九族。』族所以有『九』何？『九』之爲言『究』也。親疏恩愛究竟，謂之九族也。父族四，母族三，妻族二。四者，謂父之姓爲一族也，父女昆弟適人有子爲二族也，身女昆弟適人有子爲三族也，身女子適人有子爲四族也。母族三者，母之父母爲一族也，母之昆弟爲二族也，母之女昆弟爲三族也。母昆弟者，男女皆在外親，故合言之也。妻族二者，妻之父爲一族，妻之母爲二族。妻之親略，故父母各一族。《禮》曰：『唯氏三族之不虞。』《尚書》曰：『以親九族。』」《白虎通》言九族，與《異義》引歐陽説同，惟歐陽以母之父母各爲一族，班以母之父母合爲一族，略異。然母之昆弟即母之父族，不得別爲一族，班引夏侯義，似不如歐陽義塙也。《白虎通》又云：「一説合言九族者，欲明堯時俱三也。禮所以獨父族四何？欲言周承二弊之後，民人皆厚于末，故與禮母族妻之黨，廢禮母族父之族，是以貶妻族以附父族也。或言九者據有交接之恩也，若『邢侯之姨，譚公惟私』也。言四者據有服耳，不相害所異也。」盧文弨云：「語不甚了，大約謂三代之季，民有厚母族薄父族，厚妻族薄母族者，故矯其弊，損妻族三爲二，增父族三爲四也。」《喪服傳》云：「禽獸知母而不知父，野人曰：父母何算焉？」是厚于末之義。則此一説意謂堯時父、母、妻皆三族，合爲九。周時則父族四，母族三，妻族二也。此今文家異説。妻族三當與母族相同，父族亦止於三，則四族中當少一族，

❶「玄」，原避清圣祖諱作「元」，今回改。下同逕改，不再出校。

❷「字」，原作「子」，今據《毛詩正義》（阮元《十三經注疏》本）卷四引鄭玄《駁五經異義》文改。

不知所少者爲何，其詳不可得聞矣。

平章百姓，百姓昭明。○今文亦作「平章百姓」。《白虎通·姓名》篇云：「人所以有姓者何？所以崇恩愛，厚親親，遠禽獸，別婚姻也。故禮別類，使生相愛，死相哀，同姓不得相娶，皆爲重人倫也。姓，生也。人稟天氣所以生者也。❶《尚書》曰：『平章百姓。』姓所以有百何？以爲古者聖人吹律定姓，以紀其族。人含五常而生，正聲有五：宮、商、角、徵、羽，❷轉而相雜，五五二十五，轉生四時異氣，殊音悉備，故姓有百也。」據《白虎通》之説，平章百姓蓋辨別章明之，即吹律定姓之事。《白虎通》用今文而亦作「平」者，平、便一聲之轉，三家異文或同古文作「平」。崔駰《章帝謚議》曰：「《唐書》數堯之德曰『平章百姓』。」曹植《求通親親表》引「平章百姓」，蔡邕封事云「平章賞罰」，亦引此經字也。或據《説文》「釆」古文「辨」，謂古文作「釆章」，今作「平」乃「釆」字之誤，恐未可據。○一作「便章百姓」。○《史記》作「便章百姓」。徐廣曰：「下云『便程東作』，然則訓『平』爲『便』也。」《索隱》曰：「『平』既訓『便』，因作『便章』。」錫瑞謹案：《鴻範》「王道平平」，《史記·張釋之馮唐列傳》引作「王道便便」，平、便一聲之轉，史公所據今文《尚書》本必作「便」字，非訓「平」爲「便」，以訓詁代經也。○一作「辯章」，一作「辨章」。○《史記索隱》曰：「其今文作『辯章』。『便』既訓『辯』，遂爲『辯章』。鄒誕生本亦同也。」《後漢書·劉愷傳》曰：「職在辯章百姓。」注引《尚書》曰：「九族既睦，辯章百姓。」鄭玄注云：「辯，別也。章，明也。」鄭亦用今文義。《詩·小雅·采菽》正義：「《堯典》『平章百姓』，《書傳》作『辨章』。」《癸辛雜識前集》引《尚書大傳》曰：「辨章百姓，百姓昭明。」班固《典引》曰：「惇睦辨章之化洽。」《答賓戲》曰：「辨章舊聞。」《御覽》引《東觀漢記》曰：「臣下百僚，力誦聖德，紀述明詔，不能辯章。」《三國·魏志》景元元年有司議奏曰：「朝廷所以辨章於天下者也。」

協和萬邦，○今文作「協和萬國」。○今文「邦」多作「國」。《史記》曰：「合和萬國。」「協」作「合」，以訓故代經。《高祖侯功臣年表》序引作「協和萬國」。《漢書·宣帝紀》《成帝紀》《地理志》引皆作「協」。《法言·先知篇》曰：「堯親九族，協和萬國。」《王莽傳》曰：「萬國和協。」《東觀記》

❶「人」下，原有「所」字，今據《太平御覽》卷三六二引《白虎通》删。

❷「徵羽」，原作「爲便」，今據《白虎通·姓名》改。

和帝賜彭城王恭詔曰：「蓋聞堯親九族，萬國協和。」《漢紀》杜業曰：「昔唐虞協和萬方，致雍熙之政。」易「國」爲「方」，臨文不拘也。《後漢書・明帝紀》、《論衡・儒增篇》引作「協和萬邦」，與今文不合，疑後人改之。《漢書・地理志》曰：「昔在黄帝，作舟車以濟不通，旁行天下，方制萬里，畫壄分州，得百里之國萬區。是故《易》稱『先王以建萬國，親諸侯』，《書》曰『協和萬國』，此之謂也。」據此則今文說以萬國爲實有萬國，非虚數也。○一作「叶和萬國」。○今文「協」亦作「叶」。《論衡・齊世篇》引作「叶」，説曰：「唐之萬國，固增而非實者也。」又《藝增篇》曰：「《尚書》『協和萬國』，是美堯德致太平之化，化諸夏竝及夷狄也。言協和方外，可也；言萬國，增之也。欲言堯之德大，所化者衆，諸夏夷狄，莫不雍和，故曰萬國。」仲任以萬國爲增而非實，蓋歐陽説，與班孟堅夏侯説不同。「協」作「叶」者，「叶」古文「協」。《大傳》「不叶于極」，《白虎通》「叶時月」，皆引作「叶」，是伏生今文亦有古文之證。

黎民於變時雍。○今文作「黎民於蕃時雍」。○《漢書・成帝紀》陽朔二年詔曰：「『黎民於蕃時雍』，明以陰陽爲本也。」應劭曰：「黎，衆也。時，是也。雍，和也。言衆民於是變化，用是大和也。」韋昭曰：「蕃，多也。」陳喬樅説：「《易・文言》『天地變化，草木蕃；天地閉，賢人隱』，故應劭以變化説『蕃』字之義也，古文《尚書》作『於變』，今文《尚書》作『於蕃』。韋昭以蕃訓爲多，如其字釋之，從今文家説也。」孫星衍説：「《潛夫論・考績》篇云：『此堯舜所以養黎民而致時雍也。』以『養』釋『蕃』。云『致時雍』，疑又以時爲『時代』之時。」案：《後漢書・魯恭傳》曰：「夫王者之作，因時爲法。深惟古人之道，助三正之微，定律著令，冀承天心，順物性命，以致時雍。」則今文説有以時爲「時代」之時者。○一作「於元時雍」。○《漢書・地理志》引作「卞」，《孔宙碑》引作「元」，段玉裁説：「元即今之卞字，弁之變體，弁蓋蕃之叚借字，古音『弁』讀如『盤』。」

乃命羲、和，孫星衍説：「西漢諸儒用今文説，以羲仲等四人即是羲、和，不以爲六官，與馬、鄭異。《月令》云：『乃命太史司天日月星辰之行。』是羲、和於周爲太史之職也。《史記・天官書》云：『昔之傳天數者，於唐虞，羲、和。』是不以爲六卿。《漢書・成帝紀》陽朔二年詔曰：❶『昔在帝堯，立羲、和之官，命以四時之事，令不失其序。』《百官公卿表》云：『《書》載唐虞之際，命羲、和四子，順天文，授民

❶ 「二」，原作「元」，今據《漢書・成帝紀》改。

時。』注：『應劭曰：「堯命四子，分掌四時之教化也。」張晏曰：「四子，謂羲仲、羲叔、和仲、和叔也。」』《食貨志》云：『堯命四子以敬授民時。』《魏相傳》云：『明王謹於尊天，慎於養人，故立羲、和之官，以乘四時，節授民事。』《論衡・是應篇》云：『堯候四時之中，命羲、和察四星以占時氣。』是以仲、叔等四子爲羲、和。今文説也。」錫瑞謹案：孫説是也。兩漢諸儒皆以四子即是羲、和，羲、和專掌天文，不治民事。孫氏所引之外，如《史記・曆書》曰：「堯立羲、和之官，明時正度，則陰陽調，風雨節，茂氣至。」《法言・重黎篇》曰：「羲近重，和近黎。」《漢書・律曆志》曰：「曆數之起上矣。傳述顓頊命南正重司天，火正黎司地。其後三苗亂德，二官咸廢，而閏餘乖次，孟陬殄滅，攝提失方。堯復育重、黎之後，使纂其業，故《書》曰：『迺命羲、和，欽若昊天，曆象日月星辰，敬授民時。』」《藝文志》曰：「陰陽家者流，蓋出於羲、和之官，敬順昊天，曆象日月星辰，敬授民時，此其所長也。」《古今人表》有羲中、羲叔、和中、和叔，別無羲、和。《後漢・質帝紀》本初元年詔曰：「昔堯命四子，以欽天道。」《續漢書・天文志》曰：「故星官之書自黄帝始，唐虞之時，羲仲、和仲。」《律曆志》曰：「承聖帝之命若昊天，典曆象三辰，以授民事，立閏定時，以成歲功，羲、和其隆也。」《中論・曆數》篇曰：「堯復育重、黎之後不忘舊者，使復典教之，故《書》曰乃命羲、和。」《三國・魏志》注引王沈《魏書》：「丙戌，令史官奏修重、黎、羲、和之職。」據此諸説，以羲、和爲司天皆無異義。惟馬、鄭之注以羲、和與四子爲天地四時之官，四子即是四岳，與諸儒之説大異。鄭云：「官名。蓋春爲秩宗，夏爲司馬，秋爲士，冬爲共工，通稷與司徒，是六官之名見。」今即其説辨之。虞有九官，見於《尚書》，竝無六官之名，九官中亦無司馬。舜以蠻夷猾夏，屬之作士，是兵刑合爲一官。班孟堅作《漢書・刑法志》，兼言兵，不別立《兵法志》，蓋用今文《尚書》之義。稷爲天官，古無明文。《國語》云「稷爲大官」，不云「天官」。鄭蓋以緯書云「稷爲司馬」，又云「司馬主天」，故傅會爲是説。然據鄭義，夏爲司馬，則司馬非主天。鄭又云：「初，堯天官爲稷，禹登用之年，舉棄爲之，時天下賴后稷之功，故以官名通稱。」其箋《詩》又云：「堯登用之，使居稷官，民賴其勞，後雖作司馬，天下猶以后稷稱焉。」如其説，則棄於堯時已爲天官，其職最尊，若周之冢宰矣，何以堯、舜禪讓皆不及棄？且稷爲天官，司馬爲夏官，天官尊於夏官，后稷有功於民，何以又由天官而降爲司馬？舜時九官竝命，皆屬要職，何以舉其五而遺其四，又於其内增一司馬？是其爲説皆不可通。鄭創爲是説者，蓋以重、黎司天地，似近天官地官。四子分主四時，近春夏秋冬之官。不知唐虞官制與周官不同，非可强合爲一。羲、和司天之官，不得兼治方岳之事。《漢書·公卿百官表》云：「《書》載唐虞之際，命羲、和四子順天文，授民時，咨四岳，以舉賢才，揚側陋。」是今文家於四子、四岳分別甚明。向疑今文《尚書》家有師説，古文《尚書》家竝無師説，專據《周官》等書比附爲之，即此可見其槩。據伏生《大傳》，古有三公九卿，無六卿，虞時九官當即九卿。《大傳》曰：「舜攝時，三公九卿百執事，此堯之官也，故使百官事舜。」其時三公不知何名，或如周制三公在六卿中，其時三公即在九卿之中，或別有三公，蓋未可知。司徒、司空之外，或增太尉，或增司馬，亦未可知，要與羲、和四子司天之官不相涉也。陳喬樅以鄭注爲今文，不知鄭義與今文多違，是其大蔽。鄭與今文違異者甚衆，略舉其一，以俟識者隅反。〇今文一作「迺命羲和」。〇今文「乃」亦作「迺」，見《漢書·律曆志》、《漢書》引經皆作「迺」。〇一作「曦和」。〇今文「羲」亦作「曦」，見《論衡·是應篇》引。案：《楚辭·離騷經》曰：「吾令羲和弭節兮。」《天問》曰：「羲和之未揚。」王逸注皆云：「羲和，日御也。」《廣雅·釋天》云：「日御謂之羲和。」《山海經》云：「東南海外有羲和之國，有女子名曰羲和，是生十日，常浴日於甘淵。」注云：「羲和，天地始生主日月者也。」據注文，則經云「生十日」當是「主十日」之誤。十日，甲至癸也。郭璞注曰：「羲和能生日也，故日爲羲和之子，堯因是立羲和之官以主四時。」景純以日爲羲和之子似誕，而云「堯因是立羲和之官」，證以《論衡》作「曦」，則其説當有所本。《淮南子》云：「爰止羲和，爰息六螭，是謂懸車。」《潛夫論·愛日》篇云：「化國之日舒以長。舒長者，非謂羲和安行，乃君明民静而力有餘也。」此皆以羲和爲日御者也。又考《漢志》云：「黄帝使羲、和占日。」楊雄《河東賦》曰：「羲、和司日。」李尤《漏刻銘》曰：「乃建日官。」又曰：「乃命羲、和。」是羲、和即日官。此皆以羲、和爲日官者也。蓋羲和本日御之名，黄帝取其名立是官以司日，堯命羲、和蓋亦因於古耳。王仲任引作「曦和」，則三家今文必有別本從日作「曦」者，亦因其本以日御得名也。以羲、和爲兼治民事，其謬不待辨矣。

欽若昊天，《五經異義》：「今《尚書》歐陽説：春曰昊天，夏曰蒼天，秋曰旻天，冬曰上天，總爲皇天。《爾雅》亦然。謹案：《尚書》『堯命羲、和，欽若昊天』，總敕四時，知昊天不獨春。」鄭《駮異義》云：「玄之聞也，《爾雅》者，孔子門人所作，以釋六藝之言，蓋不誤也。春氣博施，故以廣大言之。浩浩昊天，求天之博施。此之求天，猶人之説事，各從其主耳。若察於是，則『堯命羲、和，欽若昊天』，無可怪耳。」錫瑞謹案：鄭從今文説，故與許君不同，而《説文》作「昦」，云：「春爲昦天，元氣昦昦。」則亦同今文説。蓋由《異義》早成，《説文》晚定故也。今《爾雅》作春蒼、夏昊，與歐陽、許、鄭説爲春昊、夏蒼者不同，而許君引今《尚書》説云「《爾雅》亦然」，鄭從今《尚書》説而又以《爾雅》爲不誤者，蓋許、鄭所據《爾雅》亦作春昊、夏蒼，與李巡、孫、郭之本異也。《史記》作「敬順」，本《爾雅・釋詁》《釋言》，《漢書・藝文志》亦作「敬順」。

曆象日月星辰，《漢書・李尋傳》尋説王根云：「《書》曰『曆象日月星辰』，此言仰視天文，俯察地理，觀日月消息，候星辰行伍。」孫星衍説：「李尋言『俯察地理』者，蓋謂下『宅嵎夷』、『宅南交』等，亦以羲、和即羲仲等四子也。」錫瑞謹案：李尋師張山拊，受小夏侯《尚書》，所引者小夏侯説也。『曆象』，《史記》作『數法』，《索隱》曰：「謂命羲、和以曆數之法。」《文燿鉤》曰：「堯眉八彩，是謂通明，曆象日月璇璣玉衡。」《白虎通・聖人》篇説同。蓋以璇璣玉衡當《書》之星辰。即今文家以旋機爲北極、玉衡爲北斗之説也。《後漢書・襄楷傳》曰：「臣聞皇天不言，以文象設教。堯舜雖聖，必曆象日月星辰，察五緯所在，故能享百年之壽，爲萬世之法。」則又以星辰爲五緯所在。

敬授人時。○今文當作「民時」。○段玉裁説：「『民時』，衛包改作『人時』。古人引用，如鄭注《尚書大傳》、徐氏《中論》、韋注《鄭語》，皆引『敬授民時』，皆治古文《尚書》者也。《史記・五帝本紀》、《漢書・律曆》《食貨》《藝文志》《李尋》《王莽傳》、《孫叔敖碑》亦皆引『敬授民時』，皆治今文《尚書》者也。」錫瑞謹案：段所引外，如《漢書・百官公卿表》叙漢官儀，《潛夫論・愛日》篇、《班祿》篇，《後漢書》劉陶改鑄大錢議，亦皆引作「敬授民時」，是古無不作「民時」者，惟《尚書大傳》曰：「主春者張昏中，可以種穀。主夏者火昏中，可以種黍。主秋者虛昏中，可以種麥。主冬者昴昏中，可以收斂蓋藏，田獵斷伐，當上告之天子，而下賦之民。故天子南面而視四星之中，知民之緩急。急則不賦籍，不舉力役，故曰『敬授人時』，此之謂也。」伏生《大傳》不應獨作「人時」，蓋後人據今本《尚書》改之。《御覽》引《大傳》作「民時」。《禮・月令》正義引《尚書考靈燿》曰：「主春者鳥星昏中，可以種稷。主夏者心星昏中，可以種黍。主秋者虛星昏中，可以種麥。主冬者昴星昏中，則入山可以斬伐，具器械。王者南面而坐，視四星之中者，而知民之緩急，急則不賦力役，故『敬授民時』。」文與《大傳》略同。《説苑・雜言》篇文亦與《大傳》略同，引《書》曰「敬授民時」，蓋亦全摭《大傳》之文，而作「民」，不作「人」，則《大傳》亦必作「民時」也。

分命羲仲，鄭注云：「仲、叔亦羲、和之子。堯既分陰陽爲四時，命羲仲、和仲、羲叔、和叔等爲之官，又主方岳之事，是爲四岳。」孫星衍説：「知主方岳之事爲四岳者，《大傳》云：『惟元祀，巡狩四嶽八伯。』其下有羲伯、和伯等樂，與陽伯、夏伯、秋伯、冬伯爲六。《周禮敘》引鄭注云：『堯始得羲、和，命爲六卿，其主春夏秋冬者，竝掌方嶽之事，是爲四嶽，出則爲伯。後稍死，驩兜、共工等代之，乃分置八伯。』又注《大傳》『儀伯』云：『儀當爲羲，羲仲之後也。羲伯，羲叔之後也。和伯，和仲之後也。』不及和叔者，脱文。此鄭據《大傳》爲説。」錫瑞謹案：鄭據《大傳》爲説，實與伏生之義不同。伏生據四星之昏中以敬授民時，則亦以四子即是羲、和，無以四子爲即四嶽之説也。《大傳》云：「惟元祀，巡狩四嶽八伯。」是其時四嶽八伯竝列，鄭云四嶽死，乃分置八伯，明與《大傳》不合。《大傳》有儀伯，又有羲伯，何以知儀當爲羲，一是仲後，一是叔後。《大傳》八伯缺一，又何以知爲和叔之後？鄭據《大傳》爲説，不過因其中有羲伯、和伯，與經所云羲、和偶合，遂傅會爲一，以證其四子即四嶽之説耳。伏生之義雖難詳知，據兩漢諸儒所引，今文皆不以四子爲四嶽，則不得如孫氏傅會鄭義爲今文説也。《風俗通》曰：「羲氏，堯卿羲仲之後。」應仲遠兼治古文，或用鄭説，亦無六卿明文。

宅嵎夷，○今文作「度禺銕」。○段玉裁説：「宅，今文《尚書》作『度』。《周禮》注引『度西，曰柳穀』，此鄭所引今文《尚書》也。然則『宅嵎夷』、『宅南交』、『宅朔方』，今文皆作『度』矣。」嵎夷，今文《尚書》作「禺銕」。《説文》「暘」字下曰：「嵎銕，暘谷也。」此用今文《尚書》也。嵎，當本是「禺」，或增山旁耳。《史記・夏本紀》索隱曰：「嵎夷，今文《尚書》及《帝命驗》竝作『禺鑯』。」《尚書・堯典》釋文曰：「《尚書考靈曜》及《史記》作『禺銕』。」《尚書正義》卷二曰：「夏侯等《書》『宅嵎夷』爲『宅嵎鑯』。」作「宅」者，誤依古文《尚書》。「嵎鑯」即「禺銕」。銕者，古文「鐵」字。鑯者，「鐵」之譌體也。案：《路史・陶唐紀》注引《帝命驗》曰：「禺銕在遼西，即青之嵎夷，近出日，故敬賓出之。」○一作「度嵎鐵」。○《書正義》引夏侯等《書》作「嵎鑯」，「嵎」字與《説文》合，非必後人增之。鑯譌體，當作「鐵」。蓋作「嵎鐵」者，夏侯《尚書》；作「禺銕」者，歐陽《尚書》也。陳喬樅說：「銕，古音通夷，故從夷作『銕』，『銕』、『鐵』字同。『禺夷』即『嵎銕』之渻文。今文《尚書》或作『嵎鐵』，或作『禺銕』，讀皆同夷。皆三家之異文也。」○一作「度郁夷」。○《史記》云：「居郁夷。」「度」作「居」，以訓故代經文。《方言》曰：「度，居也。東濟、海、岱之間或曰度。」禺、郁一聲之轉。據《尚書釋文》，則《史記》亦有一本作「禺銕」也。近人或據《詩・小雅》「周道倭遲」，《漢書・地理志》引作「郁夷」，謂「郁夷」即「倭夷」，「郁」音近「倭」，即今日本之地。據《後漢書・東夷傳》說，夷有九種，云：「昔堯命羲仲，宅嵎夷，曰暘谷，蓋日之所出也。」或説近似之。而《說文》云：「嵎山在遼西。」《索隱》云：「按：今文《尚書》及《帝命驗》竝作『禺鐵』，在遼西。」則今文說以爲在遼西，非倭夷之地。

曰暘谷。○今文作「曰崵谷」。○段玉裁說：「今文《尚書》作『崵』。《說文》『崵』字下曰：『一曰嵎銕，崵谷也。』此稱今文《尚書》也。以『嵎銕』今文，則知相屬之『崵谷』今文無疑也。」○一作「曰湯谷」。○《史記》作「暘谷」，《索隱》曰：「《史記》舊本作『湯谷』，今竝依《尚書》字。按：《淮南子》曰：『日出湯谷，浴于咸池。』則『湯谷』亦有他證明矣。」據《索隱》說，則《史記》本作「湯谷」，亦出今文《尚書》。「湯谷」之證，於《索隱》所引外，如《楚辭・天問》曰：「出自湯谷。」王逸注云：「言日出東方湯谷之中。」又《遠遊》曰：「朝濯髮於湯谷兮。」《山海經》曰：「黑齒之北曰湯谷。」《論衡・說日篇》曰：「《禹貢》、《山海經》言日有十，在海外東方有湯谷。」又《談天篇》曰：「且日，火也；湯谷，水也。」《說文》云：「叒，日初出東方湯谷所登榑桑，叒木。」皆作「湯」，與《史記》同。

寅賓出日，《大傳》曰：「古者帝王躬率有司百執事，而以正月朝迎日於東郊，以爲萬物先而尊事天也。祀上帝於南郊，所以報天德。迎日之辭曰：『維某年月上日，明光於上下，勤施於四方，旁作穆穆，維予一人某，敬拜迎日東郊。』迎日，謂春分迎日也。《堯典》曰『寅賓出日』，此之謂也。」蔡邕《獨斷》曰：「天子父事天，母事地，兄事日，姊事月，常以春分朝日于東門之外，示有所尊，訓民人事君之道也。」正用《大傳》之義。鄭注云：「『寅賓出日』，謂春分朝日。」亦與今文說同。《帝命驗》曰：「春夏欲早作，故令民先日出而作，是謂『寅賓出日』。」其解經與《大傳》說殊，蓋三家義異也。《史記》作「敬道日出」，以訓故代經。《說文》：「寅，辰也。❶」「夤，敬惕也。」史公訓爲「敬」，而經文

❶ 「辰」，《說文解字・寅部》作「髕」。

作「寅」者，蓋今文《尚書》用叚借作「寅」，古文或用本字，故李仲璇《孔子廟碑》引作「夤賓」，《集韻》引「寅餞」作「夤淺」也。《尚書釋文》云：「賓，如字。徐音儐。」《説文》云：「儐，導也。」史公訓「賓」爲「道」，則今文《尚書》亦叚「賓」爲「儐道」之儐矣。

平秩東作。○今文亦作「平秩東作」。○趙岐《孟子》注引今文《尚書》作「平秩東作」，或三家今文有作「平」者，如「辯章」亦作「平章」之比。《大傳》曰：「東方者何也？動方也，物之動也。何以謂之春？春，出也。萬物之出也，故謂東方春也。」○一作「便程東作」。○《史記》曰：「便程東作。」《索隱》曰：「劉伯莊傳皆依古文作平秩音。然《尚書大傳》曰『辯秩東作』，則是訓『秩』爲『程』，言便課其作程者也。」《正義》曰：「便、程，竝如字，後同。耕作在春，故言東作。命羲仲恭勤道訓萬民東作之事使有程期。」孫星衍説：「『平秩』爲『便程』者，聲俱相近。《説文》：『𡚁，从大，戥聲，讀若《詩》「𡚁𡚁大猷」。』今作『秩』是也。」案：史公作「便程」，蓋歐陽《尚書》異文，非訓「秩」爲「程」也。○一作「辯秩」，一作「辨秩」。○《史記索隱》引《大傳》曰：「辯秩東作。」《周禮·馮相氏》注引「仲春辯秩東作，仲夏辯秩南譌，仲秋辯秩西成，仲冬辯在朔易」，賈公彥疏云：「據《書傳》而言。」是鄭亦引今文，與《索隱》所引合。辯、辨實一字也，《風俗通·祀典》篇引《青史子》云：「歲終更始，辨秩東作，萬物觸户而出。」與《大傳》合。惟《北海相景君碑》云：「辨秩東衍。」易「作」爲「衍」，不知何義。王念孫云：「衍讀曰埏。《集韻》云：『埏，方也。』辨秩東衍，猶言平秩東方。」未知是否。東作等語，兩漢今文家亦以屬農事言。《漢書·王莽傳》曰：「每縣則耕，以勸東作。每縣則薅，以勸南僞。每縣則穫，以勸西成。每縣則粟，以勸蓋藏。」《後漢書·質帝紀》、《續漢書·禮儀志》皆云：「方春東作。」蔡邕《行考城頌》云：「勸茲穡民，東作是營。」應劭《漢書》注云：「東作，耕也。」趙岐《孟子》注云：「東野人，東作田野之人。」《書》曰『平秩東作』，謂治農事也。」是以東作爲耕，皆無異義。《列子·楊朱》篇曰：「宋有田父，暨春東作。」則其義古矣。近人或以東作等文爲治曆法，非古義。

日中，星鳥，《大傳》曰「主春者張昏中」，則鳥即張也。《天官書》云：「張，素。」即鳥之嗉也。高誘《淮南子》注云：「三月昏張，其星中于南方。」

以殷仲春。○今文作「以殷中春」。○《史記》作「中」，下同。《西嶽華山廟碑》云：「皆以四時之中月。」是古不作「仲」。

厥民析，《風俗通・祀典》篇云：「春者，蠢也，蠢蠢摇動也。《尚書》『以殷中春，厥民析』。」高誘《吕覽・仲春紀》「耕者少舍」注云：「皆耕在野，少有在都邑者也。《尚書》曰『厥民析』，散布在野。」《史記・司馬相如傳》索隱引如淳曰：「析，分也。」言使民分散耕種。

鳥獸孳尾。○今文作「鳥獸字微」。○《史記》曰：「鳥獸字微。」《説文解字敘》云：「字者，言孳乳而寖多也。」解字云：「尾，微也。」《釋名・釋形體》曰：「尾，微也，承脊之末稍微殺也。」是孳、字，尾、微，音義俱近。江聲説：「《魯語》曰：『鳥獸孕。』韋昭注：『謂春時。』又曰：『鳥獸成。』韋注云：『謂立夏，鳥獸以成。』是則春時鳥獸方字乳而尚微也。」

申命羲叔，宅南交。○今文作「度南交」。○《大傳》曰：「中祀大交。」鄭注云：「中，仲也，古字通。春爲元，夏爲仲。五月南巡守，仲祭大交氣於霍山也。南交稱大交，《書》曰『宅南交』是也。」王引之説：「《大傳》所稱皆今文《尚書》，鄭注《大傳》所引皆古文《尚書》，是古文作『交』，今文作『大交』也。以『曰暘谷』、『曰幽都』例之，大交之上當有『曰』字，古文《尚書》脱『曰大』二字耳。幽都，山名。大交與之相對，則亦山名，無事别求其地而謂當有『曰明都』三字矣。」錫瑞謹案：《墨子・節用》篇云：「古者堯治天下，南撫交阯，北際幽都。」《韓子・十過》篇文略同。《淮南・修務訓》云：「堯北撫幽都，南道交阯。」《大戴禮》云：「虞舜以天德嗣堯，朔方幽都來服，南撫交阯。」《説苑・反質》篇云：「臣聞堯有天下，其地南至交阯，北至幽都，東西至日所出入。」《大傳》云：「堯南撫交阯。」與《墨子》、《韓子》、《大戴》、《説苑》文同，則亦當有「北服幽都」句，文不具耳。以交阯與幽都對舉，則南交即交阯無疑。王氏云當作「度南曰大交」，以大交爲山名，與《大傳》「南撫交阯」爲地名不合，未敢據其説爲今文以增經字也。

平秩南訛，○今文作「便程南爲」。○《史記》作「便程南譌」。《索隱》曰：「爲，依字讀。春言東作，夏言南爲，皆是耕作營爲勸農之事。孔安國强讀爲『訛』字，雖則訓化，解釋亦甚紆回也。」據《索隱》説，則《史記》本作「南爲」，今作「譌」乃後人改之。鄭注《周禮》引《書傳》作「譌」，恐非。《書傳》之舊云「南爲」者，古訓「爲」爲「成」。《漢書・天文志》：「戎叔爲。」孟康曰：「爲，成也。」《易緯・通卦驗》「茮豆不爲」，《淮南・天文訓》「禾不爲」，《春秋繁露・五行順逆》篇「魚大爲」，皆當訓成。○一作「辯秩南僞」。○辯秩，見上。《王莽傳》云：「予之南巡，必躬載耨，每縣則薅，以勸南僞。」古爲、僞通用。以南僞爲耘薅，亦今文説。《大傳》曰：「南方者何也？任方也。任方者，物之方任。何以謂之夏？夏者，假也，吁荼萬物養之外者也，故曰南方夏也。」

敬致。日永，星火，以正仲夏。〇今文作「中夏」，見上。〇《考靈燿》曰「主夏者心星昏中」，則火即心也。《考靈燿》又曰：「鳥星爲春候，火星爲夏期，專陽相助，同精感符。」

厥民因，鳥獸希革。《漢書·鼂錯傳》曰：「揚粤之地，少陰多陽，其人疏理，鳥獸希毛，其性能暑。」蓋今文《尚書》。

分命和仲，〇今文作「申命和仲」。〇《史記》作「申命」，

宅西，曰昧谷。〇今文作「度西土，曰柳谷」。〇《史記》曰：「居西土，曰昧谷。」《集解》曰：「徐廣曰：『一無「土」字。西者，今天水之西縣也。一作「柳谷」。』駰案：鄭玄曰：『西者，隴西之西，今人謂之兑山。』」《索隱》曰：「徐廣曰『一作柳』，柳亦日入處地名。」據徐説，《史記》本作「柳」。虞翻奏鄭解《尚書》違失事，言「古大篆『丣』字讀當爲『桺』，[1]古桺、丣同字，而以爲『昧』」。是自鄭君始改「桺」爲「昧」，《史記》不得先作「昧谷」，蓋即後人據鄭本改之，如「湯谷」改「暘谷」之比耳。《書正義》引夏侯等《書》，「昧谷」曰「柳谷」，是今文《尚書》作「柳谷」之明證。莊述祖説：「《説文》『丣』爲古文『酉』字。『丣爲春門，萬物以出；酉爲秋門，萬物以入。』故秋曰丣谷。伏生書借『柳』作『丣』，如字讀之，今文之誤。漆書本作『丣』，鄭氏誤以爲『丣』而讀『昧』，翻又從今文以改古文。今當從古文正作『丣』。」錫瑞案：莊説非是。《論衡·説日篇》云：「儒者論日旦出扶桑，暮入細柳。扶桑，東方地；細柳，西方野也。桑、柳，天地之際，日月常所出入之處。」蓋柳谷即細柳之地，故《索隱》以爲日入處地名。東爲暘谷，西爲柳谷，相對爲義，不必作「丣」字。〇一作「度西，曰柳穀」。〇《周禮·天官·縫人》「翣柳」，鄭注云：「柳之言聚，諸飾之所聚，《書》曰：『分命和仲，度西，曰柳穀。』」賈疏云：「『《書》曰』者，是濟南伏生《書傳》文。柳者，諸色所聚。日將没，其色赤，兼有餘色，故曰柳穀。」《大傳》曰：「秋祀柳穀華山。」鄭注云：

[1] 「丣」，爲「卯」之篆文，原作「丣」，爲「酉」之古文，今改正。下二「丣」字同。

「八月西巡守，祭柳穀之氣於華山也。柳，聚也。齊人語。」據此，則今文《尚書》作「谷」，亦作「穀」。其實作「穀」字者，亦即叚借爲「谷」。《大傳》用假借，《史記》、夏侯等《書》用本字，乃三家異文，「谷」與「穀」古通。《莊子》云「臧與穀二人相與牧羊」，崔譔本「穀」作「谷」，是其證也。柳谷乃日入處地名，鄭、賈訓「柳」爲「聚」，非今文義。孫星衍據賈疏云「日將没，其色赤」，謂《説文》有「㝅」字，云「日出之赤」，則「穀」當假借爲「㝅」，説太鑿，不可從。

寅餞納日，○今文作「寅餞入日」。○《大傳》曰：「『寅餞入日，辯秩西成。』傳曰：天子以秋命三公將率選士厲兵，以征不義。決獄訟，斷刑罰，趣收斂，以順天道，以佐秋殺。」《帝命驗》曰：「秋冬欲早息，故令民候日入而息，是謂『寅餞納日』。春迎其來，秋送其去，無不順。」此今文作「餞」之明證。王應麟《漢藝文志考》載漢人引《書》異字，有「寅餞入日」，今文《尚書》；又有「夤淺納日」，古文《尚書》也。《史記》易其文曰「敬道日入」，與春言「敬道日出」合。「道」猶「導」也，導，引也，兼迎、送二義。寅賓者，迎日之出，故云「敬道日出」。寅餞者，送日之入，故云「敬道日入」。《帝命驗》所謂「春迎其來，秋送其去」也。《大戴禮·五帝德》篇曰：「帝嚳曆日月而迎送之。」《大戴》與今文《尚書》義合。僞《孔傳》訓「餞」爲「送」，正用今文之義。《大傳》以寅賓出日爲春分朝日，此文缺焉弗詳。然據鄭注以寅賓出日謂春分朝日，與《大傳》同，則此注以寅餞納日謂秋分夕月，亦必與《大傳》同。鄭亦用今文義也。《儀禮·士虞禮》鄭注云：「古文『餞』爲『踐』。」是餞、踐同字。今文《尚書》作「餞」，古文或作「踐」，亦作「淺」，「踐」與「淺」義相近。鄭注《成王政序》，訓「踐」爲「滅」。馬云：「淺，滅也。」是以「踐」訓「淺」。然「滅」猶「没」，「没」猶「納」，「納日」上不必更言「没」，其説迂迴難通。段玉裁云：「今文《尚書》作『踐』，故馬從之。」説尤非是。以《大傳》「餞」字爲後人所改，亦不然也。

平秩西成。崔駰《西巡頌》曰：「惟秋穀既登，上將省斂，平秩西成。」○今文一作「便程西成」，亦作「辯秩西成」。○《史記》作「便程」，《大傳》作「辯秩」。《大傳》曰：「西方者何也？鮮方也。鮮，訊也。訊者，始入之皃。始入者，何以謂之秋？秋者，愁也。愁者，萬物愁而入也，故曰西方者秋也。」

宵中，星虛，以殷仲秋。○今文作「夜中，星虛，以正中秋」。○宵，《史記》作「夜」；殷，《史記》作「正」，蓋今文《尚書》。

厥民夷，○今文作「厥民易」。○《史記》作「其民夷易」。臧琳說：「《爾雅》：『平、均、夷、弟，易也。』是夷、易義同，故古文《尚書》作『厥民夷』，今文《尚書》作『厥民易』，古文『夷』字，當從今文義爲『易』，言其民至秋樂易。《史記》舊作『其民夷易』，當是以《書》校《史》，注其旁，而寫者誤入，今爲刪正。」

鳥獸毛毨。《史記》作「毨」。臧琳說：「許叔重《説文》、鄭康成《周禮》注皆作『鳥獸毛毴』，是古文《尚書》作『毛毴』也。《史記》作『毛毨』，當是今文。」

申命和叔，宅朔方，○今文作「度北方」。○《史記》作「北方」。《大傳》曰：「北方者，何也？伏方也。」蓋今文作「北」。《大傳》於「朔易」云：「朔，始也。」而「朔方」朔字無訓，則伏生今文不作「朔方」。

曰幽都。《大傳》曰：「幽都弘山祀。」鄭注：「弘山，恒山也。十有一月朔巡守，祭幽都之氣於恒山也。互言之者，明祭山北稱幽都也。」《淮南·墬形訓》：「西北方曰不周之山，曰幽都之門。」高誘注云：「幽，闇也。都，聚也。玄冥將始用事，順陰而聚，故曰幽都之門。」幽都即幽州也，下文「流共工於幽州」，《莊子》、《淮南子》作「幽都」。

平在朔易。○今文作「便在伏物」。○《史記》作「便在伏物」，《索隱》曰：「使和叔察北方藏伏之物，謂人畜積聚等冬皆藏伏。《尸子》亦曰：『北方者，伏方也。』《尚書》作『平在朔易』。今案：《大傳》云『便在伏物』，太史公據之而書。」《大傳》曰：「北方者何也？伏方也。伏方也者，萬物伏藏之方。伏藏之方，則何以謂之冬？冬者，中也。中也者，萬物方藏於中也，故曰北方冬也。」○一作「辯在朔易」。○《大傳》曰：「『辯在朔易。日短。』朔，始也。傳曰：天子以冬命三公，謹蓋藏，閉門閭，固封境，入山澤田獵，以順天道，以佐冬固藏也。」段玉裁說：「此『朔易』二字，乃淺人所改。『朔始也』三字，亦淺人妄增。『命三公』云云，所謂辯在伏物，絶無始易之意也。漢人多用今文《尚書》，《王莽傳》曰：『予之北巡，以勸蓋藏。』蓋藏即伏物也，此今文《尚書》説也。」侯康說：「段説非也。段所疑者，以《大傳》下數語絶無始易之意。然《大傳》於『辯秩西成』傳，亦於『西成』意不相涉，蓋渾舉大意而已。況《正義》引王肅此句注云：『改易者，謹約蓋藏，循行積聚。《詩》：「嗟我婦子，曰爲改歲，入此室處。」言人物皆易。』正與《大傳》意同。使《大傳》果爲『伏物』言之，王肅必不取以解『朔易』，此今文之不作『伏物』又一證也。」錫瑞謹案：段、侯二説皆失之。《御覽》

引《大傳》作「辯在朔易」，與賈公彦疏合，不得以「朔易」非《大傳》説。《史記》作「便在伏物」，小司馬以爲據《大傳》，亦不得以「伏物」非《大傳》説也。其所以異者，《大傳》乃伏生没後，歐陽、張生各記所聞，蓋亦如三家今文互有同異，故「伏物」、「朔易」二本不同。若以今文必不作「伏物」，《大傳》明曰：「北方者，何也？伏方也。」伏方即北方，與伏物義合，不必定作「朔方」，始與上東南西三方相配也。王肅亂經之人，其説何足依據。肅蓋影附「朔易」、「伏物」二義，而兼用之耳。

日短，星昴，《考靈燿》曰：「虚星爲秋候，昴星爲冬期，陰氣相佐，德乃不邪，子助母收，母合子符。」

以正仲冬。厥民隩，鳥獸氄毛。○今文作「以正中冬。其民燠，鳥獸氄毛」。○《史記》作「以正中冬。其民燠，鳥獸氄毛」。段玉裁説：「亦淺人用馬訓加火旁耳。馬云：『煖也。』此讀奥爲燠。奥自可引伸兼煖義，不俟加火旁。《洪範》説庶徵，字本作『奥』，《史記》、《漢書》、《公羊傳》注皆爾。」○一作「鳥獸褎毛」。○段玉裁説：「今文《尚書》作『褎』，《説文》『褎』字下云：『《虞書》曰：鳥獸褎毛。』與《毛部》引『鳥獸㲝髦』絶異，蓋今文《尚書》也。」○一作「鳥獸毳毛」。○《漢書·鼂錯傳》曰：「夫胡、貉之地，積陰之處也，木皮三寸，冰厚六尺，食肉而飲酪，其人密理，鳥獸毳毛。」錯親受《尚書》於伏生，疑今文《尚書》有作「毳毛」者。

帝曰：「咨，汝羲暨和，朞三百有六旬有六日，《白虎通》引《尚書》作「朞」，則今文亦作「朞」。○今文一作「歲三百六十六日」，亦作「歲三百有六旬有六日」。○《史記·本紀》作「歲三百六十六日」，《漢書·律曆志》作「歲三百有六旬有六日」，蓋三家之本不同，而皆無上文「帝曰咨女羲暨和」七字，蓋今文《尚書》本無之，非渻文也。「朞」作「歲」，亦今文《尚書》。《白虎通·四時》篇曰：「所以名爲歲何？歲者，遂也。三百六十六日一周天，萬物畢成，故爲一歲也。」《元命包》曰：「歲之言遂也。」宋均注：「遂，出也，出行事於所直辰也。」

以閏月定四時成歲。《漢志》、《白虎通》、《公羊傳解詁》皆作「定」，與《史記》異者，蓋三家今文不同。《白虎通·日月》篇曰：「月有閏餘何？周天三百六十五度四分度之一，歲十二月，日過十二度，故三年一閏，五年再閏，明陰不足，陽有餘也。故讖曰：閏者陽之餘。」《獨斷》曰：「閏月者，所以補小月之減日以正歲數，故三年一閏，五年再閏。」○今文「定」一作「正」。○《史記》作「以閏月正四時成歲」。

「允釐百工，庶績咸熙。」○今文亦作「庶績咸熙」。○蔡邕《薦皇甫規表》云：「臣聞唐虞以師師咸熙。」《太尉橋公廟碑》云：「庶績既熙。」是今文亦作「咸熙」。○一作「庶績咸喜」。○《漢書·律曆志》曰：「歲三百有六旬有六日，以閏月定四時成歲。允釐百官，衆功皆美。」師古曰：「此皆《虞書·堯典》之辭也。」錫瑞謹案：師古及見今文石經，似所引《堯典》爲今文。兹不據以爲今文者，班氏以「百工」作「百官」，「庶績咸喜」作「衆功皆美」，皆以故訓改經，與《史記》云「信飭百官，衆功皆興」相同，非今文《尚書》本然也。知者，揚雄《美新》云：「百工伊凝，庶績咸喜。」子雲所用皆今文《尚書》，是今文作「咸喜」。若作「衆功皆美」，子雲不得引爲「庶績咸喜」也。段玉裁說：「疑今文《尚書》作『庶績咸熹』，『熹』與『熙』古通，見《文選注》引李登《聲類》。賈魴作《滂熹》篇，言滂沱大盛，或誤作『滂喜』。《匡謬正俗》亦言熹『誤爲喜字』，❶讀喜音。然則《美新》『喜』字，『熹』之誤也。」案：段說亦非是。《漢膠東令王君碑》云：「庶績咸喜。」《續漢書·律曆志》曰：「今改行《四分》，以遵於堯，以順孔聖奉天之文。冀百君子越有民，同心敬授，獲咸喜，以明予祖之遺功。」皆作「咸喜」，與《美新》所引合，是《美新》作「喜」，非「熹」字之誤，蓋今文《尚書》本然也。

帝曰：「疇咨○今文亦作「疇咨」。○《漢西嶽華山廟碑》云「是以唐虞疇咨四嶽」是其證。○一作「詶咨」。○《漢劉寬碑》云「詶咨儒林」，《魏元丕碑》云「詶咨羣寮」，《吳谷朗碑》云「詶咨羣司」，《後漢書》崔篆《慰志賦》云「亦號咷以詶咨」是其證。

「若時登庸？」《史記》曰：「誰可順此事？」案：史公櫽括經文之義。孫星衍云：「史公以『咨』爲『此』，『時』爲『事』。」傅會失之。張守節《正義》曰：「言將登用之嗣位也。」以登庸爲登用嗣位，蓋本漢人舊說，三家今文之遺。揚雄《美新》云：「陛下以至聖之德，龍興登庸。」此今文說以登庸爲登帝位之證。如今文說，可以解孔疏「求官而薦太子」之疑。僞《孔》以胤子朱爲胤國君，其謬不待辨矣。馬注云：「求賢順四時之職，欲用以代羲、和。」與今文義不合。蔡邕《琅琊王傅蔡公碑》云：「若時徵庸，登祚王臣。」

❶「喜」，原作「熹」，今據《匡謬正俗》卷五改。

蓋易「登」爲「徵」以避下句「登」字，非必今文作「徵庸」也。

放齊曰：「胤子朱啟明。」○今文作「胤子朱開明」。

○《史記》曰：「嗣子丹朱開明。」錫瑞案：「啓」爲「開」者，今文《尚書》。《禮》古文作「啓」，今文「啓」皆爲「開」可證。「胤」作「嗣」，故訓字。「朱」作「丹朱」，亦史公以意增經，非今文《尚書》本然也。知者，《漢書·律曆志》曰：「堯使子朱處於丹淵爲諸侯。」朱之封丹，必在舜徵庸之後，其先則朱爲太子，故稱胤子。《大傳》曰：「堯爲天子，丹朱爲太子，舜爲左右。堯知丹朱之不肖，必將壞其宗廟，滅其社稷，而天下同賊之，故堯推尊舜而尚之，屬諸侯焉。」《略説》曰：「古之帝王者，必立大學、小學，使王太子，王子，羣后之子，以至公卿、大夫、元士之適子，十有三年始入小學，見小節焉，踐小義焉。年二十入大學，見大節焉，踐大義焉。故入小學，知父子之道、長幼之序。入大學，知君臣之義、上下之位。故爲君則君，爲臣則臣，爲父則父，爲子則子。小師取小學之賢者登之大學，大師取大學之賢者登之天子，天子以爲左右。」鄭注云：「『天子』當爲『太子』。」《禮志》曰：周公居攝踐阼而治，亢世子法於伯禽，使之與成王居，欲使成王之知父子、君臣、長幼之義，所以善成王也。」據鄭説，則太子左右即抗世子法之事。《大傳》云：「丹朱爲太子，舜爲左右。」蓋堯使舜爲丹朱左右，如周公使伯禽與成王居，抗世子法之意。其後灼知舜聖而朱不肖，乃使朱處丹淵爲諸侯，而以舜爲太子。下文「賓于四門」，馬注云：「諸侯羣臣朝者，舜賓迎之，皆有美德也。」馬云舜迎諸侯，正與《大傳》云「孟侯者，於四方諸侯來朝，迎於郊」相合。蓋堯既廢朱，乃使舜居太子之職。此時舜未登用，放齊稱朱爲胤子，則不得稱丹朱。史公就其後日所封言之，欲人易曉耳，不意猶有如僞《孔》云「胤，國；子，爵」之顯違《史記》者。

帝曰：「吁！嚚訟，可乎？」○今文作「帝曰：吁！頑凶」。○《史記》曰：「堯曰：『吁！頑凶，不用。』」臧琳説：「今文《尚書》作『頑訟』，史公訓『訟』爲『凶』。」段玉裁説：「《爾雅》、《説文》皆曰『訩，訟』，疑本作『訩』，誤爲『凶』。」錫瑞謹案：二説皆無塙證，當仍從《史記》作「頑凶」。知「頑」字非史公以故訓改經者，頑、嚚各有本義，對文則別，散文則通。下文「父頑母嚚」，史公文亦相同。非「頑」易曉而「嚚」難知，何必以「頑」代「嚚」，故知史公所引爲今文《尚書》。《潛夫論·論榮》篇曰：「堯，聖父也，而丹凶傲。」傲，見《皋陶謨》。丹朱傲凶，即《史記》所云之「凶」，又今文《尚書》作「凶」之證也。《漢樊毅修西嶽廟碑》云：

「建武之初，彗埽頑凶。」蓋用今文《尚書》「頑凶」字。「可乎」二字，疑後人增入。古人語質，但言其人不善，則不可之意自見，下云「象共滔天」、「放命圮族」皆然，初無别加可否之語，此但云「頑凶」，則於義已足，何用别加斷語？「可乎」二字，非上世渾灝之文所有，《尚書》一經無用「乎」字爲句末助詞者，況《堯典》乃最初之書，安得有此輕脱之句。史公云「頑凶，不用」，乃增「不用」二字以足經意，非以「不用」釋「可乎」也。下云「似恭漫天，不可」、「負命毁族，不可」，文義正同一律。此云「不用」，猶彼云「不可」也。若以「不用」之「用」爲釋「庸」字，謂史公所據今文作「庸」，則《史記》下文「不可」之「可」爲釋何字耶？馬本作「庸」，當屬同音叚借。江聲以「庸」字屬下讀爲「庸可乎」，非是。

帝曰：「疇咨若予采？」《史記》曰：「誰可者？」

驩兜曰：「都！○今文作「讙兜」。❶○《史記》本紀、《漢書・古今人表》皆作「讙兜」，《山海經》、《博物志》同。

「共工方鳩僝功。」○今文作「旁逑孱功」。○《史記》曰：「共工旁聚布功，可用。」以故訓代經。段玉裁説：「《説文・人部》引《虞書》『方救僝功』，此稱古文也。《辵部》引《虞書》『旁逑孱功』，此稱今文也。凡古文《尚書》作『方』，凡今文《尚書》作『旁』，如『方鳩僝功』《五帝本紀》作『旁』，『方施象刑』《白虎通》作『旁』，『方告無辜』《論衡》作『旁』，皆可證。」錫瑞謹案：段説是也。陳喬樅據鄭注《士喪禮》云「今文『旁』爲『方』」，謂「旁逑孱功」爲古文，與《史記》作「旁」不合，非是。旁逑孱功，古説指治水言。張衡引《春秋讖》云：「共工理水。」《淮南・本經訓》曰：「舜之時，共工振滔洪水以薄空桑。」《國語》曰：「共工壅防百川。」韋昭注引或曰：「共工，堯時諸侯。」皆今文遺説也。鄭注亦云：「共工，水官名。」

帝曰：「吁！靜言，庸違，○今文亦作「靜言」。○《吴志・陸抗傳》曰：「靜言庸違，《唐書》攸戒。」以《堯典》爲《唐書》，今文五家説也。《漢書・翟義傳》、《楚辭》王逸注皆作「靜言」。○一作「靖言」。○《漢書・王尊傳》湖三老公乘興等上書曰「靖言庸違」，今文《尚書》也。《史記》作「善言，其用僻」，以故訓代經。段玉裁説：「《五帝本紀》作『善言』，以善詁靖也。《漢書・王尊傳》『靖言庸違』，《翟義傳》莽詔『義兄宣靜言令色，外巧内嫉』，靜同靖，靖言謂

❶ 「讙」，原作「驩」，顧頡剛、劉起釪《尚書校釋譯論》以爲今文作「讙」，下文亦作「讙」。今據改。

善言，蓋今文家説如是。今文《秦誓》『諓諓靖言』，與《堯典》同。《左氏春秋》云『靖譖庸回』，即『靖言庸違』也。回，邪也。古回、違通用。《王尊傳》云『庸違』，《五帝本紀》云『其用僻』，則今文《尚書》字亦作『違』，義訓邪僻。《九經古義》曰：『《楚辭・天問》曰：「康回馮怒，地何故以東南傾？」王逸曰：「康回，共工名也。」案：鄭注《尚書》，以爲共工名氏未聞，先祖居此官，故以官爲氏。然則《楚辭》所謂「康回」，即《書》云「静言庸違」也。違與回通，古「庸」字或作「康」，故《楚辭》言「康回」。秦《詛楚文》云：「今楚王熊相康回無道。」董逌釋「康」爲「庸」是也。』」錫瑞謹案：史公云「善言」，非謂善惡之善，云「善言，其用僻」，亦謂其言巧行邪，非謂其言善而行惡也。《説文》云：「戔戔巧言。」賈逵《外傳》注云：「諓諓，巧言也。」《廣雅・釋訓》云：「諓諓，善也。」是善言即巧言之證。王逸《九辨》注云：「静言諓諓，而無信。」又《九歎》注云：「諓諓，讒言貌。」引《尚書》「諓諓竫言」。《潛夫論・救邊》篇云：「淺淺善靖。」則《左傳》云「靖譖」，正謂其善讒耳。莽詔云「静言令色」，尤静言即巧言之證。段云《史記》以善詁靖，似猶未晰，互見《秦誓》篇考證。又案：王叔師傳今文家説，何至妄舉共工之名？其注《天問》云「康回，共工名也」，非以爲堯時之共工，故引《淮南子》言：「共工與顓頊争爲帝，不得，怒而觸不周之山，天維絶，地柱折，故東南傾也。」是以此共工與顓頊同時。若堯時共工，何得有觸不周山之事，屈子何云地東南傾哉？《淮南子》注明云「非堯時共工也」，惠氏不之考，乃傅會「康回」即「庸違」，反疑叔師注誤，其説殊謬。段氏引其説，不加辨正，亦失之。○一作「靖言庸回」。○《論衡・恢國篇》云：「驩兜之行，靖言庸回，共工私之，稱薦於堯。」驩兜、共工互易乃可通，蓋傳寫之誤。

「象恭滔天。」○今文亦作「象恭」。○《史記》曰：「似恭漫天，不可。」「似」與「漫」，以故訓代經，而「恭」字仍作「恭」，《中論》引亦作「恭」。○一作「象龔」。○《漢書・王尊傳》引「靖言庸違，象龔滔天」，師古曰：「靖，治也。庸，用也。違，僻也。滔，漫也。謂其言假託於治，實用違僻，貌象恭敬，過惡漫天也。漫音莫干反。一曰：滔，漫也。」孫星衍説：「『漫』與『慢』同。《詩・蕩》云：『天降滔德。』傳云：『天，君。滔，慢也。』蓋謂其貌似恭敬，而慢其天性。《白虎通・壽命》篇云：『又欲使民務仁立義，無滔天。滔天則司命舉過。』」錫瑞謹案：孫説近之。據《史記》作「漫天」，與下文「洪水滔天」作「滔」字不同。疑經所云「象龔滔天」、「鴻水滔天」兩「滔」字本非一字，水旁與心旁易亂，此

「滔」字當作「慆」，《史記》「漫天」字當作「慢」，蓋史公訓「慆」爲「慢」，以故訓字代經也。師古注《漢書》云：「滔，漫也。漫音莫干反。一曰：滔，漫也。」此文殊不可通。凡古書「一曰」之例皆別爲一解，而此所云「一曰：滔，漫也」，仍即前云「滔，漫也」三字，重複無義，必有譌誤。「一曰：滔，漫也」黨作「一曰：慆，慢也」。蓋謂「漫」一作「慢」，以別於上云「莫干反」之「漫」也。此必漢人服、應舊注，三家今文之遺，師古引之以存異文，後人不知今文家別有「慆，慢」之訓，乃妄改之。或謂共工不善治水，以致滔天。其説非是。班彪《北征賦》云「巨滔天以猾夏兮」，《漢書・自敘》述《王莽傳》云「篡漢滔天」，此以「滔天」即「慢天」之證也，若以爲治水，豈新莽亦嘗治水耶？

帝曰：「咨！四岳：《漢書・百官公卿表》云：「或説四岳謂四方諸侯。」蓋夏侯《尚書》作「岳」，與古文同也。以爲四方諸侯，乃今文説。韋昭《國語》注云：「四岳，官名，主四岳之祭，爲諸侯伯。」皆不同於鄭説以四岳爲四子，此今文與古文之説不同也。孫星衍以《漢書》所云爲古文説，大誤。〇今文「岳」一作「嶽」。〇咨，《史記》作「嗟」，故訓字。四嶽，《大傳》、《史記》皆作「嶽」，《説文》：「嶽，從山，獄聲。岳，古文，象高形。」是「岳」爲古文，「嶽」爲今文之證。〇「咨」一作「諮」。〇《白虎通・號》篇曰：「或稱天子，或稱帝王何？以爲接上稱天子者，明以爵事天也。接下稱帝王者，得號天下至尊言稱，以號令臣下也。故《尚書》曰：『帝曰：諮！四嶽。』」

「湯湯洪水方割，蕩蕩懷山襄陵，浩浩滔天。

〇今文作「湯湯鴻水滔天，浩浩懷山襄陵」。〇《史記》作「湯湯洪水滔天，浩浩懷山襄陵」。臧琳説：「案：《論語》『君子坦蕩蕩』，鄭注云：『《魯》讀坦蕩爲坦湯。』今從古《魯論》，今文也。是古文『蕩蕩』字，今文作『湯湯』，古文《尚書》『蕩蕩洪水』，今文《尚書》『湯湯洪水』。孔本不當別出『湯湯』字，蓋於『懷山襄陵』上誤衍『蕩蕩』兩字，俗人欲區別之，因據今文改上『蕩蕩』爲『湯湯』。今文無『方割』，或史公所略也。『懷山襄陵』、『浩浩滔天』，古今文同，言滔天之勢浩浩然，懷山而襄陵也。經是倒句，《史》以義讀順之，故云『滔天浩浩，懷山襄陵』。」錫瑞謹案：臧云「蕩蕩」誤衍，是也，云「經是倒句，史以義讀順之」則非。據《史記》文，則今文《尚書》直當作「湯湯鴻水滔天，浩浩懷山襄陵」耳。《皋陶謨》曰：「鴻水滔天，浩浩懷山襄陵。」此經當與《皋陶謨》同，特其上多「湯湯」二字。若「方割」字，蓋今文《尚書》本無之，非史公渻文。無「方割」二字，文義爲順。

臧云「《史》以義讀順之」，斷「滔天浩浩」爲句，安見此經文非即與《皋陶謨》同耶？《論衡・感虚篇》曰：「堯之時，洪水滔天，懷山襄陵。帝堯吁嗟，博求賢者。」此今文《尚書》以「鴻水滔天，懷山襄陵」爲句之證。仲任引經，惟渻去「湯湯」、「浩浩」四字耳。鴻水，石經作「鴻」，《史記・夏本紀》亦作「鴻」，此《五帝紀》作「洪」，後人改之，當本是「鴻」字也。○一作「褱山襄陵」。○今文「懷」亦作「褱」，見《漢書・地理志》，蓋夏侯《尚書》多古字。

「下民其咨，有能俾乂？」《史記》作「下民其憂，有能使治者」，以故訓代經文。乂，今文當作「艾」，《大傳》「從作艾」、石經「艾用三德」可證。

僉曰：「於！鯀哉！」《史記》作「皆曰：鯀可」。○今文「鯀」一作「鮌」。○《漢書・古今人表》、《開母廟碑》皆作「鮌」。

帝曰：「吁！咈哉，方命圮族。」○今文作「放命圮族」。○《史記》作「負命毁族，不可」，以故訓代經。段玉裁説：「今文《尚書》作『放』。《漢書・傅喜傳》傅太后詔曰：『同心背畔，放命圮族。』《薛宣朱博傳》制曰：『今晏放命圮族。』應劭曰：『放棄教令，毁其族類。』此今文《尚書》也。馬、鄭、王皆依今文讀『方』爲『放』。」案：《漢書・敘傳》曰：「諸侯方命。」此當是本作「放命」。

岳曰：「异哉，試可乃已。」《史記》曰：「試不可用而已。」又《夏本紀》曰：「等之未有賢於鯀者，願帝試之。」錢大昕説：「古人語急，以不可爲可也。古經簡質，得史公而義益明。」臧琳云：「今文《尚書》作『試不可用而已』。」恐未可據。

帝曰：「往，欽哉！」《史記》曰：「堯於是聽嶽用鯀。」《後漢書・鄭興傳》曰：「堯知鯀不可用而用之者，屈己之明，因人之心也。」《後漢紀》作「帝知鯀不可，然猶屈己之是，從嶽之非，重違衆也」。

九載，績用弗成。○今文作「九載，績用不成」。○《東觀書》杜林郊祭上疏：「羣臣僉薦鯀，考績不成，九載乃殛。」《後漢書》張衡疏曰：「《尚書》堯使鯀理洪水，九載績用不成。」《論衡・恢國篇》云：「鯀不能治水，知力極盡。」崔駰《尚書箴》云：「四岳阿鯀，績用不成。」《吳越春秋》云：「受命九載，功不成。」《中論・審大臣》篇云：「唐虞無九載之費矣。」○一作「九歲，績用不成」。○《史記》作「九歲，功用不成」。又《夏本紀》云：「治水九年而水不息，功用不成。」臧琳説：「今文《尚書》『九歲，績用不成』。《史記》下云『七十載』，故知此非訓『載』爲『歲』，乃本異也。下文『三載考績』，《史記》亦作『三歲一考功』。」

帝曰：「咨！四岳：朕在位七十載，○今文「岳」作「嶽」。○《史記》作「嶽」。○《白虎通・號》篇曰：「或稱朕何？亦王者之稱也。朕，我也。」《獨斷》曰：「三代年歲之別名，唐虞曰載。載，歲也，言一歲莫不覆載，故曰載也。」又曰：「朕，我也。堯曰：『朕在位七十載。』」《書緯》曰：「初，堯在位七十載矣，見丹朱之不肖不足以嗣天下，乃求賢以巽于位。」《中候運衡》曰：「年耆既艾。」鄭注：「七十曰艾。」言七十者，以時堯年七十，故以七十言之。《論衡・氣壽篇》云：「《堯典》曰：『朕在位七十載。』求禪得舜，舜徵三十歲在位。堯退而老，八歲而終，至殂落九十八歲。未在位之時，必已成人，今計數百有餘矣。」諸書皆不言堯即位之年，惟《論語・泰伯》疏引《書傳》云：「堯年十六，以唐侯升爲天子，遂以爲號。」陳壽祺説：「《堯典》正義云：『偏檢《書傳》，無帝堯即位之年。』則此似非伏生《大傳》文，疑出《書緯》。」錫瑞謹案：王仲任習今文《尚書》，而《論衡》云「未在位之時，必已成人」，則仲任不知堯即位之年也。《大傳》如有明文，仲任無緣不知；而《論衡》之言如此，則《大傳》必無堯即位之年矣。陳云「疑出《書緯》」，仲任亦非不見緯書者。惟僞《孔傳》云：「堯年十六即位。」孔穎達《正義》云：「偏檢《書傳》，無堯即位之年。孔氏必當有所案據，未知出何書。」則僞《孔傳》之外，無言堯即位之年者。《論語疏》所引《書傳》，正與僞《孔傳》同，則其所謂《書傳》，即僞《孔傳》，非伏生《大傳》也。陳壽祺輯《尚書大傳》，首引其文，蓋誤，不足依據。《尚書中候》曰：「帝堯即政七十載，景星出翼，❶鳳皇止庭，朱草生郊，嘉禾孳連，甘露潤液，醴泉出山。」

「汝能庸命，巽朕位？」○今文作「踐朕位」。○《史記》作「踐」。臧琳説：「巽、踐聲相近，今文《尚書》『踐朕位』。由堯言之，曰巽；由四嶽言之，曰踐。」錫瑞謹案：《漢書・王莽傳》曰：「往踐乃位。」蔡質立宋皇后儀云：「立貴人爲皇后，其往踐爾位。」皆用今文《尚書》。《成陽靈臺碑》曰：「堯以侯伯恢踐帝。」《大戴禮・虞戴德》言大射之禮，曰「天子踐位」。

岳曰：「否德忝帝位。」○今文作「嶽曰：鄙德忝帝

❶「星」，原作「雲」，今據《太平御覽》卷七、卷八〇、卷八七二所引《尚書中候》改。

位」。○《史記》作「鄙」。臧琳説：「今文《尚書》做『鄙』。《論語》『予所否者』，《論衡·問孔》作『予所鄙者』。兩漢人所引《魯論》爲今文，《論語》作『予所鄙者』，與《書》古今文正同。」錫瑞謹案：《文選》揚雄《羽獵賦》注引鄭《尚書大傳》注云：「否，不也。」疑爲「否德」之注，似今文亦作「否」，然鄭注《大傳》，與伏生義多不同，未敢據。

曰：「明明揚側陋。」《史記》曰：「悉舉貴戚及疏遠隱匿者。」段玉裁説：「悉舉訓明揚，貴戚訓明，疏遠隱匿訓側陋，蓋今文《尚書》作『明揚明側陋』。」錫瑞謹案：蔡邕《琅琊王傅蔡公碑》曰：「揚明德於側陋。」與段説似相合，然無確證。○今文一作「仄陋」。○《漢書·循吏傳》曰：「及至孝宣，繇仄陋而登至尊。」班固《北征頌》曰：「拔所用於仄陋。」左雄疏曰：「興於仄陋。」張衡《思玄賦》曰：「幽獨守此仄陋兮。」李善注：「《尚書》帝曰：『明明揚仄陋。』」劉毅論鄧太后注紀疏曰：「顯揚仄陋。」邊讓《章華賦》曰：「舉英奇於仄陋。」《三國·魏志》曰：「堯復使嶽揚舉仄陋。」

師錫帝曰：《史記》曰：「衆皆言於堯曰。」是訓師爲衆。《潛夫論·潛歎》篇曰：「故堯參鄉黨以得舜。」則師即鄉黨也。蔡邕《九疑山碑》曰：「師錫帝世，堯乃授徵。」《汝南周巨勝碑》曰：「聖上詢諮師錫。」漢獻帝禪位册曰：「師錫帝命。」❶崔駰《太尉箴》曰：「師錫有帝，命虞作尉。」蓋用緯書舜爲太尉之説。《尚書中候》曰：「伯禹在庶，四嶽師舉薦之。」注曰：「四嶽，四方諸侯也。師，衆也。薦，進也。」此師錫與師舉義同。

「有鰥在下，《大傳》：「男三十而娶，女二十而嫁。《書》：『有鰥在下，曰虞舜。』」又引孔子曰：「舜父頑、母嚚，不見室家之端，故謂之鰥。」《論衡·吉驗篇》云：「舜未逢堯，鰥在側陋。」用今文，皆作「鰥」，《風俗通》引亦作「鰥」。○今文一作「有矜在下」。○《史記》曰：「有矜在民間。」《大傳》於「矜寡」字多作「矜」，蓋矜、鰥古通用。臧琳説：「古文《尚書》作『鰥』，今文《尚書》作『矜』。」不然也。

曰虞舜。」王符《志氏姓》云：「舜，姓虞。」《鄭語》史伯稱舜之先曰虞幕。虞是國名，後以封國爲姓氏也。今文《尚書》以舜爲名。《風俗通·皇霸》篇曰：「舜、禹本以白衣砥行顯名，升爲天子，雖復更制，不如名著，故因名焉。經曰『有鰥在下，曰虞舜』、『僉曰：伯禹』、『禹平水土』是也。」則今文家以舜、禹爲名不爲謚。蔡邕《琅琊王傅蔡公

❶「帝」，《三國志·魏書·文帝紀》作「朕」。

碑》曰：「四嶽稱名，帝曰予聞。」尤以舜爲名之切證。《戰國策》曰：「吾所賢者無過堯、舜，堯、舜，名。」則其義甚古。鄭君亦曰：「舜，名。」《白虎通》以舜爲謚者，亦生號死謚之説耳。鄭注《中候》曰：「禹，號也，因爲德謚。」是其證。

帝曰：「俞，予聞。如何？」岳曰：「瞽子。《史記》曰：「堯曰：『然，朕聞之。其何如？』嶽曰：『盲者子。』」錫瑞謹案：汪中説以瞽爲官名。史公義不如是。

「父頑，母嚚，象傲，○今文作「弟傲」。○《史記》作「弟傲」。臧琳説：「今文經作『弟傲』。」錫瑞謹案：臧説是也。舜之弟名象，堯未必知之。且象獨稱名，則與上云「父」、「母」不一例，當從《史記》作「弟」。《論衡》曰：「舜兄狂，弟傲。」言舜有兄，乃今文家異説，而云「弟傲」則同。

「克諧，以孝烝烝，乂不格姦。」《史記》曰：「能和以孝，烝烝治，不至姦。」以故訓代經。王引之説：「當讀『克諧』爲句，『以孝烝烝』爲句，『乂不格姦』爲句。《列女傳》曰：『舜父頑，母嚚。父號瞽叟，弟曰象，傲遊於嫚，舜能諧柔之，承事瞽叟以孝。』蔡邕《九疑山碑》曰：『逮于虞舜，聖德克明，克諧頑傲，以孝蒸蒸。』是讀『克諧』爲句，『以孝蒸蒸』爲句也。《列女傳》又曰：『母憎舜而愛象，舜猶内治靡有姦意。』是讀『乂不格姦』爲句也。經言『以孝烝烝』，烝烝即是孝德之形容，故漢魏人多以烝烝爲孝者。《新語・道基》篇曰：『虞舜蒸蒸於父母。』《論衡・恢國篇》曰：『舜之烝烝。』《後漢紀・靈帝紀》曰：『崇有虞之孝，昭蒸蒸之仁。』《後漢書・章帝紀》曰：『陛下至孝烝烝。』又曰：『仰惟先帝烝烝之情。』《和熹鄧后紀》曰：『以崇陛下烝烝之孝。』《宋意傳》曰：❶『陛下至孝烝烝。』《張禹傳》曰：『陛下體烝烝之至孝。』《馬融傳》曰：『陛下履有虞烝烝之孝。』《袁紹傳》曰：『伏惟將軍至孝蒸蒸。』張衡《東京賦》曰：『蒸蒸之心，感物曾思。』《巴郡太守張納碑》曰：『脩烝烝之孝友。』《高陽令楊著碑》曰：『孝烝内發。』又曰：『烝烝其孝。』蔡邕《胡公碑》曰：『夫蒸蒸至孝，德本也。』《朱公叔墳前石碑》曰：『孝于二親，蒸蒸雝雝。』《續漢書・祭祀志》注引蔡邕議曰：『孝章皇帝至孝烝烝。』《魏志・文昭甄后傳》注引三公奏曰：『陛下至孝烝烝。』魏卞蘭贊述太子表曰：『昔舜以烝烝顯其德。』曹植《鼙舞歌》曰：『盡孝於田隴，烝烝不違仁。』《家語・六本》篇曰：『而舜不失烝烝之孝。』《廣雅》曰：『蒸蒸，孝也。』則知兩漢經師皆

❶「宋」，原作「宗」，今據《後漢書・宋意傳》改。

訓烝烝爲孝。」錫瑞謹案：王氏引證之外，更有《史記》《漢書・酷吏列傳》皆曰「吏治烝烝，《史》作「烝」，《漢》作「蒸」。不至於姦，黎民艾安」，雖所指之事不同，實皆用經「烝烝，艾不格姦」之義。《東觀漢記》丁鴻上奏曰：「陛下尊履蒸蒸。」黄香《和帝冠頌》曰：「躬烝烝之至孝。」《後漢書》謝弼論青蛇封事曰：「願陛下仰慕有虞蒸蒸之化。」蔡邕《陳留太守胡公碑》曰：「孝于二親，養色寧意，蒸蒸雍雍。」《魏志・陳留王紀》曰：「俯順聖敬烝烝之心。」陶潛《孝傳》曰：「以孝蒸蒸。」皆今文家説也。《後漢紀》東平王蒼上疏曰：「昔虞氏克諧，君象有鼻，不及以政。」亦專以克諧屬象，説與《列女傳》相合。惟《楊孟文石門頌》曰「烝烝艾寧」，則漢人亦有以「烝烝艾」斷句者。今文《尚書》「乂」皆作「艾」，石經可證。惠棟云：「古文《尚書》作『艾』，『乂』乃今文。」非也。

帝曰：「我其試哉。」女于時，觀厥刑于二女。

《史記》曰：「堯曰：『吾其試哉。』於是堯妻之二女，觀其德於二女。」以訓故代經。《論衡・正説篇》曰：「堯老求禪，四嶽舉舜。堯曰：『我其試哉。』説《尚書》曰：『試者，用也；我其用之爲天子也。』又曰：『「女于時，觀厥刑於二女。」觀者，觀示今誤作「爾」。虞舜於天下，不謂堯自觀之也。』若此者，高大堯、舜，以爲聖人相見已審，不須觀試，精耀相炤，曠然相信。夫聖人才高，未必相知也。舜難知佞，使皋陶陳知人之法。佞難知，聖亦難別。堯之才，猶舜之知也。堯聞舜賢，四嶽舉之，心知其奇，而未必知其能，故言『我其試哉』。試之於職，妻以二女，觀其夫婦之法。」錫瑞謹案：《論衡》所引經，與今本同。臧琳説：「今文《尚書》作『吾其試哉。觀其德于二女』。」其説非是。《史記》、《論衡》皆有「堯曰」，則今文《尚書》有「帝曰」二字。馬、鄭、王本皆無「帝曰」，由當時庸生之徒漏之，直以「我其試哉」爲四岳語，其義殊不可通。古文《尚書》不如今文《尚書》，即此可證。段玉裁偏執古文爲是，尤非也。王仲任引其時博士《書》説，以爲試者用之爲天子，觀者觀之於天下，聖人相信，不待試之、觀之。而仲任非之，以爲試者，試之於職，觀者，觀其夫婦之法也。二説皆今文義，而仲任之説爲長。《後漢書・章帝紀》引建武詔書曰：「堯試臣以職，不直以言語筆札。」《後漢紀》楊賜上疏曰：「昔堯用舜，猶尚先試考績以成厥功。」皆以爲堯試舜以職。楊賜習歐陽《尚書》者，故與仲任説同，無四岳試舜之説。

釐降二女于嬀汭，嬪于虞。帝曰：「欽哉！」

《史記》曰：「舜飭下二女于嬀汭，如婦禮。堯善之。」又《舜本紀》曰：「舜居嬀汭，内行彌謹。堯二女不敢以貴驕，事舜親戚，甚有婦道。」《正義》曰：「舜能整齊二女以義理，下二女之心於嬀汭，使行婦道於虞氏也。」劉逢禄説：「嬪，婦也，有舅姑之辭。嬪于虞，則已見舅姑矣。《本紀》訓『降』字，『嬪』字義甚當。『帝曰欽哉』者，飭戒二女之辭，《史》錯舉記之。」段玉裁説：「按：『女于時，觀厥刑于二女』，當連上『我其試哉』俱爲四岳語。『釐降二女于嬀汭，嬪于虞』，此二句自堯言之。上三句記言，此二句記事。《五帝本紀》用今文《尚書》説，云『於是堯妻之二女，觀其德於二女』，二句不爲堯言。『舜飭下二女于嬀汭，如婦禮』，二句爲舜事。似非經意。」又云：「降者，禮不備也。若如《本紀》『釐降』自舜言之，聞逆王姬矣，聞尚公主矣，未聞人臣婚帝女而曰降之者也。」錫瑞謹案：段説大謬。堯之於舜，使其子九男事之，二女女焉，當屬堯之獨斷。史公、今文家説最塙。若如古文説，四岳試舜而遽請以帝女事舜，殊非人情。且堯試舜而先女以二女，正欲觀其夫婦之法，如史公説，以飭下二女屬舜，乃於下文「慎徽五典」文義相承。蓋堯見舜能以理下二女，使行婦道於虞，乃知舜果能齊家，而試以爲臣之事，故史公云「堯善之，乃使舜慎徽五典」也。如以釐降屬堯，則堯方女舜以二女，尚未知舜待二女何如，何以知舜能齊家，而試以國事乎？經云：「女于時，觀厥刑于二女。」言堯試舜之事也。又云：「釐降二女于嬀汭，嬪于虞。」言舜刑于二女之事也。蓋舜時在嬀汭，其父母在虞，不在一處，故舜妻二女而其父母不知，舜以理飭下二女于嬀汭，乃使行婦道于虞，故堯見而善之。史公以前二句屬堯，此二句屬舜，塙不可易。《列女傳》曰：「四嶽薦之於堯，堯乃妻以二女，以觀厥内。二女承事舜於畎畝之中，不以天子之女故而驕盈怠慢，謙謙恭儉，思盡婦道。」又頌曰：「嬪列有虞，承舜於下。」正與《史記》飭下之義相同。《漢書·谷永傳》谷永日食地震對曰：❶「昔舜飭正二女，以崇至德。」師古曰：「舜謹敕正躬以待二女，其德益崇。」子雲用今文説，亦與史公義同。《外戚傳》曰：「《書》美釐降，夫婦之際，人道之大倫也。」是班氏以釐降屬舜。師古注曰：「釐，理也。《尚書·堯典》稱舜之美，云『釐降二女于嬀汭』，言堯欲觀舜治迹，以己二女妻之，舜能以治降下二女，以成其德。」《後漢書·荀爽傳》爽引經而釋之曰：「降者，下也。嬪者，婦也。言雖帝堯之女，下嫁於虞，猶屈體降下，勤修婦道。」荀悦《漢紀》論王吉請改正尚主之禮云：「昔堯釐降二女於

❶「谷永傳」，原作「五行志」，今據《漢書·谷永傳》改。

嬀汭，嬪於虞。」又《申鑒・時事》篇云：「尚主之制非古也，釐降二女，陶唐之典。」二荀論漢尚公主之非，而引釐降之義，故舉堯而不及舜，非謂釐降非舜事也。段氏所聞者，秦漢尚主之事，惡足以説唐虞之《書》哉。

慎徽五典，五典克從。納于百揆，百揆時敘。○今文作「入于百揆，百揆時序」。○《史記・堯本紀》曰：「乃使舜慎和五典，五典能從，乃徧入百官，百官時序。」《舜本紀》曰：「乃試舜五典百官，皆治。」段玉裁説：「《堯本紀》倣『入』，今文《尚書》也。」錫瑞謹案：「敘」作「序」，亦今文《尚書》。《史記》「敘」皆作「序」。蔡邕《太尉楊公碑》曰：「遷少府光禄勳，敬揆百事，莫不時序。」《太傅祠前銘》曰：「越尹三卿，百揆時序。」禰衡《顔子碑》曰：「百揆時序。」皆今文作「序」之證。少府光禄勳、三卿皆非相位，伯喈引此經以美之者，蓋不以百揆爲相名；又以百揆爲敬揆百事，蓋竝不以百揆爲官名。史公以百揆爲百官，此今文家不以百揆爲官名之證。《左氏傳》曰：「以揆百事，莫不時序。」是百揆爲百官揆事之處，本非官號。史公以爲徧入百官，謂使舜入百官揆事之處，則舜命禹使度百揆，亦謂使居百官揆事之處耳。入百揆在徽五典、賓四門之間，五典、四門非官名，則百揆亦非官名可知。《淮南・泰族訓》曰：「堯乃妻以二女，以觀其内；任以百官，以觀其外。既入大麓，烈風雷雨而不迷，乃屬以九子，贈以昭華之玉。」《淮南》言大麓，本之《大傳》。任以百官，與史公義合，即入于百揆之事也。撰僞古文者，誤以百揆爲官名，乃造《周官》篇云：「内有百揆四岳。」沿其誤者，遂以百揆爲相，又以四岳共爲一人，皆由僞《孔》亂經，致違古義。《論衡・恢國篇》曰：「舜以司徒，因堯授禪；禹以司空，緣功代舜。」仲任舉司徒、司空而不及百揆，是今文家説以司徒、司空爲官名，不以百揆爲官名。「慎徽五典」，鄭注曰「五典，五教也。蓋試以司徒之職」是也。若百揆爲官名，仲任何爲舉司徒、司空，不舉百揆乎？譙周《古史考》曰：「説者以百揆堯初别置，於周更名冢宰。」與僞《孔》誤同，皆不足據。○今文「典」一作「萸」。《尉氏令鄭季宣碑》引作「萸」，《衡方碑》「典謨」作「萸謨」，蓋今文異字。《劉熊碑》引「慎徽五典」仍作「典」。

賓于四門，四門穆穆。《史記》曰：「諸侯遠方賓客皆敬。」《集解》：「馬融曰：『四門，四方之門。諸侯羣臣朝者，舜賓迎之，皆有美德也。』」錫瑞謹案：據史公、馬氏之説，則今文説以賓四門爲攝太子之職。《大傳》曰：「天子太子年十八曰孟侯。孟侯者，於四方諸侯來朝迎於郊者，問其所不知也。」《白虎通・朝聘》篇曰：「遣世子迎之五十里之郊。」《孝經》鄭注曰：「天子使世子郊迎。」《儀禮疏》以爲異代之制，蓋本唐虞舊法。堯始以丹朱爲太子，至是乃廢朱而使舜攝太子之職，賓四門，迎遠方諸侯，正太子迎四方諸侯於郊之事。四門，蓋四郊之門也。《續漢書・百官志》注引明帝詔曰：❶「謁者乃堯之尊官，所以試舜賓于四門，四門穆穆者也。」案：堯時不聞謁者官名，謁者亦非尊官，似不足據。

納于大麓，烈風雷雨弗迷。《漢書・王莽傳》、《燕然山銘》引作「納」，蓋班孟堅用夏侯《尚書》作「納」，與歐陽《尚書》作「入」不同。《史記》、《論衡》作「入」，皆用歐陽本。○今文一作「入于大麓，烈風雷雨不迷」。○《史記・堯本紀》曰：「堯使舜入山林川澤，暴風雷雨，舜行不迷。」《舜本紀》曰：「舜入于大麓，烈風雷雨不迷。」《大傳》曰：「故堯推尊舜而尚之，屬諸侯焉。納之大麓之野，烈風雷雨不迷，乃致以昭華之玉。」鄭注云：「山足曰麓。麓者，録也。古者天子命大事、命諸侯，則爲壇國之外。堯聚諸侯，命舜陟位居攝，致天下之事，使大録之。」錫瑞謹案：據伏生、史公之義，則今文説以大麓爲山麓，伏生不以麓爲録也。知伏生不以麓爲録者，《大傳》曰：「致天下於大麓之野。」又曰：「禹乃興《九招》之樂於大麓之野。」是伏生以麓爲山麓，與《史記》同，若以麓爲録，何必加「之野」二字耶？古義多假借，麓或取義於録，然不得竟以麓爲録。若云「致天下於大録之野」、「興《九招》之樂於大録之野」，文義豈可通乎？訓麓爲録，由漢博士傅會，改其師説。《水經注》引應劭説，云：「鉅鹿，鹿者，林之大者也。《尚書》曰：『堯將禪舜，納之大麓之野，烈風雷雨不迷。』而縣取目焉。」《水經注》又引古書，云：「『堯將禪舜，納之大麓之野，烈風雷雨不迷，乃致以昭華之玉。』故鉅鹿縣取名焉。」據酈氏説，大麓即鉅鹿之地。《十三州志》云：「鉅鹿，唐虞時大麓也。虞舜百揆，納于大麓。麓者，林之大也。堯亦使天下皆見之，故置諸侯，合羣臣與百姓，納之大麓之野，然後以天下授之，明己禪之公也。大陸縣今有堯臺、高與城等，乃堯禪舜之處。」據此，則大麓之地實有可考，不得以麓爲録。酈《注》引古書，與《大傳》同，當即《大傳》。《漢書・于定國傳》上報定國曰：「萬方之事，大録於君。」《王莽傳》張竦引《書》，曰：「『納于大麓，烈風雷雨不迷。』公之謂矣。」莽改

❶「注」，原無，考下引爲《後漢書・百官志》劉昭注引荀綽《晉百官表注》之文，今據補。

鑄錢書曰：「予前在大麓。」桓譚《新論》曰：「昔堯試舜於大麓者，領録天下事，如今尚書官矣。」班固《燕然山銘》曰：「納于大麓，維清緝熙。」劉毅上鄧太后注紀疏曰：「覽總大麓。」蔡邕《太尉汝南李公碑》曰：「外則折衝，内則大麓。」《論衡・正説篇》曰：「《尚書》曰：『四門穆穆，入于大麓，烈風雷雨不迷。』言大麓，三公之位也。居一公之位，大總録二公之事，衆多並吉，若疾風大雨。」此皆夏侯博士以麓爲録之説，而以烈風雷雨爲衆多並吉之喻，又博士異説也。《論衡・正説篇》仲任又自爲説曰：「試之於職，妻以二女，觀其夫婦之法。復令人庶之野，而觀其聖。「人庶」二字，疑即「大鹿」之誤。烈風疾雨，終不迷惑。堯乃知其聖。」又《吉驗篇》曰：「堯聞徵用，試之於職，官治職修，事無廢亂。使入大麓之野，虎狼不搏，蝮蛇不噬，逢烈風疾雨，行不迷惑。」《感類篇》曰：「舜入大麓，烈風雷雨。」《亂龍篇》曰：「舜以聖德，入大麓之野，虎狼不犯，蟲蛇不害。」皆以麓爲山麓，與《正説篇》所引《尚書》説三公位不同。《淮南子・泰族訓》曰：「既入大麓，烈風雷雨而不迷。」高誘注云：「林屬於山曰麓，堯使舜入林麓之中，遭大風雨不迷也。」《鹽鐵論・除狹》篇大夫曰：「賢者處大林，遭風雷而不迷。」蓋引用此經，以大林爲大麓也。王逸注《楚辭・遠遊》云：「屈原美舜遭值於堯，妻以二女，以治天下。内之大麓，任之以職。」叔師亦以麓爲林麓，故别出之於任職之外也。《風俗通義・山澤》篇曰：「謹案：《尚書》『堯禪舜，納于大麓』。麓，林屬於山者也。」王仲任、應仲遠兼治古今文説，高誘、王逸則專治今文説者，皆以麓爲山麓。陳忠乃陳寵之子，寵引經「晏晏」、《甫刑》與今文合，則忠亦治今文説者。《後漢書・劉愷傳》載陳忠曰：「遭烈風不迷，遇迅雨不惑。」則亦必以麓爲山麓。是歐陽今文説與馬、鄭古文説以麓爲山足，初不殊異，史公之説不誤。堯必使舜入山林川澤者，《夏本紀》曰：「舜登用，攝行天子之政，巡狩。行視鯀之治水無狀。」又言禹之治水曰：「陸行乘車，水行乘船，泥行乘橇，山行乘檋。」是禹之治水必入山林川澤，則舜行視鯀之治水，亦必入山林川澤。行視非一時之事，有時或遇暴風雷雨，而舜不迷，則天與之可知。鄭注《書序》云：「入麓伐木，即經所云『隨山栞木』，正歷試諸艱之一事。入麓，即入于大麓。」此古説之僅存者。《列女傳》曰：「選於林木，入於大麓。」與鄭所云「入麓伐木」義同。《御覽・職官部》五引《春秋緯・運斗樞》曰：「赤龍負圖以出河，見堯與太尉舜等百二十人集，發藏大麓。」《占經》引《春秋緯・元命苞》曰：「唐帝遊河渚，赤龍負圖以出，右尉舜等百二十臣發視之，藏之大麓。」蓋亦以麓爲山麓，如藏之名山之義，與《運斗樞》説同。鄭注《書序》不誤，而注《大傳》用博士傳會之説，殊非伏生之旨。《魏公卿上尊號奏》曰：「遵大麓之遺訓。」《魏受禪表》曰：「義莫顯於禪德，美莫盛於受終，故《書》陳『納于大麓』。」桓階等奏曰：「舜受大麓，桑蔭未移而已陟帝位。」直以大麓爲受禪之地，則沿鄭君之説而更失之者也。段玉裁以山麓之説爲古文，大録之説爲今文。蓋徒見今文説之誤者解爲大録，不知今文説之不誤者正解爲山麓，伏生、史公皆非古文説也。陳喬樅説以山麓爲歐陽説，大録爲大、小夏侯説。證以史公與王仲任皆用歐陽《尚書》，周堪、孔霸俱事夏侯勝，授元帝經，則元帝報于定國乃用夏侯《尚書》。分别甚塙。○一作「列風雷雨不迷」。○今文亦作「列」，見《王莽傳》。

帝曰：「格汝舜，詢事考言乃言厎可績，三載。○今文作「三年」。○《史記》曰：「女謀事至而言可績，三年矣。」孫星衍説：「『乃言』字疑衍文。古文『丂』似『乃』，故重出。『乃言』二字，《史記》文無之。」

「汝陟帝位。」舜讓于德弗嗣。○今文作「不台」。○《史記》曰：「女登帝位。舜讓于德不懌。」徐廣曰：「今文《尚書》作『不怡』。怡，懌也。」《索隱》曰：「古文作『不嗣』，今文作『不怡』，怡即懌也。」《史記・自序》曰：「虞舜不台。」《索隱》曰：「台音怡。怡，説也。」又曰：「諸呂不台。」徐廣曰：「怡，懌也。」錫瑞謹案：據此，則今文《尚書》作「不台」，台即怡字，史公作「不懌」，蓋以故訓代經。《漢書・王莽傳》引《書》曰：「舜讓于德不台。」今本作「不嗣」。《文選》李善注曰：「《漢書音義》曰：『昭曰：古文「台」爲「嗣」。』」《後漢書》李賢注曰：「前書曰『舜讓于德不台』。《音義》曰：『台讀曰嗣。』」據二李所見本是「台」字，則今本作「不嗣」，乃後人據古文《尚書》改之。《典引》曰：「有于德不台淵穆之讓。」孟堅用夏侯《尚書》本，亦作「不台」，與《史記》所據歐陽《尚書》不異，不當於《王莽傳》獨作「不嗣」也。

正月上日，《大傳》曰：「上日，元日。」馬曰：「上日，朔日也。」鄭曰：「帝王易代，莫不改正。堯正建丑，舜正建子。此時未改堯正，故云正月上日。即位，乃改堯正，故云月正元日，故以異文。」錫瑞謹案：鄭君蓋用今文家説。《白虎通・三正》篇曰：「王者受命必改朔何？明易姓，示不相襲也。明受之於天，不受之於人，所以變易民心，革其耳目，以助化也。故《大傳》曰『王者始起，改正朔，易服色，殊徽號，異器械，別衣服』也，是以舜、禹雖繼太平，猶宜改以應天。」《漢書·董仲舒傳》曰：「孔子曰：『亡爲而治者，其舜乎！』改正朔，易服色，以順天命而已；其餘盡循堯道，何更爲哉！」皆今文家言舜、禹改正之事。《尚書中候》曰：「若稽古帝舜曰重華，欽翼皇象，建黄授政改朔。」《詩緯·推度災》曰：「軒轅、高辛、夏后氏、漢皆以十三月爲正，少昊、有唐、有殷皆以十二月爲正，高陽、有虞、有周皆以十一月爲正。」緯書多同今文，鄭君據以爲説也。《大傳》曰：「上日，元日。」則「上」與「元」文異義同。王引之説：「謂上旬之善日，非謂朔日也。元日，善日也，吉日也。《王制》：『元日習射上功，習鄉上齒。』《正義》以元日爲善日。《月令》：『孟春，天子乃以元日祈穀于上帝。』盧植、蔡邕竝曰：『元，善也。』」

受終于文祖。《大傳》曰：「受，謂舜也。」《史記·五帝本紀》曰：「文祖者，堯太祖也。」《律書》曰：「年耆禪舜，申戒文祖。」馬曰：「文祖，天也。天爲文，萬物之祖，故曰文祖。」鄭曰：「文祖者，五府之大名，猶周之明堂。」《索隱》曰：「《尚書帝命驗》曰：『五府，五帝之廟。蒼曰靈府，赤曰文祖，黄曰神斗，白曰顯紀，黑曰玄矩。唐虞謂之五府，夏謂之世室，殷謂重屋，周謂明堂，皆祀五帝之所也。』」《正義》引《帝命驗》「五府」作「天府」，又曰：「文祖者，赤帝熛怒之府，名曰文祖。火精光明，文章之祖，故謂之文祖。周曰明堂。」江聲説：「帝堯火德，赤帝之所感生，故以文祖爲五府之大名。受終于文祖，告感生之帝，即告天也。」孫星衍説：「《荀子·禮論》：『王者天太祖。』堯之祖黄帝，必以配天。馬説與史公合。《孝經》云：『宗祀文王於明堂，以配上帝。』上帝即五府之帝。唐時蓋以黄帝配之。鄭説與馬氏、史公俱同義。」錫瑞謹案：緯書多同今文，鄭君亦用今文家説。明堂乃尊祖配天之處，故史公以爲太祖，馬以爲天，各舉一偏言之，其實一也。《漢書·王莽傳》曰：「以漢高廟爲文祖廟。」莽自以己之代漢，如舜之代堯，故以漢高廟比堯太祖廟，是以文祖爲太祖廟，與史公説同。《論衡·譴告篇》曰：「受終于文祖，不言受終于天，堯之心知天之意也。堯授之，天亦授之。」是以文祖爲天，與馬氏同。史公與王仲任皆用歐陽《尚書》，而一以爲太祖廟，一以爲天，足徵二説之異而不異矣。桓子《新論》曰：「明堂，堯謂之五府。府，聚也，言五帝之神聚於此。」此亦古説文祖即明堂之證。《孔叢子》以受終于文祖爲受命於人。僞書不足據也。《中論·爵禄》篇曰：「故舜爲匹夫，猶民也。及其受終于文祖，稱曰『予一人』，則西王母來獻白環。」

在璿璣玉衡，以齊七政。○今文作「在旋機玉衡，以齊七政」。○《大傳》曰：「齊，中也。七政者，謂春、秋、冬、夏、天文、地理、人道，所以爲政也。道正而萬事順成，故天道，政之大也。旋機者，何也？傳曰：旋者，還也。機者，幾也，微也。其變幾微，而所動者大，謂之旋機，是故旋機謂之北極。」又《玉海》引《大傳》曰：「七政布位：日月，時之主；❶五星，時之紀。日月有薄食，五星有錯聚，七者得失，在人君之政，故謂之爲政。」與《御覽》所引《大傳》不同。孫星衍説：「《大傳》云：『旋機謂之北極。』此蓋夏侯、歐陽之説，與史公殊。《玉海》所引，或歐陽之説，又與夏侯不同。」錫瑞謹案：孫氏以《大傳》云旋機爲北極爲今文説，《史記》云北斗爲玉衡爲古文説，非是。以《玉海》所引《大傳》爲歐陽説，尤非也。旋機玉衡，今文當兼北極、北斗言之。七政，《大傳》明以春、秋、冬、夏、天、地、人爲説，不當又有日、月、五星也。《史記·律書》曰：「旋璣玉衡，以齊七政，即天地二十八宿。十母，十二子。」《天官書》曰：「北斗七星，所謂『旋璣玉衡，以齊七政』。」《索隱》曰：「《春秋運斗樞》云：『斗，第一天樞，第二旋，第三璣，第四權，第五衡，第六開陽，第七摇光。第一至第四爲魁，第五至第七爲標，合而爲斗。』《文耀鉤》云：『斗者，天之喉舌。玉衡屬杓，魁爲琁璣。』」《索隱》於「填星」下引《文耀鉤》曰：「鎮，黄帝含樞紐之精，其體旋璣，中宿之分也。」《説郛》引《運斗樞》曰：「天文、地理各有所主，北斗有七星，天子有七政也。」又「北斗七星，所謂『璇璣玉衡，以齊七政』」云云，與《史記》同；「斗，第一天樞」云云，與《索隱》所引合；又有「旋星明」、「旋星散」、「璣星散」、「玉衡星散」云云，此以旋機玉衡皆爲北斗。《文耀鉤》以旋機爲中宿，則近「旋機，北極」之義。蓋渾言則合，析言則分。《續漢志》注引《星經》曰：「璇璣，謂北極星也。玉衡，謂斗九星也。」《説苑·辨物》篇曰：「《書》曰：『在璿璣玉衡，以齊七政。』璿璣，謂北辰句陳樞星也。以其魁杓之所指二十八宿爲吉凶禍福。天文列舍盈縮之占，各以類爲驗。」「璿璣」句下，孫星衍云：「疑脱『玉衡，謂斗九星也』一句。」其説是也。據《星經》、《説苑》兼用《大傳》「旋機，北極」、《史記》「玉衡，北斗」之説。《漢書·律曆志》曰：「衡，平也。其在天也，佐助旋機，斟酌建指，以齊七政，故曰玉衡。」是北斗名玉衡，而佐旋機，北斗非即旋機。疑伏生專就北極言之，史公專就北斗言之，旋機玉衡各舉其一，古書簡略，多不分析，

❶「時」，原作「星」，今據《玉海》卷二所引《尚書大傳》改。

非《大傳》爲今文，《史記》爲古文也。若《玉海》所引《大傳》，非《大傳》，其説與《索隱》所引馬融注合，是古文説，王伯厚誤引耳。古書「旋」或作「琁」，或作「璇」，或作「璿」，「機」或作「璣」，參錯不一。據《大傳》曰「旋者，還也。機者，幾也」，當以「旋機」爲正。《易乾鑿度》曰：「合七八以視旋機審矣。」《尚書中候》曰：「昔帝軒提象，配永循機。」鄭注曰：「永，長也。循，順也。以長爲順斗機爲政也。」《春秋運斗樞》曰：「五帝所行，同道異位，皆循斗樞機衡之分，❶遵七政之紀，九星之法。」《漢堯廟碑》曰：「據旋機之政。」《周公禮殿記》曰：「旋機離常。」《詩・思文》正義引《尚書旋機鈐》，不作「璇璣」。《史記》據《索隱》則所見本作「機」，今單行《索隱》亦作「璣」，乃後人所改。古書作「旋機」者，與《大傳》合。其或改從「玉」者，因馬、鄭古文説以旋璣玉衡爲渾天儀，云以美玉爲之，其字從「玉」，淺人用其説，遂改《史記》等書「旋機」字亦從「玉」。不知古無測天儀器，故《大傳》、《史記》不以機衡爲渾儀；古無測五星法，故《大傳》、《史記》不以七政爲七緯。考兩漢人所引經義，皆以機衡爲星。《春秋感精符》曰：「人主含天光，據璣衡，齊七政，操八極。」揚子《太玄・攡》曰：「運諸泰政，繫之泰始，極焉以通璇璣之統，正玉衡之平。」《甘泉賦》曰：「攀璇璣而下視兮，行遊目乎三危。」李善注曰：「《漢書》曰：北斗七星，所謂璇璣玉衡。」《長楊賦》曰：「是以玉衡正而泰階平也。」玉衡與泰階對舉，亦必以爲星名。劉歆《遂初賦》曰：「惟太階之侈闊兮，機衡爲之難運；懼魁杓之前後兮，遂隆集於河濱。」子駿習古文《尚書》者，而以機衡與太階、魁杓竝言，則以爲星名，與今文不異。其時馬、鄭異説尚未出也。《後漢書・郎顗傳》曰：「璇璣動作，與天相應。」《續漢書・律曆志》曰：「昔者聖人之作曆也，觀琁璣之運，三光之行。」傅毅《明帝誄》曰：「璇璣所建，靡不奄有。」崔駰《車左銘》曰：「虞、夏作車，取象機衡。」又《襪銘》曰：「機衡建子，萬物含滋。」則以機衡皆爲斗建。《漢山陽太守祝睦碑》曰：「升紫微，平機衡。」又《後碑》曰：「陟泰微，准樞衡。」「樞衡」即「機衡」也。蔡邕《巴郡太守謝表》曰：「周旋三臺，充列機衡。」《胡公碑》曰：「內正機衡。」又曰：「入參機衡。」《司空文烈侯楊公碑》曰：「璇璣運周，七精循軌。」七精當即七政。《九疑山碑》曰：「旋璣是承，泰階以平。」亦以旋機與泰階竝舉。王逸《九辨序》曰：「天有九星，以

❶「樞」，原作「極」，今據《初學記》卷一、《太平御覽》卷五所引《春秋運斗樞》改。

正機衡。」《九思》曰：「上察兮璇璣。」注云：「『璇』，一作『旋』，一作『琁機』。」蓋叔師本作「旋機」，後人改之也。察即在之義。《九思》下文云「大火」、「攝提」，皆星名，則亦以旋機爲星名矣。注云：「璇璣天中，故先察之。」是其明證。《九思》又曰：「策謀從兮翼機衡。」正文作「機」，而注作「璣」，正後人改之參差不一之證。以此推之，則凡古書以旋機爲星名而其字從「玉」者，皆後人據馬、鄭古文説妄改之耳。馬、鄭古文渾儀之説，雖本緯書，然兩漢古義皆不如是，江聲、劉逢禄、魏源已辨之。《大傳》以旋機爲北極，本於《周髀算經》，魏源《書古微》説解已詳，兹不復贅。

肆類于上帝，○今文《尚書》亦作「肆類于上帝」。○《論衡・祭意篇》引《尚書》曰：「肆類于上帝。」《李氏家書》引亦作「肆」。○今文一作「遂類于上帝」。○《史記・五帝本紀》《封禪書》、《漢書・王莽傳》引經皆作「遂類于上帝」，蓋今文《尚書》本然，非故訓也。《五經異義》：「今《尚書》夏侯、歐陽説，類，祭天名也。以事類祭之奈何？天位在南方，就南郊祭之是也。古《尚書》説，非時祭天謂之類，言以事類告也。『肆類于上帝』，時舜告攝，非常祭。」許慎謹案：「《周禮》郊天無言類者，知類非常祭，從古《尚書》説。」而《説文・示部》作「禷」，云：「以事類祭天也。」仍從今《尚書》説。蓋今古文説本不相遠，三代異物，唐虞之禮不得以周禮繩之。《詩・皇矣》「是類是禡」，❶毛傳曰：「於内曰類，於外曰禡。」《爾雅・釋天》云：「是類是禡，師祭也。」《王制》曰：「天子將出，類乎上帝。」非必告攝乃有類祭。

禋于六宗，○今文《尚書》亦作「禋于六宗」。○《史記・堯本紀》《封禪書》、《漢書・郊祀志》《王莽傳》《敘傳》、《後漢書・光武帝紀》、《説苑・辨物》篇、《論衡・祭意篇》引皆作「禋」。《東觀漢記》曰：「孝成時匡衡奏立北郊，復祠六宗。至建武都雒陽，制郊祀，六宗廢不血食。大臣上疏，謂宜復舊，上從公卿議，由是遂祭六宗。」《續漢志》：「安帝元初六年，以《尚書》歐陽家説，謂六宗者，在天地四方之中，爲上下四方之宗。三月庚辰，初更立六宗，祀於雒陽西北戌亥之地，禮比太社。」劉昭注引《李氏家書》曰：「司空李郃侍祠南郊，不見六宗祠，奏曰：『案《尚書》「肆類于上帝，禋于六宗」。六宗者，上不及天，下不及地，傍不及四方，在六合之中，助陰陽，化成萬物。漢初甘泉、汾陰天地亦禋六

❶「皇矣」，原作「文王」，考下引出自《詩・皇矣》，今據改。

宗。孝成時，匡衡奏立南北郊祀，復祀六宗。及王莽謂六宗即《易》六子。建武制祀，六宗廢不血食。宜復舊制。』上從郤議。」據此，則漢初已祭六宗，皆用今文之義。至王莽始用劉歆異説耳。揚子《太玄・玄告》曰：「神遊乎六宗。」范望注曰：「不居四時天地者爲六宗。」《論衡・祭意篇》引《尚書》曰：「禋于六宗。」「六宗居六合之間，助天地變化，王者尊而祭之，故曰六宗。」《楚辭・惜誦》云：「戒六神以鄉服。」王逸注云：「六神，謂六宗之神也。」引《尚書》「禋于六宗」。《月令》：「孟冬，天子乃祈來年于天宗。」盧植注曰：「天宗，六宗之神。」《吕氏春秋》文同《月令》，高誘注云：「宗，尊也。凡天地四時皆爲天宗。萬物非天不生，非地不載，非春不動，非夏不長，非秋不成，非冬不藏，《書》曰『禋于六宗』，此之謂也。」諸書皆用今文義，而字作「禋」，與鄭本同，蓋三家異文，非由後人改之也。張昶《西嶽華山堂闕碑》云：「故經有望秩之禋。」《白石神君碑》云：「類帝禋宗。」皆作「禋」。《公羊》僖三十一年《傳》何氏《解詁》引《禮》曰：「六宗、五嶽、四瀆、角尺。」《禮稽命徵》曰：「天子祭天地、宗廟、六宗、五嶽。」六宗在五嶽、四瀆之外，則劉歆説爲日、月、雷、風、山、澤，古《尚書》説爲日、月、星辰、泰山、河、海，説皆非是。且下文明言「山川」，劉歆與古《尚書》説，其謬明矣。○一作「湮于六宗」。○案：今文《尚書》一作「湮」，蓋假借字。《大傳》曰：「萬物非天不生，非地不載，非春不動，非夏不長，非秋不收，非冬不藏，故《書》曰『湮于六宗』，此之謂也。」《五經異義》引今《尚書》歐陽、夏侯説：「六宗者，上不及天，下不及地，旁不及四時，居中央，恍惚無有，神助陰陽變化，有益於人，故郊天竝祭之。」《漢書・郊祀志》引三家説，曰：「上不及天，下不及墜，旁不及四方，在六者之間，助陰陽變化，實一而名六。」據此，則伏生謂天地四時，三家謂在天地四時之間，似異而實不異。《漢志》變「四時」爲「四方」者，蓋東方者春，南方者夏，西方者秋，北方者冬，其義亦不殊也。何氏《公羊解詁》以祭天、社稷、宗廟、六宗、五嶽、四瀆，其餘山川竝稱，則於六宗亦用今文《尚書》「上不及天，下不及地，中不及四方，在六合之中」爲説。江聲説：「六宗，即明堂六帝，帝即天也，亦稱六天，天實一也，故今文家言實一而名六。」孫星衍説：「六宗爲上下四方之宗，不得如許氏所駁『宗一而有六，名實不相應』。」俞正燮説：「魏景初中，劉劭言萬物負陰抱陽，沖氣以爲和。六宗者，太極沖和之氣。則同實一名六之説。《晉書・禮志》載摯虞奏，亦依之。《漢書》孟康注又云：『六宗者，或曰六合遊神。』❶則亦漢人説。《太玄經・玄告》云：『神遊乎六宗。』則同大、小夏侯之説。《魏書・禮志》高閭引或曰：『六宗者，社稷五祀。』又《楚辭・惜誦》云：『合五帝以折中，戒六神以鄉服。』六神方明，説者謂即《虞夏書》六宗。按：《覲禮》：『壇加方明。方明者，木也。方四尺，設六色，設六玉。天子出拜日於東門之外，反祀方明。』亦覲岳之禮，而古經師無其義。錫瑞案：惠棟、江聲皆以爲方明，未知今文之義然否。劉向《遠逝》云：『訊九魌與六神。』下云：『指列宿以白情，訴五帝以置辭。北斗爲我折中，太一爲予聽之。』列宿，北斗九魌也。五帝太一，六神也。則《惜誦》六神義槩六天，劉向治今文學，或有所出。《魏書・禮志》孝文帝曰：『朕躬覽《尚書》之文，「肆類于上帝，禋于六宗」，文相連屬。肆類非獨祭之目，焚煙非他祭之用。六宗者，必是天皇大帝及五帝之神。』即劉説也。」○一作「煙于六宗」。○《路史・餘論》五云：「禋于六宗，《大傳》作『煙』，則事止燔燎。」是羅氏所據《大傳》本作「煙」。《魏公卿上尊號奏》曰：「烟于六宗。」與《路史》所引合。《周禮》：「以禋祀祀昊天上帝。」鄭注云：「禋之言煙，周人尚臭，煙氣之臭聞者。」是鄭據《書》「煙于六宗」之文以注《禮》也。《東觀漢記》曰：「光武即帝位，燔燎告天，禋于六宗。」《續漢書・禮儀志》云：「六宗燔燎，大火燃，有司告事畢。」與《路史》合。

望于山川，○今文《尚書》亦作「望于山川」。○《史記》與《論衡・祭意篇》引同。《白石神君碑》云：「類帝禋宗，望于山川，徧于羣神。」所引亦今文《尚書》也。陳喬樅説：「蓋歐陽經作『望于山川』，無『秩』字。」○一作「望秩于山川」。○《漢書・郊祀志》《王莽傳》、《續漢書・祭祀志》、《光武封泰山刻石文》皆作「望秩于山川」。《説苑・辨物》篇曰：「山川何以視子男也？能出物焉，能潤澤物焉，能生雲雨，爲恩多，然品類以百數，故視子男也。《書》曰：『禋于六宗，望秩山川。』」《漢書・敘傳》云：「類帝禋宗，望秩山川。」《黄圖》載《元始儀》，兩引「望秩山川」。《東觀書》趙熹請封禪，言「望秩羣神，以承天心」。張昶《西嶽華山堂闕碑》云：「故經有望秩之禋。」蓋今文《尚書》多「秩」字，與下「至于岱宗，柴，望秩于山川」文同。趙熹、張昶皆引此經「禋于六宗，望秩于山川，徧于羣神」之文也。鄭注《大傳》引經「望秩于山川」，《魏公卿上尊號奏》云「告類上帝，望秩五岳」，皆用今文《尚書》。

❶「六合」，《漢書・郊祀志上》引孟康注作「天地間」。

偏于羣神。○今文《尚書》亦作「偏于羣神」。《黄圖》載《元始儀》作「偏于羣神」。《説苑・辨物》篇、《漢書・王莽傳》、《論衡・祭意篇》、《白石神君碑》、《魏公卿上尊號奏》皆引「偏于羣神」。《儀禮・士虞禮》：「明日以其班祔。」鄭注：「古文『班』或爲『辨』。」辨、辯一字。《儀禮・鄉飲酒禮》《大射儀》鄭注云：「今文『辯』皆爲『徧』。」是「辯」爲古文，「班」與「徧」皆今文。然班、辯一聲之轉，辯、徧音近，故古亦通用，不盡由後人改之。○一作「班于羣神」、「辯于羣神」。○《光武封泰山刻石文》、《黄圖》載《元始儀》、揚雄《太常箴》皆引「班于羣神」，蓋今文作「班」。《史記》作「辯」，徐廣曰：「辯音班。」從今文讀也。《樊毅修西岳廟記》云：「辯于羣神。」惠棟説：「辯亦音班。」

輯五瑞，○今文作「揖五瑞」。○《史記・本紀》、《漢書・郊祀志》、《魏封孔羡碑》引皆作「揖」。《白虎通・瑞贄》篇曰：「王者始立，諸侯皆見何？當受法稟正教也。《尚書》『輯五瑞，覲四岳』，謂舜始即位，見四方諸侯，合符信。何謂五瑞？謂珪、璧、琮、璜、璋也。《禮》曰：天子珪尺有二寸。又曰：博三寸，剡上，左右各寸半，厚半寸。半珪爲璋，方中圓外曰璧，半璧曰璜，圓中牙外曰琮。五玉者各何施？蓋璜以徵召，璧以聘問，璋以發兵，珪以質信，琮以起土功之事也。珪以爲信何？珪者，兑上，象物始生見於上也。信莫著於乍見，故以珪爲信。而見萬物之始莫不自潔，珪之爲言潔也。上兑，陽也。下方，陰也。陽尊，故其理順備也。位在東，陽見義於上也。璧以聘問何？璧者，方中圓外，象地，地道安寧而出財物，故以璧聘問也。方中，陰德方也。圓外，陰繫於陽也。陰德盛於内，故見象於内。位在中央。璧之爲言積也。中央故有天地之象，所以據用也。内方象地，外圓象天也。璜所以徵召何？璜者，半璧，位在北方。北陰極而陽始起，故象半陰，陽氣始施，徵召萬物，故以徵召也。不象陽何？陽始物微，未可見也。璜者，横也，質尊之命也，陽氣横于黄泉，故曰璜。璜之爲言光也。陽光所及，莫不動也。象君之威命所加，莫敢不從。陽之所施，無不節也。璋以發兵何？璋，半珪。位在南方。南方陽極而陰始起，兵亦陰也，故以發兵也。不象其陰何？陰始起，物尚凝，未可象也。璋之爲言明也。賞罰之道，使臣之禮，當章明也。南方之時，萬物莫不章，故謂之璋。琮以起土功發衆何？琮之爲言宗也。象萬物之宗聚也，功之所成，故以起土功發衆也。位在西方。西方陽收功於内，陰出成於外，内圓象陽，外直爲陰，外牙而内湊，象聚會也，故謂之琮，后夫人之財也。五玉所施，非一不可勝，條略舉大者也。」錫瑞謹案：據《白虎通義》，則今文家説以珪、璧、琮、璜、璋爲五瑞，亦即下文五玉。《焦氏易林·需之井》《否之訟》皆云：「珪、璧、琮、璋，執贄見王。」《漸之履》云：「圭、璧、琮、璜，執贄見王。」是古以珪、璧、琮、璜、璋皆爲見王之贄。《易林》四字爲句，故或言璋不及璜，或言璜不及璋，互見爲義。《公羊》定八年《傳》何氏《解詁》曰：「不言璋言玉者，起珪、璧、琮、璜、璋五玉盡亡之也。珪以朝，璧以聘，琮以發兵，璜以發衆，璋以徵召。」與《白虎通》言五玉所施正同。焦延壽、何劭公皆習今文，故皆與《白虎通義》合。馬注云：「揖，斂也。五瑞，公、侯、伯、子、男所執，以爲瑞信也。堯將禪舜，使羣牧斂之，使舜親往班之。」據《白虎通·爵》篇引《含文嘉》、《禮記·王制》鄭注，皆云「殷爵三等」，則周以前不得有公、侯、伯、子、男五等之爵，當從今文家説爲正。《白虎通·朝聘》篇曰：「諸侯來朝，天子親與之合瑞信者何？正君臣，重法度也。《覲禮經》曰：『侯氏坐取圭，升致命，王受之玉。』《尚書》曰：『輯五瑞。』」

既月乃日，覲四岳羣牧，班瑞于羣后。○今文作「擇吉月日，見四嶽諸牧，班瑞」。○《史記·本紀》《封禪書》、《漢書·郊祀志》皆引經云：「擇吉月日，見四嶽諸牧，班瑞。」史公或以故訓改經，班孟堅則不然，而《史》、《漢》所引皆同，蓋皆引用今文《尚書》，與古文《尚書》本異也。《大傳》曰：「古者圭必有冒，言不敢專達之義也。天子執冒以朝諸侯，見則覆之。故冒圭者，天子所與諸侯爲瑞也。瑞也者，屬也。無過行者，得復其圭以歸其國；有過行者，留其圭；能改過者，復其圭；三年圭不復，少絀以爵；六年圭不復，少絀以地；九年圭不復，而地畢。此所謂諸侯之朝於天子也。義則見屬，不義則不見屬。」《白虎通·瑞贄》篇引《大傳》文曰：「珪所以還何？以爲珪，信瑞也。」

歲二月，東巡守，《漢書·郊祀志》、《禮·王制》皆作「守」。班習夏侯《尚書》，《戴記》與夏侯《尚書》同一師承，蓋夏侯本作「守」也。《白虎通》亦出於班氏，據其故訓，亦當作「守」，後人加犬旁耳。《史記》作「狩」，或歐陽本不同。《集解》：「馬融曰：『歲二月，舜受終後五年之二月。』鄭玄曰：『建卯之月也。』」《公羊疏》引鄭多「歲二月者正歲」六字。陳喬樅説：「考上文正月上日爲堯正建丑之月，則建卯當爲三月。經於二月上特加『歲』字，明其爲正歲之二月。鄭注《周禮·小宰職》云：『正歲，謂夏之正月。』」是知巡狩必以寅正之仲月矣。」《白虎通·巡狩》篇曰：「王者所以巡狩何？巡者，循也。狩者，牧也。爲天下巡行守牧民也。道德太平，恐遠近不同化，幽隱不得所者，故必親自行之，謹敬重民之至也。」又曰：「巡狩所以四時出何？當承宗廟，故不踰時也。以夏之仲月者，同律度，當得其中也。二月八月，晝夜分。五月十一月，陰陽終。」錫瑞謹案：《春秋運斗樞》曰：「舜以太尉受號即位爲天子，五年二月，東巡狩。」馬注正本緯書。知爲受終後五年者，以下云「五載一巡狩」知之耳。羅泌《路史》非之曰：「歲二月者，乃次一年二月也，世不之究，《虞夏傳》云：『惟元祀，巡守四岳八伯。』馬融以爲受終后五年，非也。」羅據《大傳》説，似更塙。

至于岱宗，柴，《史記》曰：「岱宗，泰山也。」錫瑞謹案：「至于岱宗，柴」，今文家説以爲封禪。《後漢書・張純傳》請封禪奏曰：「《書》曰『歲二月，東巡狩，至于岱宗，柴』，則封禪之義也。」《風俗通・正失》篇曰：「謹案：《尚書》：天子巡狩，歲二月，至於岱宗。孔子稱：『封泰山，禪梁父，可得而數七十有二。』蓋王者受命易姓，改制應天，天下太平，❶功成封禪，以告太平也。所以必於岱宗者，長，❷萬物之宗，陰陽交代，觸石而出，❸膚寸而合，不崇朝而偏雨天下，唯泰山乎？」又《山澤》篇曰：「岱者，長也，萬物之始，陰陽交代。王者受命易姓，改制應天，功成封禪，以告天地。」《五經通義》曰：「泰山一名岱宗，言王者受命易姓，報功告成，必於岱宗，東方萬物始交代之處。宗，長也，言爲羣嶽之長。」是以「至于岱宗，柴」即是封禪，今文義也。《續漢書注》引《風俗通》曰：「岱者，胎也。宗者，長也。」下與今本略同。《白虎通・巡狩》篇曰：「嶽之爲言捔也，捔功德也。東方爲岱宗何？言萬物更相代於東方也。」《東觀漢記》丁鴻上奏曰：「臣聞古之帝王統治天下，五載巡狩，至于岱宗，柴祭於天。」又曰：「柴祭之日，白氣上升，與燎煙合。」是古皆以「柴」字斷句，不連「望」字爲義。○今文一作「至于岱宗，祡」。○段玉裁説：「今本作『柴』，漢以後人所改。《郊特牲》曰：『天子適四方，先柴。』鄭注云：『所到必先燔柴，有事于上帝也。』《書》曰：『歲二月，東巡守，至于岱宗，柴。』」此及《王制》『柴』字，蓋本皆作『祡』。《白虎通・巡狩》篇：『巡狩必祭天何？本巡狩爲天，祭天所以告至也。』《尚書》曰：『東巡狩，至于岱宗，

❶「天」，原無，王利器《風俗通義校注》據《白虎通・封禪》篇補，今從。

❷「長」，《風俗通義校注》校補爲「宗者長也」。

❸「觸」上，《風俗通義校注》據盧文弨《拾補》依《山澤》篇補「雲」字。

柴。」』柴，當作『祡』，引此《書》以證巡狩必祭天也。」錫瑞謹案：今文《尚書》亦當作「祡」。《説文・示部》作「祡」，云：「燒柴焚燎以祭天神。」引《虞書》曰：「至于岱宗，祡。」又「𥙓」字下云：「古文『祡』。」「𥙓」爲古文，則「祡」爲今文。揚雄《甘泉賦》曰：「於是欽祡宗祈，燎熏皇天。」《樊毅修華嶽碑》云：「故帝舜受堯曆數，親自巡省，設五鼎之奠，祡燎禋埋。」此今文作「祡」之證。而漢人引經亦作「柴」者，漢時今文通行，取其便俗，故中有俗字。《西嶽華山碑》云：「五歲壹巡狩，皆以四時之中月，各省其方，親至其山，柴祭燔燎。」此石刻之可據者，而作「狩」作「柴」，與《史記》文合，是知《史記》之「狩」字、「柴」字非後人改之也。又案：鄭君《王制》注：「柴，祭天告至也。」《正義》曰：「謂燔柴以祭上天而告至。其祭天之後，乃望祀山川。所祭之天，則蒼帝靈威仰。」以此爲祭靈威仰，蓋今文義。

望秩于山川，○今文作「望秩于山川，班于羣神」，亦作「望秩于山川，徧于羣神」。○錫瑞謹案：《續漢書・祭祀志》載光武封禪刻石文曰：「望秩于山川，班于羣神。」蓋引此經以明巡守封禪之義也。《周頌・時邁》篇鄭箋引《書》曰：「歲二月，東巡守，至于岱宗，柴，望秩于山川，徧于羣神。」則鄭所據《尚書》亦多一句，蓋今文《尚書》多此四字，與前「肆類于上帝，禋于六宗」下文正同。孔穎達《正義》云：「《書》『二月』不言『徧于羣神』，此一句衍文。」蓋不知今文與古文不同也。其或作「班」或作「徧」者，亦猶前文所據本異耳。《白虎通・封禪》篇曰：「於岱宗何？明知易姓也。刻石紀號，知自紀于百王也。燎祭天，報之義也。望祭山川，祀羣神也。」班氏所據今文《尚書》亦有「班于羣神」一句。《史記・封禪書》引《尚書》無此四字，或歐陽本無之。

肆覲東后。○今文作「遂覲東后」。○《史記・封禪書》引作「遂覲東后」。東后者，諸侯也。《漢書・郊祀志》、《續漢書・律曆志》《祭祀志》載光武封禪刻石文，《白虎通・巡狩》篇、《公羊》隱八年《傳》解詁引經皆作「遂」。○一作「遂見東后」。○《史記・本紀》作「遂見東方君長」。以東方君長釋東后，乃以故訓代經。「肆覲」作「遂見」，蓋今文《尚書》。《漢書・郊祀志》、《周禮・大行人》注、《風俗通・山澤》篇引皆作「遂見」。《郊祀志》曰：「東后者，諸侯也。」

協時月正日，《公羊》隱八年《傳》解詁引作「協」。○今文一作「叶時月正日」。○《白虎通・巡狩》篇、《續漢書・律曆志》元和二年詔、《月令章句》引皆作「叶」。《史記》作「合」，故訓字。

同律度量衡。錫瑞謹案：「同律度量衡」之「同」，古書皆不以爲陰吕。《漢書・律曆志》云：「《虞書》曰『乃同律度量衡』，所以齊遠近立民信也。」上加「乃」字，則同謂齊等。又曰：「律十有二，陽六爲律，陰六爲吕。律以統氣類物，一曰黄鍾，二曰太族，三曰姑洗，四曰蕤賓，五曰夷則，六曰亡射。吕以旅陽宣氣，一曰林鍾，二曰南吕，三曰應鍾，四曰大吕，五曰夾鍾，六曰中吕。」「度者，分、寸、尺、丈、引也，所以度長短也。本起黄鍾之長。以子穀秬黍中者，一黍之廣，度之九十分，黄鍾之長。一爲一分，十分爲寸，十寸爲尺，十尺爲丈，十丈爲引，而五度審矣。」「量者，龠、合、升、斗、斛也，所以量多少也。本起於黄鍾之龠，用度數審其容，以子穀秬黍中者千有二百實其龠，以井水準其槩。合龠爲合，十合爲升，十升爲斗，十斗爲斛，而五量嘉矣。」「衡權者，衡，平也；權，重也。衡所以任權而均物平輕重也。其道如底，以見準之正，繩之直，左旋見規，右折見矩。其在天也，佐助旋機，斟酌建指，以齊七政，故曰玉衡。」無一語及「同」。又曰「同律，審度，嘉量，平衡，鈞權，正準，直繩」。亦不以「同」爲實義。又曰：「凡律度量衡用銅者，名自名也。」師古曰：「取銅之名，以合於同也。」是不以「同」别爲一物尤明。新莽《量銘》云：「改正建丑，長壽隆崇，同律度量衡。」《東觀漢記》丁鴻上奏曰：「協時月正日，同斗斛權衡，使人不争。」《白虎通・巡狩》篇：「考禮義，當做「樂」。正法度，同律曆，叶時月，皆爲民也。」張衡《東京賦》曰：「同衡律而一軌量。」亦以「同」爲「齊等」之義。蔡邕《明堂月令論》云：「《書》曰：『歲二月，同律度量衡。』《仲春令》曰：『日夜分，則同度量，鈞衡石。』」《魏封孔羡碑》：「鈞衡石，同度量。」皆不以「同」爲陰吕，與鄭《周禮》注義異。鄭君蓋以《周禮・典同》同是陰律，故取以釋此經，是亦鄭據古《周禮》説以易今《尚書》説之明證也。〇今文一作「乃同律度量衡」。〇《漢志》引《虞書》多「乃」字，蓋本夏侯《尚書》。

修五禮、五玉、〇今文作「修五禮、五樂、五玉」。〇《史記・本紀》《封禪書》作「修五禮、五玉」。《漢書・郊祀志》作「修五禮、五樂」，師古曰：「五樂，謂春則琴瑟，夏則笙竽，季夏則鼓，秋則鐘，冬則磬也。五樂，《尚書》作『五玉』，今《志》亦有作『五玉』者，五玉即五瑞。」孫星衍説：「《大傳》『五玉』作『五樂』，見《虞夏傳》，云：『樂正定樂名。元祀代泰山，貢兩伯之樂焉。陽伯之樂，舞《株離》，其歌聲比余謡，名曰《皙陽》。儀伯之樂，舞《鼚哉》，其歌聲比大謡，名曰《南陽》。中祀大交霍山，貢兩伯之樂焉。夏伯之樂，舞《謾彧》，其歌聲比中謡，名曰《初慮》。羲伯之樂，舞《將陽》，其歌聲比大謡，名曰《朱于》。秋祀柳穀華山，貢兩伯之樂焉。秋伯之樂，舞《蔡俶》，其歌聲比小謡，名曰《苓落》。和伯之樂，舞《玄鶴》，其歌聲比中謡，名曰《歸來》。幽都弘山祀，貢兩伯之樂焉。冬伯之樂，舞《齊陽》，曰《縵縵》。并論八音四會。』又云：『樂者，人性之所自有也，故聖王巡十有二州，觀其風俗，習其性情，因論十有二俗，定以六律、五聲、八音、七始，著其素簇以爲八，此八伯之事也。分定於五，此五嶽之事也。五聲，天音也。八音，天化也。七始，天統也。』《漢書·郊祀志》『五玉』亦作『五樂』，是今文有『五樂』，在『五禮』之下，或即『五玉』之異文。」陳喬樅説：「《王制》云：『禮樂制度衣服正之。』則其所據《尚書·堯典》亦有『修五禮五樂』之文，足與《郊祀志》互相證明。《漢書》多用夏侯《尚書》，《禮記》與夏侯《尚書》同一師承，故脗合也。後人傳寫《史》、《漢》，或存『五樂』而去『五玉』，或存『五玉』而去『五樂』，此《志》所以有作『樂』作『玉』之不同耳。」錫瑞謹案：據《大傳》與《漢志》，今文有「五樂」字無疑。然帛所以薦玉，下有「三帛」字，無「五玉」則文義不完，經文「五樂」、「五玉」皆當有之。《廣韻》「帛」字注引《大傳》「舜修五禮五玉三帛」，則又存「五玉」而去「五樂」，非《大傳》之舊也。今本《大傳》作「舞《齊落》，歌曰《縵縵》」，與孫所引小異。師古釋五樂之名，必有所受，蓋出服虔、如淳諸人舊注，今文遺説也。

三帛、《史記集解》引馬注曰：「三孤所執也。」鄭注曰：「帛，所以薦玉也。必三者，高陽氏後用赤繒，高辛氏後用黑繒，其餘諸侯皆用白繒。」《通典》引《中候》曰：「高陽氏尚赤，薦玉以赤繒。高辛氏尚黑，薦玉以黑繒。陶唐氏尚白，薦玉以白繒。」錫瑞謹案：馬用古《周禮》「孤執皮帛」之説，虞時不聞有三孤，則其説非也。鄭説本《中候》，與《大傳》三統三正之義合，當是今文家説。《檀弓》正義推鄭之意，謂堯以十二月爲正，尚白，故曰其餘諸侯用白繒。高辛氏以十三月爲正，尚黑，故其後用黑繒。高陽氏以十一月爲正，尚赤，故其後用赤繒。少皞以十二月爲正，尚白。黄帝以十三月爲正，尚黑。神農以十一月爲正，尚赤。女媧以十二月爲正，尚白。伏羲以上未聞。《禮緯含文嘉》曰：「天子、三公、諸侯皆以三帛以薦玉。」宋均注曰：「其殷禮，三帛謂朱、白、蒼，象三正。其五帝之禮，薦玉用一色之帛。」宋是鄭君弟子，與鄭説不同。

二生、○今文作「二牲」。○《史記·封禪書》、《漢書·郊祀志》、《風俗通·山澤》篇、《續漢書·祭祀志》載光武封禪刻石文皆作「牲」。《史記・本紀》、《白虎通》作「生」，疑後人改之。孫星衍説：「二生者，古以麑鹿。《白虎通・文質》篇云：『臣見君所以有贄何？贄者質也，質己之誠，致己之悃愊也。公侯以玉爲贄者，玉取其燥不輕、濕不重，公侯之德全。卿大夫贄，古以麑鹿，今以羔雁何？以爲古者質，取其内，謂得美草鳴相呼。今文取其外，謂羔跪乳，雁有行列也。《禮・士相見》經曰：「上大夫相見以羔，左頭如麛執之。」明古以麑鹿，今以羔也。』據此，知唐虞時二生是麑鹿，非羔雁也。」

一死　馬注曰：「一死，雉，士所執。」《白虎通・瑞贄》篇曰：「士以雉爲贄者，取其不可誘之以食，懾之以威，必死不可生畜。」

贄，○今文作「爲摯」。○《史記・本紀》作「爲摯」，《漢書・郊祀志》作「爲贄」，蓋今文《尚書》多「爲」字。贄，俗字，當從《史記》作「摯」。《封禪書》作「贄」，無「爲」字，乃後人改之。

如五器，卒乃復。馬注曰：「五器，上五玉。五玉禮終則還之，三帛已下不還也。」鄭注曰：「卒，已也。復，歸也。巡守禮畢，乃反歸矣。每歸，用特牛告于文祖矣。」馬、鄭二注不同，未知孰與今文義合。鄭以蓺祖爲文祖，與今文《尚書》禰祖異，則鄭用古文説。馬以卒爲禮終，復爲還玉，疑用今文説也。

五月，南巡守，至于南岳，如岱禮。○今文「岳」一作「嶽」。○孫星衍説：「《大傳》説五嶽，謂岱山、霍山、華山、恒山、嵩山也。《白虎通・巡狩》篇云：『南方爲霍山何？霍之爲言護也，言太陽用事，護養萬物也。』《水經》「禹貢山水澤地所在」云：『霍山爲南嶽，在廬江灊縣西南。』《論衡・書虚篇》云：『舜巡狩，東至岱宗，南至霍山，西至太華，北至恒山。以爲四嶽者，四方之中，諸侯之來，竝會嶽下，幽深遠近，無不見者，聖人舉事求其宜適也。』此以霍山爲南嶽，皆今文説。《爾雅・釋山》説『五嶽』，云『江南，衡』，用孔安國古文説也。又云『霍山爲南嶽』，用今文説也。郭璞注云：『漢武帝以衡山遼曠，因讖緯皆以霍山爲南嶽，故移其神於此。』案：緯書皆本今文，漢武案古圖書復南嶽之舊，非以霍山爲南嶽始自漢武也。《通典》引《三禮義宗》云：『唐虞以衡山爲南岳，周氏以霍山爲南嶽。』蓋傳寫互誤，非崔靈恩之失也。《周禮》以衡山爲南嶽，唐虞南嶽即是霍山也。竊疑經文言『五月，南巡守，至于南岳』，則舜都平陽，吉行五十里，計一月可至霍山。若至衡山，遼遠且又踰江，不便以覲南方諸侯，故歐陽、夏侯等説爲霍山，蓋本之伏生，是以《大傳》又有『中祀霍山』及『奠南方霍山』之文也。」錫瑞謹案：孫説是也。《大傳》云：「中祀大交霍山。」鄭注謂五月南巡守所祭。是鄭從今文説。《説苑·辨物》篇曰：「五嶽者，何謂也？泰山，東嶽也。霍山，南嶽也。華山，西嶽也。常山，北嶽也。嵩高山，中嶽也。」《説文》曰：「嶽，東岱、南霍、西華、北恒、中太室。」許叔重治古文，其言五嶽亦從今文説。《御覽》引《義宗》云：「南岳謂之霍，霍者，護也，言陽氣用事，盛陽之日，護養萬物，故以爲稱也。」《廣雅·釋山》云：「岱宗謂之泰山，天柱謂之霍山，華山謂之太華，常山謂之恒山，外方謂之嵩高，岣嶁謂之衡山。」以霍山列泰、華之間，而衡山別見於後，則亦以霍山爲南嶽矣。淺人囿於所見，率以霍山南嶽爲漢制。《説苑》諸書皆本漢制言之，《大傳》明在漢武前，又謂《大傳》作於歐陽、張生，竝疑《爾雅》後一説爲漢人羼入，不知以霍山爲南嶽，其説甚古。《楚辭·天問》云：「吴獲迄古，南嶽是止。」王逸注曰：「獲，得也。迄，至也。古，謂古公亶父也。言吴國得賢君，至古公亶父之時，而遇太伯，陰讓避王季，辭之南嶽之下，采藥於是，遂止而不還也。」案：太伯采藥荆蠻，是吴地，非楚地，屈子所云南嶽，亦謂霍山，非謂衡山也。淺人所以致疑者，衡、霍兩山皆有二名，古多謂霍爲衡，後多謂衡爲霍。《封禪書》云：「南嶽，衡山也。」初疑史公用《堯典》古文説，考《黥布列傳》「九江、廬江、衡山、豫章郡皆屬布」，《淮南衡山列傳》「徙爲衡山王，王江北」，皆即霍山。又《始皇本紀》「乃西南渡淮水，之衡山、南郡。浮江，至湘山祠」。案：由淮水至南郡，不過今之衡山，衡山又在湘山南，此云「之衡山」，亦即霍山，與淮水近。然則《封禪書》之衡山亦是霍山，非別用古文説矣。孫引郭注「因讖緯皆以霍山爲南嶽」，考《詩》、《書》、《左傳》疏，皆無此十字。

八月，西巡守，至于西岳，如初。○今文「岳」一作「嶽」。○《史記》曰：「西嶽，華山。」《白虎通·巡狩》篇曰：「西方爲華山者何？華之爲言穫也，言萬物成熟可得穫也。」《風俗通·山澤》篇曰：「西岳崋山，崋者，華也，萬物滋然，變華於西方也。」

十有一月，朔巡守，至于北岳，○今文「岳」一作「嶽」。○《史記》曰：「北嶽，恒山也。」《白虎通·巡狩》篇曰：「北方爲恒山者何？恒者，常也，萬物伏藏於北方有常也。」《風俗通·山澤》篇同。《白虎通》又曰：「北方爲常山者何？陰終陽始，其道常久，故曰常。」

如西禮。何氏《公羊解詁》引「如西禮」，蓋今文《尚書》。馬本作「如初禮」，則古文《尚書》。姚方興裸采馬、王之義，而其本作「如西禮」，與馬本不同，則必用王肅本。王肅嘗習今文《尚書》，故從今文，以示異於馬、鄭古文也。○今文「如西禮」下，一本有「還，至嵩，如初禮」句。○何氏《公羊解詁》引《尚書》「如西禮」，下曰：「還，至嵩，如初禮。」陳喬樅説：「如西禮，馬融本作『如初禮』。考《史記·封禪書》於『皆如岱宗之禮』下文又云：『中嶽，嵩高也。』《漢書·郊祀志》亦同。則『如初禮』之上明有脱文，邵公《解詁》所引《尚書》曰云云，真今文家之本也。」段玉裁云：「《史記》、《漢書》言『至岱宗』、『至南嶽』、『至西嶽』、『至北嶽』而不言『至中嶽』，但言『中嶽，嵩高也』，然則亦備五嶽之訓故而已。《風俗通義·山澤》篇曰：『中嶽，嵩高也，王者所居，故不巡焉。』」按：應氏説可證今文、古文本皆無至于中嶽之文，何劭公則補經文曰：『還，至嵩，如初禮。』蓋亦今文家説，而較《封禪書》、《郊祀志》爲蛇足矣。」喬樅謂此不然也，「應劭所云『中嶽，王者所居，故不巡焉』者，蓋指覲諸侯及協時月正日，同律度量衡，修五禮五樂諸事。以諸侯各朝于方嶽之下，於此中嶽無事。又王者所居，爲首善之區，政教所頒，先自近始，無煩重申巽命。其柴祭及望山川、班羣神之禮，中嶽亦當與四嶽同，豈有祀典大事獨闕中嶽之理」。錫瑞謹案：嵩高爲王者所居，惟於東周爲合，若唐虞都蒲坂、平陽，嵩高豈王者所居乎？應仲遠兼通今古文，《風俗通義》所云，蓋用古文説，而以周制説虞制，殊爲疎失。陳氏申今文説，而不知虞時嵩山非王都，其説亦未爲得也。《大傳》曰：「五嶽，謂岱山、霍山、華山、恒山、嵩山也。」又曰：「分定於五，此五嶽之事也。五嶽皆觸石而出雲，扶寸而合，不崇朝而雨天下。」是伏生實以嵩山列五嶽之中。《爾雅·釋山》：「嵩高爲中岳。」《白虎通·巡狩》篇曰：「中央爲嵩高者何？嵩言其高大也。中央之嶽獨加高字者何？中央居四方之中而高，故曰嵩高山。」皆與今文説合，不必王者所居乃爲中嶽也。近人有以霍太山爲唐虞中嶽者，亦非古義。

歸，格于藝祖，用特。○今文作「歸，假于禰祖，用特」，亦作「歸，假于祖禰，用特」。○《大傳》曰：「歸，假于禰祖，用特。」又曰：「天子遊不出封圻，不告祖廟。」又曰：「古者巡守，以遷廟之主行。出，以幣帛皮圭告於祖，遂奉以載於齊車。每舍，奠焉然後就舍。反必告奠，卒，斂幣玉藏之兩階之間，蓋貴命也。」《白虎通·巡狩》篇曰：「王者出必告廟何？孝子出辭反面，事死如事生，《尚書》曰：

『歸，假于祖禰。』」《三軍》篇曰：「王者將出，辭於禰，還，格於祖禰者，言子辭面之禮，尊親之義也。《尚書》曰：『歸，假于禰祖。』」何氏《公羊解詁》作「禰祖」，《禮·王制》、《史記·本紀》、《説苑·修文》篇、《後漢書·肅宗紀》《安帝紀》皆作「祖禰」。錫瑞謹案：或作「禰祖」，或作「祖禰」，蓋傳本偶異，而今文義不異，故《白虎通》引《書》一作「祖禰」，一作「禰祖」也。《禮·曾子問》曰：「諸侯適天子，必告于祖，奠于禰。諸侯相見，必告于禰。」又曰：「天子諸侯將出，必以幣帛皮圭告于祖禰。」《王制》亦曰：「天子將出，造乎禰。」義雖不備，而與《大傳》、《白虎通》説同。《禮記》與夏侯《尚書》同一師承，班氏亦習夏侯《尚書》，故《白虎通》兩引《禮》文。《大傳》云「以遷廟主行」，又云「以幣帛告于祖，載於齊車」者，蓋無遷廟主則以幣帛，故《曾子問》曰：「古者師行無遷主，則何主？孔子曰：主命。」下即《大傳》所引。《白虎通·巡狩》篇曰：「王者、諸侯出，必將主何？示有所尊，故孔子曰：『王者將出，必以遷廟主行，載於齊車，示有尊也。無遷主，以幣帛皮圭告于祖禰廟，遂奉以出，每舍，奠焉，蓋貴命也。』必以遷主者，明廟不可空也。」較《大傳》尤詳明。《大傳》云「告祖」不云「告禰」，蓋舉祖以賅禰。段玉裁云：「淺人删去《大傳》『禰』字。」恐未必然。今本《白虎通·三軍》篇「禰祖」作「蓺祖」，段以爲淺人用古文《尚書》改之，是也。

五載一巡守，《大傳》作「五載一巡守」。《史記·封禪書》、《漢書·郊祀志》皆作「五載一巡狩」。案：《白虎通·四時》篇有「二帝言載」之文，則今文有作「載」者，非盡後人改之。○今文一作「五歲一巡狩」，亦作「五歲壹巡狩」。○《史記·本紀》作「五歲一巡狩」，《西嶽華山碑》作「五歲壹巡狩」，是今文《尚書》作「歲」也。《白虎通·巡守》篇曰：「所以不歲巡守何？爲太煩也。過五年，爲太疏也。因天道時有所生，歲有所成，三歲一閏，天道小備；五歲再閏，天道大備；故五年一巡守。三年，二伯出，述職黜陟。」《風俗通·山澤》篇曰：「所以五載一出者，蓋五歲再閏，天道大備。」《御覽》引《逸禮》曰：「所以五年一巡守何？五歲再閏，天道大備。」《公羊》隱八年《傳》何氏《解詁》曰：「三年一使三公絀陟。」疏云：「《書傳》文。」又曰：「五年親自巡守。巡猶循也，守猶守也，循行守視之辭，亦不可國至人見爲煩擾，故至四嶽，知四方之政而已。」疏云：「《堯典》文。」陳壽祺説：「《堯典》無此文，蓋皆出伏生《堯典傳》，疏脱『傳』字耳。」

羣后四朝。《大傳》曰：「古者諸侯之於天子，五年一朝，朝見其身，述其職。述其職者，述其所職也。」《公羊》桓元年《傳》：「諸侯時朝乎天子。」何氏《解詁》曰：「五年一朝，王者亦貴得天下之歡心，以事其先王，因助祭以述其職，故分四方諸侯爲五部，部有四輩，輩主一時。《孝經》曰『四海之內，各以其職來助祭』，《尚書》曰『羣后四朝。敷奏以言，明試以功，車服以庸』是也。」陳喬樅説：「考《禮記·王制》正義引鄭《孝經》注云：『諸侯五年一朝天子，天子亦五年一巡守。』案：鄭注《孝經》，與注《尚書》異。《孝經》注當是用今文《尚書》説，故與何休説略同。《漢書·藝文志》載《孝經》有《后氏説》，后氏爲夏侯始昌弟子，與夏侯勝同師，故《孝經》説有與《尚書》説合者，以其同一師授也。《五經異義》云：『《公羊》説，諸侯比年一小聘，三年一大聘，五年一朝天子。《左氏》説，十二年之間，八聘，四朝，再會，一盟。許慎謹案：《公羊》説虞夏制，《左氏》説周禮。傳曰：三代不同物。明古今異説。』是許君亦以五年一朝爲虞夏之制也。但鄭《孝經》注與何《公羊傳》注又同中有異者，而何説較鄭爲允。鄭言四方諸侯分爲四部，四年乃徧，則是巡守之年諸侯不朝于京師也。據何云五年一朝者，王者貴得天下之歡心，以事其先王。是所重者不僅述職而已，兼重在助祭京師，故分四方諸侯爲五部，部分四輩，輩主一時，則五年之中，四時祭祀皆有諸侯助祭矣。至巡守之年，諸侯各就其方，以四時朝于方嶽之下，而所分之第五部，於是年亦分四輩，以四時朝于京師，因助祭而述職，故五年乃徧也。若如鄭説止分四部，四年而徧，則巡守之年四方諸侯無一來京師助祭者，於大典有缺，是不如從邵公之説爲長也。」

敷奏以言，明試以功，車服以庸。《大傳》曰：「見諸侯，問百年。命大師陳詩以觀民風俗，命市納賈以觀民好惡。山川神祇有不舉者，爲不敬。不敬者，削以地。宗廟有不順者，爲不孝。不孝者，黜以爵。變禮易樂者，爲不從，不從者，君流。改衣服制度，爲畔，畔者，君討。有功者賞之。《尚書》曰：『明試以功，車服以庸。』」《白虎通·考黜》篇曰：「《禮説》九錫：車馬、衣服、樂則、朱户、納陛、虎賁、鈇鉞、弓矢、秬鬯，皆隨其德可行而次。能安民者賜車馬，能富民者賜衣服，《書》曰：『明試以功，車服以庸。』能安民，故賜車馬以著其功德，❶安其身。能使人富足衣食，倉廩實，故賜衣服以彰其體。」《後漢書》章帝詔：「『敷奏以言』，則文章可采；『明試以功』，則政有異迹。」《續漢

❶「著」，原作「考」，今據《白虎通·考黜》篇改。

書・輿服志》：「《書》曰：『明試以功，車服以庸。』夫禮服之興也，所以報功章德，尊仁尚賢。故禮尊尊貴貴，不得相踰，所以爲禮也。非其人不得服其服，所以順禮也。」○今文「敷」一作「傅」。○《漢書・宣帝紀》：「傅奏其言，考試功能。」應劭曰：「敷，陳也。各自奏陳其言，然後試之以官，考其功德也。」師古曰：「傅讀曰敷。」今文《尚書》「敷」多作「傅」，「敷土」作「傅土」，「敷聞」作「傅聞」可證。《後漢書・梁統傳》統上疏曰：「謹表其尤害於體者，傅奏於左。」《史記》作「偏告」，以故訓代之。

肇十有二州，封十有二山，濬川。《史記》作「肇十有二州，決川」，無「封十有二山」句，蓋史公省文。「濬」作「決」，故訓字。錫瑞謹案：兆、肇古通用，《詩・生民》「后稷肇祀」，《禮・表記》引作「后稷兆祀」。又《玄鳥》「肇域彼四海」，箋云：「肇，當作『兆』。」《周禮・小宗伯》「兆五帝于四郊」，鄭注云：「兆，爲壇之營域。」與《大傳》注義同。《說文》作「垗」，引《周禮》曰：「垗五帝于四郊。」然則「垗」爲古文，「兆」乃今文省借字，「肇」乃今文通叚字。史公作「肇」，義當與《大傳》作「兆」不殊。古文《尚書》蓋同《史記》作「肇」，馬、鄭以爲「肇」當訓「始」，故云：「分齊爲營州，分衛爲并州，燕以北爲幽州，新置三州，并舊爲十二州。」蓋本之《漢志》冀北創幽部之名，燕齊起幽營之號。此或古文《尚書》本以「肇十有二州」居上，或後人據馬、鄭注移易其文，皆未可知，要與《大傳》今文義不合。《漢書・地理志》曰：「堯遭洪水，褱山襄陵，天下分絶爲十二州，使禹治之。水土既平，更制九州。」又《谷永傳》永對曰：「堯遭洪水之災，天下分絶爲十二州。」孟康注曰：「本九州，洪水隔分，更爲十二州。」《王莽傳》曰：「《堯典》十二州，後定爲九州。」據今文家說，則十二州之分，實因洪水之故。蓋州本水中可居之名，洪水橫流，天下分絶，水中可居者十有二處，因分爲十二州。水土既平，更制九州。西漢今文無分九州爲十二州之說。若如馬、鄭之義，以分十二州在平水土、置九州之後，則分九州爲十二，又合十二爲九，紛紛更置，不太煩乎。江聲說：「先儒以肇之言始，解爲始分十二州，殊未安也。聲竊謂十二州蓋自古有之，此當如《大傳》作『兆十有二州』，謂爲兆域以祭分星，於義允愜。『十二州』上繫『十二次』者，天有十二次，實爲十二州之分野，天象見於某次，則灾祥應於某州，是相繫屬者也。」○今文一作「封十有二山，兆十有二州，濬川」。○《大傳》曰：「壇四奧，沈四海，封十有二山，兆十有二州，濬川。」鄭注：「祭者必封，封亦壇也。十有二山，十有二州之鎮也。兆，域也，爲營域以祭十二州之分星也。壇、沈、封、兆，皆因所宜爲之名。」鄭以「兆」爲「垗」之假借，蓋今文家説如是，故「兆十有二州」在「封十有二山」之下。《春秋説題辭》曰：「山之爲言宣也，含澤布氣調五神也。州之爲言殊也，合同類異其界也。」

象以典刑，今文説以爲畫象。《大傳》曰：「唐虞象刑而民不敢犯，苗民用刑而民興相漸。」又曰：「唐虞之象刑，上刑赭衣不純，中刑雜屨，下刑墨幪，以居州里，而反於禮。」又曰：「唐虞象刑，犯墨者蒙皁巾，犯劓者赭其衣，犯臏者以墨幪其臏處而畫之，犯大辟者布衣無領。」《周禮疏》引《孝經緯》曰：「三皇無文，五帝畫象，三王肉刑。畫象者，上罪墨蒙赭衣襍屨，中罪赭衣襍屨，下罪襍屨而已。」《公羊》襄二十九年《傳》注引孔子曰：「五帝畫象世順機。」徐疏以爲《孝經説》，疏曰：「其五帝之時，黎庶已薄，故設象刑以示其恥，當世之人順而從之，疾之而機矣，故曰『五帝畫象世順機』也。畫猶設也。其象刑者，即《唐傳》云：『唐虞之象刑，上刑赭衣不純。』注云：『純，緣也。時人尚德義，犯刑者但易之衣服，自爲大恥。中刑雜屨。屨，履也。下刑墨幪。幪，巾也，使不得冠飾。《周禮》罷民亦然。上刑易三，中刑易二，下刑易一，輕重之差，以居州里，而民恥之是也。』」《白虎通·五刑》篇曰：「五帝畫象者，其衣服象五刑也。犯墨者蒙巾，犯劓者以赭著其衣，犯臏者以墨蒙其臏處而畫之，犯宮者履襍扉，犯大辟者布衣無領。」《史記·孝文帝本紀》曰：「蓋聞有虞氏之時，畫衣冠異章服以爲僇，而民不犯。」《漢書·武帝紀》曰：「朕聞昔在唐虞，畫象而民不犯。」《元帝紀》曰：「蓋聞唐虞象刑而民不犯。」揚雄《廷尉箴》曰：「天降五刑，惟夏之績。亂兹平民，不回不辟。」又曰：「唐虞象刑，天民是全。」《論衡·儒增篇》曰：「儒書稱堯舜之德，至優至大，天下太平，一人不刑。」《風俗通》曰：「五帝畫象，三王肉刑。」又曰：「謹案：《尚書》夏禹始作肉刑。」《周禮·司圜》注曰：「弗使冠飾者，著墨幪，若古之象刑與？」《三國志》魏明帝詔曰：「有虞氏畫象而民勿犯。」皆今文説也。今文説以象刑爲畫象，其義甚古。《荀子》曰：「古無肉刑而有象刑。墨黥，慅嬰；共，艾畢；菲，紂屨；殺，赭衣而不純。」《墨子》曰：「畫衣冠而民不犯。」《愼子》曰：「有虞氏之誅，以幪巾當墨，以草纓當劓，以菲履當刖，以艾韠當宮，布衣無領當大辟。」皆與今文義合。《大傳》言刑無宮，蓋有缺佚。又上刑當云赭衣不純，墨蒙襍屨，中刑墨蒙襍屨，下刑墨蒙，乃與鄭注所云「上刑易三，中刑易二，下刑易一」之義合。據鄭注，則今本《大傳》有缺文，觀《孝經緯》可見。《孝經緯》言下罪襍屨，《大傳》言下刑墨蒙，則所傳之異也。

流宥五刑，《大傳》曰：「決關梁、踰城郭而略盜者，其刑臏。男女不以義交者，其刑宮。觸易君命、革輿服制度、姦軌盜攘傷人者，其刑劓。非事而事之、出入不以道義而誦不祥之辭者，其刑墨。降叛寇賊劫略奪攘撟虔者，其刑死。」孫星衍説：「此則五刑之條目，亦飾其象以待犯者而已。又以流放及三宥之法宥之，故《大傳》又稱：『唐虞象刑而民不敢犯。』知此五刑爲畫象者，經文列于鞭朴之前，見其輕於傷體膚也。」錫瑞謹案：古説象刑，皆與今文義合。而後世疑之者，蓋疑五刑但飾畫象，則五刑反輕於流宥。或云象刑成罪不復齒，故重。似亦不然。疑所謂流宥五刑者，流放之人又畫五刑之象以別異之，如《王制》云「屏之遠方，終身不齒」，而《玉藻》有「玄冠縞武，不齒之服也」。

鞭作官刑，後漢章帝元和元年詔曰：「鉆鑽之屬，慘苦無極。《書》曰『鞭作官刑』，豈云若此？」《三國志·魏明帝紀》詔曰：「鞭作官刑，所以糾慢怠也。」

扑作教刑，金作贖刑。《潛夫論·述赦》篇曰：「金作贖刑，赦過宥罪，皆謂良人吉士，時有過誤，不幸陷離者爾。」韋昭《國語》注曰：「小罪不入于五刑者，以金贖之，有分兩之差，今之罰金是也。」

眚災肆赦，《後漢書·陳寵傳》寵上疏曰：「故唐堯著《典》，眚災肆赦。」孫星衍説：「《左氏傳》云：『非日月之眚不鼓。』注：『眚猶災也。』是日月之食謂之眚。《尚書緯》曰：『當赦不赦，月爲之食。』是今文有説此眚災爲月食者。《開元占經》引《石氏》曰：『若月行疾則君刑緩，行遲則君刑急，故人君月有變則省刑。《書》曰：眚災肆赦。』」〇今文一作「眚烖過赦」。〇《史記》作「眚烖過赦」。

怙終賊刑。《孝經援神契》曰：「刑者，侀也。過出罪施，侀爲著也。行刑者所以著人身體，過誤者出之，實罪者施刑，是以《尚書》云『眚災肆赦，怙終賊刑』。」《大傳》曰：「不赦有過謂之賊。」孫星衍説：「怙終賊刑者，言怙過不改則不赦也。此有虞氏之施刑，雖不赦，亦衣之畫象而已。」

欽哉，欽哉，惟刑之恤哉！《漢書·刑法志》成帝詔曰：「《書》不云乎：『惟刑之恤哉！』」陳喬樅説：「案：《漢書·儒林傳》言鄭寬中習小夏侯《尚書》，以博士授成帝經。是作『恤』者，小夏侯之本也。」案：蔡邕《文烈侯楊公碑》曰：「惟刑之恤。」〇今文一作「惟刑之謐哉」。〇《史記》作「惟刑之静哉」。徐廣曰：「今文云『惟刑之謐哉』。《爾雅》曰：『謐，静也。』」恤得與謐通者，《詩·周頌》「假以溢我」，《説文》引云「誐以溢我」，《廣韻》引云「誐以謐我」，襄二十七年《左傳》引云「何以恤我」，是謐與恤相通之驗。

流共工于幽州，放驩兜于崇山，竄三苗于三危，殛鯀于羽山，四罪而天下咸服。《大戴禮》、《淮南子》引皆作「幽州」，《漢書·王莽傳》曰「流棻于幽州」，則今文《尚書》亦作「幽州」。○今文「幽州」一作「幽陵」。○《史記·五帝紀》：「驩兜進言共工，堯曰不可而試之工師，共工果淫辟，四嶽舉鯀治鴻水，堯以爲不可，嶽彊請試之，試之而無功，故百姓不便。三苗在江、淮、荆州數爲亂。於是舜歸而言於帝，請流共工于幽陵，以變北狄；放驩兜于崇山，以變南蠻；遷三苗于三危，以變西戎；殛鯀于羽山，以變東夷。」徐廣曰：「變，一作『燮』。」《索隱》曰：「變謂變其行及衣服，同於夷狄也。徐廣云作『燮』。燮，和也。」《正義》曰：「言四凶流四裔，各於四夷放共工等爲中國之風俗也。」《漢書·刑法志》曰：「唐虞之際，至治之極，猶流共工，放驩兜，竄三苗，殛鯀，然後天下服。」《論衡·恢國篇》曰：「共工之行，靖言庸回，驩兜私之，稱薦於堯。三苗巧佞之人，或言有罪之國。鯀不能治水，知力極盡。罪皆在身，不加於上，唐虞放流，死于不毛。」錫瑞謹案：《大戴禮》亦云「以變北狄」、「以變南蠻」、「以變西戎」、「以變東夷」，與《史記》同。變者，謂流四凶於四夷，使變夷狄之俗，同於中國，蓋用夏變夷，非如《索隱》之説用夷變夏，使同於夷狄也。徐廣云作「燮」，則古本《史記》一作「燮」字，謂使四凶燮和夷狄。班固《西都賦》曰：「北燮丁令。」其所據《史記》蓋作「燮」也。蓋四凶皆有過人之才，故使燮和夷狄之俗。《夏本紀》曰：「舜登用，攝行天子之政，巡狩。行視鯀之治水無狀，乃殛鯀於羽山以死。」是因殛而死，殛非死刑也。《楚辭·天問》：「永遏在羽山，夫何三年不施？」王逸注曰：「言堯長放鯀於羽山，絶在不毛之地，三年不舍其罪也。」《漢書·鮑宣傳》曰：「昔堯放四罪而天下服。」《劉向傳》曰：「故舜有四放之罰。」《息夫躬傳贊》曰：「《書》放四罪。」《後漢書·楊震傳》曰：「四凶流放，天下咸服。」是殛亦放也。《後漢書·梁統傳》統上疏曰：「是以五帝有流殛放殺之誅，三王有大辟刻肌之法。」統説分別甚明。蓋唐虞本無肉刑，故四凶之罪止于流放也。《後漢書·朱浮傳》樊儵言於帝曰：「唐堯大聖，兆人獲所，尚優游四凶之獄，厭服海内之心，使天下咸知，然後殛罰。」○一作「幽都」。○《後漢書·侯霸傳》光武賜霸璽書曰：「崇山、幽都何可偶。」則今文亦作「幽都」，與《莊子・在宥》篇合。

二十有八載，帝乃殂落。○今文作「放勛乃徂落」，亦作「放勳乃徂落」。○趙岐《孟子注》曰：「放勳，堯名。徂落，死也。」《釋名・釋喪制》曰：「徂落，徂，祚也，福祚殞落也。徂亦往也，言往去落也。」段玉裁説：「《孟子》、《春秋繁露》、《帝王世紀》皆作『放勳』字，董子用今文《尚書》者，許叔重、皇甫士安用古文《尚書》者，疑古文作『放勛』，今文作『放勳』，皆不作『帝』也。《説文》無『落』字，當是古文《尚書》。《孟子》、《繁露》、《爾雅》、《白虎通》有『落』字，則同今文《尚書》。」錫瑞謹案：《中候》、《考靈燿》皆作「放勛」，緯書多同今文，是今文亦或作「勛」，或作「勳」也。「徂落」徂字，《孟子》、《爾雅》、《論衡・氣壽篇》皆作「徂」，《漢涼州刺史魏元丕碑》云：「徂落不留。」《祝長嚴訢碑》云：「顛賓徂落。」劉歆《遂初賦》：「幾不免乎徂落。」是今文作「徂落」，與《説文》引古文作「殂」無「落」字異。

百姓如喪考妣。三載，四海遏密八音。《白虎通・四時》篇云：「或言歲，或言載，或言年何？言歲者，以紀氣物，帝王共之。載之言成也，載成萬物，終始言之也。二帝言載，三王言年。《尚書》曰：『三載，四海遏密八音。』謂二帝也。又曰：『諒闇三年。』謂三王也。」《白虎通》用今文《尚書》，引《書》作「載」，其説分明可按。段玉裁謂後人改之，非也。崔瑗《和帝誄》曰：「三載，四海遏密八音。」亦用今文《尚書》作「三載」。○今文「三載」一作「三年」。○《孟子》引經作「三年」，《史記・五帝紀》：「堯立七十年得舜，二十年而老，令舜攝行天子之政，薦之於天。堯辟位凡二十八年而崩。百姓悲哀，如喪父母。三年，四方莫舉樂，以思堯。」《集解》：「徐廣曰：『堯在位九十八年。』」《春秋繁露・煖燠孰多》篇：「堯視民如子，民視堯如父，《尚書》曰：『二十有八載，放勳乃殂落。百姓如喪考妣，三年。』三年，陽氣厭於陰，陰氣大興，此禹所以有水名也。」《白虎通・崩薨》篇：「禮始於黄帝，至堯、舜而備。《易》言『没』者，據遠也。《書》『殂落』，死者各自見義，堯見憯痛之，舜見終各一也。喪者亡。人死謂之喪，言其喪亡不可復得見也。不直言死稱喪何？爲孝子不忍言。《尚書》曰：『武王既喪。』知據死者稱喪也。生者哀痛之，亦稱喪。《孝經》曰：『孝子之喪親也。』是施生者也。天子至庶人俱言喪何？欲言身體髮膚俱受之父母，其痛一也。王者崩，諸侯悉奔喪何？臣子悲哀慟怛，無不欲觀君父之棺柩，盡悲哀者也。七月之間，諸侯有在京師供臣子之事者，有號泣悲哀，奔走道路者，有居其國哭痛思慕，竭盡所供以助喪事者，是四海之内咸悲，臣下若喪考妣之義也。」《後漢書・李固傳》曰：「昔堯殂之後，舜仰慕三年，坐則見堯於牆，食則覩堯於羹。」趙岐《孟子》注曰：「如喪考妣，思之如父母也。遏，止也。密，無聲也。八音不作，哀思甚也。」魏明帝詔曰：「昔放勛殂落，四海如喪考妣，遏密八音，明喪葬之禮同於王者也。」○「遏密」一作「閼密」。○《春秋繁露》引作「閼」。

月正元日，《帝王世紀》曰：「堯崩三年，喪畢，以仲冬甲子月次于畢，始即真。以土承火，色尚黄。」皇甫謐知爲仲冬月者，《詩緯・推度災》言有虞以十一月爲正。此時舜已改正，故以夏之仲冬月爲月正也。《漢書・王莽傳》曰：「首冠以戊子爲元日。」師古曰：「元，善也。」薛綜《東京賦》注引作「正月元日」，疑誤倒，非今文異文。

舜格于文祖，孫星衍説：「《孝經援神契》云：『明堂有五室，天子每於其室聽朔布教，祭五帝之神，配以有功德之君。』案：此知舜畢堯喪，至于文祖，是宗祀堯于明堂，以赤帝配也。」江聲説：「下文命官授職，是明堂之事。」

詢于四岳，闢四門，明四目，達四聰。○今文作「詢于四嶽，辟四門，明四目，通四聰」。○《史記・本紀》：「禹、皋陶、契、后稷、伯夷、夔、龍、倕、益、彭祖自堯時而皆舉用，未有分職。於是舜乃至于文祖，謀于四嶽，辟四門，明通四方耳目。」《韓詩外傳》曰：「故牧者所以開四目，通四聰。」《漢書・王莽傳》崔發等曰：「虞帝闢四門，通四聰。」又《梅福傳》福上書曰：「博覽兼聽，謀及疏賤，令深者不隱，遠者不塞，所謂『辟四門，明四目』也。」《潛夫論・明闇》篇曰：「夫堯舜之治，闢四門，明四目，通四聰，《羣書治要》引作「通」。是以天下輻輳而聖無不昭，故共、鯀之徒弗能塞也，靖言庸回弗能惑也。」錫瑞謹案：古文《尚書》「達」字，今文《尚書》皆作「通」，《禹貢》「達于河」作「通于河」，《顧命》「達殷」作「通殷」，《秦誓》「不達」作「不通」可證，故漢人引此經皆作「通四聰」。《漢書・晁錯傳》云：「近者獻其明，遠者通厥聰。」亦用此經義也。惟《説苑・君道》篇引作「達」，蓋後人用古文《尚書》改之，如今本《潛夫論》亦誤改爲「達」矣。陳喬樅本仍作「達」不作「通」，與今本《尚書》不合。○一作「闢四門」。○《大傳》曰：「帝猶反側，晨興闢四門，來仁賢。」《漢書・王莽傳》、《後漢書・申屠剛傳》《郅壽傳》《班昭傳》、《潛夫論》、《風俗通》引皆作「闢」。○一作「開四聰」，亦作「開四窻」。○《後漢書・郅壽傳》何敞上疏理壽曰：「臣聞聖王闢四門，開四聰。」《魯丕傳》丕上疏曰：「陛下既廣納謇謇以開四聰。」《班昭傳》昭上疏曰：「隆唐虞之政，闢四門而開四聰。」《風俗通・十反》篇曰：「蓋人君者，闢門開窻，號咷博求。」《左氏》文十八年《傳》杜預注曰：「闢四門，達四窻，以賓禮衆賢。」段玉裁說：「蓋《尚書》本作『囱』，『窗』之或字，『窻』又『窗』之俗體，『聰』又『囱』之同音字。作『囱』而或如字，或讀爲『聰』，猶之『台』可讀爲『怡』，『尼』可讀爲『昵』，『庸』可讀爲『鏞』也。作『窗』正合惠定宇明堂之說。」陳喬樅說：「《尚書釋文》無聰字音義，亦不言馬、鄭本同異，則古文《尚書》作『聰』可知也。《史記・五帝紀》言『明通四方耳目』，則歐陽《尚書》作『聰』又可知也。然則作『窗』者當是大、小夏侯《尚書》之文矣。據《郅壽傳》何敞以『闢四門，開四聰』彙舉，《班昭傳》昭上疏云『闢四門而開四聰』，蓋亦讀『聰』字爲『窗』者歟？」錫瑞謹案：《風俗通》云「開窗」，何敞、班昭引皆作「開」，則三家《尚書》必有或作「開四聰」、「開四窗」者。《漢楊叔恭殘碑》云「開聰四聽」，亦是其證。陳本不載今文「開」字之異，失之。杜注引作「達四窻」，「達」字疑後人改。俞樾說：「《釋名・釋宮室》曰：『窻，聰也，於內窺外爲聰明也。』是窻、聰聲近而義通。闢四門所以明四目也，達四窻所以達四聰也。『門』與『目』聲義俱隔，故兩言之。『窻』與『聰』聲義俱通，故一言之。古明堂之制，四旁爲兩夾，兩夾皆有窻，故曰：『四旁兩夾窻，白盛。』四窻，即四旁之窻也。四門在前，故以喻目。四窻在旁，故以喻耳。」

咨十有二牧，《韓詩外傳》曰：「王者必立牧，方三人者何？所以使窺遠牧衆也。」《說苑・君道》篇曰：「十二牧，方三人，出舉遠方之民。」《白虎通・封公侯》篇曰：「唐虞謂之牧何？尚質，使大夫往來牧諸侯，故謂之牧。旁立三人，旁與方同，謂每方立三人。凡十有二人。《尚書》曰：『咨十有二牧。』何知堯時十有二州也？以《禹貢》言九州也。」《漢書・朱博傳》何武、翟方進言：「古選諸侯賢者以爲州伯，《書》曰『咨十有二牧』，所以廣聰明，燭幽隱也。」《百官公卿表敘》引「十有二牧」，應劭曰：「牧，州牧也。」陳喬樅說：「《禮記・王制》：『州有伯。』鄭彼注云：『殷之州長曰伯，虞夏及周皆曰牧。』是知此牧即州伯，十有二牧，十有二州之伯也。鄭君之說與何武及應劭同，皆用今文《尚書》之訓。」錫瑞謹案：《白虎通》亦用今文家說而其義不同。使大夫牧諸侯，蓋本《王制》「天子使其大夫爲三監，監于方伯之國，國三人」之義，不如何武、應劭之說爲長。《大傳》曰：「維元祀，巡狩四嶽八伯。」疑四嶽外更置八伯，蓋四方每方立一嶽，每方又立二伯以佐嶽，如周制一州立一侯，一州又立二伯以佐侯之比。四嶽八伯，合之即十二牧。胡益之以爲四岳寓於十二牧，其説近是。鄭君云「四嶽死，乃分置八伯」，與《大傳》不合。《史記》數二十二人，云禹、皋陶、契、后稷、伯夷、夔、龍、垂、益、彭祖共十人，後又歷舉其功與十二牧之功，則以十人合十二牧爲二十二人，可知二十二人中無四嶽，則四嶽即在十二牧中亦可知。伏生、史公今文家説當如是也。

曰：「食哉，惟時，案：「食哉」疑是「欽哉」，因偏旁形似缺蝕譌脱，然無左證，未敢據定。陳喬樅徑改經字作「欽」，殊嫌專輒。

「柔遠能邇。《漢書・百官公卿表敘》引「柔遠能邇」，師古曰：「能，善也。」《説苑・君道》篇曰：「十二牧，方三人。故牧者所以辟四門，明四目，達四聰也。是以近者親之，遠者安之。」親近安遠，即柔遠能邇也。今文説以柔遠與能邇相對，僞《孔》説非是。○今文一作「渘遠而邇」。○《漢督郵班碑》作「渘遠而邇」。漢碑「柔」多作「渘」。能、而古通用，見《禮運》正義。

「惇德允元，而難任人，蠻夷率服。」《史記》曰：「命十二牧論帝德，行厚德，遠佞人，則蠻夷率服。」孫星衍説：「史公説爲『論帝德』者，已下皆述堯之德，信賢遠佞，不以爲己之美事也。」錫瑞謹案：《漢衡方碑》云：「敦庬允元。」《孔彪碑》云：「惇懿允元。」疑今文《尚書》「惇德」字有作「敦庬」與「惇懿」者。而《漢官儀》靈帝策書曰「司徒胡廣，惇德允元」，則今文《尚書》亦作「德」，《衡方》、《孔彪》二碑或以意改經字耳。《史記》亦作「厚德」，未敢據碑改經。○今文一作「蠻夷帥服」。○《漢書・景武昭宣元成功臣表敘》曰：「昔《書》稱『蠻夷帥服』，許其慕諸夏也。」錫瑞謹案：《儀禮・聘禮》：「使者朝服，帥衆介夕。」鄭注：「古文『帥』皆作『率』。」「帥大夫以入。」鄭注：「古文『帥』爲『率』。」古文作「率」，則今文多作「帥」可知。《毛詩》「率時農夫」，《韓詩》作「帥時農夫」，《毛》用古文，《韓》用今文，亦其證。

舜曰：「咨，四岳，有能奮庸熙帝之載，使宅百揆，亮采惠疇？」《史記・五帝本紀》：「舜謂四嶽曰：『有能奮庸美堯之事者，使居官相事？』」又《夏本紀》：「堯崩，帝舜問四嶽曰：『有能成美堯之事者使居官？』」錫瑞謹案：今文「宅」爲「度」，史公蓋以「居」訓「度」也。史公釋度百揆爲居官，蓋不以百揆爲官名，説見上「入于百揆」。

僉曰：「伯禹作司空。」《史記》曰：「皆曰：『伯禹爲司空，可美帝功。』」錫瑞謹案：史公不以百揆爲官名，故云「伯禹爲司空，可美帝功」，蓋謂爲司空即可美帝功，非謂由司空遷百揆，始可美帝功也。《尚書刑德放》曰：「禹長於地理水泉九州，得《括地象圖》，故堯以爲司空。」《説苑》、《鹽鐵論》、《潛夫論》、《論衡》、《吴越春秋》皆曰「禹爲司空」，不曰「禹爲百揆」，是今文家説無以百揆爲官名者。《大傳》曰：「溝瀆壅遏，水爲民害，田廣不墾，則責之司空。」又曰：「城郭不繕，溝池不修，水泉不降，水爲民害，則責於地公。」《白虎通・封公侯》篇曰：「司空主地。」又曰：「司空主土，不言土言空者，空尚主之，何況於實？以微見著。」《漢官解詁》曰：「下理坤道，上和乾光，謂之司空。」皆今文家説司空之義。《大傳》與《五經異義》所引今《尚書》夏侯、歐陽説皆曰天子三公，一曰司徒公，二曰司馬公，三曰司空公，是古天子止有三公，不得於三公之上更立一百揆之官也。鄭君云：「至禹登百揆之任，捨司空之職爲共工與虞。」此鄭別創異説，即僞《孔》之所本。或云禹由冬官進居天官，皆非古義，今文家無此説也。

帝曰：「俞，咨，禹，《史記・夏本紀》作「嗟，然」。段玉裁説：「疑今文《尚書》『咨』在『俞』上也。」錫瑞謹案：《五帝紀》作「然，嗟」，則史公所據本亦作「俞，咨」，段説非是。

「汝平水土，惟時懋哉。」○今文「惟」作「維」。○《史記・五帝本紀》作「維是勉哉」，《夏本紀》作「維是勉之」，則今文《尚書》作「維時懋哉」，與《説文》引《虞書》「時維懋哉」異。史公作「是」、作「勉」，以故訓代之耳。僞《孔》名爲古文，乃從今文，與《説文》違異。

禹拜稽首，讓于稷、契暨皋陶。《史記》作「與皋陶」，用故訓字。據《禹貢》「朔南暨聲教」，《史記》亦作「暨」，則此經史公所據本或作「暨」。錫瑞謹案：《尚書中候》曰：「伯禹在庶，四嶽師舉薦之帝堯，握括命，不試爵，授司空。伯禹稽首，讓于益、歸。帝曰：『何？斯若真。』」《中候》言禹讓益、歸，與此讓稷、契、皋陶不同者，彼在堯時始爲司空之時，故與此異也。○今文一作「臮咎繇」。○《説文》：「臮，衆與詞也。《虞書》曰：『臮咎繇。』眔，古文『臮』。」「眔」爲古文，則今文《尚書》或亦作「臮」。漢三家《尚書》，夏侯多參用古字，見《漢書》。皋陶，《漢書・百官志》作「咎繇」，❶與《説文》引《書》文相近，則作「臮」或亦夏

❶「百官志」，據《漢書》，當作「百官公卿表」。

侯本歟？

帝曰：「俞，汝往哉。」帝曰：「棄，黎民阻飢，○今文作「黎民祖飢」。○《史記》作「始飢」，徐廣曰：「今文《尚書》作『祖飢』。祖，始也。」《漢書・食貨志》曰：「舜命后稷以『黎民祖飢』，是爲政首。」孟康曰：「祖，始也。黎民始飢，命棄爲稷官也。古文言『阻』。」馬注：「祖，始也。」從今文。鄭用古文，讀爲阻。

「汝后稷播時百穀。」○今文作「女居稷」。○《列女・棄母姜嫄傳》曰：「堯使棄居稷官，更國邰地，遂封棄於邰，號曰后稷。及堯崩，舜即位，乃命之曰：『棄，黎民阻飢，汝居稷，播時百穀。』其後世世居稷。」《論衡・初稟篇》曰：「棄事堯爲司馬，居稷官，故爲后稷。」鄭注亦云：「汝居稷官。」又箋《詩・魯頌・閟宮》云：「后稷長大，堯登用之，使居稷官。」錫瑞謹案：據此，則今文《尚書》本作「居稷」，於義爲長。《正義》曰：「單名爲稷，尊而君之，稱爲后稷，非官稱后也。」此亦强説。舜命其臣，不當從尊稱，疑作「后」直是誤字，「后」與「居」形似，又經傳多言「后稷」，故因而致誤。《史記・周本紀》云：「帝舜曰：『棄，黎民始飢，爾后稷播時百穀。』封棄於邰，號曰后稷。」據史公「號曰后稷」之文，則上文「爾后稷」之「后」，亦當本是「居」字，蓋因帝使居稷，故號曰后稷也。若上已云「爾后稷」，下又云「號曰后稷」，不亦贅乎？以此推之，則《五帝紀》之「汝后稷」亦當爲「汝居稷」。《國語》：「昔我先王，世后稷。」「世后稷」不辭，亦當是「世居稷」。《列女傳》云：「世世居稷。」此「世居稷」之明證也。作「后」者皆淺人所改。

帝曰：「契，百姓不親，五品不遜，○今文作「五品不馴」，亦作「五品不訓」。○《史記・五帝本紀》作「馴」，《殷本紀》作「訓」，《索隱》曰：「《史記》馴字，徐廣皆讀曰訓。訓，順也。」《大傳》曰：「百姓不親，五品不訓，則責之司徒。」又曰：「臣多弑主，孽多殺宗，五品不訓，責於人公。」《孝經援神契》曰：「五更者訓於五品。」《漢書・霍光傳》云：「五品以訓。」《韋賢傳》韋玄成自劾責詩曰：「五品以訓。」《王莽傳》曰：「五品乃訓。」《漢紀》曰：「契作司徒，訓五品。」《後漢書・鄧禹傳》拜大司徒策曰：「五品不訓。」《劉愷傳》陳忠疏曰：「調訓五品。」《周舉傳》曰：「五品不訓。」《陳蕃傳》曰：「齊七政，訓五典。」《謝夷吾傳》班固薦夷吾曰：「下使五品咸訓於嘉時。」蔡邕《獨斷》曰：「兄事五更者訓于五品也。」《胡公碑》曰：「訓五品於司徒。」又曰：「訓五品於羣黎。」《太尉楊公碑》曰：「將訓品物。」《潛夫論・五德志》篇曰：「契爲堯司徒，職親百姓，順五品。」

鄭注《周禮・地官》曰：「教所以親百姓，訓五品。」皆用今文《尚書》。《説苑・貴德》篇引作「五品不遜」，子政用今文，亦當作「訓」，後人據古文《尚書》改之。

「汝作司徒，《白虎通》引《别名記》曰：「司徒典名。」又曰：「司徒主人，不言『人』言『徒』者，徒，衆也。重民衆。」

「敬敷五教，○今文作「而敬敷五教」。○《史記・五帝本紀》《殷本紀》皆作「而敬敷五教」，《列女傳》引經亦作「而敬敷五教」。蔡邕《司空文烈侯楊公碑》曰：「命公作司徒，而敬敷五教，以親百姓，父義，母慈，兄友，弟恭，子孝。」應劭《漢書》注曰：「五教：父義，母慈，兄友，弟恭，子孝也。」則今文家説五教，與《左氏傳》同義，今文《尚書》「敬敷五教」上多一「而」字也。足利古本亦有「而」字。陳喬樅本未引。○一作「祗傳五教」。○《漢孔宙碑》云：「祗傳五教。」三家今文異字也。今文「敷」多作「傳」，陳喬樅本亦未引。

「在寬。」○今文作「五教在寬」。○《史記・殷本紀》作「而敬敷五教，五教在寬」。《後漢書・質帝紀》注、《鄧禹傳》大司徒策文、《續漢志》注引夏勤策文、袁宏《後漢紀》、鄭君《商頌譜》引《書》皆重「五教」二字，《後漢書・明帝紀》《和帝紀》《王暢傳》《寇榮傳》亦皆云「五教在寬」，《唐石經》「五教」下猶疊「五教」二字，是今文與古文竝有之也。《史記・五帝紀》不重「五教」二字，後人删之。

帝曰：「皋陶，蠻夷猾夏，《史記・五帝紀》、《漢書・刑法》《食貨志》《王莽》《匈奴傳》、《後漢書・馮緄傳》皆作「猾」，是今文《尚書》作「猾夏」也。《孔宙碑》云：「是時東嶽黔首，猾夏不寧。」俞樾説：「東嶽黔首，亦華夏之人也，而云『猾夏』，殊不可通。竊疑《虞書》『猾夏』尚有别解。《説文》：『夏，中國之人也，從夊，從頁，從臼。臼，兩手。夊，兩足也。』此説蓋不可通，豈中國之人有首有手有足而外國之人無之歟？又豈中國所以爲中國者，止以有首有手有足歟？《説文》又有『夒』字，曰：『貪獸也。一曰母猴，似人。從頁。巳止夊，其手足。』然則『夏』、『夒』二字其意正同，而一以爲中國之人，一以爲貪獸何歟？愚謂『夏』、『夒』二字，音相遠而意正同，『夒』從手則爲擾亂字，疑『夏』字亦有擾亂之義，故漢碑『擾』字往往作『⿰扌夏』，《李翊碑》『時益部⿰扌夏攘』，《樊敏碑》『京師⿰扌夏攘』，《周公禮殿記》『會值⿰扌夏亂』，皆省『夒』爲『夏』，蓋由義本相通，不得竟謂漢隸之苟且也。古語以『猾夏』二字連文同義。猾，亂也。夏亦亂也。」案：俞説甚有理，可即《孔宙碑》以考今文異説之遺。○今文一作「蠻夷滑夏」。○《大傳》作「滑」，《潛夫論・志氏族》篇亦引作「滑」，《法言・孝至篇》云「宗夷滑夏」，則今文《尚書》作「滑夏」。《史記・酷吏傳》「滑賊任威」，《漢書》作「猾」，蓋篆體從水、從犬之字偏旁相似而誤。《白虎通・禮樂》篇曰：「何以名爲蠻夷？曰：聖人本不治外國，非爲制名也，因其國名而言之耳。一説曰：因其短而爲之制名也。夷者僔夷無禮義，蠻者執心違邪。」《風俗通》曰：「東方曰夷。東方仁好生，萬物觝觸地而生，夷者觝也。南方曰蠻。君臣同川而浴，極爲簡慢，蠻者慢也。」此今文家解蠻夷之説。

「寇賊姦宄，〇今文作「寇賊奸宄」。〇《大傳》作「奸宄」。〇一作「寇賊姦軌」。〇《史記》作「姦軌」，《漢書・刑法》《食貨志》、《後漢書・李固傳》皆作「姦軌」。《王莽傳》、《潛夫論》、高誘《吕覽》注則皆作「姦宄」。

「汝作士。《大傳》曰：「蠻夷猾夏，寇賊奸宄，則責之司馬。」孫星衍説：「據《大傳》、《白虎通》，皋陶爲司馬，三公之職。」錫瑞謹案：經列九官，惟有司徒、司空，竝無司馬，則虞時無司馬之官。《大傳》云：「天子三公，一曰司徒公，二曰司馬公，三曰司空公。每一公，三卿佐之。」鄭注：「此夏時之官也。」又《王制》注曰：「此夏制也。」《周禮・序官》疏引《夏傳》，曰：「司馬在前。」《考工記・序工》疏引《夏傳》鄭注曰：「坐而論道，謂之三公，通職名，無正官名。」鄭君兼通今文古文説，孔穎達、賈公彦皆得見伏生《大傳》原本，合觀諸説，是《大傳》以司馬、司徒、司空爲三公，乃《夏傳》之文，伏生以爲夏制，未以爲虞制，其謂「蠻夷滑夏，寇賊奸宄，則責之司馬」，亦即後世司馬之職推言之，未嘗明指皋陶爲司馬如孫氏之説也。陳喬樅又以后稷、司徒、秩宗、司馬、士、共工爲六卿，益以虞及典樂、納言爲九卿，其制非虞非周，不今不古，自造官制，尤不可據。《尚書刑德放》曰：「益爲司馬。」《説苑・君道》篇曰：「契爲司馬。」《論衡・初稟篇》曰：「棄事堯爲司馬。」蓋以司馬無明文，故各以意言之，其實虞時無司馬也。《史記》與《説苑・修文》篇皆曰：「皋陶爲大理。」《獨斷》曰：「唐虞曰士官。」《史記》曰「皋陶爲理」，《尚書》曰「皋陶作士」，是士即理官。《漢書・刑法志》引孫卿曰：「若夫舜修百僚，咎繇作士，命以『蠻夷猾夏，寇賊姦軌』，而刑無所用，所謂善師不陳者也。」〇今文一作「士師」。〇《吕覽》高誘注、《文選》應劭注皆引《書》「汝作士師」，則今文《尚書》别本有多一「師」字者。段玉裁云：唐石經「五刑有服」之上，疑其同僞《大禹謨》文，云「汝作士，明于五刑」。案：高誘引《虞書》曰：「汝作士師，五刑有服。」則今文《尚書》「汝作士」下無「明于五刑」四字也。

「五刑有服，五服三就；孫星衍説：「服謂畫衣冠。三就者，就，當讀如繅藉五就之就，鄭注云：『成也。』《大傳》云：『唐虞之象刑，上刑赭衣不純，中刑襍屨，下刑墨幪。』所謂五刑之服，有上中下三等，故云『三就』。《法言》云：『唐虞象刑維明，夏后肉辟三千。』古説無以五刑爲肉辟者。」

「五流有宅，五宅三居：惟明克允。」〇今文作「五流有度，五度三居：維明克允」。〇《史記·五帝紀》：「五流有度，五度三居：維明能信。」《正義》曰：「按：謂度其遠近，爲三等之居也。」《潛夫論·德化》篇曰：「聖人其尊德禮而卑刑罰，故舜先勑契以敬敷五教，而後命臯陶以五刑三居。」孫星衍説：「史公『宅』俱爲『度』者，《王制》云：『度地以居民。』五流者，謂流有五刑。《王制》：『司徒命鄉簡不帥教者以告。不變，命國之右鄉移之左，國之左鄉移之右。不變，移之郊。不變，移之遂。不變，屏之遠方。』又云：『屏之遠方，西方曰棘，東方曰寄。』注云：『帥，循也。不循教，謂傲狠不孝弟者。遠方，九州之外。棘當爲僰，僰之言偪，使之偪寄於夷戎。不屏於南北，爲其大遠。』案：《王制》殷禮，所本古矣，疑可以説此『五宅三居』。又《王制》云『公家不畜刑人』，『屏之四方，唯其所之，不及以政，示弗故生也』。鄭君引此經。五流有宅，似謂左右鄉一、郊二、遂三、遠方東西二，爲五也。三居者，郊、遂、遠方也。」錫瑞案：《王制》與《大傳》相出入，孫説可以補今文家説之遺。若《史記集解》引馬融説，《書正義》謂馬、鄭、王三家解同。《國語》賈逵、韋昭注皆古文説，與今文説象刑不合，陳喬樅據爲今文，非是。〇一作「維明維允」。〇《漢衡方碑》云：「維明維允。」《衡方碑》用今文《尚書》，云「少吕文塞」與今文合可證，則今文《尚書》有作「維明維允」者。

帝曰：「疇若予工？」僉曰：「垂哉。」帝曰：「俞，咨，垂，汝共工。」《史記》曰：「『誰能馴予工？』皆曰：『垂可。』於是以垂爲共工。」《漢書·百官公卿表敘》：「垂作共工，利器用。」應劭注曰：「爲共工，理百工之事也。」

垂拜稽首，讓于殳斨暨伯與。〇今文作「朱斨」、「柏譽」。〇《漢書·古今人表》朱斨、柏譽爲二人，列上中。朱、殳聲近。柏、伯，與、譽，古通用。

帝曰：「俞，往哉，汝諧。」孫星衍説：「諧者偕也，俞則然其讓矣，仍使偕往治事。」案：《東觀漢記·桓榮傳》：「歐陽《尚書》博士缺，上欲用榮，榮叩頭讓曰：『臣經術淺薄，不如同門生郎中彭閎、揚州從事臯弘。』帝曰：『俞，往，汝諧。』因拜榮爲博士，引閎爲議郎。」用此經文。○今文一作「往才，女諧」。○崔瑗《河間相張平子碑銘》曰：「往才，女諧。」才、哉古通用。

帝曰：「疇若予上下草木鳥獸？」僉曰：「益哉。」○今文作「禹曰益哉」。○《史記》曰：「『誰能馴予上下草木鳥獸？』皆曰：『益可。』」《尚書正義》曰：「馬、鄭、王本皆爲『禹曰益哉』。」段玉裁説：「此當依馬、鄭、王。《毛詩・秦譜》正義：『《虞書》稱：「舜曰：『疇若予上下草木鳥獸？』禹曰：『益哉。』帝曰：『俞，益，女作朕虞。』」』此用馬、鄭、王本，不用方興本。《文選・羽獵賦》：『昔者禹任益虞，而上下和，屮木茂。』善曰：『《尚書》：「帝曰：『疇若予上下草木？』禹曰：『益哉。』帝曰：『益，女作朕虞。』」』李氏亦用馬、鄭、王本，與賦文『禹任益虞』之云相合。《五帝本紀》作『皆曰益可』，『皆』者，『僉』之訓詁字也，此今文《尚書》也。」錫瑞謹案：揚子雲箸述存於今者，皆與今文《尚書》相合，則子雲亦習今文《尚書》，不得因子雲好古文字遂傅會以爲古文《尚書》也。《羽獵賦》云「禹任益虞」，則今文《尚書》亦作「禹曰」，與馬、鄭、王本同，蓋今古文皆作「禹曰」，惟方興本作「僉曰」耳。《史記》亦當作「禹曰」，今作「皆曰」，乃後人據方興本改之。陳喬樅謂今文《尚書》作「僉曰」，非是。

帝曰：「俞，咨，益，汝作朕虞。」《史記》曰：「於是以益爲朕虞。」《漢書・地理志》曰：「爲舜朕虞，養育草木鳥獸。」《百官公卿表敘》曰：「垂作共工，𦳝作朕虞。」《王莽傳》曰：「更名水衡都尉曰予虞，大理曰作士，少府曰共工。」《漢紀》曰：「垂作共工，益作朕虞。」《後漢書・劉陶傳》曰：「益典朕虞。」《文選》注引應劭曰：「垂，共工；益，朕虞。」錫瑞謹案：兩漢人用今文《尚書》，皆以「朕虞」二字爲官名，王莽更水衡都尉曰予虞，用今文義也。段玉裁云：「《五帝本紀》益主虞，司馬未嘗并朕虞爲官名。」不知史公明曰「以益爲朕虞」，不云「以益爲虞」，是史公以朕虞爲官名之明證也。《書正義》引鄭注云：「不直稱虞而稱朕虞，是爲重鳥獸草木故也。」

益拜稽首，讓于朱虎、熊、羆。《漢書・古今人表》有柏虎，有仲熊，有季熊，段玉裁説：「《左氏》伯虎、仲熊、叔豹、季貍，《古今人表》作季熊，『熊』疑『羆』之誤，即益所讓之虎、熊、羆，蓋朱、虎、熊、羆四人名也。」錫瑞謹案：《古今人表》無朱，止有三人，則班氏似以朱虎爲一人，即柏虎，朱虎、熊、羆共三人，與鄭注以爲二人異，亦不如段氏說以爲四人也。

帝曰：「俞，往哉，汝諧。」《史記》曰：「遂以朱虎、熊、羆爲佐。」孫星衍云：「知『諧』字當訓作『偕』，審矣。」

帝曰：「咨，四岳，有能典朕三禮？」○今文「岳」作「嶽」。○《史記》作「嗟，四嶽」，《集解》引馬融說、《漢書》注應劭皆曰：「天神、地祇、人鬼之禮也。」蓋今古文說同。

僉曰：「伯夷。」帝曰：「俞，咨，伯，○今文作「咨爾伯」。○《白虎通・王者不臣》篇曰：「先王老臣不名。親與先王戮力共治國，功於天下，故尊而不名也。《尚書》曰『咨爾伯』，不言名也。」孫星衍說：「此蓋今文說。史公則作『嗟，伯夷』，是古文有『夷』字。」錫瑞謹案：孫說非也。《史記》一書多同今文，其云「伯夷」，乃史公以意增「夷」字，猶以「允子朱」爲「嗣子丹朱」，使人易曉耳。若以多「夷」字即屬古文，則「嗣子丹朱」亦古文乎？《史記・齊太公世家》曰：「其先祖嘗爲四嶽，佐禹平水土甚有功。虞夏之際封於呂，或封於申。」《陳杞世家》曰：「伯夷之後，至周武王復封于齊，曰太公望。」《潛夫論・志氏姓》曰：「炎帝苗胄，四嶽伯夷，爲堯典禮，折民惟刑，以封申、呂。」是今文說以伯夷爲堯時四嶽，故舜尊爲老臣而不名，而伯夷即在四嶽之中。○一作「柏夷」。○《古今人表》作「柏夷」。○一作「百夷」。○蔡邕《彭城姜伯淮碑》曰：「在皇唐，蓋與四嶽共葉，百夷能禮于神，舜命秩宗，爰封于呂。」

「汝作秩宗，夙夜惟寅，直哉惟清。」○今文「惟」作「維」。○《史記》曰：「夙夜維敬，直哉維静潔。」蔡邕《胡公碑》曰：「夙夜惟寅，以允帝命。」《孔彪碑》云：「直哉維清。」是漢人以四字爲句，近人謂當於「哉」字絕句，非是。

伯拜稽首，讓于夔、龍，帝曰：「俞，往，欽哉。」《論衡・書虚篇》曰：「案：秩宗官缺，帝舜博求，衆稱伯夷，伯夷稽首讓于夔、龍。秩宗，卿官，漢之宗正也。」錫瑞謹案：《漢書・百官公卿表》云：「王莽太常曰秩宗，依古也。」莽蓋用今文《尚書》，以漢之太常典禮故也。伯夷不與舜同宗，仲任以漢之宗正當之，似誤。

帝曰：「夔，命汝典樂，《史記》、《漢書》皆作「夔」。○今文「夔」一作「歸」。○《水經注・江水》篇：「《樂緯》曰：『昔歸典協聲律。』宋忠曰：『歸即夔。』」《尚書中候》：「讓于益、歸。」注云：「歸讀曰夔。」緯書多同今文，蓋三家今文有作「歸」者。

「教胄子，○今文作「教育子」，亦作「胄子」。○《史記》曰：「以夔爲典樂，教稺子。」《漢書・禮樂志》曰：「典者自卿大夫師瞽以下，皆選有道德之人，朝夕習業，以教國子。國子者，卿大夫之子弟也，皆學歌九德，誦六詩，習六舞、五聲、八音之和，故帝舜命夔曰：『女典樂，教胄子。』」段玉裁說：「古文《尚書》作『胄子』，今文《尚書》作『育子』，《五帝本紀》曰『教稺子』。《爾雅・釋言》：『育，稚也。』《邶風》鄭箋云：『「昔育」之育，稚也。』《豳風》『鬻子之閔斯』，毛傳云：『鬻子，稚子也。』《史記》多以訓詁字代經字，此『稺子』即經之『育子』。揚雄《宗正箴》曰：『各有育子，世以不錯。』然則今文《尚書》作『育子』可證也。知古文《尚書》作『胄子』者，《釋文》云：『胄，直又反。王云：「胄子，國子也。」馬云：「胄，長也，教長天下之子弟。」』陸用王本爲音義，馬本、王本作『胄』，則鄭本亦作『胄』可知。《史記集解》引鄭玄曰：『國子也。』然則王注即襲鄭注。《王制》注云：『《虞書》曰：「夔，命汝典樂，教胄子。」』是鄭本同王本也。《說文》十四篇《𠫓部》曰：『育，養子使從善也。從𠫓，肉聲。《虞書》曰：「教育子。」』此引今文《尚書》也。《大司樂》注云：『若舜命夔典樂，教育子是也。』此亦引今文《尚書》也。」陳喬樅說：「作『育子』者，歐陽《尚書》也；作『胄子』者，大、小夏侯《尚書》也，皆三家今文也。何以明之？《漢書・禮樂志》言『國子者，卿大夫之子弟也，故帝舜命夔曰「女典樂，教胄子」』，是以胄子訓爲國子，與《史記》不同。馬、鄭、王本《尚書》皆作『胄子』，此古文經之同於夏侯《尚書》者也。鄭君國子之訓，當即本夏侯說。歐陽《尚書》作『育子』，而《史記》以訓詁字代之，故言『教稺子』，物稺不可以不養也。許所云養之使作善，即馬所云教長天下之子弟，長、養義通，則叔重所稱《尚書》當爲歐陽說，季長之訓亦用《尚書》歐陽說也。」案：陳說是。

「直而温，寬而栗，《史記》、《漢書》皆作「栗」。○今文一作「寬而慄」。○《衡方碑》引作「寬慄」，蓋三家今文異字。

「剛而無虐，簡而無傲；蔡邕《太尉橋公廟碑》曰：「剛而不虐。」蓋以意易之。《陳仲弓碑》亦作「剛而無虐」。傲，《漢志》作「敖」，師古曰：「簡約而無敖慢也。敖讀曰傲。」

「詩言志，歌永言，聲依永，《史記》曰：「詩言意，歌長言，聲依永。」○今文一作「歌咏言，聲依咏」，亦作「哥詠言」。〇《漢書・禮樂志》云：「詩言志，歌咏言，聲依咏。」師古曰：「咏，古『詠』字也。在心爲志，發言爲詩。咏，永也。永，長也。歌所以長言之。」又《藝文志》云：「《書》曰：『詩言志，哥詠言。』故哀樂之心感，而哥詠之聲發。誦其言謂之詩，詠其聲謂之哥。」錫瑞謹案：班氏引經與史公不同，此亦歐陽、大小夏侯三家之異義也。班氏用夏侯説，蓋以「咏」爲「歌詠」之「詠」，不作「永」字解。《禮樂志》篇首云：「和親之説難形，則發之於詩歌詠言，鐘石筦弦。」是以「詠」爲實字，其義甚明。《説文》云「歌，詠也。从欠，❶哥聲」也，「古文以爲謌字。詠，或作咏」。是哥、歌、詠、咏，皆即一字。《論衡・謝短篇》云：「《尚書》曰：『詩言志，歌詠言。』此時已有詩也。」仲任所據本與班氏同。《釋名・釋樂器》云：「人聲曰歌。歌，柯也。所歌之言，是其質也。以聲吟詠有上下，如草木之有柯葉也，故兗、冀言歌聲如柯也。」劉熙訓「歌」字，蓋用今文《尚書》「歌詠言」之義。《史記》於上句「歌長言」作「長」，乃以故訓代經。下句「聲依永」不作「長」，仍爲「永」字，上下異文，疑史公所據經文上下兩「永」字其音義必有異。若皆作「永」，皆訓長，上句「歌長言」可通，下句「聲依長」不辭甚矣。《釋文》云：「永，徐音詠。」徐仙民讀永爲詠，蓋本今文《尚書》。疑《史記》「永」字亦當讀詠。若《漢志》明作「咏」字，師古乃以永長之義解之，非也。陳喬樅謂當從《史記》作「永」，蓋未解《漢書》作「咏」之義。

「律和聲，」《續漢書・律曆志》曰：「以六十律分朞之日，黄鐘自冬至始，及冬至而復，陰陽寒燠風雨之占生焉。於以檢攝羣音，考其高下，苟非革木之聲，則無不有所合。《虞書》『律和聲』，此之謂也。」

「八音克諧，無相奪倫，神人以和。」《春秋繁露・正貫》篇曰：「德在天地，神明休集，竝行而不竭，盈于四海，而頌聲詠。《書》曰『八音克諧，無相奪倫，神人以和』，乃是謂也。」蔡邕《文烈侯楊公碑》曰：「八音克諧，神人以和。」《風俗通・聲音》篇曰：「聲者，宫、商、角、徵、羽也。音者，土曰塤，匏曰笙，革曰鼓，竹曰管，絲曰絃，石曰磬，金曰鐘，木曰柷。《書》：『八音克諧，無相奪倫。』由是言之，聲本音末也。」《樂緯・叶圖徵》曰：「五音克諧，各得其倫，則鳳皇至。」〇今文一作「毋相奪倫」。〇《史記》作「毋」。

夔曰：「於予擊石拊石，百獸率舞。」《史記》

❶「从欠」，原作「又」，今據《説文解字・欠部》改。

曰：「夔曰：『於予擊石拊石，百獸率舞。』」是今文《尚書》「神人以和」下有此十二字也。《吕氏春秋》曰：「帝堯立，乃命質爲樂。質乃效山谿澗谷之音以歌，「質」當作「夔」。乃以麋輅置缶而鼓之，乃拊石擊石以象上帝玉磬之音，以舞百獸。」《樂緯·叶圖徵》曰：「擊石以知民，磬音調，則民道得。鐘磬之音能動千里也。」《漢書·劉向傳》曰：「舜命九官，濟濟相讓，和之至也。衆賢和於朝，則萬物和於野。故《簫韶》九成，而鳳皇來儀；擊石拊石，百獸率舞。」《禮樂志》曰：「《書》云：『擊石拊石，百獸率舞。』鳥獸且猶感應，而況於人乎？況於鬼神乎？故樂者，聖人之所以感天地，通神明，安萬民，成性類者也。」《風俗通·聲音》篇文同。《論衡·感虚篇》曰：「《尚書》曰：『擊石拊石，百獸率舞。』此雖奇怪，然尚可信。何則？鳥獸好悲聲，耳與人耳同也。」陳喬樅説：「《尚書·虞夏傳》言：『蕤賓聲狗吠彘鳴，及倮介之蟲皆莫不延頸以聽蕤賓。此言至樂相和，物動相生，同聲相應之義也。』是『擊石拊石，百獸率舞』，兹其驗也。」○今文一作「擊磬拊石」。○《漢紀》引劉向説作「擊磬」，疑今文異字。

帝曰：「龍，朕堲讒説殄行，震驚朕師，《漢書·賈捐之傳》引《書》曰：「讒説殄行，震驚朕師。」《潛夫論·斷訟》篇曰：「舜敕龍以『讒説殄行，震驚朕師』，乃自上古患之矣，故先慎己惟舌，❶以示小民。」所據今文《尚書》皆與古文相同。揚雄《尚書箴》曰：「龍爲納言，是機是密。出入朕命，王之喉舌。獻善宣美，而讒説是折。」子雲所據今文亦作「讒説」，漢以尚書當古之納言也。○今文一作「朕堲讒説殄僞，振驚朕衆」，亦作「齊説殄行，振驚衆」。○《史記》曰：「朕畏忌讒説殄僞，振驚朕衆。」徐廣曰：「一云：『齊説殄行，振驚衆。』」段玉裁説：「畏忌者，堲之訓故。齊者，讒之駁文。齊，疾也，謂利口捷給也。」孫星衍説：「《漢景君碑》『殘僞易心』，殘、殄聲相近，疑即用此文，言其説齊給而行貪殘也。」案：《史記》「行」作「僞」者，古以作僞爲行。《周禮·胥師》：「察其詐僞飾行價慝者，而誅罰之。」疏謂後鄭以爲行濫。又《司市》：「害者使亡。」鄭注：「害，害於民，謂物行苦者。」《羣書治要》崔實《政論》曰：「器械行沽。」《潛夫論·浮侈》篇「以牢爲行」，《後漢書·王符傳》作「破牢爲僞」，是行、僞義同之證。

「命汝作納言，夙夜出納朕命，惟允。」蔡邕《西

❶ 「惟」，王念孫《讀書雜誌·墨子》「惟舌」條引《潛夫論》此文，以「惟」爲「喉」之誤。

鼎銘》曰：「出納帝命，乃無不允，雖龍作納言，山甫喉舌，靡以尚之。」《太傅胡公碑》曰：「夙夜出納，紹跡虞龍。」○今文「納」一作「入」。○《史記》曰：「命汝爲納言，夙夜出入朕命，惟信。」揚雄《尚書箴》曰：「出入朕命。」《漢書・百官公卿表》、《漢紀》皆曰「出入帝命」，是今文《尚書》作「出入」也。《谷永傳》永對曰：「治遠自近始，習善在左右。昔龍筦納言，而帝命維允。」《後漢書・李固傳》固言：「陛下之有尚書，猶天之有北斗也。斗爲天喉舌，尚書亦爲陛下喉舌。斗斟酌元氣，尚書出納王命。」應劭《漢書》注曰：「納言，如今尚書，管王之喉舌也。」

帝曰：「咨，汝二十有二人，錫瑞謹案：《史記・五帝本紀》曰：「禹、皋陶、契、后稷、伯夷、夔、龍、垂、益、彭祖自堯時而皆舉用，未有分職。於是舜乃至于文祖云云。」又曰：「此二十二人咸成厥功：皋陶爲大理，平，民各伏得其實；伯夷主禮，上下咸讓；垂主工師，百工致功；益主虞，山澤辟；棄主稷，百穀時茂；契主司徒，百姓親和；龍主賓客，遠人至；十二牧行而九州莫敢辟違；唯禹之功爲大，披九山，通九澤，決九河，定九州，各以其職來貢，不失厥宜。」據《史記》之文，則史公用今文家説。二十二人爲禹、皋陶、契、稷、伯夷、夔、龍、垂、益、彭祖，凡十人，合十二牧，適符其數。不及四嶽者，蓋四嶽即在十二牧之中，故史公數二十二人之功，不及四嶽。九官之外增彭祖者，蓋史公所據古説有之。《大戴禮・五帝德》篇孔子曰：「舉舜、彭祖而任之。」則彭祖自堯時已舉，正與史公説合。《漢書・儒林傳》曰：「夏侯勝，其先夏侯都尉，從濟南張生受《尚書》，以傳族子始昌，始昌傳勝，勝傳從兄子建。」是始昌爲伏生三傳弟子。后蒼事始昌，亦通《詩》、《禮》，爲博士。戴德、戴聖皆其弟子。大小戴與大小夏侯同出始昌，皆今文説，故與史公説合。《説苑・修文》篇曰：「是故皋陶爲大理，平，民各服得其實；伯夷主禮，上下皆讓；倕爲工師，百工致功；益主虞，山澤辟成；棄主稷，百穀時茂；契主司徒，百姓親和；龍主賓客，遠人至；十二牧行而九州莫敢僻違；禹陂九澤，通九道，定九州，各以其職來貢，不失厥宜。」子政之説正與史公説同，或即引用《史記》之文，惟不及彭祖耳。考今文家説，炳如日星。史公云「此二十二人咸成厥功」，則二十二人即上所數之二十二人無可疑者，乃後人不用古説，多生異義。馬不數皋陶、稷、契而數四嶽，鄭竝不數四嶽而數殳斨、伯與、朱虎、熊羆，皇甫謐數九官、十二牧及殳斨、朱虎、熊、羆爲二十五人，蔡沈以四嶽爲一人，王引之以二十二人爲三十二人之誤，紛紛臆説，無一可通，皆由不知折衷於今文。江、段、孫、陳知考今文而不知引《史記》爲據，殊不可解。

「欽哉，惟時亮天功。」《衡方碑》云：「剋亮天功。」○今文一作「維時亮天工」。○《史記》曰：「敬哉，維時相天事。」以故訓代經。丁孚《漢儀》夏勤策文云：「時亮天工。」蔡邕《橋公廟碑》云：「時亮天工。」《陳太丘碑》云：「惟亮天工。」皆作「工」。

「三載考績，三考黜陟幽明，」《漢書·食貨志》《谷永》《李尋傳》、《白虎通》、《潛夫論》、《漢紀》卷八、《後漢書·楊賜傳》引經皆作「三載考績」，則今文《尚書》有作「三載」者，不盡後人改之。○今文一作「三歲考績」。○錫瑞謹案：今文《尚書》以「三考黜陟幽明」爲句。《大傳》云：「《書》曰：『三歲考績，三考黜陟幽明。』其訓曰：三歲而小考者，正職而行事也。九歲而大考者，黜無職而賞有功也。其賞有功也，諸侯賜弓矢者得專征，賜鈇鉞者得專殺，賜圭瓚者得爲鬯以祭。不得專征者，以兵屬於得專征之國。不得專殺者，以獄屬於得專殺之國。不得賜圭瓚者，資鬯於天子之國，然後祭。」《漢書·谷永傳》引經曰：「三載考績，三考黜陟幽明。」《論衡·治期篇》曰：「上古之黜陟幽明，考功，據有功而加賞，按無功而施罰。」《潛夫論·考績》篇云：「《書》曰：『三載考績，黜陟幽明。』蓋所以昭賢愚而勸能否也。」《風俗通·山澤》篇云：「獄者确功考德，黜陟幽明也。」皆同《大傳》之義。段玉裁云：「今文家皆於『黜陟』句絶。」其説非是。○一作「三考絀陟」。○錫瑞謹案：今文《尚書》亦以「三考絀陟」爲句。《史記》曰：「三歲一考功，三考絀陟，遠近衆功咸興。」史公訓幽明爲遠近，以「絀陟」絶句。《白虎通·考黜》篇曰：「諸侯所以考黜者何？王者所以勉賢抑惡，重民之至也。《尚書》曰：『三載考績，三考黜陟。』」後又兩引「三考黜陟」，皆以「陟」字句絶。《漢書·食貨志》《李尋傳》、《三國志·杜恕傳》皆引「三考黜陟」，與《史記》合，蓋三家今文之異也。考績有二説。一以爲三考始黜陟。《路史》注引《大傳》曰：「九歲大考，絀無職賞有功也。一之三以至九年，天數窮矣，陽德終矣。積不善至於幽，六極以類降，故絀之。積善至於明，五福以類升，故陟之。皆所自取，聖無容心也。」《春秋繁露·考功名》云：「考績之法，考其所積也。考試之法，大者緩，小者急，貴者舒，而賤者促。諸侯月試其國，州伯時試其部，四試而一考。天子歲試天下，三試而一考。前後三考而絀陟，命之曰計。」則以黜陟須至九年。《白虎通》曰：「所以三歲一考績何？三年有成，故於是賞有功，黜不肖。《尚書》曰：『三載考績，三考黜陟。』何以知始考輒黜之？尚書曰三年一考，少黜以地。《書》所言『三考黜陟』者，謂爵土異也。小國考之有功，增土進爵。後考無功，削黜；後考有功，上而賜之矣。五十里不過五賜而進爵土，七十里不過七賜而進爵土，能有小大，行有進退也。公，一削爲百里之侯，再削爲七十里伯，三削爲寄公。七十里伯，一削爲五十里伯，再削爲五十里子，三削地盡。五十里子，一削爲三十里子，再削爲三十里男，三削地盡。五十里男，一削爲三十里男，再削爲三十里附庸，三削地盡。所以至三削何？禮成於三，三而不改，雖反無益也。」《潛夫論・三式》篇曰：「是故三公在三載之後，宜明考績黜刺。」皆以爲一考即黜陟，與《大傳》、《繁露》所云三考始黜陟不同。黜陟爵土先後，又有二說。《白虎通・瑞贄》篇引《書傳》云：「三年珪不復，少絀以爵。六年珪不復，少絀以地。九年珪不復，而地畢削。」與《儀禮集注》引《書傳》云「諸侯有不率正者，天子絀之。一絀少絀以爵，再絀則絀以地，三絀而地畢」，其說略同。《白虎通》又曰：「《尚書》曰：『三考黜陟。』先削地而後絀爵者何？爵者尊號也，地者人所任也。今不能治廣土衆民，故先削其土地也。故《王制》曰：『宗廟有不順者，君絀以爵。山川神祇有不舉者，君削其地。』明爵土不相隨也。」則以爲先地後爵，與《大傳》所云先爵後地異，亦三家今文説之不同也。《公羊》隱八年《傳》解詁引《書傳》曰：「三年一使三公絀陟。」《白虎通・巡守》篇曰：「三歲一閏，天道小備。五歲再閏，天道大備。故五年一巡守，三年二伯出述職黜陟。一年物有終始，歲有所成，方伯行國。時有所生，諸侯行邑。《傳》曰：周公入爲三公，出作二伯，中分天下，出黜陟。《詩》曰：『周公東征，四國是皇。』言東征述職，周公黜陟而天下皆正也。又曰：『蔽芾甘棠，勿翦勿伐，召伯所茇。』言召公述職，親説舍於野樹之下也。」是今文説以三歲考績爲三公述職之事。

庶績咸熙。○今文一作「庶績咸喜」，説見前。

分北三苗。《論衡・率性篇》曰：「三苗之民，或賢或不肖，堯舜齊之，恩教加也。」此蓋申釋舜所以分北三苗之意也。賢者撫之以恩，不肖者施之以教。孫星衍説：「此三苗，似非竄三危者。《韓詩外傳》云：『當舜之時，有苗不服。其不服者，❶衡山在南，岐山在北，❷左洞庭之陂，右

❶「不」，原脱，今據《尚書今古文注疏》、《韓詩外傳》卷三補。

❷「在」，原作「之」，今據《尚書今古文注疏》、《韓詩外傳》卷三改。

彭澤之水，由此險也。以其不服，禹請伐之，而舜不許，曰：「吾喻教猶未竭也。」久喻教，而有苗民請服。」❶案：其事見《淮南子》、《鹽鐵論》、《説苑》諸書。堯時三苗已竄三危，此有苗不服，在楚荆州之地，是舜時三苗非堯時所竄也，故《吕氏春秋・召類》篇云：『舜卻有苗，更易其俗。』《淮南・兵略訓》云：『舜伐有苗。』《修務訓》云：『舜南征三苗，道死蒼梧。』注云：『三苗之國在彭蠡，舜時不服，故往征之。』《檀弓》云：『舜葬於蒼梧之野。』鄭注云：『舜征有苗而死，因葬焉。』《書》説舜曰『陟方乃死』，蒼梧於周南越之地，今爲郡。分北者，即《吕氏春秋》所爲『卻』也。」

舜生三十，徵庸三十，在位五十載，陟方乃死。○今文作「舜生三十，徵庸二十，在位五十載，陟方乃死」。○《史記・五帝紀》曰：「舜得舉用事二十年，而堯使攝政，攝政八年而堯崩。三年喪畢，讓丹朱，天下歸舜。乃至于文祖。」又曰：「舜年二十以孝聞，年三十堯舉之，年五十攝行天子事，年五十八堯崩，年六十一代堯踐帝位。踐帝位三十九年，南巡守，崩于蒼梧之野。葬于江南九疑，是爲零陵。」段玉裁説：「『三十在位』，今文《尚書》作『二十』，鄭君用今文注古文，讀『三十』爲『二十』，可考而知也。司馬子長據今文《尚書》作《史記・五帝本紀》，曰：『舜年三十堯舉之，年五十攝行天子事。』此徵庸二十而在位。此今文《尚書》之一證也。《論衡・氣壽篇》曰：『《堯典》曰：「朕在位七十載。」求禪得舜，舜徵二十歲今本誤作「三十」。在位。堯退而老，八歲而終，至殂落九十八歲。未在位之時，必已成人，今計數百有餘矣。又曰：「舜生三十，徵庸二十，今本誤作「三十」。在位五十載，陟方乃死。」適百歲矣。』此又今文《尚書》之一證也。《孟子・萬章》篇曰：『五十而慕者，予於大舜見之矣。』趙注：『《書》曰：「舜生三十，徵庸二十今本《注疏》誤作「五十」，孔刻《孟子》注誤「三十」。在位。」在位時尚慕，故言五十也。』倘同古文《尚書》作『三十在位』，則不爲『五十而慕』之證矣。此又今文《尚書》之一證也。《尚書正義》曰：『鄭玄讀此經云：「『舜生三十』，謂生三十年也。『登庸二十』，謂歷試二十年。『在位五十載，陟方乃死』，謂攝位至死爲五十年。舜年一百歲也。」』然則古文作『登庸三十』，鄭注云『三十』當爲『二十』，以今文正古文，故孔沖遠謂之『讀此經』也。《大戴禮・五帝德》云：『二十以孝聞乎天下，三十在位，嗣帝所，五十乃死。』與今文《尚書》合，

❶「請」，原作「不」，今據《尚書今古文注疏》、《韓詩外傳》卷三改。

此鄭之所以讀從今文也。二十以孝聞之後又十年，堯舉之，又二十年乃攝行天子事，是爲《大戴禮》之『三十在位』。《大戴禮》之『三十在位』合上文『二十』言之，今文《尚書》之『二十在位』合上文『舜生三十』言之，皆是五十歲。合下文『五十乃死』，則皆百歲也。故曰《大戴》與今文《尚書》合。鄭君云『登庸二十』，蓋古文《尚書》作『登庸』，今文《尚書》作『徵庸』。《中庸》鄭注曰：『徵，或爲「登」。』」孫星衍說：「陟方者，史公說爲巡守。按：巡守至五岳而止，此至蒼梧者，蓋此行分北三苗，且行九歲之大考也。」錫瑞謹案：《白虎通·巡守》篇曰：「王者巡狩崩于道歸葬何？夫太子當爲喪主，天下皆來奔喪。京師，四方之中也。即如是，舜葬蒼梧，禹葬會稽，於時尚質，故死則止葬，不重煩擾也。」《論衡·書虛篇》曰：「儒書言舜葬於蒼梧，禹葬於會稽者，巡狩年老，道死邊土，聖人以天下爲家，不別遠近，不殊內外，故遂止葬。夫言舜、禹，實也；言其巡狩，虛也。舜之與堯，俱帝者也，共五千里之境，同四海之內，二帝之道，相因不殊。《堯典》之篇，舜巡狩，東至岱宗，南至霍山，西至太華，北至恒山。以爲四嶽者，四方之中，諸侯之來，竝會嶽下，幽深遠近，無不見者。聖人舉事，求其宜適也。禹王如舜，事無所改，巡狩所至，以復如舜。舜至蒼梧，禹到會稽，非其實也。實舜、禹之時，鴻水未治。堯傳於舜，舜受爲帝，與禹分部，行治鴻水。堯崩之後，舜老，亦以傳於禹。舜南治水，死於蒼梧。禹東治水，死於會稽。賢聖家天下，故因葬焉。」據班孟堅、王仲任說，則今文家以爲巡狩，與史公義同。而仲任自爲說，以爲治水。然舜、禹崩時，已無水患。舜、禹分部治水，其事絶不見他書。近人又以虞時南嶽爲九疑，故舜南巡及之。而據今文家說，虞時南嶽是霍山，竝非衡山，若九疑爲南嶽，其說尤不見他書，皆臆說，不足據也。《淮南·修務訓》云：「南征三苗，道死蒼梧。」韋昭《國語》注云：「野死謂征有苗死於蒼梧之野。」《帝王世紀》云：「有苗氏叛，南征，崩于鳴條。」則皆以爲征苗，不但巡狩。以經考之，「三考黜陟」、「分北三苗」之後，即繼以「陟方乃死」之文，則舜之陟方，必爲考績并分北三苗而往，故《國語》云：「勤民事而野死。」今文說以爲巡狩征苗，是也。

今文尚書考證卷二

善化　皮錫瑞

臯陶謨第二　虞書

臯陶謨　《大傳》曰：「《臯陶謨》可以觀治。」僞孔《尚書序》曰：「伏生又以《舜典》合於《堯典》，《益稷》合於《臯陶謨》。」案：《續漢書·輿服志》：「永平二年初，詔有司采《周官》、《禮記》、《尚書·臯陶》篇，乘輿、服從歐陽氏說，公卿以下從大、小夏侯氏說。」是今文家合「帝曰來禹」以下爲《臯陶謨》之證。《史記·夏本紀》曰：「帝舜朝，禹、伯夷、臯陶相與語帝前。臯陶述其謀。」孫星衍説：「《大戴禮·誥志》篇子引虞史伯夷曰『明，孟也。幽，幼也』，似解『幽明庶績咸熙』，是伯夷爲虞史官。史遷以『臯陶方祗厥敘』及『夔曰戛擊鳴球』至『庶尹允諧』爲史臣敘事之文，則即伯夷所述語也。」

曰若稽古，《白虎通·聖人》篇曰：「何以言臯陶聖人也？以目篇『曰若稽古段玉裁云：當重「曰」字。臯陶』。聖人而能爲舜陳道，『朕言惠可厎行』，又『旁施象刑，維明』。」錫瑞謹案：據此，則今文以「曰若稽古」爲句，「臯陶」字屬下讀，謂臯陶聖人，能爲舜陳道。以「臯陶」屬上爲句者誤也。《書正義》引鄭云：「以『臯陶』下屬爲句。」蓋今、古文說同。若緯書《考河命》「曰若稽古帝舜」，《契握》「曰若稽古王湯」，《擿雒戒》「曰若稽古周公旦」，雖仿《尚書》爲文而失其義。陳喬樅據《摘雒戒》陳作「貳」，誤。爲今文說，又引《白虎通》「曰若稽古臯陶」爲句，失之。王逸注《楚辭·惜誦》云：「咎繇，聖人也。」與《白虎通》義合。

臯陶曰：「允迪厥德，謨明弼諧。」《史記》曰：「信其道德，謀明輔和。」以故訓代經文。據《史記》「其」在「道」上，或疑今文《尚書》作「允厥迪德」。案：蔡邕《中鼎銘》曰：「公允迪厥德。」《朱公叔墳前石碑》曰：「允迪聖矩。」《陳留范史雲碑》曰：「允迪德譽。」《張玄祠堂碑銘》曰：「允迪懿德。」皆以「允迪」連文，是今古文同。段玉裁說：「《本紀》『信道其德』，各本作『信其道德』，蓋誤。」

禹曰：「俞，如何？」《論衡・問孔篇》曰：「皋陶陳道帝舜之前，淺略未極。禹問難之，淺言復深，略指復分。蓋起問難，此言説激而深切，觸而著明也。」

皋陶曰：「都，慎厥身，修思永，惇敘九族，《漢書・平帝紀》元始五年詔曰：「昔堯睦九族，舜惇敘之。」《王莽傳》曰：「《書》不云乎？『惇序九族』。」韋昭《國語》注曰：「謂若『惇敘九族』。」蓋夏侯《尚書》作「惇敘」。○今文一作「敦序九族」。○《史記》曰：「慎其身，修思長，敦序九族。」《史記》「惇」皆作「敦」，「敘」皆作「序」，蓋歐陽《尚書》字也。《三國志》先主上言漢帝曰：「在昔《虞書》，敦敘九族。」表於漢帝曰：「敦敘九族。」皆作「敦」。

「庶明勵翼，邇可遠在茲。」○今文作「庶明高翼」。○《史記》曰：「衆明高翼，近可遠在已。」孫星衍説：「以『厲』爲『高』者，高誘注《淮南・修務訓》云：『厲，高也。』『茲』爲『已』者，《釋詁》云：『茲、已，此也。』疑今文本作『已』。」或史公以故訓代之。

禹拜昌言，曰：「俞。」《史記》曰：「禹拜美言，曰：『然。』」《中論・貴驗》篇曰：「禹拜昌言。」《三國・吴志》評曰：「或拜昌言。」○今文一作「禹拜讜言」，亦作「禹拜黨言」。○段玉裁説：「古文《尚書》作『昌』，今文《尚書》作『黨』，僞《孔傳》訓『昌』爲『當』。《益稷》釋文：『當，丁浪反，本亦作「讜」，當蕩反。』引李登《聲類》曰：『讜言，善言也。』《孟子》趙注：『《尚書》曰：「禹拜讜言。」』此今文《尚書》作『黨』之證也。班固《西都賦》云：『讜言弘説。』李善注引《字林》：『讜言，美言也。音黨。』孟堅亦用今文《尚書》耳。讜，《逸周書》作『黨』。《祭公解》：『拜手稽首黨言。』《荀子・非相篇》：『博而黨正。』注：『謂直言也。』又見《張平子》、《劉寬》二碑。玉裁謂《平子碑》『黨言允諧』，《劉寬碑》前云『朝克忠讜』，後云『對策嘉黨』，可見漢人黨、讜通用。古昌、黨音同，如『閶闔』，子雲賦作『闛闔』；『鼓聲不過閶』，『閶』即『鼚』字，可證。此古文作『昌』，今文作『黨』，音同義同也。《説文》曰：『昌，美言也。从日，从曰。』與《字林》『讜』字訓同。然則『昌』本字，『黨』假借字也。」陳喬樅説：「作『讜』、作『黨』者，蓋大、小夏侯之本也，其歐陽《尚書》但作『昌』字。觀《史記・夏本紀》云『帝舜謂禹曰：汝亦昌言』作『昌』字可證。此歐陽《尚書》之同於古文者也。」錫瑞謹案：《漢書・敘傳》曰：「吾久不見班生，今日復聞讜言。」又述董仲舒曰：「讜言訪對，爲世純儒。」班孟堅用夏侯《尚書》，則夏侯本作「讜」，陳説是也。

臯陶曰：「都，在知人，在安民。」禹曰：「吁！咸若時，惟帝其難之。《史記》曰：「皆若是，惟帝其難之。」《鹽鐵論·論誹》篇：「臯陶對舜：在知人，惟帝其難之。」《白虎通·封公侯》篇引《尚書》曰：「惟帝其難之。」〇今文一作「惟帝難之」。〇《漢書·武帝紀》元狩元年詔曰：「朕聞咎繇對禹曰：在知人，知人則哲，惟帝難之。」《後漢書·虞延傳》顯宗曰：「知人則哲，惟帝難之。」《東觀書》同。《論衡·定賢篇》：「《書》曰：『知人則哲，惟帝難之。』據才高卓異者則謂之賢耳，何難之有？然而難之，獨有難者之故也。夫虞舜不易知人，而世人自謂能知賢者，誤也。」又《是應篇》：「經曰：『知人則哲，惟帝難之。』」又《答佞篇》：「《書》曰：『知人則哲，惟帝難之。』虞舜大聖，驩兜大佞。大聖難知大佞，何易之有？」引經皆無「其」字，蓋三家文異。「惟帝其難之」乃禹所言，而武帝詔以爲臯陶對禹，《鹽鐵論》亦以爲臯陶對禹者，蓋以其在《臯陶謨》中即以爲臯陶言，不加分別，如漢人引用《論語》，皆以爲孔子之言也。

「知人則哲，能官人；《漢書·薛宣傳》谷永上疏曰：「帝王之德莫大於知人，知人則百僚任職，天工不曠。故臯陶曰：『知人則哲，能官人。』」《後漢書·楊秉傳》秉上疏曰：「臯陶誡虞，在於官人。」〇今文一作「知人則悊」。〇《漢書·五行志》引作「悊」，師古注云：「悊，智也。能知其材，則能官之，所以爲智也。」蓋三家今文有作「悊」者。《史記》作「智」，用故訓字。

「安民則惠，黎民懷之。《後漢書·孝順帝紀》詔曰：「《書》稱『安民則惠』。」《左雄傳》雄上疏曰：「臣聞柔遠和邇，莫大寧人；寧人之道，莫重用賢；用賢之道，必存考黜。是以臯陶對禹，貴在知人。『安民則惠，黎民懷之。』」《風俗通義·過譽》篇歐陽歙教引《書》曰：「安民則惠，黎民懷之。」

「能哲而惠，〇今文作「能悊能惠」。〇錫瑞謹案：《史記》曰：「能知能惠。」「知」字用故訓代經，「能惠」字亦作「能」，與上「能」字同，則今文《尚書》也。《漢衛尉卿衡方碑》云：「能悊能惠。」「悊」字與《漢志》合，「能惠」「能」字與《史記》合，皆用今文《尚書》。又《尉氏令鄭季宣碑》云：「能惠者也。」亦作「能」字。〇一作「能哲且惠」。〇江聲說：「『而』當爲『耐』。據《史記》作『能智能惠』，則此『而』實是『能』字，依古文當爲『耐』也。」錫瑞謹案：《淮南·泰族訓》引《書》曰：「能哲且惠。」則今文《尚書》有作「且」字者，「且」與「而」義近，「而」字不必定作「耐」也。

「何憂乎驩兜，何遷乎有苗，何畏乎巧言令色孔壬？」《史記》曰：「何憂乎驩兜，何遷乎有苗，何畏乎巧言善色佞人？」《集解》：「鄭玄曰：『禹爲父隱，故言不及鯀。』」陳喬樅説：「馬融云：『禹爲父隱，故不言鯀。』與鄭注同，皆以佞人爲指共工，此古文説也。《論衡·答佞篇》云：『驩兜大佞。』《恢國篇》云：『三苗巧佞之人。』據此，則今文説以『巧言令色孔壬』即指驩兜、有苗言之，不以佞人爲共工也。」錫瑞謹案：《淮南·泰族訓》引《書》曰『能哲且惠，❶黎民懷之。何憂驩兜，何遷有苗』，故仁莫大於愛人，知莫大於知人」，無下「何畏乎」句，似亦以「巧言令色孔壬」即指驩兜與有苗也。《白虎通》論隱惡之義，兄弟引周公誅四國，父子不引禹鯀而但引《論語》，是今文家無禹爲父隱之義。《後漢書·郅惲傳》曰：「昔虞舜輔堯，四罪咸服，讒言弗庸，孔壬不行。」又曰：「惲不忠，孔壬。」是亦以孔壬爲佞人，非共工。○今文一作「何憂驩兜，何遷有苗」。○《淮南》引《書》無「乎」字。

皋陶曰：「都，今文作「皋陶曰：都，俞」。○《史記》作「皋陶曰：然，於」。段玉裁説：「於即都也。『都』上有『然』，則今文《尚書》多『俞』字。」

「亦行有九德，亦言其人有德。乃言曰：『載采采。』」今文作「亦言其有德」。○《史記》曰：「亦行有九德，亦言其有德。乃言曰：『始事事。』」「始事事」，以故訓代經。「亦言其有德」，無「人」字，今文《尚書》本無之也。《論衡·答佞篇》曰：「唯聖賢之人，以九德檢其行，以事效考其言。行不合於九德，言不驗於事效，人非賢則佞矣。」據仲任説，則「乃言」當作「考言」，丂、乃形近，疑今文有作「考言」者。

禹曰：「何？」皋陶曰：「寬而栗，柔而立，愿而恭，○今文作「愿而共」。○《史記》曰：「寬而栗，柔而立，愿而共。」無「禹曰何皋陶曰」六字，史公省文。段玉裁説：「《夏本紀》作『共』，疑《本紀》是也。共讀爲供。謹愿人多不能供辦，能治人多不能敬慎，德與才不能互兼也。《史記》『恭敬』字不作『共』，即《堯典》『允恭』、『象恭』可證。今文《尚書》作『愿而共』，勝於古文《尚書》」。○一作「寬而

❶「泰族」，原作「脩務」，考下引出自《淮南子·泰族訓》，今據改。

慄」。○《衡方碑》作「寬慄」。

「**亂而敬，擾而毅，直而温，簡而廉，剛而塞，彊而義，**《史記》「亂」作「治」，「塞」作「實」，用故訓字。

「**彰厥有常，吉哉。**○今文作「章厥有常，吉哉」。○《史記》作「章」。《後漢書・鄭均傳》元和元年詔云：「書不云乎？『章厥有常，吉哉。』其賜均、義穀各千斛。」注云：「章，明也。吉，善也。言爲天子當明其有常德者，優其廩餼，則政之善也。」或出今文家説。

「**日宣三德，夙夜浚明有家。**○今文作「蚤夜翊明有家」。○《史記》曰：「日宣三德，蚤夜翊明有家。」段玉裁説：「今文《尚書》作『翊』也。翊同翌。《爾雅》：『翌，明也。』『翊明』重言之，猶《無逸》之『皇暇』也。」錫瑞謹案：《華嚴經音義》七十四卷下引《尚書大傳》：「翊，輔也。」似解此經之傳，則今文作「翊」是也。然《大傳》以「翊」爲「輔」，與段説不同。蔡邕《司空文烈侯楊公碑》曰：「翊明其政。」與《史記》文正合，乃今文作「翊」之明證。《史記》於「夙夜維寅」、「夙夜出入朕命」皆不作「蚤夜」，則此云「蚤夜」，乃今文《尚書》本文，非故訓字也。

「**日嚴祗敬六德，亮采有邦。翕受敷施。**○今文作「日嚴振敬六德，亮采有國。翕受普施」。○《史記》「祗」作「振」，「邦」作「國」，「敷」作「普」，皆今文《尚書》也。祗、振雙聲，如《盤庚》「震動」，石經作「祗動」；《費誓》「祗復」、《無逸》「祗懼」，《魯世家》作「振復」、「振懼」，皆祗、振通用之證。「普」與「敷」音義通。《説文》云：「肅，持事振敬也。」亦用今文《尚書》。

「**九德咸事，**《東觀書》曰：「章帝初即位，賜東平憲王蒼書曰：『朕夙夜伏思，念先帝躬履九德。』」《魏受禪碑》：「九德既該。」疑今文家有以九德屬君德者。《漢書・王尊傳》曰：「三公典五常九德。」《後漢書・楊震傳》曰：「方今九德未事。」班固薦謝夷吾曰：「行包九德。」蔡邕《太傅胡公碑》曰：「九德咸修。」《陳太丘碑》曰：「兼資九德。」《汝南周巨勝碑》曰：「備九德。」《廬江太守范式碑》曰：「九德靡爽。」皆不以九德爲君德。

「**俊乂在官，**《史記》、《鹽鐵論》、《論衡》、《後漢書・楊震楊賜傳》皆作「俊乂在官」，蓋歐陽《尚書》作「乂」，史公、王仲任、楊氏父子皆習歐陽《尚書》者也。《中候》曰：「文命盛德，俊乂在官。」○今文一作「俊艾在官」。○《漢書・谷永傳》永對曰：「經曰：『九德咸事，俊艾在官。』未有衆賢布於官而不治者也。」孫星衍説：「《釋詁》云：『艾，長也，歷也。』郭注云：『艾，長者多更歷。』俊乂，言大臣、耆老也。《漢書・孔光傳》詔曰：『誣愬大臣，令俊乂者久失其位。』又云：『今年耆有疾，俊乂大臣，惟國之重。』是『俊』爲大，『艾』爲老也。《周語》：『耆艾修之。』韋昭注云：『師傅也。』『師師，相師法也』，見《漢書・敘傳》『高平師師』注引鄧展説、《西京賦》薛綜注。《荀子・致仕篇》曰：『耆艾而信，可以爲師。』謂師法俊艾也。」錫瑞謹案：今文《尚書》「乂」多作「艾」，漢碑亦多作「艾」，《樊敏碑》：「《書》載俊艾。」《李孟初碑》劉俊字叔艾。王褒《聖主得賢臣頌》云：「俊艾將自至。」是「俊艾」字作「艾」之明證。《漢書》作「艾」，蓋用夏侯《尚書》。谷子雲言「未有賢布於官而不治者」，似以「俊」訓「賢」，「艾」訓「治」，與孫説不同，不必從孫。

「百僚師師，百工惟時。《史記》曰：「百吏肅謹。」《鹽鐵論・刺復》篇云：「《尚書》曰：『俊乂在官，百僚師師，百工惟時，庶尹允諧。』言官得其人，人任其事，故官治而不亂，事起而不廢。士守其職，大夫理其位，公卿總要執凡是也。」《中論・譴交》篇云：「其爵之命也，各隨其才之所宜，不以大司小，不以輕任重，故《書》曰：『百僚師師，百工惟時。』此先王取士官人之法也。」孫星衍説：「公卿謂俊乂，大夫謂百僚，士謂百工也。史公説『百僚』、『百工』俱爲『百吏』者，《詩傳》云：『工，官也。』『師師』爲『肅』者，《釋訓》云：❶『肅肅，敬也。』師、肅聲相近。『時』爲『謹』者，王逸注《楚辭》云：『謹，善也。』『時』亦訓『善』，義同。」錫瑞謹案：《漢官舊儀》云：「漢拜丞相、御史大夫，皇帝延登，親詔之，皆曰：『朕鬱于大道，獲保宗廟，兢兢師師。』」則「師師」與「兢兢」義近，故史公訓爲「肅」。蔡邕《薦皇甫規表》：「臣聞唐虞以師師咸熙。」

「撫于五辰，庶績其凝。無教逸欲，有邦兢兢業業，一日二日萬幾。○今文作「亡敖佚欲，有國兢兢業業，一日二日萬機」。○《漢書・王嘉傳》嘉奏封事曰：「臣聞咎繇戒帝舜曰：『亡敖佚欲，有國兢兢業業，一日二日萬機。』」師古曰：「《虞書・咎繇謨》之辭也。言有國之人不可傲慢逸欲，但當戒慎危懼，以理萬事之機也。敖讀曰傲。」陳喬樅説：「案：亡、無、毋三者古通。佚與逸同。幾者，機之省文。機謂發動所由也。《王嘉傳》引『教』字作『敖』，當亦三家《尚書》之異文，故與《史記・夏本紀》

❶「訓」，原作「詁」，考下引出自《爾雅・釋訓》，今據改。

及《後漢書・陳蕃傳》所引不同。師古集注讀『敖』爲『傲』，以『傲慢』解之，疑亦襲《漢書》舊注之音義也。」錫瑞謹案：「亡敖佚欲」爲句，「有國」當屬下讀，師古斷句非是。○一作「無教逸遊」。○《後漢書・陳蕃傳》蕃上疏諫曰：「故皋陶戒舜『無教逸遊』，周公戒成王『無槃于遊田』。虞舜、成王猶有此戒，況德不及二主者乎？」袁宏《後漢紀》陳蕃上書云「皋陶誡舜曰『無敢遊佚』」，即《後漢書》之疏，「敢」疑「教」字之誤，「佚遊」作「遊佚」則字之倒。謝承《後漢書》云「陳蕃諫桓帝曰『故皋陶戒帝無畋遊』」，亦即此一疏也。蓋今文説以「逸遊」爲「畋遊」。《漢書・韋賢傳》諫詩曰：「邦事是廢，逸遊是娱。」引此經也。《史記》作「毋教邪淫奇謀」。孫星衍説：「史遷説『佚』爲『邪淫』者，《方言》云：『佚，淫也。』故云『邪淫』。『欲』爲『奇謀』者，古『欲』或作『猷』，《禮器》注引《詩》『匪革其猶』，《詩・文王有聲》『猶』作『欲』。『猶』與『欲』聲、形亦相近。《釋詁》云：『猷，謀也。』故云『奇謀』。『欲』又作『游』，與『猷』通。《周禮・師氏》：『貴遊子弟。』注：『杜子春云：「遊」當爲「猶」。』」○「兢兢」一作「矜矜」。○《三國志・王基傳》基戒司馬景王曰：「天下至廣，萬幾至猥，誡不可不矜矜業業，坐以待旦也。」兢、矜聲同，疑三家異文。

「無曠庶官，天工人其代之。」《潛夫論・貴忠》篇曰：「《書》稱『天工人其代之』，王者法天而建官，自公卿至于小司，莫非天官也。」《中論・爵禄》篇曰：「爵禄者，先王之所重也，非所輕也，故《書》曰：『無曠庶官，天工人其代之。』」《後漢書・劉玄傳》李淑上書曰：「夫三公上應台宿，九卿下括河海，故『天工人其代之』。」《馬嚴傳》嚴上封事曰：「《書》稱『無曠庶官，天工人其代之』，言王者代天官人也。」是漢儒皆以此爲代天官人之義。《論衡・紀妖篇》曰：「天官百二十，與地之王者無以異也。地之王者，官屬備具，法象天官，稟取制度。」《春秋説》云：「立三台以爲三公，北斗九星是爲九卿，二十七大夫内宿部衛之列，八十一紀以爲元士，凡百二十官焉。」此今文家法天建官之説也。《史記》云：「非其人居其官，是謂亂天事。」而《王莽傳》太后下詔言「君年幼稚，必有寄託而居攝焉」，引「天工人其代之」爲居攝義。此傳會之説，非正解。○今文一作「毋曠庶官」。○《漢書・孔光傳》策免光曰：「《書》不云乎？『毋曠庶官』。」《論衡・藝增篇》曰：「《尚書》曰：『毋曠庶官。』曠，空。庶，衆也。毋空衆官。寘非其人，與空無異，故言空也。」○一作「天功人其代之」。○《大傳》曰：「《書》稱『天功人其代之』。夫成天地之功者，未嘗不蕃昌也。」《漢書・律曆志》曰：「人者，繼天順地，序氣成物，以終天地之功。《書》曰：『天功人其代之。』」師古曰：「《虞書・咎繇謩》也。言聖人稟天造化之功，代而行之。」

「天敘有典，勑我五典五惇哉。天秩有禮，自我五禮有庸哉。同寅協恭和衷哉。蔡邕《中鼎銘》曰：「同寅協恭，以和天衷。」則今文說「和衷」爲「和天衷」。

「天命有德，五服五章哉。《禮書》引《大傳》曰：「天子衣服，其文華蟲、作繢、宗彝、藻火、山龍；諸侯，作繢、宗彝、藻火、山龍；子、男，宗彝、藻火、山龍；大夫，藻火、山龍；士，山龍。故《書》曰：『天命有德，五服五章哉。』山龍，青也。華蟲，黄也。作繢，黑也。宗彝，白也。藻火，赤也。天子服五，諸侯服四，次國服三，大夫服二，士服一。」孫星衍說：「今文說五服爲五章，蓋秦滅禮學，郊祀之服易以袀玄，伏生猶見先秦制度，傳授其義，似較可信。至《漢・輿服志》稱：『孝明皇帝永平二年，初詔有司采《周官》、《禮記》、《尚書・臯陶》篇，乘輿、服從歐陽說，公、卿以下從大、小夏侯氏說。』鄭氏據此爲説，則漢時章服亦不能證明古義矣。《大傳》引此經文而說之，以自天子至士皆有山龍者。《釋言》云：『衮，黻也。』《周禮・司服》『衮冕』注：『鄭司農云：「衮，卷龍衣也。❶」衮，自天子至士總名之服，故《爾疋》單舉之。《廣雅》云：『山龍，彰也。』亦舉山龍以該五章，則今文家謂自天子至士皆有之說也。」錫瑞謹案：歐陽說「乘輿備文日、月、星辰十二章」，大、小夏侯氏說「三公、諸侯用山龍九章，九卿以下用華蟲七章，皆備五采」，則是歐陽說冕服章數以十二、九、七爲節，大、小夏侯說冕服章數，天子至公、侯以九爲節，卿以下以七爲節，皆與《大傳》言「五服五章」不同，此三家今文之背其師傳者。以五經次序而論，《尚書》應列《周官》之前，而明帝詔首舉《周官》，則當時必以《周官》爲重，故三家博士變今文《尚書》之師說以傳會《周官》，不知周禮非可以解《虞書》。經明言「五服五章」，不得有十二章、九章、七章之制。鄭君據周禮以推虞制，其義正本於歐陽、夏侯；後世皆從鄭說，不知亦本於三家博士，然皆非伏生之義也。《白虎通・考黜》篇云：「言成章，行成規，卷龍之衣服表顯其德。」亦不及日、月、星辰也。《漢書・王嘉傳》曰：「臣聞爵禄、土地，天

❶「衣」，原無，今據《尚書今古文注疏》卷二、《周禮・司服》鄭注補。

之有也。《書》云：『天命有德，五服五章哉。』王者代天爵人，尤宜慎之。」引《書》與今本同。《後漢書・應劭傳》曰：「《尚書》稱『天秩有禮，五服五章哉。天討有罪，五刑五用哉』。」蓋合上文引之，非必今文異本。《胡廣傳》亦曰：「五服五章，天秩所作。」

「天討有罪，五刑五用哉。《潛夫論・述赦》篇曰：「天子在於奉天威命，共行賞罰，故《書》稱：『天命有德，五服五章。天討有罪，五刑五用。』」《漢書・刑法志》曰：「《書》云『天秩有禮』、『天討有罪』，故聖人因天秩而制五禮，因天討而作五刑。大刑用甲兵，其次用斧鉞；中刑用刀鋸，其次用鑽鑿；薄刑用鞭朴。大者陳諸原野，小者致之市朝，其所繇來者上矣。」錫瑞謹案：班氏引《國語》文，乃古文説，故與《大傳》今文説唐、虞象刑不同。《御覽》引《大傳》云：「古者中刑用鑽鑿。」疑是《甫刑》傳文。所謂古者，謂夏用肉刑之時，非謂唐、虞也。○今文一作「五刑五庸哉」。○《後漢書・梁統傳》統對曰：「臣聞聖帝明王制立刑罰，故雖堯舜之盛，猶誅四凶。經曰：『天討有罪，五刑五庸哉。』」「用」作「庸」，與《史記》諸書不合，或據夏侯《尚書》。

「政事懋哉懋哉。○今文作「茂哉茂哉」。○《漢書・董仲舒傳》仲舒對策曰：「《書》云『茂哉茂哉』，勉彊之謂也。」《爾雅・釋詁》：「茂，勉也。」郭注：「《書》曰：『茂哉茂哉。』」《釋文》云：「『茂哉』或作『茂才』。」蓋三家今文之異，郭氏襲用漢人舊注，所引《書》乃今文《尚書》也。

「天聰明，自我民聰明；《漢書・李尋傳》尋説王根曰：「《書》云『天聰明』，蓋言紫宮極樞，通位帝紀，太微四門，廣開大道，五經五緯，尊顯術士，❶翼、張舒布，燭臨四海，少微處士，爲比爲輔，故次帝廷，❷女宮在後。聖人承天，賢賢易色，取法於此。天官上相上將，皆顓面正朝，❸憂責甚重，要在得人。得人之效，成敗之機，不可不勉也。」《孔光傳》曰：「日有蝕之，變見三朝之會。上天聰明，苟無其事，變不虛生。」

「天明畏，自我民明威。達于上下，敬哉有土。」今文作「天明威，自我民明威」，「達」作「通」。○校本作「畏」，《釋文》云：「畏如字。徐音威，馬本作『威』。」鄭注《周禮》引《書》曰：「天明威，自我民明威。」鄭注《禮》在

❶「顯術」，《漢書・李尋傳》作「術顯」。
❷「次」，原脱，今據《漢書・李尋傳》補。
❸「正」，原作「立」，今據《漢書・李尋傳》改。

贊《書》之前，所引《尚書》是當時立學官之本，則今古文皆當作「威」也。「達」，今文皆作「通」。

臯陶曰：「朕言惠，可底行？」《白虎通・聖人》篇曰：「臯陶爲舜陳道：『朕言惠，可底行？』」蔡邕《獨斷》曰：「朕，我也。古者尊卑共之，貴賤不嫌，則可同號之義也。《堯典》曰：『朕在位七十載。』臯陶與帝舜言曰：『朕言惠，可底行？』此其義也。」《史記》曰：「吾言底可行乎？」蓋消文。據《白虎通》、《獨斷》，則今文《尚書》有「惠」字。

禹曰：「俞，乃言底可績。」○《史記》曰：「禹曰：『汝言致可績。』」無「俞」字，或亦消文。

臯陶曰：「予未有知，思曰贊贊襄哉。」○今文「予」作「余」。○《史記》曰：「臯陶曰：『余未有知，思贊道哉。』」孫星衍説：「史公以『贊』爲『道』者，《周語》：『内史贊之。』韋昭注云：『贊，道也。』道謂導之。張守節《正義》云『贊於古道』，非也。」

帝曰：「來，禹，汝亦昌言。」禹拜曰：「都，帝，予何言！」《史記》曰：「帝舜謂禹曰：『汝亦昌言。』禹拜曰：『於，予何言！』」據《史記》文，則「予何言」上無「帝」字，或今文本無。「昌言」用歐陽《尚書》。若大、小夏侯《尚書》當作「黨」，或作「讜」，説見上。

「予思日孜孜。」○今文作「予思日孳孳」。○《史記》作「孳孳」。孫星衍説：「『孜孜』古文，『孳孳』今文也。《説文》云：『孜，汲汲也。』引《周書》曰：『孳孳無怠。』又曰：『孳，汲汲生也。』是與『孜』同。」錫瑞謹案：《漢書・谷永傳》説王音曰：「夙夜孳孳。」又黑龍見東萊，對曰：「夙夜孳孳。」《王莽傳》張竦奏曰：「孳孳不已。」《東方朔傳》曰：「此士所以日夜孳孳。」楊雄《揚州牧箴》云：「股肱不可不孳。」《後漢書》李固上疏曰：「夕惕孳孳。」皆用今文《尚書》。

臯陶曰：「吁，如何？」禹曰：「洪水滔天，浩浩懷山襄陵，下民昏墊。」○今文「洪」作「鴻」。○《史記》曰：「臯陶難禹曰：『何謂孳孳？』禹曰：『鴻水滔天，浩浩懷山襄陵，下民皆服於水。』」孫星衍説：「『昏』字，依《史記》疑當爲『皆』，形相近。史公所據本，蓋亦今文也。以『墊』爲『服於水』者，《廣雅・釋詁》云：『墊，伏藏也。』李善注《文選》云：『伏與服，古字通。』是伏於水謂陷於水也。」案：蔡邕《和熹鄧后謚議》曰：「故自昏墊，以迄康乂。」亦作「昏」，不作「皆」，似未可從孫説。

「予乘四載，○今文作「予陸行乘車，水行乘舟，泥行乘橇，山行乘檋」。○《史記・夏本紀》曰：「予陸行乘車，水行乘舟，泥行乘橇，山行乘檋。」於前又曰：「陸行乘車，水行乘船，泥行乘橇，山行乘檋。」惟「舟」作「船」爲異，蓋史公以故訓代之。徐廣《音義》曰：「橇，他書或作『蕝』。檋，一作『橋』，音丘遥反。」○一作「陸行乘車，水行載舟，泥行蹈毳，山行即橋」。○《史記・河渠書》曰：「《夏書》曰：禹抑洪水十三年，過家不入門。陸行乘車，水行載舟，泥行蹈毳，山行即橋，以別九州。」《集解》：「徐廣曰：『橋，近遥反。一作「檋」。檋，直轅車也，音己足反。《尸子》曰「山行乘樏」。音立追反。《尸子》又曰「行塗以楯，行險以樶，行沙以軌」，又曰「乘風車」。音去喬反。』」《索隱》曰：「『毳』字亦作『橇』，音昌芮反。注以『樶』，子芮反，又子絶反，與『蕝』音同。」○一作「陸行載車，水行乘舟，泥行乘毳，山行則梮」。○《漢書・溝洫志》云：「《夏書》曰：禹堙洪水十三年，過家不入門。陸行載車，水行乘舟，泥行乘毳，山行則梮，以別九州。」孟康曰：「毳形如箕，擿行泥上。」如淳曰：「毳音『茅蕝』之蕝，謂以板置泥上以通行路也。梮謂以鐵如錐頭，長半寸，施之履下，以上山不蹉跌也。」韋昭曰：「梮，木器，如今轝牀，人轝以行也。」《説文》引《虞書》曰「予乘四載」，「水行」句在「陸行」句上，下二句作「山行乘欙，澤行乘𨋬」。孫星衍説：「此『四載』之文，《河渠書》、《溝洫志》俱引爲《夏書》，《説文》引爲《虞書》，今經文本無，或今文本有之。」錫瑞謹案：《河渠書》、《溝洫志》明引《夏書》，《説文》明引《虞書》，則此十六字今古文皆有之。《説文》引爲《虞書》，上有「予乘四載」句，乃古文《尚書》。《河渠書》、《溝洫志》引爲《夏書》，無「予乘四載」句，乃今文《尚書》。疑僞孔竊取《説文》爲古文《尚書》，又删去其下十六字以示異也。史公以《皋陶謨》入《夏本紀》，故謂爲《夏書》，而《夏本紀》之文與《河渠書》、《溝洫志》互異者，蓋三家今文異字。而徐廣曰「橋，一作『檋』，直轅車也」，《書疏》引應劭曰「梮，或作『欙』，爲人所牽引也」，則橋、檋、梮、欙本一物而異名，乃直轅車爲人所牽引者，文異而義不異。要本有此十六字無疑也。

「隨山刊木。○今文「刊」作「栞」。○《史記》作「行山栞木」。《説文》：「𣐻，槎識也。從木、㚘，闕。《夏書》曰：『隨山𣐻木。』讀若刊。」又「栞」云：「篆文從幵。」許君以「栞」爲篆文，則「𣐻」爲古文，「栞」爲今文。《説文》又云「槎，衺斫也」，則「槎識」謂衺斫其木以爲表識。故《史記》録《禹貢》，易其文爲「行山表木」。段玉裁說：「今文《尚書》亦作『栞』，衛包誤以『栞』、『刊』爲古今字，乃改『栞』爲『刊』。」

「暨益奏庶鮮食。○今文作「暨益奏庶稻鮮食」。○《史記》曰：「與益予衆庶稻鮮食。」❶又云：「令益予衆庶稻，可種卑溼。」段玉裁說：「蓋此經『鮮食』，今文《尚書》作『稻食』，而『稻鮮食』之『鮮』字誤多，如《大誥》『民獻儀』之比。」陳喬樅說：「五土物生，稻宜下地。《周官》有稻人，職掌稼下地，以稻性宜水也。此時益佐禹治水，烈山澤而焚之。草萊既闢，卑溼之地可以種蓺，至隨刊所得鳥獸，又可以助資民食。故《史記》云：『與益予衆庶稻鮮食。』此『鮮食』謂鳥獸也，則經『鮮』字非賸文矣。」錫瑞謹案：《史記》於下「鮮食」字代以「食少」，則下「鮮食」不作鳥獸魚鼈解，而此文作「鮮」，與下文義不同。今文《尚書》不應舍鳥獸魚鼈不言，有「鮮」字是也。

「予決九川，距四海，濬畎澮距川。○今文「濬」作「浚」。○《史記》曰：「以決九川致四海，浚畎澮致之川。」錫瑞謹案：九川爲弱、黑、河、瀁、江、沇、淮、渭、洛九水，非謂九州之川，說見《禹貢》。

「暨稷播奏庶艱食。鮮食，懋遷有無化居。○今文作「貿遷」。○《史記》曰：「與稷予衆庶難得之食。食少，調有餘補不足徙居。」又云：「命后稷予衆庶難得之食。食少，調有餘相給，以均諸侯。」江聲說：「尟、鱻、鮮三字誼別，今俗混用一『鮮』字，非也。據《史記》云『食少』，依少誼則字當作『尟』。《說文・是部》：『尟，是少也。』《說文・貝部》云：『貿，易財也。』《史記》言『調有餘補不足』即『貿遷有無』，『徙居』即『化居』。化，古『貨』字，謂遷徙其居積之貨也。《文選・永明九年策秀才文》李善注引《尚書》曰：『貿遷有無化居。』又宋王天與《尚書纂傳》、元吳澄《尚書纂言》皆云伏生《大傳》作『貿遷』。」錫瑞謹案：史公說「鮮食」爲「食少」，則與上「鮮食」義自不同，江據《史記》謂當依《說文》作「尟」，今文《尚書》未必皆用古文字也。漢時通行今文，字多淆俗，如漢碑所引用、唐張參《五經文字》所引石經可證。若古文出於山巖屋壁，當時本不通行，故字未經改易，劉向以中古文校三家《尚書》，三家皆有脫簡文可證。故論文字則古文爲勝，論說解則今文爲長。如《左氏春秋》古經勝於《公羊》、《穀梁》，而說解則丘明不傳《春秋》，其義當從《公》、《穀》。蓋今文傳自漢初，遠有師承；

❶「庶」，原脫，今據《史記・夏本紀》補。

古文本無師承，其説解乃諸儒傳會爲之，故與古書多不合也。此「鮮」字，或今文本用通假，不必皆依《説文》。今姑從枚本作「鮮」，而其義則當爲「食少」。陳喬樅不從《史記》，而用鄭注「鱻食，魚鼈」之訓，失之。《申鑒・時事》篇曰：「貿遷有無。」正作「貿」，與《大傳》合。○一作「楙遷有無」，亦作「茂遷有無」。○《漢書・食貨志》曰：「食足貨通，然後國實民富而教化成。禹平洪水，定九州，制土田，各因所生遠近，賦入貢棐，❶楙遷有無，萬國作艾。」又《敘傳》述《食貨志》云：「商以足用，茂遷有無。」陳喬樅説：「《漢書》兩引此經，一作『楙遷』，一作『茂遷』，皆『貿』之同聲假借字也。師古注云：『楙與茂通，勉也。言勸勉天下，遷易有無，使之交足，則萬國皆治。』其誼亦通。《史記》用歐陽《尚書》，《漢書》用夏侯《尚書》，文字既異，誼或不同。師古集注疑是襲漢、魏舊注之語也。」錫瑞謹案：楊雄《大司農箴》曰：「厥僚后稷，有無遷易。」荀悦《申鑒》曰：「貿遷有無。」皆不連「化居」爲義，或三家句讀不同。若《史記》文，當以「徙居」屬上。段玉裁云「徙居衆民」爲句，「乃定萬國爲治」爲句，恐非。

「烝民乃粒，萬邦作乂。」○今文作「烝民乃立，萬國作艾」。○《史記》曰：「衆民乃定，萬國爲治。」《漢志》云：「萬國作艾。」蓋今文《尚書》「粒」作「立」，「邦」作「國」，「乂」作「艾」也。錫瑞謹案：今文作「立」，故史公以「定」訓之。《詩・思文》「立我烝民」，即此之「烝民乃立」也。《左傳》、《周語》皆引「立我烝民」，立不作「粒食」解。自古文《尚書》誤作「粒」，鄭以「粒食」訓之，又破《詩》之「立」字爲「粒」，以致《詩》、《書》皆失其解。此由鄭氏古文已誤，僞孔不任咎也。

皋陶曰：「俞，師汝昌言。」○今文「師」作「斯」。○《史記》曰：「皋陶曰：『然，此而美也。』」江聲説：「《史記》輒以訓詁代經文，然則『師』當爲『斯』，聲之誤與？」

禹曰：「都，帝，慎乃在位。」帝曰：「俞。」禹曰：「安汝止。惟幾惟康，其弼直，○今文「直」作「悳」。○《史記》曰：「禹曰：『於，帝，慎乃在位，安爾止。輔德。』」江聲説：「據《史記》作『輔德』，推此文當爲『其弼德』。而『悳』字從直下心，或『心』字摩滅不見而爲『直』字。」

「惟動丕應。徯志以昭受上帝，天其申命用

❶「賦」，原脱，今據《漢書・食貨志上》補。

休。」《史記》曰：「天下大應。清意以昭待上帝命，天其重命用休。」江聲説：「依《史記》以説此經，當云動則天下大應之，清其志意，以待受上帝命。」

帝曰：「吁，臣哉，鄰哉。鄰哉，臣哉。」○今文作「帝曰：吁，臣哉，臣哉。鄰哉。鄰哉」。○《史記》曰：「帝曰：『臣哉，臣哉。』」《三國・魏紀》何晏奏曰：「舜戒禹曰：『鄰哉，鄰哉。』言慎所近也。」蓋皆今文《尚書》，與古文異。《史記》無「鄰哉」句，渻文。

禹曰：「俞。」帝曰：「臣作朕股肱耳目。予欲左右有民，汝翼。予欲宣力四方，汝爲。《史記》曰：「臣作朕股肱耳目。予欲左右有民，女輔之。」無「予欲宣力四方，汝爲」句，蓋史公渻文。漢夏勤策文曰：「宣力四表。」蔡邕《司空文烈侯楊公碑》曰：「帝欲宣力于四方，公則翼之。」是今文《尚書》有此八字也。

「予欲觀古人之象，日月星辰，山龍、華蟲、作會宗彝、藻、火，○今文「藻」一作「璪」。○《史記》曰：「予欲觀古人之象，日月星辰，作文繡服色，女明之。」《大傳》説見上「五服五章」。錫瑞謹案：史公云「作文繡服色」，所以解經之「山龍、華蟲」至「作服」也，而「日月星辰」別出於上者，蓋史公之説亦不謂日月星辰在文繡服色之中，其義與伏生同。若日月星辰亦在服章之内，史公何不以日月星辰竝括於文繡服色之中，而必單舉四字以別見義乎？日月星辰之用，《書傳》無文，或如王肅之説，虞、夏即以畫于旌旗，或別有所用，蓋不可考。要之，日月星辰乃天象，似不宜畫於衣。自漢明帝永平二年采《尚書・皋陶》篇，乘輿、服從歐陽氏説，備文日月星辰十二章，而古義晦矣。「宗彝、藻、火」，後人引《大傳》有二説。《隋書・禮儀志》大業元年虞世基奏：「近代故實，依《尚書大傳》：『山龍純青，華蟲純黄，作會宗彝純黑，藻純白，火純赤。』」與陳祥道《禮書》引《大傳》「作繢，黑也；宗彝，白也；藻火，赤也」，其説不同。陳壽祺云：「陳祥道分作繪、宗彝爲二，合藻、火爲一，非伏生本文，由所見《大傳》本誤，當從《隋志》更正。」又云：「『子、男，宗彝、藻、火、山龍』，以『次國服三』核之，『子、男』下『宗彝』字誤衍，宜删。」錫瑞案：《大傳》當作「子、男，藻、火、山龍；大夫，火、山龍；士，山龍」，乃合「次國服三，大夫服二，士服一」之義，陳説猶未核也。《大傳》説「山龍純青」者，東方爲蒼龍，東方屬木，木色青，故山龍純青。「華蟲純黄」者，華蟲當是鳳皇，《大戴禮》曰：「羽蟲三百六十，鳳皇爲之長。」是鳳皇可稱蟲。《爾雅・釋言》

曰：「皇，華也。」「皇」與「黄」聲近，華蟲之「黄」，即鳳皇之「皇」。《王制》曰：「有虞氏皇而祭。」鄭注：「皇，冕屬也，畫羽飾焉。」《周禮》樂師教皇舞，先鄭注：「皇舞者，以羽冒覆頭上，衣飾翡翠之羽。」後鄭注：「皇，雜五采羽如鳳皇色。」合先後二鄭説，是皇爲鳳皇五采之色，飾於冠，竝飾於衣。虞有鳳皇來儀之瑞，故以「皇」名其冠，又飾之於衣。鳳皇，羽蟲之長，故惟天子得服之。虞土德尚黄，土數五，故天子服五色，尚黄，故華蟲居首。周木德色青，尚山龍。虞土德色黄，尚華蟲。不得以周制説虞也。鳳皇五采而多黄。五采，故曰華蟲；多黄，故華蟲爲黄。所以知鳳皇色多黄者，《説文·鳥部》：「鷫，鷫鷞也，五方神鳥也。東方發明，南方焦明，西方鷫鷞，北方幽昌，中央鳳皇。」《左氏傳》：「唐成公有兩肅爽馬。」賈逵曰：「色如霜紈。」然則西方鷫鷞蓋色白。師曠《禽經》曰：「白鳳謂之鷫。」以此推之，東方發明色青，南方焦明色赤，北方幽昌色黑，中央鳳皇當色黄矣。《隋書·禮儀志》曰：「天監七年，周捨議：『詔旨以王者衮服宜畫鳳皇以示差降。案《禮》：「有虞氏皇而祭，深衣而養老。」鄭玄所言，「皇」則是畫鳳皇羽也。又案《禮》所稱雜服，皆以衣定名，猶加衮冕，則是衮衣而冕。明有虞言「皇」者，是衣名，非冕，明矣。❶畫鳳之旨，事實灼然。』制：『可。』」又王僧崇云：『今祭服兩袖各有禽鳥，形類鸞鳳，似是華蟲。尋冕服無鳳，應改爲雉。』帝曰：『今冕服畫龍，則宜應畫鳳，明矣。若一向畫雉，差降之文復將安寄？鄭義是所未允。』」據周捨説，有虞氏「皇」是畫鳳皇羽於衣。據王僧崇説，當時冕服猶畫鳳，蓋古制之僅存者，非始於梁武也。惟王氏專執鄭義，欲改畫雉，梁武以爲上下皆畫雉無差降，故仍用畫鳳耳。「作會宗彝純黑」者，宗彝即尊彝，古宗、尊通用，《左氏傳》「伯宗」，《穀梁》作「伯尊」可證。《明堂位》云：「夏后氏以雞夷。」是虞、夏已有彝。宗彝，蓋繡尊彝之形，如黼作斧形、黻作亞形之比。尊彝古器，年久色黑，故爲黑。作會，如《考工記》「作其鱗之而」之「作」，作，起也。玄衣繡黑章，色不甚著，故爲作起之勢，如今之堆花。「藻純白」者，「藻」一作「璪」，即「玉藻」之「藻」。玉色白，故爲白。「火純赤」者，當爲圜火形，《考工記》：「火以圜。」火色赤，故爲赤也。

「粉米、黼、黻，絺繡。」孫星衍説：「今文不言『粉米、黼、黻，絺繡』者，意以粉米、黼、黻爲刺繡之文，衣裳竝用之。惟衣有山龍以下五章，裳則粉米、黼、黻，絺繡而已。

❶「明」，原作「名」，今據《隋書·禮儀志》改。

知衣亦絺繡爲今文説者,《白虎通・衣裳》篇云:『聖人所以制衣服何?以爲絺綌蔽形,表德勸善別尊卑也。』云『絺綌蔽形』者,上古始制衣服,以絺蔽形,亦如市之蔽前,後人因以爲飾。云『表德勸善別尊卑』者,即謂山龍等五章以別尊卑也。《淮南・主術訓》云:『人主好黼、黻文章絺綌綺繡。』注云:『白與黑爲黼,青與赤爲黻。絺、綌,葛也。精者絺,麤者綌。五采具曰繡也。』是西漢人説絺繡爲絺綌之有文繡者。《五帝本紀》云:『堯乃賜舜絺衣與琴。』《孟子・盡心》篇:『舜被袗衣。』趙氏注云:『袗,畫也。被畫衣,黼、黻絺繡也。』袗衣即絺衣,知以絺爲之。《説文》:『袗,玄服。』以玄衣加繪繡。故《大戴禮・五帝德》稱帝堯『純衣』,言衣之質則爲純,言衣有華蟲則爲黄也。皆衣裳竝用絺繡之明證也。」錫瑞謹案:古説皆謂繡不謂畫。《續漢書・輿服志》曰:「乘輿、服從歐陽氏説,公卿以下從大、小夏侯説。乘輿刺繡,公、侯、九卿以下皆織成,陳留襄邑獻之云。」《後漢書・明帝紀》注引董巴《輿服志》曰:「乘輿刺繡,公、卿以下皆織成,陳留襄邑獻之。」是三家今文皆以爲刺繡、織成。《説文》:「繪,會五采繡也。」引《虞書》「山龍、華蟲,作繪」,則今古文皆以繪即是繡,無畫衣之説。鄭注《尚書》始云:「繪讀爲繢。凡畫者爲繢。」徐廣「車服」注曰:「漢明帝按古禮備其服章,天子郊廟衣皁上絳下,前三幅,後四幅,衣畫而裳繡。」蓋即用鄭君説,與董巴、劉昭皆不合。《隋志》引《大傳》云「作會」,蓋今古文皆云「會」,而解爲「繪」。《禮書》引《大傳》云「作繢」,以鄭説改《大傳》,誤矣。

「**以五采彰施于五色作服,汝明。**〇今文「彰」作「章」。〇鄭注《大傳》引經作「章」。孫星衍説:「五色,畫也。五采,繡也。」故《月令》云:「命婦官染采。」以黼、黻之文刺于山龍等五章空隙之處,復分畫爲界域,俾五色不能相亂,故謂之黺,視其文如聚米也。《荀子・正論篇》説天子則服五采,雜間色,重文繡。云五采,如今文説山龍等五色也。間色,如黼、黻各有二色相間也。重文繡,謂衣裳俱用之。重,襲也。是亦同今文之説。

「**予欲聞六律、五聲、八音、在治,忽以出納五言,汝聽。**〇今文作「七始」,訓以出入五言,女聽」。〇《大傳》曰:「五載一巡守,羣后德讓,貢正聲,而九族具成。雖禽獸之聲,猶悉關於律。樂者,人性之所自有也。故聖王巡十有二州,觀其風俗,習其性情,因論十有二俗,定以六律、五聲、八音、七始。著其素簇以爲八,此八伯之事也。分定於五，此五嶽之事也。五聲，天音也。八音，天化也。七始，天統也。」鄭注：「『族』當爲『奏』。言諸侯貢其正聲，而天子九奏之樂乃具成也。『關』猶『入』也。五聲，宮、商、角、徵、羽也。八音，鐘、鼓、笙、磬、塤、篪、柷敔、琴也。七始，黄鐘、林鐘、大簇、南吕、姑洗、應鐘、蕤賓也。歌聲不應此則去之。『素』猶『始』也。『簇』猶『聚』也。樂音多，聚以爲八也。五，謂塤在北方、鼓在東方之屬。天所以理陰陽也。」《史記》曰：「予欲聞六律、五聲、八音，來始滑，以出入五言，女聽。」《索隱》曰：「古文《尚書》作『在治忽』，今文作『采政忽』，先儒各隨字解之。今此云『來始滑』，於義無所通。蓋『來』、『采』字相近，『滑』、『忽』聲相亂，『始』又與『治』相似，因誤爲『來始滑』，今依今文音『采政忽』三字。劉伯莊云『聽諸侯能爲政及怠忽者』，是也。」《漢書·律曆志》曰：「『予欲聞六律、五聲、八音、七始，詠以出内五言，女聽』。予者，帝舜也。言以律吕和五聲，施之八音，合之成樂。七者，天、地、四時、人之始也。順以歌詠五常之言，聽之則順乎天地，序乎四時，應人倫，本陰陽，原情性，風之以德，感之以樂，莫不同乎一。唯聖人爲能同天下之意，故帝舜欲聞之也。」又《禮樂志》高祖唐山夫人《安世房中歌》曰：「七始華始，肅倡和聲。」孟康曰：「七始，天、地、四時、人之始。」又《敘傳》曰：「八音七始，五聲六律。」劉德曰：「天、地、四方、人之始也。」段玉裁説：「今文《尚書》作『七始』，亦作『七政』，『七』亦作『桼』。『桼』或誤作『來』，或誤作『采』。」魏源説：「蓋今文原作『七始詠』，《史記》作『桼始忽』。其作『來』作『采』者，皆『桼』之形譌。其『始』作『治』，『忽』作『滑』，『采』作『在』者，則聲之譌。故《史記》古文之『桼始』，即《漢書》今文之『七始』，合於《大傳》，是經文本義也。」錫瑞謹案：二説皆有未盡。《索隱》云「今文作『采政忽』」，「采」字固誤，即「政」字亦非。是《索隱》所謂古文即僞古文，所云今文恐亦難信，所載劉伯莊説即從僞孔傳小變之，殆即伯莊所爲耳。蓋「來」、「采」形近，「政」、「治」義近，「治」又與「始」相似。「采政」即「桼始」，今古文本無異，特字有譌誤耳。孟康、劉德之説雖與鄭義稍殊，而以七始爲樂之條目則一。段云：「泛言爲七政，在樂爲七始。」然《大傳》言七政爲春、夏、秋、冬、天、地、人，雖與孟康、劉德之説似合，而此作七政，則與六律、五聲、八音不類，且七政非可聞也，當以《大傳》、《漢志》之説爲正。孫星衍説：「『忽』當爲『曶』。」疑古本是「曶」字。班《志》「詠」字，《隋書·律曆志》引作「訓」。段玉裁云：「《隋志》實引《漢志》，當從《隋志》作『訓』。孟堅云：『順以歌詠五常之言。』

以『順』釋『訓』，非以『歌詠』釋『詠』。」其義郅塙。錫瑞又案：孫、段二説亦有未盡。考「訓」從川，㫚亦從川；「訓」從言，㫚從日，其義當相近。疑班《志》用今文作「七始訓」，《史記》則作「桼始㫚」，文異而義不異。自《史記》「桼」譌爲「來」，「㫚」譌作「滑」，一因形近，一因聲近而誤，後人曲爲之解，皆不可通。不知史公亦用伏生今文，與班《志》本無不合也。鄭君所據本作「曶」，蓋亦㫚字之譌。班《志》今譌作「詠」，蓋因班《志》下云「順以歌詠五常之言」，淺人遂改「訓」爲「詠」耳。今從《隋志》引作「訓」，從班《志》釋爲「順」，「七始」上屬爲義，「訓」字下屬爲義。《漢書·敘傳》云「八音七始」，則班氏不以「訓」字連「七始」爲義可知。經云「訓以出入五言」，即班《志》云「順以歌詠五常之言」也。《玉海》引《漢志》文「予者，帝舜也」至「人之始也」，曰：「顔氏此注權輿於觀射父之論『六律七事』釋以『天、地、民及四時之務』。」❶則「予者帝舜也」至「人之始也」乃顔師古注文，今作班《志》本文，蓋亦譌誤攙入。《樂説》曰：「聖人作樂，不以自娱，以觀得失之效，故不取備於一人，必須八能之士。故八士或調陰陽，❷或調五行，或調盛衰，或調律暦，或調五音。與天地神明合德者，則七始八氣終各得其宜也。」宋均注曰：「七始，謂四方、天、地、人也。」均之説與孟康、劉德正同。《白虎通·禮樂》篇云：「《尚書》曰：『予欲聞六律、五聲、八音。』五聲者何謂也？宮、商、角、徵、羽。土謂宮，金謂商，木謂角，火謂徵，水謂羽。所以名之何？角者躍也，陽氣動躍。徵者止也，陽氣止。商者張也，陰氣開張，陽氣始降也。羽者紆也，陰氣在上，陽氣在下。宮者容也，含容四時者也。八音者何謂也？《樂記》曰：土曰塤，竹曰管，皮曰鼓，匏曰笙，絲曰絃，石曰磬，金曰鐘，❸木曰柷敔，此謂八音也，法《易》八卦也，萬物之數也。八音，萬物之聲也。所以用八者何？天子承繼萬物，當知其數；既得其數，當知其聲，即思其形。如此，蜎飛蠕動，無不樂其音者，至德之道也。天子樂之，故樂用八音。《樂記》曰：壎，坎音也。管，艮音也。鼓，震音也。弦，離音也。鐘，兑音也。柷敔，乾音也。笙，巽音也。磬，坤音也。一説笙、柷、鼓、簫、瑟、塤、鐘、磬也。如其次，笙在北方，柷在東北方，鼓在東方，簫在東南方，瑟在南方，塤在西

❶「及」，原作「物」，今據《國語·楚語下》改。

❷「士」，原作「音」，今據《太平御覽》卷五六五《樂部三》引《樂説》改。

❸「金曰鐘」，原脱，今據《白虎通·禮樂》補。

南方，鐘在西方，磬在西北方。又曰：壎在十一月，壎之爲言熏，陽氣於黃泉之下熏蒸而萌。匏之言施也，在十二月，萬物始施而牙。笙者，太簇之氣，象萬物之生，故曰笙。有七政之節焉，有六合之和焉，天下樂之，故謂之笙。鼓，震音，煩氣也。萬物憤懣，震動而生，雷以動之，温以暖之，風以散之，雨以濡之，奮至德之聲，感和平之氣也。同聲相應，同氣相求，神明報應，❶天地祐之，其本乃在萬物之始邪？故謂鼓也。簫者，仲吕之氣。萬物生於無聲，見於無形，戮也，肅也。簫者以祿爲本，言承天繼物爲民本，人力加，地道化，然後萬物戮也，故謂之簫也。瑟者，嗇也，閉也，所以懲忿窒欲，正人之德也，故謂之瑟也。琴者，禁也，所以禁止淫邪，❷正人心也。❸磬者，夷則之氣也，象萬物之成也，其氣磬，故曰磬。鐘之言動也，陰氣用事，萬物動成，鐘爲氣用金聲也。柷敔者，始終之聲，萬物之所生也。陰陽順而復，故曰柷敔。承順天地，序迎萬物，天下樂之，故樂用柷敔。柷，始也。敔，終也。聲五音八何？聲爲本，出於五行；音爲末，象八風。故《樂記》曰：聲成文，謂之音；知音而樂之，謂之樂也。」《風俗通·聲音》篇曰：「聲所以五者，繫五行也。音所以八者，繫八風也。」此今文說五聲、八音之義。

「予違，汝弼。汝無面從，退有後言。」《史記》曰：「予即辟，女匡拂予。女無面諛，退而謗予。」《漢書·成帝紀》建始三年詔曰：「公卿其各思朕過失，明白陳之。『女無面從，退有後言。』」《潛夫論·明闇》篇引此經，云：「故爲國之道，勸之使諫，宣之使言，然後君明察而治情通矣。」蔡邕《文烈侯楊公碑》曰：「辟道或回，公則弼之。」孫星衍說：「帝既告禹以助成四輔之事，又告以拂君之過，是臣又兼鄰之職任，爲將薦之于天。」

「欽四鄰。」《史記》曰：「敬四輔臣。」《大傳》曰：「古者天子必有四鄰：前曰疑，後曰丞，左曰輔，右曰弼。天子有問無以對，責之疑。可志而不志，責之丞。可正而不正，責之輔。可揚而不揚，責之弼。其爵視卿，其祿視次國之君也。」又曰：「天子必有四鄰：前儀，後丞，左輔，右弼。直立而敢斷，廣心而從欲，輔善而相承謂之輔，廉潔而切直謂之弼。天子中立而聽朝，則四聖維之。是以慮無失計，舉無過事。故《書》曰：『欽四鄰。』此之謂也。」「儀」即「疑」，

❶「應」，原作「德」，今據《白虎通·禮樂》改。

❷「淫」，原作「浮」，今據《白虎通·禮樂》改。

❸「心」，原作「物」，今據《白虎通·禮樂》改。

《大傳》當脱「謂之儀」、「謂之丞」六字。鄭注云：「四鄰：左輔，右弼，前疑，後承。」從今文説。《列子》、《莊子》皆有「舜問乎丞」之文，丞即四輔之一。《列子》「丞」或作「烝」，誤。

「庶頑讒説，若不在時，侯以明之，撻以記之，書用識哉，欲並生哉。工以納言，時而颺之，格則承之庸之，否則威之。」《史記》曰：「諸衆讒嬖臣，君德誠施皆清矣。」徐廣曰：「『臣』一作『吾』。」《索隱》曰：「『諸衆讒嬖臣』爲一句，『君』字宜屬下文。」錫瑞謹案：史公以「君德誠施皆清矣」七字總括經義，至「否則威之」止。「君德誠施」渾括「侯明」、「撻記」八句而言，「皆清矣」三字，承上「諸衆讒嬖臣」言，謂舉賢則讒嬖自遠，故曰「皆清」，非專解「侯以明之」一句也。孫星衍云史公説「侯」爲「君」，「明」爲「清」，疑史公之本止於「侯以明之」，下文乃僞孔所增，恐涉武斷。《大傳》説《皋陶謨》有諸侯貢士之義，則此與下「惟帝時舉」皆言貢士。古者諸侯歲獻貢士於天子，天子試之於射宮，故有「侯以明之」等語。

禹曰：「俞哉，帝，光天之下，至于海隅蒼生，《文選》史岑《出師頌》曰：「蒼生更始。」李善注云：「蒼生，黔首也。」是以民爲蒼生，見於東漢今文家説，不始於晉人也。

「萬邦黎獻，○今文作「黎儀」。○《漢泰山都尉孔宙碑》：「黎儀以康。」《堂邑令費鳳碑》：「黎儀瘁傷。」《斥彰長田君碑》：「安惠黎儀。」是今文《尚書》作「黎儀」，如「民獻」作「民儀」之比。

「共惟帝臣。○今文作「具惟帝臣」。○張衡《東京賦》云：「具惟帝臣。」薛綜注：「具之言俱也。」李善注引經文作「具」。潘岳《藉田賦》云：「具惟命臣。」潘尼《贈陸機詩》云：「具惟近臣。」

「惟帝時舉，敷納以言，明庶以功，○今文「敷」作「傅」，「庶」作「試」。○《漢書・文帝紀》：「詔諸侯王、公卿、郡守舉賢良能直言極諫者，上親策之，傅納以言。」《成帝紀》鴻嘉二年詔曰：「古之選賢，傅納以言，明試以功。」師古曰：「傅讀曰敷。敷，陳也。」《漢書・敘傳》曰：「時舉傳納，聽斷維精。」注：「李奇曰：『時，是也。』」

「車服以庸。誰敢不讓，敢不敬應？　孫星衍説：「此謂舉賢，與《堯典》考績不同。『車服以庸』，謂命爲士。《大傳》云：『未命爲士，車不得有飛軨。』又或作『不得朱軒』。注云：『飛軨，如今窗車也。軒，輿也，士以朱飾之。』其文見《文選注》，疑是此傳。《御覽》六百卌七引《韓詩傳》：『古者必有命。民有能敬長憐孤、取舍好讓者，命於其君，然後敢飾車駢馬。未得命者，不得乘車，乘車皆有罰。是故其民雖有錢財侈物，而無禮義功德，即無所用其錢財。故其民皆興仁義，而賤不争貴，强不淩弱，衆不暴寡，是唐、虞之所以象典刑，而民莫敢犯也。』《説苑・修文》篇説同。《潛夫論・浮侈》篇云：『古者必有命，民然後乃得衣繒綵而乘車馬。』皆説此經之義也。」錫瑞謹案：《考工記・輿人》疏引《殷傳》：「未命爲士者，不得乘飾車。」《外紀》卷二：「成湯令未命之爲士者，車不得朱軒及有飛軨，不得乘飾車駢馬、衣文繡。命，然後得，以順有德。」《通志・器服略》説同。則《文選注》所引乃《殷傳》文，非此經之傳也。惟《詩・碩人》《都人士》疏、《周禮・巾車》疏、《禮記・玉藻》《大學》疏、《後漢書・王符傳》注、《藝文類聚》、《禮書》、《御覽》引《大傳》曰：「古之帝王必有命民。民能敬長矜孤，取舍好讓，舉事力者，命於其君，得命，然後得乘飾車駢馬，衣文錦。未有命者，不得衣，不得乘，乘、衣者有罰。」中有「敬長」、「好讓」等語，與下文「誰敢不讓，敢不敬應」相合，塙是此經傳文。《玉藻》疏、《巾車》疏明引《唐傳》，更非《殷傳》可比。其稱《唐傳》不稱《虞傳》者，或與《堯典》「車服以庸」傳同耳。其前數語與《韓詩傳》大同，蓋《韓詩傳》亦即引用此傳耳。《續漢書・輿服志》：「《書》曰：『明試以功，車服以庸。』夫禮服之興也，所以報功章德，尊仁尚賢。非其人不得服其服，所以順禮也。」○一作「轝服有庸」。○《春秋繁露・度制》篇曰：「故貴賤有等，衣服有别，朝廷有位，鄉黨有序，則民有所讓而不敢争，所以一之也。《書》曰：『轝服有庸。誰敢不讓，敢不敬應？』此之謂也。」是今文《尚書》亦作「輿服有庸」也。《後漢書・左雄傳》雄上疏曰：「輿服有庸。」《鹽鐵論》大夫曰：「古者宫室有度，輿服以庸。」《漢樊安碑》曰：「庸以輿服。」皆與董子合。○一作「賦納以言，明試以功，車服以庸。誰能不讓，誰能不敬應」。○《潛夫論・考績》篇曰：「辭言應對，各緣其文，以覈其實，則奉職不解，而陳言者不得誣矣。《書》云：『賦納以言，明試以功，車服以庸。誰能不讓，誰能不敬應？』此堯、舜所以養黎民而致時雍也。」王節信引經作「賦納以言」，與《左氏傳》合。兩「敢」字皆作「能」，下句多一「誰」字，皆今文異字。

「帝不時，敷同日奏罔功。」《史記》曰：「帝即不時，布同善惡則毋功。」案：「帝不時」，謂察言而不試其功也。

「敷同日奏罔功」，謂敷奏同日罔功，華言而無實也，故《潛夫論》引此經爲緣文覈實，陳言不誣之證。

「無若丹朱傲，惟慢遊是好，○今文作「帝曰：毋若丹朱傲」，亦作「毋若丹朱敖」。○《史記》云：「帝曰：『毋若丹朱傲，維慢遊是好。』」《正義》曰：「此二字及下『禹曰』，《尚書》竝無。太史公有四字，帝及禹相答極爲次序，當應別見書。」《漢書·劉向傳》向上奏曰：「臣聞帝舜戒伯禹：『毋若丹朱敖。』」《論衡·譴告篇》：「舜戒禹曰：『毋若丹朱敖。』毋者，禁之也。」又《問孔篇》：「《尚書》曰：『毋若丹朱敖，惟慢遊是好。』謂帝舜敕禹毋子不肖子也。」《後漢書·梁冀傳》袁著上書曰：「昔舜、禹相戒，『無若丹朱敖』。」錫瑞謹案：據史公、劉向、王充、袁著引經，兩漢今文《尚書》皆有「帝曰」及「禹曰」字。今本無之者，疑僞孔妄删，或古文《尚書》本無之，要以今文有此四字爲長。《史記》作「傲」，兩《漢書》、《論衡》作「敖」，《列女·有虞二妃傳》曰「弟曰象敖，游於嫚」，亦作「敖」。疑《史記》爲後人改之也。據《列女傳》以「嫚游」屬「象敖」，古説或有以「敖」爲人名，即指象敖者，鄒陽書以朱、象竝稱，亦其證。《孟子》云啓賢，《論衡》以爲不肖者，啓淫溢康樂，見《墨子》、《離騷》、《天問》、《山海經》，蓋啓亦有慢遊之好，故一傳而太康失國。《孟子》云賢者，爲後世立教耳。今文家以爲不肖，當得其實，詳見《五子之歌書序考》。

「傲虐是作，罔晝夜頟頟，○今文作「鄂鄂」。○《潛夫論·斷訟》篇云：「晝夜鄂鄂，慢遊是好。」是今文作「鄂鄂」。

「罔水行舟，朋淫于家，《史記》曰：「毋水行舟，朋淫于家。」「罔」作「毋」，以故訓代經也。趙岐《孟子注》引《書》曰：「罔水行舟。」○今文一作「風淫于家」。○《後漢書·樂成靖王傳》安帝詔曰：「風淫于家。」是今文一作「風」。

「用殄厥世。予創若時。」《史記》曰：「用絶其世。予不能順是。」段玉裁説：「《史記》以『予不能順是』釋『予創若時』，系諸帝語，而《論衡》則『若時』二字在『予娶』之下，爲禹語，疑有舛誤。按：今文《尚書》經文蓋亦無此『帝曰』、『禹曰』，而今文家説謂當有之，故司馬、劉、王之書皆從之也。《問孔篇》以『毋若丹朱敖』系『《書》曰』之下，無『帝曰』二字，釋之曰『謂帝舜敕禹』。此可見經文本無『帝曰』。下文『禹曰予娶』，則因文勢加之，非若上文特言『《書》曰』，不敢增『帝曰』二字。又經本無『禹曰』，今文家云當有，而説不同。故司馬以『予創若時』系諸帝，仲任則系諸禹。」錫瑞謹案：段説非也。《論衡》明有「禹曰」，與《史記》云「帝曰」、「禹曰」相合，則今文有「帝曰」、「禹曰」可知。若以仲任引「予娶若時」爲「禹曰」，與《史記》「予不能順是」爲「帝曰」不合爲疑，則今本《論衡》必有譌誤。《論衡·問孔篇》云：「《尚書》曰：『毋若丹朱敖，惟慢遊是好。』謂帝舜敕禹毋子不肖子也。重天命，恐禹私其子，故引丹朱以敕戒之。『禹曰：予娶若時，辛、壬、癸、甲，開呱呱而泣，予弗子。』陳已行事，以往推來，以見卜隱，效己不敢私不肖子也。」案：以「創」爲「娶」，無文可證。「予娶若時」，義不可通。又無「塗山」二字，則「予娶若時，辛、壬、癸、甲」文不相承。疑《論衡》「予娶若時」四字本當作「予娶塗山」，與《説文》引《虞書》「予娶嵞山」相同，蓋今文《尚書》與古文《尚書》不異，僞《孔》妄改經文爲「娶于塗山」，以舜言併爲禹言，删去「帝曰」、「禹曰」四字，後人遂據妄改之經文，改《論衡》爲「予娶若時」，劉逢禄、鄒漢勛皆云當是「塗山」二字之誤。其義遂不可通。今據《史記》云「予辛壬娶塗山」，可以訂正《論衡》「予娶若時」之譌。又據《史記》、《論衡》皆曰「予娶」，可見《説文》竝非脱誤，亦可見今古文本無不合，非必今文作「予娶若時」屬下讀爲禹言也。今從《史記》以「予創若時」爲舜言，舜以己子商均亦不肖，故懲創丹朱之絶世，亦不以繼統也。

「娶于塗山，辛、壬、癸、甲，今文作「禹曰：予娶塗山，辛、壬、癸、甲」。○《史記》曰：「禹曰：『予辛、壬娶塗山，癸、甲生啓。』」《索隱》曰：「蓋今文《尚書》脱漏，太史公取以爲言，亦不稽其本意。豈有辛、壬娶妻，經二日生子？不經之甚。」孫星衍説：「蓋塗山道遠，娶之行二日。『癸、甲生啓』者，在家二宿也。《廣雅·釋詁》云：『腹，生也。』言二日而娠啓，即往治水。」陳喬樅説：「小司馬所據《史記》本，蓋傳寫有舛錯。觀裴駰《集解》引僞《孔傳》曰：『辛日娶妻，至于甲四日，復往治水。』則知裴所見《史記》本實作『予娶塗山，辛、壬、癸、甲。生啓』也。《正義》亦云：『禹辛日娶，至甲四日，往理水。』是《正義》所見《史記》本皆與裴同。《史記》原文當讀『予娶塗山，辛、壬、癸、甲』爲句，『生啓，予不子』爲句。《説文》云：『嵞，會稽山。一曰九江當塗也。』備存兩説，蓋兼采今古文。考《左傳》哀七年云：『禹會諸侯于塗山，執玉帛者萬國。』《國語·魯語》云：❶『禹致羣神於會稽之山，防風氏後至，執而戮之。』即禹合諸

❶「魯」，原作「晉」，考下引出自《國語·魯語下》，今據改。

侯之事。故古文家以嵞山爲會稽也。《漢書・地理志》：『九江郡當塗，侯國。』應劭注云：『禹所娶塗山，侯國也。有禹墟。』杜預《左傳注》云：『塗山，在壽春東北。』壽春即九江郡治。此皆今文家説也。」錫瑞謹案：陳以《史記》爲有譌誤，近之。而孫説亦可通。《吕氏春秋》曰：「禹娶塗山氏女，不以私害公，自辛至甲四日，復往治水。故江淮之俗以辛、壬、癸、甲爲嫁娶日也。」《藝文類聚》、《太平御覽》引《列女傳》曰：「禹娶四日而去治水，啓既生，呱呱而泣，禹三過其門不入子之。」趙曄《吴越春秋》：「禹娶塗山，謂之女嬌。取辛、壬、癸、甲，禹行。十月，女嬌生子啓。」鄭注：「娶于塗山，三宿而爲帝所命治水。」王逸《楚詞・天問》注：「禹以辛酉日娶，甲子日去，而有啓也。」其義與孫説合。《路史》曰：「吕氏云『禹娶于塗山，不以私害公，自辛至甲越四辰，而復往治水』。或謂辛、壬、癸、甲爲四年，然後有啓，太史公言辛、壬娶，癸、甲生啓，繆矣，或云癸、甲下缺文，俱妄。夫娶與生子乃自二事。其娶止以辛、壬、癸、甲四日，一也。子生嗁而不暇子之，二也。」

「啓呱呱而泣，」《白虎通・姓名》篇曰：「人生所以泣何？一幹而分，得氣異息，故泣，重離母之義也。《尚書》曰：『啓呱呱而泣。』」《列女傳》頌曰：「辛、壬、癸、甲，禹往敷土，啓呱呱泣，母獨論序。」《吴越春秋》曰：「啓生不見父，晝夜呱呱嗁泣。」《史記》、王逸《楚辭注》皆作「啓」。〇今文「啓」作「開」。〇《論衡》作「開」。今文「啓」多爲「開」。〇

「予弗子，惟荒度土功。〇今文「弗」作「不」。〇《史記》曰：「予不子，以故能成水土功。」錫瑞謹案：《列子・楊朱篇》曰：「惟荒度土功，子産不字，過門不入。」《釋文》云：「子，鄭將吏反。」《樂記》：「易直子諒。」鄭注：「子，讀爲『不子』之『子』」。是「不子」之「不」皆不作「弗」，而「子」讀爲「字」，疑今文亦然也。舜知天命在禹，禹功遠當傳，子啓之賢不肖未可知，故敕禹曰：汝子毋若丹朱，乃可繼世。禹言啓之生，已即不字愛，豈有私其子之心哉。張守節《正義》曰：「及生啓，不入門，我不得名子，以故能成水土之功。又，一云過門不入，不得有子愛之心。」是一讀如本字，一讀作「字愛」之「字」。

「弼成五服，」弼，《史記》作「輔」，故訓字。《論衡・語增篇》云：「經曰：『弼成五服。』五服，五采之服也。服五采，晝日、月、星辰。」段玉裁説：「此今文《尚書》説也，與上下文不貫，可怪之甚。」錫瑞謹案：仲任云服日、月、星辰，蓋沿歐陽之誤説，以天子服有日、月、星辰也。以五服爲五采服，不知下文之解若何。若以五服爲天子、諸侯、次國、大

夫、士五章之服，如後世所云冠帶之國，義亦可通。

「至于五千，」《異義》：「今《尚書》歐陽、夏侯説，中國方五千里。」孫星衍説：「『中國方五千里』者，以五服四面相距爲五千里。甸服千里，侯、綏、要、荒各五百里也。《史記》説《禹貢》『五服』亦同，云：『天子之國以外五百里甸服，甸服外五百里侯服，侯服外五百里綏服，綏服外五百里要服，要服外五百里荒服。』故《詩·殷武》正義云：『司馬遷説以爲諸小數者，皆是五百里之别名，大界與堯不殊。』案：《禹貢》甸服之外有『百里賦納總』之屬，是謂小數，史公不爲正數也。《鹽鐵論·地廣》篇云：『古者天子立於天下之中，縣内方不過千里，諸侯列國不及不食之地，《禹貢》至于五千里。民各供其君，諸侯各保其國，是以百姓均調，而繇役不勞也。』《説苑·修文》篇云：『禹定九州，各以其職來貢，不失厥宜。方五千里，至于荒服。』《漢書·賈捐之傳》云：『以三聖之德，地方不過數千里。』按：三聖謂堯、舜、禹，此西漢人之説。《論衡·别通篇》：『殷周之地，極五千里，荒服、要服，勤能牧之。漢氏廓土，牧萬里之外。』俱同今文也。」錫瑞謹案：《史記》云：「令天子之國以外五百里甸服。」是甸服在天子之國以外。天子之地方千里，此外甸、侯、綏、要、荒五服，每服五百里，五五二千五百里，四面相距爲五千里，加以天子之地千里，方六千里。賈逵、馬融説中國方六千里，蓋用史公之説。此云「弼成五服，至于五千」，史公云「輔成五服，至于五千里」，五服當不兼天子之國言之，未知歐陽、夏侯之説何如，恐亦不兼天子之國言之也。《白虎通·爵》篇曰：「帝王之德有優劣，所以俱稱天子者何？以其俱命于天而王，治五千里也。」《御覽》引《孫子》云：「夫帝王處四海之内，居五千里之中。」皆同今《尚書》説。《淮南子》曰：「禹平治水土，定千八百國。」亦今文家説。今文家不以爲實有萬國，故不以爲有萬里也。

「州十有二師，」《大傳》曰：「古八家而爲鄰，三鄰而爲朋，三朋而爲里，五里而爲邑，十邑而爲都，十都而爲師。州十有二師焉。」鄭注：「州凡四十三萬二千家，此蓋虞、夏之數也。」錫瑞謹案：《大傳》明引此經，鄭云「虞、夏之數」，是當爲《虞夏傳》無疑。《禮記·雜記》正義引作《洛誥傳》，蓋誤。段玉裁説：「《大傳》爲《廣雅》所本，《廣雅·釋地》：『十邑爲鄉，十鄉爲都。』然則今本《大傳》『十邑』之下有脱文。」錫瑞案：王念孫《廣雅疏證》云：「各本作『十邑爲鄉，十鄉爲都』，若加以『十都爲師，十二師爲州』，凡有四百三十二萬家，與鄭注不合，蓋後人以意加之也。考《書大傳》及《晉書·地理志》、《初學記》、《太平御覽》、《路史·疏佗紀》竝作『十邑爲都』，今據以訂正。」據王說，則《大傳》無脱文，段說非是。《晉書・地理志》引此以爲「昔在帝堯，叶和萬邦」之制，陳氏、袁氏所輯《大傳》皆以爲《周傳》文，非也。

「外薄四海，《大傳》曰：「夏成五服，外薄四海。東海，魚須、魚目。南海，魚革、珠璣、大貝。西海，魚骨、魚幹、魚脅。北海，魚劍、魚石、出瑱、擊閭。」錫瑞謹案：據《大傳》，則今文家說實有東、南、西、北四海之名，與《爾雅》云「九夷、八狄、七戎、六蠻謂之四海」不同，但其地不可考耳。《漢書・王莽傳》云：「今謹案已有東海、南海、北海郡，未有西海郡，請受良願等所獻地爲西海郡。」蓋用今文《尚書》說也。

「咸建五長。各迪有功，苗頑弗即工，帝其念哉。」○今文「弗」作「不」，「工」作「功」。○《史記》曰：「各道有功，苗頑不即功。」「道」者，「迪」之故訓。「弗」作「不」，「工」作「功」，今文也。《大傳》曰：「古者諸侯之於天子也，三年一貢士，天子命與諸侯輔助爲政，所以通賢共治，示不獨專，重民之至。大國舉三人，次國舉二人，小國舉一人。一適謂之攸好德，再適謂之賢賢，三適謂之有功。有功者，天子賜以車服弓矢，再賜以秬鬯，三賜以虎賁百人，號曰命諸侯。命諸侯得專征者，鄰國有臣弑其君、孽伐其宗者，雖弗請於天子而征之可也，征而歸其地於天子。有不貢士謂之不率正者，天子絀之。一不適謂之過，再不適謂之敖，三不適謂之誣。誣者，天子絀之。一絀少絀以爵，再絀少絀以地，三絀而爵、地畢。」《說苑・修文》篇與《大傳》略同，下云：「然後天子比年秩官之無文者而黜之，以諸侯之所貢士代之。」錫瑞謹案：據此，則今文說「各迪有功」，乃言諸侯貢士之義，「苗頑不即功」者，言其貢士不能有功耳。或說：功，貢也。時三苗不得貢士，故禹爲請命。義亦近之。僞《孔傳》謂一州用三萬人功。陳喬樅云：「今文家必有此說，故作僞《傳》者襲取其語。『苗頑弗即功』，謂不受所役之人功。」案：今文說此經爲舜授禹位事。舜授禹時，洪水早平，無須更舉治水役功之事，不得誤取僞《傳》爲今文說也。

帝曰：「迪朕德，時乃功惟敘。」今文「敘」作「序」。○《史記》曰：「帝曰：『道吾德，乃女功序之也。』」

臯陶方祇厥敘，今文作「臯陶旁祇厥緒」。○《史記》曰：「臯陶於是敬禹之德。」《續漢志》劉昭注引丁孚《漢儀》夏勤策文曰：「旁祇厥緒。」《魏志》注引袁宏《漢紀》建安二十五年詔曰：「旁祗厥緒。」孫星衍説：「此下，虞史伯夷所述，非舜言也。史公説伯夷語帝前，即此至『庶尹允諧』經文。」

方施象刑，惟明。○今文作「旁施象刑，維明」。

○《史記》曰：「令民皆則禹。不如言，刑從之。舜德大明。」《白虎通·聖人》篇曰：「旁施象刑，維明。」《新序·節士》篇曰：「《書》曰：『象刑旁施，維明。』及禹不能。」《揚子·先知》篇曰：「唐虞象刑，維明。夏后肉刑三千。」《廷尉箴》曰：「昔唐、虞象刑，天民是全。」崔駰《大理箴》曰：「旁施作明。」蔡邕《司空文烈侯楊公碑》曰：「旁施四方，維明。」孫星衍説：「史公説『方施』爲『令民皆則禹』云云者，《詩傳》云：『方，則也。』是説『方』爲『則』。説『象刑』爲『不如言，刑從之』者，言設此畫象以示民，告以不從教則當加刑，而民無犯者，故云『舜德大明』也。《白虎通·五行》篇云：『刑所以五何？法五行也。大辟法水之滅火，宫者法土之壅水，臏者法金之刻木，劓者法木之穿土，墨者法火之勝金。五帝畫象者，其衣服象五行也。犯墨者蒙巾，犯劓者以赭著其衣，犯臏者以墨蒙其臏處而畫之，犯宫者履雜扉，犯大辟者布衣無領。科條三千者，應天、地、人情也。』《五行大義》引《周書》曰：『因五行相剋而作五刑，墨、劓、剕、宫、大辟是也。火能變金色，故墨以變其肉。金能剋木，故剕以去其骨節。木能剋土，故劓以去其鼻。土能塞水，故宫以斷其淫泆。水能滅火，故大辟以絶其生命。』又引《尚書刑德放》云：『大辟象天刑，罰贖之數三千，應天、地、人。』此是《周書》所説，非象刑也，蓋後又用其意而制肉刑。然大辟可贖，則肉刑亦可贖矣。此今文以象刑爲象天道而作刑也。」錫瑞謹案：孫説非也。今文《尚書》作「旁」，「方」可訓「則」，「旁」不可訓「則」。史公以「不如言，刑從之」訓「象刑」，則「刑」即謂象刑。蓋言皋陶敬禹之德，令民皆則法禹，有不則法禹者，即以象刑從之，非象刑之外別有肉刑也。《白虎通》引五帝畫象，其説與《大傳》合，則今文家説以「象刑」即是「畫象」。孫氏以畫象無肉刑爲古文説，象天道作刑爲今文説，其説大謬。劉子政、揚子雲皆習今文者，子政引此經云「及禹不能」，子雲引此經云「夏后肉刑三千」，此西漢今文説唐虞無肉刑之明證。若法五行，制五刑，三千應天、地、人，乃《周書·甫刑》之義，不可以之説虞制也。象天道作刑，其説出於《荀子》。《荀子》曰：「世俗之爲説者，以爲治古者無肉刑，有象刑，墨黥之屬，菲屨赭衣而不純。是不然矣。所謂『象刑，惟明』者，言象天道而作刑，安有菲屨赭衣者哉？」然則象刑無肉刑，乃古説相傳。以爲象天道作刑，乃荀卿創論也。《風俗通》曰：「謹按：《尚書》夏禹始作肉刑，則天象而慎其過。」亦以象天作刑屬夏禹以後説，其非唐、虞之制明矣。《風俗通》又曰：「《皋陶謨》虞始造律。」

夔曰：「戛擊、鳴球、○今文一作「拮隔鳴球」。

○《史記》曰：「於是夔行樂。」孫星衍説：「史公爲『於是夔行樂』者，以『夔曰』至『鳳皇來儀』爲虞史之言，故説『曰』爲『於是』。《釋詁》云：『爰，曰也。』《洪範》『土爰稼穡』，《史記》『爰』作『曰』，是此『曰』當訓『爰』也。《釋詁》又曰：『曰，于也。』曹大家注《幽通賦》云：『爰，于是也。』《大傳》以爲禹之五祀，則舜薦禹攝位之後，作樂於明堂也。」《白虎通·禮樂》篇引《書》曰：「戛擊鳴球。」蓋三家今文有同於古文者。《漢書·揚雄傳》「長揚賦」：「拮隔鳴球。」韋昭注曰：「拮，櫟也。鳴球，玉磬也。古文『隔』爲『擊』。」段玉裁説：「按：拮，櫟也。古説皆謂戛擊爲柷敔。『拮』即『戛』字，櫟謂櫟敔也。『隔』即『擊』字，謂擊柷也。韋云古文『隔』爲『擊』者，謂今文《尚書》『隔』字，古文《尚書》作『擊』也。隔、擊古音同在第十六支、佳、陌、麥、昔、錫部。『隔』者，『擊』之假借字也。子雲、孟堅皆用今文《尚書》，韋以『隔』字難曉，故援古釋今。不言今文《尚書》作『隔』者，漢今文在學官，韋昭時尚夫人誦習不待言也。不言古文『拮』爲『戛』者，或當韋時今古文皆作『拮』，或略之，今難定也。」

「搏拊、琴、瑟，以詠，祖考來格，○今文「格」作「假」。○《大傳》曰：「古者帝王升歌《清廟》之樂，大琴練弦達越，大瑟朱弦達越，以韋爲鼓，謂之搏拊。何以也？君子有大人聲，不以鐘鼓竽瑟陳喬樅云：當作「笙」。之聲亂人聲。《清廟》升歌者，歌先人之功烈德澤也，故欲其清也。其歌之呼也，曰：『於穆清廟，肅雝顯相。』於者，歎之也。穆者，敬之也。清者，欲其在位者徧聞之也。故周公升歌文王之功烈德澤，苟在廟中嘗見文王者，愀然如復見文王。故《書》曰：『搏拊、琴、瑟，以詠，祖考來假。』此之謂也。」又曰：「搏拊鼓振以秉，琴、瑟練絲徽弦，鳴者貴玉聲也。」又曰：「拊，革裝之以穅。」《白虎通·禮樂》篇曰：「降神之樂在上何？爲鬼神舉也。故《書》曰：『戛擊、鳴球、搏拊、琴、瑟，以詠，祖考來格。』所以用鳴球、搏拊者何？鬼神清虚，貴淨賤鏗鏘也。」蔡邕《禮樂志》曰：「宗廟樂，《虞書》所謂『琴瑟以詠，祖考來假』。」《東觀漢記》引同。《釋名·釋樂器》曰：「搏拊也，以韋盛穅，形如鼓，以手拊拍之也。瑟，施絃張之，瑟瑟然也。」段玉裁説：「《史記·禮書》『尚拊膈』，徐廣曰：『一作「搏膈」。』拊膈，蓋即《明堂位》、《禮三本》之『拊搏』，《尚書大傳》謂之『拊革』，《史記》謂之『拊膈』，《荀卿子》謂之『拊鞷』，『鞷』即『膈』字也，當是從革，鬲聲。『拊革』、『拊膈』、『拊搏』三者異字異名，各如字讀，實一物也。依漢人所引《尚書大傳》，則今文《尚書》『搏拊』二字作『拊革』。」錫瑞謹案：段説非也。搏拊本可單稱「拊」，見《周官》、《禮記》。「搏拊」蓋言搏其拊，與「鳴球」句義同。《大傳》引《書》與今本同，又云「以韋爲鼓，謂之搏拊」，則《大傳》亦作「搏拊」，不作「拊革」可知。其謂「拊革裝以糠」者，當以「拊」字略逗，謂拊者革裝以糠耳，非以拊、革二字連讀也。《白虎通》用今文義，亦作「搏拊」，是今文《尚書》本無異文。若《史記·禮書》即取之《荀子》，「拊膈」即「拊鞷」之異文，與《大傳》未必相合。段以膈、鞷、革强合爲一，又疑「鞷」當爲「韗」，「韗」與「搏」音同，似皆傅會，失之。《大傳》曰「搏拊鼓振以秉」者，「秉」與「柄」通。《説文》「柄」重文作「棅」，《詩》毛傳曰：「秉，把也。」《春秋傳》「郕意茲」，《史記·齊世家》作「秉意茲」。《史記·天官書》「斗柄」字作「斗秉」。此「秉」與「柄」通之證。「鼓振以秉」者，謂振其秉以鼓之耳。○孫星衍云：「一手振秉，一手拊拍之。」其説近是。或疑「振以秉」即「裝以糠」之誤，非也。《白虎通》引此經爲降神之樂，則當在初獻之時。《禮記·祭統》曰：「獻之屬莫重於祼，聲莫重於升歌。」是祼獻之時，降神之樂在上。《大傳》以此爲禹之祭祀，鄭注《大傳》曰：「舜既使禹攝天子之事，於祭祀辟之，居賓客之位，獻酒則爲亞獻也。大室，明堂中央室也。」則今文説以此爲禹攝位後祀明堂作樂之禮。「虞賓在位」爲亞獻，則「來假」以上爲初獻降神明矣。《史記》於「帝拜往欽」之下即繼以「於是天下皆宗禹」云云，是亦以爲舜薦禹於天爲嗣而作樂，與伏生合也。又案：「祖考來假」，《史記》作「祖考至」。《後漢書·孝章帝紀》：「秋八月，飲酎高廟，禘祭光武皇帝、孝明皇帝。甲辰，詔書云：『祖考來假，明哲之祀。』」據蔡邕《禮樂志》，則今文説爲宗廟樂。舜祭宗廟，乃使禹攝事，而自居賓客之位者，二帝官天下，禘郊祖宗，不必皆其祖考，則其祭祖考亦可使人攝事，不以神不歆非類爲疑也。《大傳》曰：「維十有三祀，帝乃稱王而入唐郊，猶以丹朱爲尸。於時百執事咸昭然乃知王世不絶，爛然必自有繼祖守宗廟之君。」鄭注曰：「舜承堯，猶子承父。雖已改正易樂，猶祭天於唐郊，以丹朱爲尸。至十三年，天下既知己受堯位之意矣，將自正郊，而以丹朱爲王者後，欲天下昭然知之，然後爲之，故稱王也。晉祀夏郊，以董伯爲尸，知當以丹朱爲王者後，使祭其郊也。」孫星衍云：「疑丹朱爲顓頊尸也，其天尸及帝嚳、堯尸，無文可知。」孫説蓋據《祭法》「有虞氏祖顓頊」，故疑丹朱爲顓頊尸。然據鄭注《大傳》，以大室爲明堂，明堂與郊不得爲一，未知舜時明堂以何人爲尸也。

「虞賓在位，陳氏輯本《大傳》曰：「維十有四祀，鐘石笙筦變。聲樂未罷，疾風發屋，天大雷雨。帝沈首而笑曰：『明哉，非一人之天下也，乃見于鐘石。』帝乃雍而歌者重篇。《招》爲賓客，而《雍》爲主人。始奏《肆夏》，納以《孝成》。還歸二年，而廟中苟有歌《大化》、《大訓》、《六府》、《九原》，而夏道興。維十有五祀，祀者貳尸。舜爲賓客，而禹爲主人。樂正進贊曰：『尚考大室之義，唐爲虞賓。至今衍於四海，成禹之變，垂於萬世之後。』」鄭注曰：「舜既使禹攝天子之事，於祭祀避之，居賓客之位，獻酒則爲亞獻也。尚考，猶言往時也。太室，明堂中央室也。義，當爲『儀』。儀，禮儀也。謂祭太室之禮，堯爲舜賓也。」孫星衍説：「《禮樂志》：『九疑賓，夔龍舞。』注：『如淳曰：言以舜爲賓客也。夔典樂，龍管納言，皆隨舜而來，舞以樂神。』《史記》於此篇『帝拜曰：往欽哉』下云：❶『於是天下皆宗禹之明度數聲樂，爲山川神主，帝舜薦禹于天，爲嗣。十七年。』《集解》云：『劉熙曰：「若此，則舜格于文祖，三年之後，攝禹使得祭祀與？」』下文『《簫韶》九成』，史公説爲『禹乃興《九招》之樂』，則是以此經爲舜薦禹于天，與馬氏説『舜除瞽瞍之喪，祭宗廟』云云異也。」錫瑞謹案：《漢書・王莽傳》莽乃策命孺子曰：「永爲新室賓。」又曰：「漢後定安公劉嬰位爲賓。」蓋用今文《尚書》之義。莽自比於禹之代舜，而以孺子比舜，非比丹朱也。《後漢書・獻帝紀》贊曰：「獻生不辰，身播國屯。終我四百，永作虞賓。」蓋蔚宗沿謝承、華嶠舊文，猶用今文家説，以獻帝禪魏比舜禪禹，故比獻帝於虞賓。若依古文説，以虞賓爲丹朱，則蔚宗擬不於倫矣。《白虎通・王者不臣》篇云：「《尚書》曰『虞賓在位』，不臣丹朱也。」蓋班氏用夏侯説，與古文説合，與伏生、史公之義不同。《光武封禪刻石文》曰：「漢賓二王之後在位。」用「虞賓在位」之義，亦以虞賓爲丹朱，蓋夏侯説也。又案：據《大傳》，則舜受禪十三祀，猶以丹朱爲尸，後乃以丹朱爲王者後。至十四祀，帝曰「明哉，非一人之天下」，已有禪禹之意。至十五祀，即自處於賓客。是舜在位五十載，而以大位自處者實無幾時，足見聖人公天下之心。黄屋非堯心，舜亦何獨不然？惟今文家能發明斯義耳。

「羣后德讓。《大傳》曰：「羣后德讓，貢正聲，而九族具

---

❶「下」，原脱，今據《尚書今古文注疏》卷二補。

成。」孫星衍説：「此『德讓』依今文義則是迎尸。《祭統》：『君迎牲而不迎尸。』《曾子問》：『尸弁冕而出，卿、大夫、士皆讓之。』諸侯亦讓之。」

「下管鼗鼓，合止柷敔，笙鏞以間，○今文「鼗」作「鞀」。○《白虎通·禮樂》篇曰：「歌者在堂上，舞在堂下何？歌者象德，舞者象功，君子上德而下功。《郊特牲》曰：『歌者在上。』《論語》曰：『季氏八佾舞於庭。』《書》曰：『下管鞀鼓，笙鏞以間。』」又曰：「鞀者，震之氣也，上應昴星以通王道，故謂之鞀也。管，艮音也。」《風俗通·聲音》篇曰：「《禮·樂記》云：『管，漆竹，長一尺，六孔，十二月之音也。象物貫地而芽，❶故謂之管。』《尚書大傳》曰：『舜之時，西王母來獻其白玉琯。』昔章帝時，零陵文學奚景于泠道舜祠下得笙白玉琯，知古以玉爲管，後世乃易之以竹耳。夫以玉作音，故神人和，鳳皇儀也。」又曰：「柷。謹案：《禮·樂記》：『柷，漆桶，方畫木，方三尺五寸，高尺五寸，中有椎，上用柷止音爲節。』❷《書》曰：『合止柷敔，笙鏞以間。』」《釋名·釋樂器》曰：「鞉，導也，所以導樂作也。鼓，郭也，張皮以冒之，其中空也。柷，狀如伏虎，如見柷柷然也，故訓爲始以作樂也。敔，衙也。衙，止也，所以止樂也。」錫瑞謹案：《白虎通》、《風俗通》於「下管鞀鼓，合止柷敔」二句，各舉其一而遺其一，義非有異。劉熙説柷敔，與鄭注相反，與《風俗通》説柷爲止亦不同，乃今古説之異。《釋名》蓋用今文説也。《韓詩外傳》云：「《韶》用干戚。」是下管即有舞。古者吹籥以節舞，故管亦於堂下。周之樂節，先升歌，次或笙或管，次間，次合樂，著於《儀禮》。《孔子閒居》云：「下管《象》、《武》，《夏籥》序興。」《明堂位》云：「升歌《清廟》，下管《象》。朱干玉戚，冕而舞《大武》。皮弁素積，裼而舞《大夏》。」則舞在下管之後。故《白虎通》引「下管鞀鼓」爲舞時所用，鞀所以進舞。《王制》：「賜諸侯樂，則以柷將之。賜伯、子、男樂，則以鼗將之。」鞀鼓、柷敔本相比爲用。《儀禮·大射儀》「鼗倚于頌磬西紘」，備舞《勺》設之是也。「笙鏞以間」，則舞後所用。間即「間歌三終」。《大傳》云：「六律者何？黄鐘、蕤賓、無射、太簇、夷則、姑洗是也。故天子左五鐘，右五鐘。天子將出，則撞黄鐘，右五鐘皆應。入則撞蕤賓，左五鐘皆應。」鄭注云：「天子宮縣，黄鐘、蕤賓在南北，其餘則在東西。」鄭注《尚書》

❶「象」，原脱，今據《風俗通·聲音》補。

❷「上」，原作「止」；「止」，原作「之」，今據《風俗通·聲音》改。

云：「東方之樂謂之笙，西方之樂謂之庸。」則言笙庸而東西階樂器畢舉，與注《大傳》義同。據鄭注，則古文《尚書》「笙鏞」作「笙庸」，而《白虎通》、《風俗通》皆作「鏞」，疑今文《尚書》或從俗加金旁也。○「柷敔」一作「祝圉」。○《漢孟郁修堯廟碑》引作「祝圉」，蓋今文家叚借字。

「鳥獸蹌蹌，○今文作「鳥獸鶬鶬」。○《大傳》曰：「雖禽獸之聲，猶悉關於律。」又曰：「維五祀，定鐘石，論人聲，乃及鳥獸，咸變於前。」《史記》曰：「鳥獸翔舞。」錫瑞謹案：據《大傳》、《史記》之說，則今文以爲鳥獸咸變而翔舞，與馬注以「鳥獸」爲筍簴、《說文》以「牄」爲鳥獸來食聲皆不同。《說苑・辨物》篇曰：「君子辟神也，觀彼威儀，游燕幽間有似鳳也。《書》曰：『鳥獸鶬鶬，鳳皇來儀。』」子政用今文《尚書》，蓋作「鶬鶬」。《大傳》曰：「舟張辟雍，鶬鶬相從。八風回回，鳳皇喈喈。」《禮緯・含文嘉》曰：「舜損己以安百姓，致鳥獸鶬鶬，鳳皇來儀。」是今文作「鶬鶬」之證。

「《簫韶》九成，鳳皇來儀。」《白虎通・禮樂》篇曰：「《簫韶》者，舜能繼堯之道也。」宋均注《樂說》曰：「簫之言肅。舜時民樂其肅敬，共紹堯道，故謂之《簫韶》。」《釋名》曰：「簫，肅也，其聲肅肅而清也。」是簫取肅敬爲義，不以簫爲樂器名。惟《風俗通・聲音》篇曰：「謹按：《尚書》舜作《簫韶》九成，鳳皇來儀。其形參差，象鳳之翼，十管，長一尺。」其說《簫韶》以簫爲主，鳳皇來儀爲儀象鳳皇之形，與馬注以「鳥獸」爲筍簴相似，蓋用古文說也。《說文》曰：「管，如篪，六孔，十二月之音。物開地牙，故謂之管。」重文「琯」，云：「古者以玉爲之。夫以玉作音，故神人以和，鳳皇來儀也。」《說文》以神人以和、鳳皇來儀竝言，則許君亦以鳳皇爲瑞應，同今文說。○今文「韶」一作「招」。○《史記》曰：「於是禹乃興《九招》之樂，致異物，鳳皇來翔。天下明德皆自虞帝始。」孫星衍說：「鳳皇，今文說爲瑞應。《論衡》引《大傳》云：『鳳皇在列樹。』《漢書》元康元年『鳳皇集泰山』，引此經文。史公說爲『禹興《九招》』者，謂此太室之祭是薦禹于天，禹爲主人，故云禹作《九招》也。《說苑・修文》篇云：『禹乃興《九招》之樂，致異物，鳳皇來翔，天下明德也。』亦同史公說。」錫瑞謹案：《大傳》云：「乃浡然《招》樂興於大鹿之野。」又曰：「《招》爲賓客，而《雍》爲主人。」是今文《尚書》作「招」字。《史記》、《漢志》、《呂氏春秋》皆作「招」。今文說鳳皇爲瑞應，孫氏所引外，如《大傳》曰：「舟張辟雍，鶬鶬相從。八音回回，鳳皇喈喈。」《書緯・帝命驗》曰：「舜受終，鳳皇來儀。」又曰：「舜舞終而銖鳳來。」《考靈燿》曰：「明王之治，鳳皇下之。」《中候》

曰：「帝軒提象，鸞鳳來儀。」又曰：「帝舜云：朕維不乂，百獸鳳晨。」《雒書靈準聽》曰：「正月上日，舜受終，鳳皇儀。」《樂緯》曰：「是以清和上升，天下樂其風俗，鳳皇來儀，百獸率舞。」王褒《四子講德論》曰：「鳳皇來儀，翼翼邕邕。羣鳥並從，舞德垂容。」班固《典引》曰：「是以來儀集羽族於觀魏。」《後漢書》章帝詔曰：「獲來儀之貺。」左雄疏云：「故能降來儀之瑞。」田弱《薦法真疏》❶云：「必能唱《清廟》之歌，致來儀之鳳矣。」《論衡・齊世篇》曰：「無嘉瑞之應，若『叶和萬國』、『鳳皇來儀』之類。」又曰：「有虞氏之鳳皇，宣帝以五致之矣。」《講瑞篇》曰：❷「《書》曰：『《簫韶》九成，鳳皇來儀。』《大傳》曰：『鳳皇在列樹。』不言羣鳥從也。」今文家説皆以鳳皇爲瑞應。《列子・黃帝》篇曰：「堯使夔典樂，擊石拊石，百獸率舞，鳳皇來儀，《簫韶》九成。此以聲致禽獸者也。」則其義古矣。

夔曰：「於，予擊石拊石，百獸率舞，庶尹允諧。」《史記》無「夔曰：於，予擊石拊石」八字，「鳳皇來儀」下云：「百獸率舞，百官信諧。」孫星衍説：「史公無『夔曰』者，以禹、伯夷、皋陶相與語帝前時本無夔，此文已見《堯典》，不應重出也。」錫瑞謹案：《漢書・宣帝紀》獲嘉瑞詔曰：「《書》不云虖，『鳳皇來儀，庶尹允諧』。」《後漢書・明帝紀》詔引《書》曰：「鳳皇來儀，百獸率舞。」皆無「夔曰」八字。《帝王世紀》曰：「《簫韶》九成，鳳皇來儀，擊石拊石，百獸率舞。」皇甫謐亦從今文《尚書》，蓋今文《尚書》本無此八字也。《左氏》莊三十二年傳《正義》引服虔曰：「虞舜祖考來格，鳳皇來儀，百獸率舞。」子慎習今文，其所引亦以「鳳皇來儀，百獸率舞」連文，無「夔曰」八字。《漢修西嶽廟記》亦曰：「鳥獸率舞，鳳皇來儀。」若《後漢書・崔寔傳》曰：「樂作而鳳皇儀，擊石而百獸舞。」其所引有「擊石」字，乃用《堯典》文，非《皋陶謨》文也。

帝庸作歌，曰：「勑天之命，惟時惟幾。」○今文作「陟天之命，維時維幾」。○《史記》曰：「帝用此作歌曰：『陟天之命，維時維幾。』」孫星衍説：「《釋詁》：『假、陟，陞也。』陟，假同義，謂薦禹於天而告之。史公用今文，作『陟』。又《樂書》曰：『余每讀《虞書》，至於君臣相敇，維是幾安，而股肱不良，萬事墮壞，未嘗不流涕也。』」陳喬樅説：「僞《孔傳》本改『陟』爲『敇』字蓋本於此。不知太史公所謂『君臣相敇』者，敇猶戒也，指帝用作歌及皋陶揚言皆

❶「弱」，原作「羽」，今據《後漢書・法真傳》改。

❷「瑞」，原作「論」，今據《論衡・講瑞篇》改。

君臣相戒之意，非此『陟天之命』之異文也。」

乃歌曰：「股肱喜哉，元首起哉，百工熙哉！」《大傳》曰：「元首，君也。股肱，臣也。」《漢書·魏相丙吉傳》贊曰：「經謂君爲元首，臣爲股肱，明其一體，相待而成也。」王褒《四子講德論》曰：「蓋君爲元首，臣爲股肱，明其一體，相待而成。」《後漢書·陳蕃傳》蕃上疏極諫曰：「君爲元首，臣爲股肱，同體相須，共成美惡者也。」

皋陶拜手稽首颺言曰：○今文「颺」作「揚」。○《史記》作「揚」。錫瑞謹案：《釋詁》云：「賡、揚，續也。」史公作「揚」，當訓爲「續」，承上作歌而言，謂拜手稽首而續言也。錢大昕説：「《燕禮》：『主人媵觚於賓。』注云：『媵，送也，讀或爲揚。』《檀弓》：『杜蕢洗而揚觶。』注云：『《禮》「揚」作「媵」。』按：《禮》賓主獻酢畢，乃有媵觚媵爵者，則『揚觶』之『揚』蓋取義於續矣。此『揚』訓『續』之證。」

「念哉，率作興事，慎乃憲，欽哉，屢省乃成，欽哉！」《史記》「欽」作「敬」，無「屢省」句。《漢書·谷永傳》曰：「婁省無怠。」注：「師古曰：『婁，古屢字也。』」揚雄《揚州牧箴》曰：「堯崇屢省。」《中論·貴驗》篇曰：「帝舜屢省。」張竦爲陳崇艸奏曰：「婁省朝政。」師古曰：「婁，古『屢』字。」

乃賡載歌曰：《史記》作「乃更爲歌曰」。孫星衍説：「史公以『賡』爲『更』者，《晉語》：『姓利相更。』注云：『更，續也。』以『載』説『爲』者，《釋詁》云：『載，僞也。』『僞』與『爲』通。」

「元首明哉，股肱良哉，庶事康哉！」《漢書·元帝紀》詔引此經。《司馬相如傳》引《書》曰云云，説之曰：「因斯以談，君莫盛於堯，臣莫賢於后稷。」《漢紀》王閎上書曰：「元首明哉，股肱良哉，以法天地。」錫瑞謹案：《大傳》曰：「明哉，非一人之天下也。」此「明哉」當與同義。

又歌曰：○今文作「帝又歌曰」。○《史記》作「舜又歌曰」。段玉裁説：「此今文《尚書》之不同也。」案：《本紀》「帝曰」多作「舜曰」，是今文多「帝」字。

「元首叢脞哉，股肱惰哉，萬事墮哉！」《中論·審大臣》篇曰：「執政聰明叡哲，則其事舉；其事舉，則百僚莫不任其職；百僚莫不任其職，則庶事莫不致其治；庶事莫不致其治，則九牧之民莫不得其所。故《書》曰：『元首明哉，股肱良哉，庶事康哉！』」又云：「叔世之君生乎亂世，求大臣置宰相而信流俗之説，故不免乎《國風》之譏也。而欲與之興天和，致時雍，遏禍亂，弭妖災，無異策穿蹠之乘而登大行之險，亦必顛躓矣。故《書》曰：『股肱墮哉，萬事隳哉！』」隳，俗字，即「墮」也，疑後人所改。

帝拜曰：「俞，往欽哉！」《史記》下文曰：「於是天下皆宗禹之明度數聲樂，爲山川神主。」錫瑞謹案：《大傳》曰：「於是卿雲聚，俊乂集，百工相和而歌《卿雲》。帝乃倡之曰：『卿雲爛兮，糺縵縵兮。日月光華，旦復旦兮。』八伯咸進，稽首曰：『明明上天，爛然星陳。日月光華，弘于一人。』帝乃再歌，旋持衡曰：『日月有常，星辰有行。四時從經，萬姓允誠。於予論樂，配天之靈。遷於賢聖，莫不咸聽。鼚乎鼓之，軒乎舞之。菁華已竭，褰裳去之。』於是八風循通，卿雲蘩蘩，蟠龍賁信於其藏，蛟魚踴躍於其淵，龜鼈咸出於其穴，遷虞而事夏也。」據《大傳》，則帝庸作歌蓋即在八伯歌《卿雲》之時。卿雲爲遷虞事夏之祥，故帝首以「陟天之命」爲言。《史記》云「於是天下皆宗禹」，今文義也。

今文尚書考證卷三

善化　皮錫瑞

禹貢第三　夏書一

禹貢　《大傳》曰：「《禹貢》可以觀事。」《史記·夏本紀》曰：「禹乃行相地宜所有以貢，及山川之便利。」又《河渠書》：「《夏書》曰：禹抑洪水十三年，過家不入門。陸行乘車，水行載舟，泥行蹈毳，山行即橋。以别九州，隨山浚川，任土作貢。」《漢書·地理志》曰：「堯遭洪水，褱山襄陵，天下分絶，爲十二州，使禹治之。水土既平，更制九州，列五服，任土作貢。」《鹽鐵論》文學曰：「禹平水土，定九州，四方各以土地所生貢獻。」

禹敷土，《漢書·地理志》作「敷」。班氏用夏侯《尚書》，多與古文合。○今文一作「禹傅土」。○《史記·夏本紀》曰：「禹乃遂與益、后稷奉帝命，命諸侯百姓興人徒以傅土。」《索隱》曰：「《大戴禮》作『傅土』，故此紀依之。傅即付也，謂付功屬役之事，令人分布理九州之土地也。」錫瑞謹案：《荀子·成相》亦作「傅土」。張衡《司徒吕公誄》曰：「四嶽在虞，傅土佐禹。」皆與史公今文合。《周禮·大司樂》鄭注曰：「禹治水傅土。」《釋文》：「傅音孚，或音附。」鄭亦用今文《尚書》也。

隨山刊木，○今文作「隨山栞木」。○《史記·夏本紀》作「行山栞木」。録《禹貢》作「行山表木」，用故訓代經，説見《皋陶謨》篇。《索隱》曰：「表木，謂刊木立爲表記。」《漢志》作「隨山栞木」，師古曰：「栞，古『刊』字。言禹隨行山之形狀而刊斫其木，以爲表記。」《淮南·修務訓》亦作「栞」，云：「隨山栞木，平治水土，定千八百國。」《鹽鐵論》云：「隨山刊木，定高下而度九州。」《書正義》引鄭注曰：「必隨州中之山而登之，除木爲道，以望觀所當治者，則規其形而度其功焉。」與《史記》合。《説文》：「栞，槎識也。从木、㢴，闕。《夏書》曰：『隨山栞木。』讀若刊。」段注曰：「槎識者，衺斫以爲表志也。」是槎識即表木之義，今古文説同。

奠高山大川。《大傳》曰：「高山大川，五嶽、四瀆之屬。五嶽，謂岱山、霍山、華山、恒山、嵩山也。五嶽皆觸石而出雲，扶寸而合，不崇朝而雨天下。江、淮、河、濟爲四瀆，大川相間，小川相屬，東歸於海。五嶽視三公，四瀆視諸侯，其餘山川視伯，小者視子、男。」鄭注曰：「所視者，謂其牲幣、粢盛、籩豆、爵獻之數，非謂尊卑。」《史記》「奠」作「定」，《集解》：「馬融曰：『定其差秩祀禮所視也。』」錫瑞謹案：《周禮・司市》：「平肆展成奠賈。」鄭注云：「奠讀爲定。杜子春云：『奠當爲定。』」是古作「奠」而漢人作「定」之證。《史記》作「定」，或史公以故訓代之，或今文本作「定」，無文可知。據《大傳》説，則今文亦以「奠」爲秩祀，與馬、鄭古文義同。師古注《漢書》，以爲「高山大川各得安定」，非也。《大傳》以霍山爲南嶽，今文説也。《爾雅》曰：「江、河、淮、濟爲四瀆。」《風俗通》引《禮三正記》同。《史記》載《湯誥》之文曰：「古禹、皋陶久勞於外，其有功乎民，民乃有安。東爲江，北爲濟，西爲河，南爲淮，四瀆已修，萬民乃有居。」皆與《大傳》説合。《釋名・釋地》曰：「山，産也，産生物也。川，穿也，穿地而流也。」

冀州既載，《史記》曰：「禹行自冀州始。冀州既載。」《漢志》注：「師古曰：『載，始也。冀州，堯所都，故禹治水自冀州始也。』」錫瑞謹案：顔説是也。史公云「禹行自冀州始」，則「冀州既載」猶云冀州既始。師古蓋沿服、應舊注，乃今文家遺説。馬、鄭注皆以「載」爲事，與史公説不同。陳喬樅云「古今文家説略同」，非也。《爾雅・釋地》：「兩河間曰冀州。」李巡注曰：「兩河間其氣清，厥性相近，故曰冀。冀，近也。」《釋名・釋州國》曰：「州，注也，郡國所仰注也。冀州亦取地以爲名也。冀，易也，其地有險有易也。又帝王所都，亂則冀治，弱則冀强，荒則冀豐也。」《淮南子・墬形訓》曰：「正中冀州曰中土。」注云：「冀，大也。四方之主，故曰中土也。」《吕氏春秋・有始覽》曰：「兩河之間爲冀州，晉也。」注云：「東至清河，西至西河。」

壺口治梁及岐。《地理志》「河東郡北屈」云：「《禹貢》壺口山在東南。」「左馮翊夏陽」云：「《禹貢》梁山在西北。」「右扶風美陽」云：「《禹貢》岐山在西北。中水鄉，周大王所邑。」鄭注引《地理志》、司馬彪《續漢・郡國志》、《水經》「禹貢山水澤地所在」皆與《漢志》相合。《爾雅・釋山》：「梁山，晉望也。」《河圖括地象》曰：「岐山在崑崙東南，爲地乳，上爲天糜星。」

既修太原，至于岳陽。揚雄《冀州箴》云：「岳陽是都。」岳陽即霍太山之南言之。逸《書》云：「惟彼陶唐，有此冀方。」堯都平陽亦岳陽也。《箴》又云：「三后攸降，列爲侯伯。」謂唐虞以後，冀州不復爲帝都，亦即逸《書》云「今失其行，亂其紀綱，乃滅而亡」也。○今文一作「既修大原，至于嶽陽」。○《大傳》曰：「大而高平者謂之大原。」《水經注》引《春秋説題辭》曰：「高平曰大原。原，端也，平而有度。」《釋名・釋地》曰：「廣平曰原。原，元也，如元氣廣大也。」嶽陽，《史記》、《漢志》皆作「嶽」，《索隱》曰：「嶽，太嶽，即冀州之鎮霍太山也。」《漢志》「太原郡」云：「在晉陽，屬并州。晉陽，故《詩》唐國。」「河東郡彘」云：「霍大山在東，冀州山。」

覃懷厎績，至于衡漳。《史記》曰：「覃懷致功，至于衡漳。」《索隱》曰：「按：河内有懷縣，今驗地無名『覃』者，蓋『覃懷』二字當時共爲一地之名也。」○今文一作「至于衡章」。○《漢志》曰：「覃懷厎績，至于衡章。」師古曰：「覃懷，近河地名也。厎，致也。績，功也。衡章，謂章水横流而入河也。」《志》於「上黨郡長子」云：「鹿谷山，濁漳水所出，東至鄴入清漳。」又「沾縣」云：「大黽谷，清漳水所出，東北至邑成入大河，過郡五，行千六百八十里，冀州川。」《周禮疏》引鄭注云：「衡漳，漳水横流入河。覃懷爲縣名，屬河内。漳水出上黨沾大要谷，東北至安平阜城入河。」據鄭注，則《志》云「黽谷」乃「要谷」之誤。王念孫説：「『黽當作『𡕒』，字之誤也。『𡕒』即『要領』之『要』。『北地郡大𡕒縣』，師古曰『古「要」字』，是其證。」《説文》、《水經》皆云清漳出沾少山大要谷。江聲、王鳴盛説「邑成」當作「昌成」，昌成屬安平。其説是也。馬融、王肅以衡、漳爲二水名。鄭讀衡爲横，與《漢志》合，蓋用今文説，以濁漳入清漳，但舉清漳爲主，不以爲二水。僞《孔傳》云：「漳水横流。」本於鄭注。小司馬據王肅駮孔，所見未通。

厥土惟白壤，《史記》無「惟」字，《漢志》有之。《白虎通》曰：「土主吐含萬物，土之爲言吐也。」《釋名・釋地》曰：「土，吐也，吐生萬物也。已耕者曰田。田，填也，五稼填滿其中也。壤，瀼也，瀼瀼，肥濡意也。」

厥賦惟上上錯，厥田惟中中。○今文作「賦上上錯，田中中」。○《史記》無「厥」、「維」字，《漢志》有「厥」無「惟」。師古曰：「賦者，發斂土地所生之物以供天子也。上上，第一也。錯，雜也。言賦第一，又雜出諸品也。」又曰：「言其高下之形總於九州之中爲第五也。一曰謂其肥瘠之等差也。它皆類此。」錫瑞謹案：《漢書・敘傳》曰：「《坤》作墜執，高下九則。」劉德曰：「九則，九州土田上中下九等也。」班氏以高下九則屬墜執，當以師古前説爲正。《尚書正義》引鄭云：「地當陰陽之中，能吐生萬物者曰土；據人功作力競得而田之，則謂之田。田著高下之等，當爲水害備也。」鄭説與《漢書·敘傳》合，蓋用今文説也。孫星衍説：「田之九等，以地形高下分之，不與賦同。《溝洫志》賈讓奏言：『若有渠溉，則鹽滷下溼，填淤加肥。故種禾麥，更爲秔稻，高田五倍，下田十倍。』《孝經注》云：『高田宜黍稷，下田宜稻麥。』江聲説：『昆侖高一千里，九州在昆侖東南，故西北高，東南下。雍州在西北，田上上。揚州在東南，田下下。推之餘州，知以高爲上、卑爲下也。』」

恒、衛既從，大陸既作。《史記》曰：「常、衛既從，大陸既爲。」《索隱》曰：「此文改恒山、恒水皆作『常』，避漢文諱故也。」錫瑞案：漢人恒、常通用，不關避諱。《漢志》「常山郡上曲陽」云：「恒山北谷在西北。有祠。并州山。《禹貢》恒水所出，東入滱。」「代郡靈丘」云：「滱河東至文安入大河，過郡五，行九百四十里。并州川。」又「常山郡靈壽」云：「《禹貢》衛水出東北，東入虖沱。」「代郡鹵城」云：「虖沱河東至參合入虖沱別，過郡九，行千三百四十里。」「鉅鹿郡鉅鹿」云：「《禹貢》大陸澤在北。」《史記集解》：「鄭玄曰：『《地理志》恒水出恒山，衛水在靈壽，大陸澤在鉅鹿。』」《郡國志》無恒水，言衛水亦與班《志》合。《郡國志》「鉅鹿郡」：「鉅鹿，故大鹿，有大鹿澤。」竝本班《志》。《周禮疏》引鄭注云：「《爾雅·釋地》十藪，晉有大陸。」案：此大陸與《爾雅》大陸非一地。《吕氏春秋·有始覽》、《淮南子·墬形訓》：「晉之大陸，趙之鉅鹿。」高誘注：「大陸，魏獻子所游，焚焉而死者是也。鉅鹿，廣阿澤。」《禹貢》大陸即趙之鉅鹿，《爾雅》晉之大陸即《吕覽》、《淮南》所稱晉之大陸。鄭引《爾雅》以釋《禹貢》，失之。而《鄭志》答張逸云「鉅鹿，今廣河澤」不誤，但「廣河」當作「廣阿」。《釋名·釋地》曰：「高平曰陸。陸，漉也，水流漉而去也。」

島夷皮服。○今文作「鳥夷」。○《史記》、《漢志》、《説苑》、《大戴禮記》皆作「鳥夷」。《史記集解》引鄭玄曰：「鳥夷，東北之民賦食鳥獸者。」《漢志》師古注曰：「此東北之夷，搏取鳥獸，食其肉而衣其皮也。一説居在海曲，被服容止皆象鳥也。」《法言·孝至篇》曰：「龍堆以西，大漠以北，鳥夷、獸夷，郡勞王師。」子雲據今文《尚書》作「鳥夷」。《正義》曰：「孔讀『鳥』爲『島』。島是海中之山。」是孔本古文亦作「鳥」，因孔誤讀爲「島」，後人又因孔誤而改經文耳。

夾右碣石，入于河。《漢志》作「河」，蓋夏侯《尚書》與史公用歐陽《尚書》異。《志》於「右北平驪成」云：「大揭石山在縣西南。莽曰揭石。」「遼西郡絫縣」云：「有揭石水南入官。」揚雄《冀州箴》云：「潺湲河流，夾以碣石。」○今文一作「夾右碣石，入于海」。○《史記》作「海」，徐廣曰：「海，亦作『河』。」《索隱》曰：「《地理志》云碣石山在北平驪成縣西南。《太康地理志》云樂浪遂成縣有碣石山，長城所起。又《水經》云在遼西臨渝縣南水中。蓋碣石山有二，此云『夾右碣石，入于海』，當是北平之碣石。」❶案：《漢書·武帝紀》曰：❷「東巡海上，至碣石。」注：「文穎曰：『在遼西絫縣。絫縣今罷，屬臨渝。此石著海旁。』」《水經》「禹貢山水澤地所在」云：「碣石山在遼西臨榆縣南水中。」注云：「大禹鑿其石，右夾而納河，秦始皇、漢武帝皆嘗登之。海水西侵，歲月逾甚而苞其山，故云海中矣。」又《河水》條注曰：「漢司空掾王璜言『往昔天嘗連北風，海水溢，西南出，侵數百里』，故張君云『碣石在海中』，蓋淪於海水也。」又《濡水》條注曰：「東南至絫縣碣石山。文穎曰：『碣石山在遼西絫縣，竝屬臨渝。』《地理志》曰：『大揭石山在右北平驪成縣西南。』漢武帝亦嘗以望海而勒石於此。今枕海有石，如甬道，數十里，當山頂有大石，如柱形，在海中。潮水大至，不動不没，世名天橋柱。韋昭亦指此爲碣石。濡水於此南入海。」酈氏兼舉兩説，地皆近海。史公用今文作「海」，於義爲長。一作「河」者，蓋後人改之耳。《釋名·釋水》曰：「海，晦也，主承穢濁，其水黑如晦也。」

濟、河惟兖州。○今文作「濟、河維沇州」。○《史記》作「濟、河維沇州」。鄭玄曰：「言沇州之界在此兩水之間。」《吕氏春秋》曰：「河、濟之間爲兖州，衛也。」注云：「河出其北，濟經其南。」《春秋説題辭》曰：「濟之爲言齊也。齊者，度也。度者，員也。河之爲言荷也。荷精分布，懷陰引度也。」《釋名·釋水》曰：「濟，濟也，源出河北，濟河而南也。河，下也，隨地下處而通流也。」《風俗通》曰：「濟者，齊也，齊其度量也。」《廣雅》曰：「濟，濟也。河，何也。」皆作「濟」，與史公合，蓋用叚借之字，非贊皇山所出之濟水也。《風俗通》説「四瀆」云「濟出常山房子贊皇山，東入泜」，誤矣。史公「沇州」作「沇」者，段玉裁説：「《説文·口部》云：『㕣，山間陷泥地，从口，从水敗皃，讀若沇州之沇。九州之渥地也，故以沇名焉。』此當作『古文以爲沇州之沇。沇州者，九州之渥地也，故以㕣名焉』。《水部》曰：『㕣，古文沇。』《口部》又曰：『容，古文㕣。』蓋古文《尚書》作

❶「是」，原作「非」，今據《史記·夏本紀》索隱改。

❷「曰」上，原有「詔」字，考《漢書·武帝紀》「東巡海上，至碣石」非武帝詔書之文，故删。

「容州」，今文《尚書》作「沇州」，「㕣」即「容」之今字，故《水部》又謂「㕣」爲古文「沇」，《口部》謂古文以「㕣」爲沇州之沇。叔重云「九州之渥地，故以谷名」，此比傳「山間陷泥地」爲此説，古文家説也。古文《尚書》蓋「沇水」字作「沇」，「容州」字作「容」，不以水名爲州名。」案：如段説，則《史記》作「沇」自是今文。《爾雅・釋地》：「濟、河間曰兖州。」李巡注曰：「濟、河間其氣專質，厥性信謹，故曰兖。兖，信也。」《春秋元命包》曰：「兖，端也，信也。」與《説文》以渥地爲名義異，蓋今文説。《釋名・釋州國》曰：「兖州取兖水以爲名也。」與段説「不以水名爲州名」全別，亦今文説也。○一作「泲、河惟兖州」。○《漢志》作「泲、河惟兖州」，師古曰：「泲，本濟水之字，从水，㢑聲。」言此州東南據濟水，西北距河。」《志》於「河東郡垣縣」云：「《禹貢》王屋山在東北，沇水所出，東南至武德入河，軼出滎陽北地中，又東至琅槐入海，過郡九，行千八百四十里。」案：班《志》載《禹貢》文與《史記》多不同，或謂班《志》皆用古文。今考班氏世傳夏侯《尚書》，《漢書》引《尚書》皆今文説，則班氏非習古文可知。且《志》於用古文説皆曰「古文以爲」云云，則其餘皆非古文更可知。段玉裁以爲後人用古文改之，亦未必然。陳喬樅謂班《志》用夏侯《尚書》，與《史記》歐陽《尚書》不同，最爲塙當。

九河既道，《漢書・地理志》「勃海郡成平」云：「虖沱河，民曰徒駭河。」「東光」云：「有胡蘇亭。」「平原郡鬲縣」云：「平當以爲鬲津。」《溝洫志》河隄都尉許商以爲：「古説九河之名，有徒駭、胡蘇、鬲津，見在成平、東光、鬲界中。自鬲以北至徒駭間，相去二百餘里，今河雖數移徙，不離此域。」《爾雅・釋水》：「九河：徒駭、大史、馬頰、覆釜、胡蘇、簡、絜、鉤盤、鬲津。」李巡注曰：「徒駭，禹疏九河，以徒衆起，故曰徒駭。大史，禹大使徒衆通其水道，故曰大史。馬頰，河勢上廣下狹，狀如馬頰也。覆釜，水中多渚，有可居處，形如覆釜。胡蘇，下流，故曰胡蘇。胡，下也。蘇，流也。簡，大也，河水深而大也。絜，言河水多山石，治之苦絜。絜，苦也。鉤盤，言河水曲如鉤，屈折如盤也。鬲津，河水狹小，可鬲以爲津也。」《釋文》云：「李本作『股』，云水曲如鉤，折如人股，故曰鉤股。」與《書疏》引李巡説略異。錫瑞謹案：《爾雅》多今文説，李巡嘗奏定石經，熹平石經皆用今文，則李巡亦用今文説者。孟堅於九河但詳徒駭、胡蘇、鬲津所在，蓋即用許商説。班氏與許商皆習夏侯《尚書》，故其説同。王橫言九河之地爲海所漸，王橫古文家，其説不如今文之義塙也。《詩正義》引鄭注云：「周時齊桓公塞之，同爲一河，今河間弓高以東至平原鬲津往往有其遺處焉。」案：《志》云：「河間國弓高，虖池別河首受虖池河，東至平舒入海。」班以虖池爲徒駭，鄭義亦與班同，而《漢書・敘傳》云：「商竭周移，秦決南涯，自兹距漢，北亡八支。」則班氏不用緯書桓公塞河之説也。「民曰徒駭」字有誤，王念孫説當作「或曰：虖池，徒駭」。

雷夏既澤，《漢志》「濟陰郡成陽」云：「《禹貢》雷澤在西北。」《郡國志》、《水經》同，鄭注引《地理志》亦同。《風俗通・山澤》篇引《尚書》「雷夏既澤」：「《傳》曰：『水草交厝，名之爲澤。』澤者，言其潤澤萬物，以阜民用也。」《釋名・釋地》曰：「下而有水曰澤，言潤澤也。」

灉、沮會同，○今文作「雍、沮會同」。○《史記》、《漢志》皆作「雍」。《史記集解》：「鄭玄曰：『雍水、沮水相觸而合入此澤中。』」案：鄭注《職方氏》云：「『盧維』當爲『雷雍』。」謂雷澤與雍水也。段玉裁説：「後人加水旁，釋以《爾雅》『水自河出爲灉』，非是。」案：郭璞《爾雅注》、酈道元《水經・瓠子河》注皆失之。

桑土既蠶，是降丘宅土。《漢志》云：「是降丘宅土。」蓋夏侯《尚書》與古文合。段玉裁以爲或用古文《尚書》改之，恐未必然。揚雄《兖州牧箴》亦云：「降丘宅土。」○今文一作「民乃降丘度土」。○《史記》曰：「桑土既蠶，於是民得下丘居土。」《風俗通・山澤》篇曰：「謹案：《尚書》：『民乃降丘度土。』堯遭洪水，萬民皆山棲巢居，以避其害。禹決江疏河，民乃下丘，營度爽塏之場而邑落之。故丘之字，二人立一上。一者地也，四方高，中央下，象形也。」段玉裁説：「《風俗通》所引，今文《尚書》也，『是』字作『民乃』二字，『宅』作『度』，此『文字異者七百有餘』之目也。凡古文《尚書》『宅』字，今文皆作『度』。揚子《方言》云：『度，居也。』《夏本紀》云：『於是民得下丘居土。』司馬所據今文《尚書》亦當作『民乃降丘度土』，『度土』訓作『居土』，亦如『度西曰柳谷』作『居西』也。」鄭注云：「此州寡于山，而夾川兩大流之間，遭洪水，其民尤困。水害既除，于是下丘居土。以其免於厄，尤喜，故記之。」與《史記》意合。

厥土黑墳，厥草惟繇，厥木惟條。○今文作「草繇木條」，亦作「屮繇木條」。○《史記》作「草繇木條」，《漢志》作「屮繇木條」，無「厥」、「惟」字。師古曰：「屮，古『草』字也。繇，悦茂也。條，脩暢也。」案：《説文》：「屮，艸木初生也，象丨出形，有枝莖也。讀若徹。古文或以爲艸字。」《荀子・富國》：「刺屮殖穀。」《漢外黄令高彪碑》：「犾獄生屮。」《漢書・禮樂志》《五行志》《鼂錯》《蘇武》《董仲舒》《司馬相如》《公孫弘》《趙充國》《貢禹》《魏相》《谷永》《揚雄》《貨殖》《王莽傳》及《敘傳》皆作「屮」，此夏侯《尚書》與古文合者。段玉裁說：「《夏本紀》『草繇木條』二句皆無『其』、『維』字，而揚州有之。《地理志》則二州皆無『厥』、『惟』字。疑今文《尚書》本皆無『厥』、『維』字，《史記》揚州有之者，後人增之。」

厥田惟中下，厥賦貞作十有三載乃同。○今文作「田中下，賦貞作十有三年乃同」。○《史記》曰：「田中下，賦貞作十有三年乃同。」《集解》：「鄭玄曰：『貞，正也。治此州正作不休十三年，乃有賦與八州同，言功難也。其賦中下。』」錫瑞謹案：《史記・河渠書》引《夏書》曰：「禹抑鴻水十三年，過家不入門。」鄭說與《史記》合。馬注曰：「禹治水三年，八州平，故堯以爲功而禪舜。是十二年而八州平，十三年而兗州平。」十三年，竝鯀九年數之，與《史記》說不同，蓋古文異說。《三國志・高堂隆傳》曰：「昔在伊唐，世值陽九厄運之會，洪水滔天，使鯀治之，績用不成，乃舉文命，隨山刊木，前後歷年二十二載。」亦合禹之十三年與鯀九年計之，同《史記》說。○一作「厥田中下，賦貞，作十有三年迺同」。○《漢志》作「厥田中下，賦貞，作十有三年迺同」。師古曰：「貞，正也。州第九，賦亦正當也。」陳喬樅說：「九州之賦唯缺下下，兗賦至少，固當第九。《集解》引鄭注云『其賦中下』，『中下』當爲『下下』之誤。」

厥貢漆絲，厥篚織文。○今文一作「厥棐織文」。○《史記》作「篚」，《漢志》作「棐」，師古曰：「棐與篚同。」《食貨志》：「禹平洪水，定九州，制土田，各因所生遠近，賦入貢棐。」《詩・甫田》正義引《鄭志》云：「凡所貢篚之物，皆以稅物市之，隨時物價以當邦賦。」陳喬樅說：「鄭以冀州入穀不貢，他州有貢，皆即穀稅市所貢匪之物，以當邦賦也。」

浮于濟、漯，達于河。○今文作「浮于濟、漯，通于河」，亦作「浮于泲、漯，通于河」。○《史記》作「濟」，《漢志》作「泲」，「達于河」皆作「通于河」，今文「達」爲「通」也。師古曰：「浮，以舟渡也。因水入水曰通。」《漢志》「東郡東武陽」云：「禹治漯水，東北至千乘入海，過郡三，行千二十里。」又「平原郡高唐」云：「桑欽言漯水所出。」鄭注引《地理志》、《說文》漯水與《漢志》同。《說文》又引桑欽說。《地理今釋》云：「漯水本出高唐，至千乘入海。自禹導河，至大伾，始分河之一支，原注：《史記》「禹厮二渠以引其河」注：「其一即漯川。」東北流，首經東武陽，至高唐，合漯水。自合漯水，則高唐以南、東武陽以北之河皆被以漯名矣。」疏班義最明晰。

海、岱惟青州。《史記》作「維」，《漢志》作「惟」。凡《史記》一書皆作「維」字，《漢書》一書皆作「惟」字，蓋亦歐陽、夏侯之本不同。顔師古云：「今文《尚書》作『維』，古文《尚書》作『惟』。」所云今文《尚書》，據熹平石經言之耳。維、惟古通用，非必《漢書》用古文也。《史記集解》：「鄭玄曰：『東至海，西至岱。東嶽曰岱山。』」《正義》曰：「按：舜分青州爲營州，遼西及遼東。」《漢志》「泰山郡博縣」云：「有泰山廟。岱山在西北。」《風俗通·山澤》篇曰：「泰山，山之尊，一曰岱。岱，始也。」《釋名·釋州國》曰：「青州在東，取物生而青也。」《爾雅》九州無青州，云：「齊曰營州。」李巡注云：「齊，其氣清舒，受性平均，故曰營。營，平也。今爲青州。」班《志》云：「齊地皆屬青州。」是《爾雅》營州爲《禹貢》之青州矣。

嵎夷既略，《史記》、《漢志》作「嵎夷」，《後漢書·東夷傳》：「東夷有九種，曰畎夷、于夷、方夷、黄夷、白夷、赤夷、玄夷、風夷、陽夷。昔堯命羲仲宅嵎夷，❶曰暘谷，蓋日之所出也。」贊曰：「宅是嵎夷，曰乃暘谷。巢山潛海，厥區九族。」《史記集解》：「馬融曰：『嵎夷，地名。用功少曰略。』」《説文》：「略，經略土地也。」解「略」字不同，以許説爲長，許或用今文説。○今文一作「禺鐵」。○《史記索隱》曰：「嵎夷，今文《尚書》及《帝命驗》竝作『禺鐵』，在遼西。鐵，古『夷』字也。」段玉裁説：「按：鐵當作銕。司馬貞所云『今文《尚書》』者，蓋漢一字石經拓本存於祕府及民間者也。《堯典》釋文亦云『《尚書考靈耀》及《史記》作「禺銕」』。凡緯書出於漢，故《考靈耀》、《帝命驗》皆今文《尚書》也。」錫瑞謹案：據《釋文》，則《史記》當本作「禺銕」字，《漢書》據夏侯《尚書》，用字多同古文，或本作「嵎夷」耳。

濰、淄其道。○今文作「濰、淄既道」。○《史記》作「濰、淄既道」。其、既古通用，亦三家《尚書》之異文。《説文》引《夏書》曰：「濰、淄其道。」顧炎武説：「『濰』字或省水作『維』，或省糸作『淮』，又或從心作『惟』，總是一字也。」○一作「惟、甾其道」。○《漢志》作「惟、甾其道」，師古曰：「惟、甾，二水名。皆復故道也。『惟』字今作『濰』，『甾』字或作『淄』，古今通用也。一曰『道』讀曰『導』。導，治也。」《志》於「琅琊郡箕縣」云：「《禹貢》維水北至都昌入海，過

❶「仲」，原作「和」，今據《後漢書·東夷傳》改。

郡三，行五百二十里，兖州寖也。」「泰山郡萊蕪」云：「原山，甾水所出，東至博昌入泲，幽州寖。」案：《志》前作「惟」，後作「維」，此通用之證。《尚書釋文》云：「『濰』音『惟』，本亦作『惟』，又作『維』。」孔疏引《地理志》「箕」下有「屋山」二字，鄭注引《地理志》、《説文》濰水皆作「箕屋山」，蓋皆本《漢志》爲説。《注疏考證》、《禹貢錐指》據誤本《漢志》以難孔疏，非也。以《志》例求之，「維水」下當加「所出」二字。《水經》言濰、淄二水，竝與《志》合，惟淄水作「入海」。以水道求之，「入海」爲是。《志》云「入泲」，蓋因下文汶水入泲，傳寫之誤。《正義》引班《志》正作「入海」。王鳴盛反以「入海」爲誤，非也。

厥土白墳，海濱廣斥。○今文作「海瀕廣潟」。○《史記》、《漢志》皆作「潟」。《史記》作「濱」，俗字，當從《漢志》作「瀕」。《史記》又有「厥田斥鹵」四字，誤衍。蓋「斥鹵」乃「潟」字之注，「厥田」當下屬，以「厥田上下」爲句，「厥」又「其」字之誤也。徐廣曰：「潟，一作『澤』，又作『斥』。」鄭玄曰：「斥謂地鹹鹵。」《漢志》注：「師古曰：『瀕，水厓也。潟，鹵鹹之地。』」段玉裁説：「作『斥』者，古文《尚書》也；作『潟』者，今文《尚書》也。潟，古作『舄』。《地理志》又云：『齊地負海舄鹵。』《溝洫志》云：『終古舄鹵兮生稻粱。』《史記·河渠書》云：『溉澤鹵之地。』《索隱》云：『澤，一作「舄」，本或作「斥」。』」《漢藝文志考證》稱漢儒引異字，云「海瀕廣潟」。

厥田惟上下，厥賦中上。厥貢鹽、絺，海物惟錯，○今文作「田上下，賦中上。厥貢鹽、絺，海物維錯」。○《史記》作「田上下，賦中上。厥貢鹽、絺，海物維錯」。《集解》：「鄭玄曰：『海物，海魚也。魚種類尤雜。』」又《貨殖傳》曰：「太公望封于齊，其地舄鹵，通魚鹽。」○一作「貢鹽、絺，海物惟錯」。○《漢志》作「惟」，「貢」上無「厥」字。案：《史記》亦當無「厥」字，《史記》「厥」字皆以「其」字代之，此云「厥」，疑後人所增。

岱畎絲、枲、鉛、松、怪石，《史記》、《漢志》同。《釋名·釋山》曰：「山下根之受霤處曰畎。畎，吮也，吮得山之肥潤也。」

萊夷作牧，厥篚檿絲。○今文作「厥篚酓絲」。○《史記》作「萊夷爲牧，其篚酓絲」。段玉裁説：「《夏本紀》『檿』作『酓』，二字古音同，讀如『音』，猶《毛詩》『懕懕』、《韓詩》『愔愔』，古同音也。蓋今文《尚書》作『酓』而太史公仍之，其義則當爲六書之假借。班《志》不作『酓』，或班用正體，或後人改易之。」案：此亦三家《尚書》之異。○一作「厥棐檿絲」。○《漢志》作「厥棐檿絲」，師古曰：「檿，檿桑也。食檿之蠶絲，可以弦琴瑟。」

浮于汶，《漢志》「泰山郡萊蕪」云：「《禹貢》汶水出西南，入泲。汶水，桑欽所言。」「琅邪郡朱虛」云：「東泰山，汶水所出，東至安丘入維。有三山、五帝祠。」師古曰：「將桑欽所說有異，或者有二汶水乎？」陳喬樅說：「班《志》『萊蕪』下『汶水』引桑欽言，此據古文《尚書》說也。『朱虛』下『東泰山，汶水所出』云云，此據今文《尚書》說也。何以明之？《說文·水部》曰：『汶水出琅邪朱虛東泰山，入濰。』又曰：『桑欽說汶水出泰山萊蕪西南，入泲。』前說據今文家言，後說據古文家言，故以桑欽說別之。班《志》之兼存兩說，意亦猶是也。《淮南子》云：『汶出弗其，西流入泲。』高誘注云：『弗其，山名，在朱虛縣東。』是即入濰之汶水。後人以別於萊蕪之汶，遂謂出朱虛者爲東汶。《淮南》、高誘皆據今文《尚書》爲說也。」案：桑欽治古文《尚書》，高誘用今文說，陳說是也。《郡國志》、鄭注引《地理志》皆同桑欽說。

達于濟。○今文作「通于濟」，一作「通于泲」。○《史記》作「通于濟」，《漢志》作「達于泲」。案：今文《尚書》「達」爲「通」，《漢志》前後文「達」字亦作「通」字，此蓋後人改之。「濟」、「泲」則三家異文。

海、岱及淮惟徐州。《史記》作「維」，《漢志》作「惟」，《集解》、《孔傳》、《漢志》師古注皆曰「東至海，北至岱，南及淮」。李巡《爾雅注》曰：「淮、海間其氣寬舒，稟性安徐，故曰徐。徐，舒也。」《釋名·釋州國》曰：「徐州，徐，舒也，土氣舒緩也。」《釋水》曰：「淮，圍也，圍繞揚州北界東至海也。」《春秋說題辭》、《風俗通》皆曰：「淮者，均，均其務也。」

淮、沂其乂，《漢志》「南陽郡平氏」云：「《禹貢》桐柏大復山在東南，淮水所出，東南至淮陵入海，過郡四，行三千二百四十里，青州川。」「泰山郡蓋縣」云：「沂水南至下邳入泗，過郡五，行六百里，青州寖。」《風俗通·山澤》篇曰：「淮出南陽平氏桐柏大復山，東南入海。《禹貢》：『海、岱及淮，淮、沂其乂。』」段玉裁說：「乂，今文《尚書》作『艾』，於漢石經《鴻範》殘字知之也。《夏本紀》作『治』，故訓字也。」案：石經亦一家之學，漢人不必盡與之同。漢人引《書》，艾、乂互見，蓋當時通用。淮水，《郡國志》與班《志》合。王應麟、閻若璩、王鳴盛皆云《志》「淮陵」皆作「淮浦」，是也。沂水，《郡國志》《史記集解》引鄭注、《說文》後一說，皆與班《志》合，用今文義。過郡五，《斠注》、《今古文注疏》竝云過泰山、城陽、琅邪、東海四郡，「五」字誤。

蒙、羽其藝。《史記》作「藝」，當從《漢志》作「蓺」。《漢志》「泰山郡蒙陰」云：「《禹貢》蒙山在西南，有祠。顓臾國在蒙山下。」「東海郡祝其」云：「《禹貢》羽山在南，鯀所殛。」《水經・山澤》篇同。

大野既豬，○今文作「大野既都」。○《史記》作「大野既都」。《集解》：「鄭玄曰：『大野在山陽鉅野北，名鉅野澤。』」○一作「大壄既豬」。○《漢志》作「大壄既豬」。「山陽郡鉅壄」云：「大壄澤在北，兗州藪。」《水經》云：「在東北。」《左傳》「西狩于大野」杜注、《爾雅》「魯有大野」郭注皆云「在東北」，與《志》略異。鄭注《尚書》、《周官》竝云「在北」，與《志》同。錫瑞謹案：《說文・里部》云：「野，古文作『壄』。」《水經》：「都野澤在武威縣北。」注：「古文以爲豬野。」是「野」作「壄」，「都」作「豬」，皆古文。班《志》云「大壄既豬」者，蓋夏侯《尚書》兼存古文，故班書多用古文字，與《史記》專主今文者不同。「都」音古同「豬」，鄭注《禮記》云：「豬，都也。南方謂都爲豬。」蓋二字皆「者」聲，故古亦通用。揚雄《徐州箴》曰：「大野既瀦，有羽有蒙。」則「豬」字亦作「瀦」。

東原底平。厥土赤埴墳，草木漸包。《史》、《漢》同。《史記集解》：「鄭玄曰：『東原，地名。今東平郡即東原。』」《尚書釋文》曰：「埴，市力反。鄭作『戠』，徐、鄭、王皆讀曰『熾』，韋昭音『試』。漸，如字，本又作『蔪』，《字林》：『才冉反，草之相包裹也。』」《釋名・釋地》曰：「土黃而細密曰埴。埴，膱也，黏胒如脂之膱也。」《史記集解》：「徐廣曰：『埴，黏土也。』」劉、徐解「埴」字皆用今文說，與鄭、王古文《尚書》說異。段玉裁說：「《夏本紀》、《地理志》皆作『埴』，今文《尚書》也。《孔傳》用今文《尚書》釋戠，鄭、王則否。漸，當依別本作『蔪』。《說文》曰：『艸相蔪苞也。』引《書》『艸木蔪苞』。然則《字林》本《說文》也。《紀》、《志》皆作『漸』，疑今文《尚書》作『漸』，《孔傳》依今文爲說。」錫瑞謹案：僞孔名傳古文《尚書》，實多襲今文說。蓋王肅通今文《尚書》，其父朗師楊賜，傳歐陽《尚書》，故肅陰用今文之義以駁馬、鄭，如此文僞孔本「埴」不從鄭作「戠」，「漸包」不從許書作「蔪苞」，皆與《史》、《漢》文同。班、馬在許、鄭之前，非必許、鄭是，班、馬非也。惟此文王肅亦同鄭作「戠」，而僞孔本作「埴」，則不可解。僞《孔傳》出於王肅，而《正義》、《釋文》所載《孔傳》亦間與肅注不同，或皇甫謐、枚頤輩又間有竄亂歟？

厥田惟上中，厥賦中中。厥貢惟土五色，羽畎夏翟，○今文作「田上中，賦中中。貢維土五色，羽畎夏翟」。○《史記》作「其田上中，賦中中。貢維土五色，羽畎夏翟」。《集解》：「鄭玄曰：『土五色者，所以爲太社之封。』」《正義》曰：「《韓詩外傳》云：『天子社廣五丈，東方青，南方赤，西方白，北方黑，上冒以黄土。將封諸侯，各取方土，苴以白茅，以爲社也。』」《漢書》武帝賜齊王閎策曰：「受兹青社。」燕王旦曰玄社，廣陵王胥曰赤社。蔡邕《獨斷》曰：「天子大社以五色土爲壇。皇子封爲王者，授之大社之土，以所封之方色，苴以白茅，使之立社，謂之茅社。」《釋名·釋地》曰：「徐州貢土五色，有青黄赤白黑也。」《郊祀志》元始五年令徐州牧歲貢五色土各一斗。○一作「貢土五色，羽畎夏狄」。○《漢志》：「貢土五色，羽畎夏狄。」師古曰：「夏狄，狄雉之羽可爲旌旄者也。」《周禮·染人》鄭注引《禹貢》作「狄」，與《志》同，而注《序官》「夏采」作「翟」。案：《詩·衛風》「右手秉翟」，《毛詩》作「翟」，《韓詩》作「狄」，翟、狄古通用。

嶧陽孤桐，《漢志》「東海郡下邳」云：「葛嶧山在西，古文以爲嶧陽。」《郡國志》、鄭引《地理志》、《説文》、《水經》同。惟兩《漢志》、《水經》以嶧陽爲山名，許、鄭以爲嶧山之陽，其説略異。《風俗通》曰：「梧桐出嶧陽山，采東南孫枝以爲琴，聲甚清雅。」

泗濱浮磬，○今文作「泗瀕浮磬」。○《史記》作「濱」，俗字，當從《漢志》作「瀕」。師古曰：「泗水之涯浮出好石，可爲磬也。」《漢志》「魯國卞縣」云：「泗水西南至方與入泲，過郡三，行五百里，青州川。」又「濟陰郡乘氏」云：「泗水東南至睢陵入淮，過郡六，行千一百一十里。」《水經》引《地理志》曰：「出卞縣北。」據此，則「泗水」下當補「出北」二字，如右扶風鄠「酆水出東南」之例。入泲，王念孫説：「當爲『入泲渠』。南梁水西至湖陵入泲渠，知『泗水至方與入泲』下亦當有『渠』字。」《志》云泗水至方與入泲，又云泗水入淮，是入淮由方與不由乘氏。若自乘氏至昌邑、金鄉、東緍而至方與爲菏水者，是泲水支流，非泗也。近人多疑《志》誤，失之。

淮夷蠙珠暨魚，○今文作「淮夷蠙珠臮魚」，亦作「淮夷玭珠臮魚」。○《史記》、《漢志》皆作「淮夷蠙珠臮魚」，《集解》：「鄭玄曰：『淮夷，淮水之上夷民。』」《索隱》曰：「蠙，一作『玭』。臮，古『暨』字。臮，與也。」師古曰：「蠙，或作『玭』。」《尚書釋文》曰：「『蠙』字又作『玭』。韋昭：薄迷反，蚌也。」《説文・玉部》：「玭，玭珠也。从玉，比聲。宋弘云：淮水中出玭珠。玭，珠之有聲。」重文作「蠙」，云：「《夏書》『玭』字也。从虫，賓聲。」又《糸部》：「紕，讀若《禹貢》玭珠。」段玉裁説：「蓋今文《尚書》作『玭』，古文《尚書》作『蠙』。宋仲子説『淮水中出玭珠。玭，珠之有聲』，當作『玭，蚌之有聲者』。此今文《尚書》『淮夷玭珠』訓故也。《釋文》引韋氏之音及義，系諸『玭』字下，其義用宋仲子説，此韋本《漢志》作『玭』之明證，《漢志》用今文《尚書》之明證也。用此知《史紀》、《漢志》之一作『玭』者皆是原本，其作『蠙』者乃後人用古文《尚書》改之。」錫瑞謹案：段説甚塙。惟三家《尚書》不同，《史》、《漢》傳本各異，或亦有作「蠙」者，不盡由後人改之。揚雄《徐州箴》亦作「蠙」。宋仲子云「淮水中出玭珠」，不云「夷水出玭珠」，是今文説以淮夷爲淮水之夷，與鄭云「淮水之夷民」同。鄭用今文，勝於馬注以淮、夷爲二水名也。《續漢書・輿服志》云：「孝明皇帝永平二年，初詔有司采《周官》、《禮記》、《尚書・皋陶》篇，乘輿、服從歐陽氏説，公、卿以下從大、小夏侯氏説，冕皆廣七寸，長尺二寸，前垂三寸，係白玉珠爲十二旒。三公、諸侯七旒，青玉爲珠。卿、大夫五旒，黑玉爲珠。」據漢時今文説，是古以玉爲珠，非謂蚌珠，故此於蚌珠必加「蠙」以明之也。

厥篚玄纖縞。○今文「篚」一作「棐」。○《史記》作「篚」，《集解》：「鄭玄曰：『纖，細也。祭服之材尚細。』」《漢志》作「棐」，師古曰：「玄，黑也。纖，細繒也。縞，鮮支也，即今所謂素也。」

浮于淮、泗，達于河。○今文作「浮于淮、泗，通于菏」。○《史記》作「浮于淮、泗，通于河」，《漢志》作「浮于淮、泗，達于河」，「山陽郡湖陵」云：「《禹貢》『浮于泗、淮，通于河』，水在南。」《漢志》「通」作「達」誤，當從《史記》作「通」。「山陽郡」下作「通」，不誤，而「泗」、「淮」字傳寫誤倒。「河」字皆「菏」之譌。《説文・水部》「菏」字下云：「菏澤水，在山陽湖陵。《禹貢》：『浮于淮、泗，達于菏。』从水，苛聲。」許説即本班《志》，其所據《志》「山陽郡」下作「菏」，則《志》首述《禹貢》亦必作「菏」，此古、今文不異者也。《水經注・泗水》篇：「湖陸，《地理志》故湖陵縣也。菏水在南。」據酈氏所引，則今班《志》「水在南」上脱一「菏」字。《志》云「菏水在南」，則「通于河」當作「通于菏」無疑，其《志》首述《禹貢》及《史記》述《禹貢》皆當作「菏」，亦無疑矣。菏水與豫州之菏澤別，《漢志》菏澤在定陶東，菏水在湖陵南，蓋菏澤澤名，菏水則菏澤之東出而流注於泗者也。

《斠注》謂此「菏」即菏澤，失之。

淮、海惟揚州。《史記》作「維」，《漢志》作「惟」。今本《史》、《漢》皆从手作「揚」，宋本《史記》作「淮、海維楊州」，「楊」字从木，漢《張壽》《曹全》《劉熊》《王純》《度尚》《馮緄》《陳球》《張納》《無極山碑》「楊州」字皆作「楊」。王念孫説：「宋景祐本《地理志》『楊州藪』、『楊州川』、『楊州山』作『楊』。」江聲、段玉裁皆云當从木。案：李巡注《爾雅》曰：「江南其氣慘勁，厥性輕揚，故曰揚州。」《釋名·釋州國》曰：「揚州，州界多水，水波揚也。」據李、劉之説，漢時今文家「揚州」字或亦从手作「揚」。

彭蠡既豬，陽鳥攸居。〇今文作「彭蠡既都，陽鳥攸居」。〇《史記》作「彭蠡既都，陽鳥所居」。「攸」作「所」，故訓字。《索隱》曰：「都，古文《尚書》作『豬』。鄭玄云『南方謂都爲豬』，則是水聚會之義。」〇一作「彭蠡既豬，陽鳥逌居」。〇《漢志》作「彭蠡既豬，陽鳥逌居」。班書「攸」皆作「逌」，蓋參用古字。《志》於「豫章郡彭澤」云：「《禹貢》彭蠡澤在西。」《郡國志》、鄭注引《地理志》皆云「在西」，惟《水經·山澤》篇云「在西北」，略異。〇一作「彭蠡既瀦」。〇揚雄《揚州箴》曰：「彭蠡既瀦，陽鳥攸處。」《論衡·書虚篇》曰：「會稽，衆鳥所居。《禹貢》：『彭蠡既瀦，陽鳥攸居。』」《吕氏春秋·孟春紀》：「候雁北。」高誘注云：「候時之雁從彭蠡來，北過至北極之沙漠。」《仲秋紀》：「候雁來。」注云：「從北漠中來，過周、洛，之彭蠡。」《季秋紀》注亦云：「候時之雁從北方來，南之彭蠡。」《季冬紀》：「雁北鄉。」注云：「雁在彭蠡之澤，是月皆北鄉，將來至北漠也。」《淮南·時則訓》注略同。王仲任與高氏皆習今文，亦以彭蠡爲鴻雁之所常居，與鄭注云「陽鳥，鴻雁之屬」義同，是今、古文皆無異説。林之奇以陽鳥爲地名，非古義也。

三江既入，震澤底定。《漢志》「會稽郡吴縣」云：「具區澤在西，揚州藪，古文以爲震澤。南江在南，東入海，揚州川。」又「毗陵」云：「江在北，東入海，揚州川。」又「丹陽郡蕪湖」云：「中江出西南，東至陽羡入海，揚州川。」案：班《志》有中江、南江，惟不著北江之名。考之《水經》云：「沔水又南，至江夏沙羡縣北，南入於江。沔水與江合流，又東過彭蠡澤，又東北出居巢縣南，又東過牛渚縣南，又東至石城縣，分爲二。其一東北流，其一又過毗陵縣北，爲北江。」則班《志》所云會稽毗陵「江在北，東入海」者即北江，上脱「北」字也。《志》又云：「夏水過郡入江，故曰江夏。」正與《初學記》引鄭注「左合漢爲北江」相合。鄭云：

「會彭蠡爲南江，岷江居其中，爲中江。」皆同班《志》之義。是鄭亦用今文説也。三江之説，言人人殊，後人多疑班《志》爲誤。又謂《志》所言乃《職方》三江，非《禹貢》三江。錢塘説：「《禹貢》之三江，《職方》之三江也。《地理志》南江、北江、中江皆揚州川，此釋《職方》也，即釋《禹貢》矣。揆孟堅所言，江過湖口分爲三，而以行南道者爲南江，行北道者爲北江，行中道者爲中江，合乎《禹貢》導水之經，誠不易之論也。」案：錢説是也。阮元《浙江圖考》、焦循《鄭注釋》、成蓉鏡《班義述》尤詳，文多，不具録。《風俗通·山澤》篇曰：「江者，貢也，珍物可貢獻也。」《釋名·釋水》曰：「江，公也，小水流入其中公共也。」○今文一作「振澤底定」。○《史記》：「震澤致定。」「底」作「致」，故訓字。《索隱》曰：「震，一作『振』。」案：《廣雅·釋地》作「振澤」，《廣雅》多用今文，蓋今文《尚書》有作「振澤」者，疑《史記》原本亦作「振」。

篠簜既敷，厥草惟夭，厥木惟喬，○今文作「竹箭既布」。○《史記》作「竹箭既布」。孫星衍説：「史公以『篠簜』作『竹箭』，今文異字也。《説文》『榗』引『《書》曰竹箭，如榗』，言《夏書》『竹箭』讀箭如榗也。」陳壽祺説：「《史記》此篇所紀九州貢物，無有易以訓詁者，不應於『篠簜』二字獨變，蓋今文《尚書》『篠簜』必作『竹箭』，太史公據而書之。《説文》『《書》曰竹箭』，蓋節引今文《禹貢》之辭。」錫瑞謹案：《史記》「敷」作「布」，疑亦今文本字。《史記》於「禹敷土」作「傅」，不代以「布」字。《説文》引「布重莫席」，乃古文，而「敷」亦作「布」，是由所傳本異，非以故訓代之也。○一作「篠簜既敷，屮夭木喬」。○《漢志》作「篠簜既敷，屮夭木喬」。師古曰：「篠，小竹也。簜，大竹也。敷，謂布地而生也。」錫瑞案：今文《尚書》本無「厥」字、「維」字，《史記》於「兖州」作「草繇木條」，與《漢志》同，於此文乃作「其草惟夭，其木惟喬」，蓋後人妄增之，《史記》皆作「維」，不作「惟」也。○「篠簜」一作「條蕩」。○《漢無極山碑》曰：「楊越之杶口條蕩。」是漢時今文「篠簜」亦作「條蕩」。

厥土惟塗泥。厥田惟下下，厥賦下上上錯。

○今文作「厥土塗泥。田下下，賦下上上錯」。○《史記》作「其土塗泥。田下下，賦下上上雜」。「錯」作「雜」，故訓字。《集解》：「馬融曰：『塗泥，漸洳也。』」○一作「賦下上錯」。○《漢志》作「賦下上錯」，師古曰：「塗泥，瀸洳濕也。田第九，賦第七。又雜出諸品。」

厥貢惟金三品，瑤、琨、篠簜，○今文作「貢金三品，瑤、琨、竹箭」。○《史記》云：「貢金三品，瑤、琨、竹箭。」《集解》：「鄭玄曰：『銅三色也。』」孫星衍説：「史公『篠簜』作『竹箭』者，與上『竹箭既布』同，非詁字，蓋今文也。」陳喬樅説：「鄭以金三品爲銅三色，❶當是今文家説。三色者，蓋青、白、赤也。王肅以爲金、銀、銅，非也。」○「瑶琨」一作「瑶瓋」。○《漢志》作「瑶、瓋、篠簜」。段玉裁説：「《釋文》曰：『琨音昆，馬本作「瓋」，韋昭音「貫」。』按：此謂馬本作『瓋』，與《漢書》同，韋注《漢書》『瓋』音『貫』也。《説文》『瓋』字下曰：『琨，或从貫。』此蓋今文《尚書》作『瓋』，古文《尚書》作『琨』，故竝列之，如玭、蠙之比，馬本則同今文者也。」錫瑞謹案：《史記》作「琨」，揚雄《揚州箴》曰：「瑶、琨、篠簜。」琨、瓋聲近，故古通用。其或從昆、或從貫者，三家之文不同。段玉裁謂古文《尚書》作「琨」，似猶未盡。

齒、革、羽、毛、惟木。○今文作「齒、革、羽、旄」，無「惟木」字。○《史記》、《漢志》皆作「齒、革、羽、毛」，無「惟木」二字。段玉裁説：「《夏本紀》揚州，字作『毛』，而《正義》云：『按：西南夷常貢旄牛尾，《書》、《詩》通謂之旄。』按：《紀》荆州『羽、旄、齒、革』字正作『旄』，則揚州作『毛』，淺人所改也。《漢書》汲古本亦楊作『毛』，荆作『旄』，而『楊州』注内仍作『旄』，則正文亦淺人所改。『惟木』二字，《紀》、《志》皆無，此今文《尚書》也。」錫瑞案：《大傳》曰：「禹成五服，齒、革、羽、毛器備。」「毛」字亦後人改之。師古注：「羽旄，謂衆鳥之羽可爲旄者也。」解雖未當，然可證顔本《漢志》正作「旄」。

島夷卉服，○今文作「鳥夷卉服」。○《漢志》作「鳥夷卉服」，師古曰：「鳥夷，東南之夷善捕鳥者也。卉服，絺葛之屬。」《史記》作「島夷」，與前冀州「鳥夷皮服」作「島」者不同，後人妄改之耳。陳喬樅説：「《史記》用歐陽今文作『鳥』。」此説甚非。《釋名・釋水》曰：「海中可居者曰島。」非釋《尚書》，安見其用歐陽章句耶？真可謂無稽之言矣。《後漢書・度尚傳》：「椎髻鳥語之人。」李賢注引《書》曰：「鳥夷卉服。」

厥篚織貝，厥包橘、柚，錫貢。○《史記》作「其篚織貝，其包橘、柚，錫貢」。《集解》：「鄭玄曰：『有錫則貢之，或時乏則不貢。錫，所以柔金也。』」錫瑞案：《史記》於「錫大龜」、「錫土姓」皆作「賜」，惟此「錫貢」與「錫貢磬錯」作「錫」，疑史公今文説亦當爲「貢錫」，與鄭説同。王肅云：

❶ 下「三」字，原脱，今據《今文尚書經説考》卷三上補。

「橘、柚，錫命而後貢。」師古引以注《漢志》，其説非也。○今文一作「厥棐織貝」。○《漢志》作「棐」。

沿于江、海，達于淮、泗。○今文作「均江、海，通淮、泗」，一作「均江、海，通于淮、泗」。○《史記》作「均江、海，通淮、泗」，《集解》：「鄭玄曰：『均讀曰沿。沿，順水行也。』」《漢志》多一「于」字，師古曰：「均，平也。通淮、泗而入江、海，故云平。」《釋文》曰：「沿，悦專反。鄭本作『松』，『松』當爲『沿』。馬本作『均』，云：均，平也。」段玉裁説：「馬本依今文《尚書》也。鄭本作『松』，『松』者，『沿』之字誤，故云當爲『沿』。此蓋壁中文，轉寫以木、水淆溷，公、台不分，而鄭正之。裴駰《史記集解》此條當云『均，鄭本作「松」，松讀曰沿』，乃合。」孫星衍説：「『均』蓋『袀』字。《一切經音義》三引《三蒼》云：『循，古文作袀。』則謂循于江、海也。」

荆及衡陽惟荆州。《史記》作「維」，《漢志》作「惟」。《漢志》「南郡臨沮」云：「《禹貢》南條荆山在東北，漳水所出，東至江陵入陽水，陽水入沔，行六百里。」又「長沙國湘南」云：「《禹貢》衡山在東南，荆州山。」《郡國志》言荆山、衡山，鄭注引《地理志》荆山，《水經·山澤》篇言荆山、衡山，竝與《志》同。李巡注《爾雅》「漢南曰荆州」曰：「其氣慘剛，稟性彊梁，故曰荆。荆，彊也。」《釋名·釋州國》曰：「荆州取名於荆山也。必取荆爲名者，荆，警也。南蠻數爲寇逆，其民有道後服，無道先彊，常警備之也。」揚雄《荆州箴》曰：「江、漢朝宗，其流湯湯。風慓以悍，氣鋭以剛。有道後服，無道先彊。」

江、漢朝宗于海。《風俗通·山澤》篇曰：「江出蜀郡湔流互徼外嶓山，❶入海。《詩》云：『江、漢陶陶。』《禹貢》：『江、漢朝宗于海。』」《論衡·書虚篇》曰：「夫地之有百川也，猶人之有血脈也。血脈流行，汎揚動静，自有節度。百川亦然，其朝夕往來，猶人之呼吸，氣出入也。經曰：『江、漢朝宗于海。』」虞翻注《易》「習坎有孚」曰：「水行往來，朝宗于海，不失其時，如月行天。」段玉裁説：「《説文·水部》曰：『淖，❷水朝宗于海也。从水，朝省聲。』『衍，水朝宗于海皃也。从水、行。』按：淖者，今之潮字。以『淖』釋『朝宗于海』，此今文《尚書》説也。洚水之時，江、漢不順軌，不與海通，海潮不上。至禹治之，江、漢始與海

❶ 「流互」，吴樹平《風俗通義校釋》、王利器《風俗通義校注》據《説文》校改作「氐」。

❷ 「淖」，原作「淖」，今據段玉裁《古文尚書撰異》卷三改。

通。」錫瑞謹案：如段説，則當讀「朝」爲「潮」，朝、宗二字不連，而鄭注云：「江水、漢水，其流遄疾，又合爲一，共赴海也，猶諸侯之同心尊天子而朝事之。荆楚之域，國有道則後服，國無道則先彊，故記其水之義，以著人臣之禮。」鄭訓「宗」爲「尊」，以「朝宗」爲尊天子之義，與揚子雲説合，蓋亦今文家説。而王仲任、虞仲翔義不同者，歐陽、夏侯之説異也。

九江孔殷，《史記》曰：「九江甚中。」《集解》：「鄭玄曰：『《地理志》九江在潯陽南，皆東合爲大江。』」《索隱》曰：「按：《尋陽記》九江者，烏江、蚌江、烏白江、嘉靡江、沙江、畎江、廩江、隄江、箘江。又張湞《九江圖》所載有三里、五畎、烏土、白蚌。九江之名不同。」《漢志》「廬江郡尋陽」云：「《禹貢》九江在南，皆東合爲大江。」又於「豫章郡鄱陽」云：「鄱水西入湖漢。」「餘汗」云：「餘水在北，至鄡陽入湖漢。」「艾縣」云：「修水東北至彭澤入湖漢，行六百六十里。」「贛縣」云：「豫章水出西南，北入大江。」「南城」云：「盱水西北至南昌入湖漢。」「建成」云：「蜀水東至南昌入湖漢。」「宜春」云：「南水東至新淦入湖漢。」「雩都」云：「湖漢水東至彭澤入江，行九百八十里。」「南壄」云：「彭水東入湖漢。」是鄱水、餘水、修水、豫章水、盱水、蜀水、南水、彭水合湖漢水爲九，俱入江，故曰九江。應劭注《漢志》「九江郡」曰「江至廬江尋陽分爲九」是也。《尚書釋文》引《潯陽記》及張須元《緣江記》云云，與《索隱》略同。又引《太康記》曰：「九江，劉歆以爲湖漢九水入彭澤也。」《尚書正義》引鄭注云：「『殷』猶『多』也。九江從山谿所出，其孔衆多，言治之難。」與《史記集解》引鄭玄云云不同，而其義未嘗不可通。如贛縣、雩都之水亦皆山谿所出，不必定指澧、沅、瀟、湘九水爲山谿也。此駁陳喬樅説。鄭君治古文《尚書》，與馬、班今文家説相同。《史記・河渠書》太史公曰：「余南登廬山，觀禹疏九江。」《淮南王傳》：「擊廬江，有尋陽之船，結九江之浦，絶豫章之口。」《龜筴傳》：「廬江郡常歲時生龜長尺二寸者二十枚輸太卜官。」與「九江納錫大龜」正合。《漢志》：「豫章郡，莽曰九江。」「柴桑，莽曰九江亭。」是馬、班皆以九江爲在廬江、豫章二郡之地。劉歆治古文者，其所云湖漢九水雖不盡在尋陽之南，而班《志》全引之，則九江當即此九水。若《尋陽記》、《緣江記》所云烏江等水，此皆瑣瑣，未足以當《禹貢》九江。宋胡旦、毛晃又傅會《山海經》，以九江爲洞庭，尤非古義。其爲是説者，蓋疑豫章九水不在荆州境耳。不知《禹貢》所云必合治水源流、施功次序，非必一州之水不可旁及他州。《禹貢》首云

「治梁及岐」，梁、岐即不在冀州之境也。孫星衍説：「九江之水在豫章郡，非荊州水，而《水經》云：『沔至江夏沙羡縣北，南入于江。沔水與江合流，又東過彭蠡澤。』是九江入此澤而合大江，故云『甚中』。」孫説甚明，可無疑於九水不當屬荊州矣。

沱、潛既道，○今文作「沱、涔既道」。○《史記》作「沱、涔已道」，《集解》：「鄭玄曰：『水出江爲沱，漢爲涔。』」案：古潛、涔通用。《毛詩》「潛有多魚」，《韓詩》作「涔」。毛用古文作「潛」，韓用今文作「涔」也。○一作「沱、灊既道」。○《漢志》作「沱、灊既道」。又「南郡枝江」云：「江沱出西，東入江。」「漢中郡安陽」云：「鬵谷水出西南，北入漢。」《水經注》引《地理志》曰：「江沱出西南，東入江。」則今本《漢志》脱一「南」字。《水經》：「荊州沱水，在南郡枝江縣。涔水出漢中南鄭縣東南旱山，北至安陽縣南，入于沔。」鄭注以沱爲夏水，與班《志》不同，恐非今文義。

雲土夢作乂。《史記》作「雲夢土爲治」，《索隱》曰：「雲土、夢本二澤名，蓋人以二澤相近，故合稱雲夢耳。」《漢志》作「雲夢土作乂」，又「南郡華容」云：「雲夢澤在南，荊州藪。」《水經》：「雲夢澤在南郡華容縣之東。」段玉裁説：「作『雲土夢』者，今文《尚書》也。今《史記》各本皆作『雲夢土』，而《史記索隱》單行本大書『雲土夢』三字，小注云：『雲土、夢，二澤名。』引韋昭云『雲土今爲縣，❶屬江夏』解之，曰：『《地理志》江夏有雲杜縣，是其地也。』然則《史記》本作『雲土夢』確然可證，而小司馬所引韋昭語乃《漢書音義》也，則《漢書》本作『雲土夢』又確然可證。古土、杜通用，如《韓詩》『桑杜』，《毛詩》作『桑土』；《毛詩》『自土沮、漆』，《齊詩》作『自杜』是也。本呼『雲土』，單呼之爲『雲』，此類甚多。」錫瑞謹案：段説是也，而未盡也。王逸注《楚辭》云：「夢，澤中也。楚人名澤中謂夢中。」叔師習今文，則今文家説「夢」即是「澤」，非澤之名，「雲土夢」猶云「雲土澤」，不得如小司馬説雲土、夢爲二澤名也。《左氏傳》云「雲中」，又云「夢中」，又云「江南之夢」，蓋「夢中」即「澤中」，「江南之夢」即江南之澤耳。雲夢本一地，故《爾雅》十藪，楚有雲夢。《吕氏春秋·有始覽》、《淮南子·墬形訓》九藪，楚之雲夢皆不分别言之。司馬貞、李吉甫以下乃分爲二，云雲在江北，夢在江南，非是。

厥土惟塗泥，厥田惟下中，厥賦上下。厥貢

❶「土」，原作「杜」，今據《古文尚書撰異》卷三、《史記·夏本紀》索隱引韋昭注改。

羽、毛、齒、革，惟金三品，○今文作「厥土塗泥，田下中，賦上下。貢羽、旄、齒、革，金三品」。○《史》、《漢》文同，《史》「厥」作「其」。

杶、榦、栝、柏，礪、砥、砮、丹，《史記》作「杶、榦、栝、柏，礪、砥、砮、丹」。○今文「榦」一作「幹」，「礪」一作「厲」。○《漢志》作「杶、幹、栝、柏，厲、砥、砮、丹」。陳喬樅說：「《史記》『礪』字當從《漢書》作『厲』爲正。《詩・公劉》『取厲取鍛』，《禮記・儒行》『砥厲廉隅』，《左傳》哀十六年『勝自厲劍』，皆不從石作『礪』。」○「杶」一作「櫄」。○《漢無極山碑》作「櫄」。《釋文》「杶」又作「櫄」。《說文》「杶」重文「櫄」，云：「或從熏。」然則「櫄」爲古文，《史》、《漢》皆從今文明矣。

惟箘簵、楛，三邦底貢厥名，○今文作「維箘簵、楛，三國底貢厥名」。○《史記》作「維箘簵、楛，三國致貢其名」。「底」作「致」，故訓字。史公以「厥名」上屬爲句，與鄭以「厥名」下屬不同，《集解》引馬融曰：「言箘簵、楛，三國所致貢，其名善也。」馬同今文說。陳喬樅以鄭說爲今文，非也。○一作「惟箘簵、楛，三國底貢厥名」。○《漢志》作「惟箘簵、楛，三國底貢厥名」。案：《說文・竹部》云：「簬，箘簬也。从竹，路聲。《夏書》曰：『惟箘簬、楛。』」又重文「簵」，云：「古文『簬』，❶从輅。」《木部》云：「楛，槀也。从木，古聲。《夏書》曰：『惟箘輅、楛。』木名也。」錫瑞案：許以「簵」爲古文，則《木部》所引當是古文《尚書》，「輅」當作「簵」，誤脱「竹」耳。《竹部》所引當是今文《尚書》。今《史記》、《漢志》作「簵」，皆同古文，無有作「簬」者，豈後人改之歟？○一作「維箭足、杆」。○《史記集解》：「徐廣曰：『一作「箭足、杆」。杆即楛也，音怙。箭足者，矢鏃也。或以箭足訓釋箘簵乎？』」段玉裁說：「箭足非矢鏃，正謂矢槀。蓋古文《尚書》作『枯』，今文《尚書》作『杆』，古文《尚書》作『箘簵』，今文《尚書》作『箭足』，非訓釋之謂也。」錫瑞案：《史記》「篠簜」作「竹箭」，則「箘」作「箭」宜矣，「足」疑「路」之壞字。

包匭菁茅，厥篚玄纁、璣組，九江納錫大龜。○今文「納錫」一作「入賜」。○《史記》作「其篚玄纁、璣組，九江入賜大龜」。《史記》「納」皆作「入」，用今文。○「篚」一作「棐」。○《漢志》作「厥棐玄纁、璣組，九江納錫大龜」，師古曰：「錫命而納，不常貢也。」錫瑞謹案：「錫大龜」三

❶「簬」，原作「簵」，今據《說文解字・竹部》改。

字當連讀。「錫大龜」者，蓋天子錫諸侯之大龜。《禮·樂記》曰：「青黑緣者，天子之寶龜也，從之以牛羊之羣，則所以贈諸侯也。」《公羊傳》言「寶玉大弓」，有「龜青純」，是《公羊》以寶即是寶龜，正與《樂記》所云「青黑緣者，天子之寶龜也」相合。是古天子有錫諸侯寶龜之禮。「納錫大龜」，謂納此錫諸侯之寶龜。《史記》作「入賜」，亦謂入此賜諸侯之大龜也。

浮于江、沱、潛、漢，○今文作「浮于江、沱、涔，于漢」。○《史記》作「浮于江、沱、涔，于漢」。《尚書釋文》曰：「本或作『潛于漢』，非。」《正義》曰：「本或『潛』下有『于』，誤耳。」段玉裁說：「按《夏本紀》，則今文《尚書》有此『于』字也，或改古文同今文，或古文本有，皆未可知。古文《無逸》篇『無淫于觀、于逸、于游、于田』，以『淫』領四『于』字，此以『浮』領二『于』字，句法正同。陸氏誤絶其句，故云非耳。」○一作「浮于江、沱、灊、漢」。○《漢志》作「浮于江、沱、灊、漢」。

逾于洛，至于南河。○今文作「踰于雒，至于南河」。亦作「逾于雒，至于南河」。○《史記》作「踰于雒，至于南河」。《漢志》作「逾于洛」，與下「伊、雒」作「雒」不符，由後人改之，參差不一，當從《史記》。豫州雒水從隹，雍州洛水從水。魚豢《魏略》云：「漢火行忌水，『洛』去水而加隹焉。」說不足信。

荆、河惟豫州。《史記》作「維」，《漢志》作「惟」。《志》於「南郡臨沮」云：「《禹貢》南條荆山在東北，漳水所出。」《春秋元命包》曰：「豫之言序也，言陽氣分布各得其處，故其氣平静多序也。」李巡注《爾雅》「河南曰豫州」曰：「其氣著密，厥性安舒，故曰豫。豫，舒也。」《釋名·釋州國》曰：「豫州地在九州之中，京師東都所在，常安豫也。」陳喬樅說：「以豫州爲京師東都所在，此據周代言之。《禹貢》之豫州，其取誼當以《元命包》及《爾雅》李巡注爲允。」

伊、洛、瀍、澗既入于河，○今文「洛」作「雒」。○《史》、《漢》皆作「雒」。《漢志》「弘農郡盧氏」云：「熊耳山在東。伊水出，東北入雒，過郡一，行四百五十里。」又「上雒」云：「《禹貢》雒水出冢領山，東北至鞏入河，過郡二，行千七十里，豫州川。」又「河南郡穀城」云：「《禹貢》瀍水出曆亭北，東南入雒。」「弘農郡新安」云：「《禹貢》澗水在東，南入雒。」王念孫說：「『伊水出』，『出』上當有『所』字，《書正義》引作『伊水所出』是也。」案：《淮南·墬形訓》曰：「伊出上魏。」《水經》曰：「伊水出南陽縣西蔓渠山，東北過郭落山，又東北過伊闕中，又東北至洛陽縣南，入于洛。」「洛水出京兆上洛縣讙舉山，又東逕熊耳山北，東北過盧氏縣南，東北流入于河。」「瀍水出河南穀城縣北山，東與千金渠合，又東過洛陽縣南，又東過偃師縣，又東入于洛。」「澗水出新安縣南白石山，東南入于洛。」《郡國志》伊、瀍、澗水與班《志》同。《春秋説題辭》曰：「洛之爲言繹也，繹其耀也。」《釋名・釋水》曰：「山夾水曰澗。澗，間也，言在兩山之間也。」《廣雅・釋水》曰：「伊，因也。洛，繹也。瀍，理也。澗，間也。」○「瀍」一作「廛」。○《淮南・本經訓》曰：「導廛、澗。」不從水。高注曰：「廛讀裹纏之纏。」

滎、波既豬，《漢志》作「滎、波既豬」。師古曰：「波亦水名。言其水竝已過聚矣。」陳喬樅説：「《漢書》作『波』，即『潘』之假借。《詩》『番惟司徒』，《古今人表》作『司徒皮』。《儀禮・既夕》篇『設披』，鄭注云：『今文「披」皆爲「藩」。』是其證。《説文》作『潘』，《史記》作『播』，《漢書》作『波』，疑皆三家《尚書》之異文。」案：陳説是也。段玉裁謂後人以枚書改《漢志》，失之。梁玉繩謂波乃洛之支水，駁師古二水名爲妄，亦非也。○今文一作「滎、播既都」。○《史記》作「滎、播既都」，《索隱》曰：「古文《尚書》作『滎波』，此及今文竝云『滎播』。播是水播溢之義，滎是澤名，故《左傳》云狄及衛戰於滎澤。鄭玄云：『今塞爲平地，滎陽人猶謂其處爲滎播。』」錫瑞謹案：《索隱》謂「播」是播溢之義，非也。揚雄《豫州箴》曰：「滎、播枲漆。」馬注《尚書》作「播」，云：「滎、播，澤名。」鄭注《周禮・職方氏》「其浸波溠」云：「波讀爲播。《禹貢》曰：『滎、播既都。』」賈疏：「《禹貢》有『播水』無『波』。」吕忱曰：「播水在滎陽。」皆以「播」爲水名。《説文》曰：「潘，水名，在河南滎陽。」播水蓋即潘水。若以爲播溢之義而云「滎播」，則不辭甚矣。如震澤本以震蕩爲名，若倒其文曰「澤震」，豈可通乎？段玉裁説：「考『滎澤』字古从火，不从水。《周官》經、《詩》鄭箋、《左氏傳》、《爾雅》注、《釋文》凡六『熒』字皆從火。漢《韓勑後碑》、《劉寬碑陰》、《鄭烈碑》『熒陽』字皆从火。」據段説，則今文亦當從火，《史》、《漢》皆後人改之。

導菏澤，被孟豬。○今文作「道荷澤，被明都」。○《史記》作「道荷澤，被明都」，《索隱》曰：「明都音孟豬。孟豬澤在梁國睢陽縣東北。《爾雅》、《左傳》謂之『孟諸』，今文亦爲然，惟《周禮》稱『望諸』，皆此地之一名。」案：《水經》亦作「明都」，與《史記》合。○一作「被孟諸」。○案：《大傳》云：「孟諸靈龜。」此今文作「孟諸」之證。《説文》：「青州孟諸。」《吕氏春秋・有始覽》、《淮南子・墬形訓》皆曰「宋之孟諸」，高注云：「孟諸在梁國睢陽之東北。」注或作

「東南」，誤。○一作「被盟豬」。○《漢志》作「道荷澤，被盟豬」。又「濟陰郡」曰：「《禹貢》荷澤在定陶東。屬兖州。」又「梁國睢陽」曰：「《禹貢》盟豬在東北。」《水經》同。師古曰「荷澤在湖陵」，與《漢志》不合。蓋《漢志》、《水經》謂在定陶者，其澤也；《説文》、僞《孔傳》以爲在湖陵者，其流也。顔據僞《傳》改《漢志》，誤矣。段玉裁説：「明、盟、孟、望，古音皆讀如芒，在第十部。諸、豬、都，古音皆在今之九魚，在第五部。皆同音通用。」案：此亦三家文異，非必「盟豬」爲古文。

厥土惟壤，下土墳壚。厥田惟中上，厥賦錯上中。○今文作「厥土惟壤，下土墳壚。田中上，賦錯上中」。○亦作「厥土壤」。○《漢志》作「厥土惟壤」。《史記》作「其土壤」，無「惟」字。「錯」作「雜」，用故訓。《集解》：「馬融曰：『豫州地有三等，下者墳壚也。』」《釋名・釋地》曰：「土黑曰盧，盧然解散也。」鄭注：「壚，疏也。」義亦相近。

厥貢漆、枲、絺、紵，厥篚纖纊，錫貢磬錯。○今文作「貢漆、絲、絺、紵，厥篚纖纊，錫貢磬錯」。○《史記》作「貢漆、絲、絺、紵，其篚纖絮，錫貢磬錯」。段玉裁説：「枲，《夏本紀》作『絲』，蓋今文《尚書》也。二字同在古音弟一部。纊，《紀》作『絮』，故訓字也。」案：《史記》「錫」字不作「賜」，或亦當如鄭注貢錫之義。○一作「貢漆、枲、絺、紵，棐纖纊，錫貢磬錯」。○《漢志》作「貢漆、枲、絺、紵，棐纖纊，錫貢磬錯」。揚雄《豫州箴》作「枲」，與《志》合。

浮于洛，達于河。○今文作「浮于雒，通于河」。○《史記》作「浮于雒，達于河」，《漢志》作「浮于洛，入于河」。達、入二字皆誤，今文《尚書》當作「通于河」，與前「浮于濟、漯，通于河」同例。洛，當從《史記》作「雒」。

華陽、黑水惟梁州。《史記》作「維」。《漢志》作「惟」。《漢志》「京兆華陰」云：「太華山在南，有祠。」《爾雅・釋山》：「河南華。」又云：「華山爲西嶽。」《漢志》華陰屬京兆，《説文》、鄭注、《水經》竝云弘農華陰，蓋後漢建武十五年改屬。《郡國志》：「弘農郡華陰，故屬京兆，有太華山。」《漢志》「益州郡滇池」云：「大澤在西，滇池澤在西北。有黑水祠。」《續漢・郡國志》亦云：「縣北有黑水祠。」或云黑水即若水，亦即瀘江。《漢志》：「若水出蜀郡旄牛縣徼外，南至大莋入繩。繩水出越巂郡遂久縣徼外，東至僰道入江，行千四百里。」《後漢書》章懷太子注云：「瀘水一名若水。」「瀘」本作「盧」，訓黑。漢中山盧奴縣有盧水，酈元云：「水黑曰盧。」是其證。揚雄《益州箴》曰：「巖巖岷山，古曰梁州。華陽西極，黑水南流。」

岷、嶓既藝，《漢志》作「岷、嶓既藝」。又「蜀郡湔氐道」云：「《禹貢》崏山在西徼外，江水所出，東南至江都入海，過郡七，行二千六百六十里。」又「隴西郡西縣」云：「《禹貢》嶓冢山，西漢水所出，南入廣漢白水，東南至江州入江，過郡四，行二千七百六十里。」案：班書兼存古文，蓋本夏侯《尚書》，與《史記》不同。段玉裁謂後人改竄，亦未必然。揚雄《益州箴》曰：「禹導江、沱，岷、嶓啟乾。」○今文一作「汶、嶓既蓺」。○《史記》作「汶、嶓既蓺」，《索隱》曰：「汶一作『崏』，又作『岐』。❶ 岐山，《封禪書》一云瀆山，在蜀郡湔氐道西徼，江水所出。嶓冢山在隴西西縣，❷漢水所出也。」段玉裁説：「《夏本紀》作『汶』，又曰『汶山之陽』，又曰『汶山道江』，今文《尚書》作『汶』也。《史記·封禪書》説秦并天下，所奉名山大川，自華以西有瀆山，釋之曰：『瀆山，蜀之汶山也。』凡訓詁之法，以今釋古，謂今之汶山即秦之瀆山也。是則漢人呼爲汶山，字作『汶』，確然可證。《貨殖傳》曰：『吾聞汶山之下，沃野。』字作『汶』，此古本也。《河渠書》『蜀之岷山』，字作『岷』，此改竄本也。《地理志》蜀郡有汶江道。《史記·西南夷傳》曰：『以冉駹爲汶山郡。』《漢書·孝武帝紀》：元鼎六年，『定西南夷，目爲武都、牂牁、越嶲、沈黎、文山郡』。《西南夷傳》亦曰：『以冉駹置文山郡。』此亦漢時字正作『汶』或作『文』之證也。漢人字正作『汶』者，必以伏生《尚書》字正作『汶』。《屈賦·悲回風》曰：『隱岐山以清江。』王注：『《尚書》曰：「岐山導江。」「岐」一作「嵈」，一作「汶」。』按：汶字是，文省體，岐、嵈皆或體也。叔師所引今文《尚書》也。」錫瑞謹案：《樊毅修華嶽碑》云「決江開汶」，正作「汶」，段未及引。段又云：「『嶓』字不見於《説文》，蓋其始但作『番』字，或加山旁也。《廣雅》云：『墦，冢也。』然則墦與冢正是一物，以其形名之。」錫瑞案：《廣雅》多從今文，是今文亦作「墦」。

沱、潛既道，○今文作「沱、涔既道」。○《史記》作「涔」。○一作「沱、灊既道」。○《漢志》作「灊」。又「蜀郡郫縣」云：「《禹貢》江沱在西，東入大江。」又「汶江」云：「江沱在西南，東入江。」又「巴郡宕渠」云：「潛水西南入江。」「潛」當作「灊」。《水經·山澤》篇云：「益州沱水在蜀郡汶江縣西南，其一在郫縣西南，《志》無「南」字。皆還入江。」

❶ 「岐」，原作「汶」，今據《史記·夏本紀》索隱改。

❷ 「西西」，原不重，今據《史記·夏本紀》索隱補。

雖本班《志》，然《志》意謂汶江江沱即郫之江沱，《水經》分而爲二，非也。

蔡蒙旅平，和夷底績。《史》、《漢》同。《集解》：「鄭玄曰：『《地理志》蔡蒙在漢嘉縣。』馬融曰：『和夷，地名也。』」《索隱》曰：「此非徐州之蒙，在蜀郡青衣縣。青衣後改爲漢嘉。蔡山不知所在也。」《漢志》「蜀郡青衣」云：「《禹貢》蒙山谿大渡水東南至南安入㴾。」《郡國志》：「蜀郡屬國漢嘉，故青衣，陽嘉二年改。有蒙山。」又《漢志》「蜀郡」云：「《禹貢》桓水出蜀山西南，行羌中，入南海。」《水經注》引鄭注云：「和夷，和上夷所居之地也。和讀曰桓。《地志》曰桓水出蜀郡蜀山西南，行羌中者也。」案：鄭義與馬不同，當是從今文説。鄭以蔡蒙爲一山，不知是今文説否。

厥土青黎。厥田惟下上，厥賦下中三錯。○今文作「厥土青黎。田下上，賦下中三錯」。○《漢志》作「厥土青黎。田下上，賦下中三錯」。《釋名・釋地》曰：「土青曰黎，似藜艸色也。」陳喬樅説：「此據今文家説。知其然者，《史記》『青黎』作『青驪』，此據歐陽今文。黎可訓小疏，驪不可訓小疏也。馬云：『黎，小疏也。』王云：『青，黑色。黎，小疏也。』此古文《尚書》説，以青爲其色，以黎爲其質，與今文家説不同。《正義》引鄭注云：『錯者，此州之地有當出下下之賦者，少耳。又有當出下上、中下者，蓋復益少。』」○今文「黎」一作「驪」。○《史記》作「其土青驪。田下上，賦下中三錯」。《御覽》三十七引《尚書・禹貢》「梁州土青驪」，與《史記》合。

厥貢璆、鐵、銀、鏤、砮磬，《史》、《漢》皆作「璆」，《集解》：「鄭玄曰：『黄金之美者謂之鏐。❶鏤，剛鐵，可以刻鏤也。』」《釋文》作「璆」，云：「馬同。韋昭、郭璞云紫磨金。案：郭注《尒疋》璆即紫磨金。」段玉裁説：「此條最不可通，蓋美玉之字从玉作『璆』，紫磨金之字从金作『鏐』，不能混一。馬本作『璆』，孔同。鄭本作『鏐』，韋昭《漢書》同。韋昭《漢書》作『鏐』，疑《史記》亦本作『鏐』，皆本今文《尚書》，而古文《尚書》則作『璆』。馬不改字，鄭則依今文讀『璆』爲『鏐』也。」案：段説似是。

熊、羆、狐、貍織皮。西傾因桓是來，《史記》作「西傾因桓是來」，《集解》：「馬融曰：『治西傾山因桓水是來，言無餘道也。』」錫瑞謹案：《史》、《漢》皆以「西傾因桓

❶「鏐」，原作「璆」，今據《史記・夏本紀》集解改。

是來」爲句，馬讀與《史》、《漢》合。師古《漢書》注與馬同，馬説蓋從今文。鄭以「織皮西傾」爲句，以「桓是」爲隴阪名，與《史》、《漢》句讀不同，當是古文異説。陳喬樅云鄭説蓋從今文，非是。〇今文一作「西頃因桓是倈」。〇《漢志》作「西頃因桓是倈」，師古曰：「西頃，山名，在臨洮西南。桓，水名也。言治西頃山，因桓水是來，無它道也。頃讀曰傾。」「頃」與「倈」，蓋三家異文。《漢志》「隴西郡臨洮」云：「《禹貢》西頃山在縣西，南部都尉治也。」桓水見上《郡國志》。鄭注引《地理志》「西頃」，與《漢志》同。《水經·山澤》篇：「西頃山在隴西臨洮縣西南。」《禹貢會箋》云：「《漢志》『南部都尉治』，『南部』二字屬下，不得以『西南』爲句，疑誤逗也。」

浮于潛，逾于沔，入于渭，亂于河。〇今文作「浮于涔，踰于沔」。〇《史記》作「浮于潛，踰于沔」，《集解》：「鄭玄曰：『或謂漢爲沔。』」案：《禹貢》言「潛」者四，《史記》三作「涔」，惟此作「潛」，蓋淺人改之，今正。〇一作「浮于灊，逾于沔」。〇《漢志》作「浮于灊，逾于沔」。又「武都郡武都」云：「東漢水受氐道水，一名沔，過江夏，謂之夏水，入江。」又「隴西郡首陽」云：「《禹貢》鳥鼠同穴山在西南，渭水所出，東至船司空入河，過郡四，行千八百七十里，雍州寖。」王念孫説：「『東』字後人所加。『隴西郡氐道』下云『養水東至武都爲漢』，不言東漢也。《志》言西漢水者，别於漢水而言之，若漢水，本無東漢之稱。」其説是也。鄭注「或謂漢爲沔」，亦本班《志》。如淳曰：「北方人謂漢水爲沔水。」《郡國志》言「渭」，與班《志》同。《春秋説題辭》曰：「渭之爲言渭也。」《廣雅疏證》云：「『渭也』之『渭』，疑『謂』字譌。《玉篇》、《廣韻》竝云『謂，行也』。」

黑水、西河惟雍州。《史記》作「維」，《漢志》作「惟」。《史記索隱》曰：「《地理志》益州滇池有黑水祠。鄭玄引《地記》曰：『三危山，黑水出其南。』《山海經》『黑水出崑崙墟西北隅』也。」揚雄《雍州箴》曰：「黑水、西河，橫截崑崙。邪指閶闔，畫爲雍垠。」李巡注《爾雅》「河西曰雍州」曰：「其氣蔽壅，厥性急凶，故曰雍。雍，壅也。雍兼得梁州之地，西北之位，陽所不及，陰壅也。」《釋名·釋州國》曰：「雍州在四山之内，雍翳也。」

弱水既西，涇屬渭汭。漆、沮既從，《史》、《漢》同。《集解》：「鄭玄曰：『衆水皆東，此獨西流也。』」《索隱》曰：「《水經》云：『弱水出張掖删丹縣，西北至酒泉會水縣，入合黎山腹。』《山海經》云『弱水出崑崙墟西南隅』也。」《漢志》「張掖郡删丹」云：「桑欽以爲道弱水自此，西至酒泉合黎。」又「安定郡涇陽」云：「幵頭山在西，《禹貢》涇水所出，東南至陽陵入渭，過郡三，行千六十里，雍州川。」又「右扶風漆縣」云：「水在縣西。」又「北地郡直路」云：「沮水出西，東入洛。」❶師古曰：「漆、沮，即馮翊之洛水也。」《淮南・墬形訓》曰：「涇出薄洛之山。」注云：「薄洛之山一名笄頭山，在安定臨涇縣西。」《水經》曰：「漆水出扶風杜陽縣俞山東，北入于渭。沮水出北地直路縣，東過馮翊祋祤縣北，東入于洛。」《廣雅・釋水》曰：「涇，徑也。渭，謂也。」

灃水攸同。荆、岐既旅，《史記》作「灃水所同」。「攸」作「所」，故訓字。「荆、岐已旅」，「既」作「已」，亦故訓字。〇今文一作「酆水逌同」。〇《漢志》作「酆水逌同」，師古曰：「逌，古『攸』字也。攸，所也。荆、岐，二山名。荆在岐東。言二山治畢，已旅祭也。」《漢志》「右扶風鄠縣」云：「古國。有扈谷亭。扈，夏啟所伐。酆水出東南，又有潏水，皆北過上林苑入渭。」又「左馮翊褱德」云：「《禹貢》北條荆山在南，下有彊梁原。洛水東南入渭，雍州寖。」《水經》：「荆山在馮翊懷德縣南。岐山在扶風美陽縣西北。」

終南惇物，至于鳥鼠。《漢志》作「惇物」。又「右扶風武功」云：「大壹山，古文以爲終南。垂山，古文以爲敦物。皆在縣東。」又「隴西郡首陽」云：「《禹貢》鳥鼠同穴山在西南，渭水所出，東至船司空入河。」錫瑞謹案：班《志》特舉古文之説，則今文説當與古文不同，今文家説蓋不以惇物爲山名。《漢無極山碑》曰：「有終南之惇物，岱宗之松，楊越之梡口條蕩。」洪适謂以惇物爲終南所産，與松、篠同科。此歐陽、夏侯家説。程大昌本之，謂終南産物殷阜，故稱惇物，非别有一山。考《漢書・東方朔傳》曰：「夫南山，天下之阻也，其地從汧、隴以東，商、雒以西。其山出玉、石、金、銀、銅、鐵，豫章、檀、柘，異類之物，不可勝原。此百工所取給，萬民所卬也。」是終南之饒物産，至漢猶然。此文與下「原隰底績，至于豬野」對文，「惇物」正與「底績」相對。《史記集解》：「鄭玄曰：『《地理志》終南、敦物皆在右扶風武功也。』」《水經》：「終南山、惇物山在扶風武功縣西南。」皆與今文義不合。〇今文一作「終南敦物」。〇《史記》作「敦物」。

原隰底績，至于豬野。今文作「至于都野」。〇《史記》作「都野」。《集解》：「鄭玄曰：『《地理志》都野在武

❶「西東」，原倒，今據《漢書・地理志》乙正。

威，名曰休屠澤。』」《水經・山澤》篇曰：「都野澤在武威縣東北。」《廣雅》亦作「都野」，與《史記》合。《大傳》曰：「大而高平者謂之大原，下而平者謂之隰，隰之言濕也。」《春秋説題辭》曰：「高平曰大原。原者端也，平而有度。下濕曰隰。隰之言濕也，下澤也。」《釋名・釋地》曰：「廣平曰原。原，元也，如元氣廣大也。下濕曰隰。隰，蟄也，蟄蟄，濕意也。」○一作「至于豬壄」。○《漢志》作「豬壄」。又「武威郡武威」云：「休屠澤在東北，古文以爲豬壄澤。」陳喬樅説：「《地理志》曰谷水出姑臧南山，北至武威入海。屆此水流兩分，一水北入休屠澤，俗謂之西海；一水又東逕一百五十里，入豬野，世謂之東海。據此則休屠澤與豬野微有分別。或今文家説不以休屠澤爲即豬野，故班《志》特以古文別識之。」

三危既宅，三苗丕敘。《漢志》作「三危既宅，三苗丕敘」。《御覽・地部》引《河圖括地象》曰：「三危山在鳥鼠之西南，與汶山相接。」據此則《索隱》引《河圖》作「岐山」，「岐」字乃「汶」字之誤。緯書多同今文。《河圖》云「汶山」，與《史記》作「汶」合，則其解三危亦當是今文家説也。《淮南・墬形訓》曰：「樂民、拏間在崑崙弱水之洲，三危在樂民西。」司馬相如《大人賦》「直徑馳夫三危」張揖曰：「三危山在鳥鼠山之西，與岷山相近，黑水出其南陂。」《水經・山澤》篇：「三危山在燉煌縣南。」○今文一作「三危既度，三苗丕序」。○《史記》作「三危既度，三苗大序」，《索隱》曰：「鄭玄引《河圖》及《地説》云：『三危山在鳥鼠西南，與岐山相連。』度，劉伯莊音田各反，《尚書》作『宅』。」案：今文《尚書》「宅」作「度」。《史記》「丕」作「大」，故訓字。

厥土惟黄壤。厥田惟上上，厥賦中下。厥貢惟球、琳、琅玕。○今文作「厥土黄壤。田上上，賦中下。貢璆、琳、琅玕」。○《史記》作「其土黄壤。田上上，賦中下。貢璆、琳、琅玕」。《後漢書・杜篤傳》曰：「夫廱州本皇帝所以育業，《禹貢》所載，厥田惟上。」張衡《西京賦》曰：「爾乃廣衍沃土，厥田上上。」《論衡・率性篇》云：「《禹貢》曰：『璆、琳、琅玕。』此則土地所生真玉、珠也。」段玉裁説：「真玉謂璆、琳，真珠謂琅玕。今文《尚書》作『琳』，與《爾雅》合。」案：《史記》、《論衡》用今文作「璆」，亦與《爾雅》合。《爾雅》曰：「西北之美者，有崑崙墟之璆、琳、琅玕焉。」郭璞注曰：「璆、琳，美玉名。琅玕，狀似珠也。」○一作「貢球、琳、琅玕」。○《漢志》作「球」，蓋夏侯《尚書》異字。師古曰：「球、琳，皆玉名。琅玕，石似珠者也。」

浮于積石，至于龍門西河，會于渭汭。《史》、《漢》同。《漢志》「金城郡河關」云：「積石山在西南羌中。河水行塞外，東北入塞内，至章武入海，過郡十六，行九千四百里。」又「左馮翊夏陽」云：「《禹貢》龍門山在北。」《郡國志》同。《水經·山澤》篇：「龍門山在河東皮氏縣西。」

織皮崐崘、析支、渠搜，西戎即敘。○今文作「織皮昆侖、析支、渠搜，西戎即序」。○《史記》作「織皮昆侖、析支、渠搜，西戎即序」，《索隱》曰：「鄭玄以爲衣皮之人居昆侖、析支、渠搜，三山皆在西戎。王肅曰：『昆侖在臨羌西，析支在河關西，西戎在西域。』王肅以爲地名，而不言渠搜。今按：《地理志》金城臨羌縣有昆侖祠，敦煌廣至縣有昆侖障，朔方有渠搜縣。」○一作「織皮昆崘、析支、渠叟，西戎即敘」。○《漢志》作「織皮昆崘、析支、渠叟，西戎即敘」，而「金城郡臨羌」云：「西北至塞外，有西王母石室，有弱水、昆侖山祠。」「侖」字不從山。《溝洫志》亦作「侖」。「渠叟」作「叟」，師古曰：「叟讀曰搜。」「即敘」作「敘」，而《西域傳贊》曰：「《書》曰：『西戎即序。』言禹就而敘之，非上威服致其貢物也。」又《敘傳》曰：「西戎即序，夏后是表。」張晏曰：「表，外也。禹就序以爲外國也。」據此則《地理志》作「敘」乃後人改之。荀悅《漢紀》引《書》曰「西戎即序」，言皆順從其序也。案：此昆侖在臨羌，非《禹本紀》所言河源所出之昆侖，亦非去嵩高五萬里，《海外大荒經》西海之南、流沙之濱之昆侖也。

導岍及岐，至于荆山，逾于河；○今文作「道九山：汧及岐至于荆山，踰于河」。○《史記》作「道九山：汧及岐至于荆山，踰于河」，《索隱》曰：「汧、壺口、砥柱、太行、西傾、熊耳、嶓冢、内方、岐是九山也。古分爲三條，故《地理志》有北條之荆山。馬融以汧爲北條，西傾爲中條，嶓冢爲南條。鄭玄分四列，汧爲陰列，西傾次陰列，嶓冢爲陽列，岐山次陽列。」錫瑞謹案：《索隱》所引九山，以經考之，「岐」字是「汶」字之誤，「岐山次陽列」亦誤。《史記》「岷」作「汶」，或作「⿰山文」，與「岐」相似，故譌爲「岐」矣。三條者，今文家説也。四列者，古文異説也。漢人多用三條之説，如《西嶽華山堂闕碑》云：「列三條則居其中。」《三公山碑》云：「三條别神。」《白石神君碑》云：「參三條之壹。」《封龍山碑》云：「三條之列神。」《殽阬碑》云：「中條之山，蓋華嶽之體，南通商雒。」皆爲中條。《華山碑》亦以太華爲中條。據此諸碑皆是漢世通行今文，多云三條，罕云四列。《尚書正義》曰：「從此『導汧』至『敷淺原』，舊説以爲三條。

《地理志》云《禹貢》北條荆山在馮翊褱德縣南，南條荆山在南郡臨沮縣東北，是舊有三條之説也。故馬融、王肅皆爲三條，導汧北條，西傾中條，嶓冢南條。鄭玄以爲四列，鄭創爲此説，孔亦當爲三條也。」據此，三條之説最古，馬、王皆同班《志》。僞《孔傳》王肅作，故其説同。惟鄭君説爲異。陳喬樅以《天官書》傅會之，非是。○一作「道汧及岐，至于荆山，逾于河」。○《漢志》作「道汧及岐，至于荆山，逾于河」，師古曰：「自此以下，更説所治山水首尾之次也。治山通水，故舉山言之。汧山在汧縣西。道讀曰導。河即梁山龍門。」又《志》「右扶風汧縣」云：「吴山在西，古文以爲汧山，雍州山。北有蒲谷鄉弦中谷，雍州弦蒲藪。汧水出西北，入渭。」《郡國志》：「右扶風汧有吴嶽山，本名汧，汧水出。」亦曰嶽山。《爾雅·釋山》：「河西嶽。」郭注：「别名吴山，亦曰開山。」《書釋文》：「岍，馬本作『開』。」《廣雅·釋山》：「吴山謂之開山。」郭璞注《山海經》亦云：「吴山別名開山。」王念孫説：「開與汧同。吴山、虞山、吴嶽、嶽山、開山，竝汧山之異名。」

壺口、雷首，至于太岳；○今文作「至于太嶽」。○《史》、《漢》同。《漢志》「河東郡蒲反」云：「雷首山在南。」「彘縣」云：「霍太山在東，冀州山。」《郡國志》、《水經·山澤》篇言雷首，與《志》同。《水經》又云：「太嶽山在河東永安縣。」餘同《漢志》。

底柱、析城，至于王屋；○今文作「底柱」，一作「砥柱」。○《史記》作「砥柱」，《漢志》作「底柱」，師古曰：「底柱在陝縣東北，山在河中，形若柱也。」《漢志》「河東郡濩澤」云：「《禹貢》析城山在西南。」「垣縣」云：「《禹貢》王屋山在東北，沇水所出。」《水經·山澤》篇：「砥柱在河東大陽縣東河中。析城山在河東濩澤縣西南。王屋山在河東垣曲縣東北。」皆同《漢志》。孔疏、林氏《尚書解》、蔡《傳》引《志》「在西南」脱「南」字，非是。

大行、恒山，至于碣石，入于海；○今文一作「太行、常山」。○《史記》作「常山」，《漢志》作「恒山」，《志》於「河内郡山陽」云：「東太行山在西北。」「壄王」云：「太行山在西北。」「常山郡上曲陽」云：「恒山北谷在西北，有祠，并州山。《禹貢》恒水所出，東入滱。」張晏曰：「常山郡，恒山在西，避文帝諱，故改曰常山。」案：恒、常古通用，不盡由避諱。大行，《列子》謂之大形，《淮南子》謂之五行之山。據《漢志》，兩太行皆在河内。《郡國志》、《水經·山澤》篇、高誘注《吕覽》、《淮南》皆云太行在河内野王縣，與《漢志》同。《漢志》有兩碣石，説見前。

西傾、朱圉、鳥鼠，至于太華；〇今文「西傾」一作「西頃」，「朱圉」一作「朱圄」。〇《史記》作「西傾」，《集解》：「鄭玄曰：『《地理志》朱圉在漢陽南，❶太華山在弘農華陰南。』」《索隱》曰：「圉，一作『圄』。太華即敦物山。」《漢志》作「西頃」，《志》於「隴西郡臨洮」云：「《禹貢》西頃山在縣西。」❷「天水郡冀縣」云：「《禹貢》朱圄山在縣南梧中聚。」又「隴西郡首陽」云：「《禹貢》鳥鼠同穴山在西南。」又「京兆尹華陰」云：「太華山在南，有祠，豫州山。」《水經》同，惟以華山在弘農華陰縣爲異。段玉裁説：「圉，《紀》、《志》皆同，而《漢志》『冀縣』下作『圄』，則其前述《禹貢》亦必作『圄』。《夏本紀》索隱云：『圉，一作「圄」。』蓋皆後人依《尚書》改爲『圉』也。」錫瑞謹案：圉、圄古通用。《左氏》定四年《經》「孔圉」，《公羊經》作「孔圄」。司馬相如《上林賦》曰「靈圄燕於閒館」，《封禪書》曰「鬼神接靈圉，賓于閒館」。此通用之證。鄭引《地志》，與班《志》小異。《索隱》以大華爲敦物，殊誤，且今文説不以敦物爲山名。

熊耳、外方、桐柏，至于陪尾；〇今文作「至于負尾」，亦作「至于倍尾」。〇《史記》作「負尾」，《集解》：「鄭玄曰：『陪尾在江夏安陸東北，若横尾者。』」《漢志》作「倍尾」，師古曰：「倍讀曰陪。」《志》於「弘農郡盧氏」云：「熊耳山在東，伊水出，東北入雒。」「潁川郡崈高」云：「武帝置，以奉大室山，是爲中岳。有太室、少室山廟。古文以崈高爲外方山也。」「南陽郡平氏」云：「《禹貢》桐柏大復山在東南，淮水所出。」「江夏郡安陸」云：「横尾山在東北，古文以爲倍尾山。」《水經》同。陳喬樅説：「班《志》稱《禹貢》，多據今文家《尚書》説。其據古文説者，則以『古文』別之。間有引桑欽説，亦古文家言也。此經『陪尾』，今文家必以泗水、陪尾釋之，與古文《尚書》以爲横尾在安陸者説異。知者，賈疏引《春秋文燿鉤》語，（《周禮·保章氏》疏云：「外方、熊耳，以至泗水、陪尾，屬摇星。」）緯説皆用今文《尚書》。《博物志》之語，蓋即本今文《尚書》説也。（《博物志》曰：「泗出陪尾。」）陪，《漢志》作『倍』，《史記》作『負』，皆三家《尚書》之異文。段玉裁曰：『負聲、音聲，古音同在第一之咍部。古字多以「負」爲「倍」，以「倍」爲「向背」之「背」，亦以「倍」爲「負」。（《本紀》：「讎數倍。」讎，值也。數音朔。倍與負同。下文「折券棄責」，師古曰「棄其所負」是也，《索隱》説大誤。）漢《月令》「王萯生」，《呂氏春秋》作「王菩生」。郭景純注《穆天子傳》云：「萯，今『菩』字，音倍。」

❶「南」，原脱，今據《史記·夏本紀》集解補。

❷「縣西」下，原衍「南」字，今據《漢書·地理志》删。

皆其證也。』」案：陳說近是，然無塙證。鄭注、《水經·山澤》篇皆與古文說同。

導嶓冢，至于荆山；內方，至于大別；○今文「導」作「道」。○《史》、《漢》同。《漢志》「江夏郡竟陵」云：「章山在東北，古文以爲內方山。」「六安國安豐」云：「《禹貢》大別山在西南。」《釋名·釋山》云：「山頂曰冢。冢，腫也，言腫起也。」《河圖括地象》曰：「嶓冢山，上爲狼星。大別爲地理，以天合地以通。荆山爲地雌，上爲軒轅星。」段玉裁說：「班《志》『章山』之上當有『立』字。《史記集解》引鄭玄曰：『《地理志》內方在竟陵，名立章山。』又《郡國志》曰：『江夏郡竟陵，立章山，本內方。』又《水經注》曰：『《禹貢》注立章山也。』蓋俗本《漢書》因『章』頭似『立』而脫之也。」案：《郡國志》、《史記集解》、《水經·山澤》篇言大別在安豐，皆與《志》合。《志》云安豐屬六安，《郡國志》、鄭注、《水經》皆云屬廬江者，建武十年省併也。孔疏云「《地理志》無大別」，失檢。《水經注》引京相璠說，亦與《志》合。杜預始疑大別不在安豐，《元和志》遂以翼際山當之，非古義也。

岷山之陽，至于衡山，○今文作「汶山之陽」，亦作「崏山之陽」。○《史記》作「汶」，《漢志》作「崏」。《志》於「長沙國湘南」云：「《禹貢》衡山在東南，荆州山。」《水經》同。案：今文說以霍山爲南嶽，霍一名衡，非此衡山，說見前。

過九江，至于敷淺原。○今文作「過九江，至于傅淺原」。○《史》、《漢》皆作「敷淺原」，而《漢志》「豫章郡歷陵」云：「傅易山、傅易川在南，古文以爲傅淺原。」段玉裁說：「以此作『傅』，知前作『敷』者淺人所改也，猶『傅土』改『敷土』也。以《漢書》作『傅』，知《本紀》作『敷』者亦淺人所改也。《郡國志》亦曰『豫章歷陵有傅易山』。今本《尚書正義》、《史記索隱》、《地理志》注皆作『博陽山』。易、陽同字，『博』則誤也。」案：僞《孔傳》云：「敷淺原一名博陽山。」「博」疑即「傅」之誤。《水經》云在歷陵縣西，與《志》小異。

導弱水，至于合黎，○今文作「道九川：弱水至于合黎」。○《史記》作「道九川：弱水至于合黎」，《集解》：「鄭玄曰：『《地理志》弱水出張掖。流沙在居延西北，名居延澤。《地記》曰：「弱水西流入合黎山腹，餘波入于流沙，通于南海。」』馬融、王肅皆云合黎、流沙是地名。」《索隱》曰：「弱、黑、河、瀁、江、沇、淮、渭、洛爲九川。」案：今文《尚書》有三條之說，道山、道水皆有之，馬注云「北條行河，中條行渭、洛、濟、淮，南條行江、漢」是也。鄭引《地記》「通于南海」之文，蓋本之《山海經》、《淮南子》，而酈道元、司馬貞從之。按之古經、近志，皆云北流，不得轉入南海。○一作「道弱水，至于合藜」。○《漢志》作「道弱水，至于合藜」，師古曰：「合藜山在酒泉。流沙在敦煌西。」又「張掖郡刪丹」云：「桑欽以爲道弱水自此，西至酒泉合黎。」案：合黎，鄭與《水經》以爲山名，馬融、王肅云是地名，僞《孔》以爲水名，王逸《九思》云：「過桂車兮合黎。」注云：「桂車、合黎，皆西方山之名。」叔師用今文說，亦以合黎爲山名。然則馬、王以爲地名，僞孔以爲水名，皆非也。陳喬樅說：「《續漢志》云：『張掖郡刪丹，弱水出。』《前志》於『刪丹』下稱：『桑欽以爲道弱水自此，西至酒泉合黎。』然則古文說謂道弱水自刪丹，非謂弱水出刪丹也。《續志》所云當是今文家說。何以明之？《淮南・墬形訓》云：『弱水出自窮石。』高誘注云：『窮石，山名，在張掖北。』《括地志》云：『蘭門山，一名窮石，在刪丹縣西南七十里。』考《說文・山部》云：『屼，山也，或曰弱水之所出。从山，几聲。』而《隋志》刪丹縣有祀山、弱水。祀山疑即屼山之譌，屼山蓋即窮石之別名。《淮南》及《說文》所載或說，皆以弱水所自出在刪丹縣，是本今文《尚書》說，故與桑欽古文說不同也。」案：《漢志》謂呼蠶水入羌谷水，羌谷水入居延海。班氏據西京圖籍，以今黑水河爲正源；桑氏傳古文《尚書》，則以爲弱水正源出刪丹，其說略異。若《志》於「金城郡臨羌」云：「有弱水、崑崙。」班氏不以此爲《禹貢》弱水也。○一作「至于合離」。○《水經・山澤》篇：「合離山在酒泉會水縣西北。」注云：「合離山即合黎山也。」作「離」，蓋三家異文。《十六國春秋》呂光遣呂纂討段業，戰于合離。

餘波入于流沙。《漢志》「張掖郡居延」云：「居延澤在東北，古文以爲流沙。」《郡國志》、《水經・山澤》篇同。《史記集解》引鄭注：「《地理志》流沙在居延西北，名居延澤。」云「西北」者，《尚書後案》以爲裴誤。《淮南・墬形訓》曰：「弱水出自窮石，至于合黎，餘波入于流沙，絶流沙南至南海。」又曰：「西王母在流沙之濱，樂民、拏閭在昆侖、弱水之洲，三危在樂民西。」王逸注《離騷》云：「流沙，沙流如水也。《尚書》曰：『餘波入于流沙。』」又注《招魂》云：「流沙，沙流而行也。」

導黑水，至于三危，入于南海。○今文「導」作「道」。○《史》、《漢》同。《集解》：「鄭玄曰：『《地理志》益州滇池有黑水祠，而不記此山水所在。《地記》曰：「三危山在鳥鼠之西南。」』」《通典》載鄭君引《地記》曰：「三危山在鳥鼠之西，而南當岷山。又在積石之西，南當黑水祠，黑水出其南脅。」較《集解》爲詳。《河圖括地象》曰：「三危山，鳥鼠之西，南與汶山相接，上爲天苑星，黑水出其南。」

導河積石，至于龍門，○今文「導」作「道」。○《史》、《漢》同。《漢書·西域傳》曰：「河有二源：一出葱嶺，一出于闐。于闐在南山下，其河北流，與葱嶺河合，東注蒲昌海。蒲昌海，一名鹽澤者，去玉門、陽關三百餘里，廣袤三四百里。其水停居，冬夏不增減，皆以爲潛行地下，南出于積石，爲中國河。」《淮南·墬形訓》曰：「河水出昆侖東北陬，貫渤海，入禹所導積石山。」注云：「渤海，大海。河水自昆侖由地中行，禹導而通之，至積石山。」《水經》：「積石在隴西河關縣西南。龍門山在河東皮氏縣西。」又《河水》篇：「崑崙墟在西北，去嵩高五萬里，地之中也，其高萬一千里。河水出其東北陬，屈從其東南流，入于渤海。又出海外，南至積石山下，有石門，河水冒以西南流。」酈注引高誘《淮南》注云：「河出昆侖山，伏流地中萬三千里，禹導而通之，出積石山。」其説小異。又《淮南·墬形訓》云：「龍門在河淵。」高誘注云：「龍門在河東馮翊夏陽界。」又《本經訓》云：「舜之時，共工振滔洪水，以薄空桑。龍門未開，吕梁未發。」注云：「龍門，河之隘，在左馮翊夏陽北，禹所鑿也。」又《修務訓》云：「禹沐浴淫雨，櫛扶風，決江疏河，鑿龍門。」注云：「龍門，水門，魚遊其中，得過者便爲龍，故曰龍門。禹闢而大之，故曰鑿也。」《孝經援神契》曰：「禹鑿龍門，闢伊闕。」《漢石門頌》曰：「禹鑿龍門。」

南至于華陰，東至于厎柱，又東至于孟津，東過洛汭，至于大伾，○今文作「南至華陰，東至砥柱，又東至于盟津，東過雒汭，至于大邳」。○《史記》曰：「南至華陰，東至砥柱，又東至于盟津，東過雒汭，至于大邳。」《索隱》曰：「盟，古『孟』字。」又《河渠書》曰：「河菑衍溢，害中國也尤甚。唯是爲務，故道河自積石歷龍門，南到華陰，東下砥柱，及孟津、雒汭，至于大邳。」《論衡》曰：「武王與八百諸侯咸同此盟，故孟津亦曰盟津，《尚書》所謂『東至于孟按：當作「盟」。津』是也。」薛綜《東京賦》注曰：「厎柱，山名也。河東縣東，南向居河中，❶猶柱然也。」又曰：「孟津，四瀆之長，故武王爲諸侯約誓於其上。《尚書》曰：

❶「河」，原脱，今據《文選·東京賦》薛注補。

『東至于盟津。』盟津，地名，在洛北，都道所湊，古今以爲津。」○一作「南至于華陰，東至于厎柱，又東至于盟津，東過雒汭，至于大伾」。○《漢志》曰：「南至于華陰，東至于厎柱，又東至于盟津，東過洛汭，至于大伾。」又《溝洫志》曰：「河災之羨溢，害中國也尤甚。唯是爲務，故道河自積石，歷龍門，南到華陰，東下厎柱，及盟津、雒內，至于大伾。」《溝洫志》作「雒」，則《地理志》「洛」字蓋後人改之。汭，《溝洫志》作「內」，猶雍州「渭汭」又作「內」也。伾，《尚書釋文》云：「本又作『岯』字，或作『⿰阝丕』。」段玉裁說：「按：《東京賦》『厎柱輟流，鐔以大岯』，李善注引『東過大岯』，此正《釋文》『又作』之本也。《夏本紀》、《水經》作『邳』，疑即『⿰阝丕』字之異體也。」江聲說：「《水經》云『大邳地在河南成皋縣北』，張晏注《溝洫志》説同，而鄭氏以爲在修武、武德界，臣瓚又以爲黎陽臨河山，蓋諸家誤執『山一成伾』爲説，故皆不得其實。大邳實是地名，非山也。其字從阝，《水經》與《史記》同。《水經注》五卷引鄭玄曰：『大伾，地喉也，沇出邳際矣。』是足證大邳爲地名矣。」

北過洚水，至于大陸，○今文一作「北過絳水」。○《史記》、《漢志》皆作「降」，而《志》於「上黨郡屯留」云：「桑欽言『絳水出西南，東入海』。」又「信都國信都」云：「故章河、故虖池皆在北，東入海。《禹貢》絳水亦入海。」段玉裁說：「此皆釋《禹貢》也，而字作『絳』，則前《志》述《禹貢》經文字亦必作『絳』，不爾則『《禹貢》絳水』四字前無所承。今本《地理志》、《溝洫志》録《禹貢》皆作『降』，淺人用《尚書》改之耳。《夏本紀》、《河渠書》索隱亦皆作『降』，且分別之云：《地理志》從糸作『絳』。而張守節《正義》引《括地志》云：『絳水源出潞州屯留縣西南方山，東北流，冀州入海。』即《地理志》桑欽說也。張本作『絳』，與小司馬本作『降』不同，蓋今文《尚書》作『絳』，是以《史》、《漢》皆從之。」陳喬樅說：「《水經注》引桑欽云：『絳水出屯留西南，東入漳。』與班《志》所引不同，疑班《志》『海』字乃『漳』之誤。桑欽治古文《尚書》者，以絳水爲入漳，此據古文說，故班《志》特著之。其『信都』下以絳水爲入海，此據今文家說也。」

又北播爲九河，同爲逆河，入于海。○今文作「北播爲九河，同爲迎河，入于勃海」。○《史記·夏本紀》曰：「北播爲九河，同爲逆河，入于海。」《河渠書》曰：「於是禹以爲河所從來者高，水湍悍，難以行平地，數爲敗，乃厮二渠以引其河。北載之高地，過降水，至于大陸，播爲九河，同爲逆河，入于勃海。」又太史公曰：「東闚洛當作「雒」。汭、大邳、迎河。」據此足知《本紀》、《河渠書》「逆河」當作

「迎河」,《本紀》「入于海」當作「入于勃海」,淺人妄改之也。陳喬樅說:「《天官書》云:『中國山川,其維,首在隴、蜀,尾没於勃、碣。』《天文志》增其文曰:『尾没於勃海、碣石。』此言川流盡於勃海,山脈盡於碣石也。經言『夾右碣石,入于河』,知迎河在碣石之西矣。又言『至于碣石,入于海』,知海又在碣石之東矣。禹之道河,從碣石入勃海,上應天文,下協地理。」案:《溝洫志》與《河渠書》略同。《志》又載王横曰:「禹之行河水,本隨西山下東北去。《周譜》云定王五年河徙,則今所行非禹之所穿也。宜卻徙完平處,更開空,使緣西山足乘高地而東北入海,迺無水灾。」《周譜》即桓譚《新論》稱太史公《世表》效《周譜》者。《禹貢錐指》云:「王横所稱西山,即賈讓所謂放河使北、西薄大山者。高地,即史遷所謂至大邳引河北載之高地者也。據《周譜》稱定王五年河徙,則五年以前仍爲禹迹。《漢書·敘傳》『商竭周移』,正指定王五年事。」○一作「又北播爲九河,同爲迎河,入于勃海」。○《漢書·地理志》曰:「又北播爲九河,同爲逆河,入于海。」而《志》於「勃海郡」云:「莽曰迎河。」「南皮」云:「莽曰迎河亭。」《溝洫志》曰:「播爲九河,同爲迎河,入于勃海。」據此足知《地理志》本作「迎河」、「勃海」,亦淺人妄改之。今文《尚書》「逆」爲「迎」,王莽用今文《尚書》也。臣瓚曰:「禹河入海在碣石。元光三年,河徙注勃海,禹時不注也。」案:《孝武紀》:「元光三年,河水徙,從頓丘東南流入勃海。」其入勃海與禹時不異,所異者改道從頓丘移徙耳。《志》於「勃海郡平成」曰:「虖沱河,民當作「或」。曰徒駭河。」此《禹貢》故道也,豈可曰禹時不注勃海乎?禹河不注勃海,何以《史》、《漢》於宣房既築,皆曰「道河北行二渠,復禹舊跡」乎?《淮南·要略》篇曰:「禹剔河而道九岐。」高誘注云:「剔,洩去也。九岐,河水播岐爲九以入海也。」《風俗通》曰:「河,播也,昔禹治洪水,播爲九河,自此始也。」

嶓冢導瀁,東流爲漢,又東爲滄浪之水,○今文「導」作「道」。○《漢志》曰:「嶓冢道瀁,東流爲漢,又東爲滄浪之水。」「隴西郡氐道」云:「《禹貢》養水所出,至武都爲漢。」「武都郡武都」云:「東漢水受氐道水,一名沔,過江夏,謂之夏水,入江。」「南郡華容」云:「夏水首受江,東入沔,行五百里。」張衡《南都賦》曰:「流滄浪而爲隍,廓方城而爲墉。」李善注引《左傳》「方城以爲城,漢水以爲池」,是滄浪即漢之别流。馬、鄭皆以爲夏水,蓋今、古文之説不異。《水經注》、《括地志》乃以武當之千齡洲當之,非是。《説文·水部》云:「瀁水出隴西柏道,東至武都爲漢。从水，兼聲。」重文「瀁」，云：「古文，从養。」據許君説，則《史記》作「瀁」，蓋兼存古文。《漢志》「氐道」下作「養」，亦即從古文而省水旁耳。「瀁」爲古文，則「漾」當爲今文。《漢志》述《禹貢》，蓋用今文。王逸注《楚辭·思美人》云：「嶓冢，山名。《尚書》：『嶓冢導漾。』」又注《九歎》云：「漢，水名也。《尚書》曰：『嶓冢導漾，東流爲漢。』」叔師用今文，正作「漾」。段玉裁云今文《尚書》作「養」，與《説文》違，非也。王念孫説：「『至武都爲漢』上脱『東』字。『東漢水』，『東』字後人所加。」其説皆是。《志》於「西縣」下曰嶓冢山，而「氐道」不著山名，明嶓冢已著於「西縣」，故《郡國志》、鄭注引《地理志》、《説文》、《水經·山澤》篇《漾水》篇皆言「隴西氐道」，與《漢志》合。《淮南·墬形訓》曰：「漢出嶓冢。」高誘注：「嶓冢山，漢陽縣西界，漢水所出，南入廣漢，東南至雍州入江。」其説亦同。魏收《魏書·地形志》始言寧羌亦有嶓冢，後人遂謂嶓冢一在寧羌州北，東漢水所出；一在秦州西南，西漢水所出，不知古無兩嶓冢。○一作「嶓冢道瀁，東流爲漢，又東爲蒼浪之水」。○《史記》曰：「嶓冢道瀁，東流爲漢，又東爲蒼浪之水。」《索隱》曰：「馬融、鄭玄皆以蒼浪爲夏水，即漢之别流也。《漁父歌》曰『滄浪之水清兮，可以濯吾纓』，是此水也。」案：蒼浪蓋以青蒼得名。《文選》陸士衡《塘上行》：「垂影滄浪泉。」李善注引《孟子》「滄浪之水清」，云：「滄浪，水色也。」今趙注所無，盧文弨以爲劉熙注。據盧説，則今文家以滄浪爲水色。《易·説卦》：「震爲蒼筤竹。」言竹色青蒼也。古詩《東門行》「上用滄浪天」，言天色青蒼也。漢水青蒼，故曰蒼浪，李白詩所謂「漢水鴨頭緑」也。

過三澨，至于大别，○今文「至」一作「入」。○《史記》作「入」，《漢志》作「至」。《説文·水部》云：「澨，增埤水邊土，人所止者。《夏書》曰：『過三澨。』」陳喬樅説：「案：《水經》：『三澨，地在南郡邔縣之北。』酈注引鄭云『水名』，馬、王竝同。此古文《尚書》説也。然則《説文》所稱，乃今文家説矣。」

南入于江，東匯澤爲彭蠡，東爲北江，入于海。《史》、《漢》同。《水經·山澤》篇云：「北江在毗陵北界，東入于海。」與《漢志》合。然則《漢志》「毗陵」下云「江在北」，其上脱「北」字明矣。《續漢志》「吴郡毗陵」亦云：「季札所居。北江在北。」《水經注》引鄭玄曰：「匯，回也。漢與江門，轉東成其澤矣。」

岷山導江，東别爲沱，○今文作「汶山道江」。○《史記》作「汶山道江」。《三國志·秦宓傳》曰：「蜀有汶阜之山，江出其腹，帝以會昌，神以建福。」又曰：「禹生石紐，今之汶山郡是也。」注引《河圖括地象》曰：「岷山之地，上爲東井絡，帝以會昌，神以建福。」左思《蜀都賦》曰：「遠則岷山之精，上爲井絡，天帝運期而會昌，景福肸蠁而興作。」〇一作「嶓山道江」。〇《漢志》作「嶓山道江」。陳喬樅説：「《華陽國志》曰：七國時，杜宇稱帝于蜀，號曰望帝。其相開明決玉壘以除水害，帝遂禪位于開明。此説出揚雄《蜀王本紀》。故《漢志》云汶江縣有江沱，既爲七國時開明所鑿，則非禹時所有之江沱，故《漢志》不繫之《禹貢》。然則『郫縣』所云『《禹貢》江沱』，必《尚書》今文家相承師説，以爲江之東別者矣。」案：《孝經援神契》曰：「決江開岷導四瀆。」《書旋機鈐》曰：「禹導積水，決岷山，流九貢。」注云：「九貢，九州之貢也。」《水經·江水》篇：「岷山在蜀郡氐道縣，大江所出，東南過其縣北。江水自天彭闕東逕汶關而歷氐道北，又有湔水入焉。江水又東別爲沱。江水又東逕西陵峽，歷禹斷江，出峽東南流。又南過江陵縣南，又東逕郢城南，又東得豫章口，又東至華容縣西，夏水出焉。又東至長沙下雋縣北，澧水、沅水、資水合東流注之，湘水從南來注之。」此即「東別爲沱，又東至于醴」也。

又東至于澧，〇今文「澧」作「醴」。〇《史》、《漢》皆作「醴」。《史記集解》曰：「馬融、王肅皆以醴爲水名。鄭玄曰：『醴，陵名也。大阜曰陵。長沙有醴陵縣。』」案：澧、醴通用。《禮運》「地出醴泉」，《釋文》「『醴』本作『澧』」；《爾雅》「謂之醴泉」，《釋文》「本作『澧泉』」，是其證。惟水名、陵名，馬、王、鄭説異，未知孰爲今文。陳喬樅云「鄭從今文家説」，無據。

過九江，至于東陵，東迆北會于匯，東爲中江，入于海。《史》、《漢》同。《漢志》「廬江郡」云：「金蘭西北有東陵鄉。」陳喬樅説：「《水經》云：『東陵，地在廬江金蘭縣西北。』考金蘭，漢時竝未置縣，《水經》魏時人所作，蓋魏時置爲縣也。《水經》又云：『江水自下雋縣北又東北至江夏沙羨縣西北，沔水從北來注之。又東過邾縣南，又東過蘄春縣南，蘄水從北來注之。又東過下雉縣北，刊水從東陵西南注之。』即此經『過九江，至東陵』者也。」

導沇水，東流爲濟，入于河，溢爲滎，〇今文作「道沇水，東爲濟，入于河，泆爲滎」。〇《史記》曰：「道沇水，東爲濟，入于河，泆爲滎。」《周禮·職方氏》注、賈疏皆引「泆爲滎」，與《史記》合。《説文》：「泆，水所蕩泆也。」《釋名・釋水》曰：「水洪出所爲澤曰掌，水停處如手掌中也，今兖州人謂澤爲掌也。」○一作「道沇水，東流爲泲，入于河，軼爲滎」。○《漢志》作「道沇水，東流爲泲，入于河，軼爲滎」。「濟」作「泲」，「洪」作「軼」，蓋三家異文。《志》與《史記》「滎」字皆當作「熒」，説見上。《水經》：「濟水出河東垣縣東王屋山，爲沇水。又東至温縣，爲濟水。」

東出于陶丘北，又東至于菏，又東北會于汶，又北東入于海。○今文「菏」作「荷」。○《漢志》作「東出于陶丘北，又東至于荷，又東北會于汶，又北東入于海」。「濟陰郡定陶」云：「《禹貢》陶丘在西南。陶丘亭。」又云：「濟陰國，宣帝甘露二年更名定陶。《禹貢》荷澤在定陶東。屬兖州。」《水經》陶丘在濟陰定陶縣之西南，荷水在山陽湖陸縣南，與《志》同。《史記集解》引鄭注「《地理志》陶丘在濟陰定陶西北」，「北」字蓋誤。《釋名・釋丘》曰：「再成曰陶丘，於高山上一重作之，如陶竈然也。」○今文一作「東出陶丘北，又東至于荷，又東北會于汶，又東北入于海」。○《史記》作「東出陶丘北，又東至于荷，又東北會于汶，又東北入于海」。陳喬樅説：「北東，《史記》作『東北』，此據今文《尚書》也。考《山海經》云：『濟水絶鉅野，注勃海，入齊琅槐東北。』《水經》歷敘泲水所經，云：『又東北過甲下邑，入于河，又東北入海。』酈注云：『又東北逕樂安縣故南城，又東北，河水枝津注之，又東北入海。』諸所言泲水入海，皆云『東北』，當從《史記》，於義爲長。《漢志》作『北東』，疑是淺人依梅本《尚書》改之。」

導淮自桐柏，東會于泗、沂，東入于海。○今文「導」作「道」。○《史》、《漢》同。《風俗通・山澤》篇曰：「南陽平氏縣，桐柏大復山在東南，淮水所出。」潛流地下三十許里，東出大復山南，謂之陽口。水南即復陽縣，在大復山之陽，故曰復陽。《河圖括地象》曰：「桐柏山爲地穴。」《淮南・墬形訓》曰：「淮出桐柏山。」高誘注：「桐柏山在南陽。」

導渭自鳥鼠同穴，東會于灃，又東會于涇，又東過漆、沮，入于河。○今文作「道渭自鳥鼠同穴，東會于灃，又東北至于涇，東過漆、沮，入于河」。○《史記》作「道渭自鳥鼠同穴，東會于灃，又東北至于涇，東過漆、沮，入于河」。《爾雅・釋鳥》曰：「鳥鼠同穴，其鳥爲鵌，其鼠爲鼵。」李巡注：「鵌、鼵，鳥鼠之名，共處一穴，天性然也。」班《志》、《郡國志》、《淮南・墬形訓》、《水經》、《三輔黄圖》言鳥鼠同穴皆不分別言之，是鳥鼠同穴是一山。《河圖括地象》曰：「鳥鼠，同穴山之幹也，上爲掩畢星。」鄭注本之，分鳥鼠、同穴爲二山，蓋誤。〇一作「東會于酆，又東至于涇，又東過漆、沮，入于河」。〇《漢志》作「東會于酆，又東至于涇，又東過漆、沮，入于河」。《水經》曰：「渭水自槐里縣故城南又東，豐水從南來注之。」又曰：「漆水出扶風杜陽縣俞山，東北入于渭。沮水出北地直路縣，東過馮翊祋祤縣北，東入于洛。」陳喬樅説：「考漆、沮二水竝入于洛，洛復入渭，故闞駰《十三州記》以洛水爲即漆、沮之水也。《漢志》『歸德』下『洛水入河』，『河』當爲『渭』之誤。『馮翊懷德』下言洛水入渭，是其證也。」

導洛自熊耳，東北會于澗、瀍，又東會于伊，又東北入于河。《漢志》作「又東北入于河」。「道洛」作「洛」字誤，當爲「雒」。〇今文一作「道雒自熊耳，東北會于澗、瀍，又東會于伊，東北入于河」。〇《史記》「東北」上無「又」字。《括地象》曰：「熊耳山，地門也，其精上爲畢附耳星。」《水經注》引《地説》曰：「熊耳之山，地門也，雒水出其間。」《淮南子・墬形訓》曰：「雒出熊耳。」注云：「熊耳在上雒西北。」《水經》曰：「瀍水出河南穀城縣，瀍東與千金渠合，又東過雒陽縣南，又東過偃師縣，又東入于雒。」注云：「瀍水又東南注于穀。穀水自千金堨東注，謂之千金渠也。」注又云：「澗水出新安縣南白石山。《山海經》曰：『白石之山，澗水出其陰，北流注于穀。』舊與穀水亂流，❶南入于雒，❷今穀水東入千金渠，澗水與之俱東入雒矣。」《水經》又曰：「洛水東北過盧氏縣南，又東過蠡城邑之南，又東北過宜陽縣南，又東北過河南縣南，又東過洛陽縣南，伊水自西來注之，又東北過鞏縣東，又北入于河。」

九州攸同，四隩既宅，〇今文作「九州攸同，四隩既度」。〇《史記》曰：「於是九州攸同，四奥既居。」《史記》於「度」字多作「居」，今文《尚書》蓋作「既度」。《大傳》曰：「壇四奥。」鄭注：「奥，内也，安也。四方之内，人所安居也。」段玉裁説：「此今文《尚書》有『奥』無『墺』之證也。」〇一作「九州逌同，四奥既宅」。〇《漢志》曰：「九州逌同，四奥既宅。」《河圖括地象》曰：「長城者爲州，崑崙東南地方五千里名神州。天有九道，地有九州。天有九部、八紀，地

❶「與」，原脱，今據《水經注・澗水》補。

❷「雒」，原作「穀」，今據《水經注・澗水》改。

有九州、八柱。」《孝經援神契》曰：「計挍九州之内土壤，❶山陵之大，❷川澤所注，萊沛所生，鳥獸所聚，九百一十萬八千二十四頃磽确不墾者，❸其餘隄封千五百萬二千頃。」注曰：「言民少不足以盡地利。萊沛，水旁漸洳不可耕者。」《廣雅·釋地》曰：「帝堯所治九州，地二千四百三十萬八千二十四頃，其墾者九百一十萬八千二十四頃。」二説不同。

九山刊旅，○今文作「九山栞旅」。○《史》、《漢》皆作「栞」。師古曰：「九州之山皆已栞木通道而旅祭也。」錫瑞謹案：《史記》曰「道九山」，則《禹貢》之山實有九數，非謂九州之山。以經考之，汧及岐至于荆山，一也；壺口、雷首至于太嶽，二也；砥柱、析城至于王屋，三也；太行、恒山至于碣石，四也；西傾、朱圉、鳥鼠至于太華，五也；熊耳、外方、桐柏至于負尾，六也；嶓冢至于荆山，七也；内方至于大别，八也；汶山之陽至于衡山，九也。考經道山之文，其數適合。蓋山之數不止於九，而脈絡相承，數山實止一山，故可合之爲九山。觀經文皆言某山至于某山，是數山可合爲一山之證。《白石神君碑》曰：「居九山之數。」此漢人以爲九山其數實有九之明證也。碑又曰：「體連封龍。」而《封龍山碑》曰：「北岳之英援。」則白石亦屬北岳之别支。北岳恒山在《禹貢》九山中，故白石亦可云「居九山之數」。《淮南·墬形訓》曰：「何謂九山？會稽、泰山、王屋、首山、太華、岐山、太行、羊腸、孟門。」此非《禹貢》九山。○一作「九山甄旅」。○漢延光二年《開母廟石闕銘》曰：「九山甄旅。」錫瑞謹案：《尚書緯》鄭注曰：「甄，表也。」《説文》云：「栞，槎識也。」小徐云：「槎識，謂隨所行林木衺斫其枝爲道表識也。」是甄與栞義近，故三家異文一作「甄」。

九川滌源，《史記·紀》、《漢書·志》同。九川，見「道九川」《史記索隱》注。○今文一作「九川既疏」。○《河渠書》、《溝洫志》皆作「九川既疏」，蓋亦三家異文，非故訓也。

九澤既陂，《史記·紀》、《漢書·志》同。《溝洫志》：「九川既疏，九澤既陂，諸夏乂安，功施乎三代。」錫瑞謹

---

❶「内」，《太平御覽》卷三六、卷一五七引《孝經援神契》作「别」。

❷「之」，原無，今據《太平御覽》卷三六引《孝經援神契》補。

❸「九」上，《太平御覽》卷三六引《孝經援神契》有「凡」字。

案：《禹貢》之九川、九山皆實有九數，則九澤亦當實有九數，非謂九州之澤也。以經考之，雷夏，一也；大野，二也；彭蠡，三也；震澤，四也；雲夢，五也；滎播，六也；荷澤，七也；孟諸，八也；都野，九也；適符九澤之數。雷夏、彭蠡、震澤、荷澤，《禹貢》明著澤名。雲夢、孟諸、大野皆爲澤，見《周禮·職方氏》。滎澤見《左氏傳》。都野澤見《水經》。其或一州無澤，或一州有二澤、三澤，蓋無一定，非如《職方氏》所載一州各一澤也。據此，又知王叔師《楚詞注》用今文説，以夢爲澤名，其説郅塙。蓋夢是澤名，則雲夢祇一澤。若以雲、夢分爲二澤，是有十澤，不止九澤矣。《風俗通·山澤》篇云：「傳曰：『陂者，繁也。』言因下鍾水以繁利萬物也。」《廣雅》言九澤云：「都野、孟豬、彭蠡、少原、振澤、渚毗、沛澤、雷澤、幽都。」惟都野、孟豬、彭蠡、振澤、雷澤見《禹貢》，其四澤不可考。○今文一作「九澤既灑」。○《河渠書》作「九澤既灑」，疑亦三家異文。段玉裁説：「灑音所宜切，在古音十六部。陂从皮聲，在古音十七部。音轉最近。陂者障其外，灑者泄其中，其義相成也。」

四海會同。錫瑞謹案：今文家説四海，亦實有東、西、南、北四海，見《皋陶謨》「外薄四海」引《大傳》。若《爾雅·釋地》云「九夷、八蠻、七戎、五狄謂之四海」，❶《説苑·辨物》篇云「八荒之内有四海，四海之内有九州」，乃别一義。

六府孔修，《史記》「孔」作「甚」，故訓字。《玉篇·人部》「修」下引《書》云：「六府三事孔修。」多「三事」二字，疑亦三家異文。

庶土交正，厎慎財賦，咸則三壤，成賦中邦。

○今文「邦」作「國」。○《史》、《漢》同。《史記》曰：「衆土交正，致慎財賦，咸則三壤成賦。」「庶」作「衆」，「厎」作「致」，皆故訓字。於「成賦」絶句。《集解》：「鄭玄曰：『衆土美惡及高下得其正矣。亦致其貢篚，慎奉其財物之税，皆法定制而入之也。三壤，上、中、下各三等也。』」《漢志》於「成賦中國」絶句。師古曰：「言衆土各以其所出，交易有無而不失正。致慎貨財，以供貢賦。皆隨其土田上、中、下三品，而成其賦於中國也。中國，京師也。」案：師古注與鄭注不同，疑亦襲用漢人舊説。王褎《四子講德論》云：「咸則三壤。」與《漢志》句讀同。

錫土姓：「祇台德先，不距朕行。」《漢志》以「錫土姓」三字爲句。師古曰：「台，養也。言封諸侯，賜之土

❶「八蠻」、「五狄」，《爾雅·釋地》作「八狄」、「六蠻」。

田,因以爲姓。所敬養者,惟德爲先,故無距我之行也。台音怡。」陳喬樅說:「顏注《漢書》,訓『台』爲『養』,與鄭注誼異,又與僞《孔傳》以台爲我不同,疑是襲漢人音義舊説,其訓亦本於三家解詁之異誼也。」《史記》以「中國賜土姓」三字爲句,❶「錫」作「賜」,故訓字,《集解》:「鄭玄曰:『中即九州也。天子建其國,諸侯胙之土,賜之姓,命之氏,其敬悦天子之德既先,又不距違我天子政教所行。』」錫瑞謹案:《中候·握河紀》曰:「堯曰:『嗟,朕無德,欽奉丕圖,賜爾二三子。』斯封稷、契、皋陶,皆賜姓號。」《刑德放》曰:「堯知命,表稷、契,賜姓子、姬。皋陶典刑,不表姓,言天任德遠刑。」《潛夫論·志氏族》曰:「昔堯賜契姓子,賜棄姓姬,賜禹姓姒,氏曰有夏,伯夷爲姜,氏曰有吕。」亦不言皋陶。此皆今文説賜土姓之事,而言皋陶賜姓、未賜姓,其説不同。《國語》曰:「胙四岳國,命爲侯伯,賜姓曰『姜』,氏曰『有吕』,謂其能爲禹股肱心膂,以養物豐民人也。」韋昭曰:「堯以四岳佐禹治水有功,封於吕,命爲侯伯,使長諸侯。姜,四岳之先炎帝之姓也。炎帝世衰,其後變易,至四岳有德,帝復賜之祖姓,使紹炎帝之後。」陳喬樅説:「案:經於水土既平後言錫土姓,《國語》所云亦當日錫土姓之一證也。韋注《國語》,蓋亦採《尚書》今文家説。」

五百里甸服:《史記》曰:「令天子之國以外五百里甸服。」《漢志》無「令天子之國以外」七字。孫星衍説:「《王制》云:『天子之甸方千里。』又云:『千里之内曰甸。』《周語》云:『夫先王之制,邦内甸服。』《白虎通·京師》篇云:『法日月之徑千里。』然則五百里者,去王城外面各五百里也,故史公説爲『令天子之國以外』。國者,鄭注《曲禮》云:『城中也。』」錫瑞謹案:孫説非也。史公明云「令天子之國以外五百里甸服」,則五百里甸服在帝畿千里之外,如《周禮·職方氏》甸服在王畿千里之外也。其外侯、綏、要、荒各五百里,合甸服五百里,五服四面相距方五千里,加帝畿千里,則六千里。蓋史公言五服五千里,不兼帝畿千里言之。若國即是城中,史公何必分别其詞云「天子之國以外五百里甸服」乎?賈逵、馬融以爲中國方六千里,蓋同史公之説。然史公之意以爲帝畿千里之外乃爲五百里甸服,納總之屬即在五百里甸服中。而馬氏注云:「甸服之外每百里爲差,所納總、銍、秸、粟、米者,是甸服之外特爲此數。其侯服之外每言三百里、二百里者,還就其服之内别爲名耳,非是服外更有其地也。甸服之外五百里,至城

❶「三」,依文義,當爲「五」字之誤。

千里，其侯、綏、要、荒服各五百里，是面三千里，相距爲方六千里。」據此，則馬氏之意以爲五百里甸服即是帝畿千里，甸服外乃別有納總之屬。雖皆云六千里，而其義稍異。馬或參用古文家説也。

百里賦納總，二百里納銍，三百里納秸服，四百里粟，五百里米。《史記》曰：「百里賦納總，二百里納銍，三百里納秸服，四百里粟，五百里米。」《索隱》曰：「《説文》云：『總，聚束草也。銍，穫禾短鎌也。』《禮·郊特牲》云『蒲越稾秸之美』，則秸是稾之類也。」《詩正義》引鄭注曰：「總，謂入所刈禾也。銍，謂刈禾斷去稾也。秸，又去穎也。」○今文一作「百里賦内總，二百里内銍，三百里内戛服」。○《漢志》作「百里賦内總，二百里内銍，三百里内戛服」，師古曰：「總，禾稾總入也。内讀曰納。銍，謂所刈，即禾穗也。戛，稾也。言服者，謂有役則服之耳。粟、米，精者納少，麤者納多。」段玉裁説：「《漢志》作『戛』，是叚借字。」

五百里侯服：百里采，二百里男邦，三百里諸侯。○今文作「二百里任國」。○《史記》曰：「甸服外五百里侯服：百里采，二百里任國，三百里諸侯。」《集解》：「馬融曰：『采，事也。各受王事者。』」案：馬説與鄭《王制》「千里之外曰采」注云「九州之内，取其美物以當穀税」不同，未知孰爲今文。《春秋緯》曰：「侯之言侯，侯逆順，兼司侯王命者。」《白虎通·爵》篇曰：「侯者侯也，侯逆順也。」史公「男邦」作「任國」，用今文《尚書》，非故訓字。《漢書·王莽傳》莽封王氏女皆爲任，用今文《尚書》制爵也。莽下書曰：「在采、任諸侯，是爲惟翰。」《晉書·地理志》曰：「五百里侯服：百里采，二百里任，三百里侯。」○一作「二百里男國」。○《漢志》無「甸服外」三字，作「二百里男國」，師古曰：「男之言任，任王事者。三百里同主斥候，故合而言之爲一等。」案：今文《尚書》「男」皆作「任」，《漢志》疑後人改之。「三百里諸侯」，「三」當作「二」，《史記》、《漢志》皆作「三」，疑亦後人所改也。

五百里綏服：三百里揆文教，二百里奮武衛。《史記》曰：「侯服外五百里綏服：三百里揆文教，二百里奮武衛。」《漢志》無「侯服外」三字，師古曰：「綏，安也，言其安服王者政教。揆度王者文教而行之也，三百里皆同。奮其武力以衛王者，二百里皆同。」

五百里要服：三百里夷，二百里蔡。《史記》

曰：「綏服外五百里要服：三百里夷，二百里蔡。」《集解》：「馬融曰：『蔡，法也，受王者刑法而已。』」《漢志》無「綏服外」三字，師古曰：「要，以文教要束之也。❶夷，易也，言行平易之法也，三百里皆同。蔡，法也，遵刑法而已，二百里皆同。」案：鄭注云：「蔡之言殺，減殺其賦。」與馬注訓「蔡」爲「法」不同，未知孰爲今文。陳喬樅以爲鄭皆用今文説，殊無塙證。《後漢書・南夷傳》云：「其在唐、虞，與之要質，故曰要服。」

五百里荒服：三百里蠻，二百里流。《史記》曰：「要服外五百里荒服：三百里蠻，二百里流。」《集解》：「馬融曰：『政教荒忽，因其故俗而治之。蠻，慢也。禮簡怠慢，來不距，去不禁。流，流行無城郭常居。』」《漢志》無「要服外」三字，師古曰：「荒，言其荒忽，各因本俗。蠻，謂以文德蠻幕而覆之，三百里皆同。流，任其流移，不考詰也，二百里皆同。」案：師古訓「蠻」與馬異，未知孰爲今文。《史記・五帝本紀》曰：「唯禹之功爲大，披九山，通九澤，決九河，定九州，各以其職來貢，不失厥宜。方五千里，至于荒服。南撫交阯、北發，西戎、析支、渠廋、氐、羌，北山戎、發、息慎，東長、鳥夷，四海之内咸戴帝舜之功。」《匈奴列傳》曰：「逐水草遷徙，無城郭常處。武王居酆鎬，放逐戎夷，以時入貢，命曰『荒服』。」《漢書・蕭望之傳》：「《書》曰『戎狄荒服』，言其來服荒忽無常。」陳喬樅説：「《尚書正義》云：『賈逵、馬融以爲甸服之外百里至五百里米，特有此數，去王城千里。其侯、綏、要、荒各五百里，是面三千里，相距爲方六千里。』是賈、馬雖治古文《尚書》，而其釋《禹貢》皆從今《尚書》説，與歐陽、夏侯同。何以明之？歐陽、夏侯説中國方五千里。内以王畿千里言之，王畿四面，面各五百里，數其一面爲五百里，故曰五百里甸服，謂距王城五百里之外名爲甸服也。自甸至荒，皆數其一面，每服面各五百里，五服共爲二千五百里，竝王畿千里計之，面益五百里，是面三千里，相距爲方六千里。要服之内分布九州，謂之中國，是爲中國方五千里。賈、馬所云方六千里者，併荒服數之。歐陽、夏侯所云方五千里者，就中國言之也。《史記・夏本紀》載《禹貢》文而以訓詁增成之，曰『令天子之國以外五百里甸服』。天子之國，即王畿之内方千里者。天子之國以外五百里甸服，即甸服自『百里賦納總』至『五百里米』距王城千里者。是其説本今文《尚書》歐陽等義也。」

❶「束」，《漢書・地理志上》顔師古注作「來」。

東漸于海，西被于流沙，《史》、《漢》同。《論衡・談天篇》曰：「《禹貢》『東漸於海，西被於流沙』，此則天地之極際也。」又曰：「東海、流沙，九州東西之際也，相去萬里。」案：王仲任習今文說，今文說中國方五千里，仲任以爲東海、流沙相去萬里者，蓋仲任以爲東海、流沙在中國之外，故東西相去萬里。中國之地實止五千里，故《談天篇》又曰：「案：周時九州，東西五千里，南北亦五千里。」周時疆域與《禹貢》略同，則仲任必以《禹貢》九州亦止五千里矣。《王制》曰：「西不盡流沙，東不盡東海。」《王制》之說多與伏生《大傳》同，是知今文家說以東海、流沙皆在中國之外。經言「漸」、「被」，其德廣所及耳。

朔、南暨聲教，訖于四海。《史記》作「朔、南暨聲教，訖四海」。《漢書・賈捐之傳》曰：「以三聖之德，地方不過數千里，西被流沙，東漸於海，朔、南暨聲教，訖于四海，欲與聲教則治之，不欲與者不彊治也。」君房蓋訓「暨」爲「與」，以「朔、南暨聲教」絶句。荀悦《漢紀》引作「北盡朔裔，南暨聲教，豫聲教者則治之，不欲豫者不彊治也」。《後漢書・杜篤傳》「論都賦」曰：「朔、南暨聲，諸夏是和。」是兩漢人皆以「朔、南暨聲教」爲句。《晉書・地理志》曰：「夏后氏東漸于海，西被于流沙，南浮于江，而朔南暨聲教。」近人或引《説文》「日頗見」之義，謂當以「朔南暨」爲句，非古義也。且《漢志》作「臮」，又何以解乎？○今文一作「朔南臮聲教」。○《漢志》作「臮」，師古曰：「北方、南方皆及聲教，盡於四海也。臮，及也。」

禹錫玄圭，告厥成功。《史記》曰：「於是帝錫禹玄圭，以告成功於天下。」《尚書旋機鈐》曰：「禹開龍門，導積石，玄珪出，刻曰：『延喜玉，受德，天賜佩。』」鄭注：「禹功既成，天出玄圭賜之。占者以德佩，❶禹有治水功，故天佩以玄玉。」❷《大義》引《春秋緯・感精符》曰：「帝王之興，多從符瑞。周感赤雀，故尚赤。殷致白狼，故尚白。夏錫玄珪，故尚黑。」漢武梁祠石刻《祥瑞圖》曰：「玄珪，水泉疏通，四海會同，則至。」江聲說：❸「玄珪乃治水功成之瑞應，天所以寵錫禹者。據此，則《史記》言帝錫玄圭，亦謂天帝，不謂堯矣。」錫瑞謹案：《史記》稱帝皆二帝，非天帝，與

❶ 「賜之占」，《太平御覽》卷八二引作「天賜之」。「占」，《藝文類聚》（宋紹興本）卷一一引作「古」。

❷ 「玉」，《藝文類聚》卷一一引作「圭」。

❸ 「聲」，原作「藩」，考下引出江聲《尚書集注音疏》卷三，今據改。

緯書説不同。《漢書・王莽傳》張竦爲陳崇艸奏曰：「是以伯禹賜玄圭，周公受郊祀。」《後漢書》何敞奏記宋由曰：「忠臣受賞，亦應有度，是以夏禹玄圭，周公束帛。」敞六世祖比干學《尚書》於晁錯，則亦傳今文者，其説與史公同。而《潛夫論・五德志》曰：「功成，賜玄圭，以告勳於天。」魏曹植《畫贊》曰：「天錫玄圭，奄有萬邦。」則皆同緯書説。蓋三家《尚書》不同。或玄圭之出，本爲瑞應，禹得之以獻堯，堯即以賜禹，故或以爲天錫，或以爲帝錫歟？

今文尚書考證卷四

善化　皮錫瑞

甘誓第四　夏書二

甘誓　《史記·夏本紀》曰：「有扈氏不服，啓伐之，大戰於甘。將戰，作《甘誓》。」《集解》：「馬融曰：『甘，有扈氏南郊地名。』」《淮南子·齊俗訓》曰：「昔有扈氏爲義而亡。」注云：「有扈，夏啓之庶兄也，以堯、舜舉賢，禹獨與子，故伐啓，啓亡之。」高誘用今文説，亦以爲啓伐有扈，與《史記》合。誘又注《吕氏春秋》云：「有扈，夏同姓諸侯。」與此注略異。而《墨子·明鬼》篇引此經作「《禹誓》」，《莊子·人間世》篇、《吕氏春秋·召類》篇、《説苑·正理》篇皆以爲禹伐有扈。《吕氏春秋·先己》篇又云：「夏后相與有扈戰于甘澤而不勝。」孫星衍説：「相，當爲『柏』，謂伯禹也。以《甘誓》爲禹事，當必本古文《書》説也。《莊子》既云『國爲虚厲』，則有扈滅於禹時，不應啓復伐之。」錫瑞謹案：古者天子征討諸侯，誅其君，不絶其後。若舜伐三苗，禹復伐三苗；周公踐奄，成王復踐奄，是兩事，説見《多士》、《多方》篇。皆其明證。又或别封一姓，仍其國名不改，如成王滅唐而封叔虞，國仍號唐之類。則禹伐有扈，何必啓不再伐？且高氏今文説以有扈爲啓之庶兄，則禹或滅有扈，以封其庶子，至啓即位，不服，而啓伐之，亦未可知。馬、鄭古文《書序》與《史記》同，是今古文竝無違異。《墨子》引此經爲「《禹誓》」，或所傳異耳。蔡邕《銘論》云：「殷湯有《甘誓》之勒。」是今文説以殷湯時曾以此誓勒銘。馮衍《顯志賦》云：「訊夏啓於甘澤兮，傷帝典之始傾。」注：「謂夏德之薄，同姓相攻。」案：《穀梁》隱八年《傳》曰：「誥誓不及五帝。」《集解》曰：「五帝謂黄帝、顓頊、帝嚳、帝堯、帝舜也。誥誓，《尚書》六誓、七誥是其遺文。」據此，則夏以前無誓而啓作誓，是帝典始傾矣。《釋名·釋言語》云：「誓，制也，以拘制之也。」《楚辭·天問》曰：「有扈牧豎，云何而逢？擊牀先出，其命何從？」王逸注謂扈本牧人，逢時爲侯，啓攻之於牀，擊殺之。叔師習今文，其説或有所據。

大戰于甘，《白虎通·誅伐》篇曰：「戰者何謂？《尚書大傳》曰：『戰者，憚警之也。』」孫星衍說：「《夏本紀》云：『將戰，作《甘誓》，乃召六卿申之。』是未戰也。未戰稱大戰者，謂天子親征之師，故《大傳》以『戰』爲憚警之，不以爲鬥也。」

乃召六卿。《史記》曰：「乃召六卿申之。」鄭注《尚書》云：「六卿者，六軍之將。《周禮》六軍將皆命卿，則三代同矣。」又注《大傳·夏傳》云：「所謂六卿者，后稷、司徒、秩宗、司馬、作士、共工也。」錫瑞謹案：鄭據周制上推前代，以爲虞、夏皆同。《大傳》亡佚，未知其說如何，而以今文家說推之，則必不同鄭說。何以明之？《大傳》曰：「古者天子三公，每一公三卿佐之，每一卿三大夫佐之，每一大夫三元士佐之，故有三公、九卿、二十七大夫、八十一元士，所與爲天下者若此而已。」鄭注：「自三公至元士凡百二十，此夏時之官也。」據鄭此注，則鄭亦以爲夏時有三公九卿，無六卿矣。天子三公九卿，《大傳》之外又見於《異義》引今文《尚書》夏侯、歐陽說，《禮記·昏義》篇、《春秋繁露·官制象天》篇、《白虎通·封公侯》篇其說相同，蓋自虞、夏至周初，官制皆然。《大傳·大誓》篇曰：「乃告於司馬、司徒、司空、諸節。」《史記·周本紀》、漢河内所出《大誓》，其文皆同。《牧誓》亦曰「司徒、司馬、司空」，是周初止有三公，無六卿也。《立政》曰「司徒、司馬、司空」，是文王時亦止三公。惟《顧命》曰「乃同召太保奭、芮伯、師伯、畢公、衛侯、毛公」，則在成王崩時，周公制禮之後，爲周有六卿之塙證。《異義》引古《周禮》說，以太師、太傅、太保爲三公。又立三少爲之副，是謂三孤。冢宰、司徒、宗伯、司馬、司寇、司空，是謂六卿之屬。古《周禮》說乃周公制《周禮》之法，不可以概前代，竝不可以概周初。許君以古說爲周制，則今說爲前代制矣。鄭駁無考。據鄭注《大傳》以三公九卿爲夏制，則亦必以古說爲周制，其於許君無駁可知。特解此經六卿與羲和四子，誤以周制說虞、夏制耳。兩漢今文家說以羲和四子爲司天之官，禹、稷、契等九官爲治民之官，初無六卿之說，三公之名爲司徒、司馬、司空，亦未分列九卿之名。惟王莽所定官制，以羲和、作士、秩宗、典樂、共工、予虞爲六卿，又置三公司卿以擬三孤，合爲九卿。莽用劉歆之說，兼準《周禮》，非用今文《尚書》。《異義》引古《周禮》說，當亦出於劉歆。然《周官》有六卿而無三公、三孤，《周官》中屢言孤卿而不言孤有三人，亦不以六卿合三孤爲九，辨見王引之《經義述聞》。是九卿與六卿初不相蒙，莽蓋參用《周禮》、《尚書》而傅合爲一耳。班孟堅作《表》，乃沿莽制之誤，以少師、少傅、少保爲三孤，合六卿爲九。鄭注《周禮》亦用其說，又稍變之以說虞、夏之制。鄭言六卿無羲和，較莽爲勝，而又加以司馬。司馬之名不見於《尚書》，惟緯書有之。稷爲天官，亦出緯書。然緯書竝無六卿之說，且鄭解《堯典》以羲、和與仲叔四子爲六卿，解《夏書》又以后稷、司徒之屬爲六卿。案：《書序》云：「羲和湎淫。」則羲和之官夏時尚在，何以又不在六卿之列，此鄭君古文說不及今文家説可信之一證也。今文說夏止有三公，而此云六卿者，《穀梁傳》曰：「古者天子六師。」言古者，則前代相同，六師即六軍。《白虎通》引《穀梁傳》正作「六軍」。鄭以六卿爲六軍之將是也，以爲后稷、司徒等官則誤。其所以致誤者，在誤解《周禮》「軍將皆命卿」句，不知《周禮》之鄉大夫亦非分職之六卿。《鄉大夫》之職曰：「受教法於司徒，以歲時上其書。」《小司徒》之職曰：「頒比法於六鄉之大夫。」則六鄉大夫當爲司徒之屬官明甚。云「命卿」者，蓋假以卿名，使爲軍將耳。天子六軍出自六鄉，六卿即六鄉之大夫。夏制與周制當同。《大傳》以爲夏有九卿，則六卿或於九卿中擇用六人，或別有六卿，亦未可知，要與羲和四子、后稷、司徒等官無涉也。魏劉劭《爵制》曰：「故啓伐有扈，乃召六卿，大夫之在軍爲將者也。」其說不誤。羅泌《路史》曰：「蓋大夫在軍爲將，如齊以高子、國子各率五鄉。或六卿外別有此六人，無事掌其鄉之政，屬於大司徒。有事則率其鄉之萬二千五百人爲之軍將，屬於大司馬爾。用兵之時，事統司馬，孰有天官冢宰更從屬於司馬哉？」

王曰：「嗟，六事之人，予誓告汝：《白虎通·號》篇曰：「仁義合者稱王。王者，五行之稱也。王者，往也，天下所歸往。」《史記》「王」作「啓」。《墨子·明鬼》篇曰：「王乃命左右六人下聽誓於中軍。」

「有扈氏威侮五行，《漢書·地理志》曰：「右扶風鄠，古國。有扈谷亭。扈，夏啓所伐。」《史記集解》：「鄭玄曰：『五行，四時盛德所行之政也。威侮，暴逆之。』」案：《洪範五行傳》曰：「維王后元祀，帝令大禹步于上帝。維時洪祀六沴，用咎于下，是用知不畏而神之怒。若六沴作見，若是共禦，帝用不差，神則不怒，五福乃降，用章于下。若六沴作見，若不共禦，六代既侵，六極其下。禹乃共辟厥德，受命休令，爰用五事，建立王極。」鄭注：「王，謂禹也。帝，舜也。步，推也。上帝，謂天也。令禹推演天道。」鄭所云「推演天道」，即《五行傳》所云是也。五行分屬五事，若貌之不恭、言之不從、視之不明、聽之不聰、思心之不容，即爲威侮五行。禹推演五行爲洪範九疇，子孫所當寶守。有扈氏乃其庶子，而威侮之，是宜膺天罰矣。

「怠棄三正，《大傳》曰：「王者存二王之後，與己爲三，所以通三統，立三正。周人以至日爲正，殷人以日至後三十日爲正，夏人以日至後六十日爲正。天有三統，土有三王，王者所以統天下也。夏以十三月爲正，色尚黑，以平旦爲朔。殷以十二月爲正，色尚白，以雞鳴爲朔。周以十一月爲正，色尚赤，以夜半爲朔。必以三微之月爲正者，當爾之時，物皆尚微，王者受命，當扶微理弱，奉成之義也。」《禮三正記》曰：「正朔三而改，文質再而復。」《禮斗威儀》曰：「三微者，三正之始，萬物皆微，物色不同，故王者取法焉。」《白虎通·三正》篇曰：「正朔有三何？本天有三統，謂三微之月也。」《漢書·律曆志》曰：「三統者，天施、地化、人事之紀也。其於三正也，黄鍾子爲天正，林鍾丑爲地正，太簇寅爲人正，三正之始。」《史記·周本紀》引《大誓》曰：「今殷王紂乃用其婦人之言，自絶于天，毁壞其三正。」馬注：「動逆天、地、人也。」《後漢書·郎顗傳》曰：「臣聞天道不遠，三五復反。」注引《春秋合誠圖》曰：「至道不遠，三五而反。」宋均注曰：「三，三正也。五，五行也。三正五行，王者改世之際會也。」此皆今文家説三正之義。馬注云：「建子、建丑、建寅，三正也。」鄭注云：「三正，天、地、人之正道。」子、丑、寅即天、地、人，其説似異而同，是馬、鄭皆用今文義。夏時有三正者，《詩緯·推度灾》曰：「軒轅、高辛、夏后氏、漢皆以十三月爲正，少昊、有唐、有殷皆以十二月爲正，高陽、有虞、有周皆以十一月爲正。」《通典》引《尚書中候》亦有其文。《通典》引《三禮義宗》曰：「若以《書傳》、《中候》文依《三正記》推之，則三皇五帝之所尚可得而知也。以周人代殷用天正而尚赤，殷人代夏用地正而尚白，夏以人正代舜而尚黑，則知虞氏之王當用天正而尚赤，陶唐氏當用地正而尚白，高辛氏當用人正而尚黑，高陽氏當用天正而尚赤，少皞氏當用地正而尚白，黄帝當用人正而尚黑，炎帝當用天正而尚赤，共工氏當用地正而尚白，太皞氏當用人正而尚黑也。」崔氏所推與孔氏《正義》同，但孔氏無共工有女媧。皇侃引二家説，一説自從有書籍而有三正，説與鄭同，但以神農爲地統，黄帝、少昊天統，顓頊人統，帝嚳、帝堯地統，與崔、孔所推異。皇氏依後説云：「所以必從人爲始者，伏羲人正。三才須人乃成，是故從人爲始也。」諸説皆謂夏以前有三正，後儒乃云湯始改正，蓋未考古義也。《大傳》曰：「尚考大室之義，唐爲虞賓。」又云：「於是百執事咸昭然乃知王世不絶，爛然必自有繼祖守宗廟之君。」則禹繼堯仍當禰舜，所存二王後必是唐、虞，三正謂唐、虞與夏。有扈氏蓋不知三正迭王之義，責夏傳子不師唐、虞，故啓以「怠棄三正」罪之也。

「天用剿絶其命。」《史記》作「勦」，誤，當从刀。《白虎通·壽命》篇曰：「命有三科以記驗：有壽命以保度，有遭命以遇暴，有隨命以應行。隨命者，隨行爲命，若言『怠棄三正，天用剿絶其命』矣。」《祭法》正義引《孝經援神契》曰：「命有三科，有受命以任慶，❶有遭命以謫暴，有隨命以督行。」注：「隨命，謂隨其善惡而報之。」《小學紺珠》又引《援神契》曰：「行善得善曰受命，行善得惡曰遭命，行惡得惡曰隨命。隨者，逆天道常善之行，則隨其暴虐行以教之。」與《白虎通》義合。○今文一作「剿絶」。○《説文·水部》引《書》作「剿」，《刀部》引《書》作「剿」，蓋三家異文。《漢書·王莽傳》莽拜郭欽爲填外將軍，封剿胡子，又詔曰：「將遣大司空將百萬之師，征伐剿絶之矣。」莽用今文《尚書》。○一作「㯳絶」。○《漢書·外戚傳》武帝作賦悼李夫人曰：「命㯳絶而不長。」師古曰：「㯳，截也。」「㯳」蓋叚借字，亦三家異文。

「今予惟恭行天之罰。」○今文作「維共」。○《史記》作「維共」，《墨子》與《漢書·翟義》《王莽傳》亦作「共」。○今文「共」一作「龔」。○班固《東都賦》《漢書·敘傳》、高誘《吕氏春秋》注、鍾會《檄蜀文》，孫盛、李賢、李善引《尚書》皆作「龔」，蓋三家異文。○一作「命予惟恭行天之罰」。○《白虎通·三軍》篇曰：「王法天誅伐。天子自出者，以爲王者乃天之所立，而欲謀危社稷，故自出，重天命也。《尚書》曰：『命予惟恭行天之罰。』此言開自出伐扈也。」段玉裁説：「『命』字蓋誤。其『共』作『恭』者，後人所改也。」案：《白虎通》引此爲重天命之證，則「命」字亦可通，或三家異文。

「左不攻于左，汝不恭命。右不攻于右，汝不恭命。」○今文作「左不攻于左，右不攻于右，女不共命」。○《史記》「左不攻于左」下無「女不共命」句。《墨子》引《書》亦無，疑古本無之。○一作「左不共于左，右不共于右」。○不攻，《墨子》作「不共」。《三國志·毛玠傳》鍾繇詰玠引《書》曰「左不共左，右不共右」，與《墨子》引《書》同，或亦三家異文。

「御非其馬之正，汝不恭命。」○今文作「御非其馬之政，女不共命」。○正，《史記》作「政」，與《墨子》引同。

「用命，賞于祖；」《大傳》曰：「古者巡守，以遷廟之主

❶「任」，《禮記·祭法》正義引《孝經援神契》作「保」。

行。出，以幣帛皮圭告於祖，遂奉以載於齊車，每舍奠焉，然後就舍。反必告奠。卒，斂幣玉藏之兩階之間。蓋貴命也。」錫瑞謹案：《大傳》但言巡守，若師行亦當同。《禮記·曾子問》曰：「古者師行無遷主，則何主？孔子曰：『主命。』問曰：『何謂也？』孔子曰：『天子諸侯將出，必以幣帛皮圭告于祖禰，遂奉以出，載於齊車以行。』」然則有遷主載遷主，無遷主載幣帛皮圭，《大傳》文不具耳。《大傳》又云：「武王伐紂，王升舟入水，宗廟惡。」鄭注云：「惡爲亞，亞，次也。宗廟，遷主。」是武王行師，亦載遷主行。《王制》疏引皇氏説云：「行必有主，無則主命，載於齊車，《書》曰『用命，賞于祖』是也。」摯虞《要注》云：「古者帝王征行，以齊車載遷廟之主行，故《甘誓》云：『用命，賞于祖。』」

「弗用命，戮于社，○今文作「不用命，僇于社」。○《史記》作「不用命，僇于社」。《周禮·大司寇》先鄭注、《小宗伯》後鄭注、《公羊傳》何氏注引皆作「不」，與《史記》同。蔡邕《獨斷》曰：「天子之宗社曰泰社，天子所爲羣姓立社也。天子之社曰王社，一曰帝社。古者有命將行師，必於此社授以政，《尚書》曰：『用命，賞于祖；不用命，戮于社。』」

「予則孥戮汝。」○今文作「予則奴僇女」。○《史記》作「予則帑僇女」。帑，淺人所改，當從《漢書》引作「奴」。《漢書·王莽傳》曰：「秦置奴婢之市，與牛馬同蘭。《書》曰：『予則奴戮女。』唯不用命者，然後被此辜矣。」師古曰：「奴戮者，戮之以爲奴也。說《書》者以爲：❶帑，子也，戮及妻子。此説非也。《泰誓》云：『囚奴正士。』豈及子之謂乎？」《匡謬正俗》云：「按，奴戮者，今本作「孥」，誤。或以爲奴，或加刑戮，無有所赦耳。此非孥子之孥，猶《周書·泰誓》稱『囚奴正士』，亦謂或囚或奴也，今本作「孥」，誤。豈得復言并子俱囚也？班固《漢書·季布傳》贊云：『及至困戹奴僇苟活。』蓋引《商書》之言以爲折衷矣。」按：班書皆用今文說。《周禮·司厲》注引鄭司農云：「今之爲奴婢，古之罪人也。故《書》曰：『予則奴戮女。』」先鄭注亦同今文。若《越語》句踐徇于軍曰：「左而不在左，右而不在右，身斬，妻子鬻。」雖仿《甘誓》之法，恐非仁人之師。

❶「者」，原脱，今據《漢書·王莽傳》顏師古注補。

今文尚書考證卷五

善化　皮錫瑞

湯誓第五　商書一

湯誓　《風俗通・皇霸》篇曰：「湯者，攘也，昌也，言其攘除不軌，改亳爲商，成就王道，天下熾盛。文、武皆以其所長。夫擅國之謂王，能制割之之謂王，制殺生威之謂王。王者，往也，爲天下所歸往也。」《白虎通・謚》篇曰：「湯死後，世稱成湯，以兩言爲謚也。」崔駰《大理箴》曰：「夏用淫刑，湯誓其軍。」

王曰：《史記・殷本紀》作「湯曰」。段玉裁說：「《白虎通》曰質家言天命已使己誅無道，今誅得爲王，故先伐。文家言天命已成爲王者，乃得誅伐王者耳，故先改正朔也。按：《史記・殷本紀》作『湯曰』云云，下文『踐天子位，作《湯誥》』，乃稱『王自至於東郊，告諸侯』。然則今文《尚書》祇作『湯曰』，古文《尚書》作『王曰』。」錫瑞謹案：段說非也。《白虎通》言質家先伐乃改正朔，非謂稱王。《大傳》曰：「湯放桀而歸于亳，三千諸侯大會。湯取天子之璽，置之于天子之坐左，復而再拜，從諸侯之位。」是其時未稱王。《史記》曰「湯曰『吾甚武』，號曰武王」，亦據後言之耳。然據史官所書，則固當稱「王曰」。《史記》作「湯曰」不作「王曰」者，史公以意改之，使人易曉，與《五帝本紀》作「堯曰」、「舜曰」，不作「帝曰」，《夏本紀》作「啓曰」，不作「王曰」，其義正同，非用今文作「湯曰」也。若如段說，《五帝本紀》不作「帝曰」，《夏本紀》、《甘誓》不作「王曰」，又豈可據以爲今文作「堯曰」、「舜曰」、「啓曰」之證乎？

「格爾衆庶，悉聽朕言。非台小子敢行稱亂，有夏多罪，天命殛之。今爾有衆，汝曰：『我后不恤我衆，舍我穡事而割正夏。』予惟聞汝衆言，夏氏有罪。予畏上帝，不敢不正。○今文作「格女衆庶，來，女悉聽朕言，匪台小子敢行舉亂，有夏多罪，予維聞女衆言，夏氏有罪。予畏上帝，不敢不正。今夏多罪，天命殛之。今女有衆，女曰『我君不恤我衆，舍我嗇事而割正』」。○《史記》「予維聞女衆言」至「今夏多罪」廿二字，在「天命殛之」至「舍我嗇事而割政」廿三字之上，與今本《尚書》先後倒易。段玉裁説：「以《漢書》考之，《尚書》每簡或廿二字，或廿五字，此則伏生壁藏之簡甲乙互異之故也。又按：劉歆《移書太常博士》曰：『得此逸《書》，❶以考學官所傳，經或脱簡，傳或間編。』《湯誓》正間編之一證。」錫瑞謹案：據《史記》所載，疑史公所用今文《尚書》本與古文不同。以文義論，似《史記》文繁義複，不如今本文從字順。然文從字順者，正恐後人改竄之本，未可專據今本爲是，疑古本爲非也。穡，《史記》作「嗇」，與石經合。正，《史記》作「政」。無「夏」字，今本「夏」字乃淺人據疏妄增。

「今汝其曰：『夏罪，其如台？』」○今文作「女其曰：有罪，其如台」。○《史記》作「女其曰：有罪，其奈何」，無「今」字。史公於《尚書》「如台」字皆作「奈何」，用故訓字。孫星衍説：「『如台』爲『奈何』者，薛綜注《東京賦》云：『如，奈也。』台、何，聲之轉。」

「夏王率遏衆力，率割夏邑。有衆率怠弗協。《白虎通·京師》篇云：「或曰：夏曰夏邑，殷曰商邑，周曰京師。《尚書》曰『率割夏邑』，謂桀也；『在商邑』，謂殷也。」引《書》與《史記》異，三家異文。○今文一作「夏王率止衆力，率奪夏國。有衆率怠不和」。○《史記》作「夏王率止衆力，率奪夏國。有衆率怠不和」。奪，謂奪其收斂也。「遏」作「止」，「協」作「和」，或用故訓字。

「曰：『時日曷喪？予及汝皆亡！』」○今文作「曰：是日何時喪？予與女皆亡」。○《史記》作「曰：是日何時喪？予與女皆亡」。鄭注《尚書》云：「桀見民欲叛，乃自比于日，曰：是日何嘗喪乎？日若喪亡，我與女亦喪亡。引不亡之徵，以脅恐下民也。」鄭注與《史記》正同。蓋今文《尚書》本有作「是日何時喪？予與女皆亡」者，鄭引用今文《尚書》也。《大傳》曰：「夏人飲酒，醉者持不醉者，不醉者持醉者，相和而歌曰：『盍歸于亳？盍歸于亳？亳亦大矣。』故伊尹退而閒居，深聽歌聲，更曰：『覺兮較兮，吾大命格兮。去不善而就善，何不樂兮。』伊尹入告於桀曰：『大命之亡有日矣。』桀僩然歎，啞然笑曰：『天之有日，猶吾之有民也。日有亡哉？日亡，吾乃亡矣。』是以伊尹遂去夏適湯。」鄭注云：「亳，湯之都也。深

❶「逸書」，《漢書·楚元王傳》作「三事」。

聽歌聲，思其故也。是時伊尹在桀。覺兮，謂先知者。較兮，謂直道者。格，至也。吾，謂桀也。自比于天，言常在也。比於日，言去復來也。」《新序・刺奢》篇云：「吾有天下，如天之有日也。日有亡乎？日亡，吾亦亡矣。」餘與《大傳》略同。《列女・夏桀末喜傳》曰：「龍逢進諫曰：『君無道，必亡矣。』桀曰：『日有亡乎？日亡而我亡。』」揚雄《荆州牧箴》云：「至桀荒溢，曰：我在帝位，若天有日。」谷永黑龍見東萊對曰：「夏、商之將亡也，行道之人皆知之，晏然自以若天有日莫能危。」師古注曰：「自謂如日在天而無有能傷危也。」皆與《大傳》説合。○一作「時日害喪？予及女偕亡」。○《孟子》引《湯誓》曰：「時日害喪？予及女偕亡！」趙岐注曰：「時，是也。日，乙卯日也。害，大也。言桀爲無道，百姓皆欲與湯共伐之。❶湯臨士衆誓，言是日桀當大喪亡，我與女俱往亡之。」臺卿以此二語爲湯誓衆之言，乃今文異説，與伏生、史公、揚子雲、谷子雲、鄭君之説皆不合，與《孟子》下文「民欲與之偕亡」意亦不貫，陳喬樅以爲小夏侯説也。

「夏德若兹，今朕必往。爾尚輔予一人，致天之罰。予其大賚汝。○今文「輔」作「及」。○《史記》曰：「夏德若兹，今朕必往。爾尚及予一人，致天之罰。予其大理女。」孫星衍説：「『輔』作『及』者，今古文異字，非詁也。『賚』爲『理』者，理與釐通。《書序》：『帝釐下土方。』馬注云：『釐，賜也，理也。』」按：《白虎通・號》篇曰：「或稱一人。王者自謂一人者，謙也，欲言己材能當一人耳，故《論語》曰：『百姓有過，在予一人。』」據此，則惟王者可自稱「予一人」，故湯自謂「予一人」也。

「爾無不信，朕不食言。爾不從誓言，予則孥戮汝，罔有攸赦。」○今文「爾」作「女」，「無」作「毋」，「罔」作「無」。○《史記》曰：「女毋不信，朕不食言。女不從誓言，予則奴僇女，無有攸赦」。今本「帑」字誤，當作「奴」，見《甘誓》。《中論・賞罰》篇曰：「夫賞罰者，不在乎必重而在於必行。必行，則雖不重而民肅。不行，則雖重而民怠。故先王務賞罰之必行也。《書》曰：『爾無不信，朕不食言。爾不從誓言，予則孥戮女，罔有攸赦。』」「孥」字亦後人改之。

❶「與」，原脱，今據《孟子・梁惠王上》趙注補。

今文尚書考證卷六

善化　皮錫瑞

般庚第六　商書二

盤庚　○今文作「般庚」。○《漢石經》作「般庚」。《史記・殷本紀》曰：「帝陽甲崩，弟盤庚立，是爲帝盤庚。帝盤庚之時，殷已都河北，盤庚渡河南，復居成湯之故居，迺五遷，無定處。殷民咨胥皆怨，不欲徙。盤庚乃告諭諸侯大臣曰：『昔高后成湯與爾之先祖俱定天下，法則可修。舍而弗勉，何以成德！』乃遂涉河南，治亳，行湯之政，然後百姓由寧，殷道復興。諸侯來朝，以其遵成湯之德也。帝盤庚崩，弟小辛立，是爲帝小辛。帝小辛立，殷復衰。百姓思盤庚，乃作《盤庚》三篇。」俞樾説：「作《盤庚》，所以諷小辛也。傷今思古，猶《小雅・楚茨》諸篇之義也。《呂氏春秋・慎大覽》曰：『武王乃恐懼，太息流涕，命周公旦進殷之遺老，而問殷之亡故，又問衆之所説、民之所欲。殷之遺老對曰：「欲復盤庚之政。」武王於是復盤庚之政。』然則《史記》謂百姓思盤庚，信有徵矣。《盤庚》之作，因百姓思盤庚而作，則所重者盤庚之政也。其首篇述盤庚遷殷之後，以常舊服，正法度，即所謂盤庚之政也。此作《書》之本指也。其中、下兩篇，則取盤庚未遷與始遷之時告誡其民之語附益之，故雖三篇而伏生止作一篇也。《後漢書・文苑傳》杜篤《論都賦》曰：『盤庚去奢，行儉于亳。』李賢注引《帝王世紀》曰：『盤庚以耿在河北，迫近山川，自祖辛以來，奢淫不絶，盤庚乃南渡，徙都于亳。』《正義》引鄭注，意亦略同。是盤庚之政，去奢行儉之政也。故以當時事實而言，《盤庚中》宜爲上篇，《盤庚下》宜爲中篇，《盤庚上》宜爲下篇。曰『盤庚作，惟涉河以民遷』者，未遷時也。曰『盤庚既遷，奠厥攸居』者，始遷時也。曰『盤庚遷于殷，民不適有居』者，則又在後矣。然則作《書》者何以顛倒其序乎？曰：作《書》之序如此也。《盤庚》之作，百姓追思之而作也。思盤庚，思其政也。故始所作者，蓋止今之上篇，載盤庚正法度之言而已，無中篇，無下篇也。然而盤庚未遷與始遷時，再三致告其民者，民猶孰而能詳也，於是亦附其後焉，此中、下兩篇所以作也。序《書》者不能不曰三篇，作《書》者則以上篇爲主，而中、下兩篇特附焉者也。是故《盤庚》三篇，宜仍伏生之舊合爲一篇，而其義則從《史記》，爲百姓追思而作。」錫瑞謹案：俞説是也。漢石經合爲一篇，蓋本伏生之舊，同史公之義。若如鄭君古文説，上篇是盤庚爲臣時事，下篇是盤庚爲君時事，則三篇非一時所作，不得合爲一篇矣。漢人以盤庚爲去奢行儉，不止杜篤賦言之。《鹽鐵論・本議》篇曰：「是以盤庚萃居，舜藏黄金。」《説苑・反質》篇曰：「殷之盤庚，大其先王之室而改遷於殷，茅茨不翦，采椽不斲，以變天下之視。」《漢書・揚雄傳》曰：「非木摩而不彫，牆塗而不畫，周宣所考，般庚所遷，夏卑宮室，唐虞棌椽三等之制也。」《漢書・翼奉傳》與《漢紀》翼奉上疏曰：「臣聞昔盤庚改邑以興殷道，聖人美之。」張衡《西京賦》曰：「盤庚作誥，率人於苦。」《後漢書・郎顗傳》顗詣闕拜章曰：「昔盤庚遷殷，去奢即儉。」《後漢紀》崔實論世事曰：「昔盤庚遷都，以易殷民之弊。」荀悦《申鑒》曰：「盤庚遷殷，革奢即約。」曹翔《漢敬隱后頌》曰：「盤庚儉而弗怠。」皆今文説，與去奢行儉之旨合。《漢書・孔光傳》光議曰：「以《尚書・盤庚》殷之及王爲比，中山宜嗣。」光習大夏侯《尚書》，亦今文説也。盤庚，陽甲之弟，兄終弟及，故曰「及王」。若華嶠《漢書》司徒楊彪曰：「昔盤庚五遷，殷民胥怨，故作三篇以曉天下之民。」以三篇爲盤庚自作，與《史記》説不同。楊氏世傳歐陽《尚書》，彪議則非史公所用歐陽義也。

盤庚遷于殷，《漢書・地理志》河南郡偃師有尸鄉，殷湯所都。《史記》云：「盤庚渡河南，復居成湯之故居。」蓋即偃師。《史記集解》：「鄭玄曰：『治於亳之殷地，商家自此徙，而改號曰殷亳。』皇甫謐曰：『今偃師是也。』」其説不誤。而揚雄《兖州牧箴》云：「成湯五徙，卒都于亳。盤庚北渡，牧野是宅。」則與《史記》不同。史公謂盤庚自河北渡河南，所遷者是亳殷。子雲則謂盤庚自河南渡河北，所遷者即牧野，乃今文家異説，不如《史記》足據。

民不適有居。率籲衆慼，○今文作「率籲衆戚」。○《説文》引作「戚」。孫星衍説：「蓋謂貴戚近臣。《史記》云：『盤庚乃告諭諸侯大臣。』鄭注《周禮》云：『盤庚將遷于殷，誥其世臣卿大夫，道其先祖之善功。』是知衆戚爲貴戚近臣也。」

出矢言，曰：「我王來，既爰宅于茲。重我民，無盡劉。不能胥匡以生，卜稽曰：其如

台？先王有服，恪謹天命，兹猶不常寧；不常厥邑，○張衡《西京賦》曰：「殷人屢遷，前八而後五，居相圮耿，不常厥土。」杜篤《論都賦》曰：「遭時制都，不常厥邑。」

「于今五邦。錫瑞謹案：《史記》云：「五遷，無定處。」五邦即屬五遷，蓋竝亳殷數之爲五。《殷本紀》云：「帝仲丁遷於隞，河亶甲居相，祖乙遷於邢。」與《書序》云「仲丁遷于囂，河亶甲居相，祖乙圮于耿」皆合。隞即囂，邢即耿，合之湯即位後所遷之偃師、盤庚所遷之殷，正合五遷之數。馬、鄭注云商、亳、囂、相、耿，不數盤庚所遷之殷，與「于今五邦」「今」字之義不合。僞《孔傳》云：「亳、囂、相、耿，我往居亳，凡五徙國都。」《正義》云：「孔以盤庚意在必遷，故通數往居亳爲五邦。」其説迂曲不可通。蓋不知上篇爲遷殷後作，故可竝數亳殷爲五也。或引《汲冢紀年》祖乙遷庇、南庚遷奄以足五遷之數，《紀年》僞書不足據。又或以五遷皆出盤庚，尤謬。

「今不承于古，罔知天之斷命，矧曰其克從先王之烈。若顛木之有由蘖，○今文作「甹㰆」。○《説文·木部》：「㰆，伐木餘也。从木，獻聲。《商書》曰：『若顛木之有甹㰆。』」又《马部》：「甹，木生條也。从马，由聲。《商書》曰：『若顛木之有甹枿。』古文言『由枿』。」許君以「由枿」爲古文，則「甹㰆」爲今文《尚書》明矣。

「天其永我命于兹新邑，紹復先王之大業，厎綏四方。」盤庚斅于民，由乃在位，以常舊服，正法度。《史記》云：「告諭諸侯大臣。」又云：「法則可修。」蓋解此數句之義。

曰：「無或敢伏小人之攸箴。」王命衆，悉至于庭。王若曰：「格汝衆，○今文作「裕女衆」。○《白虎通·號》篇云：「《尚書》曰：『王曰：裕女衆。』」段玉裁説：「裕者，格字之誤。」錫瑞謹案：今文《尚書》與古文不同，《白虎通》蓋用今文，非誤字也。《方言》曰：「裕、猷，道也。」是裕、猷皆訓「道」，道爲治道之道，亦爲教導之導，古無二字。王莽《大誥》用今文義，以「大誥猷」爲「大誥道」。此云「裕」，當如《大誥》之「猷」，莽《誥》之「道」。裕女衆，謂教導女衆也。史公以爲小辛時百姓思盤庚作，則王即盤庚。王鳴盛據鄭説以爲陽甲，是鄭義，非史公之義。陳喬樅引之而不加别白，非是。

「予告汝訓汝，猷黜乃心，無傲從康。古我

先王，亦惟圖任舊人共政。王播告之，修不匿厥指。王用丕欽，罔有逸言，○今文作「王譒告之」。○《説文·言部》：「譒，敷也。」引《商書》曰：「王譒告之。」不連「修」字爲句，與僞《孔》句讀不同，蓋本今文。《大傳》云：「《書》曰：若德明哉！湯任父言，卑應言。」蓋釋經之「任舊人」、「罔有逸言」也。父言，老成之言。應言，謂從上如響應者。

「民用丕變。今汝聒聒，○今文作「今女懖懖」。○《説文·心部》：「懖，拒善自用之意也。从心，銛聲。《商書》曰：『今女懖懖。』」重文「⿱銛耳」云：「古文从耳。」古文从耳作「⿱銛耳」，則「懖」乃三家今文。

「起信險膚，予弗知乃所訟。非予自荒茲德，惟汝含德，○今文作「維女舍德」。○《史記》曰：「舍而弗勉，何以成德！」則今文《尚書》當作「舍德」。

「不惕予一人。○今文作「不施予一人」。○《白虎通·號》篇曰：「臣下謂之一人何？亦所以尊王者也。以天下之大，四海之内所共尊者一人耳，故《尚書》曰：『不施予一人。』」段玉裁説：「今文《尚書》作『施』。施與惕同在歌支一類。《詩·何人斯》『我心易也』，《韓詩》作『施』。《廣雅·釋詁三》：『移、施、狄，敡也。』曹音『施』失異反，『敡』亦豉反。」錫瑞謹案：《白虎通》用今文作「施」，而義與史公説不同，與鄭君説頗近。鄭以上篇爲盤庚爲臣時事，則「予一人」爲盤庚目其君之詞，猶云「我天子」耳。此云「臣下謂之一人」，當與鄭同，蓋夏侯《尚書》間與古文合也。

「予若觀火，《周禮·夏官·序官》注：「爟，讀如『予若觀火』之『觀』。」陳喬樅説：「鄭君讀爟爲觀，當用學官所立三家今文，使人易曉。《司爟》注下文又云：『今燕俗名湯熱爲觀。』則爟火謂熱火與？鄭意言湯熱可呼觀，則火熱亦可呼觀也。然則此經『觀火』與『司爟』之『爟』，皆當訓爲熱。觀火者，猶言熱火也。僞《孔傳》訓觀火爲視火，其説非是。」

「予亦拙謀，○今文作「予亦炪謀」。○《説文·火部》：「炪，火光也。从火，出聲。《商書》曰：『予亦炪謀。』讀若『巧拙』之『拙』。」王鳴盛説：「許云『讀若巧拙之拙』，後人遂改《尚書》『炪』字爲『拙』，非也。經言予威若熱火之猛烈，但予炪謀絀威不用，使女縱逸不肯徙也。」陳喬樅説：「今文《尚書》當與古文《尚書》同作『炪謀』。」

「作乃逸。若網在綱，有條而不紊；若農服

田力穡，乃亦有秋。○今文「穡」作「嗇」。○《漢書・成帝紀》陽朔四年詔曰：「《書》不云乎？『服田力嗇，乃亦有秋』。」應劭曰：「農夫服田，厲其膂力，乃有秋收也。」

「汝克黜乃心，施實德于民，至于婚友，丕乃敢大言，汝有積德。乃不畏戎毒于遠邇，惰農自安，不昬作勞，張衡《西京賦》曰：「何必昬于作勞。」薛綜注曰：「昬，勉也。」《三國・魏志・武帝紀》曰：「穡人昬作。」注：「《般庚》曰：『不昬作勞。』鄭玄曰：『昬讀爲敃。敃，勉也。』」陳喬樅說：「三家《尚書》皆作『昬』字。昬者，『敃』字之渻借。」

「不服田畝，越其罔有黍稷。《後漢書・傅毅傳》「迪志詩」曰：「農夫不怠，越有黍稷。」

「汝不和吉言于百姓，惟汝自生毒，乃敗禍姦宄，以自災于厥身。乃既先惡于民，乃奉其恫，汝悔身何及！○今文「身」作「命」。○石經：「口口命何及。」馮登府說：「案：上文屢言命，下文『矧予制乃短長之命』，與此『悔命』相應。悔命何及，即所謂罔知天之斷命也。今文爲長。」

「相時憸民，○今文「憸」作「散」。○石經：「相口散口。」「散」與《說文》引《商書》作「𢝊」聲義俱近。《說文》：「𢝊，疾利口也。」

「猶胥顧于箴言，其發有逸口，矧予制乃短長之命！汝曷弗告朕，而胥動以浮言，恐沈于衆？若火之燎于原，不可嚮邇，其猶可撲滅？《左氏傳》兩引《商書》皆有「惡之易也」四字，近人或據以增經文。然《左氏》引經多隱括之辭，未可據補。

「則惟汝衆自作弗靖，非予有咎。遲任有言曰：『人惟求舊，器非求舊，惟新。』○今文作「人維舊」，無「求」字。下「求舊」作「救舊」。○石經：「人維舊闕二字。救舊。闕二字。」江聲說：「叚借字也。蓋『救』以『求』爲聲，故借爲『求』。《周禮・大司徒》職：『以土圭之法測土深，正日景以求地中。』鄭注云：『故《書》「求」爲「救」。』是以『救』爲『求』。又《堯典》『旁逑』亦爲『旁救』，是又以『救』爲『逑』。」錫瑞謹案：《潛夫論・交際》篇曰：「人惟舊，器惟新。」亦無上「求」字。《風俗通・窮通》篇、《三國志》王朗與許靖書引《書》皆作「人惟求舊」，蓋三家本小異。或有「惟」字，與古文合。

「古我先王，暨乃祖乃父，胥及逸勤，予敢動用非罰？世選爾勞，予不掩爾善。○今文上「予」下亦有「不」字，「掩」作「絶」。○《五經異義》云：「謹案：《易》爻位三爲公，二爲卿大夫。《訟》六三曰：『食舊德。』食舊德，謂食父故禄也。《尚書》：『古我先王，暨乃祖乃父，胥及逸勤，予不敢動用非罰，世選爾勞，予不絶爾善。』《論語》曰：『興滅國，繼絶世。』國謂諸侯也，世謂卿大夫。《詩》云：『凡周之士，不顯亦世。』《孟子》曰：『文王之治岐也，仕者世禄。』知周制世禄也。」錫瑞謹案：許君引此經，爲諸侯卿大夫世禄、興滅國、繼絶世之證，與《大傳》説同，蓋亦用今文義。○一作「胥及肄勤」。○錫瑞謹案：今文《尚書》「逸勤」一作「肄勤」。蔡邕《司空文烈侯楊公碑》曰：「公惟司徒之孫，太尉公之胤子。皇祖考以懿德胥及肄勤。」此伯喈據今文《尚書》作「肄勤」之證。《詩・谷風》：「既詒我肄。」毛傳：「肄，勞也。」《左氏》昭三十年《傳》：「若爲三師以肄焉。」杜注：「肄猶勞也。」肄勤，謂勤勞王事。伯喈舉楊公之祖考勤勞王事，正用《盤庚》「乃祖乃父，胥及肄勤」之義。又蔡邕《中鼎銘》云：「宣力肆勤。」「肆勤」亦即「肄勤」。《周禮・小宗伯》：「肄儀爲位。」注：「故書『肄』爲『肆』。」《曲禮》：「君命，大夫與士肄。」《學記》：「《宵雅》肄三。」《釋文》皆云：「肄，本作『肆』。」《集韻》：「肄，或作『肆』。」是肆與肄通。伯喈用今文作「肆勤」，實勝「逸勤」之義。江、段、孫、陳皆未及引也。

「茲予大享于先王，爾祖其從與享之。《大傳》曰：「古者諸侯始受封，則有采地。百里諸侯以三十里，七十里諸侯以二十里，五十里諸侯以十五里。其後子孫雖有罪黜，其采地不黜，使其子孫賢者守之，世世以祠其始受封之人。此之謂興滅國，繼絶世。《書》曰『茲予大享于先王，爾祖其從與享之』，此之謂也。」○今文一作「茲予享于先王，爾祖其從享之」。○《韓詩外傳》説與《大傳》略同，惟云「五十里諸侯以十里」爲異，引《書》曰：「茲予享于先王，爾祖其從享之。」無「大」字、「與」字。趙校本無之，他本蓋後人據《尚書》所增益。陳喬樅説：「案：《韓詩外傳》與《尚書大傳》説同，足證魯、齊、韓三家《詩》皆用今文《尚書》矣。五十里諸侯采地以十里，較《大傳》所云少五里。然以百里諸侯、七十里諸侯例之，其采地皆遞減十里，則《韓詩外傳》是也。《尚書大傳》作『五十里諸侯以十五里』，『五』蓋衍字耳。」錫瑞謹案：陳説非也。董子《春秋繁露・爵國》篇曰：「附庸，字者方三十里，名者方二十里，人、氏者方十五里。」與《尚書大傳》合。則《大傳》「十五里」不誤，《外傳》脱「五」字耳。伏生、韓太傅之説與古文説不同，證以董子書，則采地不黜，使其子孫賢者守之，即附於諸侯之附庸。其先百里之國，其後爲稱字之三十里。其先七十里之國，其後爲稱名之二十里。其先五十里國，其後爲稱人、氏之十五里。殷爵三等，附庸亦分三等，其數正合。春秋時，紀季以酅入于齊，此國滅而采地不滅之證。《公羊傳》云：「請後五廟以存姑姊妹。」是附庸亦得立五廟。蓋子孫有罪黜，而猶得爲附庸，立五廟以祠其受封之人，此古者「興滅國、繼絶世」之義也。今文家解此經，竝不訓爲功臣配祭。鄭注以大享爲烝嘗，或又謂兼禘祫言之，皆非今文《尚書》之義。今文説既不以爲配祭，則上句「享」字上不必加「大」字，下句「享」字上亦不必加「與」字矣。此則當從《外傳》無「大」字、「與」字爲是，今本《大傳》恐後人據古文《尚書》增之。

「作福作災，予亦不敢動用非德。予告汝于難，若射之有志。○今文「射」作「矢」。○石經：「口口口有志。」王應麟《藝文志考》云：「漢人引『若矢之有志』。」《儀禮・既夕記》：「志矢一乘。」注：「志猶擬也。《書》曰：『若射之有志。』」陳喬樅説：「疑鄭君所引《書》是作『若矢之有志』，此亦三家今文之異字也。」

「汝無侮老成人，無弱孤有幼。○今文「無」作「毋」，「老」作「翕」，「弱」作「流」。○石經：「女毋翕侮成人，毋流。下闕。」孫星衍説：「翕侮，猶言狎侮，叚音字。鄭注《鄉飲酒義》云：『流，猶失《禮》也。』」馮登府説：「案：流，本音爲聊。《説文・彡部》：『弱，撓也。』是弱、流音相近。」錫瑞謹案：翕與脅通。《淮南・墬形訓》：「其人翕形。」注云：「翕讀『脅幹』之『脅』。」《漢書・王莽傳》：「動静辟脅。」師古曰：「翕、脅之聲相近，義則同。」據此，翕疑叚爲脅，以勢脅衆，不使遷也。流，蕩散之義。《管子・宙合》篇：「君失音則風律必流。」注云：「流謂蕩散。」又案：段玉裁據唐石經訂古文爲「老侮成人」，以今本作「侮老」爲誤。是古文本「侮」在「老」下，今文作「翕侮」，特一字不同耳。

「各長于厥居，勉出乃力，聽予一人之作猷。無有遠邇，用罪伐厥死，用德彰厥善。《後漢書・濟北惠王傳》、《三國志・高柔傳》引皆作「彰」。○今文「彰」一作「章」。○《漢書・楚孝王囂傳》《王嘉傳》引皆作「用德章厥善」。

「邦之臧，惟汝衆；邦之不臧，惟予一人有佚罰。○今文作「國之臧，則維女衆；國之不臧，則維余一人是有逸罰」。○《國語》内史過引《般庚》曰：「國之臧，則維女衆；國之不臧，則維余一人是有逸罰。」韋昭注曰：「臧，善也。國俗之善，則維女衆，歸功于下。逸，過也。罰，猶辠也。國俗之不善，則維余一人，是我有過也，其辠當在我。」韋注不言古今文同異，疑古今文同注義或亦本今文家説也。

「凡爾衆，其惟致告：自今至于後日，各恭爾事，齊乃位，度乃口，○今文「恭」作「共」，「度乃口」作「度爾口」。○石經：「各共爾事，齊乃位，度爾口。」罰及爾身，弗可悔。」　盤庚作，惟涉河以民遷。石經於中篇「建乃家」之下，下篇「般庚既」之上空一字，則上篇、中篇相接處亦必空一字可知。蓋今文《尚書·般庚》三篇合爲一篇，而三篇之文不可無區别，故大、小夏侯《章句》皆二十九卷。歐陽《章句》三十一卷，蓋分《般庚》三篇爲三卷也。

乃話民之弗率，誕告用亶。其有衆咸造，勿褻在王庭。盤庚乃登進厥民，曰：「明聽朕言，無荒失朕命。嗚呼！古我前后，罔不惟民之承保，后胥慼鮮，以不浮于天時。○今文「慼」作「高」。○石經：「口口口民之承保，后胥高鮮，以不浮。下闕。」江聲説：「讀當至『保』字絶句。《洛誥》曰：『承保乃文祖受命民。』則此『承保』二字當聯讀。保，安也。言前后無不承安其民也。慼，石經作『高』。胥，相也。《詩》云：『聿來胥宇。』小山别大山曰鮮。《詩》云：『度其鮮原。』『鮮』字當屬上讀。言前后相度高山之處而徙居之，下篇所謂『適于山』也。浮，過也。既相地之宜，又審天之時，當遷則遷，不過于天時也。」李富孫説：「《咎繇謨》『庶明厲翼』，《史記·夏本紀》作『高翼』。《釋詁》：『厲，作也。』鄭注同。《月令》『征鳥厲疾』，《吕覽》作『高疾』。是石經作『高』，或即與『厲』字義同。」

「殷降大虐，先王不懷厥攸作，視民利用遷。汝曷弗念我古后之聞？承汝俾汝，惟喜康共，非汝有咎，比于罰。予若籲懷茲新邑，亦惟汝故，以丕從厥志。今予將試以汝遷，安定厥邦。汝不憂朕心之攸困，○今文「汝還」作「爾還」，「邦」作「國」，「汝」作「今女」。○石經：「囗囗囗試以爾遷，安定厥國，今女不。下闕。」馮登府說：「經文云：『今予將試以爾遷，安定厥國。』下云：『今女不憂朕心之攸困，乃咸大不宣乃心。』語氣緊接。今文是也。」

「乃咸大不宣乃心，欽念以忱，動予一人。爾惟自鞠自苦，若乘舟，汝弗濟，臭厥載。爾忱不屬，惟胥以沈。不其或稽，自怒曷瘳？❶ ○今文「稽」作「迪」，「怒」作「怨」。○石經：「囗其或迪，自怨。下闕。」江聲說：「或之言有也。言相與沈溺，不有其生道矣。雖有怨恚，何瘉乎？」馮登府說：「案：稽、迪因聲轉而異。《中州金石記》曰：『迪，進也，言不進而遷居。』《釋詁》云：『迪，道也。』《益稷謨》『迪朕德』，《史記》『迪』作『道』。道，導也。訓『道』義爲長。」

「汝不謀長，以思乃災，汝誕勸憂。今其有今罔後，汝何生在上？○今文「誕」作「永」。○石經：「囗永勸憂。今其有今罔後，女何生。下闕。」段玉裁說：「誕從延聲，延、永雙聲，皆訓長也。」馮登府說：「『永』字正與上『謀長』對言，不爲長久之謀，乃爲長久之憂，故下云『有今罔後』也。」

「今予命汝一無起穢以自臭，恐人倚乃身，迂乃心。○今文「倚」作「踦」。○《玉篇》引作「踦」，云：「踦，曲。迂，避也。」陳喬樅說：「『倚』即『踦』之叚借也。作『踦』者，今文《尚書》也。『避』亦即『僻』之叚借字。疑《玉篇》所采或今文家舊說其佚散見於他書者，而顧氏摭之耳。」

「予迓續乃命于天，予豈汝威？用奉畜汝衆。予念我先神后之勞爾先，予丕克羞爾，用懷爾，然。○今文「丕」作「不」。○石經：「囗囗囗囗囗囗之勞爾先，予不。下闕。」據石經，則今文「丕」作「不」，猶《大誥》「爾丕克遠省」，王莽用今文「丕」作「不」也。今文《尚書》蓋以此句下屬爲義。

「失于政，陳于兹，高后丕乃崇降罪疾，曰：『曷虐朕民？』○今文「丕」作「不」，「崇」作「知」。○石經：「囗于兹，高后不乃知降罪疾，曰。下闕。」江聲說：「『予

❶ 「怒」，原作「怨」，今據《尚書・盤庚中》改。

不克羞爾用懷爾」八字作一句，『然』字别爲一句。丕乃，僞《孔》訓爲『大乃』。『大乃』之云不詞，讀當爲『不乃』。『不乃』猶言『毋乃』也。古者丕、不二字通用。《召誥》『丕能諴于小民』，《説文》引作『不能諴于小民』，是其證也。《金縢》『丕子之責』，鄭注亦讀『丕』爲『不』。此經言我不能進女于樂土以安民，夫然，是我失于政而陳久于此也。我高后毋乃知之，將降罪疾于我。」

「汝萬民乃不生生，暨予一人猷同心，先后丕降與汝罪疾，曰：『曷不暨朕幼孫有比？』故有爽德，自上其罰汝，汝罔能迪。古我先后既勞乃祖乃父，汝共作我畜民。汝有戕，則在乃心。○今文「戕」作「近」。○石經：「上闕。民，女有近，則在乃心。我先后綏。下闕。」孫星衍説：「《釋詁》云：『則，法也。』蓋言女當近法乃祖父。」

「我先后綏乃祖乃父，乃祖乃父乃斷棄汝，不救乃死。茲予有亂政同位，具乃貝玉。乃祖乃父丕乃告我高后，曰：『作丕刑于朕孫。』迪高后丕乃崇降弗祥。嗚呼！今予告汝不易。○今文「崇」作「興」，「弗祥」作「不永」，「嗚呼」作「於戲」。○石經：「□□興降不永。於戲！今予。下闕。」馮登府説：「《説文》『興』从舁从同，聲亦相協。《太玄經》『風動雷興，從其高崇』，馬融《長笛賦》『曲終闋盡，餘絃更興。繁手累發，密節疊重』可證。興與崇協，則有崇聲，故今文作『興』，正以見古音如此耳。」侯康説：「按：興，崇義相通。《文選·東京賦》：『進明德而崇業。』薛綜注『崇猶興也』是也。《毛詩》『江之永矣』，《文選·登樓賦》注引《韓詩》作『江之漾矣』。《説文·永部》首引《詩》『江之永矣』，又『羕』字引《詩》『江之羕矣』，是『永』與『漾』同聲。《春秋》昭十一年『盟于祲祥』，《公羊》作『侵羊』。《范君斷碑文》曰：『利千萬，曾羊。』《元嘉刀銘》：『宜侯王，大吉羊。』皆叚『羊』爲『祥』，是『祥』與『羊』同聲。此祥轉爲永之故也。」○「我高后」一作「乃祖乃父」。○《釋文》云：「『我高后』本又作『乃祖乃父』。」段玉裁説：「按：别本是也。當讀『乃祖乃父丕乃告』句絶，『乃祖乃父曰：作丕刑于朕孫』句絶。」陳喬樅説：「又作本，陸氏不言其爲誰氏本，則非馬、鄭、王之本可知。三家今文多與壁中本異，疑作『乃祖乃父』者是三家今文見於他書所引者，故陸氏附載之爾。」

「永敬大恤，無胥絶遠。汝分猷念以相從，各設中于乃心。○今文「汝分猷」作「女比猶」，「設」作「翕」。○石經：「口口絶遠。女比猶念以相從，各翕中。下闕。」江聲説：「女比附其謀猶念慮以相從于遷所，各合中正于女心。」

「乃有不吉不迪，顛越不恭，暫遇姦宄，我乃劓殄滅之，無遺育，無俾易種于茲新邑。《左傳》、《史記》引《般庚之誥》，皆無「不吉不迪」、「暫遇姦宄」等字，江聲據以删經文。案：古人引經有隱括之詞，故未敢據以爲今文《尚書》也。

「往哉生生。今予將試以汝遷，永建乃家。」

盤庚既遷，石經：「口建乃家。　般庚既。下闕。」中、下二篇相接處中空一字，此三家今文《尚書》舊式也。

奠厥攸居，乃正厥位，綏爰有衆。曰：「無戲怠，懋建大命。○今文作「女罔台民，勖建大命」。○石經：「口口口衆，曰：女罔台民，勖建大命。」段玉裁説：「古罔、無通，台、怠通，懋、勖通。勖古音同懋。」侯康説：「按：《易・雜卦傳》、《越語》載范蠡之語、秦始皇東觀刻石文、《柏梁臺詩》、張衡《東京賦》，俱讀『怠』如『台』。《匡謬正俗》卷七引曹朔作《後漢敬隱后頌》述宋氏之先云：『實先契而佐唐，湯受命而創基。二宗儼以久饗，盤庚儉而弗怠。』蓋正用『無戲怠』之意，而亦讀爲『台』，與『基』爲韻。又『台』古通『怡』。太史公《自敘》『虞舜不台』、『諸呂不台』，即『不怡』也。而『怠』亦通『怡』。《雜卦傳》：『謙輕而豫怠也。』《釋文》引虞氏作『怡』是也。冒从目聲，故勖从冒聲而切以許玉。其讀勖若懋者，即旭讀若好之比。《君奭》：『迪見冒聞于上帝。』《釋文》引馬作『勖』。崔瑗《侍中箴》亦有『勖聞上帝』之語。《顧命》：『爾無以釗冒貢于非幾。』《釋文》引馬、鄭、王作『勖』。此『懋建』所以得爲『勖建』也。」錫瑞謹案：二説是也。侯引曹朔《頌》尤塙。《列女傳・齊姜頌》曰：「齊姜公正，言行不怠。勸勉晉文，反國無疑。」亦古讀「怠」如「怡」之證。江聲説：「台當讀爲紿。」孫星衍説：「台，失也。」皆非。

「今予其敷心腹腎腸歷，○今文「予」作「我」，「心腹腎腸歷」作「優賢揚歷」。○石經：「今我。下闕。」《正義》曰：「夏侯等《書》『心腹腎腸』曰『憂「優」之誤。腎「賢」之誤。陽「揚」之誤。』。」《三國志・管寧傳》太僕陶丘一等薦寧曰：「優賢揚歷，垂聲千載。」裴松之注曰：「今文《尚書》曰『優賢揚歷』，謂揚其所歷試。」《文選》左太沖《魏都賦》曰：「優賢著於揚歷。」張載注曰：「《尚書·般庚》曰：『優賢揚歷。』歷，試也。」○一作「優臤颺歷」。○《漢國三老袁良碑》云：「優臤之寵。」《成陽令唐扶頌》云：❶「優賢颺歷。」「賢」作「臤」，「揚」作「颺」，皆三家異文。《説文》曰：「臤，古文以爲賢字。」今文《尚書》間有用古字者，説見前。揚、颺古通用。「皋陶拜手颺言」，《史記》作「揚言」。蔡邕《朱公叔謚議》曰：「天子、諸侯咸用優賢禮同。」「優賢」字亦用今文《尚書》也。

「告爾百姓于朕志。罔罪爾衆，爾無共怒，協比讒言予一人。古我先王將多于前功，適于山，用降我凶，德嘉績于朕邦。○今文「嘉」作「綏」。○石經：「□□□凶，德綏績。下闕。」馮登府説：「綏、嘉，聲之近。《曲禮》：『大夫則綏之。』注：『綏讀曰妥。』嘉古音如哥，《詩·東山》《破斧》《節南山》《頍弁》相協可證。」

「今我民用蕩析離居，罔有定極，爾謂朕：『曷震動萬民以遷？』○今文「爾謂朕」作「今爾惠朕」，「震」作「祇」。○石經：「今爾惠朕，□祇動萬民以遷？」江聲説：「惠，順也。今爾順我教令以導民，使知遷則能安，必皆順從，何至震動萬民以遷乎？」孫星衍説：「《釋詁》：『惠，順也。』『祇，敬也。』今文之意，言汝順我，盍敬動萬民徙居避患之爲得也。祇、震，聲之轉。《堯典》『祇敬』，《史記》作『振敬』。《内則》『祇見孺子』，鄭注：『祇，或作振。』」

「肆上帝將复我高祖之德，亂越我家。朕及篤敬，恭承民命，石經：「肆上。下闕。」《史記·賈誼傳》「共承嘉惠」，「共承」蓋用今文。

「用永地于新邑。肆予沖人，非廢厥謀，弔由靈。各非敢違卜，用宏茲賁。嗚呼！邦伯、師、長、百執事之人，尚皆隱哉。予其懋簡相爾，念敬我衆。朕不肩好貨，○今文「隱」作「乘」，「懋」作「勖」。○石經：「□□乘哉。予其勖簡相爾，念敬我衆，朕不。下闕。」江聲説：「乘，治也。」孫星衍説：「乘，計也。」錫瑞謹案：今文之義，不必與古文同。石經「后胥高鮮」，江聲説爲相度高山，以經云「適于山」證之，

❶「成」，原作「咸」，今據《隸釋》卷五改。

似江説爲可信。則「乘哉」之「乘」或即乘高之義，謂乘高山以建新邑也。「懋」作「勖」，見上。

「敢恭生生？鞠人、謀人之保居，○今文「保」作「萃」。○《鹽鐵論·本議》篇：「文學曰：『是以盤庚萃居，舜藏黄金，高帝禁商賈不得仕宦，所以遏貪鄙之俗，而醇至誠之風也。』」張敦仁説：「即《盤庚》下篇『鞠人、謀人之保居』也，以文學語意推之，與上經『朕不肩好貨』、下經『無總于貨寶』正脗合，但未詳此『萃』當彼經何字，竝其説若何耳。」臧庸説：「案：此『萃居』即當彼經『保居』。『保』或作『葆』，與『萃』形相近，故文異。然則古文《尚書》作『保居』，今文《尚書》作『萃居』，其説猶《齊語》云『夫商羣萃而州處，察其四時，而監其鄉之貲。制國爲二十一鄉，工商之鄉六』，蓋别居之，不令與士、農雜處，賤之也。」

「敘欽。今我既羞告爾于朕志，若否，罔有弗欽。無總于貨寶，生生自庸。式敷民德，永肩一心。」

今文尚書考證卷七

善化　皮錫瑞

高宗肜日第七　商書三

高宗肜日　《大傳》曰：「武丁祭成湯，有飛雉升鼎耳而雊。武丁問諸祖己，祖己曰：『雉者，野鳥也，不當升鼎。今升鼎者，欲爲用也。遠方將有來朝者乎？』故武丁内反諸己，以思先王之道。三年，編髮重譯來朝者六國。孔子曰：『吾於《高宗肜日》，見德之有報之疾也。』」《史記·殷本紀》曰：「帝武丁祭成湯。明日，有飛雉登鼎耳而呴，武丁懼。祖己曰：『王勿憂，先修政事。』武丁脩政行德，天下咸驩，殷道復興。帝武丁崩，子帝祖庚立。祖己嘉武丁之以祥雉爲德，立其廟爲高宗，遂作《高宗肜日》及《訓》。」錫瑞謹案：史公以《高宗肜日》作於祖庚之時，正如《般庚》作於小辛之時，其事仍當爲高宗時事。高宗崩後，追序其事以美之耳。《史記》與《大傳》本無不合，孫星衍以史公爲古文義，失之。《大傳》引孔子曰「見德之有報之疾也」，即史公所云「以祥雉爲德」也。《漢書·杜鄴傳》曰：「臣聞野雞著怪，高宗深動」，即《史記》云「武丁懼」之意。蓋武丁懼而問祖己，祖己乃言也。揚雄《兖州牧箴》曰：「丁感雊雉，祖己伊忠。爰正厥事，遂緒高宗。」

高宗肜日，越有雊雉。○今文「越」一作「粤」。《白虎通·謚》篇曰：「謚或一言，或兩言何？文者以一言爲謚，質者以兩言爲謚，故《尚書》高宗，殷宗也。」《爾雅·釋天》：「繹，又祭也。周曰繹，商曰肜。」孫炎曰：「祭之明日尋繹復祭。肜者，相尋之意。」何休《公羊解詁》曰：「殷曰肜，周曰繹。繹者，據今日道昨日，不敢斥尊，言之文意也。肜者，肜肜不絶，據昨日道今日，❶斥尊，言之質意也。」《漢書·外戚傳》引《書》云「高宗肜日，粤有雊雉」，作「粤」。

祖己曰：「惟先格王，正厥事。」○今文「格」作「假」。○《漢書·成帝紀》《孔光傳》《外戚傳》、《後漢書·

❶「據昨日道今日」，原作「據今日道昨日」，今據何休《春秋公羊經傳解詁·宣公第七》改。

律曆志》引《書》皆作「假」。孔光日蝕對曰：「上天聰明，苟無其事，變不虛生。《書》曰『惟先假王，正厥事』，言異變之來，起事有不正也。」❶師古曰：「言先代至道之王必正其事。」《成帝紀》建始元年詔引《書》云：「惟先假王，正厥事。」師古曰：「假，至也。言先古至道之君遭遇災變，則正其行事，修德以應之。」案：史公訓「先假王」爲「王勿憂」，師古以爲「先代至道之王」，似非其義。孫星衍説：「史公云『王勿憂』者，疑釋『假王』爲寬暇王心。」王闓運説：「《大傳》云『遠方將有來朝者』，此託言瑞應以寬王心，所謂『先假王』。高宗修德而反見異，恐辭善意而不畏天變，故假言瑞應以寬王，乃正言其事，此進言之要。」

乃訓于王曰：「惟天監下民，典厥義。降年有永有不永，非天夭民，民中絶命。○今文「唯天監下」，無「民」字，「民中絶命」作「中絶其命」。○《史記》曰：「祖己乃訓王曰：『唯天監下，典厥義。降年有永有不永，非天夭民，中絶其命。』」石經「民中絶命」上闕，其文不可考。江聲説：「《史記》載此文，『民』止一字，不重出。僞《孔》本於『中絶命』上别出『民』字，殊無謂。」

「民有不若德，不聽罪。天既孚命，正厥德。」乃曰：「其如台？」○今文「孚」作「附」。○《史記》曰：「民有不若德，不聽罪。天既附命，正厥德。乃曰：其奈何？」。「奈何」乃「如台」之故訓字。○「孚」一作「付」。○石經：「民有不若德，不聽罪。天既付。下闕。」《漢書·孔光傳》光日蝕對曰：「『天既付命，正厥德』，言正德以順天也。」附、付古通用，訓誼同。孔光傳大夏侯《尚書》，石經亦用夏侯本。史公作「附」，蓋歐陽《尚書》。《索隱》依《孔傳》音「孚」，非也。

「嗚呼！王司敬民，○今文作「嗚乎！王嗣敬民」。○《史記》曰：「嗚乎！王嗣敬民。」段玉裁説：「此今文《尚書》也。《九經古義》曰：『古「嗣」字皆省作「司」。』吕大臨《考古圖》載《晉姜鼎》云：『余惟司朕先姑。』《集古録》、劉原父皆釋『司』爲『嗣』。是『司』爲古文『嗣』。」錫瑞謹案：史公作「嗣」，與下文「天胤」義貫。《集解》引僞《孔》「主民」釋之，非也。

「罔非天胤，典祀無豐于昵。」○今文「無豐于昵」作「毋禮于弃道」。○《史記》曰：「罔非天繼，常祀毋禮于

❶「起」，原無，今據《漢書·匡張孔馬傳》補。

弃道。」「胤」作「繼」、「典」作「常」，見《釋詁》，史公以故訓字代經。《索隱》曰：「祭祀有常，無爲豐殺之禮於是以棄常道。」陳喬樅説：「《正義》引王肅云：『高宗豐于禰，故有雊雉升遠祖成湯廟之異。』然則《史記》所謂『毋禮于弃道』者，即指豐于尼而殺于遠之失也。《史記》此句或據歐陽《尚書》，或以訓詁申釋之，無可證明，姑仍之。據《本紀》言，帝盤庚崩，弟小辛立，殷復衰。帝小辛崩，弟小乙立。帝小乙崩，子帝武丁立。是小辛、小乙皆弃道之君，殷所以衰由之。武丁爲小乙子，祀事特豐于禰，故祖己因野鳥入廟訓王以毋禮于弃道，當思法成湯，修政行德，以繩祖武也。」魏源説：「以昵爲禰廟，不但非今文説，竝非古文説也。西漢古文家自《史記》外，莫古於劉歆，《五行傳》釋此篇，曰雉爲羽蟲之孽。《易》有《鼎卦》，宗廟之器，奉宗廟者長子。野鳥自外入爲宗廟器主，是繼嗣將易也。漢成帝報許皇后書引《高宗肜日》祖己之言，爲飭掖庭椒房之徵。杜欽上成帝論灾異，亦謂應主後宮適妾争寵相害爲患，引『高宗遭雊雉之戒，飭己正事，殷道復興』，『唯陛下正后妻，抑女寵，以銷灾異』。《五行傳》成帝鴻嘉二年，有飛雉集博士庭，歷階登堂而雊。又集太常、宗正府，又集未央宫承明殿。時車騎將軍王音等上言：『天地之氣，以類相應，譴告人君，甚微而著。經載高宗雊雉之異，以明轉禍爲福之驗。今雉經歷三公之府，太常、宗正典宗廟骨肉之官，然後入宫。其宿留曉告人，具備深切。今即位十五年，繼嗣不立，泆行流聞。皇天數見灾異，宜謀於賢知，克己復禮，以求天意，庶繼嗣可立，灾變可銷也。』皆以雉雊應宫闈繼嗣，從無豐于禰廟之説。《古今人表》以孝己、祖己列於武丁、傳説、甘盤之間。蓋高宗信後妻之言，將廢世子孝己。降年有永有不永，事關宗社之修促，天變於上，臣諍於下，言王嗣克敬，則民罔非心天胤。典祀以長以賢，奈何以立儲大《禮》施於弃道昵愛之人？豈徒豐禰祀之謂，而太史公、王音、劉歆所見之古文反不如馬融、僞《孔》乎？」錫瑞謹案：陳説失矣，魏説亦未爲得也。西漢今文家從無豐禰之説，史公云「毋禮于弃道」，明與「無豐于昵」不同。《集解》、《索隱》皆用僞《孔》以釋《史記》，殊非。陳氏治今文，亦於兩漢今古文家辨之未析，謂史公之説同於王肅謬説，是誣史公矣。且祖己訓王，亦安得斥其先王爲弃道之君哉？魏詆豐禰之説，專主繼嗣爲義，讀《史記》以「王嗣敬」爲句，「民罔非」爲句，謂是高宗易儲之證，於古無徵。《古今人表》雖列孝己之名，不詳其事。高宗廢孝己，漢人稱引皆未之及，惟見於《家語》、《帝王世紀》二書。《家語》王肅增加，《世紀》皇甫謐撰，二人皆作僞亂經之人，其説豈可爲據？且如二書之説，則孝己已廢矣，魏乃云以祖己之諫不廢，已與二書不符。又云殷世惟天子得以干支名，次則王世子亦得名之，孝己、祖己是也。不知《白虎通·姓名》篇曰：「臣民亦得以生日名子，《尚書》道殷臣有巫咸，有祖己也。」王引之云：「巫咸」當作「巫戊」。是臣民皆得以干支名，祖己是臣，竝非世子。魏以祖己爲王世子，更不知出何書。且如其説，則高宗世子何其多乎？據《毋佚》篇馬注，高宗欲廢祖庚立祖甲矣，若又廢孝己，則高宗欲廢兩世子，恐無是理。孝己、祖庚爲一人爲二人，亦無明文可據。《古今人表》孝己第三等，無注；祖庚第四等，注云「武丁子」。是班氏不以爲一人，且似不以孝己爲武丁子也。考《五行志》，於劉歆説外又載一説，云：「鼎三足，三公象，而以耳行。野鳥居鼎耳，小人居公位，敗宗廟之祀。野木生朝，野鳥入廟，敗亡之異。武丁恐駭，謀於忠賢，修德而正事，内舉傅説，授以國政，外伐鬼方，以安諸夏，故能攘木鳥之妖，致百年之壽。」則不專指易嗣，與劉歆不同。《大傳》又一説云：「武丁之時，桑穀俱生於朝，七日而大拱。武丁召其相而問焉，其相曰：『吾雖知之，吾不能言也。』問諸祖己，曰：『桑穀，野草也。野草生於朝，亡乎？』武丁懼，側身修行，思昔先王之政，興滅國，繼絶世，舉逸民，明養老之禮，重譯來朝者六國。」則又以祖己所訓兼有桑穀。《大傳》皆出伏生而二説不同，《五行志》皆本伏生《洪範五行傳》家法而二説又不同。《五行志》後一説以雊雉與桑穀竝稱木鳥之妖，與《大傳》後一説相合。《論衡·指瑞篇》云：「《尚書大傳》曰：『高宗祭成湯之廟，有雉升鼎耳而鳴。高宗問祖己，今作「乙」，誤。祖己曰：「遠方君子殆有至者。」』祖己見雉有似君子之行，今從外來，則曰『遠方君子將有至者』矣。」此仲任以今文説解《大傳》，與《大傳》前説相合。又《異虚篇》云：「高宗祭成湯之廟，有蜚雉升鼎而雊。祖己以爲遠人將有來者。説《尚書》家謂雉凶，議駮不同。且從祖己之言，雉來吉也。」據此，則漢時今文家已非一解，王仲任不能定其説。《史記·封禪書》曰：「有雉登鼎耳雊，武丁懼。祖己曰：『修德。』武丁從之，位以永寧。」《漢書·郊祀志》同。《説苑·辨物》篇曰：「昔我高宗、成王感於雊雉、暴風之變，脩身自致，而享豐昌之福也。」《後漢書·劉陶傳》陶上疏曰：「武丁得傅説以銷鼎雉之災。」《曹節傳》審忠上書曰：「昔高宗以雊雉之變，故獲中興之功。」《書》疏引鄭康成曰：「雉升鼎耳而鳴，象視不明，天意若曰，當任三公之謀以爲政。」《三國志·高堂隆傳》曰：「武丁有雊雉登於鼎，以灾恐懼，側身修德。」又曰：「此則祖己之所以訓高宗，高宗之所以享遠號也。」諸説或渾言之，或即一事言之，皆非專指繼嗣。所以然者，上天示異，初不明言。大臣因事納忠，亦非一端而已。祖己曰「正厥事」，則凡用人行政以及宫闈繼嗣，皆在正事之中。高宗修德攘灾，亦不專在一事。説《尚書》者或云雉吉，或云雉凶，其義雖異而皆可通。蓋上天示變則疑於凶，修德禳灾則轉爲吉也。《史記》一書多同今文，成帝、王音、杜欽、劉歆皆今文説。歆雖傳古文《尚書》，而《五行傳》所載皆今文之義。《隋書·經籍志》云「濟南伏生之傳，惟劉向父子所著《五行傳》是其本法」是也。魏以史公、劉歆爲古文説，失之。魏又云：「漢人不以繼嗣爲占，而以用人懷遠爲占者，乃高宗之書不止一篇，首篇專論繼嗣，次篇則修德行政、用人振武。」案：兩漢人所習今文皆止二十九篇，《高宗之訓》久亡，《史記》已不載其一字，漢人安得引之？是諸説所引皆《高宗肜日》篇文，非《高宗之訓》篇文。魏説憑肊無徵，皆不可據。

今文尚書考證卷八

善化　皮錫瑞

西伯𢦟耆第八　　商書四

西伯戡黎　○今文作「西伯𢦟耆」。「耆」亦作「飢」，又作「阢」。○錫瑞謹案：惠琳《一切經音義》八十三引《尚書大傳》曰：「𢦟者，克也。」則《大傳》亦同《說文》作「𢦟」。《尚書音義》云：「黎，《尚書大傳》作『耆』。」《外紀》云：「西伯勝黎，伏生、司馬遷作『耆』。」《路史・國名紀》云：「《大傳》作『西伯戡耆』。」《漢蓺文志考證》云：「《大傳》以『西伯戡黎』爲『戡耆』。」《史記・周本紀》云：「敗耆國。」徐廣曰：「耆，一作『阢』。」《殷本紀》云：「及西伯伐飢國，滅之。」徐廣曰：「飢，一作『阢』，又作『耆』。」《宋世家》云：「及祖伊以周西伯昌之修德，滅阢國。」徐廣曰：「阢，音耆。」是今文「𢦟」亦作「戡」，「耆」亦作「飢」、作「阢」，皆三家異文也。班固《典引》云：「以方伯統牧，乘其命賜彤弧、黃鉞之威，用討韋、顧、黎、崇之不恪。」孟堅用今文，而亦同古文作「黎」者，或夏侯《尚書》同於古文，或後人用古文改之。孟堅云「以方伯統牧」，則以西伯爲二伯。王逸注《楚辭・天問》「伯昌號衰，秉鞭作牧」云：「文王爲雍州牧。」叔師亦用今文，而以西伯爲州牧，與班說不同，豈文王始爲州牧而後爲二伯歟？

西伯既戡黎，《大傳》云：「文王一年質虞、芮，二年伐于，三年伐密須，四年伐畎夷，紂乃囚之。四友獻寶，乃得免於虎口，出而伐耆。」又云：「五年之初，得散宜生等獻寶而釋文王，文王出則克耆。六年伐崇，則稱王。」《史記・周本紀》則於閎夭獻寶，紂赦西伯，虞、芮俱讓之後云：「諸侯聞之，曰：『西伯蓋受命之君。』明年，伐犬戎。明年，伐密須。明年，敗耆國。明年，伐邘。明年，伐崇侯虎。明年，西伯崩。」錫瑞謹案：《大傳》以爲文王伐耆在受命之五年，《史記》以爲在受命之四年。《大傳》以文王被囚在三伐皆勝之後，《史記》以爲被囚而出乃伐諸國。《大傳》以爲六年伐崇乃稱王，《史記》以爲受命之年稱王。《史記》云：「詩人道西伯蓋受命之年稱王。」緯候之說，文王年九十六始稱王。《春秋元命包》曰：「西伯既得丹書，於是稱王，改正朔，誅崇侯虎。」緯候與《大傳》合。《大傳》又於散宜生等獻寶之後云：「紂大説，曰：『非子罪也，崇侯也。』遂遣西伯伐崇。」與前云「出而伐耆」不同者，蓋五年伐耆，六年伐崇，其事相連，紂使文王伐崇，文王先伐耆乃伐崇也。吴中本《大傳》云：「西伯既戡耆，紂囚之牖里。」以戡耆在被囚之前，與《詩・文王・序》疏、《禮・文王世子》疏所引《大傳》皆不合，其文蓋誤。文王三伐皆勝，紂畏惡之，囚于牖里，其事猶可解説。若戡耆，入紂圻内，祖伊有訖命之告，使紂於此時囚西伯，恐非獻寶所能釋矣。鄭注云：「紂聞文王斷虞、芮之訟，後又三伐皆勝，始畏而惡之，拘於羑里。紂得散宜生等獻寶而釋文王。文王釋而伐黎。」皆據《大傳》之説。《韓非子》曰：「文王侵盂、克莒、舉酆，三舉事而紂惡之。文王乃懼，入洛西之地，請解炮烙之刑，天下皆説。」又曰：「紂以其大得人心，己又輕地以收人心，是重見疑也，固其所以桎梏囚于羑里也。」是韓非以被囚在三伐皆勝之後，與《大傳》合。盂即邘，莒即伐密以遏徂莒之莒，舉酆蓋因伐畎夷而舉其地也。

祖伊恐，奔告于王，曰：「天子，天既訖我殷命，格人元龜，罔敢知吉。○《論衡・卜筮篇》曰：「吉人鑽龜，輒從善兆；凶人揲蓍，輒得逆數。何以明之？紂，至惡之君也。當時災異繁多，七十卜而皆凶。故祖伊曰：『格人元龜，罔敢知吉。』賢者不舉，大龜不兆，災變亟至。何則？人心、神意同吉凶也。」仲任以賢者訓「格人」，則今文《尚書》與古文同。○今文一作「假人元龜，無敢知吉」。○《史記・殷本紀》曰：「紂之臣祖伊聞之而咎周，恐，奔告紂曰：『天既訖我殷命，假人元龜，無敢知吉。』」無「天子」二字，蓋省文。「無敢知吉」作「無」，下云「罔不欲喪」作「罔」，則此疑用今文本作「無」也。假、格古通用。徐廣曰：「元，一作『卜』。」《周本紀》曰：「殷之祖伊聞之，懼，以告紂。」《宋世家》曰：「及祖伊以周西伯之修德，滅阢國，懼禍至，以告紂。」○一作「假爾元龜，罔敢知吉」。○《潛夫論・卜列》篇云：「《尚書》曰：『假爾元龜，罔敢知吉。』」疑用夏侯《尚書》，與史公、王仲任用歐陽《尚書》不同。蓋據《曲禮》云「假爾泰龜有常」之義，以此爲命龜之詞也。《漢書・食貨志》：「元龜岠冉長尺二寸。」

「非先王不相我後人，惟王淫戲用自絶，○今文「惟」作「維」，「戲」作「虐」。○《史記・殷本紀》曰：「非先王不相我後人，維王淫虐用自絶。」《集解》：「鄭玄曰：『王暴虐於民。』」是鄭本亦作「虐」字也。

「故天棄我，不有康食，不虞天性，不迪率典。○今文作「不虞知天性」。○《史記》曰：「故天弃我，不有安食，不虞知天性。」《集解》：「鄭玄曰：『使不得安食，逆亂陰陽，不度天性，傲很明德，不修教法者。』」「康」作「安」，故訓字。「不虞知天性」多「知」字，蓋今文《尚書》也。

「今我民罔弗欲喪，○今文「弗」作「不」。○《史記》曰：「今我民罔不欲喪。」「弗」作「不」。今文「弗」多爲「不」。《論衡·藝增篇》云：「《尚書》曰：『祖伊諫紂曰：「今我民罔不欲喪。」』罔，無也。我天下民無不欲王亡者。夫言欲王之亡，可也；言無不，增之也。紂雖至惡，臣民蒙恩者非一，而祖伊增語，欲以懼紂也。」

「曰：『天曷不降威？大命不摯。』今王其如台？」○今文作「大命胡不至」。○《史記》曰：「曰：『天曷不降威，大命胡不至？』今王其奈何？」蓋今文《尚書》「不摯」作「不至」，上多「胡」字。「如台」作「奈何」，用故訓。《論衡·藝增篇》引此經云：「民之望天降威與大命之至，急欲革命去暴主也。」「至」字與《史記》合。

王曰：「嗚呼！我生不有命在天？」《史記·殷本紀》：「紂曰：『我生不有命在天乎？』」《周本紀》：「紂曰：『不有天命乎？是何能爲！』」《宋世家》：「紂曰：『我生不有命在天乎？是何能爲！』」

祖伊反，曰：「嗚呼！乃罪多參在上，○今文「反」作「返」，「參」作「絫」。○《史記》曰：「祖伊返，曰：『紂不可諫矣。』」○《汗簡》、《古文四聲韻》皆云「絫」字見石經《尚書·戡黎》篇。陳喬樅説：「則今文《尚書》作『絫』可知矣。厽、絫，古、今文之異。壁中本皆古文，故用『厽』字也。」《玉篇》：「厽，力捶切，《尚書》以爲『參』字。」

「乃能責命于天？殷之即喪，指乃功，不無戮于爾邦。」

今文尚書考證卷九

善化　皮錫瑞

微子第九　商書五

微子　錫瑞謹案：《漢書·儒林傳》云：「遷書載《堯典》、《禹貢》、《洪範》、《微子》、《金縢》，多古文說。」據班氏今文義，當以《洪範》爲《商書》，列《微子》之前，如《左氏傳》引《洪範》爲《商書》也。《微子》一篇，史公載其文於《宋世家》，其用古文說不可考。《殷本紀》曰：「微子數諫不聽，乃與大師、少師謀，遂去。」下文乃言比干諫死，箕子爲奴。《微子世家》則曰紂殺王子比干，於是大師、少師乃勸微子去，遂行。《本紀》、《世家》兩處之文不同，疑一爲今文說，一爲古文說。故言微子之去先後有異，但其詳不可考耳。

微子若曰：「父師、少師，○今文「父師」作「大師」。○《史記·殷本紀》曰：「微子數諫不聽，乃與大師、少師謀，遂去。」《宋世家》曰：「於是微子度紂終不可諫，欲死之，及去，未能自決，乃問於大師、少師。」段玉裁說：「今文《尚書》作『大師』。《漢書·禮樂志》說殷紂時樂官師瞽抱其器而奔散，或適諸侯，或入河海。此謂《論語·微子》篇大師摯適齊云云也。故《古今人表》大師摯、少師陽皆系之殷辛時。《宋世家》於比干死之後云：『大師、少師乃勸微子去。』則少師非比干，大師非箕子甚明。《殷本紀》亦云微子與大師、少師謀去，而比干剖心，箕子爲奴，殷之大師、少師乃持其祭樂器奔周。《周本紀》又云：『紂昏亂暴虐滋甚，殺王子比干，囚箕子。大師疵、少師彊抱其樂器而奔周。』是則大師、少師爲殷之樂官，即大師摯、少師陽也。摯即疵，陽即彊，音皆相近，此今文《尚書》說也。」錫瑞謹案：《古今人表》疵與彊列第二等，摯與陽列第三等，是班氏不謂摯即疵，陽即彊也，豈亦如士會、范武子二名竝列乎？桓譚《新論》曰：「二年，聞紂殺比干，囚箕子，大師、少師抱樂器奔周。」亦同《史記》之說。

殷其弗或亂正四方。○今文作「殷不有治政，不治四方」。○《史記·宋世家》曰：「殷不有治政，不治四方。」「弗」作「不」，「或」作「有」，皆今文《尚書》。孫星衍說：「史公『四方』上又有『不治』二字者，言殷其不有治政，是不治四方也。」

「我祖厎遂陳于上，我用沈酗于酒，○今文作「我祖遂陳于上，我沈湎于酒」。○《史記》曰：「我祖遂陳于上，紂沈湎于酒。」蓋今文《尚書》無「厎」字、「用」字。「我」作「紂」，則史公易之。微子不忍言紂惡，故隱其文曰「我」，史公易之以「紂」，使人易曉也。今文《尚書》「沈酗」作「沈湎」。《史記》自序曰：「帝辛湛湎。」《漢書·五行志》曰：「湛湎于酒。」《禮樂志》曰：「湛沔自若。」《谷永傳》曰：「皆由婦人與羣惡沈湎于酒。」《霍光傳》奏昌邑王「湛沔于酒」。《敘傳》班伯曰：「沈湎于酒，微子所以告去也。」揚雄《徐州牧箴》曰：「帝癸及辛，不祗不恪。沈湎于酒，而忘其東作。」《益州牧箴》曰：「帝有桀紂，湎沈頗僻。」《易林·賁之乾》曰：「帝辛沈湎。」皆今文《尚書》也。《韓詩》說曰：「齊顔色，均多寡，謂之沈。閉門不出客，謂之湎。君子不可以沈，不可以湎。」

「用亂敗厥德于下。○今文作「婦人是用，亂敗厥德于下」。○《史記》曰：「婦人是用，亂敗湯德于下。」《集解》：「馬融曰：『我祖，湯也。下，下世也。』」錫瑞謹案：今文《尚書》多「婦人是」三字，於「用」字絶句。「厥德」作「湯德」，則亦史公易之，使人易曉也。《漢書·谷永傳》災異對曰：「湛湎荒淫，婦言是從。」又黑龍見東萊對曰：「臣聞三代所以隕社稷、喪宗廟者，皆由婦人與羣惡沈湎于酒。」《五行志》成帝永始二年，星隕如雨，谷永對曰：「臣聞三代所㠯喪亡者，皆繇婦人、羣小湛湎於酒。」是子雲所據今文《尚書》有「婦人是用」句，與《史記》合。《列女·殷紂妲己傳》曰：「比干諫曰：『不修先王之典法而用婦言，禍至無日。』」不修先王典法，所謂敗湯德也。孫星衍說：「按：《大誓》：『紂乃斷弃其先祖之樂，乃爲淫聲，以説婦人。』則史公言『婦人是用，敗湯德于下』，正謂弃其先祖之樂，爲淫聲。大師將抱樂器奔周，故先言此也。」

「殷罔不小大好草竊姦宄。○今文作「殷既小大好草竊姦宄」。○《史記》曰：「殷既小大好草竊姦宄。」錫瑞謹案：《穀梁》桓三年《傳》云：「既者，盡也。」《廣雅·釋詁》云：「既，盡也。」《左氏》宣十二年《傳》云：「可勝既乎？」《周語》：「藪澤肆既。」注皆訓盡。盡與罔不義近，故今文作「既」。

「卿士師師非度，凡有辜罪，乃罔恒獲。小民方興，相爲敵讎。○今文作「卿士師師非度，皆有罪辜，乃無維獲。小民乃竝興，相爲敵讎」。○《史記》曰：「卿士師師非度，皆有罪辜，乃無維獲。小民乃竝興，相爲敵讎。」《集解》：「馬融曰：『非但小人學爲姦宄，卿士以下轉相師效，爲非法度。』鄭玄曰：『獲，得也。羣臣皆有是罪，其爵禄又無常得之者。言屢相攻奪。』」陳喬樅據鄭注云：「凡猶皆也。」謂《史記》作「皆」，以訓詁代之。段玉裁據古音「竝」讀如「旁」，謂今文《尚書》作「旁興」，「竝」者「旁」之故訓。錫瑞謹案：史公用今文《尚書》，不必與鄭注古文同。《潛夫論・述赦》篇曰：「小民乃竝爲敵讎。」竝字與《史記》合。蓋今文作「竝」，史公非用故訓也。

「今殷其淪喪，○今文「淪」作「典」。○《史記》曰：「今殷其典喪。」《集解》：「駰謂：典，國典也。」錢人昕說：「『典』讀如『殄』。典喪者，殄喪也。《考工》說『輈欲頎典』，鄭司農讀典爲殄。《燕禮》『寡君有不腆之酒』，注：『古文「腆」爲「殄」。』是典、腆與殄通。」錫瑞謹案：錢說是也。《列女傳》云：「不脩先王之典法。」則解「典」爲國典，義亦可通。孫星衍以「典」即圖法，引《呂氏春秋》殷内史向摯「載其圖法，出亡之周」，《淮南子》太史令向蓺先歸文王。謂「向」聲近「陽」，「蓺」字形近「摯」。其說似涉傅會。太師與太史不同官，一載圖法，一抱樂器，不得傅合爲一也。

「若涉大水，其無津涯。○今文作「若涉水無津涯」，亦作「若涉水無舟航」。○《史記》曰：「若涉水無津涯。」《集解》：「徐廣曰：『一作「涉水無舟航」，言危也。』」錫瑞謹案：三家今文蓋有作「舟航」者。《後漢書・明帝紀》曰：「若涉淵水，而無舟楫。」《潛夫論・考績》篇曰：「無舟楫而欲濟大水。」荀爽《易・泰卦》注曰：「馮河而上，不用舟航。」皆用今文《尚書》。而《管子・七法》篇曰：「猶無舟楫而欲經於水險也。」《商子・弱民》篇曰：「濟大川而無船楫。」又在漢人之前。

「殷遂喪，越至于今。」曰：「父師、少師，我其發出狂？○今文「父」作「大」，「狂」作「往」。○《史記》曰：「『殷遂喪，越至于今。』曰：『大師、少師，我其發出往？』」《集解》：「鄭玄曰：『發，起也。紂禍敗如此，我其起作出往也。』」《索隱》曰：「往，《尚書》作『狂』，蓋亦今文《尚書》意異耳。」案：鄭注亦從今文《尚書》，與「告去」意合。

「吾家耄遜于荒？○今文作「吾家保于喪」。○《史記》曰：「吾家保于喪？」江聲說：「卿大夫稱家。保，安也。我卿大夫安于喪亡之事，恬不知畏，亦言不與謀也。」

錫瑞謹案：江説亦通。然據史公云「微子欲死之，及去，未能自決」，乃釋此二句之義。「我其發出往」者，將遠出以避難，言欲去也。「吾家保于喪」者，保，守也；喪，亡也。將居家以守死不去，言欲死之也。二句正言「欲死之，及去，未能自決」之意，故重呼大師、少師告之。○一作「吾於是家保」。○《史記集解》：「徐廣曰：『一云「吾於是家保」。』駰案：馬融曰：『卿大夫稱家。』」陳喬樅説：「是言我爲出亡之計，庶幾國雖喪而家猶可保。微子志存宗祀，故其言如此耳。」

「今爾無指告，予顛隮，若之何其？」○今文作「今女無故告，予顛隮，如之何其」。○《史記》曰：「今女無故告，予顛隮，如之何其？」《集解》：「馬融曰：『隮，猶墜也。恐顛墜於非義，當如之何也。』鄭玄曰：『其，語助也。』王肅曰：『無故告，無意告我也，是微子求教誨也。』」案：據此，則王本亦作「無故告」。

父師若曰：「王子，天毒降災荒殷邦，方興沈酗于酒，乃罔畏畏，咈其耇長舊有位人。今殷民乃攘竊神祇之犧牷牲用，以容將食無災。○今文作「大師若曰『王子，天篤下菑亡殷國，乃毋畏畏，不用老長。今殷民乃陋淫神祇之祀』」。○《史記》曰：「大師若曰：『王子，天篤下菑亡殷國，乃毋畏畏，不用老長。今殷民乃陋淫神祇之祀。』」《集解》：「徐廣曰：『一云「今殷民侵神犧」，又一云「陋淫侵神祇」。』」《索隱》曰：「劉氏云：『陋淫猶輕穢也。』」孫星衍説：「陋者，隱也。《説苑・君道》篇云：『晏子隱君之賜。』淫者，《文選・演連珠》云：『時累不能淫。』注：『淫，侵也。』言有隱匿侵没其貲者。」錫瑞謹案：「方興沈酗」，今文當作「竝興沈湎」，説見上。《史記》無「竝興沈湎于酒」句，此句之文皆見於上，不應重出，疑今文本無之。無「舊有位人」句，疑今文亦無之，或經師以「舊」訓「老」，以「有位人」訓「長」，誤入正文也。

「降監殷民，用乂讎斂，《釋文》：「讎如字，下同。徐云：鄭音『疇』。馬本作『稠』，云『數也』。斂，賦斂也。」案：馬、鄭不同，未知孰與今文合。

「召敵讎不怠，罪合于一，多瘠罔詔。商今其有災，我興受其敗。商其淪喪，我罔爲臣僕。詔王子出迪。」《史記》於前「淪喪」作「典喪」，則此亦當作「典」。孫星衍説：「淪，亦如上文作『典』。《宋世家》云：『今誠得治國，國治身死不恨。』釋『我興受其敗』。

又云：『爲死，終不得治，不如去。』釋『商其典喪』至『詔王子出迪』也。」錫瑞謹案：據王仲任所引今文説，下爲微子之言，則大師言止於此。蓋微子以欲死之，及去，未能自決，詢之大師。大師詔以出迪，正決其欲去之意。孫説是也。

「我舊云刻子，王子弗出，我乃顛隮。」○今文作「微子曰『我舊云孩子，王子不出』」。○《論衡·本性篇》云：「微子曰：『我舊云孩子，王子不出。』紂爲孩子之時，微子睹其不善之性。性惡不出衆庶，長大爲亂不變，故云也。」又云：「紂之惡，在孩子之時。孩子始生，未與物接，誰令悖者？」孫星衍説：「今文多『微子若曰』四字，以此爲微子之言。云『性惡不出衆』者，《釋名》云：『出，推也，推而前也。』言其資質不能在衆庶之前，《荀子·勸學篇》云『其出人不遠矣』是也。充時猶見古《尚書》章句，當本歐陽、夏侯之義，非臆説也。」錫瑞謹案：如仲任所引今文説，則王子屬紂，與上文王子指微子不同。「我乃顛隮」爲微子自我，與上「予顛隮」合。蓋微子聞大師詔以出迪之言，乃云：我舊云紂爲孩子已不善，雖爲王子，性惡不出衆庶，長大爲亂不變，則商必亡，而我乃顛隮矣。仲任所引經義本非難解，江聲、王鳴盛不得其説，乃以爲謬。陳喬樅謂：《論衡》稱「微子曰」者，目《尚書》之篇名，非以爲微子自言。「微子睹其不善之性」當作「微子父睹其不善之性」。魏源又謂「微子睹其不善之性」，「微子」字誤，當作「大師」。夫漢人遺説存者無多，學者當墒守其説，深思其義，不得妄生駁難。如實不可解，闕疑可也，何得全無證據，妄改古人之書以就己之臆説？此豈信而好古、不知蓋闕之義哉！

「自靖，人自獻于先王，我不顧行遯。」《史記》曰：「『今誠得治國，國治身死不恨。爲死，終不得治，不如去。』遂亡。」又云：「微子曰：『父子有骨肉，而臣主以義屬。故父有過，子三諫不聽，則隨而號之；人臣三諫不聽，則其義可以去矣。』於是大師、少師乃勸微子去，遂行。」錫瑞謹案：據史公説，似亦以「我不顧行遯」爲微子之言，謂我不能復顧矣，將行遯矣。史公與王仲任皆習歐陽《尚書》，故其説相同。古文《尚書》誤脱「微子若曰」四字，竝以「我不顧行遯」爲父師之言，則史公之説不可通矣。又案：傅世洵《洪氏隸釋補》云：「《綏民校尉熊君碑》以『自靖』爲『自清』。」據此，則《釋文》云「靖，馬本作『清』，謂潔也」，亦三家今文之異，與古文不同者。

今文尚書考證卷十

善化　皮錫瑞

牧誓第十　周書一

牧誓　《説文·土部》：「坶，朝歌南七十里地。《周書》武王與紂戰于坶野。从土，母聲。」許君引《周書》乃古文，史公則用今文《尚書》，故作「牧野」，不必作「坶」也。僞《孔》名傳古文，而亦作「牧」，可蚘矣。

時甲子昧爽，○今文作「正月甲子昧爽」。○《史記·周本紀》曰：「二月甲子昧爽。」徐廣曰：「二，一作『正』。此建丑之月，殷之正月，周之二月也。」孫星衍説：「是今文有『二月』。《漢書·律曆志》云：『序曰：「一月戊午，師渡于孟津。」至庚申，二月朔日也。❶四日癸亥，至牧壄。曰：❷「粤若來二月，既死霸，粤五日甲子，咸劉商王紂。」』但史公以此二月爲十一年二月甲子。《律曆志》云：『文王十五而生武王，受命九年而崩，崩後四年而武王克殷。克殷之歲八十六矣。』是以爲十三年二月。蓋今文、古文各從文王受命數年之異也。史公以虞、芮質成之年爲文王受命，則文王七年而崩。若以賜斧鉞爲受命，則又在虞、芮質成之前矣。其云『二月甲子』，或不異也。」錫瑞謹案：史公用今文《尚書》，則「時甲子」三字今文當作「二月甲子」四字，而「二月」字又當從徐廣所據一本作「正月」。《齊世家》云「十一年正月甲子，誓於牧野」，是其明證。古文《書序》云「一月戊午」，《史記》引今文《書序》云「十二月戊午」。戊午距甲子僅七日，不得相隔兩月，故古文以戊午爲一月，則當以甲子爲二月；今文以戊午爲十二月，則當以甲子爲正月。《周本紀》作「二月」，後人據古文改之也。史公以爲文王受命七年崩者，本於《大傳》文王受命七年而崩。《史記》

❶ 「二」，原作「之」，今據《漢書·律曆志下》、《尚書今古文注疏》卷一一改。

❷ 「曰」上，《漢書·律曆志下》、《尚書今古文注疏》卷一一有「夜陳甲子昧爽而合矣故外傳曰王以二月癸亥夜陳武成篇」二十四字。

云：「詩人道西伯，蓋受命之年稱王而斷虞、芮之訟，後十年而崩。」史公用《魯詩》，亦今文家説。以斷虞、芮之訟爲受命之年，正與《大傳》「一年質虞、芮」相合，則史公必同伏生之義，「十年而崩」必是「七年而崩」之譌，蓋因「七」與「十」字形相似而誤。孔穎達《大誓》正義、《武成》正義皆云「《史記》言文王受命七年崩」，是孔氏作《正義》時所見《史記》尚作「七年」不誤，張守節所據本則已誤作「十年」。張云「十」當爲「九」，即據僞《武成》爲説，不知史公不見僞書，「十年」本是「七年」之譌也。《史記》又云：「九年，武王上祭于畢。」九年，當蒙文王受命七年數之。文王七年而崩，又二年爲九年，所謂再期觀兵也。觀兵還師，又二年伐紂，則爲十一年，故《史記》云：「十一年十二月戊午，師畢渡孟津。」與《書序》云「維十有一年，武王伐殷，一月戊午，師渡孟津」正合。《書序》竝無脱文，其作「一月」與《史記》「十二月」相差一月，乃殷正、周正之異。《書序》孔子所作，《大傳》伏生所傳，《史記》亦用伏生今文，三書皆相符合。《漢志》所以與《史記》不合者，用劉歆三統術。劉歆又本於《逸周書》「文王受命之九年」。劉向以爲《周書》蓋孔子所論百篇之餘，見《漢・蓺文志》注，故歆用其父説，以爲文王受命九年而崩。武王再期觀兵爲十一年，又二年伐紂爲十三年。僞《孔》從之，較《史記》皆差二年，與《書序》、《大傳》皆不合。後人多沿其誤，以疑《書序》，詆《史記》，實爲大謬。或又以《逸周書》所云受命乃受西伯專征之命，亦調停之説。《逸周書》與《尚書》文體不類，非必孔子删《書》之餘，劉歆好作僞，其説不足據。鄭君據伏生今文，兼取劉歆之説，以爲文王受命七年而崩，崩後六年武王伐紂，伐紂後五年而崩。參用今古文説，與再期觀兵、須暇五年之數不合，皆不如今文説之塙而有據也。陳喬樅治今文，不知塙守今文師説，乃云：「伏生年已老耄，或於文王受命年數記憶未能明晰。《逸周書》乃汲冢古文，《三統曆》又推法最密，要宜爲可信。」豈非顛倒之見哉！

王朝至于商郊牧野，乃誓。○今文作「武王朝至于商郊牧野，乃誓」。○《史記》曰：「武王朝至于商郊牧野，乃誓。」《大傳》曰：「武王伐紂，至于商郊，停止宿夜，士卒皆歡樂歌舞以待旦。」陳喬樅説：「案：《禮記・祭統》云：『舞莫重于《武宿夜》。』《正義》曰：『舞莫重于《武宿夜》者，皇氏云：「師説《書傳》『武王伐紂，至于商郊，停止宿夜』云云，《武宿夜》，其樂名也。」』此據《書傳》釋《武宿夜》最塙，蓋此舞樂即象當時士卒之歡樂歌舞也。」孫星衍説：「史公『王』作『武王』者，《詩・大明》鄭箋引此經亦作

『武王』，《閟宮》疏亦同，疑僞《傳》删『武』字也。史臣追加之文，如《湯誓》稱王，後人不省耳。」

王左杖黃鉞，右秉白旄，以麾。曰：「逖矣，西土之人！」王曰：「嗟！我友邦冢君，○今文「友」作「有」，「邦」作「國」。○《史記》曰：「武王左杖黃鉞，右秉白旄，以麾。曰：『遠矣，西土之人！』武王曰：『嗟！我有國冢君。』」錫瑞謹案：前已云武王，「武」字不必重出，此兩「武」字疑史公以意增之，非今文本然也。知者，史公於《甘誓》、《湯誓》「王曰」皆改爲「啟曰」、「湯曰」，欲人易曉，此「王曰嗟」不可改之曰「發曰嗟」，故增之曰「武王曰嗟」矣。「逖」作「遠」，故訓字。「友邦」作「有國」，蓋如《甫刑》「有國有土」之義。陳喬樅乃據《周禮》鄭注云「天子亦有友諸侯之誼，武王誓曰『我友邦冢君』」，謂：「鄭引此經以證『友』字，則經當作『友邦』爲是，《史記》『有國』疑是『友國』之譌。」不知史公自據今文，豈必與鄭古文同哉？

「御事：司徒、司馬、司空，《史記》曰「司徒、司馬、司空」，無「御事」二字，蓋今文本無之。王鳴盛說：「《大誓》云：『乃告司徒、司馬、司空。』此文與彼同，解亦當同。伏生《大傳》于彼文引傳以說之，云：『天子三公，司徒公、司馬公，司空公。每一公三卿佐之，每一卿三大夫佐之，每一大夫三元士佐之，故三公、九卿、二十七大夫、八十一元士。』考官數，虞六十，夏百二十，殷二百四十，周三百六十。此官百二十，故鄭以爲夏制。伏於《虞傳》言三公，一公兼二卿，舉下以爲稱，則止有六卿。此益爲九卿，是夏之異於虞者，亦不知所益何卿。殷又不可考。若《周禮》六卿之制當自武王時已定，則周制異於夏，同於虞。伏生何以據夏制說之，殊不可解。依注、疏，以此經爲軍中有職掌之人，不必從伏也。」錫瑞謹案：王說非也。伏生云天子三公、九卿、二十七大夫、八十一元士，《異義》今《尚書》夏侯、歐陽說、《禮記·昏義》篇、《春秋繁露·官制象天》篇、《白虎通·封公侯》篇，其說皆同。蓋自虞夏以至周初，皆止有三公，無六卿。據此經與《大傳》、《史記》所引《大誓》「乃召司徒、司馬、司空、諸節」皆止有司徒、司馬、司空可證。詳見《甘誓》。《周禮》六卿之制定於周公制禮之後，故《顧命》召太保奭等乃有六人。王云「自武王時已定」，何以《牧誓》與《大誓》皆止三公，無六卿？又從注、疏謬說，以此爲軍中有職掌之人。周公作《立政》，亦止云司徒、司馬、司空，豈亦軍中有職掌之人乎？以《周禮》解前代官制，誤始鄭君，王專阿鄭，寧從僞《孔》而不從伏，此大惑不解者。

「亞旅、師氏，千夫長、百夫長，及庸、蜀、羌、髳、微、盧、彭、濮人，○今文「盧」做「纑」。○《史記》曰：「亞旅、師氏，千夫長、百夫長，及庸、蜀、羌、髳、微、纑、彭、濮人。」《論衡・恢國篇》曰：「武王伐紂，庸、蜀之夷佐戰牧野。」《後漢書・西羌傳》曰：「及武王伐商，羌、髳率師會於牧野。」

「稱爾戈，比爾干，立爾矛，予其誓。」《史記》曰：「稱爾戈，比爾干，立爾矛，予其誓。」《鹽鐵論・繇役篇》曰：「武王之伐殷也，執黃鉞誓牧之野，天下之士莫不願爲之用。」

王曰：「古人有言曰：『牝雞無晨。牝雞之晨，惟家之索。』今商王受惟婦言是用，○今文作「王曰『古人有言：「牝雞無晨。牝雞之晨，維家之索。」今殷王紂維婦人言是用』」。○《史記》曰：「王曰：『古人有言：「牝雞無晨。牝雞之晨，維家之索。」今殷王紂維婦人言是用。』」《殷本紀》曰：「紂嬖于婦人，愛妲己，惟妲己之言是從。」○一作「古人有言曰：『牝雞無晨。牝雞之晨，惟家之索。』今殷王紂惟婦言用」。○《漢書・五行志》：「昔武王伐殷，至于牧壄，誓師曰：『古人有言曰：「牝雞無晨。牝雞之晨，惟家之索。」今殷王紂惟婦言用。』」師古曰：「晨謂晨時鳴也。索，盡也。言婦人爲政，猶牝雞而代雄鳴，是喪家之道也。」案：《漢志》引經，與《史記》略異，蓋夏侯本與歐陽不同。《列女・殷紂妲己傳》曰：「妲己者，殷紂之妃也，嬖幸於紂。紂好酒淫樂，不離妲己。妲己所譽貴之，妲己之所憎誅之。於是武王遂致天之罰，斬妲己頭懸於小白旗，以爲亡紂者是女也。《書》曰：『牝雞無晨。牝雞之晨，惟家之索。』」蔡邕答詔問灾異曰：「昔武王伐紂，曰：『牝雞之晨，維家之索。』《易傳》曰：『婦人專政，國不靜。牝雞雄鳴，主不榮。』」《後漢書・楊震傳》震上疏曰：「《書》誡牝雞牡鳴。」《崔琦傳》「外戚箴」曰：「惟家之索，牝雞之晨。」

「昏棄厥肆祀弗答，昏棄厥遺，王父母弟不迪，○今文作「自棄厥先祖肆祀不答，昏棄厥家國，遺厥王父母弟不迪」。○《史記》曰：「自棄其先祖肆祀不答，昏棄其家國，遺其王父母弟不用。」《集解》：「鄭玄曰：『肆，祭名。答，問也。』」誓首言此者，神怒民怨，紂所以亡也。案：今文《尚書》多「先祖」字與「家國」字，於「國」字絶句。「厥」作「其」，「迪」作「用」，故訓字。○一作「厥遺任父母弟不迪」。○石經：「厥遺任父母弟不迪。」陳喬樅說：「『任』

字或鐫刻之譌。石經『厥遺』上文闕，無以訂其同異。」俞樾説：「『任』乃誤字。漢人隸書『王』、『壬』二字往往無別，此經『王』字漢人書作『壬』字，因又加人旁作『任』耳。《韓子·外儲説左》篇『王登爲中牟令』，《吕氏春秋·知度》篇作『任登』，即其例也。」錫瑞謹案：蔡邕等審定石經，不應如此有誤。夏侯《尚書》異説，或與史公歐陽説不同。《大傳·盤庚》篇引《書》曰：「湯任父言，卑應言。」則今文説有「任父」之義。或謂遺任乃受遺任政者，遺任父母弟謂箕子也。

「乃惟四方之多罪逋逃，是崇是長，是信是使，是以爲大夫卿士，《史記》曰：「乃維四方之多罪逋逃，是崇是長，是信是使。」無下「是以爲大夫卿士」句。疑「是以爲大夫卿士」句今文《尚書》本無，乃後人解經之詞誤入正文。如《禮記》「毋以嬖御士疾莊士」，鄭注云：「『莊士』二字，一作『大夫卿士』。」今本《禮記》遂誤作「莊士大夫卿士」也。《漢書·五行志》谷永對曰：「臣聞三代所以喪亡者，皆繇婦人羣小。《書》云：『乃用其婦人之言，四方之逋逃多罪，是信是使。』」師古曰：「《周書·泰誓》也。」《谷永傳》引《書》曰：「迺用婦人之言，自絶于天。」「四方之逋逃多罪，是宗是長，是信是使。」師古曰：「亦《泰誓》之辭也。」則子雲所引《書》「多罪」二字在「逋逃」二字下，乃《泰誓》文，非此經也。《史記》作「多罪逋逃」，與今本不異。

「俾暴虐于百姓，以姦宄于商邑。今予發惟恭行天之罰。○今文「宄」作「軌」，「邑」作「國」，「惟」作「維」，「恭」作「共」。○《史記》曰：「俾暴虐于百姓，以姦軌于商國。今予發維共行天之罰。」○「恭」一作「龔」。○班固《東都賦》、《漢書·敍傳》、高誘《吕氏春秋》注、鍾會《檄蜀文》，孫盛、李賢、李善引《尚書》，皆作「龔」，蓋三家異文。

「今日之事，不愆于六步七步，乃止齊焉。夫子勖哉！不愆于四伐五伐六伐七伐，乃止齊焉。勖哉夫子！○《史記》曰：「今日之事，不過六步七步，乃止齊焉。夫子勉哉！不過於四伐五伐六伐七伐，乃止齊焉。勉哉夫子！」「愆」作「過」，「勖」作「勉」，皆用故訓字。石經：「不愆于四伐五伐六伐七伐，乃。下闕。」據《史記》、石經，皆有「六伐七伐」，江聲、王鳴盛據鄭注《樂記》「不過四伐五伐」，疑「六伐七伐」爲衍文，非也。

「尚桓桓，《史記》曰：「尚桓桓。」《集解》：「鄭玄曰：『威武貌。』」案：《爾雅・釋訓》：「桓桓，威也。」《廣雅・釋訓》：「桓桓，武也。」揚雄《趙充國頌》曰：「赳赳桓桓。」班固《十八侯銘》曰：「桓桓將軍。」《漢書・敘傳》曰：「長平桓桓。」《後漢書・高彪傳》曰：「明其果毅，尚其桓桓。」《孔彪碑》：「爰尚桓桓。」《樊敏碑》：「桓桓大度。」史孝山《出師頌》曰：「桓桓上將。」無從《説文》所引古文作「狟狟」者。

「如虎如貔，如熊如羆，○今文作「如虎如羆」。○《史記》曰：「如虎如羆。」班固《十八侯銘》曰：「休休將軍，如虎如羆。」與《史記》合。《漢書・敘傳》云：「義得其勇，如虎如貔。」與《十八侯銘》不同。疑後人用古文《尚書》改之也。○今文一作「如豺如離」，亦作「如財如螭」，亦作「如离」。○《史記》曰：「如豺如離。」徐廣曰：「此訓與『螭』同。」「如豺」，別本一作「如財」，「財」即「豺」之叚借字。班固《典引》曰：「虎離其師。」《燕然山銘》曰：「螭虎之士。」杜篤《論都賦》曰：「虓怒之旅，如虎如螭。」《説文・内部》：「离，山神，獸也。从禽頭，从内，从屮。歐陽喬説：离，猛獸也。」李善《文選・西都賦》注：「歐陽《尚書》説：螭，猛獸也。」是今文《尚書》作「离」，一作「離」，一作「螭」。「离」爲正字，「螭」與「離」叚借字也。歐陽喬即歐陽高。《漢書・儒林傳》歐陽和伯之曾孫名高，字子陽，爲博士，繇是《尚書》有歐陽氏學。李善引歐陽《尚書》説，即歐陽喬説也。

「于商郊，弗迓克奔，以役西土。勖哉夫子！爾所弗勖，其于爾躬有戮。」○今文「弗」作「不」，「迓」作「禦」。○《史記》曰：「于商郊，不禦克犇，以役西土。勉哉夫子！爾所不勉，其于爾身有戮。」「勖」作「勉」，「躬」作「身」，皆故訓字也。《史記》又曰：「誓已，諸侯兵會者四千乘，陳師牧野。」桓譚《新論》曰：「甲子，日月若合璧，五星若連珠，昧爽，武王朝至于南郊牧野，從天以討紂，故兵不血刃而定天下。」《大傳》曰：「武王與紂戰于牧之野，紂之卒輻分，紂之車瓦裂，紂之甲魚鱗，下賀乎武王。」

今文尚書考證卷十一

善化　皮錫瑞

鴻範第十一　周書二

洪範　○今文「洪」作「鴻」。○《大傳》曰：「《鴻範》可以觀度。」《漢書·梅福傳》曰：「箕子佯狂于殷，而爲周陳《洪範》。箕子非疏其家而畔親也，不可爲言也。」

惟十有三祀，王訪于箕子。○今文「惟」作「維」。○《大傳》曰：「武王勝殷，繼公子禄父，釋箕子囚。箕子不忍周之釋，走之朝鮮。武王聞之，因以朝鮮封之。箕子既受周之封，不得無臣禮，故于十三祀來朝。武王因其朝而問《鴻範》。」孫星衍說：「此今文說也。《書序》亦云：『武王勝殷殺受，立武庚，以箕子歸，作《鴻範》。』《書疏》云：『朝鮮去周，路將萬里。聞其所在，然後封之，受封乃朝，必歷年矣，不得仍在十三祀也。《宋世家》得其實也。』按：《周本紀》云：『武王已克殷，後二年，問箕子殷所以亡。箕子不忍言殷惡，以存亡國宜告。武王亦醜，故問以天道。』又考《周本紀》，武王十一年十二月師渡孟津，二月朝至於商郊牧野，是十二年也。已而命召公釋箕子之囚，乃罷兵西歸，封諸侯。箕子之去朝鮮，因而封之，疑在此時。又云：『武王徵九牧之君。』箕子宜以此時來朝，故在武王已克殷後二年，是十三年也。《大傳》所說，較之《周本紀》，未可非，故今文與古文竝存可也。」錫瑞謹案：《史記·宋世家》云：「武王既克殷，訪問箕子。」不言其何年。《周本紀》以爲克殷後二年。史公說爲文王受命七年而崩，武王蒙文王受命之年，再期觀兵爲九年，又二年伐紂爲十一年，克殷後二年爲十三祀，與《大傳》無不合。其不合者，《宋世家》述《鴻範》畢，云：「於是武王乃封箕子於朝鮮而不臣也。」則史公以爲陳《鴻範》後乃封朝鮮，與伏生以爲封朝鮮來朝乃陳《鴻範》說異。《漢書·儒林傳》云：「遷書載《鴻範》，多古文說。」此當爲古文說之一。《漢書·五行志》曰：「劉歆㠯爲禹治洪水，賜《雒書》，法而陳之，《洪範》是也。聖人行其道而寶其真。降及於殷，箕子在父師位而典之。周既克殷，㠯箕子歸，武王親虛己而問焉。故經曰：『惟十有三祀，王訪于箕子。』」劉歆説與《書序》相近。然《書序》不明言作《洪範》之年，歆則以爲：「文王受命九年而崩，再期，在大祥而伐紂，故《書序》曰：『惟十有一年，武王伐紂，大誓。』八百諸侯會。還歸二年，乃遂伐紂。克殷，㠯箕子歸，十三年也。故《書序》曰：『武王克殷，㠯箕子歸，作《洪範》。』《洪範》篇曰：『惟十有三祀，王訪于箕子。』自文王受命而至此十三年。」歆説見《漢志》。僞《孔傳》用其説，故孔疏有「受封乃朝，不得仍在十三祀」之疑。不知歆説較之《大傳》、《史記》、《書序》先後皆差二年，本不足據。《大傳》與《史記》言陳《鴻範》、封朝鮮先後雖異，而言文王崩年相合，則武王克殷之年亦必相合。「維十有三祀」自必皆在克殷之後二年，不在釋箕子囚之時。遷書所載孔安國古文説與劉歆古文説異，則歆説不可信，不得據劉歆、僞《孔》以駁伏生、史公也。《書序》所云「以箕子歸」，或與劉歆説同，或如江聲説爲已而箕子來歸，則與今文箕子受封來朝亦無不合。《爾雅·釋天》云：「商曰祀。」孫炎注云：「祀，取四時祭祀一訖也。」《獨斷》云：「商曰祀。」《釋名》云：「殷曰祀。祀，巳也，新氣升，故氣已也。」此《周書》而稱祀者，《左氏傳》、許氏《説文》皆引此經爲《商書》。《儒林傳》云：「遷書載《堯典》、《禹貢》、《洪範》、《微子》、《金縢》諸篇，多古文説。」班氏以《洪範》列《微子》上，則今文《尚書》次序或以此篇列《微子》之前，則此爲《商書》，故稱祀也。「惟十有三祀」今文當作「維」。《匡謬正俗》云：「惟，辭也，蓋語之發端，《書》云『惟三月哉生魄』、『惟十有三祀，王訪于箕子』之類是也。古文皆爲『惟』字，而今文《尚書》變爲『維』者，同音通用，厥義無別。」師古及見石經搨本，是今文《尚書》本作「維」也。《史記》述此篇皆作「維」。

王乃言曰：「嗚呼，箕子！惟天陰騭下民，相協厥居，我不知其彝倫攸敘。」○今文「嗚呼」作「於乎」，「惟」作「維」，「敘」作「序」。○《史記·宋世家》曰：「武王曰：『於乎！維天陰定下民，相和其居，我不知其常倫所序。』」錫瑞謹案：《周本紀》曰：「箕子不忍言殷惡，以存亡國宜告武王。王亦醜，❶故問以天道。」是武王與箕子於陳《鴻範》之前嘗有問答之辭，惜不傳耳。《説文》云：「乃，難詞也。」據史公説，武王與箕子皆有難言之意，故皆曰「乃言」。《史記》於此文及下「箕子對曰」皆不作「乃言」者，以意改之耳。「於乎」下無「箕子」，省文。「騭」作

❶ 「王王」，《史記·周本紀》諸本多不重，然據清人姚範《援鶉堂筆記》，其所見《史記》即作「王王」。

「定」，「協」作「和」，「彝」作「常」，「攸」作「所」，皆故訓字。《膠東令王君碑》引經作「攸」，蔡邕《司空文烈侯楊公碑》曰：「惟天陰騭下民，彝倫所由順序。」段玉裁云「『騭』不訓『定』，疑今文《尚書》本作『質』」，非也。○「乃」一作「迺」，「嗚呼」一作「烏嘑」，「攸敘」一作「逌敘」。○《漢書·五行志》曰：「王迺言曰：『烏嘑，箕子！惟天陰騭下民，相協厥居，我不知其彝倫逌敘。』」服虔曰：「騭音陟也。」應劭曰：「陰，覆也。騭，升也。相，助也。協，和也。倫，理也。攸，所也。言天覆下民，王者當助天居，我不知居天常理所次序也。」師古曰：「騭音質。騭，定也。協，和也。天不言而默定下人，助合其居。」《呂氏春秋·君守》篇云：「《鴻範》曰：『惟天陰騭下民。』陰之者，所以發之也。」高誘注曰：「陰陽升陟也。言天覆生下民，王者助天舉發，明之以仁義也。」案：師古注與服虔、應劭諸家説異，而與《史記》相合，蓋本漢儒今文舊説。王肅注亦云：「陰，深也。言天陰定下民，與之五常之性。」亦與史公義合。或史公用歐陽説，服虔、應劭、高誘皆用夏侯説歟？

箕子乃言曰：「我聞在昔，鯀陻洪水，汩陳其五行，○今文「乃」一作「迺」，「洪」一作「鴻」。○《史記》曰：「箕子對曰：『在昔鯀陻鴻水，汩陳其五行。』」無「我聞」二字，省文。《漢志》曰：「箕子迺言曰：『我聞在昔，鯀陻洪水，汩陳其五行。』」應劭曰：「陻，塞也。汩，亂也。水性流行，而鯀障塞之，失其本性，其餘所陳列皆亂，故曰亂陳五行也。」《華嚴音義》引《大傳》曰：「汩，亂也。」○一作「鯀伊鴻水，曰陳其五行」。○石經：「□伊鴻水，曰陳其五行，帝。下闕。」馮登府説：「案：陻、伊一音之轉，《中庸》『一戎衣』注：『衣爲殷。齊人讀殷如衣。』是古音通也。《詩·溱洧》箋：『伊，因也。』《史記》作『禹抑鴻水』，《孟子》同，伊、抑亦聲之轉。『曰』即『汩』之省。」

帝乃震怒，不畀洪範九疇，彝倫攸斁。○今文「洪」一作「鴻」。○《史記》曰：「帝乃震怒，不從鴻範九等，常倫所斁。」徐廣曰：「斁一作『釋』。」裴駰案：「鄭玄曰：『帝，天也。天以鯀如是，乃震動其威怒，不與天道大法九類，言王所問所由敗也。』」案：「畀」作「從」，「疇」作「等」，「彝」作「常」，「攸」作「所」，皆故訓字。徐云一作「釋」，當是「殬」之譌。班固《典引》云：「彝倫殬而舊章缺。」與《説文》作「殬」合也。孫星衍云：「『畀』爲『從』者，今文《尚書》。」恐未可據。○「乃」一作「迺」，「不畀」作「弗畀」，「攸」作「逌」。○《漢志》曰：「帝迺震怒，弗畀洪範九疇，彝倫逌斁。」師古曰：「帝謂上帝，即天也。震，動也。

畀，與也。疇，類也。九類即九章也。斁，敗也。」

「鯀則殛死，禹乃嗣興。天乃錫禹洪範九疇，彝倫攸敘。○今文「洪」一作「鴻」，「敘」一作「序」。○《史記》曰：「鯀則殛死，禹乃嗣興。天乃錫禹鴻範九等，常倫所序。」用故訓，與前同。趙岐注《孟子》云：「《洪範》曰：『彝倫攸序。』謂其常事有序者也。」○「乃」一作「迺」，「攸」一作「逌」。○《漢志》曰：「『鯀則殛死，禹迺嗣興。天迺錫禹洪範九疇，彝倫逌敘。』此武王問《雒書》於箕子，箕子對禹得《雒書》之意也。」又於「初一曰五行」至「畏用六極」云：「凡此六十五字，皆《雒書》本文，所謂『天迺錫禹大法九章，常事所次』是也。」《漢書・敘傳》曰：「《河圖》命庖，《洛書》賜禹，八卦成列，九疇逌敘。」李奇曰：「《洛書》即洪範九疇也。」案：以洪範即《洛書》，兩漢今古文說無異。《尚書中候》曰：「堯率羣臣，東沈璧于洛，退俟至于下稷，赤光起，元龜負圖出，背甲赤文成字。」宋均曰：「『稷』讀曰『側』。此即禹所受《洛書》也。云『堯率羣臣』，禹時預焉。」《論衡・正説篇》曰：「禹之時得《洛書》，書從洛水中出，洪範九章是也。禹案洪範以治洪水。」馬注云：「從『五行』以下至『六極』，《洛書》文也。」鄭注《大傳》云：「初，禹治水，得神龜負文於洛，於以盡得天人陰陽之用。」《三國・魏志》辛毗等奏曰：「至於河、洛之書，著於洪範，則殷、周效而用之矣。」皆以爲鴻範即《雒書》。

「初一曰五行，次二曰敬用五事，○今文「敬」作「羞」。○《漢書・五行志》曰：「初一曰五行，次二曰羞用五事。」師古曰：「羞，進也。」《蓺文志》曰：「五行者，五常之形氣也。《書》云：『初一曰五行，次二曰羞用五事。』言進用五事以順五行也。貌、言、視、聽、思心失，而五行之序亂。」《孔光傳》光對曰：「《書》曰『羞用五事』，『建用皇極』。如貌、言、視、聽、思失，大中之道不立，則咎徵薦臻，六極屢降。」

「次三曰農用八政，《漢志》曰：「此三曰農用八政。」張晏曰：「農，食之本，食爲八政之首，故以『農』爲名也。」師古曰：「此説非也。農，厚也。羞用義例皆同，非田農之義也。」案：鄭讀「農」爲「醲」，僞《孔》訓「農」爲「厚」，蓋用鄭義，師古又用孔義，張晏則從馬、王之義，未知孰爲今文。陳喬樅云鄭從今文家説，然無據。《漢官解詁》曰：「勉用八政。」以「勉」代「農」，則今文説訓「農」爲「勉」。《廣雅・釋詁》：「農，勉也。」

「次四曰協用五紀，○今文「協」作「叶」。○《漢志》

曰：「次四曰叶用五紀。」應劭曰：「叶，合也，合成五行，爲之條紀也。」

「次五曰建用皇極，《漢志》曰：「次五曰建用皇極。」應劭曰：「皇，大。極，中也。」石經：「囗囗曰建用皇極。」錫瑞謹案：漢人引此經多作「皇」。蔡邕《爲陳留縣上孝子狀》云：「建用皇極。」《膠東令王君碑》云：「伊漢中葉，皇極不建。」《韓勑碑》云：「皇極之日。」《開母廟碑》云：「皇極正而降休。」鄭注《大傳》云：「王極，或皆爲『皇極』。」是《大傳》別本有作「皇極」者。蓋皇、王聲近，義皆訓「大」，故今文家或作「王」，或作「皇」，或訓「君」，或訓「大」。《五行志》引《傳》曰：「皇之不極，是謂不建。」釋之曰：「皇，君也。極，中。建，立也。人君貌、言、視、聽、思心五事皆失，不得其中，則不能立萬事。」此用《大傳》作「皇」之本，訓「皇」爲「君」者也。《孔光傳》光對曰：「《書》曰：『建用皇極。』皇之不極，是爲大中不立。」《谷永傳》日食地震對曰：「正五事，建大中，以承天心，則庶徵序於下，日月理於上。五事失於躬，大中之道不立，則咎徵降而六極至。」《後漢書・周舉傳》策問曰：「思協大中。」蔡邕答詔問灾異曰：「建大中之道。」《胡公碑》曰：「協大中于皇極。」宋均注《考靈燿》曰：「皇，大。極，中也。」與應劭《漢志》注同。此皆訓「皇」爲「大」者也。案：「皇」與「王」雖可通用，而義則當從《五行志》訓「君」。蓋王之不極、皇之不極必訓爲「君」而後可通，若訓爲大之不中，則不辭甚矣。○今文一作「建用王極」。○《鴻範五行傳》曰：「爰用五事，建立王極。」又曰：「王之不極，是謂不建。」鄭注：「王，君也。不名體而言王者，五事象五行，則王極象天也。人法天，元氣純，則不可以一體而言之也。天變化爲陰爲陽，覆成五行。經曰：『曆象日月星辰，敬授民時。』《論語》曰：『爲政以德，譬如北辰。』是則天之通於人政也。孔子説《春秋》曰：『政以不由王出，不得爲政。』則是王君出政之號也。極，中也。建，立也。王象天，以性情覆成五事，爲中和之政也。王政不中，則是不能立其事也。」錫瑞謹案：鄭解「王極」之義甚精，則《大傳》本當爲「王極」。《漢志》、《續漢志》皆作「皇」，劉昭注云「《尚書大傳》作『王』」，是也。鄭君《大傳敘》曰：「張生、歐陽生從其學而授之。」則作「王極」者當是歐陽本。班孟堅、蔡伯喈皆習夏侯《尚書》，故《漢書》與石經同作「皇極」，當是張生本。《史記》用歐陽《尚書》而亦作「皇極」者，案《史記》於「王極之傳言」獨作「王極」，疑此一篇當皆作「王極」字，其作「皇」乃後人改之，而「王極之傳言」句改之未盡，故參差不一也。

「次六曰乂用三德，○今文「乂」作「艾」。○《漢志》曰：「次六曰艾用三德。」應劭曰：「艾，治也。治大中之道用三德也。」師古曰：「艾讀曰乂。」石經：「次六曰艾用三德。下闕。」

「次七曰明用稽疑，次八曰念用庶徵，《漢志》曰：「次七曰明用稽疑，次八曰念用庶徵。」應劭曰：「疑事明考之于蓍龜。」師古曰：「念，思也。庶，衆也。徵，應也。」《説苑・反質》篇曰：「凡古之卜日者，將以輔道稽疑。」《論衡・感類篇》曰：「《洪範》稽疑。」則今文亦作「稽」也。王應麟引漢人異字作「卟」，蓋即《説文》引《書》云「卟疑」，乃古文字。

「次九曰嚮用五福，威用六極。○今文「嚮」作「饗」，「威」作「畏」。○《漢志》曰：「次九曰嚮用五福，畏用六極。」應劭曰：「天所以嚮樂人，用五福；所以畏懼人，用六極。」《史記・宋世家》亦作「嚮」，而《漢書・谷永傳》引經曰：「饗用五福，畏用六極。」師古曰：「饗，當也。言所行當於天心，則降以五福；若所爲不善，則以六極畏罰之。」子雲用今文《尚書》作「饗」，王應麟《藝文志考》漢人引《書》異字「饗用五福」，蓋即《谷永傳》。則《史記》、《漢志》皆當本是「饗」字，應劭所據本亦當作「饗」，故注云「饗樂」，今《史記》、《漢志》正文與應劭注皆淺人妄改之。《漢紀》谷永對策引經曰：「饗用五福，威用六極。」同出谷子雲引而與《漢書》不同，此淺人據今本《尚書》妄改之明證也。《漢志》曰：「凡此六十五字，皆《雒書》本文。」《史記》曰：「初一曰五行，二曰五事，三曰八政，四曰五紀，五曰皇極，六曰三德，七曰稽疑，八曰庶徵，九曰嚮當作「饗」。用五福，畏用六極。」惟有四十三字，蓋史公省文。《大傳》曰「建立王極」，孔光引經曰「羞用五事」、「建用皇極」，文與《漢志》相同，則今文《尚書》作六十五字，不作四十三字也。《釋文》引馬云：「從『五行』已下至『六極』，《洛書》文也。」則謂本文惟三十八字，「初一曰」等字皆禹所加，蓋古文説異。

「一五行：一曰水，二曰火，三曰木，四曰金，五曰土。○今文「五行」上無「一」字。○《史記》曰：「五行：一曰水，二曰火，三曰木，四曰金，五曰土。」《漢志》曰：「經曰：『初一曰五行。五行：一曰水，二曰火，三曰木，四曰金，五曰土。』」《史記》全載此篇，此「五行」及下「五事」、「八政」、「五紀」、「皇極」、「三德」、「稽疑」、「庶徵」、「五福」等字上，皆無「一」、「二」至「八」、「九」等字。《漢志》載此篇，「五行」上無「一」字，「五事」上無「二」字。《食貨志》

載《洪範》文，「八政」上無「三」字。《谷永傳》引「皇極，皇建其有極」，無「五」字。《説文》引《書》云「卟疑」，無「七」字。石經「爲天下王。三德」，無「六」字。是今古文皆無「一」、「二」等數目字也。《白虎通・五行》篇曰：「五行者何謂也？謂金、木、水、火、土也。言行者，欲言爲天行氣之義也。地之承天，猶妻之事夫、臣之事君也。其位卑，卑者親視事，故自同於一行尊於天也。」下文引此經，曰：「水位在北方。北方者，陰氣在黄泉之下，任養萬物。水之爲言准也，養物平均，有准則也。木在東方。東方者，陽氣始動，萬物始生。木之爲言觸也，陽氣動躍，觸地而出也。火在南方。南方者，陽在上，萬物垂枝。火之爲言委隨也，言萬物布施。火之爲言化也，陽氣用事，萬物變化也。金在西方。西方者，陰始起，萬物禁止。金之爲言禁也。土在中央。中央者土，土主吐含萬物。土之爲言吐也。何以知東方生？《樂記》曰：『春生，夏長，秋收，冬藏。』土所以不名時者，地，土之别名也，比於五行最尊，故不自居部職也。」又曰：「五行所以更王何？以其轉相生，故有終始也。木生火，火生土，土生金，金生水，水生木。」又曰：「五行所以相害者，天地之性衆勝寡，故水勝火也；精勝堅，故火勝金；剛勝柔，故金勝木；專勝散，故木勝土；實勝虚，故土勝水也。」《釋名》曰：「五行者，五氣也，於其方各施行也。金，禁也，其氣剛嚴，能禁制也。木，冒也，華葉自覆冒也。水，準也，準平物也。火，化也，消化物也；亦言毁也，物入中皆毁壞也。土，吐也，能吐生萬物也。」《元命苞》曰：「木之爲言觸也，言觸地氣動躍也。火之爲言委隨也。土之爲言吐，言子成父道，吐也。」

「水曰潤下，火曰炎上，木曰曲直，金曰從革，土爰稼穡。《漢書・五行志》作「土爰稼穡」，師古曰：「『爰』亦『曰』也。」一説，爰，於也，可於其上稼穡也。種之曰稼，收聚曰穡。」《李尋傳》、《白虎通》、《漢紀》引皆作「爰」，蓋皆夏侯《尚書》。《五行志》引《傳》曰：「田獵不宿，飲食不享，出入不節，奪民農時，及有姦謀，則木不曲直。」説曰：「木，東方也。於《易》，地上之木爲《觀》。其於王事，威儀容貌亦可觀者也。故行步有佩玉之度，登車有和鸞之節，田狩有三驅之制，飲食有享獻之禮，出入有名，使民㠯時，務在勸農桑，謀在安百姓。如此則木得其性矣。若迺田獵馳騁不反宫室，飲食沈湎不顧法度，妄興繇役㠯奪民時，作爲姦詐㠯傷民財，則木失其性矣。蓋工匠之爲輪矢者多傷敗，及木爲變怪，是爲木不曲直。」又曰：「棄法律，逐功臣，殺太子，㠯妾爲妻，則火不炎上。」説曰：「火，南方，揚光煇爲明者也。其於王者，南面鄉明而治。《書》曰：『知人則悊，能官人。』故堯、舜舉羣賢而命之朝，遠四佞而放諸壄。孔子曰：『浸潤之譖，膚受之訴不行焉，可謂明矣。』賢佞分別，官人有序，帥由舊章，敬重功勳，殊别適庶。如此則火得其性矣。若迺信道不篤，或燿虛僞，讒夫昌，邪勝正，則火失其性矣。自上而降，及濫炎妄起，災宗廟，燒宮館，雖興師衆，弗能救也，是爲火不炎上。」又曰：「治宮室，飾臺榭，内淫亂，犯親戚，侮父兄，則稼穡不成。」説曰：「土，中央，生萬物者也。其於王者爲内事。宮室、夫婦、親屬，亦相生者也。古者天子、諸侯，宮廟大小高卑有制，后、夫人、媵妾多少進退有度，九族親疏長幼有序。孔子曰：『禮，與其奢也，寧儉。』故禹卑宮室，文王刑于寡妻，此聖人之所以昭教化也。如此則土得其性矣。若迺奢淫驕慢，則土失其性。亡水旱之災而艸木百穀不孰，❶是爲稼穡不成。」又曰：「好戰攻，輕百姓，飾城郭，侵邊竟，則金不從革。」説曰：「金，西方，萬物既成，殺氣之始也。故立秋而鷹隼擊，秋分而微霜降。其於王事，出軍行師，把旄杖鉞，誓士衆，抗威武，所目征畔逆、止暴亂也。《詩》云：『有虔秉鉞，如火烈烈。』又曰：『載戢干戈，載櫜弓矢。』動静應誼，『説以犯難，民忘其死』。如此則金得其性矣。若迺貪欲恣睢，務立威勝，不重民命，則金失其性。蓋工冶鑄金鐵，金鐵冰滯涸堅，不成者衆，及爲變怪，是爲金不從革。」又曰：「簡宗廟，不禱祠，廢祭祀，逆天時，則水不潤下。」説曰：「水，北方，終臧萬物者也。其於人道，命終而形臧，精神放越。聖人爲之宗廟目收魂氣，春秋祭祀，目終孝道。王者即位，必郊祀天地，禱祈神祇，望秩山川，懷柔百神，亡不宗事。慎其齊戒，致其嚴敬，鬼神歆饗，多獲福助。此聖王所以順事陰氣，和神人也。至發號施令，亦奉天時。十二月咸得其氣，則陰陽調而終始成。如此則水得其性矣。若迺不敬鬼神，政令逆時，則水失其性。霧水暴出，百川逆溢，壞鄉邑，溺人民，及淫雨傷稼穡，是爲水不潤下。」《志》所引「傳曰」，伏生《大傳·鴻範五行傳》也；「説曰」，即歐陽、夏侯三家説也。《蓺文志》有「《歐陽説義》二篇」，或即二篇之説。《續漢志》、《南齊志》、《隋志》皆引《五行傳》，大義略同，茲不復載。《白虎通·五行》篇曰：「五行之性，或上或下何？火者陽也，尊，故上。水者陰也，卑，故下。木者少陽，金者少陰，有中和之性，故可曲直、從革。土者最大，苞含物，將生者出，將歸者入，不嫌清

❶「亡」，原作「有」，今據《漢書·五行志》改。

濁，爲萬物母。」下引此經。《風俗通》引《書大傳》曰：「火者太陽也。」與《白虎通》文意正合，則《白虎通》之説亦本《大傳》。《漢書・律曆志》曰：「太陰者，北方。北，伏也，陽氣伏於下，於時爲冬。冬，終也，物終臧，乃可稱。水潤下。知者謀，謀者重，故爲權也。太陽者，南方。南，任也，陽氣任養物，於時爲夏。夏，假也，物假大，乃宣平。火炎上。禮者齊，齊者平，故爲衡也。少陰者，西方。西，遷也，陰氣遷落物，於時爲秋。秋，䕻也，物䕻斂，乃成孰。金從革，改更也。義者成，成者方，故爲矩也。少陽者，東方。東，動也，陽氣動物，於時爲春。春，蠢也，物蠢生，乃動運。木曲直。仁者生，生者圜，故爲規也。中央者，陰陽之内，四方之中，經緯通達，迺能端直，於時爲四季。土稼嗇蕃息。信者誠，誠者直，故爲繩也。」此以五行配五常也。○今文一作「土曰稼穡」。○《史記》曰：「水曰潤下，火曰炎上，木曰曲直，金曰從革，土曰稼穡。」《集解》：「馬融曰：『金之性從火而更，❶可銷鑠。』」《論衡》引此經作「土曰稼穡」，與《史記》同，蓋皆歐陽《尚書》。《漢書・李尋傳》尋對曰：「《書》云：『水曰潤下。』陰動而卑，不失其道。天下有道，則河出圖，洛出書。」

「潤下作鹹，炎上作苦，曲直作酸，從革作辛，稼穡作甘。《史記》曰：「潤下作鹹，炎上作苦，曲直作酸，從革作辛，稼穡作甘。」《白虎通・五行》篇曰：「水味所以鹹何？是其性也。所以北方鹹者，萬物鹹與，所以堅之也，猶五味得鹹乃堅也。木味所以酸何？東方萬物之生也，酸者所以達生也，猶五味得酸乃達也。火味所以苦何？南方主長養，苦者所以長養也，猶五味須苦可以養也。金味所以辛何？西方煞傷成物，辛所以煞傷之也，猶五味得辛乃委煞也。土味所以甘何？中央者中和也，故甘，猶五味以甘爲主也。」下引此經。高誘注《吕覽》云：「木味酸。酸者，鑽也。萬物應陽，鑽地而出。」與《白虎通》解同。《大傳》曰：「水、火者，百姓之所飲食也。金、木者，百姓之所興作也。土者，萬物之所資生也。是爲人用。」《書正義》云：「此章所演凡三重，第一言其名次，第二言其體性，第三言其氣味，言五者各爲人用。」引此《書傳》爲證。

「二五事：一曰貌，二曰言，○今文「五事」上無「二」字。○《史記》曰：「五事：一曰貌，二曰言。」《漢志》曰：「經曰：『羞用五事。五事：一曰貌，二曰言。』」《説

❶ 「火」，《史記・宋微子世家》裴駰《集解》、《後漢書・五行志》劉昭注、余蕭客《古經解鉤沈》卷四引皆作「人」。

苑・修文》篇云：「《書》曰：『五事：一曰貌。』貌者，男子之所以恭敬，婦人之所以姣好也。」「五事」上皆無「二」字。《風俗通・過譽》篇曰：「《鴻範》陳五事，以貌爲首。」《論衡・言毒篇》曰：「諺曰：『衆口爍金。』口者，火也。五行二曰火，五事二曰言。言與火直，故云爍金。金制于火，火、口同類也。」又《訂鬼篇》曰：「《鴻範》五行二曰火，五事二曰言。言、火同氣，故童謡、詩歌爲妖言。」王鳴盛云：「王充誤以五事之次即五行之次。」錫瑞案：古《尚書》說云：「肺，火也。」肺主音聲語言，言與火同氣，故肺屬火，則仲任謂「言與火直」，其說有本。且仲任專主「妖言」言之，《五行傳》亦云：「言之不從，時有詩妖。」仲任說與《五行傳》合，非誤也。

「三曰視，四曰聽，五曰思。〇今文「五曰思」下多「心」字。〇《史記》、《漢志》皆曰：「三曰視，四曰聽，五曰思。」錫瑞謹案：「五曰思」當作「五曰思心」，說見後。《五經異義》：「今文《尚書》歐陽說：『肝，木也。心，火也。脾，土也。肺，金也。腎，水也。』古《尚書》說：『脾，木也。肺，火也。心，土也。肝，金也。腎，水也。』」許從古文《尚書》說，鄭駁之，而《說文・心部》云：「心，人心，土藏，在身之中。博士說以爲火藏。」《肉部》又云：「肝，木藏。肺，金藏也。脾，土藏也。腎，水藏也。」則許又似以今文博士說爲正。《孝經援神契》曰：「肝仁，故目視。肺義，故鼻候。心禮，故耳司。腎智，故竅寫。脾信，故口誨。」是以肝爲木，肺爲金，心爲火，腎爲水，脾爲土也。《白虎通・情性》篇曰：「肝，木之精也，目爲之候。肺者，金之精，鼻爲之候。心，火之精也，耳爲之候。腎者，水之精，雙竅爲之候。脾者，土之精也，口爲之候。」皆同歐陽今文之說。然據此說，以五行配五事，惟目司視、耳司聽、口誨爲言乃塙而可指者，若貌與思則無以塙指之。考《鴻範五行傳》，則伏生之說異於是。《五行傳》曰：「貌屬木，言屬金，視屬火，聽屬水，思心屬土。」此伏生以五事配五行之義，與古《尚書》說「脾，木；肺，火；心，土；肝，金；腎，水」正合，而與歐陽說「肝，木；心，火；脾，土；肺，金；腎，水」不同。漢儒若董仲舒、眭孟、劉向、劉歆言災異，班固志五行，鄭君注《大傳》，皆同伏生之義。揚子《玄數》云：「三八爲木，事貌用恭撝肅，徵旱，類爲狂。四九爲金，事言用從撝乂，徵雨，類爲僭。二七爲火，事視用明撝哲，徵熱，類爲舒。一六爲水，事聽用聰撝謀，徵寒，類爲急。五五爲土，事思用睿撝聖，徵風，類爲牟。」「牟」蓋叚借爲「瞀」。「睿」字，子雲用今文，當作「容」，後人改之也。《漢書・天文志》曰：「木，於人五常仁也，五事貌也。火，禮也，視也。金，義也，言也。水，知也，聽也。土，信也，思心也。仁、義、禮、知，目信爲主。貌、言、視、聽，目心爲正。」《律曆志》曰：「協之五行，則角爲木，五常爲仁，五事爲貌。商爲金、爲義、爲言，徵爲火、爲禮、爲視，羽爲水、爲智、爲聽，宫爲土、爲信、爲思。」《風俗通·聲音》篇曰：「商，五行爲金，五常爲義，五事爲言。角，五行爲木，五常爲仁，五事爲貌。宫，五行爲土，五常爲信，五事爲思。徵，五行爲火，五常爲禮，五事爲視。羽，五行爲水，五常爲智，五事爲聽。」《漢紀》曰：「木爲貌，金爲言，火爲視，水爲聽，土爲思心。」又曰：「合之五行，則角爲木，於五常爲仁，於五事爲貌。商爲金、爲義、爲言，徵爲火、爲禮、爲視，羽爲水、爲智、爲聽，宫爲土、爲信、爲思心。」皆與《鴻範五行傳》合，則伏生之説與古《尚書》説不異，歐陽説背其師傳也。

「貌曰恭，言曰從，視曰明，聽曰聰，思曰睿。」

○今文作「思心曰容」。○《史記》曰：「貌曰恭，言曰從，視曰明，聽曰聰，思曰睿。」《漢書·五行志》引經曰：「思曰容。」又引《傳》曰：「思心之不容，今誤作「⿱𣦵谷」。是謂不聖。」「思心者，心思慮也。容，今誤作「⿱𣦵谷」。寬也。孔子曰：『居上不寬，吾何目觀之哉！』言上不寬大包容臣下，則不能居聖位。」以「寬」訓「容」，明是「容」字。今本作「⿱𣦵谷」，誤。據《志》文引《傳》作「⿱𣦵谷」誤，知前引經作「思曰⿱𣦵谷」亦誤。應劭注曰：「⿱𣦵谷，通也。古文作『睿』。」正言古文作「睿」，與今文作「容」異。今本《漢書》與注皆誤作「⿱𣦵谷」，非「容」非「睿」，義不可通。據《漢志》作「⿱𣦵谷」誤，知《史記》作「睿」亦誤。史公雖於《洪範》多古文説，其字不當作「睿」也。今文《尚書》當作「思心曰容」。《鴻範五行傳》曰：「次五事曰思心。思心之不容，是謂不聖。」鄭注曰：「容，當爲『睿』。睿，通也。聖者包貌、言、視、聽而載之以思心者，通以待之。君思心不通，則是非不能心明其事也。思心曰土。《志》、《論》皆言君不寬容則地動，玄或疑焉。今四行來沴土，地乃動，臣下之相帥爲畔逆之象，君不通於事所致也。以爲不寬容，亦皆爲陰勝陽，臣强君之異。」據鄭注，則《大傳》作「容」，鄭以爲當作「睿」。《志》、《論》從今文作「容」，不寬容則地動；鄭從古文作「睿」，不睿通則地動。其義甚明。《洪範》、《月令》疏引《大傳》皆改爲「睿」，則鄭注豈可通乎？司馬彪《續漢志》及《晉》《隋書·五行志》皆引《五行傳》曰：「思心不容，是謂不聖。」《續漢志》又云：「會秋明帝崩，是思心不容也。」荀悦《漢紀》云：「土爲思心。思心曰容，容作聖。」高誘《戰國策》注引《五行傳》亦曰：「思心之不容，是謂不聖。」所引《傳》皆不誤。《春秋繁露·五行五事》篇云：「五曰思，思曰容，「思」字下皆脱「心」字。容者言無不容。容作聖，聖者設也。王者心寬大無不容，則聖能施設，事各得其宜也。」《説苑·君道》篇云：「齊宣王謂尹文曰：『人君之事何如？』尹文對曰：『人君之事，無爲而能容下。夫事寡易從，法省易因，故民不以政獲罪也。大道容衆，大德容下，聖人寡爲而天下理矣。《書》曰：容今作「睿」，誤。作聖。』」皆與伏生義同。錢大昕説：「容與恭、從、聰爲韻。康成以爲字之譌，破『容』爲『睿』，晚出古文因之，未必鄭是而伏非。《説文》云：『思，容也。』亦用伏生義也。古之言心者，貴其能容，不貴其能察。《秦誓》云：『其心休休焉，其如有容。』《論語》云：『君子尊賢而容衆。我之大賢與，於人何所不容？』《老子》曰：『容乃公，公乃王，王乃天，天乃道，道乃久。』《荀子》曰：『君子賢而能容衆，知而能容愚，博而能容淺，粹而能容雜。』《孟子》以仁爲人心。仁者必能容物，故視主明，聽主聰，而思獨主容。若睿哲之義，已於明聰中該之矣。」

「恭作肅，從作乂，明作哲，聰作謀，睿作聖。」

○今文「乂」作「艾」，「哲」作「悊」，「睿」作「容」。○《史記》曰：「恭作肅，從作治，明作智，聰作謀，睿作聖。」史公「艾」爲「治」，「哲」爲「智」，以故訓代之。《漢志》曰：「恭作肅，從作艾，明作悊，聰作謀，睿作聖。」案：今文《尚書》當爲「容作聖」，説見前。《鴻範五行傳》曰：「一曰貌。貌之不恭，是謂不肅，厥咎狂，厥罰常雨，厥極惡。時則有服妖，時則有龜孽，時則有雞旤，時則有下體生於上之痾，時則有青眚青祥。維金沴木。❶次二事曰言。言之不從，是謂不艾，厥咎僭，厥罰常陽，厥極憂。時則有詩妖，時則有介蟲之孽，時則有犬旤，時則有口舌之痾，時則有白眚白祥。維木沴金。次三事曰視。視之不明，是謂不悊，厥咎荼，厥罰常奥，厥極疾。時則有草妖，時則有倮蟲之孽，時則有羊旤，時則有目痾，時則有赤眚赤祥。維水沴火。次四事曰聽。聽之不聰，是謂不謀，厥咎急，厥罰常寒，厥極貧。時則有鼓妖，時則有魚孽，時則有豕旤，時則有耳痾，時則有黑眚黑祥。維火沴水。次五事曰思心。思心之不容，是謂不聖，厥咎霿，厥罰常風，厥極凶短折。時則有脂夜之妖，時則有華孽，時則有牛旤，時則有心腹之痾，時則有黄眚黄祥。維木、金、水、火沴土。」《春秋繁露·五行五事》篇曰：

❶「木」，原作「水」，今據《後漢書·五行志》引《五行傳》改。

「『恭作肅』，言王誠能内有恭敬之姿，而天下莫不肅矣。『從作乂』，言王者言可從明正從行，而天下治矣。『明作哲』，哲者知也。王者明則賢者進，不肖者退，天下知善而勸之，知惡而恥之矣。『聽作謀』，謀者，謀事也。王者聽，則聞事與臣下謀之，故事無失矣。『容作聖』，聖者設也。王者心寬大無不容，則聖能施設，事各得其宜也。」據董子説，則此經古義兼上下言之。或謂肅、艾、悊、謀、聖專屬君身言之，或謂恭、從、明、聰、容屬君，肅、艾、悊、謀、聖屬臣，説殊泥。王引之説：「恭與肅，從與乂，明與哲，睿與聖，義竝相近。若以謀爲謀事，則與『聰』字義不相近，斯爲不類矣。今案：『謀』與『敏』同，『敏』古讀若『每』，『謀』古讀若『媒』，竝見《唐韻正》。謀、敏聲相近，故字相通。《中庸》『人道敏政，地道敏樹』，鄭注曰：『「敏」或爲「謀」』。是其證也。聽則敏，不聽則不敏，故《五行傳》曰：『聽之不聰，是謂不謀。』不謀則不敏。若以爲不能謀事，則『謀』上須加『能』字而其義始明。伏生解『聽』，以謀爲敏，正與經旨相合。而董、劉、馬、鄭諸儒以『謀』爲『謀事』，胥失之也。」

「三八政：一曰食，二曰貨，○今文「八政」上無「三」字。○《史記》曰：「八政：一曰食，二曰貨。」《大傳》云：「八政何以先食？傳曰：食者萬物之始，人事之本也。故八政先食。」《漢書・食貨志》曰：「《洪範》八政：一曰食，二曰貨。食，謂農殖嘉穀可食之物。貨，謂布帛可衣，及金刀龜貝所以分財布利通有無者也。二者生民之本。」《藝文志》曰：「農家者流，蓋出於農稷之官。播百穀，勸耕桑，以足衣食。故八政一曰食，二曰貨。」《王莽傳》曰：「民以食爲命，以貨爲資，是以八政以食爲首。」《後漢書》章帝詔曰：「王者八政，以食爲本。」《論衡・譏日篇》曰：「人道所重，莫如食急，故八政一曰食，二曰貨。衣服，貨也。」《後漢紀》馬融對策曰：「臣聞《洪範》八政，以食爲首；《周禮》九職，以農爲本。」

「三曰祀，《史記》曰：「三曰祀。」《漢書・郊祀志》曰：「《洪範》八政，三曰祀。祀者，所以昭孝事祖，通神明也。」《公羊》定八年《傳》解詁曰：「祀者無已，長久之辭。」《説文》：「祀，祭無已也。」

「四曰司空，五曰司徒，六曰司寇，七曰賓，八曰師。《史記》曰：「四曰司空，五曰司徒，六曰司寇，七曰賓，八曰師。」《集解》：「馬融曰：『司空，掌營城郭，主空土以居民。司寇，主誅寇害。』鄭玄曰：『賓，掌諸侯朝覲之官。師，掌軍旅之官。』」《漢書・藝文志》曰：「儒家者流，蓋出於司徒之官，助人君順陰陽，明教化者也。」又曰：「兵家者，蓋出古司馬之職，王官之武備也。《洪範》八政，八曰師。」

「四五紀：一曰歲，二曰月，三曰日，四曰星辰，五曰曆數。○今文「五紀」上無「四」字。○《史記》曰：「五紀：一曰歲，二曰月，三曰日，四曰星辰，五曰曆數。」《集解》：「馬融曰：『星，二十八宿。辰，日月之所會也。』鄭玄曰：『星，五星也。』」《白虎通·四時》篇曰：「所以名爲歲何？歲者，遂也。三百六十六日一周天，萬物畢成，故爲一歲也。」又《日月》篇曰：「天左旋，日、月、五星右行何？日、月、五星比天爲陰，故右行。右行者，猶臣對君也。」引《含文嘉》曰：「計日月右行也。」《刑德放》曰：「日月東行。」又曰：「日行遲，月行疾何？君舒臣勞也。日，日行一度。月，日行十三度十九分度之七。」引《感精符》曰：「三綱之義，日爲君，月爲臣也。」又曰：「日之爲言實也，常滿有節。月之爲言闕也，有滿有闕也。所以有闕何？歸功於日也。三日成魄，八日成光，二八十六日轉而歸功晦，至朔旦受符復行，故《援神契》曰：『月三日而成魄，三月而成時。』」又曰：「所以名之爲星何？星者精也，據日節言也。一日一夜適行一度，一日夜爲一日剩，復分天爲三十六度，周天三百六十五度四分度之一。日、月徑皆千里也。」《大傳·洪範傳》曰：「晦而月見西方，謂之朓，朓則侯王其荼。朔而月見東方，謂之側匿，側匿則侯王其肅。」《漢書·李尋傳》曰：「月者，衆陰之長，后妃、大臣、諸侯之象也。」劉向《洪範傳》曰：「日者，羣陽之宗也。」又曰：「日，天之象，君、父、夫、兄之類，中國之應也。明王之踐位，羣賢履職，天下和平，黎民康寧，則日麗其精，月揚其景耀。」又曰：「日之爲異，莫重於蝕，故《春秋》日食則書之也。日食者，下陵上、臣侵君之象也。日蝕衆者其亂衆，稀者亂亦稀。」《尚書考靈燿》曰：「日合天統，月合地統。」又曰：「歲星得度，五穀孳。熒惑順行，甘雨時。鎮星得度，地無災。太白出入當，五穀熟，人民昌。」《史記·天官書》曰：「五星者，天之五佐，爲經緯，見伏有時，所過贏縮有度。」《說苑》曰：「懸象著明，莫大乎日月。察變之動，莫著乎五星。」《開元占經》引《洪範五行傳》曰：「歲星者，於五常爲仁，恩德孝慈；於五事爲貌，威儀舉動。仁虧貌失，逆春令，則歲星爲災，雖主福德，見惡逆則怒，爲殃更重。」又曰：「田獵不當，飲食不享，出入不時，及有奸謀，則歲星逆行變色。熒惑於五常爲禮，辨上下之節，於五事爲視，明察善惡之事也。禮虧視失，逆夏令，則熒惑爲旱災、爲饑、爲疾、爲亂、爲死喪、爲賊、爲妖言火怪也。填星者，於五常爲信，言行不二；於五事爲思心，寬容受諫。若五常、五事皆失，填星爲變動，爲土功、爲女主、爲山崩、爲地動。太白者，西方金精也。於五常爲義，舉動得宜；於五事爲言，號令民從。義虧言失，逆秋令，則太白爲變動，爲兵、爲殺。辰星，北方水精也。於五常爲智，亂權貪道；於五事爲聽，不惑是非。智虧聽失，逆冬令，則辰星爲變怪，爲水災，爲四時不和。」案：漢人言星，多主五星。《史記集解》引鄭玄曰：「星，五星也。」當與今文義合。又引馬融曰：「星，二十八宿。」疑非也。《漢書・律曆志》曰：「辰者，日月之會而建所指也。星紀，初斗十二度，大雪。中牽牛初，冬至。終於婺女七度。玄枵，初婺女八度，小寒。中危初，大寒。終於危十五度。諏訾，初危十六度，立春。中營室十四度，驚蟄。終於奎四度。降婁，初奎五度，雨水。中婁四度，春分。終於胃六度。大梁，初胃七度，穀雨。中昴八度，清明。終於畢十一度。實沈，初畢十二度，立夏。中井初，小滿。終於井十五度。鶉首，初井十六度，芒種。中井三十一度，夏至。終於柳八度。鶉火，初柳九度，小暑。中張三度，大暑。終於張十七度。鶉尾，初張十八度，立秋。中翼十五度，處暑。終於軫十一度。壽星，初軫十二度，白露。中角十度，秋分。終於氐四度。大火，初氐五度，寒露。中房五度，霜降。終於尾九度。析木，初尾十度，立冬。中箕七度，小雪。終於斗十一度。角十二。亢九。氐十五。房五。心五。尾十八。箕十一。東七十五度。斗二十六。牛八。女十二。虛十。危十七。營室十六。壁九。北九十八度。奎十六。婁十二。胃十四。昴十一。畢十六。觜二。參九。西八十度。井三十三。鬼四。柳十五。星七。張十八。翼十八。軫十七。南百一十二度。」又曰：「周武王訪箕子，箕子言大法九章，而五紀明曆法。」孟康曰：「歲、月、日、星、辰，是爲五紀也。」《藝文志》曰：「天文者，序二十八宿，步五星、日、月，以紀吉凶之象，聖王所以參政也。《易》曰：『觀乎天文，以察時變。』曆譜者，序四時之位，正分至之節，會日、月、五星之辰，以考寒暑殺生之實。故聖王必正曆數，以定三統服色之制，又以探知五星、日、月之會。凶阨之患，吉隆之喜，其術皆出焉。」《釋名》曰：「歲，越也，越故限也。日，實也，光明盛實也。月，缺也，滿則缺也。星，散也，列位布散也。」

「五皇極：皇建其有極。」○今文「皇極」上無「五」字。○《史記》曰：「皇極：皇建其有極。」無上「五」字。《漢書・谷永傳》引經同。○今文一作「王極：王建其有極」。○《大傳》曰：「王之不極，是謂不建，厥咎瞀，厥罰常陰，厥極弱。時則有射妖，時則有龍蛇之孽，時則有馬旤，時則有下人伐上之痾，時則有日月亂行、星辰逆行。」《漢志》引《傳》同，惟「王」作「皇」，「瞀」作「眊」爲異。又釋《傳》云：「皇，君也。極，中。建，立也。」

「斂時五福，用敷錫厥庶民。惟時厥庶民于汝極，錫汝保極。蔡邕答詔問災異引經作「敷」，蓋夏侯《尚書》與歐陽本異。○今文「敷」一作「傅」，「汝」作「女」，「惟」作「維」。○《史記》曰：「斂時五福，用傅錫其庶民。維時其庶民于女極，錫女保極。」《集解》：「馬融曰：『當斂是五福之道，用布與衆民。以其能斂是五福，故衆民於汝取中正以歸心也。』」鄭玄曰：「錫汝保極者，又賜以守中之道。」蔡邕答詔問災異曰：「建大中之道，舉賢良而寵禄之，則其救也。」下引此經。

「凡厥庶民，無有淫朋，人無有比德，惟皇作極。○今文「無」作「毋」，「惟」作「維」。○《史記》曰：「凡厥庶民，毋有淫朋，人毋有比德，維皇作極。」○今文一作「無有淫朋，人無有比德」。○石經：「凡厥庶民，無有淫口，人無有。下闕。」段玉裁說：「按：本篇『毋偏毋黨』字作『毋』，如此兩『無有』字作『無』，最有分別。古文《尚書》則皆作『無』，《史記》則皆作『毋』。」

「凡厥庶民，有猷有爲有守，汝則念之。《史記》曰：「凡厥庶民，有猷有爲有守，女則念之。」《集解》：「馬融曰：『凡其衆民，有謀有爲，有所執守，當思念其行有所趣舍也。』」

「不協于極，不罹于咎，皇則受之。而康而色，曰予攸好德，汝則錫之福。時人斯其惟皇之極。無虐煢獨而畏高明。○今文「罹」作「離」，「汝」作「女」，「惟」作「維」，「無虐煢獨」作「毋侮鰥寡」。○《史記》曰：「不協于極，不離于咎，皇則受之。而安而色，曰予所好德，女則錫之福。時人斯其維皇之極。毋侮鰥寡而畏高明。」《集解》：「馬融曰：『高明顯寵者，不枉法畏之。』」按：《史記》「康」作「安」，「攸」作「所」，皆訓故字。「毋侮鰥寡」，今文《尚書》也。《列女傳·楚野辯女》篇引《周書》曰：「毋侮鰥寡而畏高明。」○一作「不叶于極，不麗于咎」，「毋侮矜寡而畏高明」。○《大傳·洪範》曰：「不叶于極，不麗于咎。」又曰：「毋侮矜寡而畏高明。」叶，古文「協」，今文中亦有古字。麗、離同義。矜、鰥古通用。皆三家異文。○一作「無侮鰥寡」。○《後漢書・肅宗紀》元和二年詔賜高年、鰥寡、孤獨帛一匹，引經曰：「無侮鰥寡。」「毋」作「無」，亦三家之文不同。

「人之有能有爲，使羞其行，而邦其昌。○今文「邦」作「國」。○《史記》曰：「人之有能有爲，使羞其行，而國其昌。」石經：「囗囗囗明。人之有能有爲，使羞其行，而。下闕。」○許冲進《説文》上書曰：「殊藝異術，王教一耑，苟有可以加於國者，靡不悉集。《書》曰：『人之有能有爲，使羞其行，而國其昌。』」○一作「使脩其行，國乃其昌」。○《潛夫論・思賢》篇云：「《書》曰：『人之有能有爲，使循其行，國乃其昌。』是故先王爲官擇人，必得其材，功加於人，德稱其位。」段玉裁説：「按：『循』蓋『脩』之誤，字之誤也。『脩』蓋『羞』之誤，聲之誤也。」錫瑞謹案：漢人隸字，循、脩祗爭一畫，故多互譌。段以「循」爲「脩」字之誤，是也。以「脩」爲「羞」之誤，則未必然。李尤《靈臺銘》云：「人脩其行，而國其昌。」正作「脩」字。若譌，必不皆譌。蓋三家異文有作「脩」字者，王節信依用之。今作「循」，則後人傳寫之譌耳。

「凡厥正人，既富方穀。汝弗能使有好于而家，時人斯其辜。于其無好德，汝雖錫之福，其作汝用咎。○今文「汝」作「女」，「弗」作「不」，「無」作「毋」，「于其無好」下無「德」字。○《史記》曰：「凡厥正人，既富方穀。女不能使有好于而家，時人斯其辜。于其毋好，女雖錫之福，其作女用咎。」《集解》：「鄭玄曰：『無好于女家之人，雖錫之以爵禄，其動作爲女用惡。』謂爲天子結怨于民。」」王念孫説：「『于其毋好』句絶，與下『用咎』爲韻。」案：鄭君以「于其無好女」爲句。

「無偏無陂，遵王之義。無有作好，遵王之道。無有作惡，遵王之路。《荀子・修身篇》引《書》曰：「『無有作好，遵王之道。無有作惡，遵王之路。』此言君子之能以義勝私欲也。」又《天論篇》引《書》亦作「無」。○今文「無」一作「毋」。○《史記》曰：「毋偏毋頗，遵王之義。毋有作好，遵王之道。毋有作惡，遵王之路。」《集解》：「馬融曰：『好，私好。』」○「無有」一作「無或」。○《呂氏春秋・貴公》篇：「《洪範》曰：『無偏無頗，遵王之誼。無或作好，遵王之道。無或作惡，遵王之路。』」高誘注曰：「誼，法也。或，有也。好，私好也。私好鬻公平于曲惠也。作惡，擅作威也。」案：高誘習今文《尚書》，注《呂氏春秋》不言其與《尚書》同異，則今文《尚書》當有作「無或」之本也。《潛夫論・釋難》篇曰：「無偏無頗，親疎同也。」案：「無陂」，今古文皆本作「無頗」，唐時妄改之。○一作「遵王之素」。○《孔彪碑》曰：「無偏無黨，遵王之素。」

「無偏無黨，王道蕩蕩。無黨無偏，王道平平。無反無側，王道正直。《孔彪碑》云：「無偏無黨。」《石門頌》云：「無偏蕩蕩。」是三家異文亦作「無」也。《漢書・王莽傳》太后下詔曰：「無偏無黨，王道蕩蕩。」《呂氏春秋》曰：「昔先聖王之治天下也，必先公，公則天下平矣。嘗試觀於上，志有天下者衆矣，其得之必以公，其失之必以偏。凡主之立也，生於公。故《洪範》曰：『無偏無黨。』」○今文「無」一作「毋」。○《史記》曰：「毋偏毋黨，王道蕩蕩。毋黨毋偏，王道平平。毋反毋側，王道正直。」《集解》：「鄭玄曰：『黨，朋黨。』馬融曰：『反，反道也。側，傾側也。』」石經：「口口口路。毋偏毋黨，王道蕩蕩。毋黨。下闕。」《漢書・車千秋傳》武帝詔引《書》曰：「毋偏毋黨，王道蕩蕩。」亦作「毋」。○「無」一作「不」，「平平」作「便便」。○《史記・張釋之馮唐傳》贊云：「《書》曰：『不偏不黨，王道蕩蕩。不黨不偏，王道便便。』」徐廣曰：「『便』一作『辨』。」錫瑞謹案：《堯典》「平章」，《史記》作「便章」，鄒誕生本作「辨章」。「平秩」，《史記》作「便程」，《大傳》作「辨秩」。是古文作「平」，今文作「便」，一作「辨」也。《詩・采菽》「平平左右」，《釋文》引《韓詩》作「便便」。《韓詩》今文，《毛詩》古文，亦今文作「便便」、古文作「平平」之一證。史公用今文，當作「便便」，《宋世家》作「平平」，豈亦《洪範》古文説之一歟？《説苑・至公》篇云：「《書》曰：『不偏不黨，王道蕩蕩。』言至公也。」《漢書・東方朔傳》朔上壽云：「《書》曰：『不偏不黨，王道蕩蕩。』」是三家異文亦作「不」，與《墨子・兼愛》引《周詩》作「不」字合。

「會其有極，歸其有極。曰皇極之敷言，是彝是訓，于帝其訓。凡厥庶民，極之敷言，是訓是行，以近天子之光。今文「皇」作「王」，「敷」作「傅」，「彝」作「夷」，「訓」作「順」。○《史記》曰：「會其有極，歸其有極。曰王極之傅言，是夷是訓，于帝其順。凡厥庶民，極之傅言，是順是行，以近天子之光。」《集解》：「鄭玄曰：『會其有極，謂君也當聚會有中之人以爲臣也。歸其有極，謂臣也當就有中之君而事之。』馬融曰：『王者當盡極行之，使臣下布陳其言。是大中而常行之，用是教訓天下，於天爲順也。凡厥庶民，亦盡極敷陳其言於上也。』王肅曰：『民納言於上而得中者，則順而行之。「近」猶「益」也，順行民言，所以益天子之光。』」江聲、王鳴盛説篇中「皇極」字，《大傳》皆作「王極」，《史記》皆作「皇極」，而惟此一處獨作「王極」，則此「王極」與上「皇極」不同，據馬注，「王」不連「極」爲義，自當從《史記》作「王極」。錫瑞謹案：《史記》作「王極」，與《大傳》合，他處皆作「皇極」，疑後人改之，此則改之不盡者，非此「王極」與上「皇極」不同義也。「王極」字三家異文或作「皇」，而其義皆當訓「君」，蓋必訓「君」而「皇之不極」乃可與「貌之不恭」、「言之不從」、「視之不明」、「聽之不聰」、「思心之不容」文義一律也。班《志》作「皇」而訓爲「君」，馬本蓋亦作「皇」而訓爲「君」者，故「王」不連「極」爲義，而以「王極」與「庶民極」對文爲義也。史公於上文「彝倫」字皆以故訓改「彝」爲「常」，而此直作「夷」，疑今文《尚書》本作「夷」字。「于帝其順」、「是順是行」皆作「順」，亦疑今文本是「順」字。馬、王注皆解爲「順」，是古文義與今文同也。

「曰天子作民父母，以爲天下王。」《史記》曰：「曰天子作民父母，以爲天下王。」《大傳》曰：「聖人者，民之父母也。母能生之，能食之；父能教之，能誨之。聖王曲備之者也，能生之，能食之，能教之，能誨之也。爲之城郭以居之，爲之宫室以處之，爲之庠序學校以教誨之，爲之列地制畝以飲食之。故《書》曰：『作民父母，以爲天下王。』此之謂也。」《漢書·刑法志》曰：「上聖卓然先行敬讓博愛之德者，衆心説而從之。從之成羣，是爲君矣；歸而往之，是爲王矣。《洪範》曰：『天子作民父母，爲天下王。』聖人取類以正名，而謂君爲父母，明仁愛德讓，王道之本也。」《白虎通·爵》篇曰：「天子者，爵稱也。爵所以稱天子何？王者父天母地，爲天之子也。故《援神契》曰：『天覆地載，謂之天子，上法斗極。』《鉤命決》曰：『天子，爵稱也。』帝王之德有優劣，所以俱稱天子者何？以其俱命于天，而王治五千里内也。」下引此經。《春秋文耀鉤》曰：「王者，往也。神所嚮往，人所樂歸也。」《韓詩外傳》曰：「王者，往也。天下往之，謂之王。」《白虎通》、《風俗通》、《獨斷》説略同。《春秋繁露·深察名號》篇曰：「深察王號之大意，其中有五科：皇科，方科，匡科，黄科，往科。合此五科以一言謂之：王。王者，皇也；王者，方也；王者，匡也；王者，黄也；王者，往也。是故王意不普大而皇，則道不能正直而方；道不能正直而方，則德不能匡運周徧；德不能匡運周徧，則美不能黄；美不能黄，則四方不能往；四方不能往，則不全於王。」又《滅國上》篇云：「王者，民之所往。」

「六三德：一曰正直，二曰剛克，三曰柔克。○今文「三德」上無「六」字。○《史記》曰：「三德：一曰正直，二曰剛克，三曰柔克。」石經：「囗爲天下王。三德：一曰正直，二。下闕。」「三德」上無「六」字，與《史記》同。

「平康正直，彊弗友剛克，燮友柔克，沈潛剛克，高明柔克。○今文「弗」作「不」，「燮」作「内」，「潛」作「漸」。○《史記》曰：「平康正直，彊不友剛克，内友柔克，沈漸剛克，高明柔克。」段玉裁説：「古内、入通用，入、燮同部，此今文《尚書》所以作『内』也。」錫瑞謹案：《漢書・谷永傳》永説王音曰：「意豈將軍忘湛漸之義，委屈從順，所執不彊？」據子雲説，則今文家以「三德」爲德性，「克」爲自治其性，不爲治人。《漢書・敘傳》曰：「孝元翼翼，高明柔克。」孟堅亦以「柔克」爲言君德。《後漢書・梁統傳》統上疏曰：「文帝寬惠柔克。」又《鄭興傳》興上疏曰：「今陛下高明而羣臣惶促，宜留思柔剋之政，垂意《洪範》之法，博采廣謀，納羣下之策。」《後漢紀》引興疏云：「願陛下留神寬恕，以崇柔克之德。」以「柔克」屬君德，「克」爲自克之義，與班氏合。趙壹《疾邪賦》曰：「佞諂日熾，剛克消亡。」《慎令劉君碑》云：「於惟君德，忠孝正直。至行通洞，高明柔克。」亦以剛克、柔克爲德性，皆今文義也。應劭注《五行志》「乂用三德」云：「謂治大中之道用三德。」則三德自當屬君德。馬、鄭乃以此專屬人臣，又探下文「作威作福」之意，以沈潛爲賊臣，高明爲君子。古文異説，殊乖經旨。

「惟辟作福，惟辟作威，惟辟玉食。臣無有作福、作威、玉食，臣之有作福、作威、玉食，其害于而家，凶于而國。人用側頗僻，民用僭忒。○今文「惟」作「維」，「無」作「毋」，「僻」作「辟」。○《史記》曰：「維辟作福，維辟作威，維辟玉食。臣毋有作福、作威、玉食，臣有作福、作威、玉食，其害于而家，凶于而國。人用側頗辟，民用僭忒。」《集解》：「馬融曰：『辟，君也。玉食，美食。不言王者，關諸侯也。』鄭玄曰：『作福，專爵賞也。作威，專刑罰也。玉食，備珍美也。』」案：漢人引《書》皆先「威」後「福」，史公獨先「福」後「威」，或三家之文不同，或亦《洪範》古文説之一歟？漢武帝《封廣陵王策》引《書》云：「臣不作福，不作威。」亦先「福」後「威」。○一作「惟辟作威，惟辟作福，惟辟玉食。臣無有作威、作福、玉食」。○《後漢書・荀爽傳》爽引《洪範》曰：「『惟辟作威，惟辟作福，惟辟玉食。』此三者君所獨行而臣不得同也。今臣僭君服，下食上珍，所謂『害于而家，凶于而國』者也。」又《第五倫傳》倫上疏曰：「《書》曰：『臣無有作威、作福，其害于而家，凶于而國。』」又《楊震傳》震上疏曰：「《書》曰：『臣無有作威、作福、玉食。』」又《蔡邕傳》荅詔問災異八事曰：「《書》曰：『惟辟作威，惟辟作福。』臣或爲之，謂之凶害。」高誘《戰國策》注引《書》曰：「无有作威作福。」○一作「臣亡有作威、作福，亡有玉食。臣之有作威、作福、玉食，害于而家，凶于而國。人用側頗辟，民用僭慝」。○《漢書・王嘉傳》嘉奏封事曰：「臣聞箕子戒武王曰：『臣亡有作威、作福，亡有玉食。臣之有作威、作福、玉食，害于而家，凶于而國。人用側頗辟，民用僭慝。』言如此則逆尊卑之序，亂陰陽之統，而害及王者，其國極危。國人傾仄不正，民用僭差不壹。此君不由法度，上下失序之敗也。武王躬履此道，隆及成、康。」又《楚元王傳》劉向上封事曰：「《書》曰：『臣之有作威、作福，害于而家，凶于而國。』」又《王商傳》張匡對曰：「竊見丞相商作威、作福。」《後漢書・李固傳》馬融誣奏李固曰：「作威、作福，莫固之甚。」又《襄楷傳》楷上疏曰：「而臣作威、作福。」《張衡傳》衡上疏曰：「威不可分，德不可共。《洪範》曰：『臣有作威、作福、玉食，害于而家，凶于而國。』」《三國志・蔣濟傳》濟對曰：「夫作威、作福，《書》之所誡。」隋梁毗論楊素封事曰：「臣聞：臣無有作威福，臣之作威福，其害于而家，凶于而國。」是隋人所據之本猶有先「威」後「福」者。《漢書・敘傳》曰：「侯服玉食，敗俗傷化。」張晏曰：「玉食，珍食也。」《陳咸傳》曰：「奢侈玉食。」師古曰：「玉食，美食如玉也。」又注《王嘉傳》曰：「玉食，精好如玉也。」○一作「而凶于而國」。○石經：「□□□□家，而凶于而國，人用□頗辟。下闕。」王肅注云：「必滅家，復害其國。」是因家而連及國，肅亦用今文義也。

「七稽疑：擇建立卜筮人，乃命卜筮，○今文「稽疑」上無「七」字。○《史記》曰：「稽疑：擇建立卜筮人，乃命卜筮。」無「七」字。《白虎通・蓍龜》篇曰：「卜，赴也，爆見兆也。筮也者，信也，見其卦也。」

「曰雨，曰霽，曰蒙，曰驛，曰克，曰貞，曰悔。凡七卜，五占用，二衍忒。○今文作「曰雨，曰濟，曰涕，曰霧，曰克，曰貞，曰悔。凡七卜，五占之用，二衍貣」。○《史記》曰：「曰雨，曰濟，曰涕，曰霧，曰克，曰貞，曰悔。凡七卜，五占之用，二衍貣。」《集解》曰：「涕，《尚書》作『圛』。徐廣曰：『涕，一曰「洟」。霧，一曰「被」。』鄭玄曰：『卜五占之用，謂雨、濟、圛、霧、克也。二衍貣，謂貞、悔也。將立卜筮人，乃先命名兆卦而分别之。兆卦之名凡七，龜用五，易用二。審此道者，乃立之也。雨者，兆之體，氣如雨然也。濟者，如雨止之雲氣在上者也。圛者，色澤而光明也。霧者，氣不釋，❶鬱冥冥也。克者，如祲氣之色相犯也。内卦曰貞。貞，正也。外卦曰悔，悔之言晦也。晦猶終也。卦象多變，故言「衍貣」也。』」《索隱》曰：「『涕』音『亦』，《尚書》作『圛』。孔安國曰：『氣駱驛連續。』今此文作『涕』，是涕泣亦相連之狀。『霧』音『蒙』，霧與蒙亦通。」錫瑞謹案：《論衡・辨祟篇》曰：「故《書》列七卜。」則王仲任以「七卜」二字連讀，當讀：「凡七卜，句。五占之用，句。二衍貣。句。」史公與王仲任皆用歐陽《尚書》，其説多同，則《史記》亦當以「七卜」連讀。鄭云「卜五占之用」，句讀稍異。陳喬樅云：「鄭從今文家説，故句讀與《史記》同。」非也。○今文一作「曰圛」。○案：今文《尚書》亦作「圛」。《詩・齊風》鄭箋云：「古文《尚書》以『弟』爲『圛』。」《正義》曰：「古文《尚書》即今鄭注《尚書》是也，無以『悌』爲『圛』之字，唯《洪範》稽疑論卜兆，有五『曰圛』，注云：『圛者，色澤光明。』蓋古文作『悌』，今文作『圛』，賈逵以今文校之，定以爲『圛』。故鄭依賈氏所奏，從定爲『圛』，於古文則爲『悌』，❷故云古文《尚書》以『悌』爲『圛』。今定本云：『悌』，古文《尚書》以爲『圛』。更無『悌』字，❸義得竝通。」陳壽祺説：「賈定『弟』爲『圛』，猶定『雕』爲『烏』，皆從今《尚書》。然於經不改爲『雕』而改『弟』者，『弟』則字奇而義迂，不如今文作『圛』爲順。賈逵奏定《尚書》，必已改『弟』爲『圛』，鄭君因之，故《詩・齊風》正義，《史記・周本紀》集解、索隱引鄭本《尚書》，《周禮・太卜》注引《洪範》，竝同作『圛』，依賈所定，從今《尚書》也。《説文弟六・口部》引《商書》：『「曰圛」，句。圛者，升雲半有半無。』『圛者』以下，釋《書》之詞。當即本其師賈侍中説，定從今《尚書》也。段君若膺謂今文《尚書》作『悌』，古文《尚書》作『圛』，《詩》箋『悌爲圛』之上，傳寫妄增『以』字。其言無據。」

❶「氣」，原作「色」，今據《史記・宋微子世家》集解引鄭玄注改。

❷「悌」，原作「弟」，今據《詩經・載驅》正義改。下一「悌」字同。

❸「悌」，原作「弟」，今據《詩經・載驅》正義改。

「立時人作卜筮，三人占則從二人之言。《史記》曰：「立時人爲卜筮，三人占則從二人之言。」《集解》：「鄭玄曰：『立是能分别兆卦之名者，以爲卜筮人。從其多者，蓍龜之道幽微難明，慎之深。』」案：《史記》「爲」字蓋用故訓。《漢書·郊祀志》匡衡奏云：「故《洪範》曰：『三人占則從二人言。』言少從多之義也。」所引無「之」字，蓋省文。《白虎通·蓍龜》篇曰：「或曰天子占卜九人，諸侯七人，大夫五人，士三人。又《尚書》曰：『三人占則從二人之言。』」蓋《白虎通》前一説以爲天子至士，占卜者多少各有等差；後引《尚書》，又别一説，以爲天子至士同用三人也。○今文一作「三人議則從二人之言」。○《公羊》桓二年《傳》何休《解詁》引《尚書》曰：「三人議則從二人之言。」王應麟《蓺文志考》引漢人文字異者「三人議則從二人之言」，或即引《解詁》，或别有所據，皆未可知。劭公習今文説，則三家異文有作「三人議」者。

「汝則有大疑，謀及乃心，謀及卿士，謀及庶人，謀及卜筮。《史記》曰：「女則有大疑，謀及乃心，謀及卿士，謀及庶人，謀及卜筮。」《白虎通·蓍龜》篇曰：「天子下至士皆有蓍龜者，重事決疑，示不自專。《尚書》曰：『女則有大疑，謀及卿士，謀及庶人，謀及卜筮。』定天下之吉凶，成天下亹亹者，莫善乎蓍龜。《禮三正記》曰：『天子龜長一尺二寸，諸侯一尺，大夫八寸，士六寸。龜陰，故數偶也。天子蓍長九尺，諸侯七尺，大夫五尺，士三尺。蓍陽，故數奇也。所以先謀及卿士何？先盡人事。念而不能得，思而不能知，然後問於蓍龜。聖人獨見先睹，必問蓍龜何，示不自專也。或曰：清微無端緒，非聖人所及，聖人亦疑之。《尚書》曰：「女則有疑。」謂武王也。乾草枯骨，衆多非一，獨以蓍龜何？此天地之間壽考之物，故問之也。龜之爲言久也，蓍之爲言耆也，久長意也。』」《説苑·權謀》篇曰：「聖王之舉事，必先諦之於謀慮，而後考之于蓍龜。白屋之士，皆關其謀；芻蕘之役，咸盡其心。」《漢書·蓺文志》云：「蓍龜者，聖人之所用也。書曰：『女則有大疑，謀及卜筮。』」《論衡·卜筮篇》曰：「《洪範》稽疑，卜筮之變，必問天子卿士，或時審是。」《潛夫論·潛歎》篇曰：「《書》云：『謀及乃心，謀及庶人。』故聖人之施舍也，不必任衆，亦不必專己。」《後漢書·胡廣傳》廣上疏曰：「《書》載稽疑謀及卿士，國有大政，必諮之於故老。」又《盧植傳》植規竇武曰：「《書》稱謀及庶人。」此皆兩漢今文説也。王逸《楚辭·招魂》注云：「《尚書》曰：『決之蓍龜。』」段玉裁說：「按：此今文《尚書》句也，當在《金縢》、《洪範》等篇，今不可考矣。又按：此用《大傳》說《大誥》『天下從，然後加之蓍龜』也。古多以傳系諸經者。」謹案：段氏後說是也。經屢言「卜筮」，不應此文獨異。《史記》、《漢書》、《白虎通》、《論衡》引經皆作「卜筮」，則史公、班孟堅、王仲任所據今文無作「決之蓍龜」者，未可據王叔師所引以爲「謀及卜筮」之異文也。○今文一作「謀及庶民」。○石經：「囗囗乃心，謀及卿囗，謀及庶民。」《周禮・鄉大夫》注：「鄭司農云：『《洪範》所謂「謀及庶民」。』」又《小司寇》注：「鄭司農云：『《書》「謀及庶人」。』」段玉裁以下文四言「庶民」，此作「庶人」爲誤。案：《史記》、《白虎通》、《潛夫論》皆作「庶人」，或亦三家之文不同也。

「汝則從，龜從，筮從，卿士從，庶民從，是之謂大同，《史記》曰：「女則從，龜從，筮從，卿士從，庶民從，是之謂大同。」《潛夫論・卜列》篇曰：「且聖王之立卜筮也，不違民以爲吉，不專任以斷事。故《洪範》之占，大同是尚。」

「身其康彊，子孫其逢吉。今文「身」上、「子」上竝多「而」字。○《史記》曰：「而身其康彊，而子孫其逢吉。」蓋今文《尚書》多兩「而」字也。李惇說：「『子孫其逢』句絕，與上文『從』、『同』爲韻。馬云：『逢，大也。』是也。」錫瑞謹案：《漢書・王莽傳》曰：「所謂康彊之占，逢吉之符也。」班固《典引》曰：「逢吉丁辰，景命也。」《潛夫論・夢列》篇曰：「乃其逢吉，天祿永終。」《金縢》篇「乃并是吉」，今文《尚書》作「及逢是吉」。《論衡・卜筮篇》云：「公曰：『乃逢是吉。』善則逢吉，惡則遇凶。」則今文《尚書》以「逢吉」連讀爲義，不以「逢」字絕句也。

「汝則從，龜從，筮從，卿士逆，庶民逆，吉。卿士從，龜從，筮從，汝則逆，庶民逆，吉。庶民從，龜從，筮從，汝則逆，卿士逆，吉。汝則從，龜從，筮逆，卿士逆，庶民逆，作內吉，作外凶。龜、筮共違于人，用靜吉，用作凶。《史記》曰：「女則從，龜從，筮從，卿士逆，庶民逆，吉。卿士從，龜從，筮從，女則逆，庶民逆，吉。庶民從，龜從，筮從，女則逆，卿士逆，吉。女則從，龜從，筮逆，卿士逆，庶民逆，作內吉，作外凶。龜、筮共違于人，用靜吉，用作凶。」《集解》：「鄭玄曰：『此三者皆從多，故爲吉。逆者多，以故舉事於境內則吉，境外則凶。龜、筮皆與人謀相違，人雖三從，猶不可以舉事。』」《洪範五行傳》曰：「龜、筮共違于人，神靈不佑也。」

「八庶徵：曰雨，曰暘，曰燠，曰寒，曰風。曰時五者來備，各以其敘，庶草蕃廡。一極備，凶。一極無，凶。

○今文無「八」字，作「庶徵：曰雨，曰陽，曰奧，曰寒，曰風。五者來備，各以其序，庶草緐廡。一極備，凶。一極亡，凶」。○《史記》曰：「庶徵：曰雨，曰陽，曰奧，曰寒，曰風。曰時五者來備，各以其序，庶草緐廡。一極備，凶。一極亡，凶。」案：「曰時五者來備」，爲後人誤改，當作「五是來備」。《書正義》引鄭云：「雨，木氣也。春始施生，故木氣爲雨。暘，金氣也。秋物成而堅，故金氣爲暘。奧，火氣也。寒，水氣也。❶風，土氣也。凡氣非風不行，猶金、木、水、火非土不處，故土氣爲風。」鄭此注皆本《五行傳》爲解，是用今文説也。○一作「五氏來備」。○《後漢書・李雲傳》雲上書曰：「臣聞：皇后天下母，德配坤靈。得其人則五氏來備，不得其人則地動摇宫。」章懷太子注云：「《史記》曰：『庶徵：曰雨，曰暘，曰燠，曰寒，曰風。五是來備，今本誤改「是」字爲「者」。各以其序，庶草緐廡。』是與『氏』古字通耳。」又《荀爽傳》爽對策曰：「嘉瑞降天，吉符出地，五韙咸備，各以其敘。」章懷注云：「韙，是也。《史記》曰：『五是來備，各以其序也。』」此二條可據以證今本《史記》之誤。段玉裁説：「『曰時五者來備』，凡六字，此古文《尚書》也。『五是來備』，凡四字，此今文《尚書》也。李雲、荀爽皆用今文《尚書》，非用《史記》也。『曰時五者來備』六字一句。時，是也。『曰是五者』今文約之云『五是』。惠定宇説。『氏』者，『是』之叚借。『韙』者，『是』之轉注也。《史記》本無『曰時』二字，而裴駰《集解》妄引《孔傳》云『五者各以時』，與正文不相應。於是或增『五是』二字爲『曰時五者』四字。《後漢書・律曆志》尚書令忠上奏曰：『五是以備。』」○「草」一作「屮」，「廡」一作「蕪」。○《隋書・志》引《尚書考靈燿》曰：「璇璣中而星中爲調，調則風雨時，庶草蕃蕪，而百穀登，萬事康也。」《漢書・谷永傳》曰：「五徵時序，庶屮蕃滋。」班固《靈臺詩》曰：「庶卉蕃蕪。」蓋亦夏侯《尚書》與歐陽本不同。

「曰休徵：曰肅，時雨若；曰乂，時暘若；曰哲，時燠若；曰謀，時寒若；曰聖，時風若。

○今文「乂」作「艾」，「暘」作「陽」，「哲」作「悊」，「燠」作

❶「也」，原無，今據《尚書・洪範》正義引鄭注補。

「奥」。○《史記》曰：「曰休徵：曰肅，時雨若；曰治，時暘若；曰知，時奥若；曰謀，時寒若；曰聖，時風若。」史公「艾」作「治」，「悊」作「知」，用故訓字。「暘」字與上文作「陽」不畫一，疑後人改之。《漢志》、《續漢志》引《大傳・五行傳》皆作「陽」。今本《大傳》作「暘」，亦後人改之也。《漢書・五行志》云：「休徵：曰肅，時雨若；艾，時陽若；悊，時奥若；謀，時寒若；聖，時風若。」孟康曰：「善行之驗也。」應劭曰：「居上而敬，則雨順之。君政治，則陽順之。悊，明也。」又《王莽傳》莽策羣司曰：「歲星司肅，東嶽大師典致時雨。熒惑司悊，南嶽大傅典致時奥。太白司艾，西嶽國師典致時陽。辰星司謀，北嶽國將典致時寒。」應劭曰：「貌之不恭，是謂不肅。肅，敬也。厥罰常雨。常雨，水也。故申戒厥任，欲使雨澤以時也。視之不明，是謂不悊。悊，智也。厥罰常奥。奥，暑也。言之不恭，是謂不艾。艾，安也。厥罰常陽。陽，旱也。聽之不聰，是謂不謀。謀，圖也。厥罰常寒。」

「曰咎徵：曰狂，恒雨若；《史記》曰：「曰咎徵：曰狂，常雨若。」漢人「恒」多作「常」，非由避諱，或用故訓也。《漢志》曰：「咎徵：曰狂，恒雨若。」《大傳》以爲貌之不恭之咎。《漢志》曰：「人君行己，禮貌不恭，怠慢驕蹇，則不能敬萬事，失在狂易，故其咎狂也。上嫚下暴，則陰氣勝，故其罰常雨也。」《後漢書・陳忠傳》忠上疏曰：「貌傷則狂，而致常雨。春秋大水，皆爲君上威儀不穆，臨莅不嚴，臣下輕嫚，貴倖擅權，陰氣盛彊，陽不能禁，故爲淫雨。」王鳴盛說：「庶徵雨乃貌不恭，而劉向以爲即大水。既以恒雨爲大水，當貌不恭之罰，則貌改屬水矣。」錫瑞謹案：王説非也。《漢志》曰：「凡貌傷者病木氣，木氣病則金沴之，衝氣相通也。於易，震在東方，爲春，爲木也；兑在西方，爲秋，爲金也；離在南方，爲夏，爲火也；坎在北方，爲冬、爲水也。春與秋，日夜分，寒暑平，是吕金木之氣易吕相變，故貌傷則致秋陰常雨，言傷則致春陽常旱也。至於冬夏，日夜相反，寒暑殊絶，水火之氣不得相併，故視傷常奥、聽傷常寒者，其氣然也。逆之，其極曰惡；順之，其福曰攸好德。」班氏引此在劉歆《貌傳》之前，當是劉向之《洪範五行傳》。班氏云：「夏侯始昌、夏侯勝、許商，其《傳》與劉向《傳》同。」則即非劉向之《傳》，向《傳》亦當與此不異。據此《傳》，則劉向亦以貌屬木，未嘗改屬水也。

「曰僭，恒暘若；○今文「暘」作「陽」。○《史記》曰：「曰僭，常暘若。」《漢志》曰：「僭，恒陽若。」《大傳》以爲言之不從之咎。《漢志》曰：「言上號令不順民心，虚譁憒亂，❶則不能治海内，失在過差，故其咎僭。僭，差也。刑罰妄加，羣陰不附，則陽氣勝，故其罰常陽也。」《論衡・言毒篇》曰：「言之咎徵僭，恒暘若。僭者奢麗，故蝮蛇多文。文起於陽，故若致文。暘若則言不從，故時有詩妖。妖氣生美好，故美好之人多邪惡。」《後漢書・周舉傳》舉變告對曰：「《書》曰：『僭，恒暘若。』夫僭差無度，則言不從而下不正；陽無以制，則上擾下竭。」又《楊震傳》震上疏曰：「《書》曰：『僭，恒暘若。』」注曰：「僭，差也。若，順也。君行僭差，則常暘順之也。」

「曰豫，恒燠若；○今文「豫」作「舒」，「燠」作「奥」。○《史記》曰：「曰舒，常奥若。」《漢志》曰：「舒，恒奥若。」《大傳》以爲視之不明之咎。《漢志》曰：「言上不明，暗昧蔽惑，則不能知善惡，親近習，長同類，亡功者受賞，有罪者不殺，百官廢亂，失在舒緩，故其咎舒也。盛夏日長，暑以養物，政弛緩，故其罰常奥也。」《論衡・寒温篇》曰：「《洪範》庶徵曰：『急，恒寒若；舒，恒燠若。』若，順。燠，温。恒，常也。人君急，則常寒順之；舒，則常燠順之。」又云：「《洪範》：『曰急，恒寒若；曰舒，恒燠若。』如《洪範》之言，天氣隨人易徙。」荀悦《漢・高后紀》曰：「人君急則日晷進而疾，舒則日晷退而緩。故曰：『急，恒寒若；舒，恒燠若。』」《三國志・毛玠傳》鍾繇詰玠曰：「按典謨，『急，恒寒若；舒，恒燠若』。」案：王仲任、荀仲豫、鍾元常引經皆先寒後燠，疑亦三家《尚書》之異文。○「豫」一作「荼」。○《大傳》作「荼」，「荼」與「舒」通。《考工記・弓人》「斲目必荼」，鄭衆注：「荼讀爲舒。」《玉藻》「諸侯荼」，鄭注：「荼，讀『舒遲』之『舒』」。」

「曰急，恒寒若；《史記》曰：「曰急，常寒若。」《大傳》以爲聽之不明之咎。《漢志》曰：「言上偏聽不聰，下情隔塞，則不能謀慮利害，失在嚴急，故其咎急也。盛冬日短，寒以殺物，政迫促，故其罰常寒也。」

「曰蒙，恒風若。○今文「蒙」作「霧」。○《史記》曰：「曰霧，常風若。」《漢志》曰：「霿，恒風若。」應劭曰：「人君瞉霿鄙吝，則風不順之也。」「霧」字《漢志》、《續漢志》引《大傳》作「霿」，《文獻通考》引《大傳》作「雺」，《宋書》、《隋書》作「瞀」，皆三家異文，實一字也。《大傳》以爲思心之不容之咎。《漢志》曰：「言上不寬大包容臣下，則不能居聖位。貌、言、視、聽，以心爲主，四者皆失，則區霿無識，故其咎霿

❶「憒」，原作「憤」，今據《漢書・五行志》改。

也。雨、旱、寒、奥亦以風爲本，四氣皆亂，故其罰常風也。」《後漢書·蔡邕傳》邕上封事曰：「風者，天之號令，所以教人也。《洪範傳》曰：『政悖德隱，厥風發屋折木。』」

「曰王省惟歲，卿士惟月，師尹惟日。○今文「王省」上無「曰」字，「省」作「眚」，「惟」作「維」。○《史記》曰：「王眚維歲，卿士維月，師尹維日。」上無「曰」字。《集解》：「馬融曰：『言王者所眚職，如歲兼四時也。』」馬訓爲「省察」之「省」，是「眚」與「省」通。《大傳》曰：「二月三月，維貌是司；四月五月，維視是司；六月七月，維言是司；八月九月，維聽是司；十月十一月，維思心是司；十二月與正月，維王極是司。」案：鄭注引子駿《傳》，與伏《傳》義不合，詳見所著《尚書大傳疏證》。《漢書·外戚傳》曰：「正月於《尚書》爲皇極。皇極者，王氣之極也。」用「正月維王極是司」之義。《五行志》李尋引《傳》曰：「歲、月、日之中，則正卿受之。」

「歲月日時無易，百穀用成，乂用明，俊民用章，家用平康。○今文「無」作「毋」，「乂」作「艾」，「俊」作「畯」。○《史記》曰：「歲月日時毋易，百穀用成，治用明，畯民用章，家用平康。」「艾」作「治」，故訓字。《樊毅修華嶽廟碑》：「艾用昭明。」段玉裁説：「《文選》李善注云：『《尚書》：「畯民用康。」』「康」乃「章」字之誤。是『畯』與『俊』同。」錫瑞謹案：《史記》作「畯」，疑與「俊」字之義不同。《樊毅修華嶽廟碑》云「穡民用章」，崔駰《司徒箴》云「嗇人用章」，蔡邕《陳留太守行考城縣頌》曰「勸兹穡民」，疑三家《尚書》異文有作「穡民用章」者。《周禮·籥章》「以樂田畯」，鄭司農注：「田畯，司嗇，今之嗇夫也。」❶是「畯」與「嗇」義近，或今文《尚書》本作「畯」而訓爲穡民，漢人以故訓字代經，亦未可知。「畯民用章」蓋即「烝我髦士」之義。

「日月歲時既易，百穀用不成，乂用昏不明，俊民用微，家用不寧。○今文「乂」作「艾」，「俊」作「畯」。○《史記》曰：「日月歲時既易，百穀用不成，治用昏不明，畯民用微，家用不寧。」《書正義》引鄭云：「所以承休徵、咎徵之後言之者，❷休咎五事，得失之應，其所致尚微，故大陳君臣之象，成王極之事，❸其道得則其美應如此，其道失則敗德如彼，非徒風雨寒燠而已。」

❶「田畯司嗇今之嗇夫也」，按：皮氏此引實爲《毛詩·小雅·甫田》「田畯至喜」鄭箋之文。

❷「後」，原漫漶不清，今據《今文尚書經説考》卷一四補。

❸「王」，《尚書·洪範》正義引鄭玄注作「皇」。

「庶民惟星，星有好風，星有好雨。日月之行，則有冬有夏。○今文「惟」作「維」。○《史記》曰：「庶民維星，星有好風，星有好雨。日月之行，有冬有夏。」《集解》：「馬融曰：『箕星好風，畢星好雨。』」《漢書·天文志》曰：「箕星爲風，東北之星也。東北，地事天位也。故《易》曰：『東北喪朋。』及巽在東南，爲風。風，陽中之陰，大臣之象也。其星，軫也。月去中道，移而東北入箕，若東南入軫，則多風。西方爲雨。雨，少陰之位也。月去中道，❶移而西入畢，則多雨。故《詩》云：『月離于畢，俾滂沱矣。』言多雨也。《星傳》曰：『月入畢，則將相有㠯家犯罪者。』言陰盛也。《書》曰：『星有好風，星有好雨。』月之從星，則㠯風雨。』言失中道而東西也。故《星傳》曰：『月南入牽牛南戒，民間疾疫；月北入太微，出坐北，若犯坐，則下人謀上。』一曰月爲風雨，日爲寒溫。冬至日南極，晷長；南不極，則溫爲害。夏至日北極，晷短；北不極，則寒爲害。故《書》曰『日月之行，則有冬有夏』也。政治變於下，日月運於上矣。」《谷永傳》曰：「星辰附離于天，猶庶民附離王者也。」《鹽鐵論·論菑》篇曰：「常星，猶公卿也。衆星，猶萬民也。列星正則衆星齊，常星亂則衆星墜矣。」荀悅《漢紀》曰：「若月失道而妄行，出陽道則旱風，出陰道則陰雨。箕、軫之星爲風，畢星爲雨，故月失度入箕、軫則多風，入畢星則多雨。《洪範》曰：『星有好風，星有好雨。月之從星，則以風雨。』」《風俗通·祀典》篇曰：「謹案：《周禮》：『以槱燎祀風師、雨師。』風師者，箕星也，箕主簸揚，能致風氣。雨師者，畢星也。《詩》云：『月離于畢，俾滂沱矣。』」○一作「日月之行，則有冬有夏，有寒有暑」。○荀悅《漢·高后紀》引《洪範》曰：「日月之行，則有冬有夏，有寒有暑。」段玉裁說：「詳上下文，則『有寒有暑』四字非荀語，蓋今文《尚書》多此四字也。」案：《開元占經》引《洪範五行傳》曰：「日月之行，則有冬有夏，而有寒暑。若其失節，晷過而長則爲寒，退而晷短則爲燠。人君急則晷進疾而寒，舒則晷退遲而燠。故曰舒燠急寒。」《占經》所引《五行傳》當亦出於劉向、劉歆，其言晷長晷短則有寒燠，與《漢·天文志》合，蓋皆夏侯《尚書》之說。夏侯本多此四字，歐陽本無之，故史公與王仲任所引皆無此四字也。《書正義》引鄭云：「中央土氣爲風，東方木氣爲雨。箕，東方木宿，木克土，土爲妃，尚妻之所好，故爲風也。畢，西方金宿，金克木，木爲妃，尚妻之所好，故好雨也。推此則南宮

❶「去」，原作「失」，今據《漢書·天文志》改。

好暘，北宮好奧，中央四季好寒也。」鄭亦兼以寒奧爲説。

「月之從星，則以風雨。《史記》曰：「月之從星，則以風雨。」《論衡·明雩篇》云：「《書》曰：『月之從星，則以風雨。』然則風雨隨月所離從也。」又《感虚篇》云：「《洪範》曰：『星有好風，星有好雨。日月之行，則有冬有夏。月之從星，則以風雨。』夫星與日月同精，日月不從星，星輒復變。明日月行有常度，不得從星之好惡也。」又《説日篇》亦引此經。

「九五福：一曰壽，二曰富，三曰康寧，四曰攸好德，五曰考終命。○今文「五福」上無「九」字。○《史記》曰：「五福：一曰壽，二曰富，三曰康寧，四曰攸好德，五曰考終命。」《漢志》曰：「視之不明，其極疾；順之，其福曰壽。聽之不聰，其極貧；順之，其福曰富。言之不從，其極憂；順之，其福曰康寧。貌之不恭，其極惡；順之，其福曰攸好德。思心之不容，其極凶短折；順之，其福曰考終命。」皆本《大傳》爲説。《李尋傳》成帝詔曰：❶「蓋聞《尚書》『五曰考終命』，言大運壹終，更紀天元人元，考文正理，推曆定紀，數如甲子也。」鄭寬中習小夏侯《尚書》以授成帝，此詔所引蓋小夏侯異説，與《洪範》義不合。《元帝紀》初元二年詔曰：「蓋聞賢聖在位，陰陽和，風雨時，日月光，星辰静，黎庶康寧，考終厥命。」《成帝紀》鴻嘉二年詔曰：「教化流行，風雨和時，百穀用成，黎庶樂業，咸以康寧。」此今文《尚書》以五福爲德化所致，兼天下臣民而言也。《中論·夭壽》篇曰：「壽有三：有王澤之壽，有聲聞之壽，有行仁之壽。《書》曰：『五福：一曰壽。』此王澤之壽也。」《後漢書·楊賜傳》曰：「休徵則五福應，咎徵則六極至。」○一作「一曰富」。○《説苑·建本》篇云：「河間獻王曰：『夫穀者，國家所以昌熾，士女所以佼好，禮義所以行，而人心所以安也。《尚書》五福，以富爲始。』」孫星衍説：「據此，今文《尚書》爲『一曰富』也。『一曰富』，則當云『二曰壽』矣。《郊特牲》云：『富也者，福也。』故今文以爲五福之始。」案：獻王與史公同時，其時《尚書》惟有歐陽，《史記》所載之文與獻王説異，豈後人改之歟？《釋名》云：「福，富也。其中多品如富者也。」

「六極：一曰凶短折，《史記》曰：「六極：一曰凶短折。」《大傳》以爲思心之不容之應。《漢志》曰：「常風傷物，故其極凶短折也。傷人曰凶，禽獸曰短，屮木曰折。一曰：凶，夭也。兄喪弟曰短，父喪子曰折。」孫星衍説：「此

---

❶「成帝」，考《漢書·李尋傳》，下引實乃「哀帝詔」文。

今文説也。今文以爲君行失中，則有人物夭折之咎，故以禽獸艸木及兄喪弟、父喪子爲説，言其咎延於民物也。」

「二曰疾，」《史記》曰：「二曰疾。」《大傳》以爲視之不明之應。《漢志》曰：「奥則冬温，春夏不和，傷病民人，故其極疾也。」

「三曰憂，」《史記》曰：「三曰憂。」《大傳》以爲言之不從之應。《漢志》曰：「旱傷百穀，則有寇難，上下俱憂，故其極憂也。」

「四曰貧，」《史記》曰：「四曰貧。」《大傳》以爲聽之不聰之應。《漢志》曰：「寒則不生百穀，上下俱貧，故其極貧也。」《潛夫論・讚學》曰：「箕子陳六極，故所謂不憂貧也，豈好貧而弗之憂耶？蓋志有所專，昭其重也。」

「五曰惡，」《史記》曰：「五曰惡。」《大傳》以爲貌之不恭之應。《漢志》曰：「水傷百穀，衣食不足，則姦軌竝作，故其極惡也。一曰：民多被刑，或形貌醜惡，亦是也。」錫瑞謹案：班《志》兩説竝列，當以前説爲正。今文説以「惡」爲「攸好德」之反，前説謂姦軌竝作，故其極惡，正與「民皆好德」相反。後説拘於以惡爲貌不恭之應，謂人君貌不恭則民形貌醜惡，恐無是理。且形貌醜惡，亦不宜列於六極。鄭君注與僞《孔傳》皆從其後一説，似不若從班《志》之前説，以「惡」爲「善惡」之「惡」也。

「六曰弱。」《史記》曰：「六曰弱。」《大傳》以爲王之不極之應。《漢志》曰：「《易》曰：『亢龍有悔，貴而亡位，高而亡民，賢人在下位而亡輔。』如此則君有南面之尊，而無一人之助，故其極弱也。」《鄭崇傳》崇諫曰：「臣聞師曰：逆陽者厥極弱，逆陰者厥極凶短折。犯人者有亂亡之患，犯神者有疾夭之禍。」《潛夫論・德化》篇曰：「德政加於民，則多滌暢、姣好、堅彊、考壽；惡政加於民，則多罷癃、尩病、夭昏、札瘥。故《尚書》美考終命而惡凶短折。國有傷明之政，則民多病。以此觀之，氣運感動，亦誠大矣。」漢人説此經，以五福、六極爲政化美惡之應。《書正義》引鄭云：「《書傳》：凶短折，思不容之罰；疾，視不明之罰；憂，言不從之罰；貧，聽不聰之罰；惡，貌不恭之罰；弱，王不極之罰。❶反此而云，王者思睿則致壽，❷聽聰則致富，視明則致康寧，言從則致攸好德，貌恭則致考終命。」錫瑞謹案：鄭注與班《志》惟「聽聰則致富」義同，其餘義皆不合。

❶「王」，《尚書・洪範》正義引鄭玄注作「皇」。

❷「王」，原作「三」，今據《尚書・洪範》正義引鄭玄注改。

班《志》傳自夏侯始昌，皆本伏生《五行傳》爲説，當得其真。鄭以古文「睿」字改今文，不盡用伏生之説，疑並以己意改易其次序，未可據依。陳喬樅云：「鄭此注皆依伏生《書傳》爲解。」全不辨其異同，失之甚矣。孫星衍以爲鄭説俱遜於今文説，是也。

今文尚書考證卷十二

善化　皮錫瑞

大誥第十二　周書三

大誥　伏生《尚書大傳》以《大誥》列《金縢》前，《史記·周本紀》曰：「初，管、蔡畔周，周公討之，三年而畢定，故初作《大誥》。」《魯世家》曰：「成王少，在强葆之中，周公恐天下聞武王崩而畔，周公乃踐阼，代成王攝行政，當國。管叔及其羣弟流言於國曰：『周公將不利於成王。』周公乃告太公望、召公奭曰：『我之所以弗辟而攝行政者，恐天下畔周，無以告我先王大王、王季、文王。三王之憂勞天下久矣，於今而后成。武王蚤終，成王少，將以成周，我所以爲之若此。』於是卒相成王，而使其子伯禽代就封於魯。管、蔡、武庚等果率淮夷而反。周公乃奉成王命，興師東伐，作《大誥》。」

王若曰：《漢書·翟方進傳》王莽依《周書》作《大誥》曰：「惟居攝二年十月甲子，攝皇帝若曰。」錫瑞謹案：王莽《大誥》皆用今文《尚書》説也。《大傳》曰：「周公身居位，聽天下爲政。管叔疑周公。」「居位」即「居攝」也。史公説以周公作《大誥》在踐阼攝政之後，故可稱王。鄭注云：「『王』謂『攝』也。周公居攝，命大事則權代王也。」鄭言居攝之年，與《史記》、《大傳》先後皆異，而以「王」爲周公攝王，則與今文義同。《論衡·書虚篇》云：「説《尚書》者曰：『周公居攝，帶天子之綬，戴天子之冠，負扆南面而朝諸侯。』」仲任所引即三家《尚書》説。然則史公云周公奉成王命，興師東伐，作《大誥》，亦史臣推原周公本意而言。周公當時既權代王，不必言奉成王命也。周公攝王，見於《逸周書·明堂解》、《禮記·明堂位》、《荀卿子》書，兩漢今古文家皆無《異義》。後人乃謂周公無攝王事，用王肅僞《孔》謬説，以「王」爲稱成王，皆陋妄不足辨。孫星衍説：「若謂是周公述王命以告，則當如《多方》言『周公曰「王若曰」』，或如《多士》先言『周公告』，乃復言『王若曰』，今此文不然，則是『王』即周公矣。」

猷大誥爾多邦，越爾御事。○今文「猷大誥」作「大誥猷」。○莽《誥》云：「大誥道諸侯王、三公、列侯，于汝卿大夫、元士、御事。」應劭曰：「言㠯大道告於諸侯以下也。御事，主事也。」錫瑞謹案：莽用今文釋「猷」爲「道」，則「猷」字在「誥」下。《釋文》云：「馬本作『大誥繇爾多邦』。」《書疏》云：「鄭本『猷』在『誥』下。」《釋詁》曰：「繇，道也。」《方言》曰：「猷，道也。」繇、猷二字同訓爲「道」，是馬、鄭與莽所用今文義同。據應劭注，當以「猷」字置「誥」字之上，與莽《誥》之文不合，恐非其義。或又據《爾雅》「繇，於也」，謂馬本「大誥繇爾多邦」，其義當爲「大誥於爾多邦」。玆據莽《誥》易「猷」爲「道」，則今文説以「猷」爲「道」，不以「繇」爲「於」也。鄭注《曲禮》、箋《詩·思齊》皆引《書》曰「越乃御事」，《正義》曰：「《大誥》文。」則經本作「越乃」，今作「越爾」，傳寫誤耳。

「弗弔天降割于我家，不少延。○今文「弗」作「不」，「割」作「喪」。○莽《誥》云：「不弔天降喪于趙、傅、丁、董。」師古曰：「不弔，言不爲天所弔閔。降，下也。」案：莽《誥》無「不少延」三字，蓋省之。下云「洪惟我幼沖孺子」，則今文不連「延洪」二字爲義，或當如馬、鄭、王讀「不少延」爲句也。

「洪惟我幼沖人，嗣無疆大歷服。弗造哲迪民康，矧曰其有能格知天命！○今文「弗造哲」作「不遭悊」，「格」作「往」。○莽《誥》云：「洪惟我幼沖孺子，當承繼嗣無疆大歷服事。予未遭其明悊能道民於安，況其能往知天命！」師古曰：「洪，大也。惟，思也。沖，稚也。大思幼稚孺子當承繼漢家無竟之歷，服行政事。❶予，莽自稱也。言不遭遇明智之人以自輔佐，而道百姓於安。蓋爲謙辭也。『道』讀曰『導』。」錫瑞謹案：師古注義多與僞《孔傳》異，或亦襲用服、應諸家舊注，本三家今文遺説也。此訓「洪」爲「大」，洪、大皆語詞，無實義，與《多方》「洪惟圖天之命」義同。孫星衍據鄭注《康誥》「乃洪《大誥》治」，云「周公代成王誥」，以爲此亦代成王之詞。《多方》「洪惟圖天之命」，孫又訓「洪」爲「逆」，經同訓異，義皆失之。造，今文《尚書》作「遭」。「格知天命」之「格」，莽《誥》用今文作「往」。

「已！予惟小子，若涉淵水，○今文「已」作「熙」。○莽《誥》云：「熙！我念孺子，若涉淵水。」師古曰：「熙，歎辭。」段玉裁説：「此今文《尚書》也，皆即今之『嘻』字。」

❶「政」，原作「故」，今據《漢書·翟方進傳》顏師古注改。

「予惟往求朕攸濟，敷賁敷前人受命。○今文作「予惟往求朕攸濟，奔傅前人受命」。○莽《誥》云：「予惟往求朕所濟度，奔走以傅近奉承高皇帝所受命。」師古曰：「言我當求所以濟度之故，奔走盡力，不憚勤勞。『傅』讀曰『附』。」王念孫説：「師古以『奔走』屬上讀。案：『奔走』二字，與『涉水』義不相屬，當以『予惟往求朕所濟度』爲句，此效經文之『予惟往求朕攸濟』也。『奔走以傅近奉承高皇帝所受命』爲句。奔與賁，傅與敷，古字通用。此效經文之『敷賁敷前人受命』也。莽《大誥》皆用今文《尚書》，疑今文無上『敷』字，但作『奔傅前人受命』，而莽以『奔』爲『奔走』，『傅』爲『傅近』，亦用今文説也。」錫瑞謹案：王説是也。《漢書·武帝紀》詔曰：「若涉淵水，未知所濟。」《三國·魏志》潘勖作策命魏公曰：「若涉淵水，非君攸濟。」今文於「濟」字絶句，則下當以「奔傅前人受命」爲句，謂奔走以傅近奉承前人所受之命也。

「茲不忘大功，予不敢閉于。○今文「閉」作「比」，下無「于」字。○莽《誥》云：「予豈敢自比於前人乎？」師古曰：「前人謂周公。」段玉裁説：「此即經之『茲不忘大功，予不敢閉』也。又曰：『天降威明，用寧帝室，遺我居攝寶龜。』此即經之『天降威，用寧王，遺我大寶龜』也。其字句解説，今文家與古文家絶異。『閉』字，疑今文《尚書》作『比』。『于』字，今文《尚書》無之。」錫瑞謹案：段説是也。或疑「于」字在「閉」字之上，當作「不敢于閉」，或疑于、乎古通用，「予不敢閉于」即「予不敢閉乎」，説皆非是。師古云「前人謂周公」，亦非莽意。莽云「予豈敢自比於前人乎」，承上「傅近奉承高皇帝所受命」而言，「前人」當即謂高皇帝，莽自謂不敢比高皇帝也。周自文王受命，則前人受命必謂文王。推今文家之意，亦必以爲周公云傅近奉承文王所受命，予不敢比于文王也。此蓋公自明攝位不敢即真之意。今文家義殊勝，若如師古之説，莽不敢比前之周公，公所謂比，又將比前之何人耶？

「天降威，用寧王，遺我大寶龜，紹天明，即命。莽《誥》云：「天降威明，用寧帝室，遺我居攝寶龜。太皇太后以丹石之符，迺紹天明意，詔予即命居攝踐阼，如周公故事。」師古曰：「『威明』猶言『明威』也。」孫星衍説：「按：《釋詁》云：『威，則也。』則者，法也。言天降明法於靈龜，以寧王室。前漢人用今文之義如此。命者大命。《漢書》作『即命居攝踐阼』，則此言周公攝王以即大命也。」

「曰：『有大艱于西土，西土人亦不静。』○今文「静」作「靖」。○莽《誥》云：「反虜故東郡太守翟義，擅興師動衆，曰：『有大難于西土，西土人亦不靖。』」師古曰：「『曰』者，述翟義之言云爾也。『西土』謂京師也，言在東郡之西也。」錫瑞謹案：邶、鄘、衛在鎬京之東，亦當以鎬京爲西土。莽以「曰」爲翟義之言，則今文家説經，亦必以「曰」爲管叔羣弟之言，謂羣叔流言，云西土鎬京有大難也。大難蓋指公將不利于孺子之事。

「越玆蠢殷小腆，誕敢紀其敍。○今文「紀」作「犯」，「敍」作「序」。○莽《誥》云：「於是動嚴鄉侯信，誕敢犯祖亂宗之序。」師古曰：「誕，大也。」孫星衍説：「紀，蓋今文作『犯』，形相近。」錫瑞謹案：據莽《誥》則「越玆蠢殷小腆」六字作一句，今文家説如是，不以「越玆蠢」連上文爲義。莽謂翟義造爲西土有大難之言，於是動劉信起兵之意，則今文家説經亦必謂管、蔡造爲西土有大艱之言，於是動武庚作亂之心也。莽云管、蔡挾禄父邑畔，今翟義亦挾劉信而作亂，是以翟義比管、蔡，劉信比禄父也。近人讀《大誥》斷句皆誤，遂於莽所引今文，皆不得其解。

「天降威，知我國有疵，民不康。曰予復反鄙我周邦，○今文「疵」作「呰」，「鄙」作「啚」，「邦」作「國」。○莽《誥》云：「天降威，遺我寶龜，固知我國有呰災，使民不安，是天反復右我漢國也。」師古曰：「呰，病也。言天所以降威遺龜者，知國有災病，義、信當反，天下不安之故也。『呰』讀與『疵』同，『右』讀曰『祐』。」俞樾説：「據此則『予復反鄙我周邦』七字當作一句，蓋今文家讀如此。『曰』與上文『即命曰』同，乃天畀寶龜以告也。『復反』猶『反復』也，語有倒順耳。『鄙』當作『啚』，《説文・亯部》：『啚，嗇也。』《嗇部》：『嗇，愛濇也。』啚爲嗇，即爲『愛濇』。故莽《誥》作『右』，『右』之言『助』也。愛之，斯助之矣。是其義通也。啚聲、右聲，據段氏《説文》，同在古音弟一部，是其音亦相近也。『予』者，設爲天之言，與《詩》『予懷明德』同。『予復反啚我周邦』者，❶蓋愛之甚，則必反復之。《詩・蓼莪》篇：『顧我復我。』鄭箋曰：『復，反復也。』即可以説此經矣。」錫瑞謹案：俞説是也。惟以上文「即命曰」爲天假寶龜以告之詞，則與莽《誥》用今文義，以「即命」爲居攝踐阼，「曰」字爲述翟義之言，皆不相合。玆節取其義。

「今蠢，今翼日，民獻有十夫，予翼以于敉寧

❶「周」，原作「同」，今據俞樾《群經平議》卷五《尚書三》改。

武圖功。○今文「獻」作「儀」。○莽《誥》云：「粤其聞日，宗室之儁有四百人，民獻儀九萬夫，予敬以終於此謀繼嗣圖功。」孟康曰：「翟義反書上聞日也。民之表儀，謂賢者。」師古曰：「我用此宗室之儁及獻儀者共圖謀國事，終成其功。」段玉裁説：「孟此注釋『儀』字而已，非釋『獻』也。若班書本有『獻』字，則孟注當云『民獻儀，民之賢者，可爲表儀』，不當先訓『儀』而云『謂賢者』。此《大誥》多依今文，必作『民儀九萬夫』，『獻』字必系用古文改『儀』字，遂致兩存，而小顔不辨。《古文苑》班固《車騎將軍竇北征頌》云：『民儀響慕。』此用今文《尚書》『民儀』二字也，可知《翟義傳》『獻』字乃後增矣。『翼』，莽作『敬』，今文家説也。」錫瑞謹案：《大傳》曰：「民儀有十夫。」段説是也。經云「今蠢今翌日」，五字難通。據莽《誥》，則今文《尚書》疑有異，惜其説不可考。「予翼」以下，據莽《誥》則今文《尚書》疑多一「終」字。《後漢書·蔡邕傳》注引靈帝制曰：「敉寧我人。」

「我有大事，休，朕卜并吉。肆予告我友邦君，越尹氏、庶士、御事，曰：『予得吉卜，予惟以爾庶邦，于伐殷逋播臣。』莽《誥》云：「我有大事，休，予卜并吉。故我出大將告郡太守、諸侯相、令長曰：『予得吉卜，予惟以汝于伐東郡、嚴鄉逋播臣。』」師古曰：「大事，戎事也。言人謀既從，卜又并吉，是爲美也。逋，亡也。播，散也。」❶

「爾庶邦君，越庶士、御事，罔不反曰：『艱大，民不静，亦惟在王宫、邦君室，越予小子考，翼不可征。』○今文「邦」作「國」。○莽《誥》云：「爾國君或者無不反曰：『難大，民亦不静，亦惟在帝宫諸侯宗室，於小子族父，敬不可征。』」師古曰：「言爾等國君或有言曰：禍難既大，衆庶不安，又劉信國之宗室，於孺子爲族父，當加禮敬，不可征討。」段玉裁説：「然則今文家『越予小子考』句絶，其訓則管叔及羣弟皆王之諸父，故云『考』也。」

「王害不違卜，肆予沖人，永思艱。曰：『嗚呼！允蠢鰥寡。哀哉！』」○今文「王」下無「害」字，「嗚呼」作「烏虖」。○莽《誥》云：「帝不違卜，故予爲沖人，長思厥難。曰：『烏虖！信、義所犯，誠動鰥寡，哀哉！』」師古曰：「卜既得吉，天命不違。無妻無夫之人，亦

❶「散」，原作「喪」，今據《漢書·翟方進傳》顔師古注改。

同受其害，故可哀哉。」錫瑞謹案：據莽《誥》則今文《尚書》「不違卜」之上無「害」字，莽《誥》於《尚書》「王宮」、「寧王」等字，皆易「王」爲「帝」字，蓋以周稱王而漢稱帝。此文易「王」爲「帝」，其義當同。師古以「帝」爲天帝，非是。今文家以「王不違卜，故予爲沖人永思艱」二句相連爲義，「故」字即承「王不違卜」言之。據莽《誥》，則今文《尚書》「肆予」下疑多一「爲」字。

「予造天役遺，大投艱于朕身，越予沖人，不卬自恤。○今文「造」作「遭」，「恤」作「卹」。○莽《誥》云：「予遭天役遺，大解難於予身，以爲孺子，不身自卹。」師古曰：「言天以漢家役事遺我，而令身解其難，故我征伐以爲孺子除亂，非自憂己身也。」錫瑞謹案：據莽《誥》，則今文從「遺」字絶句，周公自言爲天所役使留遺也。「投艱」今文訓爲「解難」。

「義爾邦君，越爾多士、尹氏、御事，綏予曰：『無毖于恤，不可不成乃寧考圖功。』○今文「邦」作「國」。○莽《誥》云：「予義彼國君泉陵侯上書云云。」應劭曰：「泉陵侯，劉慶也。上書令莽行天子事。」錫瑞謹案：莽用泉陵侯上書令其行天子事以擬經文，則今文《尚書》必以此爲周公設爲國君慰己之言，謂無勞于憂，不可不成寧考之謀績也。莽云「義彼」，謂義其人。江聲云：「『義』讀爲『儀』。儀，度也。」非是。

「已！予惟小子，不敢替上帝命。天休于寧王，興我小邦周，寧王惟卜用，克綏受茲命。今天其相民，矧亦惟卜用。○今文「已」作「熙」，「替」作「僭」，「邦」作「國」，「惟卜用」上無「寧王」二字。○莽《誥》云：「熙！爲我孺子之故，予不敢僭上帝命。天休于安帝室，興我漢國，惟卜用，克綏受茲命。今天其相民，況亦惟卜用！」師古曰：「僭，不信也。言順天命而征討。言天美於興復漢國，故我惟用卜吉，能安受此命。」又曰：「言天道當思助人，況更用卜，吉可知矣。」段玉裁說：「今文《尚書》作『朁』，讀爲『僭』，故《漢書》作『僭』。魏三體石經蓋用今文《尚書》也，古文《尚書》則作『替』，僞《孔》云：『廢也。』按篇末云『天命不僭，卜陳維若茲』，則此亦當作『僭』爲長。『天命不僭』謂天命無不信也。『不敢僭上帝命』謂不敢不信天命也。天命見於卜吉。篇中曰『格知天命』，曰『迪知上帝命』，皆能信天命者也。」孫星衍說：「《漢書》『寧王惟卜用』無『寧王』二字。是今文『寧王惟卜用』止作『惟卜用』。」

「嗚呼！天明畏，弼我丕丕基。」○今文「嗚呼」作「烏虖」，「畏」作「威」，「基」作「其」。○莽《誥》云：「烏虖！天明威，輔漢始而大大矣。」師古曰：「言因此難更以强大。」段玉裁説：「以『大大』訓『丕丕』，以『矣』訓『基』，蓋今文《尚書》作『丕丕其』也。『其』讀如『姬』，語詞，故莽以『矣』字代之。《立政》篇『丕丕其』，見《隸釋》。故知此亦當同也。」錫瑞謹案：段云今文《尚書》作「丕丕其」，是也。云莽《誥》以「矣」字訓「基」，則非也。莽《誥》曰「始而大大矣」，明是以「始」訓「基」。基，始也。見《爾雅·釋詁》。蓋今文作「其」，而仍讀爲「基」，非讀如「姬」而以爲語詞也。

王曰：「爾惟舊人，爾丕克遠省，爾知寧王若勤哉！○今文「丕」作「不」。○莽《誥》云：「爾有惟舊人泉陵侯之言，爾不克遠省，爾豈知太皇太后若此勤哉！」師古曰：「言爾當思久舊之人泉陵侯所言，爾不能遠省識古事，豈知太后之勤乎？」錫瑞謹案：據莽《誥》，則「惟」當訓「思惟」之惟。公云舊人，蓋指文武舊臣與公同心者，故莽以與己同之泉陵侯當之。古丕、不同字，今文作「不」，於義爲優。「寧王」字，莽《誥》多訓爲「安王室」，其義迂曲，不若鄭注以受命曰寧王，指文王言，於《尚書》全經爲合。莽《誥》於此文以太皇太后代寧王，則亦與以寧王爲文王者略同，是今文説亦不盡以「寧王」爲「安王室」也。

「天閟毖我成功所，予不敢不極卒寧王圖事。○今文作「天毖勞我成功所」。○莽《誥》云：「天毖勞我成功所，予不敢不極卒安皇帝之所圖事。」孟康曰：「天慎勞我國家成功之所在。」師古曰：「卒，終也。言我不敢不終祖宗之業，安帝室所謀之事。」段玉裁説：「毖、祕、閟，古通用。《尚書》斷無複用閟、毖二字之理。蓋今文《尚書》眂古文《尚書》多一『勞』字，故孟注『慎勞』，仍是『毖』訓『慎』也。下文『天亦惟用勤毖我民，若有疾』，莽作『天亦惟勞我民，若有疾』，蓋今文《尚書》無『毖』字，『勞』非釋『毖』也。」錫瑞謹案：段説是也。莽作「毖勞」，孟康訓以「慎勞」，是今文《尚書》作「毖勞」二字，與古文或作「閟」，或作「毖」，止當爲一字者不同。陳喬樅定今文《尚書》，乃誤以段説古文爲今文，删去「勞」字，止作「天毖我成功所」。段明云「今文《尚書》多一『勞』字」，彼豈未之見耶？莽以寧王爲安皇帝，與前以太皇太后代寧王之義不同。師古分兩句讀，非是。錢大昕説：「《傳》訓『閟』爲『慎』，又解之云『天慎勞我周家成功所在』。孔疏云：『閟，慎。《釋詁》

文。」考《釋詁》本云：『毖，慎也。』經既以『閟』爲『毖』，不當重出『毖』字。據莽《誥》云『天毖勞我成功所』，則知此經『毖』乃『勞』之譌字，形相涉從，人傳寫致誤，《孔傳》尚未誤也。」錢説與段少異，義亦可通。僞《孔傳》蓋即襲用孟康語耳。

「肆予大化誘我友邦君，天棐忱辭，其考我民。○今文「忱」作「諶」，「考」作「累」。○莽《誥》云：「肆予告我諸侯王、公、列侯、卿、大夫、元士、御事，天輔誠辭，天其累我以民。」師古曰：「肆，陳也。陳其理而言之，言有至誠之辭，則爲天所輔。累，託也。言天以百姓託我。」《漢書・孔光傳》光引《書》曰：「『天棐諶辭』，言有誠道天輔之也。」與莽《誥》合。江聲説：「《淮南・氾論訓》：『夏后氏之璜，不能無考。』又《説林訓》曰：『白璧有考，不得爲寶。』是『考』有『疵累』之義，故云『天其累我以民也』。」陳喬樅説：「師古注訓『肆』爲『陳』，與僞《孔傳》訓『肆』爲『故』義異。又訓『累』爲『託』，言天以百姓託我，與僞《孔傳》以『考』訓『成』，其義迥殊。此襲取漢儒服、應等舊注，用三家今文《尚書》之説爲解，非師古所能臆造也。『化誘』莽作『告』，『告』亦『曉諭』之意，與化道誼同。『諶』，古文《尚書》作『忱』，古忱、諶通用。」錫瑞謹案：莽《誥》多增字釋經，使人易曉。「天」字、「以」字，疑莽以意增之。今文特以「考」爲「累」，異於古文耳。孫星衍云「今文作『天其累我以民』」，恐未可據。

「予曷其不于前寧人圖功攸終？○今文「曷」作「害」，「其」作「敢」。○莽《誥》云：「予害敢不於祖宗安人圖功所終？」師古曰：「我曷敢不謀終祖宗安人之功也。」孫星衍説：「寧人，《漢書》多作『安人』，是今文以『寧王』、『寧人』爲安王室、安人，不如鄭説以『寧王』爲文、武也。」錫瑞謹案：據莽《誥》，今文之義亦不盡然。下文「前寧人」，莽《誥》直作「祖宗」，不云「安人」，其義爲勝。「予害敢」古文作「予曷其」，與前後皆作「敢」不合。莽《誥》用今文作「敢」，其義爲優。

「天亦惟用勤毖我民，若有疾，予曷敢不于前寧人攸受休畢？」○今文作「天亦惟勞我民」。○「曷」作「害」，「畢」作「弼」。○莽《誥》云：「天亦惟勞我民，若有疾，予害敢不於祖宗所受休輔？」師古曰：「言天欲撫勞我衆，衆若有疾苦，我曷敢不順祖宗之意，休息而輔助之？」段玉裁説：「按：上文『弼』作『輔』，『棐』亦作『輔』，而『弼』與『畢』音近，今文《尚書》蓋作『攸受休弼』，故與『弼我丕丕其』同以『輔』字代之也。」錫瑞謹案：段説是也。段又云：「今文《尚書》無『毖』字，以古文考之，則是今文本作『天亦惟勤我民』，莽《誥》以『勞』字代『勤』也。」茲據莽《誥》兩處皆作「勞」，義當畫一，不必從段。

王曰：「若昔，朕其逝，朕言艱，日思：若考作室，既底法，厥子乃弗肯堂，矧肯構？厥父菑，厥子乃弗肯播，矧肯穫？厥考翼，其肯曰『予有後，弗棄基？』肆予曷敢不越卬敉寧王大命？」○今文「弗」作「不」，「肯」作「克」，「曷」作「害」。○莽《誥》云：「予聞孝子善繼人之意，忠臣善成人之事。予思若考作室，厥子堂而構之；厥父菑，厥子播而穫之。予害敢不於身撫祖宗之所受大命？」師古曰：「父有作室之意，則子當築堂而構棼橑以成之。父菑耕其田，子當布種而收穫之。反土爲菑，一曰『田一歲曰菑』。作室農人猶不棄其本業，我於今日不得有避而不征討叛逆也。」孫星衍説：「《後漢書·肅宗紀》云：『不克堂桓。』注引《尚書》：『乃不肯堂，矧肯桓？』疑『桓』是『桓楹』，今文『構』作『桓』也。陳壽《三國志》用『克構』字，則今文『肯』爲『克』也。」錫瑞謹案：謂今文「肯」爲「克」，是也。謂今文「構」作「桓」，非也。莽《誥》用今文，明作「構」。《魯峻碑》云：「承堂弗構。」蔡邕《祖德頌》云：「克構其堂。」《司空文烈侯楊公碑》云：「克丕堂構。」《陳留太守胡公碑》云：「克構克堂。」伯喈書石經一用今文，其所據今文《尚書》作「克構」。《後漢書》「構」作「桓」，乃宋人避諱改之耳。據《後漢書》，則古文《尚書》「弗肯」字今文作「不克」。《魯峻碑》「弗構」作「弗」。三家文異也。《書正義》曰：「定本云：『矧弗肯構？』『矧弗肯穫？』皆有『弗』字。」又曰：「鄭、王本於『矧肯構』下亦有『厥考翼，其肯曰「予有後，弗棄基」』。」《正義》所引皆古文，若今文，異同不可考，宜從蓋闕。莽《誥》以「祖宗」代「寧王」字，與鄭君訓「寧王」爲「文王」義合。此莽《誥》用今文説之不誤者。

「若兄考乃有友伐厥子，民養其勸弗救？」○今文「養」作「長」。○莽《誥》云：「若祖宗迺有效湯武伐厥子，民長其勸弗救？」師古曰：「譬有人來伐其子，而長養彼心，反勸助之，弗救其子者，正以子惡故也。言湯武疾惡，其心亦然，今所征討不得避親，當以公義。」段玉裁説：「按：兄者，周公謂武王也。考，成也。厥子，謂成王也。若武王成寧王大命，既肯堂、肯構、肯播、肯穫矣，乃有武庚等伐其子，爲民之長如予實母弟，及爾邦君、尹氏、御事，其可相勸弗救乎？此條語本易明，僞《孔》不以此誥爲周公之言，故其解踳駁不可通。王莽效之，此語亦甚明。謂若劉氏祖宗在上，而忽有義、信者效湯、武伐其子孫，諸侯王、三公、列侯、卿、大夫、元士、御事，其相勸弗救乎？師古注泥僞《孔傳》，尤爲不可通。又按：此『若』字與上文『若考』一例，謂若家兄有成業，而有同志之友，忽伐其子，叔父固其長也，其可相戒弗救乎？以恒情曉之也。『友』，莽何以作『效湯、武』，蓋『㕛』、『爻』二字音與形俱相似，今文《尚書》『㕛』蓋作『爻』說，今文家必云：『爻者，效也，效湯、武。』故莽用其說也。」王闓運說：「兄考，武王也。尊者，弟兄不以屬通。周公攝政，故得兄武王。先君爲考，言我順武王伐殷之故事。」案：王說近是。

王曰：「嗚呼肆哉！爾庶邦君，越爾御事，爽邦由哲，亦惟十人，迪知上帝命。越天棐忱，爾時罔敢易法，矧今天降戾于周邦？惟大艱人誕鄰，胥伐于厥室，爾亦不知天命不易！○今文「嗚呼」作「烏虖」，「邦」作「國」，「越」作「粵」，「法」作「定」。○莽《誥》云：「烏虖肆哉！諸侯王、公、列侯、卿、大夫、元士、御事，其勉助國道明！亦惟宗室之俊，民之表儀，迪知上帝命。粵天輔誠，爾不得易定！況今天降定于漢國，惟大囏人翟義、劉信大逆，欲相伐于厥室，豈亦知命之不易乎？」師古曰：「肆，陳也。勸令陳力。道，由也。言當由於明智之事以助國也。『迪』亦『道』也。言當遵道而知天命。粵，辭也。天道輔誠，爾不得改易天之定命。言義、信不知天命不可改易，乃大爲艱難以干國紀，是自相謀誅伐其室也。」孫星衍說：「爽者，《方言》及《廣雅·釋詁》皆云『猛也』。『猛』與『孟』聲相近，《釋詁》：『孟，勉也。』《說文》云：『爽，明也。』『明都』即『孟諸』，明、孟通字，是『明』亦『勉』也。哲者，《釋言》云：『智也。』『智』即『明』也。故《漢書》以『爽』爲『勉助』，以『哲』爲『明』也。法者，古作『㳒』，與『定』相似，故今文爲『定』。『鄰』聲近『遴』，《說文》：『遴，行難也。』或作『僯』。故『誕鄰』即『大難』。《漢書》以大逆訓之，今文義也。」錫瑞謹案：今文「法」作「定」，與下「今天降定」義貫，於義爲優。莽以「亦惟宗室之俊，民之表儀」，代經「亦惟十人」，與前以「宗室之俊四百人，民儀九萬夫」代經「民儀有十夫」義合。則今文說以此「亦惟十人」即前所云「民儀有十夫」，與《書》僞《泰誓》疏引先儒鄭玄等皆以十人爲十亂不同。《大誥》乃周公之言，公在十亂中，不應自稱，亦以今文家說爲優也。

「予永念曰：天惟喪殷，若穡夫，予曷敢不終朕畝？ ○今文「穡」作「嗇」，「曷」作「害」。○莽《誥》云：「予永念曰：天惟喪翟義、劉信，若嗇夫，予害敢不終予晦？」師古曰：「嗇夫治田，志除草穢。天之欲喪義、信，事亦如之。我當順天以終竟田晦之事。」

「天亦惟休于前寧人，予曷其極卜，敢弗于從？ ○今文「曷」作「害」，「敢弗于從」作「害敢不卜從」。○莽《誥》云：「天亦惟休于祖宗，予害其極卜，害敢不卜從？」師古曰：「言天美祖宗之事，我何其極卜法，敢不往從？言必從也。」江聲說：「言天休美于前王安人之功，吉可知矣。予曷爲究極之于卜哉？以爾衆心不安故。今既卜矣，敢不惟卜是從乎？」錫瑞謹案：今文作「害敢不卜從」，江説近是。師古用僞《孔傳》以「往從」訓「卜從」，非也。莽以「祖宗」代「前寧人」，則今文家亦以「寧王」爲「文王」，「前寧人」爲「文王所用之人」。其有以爲安王室、安人者，莽誤解耳。

「率寧人有指疆土，矧今卜并吉！肆朕誕以爾東征。○今文「指」作「旨」。○莽《誥》云：「率寧人有旨疆土，況今卜并吉！故予大以爾東征。」師古曰：「言循祖宗之業，務在安人而美疆土，況今卜并吉乎！言不可不從也。」錫瑞謹案：師古訓「旨」爲「美」，則經文作「旨」。僞《孔》作「指」，訓爲「指意」，非是。莽《誥》於「寧人」，或代以「祖宗」，或代以「安人」，此直云「寧人」，未知其義如何。師古云「祖宗」，又云「安人」，其意重複，失之。《白虎通・誅罰》篇云：「誅不避親戚何？所以尊君卑臣，强榦弱枝，明善善惡惡之義也。《尚書》曰：『肆朕誕以爾東征。』誅弟也。」又云：「『征』猶『正』也。欲言其正也，輕重從辭也。《尚書》曰：『誕以爾東征。』誅禄甫也。」《白虎通・姓名》篇文王十子，以管叔鮮次周公旦下，是以管叔爲周公之弟，故云「誅弟」。考劉向《列女傳・母儀》篇、趙岐《孟子》注、高誘《吕氏春秋・開春篇》注、《後漢書・樊儵傳》、張衡《思玄賦》、《三國・魏志》毌丘儉《討司馬師表》、《傅子・通志篇》，皆以管叔爲周公弟，與《白虎通》義合。蓋今文家説如是，僞《孔傳》亦用今文説也。漢武氏石室畫像列武王同母兄弟十人，周公列武王之下、管蔡之上，此石刻之最可據者。惟《史記・管蔡世家》以管叔次周公之上，當是用歐陽之説，與諸家用大小夏侯説不同。陳喬樅乃云：「管叔爲周公兄，自古無異說，惟僞《孔傳》及《白虎通》此篇以管叔爲周公弟，恐是淺人據《孔傳》以改《白虎通》。」

失之不考。

「天命不僭，卜陳惟若兹。」莽《誥》云：「命不僭差，卜陳惟若此。」師古曰：「言必信之矣。卜兆陳列惟如此。」

案：《大傳》曰：「周公先謀於同姓，同姓從，謀於朋友，朋友從，然後謀於天下，天下從，然後加之蓍龜。是以君子聖人謀義，不謀不義，故謀必成；卜義，不卜不義，故卜必吉；以義擊不義，故戰必勝。是以君子聖人謀則吉，戰則勝。」《大傳》釋此經之旨與《洪範》篇義同。王逸注《招魂》引《尚書》「決之蓍龜」，即此《傳》「加之蓍龜」也。

今文尚書考證卷十三

善化　皮錫瑞

金縢第十三　周書四

金縢　《大傳·金縢》列《大誥》之後。葉夢得曰：「伏生以《金縢》作於周公歿後，故次《大誥》之下。」孫星衍說：「《史記》載周公卒後，乃有暴風雷雨，命魯郊祭之事。是經文『秋大熟』以下，必非《金縢》之文。孔子見百篇之《書》，而《序》稱周公作《金縢》，周公不應自言死後之事，此篇經文當止於『王翼日乃瘳』。或史臣附記其事，亦止於『王亦未敢誚公』也。其『秋大熟』已下，考之《書序》，有成王告周公作《亳姑》，則是其逸文。後人見其詞有『以啟金縢之書』，乃以屬于《金縢》耳。」錫瑞謹案：《大傳》以雷雨開《金縢》在周公薨後，則當次於《立政》、《周官》之下，乃僅列《大誥》後，豈當時已合《亳姑》於《金縢》乎？

既克商二年，王有疾，弗豫。○今文「弗」作「不」。○《史記·魯世家》曰：「武王克殷二年，天下未集，武王有疾，不豫。」錫瑞謹案：史公以爲十一年伐紂，則克商二年爲十三年，即王訪箕子之歲也。今文《尚書》作「不豫」。《論衡·死僞篇》《卜筮篇》《知實篇》引經與《史記》同。《漢書·韋玄成傳》匡衡禱高祖等廟曰：「今皇帝有疾，不豫。」《白虎通》、《續漢書·禮儀志》皆云「不豫」。蔡邕《和熹鄧后謚議》曰：「遭疾，不豫。」

二公曰：「我其爲王穆卜。」周公曰：「未可以戚我先王。」公乃自以爲功。○今文「功」作「質」。○《史記·周本紀》曰：「武王病，天下未集，羣公懼，穆卜。周公乃祓齋，自爲質，欲代武王。武王有瘳。」又《魯世家》曰：「羣臣懼，太公、召公乃繆卜。周公曰：『未可以戚我先王。』周公於是乃自以爲質。」《集解》：「孔安國曰：『戚，近也。未可以死近先王也。』鄭玄曰：『二公欲就文王廟卜。戚，憂也。未可憂怖我先王也。』」錫瑞謹案：鄭以穆爲文王，未知今文說同否。僞《孔》訓「戚」爲「近」，殊不可通。《小爾雅·廣名》云：「請天子命，曰『未可以戚先王』。」《小爾雅》多與僞《孔》説同，蓋出王肅一人之手，尤不可據。鄭説稍近。而云公知武王有九齡之命，今必瘳，故止二公之卜，如其説，則公何以卜爲？又何以禱爲？蓋公惟恐卜而不吉，憂怖先王，故必先禱請以身代，而後敢卜，庶卜無不吉，故止二公而自以爲質也。江聲説：「『質』當讀如『周、鄭交質』之『質』，謂公以己爲質，質于三王以代武王也。」其説是也。《史記正義》曰：「自以贄幣告三王。」非是。

爲三壇同墠。爲壇于南方，北面，周公立焉，植璧秉珪。○今文「植」作「戴」，「珪」作「圭」。○《史記·魯世家》曰：「設三壇，周公北面立，戴璧秉圭。」《論衡·死僞篇》曰：「周武王有疾，不豫。周公請命，設三壇同一墠，植璧秉圭。」「植璧」疑後人改之。段玉裁説：「今文《尚書》作『戴璧秉圭』，《史記·魯世家》、《漢書·王莽傳》、《太玄·掜》皆作『戴』，可證。《易林·无妄》之繇曰：『載璧秉珪。』載、戴古通用也。」陳喬樅説：『古者以玉禮神，皆有幣以薦之，璧加於幣之上，故曰『戴璧』。亦作『載璧』，讀如『束牲載書』之『載』。今文家説當如是也。」

乃告大王、王季、文王。史乃册祝曰：「惟爾元孫某，遘厲虐疾。○今文「册」作「策」，「惟爾元孫某遘厲虐疾」作「惟爾元孫王發勤勞阻疾」。○《史記》曰：「告于大王、王季、文王。史策祝曰：『惟爾元孫王發，勤勞阻疾。』」《集解》：「鄭玄曰：『策，周公所作，謂簡書也。祝者，讀此簡書以告三王。稱某不名諱之者，由成王讀之也。』徐廣曰：『「阻」一作「淹」。』」孫星衍説：「『某』爲『王發』者，發，武王名，禮臨文不諱。又父前子名，古文本作『王發』，與鄭康成所見本異也。云『勤勞阻疾』者，『遘厲』爲『勤勞』，蓋古今文之異，非史公詁訓，言武王勤勞以致險疾也。《説文》云：『阻，險也。』『淹』與『險』聲相近，疑經文本作『淹疾』，史公易爲『阻』也。淹，久也。」錫瑞謹案：《漢書》、《論衡》皆作「策祝」，與《史記》同。蓋今文作「策」，古文作「册」也。史公引《書》皆據今文。孫云古文作「王發」，非也。鄭君以爲「諱之，由成王讀之」，則當時策書本作「王發」，今文爲得其實。

「若爾三王，是有丕子之責于天，以旦代某之身。○今文「丕」作「負」，「某」作「王發」。○《史記》曰：「若爾三王，是有負子之責於天，以旦代王發之身。」《白虎通》曰：「天子病曰不豫，言不復豫政也。諸侯曰負子，子，民也，言憂民不復子之也。」段玉裁說：「今文《尚書》『負子之責』說當如此，惟以諸侯之稱通加天子耳。何休注《公羊》、徐廣注《史記》作『諸侯疾曰負茲』。徐彥、徐廣説復乖異。隗囂告州牧部監等曰：『申命百姓，各安其所，庶無負子之責。』蓋謂民安其所，乃無背棄子民之咎。負者，背也。《金縢》今文『是有負子之責於天』，謂武王有背棄子民之咎而將死。隗囂用今文家說。」錫瑞謹案：段說是也。《正義》引鄭云：「『丕』讀曰『不』。愛子孫曰『子』。元孫遇疾，若汝不救，是將有不愛子孫之禍，爲天所責。欲使爲之請命也。」鄭君以「不子」爲三王不愛子孫，與《白虎通》說異。陳喬樅謂鄭與《白虎通》誼同，乃從今文家說，非也。

「予仁若考能，多材多藝，能事鬼神。乃元孫不若旦多材多藝，不能事鬼神。○今文「予仁若考」作「旦巧」，「元孫」作「王發」，「若」作「如」。○《史記》曰：「旦巧能，多材多藝，能事鬼神。乃王發不如旦多材多藝，不能事鬼神。」江聲說：「『仁若』，衍字也。薛季宣《書古文訓》『考』字作『丂』。丂，古文『巧』。俗讀『丂』爲『考』，或且改作『考』字，非也。『能』字屬丂讀，丂能，故多材藝也。」案：江說是也。《論衡·死僞篇》引經與今本《尚書》同，釋之曰：「鬼神者，謂三王也。即死人無知，不能爲鬼神。周公，聖人也。聖人之言審，則得幽冥之實。得幽冥之實，則三王爲鬼神明矣。」仲任習歐陽《尚書》，其所引經與史公所引歐陽《尚書》異者，乃後人以古文《尚書》改之，如「植璧」不作「戴璧」，此後人改之之證也。

「乃命于帝庭，敷佑四方，用能定爾子孫于下地。四方之民罔不祗畏。嗚呼！無墜天之降寶命，我先王亦永有依歸。今我即命于元龜，爾之許我，我其以璧與珪歸，俟爾命；爾不許我，我乃屏璧與珪。」○今文「定爾」作「定女」，「祗畏」作「敬畏」，下無「嗚呼」二字，「寶命」作「葆命」，「依歸」上多「所」字，「今我」下多「其」字，「珪」作「圭」，「俟爾命」上多「以」字。○《史記》曰：「乃命于帝庭，敷佑四方，用能定女子孫於下地。四方之民罔不敬畏。無墜天之降葆命，我先王亦永有所依歸。今我其即命於元龜，爾之許我，我其以璧與圭歸，以俟爾命；爾不許我，我乃屏璧與圭。」《集解》：「馬融曰：『武王受命于天帝之庭，布其道以佑助四方。元龜，大龜也。待汝命，武王當愈，我當死也。』鄭玄曰：『降，下也。「寶」猶「神」也。有所依歸，爲宗廟之主也。』」是鄭本亦有「所」字。

乃卜三龜，一習吉。啟籥見書，乃并是吉。

○今文「啟」作「開」，「并」作「逢」。○《史記》曰：「周公已令史策告大王、王季、文王，欲代武王發，於是乃即三王而卜。卜人皆曰吉，發書視之，信吉。周公喜，開籥，乃見書遇吉。」《論衡・卜筮篇》曰：「周武王不豫，周公卜三龜，公曰：『乃逢是吉。』善則逢吉，惡則逢凶，天道自然，非爲人也。」又《死僞篇》曰：「周公請命，史策告祝。祝畢辭已，不知三王所以與不，陳喬樅云：「『所以』即『許已』也。古所、許，以、已通用。」乃卜三龜，三龜皆吉，然後乃喜。能知三王有知爲鬼，不能知三王許已與不，須卜三龜，乃知其實。」又《知實篇》曰：「武王不豫，周公請命，壇墠既設，筴祝已畢，不知天之許已與不，乃卜三龜，三龜皆吉。」案：今文《尚書》「啟」爲「開」，《周禮・卜師》注引《書》曰：「開籥見書。」與《史記》合。據《論衡》，則今文作「乃逢是吉」，史公云「遇吉」，用故訓。孫星衍説：「史公以爲『即三王而卜』，是大王、王季、文王前各置一龜，以占祖考之意也。」

公曰：「體，王其罔害，予小子新命于三王。

○今文無「體」字，「罔」作「無」，「予小子」作「旦」。○《史記》曰：「周公入賀武王曰：『王其無害，旦新受命三王。』」錫瑞謹案：君前臣名，史公以此爲入賀武王之詞，今文《尚書》作「旦」，是也。《史記》無「體」字，史公疑訓「體」爲「幸」。《毛詩・氓》「體無咎言」，《韓詩》作「履」，云「幸也」，是「體」與「履」通，義得訓「幸」。蓋公見卜吉而喜曰：「幸也，王其無害。」史公云入賀，故不云幸也。解者必以「君占體」解「體」字，恐非。

「惟永終是圖兹攸俟，能念予一人。」

○今文「惟」作「維」，「兹攸俟」作「兹道」。○《史記》曰：「維長終是圖兹道，能念予一人。」《集解》：「馬融曰：『一人，天子也。』」江聲説：「《史記》云：『維長終是圖兹道。』僞《孔傳》云：『武王惟長終是謀周之道。』似與《史記》誼合。僞《孔傳》時或采取漢儒之誼，其説間有是者。」案：此疑亦王肅本其父朗所受楊賜之歐陽義，故與史公合也。「兹道」屬上爲句。「永」作「長」，故訓字。

公歸，乃納冊于金縢之匱中。王翼日乃瘳。

○今文「冊」作「策」，「翼」作「翊」。○《史記》曰：「周公藏其策金縢匱中，誡守者勿敢言。明日，武王有瘳。」《論衡・感類篇》曰：「克殷二年之時，九齡之年未盡，武王不豫，則請之矣。人命不可請，獨武王可，非世常法，故藏于金縢；不可復爲，故掩而不見。」錫瑞謹案：仲任所引，今文説也。

蔡邕《胡公夫人哀讚》云：「翊日斯瘳。」是今文《尚書》作「翊日」。「翊」即「翌」字，《説文》有「翊」無「翌」。

武王既喪，《史記》曰：「其後，武王既崩。」《白虎通·崩薨》篇曰：「喪者何謂也？喪者，亡也。人死謂之喪何？言其喪亡，不可復得見也。不直言死，稱喪者何？爲孝子之心不忍言也。《尚書》曰：『武王既喪。』」《詩正義》引鄭注云：「武王崩，周公免喪，欲居攝，小人不知天命而非之。」錫瑞謹案：鄭注以既喪爲終喪服。據《白虎通》用今文説，以「武王既喪」證人死稱喪之義，是讀「喪」爲「喪亡」之「喪」，非「喪服」之「喪」。史公訓「喪」爲「崩」，蓋與《白虎通》義同。羣叔流言當在武王初崩之時，今文家説爲是。《逸周書·作雒解》云：「武王既歸，乃歲十二月崩鎬，肂於岐周。周公立，相天子，三叔及殷、東、徐、奄及熊盈以畔。」又云：「元年夏六月，葬武王于畢。」則周公攝政，三叔流言，皆在武王未葬以前、初崩逾年事也。

管叔及其羣弟乃流言於國，曰：「公將不利於孺子。」《史記》曰：「成王少，在强葆之中，周公恐天下聞武王崩而畔，周公乃踐阼，代成王攝行政當國。管叔及其羣弟流言於國，曰：『周公將不利於成王。』」又《管蔡世家》曰：「管叔、蔡叔疑周公之爲不利於成王。」《大傳》曰：「武王殺紂，立武庚，而繼公子禄父，據《詩·邶鄘衛譜》疏引。使管叔、蔡叔監禄父。武王死，成王幼，在襁褓。據《詩·斯干》疏引。周公盛養成王，使召公奭爲傅。周公身居位，聽天下爲政。管、蔡疑周公，據《詩》《左傳疏》引。《御覽》作「管叔」。流言於國，曰：『公將不利於王。』奄君薄姑謂禄父曰：『武王既死矣，成據《詩》《左傳疏》引。王尚幼矣，周公見疑矣。此世之將亂也，請舉事。』然後禄父及三當作「二」。監叛也。」錫瑞謹案：據《大傳》，則武庚、禄父當是兩人。《論衡·恢國篇》曰：「隱彊，異姓也。尊重父祖，復存其祀。立武庚之義，繼禄父之恩，方斯羸矣。」王仲任以武庚、禄父爲兩人，正用伏生《大傳》之説。《白虎通·姓名》篇：「《春秋》譏二名何？所以譏者，乃謂其無常者也，若乍爲名禄甫，元名武庚。」則以武庚、禄父爲一人二名。蓋班氏用夏侯説，與仲任歐陽義不同。其所言譏二名，亦與《公羊》之義不合。《詩·豳風·破斧》疏、《左》定四年《傳》疏引《大傳》，皆無「立武庚」三字，乃後人不知武庚、禄父爲二人，而誤删之。當以《邶鄘衛譜》疏引爲正。又案：《大傳》、《史記》言三監皆無霍叔。《漢書·地理志》云：「鄁，以封紂子武庚；鄘，管叔尹之；衛，蔡叔尹之。以監殷民，謂之三監。」《古今人表》管叔、蔡叔在第九等，霍叔處在第四等，是班氏不以霍叔在流言之列。鄭注《大傳》云：「不及霍叔者，蓋赦之也。」不知三監本無霍叔。若三人同罪，不得獨赦之。經云「若兹監」，又云「臣我監」，「監」即《周禮》「建牧立監」之「監」。武王使管、蔡與武庚同監殷民，非專監武庚，其後三監滅而康叔爲監。若專監武庚，康叔又誰監耶？又案：《大傳》、《史記》皆云武王在襁褓。《蒙恬傳》曰：「昔成王初立，未離襁褓。」《淮南·要略》篇曰：「成王在襁褓之中。」《後漢書·桓郁傳》竇憲上疏曰：「昔成王幼少，越在襁褓。」此皆今文家説。然實形容已甚之辭，據《大傳》、《史記》之文，成王當武王崩時，亦非甚幼。《大傳》曰：「周公攝政，一年救亂，二年克殷，三年踐奄，四年建侯衛，五年營成周，六年制禮作樂，七年致政成王。」又曰：「天子太子年十八，曰孟侯。」周公封康叔爲四年建侯衛之年，成王年已十八，則武王崩時，成王非襁褓可知也。《史記》曰：「成王七年，周公反政。」又曰：「成王長，能聽政，於是周公乃還政於成王。」《史記》無避居之文，則七年當從武王崩後數起。若武王崩，成王在强葆，再加七年，不過十歲，公既攝政，何不再攝數年，俟其長而歸之，乃遽授之十歲孺子乎？豈十歲孺子即已長，能聽政乎？則武王崩時，成王非强葆又可知也。《五經異義》引古文《尚書》説：「成王即位，年十三。明年，葬武王于畢，成王年十四，周公冠之而出征。東征三年，歸營洛，制禮樂而致政，成王年十九。」譙周《五經然否論》引古文《尚書》説亦云：「武王崩，成王年十三。」王肅以爲：「文王年十五而生武王，九十七而終，時受命九年，武王八十三矣。十三年伐紂，明年有疾，時年八十八矣。九十三而崩，以冬十二月。其明年稱元年，周公攝政，遭流言，作《大誥》而東征。二年克殷，殺管、蔡。三年而歸，制禮作樂，出入四年，至六年而成。七年營洛邑，作《康誥》、《召誥》、《洛誥》，致政成王。」然則文王崩之年，成王已三歲。武王八十而後有成王，武王崩，成王已十三。周公攝政，七年致政，成王年二十。鄭君則以爲：「武王崩時，成王年十歲。服喪三年，居東三年，成王年十五。迎周公反而居攝，居攝四年，封康叔，作《康誥》，是成王年十八也。故《書傳》云『天子太子十八稱孟侯』。」鄭解孟侯用今文説，又加服喪、居東之年，故與古文説不同，與今文説亦異。若《大傳》以爲攝政四年建侯衛，成王年十八稱孟侯，則武王崩時，成王年已十四，與古文説成王即位年十三，相去一年。再加三年，爲周公七年致政之年，成王年二十一，與古文説成王年十九，相去二年。是今古文說成王之年，本無大異，初非幼在繦褓之中。《漢書・杜欽傳》云：「昔周公身有至聖之德，屬有叔父之親，而成王有獨見之明，無信讒之聽，然管、蔡流言而周公懼。」此亦不在繦褓之一證，若在繦褓，安得有獨見之明？周公作詩貽王，若在繦褓，安知未敢訓公？周公又抗世子法於伯禽，若在繦褓，何以抗法？盧辨注《大戴禮記》曰：「武王崩，成王十有三也，而云『在繦褓之中』，言其小。」盧說是也。必以繦褓爲實，則古書所言成王之事，無一可通。然其誤亦有自來，賈誼《請豫教太子疏》云：「昔者成王幼，在繦抱之中，召公爲太保，周公爲太傅，太公爲太師。」此成王爲太子在繦抱時事，諸家或以爲太子時事傳爲即位時事，遂致此誤。又《新書・修政語》云：「成王年六歲即位，故云繦褓。」案：六歲即位，加以攝政七年，正合十三歲之數。或又誤以嗣王之初歲爲復辟之元年，故少卻七年耳。

周公乃告二公曰：「我之弗辟，我無以告我先王。」《史記》曰：「周公乃告太公望、召公奭曰：『我之所以弗辟而攝行政者，恐天下畔周，無以告我先王太王、王季、文王。三王之憂勞天下久矣，於今而后成。武王蚤終，成王少，將以成周，我所以爲之若此。』於是卒相成王，而使其子伯禽代就封於魯。」錫瑞謹案：史公雖讀「辟」爲「避」，然不以爲避居東都。陳喬樅云：「鄭君讀『辟』爲『避』，與史公同，皆據今文家說。」非也。

周公居東二年，則罪人斯得。○《史記》曰：「管、蔡、武庚等果率淮夷而反。周公乃奉成王命，興師東伐，作《大誥》。遂誅管叔，殺武庚，放蔡叔。收殷餘民，以封康叔於衛。封微子於宋，以奉殷祀。寧淮夷東土，二年而畢定。」《大傳》曰：「周公攝政，一年救亂，二年克殷。」錫瑞謹案：史公之說與伏生合，皆以爲居東二年即是東征。《逸周書・作雒解》云：「二年，又作師旅，臨衛攻殷，殷大震潰。降辟三叔，王子禄父北奔，案：《史記》云：「殺武庚。」此云：「禄父北奔。」則武庚、禄父非一人。管叔經而卒，乃囚蔡叔于郭淩。凡所征熊盈族十有七國，俘維九邑。俘殷獻民，遷于九畢，俾康叔宇于殷，俾中旄父宇于東。」其說與《大傳》、《史記》合。《詩・豳風》毛傳以二子爲管、蔡，與鄭箋不同。故《詩譜》疏云：「毛以罪人爲得管、蔡，周公居東爲東征也。」《論衡・恢國篇》云：「周成王管、蔡悖亂，周公東征。」此今文說以居東爲即是東征之證。而《感類篇》引古文家管、蔡流言，周公奔楚之文，乃鄭說所本。然西漢今文家無此說，西漢古文家如毛傳，亦無此說也。孫星衍拘於班固謂遷書載《金縢》多古文說，乃以毛公與史公同者爲古文說，鄭以周公居東在成王禫後説與史公異者爲今文説，而無以處《論衡》明言古文家。乃曰：「王氏充以爲古文者，今文亦古説也。」不曉家法，傎倒錯亂，强詞飾説，豈不怪哉！　光武《封禪刻石文》曰：「皇天眷顧皇帝，以匹庶受命中興，年二十八載興兵起，是以中次誅討，十有餘年，罪人則斯得。」今文解「斯得」爲「盡得」，亦不同於鄭義以罪人爲周公屬黨。

于後，公乃爲詩以貽王，名之曰《鴟鴞》。王亦未敢誚公。○今文「名」作「命」，「誚」作「訓」。○《史記》曰：「東土以集，周公歸報成王，乃爲詩貽王，命之曰《鴟鴞》。王亦未敢訓周公。」錫瑞謹案：「名」當從史公作「命」。《書·釋文》云：「名，徐仙民亡政反。」是徐從史公讀爲「命」也。訓、順古通用，成王未敢順公意也。《鴟鴞詩》言「綢繆牖户」，即營成周、作禮樂之意。成王未敢自任，故亦未敢順公意也。段玉裁説：「案：《玉篇》曰：『信，古文作訫。』《集韻》曰：『信，古作訫。』《玉篇》之『訫』即《集韻》之『訫』，皆本《説文》『訫』字。《玉篇》从立心，非从大小字也。《史記》之『訓』乃『訫』字之誤。蓋今文《尚書》作『未敢信公』，與古文《尚書》作『誚公』不同。」其説可備一解。

秋，大熟，未穫。天大雷電以風，禾盡偃，大木斯拔，邦人大恐。○今文「電」作「雨」，「邦」作「國」。○《史記》曰：「周公在豐，病，將没，曰：『必葬我成周，以明吾不敢離成王。』周公即卒，成王亦讓，葬周公於畢，從文王，以明予小子不敢臣周公也。周公卒後，秋未穫，暴風雷雨，禾盡偃，大木盡拔，周國大恐。」《大傳》曰：「周公致政封魯。三年之後，周公老於豐，心不敢遠成王，而欲事文、武之廟。然後周公疾，曰：『吾死，必葬於成周，示天下臣於成王。』成王曰：『周公生欲事宗廟，死欲聚骨於畢。』畢者，文王之墓也。周公死，成王欲葬之於成周。天乃雷雨以風，禾盡偃，大木斯拔，國人大恐。王與大夫開金縢之書，執書以泣，曰：『周公勤勞王家，予幼人弗及知。』乃不葬於成周，而葬之於畢，示天下不敢臣，所以明有功、尊有德。故忠孝之道，咸在成王、周公之間。故魯郊，成王所以禮周公也。」《論衡·感類篇》曰：「《金縢》曰：『秋，大熟，未穫。天大雷電以風，禾盡偃，大木斯拔，邦人大恐。』當此之時，周公死。儒者説之，以爲成王狐疑於周公：欲以天子禮葬公，公人臣也；欲以人臣禮葬公，公有王功。狐疑於葬周公之間，天大雷雨，動怒示變，以彰聖功。古文家以武王崩，周公居攝，管、蔡流言，王意狐疑周公，周公奔楚，故天雷雨以悟成王。夫一雷一雨之變，或以爲葬疑，或以爲信讒，二家未可審。且訂葬疑之説，秋夏之際，陽氣尚盛，未嘗無雷雨也，顧其拔木偃禾，頗爲狀耳。當雷雨時，成王感懼，開金縢之書，見周公之功，執書泣過，自責之深。自責適已，天偶反風，《書》家則謂天爲周公怒也。」孫星衍説：「此『秋，大熟』已上有脱簡，不知何年秋也。史公説爲『周公卒後，秋，未穫』，竝言周公在豐，病，將没，欲葬成周之事。合之《書序》云『周公在豐，將没，欲葬成周。公薨，成王葬于畢，告周公，作《亳姑》』，則此是《亳姑》逸文，成王所作，與周公所作《金縢》别是一篇。《亳姑》篇今亡，猶可以此考見。其云『告周公』者，蓋以天變祝告改葬之。則所云『惟朕小子，其迎我國家禮，亦宜之』，謂惟我小子，其逆于國家應有之禮，亦宜有此天變也。」錫瑞謹案：孫説近是。段玉裁乃以今文爲荒謬，謂：「豈有爲《詩》貽王之後，秋大熟之前，間隔若干年大事，不書周公薨，而突書其薨後之事。」不知《史記》載其事甚明，「王亦未敢訓周公」後尚有營洛、還政、奔楚、反歸、作《多士》、《毋逸》、《立政》、《周官》諸篇，本有若干年大事，始接以「周公在豐，病，將没」之文。段氏妄詆今文，竝不一考《史記》，已則荒謬已極，何反以古人爲荒謬乎？陳喬樅名治今文，曲意阿鄭，乃云：「伏生年老，記憶容不能全，故脱去避居東國之事。」不知兩漢諸儒，從無避居之説，惟《論衡》、《異義》所引古文近之。《史記》序次甚晰，居東即是東征，與《大傳》相合，安得以爲伏生脱去耶？陳氏寧道伏生誤，諱言鄭君非，蒙所不解。又案：《論衡》引經，「雷電」字誤，當作「雷雨」，「邦人」字誤，當作「國人」。《後漢書·張奂傳》注引《大傳》亦誤作「電」、作「邦」，皆淺人據古文《尚書》改之也。《感類篇》「雷雨」字凡二十餘見，則其前引經當作「雷雨」甚明。王仲任習今文，故篇中引今文説辨駁二千餘言，於古文家不置一辭。

王與大夫盡弁，以啟金縢之書，乃得周公所自以爲功代武王之説。○今文「啟」作「開」。

○《史記》曰：「成王與大夫朝服以開金縢書，王乃得周公所自以爲功代武王之説。」錫瑞謹案：今文「啟」爲「開」。《論衡·順鼓篇》曰：「成王開金縢之書。」《感類篇》曰：「開匱得書，見公之功。」《恢國篇》曰：「周成之開匱。」《後漢·章帝紀》建初五年詔曰：「輒有開匱反風之應。」皆作「開」。《獨斷》言冕冠引《周書》曰：「王與大夫盡弁。」是今文「弁」字與古文同。史公作「朝服」，蓋今文家訓「弁」爲「皮弁」，與鄭注以「弁」爲「爵弁」稍異。或據《王莽傳》「予甚弁焉」，疑今文家以「弁」爲「弁急」之「弁」，其説甚鑿，與

《史記》不合，未可信也。《異義》古《尚書》説：「武王崩時，成王年十三。後一年，管、蔡作亂，周公東辟之，王與大夫盡弁，以開金縢之書，時成王年十四。言『弁』，明知已冠矣。」許君所引古文説，以開金縢即在武王崩之後一年，與鄭説秋大熟爲周公出二年之後明年秋又異，要皆非今文義也。《論衡·感類篇》引經曰：「王乃得周公死自以爲功代武王之説。」陳壽祺云：「蓋古文『所』字今文作『死』，形近致譌，故以《金縢》之事與《亳姑》之事聯爲一也。」案：陳説亦無據，未敢信爲今文。「死」字疑是傳寫《論衡》之譌，其下句云「今天動感，以彰周公之德」，「威」作「感」，亦傳寫之誤。惟《史記集解》引徐廣曰：「『説』一作『簡』。」或今文字也。

二公及王乃問諸史與百執事，對曰：「信。噫！公命我勿敢言。」

《史記》曰：「二公及王乃問史百執事，史百執事曰：『信有，昔周公命我勿敢言。』」陳喬樅説：「據《釋文》，則馬本古《尚書》作『懿』，不作『噫』也。『噫』當是今文《尚書》字。《史記》云『信有』者，乃訓釋『信』字之詞，非以『有』爲『噫』之代字。《釋名·釋言語》曰：『噫，憶也，憶念之，故發此聲憶之也。』」〇今文「執事」一作「執士」。〇《後漢書·蔡邕傳》邕上封事曰：「臣伏讀聖旨，雖周成遇風訊諸執士，無以或加。」「事」作「士」，乃三家異文。

王執書以泣，曰：「其勿穆卜。昔公勤勞王家，惟予沖人弗及知。今天動威，以彰周公之德，惟朕小子其親迎，我國家禮亦宜之。」

〇今文「穆」作「繆」，「沖」作「幼」，「迎」上無「親」字。〇《史記》曰：「成王執書以泣，曰：『自今後其無繆卜乎！昔周公勤勞王家，惟予幼人弗及知。今天動威，以彰周公之德，惟朕小子其迎，我國家禮亦宜之。』」案：蔡邕《文烈侯楊公碑》曰：「帝乃震慟，執書以泣。」亦以「執書以泣」爲公薨後之事。《白虎通·封公侯》篇曰：「周公身薨，天爲之變，成王以天子之禮葬之，命魯郊，以明至孝天所與也。」《喪服》篇曰：「養從生，葬從死，周公以王禮葬何？以爲周公踐阼理政，與天同志，展興周道，顯天度數，萬物咸得，休氣充塞。原天之意，子愛周公，與文武無異，故以王禮葬，使得郊祭。《尚書》曰『今天動威，以彰周公之德』，下言『禮亦宜之』。」《漢書·梅福傳》曰：「昔成王以諸侯禮葬周公，而皇天動威，雷雨著災。」又《儒林傳》谷永上疏曰：「昔周公薨，成王葬以變禮而當天心。」師古注皆引《尚書大傳》。又《杜鄴傳》曰：「大風暴過，成王怛然。」鄭亦當用今文。師古引古文《尚書》「王乃啟金縢之書，悔而還周公」，非其義也。《後漢書・周舉傳》永和元年詔問曰：「昔周公攝天子事，及薨，成王欲以公禮葬之，天爲動變，及更葬以天子之禮，即有反風之應。」舉對曰：「昔周公有請命之應，隆太平之功，故皇天動威，以彰聖德。」章懷注引《尚書洪範五行傳》曰：「周公死，成王不圖大禮，故天雷雨，❶禾偃，木拔。❷及成王寤金縢之策，改周公之葬，尊以王禮，申命魯郊，而天立復風雨，禾稼盡起。」❸又《張奂傳》奂上疏曰：「昔周公葬不如禮，天乃動威。」章懷注引《尚書大傳》。何休《公羊解詁》曰：「昔武王既没，成王幼少，周公居攝行天子事，制禮作樂，致太平，有王功。周公薨，成王以王禮葬之，命魯使郊，以彰周公之德。」《論衡・感類篇》曰：「狐疑於葬周公之間，天大雷雨，動怒示變，以彰聖功。」又曰：「天之欲令成王以天子之禮葬周公，以公有聖德，以公有王功。」又曰：「天彰周公之功，令成王以天子禮葬。」又曰：「周公不以天子禮葬，故爲雷雨，以責成王。」皆與伏生、史公今文義合。惟《感類篇》引古文家，《異義》引古文説，及《中論・智行》篇曰：「昔武王崩，成王幼，周公居攝，管、蔡啟殷畔亂，周公誅之，成王不達，周公恐之，天乃雷電風雨，以彰周公之德，然後成王寤。」與鄭君古文説略同。《中論》云「周公誅之」，亦與鄭注「避居」不合。而《史記・魯世家》又載周公爲成王禱疾，其後周公奔楚，成王發府見周公禱書，乃泣反周公。《蒙恬傳》亦載其事。《漢書》云：「遷書載《金縢》多古文説。」疑即指此而言。然史公以周公奔楚在反政後，又與《論衡》、《五經異義》、鄭注《尚書》、《中論》及《墨子》、《越絶書》之説皆異。或公之禱疾本有兩事，或即一事傳譌，皆未可知。史公意在網羅放失舊聞，不拘一説。王仲任、許叔重皆明别之爲古文，若兩漢今文初無是説，則不必深辨之也。陳喬樅必欲合鄭説於今文，轇轕支離，紊亂家法，未敢附和。今文説以此爲周公薨後之事，則迎不得爲迎周公。孫星衍説：「迎之義亦爲逆，《禹貢》『同爲逆河』，《河渠書》、《溝洫志》皆爲『迎河』。史公無『新』字，則『惟朕小子其迎』，言有逆禮致天變也。」

❶「雷」上，《後漢書・周舉傳》李賢注引《洪範五行傳》有「大」字。

❷「木」上，《後漢書・周舉傳》李賢注引《洪範五行傳》有「大」字。

❸「稼」，原作「蓋」，今據《後漢書・周舉傳》李賢注引《洪範五行傳》改。

王出郊，天乃雨，反風，禾盡起。二公命邦人，凡大木所偃，盡起而築之。歲則大熟。

○今文「邦」作「國」。○《史記》曰：「王出郊，天乃雨，反風，禾盡起。二公命國人，凡大木所偃，盡起而築之。歲則大熟。於是成王乃命魯得郊祭文王。魯有天子禮樂者，以褒周公之德也。」錫瑞謹案：今文説「王出郊」爲郊祭，因郊祭止天變，遂賜魯郊。《洪範五行傳》、《白虎通》、《公羊解詁》其説皆同。《後漢書·和帝紀》詔曰：「成王出郊而反風。」注云：「王乃出郊祭天，事見《尚書》。」是其明證。惟《論衡·感類篇》云：「開匱得書，見公之功，覺悟泣過，決以天子禮葬公。出郊觀變，天止雨，反風，禾盡起。」王仲任以「出郊」爲觀變，不以爲郊祭，三家異説不同。《感類篇》又曰：「成王不以天子禮葬周公，天爲風雷，偃禾拔木。成王覺悟，執書泣過，天乃反風，偃禾復起。何不爲疾反風以立大木，必須國人起築之乎？應曰：天不能。」據此，則今文家解「築之」爲「築大木」，與馬、鄭、王訓「築」爲「拾」異也。《史記集解》引徐廣曰：「築，拾也。」非是。○一作「天止雨」。○《論衡》云：「天止雨，反風。」今文《尚書》當作「止雨」。王引之説：「《琴操》説：『《周·金縢》曰：「成王聞周公死，以公禮葬之，天乃大暴風疾雨，成王懼，取所讒公者而誅之，天乃反風霽雨。」』據此，則古文之『天乃雨』，今文當作『天乃霽』。雨止爲霽，故《論衡》以『止雨』代之也。蓋古文言天大雷電而不言雨，故下文曰『天乃雨』，今文既言天大雷雨，則下文不得言『天乃雨』矣。《魯世家》言『暴風雷雨』，是用今文也。而下文又曰『天乃雨』，顯與上文不合，蓋亦作『天乃霽』，而後人據古文改之也。」錫瑞謹案：王説今文不得言「天乃雨」，是也。而云今文作「天乃霽」，亦無塙證。《琴操》云「天霽雨」，不云「天乃霽」也。《論衡》明云「天止雨」，安見今文不即作「止雨」乎？《論衡·順鼓篇》云：「周成王之時，天下雷雨，偃禾拔木，爲害大矣。成王開金縢之書，求索行事，得周公之功，執書以泣，遏雨止風反禾，大木復起。」「遏」與「止」同義，蓋仲任所據今文作「止」也。《琴操》云：「周公誅管、蔡之後，有譖公于王者，成王大怒，欲因周公，周公乃奔于魯而死。成王以公禮葬之，天乃風雨。」其説又與今文家略異。

今文尚書考證卷十四

善化　皮錫瑞

康誥第十四　周書五

康誥　《史記·衛世家》曰：「武王已克殷紂，復以殷餘民封紂子武庚禄父，比諸侯，以奉其先祀勿絶。爲武庚未集，恐其有賊心，武王乃令其弟管叔、蔡叔傅相武庚禄父，以和其民。武王既崩，成王少，周公旦代成王治，當國。管叔、蔡叔疑周公，乃與武庚禄父作亂，欲攻成周。周公旦以成王命興師伐殷，殺武庚禄父、管叔，放蔡叔，以武庚殷餘民封康叔爲衛君，居河、淇間故商墟。周公旦懼康叔齒少，乃申告康叔曰：『必求殷之賢人君子長者，問其先殷所以興，所以亡，而務愛民。』告以紂所以亡者，以淫於酒；酒之失，婦人是用，故紂之亂自此始。爲《梓材》，示君子可法則。故謂之《康誥》、《酒誥》、《梓材》以命之。」《索隱》曰：「康，畿内國名。宋忠曰：『康叔從康徙封衛。畿内之康，不知所在也。』」案：《索隱》蓋用馬注，以「康」爲圻内國名。鄭注則云：「康，謚號。」江聲説：「《逸周書·謚法解》云：『温柔好樂曰康，安樂撫民曰康，令民安樂曰康。』『康』之爲號，有此三誼，皆與康叔之行相似，故鄭君以『康』爲謚。《史記》言康叔封，冉季載皆少未得封，是則當武王時，康叔實未有國。及武王崩，即有流言之事，周公出居東都，既反而居攝，此江用鄭説，與今文不合。又有東征之事，其時皆未皇封康叔也。逮三監既誅，而以其地封康叔，則康叔始封，即當爲衛國，何嘗有康國乎？康自是謚號，鄭説誠是，馬、王、僞《孔》皆非也。」錫瑞謹案：江説是也。《衛世家》無從康徙封衛之文，《史記·自序》云：「牧殷餘民，叔封始邑。」是叔封始邑於衛，非始邑於康。宋忠云「畿内之康，不知所在」，是其説本無徵，故鄭不用馬義。王肅好與鄭難，乃舍鄭而從馬，僞《孔傳》即肅造，而亦云地闕，是爲臆説無疑。若《姓書》云：「康叔故城在潁川。」《括地志》云：「故康城在許州陽翟縣西北三十五里。」此等書皆當僞《孔》盛行之後，傅會地名，以實其説，豈可爲據？而後人信之者，蓋以《史記》云「康叔卒，子康伯代立」，若是謚號，不應父子同謚爲「康」。不知父子不可同名，未嘗不可同謚。《謚法》周公所作，而文王謚文，周公亦謚文，見於《國語》云「周文公之頌曰」，此其塙證。若父子不可同謚，當時敢以非禮之謚加之周公乎？今制，由翰林出身者，例謚文，常有父子祖孫同謚文者，何俗儒竝此不知也！春秋時魯有文公，是祖孫又同謚。列國中祖孫同謚者尤多，率爲後人妄改。譙周《古史考》改康伯爲牟伯，正疑同謚而妄改之。譙周蓋亦以康叔爲謚號也，而改康伯爲牟伯，與《左傳》、《世本》、《史記》皆不合。《史記·周本紀》「康王之誥」亦云「作《康誥》」，與此《康誥》同文，正以「康」字皆是謚號。疑今文《尚書·康王之誥》有但作「康誥」二字者，故史公云然。《論衡》引《康誥》之文作《康王之誥》，自屬誤衍二字，然亦當以二篇皆云《康誥》，故致誤也。必以「康」爲國名，則《康王之誥》史公但云《康誥》，豈亦是國名耶？《古今人表》以衛康叔封與陳胡公滿竝列，班氏當亦以「康」爲謚。「胡」是謚號，「康」亦謚號。《人表》第六等又有衛康叔，注云：「封子。」若康叔因封康而稱康，豈其子亦曾先封於康耶？蔡邕《述行賦》曰：「悟衛康之封疆。」此伯喈用今文説，以「康」爲謚之明證。衛康猶云齊桓、晉文，若以「康」爲國名，則「衛康之封疆」，又豈可通耶？「康」乃謚號，而以之名篇者，疑康叔生即以「康」爲號，没因爲謚，史公分别《康誥》、《酒誥》、《梓材》之義，以務愛民屬之《康誥》，則「康」當取愛民爲義。《康誥》一篇，云「用康保民」、「用康乂民」、「迪吉康」、「康乃心」，「康」字甚多，疑「康叔」之「康」，即以此爲號，如成王生號成王之比也。

惟三月哉生魄，○今文「魄」作「霸」。○《大傳》曰：「周公攝政，四年建侯衛。」則三月爲攝政四年之三月也。《漢志》引《顧命》「惟四月哉生霸」，此亦當同。《説文·月部》云：「霸，月始生魄然也。❶承大月二日，承小月三日。《周書》曰：『哉生霸。』䨣，古文『霸』。」䨣爲古文，則今文作「霸」。○一作「載生魄」。○《漢書·王莽傳》作「載生魄」，叚借字也。《禮記·鄉飲酒義》曰：「月三日則成魄。」《推度災》曰：「月三日成魄，八日成光。」《援神契》曰：「月三日而成魄，三月而成時。」《白虎通·日月》篇曰：「三日成魄，八日成光。」楊子《法言·五百篇》曰：「月未望則載魄於西，既望則終魄於東。」今文説皆以月初生明爲魄，與許君古文説不異，惟《漢書·律曆志》引《三統術》曰：「死霸，朔也。生霸，望也。」孟康曰：「月二日以往，明生魄死，故

❶「魄」，原作「霸」，今據《説文·月部》改。

言死魄。魄，月質也。」此劉歆異説，與古經傳不同。

周公初基，作新大邑于東國洛，四方民大和會。《大傳》曰：「周公將作禮樂，優游之三年不能作。君子恥其言而不見從，恥其行而不見隨。將大作，恐天下莫我知也；將小作，恐不能揚父祖功業德澤。然後營洛，以觀天下之心。於是四方諸侯率其羣黨，各攻位於其庭。周公曰：『示之以力役，且猶至，況導之以禮樂乎？』然後敢作禮樂。《書》曰：『作新大邑于東國洛，四方民大和會。』此之謂也。」孫星衍説：「云各攻位於其庭，則今文以『基』爲『基址』，與鄭説『基』爲『基謀』異矣。」

侯甸男邦采衛，百工播，民和，見士于周。周公咸勤，乃洪大誥治。○今文「男邦」作「任國」。

○今文《尚書》「男邦」作「任國」。《史記・禹貢》文可證。《書釋文》云：「一本作『周公迺洪大誥治』。」蓋一本無「咸勤」二字，《釋文》不載石經同異，未可據爲今文。

王若曰：「孟侯，朕其弟，小子封！」《漢書・王莽傳》莽上奏太后曰：「《尚書・康誥》：『王若曰：「孟侯，朕其弟，小子封！」』此周公居攝稱王之文也。」」《大傳・略説》曰：「天子太子年十八曰孟侯。『孟侯』者，於四方諸侯來朝，迎於郊者，問其所不知也。問之人民之所好惡，土地所生美珍怪異，山川之所有無。及父在時，皆知之。」鄭注云：「孟，迎也。十八嚮入大學爲成人，博問庶事也。」又注《尚書》云：「依《略説》，太子十八爲孟侯，而呼成王。」錫瑞謹案：《白虎通・朝聘》篇曰：「朝禮柰何？諸侯將至京師，使人通命于天子，天子遣大夫迎之百里之郊，遣世子迎之五十里之郊矣。」《覲禮》經曰：「至于郊，王使人皮弁用璧勞。」《尚書大傳》曰：「天子太子年十八曰孟侯，于四方諸侯來朝，迎于郊。」據莊述祖補。《孝經》曰：「昔者明王之以孝治天下，不敢遺小國之臣，而況於公、侯、伯、子、男乎？」鄭注：「古者諸侯五年一朝，天子使世子郊迎。」賈公彦《儀禮疏》引《書大傳》太子出迎之文，以爲此異代之制；又引《孝經》鄭注「天子使世子郊迎」，皆異代法，非周制也。唐册太子文云：「盡謙恭于齒胄，審方俗于迎郊。」猶用《大傳》之文。孔穎達《正義》乃云「禮制無文」，義理駢曲，不知一代有一代之法，賈公彦明云異代之制，不得以《周禮》無文爲疑。《大傳・毋佚》篇曰：「高宗有親喪，居廬三年，然未嘗言國事，而天下無背叛之心者，何也？及其爲太子之時，盡以知天下人民之所好惡，是以雖不言國事也，知天下無背叛之心。」伏生言高宗爲太子之時知人民之所好惡，正與《略説》孟侯之義相合。是殷時有此制。《史記・五帝本紀》解「四門穆穆」云：「諸侯遠方賓客皆敬。」《集解》引馬融曰：「四門，四方之門。諸侯羣臣朝者，舜賓迎之，皆有美德也。」賓迎四方諸侯，正太子迎侯之事。蓋堯將禪舜，先使舜居太子之職。自唐、虞至殷，其制皆然。封康叔在居攝四年，未制《周禮》，故循殷制，呼成王爲孟侯。其後周公制禮，損益前代，無復此制，所以《儀禮》無太子迎侯之文。後人遂不知有此事，惟伏生見古書，識其制耳。《正義》又云：「豈周公自許天子，以王爲孟侯，皆不可信。」不知周公攝政稱天子，見《逸周書・明堂解》、《禮記・明堂位》諸書，《荀子》、《史記》、《大傳》、《説苑》、《淮南》、《論衡》皆有居位踐阼之文。此「王若曰」實屬居攝稱王。土無二王，公稱王，則成王止可稱世子。古者世子之稱，繫於今君，亦繫於先君。《禮記・曾子問》曰：「君薨而世子生，如之何？」是君薨仍可稱世子。孔子曰：「卿、大夫、士從攝主。」是古有代君攝位之事。《左氏傳》曰：「是以隱公立而奉之。」杜注：「立爲太子，帥國人奉之。」孔疏云：「太子者，父在之稱。今惠公已薨，而云『立爲太子』者，以其未堪爲君，仍處太子之位故也。」以此推之，成王少，未堪爲君，猶之魯桓；周公攝位，猶之魯隱。隱公可奉桓公爲太子，周公何不可奉成王爲太子乎？《文王世子》曰：「抗世子法於伯禽。」此周公奉成王爲世子之塙證。成王爲太子，故曰孟侯，孟訓迎，句。侯指諸侯，乃周公使成王迎諸侯，非周公以王爲侯，如孔疏所疑也。王鳴盛據《大戴記・公冠》篇「公冠」爲成王，可稱公，即可稱侯。孫星衍據《釋詁》云「侯，君也」，太子稱孟侯，猶云長君，漢靈帝皇子辯號史侯，皇子協號董侯。案：王氏、孫氏雖申伏義，皆與伏義不符。伏云孟侯謂迎諸侯，非謂太子爲侯。如王氏、孫氏之説，皆謂太子爲侯，顯與伏、鄭之義相違，又無以解孔疏之惑。且史侯、董侯乃亂世之事，豈可以證古制哉？《漢書・地理志》曰：「周公封弟康叔，號曰孟侯。」與其所撰《白虎通》引《大傳》義不合。陳喬樅以爲班固從祖伯從鄭寬中受小夏侯《尚書》，蓋小夏侯説也。然考之《史記》，康叔不得稱侯。《衛世家》云：「封康叔爲衛君。」不言何爵。後有康伯、考伯、嗣伯、⿸广疌伯、靖伯、貞伯，❶皆稱伯。至頃侯厚賂周夷王，夷王命衛爲侯，其後始稱侯。《索隱》引《系本》「⿸广疌伯」作「摯伯」、「貞伯」作「箕伯」爲異，而稱「伯」則同。是衛初封時乃伯爵，非侯爵。《詩序》云：「旄丘責衛伯。」蓋以其先本是伯爵。

❶ 「⿸广疌」，原作「⿸广建」，今據《史記・衛康叔世家》改。

然則班《志》未可據，而伏生、鄭君以爲成王者，其義不可易矣。周公封康叔必呼成王者，成王爲太子，主迎諸侯，則封諸侯亦太子之所有事，故公竝戒成王。趙岐注《孟子》以《康誥》爲周公戒成王及康叔封而作。臺卿用今文説，蓋今文之義如是也。

「惟乃丕顯考文王，克明德慎罰，○今文作「克明俊德」。○《大傳》曰：「惟乃丕顯考文王，克明俊德。」又曰：「子夏曰：『昔者，三王慤然欲錯刑遂罰，平心而應之，和，然後行之。然且曰：「吾意者以不平，慮之乎？吾意者以不和，平之乎？」如此者三，然後行之，此之謂慎罰。』」○一作「克明明德」，一作「克明德」。○《荀子·正論篇》：「《書》曰：『克明明德。』」謂王道貴宣明，不當以玄而難知，使人疑。荀子在焚書前，其所引《書》可據。大、小戴《記》與大、小夏侯《尚書》同出自夏侯始昌，而《大學》引《康誥》曰「克明德」，與《大傳》異者，蓋《大傳》多「俊」字，乃歐陽異文。段玉裁云：「『俊』字當是本作『明』，淺人所改。」恐未可據。蔡邕《朱公叔鼎銘》曰：「克明慎德。」合「明德慎罰」言之。

「不敢侮鰥寡，庸庸，祗祗，威威，顯民。用肇造我區夏，○今文「威」作「畏」。○《中論·法象》篇云：「文王祗畏，造彼區夏。」王應麟《藝文志考證》云：「漢人引『祗祗，畏畏，顯民』。」《廣雅·釋訓》云：「祗祗，畏畏，敬也。」蓋今文《尚書》作「畏」。蔡邕《太尉橋公廟碑》曰：「祗厥勳庸。」

「越我一二邦，以修我西土。惟時怙，冒聞于上帝。帝休，天乃大命文王，○《大傳》曰：「天之命文王，非啍啍然有聲音也。文王在位而天下大服，施政而物皆聽。命則行，禁則止，動摇而不逆天之道，故曰：『天乃大命文王。』文王受命，一年斷虞、芮之質，二年伐于，三年伐密須，四年伐畎夷，五年伐耆，六年伐崇，七年而崩。」《論衡·初稟篇》曰：「康王當作康叔。之誥曰：『冒聞于上帝，帝休，天乃大命文王。』所謂大命者，非天乃命文王也。聖人動作，天命之意也。與天合同，若天使之矣。《書》方激勸康叔，勉使爲善，故言文王行道，上聞于天，天乃大命之也。」趙岐《孟子注》引《康誥》曰：「冒聞于上帝。」亦以「冒」字下屬。王鳴盛説：「『冒』有上進意，故曰『冒聞』」，讀如氾勝之《農書》云『土長冒橛』之『冒』。」

「殪戎殷，誕受厥命，越厥邦厥民，惟時敘，乃寡兄勗。○今文「殪」作「壹」。○《左》宣六年《傳》引《周書》曰：「殪戎殷。」杜注云：「殪，盡也。《康誥》言。武王以兵伐殷，盡滅之。」錫瑞案：揚雄《兖州牧箴》曰：「武果戎殷。」是今文説亦以戎殷爲武王事。訓「戎」爲「兵」，杜氏之説不誤。王鳴盛謂杜「以文王事移屬武，不足據信」，非也。《禮記·中庸》：「壹戎衣而有天下。」鄭注云：「戎，兵也。『衣』讀如『殷』，聲之誤也。『壹戎殷』者，一用兵伐殷也。」鄭本作「壹」，與《左氏傳》作「殪」不同，蓋今文作「壹」。

「肆汝小子封，在兹東土。」《白虎通·封公侯》篇曰：「天下太平，乃封親屬者，示不私也。即不私，封之何？『普天之下，莫非王土，率土之賓，莫非王臣』，海内之衆已盡得使之，不忍使親屬無短足之居，一人之使，封之，親親之義也。以《尚書》封康叔，據平安也。」鄭注：「居攝四年，隆平已至。」與《白虎通》義合。

王曰：「嗚呼！封，汝念哉！今民將在祗遹乃文考，紹聞衣德言。往敷求于殷先哲王，用保乂民，汝丕遠惟商耇成人，宅心知訓。○《史記》曰：「必求殷之賢人君子長者，問其先殷所以興，所以亡，而務愛民。」孫星衍説：「『賢人君子』謂『成人』，『長者』謂『耇』。云『務愛民』，謂『保乂民』，云『問其先殷所以興亡』，即上所云『紹聞衣德言』也。」

「別求聞由古先哲王，用康保民，弘于天，若德裕乃身，不廢在王命。」《荀子·富國篇》曰：「足國裕民，而善藏其餘。故知節用裕民，則必有仁義聖良之名，而且有富厚丘山之積矣。《康誥》曰：『弘覆乎天，若德裕乃身，不廢在王庭。』宋本有此句，近刻脱之。此之謂也。」楊倞注：「弘覆如天，又順于德，是乃所以寬裕女身也。」

王曰：「嗚呼！小子封，恫瘝乃身。敬哉！天畏棐忱，○今文「瘝」作「矜」，「畏」作「威」，「忱」作「諶」。○《後漢書·和帝紀》永元八年詔曰：「朕寤寐恫矜。」章懷注云：「《尚書》曰：『恫矜乃身。』」《風俗通·十反》篇云：「《書》曰：『天威棐諶。』言天德輔誠也。」《爾雅》郭注、《文選》李善注引皆作「威」。蔡邕《瑯琊王傅蔡公碑》曰：「示以棐諶之威。」今文《尚書》「祗祗畏畏」作「畏」，「天威棐諶」作「威」，與古文《尚書》適相反。

「民情大可見。小人難保，往盡乃心，○今文「盡」作「悉」。○錫瑞謹案：古文《尚書》「往盡乃心」，今文

《尚書》作「往悉乃心」。《漢舊儀》丞相、御史大夫初拜策曰：「往悉乃心。」宣帝神爵三年丞相初拜策、五鳳二年御史大夫初拜策皆曰：「往悉乃心，和裕開賢。」《史記・三王世家》武帝封燕、齊、廣陵王策皆曰：「悉爾心。」《漢書・董賢傳》哀帝封董賢策曰：「往悉爾心。」《漢故國三老袁良碑》曰：「往悉乃心。」蔡邕《西鼎銘》曰：「悉心在公。」《朱公叔鼎銘》曰：「悉心臣事。」《文烈侯楊公碑》曰：「悉心畢力。」《三國志》引《英雄記》袁紹遣使拜烏丸版文曰：「用能悉乃心，克有勳力於國家。」皆用今文《尚書》。江、段、孫、陳諸君皆不一引之，未免失之目前矣。

「無康好逸豫，乃其乂民。」○今文作「毋侗好佚」，「乂」作「艾」。❶○《史記・三王世家》立廣陵王策曰：「毋侗好佚。」又曰：「於戲！保國艾民，可不敬與！」褚少孫曰：「毋侗好佚，無長好佚樂馳騁弋獵淫康。」○一作「毋桐好逸」。○《漢書・武五子傳》廣陵厲王胥策曰：「毋桐好逸。」應劭曰：「無好逸游之事。」師古曰：「『桐』音『同』。桐，輕脱之貌也。」陳喬樅説：「侗、桐古通用字，如『倥侗』亦作『空桐』，是其驗已。據褚少孫釋『無侗好』爲『無長好』，則『侗』有『長』之訓誼矣。」

「我聞曰：『怨不在大，亦不在小；惠不惠，懋不懋。』已！汝惟小子，乃服惟弘。○今文「已」作「熙」。○《國語》引《周書》曰：「怨不在大，亦不在小。」韋昭注：「怨不在大，或大而不爲從；亦不在小，或禍難起小怨。」《左》昭八年《傳》曰：「《周書》曰：『惠不惠，茂不茂。』康叔所以服弘大也。」當於「弘」字絶句。蔡邕《文烈侯楊公碑》曰：「祗服弘業。」「已」今文作「熙」，見《大誥》。

「王應保殷民，亦惟助王宅天命，作新民。」

王曰：「嗚呼！封，敬明乃罰。○今文「嗚呼」作「於戲」。○《潛夫論》引作「於戲」，見下。《禮記・大學》引「作新民」。《緇衣》引「敬明乃罰」。

「人有小罪，非眚，乃惟終，自作不典，式爾，有厥罪小，乃不可不殺。○今文「非眚」作「匪省」，「式」作「戒」。○《潛夫論・述赦》篇云：「《尚書・康誥》：『王曰：「於戲！敬明乃罰。人有小罪，匪省，乃惟終，自作不典，戒爾，有厥罪小，乃不可不殺。」』言恐段云：「當是『惡』字。」人有罪雖小，然非以過差爲之也，乃欲終身行之，故雖小，不可不殺也。何則？是本頑凶思惡而爲之者也。」《後

❶ 「乂」，原脱，今據文義補。

漢書・陳忠傳》忠上疏曰：「明者慎微，智者識幾。《書》曰：『小不可不殺。』」

「乃有大罪，非終，乃惟眚災，適爾，既道極厥辜，時乃不可殺。」〇今文「非終」作「匪終」，「眚災」作「省哉」，「辜」作「罪」，「時乃」作「時亦」。〇《潛夫論》又曰：『乃有大罪，匪終，乃惟省哉，適爾，既道極厥罪，時亦不可殺。』言殺段云：「誤字。」人雖有大罪，非欲以終身爲惡，乃過誤爾，是不段云：「當有『可』字。」殺也。若此者，雖曰赦之可也。」

王曰：「嗚呼！封，有敘時，乃大明服，惟民其勑懋和，若有疾。《左》僖二十三年《傳》引《周書》曰：「乃大明服。」《荀子・富國篇》曰：「誠乎上，則下應之如景嚮，雖欲無明達，得乎哉！《書》曰：『乃大明服，惟民其力懋和，而有疾。』此之謂也。」楊倞注曰：「懋，勉也。言君大明以服下，則民勉力爲和調，而疾速以明効上之急也。」今本「力」作「勑」，「而」作「若」。宋本不誤。江聲說：「觀左氏、荀卿所引，知『時』字不下屬。」

「惟民其畢棄咎，若保赤子，惟民其康乂。《孟子》：「墨者夷之曰：『儒者之道，古之人若保赤子，此言何謂也？』《孟子》曰：『彼有取爾也。赤子匍匐將入井，非赤子之罪也。』」趙注曰：「以赤子無知，故救之。」王鳴盛說：「《康誥》『若保赤子』，須用孟子詮，乃始允合。蓋此主用刑而言。言民犯法，如赤子無知，觸陷於死地，吾保救之，民自安治。」《後漢書・順帝紀》詔曰：「儉以恤民，政致康乂。」又《梁商傳》商疏曰：「賞不僭溢，刑不淫濫，五帝、三王所以同致康乂也。」蔡邕《和熹鄧后謚議》曰：「以迄康乂。」《薦皇甫規》曰：「迄用康乂。」〇今文「若保」一作「如保」，「乂」一作「艾」。〇《禮・大學》：「《康誥》曰：『如保赤子。』心誠求之，雖不中，不遠矣。」鄭注曰：「養子者，推心求之，而中於赤子之嗜欲也。」樊毅《修華嶽碑》云：「康艾室宇。」

「非汝封刑人殺人，無或刑人殺人；非汝封又曰劓刵人，無或劓刵人。」〇今文「刵」作「刖」。〇王引之說：「『刵』當作『刖』字，形相似而誤也。《困》九五『劓刖』，虞翻注曰：『割鼻曰劓，斷足曰刖。』正與《康誥》『劓刖』同義。揚雄《廷尉箴》曰：『有國者，無云何謂，是刖是劓。』即本於《康誥》也。鄭注《康誥》曰：『臣從君坐之刑。』則字當作『刖』。蓋僖公二十八年《左傳》刖鍼莊子，正是臣從君坐之刑也。《呂刑》『刵劓』，亦『刖劓』之譌。《說文》『㪉』字引《書》曰：『刖、劓、㪉、黥。』是許氏所見本正作『刖』也。夏侯等今文《尚書》作『臏、劓、宮、今本「宮」在「劓」上，誤。割頭、庶剠』。案：臏爲去膝蓋，與刖同類，故今文作『臏』，古文作『刖』，猶『剕辟』之『剕』，今文作『臏』，《周官》作『刖』也。若作『刵』字而訓『斷』耳，則與『臏』義不相當矣。」錫瑞謹案：王説是也。據《廷尉箴》，則子雲所據今文《尚書》正作「刖」。王鳴盛、段玉裁、陳喬樅説皆非。

王曰：「外事，汝陳時臬，司師，兹殷罰有倫。」

《大傳》曰：「兹殷罰有倫，今也反是，諸侯不同聽，每君異法，聽無有倫，是故知法難也。」《荀子・正名篇》曰：「刑名從商，爵名從周。」楊倞注曰：「商之刑法，未聞。《康誥》曰：『殷罰有倫。』言殷刑之允當也。」

又曰：「要囚，服念五六日，至于旬時，丕蔽要囚。」王曰：「汝陳時臬，事罰，蔽殷彝，用其義刑義殺，勿庸以次汝封，乃汝盡遜，曰時敘，惟曰未有遜事。」

《荀子・致士篇》云：「《書》曰：『義刑義殺，勿庸以即，句。女惟曰未有順事。』言先教也。」注曰：「當先教後刑，躬自厚而薄責於人也。」又《宥坐篇》云：「不教而責成功，虐也。《書》曰：『義刑義殺，勿庸以即，予維曰未有順事。』言先教也。」《家語・始誅》篇：「《書》云：『義刑義殺，勿庸以即，汝心惟曰未有愼事。』」王肅注曰：「庸，用也。即，就也。刑殺皆當以義，勿用以就汝心之所安，當謹自謂未有順事，且陳道德以服之，以無刑殺而後爲順。」段玉裁説：「據注文，則引經『愼』字，亦當同孫卿作『順』，轉寫之誤也。」案：王肅引經略同荀子，其注則與僞《孔傳》合。

「已！汝惟小子，未其有若汝封之心，朕心朕德惟乃知。凡民自得罪，

○今文「已」作「熙」。○《荀子・君子篇》曰：「聖王在上，分義行乎下，刑罰綦省而威行如流，治世曉然皆知夫爲姦，則雖隱竄逃亡之由不足以免也，故莫不服罪而請。《書》曰：『凡人自得罪。』此之謂也。」注曰：「與今《康誥》義不同，或斷章取義與？」王鳴盛説：「此以自作服罪解。蓋殺人取貨，惡之大者，有誅無赦，必服其罪。荀義得之，僞《傳》非也。」案：《荀子》引《書》作「凡人」，與下「凡民罔不譈」作「凡民」不合。「人」字，蓋楊倞唐人，避諱改之。

「寇攘姦宄，殺越人于貨，暋不畏死，罔弗憝。」

○今文「暋」作「閔」，「罔弗憝」上多「凡民」二字，「弗

憝」作「不譈」。○《孟子》曰：「《康誥》曰：『殺越人于貨，閔不畏死，凡民罔不譈。』是不待教而誅者也。殷受夏，周受殷，所不辭也。」趙注曰：「《康誥》，《尚書》篇名，周公戒成王、康叔封。越、于，皆『於』也。殺於人，取於貨，閔然不知畏死者。譈，殺也。凡民無不得殺之者。若此之惡，不待君之教命，遭人得討之。三代相傳，以此法不須辭問也。」案：臺卿治今文學者，所據《孟子》本當同今文，故與《說文》引《周書》曰「睯不畏死，凡民罔不憝」異。訓「譈」爲「殺」，亦與《說文》作「憝」訓「怨」不同。蓋今文說也。

王曰：「封，元惡大憝，矧惟不孝不友。子弗祗服厥父事，大傷厥考心。于父不能字厥子，乃疾厥子。于弟弗念天顯，乃弗克恭厥兄。兄亦不念鞠子哀，大不友于弟。惟弔茲，不于我政人得罪，天惟與我民彝大泯亂。曰：乃其速由。文王作罰，刑茲無赦。

《左》僖三十三年《傳》引《康誥》曰：「父不慈，子不祗，兄不友，弟不恭，不相及也。」又昭二十年《傳》引《康誥》曰：❶「父子兄弟，罪不相及。」《後漢書·肅宗紀》、《鄭志》趙商問引同僖三十三年《傳》。《後漢書·楊彪傳》《謝弼傳》、《三國·崔季珪傳》注引孔融曰、《潛夫論·榮辱》篇引同昭二十年《傳》。蓋左氏櫽括經義，漢人即本《左傳》。所謂「不相及」者，謂不以父不慈罪其子，不以子不祗罪其父，兄、弟亦然。其義皆本經文，非今文有此佚句也。《潛夫論·述赦》篇曰：「養稊稗者傷禾稼，惠姦軌者賊良民。《書》曰：『文王作罰，刑茲無赦。』先王制刑，非好傷人肌膚，斷人壽命，乃以威姦懲惡除民害也。」《漢書·宣帝紀》、《風俗通·皇霸》篇皆引《書》「文王作罰，刑茲無赦」，不連「乃其速由」四字。孫星衍說：「速者，《釋言》云：『徵也。』『徵』義同『召』。『由』同『訧』，《廣雅·釋詁》云：『罪也。』乃其自召罪訧。《酒誥》曰：『惟民自速辜。』《多方》曰：『乃惟爾自速辜。』語意正同。或以『乃其速由』下屬『文王作罰』爲句，不然也。」

「不率大戛，矧惟外庶子、訓人，惟厥正人，越小臣諸節，乃別播敷造。民大譽，弗念弗庸，瘝厥君，時乃引惡，惟朕憝。已！汝乃其速由，茲義率殺。○今文「已」作「熙」。○孫星衍

❶「引」，原作「在」，今據文義改。

說：「《漢書・王尊傳》尊曰：『律無妻母之法，聖人所不忍書，此經所謂造獄者也。』注：『晉灼曰：「歐陽《尚書》有此造獄事也。」』造獄者，不循常法，遇非常之事，不得已而用之。今或別爲傳播，以陷有名之人，同惡相引，是可誅也。歐陽『造獄』，別無可附，疑今文說此條之義也。」

「亦惟君惟長，不能厥家人，越厥小臣、外正，惟威惟虐，大放王命，乃非德用乂。汝亦罔不克敬典，乃由裕民，惟文王之敬忌，乃裕民。曰：『我惟有及則。』予一人以懌。」

《荀子・君道篇》曰：「有治人，無治法。法不得獨立，得其人則存。故明主急得其人，急得其人，則身佚而國治，功大而名美。故君人勞於索之，而休於使之。《書》曰：『惟文王之敬忌，一人以擇。』此之謂也。」《說苑・君道》篇曰：「虞、芮質其成於文王，入文王之境，未見文王之身，而讓其所爭以爲閒田而反。孔子曰：『大哉文王之道乎！其不可加矣。不動而變，無爲而成，敬慎恭己，而虞、芮自平。』故《書》曰：『惟文王之敬忌。』此之謂也。」段玉裁說：「古擇、澤、釋、懌通用。『一人以擇』，『擇』即『懌』也，上文所謂『身佚而國治』也。敬忌，上文所謂『急得其人』也。」陳喬樅說：「案：虞、芮之君見文王云人民讓爲士大夫，其士大夫讓爲公卿，亦化而讓田。是所謂『得其人則身佚而國治』也。」

王曰：「封，爽惟民，迪吉康。我時其惟殷先哲王德，用康乂民作求，矧今民罔迪不適，不迪則罔政在厥邦。」王曰：「封，予惟不可不監，告汝德之說于罰之行。今惟民不靜，未戾厥心，迪屢未同。爽惟天其罰殛我，我其不怨。惟厥罪。無在大，亦無在多，矧曰其尚顯聞于天？」王曰：「嗚呼！封，敬哉！無作怨，勿用非謀、非彝，蔽時忱，丕則敏德。

○今文「無作怨，勿用非謀、非彝」作「毋作怨，毋俷德」，一作「毋作棐德」。○《史記・三王世家》燕王旦策文曰：「毋作怨，毋俷德。」徐廣曰：「『俷』一作『菲』。」《索隱》曰：「蘇林曰：『菲，廢也。本亦作「俷」，俷，敗也。』孔文祥曰：『菲，薄也。』《漢書》作『棐』。」褚少孫曰：「『無作怨』者，勿使從俗以怨望也。『無俷德』者，勿使上背德也。」《漢書・武五子傳》燕王旦策文曰：「毋作怨，毋作棐德。」服虔曰「棐，薄也」。師古曰：「棐，古『匪』字也。匪，非也。」段玉裁説：「『毋倗德』，疑亦用《康誥》『勿用非謀、非彝，蔽時忱，丕則敏德』等語。今考褚先生曰『「無倗德」者，勿使上背德也』，則肥、倗，棐、菲，皆非正字，其字正作『非』。《説文》：『非，違也。从飛省下翄，取其相背。』故褚先生訓『非德』爲『上背德』。漢人訓故之學，皆有依據，後人釋爲薄、釋爲廢、釋爲敗者，皆失之。古『飛』字多作『蜚』，《易》『飛遯』亦作『肥遯』，皆同音通用。」陳喬樅説：「據《漢書》『毋作棐德』，則知今文《尚書》『勿用非謀、非彝』，『勿』字亦當作『毋』字也。」

「用康乃心，顧乃德，遠乃猷裕，王引之説：「當以『遠乃猷裕』爲句。《方言》曰：『裕猷，道也。東齊曰裕，或曰猷。』『遠乃猷裕』，即『遠乃道』也。《君奭》曰『告君乃猷裕』，與此同。猷、由古字通。道謂之『猷裕』，道民亦謂之『猷裕』，上文曰：『乃由裕民。』」錫瑞案：王説是也。據《方言》，則子雲所用今文義當如此。

乃以民寧，不汝瑕殄。」王曰：「嗚呼！肆汝小子封，惟命不于常，《左》成十六年《傳》：「《周書》曰：『惟命不于常。』有德之謂。」襄二十三年《傳》亦引此經。《禮·大學》：「《康誥》曰：『惟命不于常。』道善則得之，不善則失之矣。」鄭注：「命，天命也。天命不于常，言不專佑一家也。」《戰國策》卷二十四引《周書》曰：「『惟命不于常』，此言幸之不可數也。」《史記·三王世家》齊王閎策曰：「惟命不于常。」

汝念哉！無我殄享，明乃服命，高乃聽，用康乂民。」王若曰：「往哉，封！勿替敬典聽朕告，汝乃以殷民世享。」錫瑞謹案：周公居攝封康叔，兩漢今古文無異義。後人乃謂武王時事，又或用宋忠説，以爲由康徙封衛，臆説無據，既明辨之矣。惟《史記·三王世家》云：「康叔後扞禄父之難。」《後漢書》蘇竟曉劉龔書曰：「周公之善康叔，以不從管、蔡之亂也。」二説似有可疑，或據以爲康叔先封，管、蔡後亂之證。今考二説亦甚易解，管、蔡流言作亂之時，京師亦必有從亂者，惟康叔不從亂；周公東征禄父，康叔當有協贊之功，故公深知其能，使監殷民於衛。是以漢羣臣言「扞禄父之難」，蘇竟云「不從管、蔡之亂」也。或又以云「後扞禄父之難」，似乎受封在先。考未央宫羣臣奏云：「伏聞康叔親屬有十，武王繼體，周公輔成王，其八人皆以祖考之尊，建爲大國。康叔之年幼，周公在三公之位，而伯禽據國於魯，蓋爵命之時，未至成人。康叔後扞禄父之難，伯禽殄淮夷之亂。」此蓋諸臣約舉其事，未及分别其文。據《管蔡世家》云：「武王同母兄弟十人，母曰太姒，文王正妃也。其長子曰伯邑考，次曰武王發，次曰管叔鮮，此以管叔爲周公兄，與《白虎通》諸家以爲周公弟者不同，説見上。次曰周公旦，次曰蔡叔度，次曰曹叔振鐸，次曰成叔武，次曰霍叔處，次曰康叔封，次曰冉季載。武王封叔鮮於管，封叔度於蔡，封叔旦於魯，封叔振鐸於曹，封叔武於成，封叔處於霍；康叔封、冉季載皆少，未得封。」序次甚明，是武王同母兄弟十人，有伯邑考在内。史公云「伯邑考既已前卒矣」，不云有後封國，則伯邑考無後。武王同母兄弟十人，去其一矣。而諸臣云武王、周公之外，其八人皆建爲大國，不知八人中有伯邑考無後，竝未封國，則已失其實矣。又據《史記》，伯禽殄淮夷之亂與康叔扞禄父之難，是同時事。伯禽當時乃攝國事，而未定封，其定封爲居攝七年，又在封康叔之後。康叔當武王時，少未得封，皆非未至成人而受爵命者。諸臣意在早封王子，援引古事，或失其真，不得以文害辭，徒據一時疑似之文，反違史公之明説也。

今文尚書考證卷十五

善化　皮錫瑞

酒誥第十五　周書六

酒誥　《史記·自序》曰：「申以商亂，《酒》、《材》是告。」錫瑞謹案：據此，則史公所云「申告康叔」，乃以告康叔者《書》非一篇，既有《康誥》，又申之以《酒誥》、《梓材》，故曰「申告」。或乃云武王封康叔於康時已作誥，成王徙封於衛，乃取武王封叔於康之誥以申之，故《史記》云「申告」。不知史公無是説也。或又謂《康誥》作於武王，《酒誥》、《梓材》作於成王，故三家與馬本作「成王若曰」。不知《史記·周本紀》曰：「次《康誥》、《酒誥》、《梓材》，其事在周公之篇。」《衛世家》曰：「故謂之《康誥》、《酒誥》、《梓材》以命之。」是三篇皆作自周公，乃一時所作，此篇獨云「成王若曰」，蓋舊史之文如是，非別有異義也。揚子《法言·問神篇》曰：「昔之説《書》者，《序》以百，而《酒誥》之篇俄空焉，今亡夫。」子雲蓋因《酒誥》與《康誥》同一《序》，疑別有《序》而亡之，故有「俄空」之歎。

王若曰：○今文作「成王若曰」。○《書正義》曰：「馬、鄭、王本以文涉三家而有『成』字。三家云：『王年長，骨節成立。』」《釋文》曰：「馬本作『成王若曰』。」注云：「俗儒以爲成王骨節始成，故曰成王。或曰以成王爲少成二聖之功，生號曰成王，没因爲謚。」段玉裁説：「按：《魯世家》曰：『管叔及羣弟流言於國曰：「周公將不利於成王。」周公告太公、召公曰：「武王蚤終，成王少。」誡伯禽曰：「我文王之子，武王之弟，成王之叔父。」』《尚書大傳》、《荀子·堯問篇》、《韓詩外傳》卷三皆曰『成王之叔父』。《史記》又曰：『周公在豐，病，將没，曰：「必葬我成周，以明吾不敢離成王。」』《尚書大傳》曰：『吾死，必葬我成周，示天下臣於成王。』詳玩此等，皆實生稱成王，如湯生稱武王之比，非屬史家誤筆，三家之説固可信也。」錫瑞謹案：《藝文類聚》引《春秋元命包》曰：「文王造之而未遂，武王遂之而未成，周公旦抱少主而成之，故曰成王。」亦以成王爲生稱。《漢書·韋玄成傳》曰：「成王成二聖之業，制禮作樂，功德茂盛，廟猶不世，以行爲謚而已。」亦即生號成王，没因爲謚之説。《大傳》云：「奄君薄姑謂禄父曰：『成王尚幼矣。』」今本多妄改爲「今王」，不知成王本生號也。衛、賈、馬之本同三家，而馬詆爲俗儒，不用其説。僞《孔》本乃用馬説，删去「成」字。《詩·周頌》「成王不敢康」，《國語》明云「道成王之德」，乃成王在時所作。毛、鄭以爲成是王事，其説迂迴難通，宋儒乃疑是祀成王詩。今文廢而經義不明，不得不歸咎於毛公、馬、鄭之崇尚古文者矣。

「明大命於妹邦，乃穆考文王，肇國在西土。

厥誥毖庶邦庶士，王念孫説：「漢碑多用今文。《衡方碑》：『鐫茂伐，祕將來。』伐，功也。祕，告也。言刻石紀功，以告來世。《廣韻》曰：『祕，告也。』《酒誥》曰：『厥誥毖庶邦庶士。』言誥告庶邦庶士也。又曰：『女典聽朕毖。』言女常聽朕告也。《車騎將軍馮緄碑》曰：『刊石表績，以毖來世。』『祕』與『毖』古字通。」錫瑞謹案：王説是也。《張遷碑》云：「刊石立表，以毖後昆。」亦同此義。《廣韻》之訓，蓋本《尚書》舊注。《莽誥》云：「天毖勞我成功所。」「毖」亦當訓「告」，孟康訓「慎」，失之。

「越少正、御事，朝夕曰：『祀兹酒。』惟天降命，肇我民，惟元祀。《論衡·譴告篇》云：「紂爲長夜之飲，文王朝夕曰：『祀兹酒。』何則？非疾之者，宜有以改易之也。」又《語增篇》云：「按《酒誥》之篇，『朝夕曰祀兹酒』，此言文王戒慎酒也。」

「天降威，我民用大亂喪德，亦罔非酒惟行；越小大邦用喪，亦罔非酒惟辜。文王誥教小子，有正、有事，無彝酒。○今文「無」作「毋」。

○《韓非子·説林》篇：「《康誥》曰：『毋彝酒。』彝酒者，常酒也。常酒者，天子失天下，匹夫失其身。」段玉裁説：「按：此《酒誥》而系之《康誥》者，蓋周時通《酒誥》、《梓材》爲《康誥》也。」錫瑞謹案：據此則三篇實同一篇。韓非在焚書之前，其説可據。彼執《酒誥》「成王若曰」，以《康誥》爲武王作者，其謬不待辨矣。

「越庶國，飲惟祀，德將無醉。《大傳》曰：「天子有事，諸侯皆侍，尊卑之義。宗室有事，族人皆侍，終日，大宗已侍於賓奠，然後燕私。燕私者何也？祭已而與族人飲也。宗子燕族人於堂，宗婦燕族人於房。序之以昭穆，不醉而出，是不親也。醉而不出，是媟宗也。出而不止，是不忠也。親而甚敬，忠而不倦，若是則兄弟之道備。備者，成也。成者，成於宗室也。故曰：「飲而醉者，宗室之意也；德將無醉，族人之意也。是故祀禮有讓，德施有復，義之至也。」注：「事謂祭祀。」○今文一作「德將毋醉」。○《論衡·語增篇》云：「世聞『德將毋醉』之言，見聖人有多德之效。」

「惟曰：我民迪小子，惟土物愛，厥心臧。聰聽祖考之彝訓，越小大德。小子惟一。妹土嗣爾股肱，純其藝黍稷，奔走事厥考厥長。肇牽車牛，遠服賈用，孝養厥父母。

○今文「孝養」二字作「欽」。○《白虎通·商賈》篇曰：「行曰商，止曰賈。《易》曰：『先王以至日閉關，商旅不行，后不省方。』《論語》曰：『賈之哉？我待賈者也。』即如是。《尚書》曰『肇牽車牛，遠服賈用』何？言『遠』，行可知也；《方言》『欽厥父母』，欲留供養之也。」王鳴盛説：「據此，是古商、賈本不同。今以牽車遠行之商，乃不稱『商』而謂之『賈』者，欲見留養父母之義故也。」陳喬樅説：「《爾雅·釋言》云：『肇，敏也。』郭璞注引《書》『肇牽車牛』爲證，其義與《孔傳》異，當亦本《爾雅》漢注所用今文家《尚書》説也。」案：今文以「賈用」二字連文爲義，與《詩》「賈用不售」同。

「孝養」二字今文作「欽」。

「厥父母慶，自洗腆，致用酒。庶士有正，越庶伯君子，其爾典聽朕教。爾大克羞耇，惟君，爾乃飲食醉飽。丕惟曰：爾克永觀省，作稽中德。爾尚克羞饋祀，爾乃自介用逸，

《大傳》曰：「古者聖帝之治天下也，五十以下非烝社不敢遊飲，六十以上遊飲也。」此《傳》釋經「羞耇」之義。陳喬樅説：「『羞耇』即『養老』之謂。古者天子、諸侯皆有養老之禮，百官與執事焉。惟老成有德者，始得用酒以養爾。庶士助君養老，乃亦得醉酒而飽德。故云『爾克永觀省，作稽中德』也。江聲説：『逸，旅酬也。《詩·賓之初筵》曰：「舉酬逸逸。」《傳》云：「逸逸，往來次敘也。」』」

「茲乃允惟王正事之臣，茲亦惟天若元德，永不忘在王家。」王曰：「封！我西土棐，徂邦君御事，小子尚克用文王教，不腆于酒，故我至于今，克受殷之命。」王曰：「封！我聞惟曰：在昔殷先哲王，

《大傳》引《酒誥》：「王曰：『封！惟曰若圭璧。』」今無此句。劉向以中古文校歐

陽、大小夏侯三家經文，《酒誥》脱簡一，不知脱何文也。豈「若圭璧」即在脱簡中乎？ 陳壽祺説：「《酒誥》篇有『王曰「封！ 我聞惟曰：在昔殷先哲王」』之語，《大傳》所引，疑或此句之異文。」

「迪畏天顯小民，經德秉哲，自成湯咸至于帝乙，錫瑞謹案：《禮·檀弓》正義曰：「帝乙，先儒注皆以爲紂父。」鄭注引《易説》曰：「《易》之帝乙，爲成湯；《書》之帝乙，六世王。」則鄭君不以帝乙爲紂父。先儒蓋賈、馬等説也。《易緯·乾鑿度》云：「孔子曰：『自成湯至帝乙，帝乙，湯之元孫之孫也。』此帝乙謂湯也。殷録質，以生日爲名，順天性也。元孫之孫，外絶恩矣，同以乙日生，疏可同名。」《白虎通·姓名》篇曰：「《易》曰帝乙，謂成湯；《書》曰帝乙，謂六代孫也。」六代孫，即六世王，亦即元孫之孫。緯書多同今文，今文不以帝乙爲紂父也。《史記·殷本紀》曰：湯子太丁，太丁子太甲，太甲子沃丁，沃丁弟子小甲，小甲弟子仲丁，仲丁弟子帝祖乙立，殷復興。不數兄弟相及，則祖乙正湯之六世孫。《本紀》又曰：「帝乙立，殷益衰。」是帝乙非令主，《書》不應稱其人，又與六世之説不合。賈、馬古文説非是，鄭同今文用《易説》是也。

「成王畏相。惟御事，厥棐有恭，不敢自暇自逸，○今文「成王」作「成正」，「厥棐」作「厥職」。○《中論·譴交》篇曰：「自王公至於列士，莫不成正畏相，厥職有恭，不敢自暇自逸。」偉長所引，當是今文《尚書·酒誥》篇文。江、段、孫、陳皆未及引。

「矧曰其敢崇飲？ 越在外服，侯、甸、男、衛、邦伯；○今文作「侯、甸、任、衛作國伯」。○《白虎通·爵》篇曰：「爵有五等，以法五行也。或三等者，法三光也。或法三光或法五行何？質家者據天，故法三光；文家者據地，故法五行。《含文嘉》曰：『殷爵三等，周爵五等，各有宜也。』《王制》曰：『王者之制禄爵，凡五等。』謂公、侯、伯、子、男也。此周制也。所以名之爲公、侯者何？公者，通也，公正無私之意也。侯者，候也，候逆順也。伯者，白也。子者，孳也，孳孳無已也。男者，任也。殷爵三等，謂公、侯、伯也。所以合子、男從伯者何？王者受命，改文從質，無虚退人之義，故上就伯也。《尚書》曰：『侯、甸、任、衛作國伯。』謂殷也。」盧文弨説：「《白虎通》引以證子、男從伯之義，似『作』字亦非衍文。」錫瑞謹案：《周禮·職方氏》有侯、甸、男、采、衛之服，則侯、甸、任、衛，周制也。

今文説以爲殷者，蓋殷以前已有此名。《禹貢》有甸、侯、任「男邦」今文作「任國」。之名，惟無衛耳。或即以「奮武衛」爲衛服歟？

「越在内服，百僚、庶尹、惟亞、惟服、宗工，越百姓里居；罔敢湎于酒。《韓詩》説曰：「飲酒閉門不出客曰湎。」鄭注：「飲酒齊色曰湎。」以「湎」字從「面」耳。

「不惟不敢，亦不暇。惟助成王德顯，越尹人祇辟。我聞亦惟曰：在今後嗣王酣身，厥命罔顯于民祇，保越怨，不易。誕惟厥縱淫泆于非彝，用燕喪威儀，民罔不衋傷心。惟荒腆于酒，《史記·殷本紀》曰：「紂大最樂戲於沙丘，以酒爲池，懸肉爲林，使男女倮相逐其間，爲長夜之飲。」《論衡·語增篇》云：「傳語曰：『紂沈湎於酒，以糟爲丘，以酒爲池，牛飲者三千人，爲長夜之飲，亡其甲子。』又言：『紂懸肉以爲林，令男女裸而相逐其間。』是謂醉樂淫戲無節度也。周公封康叔，告以紂用酒期於悉極，欲以戒之也。而不言糟丘、酒池、肉林，長夜之飲，亡其甲子。聖人不言，殆非實也。傳書家欲惡紂，故言增其實也。」高誘《吕氏春秋》注云：「飲酒合樂曰酣。」案：紂作淫聲以悦婦人，蓋飲酒亦作樂，故史公云「酒之失，婦人是用，紂之亂自此始」也。

「不惟自息乃逸，厥心疾很，不克畏死辜，在商邑。《白虎通·京師》篇：「夏曰夏邑，殷曰商邑，周曰京師。《尚書》曰『率割夏邑』，謂桀也；『在商邑』，謂殷也。」案：據此則今文家以「辜」字上屬爲句。

「越殷國滅，無罹。弗惟德馨香，祀登聞于天。誕惟民怨，庶羣自酒，腥聞在上。故天降喪于殷，罔愛于殷，惟逸。天非虐，惟民自速辜。」王曰：「封！予不惟若茲多誥。古人有言曰：『人無於水監，當於民監。』○今文「無」作「毋」，「監」作「鑒」。○《中論·貴驗》篇曰：「《周書》有言：『人毋鑒於水，鑒於人也。』鑒也者，可以察形；言也者，可以知德。」案：據此，則今文作「毋」、作「鑒」。《國語》申胥諫吴王曰：「王盍亦監於人，毋監於水。」《戰國策》蔡澤説應侯曰：「監於水者，見面之容；監於人者，知吉與凶。」《史記》載《湯征》曰：「人視水見形，視民知治不。」

「今惟殷墜厥命，我其可不大監撫于時？予惟曰：汝劼毖殷獻臣，侯甸、男、衛，矧太史友、内史友，〇今文「男」作「任」。〇今文《尚書》「男」作「任」，見上。《大戴禮記・盛德》篇曰：「内史、太史，左、右手也。」盧辨注曰：「太史爲左史，内史爲右史。」「越獻臣、百宗工，矧惟爾事服休、服采，矧惟若疇圻父，薄違農父，《詩・圻父》箋引《書》曰：「『若壽圻父』，謂司馬也。」《正義》曰：「『若壽圻父』，《酒誥》文也。彼注云：『順壽萬民之圻父。』」鄭本作「順壽」，未知今文異同何如。《羣經音辨》引《書》：「薄韋辳父。」蓋今古文同，今本衛包改也。

「若保宏父，定辟，矧汝剛制于酒。厥或誥曰：『羣飲。』汝勿佚，〇今文「汝勿佚」作「女無失」。〇王應麟《漢藝文志考》云：「漢人引此句作『羣飲，女無失』。」

「盡執拘以歸于周，予其殺。〇今文作「盡執抲獻」。〇《説文繫傳》：「抲，撝也。从手，可聲。《周書》曰：『盡執抲獻。』」段玉裁説：「『抲』作『拘』，此如許君所言，苛之字止句也。而『獻』字不可通。恐是齊語『義』字、『沙』字、『儀』字，皆以『獻』爲之，『獻』音在歌弋部。抲、獻合二字疊韻成文，蓋齊語如是，蓋伏生今文《尚書》如是。」

「又惟殷之迪諸臣惟工，乃湎于酒，勿庸殺之，姑惟教之，有斯明享。乃不用我教辭，惟我一人弗恤，弗蠲乃事，時同于殺。」王曰：「封！汝典聽朕毖，勿辯乃司民湎于酒。」

今文尚書考證卷十六

善化　皮錫瑞

梓材第十六❶　周書七

梓材　《大傳》曰：「伯禽與康叔見周公，三見而三笞之。康叔有駭色，謂伯禽曰：『有商子者，賢人也，與子見之。』乃見商子而問焉。商子曰：『南山之陽有木焉，名喬，二三子往觀之。』見喬實高高然而上，反以告商子。商子曰：『喬者，父道也。南山之陰有木焉，名梓，二三子復往觀之。』見梓實晉晉然而俯，反以告商子。商子曰：『梓者，子道也。』二三子明日見周公，入門而趨，登堂而跪。周公迎，拂其首，勞而食之，曰：『爾安見君子乎？』」亦見《說苑·建本》篇、《論衡·譴告篇》。金履祥說：「《梓材》之《書》，伏生《大傳》以爲周公命伯禽之《書》。今文當有『周公曰』而無『封』字。」鄒漢勛說：「古文『王曰封』，今文當是『王曰子才』也。子，古文或借㞢爲之，『才』又近『土』，古文以㞢、土二字合爲『𡉚』字，遂成康叔之名，此古文說之疏也。今文曰『王曰子才』者，子謂伯禽爲魯子也，才蓋伯禽之名，蓋取有材能則可禽獲醜虜也。」魏源說：「《大傳》以《梓材》爲誥伯禽之《書》，其今文之《序》亦當曰成王既伐管叔、蔡叔，以殷餘民封康叔、伯禽，作《康誥》、《酒誥》、《梓材》，與古文《序》本不同矣。祝鮀述此《書》，不名《魯誥》而名《伯禽》，後世又名爲《梓材》者，伯禽代父之國，父前子名，故不敢曰《魯誥》。伯禽以字行，後又無謚，魯人止稱曰魯公，既不敢斥先君伯禽之名，故別取書中『梓材』二字名篇也。康叔於周公不得爲父子，康叔疑唐叔之誤。兄弟之子，猶子也，故可稱父子。」引《文選》「陰康氏之舞」今誤作「陶唐」爲證。錫瑞謹案：此皆鄒壁虛造之說，非今文義也。《左氏傳》云「命以《伯禽》」，本不在《尚書》百篇中，不可考。《大傳》言《梓材》之義，似與經不相符，然今古文違異甚多，據《論衡》引「彊人有王開賢，厥率化民」，可證今三家《尚書》皆亡佚，未可專據今本遂詆《大傳》爲謬。《史記》於此篇不

❶「六」，原作「八」，今據本書體例改。

載其文，而云「爲《梓材》，示君子可法則」，亦同《大傳》之義。則今文説無《梓材》命伯禽之事，金仁山説非是。魏引申金説，又謂今文之《序》當與古文《序》不同，不知《史記》所載《書序》與馬、鄭古文《書序》多異，即今文之《序》也，而《史記》亦以《康誥》、《酒誥》、《梓材》三篇同屬康叔，與馬、鄭《書序》同。又《自序》云：「申以商亂，《酒》、《材》是告。」《自序》用韻之文，非後人所能改竄。是今古文皆以《梓材》爲誥康叔之《書》矣。《大傳》雖以康叔、伯禽竝言，實當以康叔爲主。若以周公於康叔不當云父子爲疑，則古者臣子一例，尊者弟兄不得以其屬通。封康叔在居攝四年，周公方攝王，故康叔與伯禽同在臣子之列。《論衡·譴告篇》曰：「是故康叔、伯禽失子弟之道，見於周公，拜起驕悖，三見三笞；往見商子，商子令觀橋梓之樹，二子見橋梓，心感覺悟，以知父子之禮。」仲任用今文説，康叔於周公可稱父子，其義甚明。是《梓材》告康叔，古經傳無異義，無緣妄以唐叔易之，而以《梓材》爲命伯禽也。鄒以才爲伯禽名，尤傅會無據。

王曰：「封！以厥庶民暨厥臣達大家，以厥臣達王惟邦君。汝若恒越曰我有師師、司徒、司馬、司空、尹、旅，曰：『予罔厲殺人，亦厥君先敬勞。』肆徂，厥敬勞。肆往，姦宄、殺人，歷人宥。肆亦見厥君事，戕敗人宥。王啟監，厥亂爲民。○今文作「彊人有王開賢，厥率化民」。○《論衡·效力篇》曰：「博達疏通，儒生之力也。舉重拔堅，壯士之力也。《梓材》曰：『彊人有王開賢，厥率化民。』此言賢人亦壯彊於禮義，故能開賢，其率化民。化民須禮義，禮義須文章。『行有餘力，則以學文』，能學文，有力之驗也。」段玉裁説：「今文《尚書》之乖異如此。蓋彊、戕音同，有、宥音同，啟、開音同，爲、化音同，『率』古讀如『律』，與『亂』雙聲，且古文『亂』作𤔔，與『率』相似，而『敗』字則古有今無，『賢』與『監』則形略相似。《漢舊儀》丞相、御史大夫初拜策皆曰『往悉乃心，和裕開賢』，此用今文《尚書》『開賢』字。」錫瑞案：鄭注《尚書大傳》云：「天於不中之人，恒者其味，厚其毒，增以爲病，將以開賢代之也。」亦用今文「開賢」字。

「曰：無胥戕，無胥虐。至于敬寡，至于屬婦，○今文作「至于鰥寡，至于媰婦」。○《大傳》曰：「老而無妻謂之鰥，老而無夫謂之寡，幼而無父謂之孤，老而無子謂之獨，行而無資謂之乏，居而無食謂之困，此皆天下之至悲哀而無告者。故聖人在上，君子在位，能者在職，必先施此，使無失職。」段玉裁說：「此釋『至于矜寡』而推廣言之也。蓋古文《尚書》作『敬』，今文《尚書》作『矜』，而『矜』亦作『鰥』。《吕刑》古文『哀敬折獄』，《尚書大傳》作『哀矜』，《漢書·于定國傳》作『哀鰥』，正其比例。《說文》曰：『⿰女蜀，婦人妊身也。《周書》曰：「至于⿰女蜀婦。」』《說文》蓋存壁中故《書》原文。孔子國讀『⿰女蜀』爲『屬』，『屬婦』與『敬寡』儷句，則爲存恤聯屬之誼。若今文《尚書》與『鰥寡』儷句，則《小爾雅》所說是也。《小爾雅》云：『妾婦之賤者謂之屬婦。屬，逮也。逮婦之名，言其微也。』《小爾雅》雖非孔鮒之書，其說必有所本，蓋今文家說也。今文《尚書》作『屬』，故孔讀『⿰女蜀』爲『屬』。崔子玉《清河王誄》曰：『惠於⿰女蜀孀。』崔蓋見古文故《書》者，孀即寡也。」錫瑞謹案：此與《吕刑》「哀敬折獄」，皆當從今文作「鰥」、作「矜」，此爲「鰥寡」之「鰥」，亦可作「矜」，彼爲「矜憐」之「矜」，亦可作「鰥」，古鰥、矜通用。僞《孔》本皆作「敬」，或即僞《孔》改之，或古文以聲近假借，要其義，必非「恭敬」之「敬」也。段過信僞《孔》本，云「屬婦」與「敬寡」儷句，失之。又云孔子國讀「⿰女蜀」爲「屬」，今文說當如《小爾雅》，其說尤謬。崔子玉非習古文者，未必見壁中故《書》，其所據必是今文。據崔所撰《百官箴》多同今文可證。《說文》作「⿰女蜀」，與崔所引《書》合，是今古文皆作「⿰女蜀」。《廣雅》曰：「⿰女蜀，⿰女身也。」《玉篇》曰：「⿰女蜀，婦姙⿰女身也。」《廣韻》曰：「⿰女蜀，姙娠。」其義皆同《說文》。張稚讓亦習今文者，而與崔子玉皆同《說文》之義，則《說文》非必用壁中字也。《小爾雅》與僞《孔傳》同出王肅，其解《金縢》「未可以戚我先王」，即比附僞《孔》之說，足徵同出一手，皆不可據。朱子疑《孔傳》之僞，云訓詁皆出《小爾雅》，最爲卓見。以段氏之精識，豈不知《孔傳》、《小爾雅》皆是僞書，乃信《小爾雅》爲今文說，僞《孔》本必是孔安國原本，云「孔子國讀⿰女蜀爲屬」，一似今古文皆不作「⿰女蜀」者，豈許叔重、崔子玉所據乃不如王子雍之可信乎？且如其說孔子國讀「⿰女蜀」爲「屬」，則《說文》訓爲「姙身」而引《周書》者，當是假借，「⿰女蜀」與「屬」非一字矣，崔子玉何以用經義云「惠於⿰女蜀孀」？子玉豈不識文義者，若「⿰女蜀」非姙身，當讀爲「屬」，而訓以聯屬、屬逮，試易其文曰「惠於屬孀」，豈可通乎？亦傎甚矣。

「合由以容。王其效邦君越御事，厥命曷以？引養引恬。自古王若茲監，罔攸辟。」

惟曰：「若稽田，既勤敷菑，惟其陳修爲厥疆畎。室家，既勤垣墉，惟其塗塈茨。《釋名・釋宫室》曰：「塗，杜也，杜塞孔穴也。」「塈猶煟，煟，細澤貌也。」「屋以草蓋曰茨，茨，次也，草爲之也。」陳喬樅説：「《説文・土部》：『墍，仰涂也。』《玉篇・土部》：『塈，仰塗也。』《漢書・揚雄傳》曰：『獿人亡，則匠石輟斤而不敢斲。』服虔注曰：『獿，古之善塗塈者也。施廣領大袖以仰塗，而領袖不汙。』師古曰：『塈即今之仰泥也。』《説文》作『涂塈』，《釋名》作『塗塈』，皆據三家今文《尚書》也。古文《尚書》作『斁』，《正義》曰：『二文皆言「斁」，即古「塗」字。』是古文作『斁塈茨』、『斁丹雘』也。」

「若作梓材，既勤樸斲，惟其塗丹雘。」○《中論・治學》篇引《書》曰：「若作梓材，既勤樸斲，惟其塗丹雘。」錫瑞謹案：偉長所引，今文《尚書》也。古文作「㪿」，亦作「斁」。《説文》引《周書》曰：「惟其㪿丹雘。」《集韻》引「斁丹雘」。「㪿」訓「閉」，與「塗」訓「杜」義近，疑「斁」爲「㪿」之譌。今所傳古文《尚書》乃改從今文作「塗」。或疑《中論》作「塗」爲後人用今本《尚書》改之，非也。又案：上云「稽田」、「作室」兩喻，與《大誥》云「若考作室」、「厥父菑」兩喻正同，蓋皆周公之辭，其説相合。惟此以「梓材」作喻，則《大誥》所未及。篇名《梓材》，其以是與？

今王惟曰：「先王既勤用明德，懷爲夾，庶邦享作，兄弟方來，亦既用明德。后式典集，庶邦丕享。」王鳴盛説：「自此以下，乃周公因誥康叔而竝戒成王之詞，與《康誥》敘首，相爲起結，實三篇之大收束也。」錫瑞謹案：以此爲周公戒成王，則《康誥》篇首呼成王爲孟侯，於此又呼爲王，首位兩歧，似非塙詁。《康誥》篇首「王若曰」，鄭注云：「總告諸侯。」此以下當是總告諸侯之詞。蓋封康叔時，侯甸任國采衛諸侯皆在，故云「庶邦享作，兄弟方來」。「今王」，周公自謂，所謂命大事則權代王也。公若以此自儆，而戒成王之意即在其中。若以王屬成王，則成王於時尚爲太子，未得稱王也。孔廣森以「曰無胥戕」以下爲康叔戒王之詞，與今文義不合。

「皇天既付中國民，今文「付」作「附」。○王應麟《蓺文志考》曰：「漢人引『皇天既附中國民』。」

「越厥疆土于先王，肆王惟德用和懌先後迷民，用懌先王受命。已！若茲監。」惟曰：「欲至于萬年，惟王子子孫孫永保民。」○今文

「已」作「熙」。○趙岐注《孟子》云：「《梓材》曰：『欲至於萬年。』又曰：『子子孫孫永保民。』」案：臺卿用今文説，以《康誥》爲周公戒成王、康叔封，此所引經，亦與古文《尚書》無異。

今文尚書考證卷十七

善化　皮錫瑞

召誥第十七　周書八

召誥　《大傳》曰：「五年營成周，六年制禮作樂，七年致政成王。」《史記·周本紀》曰：「周公行政七年，成王長，周公反政成王，北面就羣臣之位。成王在豐，使召公復營洛邑，如武王之意。周公復卜申視，卒營築，居九鼎焉。曰：『此天下之中，四方入貢道里均。』作《召誥》、《洛誥》。」《魯世家》曰：「成王七年二月乙未，王朝步自周，至豐，使太保召公先之雒相土。其三月，周公往營成周雒邑，卜居焉，曰吉，遂國之。」《周禮》疏引鄭注曰：「是時，周公居攝五年。二月、三月當爲一月、二月。不云正月者，蓋待治定制禮乃正言正月故也。」王鳴盛說：「鄭以此篇爲居攝五年事者，伏生《大傳》云『周公居攝五年營成周』，《召誥》正是營成周事，故鄭以爲居攝五年，是本諸伏生也。《史記·魯世家》作七年，劉歆《三統曆》以《召誥》、《洛誥》爲一年內事，《洛誥》是七年致政時事，故亦以《召誥》爲七年，皆不如伏生爲可信。」孫星衍說：「史公以營洛邑作《召誥》爲在七年反政之時者，據經文云『王朝步自周』，下文云『周公朝至于洛』，周公至是不稱王；經文又云『錫周公曰』，又有『旦曰』，故知在反政之後也。此蓋孔安國古文說。《大傳》以爲在攝政五年者，今文異說也。鄭從《大傳》。」錫瑞謹案：鄭從《大傳》，以作《召誥》在五年，《洛誥》在七年。史公、劉歆以作《召誥》、《洛誥》皆在七年。以經考之，當以《史記》與劉歆之說爲合，然《大傳》之說亦自不誤。《大傳》云：「四年建侯衛，五年營成周。」封康叔在四年，而《康誥》篇首已云「周公初基，作新大邑于東國雒」者，蓋三監既平，遷邶、鄘之民於洛邑，以殷餘民封康叔於衛，皆一時之事。故建侯衛、營成周於四五年連言之。基，謀也；營，亦謀也。公於四五年定其謀，七年乃成其事而作《召誥》、《洛誥》。營洛大事，非一時所能辦。《大傳》言其始，《史記》要其終，兩說可互相明，本無違異。伏生云「五年營成周」，不云「五年作《召誥》」，《召誥》與《洛誥》文勢相接，不得以爲相隔二年。

鄭君過求分析，失之拘泥，雖用伏生之説，而非伏生之意。伏生初無五年作《召誥》之文，王從鄭駁《史記》固非，孫從史公駁《大傳》亦非也。《史記·本紀》以爲復政乃營洛，《世家》以爲營洛乃復政，據《大傳》，營成周在致政之前，當以《世家》之説爲正。蓋洛邑未成，制作未定，公必不遽復政也。

惟二月既望，越六日乙未，○今文「惟」作「維」，「越」作「粵」。○《漢書·律曆志》曰：「三統曆：周公攝政五年，正月丁巳朔旦冬至。後二歲，得周公七年『復子明辟』之歲。是歲二月乙亥朔，庚寅望，後六日得乙未。故《召誥》曰：『惟二月既望，粵六日乙未。』」又「粵若來三月，既死霸，粵五日甲子」、「粵六日庚戌」、「粵五日乙卯」，皆作「粵」，師古曰：「今文《尚書》之辭。」是今文作「粵」也。《釋名·釋天》曰：「望，月滿之名。月大十六日，小十五日，日在東，月在西，遥相望也。」

王朝步自周，則至于豐，《史記集解》：「馬融曰：『周，鎬京也。豐，文王廟所在。朝者，舉事上朝。將即土中，易都大事，故告文王、武王廟。』鄭玄曰：『步，行也。堂下謂之步。豐、鎬異邑，而言「步」者，告武王廟即行，出廟入廟，不以遠，爲父恭也。』」

惟太保先周公相宅。○今文「惟太」作「維大」。○《大傳》曰：「成王在豐，欲宅洛邑，使召公先相宅。六日乙未，王朝步自周，至於豐，惟太保先周公相宅。」注：「太保召公先周公視洛邑也。」段玉裁説：「按：『洛』、『惟太』，當作『雒』、『維大』。」錫瑞謹案：「宅」疑亦當作「度」，今文《尚書》「宅」爲「度」，《史記》、漢石經可證。漢人引三家《尚書》、三家《詩》「宅」皆爲「度」。《逸周書》有《度邑》篇，言營洛之事。《詩·靈臺》篇云：「經之營之。」《毛傳》：「經，度之也。」箋云：「度始靈臺之基趾，營表其位。」是「度」與「營」義同。《大傳》云「營成周」，是其義當爲「度」。此云「宅」，疑後人用古文《尚書》改之，如「洛」、「惟太」當作「雒」、「維大」之比。

越若來三月，惟丙午朏，○今文「越」作「粵」。○《漢書·律曆志》云：「其三月甲辰朔，三日丙午。《召誥》曰：『惟三月丙午朏。』」孟康曰：「朏，月出也。」○今文一作「維丙午蠢」。○王應麟《蓺文志考》：「漢儒引經異字『維丙午蠢』。」段玉裁説：「此蓋『惟丙午朏』之異文，今文《尚書》也。『惟』作『維』，『朏』作『蠢』。『朏』從月出，『蠢』與『出』雙聲。《方言》：『蠢，作也。』《廣雅》：『蠢，出也。』疑《漢書》本作『丙午蠢』，孟康注有『古文蠢爲朏』之語。而或删改之。」錫瑞謹案：三家《尚書》異文不同，漢儒所引自屬今文，未必即出《漢書》也。王伯厚不云出《漢書·漢志》，又引《畢命豐刑》曰「惟十有二年六月庚午朏，王命作策《豐刑》」，則《漢志》自作「朏」，非後人改之。

越三日戊申，太保朝至于洛，卜宅。厥既得卜，則經營。越三日庚戌，太保乃以庶殷攻位于洛汭。越五日甲寅，位成。○今文「越」作「粤」，「洛」作「雒」。○《大傳》曰：「於是四方諸侯率其羣黨，各攻位於其庭。」《周書·作雒解》曰：「乃作大邑成周於土中，城方千七百二十丈，郛方七十里，南繫于雒水，北因于郟山，以爲天下之大湊。乃位五宮：太廟、宗宮、考宮、路寢、明堂。」此攻位之事。「七十里」本作「七百里」，今從江聲、王鳴盛考定。

若翼日乙卯，周公朝至于洛，則達觀于新邑營。○今文「翼」作「翌」，「洛」作「雒」，「達」作「通」。○段玉裁説：「『達觀』如今俗語云『通看一徧』。達，通也。今文《尚書》『達』作『通』，石經《顧命》、《史》《漢》《禹貢》可證也。」

越三日丁巳，用牲于郊，牛二。○今文「越」作「粤」。○《漢書·郊祀志》丞相衡、御史大夫譚奏言：「祭天於南郊，就陽之義也；瘞地於北郊，即陰之象也。天之於天子也，因其所都而各饗焉。昔者，周文、武郊於豐、鄗，成王郊於雒邑。由此觀之，天隨王者所居而饗之可見也。」又王商等：「以爲《禮記》曰：『燔柴於太壇，祭天也；瘞薶於大折，祭地也。』兆於南郊，所㠯定天位也。祭地於大折，在北郊，就陰位也。郊處各在聖王所都之南北。《書》曰：『越三日丁巳，用牲于郊，牛二。』周公加牲，告徙新邑，定郊禮於雒。明王聖主，事天明，事地察。天地明察，神明章矣。天地㠯王者爲主，故聖王制祭天地之禮必於國郊。」《白虎通·郊祀》篇曰：「祭日用丁與辛何？先甲三日辛也，後甲三日丁也，皆可以接事昊天之日。故《春秋傳》郊以正月上辛日。《尚書》曰：『丁巳用牲于郊，牛二。』」《五經異義》曰：「《春秋公羊》説禮郊及日皆不卜，當以正月上丁也。魯於天子竝事變禮，今成王命魯使卜，從乃郊，不從即已，下天子也。魯以上辛郊，不敢與天子同也。」《五經通義》曰：「祭日以丁與辛何？丁者，反覆丁寧也；辛者，自克辛也。」《漢·郊祀志》元始五年王莽改祭禮曰：「㠯孟春正月上辛若丁，天子親合祀天墬于南郊。」《後漢·禮儀志》曰：「上丁祠南郊。」蓋漢人用今文家説，據此經爲郊日用丁之證。今據《漢志》匡衡、王商等奏，古皆南北郊，分祭天地，《周書·作雒解》但云「設丘兆於南郊，以祀上帝，配以后稷」，不及北郊者，文不備耳。後人乃用王莽謬説，以爲天地當合祭，又謂古無北郊，北郊即社，皆非是。又據王商等議，牛二乃加牲，告徙新邑，故用二牛。或兼稷牲言之，亦非也。

越翼日戊午，乃社于新邑，牛一、羊一、豕一。○今文作「粵翌」。○《白虎通·社稷》篇曰：「王者所以有社稷何？爲天下求福報功。人非土不立，非穀不食。土地廣博，不可偏敬也，五穀衆多，不可一一祭也，故封土立社示有土，尊稷五穀之長，故封稷而祭之也。《尚書》曰：『乃社于新邑。』」又曰：「祭社稷以三牲何？重功故也。《尚書》曰：『乃社于新邑，牛一、羊一、豕一。』」又曰：「王者自親祭社稷何？社者，土地之神也。土生萬物，天下之所主也。尊重之，故自祭也。」錫瑞謹案：《白虎通》所引今文義皆出今《孝經》説。《周禮》疏引《孝經援神契》曰：「社者，五土之總神；稷者，原隰之神。五穀稷爲長，五穀不可偏敬，故立稷以表名。」又《通典》引曰：「稷乃原隰之中能生五穀之祇。」《書》疏引曰：「社爲社神，稷爲穀神。」《玉海·郊祀》引曰：「勾龍、柱、棄，是配食者也。」《風俗通·祀典》篇引曰：「社，土地之主也。土地闊，不可盡敬，故封土爲社，以報功也。稷，五穀之長也。穀衆，不可偏祭，故立稷神以祭之。」《禮·郊特牲》疏引曰：「社者，土地之主。土地廣博，不可偏敬，故封五土以爲社。稷者，五穀之長。穀衆多，不可偏敬，故立稷而祭之。」《五經異義》引今《孝經》説與《郊特牲》疏所引同。是《援神契》即今《孝經》説。今《尚書》説與今《孝經》説同，故《白虎通》引之，足以見漢時諸經今文家説無不相通，故諸經今文説皆可以證今文《尚書》也。鄭駁《異義》亦用今文之説，王肅好與鄭異，乃以社稷爲勾龍、柱、棄，而《聖證論》馬昭已駁之。僞《孔傳》同肅義，此僞《孔傳》出於肅之一證。《論衡·祭意篇》曰：「社稷報生萬物之功，社報萬物，稷報五穀。」亦同今文之説。而又引《左傳》、《禮記》勾龍、柱、棄之文，並云：「《傳》或曰：『炎帝作火，死而爲竈。禹勞力天下水，死而爲社。』」是漢人異説有以禹爲社者。漢平帝元始五年用王莽議，於官社後立官稷，以夏禹配食官社，后稷配食官稷。《淮南子》曰：「禹勞力天下，死而爲社。」要皆不若今文之義塙也。《續漢·祭祀志》注引鄧義《難社土神》云：『再特于郊牛』當作「用牲于郊，牛二」。者，后稷配故也。『社于新邑，牛一、羊一、豕一』，所以用三牲者，立社位祀勾龍，緣人事之也。如此，非祀地明矣。以宮室新成，故立社耳。」義以牛二爲后稷配，與王商等議不合。以用三牲爲立社祀勾龍，乃古文義。仲長統答鄧義難，以爲社祭土神，用今文説。《作雒解》曰：「乃建大社於國中，其壝東青土、南赤土、西白土、北驪土、中央疊以黄土。」與《白虎通》義合。《獨斷》曰：「天子社稷二壇，方廣五丈。社稷二神功同，故同堂别壇，俱在未位。土地廣博，不可偏覆，故封社稷。」

越七日甲子，周公乃朝用書，命庶殷侯、甸、男邦伯。厥既命殷庶，庶殷丕作。○今文「越」作「粵」，「男邦」作「任國」。○今文《尚書》「男邦」作「任國」，見《禹貢》、《酒誥》。《漢書・王莽傳》：「公以八月載生魄庚子奉使，朝用書，臨賦營築，越若翊辛丑，諸生、庶民大和會，十萬衆竝集，平作二旬，大功畢成。」師古曰：「平作，謂不促遽也。『平』字或作『丕』，『丕』亦『大』也。」王念孫説：「用《雒誥》文也。隸書『丕』字或作『㔻』，與『平』字相近，因譌而爲『平』。」

大保乃以庶邦冢君出取幣，乃復入，錫周公。《後漢書・宋意傳》曰：「昔周公懷聖人之德，有致太平之功，然後王曰叔父，加以賜幣。」又《何敞傳》奏記宋由曰：「明君賜賚，宜有品制，忠臣受賞，亦應有度，是以夏禹玄圭，周公束帛。」《書正義》引鄭注云：「召公見衆殷之民大作，周公德隆功成，有反政之期，而欲顯之，因大戒天下，故與諸侯出取幣，使戒成王立於位，以其命賜周公。所賜幣蓋璋以皮，乃寶玉、大弓。」陳喬樅説：「鄭君此注是用今文家説。考何休《公羊傳》注云：『半圭曰璋，白藏天子，青藏諸侯。魯得郊天，故錫以白。』何休亦用今文家説，故以白璋與寶玉、大弓爲成王特賜周公，與鄭君同也。」錫瑞謹案：陳説非也。《公羊傳》曰：「璋判白，弓繡質，龜青純。」蓋《公羊》以寶、玉、大弓爲三物。璋判白，玉也；弓繡質，大弓也；龜青純，寶也。《禮記・禮器》曰：「天子以龜爲寶。」《樂記》曰：「青黑緣者，天子之寶龜也。」是龜青純稱寶之明證。此三物皆周所以封魯公者，非所以錫周公。《左氏》定四年《傳》祝鮀曰：「分魯公以大路、大旂、夏后氏之璜、封父之繁弱。」封父，龜名；繁弱，弓名。「封父之繁弱」，「之」當訓「與」，若「皇父之二子」之義，謂封父龜與繁弱弓也。《禮記・明堂位》曰：「崇鼎、貫鼎、大璜、封父龜，天子之器也。越棘、大弓，天子之戎器也。」是封魯公有大璜、封父龜、大弓，與祝鮀説同。《公羊傳》不言璜而言璋，其説稍異。何氏《解詁》曰：「不言璋言玉者，起圭、璧、琮、璜、璋五玉，盡亡之也。《傳》獨言璋者，所以郊，事天尤重也。」劭公以圭、璧、琮、璜、璋爲五玉，與《白虎通》以珪、璧、琮、璋、璜爲五瑞説同。詳見《堯典》。又以當時爲五玉盡亡，則魯之分器若夏后氏之璜亦當在内。《傳》不言璜而言璋者，以郊天之物，故特舉之。然則《公羊》與《左傳》、《禮記》本無不合，《公羊》亦非謂魯之寶、玉、大弓内無璜也。鄭注《禮記》誤以封父爲國名，故不知《左氏傳》之封父、繁弱即《公羊傳》之弓繡質、龜青純，遂疑寶玉、大弓非封魯之分器，既非封魯之分器，則當是特賜周公，此致誤之所由來也。然鄭云「蓋」，則亦以無明文爲疑辭。陳氏曲意阿鄭，乃援何劭公以佐其説，然何劭公之説具在，何嘗以爲成王特賜周公乎？何敞六世祖比干學《尚書》於晁錯，則敞當亦治今文家説者。以幣爲束帛，今文説不誤也。

曰：「拜手稽首，旅王若公。誥告庶殷，越自乃御事。《詩·思齊》鄭箋引《書》曰：「越乃御事。」無「自」字，「自」蓋衍文。

「嗚呼！皇天上帝，改厥元子。茲大國殷之命，惟王受命，無疆惟休，亦無疆惟恤。嗚呼！曷其奈何弗敬！據《論衡》引下文作「於戲」例之，今文「嗚呼」當作「於戲」；以《大誥》例之，「曷」字當作「害」。「害其奈何」四字重複，或疑當無「奈何」二字。陳喬樅説：「據《北海相景君碑》、《故民吳仲山碑》、《童子逢盛碑》已皆作『奈』，則『奈』字出今文《尚書》可知矣。」

「天既遐終大邦殷之命，茲殷多先哲王在天，越厥後王後民，茲服厥命。厥終智藏瘝在。《爾雅》：「鰥，病也。」郭注引《書》曰：「智藏鰥在。」今作「瘝」，俗字，當作「鰥」。

「夫知保抱攜持厥婦子，以哀籲天。徂厥亡，出執。嗚呼！天亦哀于四方民，其眷命用懋，王其疾敬德。相古先民有夏，天迪從子保，面稽天若。今時既墜厥命，今相有殷，天迪格保，面稽天若。今時既墜厥命，今沖子嗣，則無遺壽耇。○今文「嗚呼」作「於戲」，「壽耇」作「耇老」。○《漢書·孔光傳》太后詔曰：「俊乂大臣，惟國之重，其猶不可以闕焉。《書》曰：『無遺耇老。』師古曰：「言不遺老成之人也。」

「曰：其稽我古人之德，矧曰其有能稽謀自天。嗚呼！有王雖小，元子哉！其丕能諴于小民。今休王不敢後用顧，畏于民碞。○今文「嗚呼」作「於戲」。○《說文·言部》：「諴，和也。《周書》曰：『丕能諴于小民。』」《石部》：「碞，磛嵒也。《周書》曰：『畏于民碞。』讀與『巖』同。」據《說文》引《書》，「丕」上無「其」字，「畏」上不連「顧」字，當上屬爲句，今文或亦當同。

「王來紹上帝，自服于土中。《史記》曰：「此天下之中，四方入貢道里均。」《白虎通·京師》篇曰：「王者京師必擇土中何？所以均教道，平往來，使善易以聞，爲惡易以聞，明當懼慎，損於善惡。《尚書》曰：『王來紹上帝，自服于土中。』」《漢書·地理志》曰：「昔周公營洛邑，以爲在於土中，諸侯蕃屏四方，故立京師。」《婁敬傳》曰：「成王乃營成周、都洛，以爲此天下中，諸侯四方納貢職，道里均矣。有德易以王，無德易以亡。凡居此者，欲令務以德致人，不欲險阻，令後世驕奢以虐民也。」《新序·善謀》篇引同。《孝經援神契》曰：「八方之廣，周洛爲中，謂之洛邑。」《新書·屬遠》篇曰：「古者天子地方千里，中之而爲都。輸將繇使，其遠者不在五百里而至。公侯地百里，中之而爲都，輸將繇使，其遠者不在五十里而至。輸將者不苦其勞，繇使者不傷其費，故遠方人安其居，士民皆有歡樂其土，此天下所以能長久也。」《說苑·至公》篇：「南宮邊子曰：『昔周成王之卜居成周也，其命龜曰：「予一人兼有天下，辟就百姓，敢無中土乎？使予有罪，則四方伐之無難得也。」』」《論衡·難歲篇》曰：「儒者論天下九州，以爲東西南北盡地廣長，九州之内五千里，竟三河土中，周公卜居。《經》曰：『王來紹上帝，自服于土中。』雒則土之中也。」此皆今文說，以土中爲道里均，兼有懼慎易亡之意也。仲任以爲九州之内五千里，與歐陽說同。

「旦曰：『其作大邑，其自時配皇天，毖祀于上下，其自時中乂，王厥有成命治民，今休。』王先服殷御事，比介于我有周御事。足利古本「介」作「迩」。段玉裁說：「按：《孔傳》凡『介』皆訓『大』，不應此獨訓『近』，疑本作『迩』而譌『介』，字之誤也。」

「節性，惟日其邁。王敬作所，不可不敬德。我不可不監于有夏，亦不可不監于有殷。○今文「監」作「鑒」。○《後漢書·崔駰傳》駰獻書戒竇憲曰：「《書》曰：『鑒于有殷。』可不慎哉！」

「我不敢知曰，有夏服天命，惟有歷年，我不敢知曰，不其延，惟不敬厥德，乃早墜厥命。我不敢知曰，有殷受天命，惟有歷年，我不敢知曰，不其延，惟不敬厥德，乃早墜厥命。今王嗣受厥命，我亦惟茲二國命，嗣若功。王乃初服。嗚呼！若生子罔不在厥初生，

○今文「嗚呼」作「於戲」。○《論衡·率性篇》曰：「人性有善惡。善則養育勸率，無令近惡；近惡則輔保禁防，令漸於善。召公戒成王曰：『今王初服厥命。於戲！若生子罔不在厥初生。』生子謂十五子，初生意於善，終以善；初生意於惡，終以惡。《傳》曰：『譬猶練絲，染之藍則青，染之丹則赤。』十五之子，其猶絲也。」孫星衍説：「案：云『十五子』者，《學記》云：『大學之法，禁於未發之謂豫。』注云：『未發，情慾未生，謂年十五時。』《白虎通·辟雍》篇曰：『古者所以年十五入大學何？以爲八歲毀齒，始有識知，入學學書計；七八十五，陰陽備，故十五成童，志明，入大學學經術。』案：十五爲太子入學之年，故王氏以釋經。若生子，謂若養子教之；初生，謂情欲初生也。『王乃初服』，《論衡》作『今王初服厥命』者，疑竝上『今王嗣受厥命』變其詞，非經文異字。」錫瑞謹案：《左氏傳》曰：「國君十五而生子。」故仲任以十五爲生子之時。周公攝王，抗世子法於伯禽，蓋奉成王爲太子。故召公舉太子入學之年以爲戒。不以生子爲嬰孩之時者，以自貽哲命非嬰孩所能也。

「自貽哲命。今天其命哲，命吉凶，命歷年。知今我初服，宅新邑，肆惟王其疾敬德。王其德之，用祈天永命。其惟王勿以小民淫用非彝，亦敢殄戮，用乂民若有功。其惟王位在德元，小民乃惟刑用于天下，越王顯。上下勤恤，其曰：我受天命，丕若有夏歷年，式勿替有殷歷年，欲王以小民受天永命。」

《潛夫論·正列》篇曰：「人君身修正、賞罰明者，國治而民安。民安樂者，天悦喜而增曆數。故《書》曰：『王以小民受天永命。』」蓋以上下勤恤則國治民安，民安則天悦而受永命，今文義也。

拜手稽首，曰：「予小臣，敢以王之讎民、百君子，越友民，○今文「友民」作「有民」。○《續漢·律

曆志》曰：「冀百君子，越有民，同心敬授。」蓋今文《尚書》作「有民」，如《牧誓》「友邦」，《史記》作「有國」，不作「朋友」解也。

「保受王威命明德，王末有成命，王亦顯。我非敢勤，惟恭奉幣，用供王能祈天永命。」

今文尚書考證卷十八

善化　皮錫瑞

洛誥第十八　周書九

洛誥　○今文作「雒誥」。○《大傳》見於諸書稱引者皆作「洛誥」。《史記》、《漢書》亦作「洛誥」，而他處用「雒邑」字，又作「雒」。疑「洛誥」字作「洛」乃後人改之。石經《多士》篇「洛」字作「雒」。

周公拜手稽首，《白虎通・姓名》篇曰：「所以先拜手後稽首何？名順其文質也。《尚書》曰：『周公拜手稽首。』」段玉裁説：「按：《白虎通》此條殘闕，『名』當作『各』，當云：『殷所以先稽首後拜手何？周所以先拜手後稽首何？各順其文質也。』蓋殷之禮拜，先稽首後拜手，其喪拜則拜手而後稽顙。周之禮拜，先拜手後稽首，其喪拜則稽顙而後拜手。」

曰：「朕復子明辟，《漢書・王莽傳》羣臣奏言：「《書》逸《嘉禾》篇，曰：『周公奉鬯立于阼階，延登，贊曰：「假王涖政，勤和天下。」』此周公攝政，贊者所稱。成王加元服，周公則致政，《書》曰：『朕復子明辟。』周公常稱王命，專行不報，故言我復子明君也。」俞樾説：「漢儒亦以復爲逆復之復。平時周公稱王命專行，無須復命，至是成王已長，周公將歸政，退從臣禮，故須復命也。蓋復命成王，即是明己將歸政，而初非以歸政爲復子明辟也。」錫瑞謹案：漢羣臣引逸《書》之奏，必出於劉歆。《漢書・律曆志》引劉歆《三統曆》云：「後二歲，得周公七年復子明辟之歲。」凡以事紀歲，必屬當時大事。則羣臣奏所云，必指復政成王，不專指營雒復命一節。且以「復」爲「復命」，於此文猶可通。而《王莽傳》又曰：「孺子加元服，復子明辟，如周公故事。」又策命孺子曰：「昔周公攝政，終得復子明辟，今予獨迫皇天威命，不得如意。」《後漢書・桓帝紀》順烈梁后歸政詔曰：「遠覽復子明辟之義。」李賢注云：「復，還也。子，謂成王也。辟，君也。謂周公攝政已久，故復還明君之政於成王也。」《魏志》注引魏王丕令曰：「公旦履天子之籍，聽天下之斷，然復子明辟，《書》美其人。」凡此諸文，皆當解爲復政，而不可以復命解之，不得曲徇宋人謬說，反易漢儒古義也。

「王如弗敢及天基命、定命，予乃胤保，大相東土，其基作民明辟。《文選》沈休文《宋書謝靈運傳論》注引「弗」作「不」。案：下文皆云「不敢」，以作「不」爲長。

「予惟乙卯，朝至于洛師，我卜河朔黎水，我乃卜澗水東、瀍水西，惟洛食；我又卜瀍水東，亦惟洛食。《漢書·王莽傳》莽下書曰：「予乃卜波水之北，郎池之南，惟玉食。予又卜金水之南，明堂之西，亦惟玉食。」師古曰：「玉食，謂龜爲玉兆之文而墨食也。」孫星衍說：「《洪範》云：『惟辟玉食。』則知食爲玉食此土也。師古注『玉』爲『玉兆』，非是。」

「伻來以圖，及獻卜。」《漢書·劉向傳》引《書》曰：「伻來以圖。」孟康曰：「伻，使也。使人以圖來示成王，明口說不了，指圖乃了也。」段玉裁說：「按：『伻』字疑本作『平』，轉寫俗加人旁。《羣經音辨》曰：『平，使也，人作也。』❶《書》『平來以圖』。」錫瑞案：古文作「平」，子政引今文或作「伻」也。今文不盡同於古文，不得以《說文》所無之字疑之。

王拜手稽首曰：「公不敢不敬天之休，來相宅，《白虎通·京師》篇云：「聖人承天而制作，《尚書》曰：『公不敢不敬天之休，來相宅。』」

「其作周匹休。公既定宅，伻來來，視予卜休，恒吉。○今文「伻」作「辨」，「視」作「示」。○王應麟《藝文志考》漢人引經異字：「辨來來，示予卜休，恒吉。」錫瑞謹案：伻、平一字，平、辨一聲之轉。「平」與「辨」蓋古、今文之異。以《堯典》「平秩」今文作「辨秩」，「平章」今文作「辨章」例之，作「辨」者當是今文《尚書》。鄭注云：「伻來來者，使二人也。」未知今文義同否。

「我二人共貞。公其以予萬億年敬天之休，拜手稽首誨言。」周公曰：「王肇稱殷禮，祀于新邑，○今文「王肇」下有「修」字，「新邑」上無「于」字。○《白虎通·禮樂》篇曰：「太平乃制禮作樂何？夫禮樂所以防奢淫。天下人民饑寒，何樂之乎？功成作樂，

❶「人作也」三字，據《羣經音辨》卷二、段玉裁《古文尚書撰異》卷二〇引文，當作「補耕普耕二切」。

治定制禮。王者始起，何用正民，以爲且用先代之禮樂；天下太平，乃更制作焉。《書》曰：『肇修稱殷禮，祀新邑。』此言太平去殷禮。必復更制者，示不襲也。」《書正義》引鄭注云：「王者未制禮樂，恒用先王之禮樂。伐紂以來，皆用殷之禮樂，非始成王用之也。周公制禮樂既成，不使成王即用周禮，仍令用殷禮者，欲待明年即政，告神受職，然後班行周禮。班訖，始得用周禮。故告神且用殷禮也。」鄭説與今文義合。

「咸秩無文。」《漢書·郊祀志》曰：「天子祭天下名山大川，懷柔百神，咸秩無文。」師古曰：「秩，序也。舊無禮文者，皆以秩序而祭之。」《翟方進傳》曰：「正天地之位，昭郊宗之禮，定五時廟祧，咸秩無文。」注：「孟康曰：『諸廢祀無文籍皆祭之。』」《風俗通·山澤》篇曰：「《傳》曰：『五嶽視三公，四瀆視諸侯，其餘或伯、或子、或男，大小爲差。』《尚書》：『咸秩無文。』王者報功，以次秩之，無有文也。」王引之説：「『文』當讀爲『紊』。紊，亂也。《盤庚》曰：『有條而不紊。』《釋文》：『紊，徐音文。』是『紊』與『文』古同音，故借『文』爲『紊』。『咸秩無紊』者，謂自上帝以至羣神，循其尊卑大小之次而祀之，無有殽亂也。《翟方進傳》『亡文』亦當作『無紊』，統上天地、郊宗、五時、廟祧言之，非謂諸廢祀也。孟説非。《風俗通》『無有文也』亦當作『無有紊也』，謂所視者公、侯、伯、子、男，大小之差不紊也。」案：王説考之《漢書》、《風俗通》皆合。《魏封孔羡碑》：「秩羣祀于無文。」漢人今文義當如是。陳喬樅以「無文」爲從殷之質，非也。

「予齊百工，伻從王于周，予惟曰：庶有事。」

「今王即命，曰記功宗，」《釋文》：「『曰記』，上音越，一音人實反。」陸氏不載石經同異，未可據爲今文。

「以功作元祀。惟命曰：『汝受命篤弼，丕視功載，乃汝其悉自教工。』」○今文「教工」作「學功」。

○《大傳》曰：「《書》曰：『乃汝其悉自學功。』悉，盡也。學，效也。《傳》曰：『當其效功也，於卜洛邑，營成周，改正朔，立宗廟，序祭祀，易犧牲，制禮樂，一統天下，合和四海，而致諸侯。皆莫不依紳端冕以奉祭祀者，其下莫不自悉以奉其上者，莫不自悉以奉其祭祀者，此之謂也。盡其天下諸侯之志，而效天下諸侯之功也。』」侯康説：「按：此篇上言『祀于新邑，咸秩無文，以功作元祀』，下言『女其敬識百辟享』、『惇宗將禮，稱秩元祀』，則謂諸侯奉祭祀而效功，與前後義合。」又《後案》云：「《康誥》云：『侯甸男邦采衛，播民和，見士于周。』效功正此時情事，然則實勝古文『教百工』之説矣。」

「孺子其朋，孺子其朋，其往。○今文「其往」上有「慎」字。○《後漢書・爰延傳》延上封事曰：「臣聞之，帝左右者，所以咨政德也。故周公戒成王曰『其朋其朋』，言慎所與也。」李賢注云：「《尚書》周公戒成王曰：『孺子其朋，孺子其朋，慎其往。』」段玉裁説：「較今本多『慎』字，足利古本同此，疑妄增也。揚雄《尚書箴》曰：『《書》稱其朋。』用《雒誥》與爰延説同。」錫瑞謹案：李注引《書》多「慎」字，於義爲長。據爰延説爲「慎所與」，今文《尚書》當有「慎」字。《三國・魏志》何晏奏曰：「周公戒成王曰『其朋其朋』，言慎所與也。」又《蔣濟傳》濟上疏曰：「周公輔政，慎於其朋。」皆有「慎」字。

「無若火始燄燄，○今文作「毋若火始庸庸」。○《漢書・梅福傳》福上書曰：「《書》曰：『毋若火始庸庸。』勢陵於君，權隆於主，然後防之，亦亡及矣。」師古曰：「庸庸，微小貌也。言火始微小，不早撲滅之，則至熾盛矣。」侯康説：「按：庸、燄聲相近。《左傳》文十八年『閻職』，《史記・齊世家》作『庸職』，《説苑・復恩》篇作『庸織』。閻，古讀如『燄』。《小雅》『艷妻煽方處』，《漢書・谷永傳》對策作『閻妻』是也。」

「厥攸灼敘，弗其絶。厥若彝，及撫事，如予。惟以在周工，往新邑，伻嚮即有僚，明作有功，惇大成裕，汝永有辭。」公曰：「已！汝惟沖子，惟終。汝其敬識百辟享，亦識其有不享，享多儀，儀不及物，惟曰不享。○今文「已」作「熙」，「曰不享」上無「惟」字。○《鹽鐵論・散不足》篇云：「《書》曰：『享多儀，儀不及物，曰不享。』故聖人非仁義不載於己，非正道不御於前。」《漢書・郊祀志》谷永説上曰：「經曰：『享多儀，儀不及物，惟曰不享。』」師古曰：「言祭享之道，惟以絜誠，若多其容儀，而不及禮物，則不爲神所享也。」又《谷永傳》永對曰：「絶卻不享之義。」義，古「儀」字。蓋引此經。師古曰：「卻，退也。享，當也。言所爲不善，不當天心也。一曰天不祐之，不歆享其祀也。」後一説與《郊祀志》義同。趙岐《孟子注》曰：「享多儀，謂享見之禮多。儀，法也；物，事也。儀不及事，謂有闕也。故曰：『不成享。』」案：《孟子》與《鹽鐵論》引經皆無「惟」字，疑本無之，谷永引有「惟」字，或併下文「凡民惟曰不享」引之耳。據孟子與桓寬引經，則亦不專以享爲享祀。《書正義》引鄭注曰：「朝聘之禮至大，其禮之儀不及物，所謂貢篚多而威儀簡也。威儀既簡，亦是不享也。」解與趙岐合。

「惟不役志于享，凡民惟曰不享，惟事其爽侮。乃惟孺子頒，《説文》：「攽，分也。《周書》曰：『乃惟孺子攽。』」疑今古文同。《書正義》引鄭注曰：「成王之才，周公倍之猶未，而言分者，誘掖之言也。」與《説文》合，當於「頒」字絶句。

「朕不暇聽。朕教汝于棐民彝，汝乃是不蘉，乃時惟不永哉！篤敘乃正父，罔不若予，不敢廢乃命。汝往，敬哉！茲予其明農哉！《大傳》曰：「大夫、士七十而致仕，老於鄉里。大夫爲父師，士爲少師。耰鉏已藏，祈樂已入，歲事已畢，餘子皆入學。十五始入小學，見小節，踐小義。十八入大學，見大節，踐大義焉。距冬至四十五日，始出學傳農事，上老平明坐於右塾，庶老坐於左塾，餘子畢出，然後皆歸，夕亦如之，餘子皆入。父之齒隨行，兄之齒雁行，朋友不相踰，輕任并，重任分，頒白者不提攜，出入皆如之。」《書正義》引此《傳》而釋之曰：「是教農人以義也。」以爲「其明農哉」之證。孫星衍説：「此大學、小學造士之法，周公致仕則爲上老，稱父師，故欲明農。」錫瑞謹案：孫説過泥。《大傳》所云父師、少師乃大夫、士之事，非周公所當爲也。《周禮》鄉老二、鄉公一人，蓋以三公退老者爲之，屬大司徒，掌教農人之事。周公致政，當爲鄉老，故曰明農。《大傳》所云，乃推廣言之耳。公即致政，豈得歸鄉里、坐門塾，爲大夫、士之事哉！

「彼裕我民，無遠用戾。」王若曰：「公明保予沖子。公稱丕顯德，以予小子揚文武烈，奉答天命，和恒四方民。○今文「答」作「對」，「揚文武」下有「之德」字，「和恒」下有「萬邦」字。○《大傳》曰：「廟者，貌也，以其貌言之也。宮室中度，衣服中制，犧牲中辟，殺者中死，割者中理，搿弁者爲文，爨竈者有容，椓杙者有數，太廟之中繽乎其猶模繡也。天下諸侯之悉來，進受命於周，而退見文武之尸者，千七百七十三諸侯。皆莫不磬折玉音，金聲玉色，然後周公與升歌而弦文武。諸侯在廟中者，伋然淵其志，和其情，愀然若復見文武之身。然後曰：『嗟，子乎！此蓋吾先君文武之風也夫。』及執俎、抗鼎、執刀、執匕者負廧而歌，憤於其情，發於中而樂節文，故周人追祖文王而宗武王也。是故《周書》自《大誓》，就《召誥》，而盛於《洛誥》也。故其《書》曰：『揚文武之德烈，奉對天命，和恒萬邦四方民。』是以見之也。」鄭注：「辟，法也。『搙弁』或作『振』，非，當言『拚帚』。杙者，繫牲者也。模繡，言文章之可觀也。模，所椓文章之範。八州州二百一十國，畿內九十三國，此周所因於殷九州諸侯之數。玉音金聲，言宏殺之調也。與諸侯升歌文王、武王之德，又以琴瑟播之。『伋』讀曰『播』，播然變動貌。子，成王也。執鼎、俎、刀、匕，卑賤者尚然，而況尊貴者乎！」《漢書·王莽傳》曰：「周公居攝，郊祀后稷，以配天；宗祀文王於明堂，以配上帝。是以四海之內，各以其職來助祭，蓋諸侯千八百矣。」陳喬樅說：「周公治定制禮，追祖文王而宗武王，而《王莽傳》仍言宗文王者，蓋公雖已制禮，於時未用，俟成王即政，而後始行之。觀此經下文王曰『四方迪亂，未定于宗禮』，謂四方雖進於治，而尚未定宗祀之禮也。篇末云『王在新邑，烝，祭歲，文王騂牛一，武王騂牛一』，乃是改殷禮而行周禮。周尚赤，故用騂牛。此與《召誥》『用牲于郊，牛二』、『社于新邑，牛一、羊一、豕一』牛不言騂者文異。然則祖文王而宗武王，在成王即政後舉行此禮益明矣。」錫瑞謹案：陳說與《大傳》易犧牲之義合。《爾雅》「揚」訓「續」，祖文宗武是繼續文武之德烈也。《三國·魏志》潘勖作策命魏公曰：「奉對天命。」《後漢書·蔡邕傳》注引靈帝制曰：「將何以奉答天意。」「對」亦作「答」，蓋三家文異。

「居師，惇宗將禮，稱秩元祀，咸秩無文。」漢《東觀書》章帝議增修羣祀詔曰：「經：『稱秩元祀，咸秩無文。』」

「惟公德明光于上下，勤施于四方，旁作穆穆，」○今文作「光明于上下」，「四方」上無「于」字。○《大傳》曰：「孔子曰：『吾於《洛誥》，見周公之德光明于上下，勤施四方，旁作穆穆，至於海表，莫敢不來服，莫敢不來享，以勤文王之鮮光，以揚武王之大訓，而天下大治。故曰：「聖之與？聖也。」猶規之相周，矩之相襲也。』」鄭注：「聖言太祖。」段玉裁說：「凡今文《尚書》，例用『旁』字；凡古文《尚書》，例用『方』字。古文《尚書》：『勤施于四方，方作穆穆。』《尚書大傳》：『勤施四旁，旁作穆穆。』今本《大傳》『勤施四方』，淺人依古文《尚書》改也。揚雄《劇秦美新》『旁作穆穆』，此用今文《尚書》也。李善注《劇秦》已引『勤施于四方，旁作穆穆』，似擅改者不始於衛包也。然安知善注非系淺人所改耶？」錫瑞謹案：段說非也。「四方」者，

「方面」之「方」，自應作「方」。「旁作」者，「旁溥」之「旁」，自應作「旁」。非可以古文作「方」、今文作「旁」例之，謂一皆作「方」、一皆作「旁」也。且「四方」字屢見經傳，無有作「四旁」者，豈皆古文無今文？亦豈皆後人改之耶？段改「旁作」爲「方作」，以爲古文，失之專輒，兹未敢依其説改「四方」爲「四旁」，以爲今文也。蔡邕《東鼎銘》曰：「勤施八方，旁作穆穆。」伯喈用今文者，是今文「方」、「旁」字分別甚晰。又《楊公碑》曰：「旁施四方維明。」「旁」、「方」字亦分別甚晰。《大傳·畧説》載東郊迎日辭曰：「明光于上下，勤施于四方，旁作穆穆。」《大戴禮·公冠》篇同。陳喬樅云：「此三句，古有是語，而成王以之贊美周公，謂公德如日月之照臨也。」

「迓衡不迷。」○今文「迓」作「御」。○《魏志·文帝紀》裴注引延康元年詔曰：「御衡不迷。」今文於「迷」字絶句。案：此或以舜在旋機玉衡，烈風雷雨不迷比之，公之攝猶舜之攝也。

「文武勤教予沖子，夙夜毖祀。」王曰：「公功棐迪篤，罔不若時。」王曰：「公，予小子其退，即辟于周，命公後。」錫瑞謹案：「命公後」即下文「王命周公後」，王爲公立後，而留公自輔也。《公羊》文十三年《傳》曰：「封魯公，以爲周公也。周公拜乎前，魯公拜乎後。曰：『生以養周公，死以爲周公主。』然則周公之魯乎？曰：不之魯也，封魯公以爲周公主。然則周公曷爲不之魯？欲天下之一乎周也。」何休《解詁》曰：「拜謂始受封時拜於文王廟也。《尚書》曰『用命賞于祖』是也。父子俱拜者，明以周公之功封魯公也。生以魯國供養周公，如周公死，當以魯公爲祭祀主。加『曰』者，成王始授其茅土之辭。《禮記·明堂位》曰：『封周公於曲阜，地方七百里，革車千乘。』蓋以爲有王功，故半天子也。周公聖人，德至重，功至大，東征則西國怨，西征則東國怨，嫌之魯恐天下迴心趣鄉之，故封伯禽，命使遥供養，死則奔喪爲主，所以一天下之心於周室。」《説苑·敬慎》篇曰：「昔成王封周公，周公辭不受，乃封周公子伯禽於魯。」《後漢書·申屠剛傳》剛對策曰：「昔周公先遣伯禽守封於魯，以義割恩，寵不加後。」《東觀記》曰：「昔周公豫防禍首，先遣伯禽受封於魯，離斷至親，以義割恩，使己尊寵不加其後。」此皆今文之義，而其説不同。蓋兩義皆有之，公聽伯禽就國，一則使天下一心乎周，二則不使伯禽更襲其尊寵也。宋人乃以命公後爲命公留後治雒。《史記》云：「周公在豐，病，將沒。」是公沒於豐。《漢書·杜欽傳》曰：「昔周公雖老，猶在京師。」皆不言公留後治雒。且留後乃唐、宋以後官號，三代無此官名，毛奇齡已辨之。

「四方迪亂，未定于宗禮，亦未克敉公功。迪將其後，監我士師工，誕保文武受民亂，爲四輔。」《大傳》曰：「古者天子必有四鄰：前曰疑，後曰丞，左曰輔，右曰弼。天子有問無以對，責之疑；可志而不志，責之丞；可正而不正，責之輔；可揚而不揚，責之弼。其爵視卿，其禄視次國之君也。」《大戴禮·千乘》篇云：「國有四輔。輔，卿也。卿設如四體。」又《保傳》篇云：「《明堂之位》曰：『篤仁而好學，多聞而道慎，天子疑則問，應而不窮者，謂之道。道者，導天子以道者也。常立於前，是周公也。誠立而敢斷，輔善而相義者，謂之充。充者，充天子之志者也。常立於左，是太公也。絜廉而切直，匡過而諫邪者，謂之弼。弼者，拂天子之過者也。常立於右，是召公也。博聞彊記，接給而善對者，謂之承。承者，承天子之遺亡者也。常立於後，是史佚也。故成王中立而聽朝，則四聖維之。是以慮無失計，而舉無過事。』」《漢書·谷永傳》永對曰：「四輔既備，成王靡有過舉。」師古曰：「四輔謂左輔、右弼、前疑、後丞也。」下引此經。是四輔即虞之四鄰，故《文王世子》曰「虞、夏、商、周有師、保，有疑、丞，設四輔」也。王莽爲漢設四輔官，自爲太傅，幹四輔之事，孔光爲太師，與四輔之政，王舜爲太保，甄豐爲少傅，皆授四輔之職。漢策莽曰：「四輔之職，三公之任，而公幹之。」蓋用今文之説。莽爲太傅，自比周公；孔光爲太師，比太公；王舜爲太保，比召公；甄豐比史佚也。《後漢書·桓郁傳》竇憲疏曰：「昔成王幼少，越在襁保，周公在前，史佚在後，太公在左，召公在右，中立聽朝，四聖維之，是以慮無遺計，舉無過事。」

王曰：「公定，予往已。公功肅將祗歡，公無困哉。○今文「無」作「毋」，「哉」作「我」。○《漢書·元后傳》王鳳乞骸骨，上報鳳曰：「《書》不云乎？『公毋困我』。」師古曰：「言公必須留京師，毋得遠去，而令我困。」《杜欽傳》欽説王鳳曰：「周公雖老，猶在京師，明不離成周，示不忘王室也。《書》稱：『公無困我。』」《續漢·祭祀志》注引《東觀書》曰：「章帝賜東平憲王蒼書曰：『宜勿隱，思有所承，公無困我。』」《逸周書·祭公解》：「王曰：『公無困我哉。』」「我」下有「哉」字，僞孔本用「哉」刪「我」，文義不完。

「我惟無斁，其康事公勿替，刑四方，其世享。」周公拜手稽首曰：「王命予來，承保乃文祖受命民，《詩正義》引鄭注云：「文祖者，周曰明堂，以稱文王，是文王德稱文祖也。」鄭注《堯典》亦云：「文祖者，五府之大名，猶周之明堂也。」錫瑞謹案：鄭以文祖即是明堂，本《尚書帝命驗》緯書，雖與今文義合，然可以解《堯典》之文祖，不可以解《雒誥》之文祖。唐、虞口文祖，周曰明堂，公不應近舍周名而遠陳古制。祖文宗武，雖在明堂，然以此文經義論之，與明堂無涉。此云「文祖」，下云「烈考武王」，則文祖即是文王，似不必牽引明堂文祖之解。此處今文說無可考，恐不同於鄭義也。

「越乃光烈考武王弘朕，恭孺子來相宅，其大惇典殷獻民，今本《尚書》作「弘朕恭」。莊寶琛說：「『朕』當作『訓』。《說文·人部》云：『佚，古文以爲「訓」字。』《尚書》當是本作『佚』，後改作『朕』字耳。作雒本武王之意，見《逸周書》，故曰『弘訓共』也。」錫瑞謹案：《大傳》云：「以揚武王之大訓。」莊說與今文義合。當於「弘佚」絶句，「共」字屬下讀。共，奉也。共孺子來相宅，謂奉孺子來相宅也。段玉裁云：「僞《孔》釋『恭』爲『奉』，則『恭』本是『共』字。」

「亂爲四方新辟，作周，恭先。曰其自時中乂，萬邦咸休，惟王有成績。予旦以多子越御事，篤前人成烈，答其師，作周，孚先。考朕昭子刑，乃單文祖德。《詩正義》引鄭注云：「成我所用明子之法度者，乃盡明堂之德。明堂者，祀五帝太皡之屬，爲用其法度也。周公制禮六典，就其法度而損益用之。」案：鄭以文祖爲明堂，陳喬樅以爲今文說，恐未可據。說見前。

「伻來毖殷，乃命寧。《詩正義》引鄭云：「周公謂文王爲寧王，成王亦謂武王爲寧王，此一名二人兼之。」江聲說：「此寧王謂武王也。蓋營雒邑、拪殷民，皆武王之意，故言使我來治洛者、慎教殷民者，乃受命於武王也。」陳喬樅謂：「江說於誼爲長。考《史記·周本紀》稱：『武王謂周公曰：「自雒汭延於伊汭，居易毋固，其有夏之居。我南望三塗，北望嶽鄙，顧詹有河，粵詹雒、伊，毋遠天室。」營周居於雒邑而後去。』是營雒實武王之意，周公乃受命於武王而爲之。此今文《尚書》說也。《逸周書·度邑解》與《周本紀》所載同。」

「予以秬鬯二卣。曰明禋，拜手稽首休享。予不敢宿，則禋于文王、武王。《正義》引鄭注曰：「禋，芬芳之祭。曰明禋者，六典成，祭於明堂，告五帝太皞之屬也。既告明堂，則復禋於文武之廟，告成雒邑。」案：鄭注與僞孔説異，未知與今文合否。

「惠篤敘，無有遘自疾。萬年厭于乃德，殷乃引考。王伻殷乃承敘，萬年其永觀朕子懷德。」戊辰，王在新邑，烝，祭歲，文王騂牛一，武王騂牛一。王命作册逸祝册。○今文「册」作「策」。○《漢書·律曆志》曰：「是歲十二月戊辰晦，周公以反政，故《洛誥》曰：『戊辰，王在新邑，烝，祭歲，命作策。惟周公誕保文武受命，惟七年。』」又曰：「成王元年正月己巳朔，此命伯禽俾侯于魯之歲也。」錫瑞謹案：班《志》所引乃劉歆《三統術》。劉以「烝，祭歲，命作策」爲一時之事，在攝政七年十二月戊辰晦，伯禽於十二月晦始受策，則是年不得就國，故俾侯于魯在成王元年。劉云「成王元年正月己巳朔」者，乃曆家推朔之文。又云伯禽侯魯者，乃舉是年大事以紀歲之法，故云「伯禽俾侯于魯之歲」，非以元年正月己巳朔爲命伯禽俾侯于魯之日也。鄭君誤會劉旨，以命伯禽即爲元年正月朔日之事，故以「烝祭」上屬，云：「『歲文王騂牛一』者，歲是成王元年正月朔日，特告文武，封周公也。」兹以經文考之，經云「戊辰」，有日無月，「在十有二月」，有月無年，於末結之曰「惟七年」，則當爲七年十二月戊辰日無疑。古人文法多倒裝，故先日、次月、又次年。「王命周公後」四句，文法一氣，命後作策，文已見前。然封周公乃大事，故又複舉其文，云「王命周公後，作策逸誥，在十有二月」。謂命後作策在十二月之戊辰日也。而十二月爲七年之十二月，故又總結之曰「惟周公誕保文武受命，惟七年」。據此文，足知此篇以上皆周公居攝時事，以下則周公致政後事。故下《多士》篇首即變其文云「周公告商王士。王若曰」，異於前之周公稱王。此古史之文所以簡而明也。若以今人文法例之，則當以「十有二月」列「戊辰」之上，而以「七年」冠於篇首。然《尚書》二十九篇，惟《洪範》、《金縢》篇首冠以年，而年月日不悉具，則古史書事與今人異，「十有二月，惟七年」，其爲倒裝文法無疑矣。鄭以烝祭與歲分爲兩時兩事，作策既屬元年正月，下文何以云「王命周公後，作策逸告，在十有二月，惟七年」也？即以「十有二月，惟七年」屬戊辰烝祭言之，然年月日文氣隔絶，而以次年正月封周公一事横亘於中，首尾決裂。且作策命後已見於前，而「王命周公後」二句既不連「在十有二月」言之，無故複舉其文，毫無意義。古史書事，當不若是之拙。如鄭説，非將經文顛倒移易，其義萬不可通。凡解經，當論其是非，不可徒爭門户。江聲、王鳴盛、陳喬樅皆曲通鄭説，然以經文案之，無一通者。《釋文》云：「『王在新邑』，馬、孔絶句。」是馬同劉歆説，今文義當如是。僞《孔》以烝祭與告文武爲一事，其説較鄭爲優，而以烝祭歲爲十二月之明月，與《漢志》不合，則亦失之。

惟告周公其後。王賓殺禋咸格，王入太室祼。《大傳》曰：「祭者，察也，至也，言人事至於神也。」又曰：「祭之爲言，察也。察者，至也。至者，人事至也。人事至，然後祭。祭者，薦也。薦之爲言，在也。在也者，在其道也。」錫瑞謹案：此經今文義無考，據《大傳·虞傳》曰：「尚考大室之義，唐爲虞賓。」此言禹受舜禪，舜爲賓客，而禹爲主人，上考舜受堯禪，唐爲虞賓之故事也。受終在文祖，文祖即周之明堂，中有大室，故曰大室之義。周公攝王，律以兄終弟及之義，本可即真，《逸周書》武王有「兄弟相後」之命，公不受，而復致政成王，其義同於禪讓，故用禪讓之禮，公居賓位，成王爲主人。王賓即屬周公，受終在明堂。故云「王入大室祼」，正與「尚考大室之義，唐爲虞賓」義同。

王命周公後，作册逸誥，在十有二月，惟周公誕保文武受命，惟七年。○今文「册」作「策」。○《大傳》曰：「七年致政。」《禮記·明堂位》、《周書·明堂解》、《史記·魯世家》、《漢書·律曆志》、《韓非子·説難》、《淮南·齊俗訓》皆云周公居攝七年。《韓詩外傳》曰：「周公踐天子之位七年。」《説苑·尊賢》篇曰：「周公攝天子位七年。」《漢書·王莽傳》曰：「昔周公奉繼體之嗣，據上公之尊，然猶七年制度乃定。」鄭注云：「文王得赤雀，武王俯取白魚受命，皆七年而崩。及周公攝政，不敢過其數也。」錫瑞謹案：文王得赤雀，見於《尚書中候我應》，武王俯取白魚，見於《中候合符后》、《春秋璇璣鈐》、《大傳·五行傳》、《史記·周本紀》、《漢書·董仲舒》《終軍傳》、王逸《楚辭》注，其説畧同。《論衡·初禀篇》曰：「文王得赤雀，武王得白魚、赤烏。儒者論之，以爲雀則文王受命，魚、烏則武王受命。文武受命於天，天用雀與魚、烏命授之也。天用赤雀命文王，文王不受，天復用魚、烏命武王也。」仲任所引，乃今文家博士之説。雖仲任不取其義，然可以見今文家説與鄭説同。緯書多同今文之義，鄭注據緯書，故同今文説也。《尚書中候擿洛戒》曰：「若稽古周公旦，欽惟皇天順，踐阼即攝，七年歸政于成王，太平制禮，作樂而治，鸞鳳見，蓂莢生。」

今文尚書考證卷十九

善化　皮錫瑞

多士第十九　周書十

多士　《史記·周本紀》曰：「成王既遷殷遺民，周公以王命告，作《多士》。」《魯世家》曰：「初，成王少時，病，周公乃自揃其蚤沈之河，以祝於神曰：『王少，未有識，奸神命者乃旦也。』亦藏其策於府。成王病有瘳。及成王用事，人或譖周公，周公奔楚。成王發府，見周公禱書，乃泣，反周公。周公歸，恐成王壯，治有所淫佚，乃作《多士》、作《毋逸》。」孫星衍説：「是此篇作於周公被譖奔楚，成王迎歸之後。《蒙恬傳》亦與《魯世家》同。所謂賊臣，即奄君也。故經文有云『昔朕來自奄』。」錫瑞謹案：「昔朕來自奄」，乃周公追述伐奄之事，孫説非是。謂賊臣即奄君，亦無據。《論衡》載《金縢》有二説，古文家説周公奔楚，與《史記》同。而史公以奔楚在致政後，又與《論衡》説異，蓋皆古文異説。俞正燮據《左氏傳》魯襄公適楚，夢周公祖而行以證周公有奔楚之事，甚塙。然《左氏傳》亦古文説也。《周本紀》所云與《魯世家》不同，乃今文家説。

惟三月，周公初于新邑洛，用告商王士。○今文「洛」作「雒」。○《正義》引鄭注云：「成王元年三月，周公自王城初往成周之邑，用成王命告殷王之衆士以撫安之。」錫瑞謹案：據《魯世家》云，周公奔楚，迎歸之後，乃作《多士》，則惟三月不得在成王元年。《周本紀》用今文説云：「成王遷殷遺民，周公以王命告，作《多士》。」正在《召誥》、《洛誥》之後，當爲成王即政元年之事。鄭注用今文説，其義是也。

王若曰：「爾殷遺多士！弗弔旻天大降喪于殷。《異義》今《尚書》歐陽説：「秋曰旻天。」與《爾雅·釋天》、《白虎通·四時》篇同。《説文》曰：「旻，秋天也。《虞書》曰：『仁覆閔下，則稱旻天。』」所引《虞書》，蓋即《尚書大傳》之説。《釋名·釋天》曰：「秋曰旻天。旻，閔也，物就枯落，可閔傷也。」是今文説訓「旻」爲「閔」。馬注云：「秋爲旻天，秋氣殺也，方言降喪，故稱旻天也。」馬亦用今文義。惟李巡注《爾雅》云：「秋，萬物成就，皆有文章，故曰旻天。」其説不同。

「我有周佑命，將天明威，致王罰，敕殷命終于帝。肆爾多士，非我小國敢弋殷命，馬、鄭、王皆作「翼」，或今文亦同。鄭云：「『翼』猶『驅』也，非我周敢驅取汝殷之王命。」

「惟天不畀，允罔固亂，弼我。我其敢求位？惟帝不畀，惟我下民秉爲，惟天明畏。我聞曰：『上帝引逸。』有夏不適逸則，○今文「逸」作「佚」。○《論衡・自然篇》曰：「天地無爲。至德純渥之人，稟天氣多，故能則天，自然無爲。周公曰：『上帝引佚。』上帝謂舜、禹也。舜、禹承安繼治，任賢使能，恭己無爲而天下治。」又《語增篇》曰：「經曰：『上帝引逸。』謂虞舜也。」下同《自然篇》文。江聲説：「上帝，天也。『引佚』謂引進遺佚之賢，言天欲人君任賢也。此周公述所聞之語也。『有夏』謂桀也。『不適』言不進賢也。《大傳》：『一不適謂之過，再不適謂之敖，三不適謂之誣。』佚則，引佚之則也。『則』讀如『五命賜則』之『則』，謂規頟也。」錫瑞謹案：仲任以「上帝」爲「古帝」，「引佚」爲任賢使能，蓋今文家説。據此，則今文説於經文「帝」字不必皆詁爲「天」。上云「惟天不畀」、「惟帝不畀」，兩文竝列，「帝」與「天」當有別，或「帝」當爲「古帝」也。江引《大傳》以「不適」爲不貢士，似與仲任以「引佚」爲進賢能義合，以上帝爲天，與仲任所引今文説不合。

「惟帝降格，嚮于時。夏弗克庸帝，大淫泆，有辭。惟時天罔念聞，厥惟廢元命，降致罰，乃命爾先祖成湯革夏，俊民甸四方。《釋文》云：「馬以『時』字絶句。『佚』又作『佾』，馬本作『屑』，云：『屑，過也。』」案：今文不可考。《論衡》今文義以「上帝引佚」爲舜、禹進賢能，則「有夏不適佚」當言夏桀不能進賢，故此言天命成湯革夏，用俊民以治四方也。

「自成湯至于帝乙，罔不明德恤祀。亦惟天丕建，保乂有殷。殷王亦罔敢失帝，罔不配天其澤。《史記・魯世家》：「《多士》稱曰：『自湯至於帝乙，無不率祀明德，帝無不配天者。』」案：帝乙今文説以爲祖乙，見《酒誥》篇。《詩・文王》鄭箋云：「殷自紂父之前，未喪天下之時，皆能配天而行，故不亡也。」以帝乙爲紂父，與今文說異。

「在今後嗣王，誕罔顯于天，矧曰其有聽念于先王勤家？誕淫厥泆，罔顧于天顯、民祇。○今文「泆」作「佚」。○《史記》曰：「在今後嗣王紂，誕淫厥佚，不顧天及民之從也。」《集解》：「徐廣曰：『一作「敬之」也。』馬融曰：『紂大淫樂其逸，無所能顧念于天施顯道于民而敬之也。』」案：此當以「天顯」、「民祇」相對爲義，史公云「及」，明非一事，馬以「民」屬「天顯」爲義，非是。

「惟時上帝不保，降若茲大喪。惟天不畀不明厥德，凡四方小大邦喪，罔非有辭于罰。」《史記》曰：「其民皆可誅，周多士。」段玉裁說：「『其民皆可誅』，即『凡四方小大邦喪，罔非有辭于罰』也。『周《多士》』三字譌賸。《史記》此節當移『乃作《多士》、作《毋逸》』之下。」錫瑞謹案：史公於「周多士」下云：「『文王日中昃不暇食，饗國五十年』。作此以戒成王。」以《毋佚》篇之文并入《多士》篇，上增「周多士」句，則周多士言周朝多士，不屬商王士說。疑史公所據今文《尚書》，與古文本不同。「周多士」上又有「其民皆可誅」句，古文《尚書》無之，疑今文《尚書》有之。《文選·七命》注、《四子講德論》《勸進今上牋》《奏彈王源文》諸篇注皆引《大傳》「周人可比屋而封」，陳壽祺輯本未審爲何篇之句，以《史記》「周多士」證之，疑即《多士》篇文。「周多士」即所謂「可比屋而封」也。上言紂民皆可誅，下言周人可比屋而封，言民之善惡無常，惟上所化。《論衡·率性篇》：「傳曰：『堯、舜之民可比屋而封，桀、紂之民可比屋而誅。』」即其義也。否則，《史記》「周」字之下，「多士」之上，或有脱文與？《詩·文王有聲》正義、《周禮·典命》疏、疏誤作《無逸》篇。《禮記·王制》正義、《明堂位》正義、《左》隱元年正義、《通典》、《御覽》、《禮書》、《儀禮經傳通解》皆引《多士》篇《大傳》「古者百里之國」與「天子之堂」兩條，其說皆與古文《尚書·多士》篇無涉，則伏生所傳《尚書·多士》篇，當與古文不同，史公蓋用其說。今文與古文多異，未可專據古文，以史公爲誤也。

王若曰：「爾殷多士！今惟我周王丕靈承帝事，有命曰：『割殷！』告敕于帝。惟我事不貳適，惟爾王家我適。予其曰：『惟爾洪無度，我不爾動，自乃邑。』」《白虎通·京師》篇曰：「天子所都，夏、商曰邑，周曰京師。」《春秋繁露·三代改制質文》篇曰：「周公輔成王，受命作宮邑于雒陽，成文武之制，作《汋樂》以奉天。殷湯之後稱邑，示天之變，反命。」案：此言「自乃邑」，下言「天邑商」，是殷後稱邑之證也。王鳴盛説：「《孟子》引《書》『臣附于大邑』，《周·康誥》『作新大邑于東國雒』，時未制禮，用先代禮，故仍舊稱也。此篇首言『新邑雒』，下文『朕作大邑于茲雒』，對商士而言，如《洪範》因箕子而稱祀也。」

「予亦念天即于殷大戾，肆不正。」王曰：「猷！告爾多士：予惟時其遷居西爾，非我一人奉德不康寧，時惟天命。無違，朕不敢有，○今文「時惟天命無違」作「維天命元」。○石經：「維天命元，朕不敢有。下闕。」段玉裁説：「此今文《尚書》然也。王氏鳳喈云：『「无」字誤爲「元」，脱「違」字。』其説非也。漢石經『無』不作『无』。」錫瑞謹案：「天命元」謂天之元命，上云「厥惟廢元命」，「元命」即「命元」也，蓋今文《尚書》少「無違」二字，多一「元」字。「有」疑當讀爲「宥」，言我遷爾，非我奉德不康寧，維天命元如此，故我不敢宥也。下云「非予罪，時維天命」，正申明此意。

「後無我怨。惟爾知惟殷先人有册有典，殷革夏命。今爾又曰：『夏迪簡在王庭，有服在百僚。』予一人惟聽用德，肆予敢求爾于天邑商？予惟率肆矜爾，○今文「肆矜」作「夷憐」。○班固《典引》曰：「革滅天邑。」蔡邕注曰：「天邑，天子邑也。」《論衡·雷虚篇》曰：「人君罪惡初聞之時，怒以非之，及其誅之，哀以憐之。故《論語》曰：『如得其情，則哀憐而勿喜。』紂，至惡也，武王將誅，哀而憐之。《尚書》：『予惟率夷憐爾。』」孫星衍説：「此今文《書》説也。以『夷』爲『誅』者，《易·雜卦》傳云：『明夷，誅也。』『憐』爲『矜』者，引《論語》『哀憐』亦『哀矜』異文，憐、矜聲相近。」段玉裁説：「夷、肆古音同弟十五部，憐、矜古音同弟十二部。」

「非予罪，時惟天命。」王曰：「多士！○今文「惟」作「維」，「王曰」下有「告爾」二字。○石經：「口口罪，時維天命。王曰：告爾多。下闕。」

「昔朕來自奄，予大降爾四國民命。孫星衍説：「經言『昔朕來自奄』者，《書序》云：『成王東伐淮夷，遂踐奄，作《成王征》。成王既踐奄，遷其君于薄姑。周公告召公，作《將薄姑》。成王歸自奄，在宗周，作《多方》。』《書》疏引鄭注云：『此伐淮夷與踐奄，是攝政三年伐管、蔡時事。其編篇于此，未聞。』謂編在《多士》、《無逸》、《君奭》之後也。案：《周本紀》：『召公爲保，周公爲師，東伐淮夷，踐奄。』亦在《多士》、《無逸》之後，與上文周公奉成王命伐誅武庚、管叔，放蔡叔不同時。誅管叔在攝政時，踐奄在七年歸政後。蓋史公所用孔安國古文説。管、蔡流言，周公不避居，而以成王命伐誅武庚及三監。及七年反政，有譖公者，成王疑之，公乃奔楚。成王開金縢，悟，迎周公歸。乃作《多士》、《毋逸》。故此篇述『昔朕來自奄』也。管、蔡流言，時奄君亦與知，《尚書大傳》載其事。其時未及誅奄君也。及反政後，又有譖公者，當即奄君。故蒙恬云：『殺言之者，而反周公旦。』當謂成王踐奄也。若《大傳》則云『二年克殷，三年踐奄』。則踐奄者周公，與《書序》所云『成王征』及『成王歸自奄』不合。此今文異説，不可附合古文。且《大傳》有《揜誥》在《君奭》之後，百篇之《序》所無，疑『揜』即『奄』也。王氏應麟以爲即《成王征》。案：奄既滅於攝政三年，此時又何誥？俱不可解。宜以史公所序爲是。經言『予大降爾四國民命』，疑即《大傳·揜誥》。」錫瑞謹案：孫説非也。伐奄本非一次，一是周公踐奄，見《大傳》，一是成王踐奄，見《史記》。伏生與史公各載其一，《大傳》不及成王踐奄，史公不言周公踐奄，文不備耳，非因一事而訛傳重見也。此云「昔朕來自奄」，乃公自言三年踐奄之事。周公雖代王言，亦可自述己事。《史記》引《書序》説《多士》在成王踐奄前，若屬成王踐奄，公不應豫言後來之事，又不當云「昔朕來自奄」也。僞《孔傳》云：「奄再叛再征。」考之經文，其説不誤。《帝王世紀》曰：「王既營都洛邑，復居酆、鎬，淮夷、徐戎及商奄又叛，王乃大蒐於岐陽，東伐淮夷。」云奄又叛，與僞《孔》義同。僞《孔傳》即王肅與皇甫謐爲之，而此條實有據，蓋本今文家説。知奄實有再叛之事者，《大傳·洛誥》篇云「三年踐奄」，與《孟子》曰「三年討其君」合。成王踐奄無三年，知非一事，而鄭君誤合爲一，故云「編篇未聞」。孫疑《大傳》云「周公踐奄」與《書序》所云「成王征」、「成王歸自奄」不合，又疑「奄既滅於攝政三年，此時又何誥」，皆由偏執鄭義，不考今文家説，故必不信僞《孔》再叛再征之解，而解經遂不可通。經云「昔朕來自奄」爲公追述三年踐奄，「予大降爾四國民命」，四國爲管、蔡、商、奄。《詩·破斧》毛傳云：「四國：管、蔡、商、奄。」是毛公亦謂東征曾踐奄，與《大傳》今文合，足見今文並非異説。若史公所云譖周公者，不知其人爲誰，孫乃傳會以爲即奄君，又謂「降爾四國民命」即《揜誥》説，皆無據。且《大傳》明云踐奄謂殺其身，孫既引《大傳》，云管、蔡流言，奄君與知，又云其時未及誅奄君，明背《大傳》之文，以曲證其譖公即奄君之説，安得反以《大傳》爲異説乎！《大傳》曰「奄君薄姑」，《史記》曰「遷其君薄姑」，疑前之奄君名薄姑，後之奄君遷於薄姑，其地即蒲姑，《左氏傳》所謂「蒲姑、商奄」者，人名、地名不妨相同。鄭君疑薄姑非奄君名，江聲疑《書序》「將遷其君于蒲姑」，「于」字當爲衍文，皆未知其一爲人名，一爲地名也。周公誅奄君薄姑，蓋不滅其國，誅君之子不立，後之君奄者或亦薄姑之族，今見周遷殷士，疑懼再叛，故成王再踐奄而遷其君。《多士》與《將蒲姑》篇次相連，此時蓋奄已有叛志，故公言「昔朕來自奄」，舉前事以警之也。

「我乃明致天罰，移爾遐逖，比事臣我宗，多遜。」王曰：「告爾殷多士，今予惟不爾殺，予惟時命有申。今朕作大邑于茲洛，予惟四方罔攸賓，亦惟爾多士攸服奔走臣我，多遜。

○今文「惟」作「維」，「洛」作「雒」。○石經：「上闕。茲雒，予維四方罔攸賓，亦維爾。下闕。」「賓」字今鈔本、刻本皆誤作「責」，顧廣圻據《漢隸》，字原作「賓」。

「爾乃尚有爾土，爾乃尚寧幹止。爾克敬天，惟畀矜爾；爾不克敬，爾不啻不有爾土，予亦致天之罰于爾躬。今爾惟時宅爾邑，繼爾居，爾厥有幹有年于茲洛，爾小子乃興，從爾遷。」

○今文「洛」作「雒」。○石經：「上闕。有年于茲雒，爾小子乃興，從爾遷。王。下闕。」

王曰，又曰：「時予乃或言，爾攸居！」

今文尚書考證卷二十

善化　皮錫瑞

無逸第二十　　周書十一

無逸　○今文作「毋佚」。○《史記·周本紀》曰：「成王既遷殷遺民，周公以王命告，作《多士》、《無佚》。」《魯世家》曰：「周公歸，恐成王壯，治有所淫佚，乃作《多士》、作《毋逸》。」段玉裁説：「按：《本紀》言作《多士》而兼舉《無逸》，《世家》言作《無逸》而兼舉《多士》。無，今文《尚書》作『毋』；逸，今文《尚書》作『劮』，亦作『佚』。漢石經殘碑本篇『毋劮于遊田』、『毋兄曰』可證。《史記·周本紀》作『無佚』，《魯世家》作『毋逸』，其字參錯不一，以《世家》作『毋』爲不誤。《魯世家》云『乃作《毋逸》』，蒙上文『淫佚』而言，則『逸』字之本作『佚』可知也。」錫瑞謹案：《魯世家》云「周公奔楚」，與《論衡》引古文家説相近，則《周本紀》當爲今文説。史公竝列今古文義，然文字當依今文作「毋佚」，其或作「無」、或作「逸」，疑後人改之也。漢人引《書》多作「佚」，惟石經作「劮」。《廣雅·釋詁》曰：「劮，戲也。」《釋言》曰：「劮，豫也。」與石經合。蓋用夏侯説也。《漢書·梅福傳》福上書曰：「留意《亡逸》之戒。」亦三家《尚書》之異文。

周公曰：「嗚呼！君子所其無逸。先知稼穡之艱難乃逸，○今文「嗚呼」作「於戲」，「無逸」作「毋佚」，「穡」作「嗇」，「乃逸」作「乃佚」。○《論衡·儒增篇》云：「《尚書·毋佚》曰：『君子所其毋佚。先知稼嗇之艱難，乃佚。』人之筋骨，非木非石，不能不解。故張而不弛，文王不爲；弛而不張，文王不行；一弛一張，文王以爲常。」錫瑞謹案：王引之説「乃逸」二字因下文而衍，據《論衡》所引，則今文《尚書》有「乃佚」二字，王説非也。石經於篇末「公曰於戲」作「於戲」，則此文當同。《正義》引鄭云：「嗚呼者，將戒成王，欲求以深感動之。君子謂在官長者，所猶處也，君子處位爲政，其無自逸豫也。」鄭本作「嗚呼」，據古文，其説解當無異。「張」謂勤勞，「弛」謂逸豫也。

「則知小人之依。相小人：厥父母勤勞稼

穡，厥子乃不知稼穡之艱難乃逸，乃諺既誕，否則，侮厥父母，曰：『昔之人無聞知。』」

○今文「穡」作「嗇」，「逸」作「佚」，「諺」作「憲」，「誕」作「延」，「否」作「丕」。○漢石經：「上闕。嗇之艱難乃劮，乃憲既延，卒則，侮厥。下闕。」錫瑞謹案：石經今文義當以「乃劮」二字屬上讀，與上文「先知稼穡之艱難乃佚」反正相對成文。「乃憲既延」四字爲句，「卒」即「丕」字，與下云「丕則有愆」義同，非「否」字也。《史記・魯世家》曰：「《毋逸》稱：『爲人父母，爲業至長久，子孫驕奢忘之，以亡其家，爲人子可不慎乎！』」正釋此經之義。「憲」訓「法」，與「業」義近。「延」即「長久」之義。故史公以「爲業至長久」釋「乃憲既延」，以「子孫驕奢忘之，以亡其家」釋「丕則，侮厥父母，曰：昔之人無聞知」也。

周公曰：「嗚呼！我聞曰：昔在殷王中宗，

○今文「嗚呼」作「於戲」，下接「昔在殷王太宗」云云，「昔在殷王中宗」作「其在中宗」，在「肆太宗饗國三十三年」句後。○「昔在殷王中宗」，據今文說當作「其在中宗」，次於太宗之後，說見下。《史記・魯世家》曰「故昔在殷王中宗」，疑後人用古文《尚書》改之。《殷本紀》曰：「帝大戊立，殷復興，諸侯歸之，故稱中宗。」《異義》：「《詩魯說》丞相匡衡以爲殷中宗、周成、宣王皆以時毀，古文《尚書》說經稱中宗，明其廟宗而不毀。」許君案：「《春秋公羊》御史大夫貢禹說：『王者宗有德，廟不毀，宗而復毀，非尊德之義。』」鄭從而不駁。錫瑞謹案：古文《尚書》說中宗不毀，則今文《尚書》說當爲中宗亦以時毀可知。匡稚圭治《齊詩》，《異義》引作《魯說》，蓋《齊》、《魯》義同，三家《詩》多與今文《尚書》合也。《漢書・韋玄成傳》王舜、劉歆議曰：「又說中宗、高宗者，宗其道而毀其廟。名與實異，非尊德貴功之意也。」古文《尚書》說蓋即出於劉歆，劉歆又本於貢禹。

「嚴恭寅畏，天命自度，治民祗懼，不敢荒寧。肆中宗之享國，七十有五年。

○今文「祗」作「震」，「享」作「饗」，「中宗」下無「之」字，「七十」下無「有」字。○《史記・魯世家》曰：「嚴恭敬畏，天命自度，治民震懼，不敢荒寧，故中宗饗國七十五年。」「寅」作「敬」，故訓字，如「寅賓」、「寅餞」「寅」皆作「敬」之例。「肆」作「故」，亦故訓字。「祗」作「震」，則歐陽《尚書》異文。《集解》：「馬融曰：『知民之勞苦，不敢荒廢自安也。』」段玉裁說：「祗、震異部，而音轉最近。如《咎繇謩》『祗敬』《夏本紀》作『振』，《般庚》『震動』漢石經作『祗』，《粊誓》『祗復之』《魯世家》作『振』，皆是也。」〇一作「天命自亮，以民祗懼」。〇漢石經：「中宗嚴恭寅畏，天命自亮，以民祗懼。」段玉裁説：「『度』與『亮』音不相涉，『亮』與『量』音同，『自量』猶『自度』也。治、㠯同在古音第一部。」馮登府説：「《詩》『涼彼武王』，《韓》作『亮』。《爾疋·釋詁》：『亮、相，導也。』漢諸葛名亮，亮之傳已久，石經必據今文作『亮』而書之耳。《釋詁》：『亮，右也。』『天命自亮』，言天命佑助也。此今文義。」

「其在高宗，時舊勞于外，爰暨小人。〇今文「高宗」下無「時」字，「舊」作「久」，「爰」作「爲」。〇《史記》曰：「其在高宗，久勞于外，爲與小人。」「高宗」下無「時」字，「舊」作「久」，「爰」作「爲」。「爲」與「爰」字形相近，今文《尚書》蓋作「爲」。「暨」作「與」，則故訓字也。《集解》：「馬融曰：『武丁爲太子時，其父小乙使行役，有所勞役於外，與小人從事，知小人艱難勞苦也。』鄭玄曰：『爲父小乙將師役於外也。』」《殷本紀》曰：「武丁修政行德，天下咸驩，殷道復興。帝武丁崩，帝祖庚立，祖己嘉武丁之以祥雉爲德，立其廟爲高宗。」《續漢·祭祀志》注引《東觀書》云：「高宗久勞，猶爲中興。」《敦煌長史武斑碑》云：「久勞于外。」與《史記》合。《中論》曰：「其在高宗，寔舊勞于外。」蓋古文《尚書》「時」字與「寔」字義同，本虛字，屬下讀，史公所據今文《尚書》無之。鄭君《詩譜》云：「後有高宗者，舊勞于外。」亦無「時」字。

「作其即位，乃或亮陰，〇今文作「乃有亮闇」。〇《史記》曰：「作其即位，乃有亮闇。」蓋今文《尚書》「或」作「有」。《集解》：「鄭玄曰：『楣謂之梁，闇謂廬也。』」〇一作「梁闇」。〇《大傳》曰：「《書》曰：『高宗梁闇，三年不言。』何謂『梁闇』也？《傳》曰：『高宗居倚廬，三年不言，百官總己聽於冢宰而莫之違。』此之謂『梁闇』。」又曰：「高宗有親喪，居廬三年，然未嘗言國事，而天下無背叛之心者，何也？及其爲太子之時，盡以知天下人民之所好惡，是以雖不言國事也，知天下無背叛之心。」鄭注《尚書·毋佚》云：「諒闇轉作梁闇。楣謂之梁。闇，廬也。小乙崩，武丁立，憂喪三年之禮，居倚廬柱楣，不言政事。」鄭讀「諒」爲「梁」，用伏生義也。鄭又注《禮記》云：「『諒』古作『梁』，楣謂之梁。『闇』讀如『鶉鵪』之『鵪』，謂廬也。」其義亦同。〇一作「諒闇」。〇《春秋繁露》曰：「先王之制，有大喪者三年不呼其門，順其志之不在事也。《書》曰：『高宗諒闇，三年不言。』居喪之義也。」《禮記·喪服四制》篇曰：「《書》曰：『高宗諒闇，三年不言。』善之也。」《漢書·王吉傳》

曰：「臣聞高宗諒闇，三年不言。」《白虎通・爵篇》曰：「《尚書》曰：『高宗諒闇。』三年是也。《論語》曰：『君薨，百官總己聽於冢宰三年。』緣孝子之心，則三年不忍當，故三年除喪，乃即位統事。即位，踐阼爲主，南面朝臣下，稱王以發號令也。故天子、諸侯，凡三年即位，終始之義乃備。所以諒闇三年，卒孝子之道也。」又《四時》篇：「《尚書》曰：『諒闇三年。』」《公羊》文九年《傳》注：「子張曰：『《書》云：「高宗諒闇。」』」《後漢書・濟北惠王傳》曰：「諒闇已來，二十八月。」《景君碑》云：「諒闇沈思。」鄭君《詩譜》亦作「諒闇」。○一作「諒陰」。○《論語》：「子張曰：『《書》云：「高宗諒陰。」』」《論衡・儒增篇》曰：「高宗諒陰三年。」《後漢書・魯恭傳》曰：「諒陰三年。」○一作「涼陰」。○《漢書・五行志》曰：「殷道既衰，高宗承敝而起，盡涼陰之哀，天下應之。」師古曰：「『涼』讀曰『諒』。一説，涼陰謂居喪之廬也。謂三年處於廬中不言。」段玉裁説：「諒、涼、亮、梁，古四字同音，不分平仄也。闇、陰，古二字同音，在侵韻，不分侵、覃也。《大傳》釋『梁闇』爲『居廬』。鄭注：『「闇」讀如「鶉鵪」之「鵪」，謂廬也。』其注《禮記》、《尚書》皆用《大傳》説。上字讀爲『梁』，『讀爲』者，易其字也；下字讀如『鵪』，『讀如』者，釋其音也。《大雅》『涼彼武王』，《韓詩》作『亮』。《白虎通》釋『禪於梁甫』之義云：『梁，信也。』然則古同音通用之法可見矣。」錫瑞謹案：同聲通用，段説得之。而《尚書》之義，則當本作「梁闇」，伏生《大傳》用其本字，其或作「諒」、「涼」、「亮」，或作「陰」者，皆字之叚借也。《喪服傳》云：「居倚廬，寢苫枕塊。」又云：「既虞，翦屏柱楣。」鄭君云：「楣謂之梁。」是「梁闇」者，倚廬而柱楣者也。父母之喪，無貴賤一也。蓋古天子至士，喪禮皆同其制，漢人舊説皆以「梁闇」爲「居喪」，惟馬注解爲「信默」，蓋誤認叚借之字爲本字。鄭不從馬而從伏，最爲卓見。僞《孔傳》與《論語》孔注皆王肅所爲，故皆用「信默」也。

「三年不言。其惟不言，」○今文無「其惟不言」句。

○《史記》曰：「三年不言，言乃讙。」無「其惟不言」句。《尚書大傳》亦無之。《論語・憲問》、《禮・檀弓》、《喪服四制》、《論衡・儒增篇》引《書》皆云「三年不言」，無「其惟不言」四字，是今文《尚書》本無之。以文義論，古文《尚書》亦不當有。惟《禮・坊記》引：「《高宗》云：『三年其惟不言，言乃讙。』」鄭注：「高宗，殷王武丁也，名篇，在《尚書》。」案：《書序》有《高宗之訓》，《高宗》即《高宗之訓》也。據鄭君説，是「三年其惟不言」在逸《書・高宗》篇，並非《毋佚》篇文。蓋《毋佚》篇云「三年不言，言乃讙」，《高宗》篇云「三年其惟不言，言乃讙」，皆不作「三年不言，其惟不言」也。作僞古文者，蓋據《坊記》所引增竄經文，以示異於史公、鄭君所據之本，而不顧其文義複沓難通。

「言乃雍。」○今文作「言乃讙」。○《史記》與《檀弓》、《坊記》引皆作「讙」。段玉裁說：「《史記》作『讙』，今文《尚書》也。《記》與今文《尚書》合，然則今文不盡非，古文不皆是，於此可見。王肅私定《家語》，亦作『讙』。注云：『《尚書》作「雍」。』蓋以古文《尚書》正今文《尚書》也。」錫瑞謹案：《史記集解》引鄭玄曰：「讙，喜悅也。言乃喜悅，則民臣望其言久矣。」鄭注《檀弓》同，又注《坊記》云：「『讙』當爲『歡』，聲之誤也。其既言，天下皆歡喜，樂其政教也。」據此，疑鄭所據本亦作「讙」，而鄭《詩譜》作「雍」，《書疏》引鄭《尚書》注云：「有所言，則羣臣皆和諧。」是古文《尚書》自作「雍」字。鄭注《戴記》乃用今文，不用古文者，以《戴記》本今文學，故從今文解之也。《集解》引鄭注與《書疏》所引注異，《集解》所引或即《檀弓》注也。今古文多不合，若謂古文爲王肅改竄，肅何不並《家語》正文改之乎？鄭《詩譜》云：「三年不言，言乃雍。」《中論·夭壽》篇云：「三年不言，惟言乃雍。」從古文作「雍」，而亦無「其惟不言」句。孔融《薦謝該疏》曰：「三年乃讙。」用今文《尚書》。

「不敢荒寧，嘉靖殷邦，至于小大，無時或怨。」○今文「嘉」作「密」，「邦」作「國」，「怨」上無「時或」二字。○《史記》曰：「不敢荒寧，密靖殷國，至于小大無怨。」《御覽》引《東觀漢記》序曰：「密靜天下，容於小大，高宗之極至也。」段玉裁說：「『密靜天下，容於小大』，隱栝《無逸》篇文也，與《史記》『密靖殷國』正合，是可證今文《尚書》作『密』，古文《尚書》作『嘉』。司馬子長、劉珍等皆用今文《尚書》原文，非以『密』訓『嘉』也。」錫瑞案：段說是也。鄭《詩譜》、《中論》皆作「嘉」，用古文，與今文不合。光武《封禪刻石文》曰：「乾乾日昃，不敢荒寧。」

「肆高宗之享國，五十有九年。」○今文作「肆高宗饗國五十五年」。○《史記》曰：「故高宗饗國五十五年。」錫瑞謹案：《史記》此文與兩漢人所引今文《尚書》不合，《周本紀》曰「穆王立五十五年崩」，亦與《論衡·氣壽篇》所云不同，疑皆後人改之。如改太宗爲祖甲，以合於古文《尚書》，不知其與《殷本紀》云「帝甲淫亂」不符也。○一作「肆高宗之饗國百年」。○漢石經：「上闕。或怨，肆高宗之饗國百年。」是今文《尚書》一本有「或」字，「饗國百年」與

《漢書·五行志》《劉向傳》《杜欽傳》、《論衡·氣壽篇》合。侯康說：「古文單舉在位之歲，今文統舉壽數言之。《太平御覽·皇王部》引《帝王世紀》云：『武丁享國五十有九年，年百歲。』正參用古今文。《世紀》一書不可盡信，此則其可信者。若《論衡·氣壽篇》云：『高宗享國百年，周穆王享國百年，並未享國之時，皆出百三十四十歲矣。』是以百年爲單舉在位，然仲任說實誤。考《吕刑》『王享國百年』，傳、疏謂從生年數。按：《周本紀》云：『穆王即位，春秋已五十矣，立五十五年崩。』與傳、疏合，傳、疏在仲任後，或未足據，司馬固足據也。以《吕刑》例之，高宗百年亦必從生年數，『享國』二字，不必以文害辭。《漢書·五行志中下》云：『高宗攘木鳥之妖，致百年之壽。』《杜欽傳》：『高宗享百年之壽。』『百年』下系以『壽』字，必是兼舉生年。至《論衡》則云：『《傳》稱高宗有桑穀之異，悔過反政，享福百年。』又云：『殷高宗遂享百年之福。』不言『壽』而言『福』，意謂壽不止此也。」錫瑞謹案：侯說非也。王仲任以百年爲單舉在位之年，其說不誤，故《無形篇》、《異虚篇》皆不言「壽」而言「福」。而劉向《論星孛山崩疏》已云：「故高宗有百年之福。」則不言「壽」而言「福」亦不始於仲任。周公舉三宗饗國之年，一云三十三年，一云七十五年，一云百年，皆舉在位之年，故云饗國。若高宗並數生年，則與上太宗、中宗不一例。若謂太宗、中宗亦數生年，則太甲壽止三十三年，何云「克壽」？僞古文云五十有九年，與石經及劉子政、杜子夏、班孟堅、王仲任所云百年皆不合。皇甫謐即僞造古文者，故《世紀》獨與之同，豈可爲據？且《世紀》又云：「太甲一名祖甲，享國三十三年，年百歲。」夫同一享國也，太甲則單舉在位，高宗則並數生年，皇甫之言一何紕繆！下文云：「文王受命維中身，厥饗國五十年，文王九十七乃終。」饗國五十年，明是單舉在位，三宗、文王義當一例，何獨異於高宗？《漢書·禮樂志》王吉疏云：「壽何以不若高宗。」王吉習《齊詩》，蓋亦用今文家說，以高宗爲在位百年。師古注乃用僞古文說，云：「高宗享國五十九年，故云壽。」信如其說，則中宗七十五年享國，視高宗爲久，何乃舍中宗而舉高宗乎？

「其在祖甲，」○今文作「昔在殷王太宗」。從此句至「三十有三年」句，在「周公曰於戲」句下、「其在中宗」句上。○段玉裁說：「漢石經『高宗之饗國百年』、『自時厥後』，《隸釋》所載殘碑緊接不隔一字。洪氏云：『此碑獨闕祖甲，計其字當在中宗之上，以傳序爲次也。』是今文《尚書》與古文《尚書》大異。考《殷本紀》太甲稱太宗，太戊稱中宗，武丁廟爲高宗。《漢書》王舜、劉歆曰：『於殷太甲曰太宗，太戊曰中宗，武丁曰高宗。周公爲《毋逸》之戒，舉殷三宗以勸戒成王。』儻非《尚書》有『太宗』二字，司馬、王、劉不能肊造。賈誼曰：『顧成之廟稱爲太宗。』景帝元年申屠嘉等議曰：『高皇帝廟宜爲太祖之廟，孝文皇帝廟宜爲太宗之廟。』實本《尚書》。據此，今文《尚書》『祖甲』二字作『太宗』二字，其文之次，當云昔在殷王太宗、其在中宗、其在高宗。不則今文家末由倒易其次序也。」錫瑞謹案：段説是也。《史記·殷本紀》曰：「帝太甲修德，諸侯咸歸殷，百姓以寧。伊尹嘉之，迺作《太甲訓》三篇，襃帝太甲，稱太宗。」《白虎通·姓名》篇曰：「殷以生日名子何？殷家質，故直以生日名子也，以《尚書》道殷家太甲、帝乙、武丁也。」《白虎通》引《尚書》皆今文，今文無《太甲》三篇，疑亦指《毋佚》篇「太宗」、「高宗」言之，非引《書序》文也。《漢書·平帝紀》四年二月尊孝宣廟爲中宗、孝元廟爲高宗。王莽《大誥》曰：「尊中宗、高宗之號。」服虔注曰：「宣帝、元帝也。」蓋莽用今文《尚書》説，尊宣帝爲中宗、元帝爲高宗，以仿殷之三宗。《東觀書》章帝賜東平王蒼書曰：「比放三宗，誠有其美。」亦據今文《尚書》。「比放三宗」疑是「比殷三宗」之誤。《史記》作「其在祖甲」，後人改之。

「不義惟王，舊爲小人。」○今文「惟」作「維」，「舊」作「久」。○《史記》曰：「不義維王，久爲小人。」《集解》：「馬融曰：『祖甲有兄祖庚，而祖甲賢，武丁欲立之，祖甲以王廢長立少不義，逃亡民間，故曰「不義惟王，久爲小人」也。』王肅曰：『祖甲，湯孫太甲也。先中宗後祖甲，先盛德後有過也。』」錫瑞謹案：馬説不知所據，與西漢今文説不合。《書正義》引鄭説與馬畧同，孔氏已駁之矣。若王肅兼用今文之義，傅合古文之次序，以祖甲爲太甲，而又置之高宗之後，作僞《孔傳》解「不義惟王」爲「爲王不義」，倒易經文，以就己説，又造僞古文《太甲》篇「茲乃不義」以實之。不知此篇屢言小人，皆謂小民，不應於此獨以不義爲小人，與下「于外知小人之依」顯然不合。且古君子、小人皆以位言，無有以小人之行爲小人者。周公舉殷三宗以勸戒成王，當舉其美，不當舉其顛覆典刑之惡。是王説尤非也。經云「不義維王」者，義，古「儀」字，擬也。「不義維王」謂不擬居王位。《孟子》曰：「湯崩，太丁未立，外丙二年，❶仲壬四年。」殷法兄終弟及，立子不立孫，使外丙、仲壬或有一人永年，則太甲無次立之勢，故太甲不自擬維王。殷時王

❶「丙」，原作「内」，今據《孟子·萬章上》改。

子多在民間，太甲未立之時，或亦在外，故云「久爲小人，于外知小人之依」也。

「作其即位，爰知小人之依，能保惠于庶民，不敢侮鰥寡。肆祖甲之享國，三十有三年。」

○今文無「作其即位」句，「爰」字作「于外」二字，「惠」作「施」，下無「于」字，「庶民」作「小民」，「不敢侮」作「不侮」，「享」作「饗」，上無「之」字。「祖甲」當作「太宗」。○《史記》曰：「于外知小人之依，能保施小民，不侮鰥寡。故祖甲饗國，三十三年。」「太宗」作「祖甲」，後人以古文《尚書》改之。「肆」作「故」，故訓字。《中論・夭壽篇》云：「能保惠庶民，不侮鰥寡。」亦無「于」字、「敢」字。《帝王世紀》口：「太甲脩政，殷道中興，號曰太宗，一名祖甲，享國三十三年，年百歲。」皇甫謐謂「一名祖甲」，乃騎墻之見，其所云年，或有據也。

「自時厥後，立王生則逸。生則逸，不知稼穡之艱難，不聞小人之勞，惟耽樂之從。自時厥後，亦罔或克壽，或十年，或七八年，或五六年，或四三年。」

○今文「逸」作「佚」，不重「生則佚」三字，「穡」作「嗇」，「不聞小人」作「不知小人」，「勞」下有「苦」字，「惟」作「唯」，「之從」作「是從」，「四三」作「三四」。○漢石經：「自時厥後。下闕。」《中論・夭壽篇》曰：「自時厥後，立王生則逸，不知稼穡之艱難，不知小人之勞苦，唯耽樂是從。自時厥後，亦罔或克壽，❶或十年，或七八年，或五六年，或三四年。」據此，則今文《尚書》不重「生則逸」三字，「逸」從今文當作「佚」，「或四三年」以上文「或七八年」、「或五六年」文法例之，當從《中論》作「或三四年」是也。《漢書・杜欽傳》欽説王鳳曰：「女德不厭，則壽命不究於高年。《書》云『或四三年』，言失欲之生害也。」師古曰：「《周書・亡逸》篇『失』讀曰『佚』，『佚』與『逸』同。」「四三年」疑傳寫誤倒。○今文作「唯耽樂是從，時亦罔有克壽」。○《漢書・鄭崇傳》崇諫哀帝曰：「周公著戒曰：『惟王不知艱難，唯耽樂是從，時亦罔有克壽。』故衰世之君夭折蚤没，此皆犯陰陽之害也。」《論衡・語增篇》：「經曰：『惟湛樂是從，時亦罔有克壽。』長夜之飲，糟丘酒池，不舍晝夜，是必病。病則不甘飲食，困毒而死，雖未死，宜羸臞矣。」○一作「不聞小人之勞，惟耽樂之從，時亦罔或克壽」。○《後漢書・荀爽傳》爽引周公之戒曰：「『不知稼穡之艱

---

❶ 「罔」，原作「岡」，今據《中論・夭壽》改。

難，不聞小人之勞，惟耽樂之從，時亦罔或克壽。』是其明戒。」段玉裁説：「『自時厥後』四字作『時』一字，『或』作『有』，三家相合，此今文《尚書》也。古『或』、『有』二字音義皆同，如『不或亂政』，《史記》作『不有治政』；『乃或亮陰』，《史記》作『乃有亮闇』，皆古文作『或』、今文作『有』之證。《後漢書》作『罔或』，恐有改之者。」

周公曰：「嗚呼！厥亦惟我周。〇今文「嗚呼」作「於戲」，「惟」作「維」。〇今本《尚書大傳》云：「《書》曰：『厥兆天子爵。』」系《毋佚》篇。《白虎通·爵篇》云：「《書·亡逸》篇曰：『厥兆天子爵。』」段玉裁説：「考之於經，漢人以『亡』爲『無』，蓋古文《尚書》『厥亦惟我周』五字，今文《尚書》駁異如此。『兆天子爵』者，即兆基王迹之謂也。」顧廣圻説：「經云：『厥亦惟我周。』『亦』與『兆』相似，故誤作『亦』，實當爲『兆天子爵，惟我周太王、王季克自抑畏』，言其兆起天子之爵者，惟我周先世太王、王季能抑畏故也。」錫瑞謹案：二説皆傅會，失之。《大傳》今無完書，或即取之於《白虎通》小字本，元本《白虎通》皆無「亡」字，「亡」字當是衍文。漢人以孔壁古文逸無師説者爲逸篇，《白虎通》蓋引《書》逸篇文。其《爵》篇之説曰：「何以知帝亦稱天子，以法天下也。《中候》曰：『天子臣放勛。』《書》逸篇曰：『厥兆天子爵。』」《毋佚》篇乃《周書》，《白虎通》引以證帝亦稱天子之義，則非《周書》可知，輯《大傳》者以此文入《毋佚》篇，蓋未詳考。茲故不取其説以爲今文《尚書》。

「大王、王季，克自抑畏。文王卑服即康功、田功。徽柔懿恭，懷保小民，惠鮮鰥寡。〇今文「柔」作「𣓋」，「恭」作「共」，「民」作「人」，「惠鮮鰥寡」作「惠于矜寡」。〇漢石經：「上闕。功、田功，徽𣓋懿共，懷保小人，惠于矜。下闕。」段玉裁説：「按：《隸釋》載石經『嚴恭寅畏』作『恭』，『維正之共』作『共』，分別如是。而『徽柔懿共』亦作『共』，則漢時不作懿美恭敬解也。」錫瑞謹案：共、恭古通用，段説亦過拘。《盧江太守范式碑》云：「徽柔懿恭。」正作「恭」，不作「共」，不得謂「漢時不作懿美恭敬解也」。《大傳·畧説》曰：「矜寡孤獨，天民之窮而無告者，皆有常餼。」又曰：「文王施政而物皆聽。」是釋此經之義。〇一作「徽柔懿恭」。〇《范式碑》作「恭」。〇一作「惠于鰥寡」。〇《漢書·景十三王傳》曰「惠于鰥寡」，《谷永傳》引經曰「懷保小人，惠于鰥寡」，班固《典引》曰「懷保鰥寡之惠浹」，《後漢書·明帝紀》中元二年詔引「惠於鰥寡」，皆不作「惠鮮」。惟《漢紀》谷永對策引經曰：「懷保小民，惠鮮鰥寡。」「人」作「民」，「于」作「鮮」，與《漢書・谷永傳》不合，乃後人改之。段玉裁説：「『惠鮮』恐是『惠于』之誤，『于』字與『羊』字畧相似，又因下文『鰥』字魚旁誤增之也。」

「自朝至于日中昃，不遑暇食，用咸和萬民。」

《史記》曰：「文王日中昃不暇食。」《墨子》曰：「文王至日昃不暇飲食。」《漢書・董仲舒傳》册曰：「周文王至于日昃，不暇食。」對曰：「當此之時，紂尚在上，尊卑昏亂，百姓散亡，故文王悼痛而欲安之，是以日昃而不暇食也。」《後漢書・黄瓊傳》曰：「《詩》咏成湯之不怠遑，《書》美文王之不暇食。」《風俗通・過譽篇》曰：「文王日昃不暇食。」〇今文「昃」一作「稷」，「暇」一作「夏」。〇錫瑞謹案：漢今文家「昃」一作「稷」，「暇」一作「夏」。《成湯靈臺碑》云「日稷不夏」，正用此經之文。《費鳳别碑》云「乾乾日稷」，《郙閣頌》云「劬勞日稷」，《辛通達李仲曾造橋碑》亦以「日稷」爲「日昃」。惟《樊毅碑》云「勞神日昃」作「昃」。《易・豐》「日中則昃」，孟喜作「稷」。《穀梁春秋經》「戊午日下稷」，《左氏》、《公羊》經皆作「昃」。《中候握河紀》云：「昒明禮備，至于日稷。」《孝經鉤命决》曰：「堯禪舜，沈書日稷而赤光起。」此昃、稷古通用之證。暇、夏古亦通用，《多方》「須夏之子孫」，是其證也。

「文王不敢盤于遊田，以庶邦惟正之供。」〇今文「遊田」作「游畋」，「惟正之供」作「維正之共」，上無「以庶邦」三字。〇張衡《西京賦》曰：「盤于游畋。」李善注：「《尚書》曰：『不敢盤于游畋。』」《楚語》左史倚相引《周書》曰：「文王至於日中昃，不皇暇食，惠于小民，唯政之恭。」段玉裁説：「正，《國語》作『政』，《漢書・谷永傳》引下文『惟正之共』亦作『正』。按：古『政』、『正』通用，此作『正』爲長。供，《國語》作『恭』，當是本作『共』，後人改之。」陳喬樅説：「『惠于小民』即上文『懷保小民，惠于鰥寡』也。『唯政之恭』即此文『不敢盤于游田，維正之共』也。倚相蓋隱栝《毋佚》之文耳。『政』、『正』古相通用，《谷永傳》引下文『惟正之共』作『正』字，是作『正』者今文《尚書》，作『政』者古文《尚書》也。《周禮・凌人》注曰『故書「正」作「政」』，是其驗已。」錫瑞謹案：二説是也。石經與《谷永傳》引下文皆無「以萬民」三字，《楚語》引此文亦無「以庶邦」三字，蓋今文《尚書》本無之。《楚語》與今文合，石經於下文作「維」、作「共」，此亦當同。石經與《谷永傳》於下文皆作「毋劮于游田」，則「游田」二字連文。《晏子・諫下》篇作「盤遊於田」，疑後人妄改之。〇一作「槃于游田」。〇《後漢書・郅惲傳》惲上書諫帝曰：「昔文王不敢槃于游田，以萬人爲憂。」李賢注引《尚書》云：「以萬人惟政之共也。」錫瑞謹案：君章云「以萬人爲憂」者，乃釋經言文王不敢盤游之意，非謂經有「以萬人爲憂」之文也。若注所引，乃下文周公戒嗣王語，非謂文王。且君章所據是今文，今文《尚書》並下文亦無「以萬民」三字。《東觀漢記》惲上書曰：「昔文王不敢盤于遊田，以萬民爲憂。」與《後漢書》同，蓋《後漢書》又改「民」爲「人」，以避唐諱也。《後漢紀》郅惲諫曰：「昔文王不敢盤游于田，以萬民惟正。」則其文尤誤，游、于二字上下互易，與《晏子春秋》合，與漢人引經皆不合。「以萬民惟正之共」乃下文戒嗣王語，又去其「之共」二字，則文義不完。蓋由淺人據古文《尚書》之下文改君章「憂」字爲「正」字以合之，而不知君章乃釋經意，非引經文也。《陳蕃傳》「諫幸廣城校獵疏」曰：「周公戒成王無槃于遊田。」亦作「槃」，作「田」。

「文王受命惟中身，厥享國五十年。」○今文「享」作「饗」。○《史記》曰：「文王日中昃不暇食，饗國五十年。作此以誡成王。」《白虎通·壽命》篇曰：「壽命者，上命也。若言文王受命惟中身，享國五十年。」《詩·文王》篇正義引鄭注云：「中身謂中年，受命謂受殷王嗣立之命。」陳喬樅說：「彼謂文王爲諸侯，受天子命也。今考《呂氏春秋·制樂》篇云：『文王立國八年，歲六月，地動，改行重善，無幾何，疾乃止。文王即位八年而地動，已動之後四十三年，凡文王立國，五十一年而終。』」《韓詩外傳》說亦與此同。《韓詩外傳》是今文家說，然則知鄭君此注亦用今文《尚書》說也。

周公曰：「嗚呼！繼自今嗣王，則其無淫于觀、于逸、于遊、于田，以萬民惟正之供，無皇曰：『今日耽樂。』」○今文作「周公曰：於戲！繼自今嗣王，其毋淫于酒，毋劮于遊田，維正之共，毋兄曰今日耽樂」。○漢石經：「上闕。酒，毋劮于遊田，維口口共，毋兄曰今日。下闕。」《漢書·谷永傳》曰：「放去淫溺之樂，罷歸倡優之笑，絶却不享之義，慎節游田之虞。」引經曰：「繼自今嗣王，其毋淫于酒，毋逸于遊田，惟正之共。」說之曰：「未有身治正而臣下邪者也。」與石經合。石經「維」下「共」上所闕必「正之」二字。段玉裁說：「今文《尚書》作『毋兄』，古文《尚書》作『無皇』也。下文『則皇自敬德』，石經殘碑作『則兄曰敬德』。鄭注：『皇，暇也。言寬暇自敬。』王肅本『皇』作『況』，注曰：『況，滋益，用敬德。』王蓋據今文以改古文也。此『皇』字鄭亦當訓『暇』，王亦當作

『況』，訓『滋益』。《詩・小雅・常棣》『況也永歎』，『況』或作『兄』，『兄』是古字，『況』是今字。《大雅・桑柔》『倉兄填兮』，《召旻》『職兄斯引』，毛傳皆云：『兄，滋也。』韋昭《國語》注云：『況，益也。』『毋兄曰』者，毋益曰云云也。」

「乃非民攸訓，非天攸若，時人丕則有愆，無若殷王受之迷亂，酗于酒德哉！」

○今文「無」作「毋」，「受」作「紂」，「酗」作「湎」。○《漢書・劉向傳》向上奏曰：「周公戒成王毋若殷王紂。」又《翼奉傳》奉上疏曰：「周至成王，有上賢之材，因文武之業，以周、召爲輔，有司各敬其事，在位莫非其人。天下甫二世耳，然周公猶作詩書深戒成王，以恐失天下。《書》則曰：『王毋若殷王紂。』」《後漢書・梁冀傳》袁箸上書曰：「周公戒成王無如殷王紂。」《論衡・譴告篇》云：「周公勑成王曰：『毋若殷王紂。』『毋』者，禁之也。殷紂至惡，故曰毋以禁之。」漢人所引，「無」作「毋」，「受」作「紂」，皆據今文《尚書》。師古《翼奉傳》注云：「《周書・亡逸》之篇曰：『周公曰：烏虖！毋若殷王紂之迷亂，酗於酒德哉！』」與今本《尚書》不同。陳喬樅説：「師古每襲取漢魏人《音義》舊文以爲己注。此注引《書》有『周公曰烏虖』，蓋舊注約舉此節首尾之詞，其『受』字作『紂』者，所引據今文《尚書》也。『於戲』作『烏虖』者，三家之本容有不同，如《漢書・翟義傳》王莽仿《大誥》文皆作『烏虖』，亦其明證也。」錫瑞謹案：陳説是也。酗，今文《尚書》當作「湎」，知者，《史記》、《漢書》引《微子》篇「沈酗于酒」皆作「沈湎于酒」，則此文亦當同。酈炎《遺令書》「汝無逸于丘，無湎于酒」，是引此經作「湎」之明證。

周公曰：「嗚呼！我聞曰：古之人猶胥訓告，胥保惠，胥教誨，民無或胥譸張爲幻。」

○今文「嗚呼」作「於戲」，「教誨」下無「民」字，「無或譸張爲幻」中無「胥」字，「譸」一作「舟」，一作「侜」，一作「輈」。○《説文》兩引「無或譸張爲幻」。《爾雅・釋訓》：「侜張，誑也。」郭注云：「《書》曰：『無或侜張爲幻。』」皆無「胥」字。段玉裁説：「按：此句無『胥』字爲是。上文三『胥』字皆君臣相與之詞，此『胥』字不倫，下文『人乃或譸張爲幻』亦無『胥』字，蓋因僞《孔傳》有『相』字而增之也。」陳喬樅説：「許兩引《書》皆據古文《尚書》也，《爾雅》及郭注引《書》作『侜張』，此今文《尚書》也。郭蓋襲用樊、李舊注之語。考《尚書釋文》云：『譸，馬本作「輈」。』《後漢書・皇后紀》董皇后詈何后曰：『汝今輈張，怙汝兄？』揚雄《國三老箴》曰：『姦寇侏張。』李善云：『「輈」與「侏」古字通。』善即據馬本《尚書》讀『侏』爲『輈』字。《詩・陳風》曰：『誰侜予美？』鄭箋云：『誰侜張誑欺我所美之人乎？』是鄭以今文《尚書》『侜張』釋《詩》之誼。然則知作『侜』、作『輈』，皆三家之異文。馬本亦讀從今文『輈』字也。」錫瑞謹案：《大傳》云：「舟張辟雍。」「舟」即「侜」之省字。蓋伏生本作「舟」，三家作「侜」，或作「輈」也。《說文》：「侜，有壅蔽也。」是「壅蔽」爲「侜」之本義，「雍」即「壅」字，辟雍蓋以有壅蔽得名。「舟張辟雍」者，謂其有壅蔽而張大也。凡有壅蔽，則多欺誑，故「侜張」引申爲「誑」。「爲」與「僞」通，《漢書・王莽傳》引《堯典》作「南僞」，《史記索隱》本作「南爲」，是其證。「侜張爲幻」蓋即「侜張僞幻」四字平列爲義，與上訓告「保惠」、「教誨」皆二字平列義同。

「此厥不聽人乃訓之，乃變亂先王之正刑。至于小大民，否則厥心違怨，否則厥口詛祝。」○今文作「此厥不聖人乃訓，變亂正刑」。○漢石經：「闕。厥不聖人乃訓，變亂正刑。至于。下闕。」「聽」作「聖」，無「之乃」二字，無「先王之」三字。段玉裁說：「聽、聖字古音同部。《秦泰山碑》『皇帝躬聽』，《史記》作『躬聖』，見《廣川書跋》。兩『否則』字恐皆『丕則』之誤。上文『丕則有愆』，《康誥》篇『丕則敏德』，此處文理蒙上直下，恐不似今人俗語云『否則』也，古『然否』字則祇作『然不』。」馮登府說：「案：《樂記》『小人以聽過』，《釋文》云：『聽，本作「聖」。』《風俗通義》云：『聖者，聲也。』『聲』亦有『聽』義，故字得通。」錫瑞謹案：段說「否則」皆「丕則」之誤，是也。今文作「不聖」，其義當爲不容。《洪範五行傳》曰：「思心之不容，是謂不聖。」然則「不聖」即「不容」之義。《東觀漢記》序曰：「密静天下，容於小大。」乃隱括經文「密靖殷國，至于小大無怨」二句文義，蓋能容則小大無怨，不能容則至于小大民，丕則厥心違怨，丕則厥口詛祝也。石經作「不聖」，與《五行傳》「不聖」義同。《東觀漢記》「容于小大」之「容」字，即「容作聖」之「容」。以經文前後合而觀之，能容之效與不能容之弊，乃正相反。可以考見兩漢今文家遺說，其義最精。

周公曰：「嗚呼！自殷王中宗及高宗，及祖甲，及我周文王，兹四人迪哲。○今文「嗚呼」作「於戲」，「中宗」作「大宗」，「高宗」作「中宗」，「祖甲」作「高宗」。○段玉裁說：「『自殷王中宗，及高宗，及祖甲』，今文《尚書》必云『自殷王大宗，及中宗，及高宗』，此無可疑者。」

「厥或告之曰：『小人怨汝詈汝！』則皇自敬

德，厥愆，曰：『朕之愆。』允若時，不啻不敢含怒。○今文「皇自」作「兄曰」。○漢石經：「則兄曰敬德，厥愆，曰朕之愆。允。下闕。」王鳴盛說：「蔡以『自』作『曰』，蓋自或省作㠯，故誤。」錫瑞謹案：王說非也。此與上文「毋兄曰今日耽樂」文法正同。韋注《國語》云：「兄，益也。」「兄曰敬德」即「益曰敬德」也。《後漢書·楊震傳》震上疏曰：「殷周哲王，小人怨詈，則還自敬德。所以達聰明，開不諱，博采負薪，極盡下情也。」楊氏傳歐陽《尚書》，引經作「自」字，與今文不合，「還」字亦不可通，蓋「逭」字之誤，疑皆後人所改。

「此厥不聽，○今文「聽」作「聖」。○石經於上文作「不聖」，此亦當同。「不聖」者，「不容」也。下云「不寬綽厥心，亂罰無罪，殺無辜」，正「不容」之義。

「人乃或譸張爲幻，曰：『小人怨汝詈汝！』則信之。則若時不永念厥辟，不寬綽厥心，亂罰無罪，殺無辜。怨有同，是叢于厥身。」

周公曰：「嗚呼！嗣王其監于茲！」○今文「嗚呼」作「於戲」，「監」上無「其」字。○漢石經：「闕。公曰：於戲！嗣王監于茲！」

今文尚書考證卷二十一

善化　皮錫瑞

君奭第二十一　周書十二

君奭　《史記·燕世家》曰：「其在成王時，召公爲三公。自陝以西，召公主之；自陝以東，周公主之。成王既幼，周公攝政，當國踐祚，召公疑之，作《君奭》。君奭不説周公。周公乃稱『湯時有伊尹』云云，於是召公乃説。」孫星衍説：「史公以召公不説，在周公踐阼之時，太子賢以爲在還政之後，或今古文異説也。編篇在《多士》之後，疑非踐祚時矣。」錫瑞謹案：孫説非也。《列子·楊朱》篇曰：「武王既終，成王幼弱，周公攝天子之政，召公不説，四國流言。」列子六國時人，與史公説正同，是今文説遠有所本。《漢書·孫寶傳》曰：「周公上聖，召公大賢，尚猶有不相説。著於經典，兩不相損。」《王莽傳》羣臣奏言：「臣聞周成王幼少，周道未成，成王不能共事天地，修文武之烈。周公權而居攝，則周道成，王室安；不居攝則恐周隊失天命。《書》曰：『我嗣事子孫，大不克共上下，遏失前人光，在家不知命不易。天應棐諶，乃亡隊命。』説曰：周公服天子之冕，南面而朝羣臣，發號施令，常稱王命。召公賢人，不知聖人之意，故不説也。」又引《禮記·明堂位》曰：「『周公朝諸侯於明堂，天子負斧依南面而立。』謂『周公踐天子位，六年朝諸侯，制禮作樂，而天下大服』也。召公不説。時武王崩，縗麤未除。由是言之，周公始攝則居天子之位，非乃六年而踐祚也。」《後漢書·申屠剛傳》剛對策曰：「臣聞成王幼少，周公攝政，聽言下賢，均權布寵，無舊無新，惟仁是親，動順天地，舉措不失。然近則召公不説，遠則四國流言。」是西漢今文家皆以周公作《君奭》在攝政當國時，與《史記》合。《嵇康集》卷六《管蔡論》云：「周公居攝，召公不説。」叔夜生三國時，今文《尚書》猶存，故得引其説也。伏生傳《尚書》二十九篇，次序先後不盡可考，今之《書序》出於馬、鄭，乃古文説。《史記》所載《書序》與今本《書序》多異，乃今文説。史公載《君奭》篇於《燕世家》，而《周本紀》、《魯世家》不著其説，然史公既以爲踐阼之時，則其所據今文，篇次必與馬、鄭不同，不得專據馬、鄭《書序》編篇在《多士》之後，以駁今文也。太子賢生於古文盛行之後，不知申屠剛用今文說與古文說不同，乃云「言周公既還政，成王宜其自退，今復爲相，故不說也」，其注顯與申屠背違，豈足依據。孫寶以明經爲郡吏，亦非治古文者，其所引經典當是今文博士說，與申屠策、羣臣奏不異。王鳴盛乃引孫寶說謂與馬、鄭合，陳喬樅又引鄭注謂與《孫寶傳》所言畧同，豈知西漢人自據今文以爲攝政之初，馬、鄭自據古文以爲反政之後，即不敢駁馬、鄭，聽其各自爲說可矣，何必牽引西漢今文家說以强合於馬、鄭，使今古文糾紛莫辨哉！史公云「召公疑周公」者，周公踐阼本聖人之權道，觀《金縢》篇公告二公以弗避義，則二公亦未盡知其心，蓋以公處嫌疑之地，欲其遠避。召公不說之意，當是如此。公作《君奭》，即在此時。蓋公既以弗避之義兼告二公，又作此篇專告君奭。《大傳》云：「周公盛養成王，使召公奭爲傅。」然則當時召公爲傅，較太公之任更重，故公專告召公也。

周公若曰：「君奭，《白虎通·不臣》篇曰：「召公，文王子也。」《論衡·氣壽篇》以召公爲周公之兄。《穀梁》莊三十年《傳》曰：「燕，周之分子也。」惠棟說：「分子猶别子。《禮·大傳》云：『别子爲祖。』注云：『别子爲公子。』然則繼體者爲世子，别於世子者爲别子，則召公其文王長庶歟？」錫瑞謹案：《白虎通》、《論衡》皆今文家說，蓋今文家有以召公爲文王子者，而《史記》云「召公奭與周同姓」，《古今人表》亦云「周同姓」，不以爲文王子，其說不同，蓋亦三家之異。

「弗弔天降喪于殷，殷既墜厥命，我有周既受。我不敢知曰厥基永孚于休，若天棐忱，我亦不敢知曰其終出于不祥。嗚呼！君已曰時我，○今文「終」作「道」，「祥」作「詳」，「嗚呼」作「於戲」。○漢石經：「上闕。道出于乑詳。於戲！君闕。曰時我。」馮登府說：「『詳』，古『祥』字。《易》『視履考祥』，鄭、荀作『詳』。《大壯》『不祥也』，鄭、王本作『不詳』。《吕刑》『告爾祥刑』，《後漢書》作『詳』，引『祥刑以詰四方』竝同。《孟子》『申詳』，《檀弓》作『申祥』。《穀梁》昭十一年『盟于侵羊』作『祲祥』，服注作『詳』。《荀子·修身》『則可謂不詳少者矣』，注：『詳當爲祥。』《左》成十六年《傳》『德、刑、祥、義、禮、信』，疏：『祥、詳古字同。』」

「我亦不敢寧于上帝命，弗永遠念天威。陳喬樅說：「此追述召公曩時之語，言君已謂輔成周道是我之責，我亦不敢弗任其責，而不永念天威。」

「越我民罔尤違，惟人在。江聲說：「僞《孔》以『惟人在』屬下讀，《漢書》所引此下文『我嗣事子孫』云云，不聯引『惟人在』，則漢人於『在』字讀絶也。『越』當爲『曰』，聲之誤也。公謂己意竊計曰：我民無有愆尤違倍者，惟人在故也。亦言己不可去之意。」

「我後嗣子孫，大弗克恭上下，遏佚前人光，在家不知天命不易，天難諶，乃其墜命。○今文「後嗣」作「嗣事」，「弗克恭」作「不克共」，「遏佚」作「遏失」，「天命不易天難諶」作「命不易天應棐諶」，「乃其」作「乃亡」。○《漢書·王莽傳》羣臣奏引經作「我嗣事子孫，大不克共上下，遏失前人光，在家不知命不易，天應棐諶，乃亡隊命」。師古曰：「言我恐後嗣子孫大不能恭承天地，絶失先王光大之道，不知受命之難。天所應輔，唯在有誠。所以亡失其命也。」孫星衍說：「案：《漢書》釋『後嗣子孫』爲成王，『大弗克恭上下』爲共事天地，《白虎通》以《大誓》『上天下地』爲上下是也。釋『遏佚前人光』爲修文武之烈，『前人』謂文、武。『佚』同『失』。釋『在家』爲不居攝，言退老也。以『天應棐諶』爲『天難諶』者，《釋詁》云：『諶，信也。』《詩·大明》云：『天難忱斯，不易維王。』《傳》云：『忱，信也。天之意難信矣，不可改易者天子也。』是『天命不易』爲不可改易。師古注：『不易』爲難，非也。經言：在家不知天命有不易之道，委之以天難信，乃其隊失天命也。」錫瑞謹案：《王莽傳》又云：「遭孺子幼少，未能共上下。」師古曰：「上下，謂天地。」是「共上下」即共天地之證。

「弗克經歷嗣前人恭明德，在今予小子旦非克有正，迪惟前人光，施于我沖子。陳喬樅說：「言予小子非敢曰能有改正，亦維道揚前人光美，施於我沖子而已。周公以成王爲沖子，自是幼少之時，若在復辟之後，則成王年逾二十，早有成人之道，豈得稱爲沖子哉！《尚書》篇次或亦不無錯出，故《成王政》、《將蒲姑》二篇事本在前而編於後。未可以《君奭》編次在《雒誥》、《多士》後，而遂以爲作於致政之後也。」錫瑞謹案：陳云篇次錯出，是也。而以《成王政》、《將蒲姑》爲在攝政踐奄之時，則又誤引鄭君古文之説，不知《史記》用今文《書序》，殘奄、遷薄姑篇次正在《無佚》之後，《多方》之前，是二篇實在致政後，竝無錯誤，不與《君奭》篇之錯誤相同，未可以古文説汩今文義也。陳氏於此等處，猶半明半昧。

「又曰：『天不可信。』我道惟寧王德延，天不庸釋于文王受命。」○今文「道」作「迪」。○《釋文》曰：「『我道』，馬本作『我迪』。」案：馬本是也。此與上「迪維」義同，因傳訓「迪」爲「道」，遂誤作「道」耳。

公曰：「君奭，我聞在昔成湯既受命，時則有若伊尹，格于皇天。《孔彪碑》云：「伊尹之休格于皇天。」《論衡・感類篇》曰：「伊尹相湯伐夏，爲民興利除害，致天下太平。湯死，復相太甲。太甲佚豫，放之桐宮，攝政三年，乃退復位。周公曰：『伊尹格于皇天。』天所宜彰也。」《三國志》潘勖作策命魏公曰：「伊尹格于皇大。」亦皆作「格」，是兩漢今文家亦「假」、「格」竝用，非皆傳寫之譌。《孔彪碑》今尚存，乃塙實可據者。段玉裁云今文《尚書》無作「格」者，亦未盡然。○今文一作「假于皇天」。○《史記》曰：「周公乃稱湯時有伊尹，假于皇天。」《漢書・王莽傳》曰：「伊尹爲阿衡，周公爲太宰。」又曰：「咸有聖德假于皇天。」蔡邕《文烈侯楊公碑》云：「勛假皇天。」皆作「假」。

「在太甲時，則有若保衡。《史記》無此句，或今文《尚書》本無之，或史公省文，疑不能明。《殷本紀》曰：「帝太甲元年，伊尹作《伊訓》、作《肆命》、作《徂后》。帝太甲既立三年，不明，暴虐，不遵湯法，亂德。于是伊尹放之於桐宮三年。伊尹攝行政當國，以朝諸侯。帝太甲居桐宮三年，悔過自責，反善，於是伊尹迺迎帝太甲而授之政。帝太甲修德，諸侯咸歸殷，百姓以寧。伊尹嘉之，迺作《太甲訓》三篇，褒帝太甲，稱太宗。」陳喬樅説：「案：《史記》所載，皆本今文《尚書》序也。《春秋繁露・三代改制質文》篇云：『湯受命，變夏作殷，作宮於洛之陽，名相官曰尹。』《説文・人部》云：『伊，殷聖人阿衡，尹治天下者。从人，从尹。』《詩・商頌・長發》：『實維阿衡，實左右商王。』《毛傳》云：『阿衡，伊尹也。』鄭箋云：『阿，倚；衡，平也。伊尹，湯所依倚而取平，故以爲官名。商王，湯也。』此經鄭云：『伊尹名摯，湯以爲阿衡，以尹天下，故曰伊尹。至太甲改曰保衡。保，安；衡，平也。言天下所取安、所取平也。此皆三公之官，當時爲之號也。』考《尚書大傳》言『古者天子三公』，注云：『坐而論道謂之三公，通職名，無正官名。』然則阿衡、保衡皆三公之號，所謂職名者，非正官名也。鄭注《尚書》是用今文家説。」案：陳説是也。《廣韻》、《通志》引《風俗通》曰：「阿氏：阿衡，伊尹號，其後氏焉。」又曰：「衡氏：伊尹爲湯阿衡，子孫以衡爲氏。」説與鄭合。

「在太戊時，則有若伊陟、臣扈，格于上帝。

○今文「格」作「假」。○《史記》曰：「在太戊時，則有若伊陟、臣扈，假于上帝。」《殷本紀》曰：「帝太戊立，伊陟爲相，亳有祥桑穀共生于朝，一暮大拱。帝大戊懼，問伊陟。伊陟曰：『臣聞妖不勝德，帝之政其有闕與？帝其修德。』太戊從之，而祥桑枯死而去。伊陟贊言於巫咸。巫咸治王家有成，作《咸艾》，作《太戊》。帝太戊贊伊陟于廟，言弗臣，伊陟讓，作《原命》。」陳喬樅説：「鄭君注《尚書》，於上文『假于皇天』釋云：『皇天，北極大帝也。』於此文『假于上帝』釋云『上帝，太微中其所統也』。案：《爾疋》云：『北極謂之北辰。』鄭君《月令》注云：『皇天，北辰耀魄寶，冬至所祭於圜丘也。上帝，太微之帝。』《正義》云：『「上帝，太微之帝」者，《春秋緯》文。太微爲天庭，中有五帝座：蒼曰靈威仰，赤曰赤熛怒，黄曰含樞紐，白曰白招拒，黑曰汁光紀。郊天各祭所感生神，殷祭汁光紀，周祭靈威仰。以其不定，故總云太微之帝。若迎春，前帝後王，皆祭靈威仰。夏、秋、冬仿此。』然則此云『太微中其所統』者，是即太微所統之五帝也。何休《公羊》宣三年《傳》注云：『上帝，五帝。在太微之中，迭生子孫，更王天下。』何於上帝亦指感生帝言之，與鄭君合，皆用今文家《尚書》説也。」

「巫咸乂王家。《史記》曰：「巫咸治王家。」「乂」作「治」，故訓字。《封禪書》曰：「伊陟贊巫咸，巫咸之興自此始。」《論衡・言毒篇》曰：「巫咸能以祝延人之疾、愈人之禍者。」王逸注《離騷》云：「巫咸，古神巫也。」《後漢書・張衡傳》曰：「咎單、巫咸，實守王家。」○今文一作「巫戊」。○《白虎通・姓名》篇曰：「于民臣亦得以甲乙生日名子何？不使亦不止也。以《尚書》道殷臣有巫咸，有祖己也。」王引之説：「巫咸，今文蓋作『巫戊』。《白虎通》用今文《尚書》，故與古文不同。後人但知古文之作『咸』，而不知今文之作『戊』，故改『戊』爲『咸』耳。不然，則咸非十日之名，何《白虎通》引以爲生日名子之證乎？」案：王説甚有理。而《史記》諸書皆作「咸」者，蓋三家之文不同。《古今人表》亦作「巫咸」，與《白虎通》之説不合。

「在祖乙時，則有若巫賢。在武丁時，則有若甘盤。○今文作「甘般」。○《史記》曰：「在祖乙時，則有若巫賢。在武丁時，則有若甘般。」《殷本紀》曰：「帝祖乙立，殷復興，巫賢任職。」《古今人表》有甘般，又有傅説。或疑甘般即傅説，於古無徵。

「率惟茲有陳，保乂有殷。○今文「惟」作「維」。○《史記》曰：「率維茲有陳，保乂有殷。」《集解》：「徐廣曰：『一無此九字。』」駟案：王肅曰：『循此數臣有陳列之功，安治有殷也。』」錫瑞謹案：今文「乂」作「艾」，史公用故訓，以「治」字代之。《史記》引《書》，「艾」皆作「治」，而此獨作「乂」者，蓋此九字後人增竄，非史公本文也。

「故殷禮陟配天，多歷年所。天惟純佑，○今文「純」作「醇」。○錫瑞謹案：《漢樊毅修西嶽廟碑》云：「天惟醇佑，萬國以康。」今文《尚書》當於「佑」字絶句，下文以「命則商實」爲句，則訓法，「商」非「殷商」之商。

「命則商實。百姓、王人罔不秉德明恤，小臣屏侯甸，矧咸奔走。○今文作「奔輳」。○《詩·緜》正義引《大傳》「奔輳」，字作「輳」，則今文《尚書》當爲「輳」。

「惟茲惟德稱，用乂厥辟，故一人有事于四方，若卜筮，罔不是孚。」○今文作「迪一人使四方，若卜筮」。○王褒《四子講德論》曰：『《書》云：『迪一人使四方，若卜筮。』』段玉裁說：「此蓋今文《尚書》之文。『事』、『使』二字篆體相似，而李善注引：『《尚書》曰：「迪一人有事四方，若卜筮，無不是孚。」孔安國曰：「迪，道也。孚，信也。」』今孔本經文『迪』作『故』，『事』下有『于』，『無』作『罔』，傳文無『迪，道也。孚，信也』，似今本與李善所據不同。」

公曰：「君奭，天壽平格，保乂有殷。有殷嗣天滅威。今汝永念，則有固命，厥亂明我新造邦。」公曰：「君奭，在昔上帝，割申勸寧王之德，其集大命于厥躬。○今文「在昔」作「昔在」，「割申」作「厥亂」。○《禮記·緇衣》篇：「《君奭》曰：『昔在段玉裁云：今本「在昔」，宋本「昔在」。疏云「往昔之時在上天」，則宜从「昔在」。上帝，周田觀文王之德，其集大命于厥躬。』」鄭注云：「古文『周田觀文王之德』爲『割申勸寧王之德』，今博士讀爲『厥亂勸寧王之德』。三者皆異，古文似近之。割之言蓋也。天蓋申勸之，集大命于其身，謂命之使王天下也。」《正義》曰：「伏生所傳，歐陽、夏侯所注者爲今文《尚書》，衛、賈、馬所注者元從壁中所出之古文，即鄭注《尚書》是也。此『周』古文作『割』，『田』古文作『申』，『觀』古文作『勸』，皆字體相涉，今古錯亂。此『文』《尚書》爲『寧』，亦義相涉也。云『今博士讀』，謂今文《尚書》也。《禮記》及古文《尚書》並『今博士讀』，三者其文各異，而古文近於義理。」段玉裁說：「『今博士讀』者，謂歐陽、夏侯《尚書》也。『讀』

猶『習』也，謂博士所習也。此於『讀』字逗，與他注言『讀爲』者不同。不云今文《尚書》，而云『今博士讀』者，漢時謂伏生本爲《尚書》，謂孔壁本爲古文《尚書》，無今文《尚書》名目也。」錫瑞謹案：鄭從古文，故以古文爲近然。「割申勸」三字之義，殊不可通。鄭君讀「割」爲「蓋」，而《尚書》二十九篇無用「蓋」字爲語辭者，則鄭説亦未可據。當從今博士讀爲「厥亂勸」。「厥亂」二字與上文「厥亂明我新造邦」義同。王引之云：「率，詞也，字通作『亂』。《梓材》『厥亂爲民』，《論衡·效力篇》引作『厥率化民』。『亂』者，『率』之借字也。『厥亂勸寧王德』者，厥率勸寧王德也。」

「惟文王尚克修和我有夏。亦惟有若虢叔，有若閎夭，有若散宜生，有若泰顛，有若南宮括。○今文「泰」作「大」。○《史記》作「大顛」，《古今人表》亦作「大顛」。《大傳》曰：「散宜生、南宮括、閎夭三子相與學訟於太公，遂與三子見文王於羑里，獻寶以免文王。」又曰：「文王以閎夭、太公望、南宮括、散宜生爲四友。」又曰：「周文王胥附、奔輳、先後、禦侮，謂之四鄰，以免於羑里之害。」錫瑞謹案：此經言四人有大顛，無太公。《大傳》言四鄰、四友則有太公望，無大顛。疑今文家説以爲大顛即是太公望，太公之功在閎、散、南宮之上，不應周公舉文王四友，獨不及太公。伏生所言，當得其實。《漢書·古今人表》有大顛，又有師尚父。師古曰：「大顛以下，文王之四友也。」吴仁傑《兩漢刊誤補遺》曰：「《表》於四友後又列師尚父，此誤也。大顛與師尚父豈異人乎？《書大傳》曰：『散宜生、南宮适、閎夭學於太公望，遂見西伯昌於羑里。故孔子曰：「文王得四臣，丘亦得四友。」』鄭康成謂周公作《君奭》，舉虢叔以下五人而不及太公者，太公教文王以大德，周公謙，不可以自比。誤與《表》同。」吴氏引《大傳》以太公與太顛爲一人，其説蓋非無據。案：《詩·緜》毛傳曰：「率下親上曰疏附，相道前後曰先後，喻德宣譽曰奔走，武臣折衝曰禦侮。」《正義》曰：「直總言臣有四行而已，不指其臣云某爲疏附，某爲禦侮。故《君奭》云：『惟文王尚克修和我有夏，亦惟有若虢叔，有若閎夭，有若散宜生，有若泰顛，有若南宮括。』注云：『《詩傳》説「有疏附、奔走、先後、禦侮之人」，而曰「文王有四臣以受命」，此之謂。』引此四行以證五臣，明非一臣有一行也。彼注云：『不及吕望，太師也，教文王以大德，謙不以自比焉。』周公謙不自比，《詩》人不當代謙，明周、召之輩亦在其中，所言四行，無定人矣。引《書傳》説『宜生、南宮括、閎夭三子學訟於太公，遂與三子見文王於羑里，獻寶以免文王』，乃云：『孔子曰：「文王得四臣，吾亦得四友。自吾得回也，門人加親，是非疏附與？自吾得賜也，遠方之士至，是非奔走與？自吾得師也，前有輝，後有光，是非先後與？自吾得由也，惡言不至於門，是非禦侮與？文王有四臣以免虎口，丘亦有四友以禦侮。」』如此言則四人人有一行，與前説乖者，《書傳》因有四人爲之説耳，孔子以已弟子四人擬彼四行，其於文王之臣亦不言人爲一行，縱彼四人各乃爲一行，此《詩》所言不獨指彼四人也。」據孔疏引鄭注，所云《詩傳》説乃魯、齊、韓三家《詩》。三家皆今文，與伏生義多合。《楚辭・離騷經》「忽奔走以先後兮」，王逸注曰：「奔走、先後，四輔之職也。《詩》曰：『予聿有奔走，予聿有先後。』此之謂也。」太公在四輔之職，王叔師所引《詩》亦三家《詩》，此今文説以太公、太顛爲一人之證。蓋言文王有四臣以受命，必無不及太公之理。鄭君用古文説，不從今文，乃謂周公謙不自比，殊屬強詞。周公舉伊尹諸人，何獨不謙乎？孔沖遠不知太公即是太顛，《大傳》四臣即此經之四人，故謂非四人人有一行。據《大傳》説，四行實當分屬四臣，但未知如何分屬耳。太公所以亦稱太顛者，《史記・齊世家》曰：「太公望呂尚者，東海上人。西伯出獵得之，曰：『吾太公望子久矣。』故號之曰『太公望』。」《尚書中候・雒師謀》曰：「呂尚釣其崖，王下趨拜曰：『望公七年矣，乃今見光景於斯。』尚立變名答曰：『望釣於渭濱，魚腹得玉璜，刻曰：「姬受命，呂佐旌。德合昌，來提撰。爾雒鈐，報在齊。」』」注曰：「尚，名也。變名爲望。」據此是太公本名尚，後更名望。《方言》六、《廣雅・釋詁》一皆云：「顛，上也。」古人名字相配，「尚」與「上」通，疑太公本名尚而字顛，後因文王之言乃更名望，改名或竝改字，故太公又字牙。《君奭》所稱，乃其本字。後人不知，誤分太公、大顛爲二人，惟今文家尚知其義耳。

「又曰：『無能往來。』」○《風俗通・十反》篇：「杜密曰：『劉勝位故大夫，見禮上賓，俯伏甚於鼃蝟，冷澁比如寒蜒，無能往來，此罪人也。』」又曰：「若能納而不能出，能言而不能行，講誦而已，無能往來，比俗儒也。」○今文一作「亡能往來」。○《漢書・朱雲傳》雲疏言丞相韋玄成「容身保位，亡能往來」。注：「李奇曰：『不能有所前却。』」孫星衍説：「前却謂進退也，是『無能往來』爲無能進賢退不肖。」錫瑞謹案：據朱雲、應劭之説，可以考兩漢人解「無能往來」之義。「又曰」之「又」當讀爲「猶」，謂此五臣猶自謂無能往來也。

「兹迪彝教，文王蔑德降于國人。亦惟純佑秉德，○今文「純」作「醇」。○今文作「醇佑」，見前引《樊毅碑》。

「迪知天威。乃惟時昭，文王迪見，冒聞于上帝。○今文「冒」作「勖」。○崔瑗《侍中箴》曰：「昔在周文，創德西鄰。勖聞上帝，賴兹四臣。」錫瑞謹案：《大傳》云四友，云四鄰，亦云四臣。《詩·緜》正義引《大傳》云「孔子曰文王得四臣」是也。子玉蓋用《大傳》四臣之説。「冒」作「勖」，與馬本同，下屬爲句，與《論衡》引《康誥》「冒聞于上帝」義合。疑古「勖」、「冒」本是一字。子玉用今文作勖，其義仍同「冒聞于上帝」之「冒」，乃上進之義，不當如馬訓「勉」也。段玉裁説：「勖，今音許玉切，古音『勖』與『冒』皆音『懋』。」江聲説：「此經讀當以『乃維時昭』爲句，『文王迪見』爲句，『冒聞于上帝』爲句。冒者，自下達上之言。」

「惟時受有殷命哉！武王惟兹四人，尚迪有禄。鄭注云：「至武王時，虢叔等有死者，餘四人也。」錫瑞謹案：古者稱死爲不禄，爲無禄，則生者爲有禄。云「四人尚迪有禄」，則有一人無禄先死可知。《史記·周本紀》曰：「武王克紂。其明日，除道修社。散宜生、大顛、閎夭皆執劍以衛武王。命南宫适散鹿臺之財，發鉅橋之粟，以振貧弱萌隸。命閎夭封比干之墓。」五人中獨不見虢叔，是虢叔先死之證。

「後暨武王，誕將天威，咸劉厥敵。○《逸周書·世俘解》及《漢書·律曆志》引《武成》篇竝云：「咸劉商王紂。」揚子《方言》曰：「秦、晉、宋、衛之間謂殺曰劉，晉之北鄙亦曰劉。」王引之説：「咸者，滅絶之名。《説文》曰：『伐，絶也。讀若咸。』聲同而義亦相近。咸、劉皆『滅』也，猶言『遏劉』、『虔劉』也。」

「惟兹四人昭，武王惟冒，○今文「冒」作「䁅」。《説文·目部》曰：「䁅，低目視也。从目，冒聲。《周書》曰：『武王惟䁅。』」陳喬樅説：「案：此『䁅』字之訓，疑據今文《尚書》説也。僞《孔》本作『冒』，是據王肅本，肅所注亦即馬、鄭古文本。《釋文》於『冒』字不言馬、鄭文異，僞《孔傳》訓『冒』爲布冒天下，《正義》亦不言馬、鄭誼異，則『䁅』字出今文《尚書》可知矣。」錫瑞謹案：據《説文》引經，則「昭」字當上屬爲句，與上文「乃維時昭」義同，皆不連文王、武王爲義。

「丕單稱德。今在予小子旦，若游大川，予往，暨汝奭其濟。小子同未在位，錫瑞謹案：今文家以爲周公踐阼時作，則小子當是周公自稱。《曲禮》云：「天子未除喪曰予小子。」周公攝天子位在武王新喪時，故得自稱曰予小子。召公疑周公攝王位恐有兄終弟及之事，故公言己攝非正，在位亦與未在位同，所以釋召公之疑也。「小子同未在位」與「予小子」同義，解者誤以此篇爲反政後作，而周公自稱「予小子」，遂失其義。解《曲禮》者皆不知引此經爲證。又以「小子同未在位」「小子」當屬成王，不知一簡之中不應兩「小子」前後異義，且成王在位而謂其同於未在位，似有鞅鞅，非少主臣之意，非所以爲周公。此由馬、鄭古文家不知周公作《書》在攝位時，故説解多謬，宜其爲後人攻駁也。

「誕無我責收，罔勖不及。耇造德不降，我則鳴鳥不聞，矧曰其有能格？」《三國·管寧傳》明帝下詔曰：「夫以姬公之聖，而耇德不降則鳴鳥弗聞。」裴松之注：「《尚書·君奭》曰：『耇造德不降，我則鳴鳥不聞，矧曰其有能格？』鄭玄曰：『耇，老也。造，成也。』《詩》云：「小子有造。」老成有德之人，不降志與我竝位，則鳴鳥之聲不得聞，況乃曰有能德格于天者乎？言必無也。鳴鳥，謂鳳也。』」陳喬樅説：「據裴引《尚書》經文及鄭注，知古文《尚書》作『鳴鳥不聞』。此傳載明帝詔作『弗聞』，蓋用今文《尚書》也。上文『假於皇天』鄭注云：『假謂至於天也。』此文當亦同作『假』。而裴引經及鄭注乃皆作『格』字者，疑是後人依梅賾本改之也。周公作《君奭》以鳳至期召公，其後果致此祥。《尚書中候·摘雒戒》云：『曰若稽古，周公旦欽惟皇天順，踐祚即攝，七年鸞鳳見。』然則鳳鳥之至，《卷阿》之作，蓋攝政七年事也。」錫瑞謹案：古文《尚書》多作「弗」，今文《尚書》多作「不」。陳云明帝詔作「弗聞」，用今文《尚書》，恐非是。今文《尚書》「假」、「格」竝用，説見上。陳云後人依梅本改「格」，亦未必然。

公曰：「嗚呼！君肆其監于兹。我受命無疆，惟休，亦大惟艱。告君乃猷裕，《方言》曰：「裕、猷，道也。東齊曰裕，或曰猷。」「告君乃猷裕」謂此告君者乃道也。《書正義》引鄭注云：「召公不説，似隘急，故令謀於寬裕。」失之。

「我不以後人迷。」公曰：「前人敷乃心乃悉，命汝作汝民極。曰：『汝明勖偶王，在亶。

秉茲大命，惟文王德丕承，無疆之恤。』」江聲説：「『惟文王德丕承』作一句讀，僞《孔傳》以『丕承』屬下句讀，非是。」案：江説是也。據《史記》，周、召分陝爲二伯，故曰偶王。

公曰：「君！告汝，朕允。保奭其汝克敬，以予監于殷喪大否，肆念我天威。予不允，惟若茲誥？予惟曰：『襄我。』二人汝有合哉！言曰：『在時二人，天休滋至；惟時二人，弗戡。』二人即二伯，説見後。《墨子·非命中》：「於召公之執令於然，且敬哉！無天命，惟予二人，而無造言，不自天降之哉！」

「其汝克敬德，明我俊民，在讓後人，于丕時。嗚呼！篤棐時二人，我式克至于今日休。我咸成文王功于不怠，丕冒，海隅出日，罔不率俾。」《三國·魏志》裴注引鄭注曰：「率，循也。俾，使也。四海之隅，日出所照，無不循度而可使也。」

公曰：「君！予不惠，若茲多誥。予惟用閔于天越民。」公曰：「嗚呼！君惟乃知民德，亦罔不能厥初，惟其終。祗若茲，往，敬用治！」《書正義》引鄭注曰：「召公是時意説周公，恐其復不説，故依違託言民德以剴切之。」孫星衍説：「往者，謂述職，治自陝以西也。《白虎通·巡守》篇曰：『《傳》云：「周公入爲三公，出爲二伯，中分天下，出黜陟。」《詩》曰：「周公東征，四國是皇。」言東征述職。又曰：「蔽芾甘棠，勿翦勿伐，召伯所茇。」言邵公述職，親説舍於野棠之下也。』僞《傳》以此經『二人』爲文王、武王，失之。鄭注以『海隅』爲四海之隅，不據陝東言之，亦未爲得也。」錫瑞謹案：孫説以「海隅」二句爲使東海率職，是周公之任。與史公云「自陝以東，周公主之」義合。史公云：「周公爲三公。」《大傳》云：「周公盛養成王，使召公奭爲傅，周公身居位，聽天下爲政。」是召公爲太傅，亦是三公，周公則以東伯攝王位也。

今文尚書考證卷二十二

善化　皮錫瑞

多方第二十二　周書十三

多方　《史記·周本紀》曰：「召公爲保，周公爲師，東伐淮夷，殘奄，遷其君薄姑。成王自奄歸，在宗周，作《多方》。」孫星衍説：「此篇《書序》列在《無逸》、《君奭》之後，前尚有《成王征》、《將薄姑》二佚篇。《史記·周本紀》《召誥》《洛誥》《多士》《無佚》及此《多方》，俱在周公行政七年，成王長，周公反政之後，與伐誅管、蔡非一時事。《大傳》則云：『周公攝政，一年救亂，二年克殷，三年踐奄，四年建侯衛，五年營成周，六年制禮作樂，七年致政于成王。』則此是攝政三年事，當在《召誥》、《洛誥》諸篇之前。故《書序》疏引鄭注云：『此伐淮夷與踐奄，是攝政三年伐管、蔡時事。其編篇於此，未聞。』案：古今文説《書》本不同，史公問故孔安國，又與《書序》編篇之次相合，未可非也。《大傳》云：『周公以成王之命殺禄父。』此時不言誅奄君。《蒙恬傳》則云：『殺言之者而反周公旦。』此賊臣流言在成王能治國之後，是反政後譖周公，與管、蔡流言俱非一時事，蓋即奄君。疑即此時踐奄也。蒙恬親見百篇之《書》，説當不謬。伏生亦見全《書》，而《大傳》則夏侯、歐陽所記，或不必出自伏生耳。」錫瑞謹案：史公所載《書序》與馬、鄭《書序》多異，蓋今文説。而此文以成王踐奄在七年反政後，則與馬、鄭《書序》同，是今古文並無異説。若《大傳》云「周公攝政，三年踐奄」，别是一事，不得傅會爲一，謂此成王踐奄即是周公踐奄，遂疑此篇當在《召誥》、《洛誥》之前，盡易今古文之次序，而妄詆《大傳》不出自伏生也。《蒙恬傳》所云「周公奔楚」，其説甚異。《史記·魯世家》所載與恬説合，蓋即本之於恬。戰國時處士横議，所言多誣，恬非經師，説未必盡可據。東漢古文家又造爲管、蔡流言，周公避居之説，其説絶不見於西漢以前，蓋亦比附蒙恬之説爲之。因疑其言周公反政而復避讒爲不近事情，乃移易其年月，以爲在流言之時也。以今文説斷之，兩説皆不足憑。孫氏傳會之文，更不足信。陳喬樅誤以《大傳》云攝政踐奄爲此時事，而引《大傳》之文；又引江聲說《成王政》、《將蒲姑》、《多方》等篇皆當在《康誥》前，其說悉舛謬無取。

惟五月丁亥，王來自奄，至于宗周。孫星衍說：「此五月，史公以爲在七年反政之後，《大傳》以爲攝政三年，不能推其甲子也。『王來自奄』，據《多士》云『昔朕來自奄』，此篇應與《多士》相連在前，故鄭疑其編篇於此也。」錫瑞謹案：史公之說是也。《大傳》所云並非此時之事。鄭君誤合兩事爲一，故其注云奄國在淮夷之旁，周公居攝之時亦叛，王與周公征之，三年滅之，自此而來歸。不知周公踐奄，王不親行。《多士》：「周公曰：『昔朕來自奄。』」明是周公追述三年踐奄之事。此篇史臣序其事云「王來自奄」，明是成王踐奄之事。鄭君偶不照耳。江、王、孫、陳皆沿鄭誤，故其解此經多不可通。又案：趙岐注《孟子》曰：「奄，東方無道國。武王伐紂，至于孟津，還歸，二年復伐。前後三年，滅與紂共爲亂政者五十國也。奄大國，故特伐之。《尚書·多方》曰：『王來自奄。』」考趙氏引此文乃以爲奄大國之證，非以「王來自奄」爲彼時之事也。蓋奄凡三見伐，武王誅紂伐奄，是其一；周公克殷踐奄，是其一；成王親政，奄復叛，而成王踐奄，又是其一。解者併爲一談，故多牽引之失。武王伐奄，不但非此時事，並非周公攝政時事，臺卿通今文學，何至謬解如此耶？故知引經爲奄大國證也。

周公曰王若曰：「猷告爾四國多方，惟爾殷侯尹民，我惟大降爾命，爾罔不知。洪惟圖天之命，弗永寅念于祀。王鳴盛說：「王肅曰：『周公攝政稱成王命以告，及還政，稱「王曰」嫌自成王辭，故加「周公」以明之。』王肅以《多方》作在歸政後，則僞《傳》謂再叛再征，與王肅合。僞《傳》疑即肅撰，或皇甫謐依仿肅注爲之。然再叛之事無據，惟此『周公曰王若曰』之文，稍似足據。蓋《大誥》『王若曰』，鄭謂王即周公，王肅謂周公稱成王命，今此以周公冠王之上，與攝政前之《大誥》異，與歸政後之《多士》同，似有可疑。」孫星衍說：「王肅雖亂經之人，此說《多方》在周公反政後，實本於《史記》，未爲無據。」錫瑞謹案：《多方》在反政後，奄實有再叛事，說已見上。王肅雖善賈、馬之學，其父朗師楊賜，楊氏世傳歐陽《尚書》，則肅亦嘗習今文者。洪亮吉《傳經表》以肅爲伏生十七傳弟子，故肅僞撰《孔傳》，其書名爲古文，實參合今古文爲之。蓋肅意在攻鄭，故陰用今文說以駁鄭之古文說，如謂羲和即仲叔四子，虞時日月星辰即畫於旌旗不在衣，祖甲爲湯孫太甲，奄再叛再征，《多方》在歸政後，其説皆與今文家合，遠勝馬、鄭古文學者，當分别觀之。據馬、鄭以駁僞《孔》，可也；據馬、鄭以駁伏生、史公，不可也。近儒偏執鄭義以駁《孔傳》，不知以古義爲折衷，殊爲失之。僞古文《孔傳》實王肅撰，丁晏《尚書餘論》考之最詳，西莊云皇甫謐依仿肅注爲之，説猶未塙。

「惟帝降格于夏，有夏誕厥逸，不肯慼言于民，乃大淫昏，不克終日勸于帝之迪，乃爾攸聞。《釋文》曰：「迪，馬本作『攸』，云：『攸，所也。』」與僞《孔》本作「迪」不合，未審今文異同。陳喬樅以爲今文作「攸」，其説無據。

「厥圖帝之命，不克開于民之麗，乃大降罰，崇亂有夏。因甲于内亂，不克靈承于旅。罔丕惟進之恭，洪舒于民。亦惟有夏之民叨懫，《説文》引《周書》曰：「有夏氏之民叨𡚬。」許君引古文，未審今文同否，不敢據爲今文。

「日欽劓割夏邑。天惟時求民主，乃大降顯休命于成湯，刑殄有夏。《史記·夏本紀》曰：「夏桀不務德而武傷百姓，百姓弗堪。迺召湯而囚之夏臺，已而釋之。湯修德，諸侯皆歸湯，湯遂率兵以伐夏桀。桀走鳴條，遂放而死。湯乃踐天子位，代夏朝天下。」

「惟天不畀純，乃惟以爾多方之義民，江聲説：「『義民』猶『民儀』，謂賢者。《大誥》『民獻』《大傳》作『民儀』是也。」

「不克永于多享。惟夏之恭多士，大不克明保享。于民乃胥惟虐于民，至于百爲，大不克開。《史記·龜策列傳》曰：「桀有諛臣名曰趙梁。」《漢書·古今人表》曰：「桀，干莘與之爲惡則行。」師古曰：「干莘，桀之勇人也。」《人表》干莘、推侈在第八格。《墨子·當染》篇云：「夏桀染於干莘、推哆。」《明鬼》篇云：「推哆大戲，主别虎兕，指畫殺人。」《韓非子·説疑》篇云：「桀有侯侈，亡國之臣也。」《吕氏春秋·當染》篇云：「夏桀染於羊辛，岐踵戎。」高誘注云：「羊辛、岐踵戎，桀之邪臣。」《愼大》篇云：「干辛任威，凌轢諸侯，以及兆民。」《簡選》篇云：「殷湯遂禽移大犠。」《説苑》云：「桀用干莘。」案：諸書所云，即夏多士虐民之事。《列女·夏桀末喜傳》曰：「桀既棄禮義，收倡優、侏儒、狎徒，能爲奇偉戲者，聚之於旁，造爛漫之樂。」亦其事也。干莘、羊辛，當是一人。推哆、侯侈、推哆大戲、移大犧，亦當是一人。高誘云：「桀多力，能推大犧，因以爲號。」非也。

「乃惟成湯，克以爾多方簡代夏作民主。班固《典引》曰：「肇命民主，五德初起。」蔡邕注曰：「民主，天子也。《尚書》曰：『成湯簡代夏作民主。』五德，五行之德，自伏羲以下，帝王相代，各據其一行，始于木，終于水則復始也。」案：此今文《尚書》與古文同。孫星衍云：「經既云『簡』，又云『代』，疑後人增『代』字。」非也。

「慎厥麗，乃勸厥民。刑，用勸。以至于帝乙，帝乙即祖乙，湯六世孫。說見《酒誥》。

「罔不明德慎罰，亦克用勸。要囚，殄戮多罪，亦克用勸。開釋無辜，亦克用勸。今至于爾辟，弗克以爾多方享天之命。嗚呼！」王若曰：「誥告爾多方，非天庸釋有夏，非天庸釋有殷，乃惟爾辟，以爾多方大淫圖天之命，屑有辭。乃惟有夏，圖厥政不集于享，天降時喪，有邦間之。乃惟爾商後王逸厥逸，圖厥政不蠲烝，天惟降時喪。惟聖罔念作狂，惟狂克念作聖。《中論・法象》篇曰：「墮其威儀，恍其瞻視，忽其辭令，而望民則我，未之有也。莫之則，則慢之者至矣。小人皆慢也，致怨乎人。患己之卑，而不知其所以然。哀哉！故《書》曰：『維聖罔念作狂，維狂克念作聖。』」王鳴盛說：「《洪範》『貌之不恭，厥咎狂』，《說文》引孔子說《洪範》義，謂聖兼包五事，貌居五事之首，能去其狂，則進於聖。故徐幹以威儀言之，此古義也。劉向《新序》言桀爲酒池糟隄，縱靡靡之樂，《微子》言紂沈酗于酒，亂敗厥德，《酒誥》言紂燕喪威儀。是桀、紂皆以狂亡也。」

「天惟五年須暇之子孫。誕作民主，罔可念聽。《詩・皇矣》：「上帝耆之。」箋云：「天須假此二國，養之至老。」《正義》引鄭《尚書》注云：「夏之言暇。天覬紂能改，故待暇其終至五年，欲使復傳子孫。『五年』者，文王八年至十三年也。」《多方》及此箋以爲天須暇之。《我應》云「作靈臺，緩優暇紂」，以爲文王須暇之者，文王知天未喪殷，故不伐紂，據人事而爲說，亦是文王須暇之也。《周頌・武》篇：「耆定爾功。」箋云：「武王年老，乃定女之此功。言不汲汲於誅紂，須暇五年。」《正義》引鄭《尚書》注云：「『天待假其終至五年，欲使傳子孫。』『五年』者，文王受命八年至十三年，是須暇五年之事也。如《尚書》之言，是天須暇紂。此箋意以爲武王須暇紂者，武王知天未喪，故亦順天不伐，據人事而言，亦是武王須暇之也。」《思文》正義引《大誓》鄭注云：「《禮説》曰：『天意若曰：須暇紂五年，乃可誅之。』」孫星衍説：「此云『五年』，當從文王七年數至武王十一年伐紂也。鄭注云『夏之言假』，鄭用《大傳》義，是鄭本作『夏』也。自八年數至十三年，是匝五年。鄭用十三年伐紂之説，與《史記》十一年異也。」錫瑞謹案：《史記》以爲文王受命七年，其後五年武王伐紂，爲十一年。劉歆以爲文王受命九年，其後五年武王伐紂，爲十三年。今古文説不同，而先後五年之數則一。鄭既用今文受命七年之説，又用古文十三年伐紂之説，則首尾凡七年，與須暇五年之數不合矣。緯書多同今文，《禮説》與《我應》所云五年，當同《史記》今文之義。鄭君兼用今古兩説，與《史記》不同。陳喬樅引之而不爲別白，非也。

「天惟求爾多方，大動以威，開厥顧天。惟爾多方罔堪顧之，惟我周王靈承于旅，克堪用德，惟典神天。《詩譜序》正義引鄭注曰：「顧由視念也，其意言天下災異之威，動天下之心，開其能爲天以視念者，衆國無堪爲之，惟我周能堪之。」

「天惟式教我用休，簡畀殷命，尹爾多方。今我曷敢多誥？我惟大降爾四國民命。僞《孔傳》以四國爲管、蔡、商、奄。案：《白虎通·諫諍》篇云：「父爲子隱，子爲父隱，兄弟相爲隱，與父子同義。故周公誅四國常以祿甫爲主也。」據此，則今文《尚書》亦以管、蔡、商、奄爲四國。《詩·破斧》：「四國是皇。」毛傳以爲「管、蔡、商、奄」，是今古文無異義也。

「爾曷不忱裕之于爾多方？爾曷不夾介乂我周王，享天之命？○今文「曷」作「害」。○《匡謬正俗》曰：「《多方》篇：『爾害弗夾介乂我周王，享天之命？』」段玉裁説：「按：今文『害』作『曷』，此衛包改也。此篇『曷』字凡四見，皆當由舊作『害』。王莽依《大誥》多作『害』，是今文《尚書》亦皆作『害』也。」

「今爾尚宅爾宅，畋爾田，爾曷不惠王熙天之命？《説文》引《周書》曰：「畋尒田。」與《詩·齊風》正義引《多方》「田爾田」不同。陳喬樅説：「一本有作『田』

者，此當是馬、鄭古文本。《說文》引《周書》作『畋』，蓋據今文《尚書》矣。」錫瑞案：光武《封禪刻石文》曰：「黎庶得居爾田，安爾宅。」蓋用此經之義。

「爾乃迪屢不靜，爾心未愛，爾乃不大宅天命，爾乃屑播天命，爾乃自作不典，圖忱于正。我惟時其教告之，我惟時其戰要囚之，《大傳》曰：「戰者，憚警之也。」

「至于再，至于三。乃有不用，我降爾命，我乃其大罰殛之。○今文「再」下無「至于」字，「三」下無「乃」字。○《漢書・文三王傳》廷尉賞、大鴻臚由移書梁王傅、相、中尉曰：「《書》曰：『至于再三，有不用，我降爾命。』」師古曰：「此《周書・多方》篇之辭也。言我教汝至于再三，汝不能用，則我下罰黜汝命也。」段玉裁說：「按：此少『至于』字、『乃』字，蓋今文《尚書》本然。」錫瑞案：《論衡・譴告篇》曰：「管、蔡篡畔，周公告教之，至于再三。」與《漢書》合。

「非我有周秉德不康寧，乃惟爾自速辜。」王曰：「嗚呼！猷告爾有方多士，暨殷多士；

今爾奔走臣我監五祀，江聲說：「武王命三叔監殷，殷民皆臣服，于茲十年矣。言五祀者，本其未叛時言也。」孫星衍說：「監謂三監。五祀，五年也。」錫瑞謹案：江、孫二說皆非也。據《史記》今文說，《多方》在周公歸政後，與馬、鄭古文《書序》同，是今古文皆無異說。此時三監已滅，不應追述前事，且從三監監殷數起，又不止五祀；是五祀不當從監殷數起，而監亦非三監之監也。《大傳》云：「周公攝政，一年救亂，二年克殷，三年踐奄，四年建侯衛。」建侯衛即封康叔之事，「監」當讀如「王啟監」之「監」，指康叔、中旄父言之。「臣我監五祀」，當從建侯衛之年數起。《多方》之作，蓋在歸政一二年後，距四年建侯衛適得五祀。商、奄之屬既叛而服，服而再叛，經云「今爾奔走臣我監五祀」，當從既叛而服數之，不當追數未叛以前之事也。

「越惟有胥伯小大多正，○今文作「越維有胥賦小大多政」。○《大傳》曰：「古者十稅一。多于十稅一，謂之大桀、小桀；少于十稅一，謂之大貊、小貊。王者十一而稅，而頌聲作矣。故《書》曰：『越維有胥賦小大多政。』」孫星衍說：「《大傳》『惟』作『維』、『伯』作『賦』、『正』作『政』者，今文也。『胥』者，《周禮・天官・序官》云：『胥十有二人，從百有二十人。』注云：『此民給繇役者。』是給繇役者有胥名。『賦』者，《周禮・大司馬》云：『凡令賦，以地與民制之：上地食者三之二，其民可用者家三人；中地食者半，其民可用者二家五人；下地食者三之一，其民可用者家二人。』是繇役亦賦也。今文言于維有繇賦之事，小大多得中之政令也。」

「爾罔不克臬。自作不和，爾惟和哉。爾室不睦，爾惟和哉。爾邑克明，爾惟克勤乃事，爾尚不忌于凶德。《說文・言部》：「諅，忌也。」引《周書》曰：「上不諅于凶德。」未知今文同否。

「亦則以穆穆在乃位，克閱于乃邑，謀介爾乃自時洛邑，陳喬樅說：「《大傳》周公攝政五年營成周，此誥《多方》在攝政三年，而云『自時雒邑』者，蓋成周之營本爲安集所遷之殷民，《多方》作於克殷踐奄以後，此時將遷殷民於雒，故先誥之。《召誥》云：『厥既命殷庶，庶殷丕作。』是殷民早已先集雒邑，知遷殷在封衛之前，而非在營雒之後也。」錫瑞謹案：陳說非也。《大傳》云：「五年營成周。」如此篇作於攝政三年，成周未營，何故先有雒邑？經云：「自時雒邑。」明是已營成周之後。《史記》與《書序》皆以《多方》列成王親政後，無誥多方在攝政三年之說。僞《孔傳》以爲奄再叛再征，按之《史記》、《書序》，塙不可易，當是王肅襲用今文家言。近人必欲執鄭誤解，移易經文篇次，而以奄再叛再征爲不可信，故其解《多士》、《多方》二篇，皆不可通。陳氏治今文，必以鄭君古文說汨之，可謂大惑不解。

「尚永力畋爾田。天惟畀矜爾，我有周惟其大介賚爾，迪簡在王庭，尚爾事，有服在大僚。」王曰：「嗚呼！多士，爾不克勸忱我命，爾亦則惟不克享，凡民惟曰不享。爾乃惟逸惟頗，大遠王命，則惟爾多方探天之威，我則致天之罰，離逖爾土。」王曰：「我不惟多誥，我惟祗告爾命。」又曰：「時惟爾初不克敬于和，則無我怨。」○漢石經：「我則致天之。下闕。」

今文尚書考證卷二十三

善化　皮錫瑞

立政第二十三　周書十四

立政　《史記·魯世家》曰：「周之官政未次序，於是周公作《周官》，官別其宜；作《立政》，以便百姓。百姓說。」孫星衍說：「『便』猶『辨』也，❶百姓，百官也。」

周公若曰：「拜手稽首，告嗣天子王矣。」《史記·周本紀》曰：「周公行政七年，成王長，周公反政成王，北面就羣臣之位。」《魯世家》曰：「成王長，能聽政，於是周公乃還政於成王，北面就臣位，匔匔如畏然。」是說此經「拜手稽首」之義。

用咸戒于王曰：周公就羣臣之位，故與羣臣同進戒於王。

「王左右常伯、常任、王鳴盛說：「據揚雄《侍中箴》『光光常伯』，應劭《漢官儀》『侍中，周成王常伯，任侍中殿下稱制』，以常伯爲漢侍中。又據胡廣《侍中箴》『亦惟先正，克慎左右。常伯、常任，實爲政首』，《箴》中備引籍孺、閎孺、鄧通、石顯、弘恭、董賢爲戒，則並常任亦爲侍中之職。」錢大昕說：「據《漢書》谷永對策『執常伯之職』，師古云：『常伯，侍中也。』《後漢書·楊賜傳》『樂松處常伯』，松時爲侍中也。」錫瑞謹案：谷永云：「治遠自近始，習善在左右。誠敕正左右齋栗之臣，戴金貂之飾，執常伯之職者，則左右肅艾。」兩稱「左右」，與經云「王左右」相合，胡廣亦云「克慎左右」，皆其明證。考漢人今文說，王氏、錢氏所引之外，如《漢書·王莽傳》張竦爲陳崇艸奏曰：「霍光即席常任之重。」揚雄《羽獵賦》曰：「羣公常伯，楊朱、墨翟之徒。」李善注曰：「常伯，侍中也。」《後漢書·李固傳》固疏曰：「光禄大夫周舉，才謨高正，宜在常伯，訪以言議。」《朱穆傳》穆疏曰：「案漢故事，中常侍參選士人，建武以後，乃悉用宦者，假貂蟬之飾，處常伯之任。」《襄楷傳》楷疏曰：「黃門常侍，天刑之人，今乃反處常伯之位，決謀於中。」李

❶「辨」，原作「辦」，今據《尚書今古文注疏》卷二四改。

賢注曰：「常伯，侍中也。《尚書》曰：『常伯常任。』」蔡邕《司空文烈侯楊公碑》曰：「帝以機密齋栗，常伯劇任。」《陳留太守胡公碑》曰：「乃位常伯，恪處左右。」《陳太丘碑》曰：「便可入踐常伯，超補三事。」《漢官儀》曰：「侍中，《周官》號曰常伯，選於諸伯，言其道德可常尊也。」《續漢書·百官志》云：「侍中，比二千石。」注引蔡質《漢儀》曰：「侍中，常伯。」蔡質即蔡邕諸父，當亦習今文者，《隋書·經籍志》：「《漢官典職儀式選用》二卷，漢衛尉蔡質撰。」《續漢志》注所引蔡質《漢儀》，即《隋志》之《漢官典職儀式選用》也。杜佑《通典》曰：「侍中者，周公戒成王《立政》之篇所云『常伯常任』，以爲左右，即其任也。」又云：「直侍左右，分掌乘輿服物，下至褻器虎子之屬。」據此則常伯、常任正與贅衣、虎奔同列，故進戒首及之。或疑常伯、常任明分二職，何以皆爲侍中？不知《漢書·百官表》云：「侍中、中常侍皆加官，亡員，多至數十人，得入禁中。」應劭注曰：「入侍天子，故曰侍中。」考侍中在漢時分爲左右曹，或又爲散騎，或又爲中常侍，後又合爲散騎常侍。安知周成王時不分大小二職？師古注《谷永傳》「執常伯之職」云：「一曰常任使之人，此其長也。」言常伯爲常任之長，止足爲大小二職之證。衛顗《受禪碑》曰：「延公侯、卿士、常伯、常任、納言、諸節、岳牧、邦君。」以常伯、常任別出於公侯、卿士、岳牧、邦君之外，亦必以爲侍中、常侍之官也。

「準人、」○今文作「辟人」。○漢石經：「常伯、常任、辟。下闕。」孫星衍説：「辟亦法也，辟人謂法官也。」錫瑞謹案：王出入必有執法之官，《周禮》有朝士，屬秋官司寇，故辟人與贅衣、虎奔同列。

「綴衣、」○今文作「贅衣」。○揚雄《雍州牧箴》、班固《西都賦》、崔瑗《北軍中候箴》皆作「贅衣」。李善《文選注》引《公羊傳》曰：「『贅』猶『綴』也。」案：古贅、綴通用。《公羊傳》「贅旒」，《張衡傳》引作「綴旒」，《顧命》篇「綴路」，鄭司農《周禮注》引作「贅路」，是其證。《漢書·王莽傳》云：「又置大贅官，主乘輿服御物。」莽蓋用今文説，仿古贅衣之官。

「虎賁。」○今文「賁」作「奔」。○《續漢書·百官志》注引蔡質《漢儀》曰：「『主虎賁千五百人，無常員，多至千人。戴鶡冠，次右將府。』又『虎賁』舊作『虎奔』，言如虎之奔也。王莽以古有勇士孟賁，故名焉。」《漢官儀》曰：「言其猛怒如虎之奔赴也。平帝元始元年更名虎賁郎，古有勇士孟賁，改奔爲賁。」錫瑞謹案：據此，則古當作「虎奔」。今經典皆作「貢」者，乃東漢以後人所改。又案：《風俗通・十反》篇曰：「周公將没，戒成王以左右常伯、常任、凖人、綴衣、虎賁，言此五官，存亡之機不可不謹也。」是漢人以此爲周公將没之言。而「凖」不作「辟」、「綴」不作「贅」者，應仲遠兼通今古文，或自用古文《尚書》字，或後人以古文改之。

周公曰：「嗚呼！休兹，知恤鮮哉！」○今文「嗚呼」作「於戲」。○石經於下文作「於戲」，此亦當同。《書正義》引王肅曰：「於時周公會羣臣共戒成王，其言曰拜手稽首者，是周公讚羣臣之辭。休，美也。此五官美哉！」錫瑞謹案：蔡邕《太尉楊公碑》曰：「庶尹知恤。」《司空文烈侯楊公碑》曰：「帝以機密齋栗，常伯劇任，鮮克知臧，以釐其采。」乃用「知恤鮮哉」之義。近人訓「鮮」爲「斯」，雖可通，而非古義。

「古之人迪惟有夏，乃有室大競，籲俊，尊上帝，迪知忱恂于九德之行。錫瑞謹案：《論衡・語增篇》以《多士》「上帝引逸」爲虞舜，是今文家有以上帝爲古帝之義。此云「上帝」，義亦當爲虞舜。「九德」即《咎繇謨》所云「九德」。「尊」當讀爲「遵」。言有夏籲俊，乃遵虞帝故事，迪知誠信于九德之行也。

「乃敢告教厥后，曰：『拜手稽首后矣。』曰：『宅乃事，宅乃牧，宅乃凖，兹惟后矣。○今文「宅」作「度」，「凖」作「辟」。○石經於下文「維厥度心」作「度」，則「宅」皆當爲「度」。石經於上文「凖人」作「辟」，則「凖」皆當爲「辟」。

『謀面用丕訓德，則乃宅人，兹乃三宅無義民。』○今文「謀」上有「亂」字，「宅」作「度」。○漢石經：「亂謀面用。下闕。」江聲説：「『丕』讀曰『不』，古者『丕』與『不』通。下文云『用僉人不訓德』，此云『亂謀面用丕訓德』，丕之誼爲大，既言亂謀，則不得言向用大順之德，自當如下文所云『不訓德』，乃始允當也。訓，順，《廣雅》文。《周頌・烈文》：『四方其訓之。』箋云：『天下諸侯，順其所爲。』是『訓』爲『順』也。『義』讀如『儀』。此言若惑亂其謀，向用不順之德，居其人於位，如此則三宅之官無以儀型於民矣。」錫瑞謹案：江説是也。而以亂爲惑亂，義爲儀型，則猶未當。亂，語詞，與「率」通。《梓材》「厥亂爲民」，《論衡》作「厥率化民」，是其證。「亂謀面用不訓德」，謂率謀向用不順德也。「不順德」謂不賢之人。「義民」猶「民儀」，謂賢者。「義」讀爲「儀」，「儀」訓爲「賢」，非「儀型於民」之謂。

經意蓋謂：向用不賢之人，此乃三度無賢者矣。《立政》一篇，篇首文法與他篇迥異，而與此上文云「乃敢告教厥后，曰：拜手稽首后矣」文法大同。蓋夏臣本有此告君之詞，周公法之，以戒成王。公所以法夏者，夏與周同尚文，見於《春秋繁露》、《白虎通》諸書可據。殷人尚質，或無此詞。故公舉夏臣告君之詞，不及殷也。於夏舉其告君之詞，於殷舉其用人之政，亦詳畧互見之法。此經自「曰度乃事」以下，皆引夏臣告君之詞。夏臣蓋謂：「能度乃任事者，度乃牧民者，度乃執法者，此維君之道矣。若率謀向用不賢之人，則乃度人，此乃所度之任事者、牧民者、執法者，皆無賢者矣。」蓋反復言之以盡意，周公舉之爲後法也。今文説雖不傳，經義似當如此。解者不知此三句有夏臣告君之詞，故多不可通。江説近之，而其義有未盡者。兹存鄙説，以俟考焉。

「桀德惟乃弗作往任，是惟暴德，罔後。亦越成湯陟丕釐上帝之耿命，乃用三有宅，克即宅，曰三有俊，克即俊。○今文「宅」作「度」，「俊」作「會」。○下文「灼見三有俊心」，石經「俊」作「會」；則此「三有俊，克即俊」，今文《尚書》當作「三有會，克即會」。

「嚴惟丕式，克用三宅三俊。其在商邑，○今文「宅」作「度」，「俊」作「會」。○説見上文。《白虎通·京師》篇曰：「《尚書》曰：『在商邑。』謂殷也。」

「用協于厥邑；其在四方，用丕式見德。嗚呼！其在受德暋，○今文「嗚呼」作「於戲」，「受」作「紂」。○漢石經：「上闕。于厥邑，其在。下闕。」錫瑞謹案：今文《尚書》「受」作「紂」，《牧誓》、《毋佚》諸篇可證。陳喬樅本作「受」，非也。「紂德」言紂之德，與上「桀德」義同。馬注：「受所爲德也。」馬從古文作「受」，亦不連「受德」二字爲義。《説文》引作「在受德忞」，乃古文。若今文，不作「受」，亦不必作「忞」。

「惟羞刑暴德之人，同于厥邦，乃惟庶習逸德之人，同于厥政。帝欽罰之，乃伻我有夏，式商受命，奄甸萬姓。亦越文王、武王克知三有宅心，灼見三有俊心，以敬事上帝，○今文「宅」作「度」，「俊」作「會」。○漢石經：「上闕。有會心，以敬事。下闕。」「俊」字作「會」，與《説文》引《周書》

曰「焯見三有俊心」不同，是古文作「俊」，今文作「會」。陳喬樅說：「『度』讀如『圖度』之『度』，『度』猶『制』也。《左傳》所謂『心能制義曰度』是也。『會』讀如『計會』之『會』，『會』猶『最』也。胡廣所謂『課第長吏，其有治能者爲最』是也。」

「立民長伯。立政任人：準、夫、牧作三事，虎賁、綴衣、趣馬、小尹、○今文「準」作「辟」，「賁」作「奔」，「綴」作「贅」。○趙岐注《孟子》曰：「虎賁，武士爲小臣者也。《書》云：『虎賁、贅衣、趣馬、小尹。』」「綴」作「贅」，與揚雄、班固、崔瑗所引今文合。

「左右攜僕、百司庶府、大都小伯藝人、表臣百司、太史、尹伯、庶常吉士、司徒、司馬、司空、孫星衍說：「司徒、司馬、司空，則《周禮》六卿之三也。《曲禮》云：『天子之五官曰司徒、司馬、司空、司士、司寇。』鄭注以爲殷制，然則殷紂時天子五官，文、武時爲諸侯，降於天子，故三官。」錫瑞謹案：今《尚書》說：「天子三公，曰：司馬公、司徒公、司空公。」則古天子亦止有三公，無六卿。詳見《甘誓》。

「亞旅，夷微、盧烝，三亳阪尹。○今文「盧」作「纑」。○《史記》録《牧誓》文「微、纑彭、濮人」，「纑」字從糸，此亦當同。《書正義》引鄭注曰：「三亳者，湯舊都之民服文王者，分爲三邑。其長居險，故曰阪尹。蓋東成皋、南轘轅、西降谷也。」今文與鄭義同異無可考。

「文王惟克厥宅心，乃克立茲常事司牧人，以克俊有德。○今文「惟」作「維」，「厥」上無「克」字，「宅」作「度」，「俊」作「會」。○漢石經：「上闕。維厥度心，乃。下闕。」錫瑞謹案：據此，則篇中「宅」字皆當作「度」。石經於上文「三有俊心」作「有會心」，此文「俊」字亦當作「會」。會者，會和之義。今文作「克會有德」，較古文作「克俊有德」於義爲長。

「文王罔攸兼于庶言。庶獄庶慎，惟有司之牧夫是訓用違。庶獄庶慎，文王罔敢知于茲。亦越武王率惟敉功，不敢替厥義德，率惟謀從容德，以竝受此丕丕基。嗚呼！○今文「惟」作「維」，「此」作「茲」，「基」作「其」，「嗚呼」作「於戲」。○漢石經：「上闕。受茲丕丕其，於戲！下闕。」段玉裁說：「此今文《尚書》也，『此』作『茲』，『基』作『其』，『烏呼』作『於戲』。《大誥》亦有『丕丕基』，而《漢書・翟方進傳》王莽作『大大矣』。以『矣』訓『基』者，蓋今文《尚書·大誥》亦作『丕丕其』，與《立政》同。『其』者，語詞，讀如『姬』，故莽以語詞訓之。今文《尚書》說也。」錫瑞謹案：段說非也。莽作《大誥》云：「始而大大矣。」明是以「始」訓「基」。石經此文作「其」，即「基」字渻文，竝非語詞。江聲云：「今文『基』爲『其』。其，基之渻。」是也。

「孺子王矣，繼自今我其立政。立事、準人、牧夫，我其克灼知厥若，丕乃俾亂，相我受民，和我庶獄庶慎。時則勿有間之。自一話一言，我則末。惟成德之彦，以乂我受民。○今文「準」作「辟」，「勿」作「物」，「惟」作「維」。○《論衡·明雩篇》曰：「周公爲成王陳立政之言曰：『時則物有間之。自一話一言，我則末。維成德之彦，以乂我受民。』周公立政，可謂得矣。知非常之物，不賑不至，故敕成王自一話一言，政事無非，毋敢變易。然則非常之變，無妄之氣，間而至也。水氣間堯，旱氣間湯。周宣以賢，遭遇久旱。政無細非，旱猶有，氣間之。聖主知之，不改政行，轉穀賑贍，損酆濟耗。斯見之審明，所以救赴之者得宜也。」王鳴盛說：「據此，則『勿』當作『物』，謂灾物也。《易·无妄》鄭讀『妄』爲『望』，言无所望。劉逵《吴都賦》注引《易·无妄》曰：『災氣有九，陽阨五，陰阨四，合爲九。一元之中四千六百一十七歲，各以數至。』王充據此以說此經爲災物間至，不宜改政；此必晚周學者相傳古訓，當從之。」段玉裁說：「詳仲任意，於『末』字句絶。末，無也，謂無非也。『不賑不至』當作『不賑不去』，謂去非常之災異也。」侯康說：「按：《周禮·司常》『雜帛爲物』，而《說文·勿部》首云『勿，州里所建旗，象其柄，有三游，雜帛，幅半異，所以趣民』。是『勿』即『物』。又：勿，無也。而『物故』之『物』，高堂隆答魏朝訪亦訓爲『無』。劉熙《釋名》、劉昭《續漢志》注同。蓋二字非獨音近，義亦本通矣。但仲任釋此經與古文絶殊，蓋以物爲災物。考僖公四年《左傳》『必書雲物』，注：『雲物，氣色灾變也。』又《史記·留侯世家》：『然言有物。』《漢書·東平王宇傳》：『或明鬼神，信物怪。』仲任以物爲災怪，義同於此。」

「嗚呼！予旦已受人之徽言，○今文「嗚呼」作「於戲」，「已」作「以」，「受」作「前」，「徽」作「微」。○漢石經：「上闕。旦以前人之微言。下闕。」孫星衍說：「《漢書·藝文志》云：『孔子没而微言絶。』《文選注》引《論語崇爵讖》曰：『子夏等六十四人共撰《仲尼微言》。』『微』與『媺』

聲義相近。『嬍言』亦美言也。」錫瑞謹案：《漢丹楊太守郭文碑》云：「微言絶矣。」漢人常用「微言」字，當訓「精微」之「微」。師古注《漢書》云：「精微要妙之言。」是也。與「徽言」訓「美言」不同義。

「咸告孺子王矣。繼自今文子文孫，其勿誤于庶獄庶慎，《後漢書・陳寵傳》寵上疏曰：「周公作戒，勿誤庶獄。」

「惟正是乂之。自古商人亦越我周文王立政，立事，牧夫，準人，則克宅之，克由繹之，○今文「惟」作「維」，「準」作「辟」，「宅」作「度」，「由」作「猶」。○王應麟《蓺文志考》：「漢儒所引《尚書》異字，有『則克度之，克猶繹之』。」段玉裁説：「『宅』作『度』，『由』作『猶』，今文《尚書》也。」

「茲乃俾乂國。則罔有立政用憸人，案：《般庚》「相時憸民」，石經「憸」作「散」，疑此「憸」字今文亦當作「散」，然無塙據，姑具其説俟考。《釋文》云：「『憸』，本又作『⿱册心』。」「⿱册心」與「散」音近。

「不訓于德，是罔顯在厥世。○今文「訓」下無「于」字，「在」作「哉」。○漢石經：「上闕。訓德，是罔顯哉厥世。下闕。」王鳴盛説：「作『哉』則當句絶，下『厥世』不成文義，未詳。」侯康説：「按：『厥世』以下石經闕，或與古文不同，無嫌『哉』字句絶。然考經典中『哉』多通『載』。《詩・文王》『陳錫哉周』，昭十年《左傳》作『陳錫載周』。《孟子》『朕載自亳』，僞古文《伊訓》作『朕哉自亳』。《禮記・中庸》注：『栽，讀如「文王初載」之「載」。』《釋文》：『載、之載竝音災，本或作「哉」。』然則破『哉』爲『載』，可仍於『厥世』句絶矣。又考《州輔碑》『我貴不濡』，『我貴』即『在貴』也，與『哉』字形尤近，疑因此致訛。」

「繼自今立政，其勿以憸人，其惟吉士，用勱相我國家。○今文「惟」作「維」。○《説文》引《周書》曰：「用勱相我邦家。」蓋古文作「邦」，今文作「國」，僞《孔》用今文本也。《説文》又引《周書》：「勿以諭人。」蓋亦古文。○一作「用勖相我國家」。○《三國志・孫權傳》魏文帝策命權曰：「以勖相我國家。」「勱」字，《説文》云：「勉力也。」「勖」亦訓「勉」。曹丕引《書》「勱」作「勖」，當是三家《尚書》異文。

「今文子文孫，孺子王矣。其勿誤于庶獄，惟有司之牧夫。其克詰爾戎兵，以陟禹之迹，方行天下，○今文「惟」作「維」，「方」作「旁」。○錫瑞謹案：古文作「方」，今文作「旁」。《漢書・地理志》曰：「昔在黄帝，作舟車以濟不通，旁行天下。」師古曰：「旁行，謂四出而行之。」是今文《尚書》作「旁」之明證。張衡《東巡誥》曰：「旁行海表。」正合用此經上下二句文。《晉書・地理志》曰：「昔黄帝旁行天下。」亦本《漢志》之文。皆與今文相合。此江、孫、段、陳所未及引者。江云：「『方』當爲『旁』。」但未引見他書，無所依據，故不敢於經文直改作「旁」，猶考之未詳耳。

「至于海表，罔有不服。以覲文王之耿光，以揚武王之大烈。○今文「覲」作「勤」，「耿」作「鮮」，「烈」作「訓」。○漢石經：「上闕。王之鮮光，以揚武王。下闕。」陳喬樅説：「《尚書大傳・雒誥》篇：『以勤文王之鮮光，以揚武王之大訓。』此二語疑即引用《立政》篇，『耿光』作『鮮光』，與蔡邕書石經合。『覲』作『勤』，『烈』作『訓』，疑是今文《尚書》本如是也。『鮮』之訓爲『明』，此言『鮮光』，猶《雒誥》之言『明光』也。《詩・出車》：『旂旐央央。』毛傳云：『央央，鮮明也。』《大明》：『檀車煌煌。』鄭箋云：『兵車鮮明。』《漢書・辛慶忌傳》云：『慶忌性好輿馬，號爲鮮明。』是『鮮』本有『明』誼。又《匏葉》箋云：『今俗語斯白之字作鮮白。』亦與『明』義近。」侯康説：「『覲』作『勤』者，《周禮・大宗伯》注：『覲之言勤也，欲其勤王之事。』是『覲』有『勤』義也。蔡中郎《筆賦》：『紀三王之功伐兮，表八百國之肆覲。傳六經而綴百代兮，建皇極而敘彝倫。』是『覲』有『勤』音也。『耿』作『鮮』者，『耿』字訓『明』，見《廣雅・釋詁》；『鮮』亦訓『明』，見《周易・説卦傳》『爲蕃鮮』疏，是耿、鮮義同也。」錫瑞謹案：今文作「勤」，當與下句「揚」字同義。《爾雅》「勤」與「庸」皆訓「勞」，是「勤」與「庸」義近。庸從庚，有「賡續」之義。凡勤勞者必賡續用力而不絶也。「勤」與「庸」同訓，當亦有「賡續」之義。《爾雅》云：「賡、揚，續也。」是「揚」字訓「續」，此經「勤」字亦當訓「續」。上言「勤」，下言「揚」，皆謂賡續前人之功也。

「嗚呼！繼自今，後王立政，其惟克用常人。」○今文「嗚呼」作「於戲」，「惟」作「維」。○案：《風俗通》以此篇爲周公將没之言，故於「繼自今後王」反復申之，以垂戒也。《史記・魯世家》於「作《立政》」後即云：「周公在豐，病，將没。」則《立政》爲公臨没之言。應仲遠説可信。

周公若曰：「太史！司寇蘇公式，敬爾由

獄，以長我王國，茲式有慎，以列用中罰。」

《左氏》成公十一年《傳》：「昔周克商，使諸侯撫，封蘇忿生以温，爲司寇。」又隱公十一年杜預注云：「蘇忿生，周武王司寇蘇公也。」《後漢書》云：「律謝皋、蘇。」注以「蘇」爲忿生。是蘇公長於刑法。

今文尚書考證卷二十四

善化　皮錫瑞

顧命第二十四　周書十五

顧命　《史記·周本紀》曰：「成王將崩，懼太子釗之不任，乃命召公、畢公率諸侯以相太子而立之。成工既崩，二公率諸侯，以太子釗見於先王廟，申告以文王、武王之所以爲王業之不易，務在節儉，毋多欲，以篤信臨之，作《顧命》。」《集解》：「鄭玄曰：『臨終出命，故謂之顧。顧，將去之意也。』」

惟四月哉生魄，王不懌。○今文作「哉生霸，王有疾，不豫」。○《漢書·律曆志》引劉歆《三統曆》曰：「成王元年正月己巳朔，此命伯禽俾侯于魯之歲也。後二十年四月庚戌朔，十五日甲子哉生霸。故《顧命》曰『惟四月哉生霸，王有疾，不豫。甲子，王乃洮沬水』，作《顧命》。」孫星衍說：「成王在位年數，《史記》無文。劉歆說以哉生霸爲十五日，亦不可信。」錫瑞謹案：《白虎通·日月》篇曰：「三日成魄。」是以月明生爲生霸，則明盡爲死霸。晦日爲死霸，故朔日爲既死霸，二日爲旁死霸。死盡則復生，故三日爲哉生霸。《禮記》、《說文》，緯書《推度災》、《援神契》之說皆同，詳見《康誥》篇首。是今古文家無異說。惟劉歆以爲十五日甲子哉生霸，則與古義大異，與經義亦不相符。經云：「維四月哉生霸，王有疾，不豫。甲子，王乃洮沬水。」則甲子與哉生霸之日必非一日。若甲子即是哉生霸之日，則於是日得疾，即於是日作《顧命》，無此急遽之事。若謂成王以暴疾猝崩，又何云「病日臻，既彌留」乎？然則劉歆所引經雖爲今文《尚書》，而其自爲之說，殆不可據。以爲成王三十年，亦與鄭注云成王二十八年、居攝六年爲年端之說不合。鄭注《康王之誥》云：「周公居攝六年，制禮作樂，至此積三十年。」居攝終於七年，加二十八年，故三十年也。又注《金縢》據《大傳》、《大戴禮記》：武王崩，成王年十歲；三年喪畢，年十三；將踐阼，稱己小求攝，管、蔡流言，周公避居東都三年，感風雷迎公歸，時成王年十五，即居攝元年；五年營成周，六年制禮作樂，七年致政，明年成王即政，年二十二；即政二十八年崩，年四十九也。鄭所推多居東三年，故謂武王崩成王十歲，周公居攝成王十五。今文家說雖不可考，然據《大傳》云「居攝四年建侯衛」，成王年十八稱孟侯」，則武王崩、周公居攝時年當十四五，與鄭說不相遠。其後或當如鄭所推。《通鑑外紀》引王肅注亦云「成王二十八年崩」，說與鄭同。疑今文說本如是也。若劉歆以爲文王受命九年而崩，武王十一年觀兵，十三年伐紂，與《史記》文王受命七年而崩，武王九年觀兵、十一年伐紂始終皆差二年，故以成王即位爲三十年，亦較鄭注二十八年差二年，則劉說爲古文異說，與今文不同也。皇甫謐《帝王世紀》曰：「八年王始躬親王事，七年王崩，年十六矣。太子釗代立。」以成王崩年止十六，其說尤不可通。如其說，則康王當在襁褓中，豈能冕服見諸侯作誥哉？乃《世紀》又曰「康王元年，釋喪冕作誥申諸侯」，何其自相矛盾！

甲子，王乃洮頮水。○今文「頮」作「沬」。○《漢志》引作「沬」。《說文・水部》云：「沬，洒面也，从水，未聲。」重文「湏」，云：「古文沬从頁。」段玉裁說：「《說文》小篆作『沬』，古文作『頮』。頮从水、廾、頁，會意，兩手匊水洒面也。今《說文》作『湏』，乃是誤字。《尚書音義》、《文選・報任少卿書》注所引皆不誤。」案：據此，則古文作「頮」，今文作「沬」。

相被冕服，憑玉几。○今文「憑」作「馮」。○《周禮・司几筵》注：「鄭司農云：『《書・顧命》曰成王將崩，命太保芮伯、畢公等被冕服，馮玉几。』」孫星衍說：「先鄭以相爲太保等也。此或今文說，與後鄭異。」案：《書正義》引鄭注云：「相，正王服位之臣，謂太僕。」故孫氏以爲先鄭說異，或今文說也。又案：《說文・几部》云：「凭，依几也。从任、几。《周書》曰：『凭玉几。』讀若馮。」蓋古文作「凭」，先鄭用今文《尚書》作「馮」。淮南王安上書曰：「負黼扆，馮玉几。」亦用今文作「馮」字。《中論・法象》篇云：「顛沛而不可亂者，則成王其人也。將崩，體被冕服，然後發《顧命》之辭。夫以崩亡之候，猶不忘敬，況於游宴乎？」是說此經之義也。

乃同召太保奭、芮伯、漢石經：「乃闕。召太保。下闕。」《漢書・古今人表》第三等有芮伯，與師伯同列。師古曰：「周司徒也。」第六等又有芮伯，師古曰：「當武王時，作《旅巢命》。」案：據此，則成王所召芮伯與作《旅巢命》之芮伯是二人，非一人。師古知爲「周司徒」者，以《周禮》六卿之序推之，召公繼周公爲冢宰，芮伯當爲司徒。

彤伯、○今文作「師伯」。○《古今人表》第三等有師伯。師古曰：「周宗伯也。《尚書》作『彤伯』。」師古知爲「周宗伯」者，亦以六卿之序推之。

畢公、衛侯、錫瑞謹案：「衛侯」，今文《尚書》當作「衛伯」。《史記·衛康叔世家》云：「康叔卒，子康伯代立。康伯卒，子孝伯立。孝伯卒，子嗣伯立。嗣伯卒，子庲伯立。庲伯卒，子靖伯立。靖伯卒，子貞伯立。貞伯卒，子頃侯立。頃侯厚賂周夷王，夷王命衛爲侯。」據此，則頃侯以前衛皆稱伯，不當稱侯。《大傳》「孟侯」指成王，不指康叔。史公蓋同伏生說也，稱侯乃古文家說。《漢書·地理志》謂「周封康叔，號曰孟侯」，蓋班氏用大夏侯說，與古文說同，而與《大傳》、《史記》皆不合。此云「衛侯」，依《大傳》、《史記》當作「衛伯」。姑具其說，以俟識者考焉。

毛公、《古今人表》第三等有毛叔鄭，注曰：「文王子。」又有毛公，師古曰：「周司空也。」案：據此，則毛公與文王子毛叔鄭亦非一人。師古知爲周司空者，亦以六卿之序推之。孫星衍說：「《大傳》：『天子三公：司徒公、司馬公、司空公。』鄭注云：『《周禮》天子六卿，與太宰、司徒同職者，謂之司徒公；與宗伯、司馬同職者，謂之司馬公；與司寇、司空同職者，謂之司空公。一公兼二卿，舉下以爲稱。』鄭注《君奭序》、《答趙商問》皆謂三公兼師保，則得師保之稱。今此經六人中有三人爲三公，自是以三公兼六卿者。」錫瑞謹案：三公兼六卿，自是周制。若周公未制禮以前，祇有三公，並無六卿。《曲禮》以太宰與宗、祝、史、卜、士並列，《白虎通》以太宰爲天子之大夫，皆今文家說。《曲禮》列六太於五官之前，以其爲司天之官故耳。其實太宰秩卑，必非同周之冢宰也。若宗伯、司寇，其名亦不見於周以前。《尚書》云「秩宗」，即宗伯之職；「士」，即司寇之職。在周以前，此二官與太宰皆當爲三公之屬官，不得與三公並列。故《牧誓》、《立政》與古《大誓》皆祇有司徒、司馬、司空之官。今文家說信而有徵。若此經所列六人，則是周公制禮以後周有六卿之明證。召公與畢公、毛公爲三公，即在六卿之中。鄭君云「一公兼二卿」，惟可以解此經，與《大傳》所云天子祇有三公，其義判然不合。且如鄭說畢公入爲司馬，則召公當爲司徒，毛公當爲司空。畢、毛爲司馬、司空，或當如鄭君說，若召公爲司徒，則當時冢宰何人？周公既薨，豈復有位於召公之上者？若謂一公兼二卿，召公以司徒兼冢宰，當時六卿何以實有六人？是知今《尚書》說天子三公，乃周以前之制，古《周禮》說天子六卿，乃周公制禮以後之制。鄭合今古文説傳會爲一，其注《大傳》實與《大傳》之義不符，孫氏引之不加別白，非也。

師氏、虎臣、○今文「虎」作「龍」。○《古今人表》第三等有師氏，師古曰：「周大夫也。」又有龍臣，師古曰：「周武賁氏也。《尚書》作『武臣』。」段玉裁説：「唐人諱『虎』爲『武』。『師伯、龍臣』，此今文《尚書》也。而班氏以『師氏、龍臣』爲人名，僞《孔》則以『師氏、虎臣』爲官，其説亦異。師古用《孔傳》以『虎』注『龍』，誤矣。」

百尹御事。王曰：「嗚呼！疾大漸，○蔡邕《陳留太守胡公碑》曰：「是日疾遂大漸。」《議郎胡公夫人哀讚》曰：「疾大漸以危亟兮。」《胡公夫人靈表》曰：「疾大漸兮速流。」

「惟幾，病日臻。既彌留，○今文一作「彌流」。○蘇順《漢和帝誄》曰：「彌留不豫。」蔡邕《濟北相崔君夫人誄》曰：「寢疾彌留。」《孔彪碑》云：「而疾彌流。」是今文一作「彌流」也。

「恐不獲誓言嗣，兹予審訓命汝。昔君文王、武王宣重光，錫瑞謹案：《洪範五行傳》曰：「明王踐阼，則日儷其精，重光以見吉祥。」《漢書·兒寬傳》寬奉觴上壽曰：「癸亥宗祀，日宣重光。」李奇注云：「太平之世，日襃重光，謂日有重日也。」《孝經説》曰：「德及于天，斗極明，日月光。」《春秋元命包》曰：「文王之時，五星以聚房也。」桓譚《新論》曰：「二年甲子日，日月若連璧，五星若連珠。昧爽，武王至于商郊牧野。」荀悦《漢紀·後序》曰：「至于有周，對日重光。」崔豹《古今注·音樂》篇曰：「漢明帝爲太子，樂人作歌詩四章，以贊太子之德。一《日重光》，天子之德，光明如日，太子比德焉，故云重爾。」《釋文》引馬注云：「重光，日月星也。太極上元十一月朔旦冬至，日月如疊璧，五星如連珠，故曰重光。」據此諸説，則今文家以重光爲日，或兼月與星言。謂文、武時有此重光之瑞。兒寬傳今文，故同《五行傳》義。馬治古文，亦用今文義，不異也。而《後漢·和帝紀》永元二年詔曰：「豈非祖宗迪哲重光之鴻烈歟？」班固《典引》曰：「然後宣二祖之重光。」蔡邕《胡公碑》曰：「人倫輯睦，日月重光。」《陳留索昏庫上里社碑》曰：「爰我虞宗，乃世重光。」《張表碑銘》曰：「令德攸兮宣重光。」《祝睦後碑》曰：「領二郡，曜重光。」鍾會《檄蜀文》曰：「奕世重光。」《魏受禪碑》：「宣重光以照下。」邯鄲子禮《魏受命述》曰：「聖嗣承統，爰宣重光。」諸説則以「重光」爲「重熙累洽」，即《大傳》云「光華復旦」之意。若孟堅以漢之二祖比文、武，子禮以曹操比文王、曹丕比武王，其義尤明。是今文家亦不盡以重光爲文、武時有疊璧連珠之瑞。蓋三家今文不同也。又案：李善注《文選》陸士衡《宴玄圃詩》作「昔先君」，注鍾士季《檄蜀文》作「昔我君」，今本作「昔君」，文義未完，疑脱一字。然李善注亦參差不一，未敢意增。

「奠麗，陳教則肄，肄不違，用克達殷集大命。○今文「達」作「通」，「集」作「就」。○漢石經：「上闕。通殷就大命。在。下闕。」段玉裁説：「古文『達』字今文皆作『通』，如《禹貢》『達于河』、『達于沛』、『達于淮、泗』，《史記》皆作『通』是也。集、就古通用，《韓詩》『是用不就』，《毛詩》作『不集』是也。皆雙聲字。」

「在後之侗，○今文作「在后之詷」。○僞《孔》本作「在後之侗」。《釋文》云：「『侗』，馬本作『詷』，云『共也』。」《説文·言部》：「詷，共也。」引《周書》「在后之詷」。段玉裁説：「『侗』作『詷』，與馬本合。『後』作『后』者，古字通用。徐鼎臣、李仁甫本皆作『在夏后之詷』，誤衍『夏』字，不可通。徐楚金本無『夏』字。《玉海·藝文志考》引『在夏后之詷』，此用徐鼎臣誤本也。黄公紹《韻會》引『在后之詷』，用小徐本，無『夏』字。」錫瑞謹案：段説是也。大徐《説文》衍一「夏」字。江聲、王鳴盛、孫星衍曲爲之説，皆不可通。陳喬樅以有「夏」字爲今文，亦無據。

「敬迓天威，嗣守文、武大訓，無敢昏逾。今天降疾殆，弗興弗悟，○今文「弗」作「不」。○《費鳳碑》曰：「不悟奄忽。」又曰：「終則不悟。」是今文《尚書》作「不悟」，以例推之，「弗興」亦當作「不興」也。

「爾尚明時朕言，用敬保元子釗弘濟于艱難。柔遠能邇，安勸小大庶邦。思夫人自亂于威儀。爾無以釗冒，貢于非幾。」孫星衍説：「『冒』者，《春秋左氏》文十八年《傳》云：『冒于貨賄。』注：『冒亦貪也。』『貢』者，《廣雅·釋言》云：『獻也。』『幾』與『機』通，《淮南·主術訓》云：『治亂之機。』高誘注云：『機，理也。』言汝衆國無以釗爲貪，而進奉以非法之財賄。《史記》云：『務在節儉，毋多欲。』此篇惟冒貢非幾爲多欲之義。《釋文》『冒』一音『墨』，是古説亦有以爲貪墨之義者。知史公即解此文，蓋孔安國古文説也。」錫瑞謹案：孫説是也，而以爲孔安國古文説則未必然。《史記》引經皆今文説，班孟堅云：「遷書載《堯典》、《禹貢》、《洪範》、《微子》、《金縢》多古文說。」則餘篇非古文說可知。孫以爲《史記》皆從古文，殊失考。

兹既受命還，出綴衣于庭。〇今文「既」作「即」，「綴」作「贅」。〇漢石經：「上闕。非幾。兹即。下闕。」段玉裁說：「『既』作『即』，此今文《尚書》也。」案：《立政》篇「綴衣」，揚雄、班固、崔瑗、趙岐引皆作「贅」，則依今文此「綴衣」亦當作「贅」也。

越翼日乙丑，王崩。〇今文「翼」作「翌」，「王」上有「成」字。〇《漢書·律曆志》云：「《顧命》曰：『翌日乙丑，成王崩。』」《白虎通·崩薨》云：「書曰『成王崩』，天子稱『崩』何？別尊卑、異生死也。天子曰崩，大尊像。崩之爲言崩壞也。」《春秋說題辭》曰：「天子曰崩。崩之爲言隕也。」《釋名·釋喪制》曰：「天子曰崩，崩壞之形也。崩，硼聲也。」《周禮·司几筵》注：「鄭司農云：『《書·顧命》曰：翌日乙丑，成王崩。』」《釋文》云：「馬本作『成王崩』，云：『安民立政曰成。』」段玉裁說：「馬蓋謂『成』爲死謚，非生稱，與《酒誥》注相表裏。而不知初崩未有謚，《春秋》之例曰薨，至葬而後曰『葬我君某公』。」案：段說是也。《酒誥》「成王」三家說以成王爲少成二聖之功，生號曰「成王」，没因爲謚。其義最塙。

太保命仲桓、南宮毛，〇今文「仲」作「中」，「毛」作「髦」。〇《古今人表》第三等有中桓、南宮髦。

俾爰齊侯吕伋，以二千戈、虎賁百人，逆子釗於南門之外。〇今文「賁」作「奔」，「逆」作「迎」。〇「虎賁」當作「奔」，見《立政》。《白虎通·爵》篇曰：「何以知不從死後加王也？以上『迎子釗』不言迎王也。」錫瑞謹案：今文「逆」爲「迎」，上云「元子釗」，元子，太子也。又云「爾無以釗」，不云「子釗」。此云「迎子釗」，則子非康王名。時成王新崩，故稱子，與《春秋》未殯稱子某之義同。孫星衍說：「南門者，廟門。《史記》所云『二公率諸侯以太子釗見於先王廟』是也。」

延入翼室，恤宅宗。〇今文「翼」作「翌」，「宅」作「度」。〇《後漢書·袁紹傳》注引此文作「翌」。段玉裁說：「傳訓『翌』爲『明』，疏引《釋言》『翌，明也』，則其字必本作『翌』。明室即明堂也。明堂即路寢也。班固《典引》曰：『正位度宗。』李賢注云：『《尚書》曰：延入翼室，恤度宗。』度，居也。宗，尊也。」孫星衍說：「此本蔡邕《典引》注，李賢襲之。今文『宅』爲『度』。」

丁卯，命作册度。越七日癸酉，伯相命士須

材。狄設黼扆綴衣。○今文「扆」作「衣」，「綴」作「贅」。○漢石經：「上闕。黼衣。下闕。」馮登府說：「案：『扆』通『依』。《明堂位》『天子負斧依』，《釋文》：『本作「扆」。』『依』亦作『衣』。《學記》『不學博依』，注：『或爲「衣」。』『衣』即『依』省也。」李富孫說：「《說文》：『衣，依也。』《釋名》訓同。『依』與『扆』通，故石經從省作『衣』。」

牖間南嚮，敷重篾席，黼純，華玉仍几。西序東嚮，敷重底席，綴純，文貝仍几。東序西嚮，敷重豐席，畫純，雕玉仍几。西夾南嚮，敷重筍席，玄紛純，漆仍几。○今文「嚮」作「鄉」，「敷」作「布」，「篾」作「蔑」。○《周禮·司几筵》：「凶事仍几。」注云：「故《書》『仍』爲『乃』。鄭司農云：『「乃」讀爲「仍」。仍，因也，因其質，謂無飾也。』《爾雅》曰：『儴、仍，因也。』《書·顧命》曰：『翌日乙丑，成王崩。癸酉，牖間南鄉，西序東鄉，東序西鄉，皆仍几。』」《說文·苜部》云：「蔑，火不明也。从苜、火，苜亦聲。《周書》曰：『布重蔑席。』纖蒻席也，讀與『篾』同。」案：《史記》用今文，「敷」多作「布」。《說文》所引當是今文。下文亦當以例改爲「布」。

越玉五重，陳寶，赤刀、大訓、弘璧、琬琰，在西序。大玉、夷玉、天球、《河圖》，在東序。《周禮·天府》：「凡國之玉鎮、大寶器藏焉。若有大祭、大喪，則出而陳之。」注曰：「鄭司農云：『《書·顧命》曰：「翌日乙丑，王崩。丁卯，命作册度。越七日癸酉，陳寶，赤刀、大訓、弘璧、琬琰，在西序。大玉、夷玉、天球、《河圖》，在東序。胤之舞衣、大貝、鼖鼓，在西房。兑之戈、和之弓、垂之竹矢，在東房。」此其行事見於經。』」賈疏引鄭《顧命》注曰：「赤刀者，武王誅紂時刀，赤爲飾，周正色也。大訓者，謂禮法，先王德教。弘，大也。大璧、琬琰皆度尺二寸者。大玉，華山之玉。夷玉，東北之珣玗琪也。天球，雍州所貢之玉，色如天者。三者皆璞，未見琢治，故不以禮器名之。《河圖》，圖出於河水，帝王聖者所受。大貝者，《書傳》曰『散宜生之江、淮之浦，❶取大貝如車渠』是也。鼖鼓，大鼓也。胤也、兑也、和也、垂也，皆古人造此物者之名。」案：仲師引陳寶與《說文》異，大玉、夷玉、天球與蔡注異，蓋亦三家之不同。○今文一作「陳宲赤刀」。○《說文·宀

❶「江」，原作「河」，今據《周禮·春官·天府》賈疏改。

部》：「宲，藏也。𥝌，古文保。《周書》曰：『陳宲赤刀。』」案《史記》用今文，「寶」皆作「葆」，「葆」與「宲」相近。《説文》所引疑亦今文，非必壁中故《書》。《正義》引鄭注云：「陳寶者，方有大事，以華國。」與先鄭所引皆作「寶」，或反屬古文與？○一作「天球、《河圖》，在東杼。」○王儉《褚淵碑文》曰：「餐東野之秘寶。」李善注云：「《雒書靈准聽》曰：[1]『《顧命》云：「天球、《河圖》，在東杼。」』天球，寶器也。《河圖》，本紀圖帝王終始存亡之期。《典引》曰：『御東序之秘寶。』然『野』當爲『杼』，古『序』字也。」段玉裁説：「《尚書大傳》：『天子賁庸，諸侯疏杼。』鄭注：『杼亦廧也。』是『杼』爲『序』之假借。今文《尚書》盡如是。《大傳》屬今文，漢時緯書亦皆用今文。」○一作「顓頊《河圖》、《雒書》，在東序」。○班固《典引》曰：「御東序之秘寶，以流其占。」蔡邕注曰：「東序，牆也。《尚書》曰：『顓頊《河圖》、《雒書》，在東序。』流，演也。《河圖》、二字舊脱，據段説增。《雒書》皆存亡之事，尚覽之以演禍福之驗也。」陳喬樅説：「蔡所引《尚書》，當是《尚書》説。古帝王受《河圖》者，非獨顓頊。前有伏羲受《河圖》，見《漢書·五行志》。後有堯受《河圖》，玄龜負書止壇，舜受《河圖》，黄龍負卷出水，見《尚書中候·握河紀》。禹受《河圖》，見《博物志》引《尸子》。是蔡邕特約舉《尚書》之説，所引文句或更有脱佚，不得以爲即今文《尚書》也。觀鄭司農《天府》注引《顧命》『陳寶』云云，與馬、鄭本同，則知今文《尚書》經無『顓頊』、『《雒書》』等字也。」錫瑞謹案：陳説非也。《典引》曰：「御東序之秘寶，以流其占。」夫《圖》、《書》亮章，天哲也。」上言東序，下言《圖》、《書》，是班氏以東序兼有《圖》、《書》，塙然可據。顓頊《河圖》、《雒書》，蓋見緯候，今緯書亡佚不可考。蔡書石經，據小夏侯《尚書》，其注《典引》當亦用小夏侯本。三家今文各異，故蔡注所引與《雒書靈准聽》鄭司農注不同。陳氏知有三家之分，而於此獨不信蔡説，所謂知二五而不知十也。《尚書中候·握河紀》：「堯乃沈璧於河。禮備，至於日稷，榮光出河，休氣四塞，白雲起，回風摇。龍馬銜甲，赤文緑色，自河而出，臨壇止霽，吐甲圖而蹵，甲似龜背，袤廣九尺，平上五色，上有列宿斗正之度，帝王籙紀興亡之數，言虞、夏、商、周、秦、漢之事。帝乃寫其文，藏之東序。」此《河圖》在東序之明證。

胤之舞衣、大貝、《大傳》曰：「散宜生之江、淮之浦，

[1] 「靈」，原作「天」，《文選》王仲寶《褚淵碑文》李善注引作「零」，他書所引多作「靈」，今據校改。下同。

取大貝如車渠，陳于紂之庭。」即此大貝。

鼖鼓，在西房；兑之戈、和之弓、垂之竹矢，在東房。大輅在賓階面，綴輅在阼階面，先輅在左塾之前，次輅在右塾之前。○今文「輅」作「路」，「綴」作「贅」。○《白虎通》云：「所以必有塾何？欲以飾門，因取其名也。明臣下當見於君，必先孰思其事也。」《周禮·典路》注：「鄭司農説以《書·顧命》曰：成王崩，康王既陳先王寶器。又曰：大路在賓階面，贅路在阼階面，先路在左塾之前，次路在右塾之前。」陳喬樅説：「案：賈疏引鄭《顧命》云：『大路，玉路。贅路次在玉路後，謂玉路之貳也。先路，象路；門側之堂謂之塾，謂在路門内之西北面，與玉路相對也。象路之貳與玉路之貳相對，在門内之東北面。』《尚書正義》引馬融、王肅皆云：『不陳戎路，兵事非常，故不陳之。』又引鄭玄以綴、次是從後之言，『二者皆爲副貳之車。先路是象路也。「象」，今誤「金」。不陳金路、「金」，今誤「象」。木路、革路者，主於朝祀而已』。據此，是馬融、王肅以贅路爲金路，以次路爲木路，與鄭説異。馬用古文説，則鄭注爲今文説可知矣。鄭司農《典路》注既引《書·顧命》云云，即言『漢朝上計，律陳屬車於庭』，屬車即所謂貳車者。《續漢書·輿服志》云：『古者諸侯貳車九乘。秦滅九國，兼其車服，故大駕屬車八十一乘，法駕半之。』漢因秦制，大駕屬車八十一乘，法駕屬車四十六乘。周制大路貳車十二乘，先路當同。據鄭司農説，是今文《尚書》家説以贅路、次路皆爲大路、先路之貳車，非金路、木路之謂也。」

二人雀弁，執惠，立于畢門之内。○今文「雀」作「爵」。○《白虎通·紼冕》篇曰：「爵弁者何謂也？其色如爵頭，周人宗廟士之冠也。《禮·郊特牲》曰：『周弁。』《士冠經》曰：『周弁、殷冔、夏收。』爵何以知指謂其色？又乍言爵弁、乍但言弁，周之冠色所以爵何？爲周尚赤。所以不純赤，但如爵頭何？以本制冠者法天，天色玄者，不失其質，故周加赤。」《獨斷》曰：「冕冠周曰爵弁，殷曰冔，夏曰收。皆以三十升漆布爲殼，廣八寸，長尺二寸，加爵冕其上。周黑而赤，如爵頭之色，前小後大。」《釋名·釋衣服》曰：「弁，如兩手相合抃時也，以爵韋爲之，謂之爵弁。」錫瑞謹案：此皆今文家説，而《釋名》所云與《獨斷》云漆布爲殼異者，蓋爵弁有布、韋二種，凡兵事韋弁。服此執兵者，宜韋也。又案：今文作「爵弁」，《詩正義》引鄭本亦作「爵」。僞《孔》作「雀」，非是。金榜説：「康王受冊命在祖廟。畢門者，祖廟門也。先儒以下經『王出，在應門之内』，因釋畢門爲路門，蓋失考。天子七廟，太祖廟居中，兩廂各有三廟，每廟之前，有南北隔墻，牆皆有閤門，見賈氏《禮疏》。祖廟以西凡有四閤門，司儀每門止一相，《聘禮》『每門每曲揖』是也。入門者至祖廟門而終畢，故曰畢門。出則云廟門者，出入異詞。」

四人綦弁，執戈，上刃，夾兩階戺。○今文「綦」作「騏」。○《正義》曰：「王肅云：『綦，赤黑色。』」《釋文》曰：「馬本作『騏』，云：『青黑色。』」《正義》引鄭注：「青黑曰綦。」《詩正義》引《顧命》曰：「四人騏弁。」注云：「青黑曰騏。」注蓋鄭注。鄭本作「騏」，與馬本合。案：爵爲赤黑，則騏當爲青黑。馬、鄭本是，王説非也。

一人冕，執劉，立於東堂。一人冕，執鉞，立於西堂。一人冕，執戣，立於東垂。一人冕，執瞿，立于西垂。一人冕，執鋭，立于側階。《説文·戈部》：「戣，《周書》侍臣執戣立於東垂兵也。」又《金部》曰：「鈗，侍臣所執兵。《周書》曰：『冕執鈗。』讀若允。」段玉裁謂當依《尚書》作「鋭」，「鋭」譌爲「鈗」。

王麻冕，《白虎通·紼冕》篇曰：「麻冕者何？周宗廟之冠也。《禮》曰：『周冕而祭。』十一月之時，陽氣俛仰黄泉之下，萬物被施，如冕前俛而後仰，故謂之冕也。冕所以用麻爲之者，女功之始，示不忘本也。即不忘本，不用皮何？皮乃太古未有禮文之服，故《論語》曰：『麻冕，禮也。』《尚書》曰：『王麻冕。』冕所以前後邃延者何？示進賢退不能也。垂旒者，示不視邪。纊塞耳，示不聽讒也。故水清無魚，人察無徒，明不尚極知下。故《禮·玉藻》曰：『十有二旒，前後邃延。』《禮器》云：『天子麻冕，朱緑藻，垂十有二旒。』法四時十二月也。諸侯九旒，大夫七旒，士爵弁無旒。」錫瑞謹案：《白虎通》未分别吉凶之異，則以麻冕仍同吉服。魏尚書奏王侯在喪襲爵云：「按周禮，天子、公卿、諸侯吉服皆玄冕朱裏，玄衣纁裳，有喪凶則變之麻冕、黼裳，邦君麻冕，蟻裳。云麻冕者，則素冕，麻不加采色。又變其裳，亦非純吉，亦不純凶。」其説與《孔傳》異，與《白虎通》説亦不同，疑亦三家《尚書》之異説也。又案：《續漢書·輿服志》：「孝明皇帝永平二年初詔有司采《周官》、《禮記》、《尚書·皋陶》篇，乘輿服從歐陽氏説，公卿以下從大、小夏侯氏説。冕皆廣七寸，長尺二寸，前圓後方，朱緑裏，玄上，前垂四寸，後垂三寸，係白玉珠爲十二旒，以其綬采色爲組纓。三公、諸侯七旒，青玉爲珠；卿、大夫五旒，黑玉爲珠；皆有前無後。」是三家《尚書》有二説，歐陽説前後皆有旒，大、小夏侯説有前無後。明王應電、近儒江永、金鶚、張惠言皆謂當從夏侯説，以爲《玉藻》云「前後邃延」者，乃指其延，非指其旒。不知《漢志》云「前垂四寸，後垂三寸」，垂、邃聲相近，劉昭注訓「邃」爲「垂」，是即《玉藻》之邃延矣。《獨斷》云：「《周禮》天子冕前後垂延，朱緑藻十有二旒。」《釋名》云：「冕前後垂珠有文飾也。」亦直以「邃」爲「垂」。是即訓「邃」爲深邃，亦宜指旒而言，不宜指延而言。蓋延之長，周制尺六寸，漢制尺二寸。古者一尺，今尺僅六寸强；古尺尺六寸，今尺僅九寸强。以覆於首，前後所餘纔二寸强耳，不得謂之深邃。惟前後十二旒垂於延端，旒長各尺二寸，俛仰逶迤，如水之流，望之乃邃然而深耳。且前後有旒，其勢乃平。若無後旒，延既前俛後仰，俛者其勢易傾，更偏綴以一百四十四玉之重，拜跪之間，一俛首而前隊矣。是當從歐陽説爲長。《獨斷》、《釋名》皆從歐陽，《白虎通》無明文，恐亦不當如夏侯説。

黼裳，由賓階隮。《白虎通·爵》篇曰：「天子大斂之後稱王者，明民臣不可一日無君也。故《尚書》曰：『王麻冕、黼裳。』此大斂之後也。」錫瑞謹案：《曲禮》：「生與來日，死與往日。」往，死數也。死數往日，謂殯斂以死日數也。此士禮貶於大夫者，大夫以上皆以來日數，然則天子必以來日數矣。計成王以乙丑崩，自丙寅至壬申爲大斂之期，故《書疏》引鄭注以癸酉爲大斂之明日。「王麻冕」以下皆承「癸酉」之文，是稱王在大斂後也。若即位後，當升阼階。《文王世子》云：「成王幼，不能涖阼。」此經下曰：「由賓階隮。」是猶未忍當王禮，故知在大斂後也。《春秋繁露·玉英》篇曰：「天子三年，然後稱王，經禮也；有故則未三年而稱王，變禮也。康王以子繼父，非有他故而稱王者，史臣之詞也。」以稱王爲史臣詞，與《白虎通》説稍異。

卿士、邦君，麻冕、蟻裳，入即位。太保、太史、太宗，皆麻冕、彤裳。太保承介圭，上宗奉同瑁，由阼階隮。○今文「同」作「銅」。○《白虎通·爵》篇曰：「王者既殯，而即繼體之位何？緣臣民之心，不可一日無君也。故先君不可得見，則後君繼體矣。故《尚書》曰：『王再拜興對，乃受銅瑁。』明爲繼體君也。緣終始之義，一年不可有二君，故《尚書》曰：『王釋冕，喪服。』吉冕服受銅，稱王以接諸侯，明已繼體爲君也。釋冕、藏銅，反喪服，明未稱王以統事也。」《三國志·虞翻傳》裴松之注引《翻別傳》奏鄭玄解《尚書》違失事因：「以《顧命》康王執瑁，古『月』似『同』，從誤作『同』，既不覺定，復訓爲『杯』。《玉人》職曰：『天子執瑁以朝諸侯。』謂之酒杯，誤莫大焉。又馬融訓注亦以爲『同者，大同天下』，今經益『金』就作『銅』字，詁訓言天子副璽，雖皆不得，猶愈於玄。」陳喬樅說：「訓『同』爲酒器，亦是今文家說。何以驗之？翻稱馬融訓注以『同』爲『大同天下』，馬用古文《尚書》說，故不從今文家之訓。此王所受同，許、鄭均解爲爵名，自是圭瓚之器，用銅爲之者，故三家今文字或作『銅』也。《考工記》言大璋、中璋、邊璋之制，皆黄金勺，青金外。杜子春云：『勺謂酒尊勺也。』鄭康成云：『三璋之勺，形如圭瓚。』三璋之勺皆以黄金爲之，則圭瓚亦以黄金爲勺可知也。飲器以梓爲質，飾以金玉。此鬯瓚爲傳重之器，觀《白虎通》言『既事藏之』，則非祭祀常用之瓚，當必用銅爲之，取其永遠世守之意。觀商、周彝器，皆以銅爲之，金飾其外，大可概見矣。《易·震卦》『不喪匕鬯』，《彖》曰：『不喪匕鬯，出可以守宗廟社稷，以爲祭主也。』在《易》『帝出乎震』，震，長子也；主器者莫若長子，故以不喪匕鬯言之。此銅瑁所以爲傳重之器也。馬融訓此經『同』字，以大同天下言之，即《漢書》所云『用銅者，名自名也，所以同天下』之義。古文與今文家說亦相通。惟虞翻云『今經益「金」就作「銅」字，詁訓言爲天子副璽』者義獨別異，此小夏侯《尚書》之說也。案：《禮記·月令》曰：『固封璽。』《春秋左氏傳》曰：『魯襄公在楚，季武子使公冶問璽書，追而與之。』蔡邕曰：『璽者，印也。印者，信也。天子璽以玉螭虎紐。古者尊卑共之，《月令》、《左傳》所云，此諸侯、大夫印稱璽者也。衛宏曰：「秦以前民皆以金玉爲印，龍虎紐惟其所好。」然則秦以來天子獨以印稱璽，又獨以玉，羣臣莫敢用也。』蔡邕亦習小夏侯《尚書》者。今文家以『同』字作『銅』，遂以銅訓爲天子之副璽，蓋據秦制天子玉璽，其副璽當用金，故爲此說。然以璽爲傳重之器，秦、漢以前無此説，未可據以解此經之銅瑁，不如許、鄭之訓於義爲長。」錫瑞謹案：陳說未塙。《尚書大傳》曰：「湯伐桀而歸于亳，三千諸侯大會，湯取天子之璽，置之於天子之坐左，復而再拜從諸侯之位。」此今文家説以爲三代以前已以璽爲傳重之器之明證也。《大傳》又曰：「古者圭必有冒，言不敢專達之義也。天子執冒以朝諸侯。」《白虎通·瑞贄》篇曰：「瑁之爲言，冒也。上有所覆，下有所冒，義取覆天下，故爲大同也。」《白虎通》以瑁爲「天下大同」，與馬注「大同天下」之説正合。疑馬注云「大同天下」者，亦即以瑁言之。蓋馬本作「同」，與《白虎通》作「銅」不合，而以同爲大同天下，即《白虎通》之以瑁爲大同天下。馬以同、瑁爲一物，即虞氏之所本。特虞以爲經文當作「上宗奉冃瑁」，言冃珪者瑁，以冃訓瑁，與馬小異，而以爲一物則同。故虞以爲馬猶愈鄭。虞以鄭訓「酒杯」爲誤，則「酒杯」之訓當創於鄭，鄭以前無訓「酒杯」者可知。若如陳説，訓「銅」爲酒器，亦本今文《尚書》，虞氏非不見今文者，何獨以訓「酒杯」爲鄭誤乎？惟《説文》云「同，爵名也」，與鄭義合。然《説文》多據古文而非今文。虞氏未嘗引《説文》，當時或未見其書也。漢時今文《尚書》與古文多違異，《白虎通》於「太保受同」以下無明文，不知其説云何，或其本文與古文異，未可偏執古文以詆今文。馬、鄭治《尚書》初無一定之説，或馬從今、鄭從古，或馬從古、鄭從今，又或自立新説，其説多可考見。陳氏治今文，必欲引鄭爲助，遂概謂馬從古文、鄭從今文，大都傅會無據。此經分別今、古文尤不塙，故具辨之。

太史秉書，由賓階隮，御王册命。曰：「皇后憑玉几，○今文「憑」作「馮」。○孫星衍説：「后者，《説文》云：『繼體君也。』謂康王也。此太史傳述成王之命，命康王馮玉几以聽，道揚緒餘之命，即《白虎通·爵》篇云『即繼體之位』也。」

道揚末命，《漢書·敍傳》曰：「博陸堂堂，受遺武皇，擁毓孝昭，末命導揚。」劉德曰：「武帝臨終之命也，光能導達顯揚也。」蘇順《和帝誄》曰：「彌留不豫，道揚末命。」

命汝嗣訓，臨君周邦，○今文「君」在「臨」上。○《文選·責躬詩》李善注引作「君臨周邦」，「君」在「臨」上，文義爲順。賈公彦《序周禮廢興》引鄭君《周禮序》曰：「斯道也，文、武所以綱紀周國，君臨天下。」是鄭本作「君臨」也。《通典》「天子敬父」晉何琦議曰：「君臨率土。」其所據本亦作「君臨」。

率循大卞，燮和天下，用答揚文、武之光訓。」王再拜，興，答○今文「答」作「對」。○《白虎通》引作「對」，見上。古文《尚書》「答」字今文皆作「對」，上句「答揚」依今文當作「對揚」。

曰：「眇眇予末小子，其能而亂四方，以敬忌天威？」乃受同瑁，○今文「同」作「銅」。○《後漢書·明帝紀》永平二年詔曰：「眇眇小子，屬當聖業。」「同瑁」《白虎通》引作「銅」，見上。

王三宿，三祭，三咤。○今文「咤」作「度」。○僞《孔》本作「咤」，《釋文》曰：「咤，陟嫁反。字亦作『宅』。又音妬。徐又音託。又豬夜反。《説文》作『⿱宀託』，丁故反，奠爵也。馬本作『詫』，與《説文》音義同。」段玉裁説：「許所據，蓋壁中古文原本。馬本作『詫』者，字之誤也。孔本作『咤』者，又『詫』之字誤也。其作『宅』者，别本也。既釋爲『奠爵』，則有『居』義，故其字無妨作『宅』。」錫瑞謹案：古文《尚書》訓「居」者字皆作「宅」，今文《尚書》訓「居」者字皆作「度」，《史記》、《漢書》及兩漢人引經之例皆然。此文既有「居」義，古文作「宅」，則今文必作「度」可知。古無四聲虚實之分，「量度」之「度」與「度量」之「度」不妨同音。《釋文》曰「又音妬」，正今文作「度」之證。今據《釋文》與段玉裁説定作「度」。若《説文》作「⿱宀託」，自是壁中古文，「詫」、「咤」皆「⿱宀託」之誤。陳喬樅謂《説文》據今文《尚書》作「⿱宀託」，非也。

上宗曰：「饗！」太保受同，降，盥，以異同秉璋以酢，授宗人同，拜，王答拜。太保受同，祭，嚌，宅，○今文「同」作「銅」，「答」作「對」，「宅」作「度」。○僞《孔》本作「宅」。《釋文》曰：「宅，如字，馬同。徐殆故反。」段玉裁説：「按徐音，則『宅』同『度』，古宅、度二字通用，皆訓『居』也。『宅』古音如『鐸』，亦音徒故切。《集韻》『十一暮』曰『度或作⿸广乇、宅』，『二十陌』曰『宅或作度』是也。」錫瑞謹案：據段説，足爲上文「三⿱宀託」「⿱宀託」字與此「宅」字今文皆當作「度」之證。上文《釋文》曰「又音妬」，與此文「徐殆故反」相近，則音「妬」疑亦徐音。徐仙民多古音，猶及見今文遺説也。陳喬樅不改經文作「度」，失之。「同」作「銅」，「答」作「對」，當以例改。

授宗人同，拜，王答拜。太保降，收。諸侯出廟門俟。○今文「同」作「銅」，「答」作「對」。○錫瑞謹案：《史記》云：「成王乃命召公、畢公率諸侯以相太子而立之。成王既崩，二公率諸侯以太子釗見於先王廟。」據此，則今文説以此諸侯即成王所命之諸侯，廟門即先王廟門。解者以諸侯爲來奔喪見新君者，又以廟爲殯宮，皆非是。金榜説不誤，見前。

今文尚書考證卷二十五

善化　皮錫瑞

康王之誥第二十五　周書十六

康王之誥　伏生今文《尚書》當從「王若曰」分篇，與馬、鄭本同，與僞《孔》本異。《史記·周本紀》曰：「太子釗遂立，是爲康王。康王即位，徧告諸侯，宣告以文、武之業以申之，作《康誥》。」僞孔安國《尚書序》曰：「伏生《康王之誥》合於《顧命》。」《正義》曰：「伏生以此篇合於《顧命》，共爲一篇，後人知其不可，分而爲二。馬、鄭、王本此篇自『高祖寡命』已上内於《顧命》之篇，『王若曰』已下始爲《康王之誥》。」《釋文》於「王若曰」云：「馬本從此以下爲《康王之誥》，又云與《顧命》差異敘。歐陽、大小夏侯同爲《顧命》。」

錫瑞謹案：史公云「作《康誥》」，與上文云「作《顧命》」分別其辭，蓋以《顧命》、《康誥》各爲一篇，與馬、鄭《書序》同，未嘗以《康王之誥》合於《顧命》。史公本受伏生《尚書》，雖從安國問古文，而《史記》所載多今文説，其所載《書序》與馬、鄭《書序》不同者，乃今文家所傳之本。而此引《書序》以「作《康誥》」別爲一篇，則史公所受伏生《尚書》亦必不以《康王之誥》合於《顧命》矣。蓋伏生傳《書》二十九篇，有《康王之誥》而無《大誓》。史公云：「伏生獨得二十九篇。」亦當不數《大誓》。其後歐陽、夏侯三家併入《大誓》，遂與二十九篇之數不符，乃以《康王之誥》合於《顧命》。僞《孔序》詞不別白，因以三家之本爲伏生之本耳。據《史記》所引今文《書序》，猶可考見伏生之舊。史公用今文説，以爲康王即位，徧告諸侯，則亦當從「王若曰」以下分篇，與馬、鄭同。蓋馬季長以《大誓》爲僞，故用伏生、史公舊説，不用歐陽、夏侯之本，仍以《康王之誥》別於《顧命》，而不數《大誓》也。又案：今文《尚書》二十九篇，見於《史記》、《漢書》、《論衡》諸書甚詳。《史記·儒林傳》曰：「伏生求其書，亡數十篇，獨得二十九篇。」《漢書·藝文志》曰：「伏生求得二十九篇。」又曰：「孔氏得古文，以考二十九篇，得多十六篇。」《儒林傳》曰：「伏生求其書，獨得二十九篇。」又曰：「張霸分析合二十九篇爲數十。」《論衡·正説篇》引説

《尚書》者曰：「秦燔《詩》、《書》，遺在者二十九篇。」又曰：「傳者或知《尚書》爲秦所燔，而謂二十九篇其遺脱不燒者也。」又曰：「或説《尚書》二十九篇者，法斗四七宿也。四七二十八宿，其一曰斗矣，故二十九。」又引或説曰：「孔子更選二十九篇。二十九篇獨有法也。」據此諸書，是兩漢人言今文《尚書》者皆以爲二十九篇，無二十八篇之説也。然史公所謂二十九篇者，當分《顧命》、《康誥》爲二篇數之。班孟堅、王仲任所謂二十九篇者，在三家增入《大誓》之後，當合《顧命》、《康王之誥》爲一篇數之。其後僞《孔》書出，別撰《泰誓》三篇，不數漢之《大誓》，又當《顧命》、《康王之誥》二篇合併之後，於是《尚書》止有二十八篇，而僞《孔叢子》及臣瓚《漢書·劉歆傳》注遂有今文《尚書》二十八篇之説矣。僞《孔》古文雖分《顧命》、《康王之誥》爲二，而以「王出在應門之内」以下屬之《康王之誥》，欲示異於馬、鄭，而與史公之説亦不合，則其非伏生《尚書》之舊，斷斷然也。魏晉間僞古文已出，見其不數《大誓》，又見三家今文已合《顧命》、《康王之誥》爲一，乃以合爲一篇者爲伏生今文，而斷「王出在應門之内」以下爲《康王之誥》者爲真古文。不知史公所傳於伏生者，初非合爲一篇，馬、鄭古文與史公合者亦非斷自「王出在應門之内」也。若近儒皆知二十八篇之説爲不然矣，然猶未知二十九篇當分《顧命》、《康王之誥》爲二，乃以後出之《大誓》當之，不知《大誓》之文體近緯書，與二十九篇文體不類。《史記·周本紀》：「白魚躍入王舟中。」《索隱》曰：「此以下至『火復王屋』，皆見《周書》及今文《大誓》。」《文選注》引《周書》曰：「武王將渡河，中流白魚入于王舟。王俯取出涘以祭。」《藝文類聚》引《尚書中候》説赤烏、白魚事，其文多同《大誓》，然則《大傳》、《史記》、董仲舒策所引蓋出自《逸周書》及緯候之書。後出之《大誓》亦取《逸周書》、緯候爲之，而三家併入之伏生書中。若伏生《大傳》所載之文，雖與《大誓》文同，而其所傳二十九篇實不當有《大誓》也。又或以爲二十九篇不數《大誓》，當以百篇之《序》居其一。而考《漢書·儒林傳》云：「張霸分析合二十九篇爲數十，又采《左氏傳》、《書序》爲作首尾。」則今文《書序》亦當在二十九篇之外，是二説皆未爲塙也。惟據史公所引今文《書序》，分《顧命》、《康王之誥》爲二篇，以合伏生二十九篇之數，而不數《大誓》與《書序》，則其辭直，而二十九篇之數亦定矣。

王出在應門之内。太保率西方諸侯入應門左，○《論衡·氣壽篇》曰：「武王九十三而崩。周公，武王之弟也，兄弟相差不過十年。武王崩，周公居攝七年，復政退老，出入百歲矣。邵公，周公之兄也，至康王之時，尚爲太保，出入百有餘歲矣。」又曰：「邵公百八十。」《風俗通》曰：「燕召公奭與周同姓，壽百九十餘乃卒。」案：召公之年二説略異。《史記·燕世家》曰：「自陝以西，召公主之；自陝以東，周公主之。」召公此時尚爲西伯，而東伯則周公，薨後以畢公代之也。

畢公率東方諸侯入應門右，皆布乘黄朱。○今文作「黼黻衣黄朱紱」。○《白虎通·紼冕》篇曰：「紼者何謂也？紼者，蔽也，行以蔽前者爾。有事，因以別尊卑、彰有德也。天子朱紼，諸侯赤紼。《詩》曰：『朱紼斯皇，室家君王。』謂天子也。又云：『赤紼金舄，會同有繹。』又云：『赤紼在股。』皆謂諸侯也。《書》曰：『黼黻衣黄朱紼。』亦謂諸侯也。並見衣服之制，故遠別之。謂黄朱，亦赤矣。」段云：後二句當作「別於天子。謂之黄朱，黄朱亦赤矣」。段玉裁説：「按：此今文《尚書》也，古文《尚書》『布乘黄朱』之異文也。《漢書》韋孟《諷諫詩》：『黼衣朱黻。』此正用今文《尚書》。黼衣，謂畫黼於衣也。『黻』同『市』，亦作『韍』，蔽膝也，假借作紼、芾、茀、黻。朱黻與《詩·斯干》、《易·困卦》訓同。李善注《文選》不誤。師古注《漢書》云：『畫爲亞文，故謂之黻。』誤矣。毛傳於《采芑》曰：『朱芾，黄朱芾也。』於《斯干》曰：『芾者，天子純朱，諸侯黄朱。』説與今文《尚書》合。」錫瑞謹案：布、黼聲近，乘、市形近，因『市』轉『韍』，即轉『韍』成『黻』。祭衣稱『韍』，故黼黻之衣用朱紼也。天子諸侯同用朱韍，但天子純朱，諸侯黄朱不同。黄朱次於朱，則稱赤，故《斯干》、《采芑》竝云「赤芾」，《易乾鑿度》曰：「《困》六五，文王爲紂三公，故言『困于赤紱』也。至于九二，周將王，故言『朱紱方來』，不易之法也。」又曰：「天子三公、九卿朱紱，諸侯赤紱。朱紱者，賜大夫之紱也。文王方困而有九二大人之行，將賜之朱紱。其位在二，故以大人言之。」據此，則天子與其臣皆純朱，諸侯與其臣皆黄朱爲異也。

賓稱奉圭兼幣，曰：「一二臣衛，敢執壤奠。」皆再拜稽首。《説文》引《周書》曰：「稱奉玠圭。」陳喬樅以爲今文，無據。《白虎通·姓名》篇曰：「人所以相拜者何？所以表情見意，屈節卑體，尊事之者也。拜之言，服也。所以必再拜何？法陰陽也。《尚書》曰『再拜稽首』也。必稽首何？敬之至也。頭至地何以言首？首謂頭也。」

王義嗣德，答拜。太保暨芮伯咸進，相揖，

皆再拜稽首，曰：「敢敬告天子，皇天改大邦殷之命，惟周文、武誕受羑若，克恤西土。惟新陟王畢協賞罰，《說苑・政理》篇曰：「夫誅賞者，所以别賢不肖，而列有功與無功也。故誅賞不可以繆，誅賞繆則美惡亂矣。夫有功而不賞，則善不勸；有過而不誅，則惡不懼。善不勸，惡不懼，而能以行化乎天下者，未嘗聞也。《書》曰：『畢協賞罰。』此之謂也。」

「戡定厥功，用敷遺後人休。今王敬之哉！張皇六師，無壞我高祖寡命。」錫瑞謹案：自此以上，今文皆當爲《顧命》文。《續漢書・禮儀志》曰：「三公奏《尚書・顧命》，太子即日即天子位于柩前。」據此，則今文説以「越七日癸酉」以下皆此一日之事，即國不可一日無君之義。不得如顧炎武説，以「狄設黼扆綴衣」以下爲異時事也。《説文》引《周書》曰：「用敷遺後人無休。」字未知今文同否。

王若曰：「庶邦侯、甸、男、衛，惟予一人釗報誥，○今文「男」作「任」。○今文「男」作「任」，《詩譜》正義引鄭注云：「獨舉侯、甸、男、衛四服者，周公居攝六年，制禮頒度量，至此積三十年，再巡狩，餘六年；侯、甸、男要服正朝，要服國遠，既事遺之，衛服前冬來，以王有疾留之。」陳喬樅説：「鄭之此注，皆依伏生《大傳》爲説，亦用今文家言也。」

「昔君文、武丕平富，不務咎，底至齊信。用昭明于天下，則亦有熊羆之士，不二心之臣，保乂王家，○今文「二」作「貳」。○蔡邕《司空文烈侯楊公碑》曰：「總其熊羆之士，不貳心之臣，保乂帝家。」今文《尚書》「二」當作「貳」。《東鼎銘》亦曰：「保乂帝家。」夏勤策文曰：「保乂皇家。」

「用端命于上帝。皇天用訓厥道，付畀四方，乃命建侯樹屏，在我後之人。今予一二伯父尚胥暨顧，綏爾先公之臣服于先王。雖爾身在外，乃心罔不在王室。○今文「罔」作「無」。○《漢書・谷永傳》永對曰：「忠臣之於上，志在過厚，是故遠不違君，❶死不忘國。經曰：『雖爾身在外，乃心無不在王室。』」《後漢書・張酺傳》肅宗詔報曰：「經

❶「君」，原作「居」，今據《漢書・谷永傳》改。

云：『身雖在外，乃心不離王室。』典城臨民，益所以報効也。」《荀彧傳》彧勸操曰：「雖禦難於外，乃心無不在王室。」

「用奉恤厥若，無遺鞠子羞。」羣公既皆聽命，相揖，趨出。王釋冕，反喪服。段玉裁説：「《白虎通・爵篇》：『《尚書》曰：「王釋冕，喪服。」』無『反』字，蓋今文《尚書》也。」錫瑞謹案：《白虎通》下句明云「釋冕，藏銅，反喪服」，是今文亦有「反」字。經不言藏銅，而《白虎通》云藏銅者，蓋今文説銅爲副璽，既未稱王統事，則受璽當仍藏之。《公羊》桓元年《傳》解詁曰：「先謁宗廟，以繼祖也。還之朝，正君臣之位也。事畢而反凶服焉。」亦與此經義合。《通典》載王肅王侯在喪襲爵議曰：「按：《尚書》康王受策命，吉服而受之；事畢，又以吉服出應門内，以命諸侯；皆出，然後王釋冕，反喪服。故臣以爲諸侯受天子之命，宜以吉服。」王肅通今文《尚書》，此引《尚書》「策命」不作「册」，與今文合，疑亦今文説也。《書正義》引鄭注曰：「羣公謂諸侯及王之三公，諸臣亦在焉。王釋冕，反喪服，朝臣、諸侯亦反喪服。《禮・喪服》篇：『臣爲君，諸侯爲天子，皆斬縗。』」其説亦與《白虎通》合。

今文尚書考證卷二十六

善化　皮錫瑞

呂刑第二十六　周書十七

呂刑　○今文「呂」作「甫」。○馬、鄭古文《書序》列《費誓》後，今文不可考。《大傳》曰：「《甫刑》可以觀誡。」《禮記》、《孝經》皆引「甫刑」。漢人引經亦多作「甫」，惟《墨子》書引「呂刑」爲異。蓋今古文在列國時已有異本矣。《正義》曰：「《揚之水》爲平王之詩，云：『不與我戍甫。』明子孫改封爲甫侯。穆王時未有『甫』名，稱『甫刑』者，後人以子孫國號名之，猶叔虞初封唐，子孫封晉，而《史記》稱『晉世家』。」錫瑞謹案：《詩・崧高》云：「生甫及申。」毛傳云：「於周則有甫有申。」是甫之爲國舊矣。甫，其國也；呂，其氏也。今文作「甫」，於義爲長。《史記・匈奴傳》曰：「周道衰，而穆王伐犬戎，得四白狼、四白鹿以歸。自是之後，荒服不至。於是周遂作《甫刑》之辟。」《鹽鐵論・詔聖》篇：「御史曰：『故姦萌而《甫刑》作，王道衰而《詩》刺彰，諸侯暴而《春秋》譏。』」

惟呂命王：○今文「呂」作「甫」。○《史記・周本紀》曰：「甫侯言於王，作修刑辟。」《集解》：「鄭玄曰：『《書説》周穆王以甫侯爲相。』」《論衡・非韓篇》曰：「周穆王之世可謂衰矣，任刑治政，亂而無功。甫侯諫之，穆王存德，享國久長，功傳於世。夫穆王之世，始亂終治，非知昏於前，才妙於後也；前任蚩尤之刑，後用甫侯之言也。」錫瑞謹案：據此，則今文家當以「惟甫命王」爲句。「甫命王」者，甫侯言於王，諫王任刑也。鄭引《書説》出《書緯刑德放》文。鄭云「甫侯爲相」，又云「呂侯受王命，入爲三公」者，《公羊》隱五年《傳》曰：「自陝以東者，周公主之；自陝以西者，召公主之；一相處乎内。」是相即在三公之中。《大傳》云：「天子三公：司徒公、司馬公、司空公。」鄭注云：「一公兼二卿，舉下以爲稱。」是甫侯於六卿當爲司寇，於三公爲司空公。司寇掌刑典，故得諫王任刑也。

享國百年，○今文「享」作「饗」。○石經《毋劮》與《史記》載《毋佚》文「饗國」字皆作「饗」，此亦當同。《論衡・氣壽篇》曰：「傳稱老子二百餘歲，邵公百八十，高宗享國百年，周穆王享國百年。並未享國之時，皆出百二十四十歲矣。」段玉裁說：「此用今文《尚書・毋佚》《甫刑》也。以連老子、邵公言之，故曰『傳稱』。後儒說穆王享國百年，謂其壽數，與仲任說異矣。」錫瑞謹案：《史記・周本紀》曰：「穆王即位，春秋已五十矣。」又云：「周穆王立五十五年崩。」是史公已以百年爲壽數，非始後儒。皇甫謐《帝王世紀》曰：「穆王修德教，會諸侯於塗山，命呂侯爲相，或謂之甫侯。五十一年，王已百歲，老耄，以呂侯有賢能之德，於是乃命呂侯作《呂刑》之書。五十五年，王年百歲，崩于祇宮。」亦同《史記》之文。然據《毋佚》篇言，殷三宗、周文王饗國年數，皆數即位以後，不兼數未即位以前。此云「饗國百年」，與《毋佚》「高宗饗國百年」之文正同，則其義亦當不異，王仲任之說似可信。仲任非不見《史記》者，而說與之異，必別有據。史公與仲任皆用歐陽《尚書》，不知何以不同。豈《史記》此文與《毋佚》「高宗饗國五十五年」之文皆古文說歟？抑後人改之歟？

「耄荒，度作刑，以詰四方。」楊雄《廷尉箴》曰：「穆王耄荒，甫侯伊謀。五刑訓天，周以阜基。」「訓」與「順」通，謂順天道以制刑也。又《法言》曰：「周穆王少不好學，至於耄長。」據此，則今文亦作「耄荒」。○今文一作「眊荒，度時作刑，以詰四方」。○《漢書・刑法志》曰：「周道既衰，穆王眊荒，命甫侯度時作刑，以詰四方。」又《匈奴傳》曰：「周道衰，而穆王伐畎戎，得四白狼、四白鹿以歸。自是之後，荒服不至。於是作《呂刑》之辟。」說本《史記》而「甫」作「呂」，與《刑法志》不符。《古今人表》亦作「呂侯」，疑皆後人改之。古耄、眊通用。《漢書・武帝紀》「哀夫老眊」，《平帝紀》「眊悼之人」，《彭宣傳》「年齒老眊」，皆以「眊」爲「耄」，是其證。孫星衍說：「《大傳》『度』作『鮮度』。《釋詁》云：『鮮，善也。』《漢志》：『度時作刑。』《詩傳》云：『時，善也。』則今文『鮮度』、『度時』，俱言度善也。或以度時爲相度時宜，非也。《史記》以『命王』爲『言於王』，則享國二語是告王之詞。呂侯告王，言王享國日久，老而治事，當度善作刑，以詰四方也。」錫瑞謹案：《大傳》無「鮮度作刑」之文。《困學紀聞》云：「『費誓』，《說文》作『粊誓』，《史記》作『肸』，《大傳》作『鮮』。句。『度作刑，以詰四方』，《周禮》注云『度作詳刑，以詰四方』。」王伯厚謂「《大傳》作『鮮』」者，乃「鮮誓」之「鮮」。惠氏輯本《大傳》誤連「鮮度」爲文。孫氏沿其誤，非是。《漢志》云「度時」，正相度時宜之謂。孫氏傳會「鮮時」，云皆訓善，失之。孫又云：「『詰』

作『誥』，今文《尚書》也。」蓋即以《困學紀聞》引《書》作「誥」，與《周禮》鄭注不同，故斷爲今文。然《尚書》不見有作「誥」之本，《紀聞》恐傳寫之誤，未可爲據。且《紀聞》本不連「《大傳》作鮮」爲句，❶尤不得謂之今文也。又案：《史記》云：「甫侯言於王，作修刑辟。」《漢志》以爲穆王命甫侯作刑者，蓋甫侯諫王任刑，王乃命甫侯修刑辟。《史》、《漢》二説可互相備，非有違異。《後漢紀》崔實論世事曰：「昔盤庚遷都，以易殷民之弊；周穆改刑，以正天下之失。」是「度時作刑」之證也。

王曰：「若古有訓，蚩尤惟始作亂，《史記・五帝紀》曰：「神農氏世衰，諸侯相侵伐，暴虐百姓，而神農氏弗能征。於是軒轅乃習用干戈，以征不享，諸侯咸來賓從。而蚩尤最爲暴，莫能伐。」又曰：「蚩尤作亂，不用帝命。於是黄帝乃徵師諸侯，與蚩尤戰於涿鹿之野，遂禽殺蚩尤。」

延及于平民，罔不寇賊，鴟義姦宄，○今文「鴟」作「消」。○《後漢書・殤帝紀》曰：「貪苛慘毒，延及平民。」《潛夫論・述赦》篇曰：「古者唯始受命之君，承大亂之極，被前王之惡，乃竝爲敵讎，罔不寇賊消義姦宄奪攘，以革命受祚，爲之父母，故得一赦。」孫星衍説：「今文『鴟義』作『消義』。《廣雅・釋詁》云：『消，滅也。』則『消義姦軌』或爲消義善而干軌法也。」錫瑞案：《書正義》引鄭注曰：「鴟義，盗賊狀如鴟梟。」未免望文生義。陳喬樅傳會其説，疑「消義」乃「梟義」之譌，非是。

奪攘矯虔。○今文「奪」作「敓」，「矯」作「撟」。○《大傳》曰：「降畔、寇賊、劫畧、敓攘、矯虔者，其刑死。」《漢書》武帝元狩六年詔曰：「撟虔吏因乘勢以侵蒸庶。」孟康注曰：「虔，固也。撟稱上命以貨賄用爲固。《尚書》曰：『敓攘撟虔。』」韋昭曰：「凡稱詐曰撟，强取曰虔。」據孟康所引，則「奪」當作「敓」，「矯」當作「撟」。《大傳》作「矯」，疑淺人改之也。《方言》曰：「秦、晉之北鄙，燕之北郊，翟縣之郊，謂賊爲虔。」

苗民弗用靈，制以刑，惟作五虐之刑曰法，○今文「弗」作「匪」，「靈」作「命」。○《禮記・緇衣》引《甫刑》曰：「『苗民匪用命，制以刑，惟作五虐之刑曰法。』是以民有惡德，而遂絶其世也。」鄭注云：「『甫刑』，《尚書》篇名。匪，非也。命，謂政令也。高辛氏之末，諸侯有三苗者作亂，其治民不用政令，專制御之以嚴刑，乃作五虐蚩尤之

❶ 「傳」，原作「誓」，今據前文改。

刑，以是爲法。於是民皆惡起倍畔也，三苗由此見滅，無後世。由不任德。」《正義》引鄭注《吕刑》云：「苗民謂九黎之君也。九黎之君於少昊氏衰而棄善道，上效蚩尤重刑，必變九黎。言苗民者，有苗，九黎之後。顓頊代少昊，誅九黎，分流其子孫，居於西裔者爲三苗。至高辛氏衰，又復九黎之君惡。堯興，又誅之。堯末，又在朝。舜時又竄之。禹攝位，又在洞庭逆命，禹又誅之。穆王深惡此族三生凶惡，故著其氏而謂之民。民者，冥也，言未見仁道。」段玉裁説：「據《禮記》鄭注，『民有惡德』即『泯泯棼棼，以覆詛盟』之云也。『遂絶其世』即『罔有馨香』之云也。《墨子・尚同》篇云：『是以先王之書《吕刑》道之曰：「苗民否用練，折則刑，唯作五殺之刑曰法。」則此言善用刑者以治民，不善用刑者以爲五殺。』按：《墨子》云『吕刑』，則古文《尚書》也。《緇衣》云『甫刑』，則今文《尚書》也。『靈』作『練』者，雙聲也。依《墨子》上下文觀之，『練』亦訓『善』，與孔正同。《緇衣》作『命』者，古靈、令通用，皆訓『善』。今之爲命，字之歧誤也。」錫瑞謹案：揚雄《廷尉箴》曰：「昔在蚩尤，爰作淫刑，延於苗民，夏氏不寧。」子雲蓋用今文家説，以爲作淫刑之苗民即是蚩尤。「夏氏不寧」，蓋謂夏后氏以苗民作淫刑，爲之不寧，乃制贖刑易之。《書序》云：「訓夏贖刑。」謂穆王順夏后贖刑之義以制罰也。《論衡》以苗民之刑爲蚩尤之刑，民興胥漸爲蚩尤之民，亦與子雲義同。蓋今文説以蚩尤、苗民爲一，非如鄭義以爲苗民效蚩尤。然則《緇衣》所云「苗民匪用命」，即《史記》云「蚩尤不用帝命」也。古者謂天爲帝，趙歧注《孟子》引「帝清問下民」，以帝爲天。史公云「不用帝命」，蓋謂不用天命。今文作「匪用命」，其義亦當如是，不必傅合古文「靈」字，以命爲令之誤，如段氏説也。鄭以命爲政令，亦古文説，與今文不同。《論語》魯讀折爲制，《魯論》是今文。此今文作「制」，古文作「折」之證。故《緇衣》引《甫刑》作「制」，《墨子》引《吕刑》作「折」也。鄭解「苗民」爲穆王惡之而謂之民，亦非古義。董子《繁露・三代改制質文》篇曰：「聖王生則稱天子，崩遷則存爲三王，絀滅則爲五帝，下至附庸，絀爲九皇，下極其爲民。」先、後鄭注《周禮》皆有「九皇六十四民」之文。賈疏云：「並是上古無名號之君。」然則民乃上古之君名，非謂無仁道也。如鄭君言，則《詩》言「民之初生」、「厥初生民」，豈亦惡之而謂之民乎！

「殺戮無辜。爰始淫爲劓、刵、椓、黥，〇今文作「臏、宮、割、劓、頭庶剠」。〇《虞書》正義曰：「夏侯、歐陽等書『劓刵、劅、黥』云『臏、宮、劓、割、頭庶剠』。」王引之說：「『宮、劓、割』當作『宮、割、劓』。《太平御覽·刑法部·宮割》下引《尚書刑德放》曰：『宮者，女子淫亂，執置宮中，不得出。割者，丈夫淫，割其勢也。』此引訓釋《甫刑》之詞。蓋宮、割皆是淫刑，『割』字即在『宮』字下，故《書緯》隨『宮』字解之。若在『劓』字之下，則與『宮』字不相連屬，不得如此訓釋矣。《白虎通義》說五刑曰：『割、宮在其中刑者也。』『割、宮』當爲『宮、割』，亦本《甫刑》也。其下文曰：『宮者，女子淫，執置宮中，不得出也。此下亦當有「割者」二字。丈夫淫，割去其勢也。』先言宮而後言割，亦依《甫刑》『宮、割』之文而解之也。《列女傳·貞順》篇曰：『士、庶人外淫者宮、割。』鄭注《文王世子》曰：『宮、割、臏、墨、劓、刖，皆以刀鋸刺割人體也。』又曰：『宮、割，淫刑也。』又注《孝經》曰：『科條三千，謂劓、墨、宮、割、臏、大辟。男女不與禮交者宮、割。』皆本《甫刑》也。或曰：安知經文不作『劓、宮、割』乎？曰：不然。《尚書大傳》曰：『決關梁、踰城郭而略盜者，其刑臏。男女不以義交者，其刑宮。觸易君命，革輿服制度，姦軌盜攘傷人者，其刑劓。』亦即依《甫刑》『臏、宮、割、劓』之文爲先後之次。是『臏』字當在『宮、割』之上，『劓』字當在『宮、割』之下。《大傳》不言『割』者，言宮可以統割。故《甫刑》前言『宮割』，後則但言『宮辟』、『宮罰』也。王氏《尚書後案》曰：『「臏、宮、劓、割頭、庶剠」者，臏即剕，割頭即大辟，庶剠即墨。庶，煑也。《秋官》庶氏以藥物熏攻毒蠱，故以名官。彼注庶讀如藥煑之煑。《司刑》注：「墨，黥也。先割其面，以墨窒之。」言刻額爲瘡，以墨塞瘡孔，令變色。則墨須煑，故云「庶剠」也。』案：王氏不知『割』字本在『宮』字下，而誤以『割頭』二字連讀，其說『庶』字之義，尤爲穿鑿。今考《御覽·刑法部·黥》下引《尚書刑德放》曰：『涿鹿者，笮人顙也。黥者，馬羈笮人面也。』又引鄭注曰：『涿鹿、黥，皆先以刀笮傷人，墨布其中，故後世謂之刀墨之民也。』然則墨刑在面謂之黥，在額謂之涿鹿。『涿』古讀若『獨』。涿鹿，疊韻字也。『頭庶剠』即涿鹿黥。頭、涿古同聲，庶即鹿之譌耳。」錫瑞謹案：王說甚塙。夏侯等書之「臏、宮、割、劓、頭庶剠」，即《說文》之「刖、劓、斀、黥」也。臏即刖，宮、割即斀，頭庶剠即黥，劓今古文同；合上文殺戮無辜，凡五刑。若以割頭爲大辟，則上文殺戮已言之，重複無義矣。王鳴盛說失之。侯康、陳喬樅皆沿其失，非也。

「越茲麗刑，并制，罔差有辭。民興胥漸，《大傳》曰：「苗民用刑，而民興犯漸。」王引之說：「漸，詐也。言小民方興相爲詐欺，故下文曰『罔中于信，以覆詛盟』

也。」引《莊子・胠篋》篇「知詐漸毒」，《荀子・不苟篇》「小人知則攫盜而漸」，《議兵篇》「招近募選，隆執詐，尚功利，是漸之也」，《正論篇》「上幽險則下漸詐矣」爲證。案：王説甚塙。然則民興胥漸，即民起相詐耳。

「泯泯棼棼，○今文作「湎湎紛紛」。○《漢書・敘傳》曰：「風流民化，湎湎紛紛。」《論衡・寒温篇》曰：「前世用刑者，蚩尤、亡秦甚矣。蚩尤之民，湎湎紛紛；亡秦之民，亦衣比肩。」

「罔中于信，以覆詛盟。虐威，庶戮方告無辜于上。○今文「戮」作「僇」，「方」作「旁」，「于上」作「于天帝」。○《論衡・變動篇》曰：「《甫刑》曰：『庶僇旁告無辜于天帝。』此言蚩尤之民被寃，旁告無罪於上天也。」錫瑞謹案：仲任引《書》無「虐威」二字，疑今文《尚書》本無之，或後人據下文「報虐以威」增之也。

「上帝監民，罔有馨香德，刑發聞惟腥。皇帝哀矜庶戮之不辜，僞《孔》本作「皇帝」。《釋文》作「君帝」，云：「『君』宜作『皇』字。帝，堯也。」錫瑞謹案：據此，則古文《尚書》有「皇帝」、「君帝」二本之不同。若今文《尚書》，「帝」字上當無「皇」字、「君」字。趙岐《孟子注》引「帝清問下民」，謂帝爲天。則此經今文家疑亦當訓爲天，直作「帝」字也。《論衡》三引「蚩尤」，皆謂苗民即是蚩尤。則下文「遏絶苗民」，今文家必謂天絶蚩尤。此云「帝哀矜庶僇之不辜」，今文家必謂天哀庶僇不辜。天哀不辜，故遏絶蚩尤，即《史記・五帝本紀》所云「蚩尤作亂，不用帝命，黄帝禽殺蚩尤」，《殷本紀》所云「昔蚩尤與其大夫作亂百姓，帝乃弗予，有狀」之事也。僞《孔傳》以帝爲堯，失之。鄭君以帝爲顓頊，亦與今文説異。

「報虐以威，《漢書・敘傳》述《酷吏》曰：「報虐㠯威，殃亦凶終。」師古曰：「《尚書・呂刑》曰：『皇帝哀矜庶戮之不辜，報虐以威。』言哀閔不辜之人橫被殺戮，乃報答爲虐者以威而誅絶也。」○今文一作「報虐用威」。○《論衡・譴告篇》曰：「周繆王任刑，《甫刑》篇曰：『報虐用威。』威、虐皆惡也，用惡報惡，亂莫甚焉。」段玉裁説：「此今文《尚書》説也。謂蚩尤報虐用威，而皇帝哀矜之也。『庶僇之不辜，報虐用威』，蒙上文『虐威，庶戮旁告無辜于天帝』言之。」錫瑞謹案：段説是矣，而未盡也。「以」與「用」同義，故今文亦作「用」。仲任以「報虐用威」爲用惡報惡，則今文家説以此文承上文「庶僇不辜」言之。用惡報惡，即淫刑之事，非謂帝報淫刑之虐以誅絶之威也。孟堅《敘傳》意亦當然，

「報虐以威」，指酷吏之虐威，殃亦凶終，乃言其後受殃之事。師古所注蓋非班氏之旨。用惡報惡，乃苗民之事，仲任以爲周繆王任刑者，《論衡・非韓篇》云「繆王任蚩尤之刑」，今文説以爲苗民即蚩尤，故以爲苗民之刑即周繆王所任之刑也。

「遏絶苗民，無世在下。揚雄《梁州牧箴》曰：「帝有桀紂，湎沈頗僻。遏絶苗民，滅夏殷績。」錫瑞謹案：子雲此文蓋借用苗民爲梁州之苗，借用古時之遏絶苗民以言桀、紂時之梁州聲教中絶，非今文本義也。

「乃命重、黎絶地天通，罔有降格。《楚語》觀射父曰：「顓頊受之，乃命南正重司天以屬神，火正黎司地以屬民，使復舊常，無相侵瀆。是謂絶地天通。」《潛夫論・志氏姓》篇全引《楚語》之文。❶ 張衡《應閒》曰：「重、黎又相顓頊而申理之，日月即次，則重、黎之爲也。」《中論・曆數》篇亦云：「顓頊命重、黎。」皆與鄭注義同。惟《春秋緯・文耀鉤》曰：「高辛受命，重、黎説天文。」以重、黎爲高辛時人，其説不同，疑亦三家之異説也。韋昭《國語注》曰：「顓頊，高辛氏作絶地天通，絶地民與天神相通之道也。」並言顓頊、高辛蓋兼用二家之説。《法言・重黎篇》曰：「羲近重，和近黎。」亦謂重、黎非即羲、和，與鄭義合也。觀射父又言：「少皞之衰，九黎亂德，民瀆齊盟，無有嚴威。神狎民則，不蠲其爲。」與上文「以覆詛盟」、「罔有馨香德」之意相合。是觀射父以苗民即九黎。鄭注云：「苗民謂九黎之君，上效蚩尤重刑。」蓋本於觀射父《國語》，爲古文家説，故與今文家以爲苗民即蚩尤之義不同也。

「羣后之逮在下，明明棐常，鰥寡無蓋。○《墨子・尚賢中》引「羣后之肆在下」十四字，在「有辭有苗」之下，「德威維威」之上；「逮在下」作「肆在下」，「棐常」作「不常」，「無蓋」作「不蓋」。江聲據以移易經文，云：「《正義》言鄭以『皇帝哀矜』至『罔有降假』説顓頊之事，『皇帝清問』以下乃説堯事，然則鄭君之本『降假』下即接『皇帝清問』云云，與《墨子》所引適合，自是古文如此。」錫瑞謹案：《墨子》引「吕刑」不云「甫刑」，蓋古文。故作「皇帝」，與趙注《孟子》不合；「哲民維刑」，與《大傳》不合；惟「德威維威」與《表記》引《甫刑》合耳。「德威維威」，蓋今古文同。鄭本亦古文，不知今文同否，未敢據《墨子》爲今文。

「皇帝清問下民，鰥寡有辭于苗。○今文「帝」上

---

❶ 「氏姓」，原倒，考《潛夫論》有《志氏姓》篇，今據乙正。

無「皇」字。○趙岐注《孟子》引《甫刑》曰：「帝清問下民。」謂帝爲天，云天不能問民。孫星衍説：「皇帝，今文以爲堯。《魏志·鍾繇傳》繇上疏引此經，説之云：『此言堯當除蚩尤、有苗之刑，先審問於下民之有辭者也。』鄭説與鍾繇説同者，今文義也。趙謂帝爲天，云天不能問民，此今文夏侯、歐陽異説也。『于苗』，《墨子》作『有苗』，古文也。」錫瑞謹案：孫説非也。鄭説與王仲任、趙臺卿皆不同，引經「帝」上有「皇」字，與《墨子》引《吕刑》合，是古文，非今文。蓋今文無「皇」字，其説以帝爲天；古文有「皇」字，其説以皇帝爲堯。趙注所引，乃今文説也。孫以鄭爲今文，趙爲今文異説，失之。鍾在鄭後，所用即鄭義，尤不足取證。

「德威惟畏，德明惟明。○今文作「德威惟威」。○《禮記·表記》引《甫刑》曰：「『德威惟威，德明惟明。』非虞帝其孰能如此乎？」鄭注曰：「德所威，則人皆畏之，言服罪也。德所明，則人皆尊之，言得人也。」錫瑞謹案：「德威惟威」，上下皆作「威」，蓋今古文同。《表記》引以爲虞帝所能者，下云「三后」，乃虞帝時人，故以爲虞帝事。然古人引經多斷章取義，不盡與本旨合。依今文義，則「乃命重、黎」、「乃命三后」皆當爲天帝命之。知然者，趙岐用今文義，於「帝清問下民」，訓「帝」爲「天」也。鄭注亦古文義，今文恐未必然。或今文説以遏絶苗民爲德威惟威，清問下民爲德明惟明也。

「乃命三后，恤功于民：伯夷降典，折民惟刑；○今文「典」下有「禮」字，「惟」作「以」。○《大傳》曰：「孔子曰：『古之刑者省之，今之刑者繁之。』其教古者有禮然後有刑，是以刑省也；今也反是，無禮而齊之以刑，是以繁也。《書》曰：『伯夷降典禮，折民以刑。』謂有禮然後有刑也。」陳喬樅説：「《大傳》引此經，『典』下有『禮』字，此當是歐陽《尚書》本也。《漢書·刑法志》引《書》無『禮』字，『折民以刑』作『悊民惟刑』，當爲夏侯《尚書》本，此三家今文之本有不同也。考《皋陶謨》以『天命有典』與『天命有禮』並舉，此有『禮』字，於誼尤備。伏生於《甫刑傳》屢屢言『禮』，曰：『吴、越之俗，其刑重而不勝，由無禮也。中國之教，其刑重而勝，由有禮也。』又曰：『有罪者懼，無罪者恥，民近禮矣。』非以經文本有『禮』字，故言之如是其詳歟？」錫瑞謹案：陳説是也。或云《大傳》本作「降禮」，後人以《尚書》「典」字旁注誤入正文，如《大誥》「民獻儀」之比，恐非是。《世本》曰：「伯夷作五刑。」是伯夷有作刑之事。伯夷典禮而兼作刑，所謂出於禮者入於刑也。又案：《白虎通·王者不臣》篇以伯夷爲老臣，則伯夷作五刑，或在皋陶之先，《甫刑》所以言伯夷，不及臯陶歟？○一作「伯夷降典，悊民惟刑」。○《漢書·刑法志》曰：「《書》云：『伯夷降典，悊民惟刑。』言制禮以止刑，猶隄之防溢水也。」師古曰：「悊，知也。言伯夷下禮法以道民，民習知禮，然後用刑也。」段玉裁說：「按『悊』當作『折』，班意以制止訓折，正同《大傳》説，淺人用馬、鄭本改『折』作『悊』，小顏又取馬、鄭説注之，殊失班意。《潛夫論·氏族》篇：『伯夷爲堯典禮，折民惟刑。』《四八目》曰：『伯夷降典，制民惟刑。』陶引《書》作『制』，此正如《論語》魯讀折爲制也。」陳喬樅説：「班《志》引《書》雖無『禮』字，然詳其説經之辭曰『言制禮以止刑』，疑所引經文本作『降典禮』，故師古注亦以『伯夷下禮法，民習知禮』爲解。」

「禹平水土，主名山川；○今文「名」作「命」。○《潛夫論·五德志》篇曰：「主平水土，命山川。」是今文《尚書》「名」一作「命」。

「稷降播種，農殖嘉穀。三后成功，惟殷于民。《後漢書·楊賜傳》賜言曰：「三后成功，惟殷于民。臯陶不與焉，蓋吝之也。」蔡邕《司空臨晉侯楊公碑》亦引楊賜之言。楊氏世習歐陽《尚書》，蓋歐陽說也。《淮南子·人間訓》曰：「夫有陰德者，必有陽報；有陰行者，必有昭名。古者溝防不修，水爲民害，禹鑿龍門，闢伊闕，平治水土，使民得陸處。百姓不親，五品不慎，契教以君臣之義，父子之親，夫妻之辨，長幼之序。田野不修，民食不足，后稷乃教之辟地墾草，糞土種穀，令百姓家給人足。故三后之後無不王者，有陰德也。」其言三后有契，無伯夷，亦無臯陶。

「士制百姓于刑之中，○今文「士」作「爰」，「中」作「衷」。○《後漢書·梁統傳》統對狀曰：「經曰：『爰制百姓于刑之衷。』孔子曰：『刑罰不衷，則人無所厝手足。』衷之爲言，不輕不重之謂也。」僞《孔》本「爰」作「士」，釋爲臯陶，此未知是僞《孔》改之，亦未知馬、鄭古文本如是否。而以今文之義斷之，此篇始終不及臯陶。

「以教祗德。《大傳》曰：「夏后氏主教以忠。」又曰：「周人之教以文。上教以文君子，其失也小人薄。」《白虎通·三教》篇曰：「王者設三教者何？承衰救弊，欲民反正道也。三正之有失，故立三教以相指受。夏人之王教以忠，其失野，救野之失莫如敬。殷人之王教以敬，其失鬼，救鬼之失莫如文。周人之王教以文，其失薄，救薄之失莫如忠。三者如順循環，周則復始，窮則反本。教所以三者何？法天地人，內忠、外敬、文飾之，故三而備也。即法天地人各何施？忠法人，敬法地，文法天。人道主忠，人以至道教人，忠之至也；人以忠教，故忠爲人教也。地道謙卑，天之所生，地敬養之，以敬爲地教也。敬者何謂也？教者，效也。上爲之，下效之。民有質樸，不教不成。故《尚書》曰：『以教祇德。』」陳壽祺説：「『周人之教以文』，當與『夏后氏』句相連屬，中間尚有脱文及説殷人之教耳。觀《白虎通·三教》篇自明。《白虎通》正本《書大傳》也。」

「穆穆在上，明明在下，灼于四方，罔不惟德之勤。故乃明于刑之中，率乂于民棐彝。○今文「中」作「衷」。○梁統引今文「爰制百姓于刑之衷」，此亦當同作「衷」。

「典獄，非訖于威，惟訖于富。敬忌，罔有擇言在身。○今文「罔」上有「而」字，「身」作「躬」。○《禮記·表記》：「《甫刑》曰：『敬忌而罔有擇言在躬。』」注云：「忌之言戒也。❶ 外敬而心戒慎，❷則無有可擇之言加于身也。」❸王引之説：「『擇』讀爲『斁』。《洪範》『彝倫攸斁』，鄭注訓『斁』爲『敗』。《説文》：『殬，敗也。』引《商書》曰：『彝倫攸殬。』殬、斁、擇古音竝同。『敬忌，罔有擇言在身』，言必敬必戒，罔或有敗言出乎身也。《表記》引作『敬忌，而罔有擇言在躬』。而，女也。言女罔或有敗言出乎身也。《太玄·玄掜》曰：『言正則無擇，行正則無爽，水順則無敗。無敗，故久也；無爽，故可觀也；無擇，故可聽也。』《法言·吾子篇》：『君子言也無擇，聽也無淫。擇則亂，淫則辟。述正道而稍邪哆者有矣，未有述邪哆而稍正也。』然則邪哆之言謂之擇言，故《孝經》曰『非法不言，非道不行，口無擇言，身無擇行』也。蔡邕《司空楊公碑》曰：『用罔有擇言失行在於其躬。』擇言與失行竝言，蓋訓『擇』爲『敗』也。此又一證矣。」錫瑞謹案：王説是也。子雲、伯喈皆今文家説，伯喈引作「躬」，與《表記》合。鄭注以擇言爲可擇之言，失之。

「惟克天德，自作元命，配享在下。」《元命苞》曰：「年者，天之命也。」又曰：「所受於帝，行正不過，得壽命。壽命者，正命也，起九九八十一。」《白虎通·壽命》篇曰：「命者何謂也？人之壽也，天命己使生者也。」《論

❶「忌」，原作「敬」，今據《禮記·表記》鄭玄注改。
❷「外」上，《禮記·表記》鄭玄注有「言己」二字。
❸「加」，原作「在」，今據《禮記·表記》鄭玄注改。

衡・初禀篇》曰：❶「命謂初所禀得而生者也。」《命義篇》曰：「《傳》曰：説命有三，一曰正命。」「正命，謂本禀己自得吉也。性善習善，故不假操行以求福而吉自至，故曰正命。」

王曰：「嗟！四方司政典獄，非爾惟作天牧？今爾何監？非時伯夷？播刑之迪，○今文「迪」上有「不」字。○《禮記・緇衣》：「子曰：『政之不行也，教之不成也，爵禄不足勸也，刑罰不足恥也，故上不可以褻刑而輕爵。』《甫刑》曰：『播刑之不迪。』」鄭注云：「播猶施也。不，衍字耳。迪，道也。言施行之道。」錫瑞謹案：《緇衣》引《甫刑》「播刑之不迪」爲政不行、教不成之證，則今文《尚書》當有「不」字，非衍文也。今文《尚書》當以「非時伯夷」斷句，「播刑之不迪」連下句「其今爾何懲」爲義，謂今爾當何所監視，非是伯夷乎？若播刑之不迪，其今爾將何以懲惡也。鄭據古文無「不」字，故以爲衍文。

「其今爾何懲？惟時苗民匪察于獄之麗，罔擇吉人，觀于五刑之中，惟時庶威奪貨，斷制五刑，以亂無辜。○今文「中」作「衷」。○「五刑之衷」，據梁統引今文，亦當作「衷」。

「上帝不蠲，降咎于苗。苗民無辭于罰，乃絶厥世。」錫瑞謹案：今文説以「帝哀矜庶僇之不辜」帝爲天帝，「遏絶苗民」爲天遏絶苗民。據此經文，足見今文説極精塙，可爲切證。崔實《諫議大夫箴》曰：「虐及於天，慢德不蠲。」《書正義》引鄭注曰：「天以苗民所行腥臊不潔，下禍誅之。」

王曰：「嗚呼！念之哉！伯父、伯兄、仲叔、季弟、幼子、童孫，皆聽朕言，庶有格命。今爾罔不由慰日勤，《釋文》作「日」字，❷云：「人實反。」唐石經亦作「日」。案：作「日」是也，説見下。

「爾罔或戒不勤。天齊于民，俾我一日，○今文「于民」作「乎人」，「俾」作「假」。○《後漢書・楊賜傳》賜上封事曰：「臣聞和氣致祥，乖氣致災，休徵則五福應，咎徵則六極至。夫善不妄來，災不空發，王者心有所惟，意有所想，雖未形顔色，而五星㠯之推移，陰陽爲其變度。㠯此而觀天之與人，豈不符哉！《尚書》曰：『天齊乎人，假我

❶「初禀」，原作「骨相」，考《論衡》有《初禀篇》，今據改。

❷「日」下，原衍「月」字，今據《尚書・呂刑》釋文刪。

一日。』是其明徵也。」李賢注云：「我，君也。天意欲整齊乎人，必假於君也。」江聲説：「『假』當讀爲『天假之年』之『假』，『終』謂考終命也。據楊賜引《書》之意，則此『非終』謂不邀天眷而短折不終，『維終』謂邀天眷而考終也。天中乎人，而假我一日之命，其有修短，實在乎人之能敬德與否耳。下文即承之以『爾尚敬逆天命』，則可知此經誼然矣。」錫瑞謹案：楊賜意以天符乎人，感應甚速。天齊乎人，即天與人符之謂。假我一日，即未形顔色，五星推移，陰陽變易之義。上文「日勤」字《釋文》作「日」，言爾無不用安日勤。謂日日當勤，如《大學》「日日新」之意。日不可翫，天不可褻。「天齊乎人，假我一日」，即「日勤」之義。

「非終惟終在人。爾尚敬逆天命，以奉我一人。○今文「逆」作「迎」。○今文「逆」爲「迎」，見前《禹貢》、《顧命》等篇。

「雖畏勿畏，雖休勿休，惟敬五刑，以成三德。《漢書·宣帝紀》五鳳三年詔曰：「《書》不云乎？『雖休勿休，祗事不怠。』」又《外戚傳》報許皇后書曰：「雖休勿休，惟敬五刑，以成三德。」《後漢書·陳寵傳》寵上疏曰：「伯夷之典，惟敬五刑，以成三德。」《三國志·陳羣傳》羣對曰：「《書》曰：『惟敬五刑，以成三德。』」《書緯·刑德放》亦引「惟敬五刑，以成三德」。緯書多同今文，是今文《尚書》有此八字，與古文不異。宣帝詔蓋以「祗事不怠」訓「勿休」也。江聲於此經增「祗事不怠」四字，以「惟敬五刑」爲衍文，非是。

「一人有慶，兆民賴之，其寧惟永。」《禮記·緇衣》篇、《孝經·天子》篇、《説苑·君道》篇引《甫刑》，《漢書·賈誼傳》、《荀子·君子篇》引《書》曰，皆作「一人有慶，兆民賴之」。《左傳》襄十三年云：「《書》曰：『一人有慶，兆民賴之，其寧惟永。』」蓋今古文同。蔡邕《上始加元服與羣臣上壽表》曰：「一人有慶，兆民賴之。」《三國志·王朗傳》朗上疏曰：「《易》稱敕法，《書》著祥刑，一人有慶，兆民賴之，慎法獄之謂也。」○今文一作「萬民賴之」。《大戴禮·保傅》篇、《淮南·主術訓》引《書》曰，《後漢書·安帝紀》延光元年策曰，皆作「一人有慶，萬民賴之」。《漢書·刑法志》曰：「所謂『一人有慶，萬民賴之』者也。」張衡《東巡誥》曰：「一人有韙，萬民賴之。」蓋三家異文。《左氏傳》云：「天子曰兆民，諸侯曰萬民。」對文則別，散文則通也。

王曰：「吁！來！有邦有土，○今文「邦」作「國」。《史記》曰：「王曰：『吁！來！有國有土。』」今文

「邦」作「國」。王鳴盛所據《史記》作「有士」，云：「『士』，《史記》作『士』。《周禮》『其附于刑者，歸于士』注云：『士謂主斷刑之官。或謂歸于圜土。』鄭以古『士』字有作『土』者，故復以『圜土』釋之。《詩·周頌》云『保有厥土』，義作『士』❶。《世本·作篇》云：『相士作乘馬。』即相土也。《吕覽·任地》云：『后稷曰：「子能使吾士靖而甽浴士乎？」』高誘曰：『「士」當爲「土」。』周《牧敦》亦以『士』爲『土』是也。」案：漢隸字士、土不别，《韓勑禮器碑》「四方士仁」作「土仁」可證。❷《墨子》引《書》亦作「有國有土」。

「告爾，祥刑在今。」○今文「爾」下有「女」字，「祥」作「詳」。○《史記》曰：「告爾，女祥刑在今。」史公用今文，多「女」字，❸當以「告爾」爲句，「女詳刑在今」爲句。《潛夫論》引「爾安百姓」不連「在今」二字可證也。祥刑，「祥」字後人改之，《尚書》今古文皆作「詳」。《周禮·大宰》《大司寇》注引「度作詳刑」，《正義》皆云：「詳，審。」《漢書·敘傳》曰：「季世不詳。」師古曰：「不詳，謂不盡用刑之理。《周書·吕刑》曰：『告爾詳刑。』」《後漢書·明帝紀》永平三年詔曰：「詳刑慎罰。」又十三年制曰：「詳刑理冤。」又《劉愷傳》曰：「非先王詳刑之意也。」章懷注曰：「《尚書》曰：『有邦有土，告汝詳刑。』鄭玄注云：『詳，審察之也。』」《文選》王粲《從軍詩》：「司典告詳刑。」李善注引《尚書》：「王曰：有邦有土，告爾詳刑。」《史記》亦當作「詳」，不作「祥」也。

「爾安百姓，何擇非人，何敬非刑，何度非及？」《史記》曰：「爾安百姓，何擇非其人，何敬非其刑，何居非其宜與？」《潛夫論·本政》篇曰：「是故將致太平者，先調陰陽，調陰陽者，先順天心；順天心者，先安其人；安其人者，在審擇其人。故國家存亡之本，治亂之機，在明選而已矣。《書》曰：『爾安百姓，何擇非人？』此先王致太平而發頌聲也。」段玉裁説：「《史記》『何居非其宜』，此恐今文《尚書》之駁異，非以『宜』訓『及』也。」朱駿聲説：「《説文》『疊』字引揚雄説，以爲古理官決罪，三日得其宜乃行之。从晶，从宜，會意。疊者，審慎得宜之意。《史記》作『宜』，蓋以故訓代之。經文『及』字當叚借作疊，疊、及一聲之轉。」案：段、朱二説未知孰是。《墨子》引《吕刑》作「何

---

❶「義」，原無，今據王鳴盛《尚書後案》卷二七補。

❷「碑」，原作「俾」，今據《隸釋》所載《漢韓勑孔廟禮器碑》改。

❸「女」，原作「爾」，今據上文改。

度不及」，云：「能擇人而敬爲刑，堯、舜、禹、湯、文、武之道可及也。是何也？則以尚賢及之。」此古文義，恐與今文不同。《史記》作「居」，即「度」之故訓，多三「其」字，蓋亦足成其義。

「兩造具備，師聽五辭。○今文「造」作「遭」。○《史記》曰：「兩造具備，師聽五辭。」徐廣曰：「『造』一作『遭』。」段玉裁說：「按：作『遭』者，今文《尚書》也。以《大誥》『造天役』王莽作『遭』證之，《史記》當本作『遭』，淺人用古文《尚書》改爲『造』，而徐中散不憭耳。」錫瑞謹案：今文作「遭」，蓋叚借爲「曹」。《說文》云：「𣍘，獄之兩曹也。在廷東，从棘；治事者。」小徐曰：「以言詞治獄者，故從曰。」然則「兩遭」蓋即獄之兩曹。漢人謂官名爲曹，當本於今文《尚書》。陳喬樅據《漢書·王尊傳》尊曰「此經所謂造獄者也」，晉灼注曰「歐陽《尚書》有此造獄事也」，以爲歐陽《尚書》作「造」字，《史記》當從歐陽本同作「造」，其作「遭」者，蓋大小夏侯之本也。然《史記》既從歐陽作「造」，何以有一作「遭」之本？陳說恐未可據。

「五辭簡孚，正于五刑。五刑不簡，正于五罰。五罰不服，正于五過。五過之疵：惟官，惟反，惟内，惟貨，惟來。其罪惟均，○今文「來」作「求」，「均」作「鈞」。○《史記》云：「五辭簡信，正于五刑。五刑不簡，正于五罰。五罰不服，正于五過。五過之疵，官獄内獄，閱實其罪，惟鈞其過。」《集解》：「馬融曰：『以此五過出入人罪，與犯法者等。』」段玉裁說：「官者，畏其高明也。反者，不畏而矯枉過正也。内者，女謁行也。貨者，苞苴行也。來者，謂雖非女謁、苞苴而行請託於其間也。來、求字異訓同。」錫瑞謹案：史公「孚」作「信」，故訓字。來，馬本作「求」，云：「請賕也。」今古文蓋同作「求」。漢人隸字「求」或作「来」，與「來」字相似，故譌作「來」。來、求字異，不得同訓也。「惟官」十字，《史記》作「官獄、内獄」，蓋以官、内二者括經文五事。如段氏說，則官與反爲一類，故史公括以「官獄」，有内即有貨，有求謂或藉女謁之勢，或因女謁而行苞苴、行請託也，三者亦爲一類，故史公括以「内獄」。

「其審克之。○今文「克」作「核」。○《漢書·刑法志》元帝詔曰：「《書》不云乎？『其審核之』。」段玉裁說：「克、核同在古音弟一部，蓋古文《尚書》作『克』，今文《尚書》作『核』也。『克』當爲『核』之叚借，僞《孔》訓『能』，非。」

「五刑之疑有赦，五罰之疑有赦，其審克之。○今文「克」作「核」。○《大傳》曰：「古之聽民者，察貧窮，哀孤獨矜寡，宥老幼不肖無告，有過必赦，小過勿增，大罪勿纍，老弱不受刑，有過不受罰。是故老而受刑謂之悖，弱而受刑謂之暴，不赦有過謂之賊，❶率過以小謂之枳。❷故與其殺不辜，寧失有罪；與其增以有罪，寧失過以有赦。」

「簡孚有衆，惟貌有稽。無簡不聽，具嚴天威。○今文「貌」作「訊」，「聽」作「疑」，「具」作「共」。○《史記》曰：「簡信有衆，惟訊有稽。無簡不疑，共嚴天威。」《説文·糸部》「緢」字次「細」下，云：「緢，旄絲也。从糸，苗聲。《周書》曰：『惟緢有稽。』」陳喬樅説：「緢訓爲細，謂當細訊其情，故《史記》以詁訓代之云『維訊有稽』也。『簡孚』作『簡信』，亦以詁訓字代之。『聽』作『疑』，則今文之異者，『無簡不疑』，謂既細訊之而無可信之情，則不在疑赦之列也。共、具古相通用，『具』訓『俱』，『俱』訓『共』也。」

「墨辟疑赦，其罰百鍰，閲實其罪。○今文「墨」作「黥」，「鍰」作「率」。○《史記》曰：「黥辟疑赦，其罰百率，閲實其罪。」徐廣曰：「『率』即『鍰』也，音刷。」《索隱》曰：「舊本『率』亦作『選』。」○「鍰」一作「饌」。○《大傳》曰：「禹之君民也，罰弗及强而天下治。一饌六兩。」古文《尚書》作「其罰百鍰」，僞《孔傳》云：「六兩曰鍰。鍰，黄鐵也。」《釋文》云：「鍰，户關反，六兩也。鄭及《爾雅》同。《説文》云：『亦從段氏訂。鋝也。鋝，十一銖二十五分銖之十三也。』❸馬同，又云：『賈逵説：「俗儒以鋝重六兩。」《周官》劍重九鋝，俗儒近是。』」王鳴盛説：「馬既不從古文家，而於俗儒六兩亦但云『近是』，引《周禮》『劍重九鋝』爲證。《考工記·桃氏》爲劍，『上制重九鋝，中制七鋝，下制五鋝』。彼注以九鋝爲三觔十二兩，七鋝爲二觔十四兩三分兩之二，五鋝爲二觔一兩三分兩之一。十六兩爲一觔，則鄭意以一鋝爲六兩太半兩。❹《考工記》又有《冶氏》戈、戟『重三鋝』。彼注云：『許叔重《説文解字》云：「鋝，鍰也。」今東萊稱或以大半兩爲鈞，十鈞爲鍰，鍰重六兩大半兩。鍰、鋝似同矣，則三鋝爲一觔四兩。』又《弓人》『膠三鋝』。

❶ 「有」，原作「小」，今據《尚書大傳》卷四《甫刑》改。
❷ 「率」，原作「卒」，今據《尚書大傳》卷四《甫刑》改。
❸ 「一」，原作「三」，今據《尚書·吕刑》釋文改。
❹ 「太」，原作「又」，今據《尚書後案》卷二七改。

彼注云：『鋝，鍰也。』彼疏云：『《尚書》「其罰百鍰」等言鍰，此與《冶氏》言鋝，鋝與鍰爲一物，皆是六兩大半兩也。』據此諸文，知鄭意以鍰即是鋝，其數當爲六兩大半兩，必與馬合也。《說文·金部》云：『鋝，十一銖二十五分銖之十三也。从金，寽聲。《周禮》曰：「重三鋝。」北方以二十兩爲三鋝。』❶又云：『鍰，鋝也。从金，爰聲。《周書》曰：「罰百鍰。」』《說文》編字，以類相從，鋝與鍰文雖異，而義則同，故連比編之。鋝見《周禮》，故於『鋝』下引《周禮》爲證，鍰見《周書》，故於『鍰』下引《周書》爲證。雖分兩經，其義是一。故云：『鍰，鋝也。』鄭既從之以解《考工記》，馬注《尚書》又與之同，則其說不可易也。十一銖二十五分銖之十三，此本《尚書》古文家說『鍰』字之義，非『鋝』字之訓，今乃入之『鋝』字，聊存古義。其下即繼以二十兩爲三鋝，然後次以『鍰』字，則許意以鍰即是鋝，俱爲六兩大半兩明矣。今文家說雖脱去大半兩，但云六兩，猶爲近之，較古文家言一鍰十一銖二十五分銖之十三，百鍰僅爲銅三觔，可贖黥面之罪，推之大辟，亦只用銅三十觔可贖死罪，有是理乎？」案：王說是也。此古文說不及今文說之一證。今文但言六兩，舉成數耳。○「鍰」一作「選」。○《漢書·蕭望之傳》張敞曰：「《甫刑》之罰，小過赦，薄罪贖，有金選之品。」應劭曰：「『選』音『刷』，金銖兩名也。」師古曰：「音『刷』是也。字本作『鋝』，鋝即鍰也，其重十一銖二十五分銖之十三，一曰重六兩。」王鳴盛說：「《史記·平準書》有『白選』，蘇林：『音「選擇」之「選」。』包愷及劉氏：『音息戀反。』《尚書大傳》『死罪罰千饌』，《漢書·食貨志》作『撰』，音同。或作『率』，或作『選』、『饌』、『撰』，皆『鋝』之異文，音近而假借也。」○一作「墨罰疑赦，其罰百率」。○夏侯、歐陽說：「『墨罰疑赦，其罰百率。』古以六兩爲率。」《大傳》曰：「非事而事之，出入不以道義，而誦不詳之辭者，其刑墨。」《白虎通》曰：「墨者，法火之勝金。墨者，墨其額也。」《刑德放》曰：「墨象斗度。」錫瑞謹案：墨辟，夏侯、歐陽作「墨罰」，則三家今文於下文劓、臏、宮、大辟等句「辟」字皆當作「罰」，不以爲五刑而以爲五罰也。今文家所以作「罰」者，蓋肉刑始於苗民，堯、舜之時未可盡廢，乃以畫象代之，所謂「象以典刑」是也。至夏后始正用肉刑，然亦未嘗輕用，乃制罰以贖罪。《大傳》云：「語曰：『夏后氏不殺不刑，罰有罪而民不輕犯。』」揚子雲云：「延于苗民，夏氏不寧。」《書序》以此篇爲「訓夏贖刑」，蓋五刑不輕用，而但用

❶「三」，原無，今據《尚書後案》卷二七補。

罰。故今文家不云「墨辟」而云「墨罰」。若罪可疑，則並不罰，赦之而已，故云「墨罰疑赦」。其不可赦者，乃罰之六百兩，故云「其罰百率」。推之下文劓、臏、宫、大辟，其説當同。夏侯、歐陽作「罰」，較古文家作「辟」爲長。《史記》作「黥辟」，或所據本異，或後人以古文改之也。

「劓辟疑赦，其罰惟倍，閱實其罪。」○今文「辟」作「罰」，「其罰惟倍」作「其罰倍灑」。○「辟」作「罰」，見上。《史記》曰：「劓辟疑赦，其罰倍灑，閱實其罪。」徐廣曰：「一作『蓰』。五倍曰蓰。」《大傳》曰：「觸易君命，革輿服制度，姦軌盗攘傷人者，其刑劓。」《白虎通》曰：「劓者，法木之穿土。劓墨者何？其下刑者也。劓者，劓其鼻也。」《刑德放》曰：「劓象七政，日月五星應象變易也。」陳喬樅説：「案：蓰、灑聲相近，故『纚』字亦作『縰』。此『倍灑』以下文『倍差』例之，則於倍爲二百之數，又加十之五，二百五十鍰也。徐廣以蓰爲五倍，則比剕辟有加，輕重失倫，非其誼矣。」

「剕辟疑赦，其罰倍差，閱實其罪。」○今文「剕」作「臏」，「辟」作「罰」。○「辟」作「罰」，見上。《史記》曰：「臏辟疑赦，其罰倍差，閱實其罪。」《集解》：「馬融曰：『倍二百爲四百鍰也，差者又加四百之三分一，凡五百三十三三分一也。』」《大傳》曰：「決關梁、踰城郭而略盗者，其刑臏。」《白虎通》曰：「臏者，法金之刻木。臏者，脱其臏也。」《刑德放》曰：「臏象七精，宿變易即氣色生也。」《風俗通》曰：「謹案：《尚書》夏禹始作肉刑，則天象而慎其過。故穿窬盗竊者髕，髕者，去膝蓋骨也。」段玉裁説：「凡古文《尚書》『剕』字，今文《尚書》作『臏』。考《周禮・司刑》注及《尚書大傳》注皆云『周改臏作刖』，而《駁異義》云：『臯陶改臏爲剕，《吕刑》有剕，周改剕爲刖。』鄭云『臯陶改臏爲剕，《吕刑》有剕』者，此據古文《尚書》言之。云『周改剕爲刖』者，此據《周禮・司刑》言之。臏者，《白虎通》云：『脱其臏也。』剕，《説文》作『跸』，云：『跀也。』刖，《説文》作『跀』，許、鄭皆云：『斷足也。』然則臏與剕異制，剕與刖制同而異字耳。鄭云『臯陶改臏爲剕』，謂改其制。云『周改剕爲刖』，謂改其名。但臯陶既改臏爲剕，夏刑用之，不識今文何以作『臏』字。蓋賓聲、非聲相關通，如玭、蠙同字之比。伏生教於齊、魯之間，誤作『臏』字，失其實也。」又云：「《周禮・司刑》注云：『周改臏作刖，夏刑臏辟三百。』按：鄭君此注獨從今文《尚書》作『臏』，鄭意謂夏刑實用臏，至周乃改剕，今文得其實，古文乃用周制説夏政耳，與《駁異義》不符。」錫瑞謹案：唐、虞象刑，雖有臏名，以菲履象之而已，皋陶無緣改臏爲剕。至夏始正用肉刑，然亦多不用刑而用罰。此經今文《尚書》蓋作「臏罰疑赦」，與《書序》「訓夏贖刑」相應。至周始改用剕，不去其臏而斷其足耳。段云「今文得其實」，然則鄭《周禮》注是也，《駁異義》蓋未定之説。

「宮辟疑赦，其罰六百鍰，閱實其罪。○今文「辟」作「罰」，「六」作「五」。「鍰」作「率」，亦作「饌」，亦作「選」。○「辟」作「罰」，見上。《史記》曰：「宮辟疑赦，其罰五百率，閱實其罪。」徐廣曰：「一作『六』。」《大傳》曰：「男女不以義交者，其刑宮。」《白虎通》曰：「宮者，法土之壅水。宮者，女子淫，執置宮中，不得出也；丈夫淫，割其勢也。」段玉裁説：「《周本紀》作『五百率』，而張守節《正義》從之，此今文《尚書》之別本也。」

「大辟疑赦，其罰千鍰，閱實其罪。○今文「大辟」作「大辟之罰」。「鍰」作「率」，亦作「饌」，亦作「選」。○「大辟」當作「大辟之罰」，見上。《史記》曰：「大辟疑赦，其罰千率，閱實其罪。」《大傳》曰：「降畔、寇賊、劫略、奪攘、矯虔者，其刑死。」又曰：「夏后氏不殺不刑，死罪罰二千饌。」鄭注曰：「饌，所出金鐵，死罪出三百七十五觔，用財少爾。」《白虎通》曰：「大辟，法水之滅火。大辟者，謂死也。」陳喬樅説：「鄭注云『三百七十五觔』，通合千饌六千兩之數，此用今文家説也。如以鍰重六兩大半兩計之，當爲四百十六觔十兩大半兩。今文經云『大辟疑赦，其罰千率』，《史記索隱》引《大傳》『死罪罰二千饌』，『二』字衍文也。」

「墨罰之屬千，劓罰之屬千，剕罰之屬五百，宮罰之屬三百，大辟之罰其屬二百，五刑之屬三千。○今文「剕」作「臏」。○《大傳》曰：「夏刑三千條。」《史記》曰：「墨罰之屬千，劓罰之屬千，臏罰之屬五百，宮罰之屬三百，大辟之罰其屬二百，五刑之屬三千。命曰《甫刑》。」《漢書·刑法志》曰：「昔周之法，建三典以刑邦國，詰四方：一曰刑新邦用輕典，二曰刑平邦用中典，三曰刑亂邦用重典。五刑，墨罪五百，劓罪五百，宮罪五百，刖罪五百，殺罪五百，所謂刑平邦用中典也。《甫刑》墨罰之屬千，劓罰之屬千，髕罰之屬五百，宮罰之屬三百，大辟之罰其屬二百。五刑之屬三千，蓋多於平邦中典五百章，所謂刑亂邦用重典者也。」錫瑞謹案：班《志》之義，蓋以《周禮》比《尚書》，而《甫刑》多出五百章，故以爲用重典，然其説殊非是。《周禮》一書與諸經多不相通，《書序》云：

「穆王訓夏贖刑。」《大傳》云：「夏刑三千條。」是《甫刑》之五刑三千，乃用古法，非穆王自造，何得傅會《周禮》比較其數，以爲亂邦用重典乎？　如《甫刑》爲亂邦之制，孔子删《書》必删之矣。《刑法志》又云：「宜删定律令，纂二百章，以應大辟。其餘罪次，皆復古刑，爲三千章。如此，則法可畏而民易避。」❶則班氏亦不盡以三千章爲重典也。《孝經》：「孔子曰：『五刑之屬三千。』」《漢書》成帝河平中詔曰：「《甫刑》云：『五刑之屬三千，大辟之罰其屬二百。』」《鹽鐵論·刑德》篇曰：「親服之屬甚衆，上附下附而服不過五。五刑之屬三千，上殺下殺而罪不過五。」《論衡·謝短篇》曰：「古禮三百，威儀三千；刑亦正刑三百，科條三千。出於禮，入於刑，禮之所去，刑之所取，故其多少同一數也。」《後漢書·陳寵傳》寵疏曰：「臣聞禮經三百，威儀三千，故《甫刑》大辟二百，五刑之屬三千。禮之所去，刑之所取，失禮則入刑，相爲表裏者也。」〇一作「墨辟之屬千，劓辟之屬千，臏辟之屬五百，宮辟之屬三百，大辟之屬二百」。〇《白虎通·五刑》篇曰：「刑所以五何？　法五行也。科條三千者，應天地人情也。五刑之屬三千：大辟之屬二百，宮辟之屬三百，臏辟之屬五百，劓、墨辟之屬各千。」《刑德放》曰：「大辟之屬二百，象天之刑。」《公羊疏》引《元命包》曰：「墨、劓辟之屬各千，臏辟之屬五百，宮辟之屬三百，大辟之屬二百，列爲五刑，罪次三千。」《周禮·司刑》鄭注曰：「周改臏作刖。夏刑大辟二百，臏辟三百，宮辟五百，劓、墨各千。周則變焉，所謂刑罰世輕世重也。」《正義》曰：「『臏辟三百，宮辟五百』，此乃轉寫之誤，當以《吕刑》爲正。」錫瑞謹案：今文《尚書》蓋皆作「辟」，與古文《尚書》作「罰」不同。《白虎通》用今文，《刑德放》、《元命包》緯書多同今文。鄭注《周禮》引「臏辟」與今文合，則亦必同今文。今文所以皆作「辟」者，上云「五刑不簡，正于五罰」，則穆王雖訓夏贖刑，而五刑亦未廢，但於罪之輕者用五罰贖之耳。夏后氏雖云不殺不刑，然既有肉刑，則五刑不能不垂爲令甲。蓋刑與罰並用，而刑爲重。五罰不能包五刑，五刑可以包五罰。下云「五刑之屬三千」，則上五句皆當據五刑言。若上五句皆作「罰」字，則下當云「五罰之屬三千」，不當云「五刑之屬三千」矣。且上五句皆作「罰」字，豈五刑三千條皆中罰，無中刑者乎？　今文《尚書》於上文「墨辟疑赦」等句「辟」字皆作「罰」，此文「墨罰之屬千」等句「罰」字皆作「辟」，與古文《尚書》辟、罰二字互易，其義

❶ 「法」、「民」，《漢書·刑法志》作「刑」、「禁」。

皆視古文爲勝。《史記》、《漢志》引經皆作「罰」，不作「辟」，或所據本異，或後人以古文《尚書》改之也。

「上下比，罪無僭亂，辭勿用不行，惟察惟法，其審克之。○今文「克」作「核」。○《大傳》曰：「聽獄之術，大略有三：治必寬，寬之術歸於察，察之術歸於義。是故聽而不寬，是亂也；寬而不察，是慢也。古之聽訟者言不越情，情不越義。是故聽民之術，怒必畏，畏思義，小罪勿兼。」錫瑞謹案：《大傳》蓋釋此經，義與法相近，察之術歸於義，即經云「惟察惟法」也。此當以「上下比」、句。「罪無僭亂」、句。「辭勿用不行」。句。「上下比」者，《禮·王制》：「凡聽五刑，必察小大之比以成之。」注云：「小大猶輕重，已行故事曰比。」疏云：「比，例也。」此云「上下比」即《王制》云「小大之比」。漢有「決事比」，蓋取義於此。

「上刑適輕下服，下刑適重上服，○今文「適」作「挾」。《後漢書·劉愷傳》愷議曰：「《尚書》：『上刑挾輕，下刑挾重。』如今使臧吏禁錮子孫，以輕從重，懼及善人，非先王詳刑之義也。」注云：「今《尚書·吕刑》篇曰：『上刑適輕下服，下刑適重上服。』謂二罪俱發，原其本情，須有虧減，故言適輕、適重。此言『挾輕』、『挾重』，意亦不殊，與今《尚書》不同耳。」段玉裁説：「按：愷所用，今文《尚書》也。以『策』字隸多爲『筴』例之，『適』之爲『挾』，恐亦類此。」

「輕重諸罰有權。刑罰世輕世重，《荀子·正論篇》曰：「刑稱罪則治，不稱罪則亂，故治則刑重，亂則刑輕，犯治之罪固重，犯亂之罪固輕也。《書》曰：『刑罰世輕世重。』此之謂也。」《漢書·刑法志》引《荀子》文同。《後漢書·應劭傳》劭議曰：「夫時化則刑重，時亂則刑輕。《書》曰：『刑法時輕時重。』此之謂也。」錫瑞謹案：應説亦本《荀子》，應引《書》作「時」，蓋亦本是「世」字，「時化」之「化」，本是「治」字，唐人作注時避唐諱改「治」爲「化」、「世」爲「時」耳，非關今文之異。

「惟齊非齊，○今文「惟」作「維」。○《荀子·王制篇》曰：「勢位齊，而欲惡同，物則必争，争則亂。先王惡其亂也，故制禮義以分之，使有貧富貴賤之等，足以相兼臨者，是養天下之本也。《書》曰：『維齊非齊。』此之謂也。」

「有倫有要。《大傳》曰：「《書》曰：『茲殷罰有倫。』今也反是，諸侯不同聽，每君異法，聽無有倫。是故知法難也。」注云：「聽，議獄也。」

「罰懲非死，人極于病。○今文「人」作「佞」。○《玉海·藝文志考》漢儒引《尚書》異字曰：「罰懲非死，佞極于病。」段玉裁説：「佞與人古同部同音，如《國語》『佞之見佞，果喪其田』，佞、田爲韻；《大戴禮·公冠》篇祝雍辭曰：『使王近於民，遠於佞。』民、佞爲韻；《左氏春秋》『佞夫』，《公羊》作『年夫』。此蓋漢人所引今文《尚書》也，今未撿得出何書。」錫瑞謹案：今文説蓋以「佞極于病」即「非佞折獄」之佞。

「非佞折獄，惟良折獄，罔非在中，察辭于差，○《中論·賞罰》篇曰：「賞罰不可以疏，亦不可以數。數則所及者多，疏則所漏者多。賞罰不可以重，亦不可以輕。賞輕則民不勸，罰輕則民亡懼；賞重則民徼倖，罰重則民無聊。故先王明庶以得之，思中以平之，而不失其節。故《書》曰：『罔非在中，察辭于差。』」

「非從惟從。《大傳》曰：「君子之於人也，有其語也，無不聽者，皇於聽獄乎！必盡其辭矣。聽獄者，或從其辭，或從其情。」注云：「皇猶況也。」江聲説：「據《大傳》言『聽獄者，或從其辭，或從其情』，則此經兩『從』字有從辭、從情兩誼，而斷獄必以情，當以『非從』貼辭，『惟從』貼情言也。《大傳》文見《孔叢子》引，尚有『辭不可從，必斷以情』二語。」

「哀矜折獄，○今文「折」作「哲」。○《大傳》引孔子曰：「古之聽民者，察貧窮，哀孤獨矜寡，宥老幼不肖無告。」又引子曰：「聽訟者，雖得其情，必哀矜之。死者不可復生，斷者不可復續也。《書》曰：『哀矜哲獄。』」孫星衍説：「今文作『矜』，『哲』即『折』假音字。《大傳》説『哀矜』爲『察貧窮，哀孤獨矜寡，宥老幼不肖無告』，《洪範》『無虐煢獨』之指也。」○一作「哀鰥哲獄」。○《漢書·于定國傳》贊曰：「于定國父子哀鰥哲獄，爲任職臣。」段玉裁説：「矜、鰥古同音互借，借矜爲鰥，亦借鰥爲矜。班書字作『鰥』而訓哀矜，顔注非也。」錫瑞謹案：《漢書》於「明悊」字作「悊」，而此引「哲獄」字作「哲」，其義當與「明悊」之「悊」不同。蓋班氏意以「明悊」字當從心，「哲斷」字當從口。應劭注：「哲，知也。」失之。又案：《鹽鐵論·詔聖》篇曰：「《甫刑》制獄。」疑今文有作「制獄」者，與古文作「折獄」不同。如《墨子》引《吕刑》作「折以刑」，《緇衣》引《甫刑》作「制以刑」之例。

「明啟刑書，胥占，咸庶中正，其刑其罰，其審克之。○今文「啟」作「開」，「克」作「核」。○今文「啟」爲「開」，如「開明」、「開呱呱而泣」、「開籥見書」，可證。

「獄成而孚，輸而孚，其刑上備，有并兩刑。」《大傳》曰：「子張曰：『堯、舜之王，一人不刑而天下治。何則？教誠而愛深也。今一夫而被此五刑。』子龍子曰：『未可謂能爲書。』孔子曰：『不然也，五刑有此教。』」注云：「二人俱罪甫侯之説刑也。被此五刑，喻犯數罪也。『五刑有此教』，教然耳，犯數罪，猶以上一罪刑之。」錫瑞謹案：鄭注之意，蓋以五刑雖並列爲教，而犯罪則惟科其重罪之一，而輕罪不更科。如墨、劓並犯，則惟劓而不墨。臏、宮並犯，則惟宮而不臏。大辟與墨、劓、臏、宮並犯，則惟大辟而不墨、劓、臏、宮。此之謂并兩刑。若一夫被五刑，此秦、漢時具五刑之事，如《刑法志》所云，當三族，皆先黥，劓斬左右止，笞殺之，梟其首，菹其骨肉於市。其誹謗詈詛者，又先斷舌。故謂之具五刑，非古并兩刑之法也。

王曰：「嗚呼！敬之哉！官伯、族姓，朕言多懼，朕敬于刑，有德惟刑。今天相民，作配在下，明清于單辭，《後漢書·明帝紀》永平三年詔曰：「詳刑慎罰，明察單辭。」注云：「單辭，猶偏聽也。」又《朱浮傳》：「有人單辭告浮事者。」注云：「單辭，謂無證據也。《書》曰：『明清于單辭。』」

「民之亂，罔不中聽獄之兩辭。無或私家于獄之兩辭，獄貨非寶，惟府辜功，《大傳》曰：「獄貨非可寶也，然後寶之者，未能行其法者也。貪人之寶，受人之財，未有不受命以矯其上者也。親下以矯其上者，未有能成其功者也。」孫星衍説：「《大傳》云『未有不受命以矯其上』者，今文讀『府』爲『誣』，聲相近也，字亦或作『誣』。《周語》云：『其刑矯誣。』注云：『以詐用法曰矯，加謀無罪曰誣。』受人之財則親下以矯誣其上也。以『辜功』爲『未能成其功』者，《漢書·律曆志》注：『孟康曰：「辜，必也。」』《一切經音義》引《漢書音義》云：『辜，固也。謂規固販鬻以求利也。』則『辜功』謂取必規固以求功也。」案：孫説迂迴，恐非《大傳》之旨，姑存以俟考。《潛夫論·班祿》篇曰：「三府制法，未聞赦彼有罪，獄貨爲寶者也。」

「報以庶尤。○今文「尤」作「訧」。《玉海·藝文志考》漢儒引《尚書》異字：「報以庶訧。」與《説文》引《周書》合，或《説文》所引亦今文也。

「永畏惟罰，孫星衍引《大傳》説：「是故聽民之術，怒必畏，畏思意，小罪勿兼。」以釋此經。❶案：孫氏所據《大傳》，乃吳中本，吳中本作「畏思義」。案：陳本《大傳》作「怒必思，兼思意，小罪勿兼」。

「非天不中，惟人在命。天罰不極，庶民罔有令政在于天下。」王曰：「嗚呼！嗣孫，今往何監？非德于民之中，尚明聽之哉！哲人惟刑，無疆之辭，屬于五極，咸中有慶。受王嘉師，監于茲祥刑。」《後漢書·仲長統傳》曰：「續吕侯之祥刑。」《三國·吴志·步騭傳》騭上疏曰：「昔之獄官，惟賢是任。故皋陶作士，吕侯贖刑。」又曰：「哲人惟刑，書傳所美。」案：仲長引作「吕侯」，或用古文。「祥刑」則後人所改，今古文皆作「詳」。

❶「釋」，原作「擇」，今據文義改。

今文尚書考證卷二十七

善化　皮錫瑞

文侯之命第二十七　周書十八

文侯之命　《史記·晉世家》曰：「晉文公五年五月丁未，獻楚俘于周，駟介百乘，徒兵千。天子使王子虎命晉侯爲伯，賜大路，彤弓矢百，旅弓矢千，秬鬯一卣，珪瓚，虎賁三百人。晉侯三辭，然後稽首受之。作《晉文侯命》。」❶又《自序》曰：「嘉文公，錫珪鬯，作《晉世家》第九。」《新序·善謀》篇曰：「晉文公時，周襄王有弟太叔之難，出亡居鄭。晉侯以師逆王，入于王城，取太叔于温，殺之。晉侯朝王，王享醴，命之侑。其後三年，文公再會諸侯以朝天子，天子錫之弓矢、秬鬯，以爲方伯。《晉文公之命》是也。」《書序》云：「平王錫晉文侯命。」《釋文》云：「馬本無『平』字。」是馬季長不以爲平王錫文侯命，亦同《史記》之説。小司馬《索隱》不知古義，乃云：「《尚書·文侯之命》是平王命晉文侯之語，今此乃襄王命文公重耳，代數懸隔，學者合討論之。劉伯莊以爲天子命晉同此一詞，尤非也。」《後漢書·丁鴻傳》云：「永平十年召見，説《文侯之命》篇。」丁孝公所説，義亦當同《史記》、《新序》。李賢注曰：「平王東遷洛邑，晉文侯仇有功，平王賜以車馬弓矢而策命之，因以名篇。」亦非是。

王若曰：「父義和，丕顯文武，克慎明德，《史記》曰：「王若曰：『父義和，丕顯文武，能慎明德。』」《集解》：「馬融曰：『義和，能以義和諸侯也。』」按：史公「克」作「能」，用故訓字。馬注不同鄭説以「義和」爲文侯仇字，蓋用今文義也。鄭君讀「義」爲「儀」，儀、仇皆訓「匹」也，故名仇，字儀。其説迂回，又於「和」字無解。

昭升于上，敷聞在下。惟時上帝，集厥命于文王，○今文「升」作「登」，「敷」作「布」，「惟」作「維」，「文王」作「文武」。○《史記》曰：「昭登于上，布聞在下。

❶「作」上，《史記·晉世家》有「周」字。

維時上帝，集厥命于文武。」《集解》：「馬融曰：『昭，明也。上謂天，下謂人。』」班固《典引》曰：「昭登之績。」蔡邕注云：「《尚書》曰：『昭登于上。』」段玉裁説：「此今文《尚書》也。如『升鼎耳而雊』，《史記》、《漢書》皆作『登鼎耳』。凡古文作『升』，凡今文作『登』也。」錫瑞謹案：蔡邕《太尉汝南李公碑》曰：「懿鑠之美，昭登于上。」伯喈用今文作「登」，與《典引》注合。史公「敷」作「布」，蓋用今文，如《禹貢》「竹箭既布」之例。〇一作「鋪聞在下」。〇班固《典引》曰：「昭登之績，匪堯不興，鋪聞遺策在下之訓，匪漢不宏。」段玉裁説：「今文《尚書》作『登』、『鋪』，古文《尚書》作『升』、『敷』。『鋪聞』即『敷聞』也。《書》以文武爲上，平王爲下，班以堯爲上，漢爲下，此今文《尚書》説也。興、宏爲韻，『厥道』下屬，李善絶句誤也。」按：段説與馬融注異。馬所據或非今文義。段云「平王爲下」，據古文義而言。若今文義，當以襄王爲下。蔡邕《太尉楊公碑》曰：「敷聞于下，昭升于上。」作「升」、「敷」，與伯喈引用今文不合，乃後人以古文《尚書》改之。〇一作「傳聞在下」。〇《後漢書·東平憲王傳》曰：「傳聞在下。」侯康説：「考古文『敷』字，今文多作『傅』。《禹貢》『禹敷土』，《洪範》『用敷錫厥庶民』、『皇極之敷言』，《史記》俱作『傅』；《堯典》『敷奏以言』，《皋陶謨》『敷納以言』，《漢書·文帝》《宣帝》《成帝紀》俱作『傅』可證。則『傳聞在下』乃今文也。」

「亦惟先正，克左右昭事厥辟，越小大謀猷，罔不率從，肆先祖懷在位。《漢書·谷永傳》永待詔公車，對曰：「經曰：『亦惟先正克左右。』未有左右正而百官枉者也。」師古曰：「《周書·君牙》之辭也。」段玉裁説：「按：僞古文《君牙》永所不見，正引《文侯之命》耳。」陳喬樅説：「《三國志》注引鄭玄曰：『先正、先臣，謂卿大夫也。』是先正指臣言，鄭義與谷永同。」

「嗚呼！閔予小子嗣，造天丕愆，〇今文「造」作「遭」。〇僞《孔傳》曰：「我小子遭天大罪過。」疏引王曰：「遭天之大愆。」段玉裁説：「『造』字，王、孔皆訓『遭』，此必今文《尚書》作『遭』，故用以注古文也。於《大誥》、《呂刑》知之。」

「殄資澤于下民，侵戎我國家純。孫星衍説：「『侵戎』猶『戎侵』。『純』者，《釋詁》云：『大也。』歎言傷悼予小子嗣位，遭天大過咎，絶財禄于下民，寇兵大侵犯我國家。謂王子帶以翟人入周也。」

「即我御事，罔或耆壽俊在厥服。〇今文「或」作

「克」，「俊」下有「咎」字，「服」作「躬」。○《漢書·成帝紀》鴻嘉元年詔書曰：『《書》不云乎？「即我御事，罔克耆壽，咎在厥躬。」』文穎曰：「此《尚書·文侯之命》篇中辭也。言我周家用事者，無有能耆老賢者，使國之危亡，罪咎在其用事者也。」師古曰：「『咎在厥躬』，平王自謂，故帝引之以自責耳。文氏乃云咎在用事，斯失之矣。」段玉裁說：「此今文《尚書》也。『或』作『克』，『俊在厥服』作『咎在厥躬』，爲異。按：文穎注云『耆老賢者』，疑《漢書》『耆壽』下、『咎在』上本有『俊』字。」陳喬樅謂：「段說是也。隸古定本脱去『咎』字，《漢書·谷永傳》引脱去『俊』字。僞《孔傳》云：『無有耆宿壽考俊德在其服位。』解與文穎合，是古文、今文並同。據文穎注補『俊』字爲允。」侯康說：「按：『咎在厥躬』以下，未知今文云何。如同古文，則下『予則罔克』方自責之辭，又不云『朕躬』而云『厥躬』。文氏之説似合。文氏生於漢末，此必三家舊訓，故采取之以注史。小顔非之，過矣。」

「予則罔克，曰：『惟祖、惟父，其伊恤朕躬。』嗚呼！有績予一人，永綏在位。○今文「綏」作「其」。○《史記》曰：「恤朕身，繼予一人，永其在位。」史公「躬」作「身」，「績」作「繼」，用故訓字。《釋詁》云：「績，繼也。」

「父義和！汝克昭乃顯祖，汝肇刑文武，用會紹乃辟，追孝于前文人。汝多修，扞我于艱，若汝，予嘉。」○今文「扞」作「捍」。○《三國·魏志》引獻帝詔曰：「捍朕于艱難。」與《說文》引《周書》曰「攼我于艱」文異，蓋古文作「攼」，今文作「捍」。

王曰：「父義和！其歸視爾師，寧爾邦。《儀禮·覲禮》曰：「伯父無事，歸寧乃邦。」

「用賚爾秬鬯一卣，彤弓一，彤矢百，盧弓一，盧矢百，馬四匹。○今文「盧弓一盧矢百」作「旅弓矢千」。○《史記》曰：「賜大輅，彤弓矢百，旅弓矢千，秬鬯一卣，珪瓚，虎賁三百人。」《集解》：「賈逵曰：『大輅，金輅。彤弓，赤；旅弓，黑也。秬，黑黍；鬯，香酒也。卣，器名。』」陳喬樅說：「按：隸古定本作：『旅弓一，旅矢百，馬四匹。』據《史記》言賜大輅，輅駕四馬，則馬四匹者，即大輅之服也。《左傳》僖公二十八年云：『王賜晉文公彤弓一，彤矢百，旅弓矢千。』與《晉世家》此文合。則作『旅弓一，旅矢百』者非也。《禮記·曲禮》正義引《含文嘉》曰：『九賜：一曰車馬，二曰衣服，三曰樂則，四曰絑户，❶五曰納陛，六曰虎賁，七曰斧戉，❷八曰弓矢，九曰秬鬯。』宋均注云：『進退有節，行步有度，賜以車馬，以代其勞。言成文章，行成法則，賜以衣服，以表其德。動作有禮，賜以納陛，以安其體。長於教誨，内懷至仁，賜以樂則，以化其民。居處修理，房内不泄，賜以絑户，以明其别。勇猛勁疾，❸執誼堅彊，賜以虎賁，以備非常。抗揚威武，志在宿衛，賜以斧戉，使得專殺。内懷仁德，執誼不傾，賜以弓矢，使得專征。慈孝父母，賜以秬鬯，以歸祭祀。』此『賜大輅』是『一曰車馬』也，『虎賁三百人』是『六曰虎賁』也，『彤弓矢』、『玈弓矢』是『八曰弓矢』也，『秬鬯一卣，珪瓚』是『九曰秬鬯』也。蓋九賜之中有其四焉。《詩·小雅·彤弓》序云：『天子錫有功諸侯也。』《左傳》文四年甯俞言：『敵王所愾，而獻其功。於是賜之彤弓一，彤矢百，旅弓矢千，以覺報宴。』文公此時獻楚俘於王，是敵愾獻功之事。《毛詩》、《左傳》所云，與此篇誼正合也。」案：陳説是也。《集解》引賈逵説蓋即《左傳》注。《大傳》曰：「諸侯賜弓矢者，得專征；賜圭瓚者，得爲鬯以祭。」又《略説》曰：「諸侯有德者，一命以車服弓矢，再命以虎賁三百人，三命以秬鬯。諸侯三命者，皆受天子之樂，以祀其宗廟。」與《禮緯》文合。〇一作「盧弓矢千」，一作「黸弓矢千」。〇《漢書·王莽傳》、何休《公羊解詁》「盧弓」字皆作「盧」。《法言·五百篇》云：「彤弓黸矢。」司馬光曰：「黸，落胡切，與『玈』同，皆謂黑色也。」

「父往哉！柔遠能邇，惠康小民，無荒寧。簡恤爾都，用成爾顯德。」

《三國·魏志·武帝紀》曰：「簡恤爾衆，時亮庶功，用修爾顯德。」案：魏三體石經「越」作「粵」，「閔」作「愍」，「嗣」作「祠」，「紹」作「昭」，「盧」作「旅」，「簡」作「柬」，皆用古文，非今文異字。

❶「絑」，《禮記·曲禮上》正義引《含文嘉》作「朱」。下同。

❷「戉」，《禮記·曲禮上》正義引《含文嘉》作「鉞」。下同。

❸「勁」，原作「動」，今據《禮記·曲禮上》正義引《含文嘉》宋均注改。

今文尚書考證卷二十八

善化　皮錫瑞

費誓第二十八　周書十九

費誓　○今文「費」作「肸」。○馬、鄭古文《書序》列《呂刑》、《文侯之命》前，今文不可考。《史記·魯世家》曰：「伯禽即位之後，有管、蔡等反也，淮夷、徐戎亦並興反。於是伯禽率師伐之於肸，作《肸誓》。」《集解》：「徐廣曰：『肸，亦作「鮮」，一作「獮」。』」《索隱》曰：「《尚書》作『粊誓』，今《尚書大傳》作『鮮誓』，《鮮誓》即《肸誓》，古今字異，義亦變也。鮮，獮也。言於肸地誓衆，因行獮田之禮，以取鮮獸而祭，故字或作『鮮』，或作『獮』。」段玉裁說：「按：『鮮』音一讀如『斯』，『獮』古音如『徙』，故與『肸』音近。又按：肸、鮮、獮三字雙聲。《尚書大傳》作『鮮』。《史記》作『肸』，今文也。《史記》多從今文。」○一作「鮮」，亦作「獮」。○《大傳》曰：「已有三牲必田狩者，孝子之意，以爲己之所養不如天地自然之性逸豫肥美，禽獸多則傷五穀，因習兵事，又不空設，故因以捕禽獸，所以共承宗廟，示不忘武備，又因以爲田除害。鮮者何也？秋取嘗也。秋取嘗何以也？習鬥也。習鬥也者，男子之事也。然而戰鬥不可空習，故於蒐狩閑之也。閑之者，貫之也。貫之者，習之也。已祭，取餘獲陳於澤，然後卿大夫相與射。命中者，雖不中也取。命不中者，雖中也不取。何以也？所以貴揖讓之取，而賤勇力之取也。鄉之取也，於囿中，勇力之取也；於澤，揖讓之取也。」鄭注云：「取禽嘗祭。澤，射宮也。」陳壽祺說：「此條諸書所引不言何篇，盧氏本入之《略説》，無所據。觀《傳》文專釋『鮮』字爲秋取嘗，疑是《鮮誓》之《傳》也。」錫瑞謹案：《索隱》曰：「因行獮田之禮，以取鮮獸而祭。」其說與《大傳》合，蓋即本之《大傳》。小司馬猶及見《大傳》全書，陳氏以此爲《鮮誓傳》，其説是也。

公曰：「嗟，《釋名》曰：「嗟，佐也。言之不足以盡意，故發此聲以自佐也。」

「人無譁！聽命徂兹！淮夷、徐戎並興，孫

星衍説：「史公説以淮夷、徐戎反爲在與管、蔡同時。《魯世家》前文亦云：『於是卒相成王，而使其子伯禽代就封於魯。管、蔡、武庚等果率淮夷而反。周公乃奉成王命，興師東伐，作《大誥》。』《周本紀》云：『召公爲保，周公爲師，東伐淮夷，殘奄。』又云：『既絀殷命，襲淮夷，在豐，❶作《周官》。』是伯禽先伐淮夷，在管、蔡以殷畔之時；周公伐淮夷，在歸政踐奄之後也。但伯禽封魯，據《洛誥》經文『命公後』及『惟告周公其後』，則在七年歸政之時，此云即位之後有管、蔡、淮夷等反，殊不可解。史公從安國問故，又用伏生所傳今文，故説有歧異。《後漢書·東夷傳》云：『康王之時，肅慎復至。後徐戎僭號，乃率九夷以伐宗周，西至河上。穆王畏其方熾，乃分東方諸侯，命徐偃王征之。』此疑今文説。則魯公征徐戎，在穆王時。故編篇於《顧命》後、《呂刑》前也。」錫瑞謹案：孫説大謬。此篇伏生今文雖不可考，而《史記》作「肸」，一作「鮮」，與伏生《大傳》合，則史公以淮夷、徐戎反爲與管、蔡同時，即伏生今文説也。《論衡·儒增篇》曰：「成王之時，四國簒畔，淮夷、徐戎並爲患害。」王仲任用歐陽《尚書》説，正與史公説同。四國者，管、蔡、商、奄也。伯禽就封於魯，在管、蔡流言時，史公之説明甚。而成王又於七年歸政時封伯禽爲周公後者，《周本紀》云：「武王封弟周公旦于曲阜曰魯。」是魯於武王時已受封。其時周公在朝，使何人守國，不可考。至三監畔，乃使伯禽就封。然其時國猶周公之國，伯禽不過代攝國事。《周禮》：「凡諸侯之子誓於天子，則下其君之禮一等。」伯禽即位，蓋亦如是。其制猶後世之監國也。及公致政當就國，成王留公輔政，乃加封伯禽以大國，命爲公後。於是公不之魯，魯爲伯禽之國。伯禽爲魯始封祖，故伯禽稱魯公。《史記》多用今文，則伏生今文亦當如史公説。魯之封國，在武王初定天下時，並不在七年歸政後。孫氏讀《史記》不熟，何反以史公説爲歧異乎？若《後漢書》，並無魯公征徐戎之事，豈可傅會以爲今文？孫氏之疑，蓋拘於《書序》編次，不知馬、鄭《書序》與《史記》所載今文《書序》多不合，必非孔子之舊。《史記》引《書序》作「肸」，與《大傳》合，而與古文作「粊」不同，此《史記》用今文《書序》之明證。若專據馬、鄭《書序》以定先後之次，則《蔡仲之命》明屬成王封蔡仲時事，而馬、鄭《書序》亦列於穆王之世、《粊誓》之前，豈亦可傅會爲穆王事乎？又案：伏生今文《尚書》二十九篇雖可考定，而其次序則無以定之。近人所定二十九篇之

❶「在」上，《史記·周本紀》有「歸」字。

目，皆依《書序》，然《書序》亦有今古文不同。《史記》用今文，不與馬、鄭古文《書序》相合，則伏生《尚書》次序必不盡同馬、鄭《書序》矣。據《史記》説，《君奭》當在《康誥》前，據《漢書》説，《洪範》當在《微子》前，此今文次序之略可考者。史公以《肸誓》在周公攝政時，似亦不應列此。惟今文《書序》編次不可盡曉，未敢以意更定，仍依今本而具其説，以俟考焉。

「善敹乃甲冑，敿乃干，無敢不弔。《史記》曰：「陳爾甲冑，無敢不善。」孫星衍説：「史公『敹』作『陳』者，《説文》訓『敹』爲『擇』，《夏小正》云『陳筋革者，省兵甲也』，『省』亦『擇』也。『弔』作『善』者，與鄭同。」案：《書正義》引鄭注曰：「敹謂穿徹之。敿猶繫也。」訓「敹」字與《史記》稍異。

「備乃弓矢，鍛乃戈矛，礪乃鋒刃，無敢不善。今惟淫舍牿牛馬，杜乃擭，敜乃穽，無敢傷牿。牿之傷，汝則有常刑。《大傳》曰：「擭，捕獸機檻。」《周禮·雍氏》：「秋令塞阱杜擭。」注云：「阱，穿地爲塹，所以禦禽獸。其或超踰，則陷焉。世謂之陷阱。擭，柞鄂也。堅地阱淺，則設柞鄂於其中。《書·粊誓》曰：『𢽍乃擭，敜乃阱。』時秋也，伯禽以出師征徐戎。」陳喬樅説：「是鄭以《肸誓》在於秋時。《周禮·大司馬》職言：『中秋教治兵，遂以獮田。』《爾疋》亦云：『秋獵爲獮。』知鄭據今文《尚書》説，以此篇爲因秋獮治兵而誓衆也。」錫瑞謹案：鄭説雖與今文合，而引《書》作《粊誓》，則所據之本與今文不同。引「𢽍乃擭」作「𢽍」，與孔本作「杜」異。《釋文》云：「杜本又作『𢽍』。」疑古文有此二本，未可決其孰爲今文。陳氏以爲今文作「𢽍」，又引鄭《易注》以爲今文作「牿」，皆無塙據。《史記》曰：「無敢傷牿。」《正義》曰：「牿，牛馬牢也。令臣無傷其牢，恐牛馬逸。」《説文·牛部》曰：「牿，牛馬牢也。」下引此經。張守節蓋本《説文》爲義。《書正義》引鄭注以「牿」爲「桎梏」之「梏」，施梏於牛馬之脚，使不得走失；與《史記》作「牿」不同，不得據爲今文也。

「馬牛其風，臣妾逋逃，勿敢越逐，祗復之，○今文「無」作「勿」，「祗」作「振」。○《史記》曰：「馬牛其風，臣妾逋逃，勿敢越逐，敬復之。」《集解》：「鄭玄曰：『風，走逸。臣妾，厮役之屬也。』徐廣曰：『「敬」一作「振」。』」段玉裁説：「作『振』者，蓋今文《尚書》也。《般庚》篇『震動萬民以遷』，石經作『祗動』。《咎繇謩》『日嚴祗敬六德』，《夏本紀》作『振敬』。《無逸》篇『治民祗懼』，《魯世家》作『震懼』。《內則・記》『祗見孺子』，鄭注云：『「祗」或作「振」。』《下曲禮》『臨諸侯，畛於鬼神』，注云：『「畛」或作「祇」。』祇、振，語之轉。」

「我商賚汝。乃越逐，不復，汝則有常刑。無敢寇攘，踰牆垣，○今文「垣牆」作「牆垣」。○《史記》曰：「無敢寇攘，踰垣牆。」《集解》：「鄭玄曰：『寇，劫取也。因其失亡曰攘。』」

「竊馬牛，誘臣妾，汝則有常刑。甲戌，我惟征徐戎。《白虎通・誅伐》篇曰：「征者何謂也？『征』猶『正』也，欲言其正也，輕重從辭也。《尚書》曰：『誕以爾東征。』誅祿甫也。又曰：『甲戌，我惟征徐戎。』」

「峙乃糗糧，無敢不逮，汝則有大刑。魯人三郊、三遂，○今文「遂」作「隧」。○《大傳》曰：「古者百里之國，三十里之遂，二十里之郊；七十里之國，二十里之遂，九里之郊；五十里之國，九里之遂，三里之郊。」《史記》作「隧」。孫星衍說：「史公『遂』作『隧』者，『隧』即『𨽻』省文。《大傳》說見《王制》疏，當爲此篇之《傳》。而《王制》疏引《尚書傳》云《多士傳》，《周禮・典命》疏云《毋逸傳》，皆誤引也。魯國百里，則郊當在二十里之外，遂又在其外也。」

「峙乃楨榦。甲戌，我惟築，無敢不供。汝則有無餘刑，非殺。《書正義》引鄭注曰：「無餘刑非殺者，謂盡奴其妻子，不遺其種類，在軍使給厮役，反則入於罪隸舂槀，不殺之。」

「魯人三郊、三遂，峙乃芻茭，無敢不多，汝則有大刑。」○今文「遂」作「隧」，「多」作「及」。○《史記》曰：「『魯人三郊、三隧，峙爾芻茭、糗糧、楨榦，無敢不逮，我甲戌築而征徐戎，無敢不及，有大刑。』作此《肸誓》，遂平徐戎，定魯。」《集解》：「王肅曰：『邑外曰郊，郊外曰隧。不言四者，東郊留守，故言三也。』馬融曰：『楨、榦皆築具，楨在前，榦在兩旁。大刑，死刑。』」孫星衍說：「『不及』蓋『不多』之異文也。芻茭不至，牛馬不得食，不可以戰，故有大刑。若及而不多，不應云大刑也。當從《史記》。『多』字與『及』似而誤。」錫瑞謹案：《禮記・曾子問》注：「伯禽，周公子，封於魯。時徐戎作難，喪卒哭而征之，急王事也。」《正義》曰：「周公致政之後，成王即位之時，周公猶在，則此伯禽卒哭者，爲母喪也。」據《史記》，此篇之作在周公居攝時。《正義》以爲母喪，是也；而以爲周公致政之後，則與《史記》不合。蓋亦惑於周公致政乃封伯禽之文，而不知公居攝時伯禽已就封也。江聲以爲當次《亳姑》，事在周公薨後，尤非是。

今文尚書考證卷二十九

善化　皮錫瑞

秦誓第二十九　周書二十

秦誓　《史記・秦本紀》曰：「三十六年，繆公復益厚孟明等，使將兵伐晉，渡河焚船，大敗晉人，取王官及鄗，以報殽之役。晉人皆城守不敢出。於是繆公乃自茅津渡河，封殽中尸，爲發喪，哭之三日。乃誓於軍。」史公用今文説，與《書序》以爲在還歸之後、《左傳》以爲在釋歸三帥之時不同。《公羊》文十二年《傳》曰：「何賢乎秦繆公？以爲能變也。」《荀子・大略篇》曰：「《春秋》賢穆公能變。」楊倞注云：「謂不用蹇叔、百里之言敗於崤函，而自變悔，作《秦誓》詢茲黄髮是也。」《中論・修本》篇曰：「人之過，在於悔往而不在於懷來。故《書》舉穆公之誓，善變也。」

公曰：「嗟！我士，聽無譁！予誓告汝羣言之首。○今文「予」作「余」。○《史記》曰：「曰：『嗟！士卒，聽無譁！余誓告汝。』」《白虎通・號》篇曰：「伯、子、男，臣子於其國中，褒其君爲公何？以爲諸侯有會聚之事，相朝聘之道，或稱公而尊，或稱伯、子、男而卑，爲交接之時不私。其臣子之義，心俱欲尊其君父，故皆令臣子得稱其君爲公也。何以知諸侯得稱公？《尚書》曰：『公曰：「嗟！」』謂秦伯也。」

「古人有言曰：『民訖自若，是多盤。責人斯無難，惟受責俾如流，是惟艱哉。』我心之憂，日月逾邁，若弗云來。○今文「云」作「員」。○《後漢書・傅毅傳》「迪志詩」曰：「日月逾邁，豈云旋復！」❶「員來」字今本作「云來」。段玉裁説：「《正義》曰：『員即云也。』據《正義》，知經文本作『員來』。」

「惟古之謀人，則曰未就予忌。《説文》引《周書》曰：「來就惎惎。」江聲、王鳴盛、段玉裁解義各殊，《説文》

❶「旋」，原作「能」，今據《後漢書・傅毅傳》引《迪志詩》改。

用古文，無關今文異同，玆不具録。

「惟今之謀人，姑將以爲親。雖則云然，尚猶詢茲黄髮，○今文「云」作「員」。○《史記》曰：「『古之人謀黄髮番番，則無所過。』以申思不用蹇叔、百里奚，故作此誓，令後世以記余過。君子聞之，皆爲垂涕。曰：『嗟乎！秦繆公之與人周也，卒得孟明之慶。』」《漢書·韋賢傳》韋孟《諷諫詩》曰：「咢咢黄髮。」又曰：「追思黄髮，秦繆以霸。」《李尋傳》尋説王根曰：「昔秦穆公説諓諓之言，任仡仡之勇，身受大辱，社稷幾亡；悔過自責，思惟黄髮，任用百里奚，卒伯西域，德列王道。」《論衡·狀留篇》曰：「百里奚之知，明於黄髮。」《風俗通·皇霸》篇曰：「繆公受鄭甘言，置戍而去，違黄髮之計，而遇殽之敗。」《三國·魏志·管寧傳》注引明帝詔曰：「以秦繆之賢，猶思詢於黄髮。」《蜀志·秦宓傳》宓薦任定祖曰：「昔百里、蹇叔以耆艾而定策，故《書》美黄髮。」皆引此經。今本「員」作「云」，據《韋賢傳》師古注引《秦誓》曰：「雖則員然，尚猶詢茲黄髮。」説之曰：「『員』與『云』同。」是今本爲後人妄改。

「則罔所愆。○今文「罔」作「無」。○《新序·褋事》篇曰：「秦穆公敗其師，曰：『黄髮之言，則無所愆。』美用老人之言以安國也。」《玉海·藝文志考》漢儒引《尚書》異字亦作「無」。錫瑞謹案：今文《尚書》蓋作「無」字，猶《康王之誥》「乃心罔不在王室」今文作「無不在王室」也。《史記》亦云「則無所過」。《漢官儀》殤帝策曰：「張禹三世在上，黄髮罔愆。」則作「罔」字。無、罔義同，或三家亦有作「罔」者。張超《誚青衣賦》曰：「秦繆思愆，故獲終吉。」又案：今文《尚書》「黄髮」下疑多「之言」二字，故子政引《書》曰「黄髮之言」。《漢書·息夫躬傳》丞相嘉對曰：「昔秦繆公不從百里奚、蹇叔之言，以敗其師，悔過自責，疾詿誤之臣，思黄髮之言，名垂於後世。」所引亦有「之言」二字。

「番番良士，旅力既愆，我尚有之。○今文一作「皤皤良士」。○《史記》曰：「古之人謀黄髮番番。」《正義》曰：「番音婆，字當作『皤』。」江聲説：「以番番屬于黄髮，則番番爲老人狀貌。僞《孔傳》以番番爲武勇，非是。」錫瑞謹案：《史記·自序》曰：「番番黄髮，爰饗營丘。」《漢書·敘傳》曰：「營平皤皤，立功立論。」師古曰：「皤皤，白髮貌也。」《後漢書》樊準《勸崇儒學疏》曰：「故朝多皤皤之良，華首之老。」「皤皤之良」正用此經。或三家今文有作「皤皤」者。《後漢書·王梁傳》建武七年詔曰：「旅力既愆。」

「仡仡勇夫，射御不違，我尚不欲。《漢書·李尋傳》曰：「秦穆公任仡仡之勇。」《説文・人部》曰：「仡仡，勇壯也。从人，气聲。《周書》曰：『仡仡勇夫。』」李尋治小夏侯《尚書》，見《儒林傳》。《説文》用古文義，亦與今文同。馬本作「訖訖」，云：「無所省録之貌。」與今古文皆不合。《公羊》宣六年《傳》：「仡然從乎，趙盾以入。」《解詁》曰：「仡然，壯勇貌。」與《説文》合。

「**惟截截善諞言**，」○今文作「惟諓諓善竫言」。○《公羊》文十二年《傳》曰：「惟諓諓善竫言。」何休《解詁》曰：「諓諓，淺薄之貌。『竫』猶『撰』也。」劉向《九歎》曰：「讒人諓諓，孰可愬兮？」王逸注：「諓諓，讒言貌。」引《尚書》「諓諓竫言」。《鹽鐵論・國病》篇曰：「諓諓者，賊也。」《論誹》篇曰：「風疾小人諓諓面從，以成人之過也。」注：「諓諓，善言也。」《漢書・李尋傳》曰：「昔秦穆公説諓諓之言。」《後漢書》樊準《勸崇儒學疏》曰：「習諓諓之辭。」《國語》范蠡曰：「又安知是諓諓者乎！」韋注：「諓諓，巧辯之言。」賈逵注：「諓諓，巧言也。」《廣雅・釋訓》曰：「諓，善也。」○一作「惟諓諓善靖言」。○《潛夫論・救邊》篇曰：「諓諓善靖，俾君子怠。」○一作「惟諓諓善靜言」。○王逸注《楚辭・九辯》曰：「靜言諓諓而無信。」○一作「戔戔」。○《説文》：「戔，賊也。《周書》曰：『戔戔巧言。』」段玉裁説：「按：歺部：『殘，賊也。』」是戔、殘同也。《周易》「束帛戔戔」，《子夏傳》作「殘殘」。引《周書》者，《秦誓》今文也。今文《尚書》作「戔戔靖言」，《説文》無「諓」字，蓋治經者加「言」旁於「戔」耳。戔與諓、靖與竫，古文同音通用。「《周書》曰戔戔」句絶，下當云「戔戔，巧言也」，如引「《商書》曰圛」，下文云「圛者，升雲半有半無」，後人轉寫，脱去複出之「戔戔」字，併「也」字，非「巧言」爲「竫言」之駁文也。賈逵《外傳注》曰：「諓諓，巧言也。」許用侍中説釋《書》也。戔戔，何氏淺薄之訓近是。《廣雅・釋訓》曰：「諓諓，善也。」似緣詞生訓。」錫瑞謹案：《堯典》「共工靖言」一作「靜言」，是「靖」與「靜」通。《史記》以故訓改爲「善言」，是「靖」與「善」同義。《論語》：「異乎三子者之撰。」鄭君訓「撰」爲「善」。何注「竫猶撰也」，與鄭義同。然則善靖言即善言，善言即巧言，非善惡之善。《廣雅》：「諓諓，善也。」賈注：「諓諓，巧言也。」正善言即巧言之證。巧言者，必淺薄。何注正與賈逵、許慎、韋昭、張揖意同。巧言者，多讒譖，故諓諓爲讒。讒言者，多賊害，故諓諓又爲賊。《説文》云：「戔，賊也。」而引《周書》「戔戔巧言」，亦與本義相近，非屬叚借。段氏云：「不盡同本義，蓋叚借在其中。」似失之。段又以何氏淺薄之訓近是，《廣雅》「善也」爲緣詞生訓，亦未達善言即巧言之義，而誤解爲善惡之善也。

「俾君子易辭，○今文「辭」作「怠」。○《公羊》文十二年《傳》曰：「俾君子易怠。」《解詁》曰：「俾，使也。易怠，猶輕惰也。」段玉裁説：「按：易怠，疊字也。『易』讀如《素問》『解㑊』之『㑊』，疏云易爲怠惰，非是。《史記·三王世家》齊王策曰：『義之不圖，俾君子怠。』亦用今文。」王鳴盛説：「《説文》『辭』字籀文作『辝』，從台，因傳寫遂誤爲『辭』。據何休《公羊注》曰『易怠，猶輕惰也』，僞《傳》乃云『使君子回心易辭』，非也。」案：《潛夫論·救邊》篇曰：「俾君子怠。」用今文義。

「我皇多有之。○今文「皇」作「兄」。○《公羊》文十二年《傳》曰：「而況乎我多有之。」段玉裁説：「石經今文《尚書》『無皇曰今日耽樂』作『毋兄曰』，『則皇自敬德』作『則兄曰』。『兄』即今『況』字，與『我皇多有之』作『況乎我多有之』合。然則作『皇』者古文，作『況』者今文也。徐彦疏引戴宏《序》云：『子夏傳公羊高，高傳子平，平傳子地，地傳子敢，敢傳子壽，至漢景帝時，壽乃共弟子齊人胡毋子都箸於竹帛。』然則此《傳》成於伏生書已出之後，戴宏之言可信，非公羊高成之也。《尚書大傳》『皇於聽獄乎』，此假『皇』爲矧『況』字也。《公羊傳》『而況乎我多有之』，此假『況』爲『皇』字也。『皇』與『況』互相假借也。『而況乎我多有之』，猶言而何暇我多有之也。孔《傳》『皇』訓『大』，非。」

「昧昧我思之，江聲説：「《秦本紀》云：『以申思不用蹇叔、百里奚之言，故作此誓。』則昧昧我思者，自謂思此一介臣。僞《孔》以此文屬上讀，云：『我前多有之，以我昧昧思之不明故也。』詳玩經文，實不然。」

「如有一介臣，○今文「如」作「若」。○《禮記·大學》篇：「《秦誓》曰：『若有一个臣。』」《釋文》云：「一个，古賀反。一讀作『介』，音界。」《尚書釋文》曰：「介音界。字又作『个』，音工佐反。」王鳴盛説：「《説文》無『个』字，《公羊傳》引作『介』。《後漢書·杜詩傳》云：『一介之才。』李賢注引《書》亦作『介』，則作『个』非也。」錫瑞謹案：大小《戴記》傳自夏侯始昌，與大夏侯同師，則《大學》所引塙是今文。據《釋文》，則「一个」當讀作「介」，「个」即「介」之別體，不當讀爲「箇」。《公羊傳》作「一介」，是今文本作「介」。

「斷斷猗，無他技，其心休休焉，其如有容。○今文「猗」作「兮」，「其如有容」下有「焉」字。○《大學》曰：「斷斷兮無他技，其心休休焉，其如有容焉。」鄭注：「斷斷，誠一之貌也。他技，異端之技也。」《東觀漢記》建武元年詔曰：「故密令卓茂，束身自修，執節惇固，斷斷無他，其心休休焉。」《後漢書·卓茂傳》論曰：「卓茂斷斷小宰，無他庸能。」又《謝弼傳》弼上封事曰：「今之四公，惟司空劉寵斷斷首善。」○一作「惟一介斷斷焉，無他技，其心休休，能有容」。○《公羊》文十二年《傳》曰：「惟一介斷斷焉，無他技，其心休休，能有容。」《解詁》曰：「一介猶一槩。斷斷猶專一也。他技，奇巧異端也。孔子曰：『攻乎異端，斯害也已。』休休，美大貌。能有容，能含容賢者逆耳之言。」孫星衍説：「《釋詁》云：『惟，思也。』能、而字通，而即如也。」案：《公羊》所引與《大學》所引略異，或所據本不同，或省文也。何注與鄭注義同。

「人之有技，若己有之；人之彦聖，其心好之。不啻如自其口出，是能容之，以保我子孫，黎民亦職有利哉！ ○今文「如」作「若」，「是」作「寔」，「保」上有「能」字，「職」作「尚」。○《大學》曰：「人之有技，若己有之；人之彦聖，其心好之。不啻若自其口出，寔能容之，以能保我子孫，黎民尚亦有利哉！」鄭注：「有技，才藝之技也。若己有之，不啻若自其口出，皆樂人有善之甚也。美士爲彦。黎，衆也。尚，庶幾也。」《論衡·刺孟篇》云：「《尚書》曰：『黎民尚亦有利哉！』安吉之利也。行仁義，得安吉之利。」段玉裁説：「此今文《尚書》也。『子孫』上屬，『黎民』下屬，斷句依此爲長，《正義》非也。」王引之説：「《大學》引《秦誓》曰：『尚亦有利哉！』『尚亦』當爲『亦尚』，今《秦誓》作『亦職』。職、尚皆主也，與『亦尚一人』之『尚』正同義。」案：王説是也。《大學》與《論衡》引經皆當作「亦尚」，作「尚亦」者，傳寫之誤。《後漢書·魯恭傳》恭上疏曰：「所以助仁德，順昊天，致和氣，利黎民者也。」

「人之有技，冒疾以惡之；人之彦聖，而違之俾不達。是不能容，以不能保我子孫，黎民亦曰殆哉！ ○今文「冒」作「媢」，「達」作「通」，「是」作「寔」。○《大學》曰：「人之有技，媢疾以惡之；人之彦聖，而違之俾不通。寔不能容，以不能保我子孫，黎民亦曰殆哉！」鄭注：「媢，妒也。違猶戾也。俾，使也。拂戾賢人所爲，使功不通於君也。殆，危也。」案：《大學》作「通」，與今文《尚書》合。據《論衡》所引，則此「黎民」亦當下屬爲句。

「邦之杌隉，曰由一人。 ○今文「杌」作「阢」。○《説文·阜部》曰：「隉，危也。从𨸏，从毀省。徐巡以爲『隉，凶也」，賈侍中説「隉，法度也」，班固説「不安也」。《周書》曰：『邦之阢隉。』讀若虹蜺之蜺。」陳喬樅説：「案：稱徐巡者，古文《尚書》説也。稱賈侍中及班固者，今文大小夏侯説也。『隉』與『臬』雙聲音近，逵以爲於六書屬假借，故訓爲『法度』。如其説，則『杌』字連『隉』爲文，當是法度建立兀然之意。班固『阢』訓『不安』，許及僞《孔傳》皆本之也。」

「邦之榮懷，亦尚一人之慶。」《白虎通·號》篇云：「《尚書》曰：『邦之榮懷，亦尚一人之慶。』知秦穆公之霸也。」孫星衍説：「班氏據此經文知秦穆公之霸，是謂榮懷之言當在敗晉報怨之後，則是今文説與《史記》同義也。」

今文尚書考證卷三十

善化　皮錫瑞

書序第三十　周書二十

書序　《史記·三代世表》序曰：「孔子因史文次《春秋》，紀元年，正時月日，蓋其詳哉。至於序《尚書》則畧，無年月；或頗有，然多闕，不可録。故疑則傳疑，蓋其慎也。」《孔子世家》曰：「序《書傳》，上紀唐、虞之際，下至秦繆，編次其事。」《漢書·藝文志》曰：「《書》之所起遠矣，至孔子篹焉，上斷於堯，下訖秦，凡百篇，而爲之《序》，言其作意。」《儒林傳》曰：「孔子干於七十餘君，自衛反魯，究觀古今篇籍，於是序《書》則斷《堯典》。」劉歆《移太常博士書》曰：「孔子序《書》。」馬、鄭皆曰《書序》孔子所作。段玉裁説：「按：《書序》亦有古文、今文之殊。《漢志》曰：『《尚書》古文經四十六卷。』此蓋今文二十八篇爲二十八卷，又逸篇十六卷，併《書序》得此數也。伏生教於齊、魯之間，未知即用《書序》與否。而太史公臚舉，十取其八九，則漢時《書序》盛行，非俟孔安國也。假令孔壁有之，民間絶無，則亦猶逸篇十六卷絶無師説耳，馬、班安能采録？馬、鄭安能作注？以及安人張霸安能竊以成百兩哉？《孔叢子》與《連叢子》皆僞書也，臧與安國書曰：『聞《尚書》二十八篇，取象二十八宿，何圖古文乃有百篇耶？』學者因此説疑百篇《序》至安國乃出。然則其所云『弟素以爲《堯典》雜有《舜典》，今果如所論』者，豈亦可信乎？其亦惑矣。惟内外皆有之，是以《史記》字時有同異。如『女房』、『女方』，『登鼎耳』、『升鼎耳』，『飢』、『⿱黎邑』，『紂』、『受』，『牧』、『坶』，『行狩』、『歸嘼』，『異母』、『異畝』，『餽禾』、『歸禾』，『魯天子命』、『旅天子命』，『毋逸』、『無逸』，『息慎』、『肅慎』，『伯禦』、『伯冏』，『肸誓』、『獮誓』、『粊誓』，『甫刑』、『呂刑』之類，皆今文《尚書》、古文《尚書》之異也。」陳喬樅説：「案：《尚書釋文》云：『馬、鄭之徒百篇之《序》總爲一卷。』《正義》云：『作敘者不敢厠於正經，故謙而聚於下。』先大夫曰：『《漢書·蓺文志》云：「《書》之所起遠矣，至孔子篹焉，上斷於堯，下訖於秦，凡百篇，而爲之《序》。秦燔書禁學，伏生獨壁藏之。」是伏生壁中書有《序》也。』《尚書》引《序》各冠篇首，出枚賾本。古《書序》皆總爲一篇，置卷末，今所存《逸周書》猶可見，《漢志》《周書》七十一篇，今按《逸周書》篇目自《度訓》至《器服》止七十篇，其一篇即卷末之《序》也。桓譚《新論》云：『古文《尚書》舊有四十五卷，爲五十八篇。』而《藝文志》載《尚書》古文經四十六卷。《新論》合二十九卷及逸篇十六卷，除《序》數之。《藝文志》併《序》數之，著録從其實也。古文如是，今文度亦宜然。伏生之二十九篇，併《序》數之也。伏生本經有《序》，無《大誓》。《大誓》之合於伏生，其始於歐陽氏乎？漢武帝建元五年置五經博士，《書》惟有歐陽。當時既以《大誓》付博士讀説，立於學官，即合入伏生《書》矣。況歐陽經獨三十二卷，今文家《顧命》不分，《盤庚》亦不異卷，其三十二卷是於伏生經文及《序》二十九篇外，增以後出之《大誓》三篇明矣。歐陽既增《大誓》，立於學官，故兩夏侯亦從而增入其《書》，特併《大誓》爲一篇，而除《序》不數，故仍爲二十九篇，以合伏生篇數之舊，與歐陽小異。《尚書正義》云：『伏生二十九篇，而《序》在外。蓋永嘉之亂，三家《尚書》已亡。』孔穎達嘗見漢石經拓本，所云似據石經即如是。要是夏侯之本後增《大誓》者。西漢經師不爲《序》作訓故，歐陽《章句》仍止三十一卷。《詩》、《書》之《序》，至馬、鄭始爲之注。《毛詩》篇首《正義》云：『《毛傳》不訓《序》，是漢初治經者未有爲《序》作訓者也。』《論衡·佚文篇》曰：『東海張霸通《左氏春秋》，案百篇序，❶以《左氏》訓詁造作百二篇。』《漢書·儒林傳》曰：『張霸分析合二十九篇以爲數十，又采《左氏傳》、《書序》爲作首尾，凡百二篇。成帝時求治古文者，霸以能爲《百兩》徵，以中書挍之，非是。』霸所采《書序》即出今文，非古文也。何言之？孔氏古文，天漢後獻，遂祕於中，外不得見，霸但見今文有百篇之《序》，而不見古文孔《書》，故竊之作百兩篇以欺世。如所采《書序》出古文，是霸見孔壁之本矣。甯不知孔氏古文天子自有中書可挍，而敢更作之，而遽獻之於朝哉？且霸見孔壁之本，則見其中逸《書》二十四篇，攟拾較易，乃不並取以爲百兩篇，而轉取《左氏傳》何哉？故知霸所取《書序》出今文也。今文有《序》，此其塙證矣。《正義》嘗引石經，其云『二十九卷而《序》在外』者，必見石經《尚書》有百篇之《序》，故爲是言耳。」錫瑞謹案：西漢馬、班，東漢馬、鄭皆以《書序》爲孔子作，唐以前尊信無異辭，至宋儒始疑之。近之治漢學者，

❶「序」，原無，今據《論衡·佚文篇》補。

以疑《書序》爲宋儒罪案，然今之《書序》出於馬、鄭古文，實亦不無可疑。若今文《書序》，《史記》載其大半，與馬、鄭所注古文《書序》義多不同。周公作《君奭》，《史記》引《書序》在踐阼當國時，馬、鄭《書序》列於復政之後，遂有召公疑周公不當復列臣職之言。周公東征攝王，成王不親行，馬、鄭《書序》於「成王既黜殷命」、「成王既伐管、蔡」皆冠以「成王」字，後人遂誤執爲周公未嘗攝王之證。《舜典》序云：「歷試諸難。」鄭注云：「入麓伐木。」與《堯典》「納于大麓」相混，遂開梅、姚分「慎徽五典」以下爲《舜典》之妄説。《伊訓》序云：「成湯既没，太甲元年。」於中失去外丙、仲壬兩朝，遂啟宋人以孟子所云「外丙二年」、「仲壬四年」爲年歲不爲即位紀年之謬論。然則《書序》惟載於《史記》者塙乎可信。若馬、鄭古文《書序》，不見於《史記》者，多不可信；與今文不合者，尤爲可疑。蓋《書序》之有今文、古文，猶《詩序》之有今文、古文也。三家《詩序》雖亡，其僅存可考者多與毛異。三家之《序》皆有實事，《毛詩》之《序》多衍空文。《漢書·蓺文志》云：「《毛詩》自謂子夏所傳，未得立。」「自謂」者，甚不然之之辭。是謂《毛詩序》出於子夏，乃漢儒所不信。而衛宏作《毛詩序》，明見於《後漢書》。説《毛詩序》者，或云首句子夏作，以後毛公合作；或云首句毛公作，以後衛宏續作。魏源以爲古文《書序》亦衛宏作，雖無明文可據，然古文《書序》爲後人改竄，不必皆孔子之舊，亦猶《毛詩序》不必即子夏所傳也。宋儒一概疑之固非，近人一概信之亦未是。惟《史記》所載者乃可信耳。段氏分別《書序》有古今文，最爲卓識。《史記》「升」作「登」、「受」作「紂」、「無」作「毋」、「吕」作「甫」，皆據今文《尚書》。「飢」即「耆」、「肹」即「鮮」，合於伏生《大傳》。據此，則《史記》所引《書序》與古文《書序》字異者，皆今文與古文不同，而非史公改竄可知。段云：「二十八篇爲二十八卷，當增《太誓》一卷，乃合文不具耳。」段氏、陳氏説今文有序，皆引張霸作百兩篇爲證。陳氏説尤詳明，惟謂伏生二十九篇併《序》數之，《顧命》不分，説尚未塙。《史記》所引《書序》即伏生今文，明分《顧命》、《康王之誥》爲二。分之則二十九篇已具，不必併《序》數之。蓋歐陽博士增入《大誓》之後，乃合《顧命》、《康王之誥》爲一篇，以符二十九篇之數耳。孔疏云：「伏生二十九篇，而《序》在外。」其説甚塙。孔氏所見石經爲夏侯《尚書》，蓋歐陽《尚書》亦然，特分《大誓》之篇爲三，故較夏侯之合爲一篇者多出二篇耳。

昔在帝堯，聰明文思，光宅天下，將遜于位，讓于虞舜，作《堯典》。○今文「聰明」作「欽明」，「光宅」作「光度」。○《論衡·須頌篇》曰：「問説《書》者：『欽明文思』以下誰所言也？曰：篇家也。篇家者誰也？孔子也。」陳喬樅説：「《論衡》以『欽明文思』以下爲孔子所言者，蓋指《堯典》序。《書序》實孔子所作也。據《論衡》，則今文《序》『聰明』作『欽明』爲異耳。」錫瑞案：《後漢書·陳寵傳》注引《尚書考靈耀》曰：「堯聰明文塞晏晏。」是今文《尚書·堯典》「欽明」字一作「聰明」。而據《論衡》此文，則今文《書序》「聰明」字一作「欽明」。漢時今古文互異如此。「文思」據今文「思」當作「塞」，仲任所引仍同古文作「思」，或三家之文不同，亦有作「文思」者，或後人依古文改之，未可知也。「光宅天下」，今文《尚書》當作「光度」。班固《典引》曰：「有不俾而假素，罔光度而遺章，今其如台而獨闕也！」孟堅用「光度」字，蓋出今文《尚書·堯典》序。今文《尚書》「宅」皆作「度」也。

虞舜側微，堯聞之聰明，將使嗣位，歷試諸難，作《舜典》。趙岐《孟子》注曰：「孟子時《尚書》凡百二十篇，逸《書》有《舜典》之《敘》，亡失其文。孟子諸所言舜事，皆《舜典》，今本作「《堯典》」，從段氏改正。及逸《書》所載。」劉逢禄説：「按：漢人多以百篇爲《尚書》，二十篇爲《中候》。《孟子》所載舜往于田及完廩一篇，不稱『《堯典》曰』，❶又不稱『《書》曰』，其『祇載見瞽瞍』，稱『《書》曰』，則逸《書大傳》之類也。又曰『不及貢，以政接于有庳』，『以』猶『與』也，言『此之謂也』，亦傳記《書》説。古今文二典皆合一篇，惟東晉梅本始分『慎徽』以下爲《舜典》，非也。太史公親見孔安國所得古文《尚書》，而所作《舜本紀》亦無出《堯典》所述之外，❷可知非别有篇矣。又，馬融《書傳序》稱『逸十六篇，絶無師説』，即《史記》云『逸《書》得十餘篇』，劉歆云『逸《書》有十六篇』。《正義》載其目，云：『《舜典》一，《汩作》二，《九共》九篇十一，《大禹謨》十二，《棄稷》十三，《五子之歌》十四，《胤征》十五，《湯誥》十六，《咸有一德》十七，《典寶》十八，《伊訓》十九，《肆命》二十，《原命》二十一，《武成》二十二，《旅獒》二十三，《囧命》二十四。』《九共》九篇共卷，故十六篇。蓋此十六篇，亦《逸周書》之類，未必出於孔壁。劉歆輩增設之，以抑今文博士耳。東漢初治古文者衛、賈諸子，皆不爲注説，故遂亡佚。要之，據《舜典》《皋陶謨》序讀之，則典、謨皆完備。逸《書》别有《舜典》、《大禹謨》、《棄稷》等篇，必歆等之僞也。」錫瑞案：劉

❶「典」，原無，今據劉逢禄《尚書今古文集解》卷三〇補。
❷「述」，原作「出」，今據《尚書今古文集解》卷三〇改。

説是也。伏生傳《書》二十九篇，漢人以配二十八宿，其一曰斗，説見王充《論衡》。劉歆《移太常博士書》云「以《尚書》爲備」。是漢時今文家説，謂《尚書》止有二十九篇也。孔壁古文逸《書》，《史記》、《漢書》皆不載篇目，《尚書》孔疏載鄭注《書序》有《舜典》、《汩作》、《九共》等篇，而孔穎達不信，以爲張霸僞書。穎達以僞《孔》古文爲真，馬、鄭古文爲僞；自明以來攻僞《孔》者則以孔氏古文爲僞，馬、鄭古文爲真；近之治今文者，又謂孔氏古文僞，馬、鄭古文亦僞。逸《書》十六篇既亡，真僞固不可辨，而據鄭君所引斷句見孔疏者，大有可疑。劉氏以爲《逸周書》之類，爲得其實。劉氏不駁《書序》，以爲典、謨皆異《序》同篇。案：《史記》所載今文《書序》無典、謨之《序》。典、謨有《序》獨見於古文。古文《書序》與逸《書》十六篇，同出於東漢以後，逸《書》既不可信，何以《書序》獨可信乎？鄭君親見逸《書·舜典》，而注《舜典》序云「入麓伐木」，「入麓」即《書》「納于大麓」。今文《尚書》「納」正作「入」，見《史記》、《漢書》。其文本在《堯典》篇中，而鄭引爲「歷試諸難」之注，是鄭所見逸《書·舜典》已以「納于大麓」分在《舜典》篇矣。且非獨鄭注可疑也，《序》云：「昔在帝堯，聰明文思，光宅天下，將遜于位，讓于虞舜，作《堯典》。」「虞舜側微，堯聞之聰明，將使嗣位，歷試諸難，作《舜典》。」以《書》證《序》，所謂「將遜于位，讓于虞舜」，即《書》「汝能庸命，巽朕位」至「有鰥在下，曰虞舜」云云也。「虞舜側微，堯聞之聰明，將使嗣位，歷試諸難」，即《書》「帝曰：俞！予聞」至「納于大麓」云云也。然則據《書序》之文，所謂古文逸篇分《堯典》、《舜典》爲二者，其所分裂已與僞《孔》本無大異，不過虛張篇目以示異於今文。僞《孔》分「慎徽五典」以下爲《舜典》，正襲《書序》之説而小變之者也。《史記》於今文典、謨之《序》雖不載，而據今文家二十九篇爲備之説，必不同於古文所分，證以《大學》「《帝典》曰」之文，二帝之典實應合爲一篇。《禮記》出於后蒼，與夏侯《尚書》同一師承，今文家説如是，較古文爲有據矣。劉氏異《序》同篇之義，因不敢駁《書序》，爲調停之説耳。自趙臺卿以《孟子》所言舜事爲《舜典》逸《書》，閻若璩亦從其説，毛奇齡作《舜典補亡》，遂盡摭拾以補《舜典》，且引《史記·舜本紀》爲證。錫瑞謂《史記》所載當即本於《孟子》之文，非必古文逸篇。劉氏以爲《孟子》引「書」是逸《書》，不引「書」者是傳記，分別最審。魏源尊信劉氏，而《書古微》猶作《舜典補亡》，沿毛氏之誤，斯好奇之過也。陳喬樅據《宋書·禮志》高堂隆引《書》「粤若稽古，帝舜曰：重華建皇，授政改朔」爲古文《尚書》，故

「曰若」作「粵若」，《御覽》引《尚書中候・考河命》曰「曰若稽古，帝舜曰：重華欽翼皇象，授政改朔」爲今文《尚書》，謂今文《舜典》亡，此乃其佚句見於《書説》者。今考《宋書・禮志》實作「曰」不作「粵」。錢大昕《考異》據《御覽》引《中候》，又李善《文選注》引《尚書中候》云「建黄授政改朔」，謂此一十五字皆出《中候》，高堂隆所引偶脱「中候」二字。「建皇」《文選注》作「建黄」，皇甫謐謂「以土承火，色尚黄也」，此作「皇」，疑誤。錢氏考訂極塙。高堂隆所引即《中候》之文，並非逸《書》。朱彝尊欲據之以代姚方興本二十八字，錢已駁之。陳氏復據「粵」字誤文，而分《宋書》與《御覽》所引一爲古文，一爲今文，失之甚矣。

帝釐下土，方設居方，别生分類，作《汩作》、《九共》九篇、《槀飫》。《尚書大傳・虞夏傳・九共》篇：「《九共》以諸侯來朝，各述其土地所生美惡，人民好惡，爲之貢賦，政教。略能記其語。曰：『予辯下土，使民平平，使民無傲。』」段玉裁説：「《九共》在古文爲逸《書》，伏生誦習百篇，述其所記憶如此。」魏源説：「《九共》之篇，疑即《周禮》所載《職方氏》一篇所陳九州。左史倚相能讀三墳、五典、八索、九丘，孔疏謂：『三皇之書爲三墳，五帝之書爲五典，八卦之易爲八索，九州之志爲九丘。』則五行汩作之後，使禹治之而辨其風土，爲《九共》九篇。」錫瑞案：魏以《九共》爲九丘，説本宋儒及近儒江聲，據《大傳》是言諸侯來朝述職之事，其説非也。《大傳・略説》曰：「天子太子年十八曰孟侯。孟侯者，於四方諸侯來朝，迎於郊者，問其所不知也。問之人民之所好惡，土地所生美珍怪異。」與《九共》篇云「土地美惡，人民好惡」正同。蓋諸侯來朝述之，故太子迎諸侯來朝者得問之也。

皋陶矢厥謨，禹成厥功，帝舜申之，作《大禹》《皋陶謨》、《益稷》。○《正義》曰：「馬、鄭、王所據《書序》此篇名爲《棄稷》，又合此篇於《皋陶謨》，皆由不見古文妄爲説耳。」段玉裁説：「作僞者割分《皋陶謨》『帝曰：來，禹』之下爲《益稷》，因『暨益暨稷』之文易棄爲益。閻氏百詩曰：『《法言》云：「或問忠言嘉謨。曰：言合稷、契之謂忠，謨合皋陶之謂嘉。」若稷、契無一遺言，子雲何以遽立此論於此？知《棄稷》真篇，子雲得見之矣。』」劉逢禄説：「此即今《書》一謨三《序》，非三篇同《序》也。其言皆禹、皋之言，故以謨歸之。所述兼益、稷之功，故復以名繫之。例至昭然，以是知典、謨皆完書也。逸《書》十六篇乃有《大禹謨》及《棄稷》，然《書序》孔子所定，稷爲配天之祖，周人以諱事神，故典、謨稷獨稱官，惟帝命乃名耳。據周立法，必無以《棄稷》名篇之理。其可信乎？其可信乎？」錫瑞案：馬、鄭作「棄稷」，僞《孔》作「益稷」。閻、段、江、王以「棄」爲是，「益」爲非，劉從莊述祖説，以「棄」爲非，「益」爲是。惜《史記》不載今文典、謨之《序》，無以定二説之是非。而莊、劉之説，要爲近理。又案：司馬相如《封禪文》曰：「《書》曰：『元首明哉！股肱良哉！』因斯以談，君莫盛於唐堯，臣莫賢於后稷。」長卿引《書》在《皋陶謨》篇而專舉后稷爲言，則今文《皋陶謨》篇中即兼有《益稷》、《棄稷》篇文矣。

禹別九州，隨山濬川，任土作貢。○今文「濬」作「浚」。○《史記·河渠書》：「《夏書》曰：『禹抑鴻水十三年，過家不入門，陸行載車，水行載舟，泥行蹈毳，山行即橋。以別九州，隨山浚川，任土作貢。』」《漢書·溝洫志》：「《夏書》：『禹堙洪水十三年，過家不入門。陸行載車，水行乘舟，泥行乘毳，山行則梮，以別九州。隨山浚川，任土作貢。』」陳喬樅説：「《史記》、《漢書》引『禹別九州』云云，並冠以《夏書》，是自『禹抑洪水』以下，皆稱《禹貢》篇之《序》也。『浚』古文《尚書》作『濬』，《史》、《漢》均作『浚』，此今文也。」錫瑞案：陳説今文作「浚」是也。陳以《史》、《漢》所引《夏書》爲《書序》，蓋因《尚書》中無此文。予嘗考今古文《尚書》皆當有「陸行載車」十六字，❶説見《皋陶謨》篇考證。《説文·木部》「欙」字下引《虞書》曰：「予乘四載，水行乘舟，陸行乘車，山行乘欙，澤行乘輴。」閻若璩謂許所據古文《尚書》多十六字。考《夏本紀》述《皋陶謨》無「乘四載」三字，但云：「予陸行乘車，水行乘舟，泥行乘橇，山行乘檋。」而《河渠書》、《溝洫志》皆明引《夏書》，此四句似是《皋陶謨》經文，非《禹貢·書序》也。然《夏本紀》於「居外十三年，過家門不敢入」之下亦綴以「陸行乘車，水行乘船，泥行乘橇，山行乘檋」四語，舉述《皋陶謨》四語複出，而與《河渠書》先云「禹抑鴻水十三年，過家不入門」乃綴四語大同。《河渠書》綴四語，下又云：「以別九州，隨山浚川，任土作貢。」與古文《書序》合。則今文《禹貢·書序》或亦有此四句，與今文《皋陶謨》篇不妨兩見也。

啟與有扈戰于甘之野，作《甘誓》。○今文「啟」作「開」。○《史記·夏本紀》曰：「有扈氏不服，啟伐之，大戰於甘。將戰，作《甘誓》。」《集解》：「《地理志》曰：『扶風鄠縣是扈國。』馬融曰：『甘，有扈氏南郊地名。』」《索隱》曰：「夏啟所伐。鄠南有甘亭。」《正義》曰：「《括地志》

❶「車」，原作「舟」，今據前文《皋陶謨》篇考證改。

云：『雍州南鄠縣本夏之扈國也。《地理志》云：鄠縣，古扈國，有户亭。《訓纂》云：户、扈、鄠，三字一也，古今字不同耳。』」錫瑞案：「啟」今文《尚書》作「開」。《白虎通》、《論衡》引《書》皆作「開」，可證也。《史記》作「啟」，疑後人據古文《尚書》改之。

太康失邦，昆弟五人，須于洛汭，作《五子之歌》。○今文「邦」作「國」。○《史記·夏本紀》曰：「帝太康失國，昆弟五人，須于洛汭，作《五子之歌》。」《索隱》曰：「皇甫謐云：『號五觀也。』」段玉裁説：「按：《五子之歌》，惠氏定宇《古文尚書考》據《左氏傳》、《外傳》、《離騷》、《周書·嘗麥解》、王符《潛夫論》、韋昭《國語》注證枚頤書之僞矣。竊謂《墨子》作『武觀』，《楚語》作『五觀』，『武』即『五』也。以《左傳》『斟灌』《夏本紀》作『斟戈氏』，『若干』或言『若柯』，『桓表』讀如『和表』例之，『歌』即『觀』也。『五子之歌』即『五觀』也。『之歌』蓋謂往觀地。觀地即雒汭，韋語最爲明確。約之曰『五觀』，詳之曰『五子之歌』。謂『五子』爲『五觀』，或省『五』言『觀』，皆以國名之也。五子必非五人。《汲郡古文》云：『放王季子武觀于西河。』云『季子』，則一人也。《序》言五人，猶經言五子也。古文又云『武觀以西河畔』，然則觀地不在西河，漢東郡觀縣非雒汭觀地也。『觀』之爲『歌』，猶『甫』之爲『呂』，『桀』之爲『肸』，作僞者泥於『歌』字，敷衍五章。《尚書》不當以詩歌名篇，固不待辨而自明者。」錫瑞案：段説非也。《尚書》篇名如《仲虺之誥》、《高宗之訓》、《微子之命》、《蔡仲之命》、《康王之誥》、《文侯之命》諸篇皆以「之」爲助辭，是《書序》於四字篇名例加「之」字，無訓「之」爲「往」者。段氏以「之歌」爲「往觀」，説甚鑿而不辭。蔡邕《述行賦》云：「悼太康之失位兮，愍五子之歌聲。」伯喈用今文説，亦以歌爲詩歌，不得謂《尚書》不當以詩歌名篇也。且「斟灌」臣瓚謂在東郡，《括地志》謂在青州壽光縣。段氏謂即洛汭，亦未可據。引《墨子》諸書以證其説，皆不甚塙。錫瑞謂《墨子》所引《武觀》，乃《書》逸篇之名，並不在百篇内，與《墨子》上文所引《湯之官刑》相類，而非此《五子之歌》也。《離騷》云：「夏康娱以自縱。」亦非此書太康。《離騷》篇中「康娱」二字屢見。曰「日康娱而自忘」，又曰「日康娱以淫遊」，則此「康娱自縱」亦當以「康娱」二字連文爲義。其曰「夏康娱」者，即指夏啟而言。啟之康娱自縱，略見於《墨子》、《竹書紀年》、《山海經》、《楚辭·天問》諸書。《墨子·非樂》引《武觀》曰：「啟乃淫溢康樂，野于飲食，將將，銘莧磬以力，湛濁于酒，渝食于野。萬舞翼翼，章聞于天，天用弗式。」《紀年》曰：「啟巡狩，舞《九韶》於天穆之野。」《山海經·海外西經》曰：「大樂之野，夏后啓於此舞《九代》。」《大荒西經》曰：「夏后開上三嬪於天，得《九辨》與《九歌》以下。」《天問》曰：「啓棘賓天，作「商」誤。《九辨》、《九歌》。」皆可爲《離騷經》之證。《離騷》所云「啓《九辨》與《九歌》兮」，即《山海經》、《紀年》、《天問》所云是也。云「夏康娱以自縱」，即《墨子》所云「啓乃淫溢康樂」是也。其下文云「不顧難以圖後兮，五子用失乎家衖」，蓋推本其禍，由於啓之失道。猶《墨子》言武觀之事，而推本於啓之淫溢康樂也。古者嘉樂不野合，啓舞大樂於野，故屈子、墨子皆以爲譏。以古書考之，則啓亦非賢主。孟子以爲賢者，爲世立教耳。王叔師注《離騷》疑啓賢不應有此失，乃以「夏康」二字連讀，傅會爲此《序》之太康，曰：「夏康，啓子太康也。不遵禹、啓之歌，而更作淫聲，放縱情欲，以自娱樂，不顧患難，不謀後業，卒以失國。兄弟五人，家居閭巷，失尊位也。」引此《書序》云云。是誤解《離騷》而因誤解《書序》，自叔師始。不知「康娱」二字，屢見於《離騷》，不得以「夏康」連讀。啓《九辨》、《九歌》，明見於《天問》，「夏康娱以自縱」緊承上句，不得移其過於太康。叔師之注殊非屈子之旨，惠氏又議改《墨子》之「啓」乃爲「啓子」，以就其説，更失之武斷矣。蓋沿叔師之誤，而未能辨正也。若《墨子》所云武觀之事，詳見於《左氏》内外《傳》、《周書》、《紀年》。《左傳》曰：「夏有觀、扈。」《楚語》曰：「啓有五觀。」《周書·嘗麥解》曰：「其在啓之五子，忘伯禹之命，假國無正，用胥興作亂，遂凶厥國。皇天哀禹，賜以彭壽。」《紀年》曰：「帝啓十年，放王季子武觀于西河。十五年，武觀以西河叛，彭伯壽帥師征西河，武觀來歸。」注：「武觀即五觀也。」據《周書》、《紀年》所説，是武觀者啓之第五子，故曰「季子」，亦曰「五子」，亦曰「五觀」；乃一人之名，非實有五人。而此《五子之歌》，則古文《書序》及《史記》所載今文《書序》皆云「昆弟五人」，是實有五人，而别爲一事，與内外《傳》、《周書》、《紀年》、《墨子》所云「武觀」者迥然不同。段云五子必非五人，不知其解序之「昆弟五人」作何説也。《漢書·古今人表》曰：「啓子，兄弟五人，號五觀。」王符《潛夫論》曰：「夏后啓子太康、仲康更立，兄弟五人，皆有昏德，不堪帝事，降須洛汭，是謂五觀。」韋昭《國語注》曰：「五觀，啓子太康昆弟也。」酈道元《水經注》曰：「淇水又北逕頓丘縣故城西，古文《尚書》以爲觀地矣，蓋太康弟五君之號爲五觀者也。」諸説皆以「五觀」與「五子之歌」誤合爲一，不知《書序》所云《五子之歌》在啓崩後太康失國之際，《史記》所載甚明，而《紀年》所云武觀叛與來歸，皆在夏啟在位之時，不在太康失國之後。明明先後兩事，何得强合爲一？且以「五觀」爲一人，與《序》言五人違異；以「五觀」爲五人，必無五人並封一處之理。《路史》云：「后啟五庶並封於觀。」其謬蓋不待辨。武觀爲啟季子，乃太康之弟，此五人中或有武觀在内亦未可知，若謂「五觀」即此五人，《墨子》所引《武觀》之書即此《五子之歌》，則牽引傅會，不可信矣。魏源《書古微》又改「五子之歌」爲「五子之過」，謂啟子五觀隨兄太康失國，過即《左傳》「有過氏」之過者，往邊地逃難；臆説無據。俞樾《羣經平議》能辨段氏之失，又必牽引《墨子》以傅合「歌」字，憑空撰出正樂一層，更無明證。皆由不知《武觀》與《五子之歌》不得混爲一也。逸篇既亡，《史記》又不詳其事，今古文説皆無可徵，宜從蓋闕。近儒所説，不敢附和。又案：揚雄《宗正箴》云：「昔在夏時，太康不恭，有仍二女，五子家降。」子雲言「有仍二女」，似即《左傳》所云虞思妻少康之二姚，下文接以「五子家降」，則以《五子之歌》與《左傳》言少康事相牽並論，其詳亦不可考。

羲、和湎淫，廢時亂日，胤往征之，作《胤征》。○《史記·夏本紀》曰：「帝中康時，羲、和湎淫，廢時亂日，胤往征之，作《胤征》。」《集解》：「鄭玄曰：『胤，臣名。』」《續漢書·律曆志》曰：「夏后之時，羲、和淫湎，廢時亂日，胤乃征之。」陳喬樅説：「案：此篇《書序》不言何時，據《史記》所載，則在仲康時也。鄭注以『胤』爲臣名，《顧命》『胤之舞衣』，鄭注亦以『胤』爲臣名。考《漢書·古今人表》胤列中上，次於夏中康時，止稱『胤』而不稱『胤侯』，是『胤』爲臣名信矣。」錫瑞案：《書》孔疏引鄭曰：「胤征，臣名。」誤衍一「征」字。毛奇齡作《寃詞》，不知孔疏誤衍，痛詆鄭君，何不一考《史記集解》？

自契至于成湯八遷，湯始居亳，從先王居，作《帝告》、《釐沃》。○今文「告」作「誥」。○《史記·殷本紀》曰：「成湯自契至湯八遷，湯始居亳，從先王居，作《帝誥》。」《索隱》曰：「一作『佶』。上云『從先王居』，故作《帝告》。孔安國以爲作誥告先王，言己來居亳也。」錫瑞案：《索隱》之説非也。《史記》本作「誥」字，何得解作《帝告》？鄭注《禮記·緇衣》云：「告，古文『誥』。」是「告」爲古文，「誥」爲今文。馬、鄭《書序》作「告」，用古文；《史記》引《書序》作「誥」，用今文。是《史記》引今文《書序》之一證。其一本作「佶」者，因僞《孔》解先王爲帝嚳，淺人誤信其説，乃改《史記》「誥」字作「佶」，以從僞《孔》帝嚳之説。僞《孔》以爲作誥告先王，是其字未誤而解已誤。近儒江、王、孫、段、陳氏父子，皆莫能辨正，遂不知亳是商州非偃師，先王是契非帝嚳矣。其所以致誤者，由於亳非一地。《殷本紀》曰：「契封於商。」《集解》：「鄭玄曰：『商國在太華之陽。』皇甫謐曰：『今上洛商是也。』」《六國表》：「湯起於亳。」徐廣曰：「京兆杜陵有亳亭。」是湯所起之亳在西方，即契所封之商。《商頌》稱契爲玄王，故曰「從先王居」。湯起亳得天下，其後遂以亳爲大名，故得天下之後遷都偃師，偃師與景亳皆稱亳，盤庚遷殷亦稱亳，殷紂都朝歌，而《國語》曰「紂踣于亳」。周時猶有三亳之稱，是商時以亳爲大名，猶周起於京，遂以京爲大名，而豐、鎬、雒皆稱京也。契始封商，湯又起於商州之亳，故國號曰商，必非以相土之商丘得名。僞《孔》乃云湯從相土之商丘遷於偃師之亳，而嚳都偃師並無明證，何以知湯所居之亳即是嚳之所都？《皇覽》云：「帝嚳冢在東郡濮陽。」是河北，非河南，與偃師之亳相距甚遠。惟《括地志》分列三亳之名，而以偃師爲帝嚳及湯所都，云：「亳邑故城在洛州偃師縣西十四里，本帝嚳之墟，商湯之都也。」張守節《正義》據以爲證，不知《括地志》乃唐初人作，其時崇尚僞《孔》，傅會僞《孔》與皇甫謐之説，所考之地，豈足徵信。古文《書序》云「作《帝告》、《釐沃》」，《史記》引《序》無「釐沃」二字，或以是一事，故省文。古者二王後得郊天，《詩·生民》曰：「以歸肇祀。」傳曰：「始歸郊祀也。」箋云：「得祀天者，二王之後也。」《三國志》注引虞喜《志林》云：「《詩》曰：『以歸肇祀，庶無罪悔，以迄于今。』言自后稷以來，皆得祭天，猶魯人郊祀也。此后稷郊天之明證。稷、契皆帝嚳後，同有大功於國，稷之後得郊天，契之後亦得郊天可知。郊天祭感生帝，以祖配之。湯居亳時，未得天下，而已得郊祀，蓋告黑帝汁光紀，以契配之。故篇名《帝告》，謂告帝以從先王居之事也。《大傳·帝告》篇曰：施章乃服，明上下。」此伏生所記《帝告》逸文。湯居亳，必「施章乃服，明上下」者，蓋如子産使都鄙有章，上下有服之義。古者遷都必改制度，盤庚遷殷，改奢即儉，敎于民，由乃在位，以常舊服，正法度。湯之遷亳，與盤庚遷殷同。《考工》疏、《文選》注引《殷傳》曰：「未命爲士者，不得乘飾車、乘朱軒、有飛軨。」又《外紀》卷二：「成湯令未命之爲士者，車不得朱軒及有飛軨，不得乘飾車、駢馬、衣文繡。命然後得，以順有德。」《通志·器服略》：「湯令未命之士，不得朱軒及飛軨，不得飾車、駢馬、衣文繡。命然後得，以旌有德。」此「施章乃服，明上下」之事也。江聲説以先王爲偰，帝爲黑帝，足正僞《孔》之失。惟以亳爲偃師，猶爲僞《孔》所誤，以亳近商地爲「從先王居」，尚未知亳在商州也。謂亳在商州，見俞正燮《癸巳類稾》、魏源《書古微》。《書古微》辨尤覈，其略曰：「鄭注謂契本封商國，在太華之陽，爲戰國商於之地，今陝西商州。故《史記・六國表》序言禹興西戎，湯起於亳，周以豐、鎬，秦用雍州，漢自蜀、漢，皆在西方。是湯都西亳爲玄王契始封商州之地，故曰『從先王居』，無緣降譽稱王，且違諸侯不祖天子之誼。是玄王所都，必是始封之商州，而非商丘、非景亳，庶符《史記》三代皆起西方之誼。《尚書緯》云：『天乙在亳，東觀於洛。』《尚書中候》云：『天乙在亳，諸鄰國襁負歸德，東觀于洛，降三分沈璧。』《水經》：『洛水出京兆上洛縣，今商州地。』是亳爲商州舊名，故《史記・秦本紀》：甯公三年：『遣兵伐湯社，與亳戰，亳王奔戎，遂滅湯社。』❶《封禪書》：『雍西亳有三社主之祠。』❷《說文》亳爲京兆杜陵，蓋商之裔孫有世居亳地者，故自稱祖號。」魏引《史記》、緯書義最古，足爲今文遺說之證，故具録之，餘文繁，不備載。

湯征諸侯，葛伯不祀，湯始征之，作《湯征》。

○《史記・殷本紀》曰：「湯征諸侯，葛伯不祀，湯始伐之。湯曰：『予有言，人視水見形，視民知治不。』伊尹曰：『明哉！言能聽，道乃進。君國子民，爲善者皆在王官。勉哉！勉哉！』湯曰：『汝不能敬命，予大罰殛之，無有攸赦。』作《湯征》。」陳喬樅說：「案：孔壁古文《尚書》增多之篇無《湯征》。《史記》所載《湯征》之文，乃殘章零句，或亦如《九共》、《帝告》之佚文，載於伏生《大傳》中，故太史公據之而録入《殷紀》。與《孟子》書所言『葛伯放而不祀』及仇餉事，當亦在此篇中也。」錫瑞案：皇甫謐謂：「葛伯，甯陵之葛。」據之以證湯都穀熟，不在偃師。不知湯此時所居在商州之亳，非偃師，亦非穀熟也。葛必近商州之地，不可考。

伊尹去亳適夏，既醜有夏，復歸于亳，入自北門，乃遇女鳩、女方，作《女鳩》、《女方》。

○今文「方」作「房」。○《史記・殷本紀》曰：「伊尹去湯適夏，既醜有夏，復歸于亳，入自北門，遇女鳩、女房，作《女鳩》、《女房》。」陳喬樅說：「案：《尚書釋文》云：『《帝告》、《釐沃》、《湯征》、《女鳩》、《女方》，此五亡篇舊解是《夏書》，馬、鄭之徒以爲《商書》。』《正義》曰：『鄭《序》以爲《虞夏書》二十篇，《商書》四十篇，《周書》四十篇。《帝告》、《釐沃》、《湯征》、《女鳩》、《女方》於鄭玄爲《商書》。』據此，是古

❶「社」，原無，今據《史記・秦本紀》補。

❷「亳」下，原衍「社」字，今據《史記・封禪書》删。

文《尚書》敘『房』字作『方』也。僞《孔》本『湯』字作『亳』，『遇』上多有『乃』字，是衍文。《孟子》：『五就湯，五就桀者，伊尹也。』趙岐注云：『伊尹爲湯見貢於桀，不用而歸湯。』案：伏生《大傳》云：『古者諸侯有貢士於天子之制。湯爲夏之諸侯，故貢伊尹於夏。』邠卿注《孟子》，蓋用今文《尚書》家說。」錫瑞案：伊尹歸亳事，亦見於《大傳·湯誓》，云：「夏人飲酒，醉者持不醉者，不醉者持醉者，相和而歌曰：『盍歸於亳，盍歸於亳，亳亦大矣。』故伊尹退而閒居，深聽歌聲。更曰：『覺兮較兮，吾大命格兮。去不善而就善，何不樂兮。』伊尹入告於桀，曰：『大命之亡有日矣。』桀僩然歎，啞然笑，曰：『天之有日，猶吾之有民也。日有亡哉？日亡，吾乃亡矣。』是以伊尹遂去夏適湯。」此即醜有夏歸亳之事。自夏歸亳自北門，則桀都在湯都之北，乃桀都在河北不在河南之證。若桀都河南，不當入北門矣。魏源《書古微》駁金鶚桀都河南，考甚覈，未及引此爲證。

伊尹相湯伐桀，升自陑，遂與桀戰于鳴條之野，作《湯誓》。《史記·殷本紀》曰：「湯乃興師率諸侯，伊尹從湯。湯自把鉞以伐昆吾，遂伐桀。湯曰云云。以告令師，作《湯誓》。」陳喬樅說：「案：《尚書正義》云：『孔以《湯誓》在《夏社》前，於百篇爲第二十六。鄭以爲在《臣扈》後，第二十九。今文《尚書》之篇次，未知與鄭本古文《尚書》同否也。此篇《敘》據《史記》所載，有「湯把鉞以伐昆吾」語，與古文《尚書》敘文異。或亦今文三家《敘》與孔壁古文本不同，如《詩》三家魯、齊、韓《敘》與《毛傳》古文本不同之例，未可知也。』」錫瑞案：《史記》載今文《書序》與鄭本次序不同，此即今文不同古文之明證。《湯誓》在伐桀之先，《夏社》在勝桀之後，以先後之次論，《商書》必當以《湯誓》居首，應以今文《書序》爲正。鄭本古文顛倒失次，殊不可據。僞《孔》名傳古文，其序次乃與《史記》同，與鄭本異者，王肅傳其父朗歐陽《尚書》之學，閒引今文說以駁鄭。此據《史記》以正鄭本，亦是一證。《史記》載經文與古文不同，說見本篇《考證》。陳氏明知今古文不同，猶爲游移之說，蓋陳氏不敢駁鄭，且欲强引鄭君爲今文張目，故不敢據《史記》之今文顯駁鄭本古文之誤也。

湯既勝夏，欲遷其社，不可，作《夏社》、《疑至》、《臣扈》。○今文無《疑至》、《臣扈》，篇次在《典寶》之後。○《史記·殷本紀》曰：「湯既勝夏，欲遷其社，不可，作《夏社》。」《封禪書》曰：「湯伐桀，欲遷夏社，不可，作《夏社》。」《漢書·郊祀志》與《封禪書》同，下云：「迺遷烈山子柱，而以周棄代爲稷祠。」應劭曰：「連大旱七年，明德以薦，而旱不止，故遷柱，以棄代爲稷。欲遷句龍，德莫能繼，故作《夏社》，説不可遷之意。」鄭注云：「犧牲既成，粢盛既潔，祭祀以時，然而旱乾水溢，則變置社稷。當湯伐桀之時，大旱，既致其禮祀，明德以薦，而猶旱至七年，故湯遷柱而以周棄代之。欲遷句龍，以無可繼之者，於是故止也。」陳喬樅説：「考伏生《大傳》言『湯大旱七年，禱於桑林之社，而雨大至』。是湯之欲遷社，以旱故也。僞《孔傳》以爲湯革夏命遷社，妄矣。」案：《郊祀志》與《殷本紀》合，應劭注亦與鄭康成合，是知皆本今文《尚書》説也。此先後之次依《史記》，先《湯誓》，次《典寶》，次《夏社》。僞《孔傳》以《夏社》列《湯誓》後，既與鄭本乖異，又與《史記》不合，於今文、古文皆無所徵，非其舊之篇次也。江聲説：「先後之次，《湯誓》宜先，《典寶》次之，此三篇又次之，乃後次以《仲虺之誥》及《湯誥》。知當然者，《湯誓》敘言『伐桀』、『遂與桀戰』，《典寶》敘言『夏師敗績』，則是既戰而敗，故《湯誓》宜先，《典寶》次之。此《敘》言『既勝夏』，則是既敗夏師之後，故此三篇宜次《典寶》。《仲虺之誥》敘云『湯歸自夏』，是既勝夏而歸也；《湯誥》敘云『復歸于亳』，則歸而至國矣；故此三篇之後當次以《仲虺之誥》及《湯誥》也。故《殷本紀》録此諸篇之《敘》，先《湯誓》，次《典寶》，又次《夏社》，而無《疑至》、《臣扈》篇目，次則《仲虺之誥》，次則《湯誥》。是順《敘》文而爲之次也。」莊述祖説：「《史記》《夏社》次《典寶》後，《中畾之誥》前，與鄭篇次異，無《疑至》、《臣扈》篇名；《東晉書》《夏社》次《湯誓》後、《典寶》前，從《史記》而小變之。案：馬、鄭、王本《書序》本是一篇，其編篇次第鄭往往不得其説。此『湯既勝夏』與『武王既勝殷』序例不符，又臣扈爲大戊臣，篇名次此，亦當闕疑。」錫瑞案：《史記》載今文《書序》，次第秩然。鄭與僞《孔》古文《書序》，次第倒亂。古文《尚書》不如今文，此其明證。《史記》無《疑至》、《臣扈》篇目，蓋今文本無之。莊疑臣扈爲大戊臣，不當列此，是也。

夏師敗績，湯遂從之，遂伐三朡，俘厥寶玉，誼伯、仲伯作《典寶》。○今文「朡」作「㚇」，「誼」作「義」，篇次在《夏社》之前。○《史記·殷本紀》曰：「夏師敗績，湯遂伐三㚇，俘厥寶玉，義伯、仲伯作《典寶》。」陳喬樅説：「案：僞《孔傳》本『湯』下有『遂從之』三字，《史記》所載無之，則僞《孔》本非也。《堯典》正義稱鄭注《書序》中逸《書》二十四之目，《咸有一德》十七，《典寶》十八，《伊訓》十九，與《史記》所紀次序不同，蓋今文古文之異。《尚書釋文》云：『「誼」本或作「義」。』按：《古今人表》有義伯、仲伯，是今文《尚書》作『義』字。」

湯歸自夏，至于大坰，仲虺作誥。○今文「大坰」作「泰卷」，「仲虺」作「中壨」。○《史記·殷本紀》曰：「湯歸，至於泰卷陶，中壨作誥。」徐廣曰：「一無此『陶』字。」《索隱》曰：「鄒誕生『卷』作『詗』，又作『洞』。則『卷』當爲『坰』，與《尚書》同，非衍字也，其下『陶』字是衍耳。何以知然？解《尚書》者以大坰今定陶是也，舊本或傍記其地名，後人轉寫遂衍斯字也。」《正義》曰：「陶，古銘反。」段玉裁說：「卷、坰雙聲，不必改字。《正義》云『陶，古銘反』，則誤謂『卷』爲衍字也。」錫瑞案：《史記》用今文，而「中壨」皆古字者，段氏謂伏生書中亦有古文，是也。

湯既黜夏命，復歸于亳，作《湯誥》。《史記·殷本紀》曰：「既絀夏命，還亳，作《湯誥》：『維三月，王自至于東郊。告諸侯羣后：「毋不有功于民，勤力迺事。予乃大罰殛女，毋予怨。」曰：「古禹、皋陶久勞于外，其有功乎民，民乃有安。東爲江，北爲濟，西爲河，南爲淮，四瀆已修，萬民乃有居。后稷降播，農殖百穀。三公咸有功于民，故后有立。昔蚩尤與其大夫作亂百姓，帝乃弗予，有狀。先王言不可不勉。」曰：「不道，毋之在國，女毋我怨。」』以令諸侯。」《集解》：「徐廣曰：『「立」一作「土」，「之」一作「政」。』」《索隱》曰：「謂禹、皋陶有功於人，建立其後，故云有立。帝，天也。謂蚩尤作亂，上天乃不佑之，是爲弗與。有狀，言其罪大而有形狀，故黃帝滅之。先王，指黃帝、帝堯、帝舜等言。禹、皋陶以久勞于外，故後有立。及蚩尤作亂，天不佑之，乃致黃帝滅之。皆是先王賞有功，誅有罪，言今汝不可不勉。此湯誡其臣。『不道』猶『無道』也。又誡諸侯云：汝爲不道，我則毋令汝之在國。」錫瑞案：湯告諸侯「毋不有功於民」，後云「不道，毋之在國」，蓋言諸侯必有功於民，乃得有國也。云「三公咸有功於民，故后有立」，「有立」當從徐本作「有土」，則文義尤明。皋陶不聞同禹治水，據此則皋陶亦有治水之功。《史記》又云契長而佐禹治水有功，是舜之五臣皆有治水之功矣。此與《甫刑》言三后不同，有皋陶無伯夷。魏源云：「此湯以黃帝征蚩尤譬己之征夏，述先王訓典不可不遵。其言曰：凡不道之人，毋使在國，此天所命，人毋得怨也。」案：魏以「不道」二句即是先王之言，較《索隱》所解爲順。謂以征蚩尤譬征夏，似猶非湯之意。湯蓋泛引古事以誡諸侯耳。魏又云：「『維三月，王至于東郊，告諸侯羣后。』明是自東歸於商亳。若景亳在桀都之東，則湯當歸至西郊，何爲反至於東？」

咎單作《明居》。○今文篇次在《咸有一德》後。

○《史記・殷本紀》曰：「咎單作《明居》。」《集解》：「馬融曰：『咎單，湯司空也。明居民之法也。』」

成湯既没，太甲元年，伊尹作《伊訓》、《肆命》、《徂后》。《史記・殷本紀》曰：「湯崩，太子太丁未立而卒，於是迺立太丁之弟外丙，是爲帝外丙。帝外丙即位二年，崩，立外丙之弟中壬，是爲帝中壬。帝中壬即位四年，崩，伊尹迺立太丁之子太甲。太甲，成湯適長孫也，是爲帝太甲。帝太甲元年，伊尹作《伊訓》，作《肆命》，作《徂后》。」《正義》曰：「《尚書》孔子《序》云『成湯既没，太甲元年』，不言有外丙、仲壬，而太史公採《世本》，有外丙、仲壬，二書不同，當是信則傳信，疑則傳疑。」《集解》：「鄭玄曰：『《肆命》者，陳政教所當爲也。《徂后》者，言湯之法度也。』」《漢書・律曆志》曰：「商十二月乙丑朔旦冬至，故《書序》曰：『成湯既没，太甲元年，使伊尹作《伊訓》。』《伊訓》曰：『惟太甲元年十有二月乙丑朔，伊尹祀于先王，誕資有牧方明。』言雖有成湯、太丁、外丙之服，❶以冬至越紼祀先王於方明，以配上帝，是朔旦冬至之歲也。」錫瑞案：《孟子》曰：「湯崩，太丁未立，外丙二年，仲壬四年。」《史記》引《世本》文與《孟子》合，自可信據。謂《史記》、《世本》不可信，豈《孟子》亦不可信乎？僞《孔傳》云：「湯没而太甲立，稱元年。」孔疏曲傳傳說，謂：「劉歆、班固不見古文，謬從《史記》；皇甫謐既得此經，作《帝王世紀》，乃述馬遷之語，是其疎也。顧氏亦云止可依經誥大典，不可用傳記小說。」孔穎達信僞《孔》古文而疑《史記》，所見與張守節相等。夫《孟子》非傳記小說，顧氏、孔氏、張氏皆非未嘗讀《孟子》者，而既以僞《孔傳》爲信，則雖《孟子》有明文者亦不得不置之不顧。凡暖暖姝姝，守一先生之言者，其弊必至於此。今人於僞《孔》古文之不可信，户知之矣，而於古文《書序》之不可信，猶未必知之也。據劉歆所引《書序》與馬、鄭、僞《孔》本不異，則此序非僞《孔》臆造，然其文鶻突不明，脱誤已甚。「成湯既没」之下，即接以「太甲元年」，脱去外丙、仲壬兩代。僞《孔》之説誤而解《書序》之文不誤，蓋作古文《書序》者，本謂成湯之後即是太甲，並無外丙、仲壬兩代也。説與《孟子》不合，必非孔子之舊。宋人解《孟子》，謂二年、四年是年歲之年，非謂即位年數，亦爲《書序》所誤，其説尤不可通。古者植遺腹、朝委裘，二歲、四歲之君，豈得謂不可立？殷法本兄終弟及，故不立太甲而立外丙、仲壬。若二年、四年非即位年數，《孟子》何必贅此二

❶「外丙」下，原有「仲壬」二字，今據《漢書・律曆志》删。

語，以疑誤後人乎？《史記》所引今文《書序》必無「成湯既没」四字，觀其前詳叙外丙、仲壬，可見古文《書序》殊不可信。劉歆所引《伊訓》亦未必真孔壁古文，其説解云：「雖有成湯、太丁、外丙、仲壬之服，以冬至越茀祀先王於方明。」歆雖知有外丙、仲壬兩朝，而其説亦謬。江聲嘗辨之曰：「《孟子》云：『湯崩，太丁未立，外丙二年，仲壬四年，太甲顛覆湯之典型。』然則太甲元年，湯與外丙之服皆除之久矣，况太丁之没又在其前乎？歆言有成湯、太丁、外丙之服，誕妄甚矣。」江又自爲説曰：「太甲除喪即位，以月朔行吉禘之禮，宗祀成湯於明堂，以配上帝，太丁、外丙、仲壬亦從而與享焉。祀畢，乃見諸侯，遂率之以祀方明也。」案：江説亦未是。太丁未居帝位，不得與享明堂。若太丁可與享明堂，則明興獻王之入廟，不得云非禮矣。古文《書序》已不可信，其逸篇僞者僞，真者亦未必不僞，皆可一筆抹撥，何必强爲之説？《堯典》正義載鄭注《典寶》序引《伊訓》曰：「載孚在亳。」又曰：「征是三朡。」劉逢禄云：「鄭所引『載孚在亳』即『朕載自亳』，『征是三朡』即『遂伐三朡』，用是見逸十六篇毫無意義，故絶無師説，且疑劉歆僞作以厭伏今文博士者。」

太甲既立，不明，伊尹放諸桐。三年，復歸于亳，思庸。伊尹作《太甲》三篇。

《史記·殷本紀》曰：「帝太甲既立三年，不明，暴虐，不遵湯法，亂德，於是伊尹放之於桐宫。三年，伊尹攝行政當國，以朝諸侯。帝太甲居桐宫三年，悔過自責，反善，於是伊尹迺迎帝太甲而授之政。帝太甲修德，諸侯咸歸殷，百姓以寧。伊尹嘉之，迺作《太甲訓》三篇，襃帝太甲，稱太宗。」《集解》：「鄭玄曰：『桐，地名也，有王離宫焉。』」錫瑞案：《孟子》曰：「太甲顛覆湯之典刑，伊尹放之於桐。三年，太甲悔過，自怨自艾，於桐處仁遷義，三年，以聽伊尹之訓己也，復歸于亳。」《史記》之説與《孟子》文略同。《太甲訓》三篇雖亡，據史公所載，今文家説猶可得其大略。古文《書序》止云「太甲放桐三年」，無「太甲既立三年」之文。史公以爲太甲既立三年，乃放於桐，可補古文《書序》所不及。蓋今文家説如此也。據《孟子》文，亦有六年。解者合兩三年爲一，謂止有三年，蓋爲古文所誤。太甲雖不明，暴虐，亦必經歷數年，訓之不改，乃不得已而放，未有甫立未久即驟然放之者。如史公説，伊尹攝政六年始歸政，猶周公七年致政也。此云「伊尹攝行政當國，以朝諸侯」，正與《周本紀》云「周公乃攝行政當國」之文相同。蓋太甲既立三年，即屬諒闇三年時事，百官聽於伊尹。伊尹且攝政，且訓王。諒闇三年既滿，伊尹當歸政矣，而太甲仍不明，不能聽政，故伊尹不得已而放太甲於桐，自攝行政當國，正與周公攝政當國抗世子法相似。《漢書·王莽傳》曰：「昔成湯既歿，而太丁蚤夭，其子太甲幼少，不明，伊尹放諸桐宫而居攝，以興殷道。周武王既歿，周道未成，成王幼少，周公屏成王而居攝，以成周道。」《論衡·感類篇》曰：「伊尹相湯伐夏，爲民興利除害，致太平。湯死，復相太甲。太甲佚豫，放之桐宫，攝政三年，乃退復位。周公曰：『伊尹格於皇天。』」是今文説以爲伊尹與周公同也。《史記》云「帝太甲居桐宫」，則今文説以桐宫爲離宫。趙岐《孟子》注曰「放之於桐邑」，亦以桐爲地名，與鄭注不異。僞《孔》務與鄭異，乃以桐宫爲湯葬地，又造僞古文云「王徂桐宫，居憂」以實其説。《帝王世紀》曰：「桐宫，蓋殷之墓地，有離宫可居，在鄴西南。」皇甫謐即造僞《書》者，不知劉向云「殷湯無葬地」，是西漢人並不識湯陵所在。哀帝建平元年大司空御史長卿案行水災，因行湯冢，蓋至此始知有湯陵。而《皇覽》曰「湯冢在濟陰亳縣北郭，東去州二里」，與僞《孔傳》不同。《括地志》曰：「薄城北郭東三里平地有湯冢。」又曰：「洛州偃師縣東六里有湯冢，近桐宫。」前後兩説並存，一沿《皇覽》之説，一沿僞《孔》之説，其真僞皆不可知。劉子政習今文，而云「湯無葬地」，是今文家無以桐爲葬地之説也。宋人又沿僞《孔》謬説，以居桐爲諒陰居喪，伊尹並無放太甲事。宋人不信《書序》，豈《孟子》亦不足信乎？據《史記》説，放桐在既立三年之後，又何得以爲諒闇居喪乎？

伊尹作《咸有一德》。○今文篇次在《湯誥》後。

○《史記·殷本紀》曰：「伊尹作《咸有一德》。」在《湯誥》後、咎單作《明居》前。《索隱》曰：「按：《尚書》伊尹作《咸有一德》在太甲時，太史公記之於斯，謂成湯之日，其言又失次序。」《堯典》正義曰：「孔以《咸有一德》次太甲後，第四十；鄭以爲在《湯誥》後，第三十二。」《禮記·緇衣》篇：「尹吉曰：『惟尹躬及湯，咸有一德。』」鄭注曰：「『吉』當爲『告』，『告』，古文『誥』字之誤也。《尹告》，❶伊尹之誥也。《書序》以爲《咸有一德》，今亡。」陳喬樅説：「鄭本之篇次與《史記》同，今文、古文次第皆如此，自是成湯時所作。僞《孔氏》以爲伊尹訓太甲語，次於《太甲》之後，謬矣。逸《書》十六篇，絶無師説，鄭君釋『尹告』，能訂正其譌誤者，蓋本今文家相承之師説也。伏生所傳《尚書》，以教於齊魯之間者，雖僅存完帙二十八篇，然百篇之《書序》首尾完好，

❶「告」，原作「吉」，今據《禮記·緇衣》鄭玄注改。

當略具其梗概。又百篇經文伏生素所誦習，篇雖脱佚，而其大恉伏生尚能言之，故佚文遺説時掇拾而纂之《大傳》。惜《大傳》一書，殘闕過甚，故無可徵證耳。」錫瑞案：陳氏云今古文篇次同，是也。陳以爲逸《書》無師説，鄭説即本《伏傳》，鄭君所注《伏傳》全本今不可見，陳説亦可備考。江聲謂：「鄭傳賈、馬之學，乃孔氏古文。司馬遷嘗從孔安國問故，亦以此篇次《湯誥》後。孔氏古文之次如此。」案：江説於今古文分别未晰。《史記》引《書序》多與馬、鄭異，自是今文。此則今古文不異者也，若以史公爲同賈、馬古文，他篇何以不盡同乎？

沃丁既葬伊尹于亳，咎單遂訓伊尹事，作《沃丁》。○《史記·殷本紀》曰：「帝沃丁之時，伊尹卒。既葬伊尹於亳，咎單遂訓伊尹事，作《沃丁》。」張守節《正義》曰：「《帝王世紀》：『伊尹名摯，爲湯相，號阿衡，年百歲卒，天霧三日，沃丁以天子禮葬之。』」孔傳曰：「伊尹既致仕，老終，以三公禮葬。」孔穎達《正義》曰：「皇甫謐云：『沃丁八年，伊尹卒，年百有餘歲。大霧三日，沃丁葬之，以天子禮葬，祀以大牢，親臨喪以報大德。』晉文請隧，襄王不許，沃丁不當以天子之禮葬伊尹也。孔言三公禮葬，未必有文，要情事當然也。」錫瑞案：僞《孔傳》疑皇甫謐作，而此《傳》與皇甫所説不合，則謂盡出謐手，亦未必然。《孔傳》與王肅之説又不盡同，或肅、謐二人故爲參差，以揜其迹乎？沃丁以天子禮葬伊尹，自是古義，成王葬周公亦然。蓋以伊、周曾攝位當國，不嫌於僭。作僞《傳》者不曉古義，疑其過分，乃易之曰「以三公禮葬」，孔疏以爲情事當然。考古當有實徵，若以爲想當然耳，豈可信哉！伊尹卒，大霧三日，見《論衡·感類》引百兩篇，亦非皇甫臆造。張霸百兩僅存此文，未知出於今文《尚書》否？而王仲任引之，則已見於今文家所稱説矣。

伊陟相大戊，亳有祥桑穀共生于朝。伊陟贊于巫咸，作《咸乂》四篇。○今文「乂」作「艾」，下有「作大戊」三字。○《史記·殷本紀》曰：「帝大戊立伊陟爲相。亳有祥桑穀共生於朝，一暮大拱。帝大戊懼，問伊陟。伊陟曰：『臣聞妖不勝德，帝之政其有闕與？帝其修德。』大戊從之，而祥桑枯死而去。伊陟贊言于巫咸。巫咸治王家有成，作《咸艾》，作《大戊》。」《封禪書》曰：「至帝大戊，有桑穀生於廷，一暮大拱，懼。伊陟曰：『妖不勝德。』大戊修德，桑穀死。伊陟贊巫咸。巫咸之興至此始。」《索隱》曰：「《尚書》：『伊陟贊于巫咸。』孔安國云：『「贊」猶「告」也。巫咸，臣名。』今云『巫咸之興起自此始』，則以巫咸爲巫覡。然《楚詞》亦以巫咸主神。蓋太史以巫咸是殷臣，以巫接神事，大戊使禳桑穀之災，所以伊陟贊巫咸，故云『巫咸之興自此始』也。」《漢書・五行志》：「《書序》曰：『伊陟相大戊，亳有祥桑穀共生。』《傳》曰：『俱生乎朝，七日而大拱，伊陟戒以修德而木枯。』」《郊祀志》曰：「帝大戊有桑穀生於庭，一暮大拱，懼。伊陟曰：『妖不勝德。』大戊修德，桑穀死。伊陟贊巫咸。」《説苑・君道》篇曰：「殷大戊時，有桑穀生于庭，昏而生，比旦而拱。史請卜之湯廟，大戊從之。卜者曰：『吾聞之，祥者福之先者也，見祥而爲不善，則福不生。殃者，禍之先者也，見殃而能爲善，則禍不至。』於是乃早朝而晏退，問疾弔喪。三日而桑穀自亡。」《韓詩外傳》亦記此事，作「湯時問於伊尹，尹對曰」云云。陳喬樅説：「案：《論衡・感類》及《帝王世紀》亦以桑穀共生爲大戊事。考《漢書・五行志》又引：『劉向以爲殷道既衰，高宗承敝而起，盡諒陰之哀，天下應之。既獲顯榮，怠於政事，國將危亡，故桑穀之異見。「桑」猶「喪」也。「穀」猶「生」也。殺生之柄失而在下，近草妖也。一曰，野木生朝而暴長，小人將暴在大臣之位，危亡國家，象朝將爲虛之應也。』案：伏生《尚書殷傳》亦言『武丁之時，桑穀俱生於朝，七日而大拱』，是大戊、武丁皆有其事，故劉向著《説苑》亦兩載其事。劉所録，當即本之《書傳》也。《吕氏春秋》又言：『湯時，穀生於廷，比旦而大拱。』然則殷時此祥三見，信有之矣。」錫瑞案：陳説是也。殷人尚鬼，蓋信祥異之事。湯與大戊、武丁，桑穀當是三見，傳者各異耳，不必疑《大傳》與《書序》不合。《史記》引《書序》是今文，而亦載桑穀於大戊時，《封禪書》又載之，是今古文説同。非古文説桑穀在大戊時，今文説桑穀在武丁時也。《説苑・君道》篇以桑穀爲大戊，又以爲武丁，《敬慎》篇與《五行志》引劉説亦以爲武丁；《論衡・感類》《順鼓篇》以桑穀爲大戊，《異虚篇》又以爲武丁。子政、仲任皆習今文，而兼言大戊、武丁，是今古文不異。巫咸，《釋文》引馬云：「巫，男巫也。名咸，殷之巫也。」《正義》引鄭云：「巫咸，謂之巫官。」與史公説同，亦今古文不異者。僞《孔》以巫爲氏，非也。《史記》引《書序》多「作大戊」三字，古文《書序》無之。江聲説：「據《史記》之文，則此《叙》當云『作《咸乂》四篇、《大戊》』，如《虞夏書敘》『作《汩作》、《九共》九篇、《槀飫》』之例，而下又有『大戊』之文，依古文篆籀之例，則必不重出『大戊』字，止于『大』字、『戊』字下，各加二畫而已。如是，則容有不察而認作單文之誤。故云：俗儒疏忽，誤作單文，以專屬下《敘》，則此遂闕《大戊》篇目矣。」

大戊贊于伊陟，作《伊陟》、《原命》。○今文作「伊陟讓，作《原命》」。○《史記·殷本紀》曰：「帝大戊贊伊陟于廟，言弗臣，伊陟讓，作《原命》。」江聲說：「《史記》曰：『帝大戊贊伊陟于廟，言弗臣，伊陟讓，作《原命》。』然則不應有《伊陟》篇目也。蓋俗儒誤闕《大戊》一篇，因而增《伊陟》之目以足百篇之數爾。贊伊陟者，命伊陟也。伊陟謙讓，不敢受命。因再命之，故曰《原命》。原之言，再也。馬融以爲『原，臣名也。命原以禹、湯之道我所修也』，豈其然乎！」莊述祖說：「《史記》有《大戊》，無《伊陟》，是《大戊》篇即《伊陟》篇。史公從安國問故，因得聞百篇之説。曰『帝大戊贊伊陟于廟，言弗臣，伊陟讓，作《原命》』，是也。」錫瑞案：二説皆從《史記》，是也。馬、鄭古文《書序》與《史記》所載今文《書序》本不盡合，而如「康王命作策畢」之脱「公」字，「王錫晉文侯」之增「平」字，又經後人增竄，並非馬、鄭之舊，不如《史記》可信。馬、鄭所見逸篇，其真僞亦未可知。馬以「原」爲臣名，與《史記》所云不合，皆不可信者也。段玉裁以爲《史記》脱「作伊陟」三字，殊未必然。如其説，則《史記》之與古文《書序》異者，將悉以爲脱誤乎？陳喬樅從段駁江，過信馬、鄭之書，不守《史記》今文家説，斯顛倒之見。

仲丁遷于囂，作《仲丁》。○今文「囂」作「隞」。○《史記·殷本紀》曰：「帝仲丁遷于隞。《仲丁》書闕不具。」《索隱》曰：「蓋太史公知舊有《仲丁》書，今已遺闕不具也。」莊述祖説：「《史記》云：『《仲丁》書闕不具。』當亦是《書序》語。蓋百篇中即有録無書，否則漢時亡逸者甚多，不應獨舉《仲丁》一篇也。」錫瑞案：史公不云「作《仲丁》」，作《河亶甲》，作《祖乙》」，但云「《仲丁》書闕不具」，則似當時《河亶甲》、《祖乙》之書皆亡，而《仲丁》之書又闕不具也。莊氏以爲「《仲丁》書闕不具」亦《書序》語，劉逢禄遂據之以入《書序》之文，殊嫌專輒。

河亶甲居相，作《河亶甲》。《史記·殷本紀》曰：「河亶甲居相。」魏源説：「《史記·三代世表》云：『帝外壬，仲丁弟。帝河亶甲，外壬弟。』又《殷本紀》：『帝仲丁崩，弟外壬立。外壬崩，弟河亶甲立。』案：此二文絶不可解。若河亶甲繼外壬而立，不在太甲之前乎？豈太甲以前尚有河亶甲一世乎？若謂在太甲之後，則太甲父丙、壬爲二世，太甲子沃丁、太庚爲三世，太甲孫小甲、雍己、大戊兄弟爲四世，共距成湯爲五世，共閲此九君，其中並無河亶甲。《史記》乃忽以河亶甲插入仲壬之後，太甲之前，然則《書》何以在太戊之後、在太甲曾孫之列乎？其遷相之

《書》，何以作于仲丁遷囂之後乎？仲丁，太戊子，不且在玄孫之列乎？以此觀之，則河亶甲斷斷爲仲丁後之君，斷斷非仲壬之子明矣，斷斷不能在太甲之前明矣。史遷之語與編《書序》者之顛倒，何迴出情理外竟至是乎？」錫瑞案：魏説大謬。《史記》明云：「中宗崩，子帝仲丁立。帝仲丁崩，弟外壬立。帝外壬崩，弟河亶甲立。」是河亶甲乃中宗太戊之子，仲丁、外壬之弟，太甲之曾孫，湯之玄孫。《本紀》序次甚明，魏氏乃誤外壬爲仲壬，又誤外壬之弟爲仲壬之子，妄詆《史記》及《書序》，而於《史記》之文並未入目，可謂大惑不解，亟當浴以蘭湯者矣。

祖乙圮于耿，作《祖乙》。〇今文「圮于耿」作「遷于邢」。〇《史記·殷本紀》曰：「祖乙遷于邢。」《索隱》曰：「邢音耿。近代本亦作『耿』，今河東皮氏縣有耿鄉。」古文《書序》作「圮于耿」。《孔傳》曰：「圮於相，遷於耿。」《正義》曰：「知非圮毁于耿更遷餘處，必云圮於相地遷於耿者，明與其上文連。上云『遷于囂』，謂遷來向囂。『居於相』，謂居於相地。故知『圮於耿』謂遷來于耿。以文相類，故孔爲此解。謂古人之言雖尚要約，皆使言足其文，令人曉解，若圮於相，遷居於耿，經言『圮於耿』，大不辭乎！且亶甲居於相，祖乙居耿，今爲水所毁，更遷他處，故言毁於耿耳。非既毁乃遷耿也。《盤庚》云：『不常厥邑，于今五邦。』及其數之，惟有亳、囂、相、耿四處而已。知此既毁於耿，更遷一處，盤庚又自彼處而遷於殷耳。《殷本紀》云：『祖乙遷於邢。』馬遷所爲説耳。鄭玄云：『祖乙又去相居耿，而國爲水所毁，於是修德以禦之，不復徙也。』録此篇者，善其國圮毁改政而不徙。』如鄭此言，稍爲文便。但上有仲丁、亶甲，下有盤庚，皆爲遷事作書，述其遷意，此若毁而不遷，《序》當改文見義，不應文類遷居，更以不遷爲義。《汲冢古文》云『盤庚自奄遷於殷』者，蓋祖乙圮于耿，遷於奄，盤庚自奄遷于殷。亳、囂、相、耿，與此奄五邦者。此蓋不經之書，未可依信也。」錫瑞案：《史記》引今文《書序》無「作《祖乙》」之文，云「《仲丁》書闕不具」，則仲丁有書，河亶甲、祖乙亦有書可知。史公省其文耳。而云「祖乙遷于邢」，則文義甚明，承上河亶甲居相言之，明是由相遷于邢也。古文《書序》作「祖乙圮于耿」，文義鶻突不明。《孔傳》云：「圮於相，遷於耿。」其解《書》義甚是，而與《序》文不甚符合。孔疏極祖《孔傳》，於此獨獻疑辭，謂是祖乙居耿爲水所毁，更遷他處，其説與《序》合矣。然祖乙由耿遷何處，未能指實。疏引《史記》遷邢，不實指爲自耿遷邢，邢、耿本是一地，不能分爲二也。又引《汲冢古文》，疑爲自耿遷奄，復云「不經之書，未可依信」，是祖乙自耿遷於何處，實無可證。孔疏說不塙矣。鄭君云「修德禦之，不復徙」，孔疏以爲文便，又謂上下皆爲遷事，不應此爲不遷。錫瑞謂鄭說亦屬强辭，非獨如孔疏所疑。商人屢遷，實由河患，仲丁至盤庚，其《書》皆言遷都避水，夫子删《書》取之。若此篇獨善其不徙，上下諸篇又何以善其徙？水患非修德可禦，陶唐即有水患，堯、舜何不修德禦之，必使禹治之乎？鄭解《祖乙》云：「善其改政不徙。」馬解《盤庚》云：「取其徙而立功。」馬、鄭古文説矛盾至此，豈復可信？其所以牽强難通者，皆由《書序》鶻突不明致誤。古文《書序》不如《史記》所引今文《書序》，此其一證。陳喬樅袒護鄭義，謂僞《孔傳》顯違《書序》，不知僞《孔》說並不誤，古文《書序》乃鶻突不明耳。鄭義於《序》文似合，於經旨實不合也。

盤庚五遷，將治亳殷，民咨胥怨，作《盤庚》三篇。《史記·殷本紀》曰：「帝盤庚之時，殷已都河北，盤庚渡河南，復居成湯之故居，迺五遷，無定處。殷民咨胥皆怨，不欲徙。盤庚乃告諭諸侯大臣曰：『昔高后成湯與爾之先祖俱定天下，法則可修。舍而弗勉，何以成德！』乃遂涉河南，治亳，行湯之政，然後百姓由甯，殷道復興。諸侯來朝，以其遵成湯之德也。帝盤庚崩，弟小辛立，是爲帝小辛。帝小辛立，殷復衰。百姓思盤庚，迺作《盤庚》三篇。」《索隱》曰：「《尚書》：『盤庚將治亳殷，民咨胥怨，作《盤庚》。』此以盤庚崩，弟小辛立，百姓思之，乃作《盤庚》，由不見古文也。」錫瑞案：僞《孔》古文，史公固未之見。若《盤庚》三篇，今古文皆有之，史公非不見《盤庚》篇，亦非不見《盤庚》序者，《史記》所引今文《書序》亦與古文不異，云「五遷，無定，遂涉河南，治亳」，即《序》所云「盤庚五遷，將治亳殷」也。云「殷民咨胥皆怨，不欲徙」，即《序》所云「民咨胥怨」也。惟古文《書序》無小辛時思盤庚迺作三篇之語，蓋古文家省文。文省而義不完，人遂不知《盤庚》三篇作於何時，而「五遷」、「五邦」之數亦莫能定矣。鄭君以上篇是盤庚爲臣時事，又數商、亳、囂、相、耿爲五，《孔傳》不用其說，以亳、囂、相、耿與我往居亳爲五，此當以《孔傳》之說爲是。然《孔傳》不從《史記》說，而以上篇爲未遷時作，不得並數亳殷爲「于今五邦」。陳喬樅引其父《左海經辨》以傳、疏爲非，而又用《竹書紀年》並數庇奄，不知《祖乙序》疏已先駁之謂不經之書，未可依信。此等新說，不得闌入今文家法，當以《史記》所引今文《書序》爲斷。《書》作於盤庚崩後，正可並數亳殷，詳見本篇《考證》。

高宗夢得説，使百工營求諸野，得諸傳巖，

作《説命》三篇。《史記·殷本紀》曰：「帝武丁即位，思復興殷，而未得其佐。三年不言，政事決定於冢宰，以觀國風。武丁夜夢得聖人，名曰説。以夢所見視羣臣百吏，皆非也。於是迺使百工營求之野，得説於傅險中。是時説爲胥靡，築於傅險。見於武丁，武丁曰是也。得而與之語，果聖人，舉以爲相，殷國大治。故遂以傅險姓之，號曰傅説。」陳喬樅説：「案：《説文·夐部》云：『夐，營求也。从旻，从人在穴上。《商書》曰：「高宗夢得説，使百工夐求得之傅巖。」巖，穴也。』許君所引《商書》者，《書序》文也。『營求』作『夐求』，此據古文《尚書》也。《史記》録《尚書》作『營求』，是據今文《尚書》。此與古文『高宗夢㝵説』今文作『得説』，皆一例也。陸氏《釋文》所見馬、鄭、王本《尚書》，皆作『得』字、『營』字，故無同異之文。蓋由魏、晉以來，改寫者轉從今文耳。」《國語·楚語》白公子張曰：「昔殷武丁能聳其德，至於神明，以入於河。自河徂亳，於是乎三年，默以思道。卿士患之，曰：『王言以出令也。若不言，是無所稟令也。』武丁於是作《書》，曰：『以余正四方，余恐德之不類。茲故不言。』如是而又使以象夢求四方之賢聖，得傅説以來，升以爲公，而使朝夕規諫。曰：『若金，用女作礪；若津水，用女作舟；若天旱，用女作霖雨。啟乃心，沃朕心。若藥不瞑眩，厥疾不瘳。若跣不視地，厥足用傷。』若武丁之神明也，其聖之叡廣也，其知之不疚也，猶自謂未乂。故三年默以思道，既得道，猶不敢專制，使以象旁求聖人，得以爲輔。又恐其荒失遺忘，故使朝夕規諫箴誨，曰：『必交修，無余棄也。』」韋昭注：「賈、唐二君云《書·説命》也。昭曰非也，此時未得傅説。」《潛夫論·五德志》篇曰：「武丁即位，默以不言，思道三年，而夢獲賢人以爲師。乃使以夢象求之四方側陋，得傅説，方與胥靡築於傅巖。升以爲太公，而使朝夕規諫。恐其有惰怠也，則勅曰：『若金，用汝作礪；若濟巨川，用汝作舟楫；若時大旱，用汝作霖雨。啟乃心，沃朕心。若藥不瞑眩，厥疾不瘳；若跣不視地，厥足用傷。爾交修余，無棄！』故能中興，稱號高宗。」陳喬樅説：「王符所採，當是據伏生《大傳》所載佚文也。《楚語》『武丁於是作《書》曰』云云，❶賈、唐二君皆以《書》爲《説命》。賈治大夏侯《尚書》，其言必有所本。《説命》三篇雖亡，然伏生爲秦博士在未焚《書》之前，《尚書》百篇固所肄業者。迨漢興，伏生求其壁藏《書》，已亡十七八，而百篇之《序》則固與所存遺《書》二十八篇同以教授齊、魯

❶「楚」，原作「魯」，考下引出《國語·楚語》，今據改。

之間。故亡篇之佚文賸句，往往綴緝於《大傳》中。賈君之言，蓋本於今文家師説相傳如是也。而韋昭謂此時未得傳説，以賈、唐二君言爲非，不知《般庚》三篇亦係後所追述，且非一時之事，且《説命》三篇亦何不可追敘未得説以前事乎？韋説泥矣。」錫瑞案：韋説固泥，陳説亦無塙證。王節信雖治今文者，所引未必即是《伏傳》，其文與《楚語》大同，當是引《楚語》之文耳。賈治古文《尚書》兼大夏侯《尚書》，而云《書》是《説命》，亦未必本之《伏傳》。古文《説命》三篇雖亡，而《書序》見存。賈蓋見《楚語》所説與《説命》《書序》相合，故以此《書》爲《説命》耳。今之《伏傳》雖殘闕不完，然無明文，未可增入。若以漢儒所引《尚書》説皆臆決爲出於《伏傳》，則欲扶今文而反汩之矣。

高宗祭成湯，有飛雉升鼎耳而雊，祖己訓諸王，作《高宗肜日》、《高宗之訓》。○今文「升」作「登」。○《史記·殷本紀》曰：「帝武丁祭成湯，明日，有飛雉登鼎耳而呴，武丁懼。祖己曰：『王勿憂，先修政事。』祖己乃訓王云云。武丁修政行德，天下咸驩，殷道復興。帝武丁崩，子帝祖庚立。祖己嘉武丁之以祥雉爲德，立其廟爲高宗，遂作《高宗肜日》及《訓》。」錫瑞案：金履祥以爲祖庚繹祭高宗之廟，蓋疑高宗在時，不得稱其廟號。考史公説《高宗肜日》及《訓》本在高宗立廟稱宗之後追思而作，金説非也。《高宗肜日》篇義詳見《考證》。又《禮記·坊記》篇：「高宗云：『三年其惟不言，言乃驩。』」注云「名篇，在《尚書》」，陳喬樅説：「案：鄭注《尚書序》云：『《高宗之訓》亡。』」江聲曰：『《坊記》所引「高宗云」當是此《高宗之訓》也。』喬樅考《尚書大傳》説《高宗之訓》，以桑穀共生事系之武丁，故《五行傳》言：『野木生朝，野鳥入廟，皆敗亡之異。武丁懼而修德用能，攘木鳥之妖，致百年之壽。』蓋今文《尚書》説如是也。」錫瑞案：《大傳》説桑穀事當在《高宗之訓》篇中，《説苑》、《論衡》皆載之，詳見《尚書大傳疏證》。

殷始咎周，周人乘黎。祖伊恐，奔告于受，作《西伯戡黎》。○今文「黎」作「耆」，一作「飢」，「受」作「紂」。○《史記·殷本紀》曰：「西伯伐飢國，滅之。紂之臣祖伊聞之而咎周，恐，奔告紂云云。」《周本紀》曰：西伯受命，「明年，伐犬戎。明年，伐密須。明年，敗耆國。殷之祖伊聞之，懼，以告帝紂。紂曰：『不有天命乎？是何能爲！』」。《尚書大傳·殷傳》曰：「文王一年，質虞、芮。二年，伐于。三年，伐密須。四年，伐畎夷。紂乃囚之。四友獻寶乃得免於虎口，出而伐耆。」江聲説：「案：《戰國策》魯仲連言：『紂醢鬼侯，脯鄂侯，文王聞之，歎，紂乃拘之于羑里。』《史記·殷本紀》亦云然。然則紂囚文王，不爲咎周之故。而鄭以爲畏惡之拘于羑里者，《史記·周本紀》云：『崇侯虎譖西伯于殷紂曰：「西伯積善累德，諸侯皆向之，將不利于帝。」帝紂乃囚西伯于羑里。』據此，則紂囚文王不無畏惡之之意，蓋《史記》二文不同者互相備爾，非異也。據《殷本紀》言，知文王之歎而告紂者，崇侯虎也。《周本紀》言譖西伯者亦崇侯虎，則告與譖是一時之言矣，安知醢鬼侯、脯鄂侯，不適當文王三伐皆勝之後乎？」錫瑞案：江説非也。《史記》明言「紂之臣祖伊聞之而咎周」，是咎周即祖伊。《書序》云「殷始咎周，周人乘黎」，乃古人倒裝文法，謂周乘黎而殷始咎周。古文《書序》非必與《史記》今文異。馬云：「爲周所咎。」鄭云：「咎，惡也。紂聞文王斷虞、芮之訟，又三伐皆勝，而始畏惡之，拘於羑里。」皆與《史記》不合，與《書序》亦不合。其説殊不可據。戡耆之年，《史記》與《大傳》説稍異。《大傳》以被囚在三伐皆勝之後，戡耆爲五年事；《史記》以被囚在三伐皆勝之前，戡耆爲四年事。詳見本篇《考證》。以理而論，文王被囚似不因三伐皆勝。若紂以三伐皆勝而惡之，何以復有弓矢專征之賜？似當以《史記》説爲是。紂雖不無畏忌文王之意，而咎周必應指乘黎。江氏明知《史記》與鄭義不同，必欲强而同之，由於不曉今古文家法非可合一。《史記》云竊歎而囚，赦出而賜弓矢，安得以爲醢鬼侯、脯鄂侯適當三伐皆勝之後乎？「耆」、「黎」，「紂」、「受」，今文古文之異。段玉裁、陳喬樅辨之已明。

殷既錯天命，微子作誥，父師、少師。○今文作「大師、少師」。○《史記·殷本紀》曰：「微子數諫不聽，乃與大師、少師謀，遂去。」《宋世家》曰：「微子度紂終不可諫，欲死之，及去，未能自決，乃問於大師、少師云云。」錫瑞案：《史記》兩處之文畧異，説見本篇《考證》。今文以大師、少師爲樂官，與古文作父師、少師説爲箕子、比干者大異。陳喬樅定今文《書序》仍從古文作「父師、少師」，未免童牛角馬矣。

惟十有一年，武王伐殷。一月戊午，師渡孟津，作《泰誓》三篇。○今文「孟」作「盟」，「泰」作「太」。○《史記·周本紀》曰：「十一年十二月戊午，師畢渡盟津，諸侯咸會。曰：『孳孳無怠！』武王乃作《太誓》，告于衆庶：『今殷王紂乃用其婦人之言，自絶于天，毁壞其三正，離逷其王父母弟，乃斷弃其先祖之樂，乃爲淫聲，用變亂正聲，怡説婦人。故今予發維共行天罰。勉哉夫子，不可再，不可三！』」《齊太公世家》曰：「武王即位九年，欲修文王業，東伐以觀諸侯集否。師行，師尚父左杖黄鉞，右把白旄以誓，曰：『蒼兕蒼兕，總爾衆庶，與爾舟楫，後至者斬！』遂至盟津。諸侯不期而會者八百諸侯。諸侯皆曰：『紂可伐也。』武王曰：『未可。』還師，與太公作此《太誓》。」錫瑞案：據《齊世家》説，則《太誓》首篇乃武王與太公共作，今略見於《史記》所載。小司馬《索隱》於《周本紀》「白魚躍入王舟中」下曰：「此已下至火復王屋爲烏，皆見《周書》及今文《泰誓》。」又曰：「按：今文《泰誓》：『流爲鵰。』」又於《齊世家》「蒼兕蒼兕」下曰：「此文上下並今文《泰誓》也。」小司馬及見今文《太誓》，其説當可信。《周本紀》自「上祭於畢」至白魚、赤烏等語，皆見《尚書大傳》與《尚書中候》，必今文《泰誓》之文。據《周本紀》説，則《太誓》下篇乃武王作，亦畧見於《史記》所載，中篇其文早佚，《史記》亦未多引。所云：「武王偏告諸侯曰：『殷有重罪，不可以不畢伐。』」蓋史公約中篇文也。古文《書序》云「一月戊午」，《史記》云「十二月戊午」者，殷之十二月，周之一月。古文《書序》據周正言，《史記》用今文説，仍據殷正，其義非有異也。《太誓》三篇，首篇言觀兵事，中、下二篇言居二年再伐紂事，蓋三篇本非一時之事，而作則一時所作，由伐紂追溯觀兵時事而並言之。故《書序》總云「作《泰誓》三篇」，《史記》亦未分别三篇之目。説者不察，乃分十一年爲觀兵，一月戊午爲伐紂，前有年無月日，後有月日無年，文義甚不可通。或又以爲《序》有脱文。據《史記》所引今文《書序》與古文《書序》不異，則《序》並無脱誤。《史記》云：虞、芮質成，「諸侯聞之，曰『西伯蓋受命之君』。明年，伐犬戎。明年，伐密須。明年，敗耆國。明年，伐邘。明年，伐崇侯虎。而作豐邑，自岐下而徙都豐。明年，西伯崩」，與《大傳》云「七年而崩」合。是史公用今文説也。又云：「詩人道西伯，蓋受命之年稱王而斷虞、芮之訟，後七年而崩。」「七年」今誤「十年」，孔疏所引不誤。詩人蓋《魯詩》，亦今文説也。云「武王即位，九年欲修文王業」，當以「位」字絶句。九年，蒙文王受命七年數之，乃武王即位之二年。所謂再期觀兵，觀兵還師，居二年而伐紂，蒙文王受命七年爲十一年。《史記》引今文《書序》云「十一年十二月戊午，師畢渡盟津」，與古文《書序》所云皆文義一氣相承，年月日必是一時之事。而《漢志》云：「《書序》曰：『惟十有一年，武王伐紂，大誓。』八百諸侯會。」又云：「序曰：『一月戊午，師度于孟津。』」是班孟堅始分觀兵爲十一年，師渡孟津爲十三年，其説本於劉歆。歆蓋據《逸周書》以爲文王受命九年而崩，故以再期觀兵爲十一年，又二年伐紂爲十三年。僞《孔傳》用歆說，較《史記》皆差二年，與今文說不合。鄭君兼用今古文說，既從《大傳》、《史記》文王七年而崩，又從劉歆十一年觀兵、十三年伐紂，與再期觀兵年數不符。江聲、王鳴盛等專信鄭說，與《史記》今文大相枘鑿矣。《漢書·禮樂志》曰：「《書序》：『殷紂斷棄先祖之樂，乃變淫聲，用亂變正聲，以悅婦人。』」師古曰：「今文《泰誓》之辭。」案：小顔時《太誓》見存，《史記》所引「乃爲淫聲，用變亂正聲」云云，塙是今文《太誓》。龔自珍、劉逢禄力辨《太誓》爲僞，謂伏生傳《書》無《太誓》，今考《大傳》、《史記》所引，伏生、史公實覩其《書》，《史記》此文與《牧誓》相出入，未可盡疑其僞也。《書傳》所引《太誓》佚文，江、王、段、孫、陳、魏諸君掇拾已詳，皆有成書，茲不備載。

武王戎車三百兩，虎賁三百人，與受戰于牧野，作《牧誓》。○今文「三百人」作「三千人」，「受」作「紂」。○《史記·周本紀》曰：「武王遂率戎車三百乘，虎賁三千人，甲士四萬五千人，以東伐紂。二月甲子昧爽，武王朝至于商郊牧野，乃誓。」《齊太公世家》曰：「十一年正月甲子，誓於牧野。」《魯周公世家》曰：「十一年伐紂，至牧野。周公佐武王，作《牧誓》。」錫瑞案：「虎賁三千人」，古文《書序》作「三百人」。《孟子·盡心》篇、《呂氏春秋·簡選貴因》二篇、《淮南子·泰族訓》、《風俗通·正失》篇皆作「三千」，與《史記》合。《韓非子》、《戰國策》亦云「武王將素甲三千領戰，一日破紂之國」。江聲說：「《司馬灋》曰：『革車一乘，士十人，徒二十人。』《樂記》曰：『虎賁之士說劍。』然則虎賁，士也。一乘十人，三百兩則三千人矣。」江說甚塙，宜據《史記》諸書訂正《書序》之誤字。古文《書序》多譌誤，不可信，此亦一證。又案：《齊世家》「十一年」，徐廣曰：「一作『三年』。」是徐所見《史記》有作「十三年」者。《史記》前後文皆作「十一年」，其作「十三年」者，後人據僞《孔》說妄改之。《周本紀》作「二月」，《齊世家》作「正月」，蓋《周本紀》亦後人妄改。知者，《周本紀》集解：徐廣曰：「一作『正』。此建丑之月，殷之正月，周之二月也。」是古本《史記》有「正月」、「二月」兩本不同。武王師渡孟津，古文《書序》以爲一月戊午，《周本紀》以爲十二月戊午，相去一月。殷之十二月，爲周之正月。史公既用殷正爲十二月戊午，戊午至甲子，相去僅七日，則甲子當爲正月，不當爲二月。《齊世家》作「正月」是也。據徐氏說，則《周本紀》亦有作「正月」者，作「二月」乃誤本耳。《漢志》用古文《書序》「一月戊午」之說，則當作「二月甲子」。《史》說用今文《書序》「十二月戊午」之説，則當作「正月甲子」。自今文之説爲古文所汩，淺人多以古文妄改今文，乃致前後參差不合，猶幸其有參差之迹，尚可考見今文遺説。據《魯世家》説，《牧誓》乃周公佐武王作，猶《太誓》首篇乃太公與武王共作之也。

武王伐殷，往伐歸獸，識其政事，作《武成》。

○今文「獸」作「狩」。○《史記·周本紀》曰：「武王乃罷兵，西歸行狩，記政事，作《武成》。」段玉裁説：「按，行狩，即歸獸也。古獸、狩通用。《淮南·覽冥訓》云：『狡蟲死。』高誘曰：『蟲，狩也。』《漢石門頌》云『蕜蟲蘗狩』，即『惡蟲弊獸』也。」孫星衍説：「史公説『獸』爲『狩』者，《詩·車攻》云『搏獸于敖』，《後漢書·安帝紀》注引作『薄狩于敖』；又，《漢張遷碑》云『帝遊上林，問禽狩所有』，以『狩』爲『獸』，古字通用。」錫瑞案：段、孫二説謂獸、狩通用，是也。而謂《史記》以「狩」爲「獸」，則大誤。獸、狩通用，可叚「狩」爲「獸」，亦可叚「獸」爲「狩」，此《序》所云是「巡狩」之「狩」，非「禽獸」之「獸」。古文《書序》云「往伐歸獸」，乃叚「獸」爲「狩」字。《史記》引今文《書序》云「西歸行狩」，正用巡狩本字。「西歸行狩」即是「歸狩」，非史公叚「狩」爲「獸」也。所以知史公非叚「狩」爲「獸」者，《周本紀》以縱馬放牛、偃干戈、振兵釋旅之文，置於營成周於洛邑之後，則史公所據今文説，不以歸馬放牛爲罷兵西歸行狩時事，即不得以歸馬放牛之文當歸獸之文矣。古文《書序》作「往伐歸獸」，蓋謂往而伐殷，歸而巡狩。其義與今文不異。《史記》用今文作「西歸行狩」，則文義尤明。解者誤以古文《書序》爲用本字，則「往伐歸獸」近於不辭矣。又誤以《史記》用「狩」字爲叚借，試易其文爲「西歸行獸」，尤不可通。良由不知古文是叚借，今文是本義耳。武王行狩，古有明徵。《周頌·時邁》序曰：「巡守告祭柴望也。」《左氏傳》以爲武王克商作頌，是《時邁》所云巡守，塙是武王之事，即在作《武成》之時。《樂記》引孔子之言曰「《武》始而北出，再成而滅商」，《序》所謂「往伐」也。「三成而南，四成而南國是疆」，《序》所謂「歸狩」也。《樂記》亦有「散馬牛」之語，而在「濟河而西」之後，遠不相屬。作僞古文《武成》篇者，不知《序》「獸」字是叚借，乃取《史記》、《樂記》歸馬牛之文以當之，殊不考《史記》、《樂記》上下之文，皆不以歸馬牛爲此時事，其謬固不得言。江、段諸君考證至塙，乃徒用顔師古《匡謬正俗》之説，改「獸」爲「嘼」，斷斷致辨，不知引《史記》改「獸」爲「狩」，皆由不考今文之義，遂不得「歸獸」之義矣。孔廣森引《周書·世俘解》武王狩禽之事，以爲狩是田狩，

《世俘解》即古之《武成》。魏源《書古微》從之。案：《世俘解》語多誇張，不可信。據劉歆《三統術》以《世俘解》爲《武成》，乃古文家傅會之詞。狩在紂都，非歸後事，不得謂之歸狩，與今文《序》「西歸行狩」，尤不相合。如其說，必易今文《序》爲「武王行狩，乃罷兵西歸」，始可通也。據《史記》今文義定之，即知以《世俘》當《武成》非是。

武王勝殷，殺受，立武庚，以箕子歸，作《洪範》。○今文「受」作「紂」，「洪」一作「鴻」，篇次在《分器》之後。○《史記·周本紀》曰：「武王已克殷，後二年，問箕子殷所以亡。箕子不忍言殷惡，以存亡國宜告。武王亦醜，故問以天道。」《宋世家》曰：「武王封紂子武庚祿父以續殷祀，使管叔、蔡叔傅相之。武王既克殷，訪問箕子云云。於是武王乃封箕子於朝鮮而不臣也。」《尚書大傳》曰：「武王勝殷，繼公子祿父，釋箕子囚。箕子不忍周之釋，走之朝鮮。武王聞之，因以朝鮮封之。箕子既受周之封，不得無臣禮，故於十三祀來朝。」錫瑞案：《史記》與《大傳》不同。《史記》問《鴻範》，乃封朝鮮。《大傳》封朝鮮，來朝乃問《鴻範》。《史記》云十一年伐紂，十三祀爲克殷後二年，與劉歆及僞《孔》說異，詳見本篇《考證》及《尚書大傳疏證》。《周本紀》不云「作《鴻範》」，所引實是今文《鴻範》序說。知者，《鴻範》一篇，並無問箕子殷所以亡之事，蓋今文《序》說中有之。據《史記》所引，猶可得其大略。以存亡國宜告者，箕子不忍言殷所以亡，故以存亡國所宜有告武王也。《正義》曰「以周國之所宜言告武王」，其說非是。徐廣曰「『存』一作『前』」，亦非也。段玉裁說：「《左傳》三引《洪範》，《說文》五引《洪範》，皆曰《商書》。《漢書·儒林傳》云『《堯典》、《禹貢》、《洪範》、《微子》、《金縢》諸篇』，且以《洪範》先於《微子》。案：《商書》、《周書》各四十篇，今若移之，則皆非四十矣。疑《洪範》系《商書》者，今文《尚書》；系《周書》者，古文《尚書》也。《左氏》所據，同於今文。」錫瑞謂：《說文》引《洪範》五處，作《商書》；引《微子》「咈其耇長」、「我興受其退」兩處，皆作《周書》；若以爲誤，不應皆誤。疑用今文家說，以《微子》爲《周書》，《洪範》爲《商書》，則《商書》、《周書》仍合各四十篇之數。故《儒林傳》以《洪範》列於《微子》之前也。

武王既勝殷，邦諸侯，班宗彝，作《分器》。○今文「邦」作「封」，篇次在《鴻範》之前。○《史記·周本紀》曰：「封諸侯，班賜宗彝，作《分殷之器物》。」《集解》：「鄭玄曰：『宗彝，宗廟樽也。作《分器》，著王之命及受物。』」陳喬樅說：「古文《尚書》敘『封』字作『邦』，『班』下無『賜』

字，『分』下無『殷之』二字。邦，古『封』字也。《漢書・嚴助傳》云：『封内甸服，封外侯服。』是即《周語》所云『先王之制，邦内甸服，邦外侯服』也。《康誥》敘云『邦康叔』，《正義》曰『古字邦、封同』是已。」錫瑞案：《書序》列《洪範》後，《史記》列《武成》後、武王訪問箕子之前。武王訪箕子在克殷後二年，《分器》當在初克殷時。史公用今文説，較古文次序爲合。蓋古文家誤以克殷訪範爲一年内事，故移其次序耳。若知訪範不在克殷之年，則《分器》不當在訪範之後矣。

西旅獻獒，大保作《旅獒》。《釋文》：「獒，馬云作『豪』，酋豪也。」《正義》曰：「鄭云：『獒，讀曰豪。西戎無君，名强大有政者爲酋豪。國人遣其酋豪，來獻見於周。』」陳喬樅説：「今文《尚書》本有百篇之《序》。疑作『獒』者，古文《尚書》用假借字。其今文《尚書》序用『豪』本字，故馬、鄭注均讀『獒』爲『豪』，讀從今文也。」錫瑞案：今文無可考，陳説亦未見其必然，姑存之。

巢伯來朝，芮伯作《旅巢命》。《正義》曰：「鄭玄以爲南方世一見者，《周禮・象胥》序官疏引鄭注云：『巢伯，殷之諸侯，聞武王克商，慕義而來朝。』」錫瑞案：鄭君用今文説。殷爵三等，公、侯、伯。異畿内謂之子。是殷時遠夷亦稱伯，不稱子、男，故巢雖九州之外蕃國世一見者，亦得稱伯矣。

武王有疾，周公作《金縢》。《史記・魯周公世家》曰：「武王克殷二年，天下未集，武王有疾，不豫。周公於是乃自以爲質，令史策告大王、王季、文王。藏其策金縢匱中。明日，武王有瘳。」陳喬樅説：「案：《尚書釋文》云：『「武王有疾」，馬本作「有疾，不豫」。』是馬所據古文《尚書》序亦與《史記》文同。又案：三家傳伏生今文二十九篇，以《金縢》次《大誥》後，《尚書大傳》次序亦然，葉夢得云伏生以《金縢》作於周公殁後故也。喬樅謂：今文《尚書》敘百篇先後之次第，據《史記・周本紀》云周公奉成王命伐誅武庚，以微子開代殷後，故初作《大誥》，次作《微子之命》，是《書敘》篇次《金縢》仍在《大誥》之前也。」錫瑞案：伏生以《金縢》次《大誥》之下，今文家説如是。若《史記》，並無周公作《金縢》明文，其序事之中雜見《金縢》一篇之文，直序至周公薨後。此史家記述之體，行文不得不然。若必據其前引《金縢》半篇先於《大誥》，遂疑其《序》列《大誥》之前，則其後引《金縢》半篇在公薨後，且後於《周官》、《立政》，亦將疑其《序》列《周官》、《立政》之後乎？陳説非是。陳解《金縢》多以古文汩今文説，違背伏生、史公家法，甚爲紕繆，辨見本篇《考證》。

武王崩，三監及淮夷叛，周公相成王，將黜殷，作《大誥》。《史記·周本紀》曰：「管叔、蔡叔羣弟疑周公，與武庚作亂，❶畔周。周公奉成王命，伐誅武庚、管叔，放蔡叔。以微子開代殷後，國於宋。初，管、蔡畔周，周公討之，三年而畢定，故初作《大誥》，次作《微子之命》。」《魯世家》曰：「管、蔡、武庚等果率淮夷而反，周公乃奉成王命，興師東伐，作《大誥》。」段玉裁説：「《本紀》與《世家》相合，惟『二年』作『三年』，恐是譌字。蓋此與《世家》皆述《金縢》『居東二年，罪人斯得』也，不應《世家》作『二』，此作『三』。」錫瑞案：段説是也。《大傳》云：「周公攝政，一年救亂，二年克殷。」即謂誅武庚及管、蔡之事。若「三年踐奄」，又在後。

成王既黜殷命，殺武庚，命微子啟代殷後，作《微子之命》。○今文「啟」作「開」。○《史記·宋微子世家》曰：「周公既承成王命，誅武庚，殺管叔，放蔡叔，乃命微子開代殷後，奉其先祀，作《微子之命》以申之，國於宋。」錫瑞案：古文《書序》作「啟」，《史記》作「開」，此史公用今文之證。《世家》與《周本紀》皆於作《微子之命》時云「國於宋」，則其先非封宋可知。《周本紀》言武王封諸侯，有焦、祝、薊、陳、杞與齊、魯、燕、管、蔡，而無宋，是微子當時未封宋。《宋世家》云：「於是武王乃釋微子，復其位如故。」武王封紂子武庚祿父以續殷祀，使管叔、蔡叔傅相之，是其先仍復封於微，續殷祀乃武庚，及武庚誅，始封宋也。觀《周本紀》所載祝、薊、陳、杞與《樂記》同，而獨無宋，其義可見。鄭注《樂記》云：「武王投之於宋，因命之，封爲宋公，代殷後。」詞不別白，未免混淆。《白虎通·考黜》篇曰：「二王後不貶黜者何？尊賓客、重先王也。以其當公也，罪惡足以絶之，即絶，更立其次。周公誅祿甫，立微子。」其説與《史記》合。

唐叔得禾，異畝同穎，獻諸天子。王命唐叔歸周公于東，作《歸禾》。○今文「畝」作「母」，「歸」作「餽」。○《史記·周本紀》曰：「晉唐叔得嘉穀，獻之成王。成王以歸周公于兵所，作《歸禾》。」徐廣曰：「『歸』一作『餽』。」《魯世家》曰：「唐叔得禾，異母同穎，獻之成王。成王命唐叔以餽周公于東土，作《餽禾》。」《索隱》曰：「《尚

❶ 「庚」，原作「王」，今據《史記·周本紀》改。

書》作『畝』，此爲『母』，義亦並通。」陳喬樅說：「案：『母』疑是『晦』之壞字。古文《尚書》序作『歸禾』，歸、餽二字古相通用。如古《論語》作『饋』，《魯論語》讀『饋』字爲『歸』，是其證也。歸、餽古今文之異。《史記》據今文《尚書》本用『餽』字，而《周本紀》『餽』作『歸』，與《魯世家》異者，疑是後人轉寫，依古文《尚書》改之。觀徐廣《音義》云『歸』一作『餽』，可見舊書本是『餽』字也。」錫瑞案：陳云「歸」當爲「餽」，是也。云「母」爲「晦」之壞字，則非。《尚書大傳》曰：「成王時有苗異莖而生，同爲一穟，人有上之者，王召周公而問之。公曰：『三苗爲一穗，抑天下共和爲一乎？』果有越裳氏重譯而來。」《大傳》所云「異莖」，即《史記》所云「異母」。今文《序》作「異母」，與古文《序》作「異畝」，其義不同。陳氏强改今文以合於古文，失之。

周公既得命禾，旅天子之命，作《嘉禾》。《史記・周本紀》曰：「周公受禾東土，魯天子之命，作《嘉禾》。」《魯世家》曰：「周公既受命禾，嘉天子命，作《嘉禾》。」徐廣曰：「『嘉』一作『魯』，今《書序》作『旅』也。」《索隱》曰：「『魯』字誤。史意云周公嘉天子命，於文不必作『魯』。」陳喬樅說：「案：《春秋正義》云：『石經古文「魯」作「𧘂」。』《説文》云：『𧘂，古文「旅」，古文以爲「魯衛」之「魯」。』蓋古『旅』字、『魯』字皆作『𧘂』，故『旅』字亦作『魯』也。《魯秦和鐘》曰：『以受毛魯多釐。』董逌云『魯，古文旅』，是已。《索隱》乃云「『魯』字誤，史意云周公嘉天子命，於文不必作「魯」」，此由不知『魯』即『旅』字，見篇名《嘉禾》，遂改『魯』爲『嘉』耳。『旅』與『臚』通，『臚』猶『傳』也。旅天子命者，謂傳天子之命也。又《漢書・敘傳》云：『大夫臚岱。』《集注》引鄭氏曰：『臚岱，季氏旅於泰山是也。』師古曰：『旅，陳也。臚亦陳也。臚、旅聲相近，其義一耳。』喬樅謂：據孫氏《瑞應圖》言，周公受嘉禾，有獻之文王之廟語。考《史記・六國表》云：『臚於郊祀。』《漢書・禮樂志》❶載《郊祀歌》云：『殷勤此路臚所求。』又云：『遍臚歡，騰天歌。』又云：『卉汩臚，析奚遺？』則此『旅天子命』，謂奉天子命獻於文王廟，於義亦通。」錫瑞案：據陳氏説，「魯」即「旅」字，「嘉」是誤文。鄭注《書序》云：「《嘉禾》亡。」《漢書・王莽傳》羣臣奏言：「《書》逸《嘉禾》篇曰：『周公奉鬯，立于阼階，延登，贊曰：「假王莅政，勤和天下。」』」王鳴盛以爲壁中書於增多篇外，別有殘章，陳喬樅

❶ 「禮樂志」，原作「郊祀志」，考下引出《漢書・禮樂志》，今據改。

以爲如《九共》、《帝告》逸文，皆載之《伏生傳》；段玉裁以爲取張霸百二篇；劉逢禄以爲劉歆僞造。錫瑞謂：《尚書》自今文二十九篇外，其真僞皆不必深究。

成王既伐管叔、蔡叔，以殷餘民封康叔，作《康誥》、《酒誥》、《梓材》。《史記·周本紀》曰：「周公奉成王命，伐誅武庚、管叔，放蔡叔。頗收殷餘民，以封武王少弟封爲衛康叔，作《康誥》、《酒誥》、《梓材》。」《衛康叔世家》曰：「周公以成王命，興師伐殷，殺武庚禄父、管叔，放蔡叔。以武庚殷餘民封康叔爲衛君，居河、淇間故商墟。周公旦懼康叔齒少，乃申告康叔，謂之《康誥》、《酒誥》、《梓材》以命之。」《漢書·地理志》引《書序》曰：「武王崩，三監畔。周公誅之，盡以其地封弟康叔，號曰『孟侯』，以夾輔周室。」陳喬樅説：「案：説者以班《志》引《書序》云云謂康叔號曰『孟侯』，與伏生《大傳》言『天子太子年十八謂之孟侯』誼異，疑非用今文家説，且所引《書序》亦與古文《尚書》序不同。喬樅謂：《地理志》所引乃《大誥》之《序》，非《康誥》序也。據《大誥》序云：『武王崩，三監及淮夷叛。』班蓋引之以證三監耳。其云『周公誅之，盡以其地封弟康叔』，此是班約《大誥》序『周公相成王，將黜殷命』及《康誥》序『既伐管叔、蔡叔，以殷餘民封康叔』之語，非《書序》原文也。其以康叔號曰『孟侯』者，蓋本小夏侯説。固之從祖伯從鄭寬中受小夏侯《尚書》，知其家世是習小夏侯之學也。」錫瑞案：陳説是也。夏侯《尚書》後出，間有與古文合者，已失伏生之旨。據《史記》、《康誥》、《酒誥》、《梓材》是同時作。《史記》云衛康叔，康是號謚甚明，詳見本篇《考證》。

成王在豐，欲宅洛邑，使召公先相宅，作《召誥》。

召公既相宅，周公往營成周，使來告卜，作《洛誥》。《史記·周本紀》曰：「成王在豐，使召公復營洛邑，如武王之意。周公復卜申視，卒營築，居九鼎焉。曰：『此天下之中，四方入貢道里均。』作《召誥》、《洛誥》。」錫瑞案：據《史記》今文説，《召誥》、《洛誥》實同時作。伏生《大傳》云「五年營成周」，與《史記》稍異者，蓋周公於五年營之，七年始成之耳。史公與伏生之説，非必違異。詳見本篇《考證》。《大傳》云：「五年營成周，六年制禮作樂，七年致政於成王。」史公於《周本紀》云復政乃營洛，《魯世家》云營洛乃復政，二説亦稍異。以伏生之義斷之，當從《魯世家》爲正。蓋洛未營，制作未定，未能即致政也。

成周既成，遷殷頑民，周公以王命誥，作《多士》。

周公作《無逸》。○今文作「《毋佚》」。○《史記·周本紀》曰：「成王既遷殷遺民，周公以王命告，作《多士》、《無佚》。」《魯世家》曰：「周公歸，恐成王壯，治有所淫佚，乃作《多士》、作《毋逸》。」段玉裁說：「按：《本紀》言作《多士》而兼舉《無逸》，《世家》言作《無逸》而兼舉《多士》。《本紀》作『無逸』，《世家》作『毋逸』，以《世家》作『毋』爲不誤。」錫瑞案：段說可通，而推《史記》之意，似不盡然。說見本篇《考證》。《世家》作「毋逸」，當本是作「毋佚」，上云「有所淫佚」作「佚」可證。王仲任用歐陽《尚書》，《論衡》引《書》正作「《毋佚》」。《本紀》、《世家》「逸」字，疑皆後人改之。《世家》云「周公奔楚」，與《論衡》引古文説同，則《世家》兼采古文說，非盡今文說也。亦見本篇《考證》。

召公爲保，周公爲師，相成王爲左右，召公不說，周公作《君奭》。《史記·燕召公世家》曰：「成王時，召公爲三公：自陝以西，召公主之；自陝以東，周公主之。成王既幼，周公攝政，當國踐阼，召公疑之，作《君奭》。君奭不説周公。周公乃稱『湯時有伊尹』云云，於是召公乃說。」《集解》：「馬融曰：『召公以周公既攝政致太平，功配文武，不宜復列在臣位，故不說，以爲周公苟貪寵也。』」錫瑞案：史公用今文說甚明。召公不說周公，即疑公之攝政當國踐阼也。《集解》引馬氏古文說，謂周公不宜復列臣位，是在歸政之後，不在攝政之時，以古文說解《史記》今文，大相枘鑿。《周本紀》、《魯世家》雖不載作《君奭》事，無以考其篇次，而據《燕世家》引今文《書序》以爲踐阼時作，是當列於《大誥》、《金縢》之次，不當在《多士》、《毋佚》之後矣。古文《書序》但云「召公不說」，脱去「周公踐阼，召公疑之」之語，遂不知召公不說何事，此《書》作於何時，乃列之《成王政》、《將蒲姑》前，馬、鄭遂以召公不說周公復列臣位解之。由於篇次既淆，故事實全誤。陳喬樅謂鄭君用今文說，不知其與西漢申屠剛、孫寶及《王莽傳》羣臣奏引相去千里。辨見本篇《考證》。

蔡叔既没，王命蔡仲踐諸侯位，作《蔡仲之命》。《史記·管蔡世家》曰：「蔡叔度既遷而死。其子曰胡，胡乃改行，率德馴善。周公聞之，而舉胡以爲魯卿士，魯國治。於是周公言於成王，復封胡於蔡，以奉蔡叔之祀，是爲蔡仲。」《索隱》曰：「按：《尚書》云蔡仲克庸祗德，周公以爲卿士，叔卒，乃命諸王，邦之蔡，元無仕魯之文。又，伯禽居魯，乃是七年致政之後，此言乃説居攝政之初，未知史遷何憑而有斯言也。」錫瑞謹案：周公封魯，在武王定天下之初，《周本紀》曰「封弟周公旦於曲阜曰魯」是也。伯禽就國於魯，則在周公攝政之初，《魯世家》曰「於是卒相成王，而使其子伯禽代就封於魯」是也。《史記》之説甚明，初不待七年致政，成王封伯禽爲周公後，伯禽始就國也。《王制》曰：「天子使其大夫爲三監，監於方伯之國，國三人。」鄭注以《王制》爲殷制，若周制則大國三卿皆命於天子，亦與古制似異而同。鄭注《儀禮》「諸公」云「容牧有三監」，是其制同之證。周公舉胡以爲魯卿士，即魯卿之命於天子者。《左氏傳》曰「周公舉之以爲己卿士」，蓋亦以爲魯國卿士，與《史記》説不異。作僞古文者不考《史記》，以爲當時未封伯禽，尚無魯國，不得有魯卿士，於是删去「魯」字，但云「周公以爲卿士」，若以爲王朝之卿士，不知王朝卿士乃執政之最尊者，周公之屬不得有卿士之稱也。僞古文顯與《史記》相違。《索隱》據僞古文以駁《史記》，尤謬。《堯典》正義云：「鄭以爲在《費誓》前，第九十六。」今文次序無考。

周公東伐淮夷，❶遂踐奄，作《成王政》。《孔傳》曰：「成王即政，淮夷、奄國又叛。王親征之，遂滅奄而徙之，以其數反覆。」《正義》曰：「《洛誥》之篇言周公歸政成王，《多士》已下，皆是成王即政初事，編篇以先後爲次，此篇在成王書内，知是成王即政，淮夷、奄國又叛，王親征之。又案：《洛誥》成王即政，始封伯禽。伯禽既爲魯侯，乃居曲阜。《費誓》稱魯侯伯禽宅曲阜，淮夷、徐戎並興，魯侯征之，作《費誓》。彼言淮夷並興，即此伐淮夷。王伐淮夷，魯伐徐戎，是同時伐，明是成王即政之年復重叛也。鄭玄謂『此伐淮夷與踐奄是攝政三年伐管、蔡時事』，其編篇於此，即云『未聞』。《費誓》之篇言淮夷之叛則是重叛明矣。《多方》之篇責殷臣云：『我惟時其戰要囚之，至於再，至於三。』若武王伐紂之後，惟攝政三年之一叛，正可至於再爾，安得至於三乎？故知是成王即政又叛也。」錫瑞謹案：《困學紀聞》云：「《大傳》之《序》有《揜誥》。」孔廣林疑「揜」即「奄」，《揜誥》即《成王政》，然無明文可考。《史記》不載《成王政》篇目，《周本紀》於《多士》、《無佚》之後，《多方》之前，有「東伐淮夷，殘奄，遷其君薄姑」之文。「東伐淮夷，殘奄」即此《序》所云「東伐淮夷，踐奄」也。「遷其君薄姑」即下篇《將蒲姑》序也。《史記》不載篇名，已詳事實，是史公所據今文《書序》亦以《成王政》、《將蒲姑》二篇與《多

❶「周公」，據古文《書序》及考證，當作「成王」。

方》相次，皆在周公反政之後矣。今古文既無殊旨，則《孔傳》成王即政親征之説甚合經義。鄭君偶有不照，以成王踐奄與周公踐奄誤合爲一，遂疑編次有誤。近儒不考《史記》，必欲崇鄭抑孔，不知《書序》孔子所作，《史記》今文《序》與馬、鄭古文《序》不異，乃妄議移孔子之《序》以就鄭説，真所謂甯道孔、孟誤，諱言鄭、服非矣。孔疏申《傳》不誤，引《費誓》爲證則非是。《史記·魯世家》曰：「伯禽即位之後，有管、蔡等反也，淮夷、徐戎亦並興反。於是伯禽率師伐之於肹，作《肹誓》。」是伯禽伐淮夷，在居攝奄叛時，不在反政後奄再叛時。孔疏不考《史記》之文，乃謂成王即位始封伯禽，殊誤。

成王既踐奄，將遷其君於蒲姑，周公告召公，作《將蒲姑》。○今文作「薄姑」。○《史記·周本紀》曰：「召公爲保，周公爲師，東伐淮夷，殘奄，遷其君薄姑。」《釋文》云：「蒲，如字。徐又扶各反。馬本作『薄』。」《漢書·地理志》曰：「成王時，薄姑氏與四國共作亂，成王滅之，以封師尚父。」錫瑞謹案：薄姑氏即蒲姑氏，蓋今文作「薄」也。古文《書序》以「召公爲保，周公爲師」爲《君奭》篇之《序》，史公據今文説以爲《將蒲姑》之《序》者，召公爲保，周公爲師，本是反政後事，非踐阼時事。《君奭》乃周公踐阼時作。今文家説是也。殘奄因奄再叛，與《大傳》所云「三年踐奄」並非一事，前之奄君名薄姑，後之奄君遷於薄姑，亦非一人，詳見《多士》篇考證。江聲、陳喬樅説皆非是。

成王歸自奄，在宗周誥庶邦，作《多方》。《史記·周本紀》曰：「成王自奄歸，在宗周，作《多方》。」錫瑞謹案：周公居攝三年踐奄，王不親行，此《序》云「成王歸自奄」，乃奄再叛而王親征之塙證。詳見本篇《考證》。

周公作《立政》。○今文篇次在《周官》後。

成王既黜殷命，滅淮夷，還歸在豐，作《周官》。○今文篇次在《立政》前。○《史記·周本紀》曰：「成王既絀殷命，襲淮夷，歸在豐，作《周官》。興正禮樂，度制於是改，而民和睦，頌聲興。」《魯世家》曰：「成王在豐，天下已安。周之官政未次序，於是周公作《周官》，官別其宜。作《立政》，以便百姓。百姓説。」《堯典》正義曰：「孔以《周官》在《立政》後，第八十八。鄭以《周官》在《立政》前，第八十六。」江聲説：「案：此《敘》與上三《敘》相承次，則事相聯接，皆在周公攝政三年時也。《立政》經云：『孺子王矣。』則是周公致政成王之後，其先後之次，自當先《周官》而後《立政》，宜從鄭本。」王鳴盛説：「《周禮疏》引《鄭志》趙商問，有云成王《周官》是攝政三年時事，此語必本於康成。《立政》是成王即政時事，自應在《周官》後也。」錫瑞案：僞《孔》固謬，江、王二説亦非。《史記》以《周官》、《立政》二篇相接，連文爲義，則二篇是一時所作，何得分《周官》爲攝政三年事，《立政》爲七年致政事乎？《史記》云天下已安，官政未次序，於是公作《周官》、《立政》。若攝政三年時，方踐奄，日不暇給，尚未建侯營洛，何得云「天下已安」。亦未制禮作樂，何遽能次序官政？史公以作《周官》、《立政》列於周公反政之後，「在豐，病將没」之前，則今文家説必不以作《周官》爲攝政時事矣。《魯世家》云「成王在豐」，與《周本紀》云「在豐」相合。《本紀》云「既絀殷命，襲淮夷」，亦與古文《書序》同者，蓋《周官》篇中必有絀殷命之語，故《序》追溯前事言之，如《多士》、《多方》皆去克殷已久，而皆追述克殷之事。今《周官》篇亡，無以考見其文，而據《史記》所列次序與古文《書序》不異，必不以絀殷命爲此時事也。鄭以《成王政》至《周官》皆爲攝政時事，與古文《序》及《史記》所引今文《序》皆不合。江、王曲意袒鄭，不考古義，陳喬樅引其説又不加別白，但知《立政》次《周官》後，鄭本與《史記》合，不知鄭以《周官》爲攝政三年作，與《史記》大不符，疏失甚矣。

成王既伐東夷，肅慎來賀。王俾榮伯，作《賄肅慎之命》。○今文作「息慎」。○《史記·周本紀》曰：「成王既伐東夷，息慎來賀，王賜榮伯，作《賄息慎之命》。」《釋文》曰：「『肅慎』，馬本作『息慎』，云：『北夷也。』」考《史記·五帝本紀》「北發息慎」，《集解》引鄭玄曰：「息慎，或謂之肅慎，東北夷。」是鄭本亦作「息慎」，與《史記》合。《釋文》又曰：「『俾』，馬本作『辨』。」江聲本作「畀」，説云：「畀，賜也。《書》或爲『辨』。辨，古『班』字，班亦賜也。王以息慎所貢分賜榮伯也。隸古定本凡『俾』字作『卑』，與『畀』字無異，而其傳或解爲『予』，或解爲『使』。唐天寶中詔以時字改其文，凡其傳之解爲使者，悉改作『俾』，故此『畀』字《正義》本亦改作『俾』。《史記》録此《敘》作『王賜榮伯』，據賜義，則字當改爲『畀』。」錫瑞案：江説是也。段玉裁泥於卑、畀不同部，謂《史記》語未完，《序》文當作「王俾榮伯賄肅慎，作《賄肅慎之命》」，共十三字，殊嫌專輒。

周公在豐，將没，欲葬成周。公薨，成王葬于畢，告周公，作《亳姑》。《史記·魯世家》曰：

「周公在豐，病，將没，曰：『必葬我成周，以明吾不敢離成王。』周公既卒，成王亦讓，葬周公於畢，從文王，以明予小子不敢臣周公也。」錫瑞謹案：《史記》不載「作《亳姑》」之《序》，而此數語在作《周官》、《立政》之後，與古文「作《亳姑》」序合，是即《亳姑》序也。下文「周公卒後，秋，未穫」云云，與《金縢》後半篇文同。孫星衍疑《金縢》「秋，大熟」以下爲《亳姑》文誤入，證以《史記》，孫説信而有據。《大傳》曰：「周公致政，封魯，老於周，心不敢遠成王，欲事文武之廟。公疾，曰：『吾死，必葬成周，示天下臣於成王。』及死，成王葬之畢，而云示天下不敢臣。故公封於魯，身未嘗居魯。」與《史記》文同。是史公引伏生説也。詳見《金縢》篇考證。

周公既没，命君陳分正東郊、成周，作《君陳》。

《禮記》鄭注曰：「君陳，蓋周公之子，伯禽弟，名篇在《尚書》，今亡。」又《毛詩譜》曰：「周公子伯禽封魯，次子君陳，世守采地。」《正義》曰：「鄭玄注《中庸》云『君陳，蓋周公子』者，以經云『周公既没，命君陳』，猶若『蔡叔既没，命蔡仲』故也。」錫瑞案：《史記》不載《君陳》書序，今文説無可徵。《戴記》與夏侯《尚書》同一師承，《坊記》、《緇衣》皆引《君陳》篇文，鄭注《禮記》多引今文家説，或有所據，未必但以《序》文同《蔡仲》而臆斷《君陳》爲周公子也。《正義》引鄭《坊記》注作《中庸》注，誤。

成王將崩，命召公、畢公率諸侯相康王，作《顧命》。

康王既尸天子，遂誥諸侯，作《康王之誥》。

《史記·周本紀》曰：「成王將崩，懼太子釗之不任，乃命召公、畢公率諸侯以相太子而立之。成王既崩，二公率諸侯以太子釗見於先王廟，申告以文王、武王之所以爲王業之不易，務在節儉，毋多欲，以篤信臨之，作《顧命》。太子釗遂立，是爲康王。康王即位，徧告諸侯，宣告以文武之業以申之，作《康誥》。」段玉裁説：「按：《康誥》當云《康王之誥》，太史公於《般庚》曰三篇，於《顧命》、《康王之誥》别爲二篇，皆依孔子序《尚書》語，若依伏生《書》則皆不分矣。」錫瑞謹案：伏生傳經二十九篇，實當并數《康王之誥》，疑今文博士增入《大誓》，乃合《顧命》、《康王之誥》爲一篇耳。《史記》分《顧命》、《康誥》之《序》爲二，即本伏生之《書》，説見本篇《考證》。《史記》於「康王之誥」曰「康誥」，與「康叔之誥」曰「康誥」正同。康王之「康」爲謚號，康叔之誥稱「康」，亦當爲謚號，説見《康誥》篇考證。《史記》曰「申告」

云云，蓋櫽括《顧命》一篇之義，或以「節儉，毋多欲」解「丕平富，不務咎」之文，以「篤信臨之」解「底至齊信」之文，義亦可通。然《史記》明分《顧命》、《康誥》爲二篇，「丕平富」等語在《康誥》篇中，不當引以解《顧命》。

康王命作册畢，分居里，成周郊，作《畢命》。

○今文「册」作「策」，「畢」下多「公」字。○《史記·周本紀》曰：「康王命作策畢公分居里，成周郊，作《畢命》。」《漢書·律曆志》曰：「康王十二年六月戊辰朔，三日庚午，故《畢命·豐刑》曰：『惟十有二年六月庚午朏，王命作策《豐刑》。』」劉逢禄説：「鄭所見逸篇不可考，要非此篇也。《三統術》劉歆所造，不可信。聞之師説：『康王命作册』句，『畢分居里成周郊』句。《畢命》非命畢公，畢，終也。周公相成王，致太平，成文武之德，《大誥》所謂『曷敢不于前寧人攸受休畢』，《梓材》所謂『用懌先王受命』也。周公、成王未竟之業，至康王始畢之，故曰：『成、康之隆，刑措四十餘年不用。』」錫瑞謹案：古文「册」字，《史記》引皆作「策」，蓋用今文。「畢」下古文《書序》脱「公」字，不辭。《史記》多一「公」字，此古文《書序》不如今文之一證也。莊述祖執古文誤本，反疑《史記》「公」字爲淺人所加，謂《畢命》非命畢公，當訓「終」，其説新奇，别無證據。《史記》明明有「公」字可信，以爲淺人所加可乎？《書序述聞》所引莊説多拾宋人餘唾，而加以穿鑿，不可從。劉逢禄、魏源顧信之，何也？

穆王命君牙爲周大司徒，作《君牙》。○今文作「君雅」。○《禮記·緇衣》引作「君雅」，鄭注曰：「『雅』，《書序》作『牙』，假借字也。君雅，周穆王司徒，作《尚書》篇名也。」《釋文》云：「『君牙』或作『君雅』。」是古文《尚書》别本亦有作「雅」字者。《緇衣》篇則據今文作「雅」也。

穆王命伯冏爲周太僕正，作《冏命》。○今文「冏」作「臩」。○《史記·周本紀》曰：「穆王即位，春秋已五十矣。王道衰微，穆王閔文武之道缺，乃命伯臩申誡太僕國之政，作《臩命》。」《集解》：「應劭曰：『太僕，周穆王所置，蓋太御衆僕之長，中大夫也。』」《漢書·古今人表》伯臩列中上第四等。❶師古曰：「穆王太僕也。」王應麟《漢藝文志考》證《尚書大傳》「冏命」爲「臩命」，是今文作「臩命」。《説文·夰部》云：「臩，从夰、臦。《周書》曰：『伯臩。』」是許君所據古文，亦作「臩」字矣。古文《書序》云「太僕正」，《史記》作「申誡太僕國之政」，則其義不同。蓋今文

---

❶「中上」，原倒，今據《漢書·古今人表》乙正。

家說太僕即《周禮》之太僕，不必作太馭解，師古曰「穆王太僕」是也。國之政謂國之政事。太僕掌内朝之法，職雖卑而位親任重，故申誡以國政。

吕命穆王訓夏贖刑，作《吕刑》。○今文「吕」作「甫」。○《史記・周本紀》曰：「甫侯言於王，作修刑辟，命曰《甫刑》。」《集解》：「鄭玄曰：『《書說》云周穆王以甫侯爲相。』」段玉裁說：「《大雅・崧高》鄭箋云：『甫侯相穆王，訓夏贖刑。』按：『吕命穆王訓夏贖刑』八字一句。謂吕侯命穆王也。鄭注《緇衣》云：『傅說作《書》以命高宗。』」錫瑞案：《史記》曰「甫侯言於王」，段說與《史記》合。詳見本篇《考證》。

平王錫晉文侯秬鬯、圭瓚，作《文侯之命》。

○今文無「平」字。○《史記・晉世家》曰：「天子使王子虎命晉侯爲伯，賜大輅，彤弓矢百，玈弓矢千，秬鬯一卣，珪瓚，虎賁三百人。晉侯三辭，然後稽首受之。作《晉文侯命》。」《索隱》曰：「按：《尚書・文侯之命》是平王命晉文侯仇之語，今此文乃是襄王命文公重耳之事，代數懸隔，勳策全乖。太史公雖復彌縫《左氏》，而《系家》頗亦時有疎謬。裴氏《集解》亦引孔、馬之注，而都不言時代乖角，何習迷而同醉也？然計平王至襄王爲七代，仇至重耳爲十一代而十三侯。又平王元年至魯僖二十八年，當襄二十年，爲一百三十餘歲矣，學者頗合討論之。劉伯莊以爲蓋天子命晉同此一辭，尤非也。」錫瑞謹案：史公用今文說，與鄭君古文說不同。《索隱》不考今古文之異，妄詆史公，非也。《史記》一書引經多據今文，不盡用《左氏》，詳見本篇《考證》。段玉裁說：「按：此及《自序》曰：『嘉文公，錫珪鬯，作《晉世家》第九。』劉向《新序・善謀》篇亦稱《晉文公之命》，皆用今文《尚書》說也，如《金縢》篇多用周公以天子禮葬魯得郊祭之說。」

魯侯伯禽宅曲阜，徐、夷並興，東郊不開，作《費誓》。○今文作「肹誓」，「肹」一作「鮮」，一作「獮」。○《史記・魯世家》曰：「伯禽即位之後，有管、蔡等反也，淮夷、徐戎亦並興反。於是伯禽率師，伐之於肹，作《肹誓》。」《集解》：「徐廣曰：『一作「鮮」，一作「獮」。』」《索隱》曰：「《尚書》作『粊誓』，今《尚書大傳》作『鮮誓』，『鮮誓』即『肹誓』，古今字異，義亦變也。鮮，獮也。言於肹地誓衆，因行獮田之禮，以取鮮獸而祭，故字或作『鮮』，或作『獮』。」案：《索隱》說近是，詳見本篇《考證》。

秦穆公伐鄭，晉襄公帥師敗諸崤，還歸，作

《秦誓》。○今文「穆」作「繆」，「崤」作「殽」。○《史記・秦本紀》曰：「繆公敗於殽，復益厚孟明等，使將兵伐晉，以報殽之役。晉人皆城守不敢出。於是繆公乃自茅津渡河，封殽中尸，爲發喪，哭之三日。乃誓於軍，以中思不用蹇叔、百里傒之謀，故作此誓，令後世以記余過。」《史記》「穆」作「繆」，「崤」作「殽」，蓋用今文。陳喬樅説：「百篇之《敘》，近儒戴震《古今文尚書辨》言《序》爲伏生《書》所無，王鳴盛《尚書後案》言《敘》亦從孔壁中得，以今文二十九篇，其一爲《大誓》。先大夫著《左海經辨》辨今文《尚書》有《敘》，伏生二十九篇併《敘》而不併《大誓》，討論經典，立十有七證以明之。夫三家《尚書》有《敘》，則伏生所傳不得謂無《敘》。伏生所傳有《敘》，而《大誓》乃後出，則伏生二十九篇不得不以百篇之《敘》當其一也。喬樅謂：漢儒或説《尚書》二十九篇者，法曰斗七宿也。四七二十八篇，其一曰斗矣，故二十九篇。此蓋言二十八篇之次，皆總於《敘》，象二十八宿之次，皆繫於斗，故以二十八宿喻二十八篇，以斗喻百篇之《敘》也。」錫瑞謹案：陳氏解斗七宿似涉傅會，以《序》當二十九篇之一，不如併數《康王之誥》爲塙。而謂伏生《尚書》有《序》則不誤。伏生《尚書》有《序》，《史記》所引，乃其塙證。近人著《新學僞經考》辨今文《尚書》無《序》，駁陳氏十七證甚力，謂《史記》所載篇目，乃《書序》襲《史記》，非《史記》采《書序》，其立説誠辨矣。然《史記・本紀》《世家》所云「作某某」，塙是《序》文體例，太史公《自序》即本其體，《逸周書》之《序》，其體例亦如此。若謂《史記》非采《書序》，所云「作某某」當作何解？豈史公自言所作耶？抑史公別采一書耶？不是《書序》，究是何書？此書何名？何人所作耶？

尚書古文疏證辨正

〔清〕皮錫瑞 撰
蘇 勇 校點

目録

校點説明

《尚書古文疏證辨正》，清末皮錫瑞撰。

皮錫瑞（一八五〇—一九〇八），字鹿門，一字麓雲。湖南善化人。曾祖以貨殖起家，富甲一方。父任浙江宣平知縣。皮錫瑞幼年好學，八歲能詩文。年三十三舉光緒壬午（八年，一八八二）科順天鄉試。其後禮闈屢試不第，遂潛心講學著書。先後任湖南桂陽州龍潭書院、江西南昌經訓書院主講。戊戌變法時，被聘爲維新團體長沙南學會學長，倡導融合中西、有體有用之學，一時所聚者衆。及變法失敗，皮氏以布衣罹黨禁，遂專心著述。三年後始得開復。庚子亂後，皮氏與有識之士主張興辦新式學堂，並親自創辦湖南善化小學堂。此後，歷任湖南高等學堂、師範館、中路師範學堂、長沙府中學堂講席。光緒三十四年（一九〇八）卒於善化故宅，享年五十九歲。皮氏治學，主張實事求是。於《尚書》學，服膺伏生，宗今文説，名其所居爲師伏堂，學者因稱之爲師伏先生。皮氏一生著述豐富，除《尚書古文疏證辨正》之外，還有《尚書大傳疏證》、《尚書古文考實》、《古文尚書冤詞平議》、《尚書中候疏證》、《鄭志疏證》、《駁五經異義疏證》、《王制箋》、《今文尚書考證》、《經學歷史》、《經學通論》等書，對經學研究頗有貢獻。事跡見《皮鹿門年譜》。

光緒十八年（一八九二），皮氏讀罷閻若璩《尚書古文疏證》（簡稱《疏證》），有感於其書多處仍狃於宋儒舊説，駁斥孔傳及兩漢古義，知孔傳之僞而不信今文之真，未免大醇小疵，遂作《尚書古文疏證辨正》。書中於每條先頂格列出閻氏《疏證》的有關文字，再低格標「辨曰」發表自己的辨正意見，條分縷析，清楚明瞭。

《尚書古文疏證辨正》只有光緒二十二年（一八九六）湖南思賢書局刊印本傳世。《續修四庫全書》

所收録的《尚書古文疏證辨正》即爲思賢書局刊印本的影印本。此次整理，即以《續修四庫全書》影印思賢書局本爲底本，所引《尚書古文疏證》文字，據上海古籍出版社影印眷西堂本《尚書古文疏證》進行校勘，辨正部分則校以其他相關典籍，譌誤之處，出校説明；並依據《疏證》原條目將辨正諸條總括爲四十七節，標以序目。序目前一數字表示節次，後一數字表示每節中的條次，如第一節第一條標爲「一之一」，第二條標爲「一之二」等等，第二節第一條標爲「二之一」，第二條標爲「二之二」等，依此類推。每節末依據《疏證》原條目統注該節《疏證》引文出處。

校點者　蘇　勇

尚書古文疏證辨正自序

國朝《尚書》之學，始於閻百詩徵君。自《疏證》書出，而古文孔傳之僞，如秦越人洞見五臟癥結，使學者不爲僞書所惑，厥功甚偉。惟徵君生當國初，其時漢學方萌芽，於古今文家法未盡瞭然，亦間惑於先入之言，多引宋人臆説，詆斥古義，有僞孔本不誤而徵君以爲誤者，非特無以服僞孔之心，且恐左袒僞孔者將有以藉口。徵君嘗駁朱子《集注》曰：「輕議先儒，其罪小；曲徇先儒而俾聖賢之旨終不明於天下後世，其罪大。」余竊居罪之小者而已。錫瑞學識淺陋，奚敢觝排前哲？顧嘗謂徵君能辨古文孔傳之僞，而未識今文《尚書》之真。《疏證》一書向有重名，治《尚書》者奉爲圭臬，不爲辨正，恐疑誤後學，乃竊比於徵君之駁朱注，而自居於罪之小者焉。山陽丁儉卿《尚書餘論》嘗辨正數條，兹具列之而廣所未備，其精塙者不贊一詞。義有未安，妄加籤記，不知蓋闕，請俟異日。善化皮錫瑞。

尚書古文疏證辨正

善化皮錫瑞鹿門著思賢講舍

一之一

《漢書·儒林傳》：「孔氏有古文《尚書》，孔安國以今文字讀之。因以起其家逸《書》，得十餘篇，蓋《尚書》兹多於是矣。」《藝文志》：「古文《尚書》者，出孔子壁中。武帝末，魯共王壞孔子宅，得古文《尚書》及《禮記》、《論語》、《孝經》凡數十篇，皆古字。孔安國者，孔子後也，悉得其書，以考二十九篇，得多十六篇。安國獻之，遭巫蠱事，未列於學官。」《楚元王傳》：「魯共王壞孔子宅，欲以爲宫，而得古文於壞壁之中，逸《禮》有三十九，《書》十六篇。天漢之後，孔安國獻之。」夫一則曰得多十六篇，再則曰逸《書》十六篇，是古文《尚書》篇數之見於西漢者如此也。《後漢書·杜林傳》：「林前於西州得漆書古文《尚書》一卷，常寶愛之，雖遭艱困，握持不離身。」後出示衛宏等，遂行於世。同郡賈逵爲之作訓，馬融、鄭康成之傳、注解，皆是物也。

辨曰：徵君之言是也，而尚有未盡者。《後漢書·儒林傳》曰：「扶風杜林傳古文《尚書》，林同郡賈逵爲之作訓，馬融作傳，鄭玄注解，❶由是古文《尚書》遂顯於世。」此馬、鄭古文《尚書》出於杜林之壖

❶「玄」，清人避康熙帝諱作「元」，今回改。以下逕改，不再出校。

證也。漆書止一卷，非完書。杜林得之，即能傳古文《尚書》者。《漢書·藝文志》曰：「《蒼頡》多古字，俗師失其讀。宣帝時徵齊人能正讀者，張敞從受之，傳外孫之子杜林，爲作訓故，並列焉。」《志》列杜林《蒼頡訓纂》一篇，杜林《蒼頡故》一篇。又《杜鄴傳》曰：「鄴子林，清静好古。其正文字過於鄴、竦，故世言小學者由杜公。」《後漢書·杜林傳》曰：「林博洽多聞，時稱通儒。」是林精小學兼通經學，其於古文《尚書》必先通曉，後乃得漆書耳。孔壁古文藏中祕，外人苦不得見。新莽之亂，或散民間，西州漆書疑即中祕散佚者。書雖止一卷，精小學者得此即可以考正文字。杜林所傳古文《尚書》，其本必較他本爲善，故賈逵傳其父徽古文《尚書》，乃不用其父之本，而用林本爲之作訓，正以其得漆書校正之故也。林本無訓解，訓解始於賈逵、衛宏，而遞傳於馬、鄭。馬、鄭古文，孔穎達以爲出於張霸，固非，以爲即是孔壁真本，亦未是。孔氏古文真本自在中祕，此當是副本傳於民間，而杜林嘗用漆書校正者耳。

一之二

按：古文《尚書》實多十六篇。惟《論衡》所載，其説互異。其《正説篇》云：「孝景帝時，魯共王壞孔子教授堂以爲殿，得百篇《尚書》於牆壁中。武帝使使者取視，莫能讀者。遂祕於中，外不得見。至孝成皇帝時，張霸僞造百兩之篇。帝出祕百篇以校之。」愚謂成帝時，校理祕書正劉向、劉歆父子，及東京班固亦典其職，豈有親見古文《尚書》百篇而乃云爾者乎？劉則云十六篇逸，班則云得多十六篇，確然可據。至王充《論衡》，或得於傳聞，傳聞之與親見固難並論也。且云武帝使使者取視，不云安國獻之而云武帝取視，此何據也？

辨曰：徵君所引《論衡》，其前尚有數行未引，亦未及辨明。其説曰：「濟南伏生抱百篇藏於山中。孝景皇帝時，始存《尚書》。伏生已出山中，景帝遣晁錯往從受《尚書》二十餘篇。伏生老死，《書》殘不竟，晁錯傳於倪寬。至孝宣皇帝之時，河内女子發老屋，得逸《易》、《禮》、《尚書》各一篇，奏之。宣帝下示博士，然后《易》、《禮》、《尚書》各益一篇，而《尚書》二十九篇始定矣。」案：仲任所説，與《史記》、《漢書》皆乖異。景帝時，晁錯已大用，何暇使受《尚書》？伏生教於齊魯之間，本祇二十九篇，非因老死不竟。兒寬受《書》於歐陽生、孔安國，非受之於晁錯。河内女子發老屋在武帝時，非宣帝。《史記》言伏生教於齊魯即有二十九篇，何待發老屋益一篇，而二十九篇始定哉？此皆徵君未及辨者。至疑武帝取視，不云安國獻之，則尚有説。兒寬爲御史大夫，以太初二年薨，閲三年爲天漢元年，武帝或因寬言安國有古文《尚書》，乃使使者取視，其時安國已卒，而其家獻之，亦未可知也。❶

❶ 以上所辨《疏證》引文出自《疏證》第一「言兩《漢書》載古文篇數與今異」。

二之一

當安國之初傳壁《書》也，原未有《大序》與傳，馬融《尚書序》所謂「逸十六篇，絶無師説」，是。及漢室中興，衛宏著《訓旨》於前，賈逵撰《古文同異》於後，馬融作傳，鄭氏作注，而孔氏一家之學粲然矣。不意鄭氏而後，寖以微滅，雖博極羣書如王肅、孫炎輩，稽其撰著，並無古文《尚書》，豈其時已錮於祕府而不復流傳耶？何未之及也？

辨曰：馬融「逸十六篇，絶無師説」，則衛、賈、馬、鄭所注古文《尚書》仍止二十九篇之文，增《太誓》三篇耳，其餘逸篇並無訓解。故《尚書正義》曰：「鄭注《尚書》，亡逸並與孔異，篇數並與三家同。」又曰：「所得傳者，三十三篇古經，亦無其五十八篇，及傳、説絶無傳者。」諸君皆不爲逸篇作注。徵君引季長之言，又云孔氏一家之學粲然，詞不别白，似衛、賈、馬、鄭於古文逸篇亦有注者，恐疑誤後學，不可不辨。王肅曾著《古文尚書注》，見《正義》、《釋文》所引。僞古文别出《舜典》，即用王肅注。此云王肅撰著無古文《尚書》，亦誤。蓋徵君專據孔疏之説，以馬、鄭、王所注《尚書》皆爲今文，惟僞孔增多者爲古文，不知馬、鄭、王亦是古文，惟歐陽、夏侯三家是今文。故其書於分别今、古文處多不了了也。❶

❶ 以上所辨《疏證》引文出自《疏證》第二「言古文亡於西晉亂，故無以證晚出之僞」。

三之一

又按：馮班定遠，常熟錢氏之門人也，謂顔注《伏生傳》晁錯往受《書》事，引衛宏《定古文尚書序》爲妄。《蓺文志》：「《尚書》經二十九卷，伏生所傳者。」又《志》：「秦燔書禁學，伏生獨壁藏之。漢興，求得二十九篇，以教齊魯之間。」云壁藏而求之，得二十九篇，是伏生自有本，不假口傳明矣。《儒林傳》：「伏生教濟南張生及歐陽生。歐陽生千乘人，事伏生。夏侯都尉從濟南張生受《尚書》，以傳族子始昌，始昌傳勝，勝傳從兄子建。」則是歐陽、夏侯二家，漢人列於學官者，自是伏生親傳，非晁錯所受之本明矣。又伏生有孫，以治《尚書》徵。伏生有孫，則應有子，何至令女傳言？若其子幼不能傳《書》，則伏生年已九十餘，安得有幼子乎？且其女能傳言，亦應通文字，何至晁錯不能得者且十二三，乃以意屬讀之耶？某曾身至濟南、潁川，其語音絶不相遠，雖古今或異，大略可知，何至言語不相通耶？衛宏且勿論。顔注《漢書》號爲班氏忠臣，亦贅列斯語，疑誤至今，殊可怪耳！

又按：梅氏鷟亦謂：吴才老云伏生得於既耄之後爲失考；朱子於古文言壁藏，今文則言暗記，亦是受校人之欺。論正與定遠合。蓋漢定，伏生即求其《書》以教於齊魯之間，不待孝文時始然，生未耄也；今文二十八篇亦從屋壁得之，手授之其人，非待晁錯來始背誦。衛宏説妄也。凡此等，皆遠勝先儒者。又按《書·大序》云：「伏生年過九十，失其本經，口以傳授。」此亦是魏、晉間衛宏使女傳言教錯之説盛行，故撰《序》者採入，而不覺其於史文相背。劉歆有言：「晁錯從伏生受《尚書》，《尚書》初出於屋壁，朽折散絶，今其書見在。」曾口授云乎哉！

辨曰：徵君引馮、梅之説善矣，而未盡也。《後漢書·儒林傳》曰：「衛宏從大司空杜林受古文《尚書》，爲作《訓旨》。」是古文《尚書》有訓解實始於宏。鄭君《書贊》云「後漢衛、賈、馬二三君子之業」，敘衛於賈、馬之前，亦是其證。衛説今不傳。考《帝王世紀》曰：「帝摯之母，於四人之中，其班最下，而摯年兄弟最長，故得登帝位。封異母弟放勳爲唐侯。摯在位九年，故輭弱，而唐侯德盛，諸侯歸之。摯服其義，乃率其羣臣造唐朝而致禪，因委至心願爲臣。唐侯於是知有天命，乃受帝禪而封摯爲高辛氏。事不經見，漢故議郎東海衛宏所傳云爾。」案：此事近廢立，疑非其實，古書皆不經見，而獨傳於敬仲，則古文異説疑多敬仲所創。敬仲《序》謂伏生言不可曉，蓋誣今文以扶古文，安知後有王肅，即本《序》意作僞古文，而衛、賈、馬、鄭之書皆廢，則敬仲之誣今文亦奚益哉！❶

四之一

安國古文之學，其傳有四：一傳於都尉朝，朝傳庸譚，譚傳胡常，常傳徐敖，敖傳王璜、塗惲，惲傳桑欽。王莽時立於學官，璜、惲皆貴顯。惲又傳賈徽，徽傳子逵。逵數爲

❶ 以上所辨《疏證》引文出自《疏證》第十四「言《孟子》引今文與今合，引古文與今不合」。

肅宗言古文《尚書》，詔選高才生從逵學。由是古文遂行。一傳於兒寬。一傳於其家，《孔僖傳》所謂「自安國以下，世傳古文《尚書》」是也。一傳於司馬遷，遷書所載多古文說是也。東漢杜林於西州得漆書古文《尚書》一卷，常寶愛之。後歸京師，出以示衛宏、徐巡，曰：「林流離兵亂，常恐斯經將絶。何意東海衛子、濟南徐生復能傳之，是道竟不墜於地也。古文雖不合時務，然願諸生無悔所學。」宏、巡益重之。林同郡賈逵爲之作訓，馬融作傳，康成注解，古文之說大備。康成雖云受之張恭祖，然其《書贊》曰：「我先師棘下生安國，亦好此學。」則其淵源於安國明矣。

辨曰：此考古文之傳有四，甚塙。而都尉朝以下，惟桑欽《禹貢》古文說畧見於《漢志》、《說文》，賈逵之說略見於《說文》、《五經異義》，其他皆無可徵。兒寬所傳，並在三家今文說中。孔氏世傳古文《尚書》，不過守此孤本，傳爲世學，其書亦無訓解。《漢書·孔光傳》云：「忠生武及安國，武生延年，延年生霸，霸生光焉。安國、延年皆以治《尚書》爲武帝博士。安國至臨淮太守。霸亦治《尚書》，事太傅夏侯勝，昭帝末年爲博士。」《儒林傳》云：「孔霸、孔光習大夏侯《尚書》，大夏侯有孔、許之學。」案：漢儒最重家法，歐陽生至歙八世皆治歐陽《尚書》。霸乃安國從孫，如安國古文有師說，霸豈得舍而事夏侯？霸與光父子且以夏侯學名，孔氏無古文傳注可知。班孟堅謂遷書載《堯典》、《禹貢》、《洪範》、《微子》、《金縢》諸篇多古文說，今以此五篇考之：《史記》以旋機爲北斗，與《大傳》云北極不同；以南嶽爲衡山，與今文説霍山不同；以禹錫玄圭爲帝錫，與緯書言天錫不同。微子奔周，《殷本紀》與《宋世家》有兩説，或一爲古文説。《洪範》「思曰睿」，不作「思曰容」。又以箕子陳《範》乃封朝鮮，與《大傳》箕子封朝鮮來朝乃陳《洪範》不同。《魯世家》云「周公奔楚」，與《論衡》引《金縢》古文家説似同，而《論衡》以爲管、蔡流言時，《魯世家》以爲反政之後，亦不盡合。古文説之可考者，不過如此。予常疑漢時今文家有師説，古文家無師説，非止《尚書》一經。《後漢・儒林傳》云：「《周官》經六篇，前世傳其書，未有名家。」《漢書・劉歆傳》云：「初，《左氏傳》多古字、古言，學者傳訓故而已。」《儒林傳》云費氏治《易》無章句。蓋自《毛詩》以外，古文家師説皆起於東漢之後。《漢・藝文志》有《尚書》古文經而無傳。近人皆知孔傳之僞，而又疑馬、鄭古文説皆本於孔安國，是知二五而不知十也。鄭君自謂淵源安國，亦古文家裝飾門面之言耳。此徵君所未及者，更詳辨之。

四之二

按《孔子世家》：「安國爲今皇帝博士，至臨淮太守，蚤卒。」司馬遷親與安國遊，記其蚤卒，應不誤。然考之《漢書》，又實有可疑者。《兒寬傳》：「寬以郡國選詣博士，受業孔安國，補廷尉文學卒史。」時張湯爲廷尉，在武帝元朔三年乙卯。《楚元王傳》：「天漢後，孔安國獻古文《書》。遭巫蠱之難，未施行。」案：巫蠱難在武帝征和元年己丑、二年庚寅，相距凡三十五六年。漢制，擇民年十八以上儀狀端正者補博士弟子，則爲之師者年又長於弟子。安國爲博士時，年最少如賈誼，亦應二十餘歲矣。以二十餘歲之博士，越三十五六年始獻《書》，即甫獻《書》而即死，其年已五十七八，且望六矣，安得爲蚤卒乎？況孔氏子孫都無高壽者，不過四十、五十耳。四十、五十俱不謂之蚤卒，何獨於安國而夭之乎？頗不可解。又，安國《大序》謂：「得壁中《書》，悉上送官。承詔爲五十九篇作傳，於是遂研精覃思，博考採摭，以立訓傳。既畢，會國有巫蠱事，用不復以聞。」是獻《書》者一時，作傳畢而欲獻者，又一時也。作傳畢而欲獻，會國有巫蠱，則初獻《書》時未有巫蠱，何不即立於學官，而乃云以巫蠱遂不及施行邪？蓋僞作此《書》者知兩漢祕府有古文而無訓傳，今又並出訓傳，不得不遷就傳會其說，以售其欺耳。

辨曰：謂有巫蠱未及施行，本於劉歆《移太常博士》文。以今考之，不特僞《序》之説謬，即劉歆之説亦謬也。天漢四年，又太始四年、征和二年，乃有巫蠱之難。立學非難事，此數年中何不施行？巫蠱之後至歆移書時，又將百年，何以猶不施行？所以不施行者，安國古文本無訓解，逸十六篇更無師説，不便學者誦習，非因巫蠱之故。其託於巫蠱者，乃歆諱言其無説解，而自創爲説解也。《歆傳》云：「欲建立《左氏春秋》及《毛詩》、逸《禮》、古文《尚書》，皆列於學。」考此諸經，惟《毛詩》有師説。若《左氏》，則《歆傳》明云：「初，《左氏傳》多古字、古言，學者傳訓故而已。及歆治《左氏》，引傳文以解經，轉相發明，由是章句、義理備焉。」是《左氏》有章句，實創於歆，則古文《尚書》之有説解，亦當創始於歆。今其書雖不傳，然以諸書所引考之，如以六宗爲乾坤六子，三公爲太師、太傅、太保，父師爲箕子，文王受命爲九年，觀兵爲十一年，克殷爲十三年，皆與今文家説不同，是其明證。蓋歆之意，欲以一人之新説盡廢十四博士之顓門，與王安石作《三經新義》頒之學官正是一意。歆又云「皆有徵驗，外内相應」，歆意尤重在《左氏春秋》，特以孤經少與，恐人不聽，乃引古文《尚書》、逸《禮》、《毛詩》與相應和，又引在下之庸生諸人，以扶其説。歆爲國師，王璜、塗惲等皆顯貴，則傳古文者乃曲學阿世之士，豈真能扶微學者哉！王肅僞造古文孔傳，又僞造《家語》、《孔叢》、《論語》《孝經》注，以相應證，正祖歆之故智。徵君能辨僞《序》之謬，未辨歆説之謬，且謂歆所建立甚正，蓋亦由爲古文所壓，而未及深考耳。

四之三

又按《史記》《漢書·儒林傳》，似孔安國在當時實兼今文、古文《尚書》而通之。其爲博士時，自當授弟子以今文，所謂「蓋禄利之路然也」。至别有好古之士，如馬遷、都尉朝，方從孔安國問古文，所謂「古文頗不合時務」是也。兒寬初事歐陽生治《尚書》，以文學應郡舉，詣博士受業，受業孔安國，以試第次補廷尉史。此非經學既明而得禄之驗乎？本不當繫寬於安國古文之下，但近代有《漢儒授經圖》，於歐陽生今文及安國古文下俱各繫以兒寬。余偶因之，未暇改正云。

辨曰：徵君之説，猶有未盡。《史記·儒林傳》曰：「歐陽生教千乘兒寬。兒寬既通《尚書》，以文學應郡舉，詣博士，受業孔安國。」《漢書·儒林傳》曰：「歐陽生事伏生，授兒寬，寬又受業孔安國。歐陽、大小夏侯氏學皆出於寬。」據《史記》、《漢書》，則寬兼通伏、孔今古之學，三家又皆出於寬，此西漢今古文本同一家之明證也。漢之博士皆傳今文，安國亦必以今文教授。然《史記》云「兒寬既通《尚書》，詣博士，受業孔安國」，則似寬以所得於歐陽者爲未足，聞安國有古文學，欲更受之。不然，寬專習今文，則安國所學亦當與歐陽無異。寬既通歐陽《尚書》矣，何必更受業安國，帶經誦習如是之勤哉？安國以古文《尚書》起其家，意必有校刊訂正之語，於今古文多寡異同處或繫以説，此之謂古文説。其古文與今文同者，其訓解必仍同今文，斷不盡易今文之説，若馬、鄭之紛紛也。兒寬受之，以傳於歐陽、夏侯，則安國古文説已並在三家今文説中。後之異於三家而託之安國者，可不攻自破矣。❶

五之一

按：鄭康成注《書》後，無復有言古文者。惟王肅注《書序》，於《汨作》、《九共》九篇，不曰已亡，而曰古逸，似肅曾見古文，但未有注釋耳。或肅因馬融、鄭康成之所逸者，亦

❶ 以上所辨《疏證》引文出自《疏證》第十七「言安國古文學源流真僞」。

從而逸之，不必見古文，亦未可知。獨孔穎達謂肅始竊見梅氏之《書》，其注《尚書》多是孔傳，疑肅見古文，匿之而不言。《經典釋文》云：「王肅注今文，而解大與古文相類，或肅私見孔傳而祕之乎？」則大可笑也。王肅，魏人，孔傳出於魏、晉之間，後於王肅。傳、注相同者，乃孔竊王，非王竊孔也。

辨曰：僞孔傳出王肅，近人已有定論，丁晏《尚書餘論》辨之尤晰。然則王、孔是一人。孔沖遠謂王竊孔，固失之。徵君謂孔竊王，亦未爲得也。

五之二

又按：《舊唐書·經籍志》：「古文《尚書》十卷，王肅注。」《新唐書·藝文志》：「鄭康成注古文《尚書》九卷。」然則《汩作》、《九共》等篇，至唐世猶傳乎？余曰：否。孔疏云：賈逵、馬、鄭所注《尚書》皆題曰古文，而篇數與伏生所傳正同，但經字多異，如《堯典》「宅嵎夷」爲「宅嵎鐵」、「昧谷」爲「柳谷」之類是也。愚意此王肅、鄭康成注，亦即三家所同伏生二十九篇以古文字寫之者，故謂之古文《尚書》。亦猶唐有今文《尚書》十三卷，孔安國傳。何以謂之今文？蓋唐明皇不喜古文，詔集賢學士衛包改古文從今文，❶而孔書亦復因之而一變矣。嘗思《書》藏屋壁之中，純是科斗古文，及孔安國以今文字讀之，始易以隸，然猶古、隸並存。孔穎達所謂「存古爲可慕，以隸爲可識」。故《大序》云「隸古定」是也。至天寶三載，始

❶「學」，原無，今據《尚書古文疏證》卷二補。

詔改定，凡不合於開元文字者，則謂之「野書」。不特古文廢絶，即兩漢來所傳之隸書亦多浸失。由是字既舛謬，書復簡陋，久假不歸，積習成俗。此又論古今經學者之所掩卷而三歎也。

辨曰：古文、今文之别，是文字不同。伏生《書》初出屋壁，亦是古文，以其不便流傳，乃易今文。孔安國以今文讀古文，如今之繙譯本，其正文仍用古字，故謂之古文。古人之書皆口授、手鈔，今文傳習既多，不免譌俗。今所傳熹平石經及兩漢碑文，其字不盡合於六書，是其明證。東漢諸儒自杜林以至許、鄭，皆精小學，故皆輕視今文，謂之俗儒。然今文師承最古，其字雖俗，其説不誤。古文則本無説解，當時若以古文正今文俗字，説解仍用三家，兼取其長，斯爲盡善。而漢時今、古文家相疾如仇，衛、賈、馬、鄭遂以古文壓今文，並其説解亦盡易之。究其所爲新説，不過多引《周禮》，如六宗、六卿、冕服十二章。以周制解唐、虞，既非塙詁；他如《高宗肜日》之豐禰，《微子》之告箕子、比干，《金縢》之避居，亦皆不如舊説之安。乃馬氏詆三家爲俗儒，鄭君疾歐陽之蔽冒。馬、鄭之説既盛，三家漸衰，以至於亡。其後僞孔《書》行，乃並馬、鄭亦亡。徵君但以馬、鄭古文之亡爲可惜，不知三家今文之亡尤可惜也！蓋文字之譌，猶可考證，説解一誤，經何由明？此尤論經學者之所掩卷而三歎矣。❶

❶ 以上所辨《疏證》引文出自《疏證》第十八「言趙岐不曾見古文」。

六之一

漢傳《論語》有三家：一《魯論》，一《齊論》，一《古論》。《古論》出於孔子壁中，博士孔安國爲之訓解，馬融、鄭康成注皆本之。《藝文志》所云二十一篇有兩《子張》是也。魏何晏集解《論語》，中有「孔子曰」者，即安國之辭。余嘗取孔注《論語》與孔傳《尚書》相對校之。如「予小子履，敢用玄牡」三句，孔曰：「履，殷湯名。此伐桀告天之文。殷家尚白，未變夏禮，故用玄牡。皇，大。后，君也。大大君帝，謂天帝也。《墨子》引《湯誓》，其辭若此。」「朕躬有罪，無以萬方」四句，孔曰：「無以萬方，萬方不與也。萬方有罪，我身之過。」「雖有周親，不如仁人」二句，孔曰：「親而不賢不忠，則誅之，管、蔡是也。仁人，謂箕子、微子，來則用之。」「所重民、食、喪、祭」一句，孔曰：「重民，國之本也；重食，民之命也。重喪，所以盡哀；重祭，所以致敬。」與今安國傳《湯誥》、《泰誓》、《武成》語絶不類。安國親得古文二十五篇中有《湯誥》、《泰誓》、《武成》，豈有注《論語》時遇引及此三篇者，而不曰出逸《書》某篇者乎？且「不恒其德，或承之羞」，孔則曰：「此《易·恒卦》之辭。」「南容三復白圭」，孔則曰「白圭之玷，尚可磨也」云云。凡《論語》所引《易》、《詩》之文，無不明其來歷，何獨至古文遂匿之而不言乎？將安國竟未見古文乎？據古文，則「予小子履」等語，正《湯誥》之文也。作《論語》者亦引《湯誥》，而孔不曰「此出《湯誥》」。或曰「與《湯誥》小異」，而乃曰「《墨子》引《湯誓》，其辭若此」，何其自乖剌至於如是其極乎？余是以知「予小子履」一段必非真古文《湯誥》之文，蓋斷斷也。又從來訓故家於兩書之辭相同者皆各爲詮釋，雖小有同異，不至懸絶。今安國於《論語》「周親仁人」之文，則引管、蔡、微、箕以釋之，而周之才不如商；於《尚書》「周親仁人」之文，則釋曰「周，至也。言紂至親雖多，不如周家之多仁人」，而商之才又不如周。其相懸絶如是，是豈一人之手筆乎？且安國縱善忘，注《論語》時，至此獨不憶及《泰誓》中篇有此文，而其上下語勢皆盛稱周之才而無貶辭乎？安國於禆諶、子産、臧武仲、齊桓公，凡事涉《左傳》者，無不覼縷陳之於注，何獨至古文《泰誓》而若爲不識其書者乎？余是以知晚出古文《泰誓》必非當時安國壁中之所得，又斷斷也。

辨曰：《史記》、《漢書》皆不云孔安國有箸述，《漢·藝文志》亦不載其書名。王肅《家語後序》始云孔安國爲古文《論語訓》十一篇、《孝經傳》二篇、《尚書傳》五十八篇，故近儒疑其書皆王肅一手僞作。丁晏《尚書餘論》曰：「孔氏疏引《晉書》『鄭沖以古文授蘇愉』。鄭沖仕武帝泰始時，已誤信僞古文。今《晉書·鄭沖傳》：沖等與何晏等共集《論語集解》。何氏引孔安國注，即沖所纂入，皆一時僞書也。」丁有《論語孔注證僞》四卷，未見刊行。沈濤亦有《論語孔注辨僞》二卷，則已刊布。考訂之學，愈出愈精。前人以《論語》孔注爲真，《尚書》孔傳爲僞，見猶未塙。此以《論語注》辨孔傳，尚不免受校人之欺也。❶

❶ 以上所辨《疏證》引文出自《疏證》第十九「言安國注《論語》與今《書》傳異」。

七之一

按：《藝文志》：「《禮》古經者，出於魯淹中及孔氏，學七十篇文相似，多三十九篇。」劉氏曰：「孔氏，即安國所得壁中書也。『學七十』，當作『與十七』，五十六篇除十七，正多三十九也。」其説是矣。而孔穎達《禮記疏》載康成云：「《漢志》始於魯淹中得古《禮》五十七篇，其十七篇與今《儀禮》同，其餘四十篇藏在祕府，謂之逸《禮》。」又《六藝論》亦以孔壁得古文《禮》五十七篇。皆與今《漢志》數不合，未知何説。

辨曰：丁晏辨正曰：「晏案：班《志》載《禮》古經五十六卷，併《儀禮》十七篇與逸《禮》三十九篇言之。《劉歆傳》《讓太常博士疏》亦言逸《禮》有三十九，獨《投壺》孔疏稱鄭言四十篇者。考王充《論衡·正説篇》云：孝宣皇帝之時，河内女子發老屋，得逸《禮》一篇，奏，宣帝下示博士，然後《禮》益一篇。始知逸《禮》三十九篇，宣帝世又得一篇，故鄭君有四十篇也。徵君謂未知何説，蓋考之未詳耳。」❶

八之一

又按：鄭氏箋《毛詩·東門之池序》引孔安國云「停水曰池」，不知從何得此訓。安國生平止傳《論語》、《孝經》二書，無「池」字，意是别有訓説流東漢，鄭得之，載於此。古

❶ 以上所辨《疏證》引文出自《疏證》第二十一「言古文《禮經》以證《書》」。

文《泰誓上》「陂池」，作傳者於「陂」字既用毛傳「澤障曰陂」，又於「池」字用鄭箋「停水曰池」，若以自實其語，且反見康成之箋原本於此，心誠苦、學誠博矣。

辨曰：丁晏辨正曰：「安國訓出陸氏《釋文》，乃音義，非鄭箋也。元朗引「停水曰池」，即僞《泰誓》傳文。汲古閣刊本不作分行細書，以音義溷入箋，故有此誤。以《釋文》單行本校之，其譌謬立判矣。」❶

九之一

古文傳自孔氏，後唯鄭康成所注者得其真；今文傳自伏生，後唯蔡邕石經所勒者得其正。今晚出孔《書》「宅嵎夷」，鄭曰「宅嵎鐵」；「昧谷」，鄭曰「柳谷」；「心腹腎腸」，鄭曰「憂賢陽」；「劓、刵、劅、剠」，鄭曰「臏、宮、劓、割、頭庶剠」。其與真古文不同有如此者。不同於古文，宜同於今文矣。而石經久失傳，然殘碑遺字猶頗收於宋洪适《隸釋》中。《盤庚》百七十二字，《高宗肜日》十五字，《牧誓》二十四字，《洪範》百八字，《多士》四十四字，《無逸》百三字，《君奭》十一字，《多方》五字，《立政》五十六字，《顧命》十七字，合五百四十七字。洪氏以今孔《書》校之，多十字，少二十一字，不同者五十五字，借用者八字，通用者十一字。孔敘「三宗」以年多少爲先後，碑則以傳敘爲次。碑又云高宗之饗國百年，亦與五十有九年異。其與今文不同又有如此者。余然後知此晚出於魏、晉間之《書》，蓋不古不今，非

❶ 以上所辨《疏證》引文出自《疏證》第二十二「言《書》傳用《毛詩》傳」。

伏非孔，而欲別爲一家之學者也。

辨曰：此引鄭曰「宅嵎鐵」四條皆誤。後又云：「按『宅嵎夷』四條見孔疏，云出夏侯等《書》，是今文也。而以孔《書》當之者，以與孔《書》合。」蓋徵君引疏誤其句讀，以今文夏侯等《書》爲鄭説，以孔《書》爲合於今文，今古文皆倒易。段玉裁辨之已晰，詳見《古文尚書撰異》。徵君又言晚出《書》「不古不今，非伏非孔」，則所見甚精。僞傳實出王肅，肅傳父朗之學，朗受業楊賜，楊氏世傳歐陽《尚書》。洪亮吉《傳經表》以王肅爲伏生十七傳弟子，肅蓋兼通今文，故作僞古文、孔傳，暗用今文義以難鄭。如解《無逸》三宗有太甲，及《多士》、《多方》奄再叛再征之類，實有勝於馬、鄭者，當分別觀之。王西莊諸人必祖鄭而駁僞孔，亦非平情之論。❶

十之一

《周公世家》云：「管叔及其羣弟流言於國，曰：『周公將不利於成王。』周公乃告太公望、召公奭曰：『我之所以弗辟而攝行政者，恐天下畔周，無以告我先王太王、王季、文王。三王之憂勞天下久矣，於今而后成。武王蚤終，成王少，將以成周，我所以爲之若此。』」

按：人在而遽稱以謚，《史記》此類甚多，《左氏》僅一處，「陳桓公方有寵於王」是也。兩稱「成王」，皆係見在，爲遷所增竄，不問可知。以開金縢書爲周公卒後，亦是妄説，非

❶ 以上所辨《疏證》引文出自《疏證》第二十三「言晚出《書》不古不今，非伏非孔」。

出古文。何以明之？鄭康成受古文者，果爾，何以箋《毛詩》云「成王既得金縢之書，親迎周公歸」乎？先儒以「秋，大熟」爲即上文「居東二年」之秋，情事最得。余故曰：讀遷書者，擇焉可也。

又按：「高宗享國百年」，亦見《漢書·五行志》及劉向、杜欽兩傳，蓋用今文《書》也。成王葬周公而雷風著災，亦見《梅福傳》，顔師古注謂出《尚書大傳》。乃知遷書又雜用今文説，余故曰非出古文。

辨曰：「成王」本生前之號，《酒誥》釋文曰：「馬本作『成王若曰』。」注云：「俗儒以爲成王骨節始成，故曰成王。或曰成王少成二聖之功，生號曰成王，没因爲謚。」正義曰：鄭曰三家云王年長，骨節成立。今文説不以成王爲死謚，故《史記》與伏生《大傳》皆有「生稱成王」之文。考之《周頌·昊天有成命》爲成王郊祀天地之詩，而已云「成王不敢康」。《國語》、賈子《新書》引叔向之言，皆以爲道成王之德。然則「成王」塙是生號，如湯生稱「武王」之例。今文説不誤。即馬所傳古文《酒誥》，亦作「成王」。馬不曉今文，以爲後録《書》者加之，僞孔本乃因馬説而妄删「成」字。徵君云遷所增竄，蓋猶誤信僞孔本也。史公傳伏生今文，本不與東漢古文合。伏生生於秦未焚書之前，親見百篇之《書》，又爲傳《尚書》之初祖。史公載《金縢》用其説，説必不誤。鄭君後於伏生且四百年，所傳古文異説，如以「居東」爲出奔，非即東征，其説頗謬，則鄭所傳《金縢》之義，未必可據。《尚書》以今文爲最古，古文説起於東漢，其前並無師承。徵君於第一卷考之甚詳，何獨於此專據鄭箋而詆史公爲妄說哉？大凡書愈古則愈難明。今文三家之學雖亡，伏生、史公之書見在，而國朝通儒輩出，莫能得其要領。矧徵君生當國初，漢學始萌芽，考究止於許、鄭，西漢今文皆未暇及。故以徵君之精博，能辨孔《書》之僞，而不能信今文之真也。徵君謂遷書雜用今文說。予考遷書，全是今文。以《大傳》及兩漢諸人所稱引證之，歷歷不爽。班孟堅云：「遷書載《堯典》、《禹貢》、《洪範》、《微子》、《金縢》，多古文說。」亦謂此五篇有古文說耳。近如孫淵如諸人，乃謂《史記》皆用古文，遂於馬、鄭之不同於《史記》者，反謂之今文，以致今古文混亂不明，蓋爲班說所誤。《史記》述《金縢》言成王發書有兩次，所云周公奔楚，以《論衡》所載《金縢》古文說證之，其說大同，塙是用古文說。此班氏義之可證者。孫淵如乃不考《論衡》明載今古文二說，且與《史記》前後二說相符，而強辨之曰：「王充以爲古文說者，今文亦古說也。」混淆顛倒，豈不謬哉！《金縢》明有古文說可徵，而鄭與僞孔皆不用之，亦不可解。蓋古文本無師說，解者各以意爲之耳。

十之二

又按：閩陳第季立有《尚書評》一篇，謂太史公述《尚書》失《尚書》之意處。曰：《尚書》之文簡短而深閎，明雅而窔奧。玩之愈淵，行之愈切，測之不可以爲象，卒然而置於前，則令人驚怪，不知何從而得之也。誠宇宙間至文哉！故自漢至今，文士多矣，然必以太史公爲絶匠，何者？以奇勝也。故當世人物一經序傳，班固兢兢録之，稍改句字一二，適以顯其益奇。故後世論史，或病其取與之謬，或譏其稽考之疏，此誠有之。然至於文章之奇妙，未有不歎賞而拱手推服之也。觀其於《左》、《國》、《國策》、《世本》、《楚漢春秋》諸書，翦綴而運量之，揚搉而變化之，縱其所至，若波濤萬里而不知其所歸。孰爲太史公？孰爲非太史公？若淄澠混合，但見其淪漣浩渺而已，不能以目辨之也。蓋得其意，放其詞，伸縮自在，行止由己。想其致思運筆之趣，若飄飄乎天馬騰空，不自知其奇矣。乃臨當《尚書》之文，眴然而目眩，怵然而手拙，故於堯、舜、禹、湯、武皆兢兢典、謨、誓、誥録焉，即有句字之改，亦猶班固之於太史公也。蓋其意不足以包貫之，詞欲踴躍而馳騁，可乎？

《高宗肜日》曰：「罔非天胤，典祀無豐於昵。」今曰「罔非天繼，常祀無禮於棄道」，其義不可通也。不寧惟是。《金縢》一書破斷爲二，前序册祝之意以及《鴟鴞》之貽，末言周公卒後，暴風雷雨，王開金縢，見書，曰：「朕小子其迎。」夫既卒矣，又何迎乎？此不無少舛也。不寧惟是。《文侯之命》，平王命晉文侯仇作也，今以爲襄王命文公重耳之詞，蓋見《左傳》彤弓矢、玈弓矢、秬鬯一卣之賜同，❶未及察其詞之異也。

辨曰：陳季立篤信僞古文，蓋不足辨，而妄詆《史記》，不得不爲證明。《史記》載《高宗肜日》云：「常祀無禮於棄道。」西漢今文家引《高宗肜日》，皆不同於馬、鄭「豐禰」之説。史公所云「無禮棄道」，當

❶ 「同」，原無，今據《尚書古文疏證》卷二補。

別有義。近人主王音、劉歆易儲之義，謂毋加禮於棄道之人，義或然也。《金縢》一書本是二篇，並非破斷。孫淵如疑「秋，大熟」以下爲《亳姑》文，説亦近是。古迎、逆通用，「迎」字當讀爲「逆」，屬下文連讀，謂我小子其逆我國家報功之禮，亦宜有此天變也。《文侯之命》爲命文公重耳，劉向之説亦同。馬本《書序》「平王」無「平」字，故馬解「義和」不以爲文侯仇字。史公用今文説，師承最古，安得據陳氏所信之僞古文以詆之？❶

十一之一

按：《説文》所引《書》重在字，多約其成文，如重「嵞」字，則約「予創若時娶于塗山」爲「予娶嵞山」。

辨曰：《説文》引《書》，誠有約其成文者，而「予娶嵞山」則《尚書》本文，非約其字句也。江聲《集注音疏》作「予娶嵞山」，説云：「僞孔本删去『禹曰』字，則『予創若時』下即接『予娶』之文，嫌『予』字重疊，乃遂改爲『娶于塗山』，賴有《説文》猶存其真，茲特據以刊正。」余考之《史記》曰：「禹曰：予辛壬娶塗山，癸甲生啟。」《索隱》曰：「蓋今文《尚書》脱漏，太史公取其言亦不稽其本意。豈有辛壬娶妻，經二日生子？不經之甚。」陳喬樅云：「小司馬所據《史記》本，蓋有舛錯。《集解》引僞孔傳曰：『辛日娶妻，至於甲四日，復往治水。』則知裴所見《史記》本實

❶ 以上所辨《疏證》引文出自《疏證》第二十四「言《史記》多古文説，今異」。

作『予娶塗山，辛壬癸甲。生啟』也。《正義》亦云：『禹辛日娶，至甲四日，往理水。』是《正義》所見《史記》本，皆與裴同。」案：陳説是也。予又證之《論衡·譴告篇》曰：❶「禹曰：予娶若時，辛壬癸甲。」《論衡》之文亦有譌誤，以「創」爲「娶」，無文可證。「予娶若時」，義不可通，又無「塗山」二字，則「予娶若時，辛壬癸甲」文不相承。蓋《論衡》「予娶若時」四字亦當作「予娶塗山」，與《説文》、《史記》合。此文上本有「禹曰」字，上文「毋若丹朱傲」本有「帝曰」字，僞孔妄删經文「禹曰」、「帝曰」字，乃妄改經文爲「娶于塗山」，以舜言併爲禹言。後人又據妄改之經文，改《論衡》爲「予娶若時」，致其義不可通。今據《史記》正《論衡》之譌，即可據《史記》、《論衡》證《説文》之竝非脱誤。徵君執僞孔本以疑《説文》，非也。

十一之二

又按：「堋淫于家」，今本作「朋」。安國傳：「朋，羣也。」穎達疏：「言羣娶妻妾，恣意淫之，無男女之別。」余謂丹朱之惡，尚未至此。蓋古文本「堋」，《説文》云：「堋，喪葬下土也。」此如楚王戊爲薄太后服，私姦服舍，詔削其支郡之事，亦與上文「罔水行舟」一例，於義爲長。

辨曰：此未明許氏引經説叚借之例，段玉裁已駁之，詳見《説文解字注》。❷

❶ 「譴告」，據《論衡》卷九《問孔篇》，當作「問孔」。

❷ 以上所辨《疏證》引文出自《疏證》第二十五「言《説文》皆古文，今異」。

十二之一

理學之明，肇自周、程，而朱子謂：「先此諸儒歐陽永叔、劉原父、孫明復亦多有助，蓋運數將開，義理漸欲復明於世也。」此説是也。《書・無逸》稱：「文王受命惟中身，厥享國五十年。」《詩・大雅》稱：「文王受命，有此武功。」其所爲「受命」之説，如是而已，無稱王改元事也。自《周書》以「文王受命九年，春，在鄗」，而改元之説興。由漢迄唐，容有辨其不稱王，未有辨其不改元者。歐陽永叔《泰誓論》出，而文王之冤始白。《禮記・中庸》稱武王「壹戎衣而有天下」，《樂記》稱「武始而北出，再成而滅商」，無所爲觀兵更舉之事。自僞《泰誓》三篇興，以觀兵爲上篇，伐紂爲中下二篇，以合於《書序》十一年伐殷、一月戊午渡孟津之别，太史公書悉詳載之，由漢迄宋初未有敢辨其非者。而伊川程子出，則謂武王無觀兵，而武王之冤始白。是即張子所謂「此事間不容髮，一日之間，天命未絶，則是君臣；當日命絶，則爲獨夫」之意也。大哉言乎！三代以下所未有也。今試平心易氣，取晚出《武成》篇讀之：「我文考文王，誕膺天命，以撫方夏。惟九年，大統未集。」非即受命改元之妄説乎？《泰誓》上篇曰：「我文考肅將天威，大勳未集。肆予小子發，以爾友邦冢君，觀政於商。」非即三年服畢，觀兵孟津之説乎？又曰「惟受罔有悛心」云云，「予小子夙夜祗懼，以爾有衆，底天之罰」，非即歸居二年，聞紂虐滋甚，更徧告諸侯，東伐紂之説乎？凡此《書》出於魏晉之間，羣言淆亂之日，皆歷有明徵。而世之儒者必欲曲爲文解，以九年爲自專征始，觀政爲非觀兵，若以此晚出諸篇爲大有異於僞《泰誓》者。嗚乎！其亦未之思也已矣。

辨曰：宋儒好以義理懸斷千載以前之事實。凡自古相傳之事，與其義理少有不合，即憑臆決以爲無有。故其持論雖正，而證經稽古則失之。蓋常變、經權不同，古今時勢多異。古者諸侯有道，進爲天子，天子無道，退爲諸侯，天下非一姓之私。聖人初無取天下之意，天與人歸，不得已而應之耳。征伐始於軒轅，禪讓創自舜、禹，其事皆爲後人藉口，然不能謂古書皆誣。文王三分有二，服事不懈。其後以虞、芮質成，爲諸國推戴，改元稱王，何損至德？以文王不稱王爲是，曹操、司馬懿、高歡、宇文泰皆終身不稱帝，亦可稱爲至德乎？武王觀兵，蓋以警紂。若紂知悛改，三仁見用，則孟津之師可不再舉。以觀兵還師爲非，豈必一舉滅紂乃爲是乎？文王受命改元稱王説，見《公羊》。伏生《大傳》云：「六年稱王。」《史記》云：「詩人道西伯，蓋受命之年稱王。」武王觀兵，《大傳》、《史記》皆載其事。諸人去古未遠，必有依據，未可從宋儒臆説而廢漢儒明文也。徵君引《中庸》「壹戎衣」爲不觀兵之證。案：鄭注以爲即「殪戎殷」，與《康誥》義同，不當讀從本字。又以僞《武成》「惟九年，大統未集」爲妄。案：《逸周書》云：「文王受命之九年。」劉向以《周書》爲孔子删《書》之餘，劉歆蓋用其父説作《三統術》，以爲文王受命九年，武王再期觀兵爲十一年，伐紂爲十三年。僞古文本於劉歆，較今文説皆差二年，當以《大傳》、《史記》今文説

「文王受命七年」爲正。僞古文與僞傳出於魏、晉之間，書雖僞而近古，事實未經變亂，故孔傳視蔡傳爲優。徵君當漢學初興、宋學猶盛之時，狃於先人之言，好援宋儒義理之説，以駁孔傳，而並盡駁古義。非特無以服僞孔之心，且恐袒僞孔者將有所藉口矣。若解九年爲自專征始，觀政爲非觀兵，皆後人調停之見，不足以證古義。

十二之二

又按：西伯受命稱王，亦不始《史記》，伏生《尚書·殷傳》已有之。其遠則自《文王世子》篇來，武王對文王曰：「西方有九國焉。君王其終撫諸？」鄭氏注：「言君王，則既受命之後。」不爾，何以呼王？ 余謂夢齡事之虛妄，先儒具有明辨，獨怪孔穎達疏《尚書》，見孔傳無稱王字，遂力以文王稱王爲無；疏《毛詩》，見鄭箋有稱王説，遂力傳會稱王當在六年伐崇後，以至疏《禮記》亦然。真所謂從孔則廢鄭，從鄭則廢孔。唐人義疏之學之拘如此。

辨曰：唐人義疏署名孔穎達，其實皆本前人。故疏《尚書》以文王稱王之事爲無，疏《毛詩》、《禮記》則謂在六年伐崇後。《小戴記》傳於七十子之後，伏生親見百篇《尚書》，史公生漢初，兼通今古文，其説自屬可據。然則《毛詩》《禮記》疏爲是，而《尚書》疏爲非是矣。徵君不信孔傳，猶以孔疏爲然，蓋由惑於宋人之説。❶

❶ 以上所辨《疏證》引文出自《疏證》第二十六「言晚出《武成》、《泰誓》仍存改元觀兵舊説」。

十三之一

傳注家有錯解之辭，要久而後錯始見，論始定，亦朱子所謂後出者巧爾。《無逸》篇「其在祖甲，不義惟王」，孔傳曰：「湯孫太甲也。」唐孔氏亦因之。至蔡氏《集傳》出而論始定，❶尤快在據下文周公言：「自殷王中宗及高宗及祖甲及我周文王。」「及」云者，因其先後次第而枚舉之辭也，則祖甲之非太甲也明甚。祖甲既非太甲，則「不義惟王」之非太甲事也亦明甚。《高宗肜日》序以爲高宗祭成湯，蔡傳則謂其祭禰廟，蔡傳近是矣。然終至金氏《前編》出而論始定，曰：《高宗肜日》、《高宗之訓》，史遷繫於祖庚之紀內，則是祖己爲祖庚作。凡《書》之訓告其君，多繫其所言之臣，如曰《仲虺之誥》、曰《伊訓》，無繫之君者。而此二書皆訓體，乃繫之君，既非義例矣。凡《書》之本序，多稱其君之名，或曰王，未有以廟號稱者。而此曰《高宗肜日》，則似果若追書之云者。繹之於廟門之外西室，主事以士行，君不親也。夫君既不親矣，而曰高宗，目君且以廟號稱之，曰「典祀無豐于昵」。詳味其辭，安知非祖庚之時，繹於高宗之廟，而有雊雉之異乎？則二書祖己以訓祖庚也明甚。既祖己以訓祖庚，則「典祀無豐於昵」之非高宗事也亦明甚。作古文者生於蔡、金兩氏之前，錯解未正之日，故《太甲上》曰「茲乃不義，習與性成」，《說命中》曰「黷於祭祀，時謂弗欽」，若與彼二篇爲實相表裏者，抑豈料其錯解也哉！凡晚出《書》

❶「論」，原作「謫」，今據《尚書古文疏證》卷四改。

之以錯解爲實事，其誤如此。

按：《無逸》篇泛言自三宗之後，或十年，或七八年，或五六年、或四三年。以邵子《經世書》證之，或十年者，則太戊後仲丁十三年、河亶甲九年；或七八年者，則太戊後陽甲七年，武丁後祖庚七年；或五六年、或四三年者，則祖甲後廩辛六年、武乙四年、太丁三年，歷歷皆合。且與由少以至益少者，次第亦不紊。然則安得謂祖甲即太甲，反在太戊前乎？孔傳謂殷家祖其功，故稱祖，不知太甲在《史記》有宗稱無祖稱。至南軒，予不識其爲何人，當論定之後，而猶以兩孔氏爲確論，傎已甚矣。

又按：孔傳之誤，因於王肅；王肅之誤，因於《史記》；《史記》之誤，又因於《國語》。於是祖甲一人忽上而冒太甲之賢，復降而同帝甲淫亂，其幸，不幸如此。

辨曰：《史記》云太甲稱太宗。《漢書》劉歆《宗廟議》云：「殷太甲爲太宗，太戊爲中宗，武丁爲高宗。周公《無逸》之戒，舉三宗以戒成王。」史公用今文，劉歆用古文，其説相同，是今古文《尚書》皆當以太宗列中宗、高宗之前。其文當曰「昔在殷王太宗」，後乃云「其在中宗」，又後乃云「其在高宗」，下文當曰「昔在殷王太宗及中宗及高宗及我周文王」。《隸釋》載漢石經「肆高宗之享國百年，自時厥後」，其文相連，不隔一字。洪氏謂其字數「祖甲」當作「太甲」，在「中宗」之上，是其明證。而馬、鄭所傳誤本古文次序倒易，誤「太宗」爲「祖甲」，列「中宗」、「高宗」之後。作僞孔傳者，次序仍從馬、鄭，而又解祖甲爲太甲，以示異於馬、鄭。先後紊亂，宜爲後人掊擊。蔡傳據下文周公言

「自殷王中宗」云云駁之，不知古本並不如是也。徵君據馬、鄭誤本詆《史記》、《國語》爲誤，殊爲失考。《高宗肜日》，《書序》、《史記》及兩漢人所引皆謂是高宗祭成湯。王音、杜欽、劉歆諸人引此經，皆不作「豐禰」解，何得誤援「典祀無豐于昵」一句，遂從金氏臆説，以爲祖庚繹於高宗之廟乎？《高宗肜日》篇僞孔傳並不誤。《無逸》次序雖倒易，而解「太甲」亦不誤。徵君乃以不誤爲誤，謂「作古文者生於蔡、金兩氏之前，錯解未正之日」，誤以錯解爲實事。予則謂作僞傳者生於蔡、金兩氏之前，臆説未興之日，《書》雖僞而解不錯。徵君執宋人無稽之説，盡棄兩漢古義，此等議論實爲全書大疵。作僞《書》者有知，且將笑人於地下矣！徵君又引邵子《經世書》以證「或十年」等年數。案：《史記·殷本紀》多不載即位之年，共和以前不爲年表，蓋其時已無可徵。邵子生於千載之後，專憑推算臆造年數，豈可引爲塙據以證經義？徵君書如此等處，皆恐疑誤後學，不得不爲辨明。

十三之二

又按：以錯解爲實事，復得二條。一，此書專主王肅之學，肅錯解「中月而禫」爲在二十五月之中，二十六月朔，輒即吉，故撰於《太甲中》「三祀十有二月朔」，嗣王被冕服歸。一，《金縢》「我之弗辟」，馬、鄭皆讀「辟」爲「避」，「周公居東二年」，謂避居東都，至王肅始錯解爲東征，孔傳因之。則上文解「辟」爲「法」，亦用王肅説可知。故撰於《蔡仲之命》周公以流言「致辟管叔於商」。嗟乎！此古今二大關鍵也。服闋於二十五月，於是兩晉諸帝俱短喪而陷於不孝矣。周公身誅管、蔡，於是唐太宗臨湖之變，推刃同氣而莫之恤，周公可以藉口矣。

辨曰：《書序》、《逸周書·作雒解》、《尚書大傳》、《史記·周本紀》《魯世家》《宋微子世家》《管蔡世家》皆以「居東」即是東征，並無避居東都之説。毛公《詩》傳亦以「居東」即東征。《史記》雖讀「辟」爲「避」，而云「我之所以弗避而攝行政者，恐天下畔周，無以告我太王、王季、文王」，則亦非謂避居。至東漢古文始有避居東都之説。馬、鄭皆用其説，與古不合，謬於事實。惟王肅解爲東征，不錯。僞孔解「辟」爲「法」，雖與《史記》不同，而周公大義滅親，亦不必謂無致辟之事。徵君謂王肅始錯解爲東征，蓋習馬、鄭之説，而不窮其源，不知古義本如是也。又以太宗藉口周公，謂周公不身誅管、蔡。然則舜、禹、湯、武亦有爲人藉口者，亦將曰舜、禹無揖讓之事，湯、武無征誅之事乎？❶

十四之一

又按：余向謂孔傳多同王肅注，乃孔竊王，非真漢武時之孔氏預與三國魏之王氏合也。以「三年之喪，二十六月即吉」驗之，今又得一事，是《堯典》「禋於六宗」。説「六宗」者，人人各異義。至魏明帝詔令王肅議

❶ 以上所辨《疏證》引文出自《疏證》第五十「言兩以錯解爲實事」。

六宗，肅取《家語》孔子曰「所宗者六」以對，肅以前未聞也。今安國傳正同，孔竊王又一證矣。

辨曰：《家語》與僞孔傳是王肅一手作，故其説同，以爲孔竊王尚未晰。❶

十五之一

又按：胡渭生朏明告予：《竹書紀年》文意簡質，雖頗似《春秋經》，然此書乃戰國魏哀王時人所作，往往稱謚以記當時之事。如「魯隱公及邾莊公盟於姑蔑」、「晉獻公會虞師伐虢，滅下陽」、「周襄王會諸侯於河陽」，明係春秋後人約《左傳》之文，倣經例而爲之，與身爲國史承告據實書者不同。杜氏《後序》則謂「推此足見古者國史策書之常」，不亦過乎？予曰：《竹書》今不傳，然散見《史記》中。如《魏世家》，《索隱》引《紀年》曰：「二十九年五月，齊田朌伐我東鄙。九月，秦衛鞅伐我西鄙。十月，邯鄲伐我北鄙。王攻衛鞅，我師敗績。」此非當時史官據實書當時之事乎？與《春秋》曷異乎？杜所見蓋全書，今所譏乃杜舉之數條。竊恐考有未詳，而立論太果，杜正未肯受過耳。

辨曰：《紀年》出於魏之史官，子夏傳《春秋》而退老西河，正是魏地，魏國之人必有從受《春秋》者。此書明是仿《春秋經》爲之，杜氏《後序》謂「推此足見古者國史策書之常」，似疑夫子當時國史文法本是如此，夫子作《春秋》反是依仿此等書爲

❶ 以上所辨《疏證》引文出自《疏證》第五十三「言《武成》癸亥、甲子不冠以二月，非《書》法」。

之，所見殊偵。此杜氏解《春秋》所以堅執經承舊史、史承赴告之説，其謬誤不可究詰也。胡氏謂後人倣經例而爲之，其説甚是。若徵君所引數條，以爲史官據實書當時之事，不知此正依仿《春秋經》爲之耳。❶

十六之一

又，余向謂文有承譌踵謬，千載莫知其非，而一旦道破，真足令人笑者，不獨《大禹謨》之於《左傳》，抑且見《五子之歌》之於《爾雅》矣。《爾雅·釋詁》篇：「鬱陶，繇，喜也。」郭璞注引：「《孟子》曰：『鬱陶，思君。』《禮記》曰：『人喜則斯陶，陶斯詠，詠斯猶。』猶即繇也。」邢昺疏：「皆謂歡悦也。鬱陶者，心初悦而未暢之意也。」又引《孟子》趙氏注云：「象見舜正在牀鼓琴，❷愕然反辭曰：我鬱陶思君，故來。』爾，辭也。忸怩而慙，是其情也。」又引下《檀弓》鄭注云：「陶，鬱陶也。」據此則象曰「鬱陶思君爾」，乃喜而思見之辭，故舜亦從而喜曰：「惟茲臣庶，汝其于予治。」❸孟子固已明下注脚曰：「象喜亦喜。」蓋統括上二段情事。其先言「象憂亦憂」，特以引起下文，非真有象憂之事。大凡凶惡之人，僞爲憂尚易，僞爲喜實難，故象口雖云然，而色則否。趙氏注一段頗爲傳神。僞作古文者一時不察，並竄入《五子之歌》中，曰：「鬱陶乎予心，顔厚有忸

❶ 以上所辨《疏證》引文出自《疏證》第五十四「言《泰誓上》『惟十有三年春』繫以時，非史例」。

❷ 「正」，《孟子注疏》卷九作「生」。

❸ 「于予」，原誤倒，今據《尚書古文疏證》卷四、《孟子注疏》乙正。

怩。」不特敘議莫辨，而且憂喜錯認，此尚可謂之識字也乎？歷千載，人亦未有援《爾雅》以正之者，抑豈可獨罪僞作者？噫！予蓋不敢深言矣。

辨曰：鬱陶，明兼憂喜兩義。徵君駁斥諸説，諸説皆不誤。蓋「陶」可訓喜，「鬱」不可訓喜。徵君專據《爾雅》，以爲鬱、陶皆爲喜，是於《爾雅》之文尚未審也。邢疏及《禮記》孔疏皆云「心初悦而未暢」，甚是。❶

十七之一

又按：蔡傳於「朕宅帝位三十有三載」云「舜至是年九十三矣」，非也。蓋舜生三十年，堯方召用，歷試三載，年三十有二。明年居攝，二十八載，堯崩，年六十。遭堯三年之喪，畢三年之喪，其實二十五月耳。又二載，是月正元日，舜格于文祖，時年六十三。越三十有三載，年已九十五矣，豈九十三乎？或曰如此於「三十在位」頗不合。余曰：「三十在位」，乃自居攝數之以迄居喪，蓋居喪仍居攝也。不見古君薨聽于冢宰之禮乎？臣居君喪，豈猶夫子居父喪，一無所爲者乎？故曰通三十年乃即帝位。❷若歷試三載，當在「徵庸」句之內。或曰如此又於兩「三十」字不合。余曰：此敘舜之歷年，非計舜壽數也。既曰「徵庸」矣，自包有歷試在內。若必以歷試與居攝合數，又三十一載，亦於三十不合，且安所置堯三年之喪地耶？抑竟忘此歲月耶？蔡氏聞之，

❶ 以上所辨《疏證》引文出自《疏證》第五十六「言《爾雅》解鬱陶爲喜，今誤認作憂」。

❷ 「三」，原作「二」，今據《尚書古文疏證》卷四改。

亦應啞然自笑也。

辨曰：《尚書正義》曰：「鄭玄讀此經云『舜生三十』，謂生三十年也；『登庸二十』，謂歷試二十年；『在位五十載，陟方乃死』，謂攝位至死爲五十年。舜年一百歲也。」段懋堂謂：「今文《尚書》作『二十』，鄭君用今文注古文，讀『三十』爲『二十』。《史記》曰：『舜年三十，堯舉之。年五十，攝行天子事。』《論衡・氣壽篇》曰：『舜生三十徵用，二十在位。』趙岐《孟子》注：『《書》曰：舜生三十徵庸，二十在位。』此今文《尚書》也。堯之二十八載，合舜之徵庸二十、攝位八年言之，《孟子》所謂『相堯二十八載』也。舜之在位五十載，合攝位八年、如喪三年、即真四十年言之。此今文家說也。姚方興注則云：『三十徵庸，三十在位，服喪三年，其一在三十之數，爲天子五十年，凡壽百一十二歲。』此非方興之說，采馬、王之說爲之也。然則鄭以今文讀古文，馬、王則墨守古文，不讀『徵庸三十』爲『二十』，亦不牽合前文『二十有八載』，不謂攝位爲在位，似較今文家說爲易了。」段說較徵君更詳，然終當以鄭君所讀爲正。❶

十八之一

晚出《書》未論二十五篇雜亂，而即與馬、鄭、王三家本同者，亦多所增竄。三家本俱不傳，僅散見一二於孔穎達《正義》。如《堯典》「帝曰我其試哉」，三家本無「帝曰」二

❶ 以上所辨《疏證》引文出自《疏證》第五十七「言《大禹謨》讓皋陶，不合《堯典》讓稷、契」。

字，四岳之言也。以上文岳薦鯀云「試」，則此「試哉」亦屬岳。鄭康成注：「試以爲臣之事。」「慎徽五典」原接「帝曰欽哉」之下，「試」即指「慎徽五典」等，下「女于時」二語乃另一意。蓋是時帝女嫁及期，舜又未娶，其賢聖如此，可以爲二女之觀刑。原僞作者心，必欲增以「帝曰」，不過以擇壻大事，宜斷自宸衷，非外廷諸臣所可與。不知唐、虞朝大公，何事不聽其臣博議，況擇壻乎？蓋當「師錫帝曰：有鰥在下」，已含有可妻也之意矣。又「僉曰益哉」，三家本「僉」作「禹」。蓋禹同治水者二人，曰益曰稷，稷既命之，仍舊職矣。益是時烈山澤之功又畢，虞適缺官，禹蓋深知其才習於草木鳥獸，故特薦之。原僞作者心，必欲竄爲「僉曰」，不過以上文薦禹及垂，下文薦伯夷，皆屬「僉曰」，此不宜別一例。不知唐、虞朝大公，衆知其賢，則交口譽之，而不爲朋黨。若獨知其賢，即越衆以對，而亦不以爲異。愚於是歎晚出《書》之紛紛多事也。

辨曰：《史記》明有「堯曰」，是今文有「帝曰」二字。《正義》云馬、鄭、王本皆無「帝曰」，當時庸生之徒漏之。然則庸生所傳古文《尚書》已有脱漏，不及今文《尚書》之完。僞孔本蓋依今文《尚書》增入二字，王本不增而僞孔本增者，或王肅故留參差之跡以欺後人，或由後人增之，皆未可曉。以文義而論，必當有「帝曰」二字。禪讓大事，非徒擇壻，堯雖博稽衆議，猶應斷自宸衷，四岳人臣何得不稟帝命，以帝二女試舜？徵君曲爲解説，終覺不近事情。段玉裁説亦然。是皆袒護古文，信馬、鄭，不信《史記》之蔽也。「僉曰益哉」，三家本「僉」作「禹」。揚子雲《羽獵賦序》亦云「禹任益虞」。今《史記》作「皆曰」。據子雲所引今文，則史公「皆」字疑後人所改。或三家今文本有不同，僞孔本亦依今文改之與？

十八之二

又按：金仁山辨伯益、伯翳爲一人，史遷誤析而二。又以史遷作《齊世家》，四嶽爲其祖，而總敘齊又伯夷之後，則是齊有二祖，亦誤。愚謂其誤亦遠自《國語》來，仁山未知。《周語》太子晉曰：「胙四岳國，命爲侯伯，賜姓曰姜，氏曰有吕。」又曰：「申、吕雖衰，齊、許猶在。」《鄭語》史伯曰：「姜，伯夷之後也。伯夷能禮於神以佐堯者也。」又曰：「齊侯，姜之雋也。」一以爲四岳，一以爲伯夷，同出一人手而錯互至此，然則宜何從？曰：云「四岳」者是也。觀太公望曰吕尚，子丁公曰吕伋，系出四岳也明甚。韋昭曰：「伯夷，四岳之族也。」詎便爲一人？且伯夷典舜三禮，未聞佐堯，已明與《書》悖，他尚足信哉！

辨曰：《國語》、《史記》以爲伯夷四岳，是姜姓，説必不誤。伯夷，其人名也。四岳，其官名也。舜命二十二人，據《史記》爲九官十二牧，其一人是彭祖，彭祖蓋四岳之一。此外更有兼主方岳者三人，伯夷亦當是其一。《白虎通》引《尚書》曰「咨爾伯」，爲老臣不名之證。是伯夷當堯時已爲四岳。《左氏傳》曰：「夫許，太岳之胤也。」❶《國語》曰：「申、吕雖衰，齊、許猶在。」近人以爲堯讓天下於許由，

❶「胤」，清人避雍正帝諱作「允」，今回改。以下逕改，不再出校。

許由即四岳之一。韋昭謂「伯夷，四岳之族」，非是。徵君謂伯夷未聞佐堯，亦考之未詳。《説苑·君道》篇曰：「當堯之時，伯夷爲秩宗。」蓋典禮兼主四岳也。❶

十九之一

又按：亳有三：一南亳，後漢梁國穀熟縣，是湯所都也；一北亳，梁國蒙縣，是即景亳，湯所盟地；一西亳，河南尹匽師縣，是盤庚之遷都也。鄭康成謂湯亳在偃師。皇甫謐即據《孟子》以正之，曰：「湯居亳，與葛爲鄰。葛即今梁國寧陵之葛鄉也。若湯居偃師，去寧陵八百餘里，豈當使民爲之耕乎？亳，今穀熟縣是也。」其説精矣。《史記》注謂：「湯即位，都南亳，後徙西亳。」余即如皇甫謐以正之曰：「放太甲於桐」，桐在今虞城縣，去偃師亦八百餘里。伊尹既以身當國於偃師，又焉能時時於桐訓太甲乎？仍屬穀熟方近。或曰：注曷由而誤？余曰：誤自《史記》正文。正文云：「盤庚渡河南，復居成湯之故居。」注遂謂湯亦曾都偃師，以實其説。不知《盤庚》三篇，一則曰新邑，再則曰新邑，曷嘗有「復故居」字面？止下篇云：「古我先王，將多于前功，適于山。」蔡傳謂「先王」即湯，「適于山」即往于亳殷。亳殷三面依山，鄭氏謂「東成皋、南轘轅、西降谷」是也，湯復往居此。不知此原泛言古者我之先王，將欲多大於前人之功，是故徙都而適于山險之處，如上所遷五邦多是，非必定指湯。或曰即指湯，湯或者曾有意亳殷

❶ 以上所辨《疏證》引文出自《疏證》第五十八「言晚出《書》增『帝曰』，竄『僉曰』，不合唐虞世大公」。

山險，往視之，如武王告周公營周，居于雒邑而後去，後成王卒成其志，周則仍都豐鎬。商或類此，故當日致有三亳鼎稱，二在梁國，一在河洛之間，俱不出邦畿千里之外，非必湯親身徙西亳。若徙西亳，終無以爲《孟子》「於桐」解矣。凡此皆商有天下規模形勝之大者，余不可以不論。

辨曰：《書序》曰：「湯始居亳，從先王居。」正義引鄭云：「契始封商，國在太華之陽。」然則「從先王居」者，謂從契居商也。《尚書中候》及《雒予命》皆曰：「天乙在亳，東觀于洛。」《水經》：「洛水出京兆上洛縣讙舉山倉帝得書處，今商州地。」湯自亳東觀洛，亳在洛西明矣。《史記》云：禹興於西戎，湯起於亳，周以豐鎬，秦以雍州，漢自蜀漢，皆在西方。是湯始居之亳即商州，得天下乃居偃師。鄭謂始居即在偃師，固非；皇甫謐謂在穀熟，尤非也。葛亦非寧陵之葛，當與商州相近，今不可考。《史記》云：「盤庚渡河南，復居成湯之故居。」其説並不誤，蓋湯本嘗居偃師也。徵君信皇甫謐之謬説，又不知湯始居亳本在商州，而後居偃師，反以《史記》爲誤，由未考《史記》「湯起於亳」之文。❶

二十之一

箕子父師，即太師也。比干少師，乃孤卿之首。見今文《書》。

辨曰：微子所問太師、少師，《史記》今文

❶ 以上所辨《疏證》引文出自《疏證》第六十「言僞作者依《書序》撰太甲事，不合《孟子》」。

說以爲太師疵、少師彊，並非箕子、比干。其作父師、少師以爲箕子、比干者，馬、鄭古文說也。此云見今文《書》，誤。蓋徵君以僞孔所增加之外皆爲今文，不知今文說解多不與古文合，非可執馬、鄭古文說爲今文說也。

二十之二

又按：一代有一代之官名，與其職任不得相混。竊以唐、虞時，四岳自官名，百揆非官名也。蓋其官以揆度百事爲職任，必欲認以爲名則非。何以驗之？後文契作司徒，司徒其官名也，敷五教，則其職；皋陶作士，士其官名也，明五刑，則其職。以至伯夷官名秩宗，而職「典三禮」；龍官名納言，而職「出納朕命」。是舜所謂百揆，亦典三禮、敷五教之類耳，不得爲官名。苟以爲官名，則五典、四門、大麓一例字面，豈有一官名在內者乎？或曰：然則此爲何官？余曰：此即舜相堯、禹相舜之相也。有君則有相，百王之所同，未有知其所由來者也。然其名亦隨在而異。在周曰冢宰，在商曰阿衡，又曰保衡，若唐、虞則不可的知矣。或曰：然則舜他日又曰「使宅百揆」，非使之作相者乎？余曰：宅者，居也，言使之居揆度百事之任耳，非如伯禹作司空，司空則官名矣。此亦幾微之辨。僞作《周官》者不通此義，竟認百揆與四岳俱官名，曰內有百揆、四岳。其殆昔人所謂圖對偶親切者與！

又按：「納於百揆，百揆時敘」，惟《左傳》解得最分明，曰：「以揆百事，莫不時序。」又即《孟子》「使之主事而事治」之謂也。益驗決非官名。

辨曰：徵君謂百揆非官名，甚塙。《史記》於「納于百揆，百揆時序」云：「徧入百官，百官時序。」又云「百官皆治」。於「使宅百揆」云「使居官」。是史公以百揆爲百官，非官名，其説尤明，徵君未及引。❶

二十一之一

按：《荀子・大略篇》：「誥誓不及五帝，盟詛不及三王，交質子不及五伯。」文並同《穀梁》隱八年傳，但傳本是「交質子不及二伯」。「二伯」自確。余嘗笑僖十七年夏，晉太子圉爲質於秦，非穆公手中事乎？荀卿其忘諸乎？疏稱荀受經於穀梁，已一傳而譌，雖文字小失，然於事有礙。故程子曰傳經爲難。

又按：疏稱荀卿傳魯人申公，申公傳博士江翁。申傳江見《儒林傳》，申受於荀，尚不足信。《楚元王傳》「少時與申公等受《詩》浮丘伯」，❷伯，荀卿門人。申於《詩》爲再傳，何獨於《春秋》而親受業乎？且申至武帝初年八十餘，計其生當在秦初并天下日，荀卒已久。疏凡此等俱譌謬，不勝辨，聊發憤一道，以爲舉隅云爾。

辨曰：荀子學極通博，宋以後人多妄詆之，皆未達荀子之旨者也。五霸不止一説。有夏、殷、周之五霸，《白虎通・號》篇曰：「五霸者何謂也？昆吾氏、大彭氏、豕韋氏、齊桓公、晉文公是也。」有春秋之五霸，《白虎通》又引「或曰：五霸謂齊

❶ 以上所辨《疏證》引文出自《疏證》第六十二「言《周官》從《漢・百官公卿表》來，不合《周禮》」。

❷ 「丘」，清人避孔子諱作「邱」，今回改。以下逕改，不再出校。

桓公、晉文公、秦穆公、楚莊王、吴王闔廬也」。據《白虎通》説，五霸正解，本不專指春秋而言，荀子所云五伯，未知數秦穆與否。若如《白虎通》前解，與《穀梁》並無違異。且《穀梁》與《左氏傳》，今古文家各有師承，未可執《左氏》以説《穀梁》，遽詆荀子爲謬失也。又案：《荀子・堯問篇》云：「孫卿迫於亂世，鰌于嚴刑，上無賢主，下遇暴秦。」❶《鹽鐵論・毁學》篇曰：「方李斯之相秦也，始皇任之，人臣無二。然而荀卿爲之不食，覩其罹不測之禍也。」據《李斯傳》，斯之相在秦并天下之後，距春申君之死十八年，距齊湣王之卒六十四年。荀子五十始游學來齊，至此蓋百有餘歲。古多長年之人，竇公、張蒼皆百餘歲。此云秦并天下，荀卒已久，似亦過於武斷。❷

二十二之一

又按：蔡傳吴氏謂「肇十有二州」一節「在禹治水後，不當在四罪之先，蓋史官泛記舜行事耳，初不計先後之序」，非也。既知肇州在平水土後，自應在五載一巡守後，可知其四罪繫末簡者，蓋因刑而附記之。孔安國傳所謂「作者先敘典刑，而連引四罪，明皆徵用所行，於此總見之」，最確。泛記舜行事，初不計先後之序，若指此二節而不指彼一節，亦可矣。

辨曰：《尚書大傳》曰：「封十有二山，兆

❶「孫卿」至「暴秦」一段引文，文淵閣《四庫全書》本《荀子》四庫館臣注稱爲荀卿弟子之辭。

❷以上所辨《疏證》引文出自《疏證》第六十四「言《胤征》有玉石俱焚語，爲出魏晉間」。

十有二州。」鄭注云：「祭者必封，封亦壇也。十有二山，十有二州之鎮也。兆，域也，爲營域以祭十二州之分星也。」是今文《尚書》本作「兆」，「兆」即「垗」之叚借。谷永「日食、地震」對曰：「堯遭洪水之災，天下分絶爲十二州。」《漢書·地理志》曰：「堯遭洪水，褱山襄陵，天下分絶爲十二州，使禹治之。水土既平，更制九州。」《王莽傳》曰：「《堯典》十二州，後定爲九州。」是今文説分十二州在水土未平之先，水土既平乃定爲九州。「兆」不作「肇」，亦不訓「始」。而馬、鄭據古文作「肇」，遂謂新置三州，於是爲十二州，在九州之後。故鄭注云：「禹治水既畢，乃流四凶。舜先舉禹，而後誅鯀。」王肅駁之曰：「是爲舜用人子之功而流放其父，則爲禹之勤勞，適足使父致殛。舜失五典克從之義，禹陷三千莫大之罪，進退無據，迂亦甚哉！」王肅好與鄭難，而此駁則鄭無以辨。僞傳即王肅作，故特圓其説云：「皆徵用所行，於此總見之。」近人亦謂史臣類紀非順時事，然其説亦牽强無義。若如今文説以「兆」爲「垗」，祭十二州本在水土未平之前，則與流四凶初不相礙，安用此紛紛强辨哉！❶

二十三之一

按：吴氏《尚書纂言》不信魏晉間古文，一以今文篇第爲主。但「曰若稽古皋陶」本出今文，吴氏以篇首四字爲增，斷自「皋陶曰」以

❶ 以上所辨《疏證》引文出自《疏證》第六十五「言今《堯典》《舜典》本一，爲姚方興二十八字所横斷」。

下，又不合伏生。其亦揚子《太玄》所謂「童牛角馬，不今不古」者與！

辨曰：《白虎通·聖人》篇曰：「何以言皋陶聖人也？以目篇『曰若稽古』。」《書》正義曰：「鄭以『皋』下屬爲句。」鄭注古文同今文義，則「曰若稽古」四字本不連下爲義。段玉裁云：「『帝堯曰放勳』，此本紀記事體之祖也。『皋陶曰』云云，此記言之體也。皆以『若稽古』先之。夏史所作，故皆云稽古也。」其説最通。吴氏斷自「皋陶曰」以下，句讀不誤，惟以篇首四字爲增，則非也。❶

二十四之一

又按：里中顧諟在瞻問：「晉文公在齊，妻姜氏，後亦不見下落，不比秦文嬴、狄季隗一逆之、一歸之，何也？」余曰：蓋未及公子反國而已前死。云：曷徵乎爾？徵諸文六年趙孟之言。古者諸侯娶有九女，文嬴，嫡也，班第一；偪姞，世子母也，班第二；季隗，文公託狄時妻，班第三；杜祁以讓此二人也，故班在四。然則趙孟獨不曰以齊故，讓姜氏，而已又次之，故班在五。則姜氏不在九人之列，意其早死也。不然，文公豈得寵而忘舊者，不一迎歸之乎？姜豈不若季隗，請待子而不嫁乎？齊倘若蔡嫁蔡姬，晉不興兵伐之乎？此等須從空中看出，方識《左氏》文章之密。劉向《列女傳》稱晉文迎之以歸，爲夫人。果爾，置文嬴何地？不足據。

❶ 以上所辨《疏證》引文出自《疏證》第六十六「言今《皋陶謨》《益稷》本一，别有《棄稷》篇見《揚子》」。

辨曰：劉向持《穀梁》義，不信《左傳》，不得以《左傳》難之。漢時今古文各有師承，《左氏》、《毛詩》同出河間博士，是一家；《公羊》、《穀梁》、三家《詩》同出今文博士，是一家；《列女傳》所載多不與《毛詩》、《左傳》合，蓋本於《魯詩》、《穀梁》。後人專據《左傳》、《毛詩》以駁《公羊》、《穀梁》、三家《詩》，蓋知有古文而不知有今文也。

二十四之二

仁山《前編》繫封康叔於殷東於是歲三月内，曰《康誥》云「在兹東土」，《酒誥》云「肇國在西土」，又云「我西土棐徂」，則此時武王似未來自商以前也。蓋武王克商，留處三月而後反，封康叔，意此時最與合。則《康誥》、《酒誥》兩篇並作於在商日。

辨曰：《史記·管蔡世家》明云康叔封少，未得封。其時故殷墟已封三監，更有何地以封康叔？春秋時，寧武、祝鮀皆言封衛是成王、周公，以衛臣言衛事，豈猶有誤。至宋儒忽謂武王封康叔，大可怪駭。其創爲此説者，以不信周公稱王之事，《康誥》篇首「王若曰」無以解之，謂是成王，成王又不能呼康叔爲弟，不得不引出已死之武王，强坐以封康叔之事。案：「王若曰，孟侯」，鄭注云：「王若曰，總告諸侯。依《畧説》太子十八爲孟侯，呼成王也。」又《大誥》「王若曰」，鄭注云：「王，謂攝也。周公居攝，命大事則權代王也。」鄭君加一「權」字，其説最精。蓋事有常變，義有經權，周公攝王，勢非得已。三監之變，主少國危，不權稱王，無以鎮服天下。既致太平，退就臣列，匔甸如畏，此爲至忠。昔在春秋，楚執宋公以伐宋。公子目夷歸，設械以守國，應楚人曰：「吾賴社稷之神靈，吾國已有君矣。」楚人釋宋公，公子目夷逆襄公歸。楚昭王奔隨，子西爲王輿服以保路，國於脾洩，聞王所在，而後從王。公之達權，正與此類，皆出險犯難以濟國家，何暇計及奸雄之口實、迂儒之訾議哉？《戴記》七十子所傳，荀子生於秦未焚書以前，皆云周公踐天子位，事必有據。漢有王莽，自比周公。宋儒懲莽之篡，遂謂公無稱王之事。不知公與莽心迹雖異，而異在復辟，不在稱王不稱王。使莽能居攝致太平，俟孺子嬰長而立之，則莽亦周公；使公不復辟於成王，則公亦一莽矣。公爲古聖人，豈必不攝王而後爲聖哉？至以太子之號加之成王，則抗法伯禽，禮有明證。「孟」訓「迎」，謂太子迎諸侯，非封太子爲侯。孔疏妄駮，蓋不識字。《康誥》篇不用攝王之義，「王若曰」必不可通。徵君雖無辨周公攝王之文，而信宋人武王封康叔，實因此致誤。不知蔡氏、金氏諸人皆生於數千年以後，其所見必不能塙於寧武、祝鮀，何得移竄經文，變亂事實？近之治漢學者，亦多不信周公攝王，或謂武王封康叔於康，先作此誥，成王時封衛仍用舊文；或謂武王封康叔於康，作《康誥》，成王時改封衛，乃作《酒誥》、《梓材》，故《酒誥》篇首作「成王若曰」。其説愈變愈奇，不知康叔並不曾封於康。説經當塙守古義，何用紛紛强作解事！❶

❶ 以上所辨《疏證》引文出自《疏證》第六十七「言考定《武成》未合《左傳》數紂罪告諸侯之辭」。

二十五之一

或又問曰：子於古人有信有疑，何此書惟劉歆之是信？余曰：歆之人雖非，而於經學也甚精。適當王莽委任之日，諸所建立亦甚正。反惜建武中興，一切以人廢耳。

辨曰：歆所建立，皆以臆説亂漢儒家法，説已見前。建武中興，一切廢之，斯爲卓識。古文《尚書》有説解，及《周官》、《左傳》説解，《漢書・蓺文志》皆不載，蓋有意削之。馬、鄭據《周禮》解《尚書》，或有出於劉歆説者。❶

二十六之一

然《儀禮・士昏禮・記》注：「用昕，使者。用昏，壻也。壻，悉計反，從士從胥，俗作婿，女之夫。」鄭作反語，有此一條。

辨曰：丁晏辨正曰：「晏案：漢儒音注祇曰讀若某，未有翻切。徵君引鄭氏反語，亦誤以《釋文》爲鄭注也。當時刊注疏者，割取音義，散附注下，遂將『壻，悉計反』十四字訛爲大字溷入注文，故徵君不免沿誤耳。」❷

二十七之一

按：愚嘗謂《左傳》左氏作，非左丘明。蓋左氏六國時人，習聞闕里遺言，而樂稱之。故

❶ 以上所辨《疏證》引文出自《疏證》第六十八「言古文《畢命》見《三統歷》，以與己不合，遺末句」。

❷ 以上所辨《疏證》引文出自《疏證》第七十四「言古人以韻成文，《大禹謨》《泰誓》不識」。

每於孔子前人，不覺以《易》、《論語》之文散入其口中。此自是其文之所至，非當日本然也。如《襄九年》，穆姜舉「元，體之長也」，已先《文言》有之，豈孔子襲穆姜，乃撰穆姜語者用孔子耳。而代之後先、事之虚實有不暇顧，故曰《左》之失誣。或者猶以歐陽公言爲據，余請更以事徵之。千古聖人莫過孔子，孔子所著書莫如《論語》，《論語》言學莫大於仁，言仁莫精於《顔淵》、《仲弓問》兩章。據《昭十二年》，則「克己復禮，仁也」爲古志之語。據《僖三十三年》，則「出門如賓，承事如祭，仁之則也」爲臼季所聞。皆先《論語》有之，豈孔子於二子，定規規然取陳言以應之乎？必不爾也。要在一反轉觀之，而誣自見。竊謂能移此法以讀古文，則亦可無惑於《論語》矣。

辨曰：徵君此言，固屬通論。然夫子自論「述而不作」，亦未必非徵引古言。觀臼季自謂「臣聞」，君子明言古志，夫子即不必取於《左氏》所載，亦何妨與臼季及君子同引古言乎？必以此爲《左氏》之誣，似亦未然。❶

二十八之一

按：伏生今文以下，王肅、鄭康成古文以上，統名《虞夏書》，無別而稱之者。兹《説文》於引今《堯典》、《舜典》、《皋陶謨》、《益稷》之文，皆曰《虞書》，於引《禹貢》、《甘誓》之文，皆曰《夏書》，固魏晉間本之所由分乎？唯於今《舜典》「五品不遜」作《唐書》，與《大

❶ 以上所辨《疏證》引文出自《疏證》第七十六「言《論語》譬喻之辭，今悉改而正言」。

傳》説《堯典》謂之《唐傳》同；四引《洪範》皆曰《商書》，與《左氏傳》同，卻與賈氏所奏異，豈慎也自亂其例與？抑有誤與？

辨曰：班孟堅云：「遷書載《堯典》、《禹貢》、《洪範》、《微子》、《金縢》，多古文説。」《洪範》列《微子》前，今文家蓋以《洪範》爲《商書》，與《左氏》古文合，此許君所本也。《説文》四處皆同，必不誤。

二十八之二

又按：向以東京古文盛行，推功於逵。更以《帝紀》參之。章帝建初八年詔曰：「其令羣儒選高才生，受學《左氏》《穀梁春秋》、古文《尚書》、《毛詩》，以扶微學，廣異義焉。」安帝延光二年，詔選三署郎及吏人能通古文《尚書》、《毛詩》、《穀梁春秋》各一人。靈帝光和三年，詔舉能通《尚書》、（顧寧人曰：「尚書」上脱「古文」二字。）《毛詩》、《左氏》《穀梁春秋》各一人。《儒林傳》云：「古文《尚書》、《毛詩》、《穀梁》《左氏春秋》雖不立學官，然皆擢高第爲講郎，給事近署，所以網羅遺逸，博存衆家。」其盛心如是。故當時古文《尚書》幾炳於日星，目所共睹。慎從逵受，具載撰著，得以上獻闕廷，不以爲諱。若西京末以《尚書》爲備，而古文舊書猥以有不誦絶之者，何啻莛楹。學固有幸、不幸如是。

辨曰：《後漢書·賈逵傳》曰：「八年，乃詔諸儒各選高才生，受《左氏》《穀梁春秋》、古文《尚書》、《毛詩》，由是四經遂行於世。皆拜逵所選弟子及門生爲千乘王國郎，朝夕受業黄門署，學者皆欣欣羨慕焉。論曰：鄭、賈之學，行乎數百年中，遂爲諸儒宗，亦徒有以焉爾。桓譚以不善讖流亡，鄭興以遜辭僅免，賈逵能附會文致，最差貴顯。世主以此論學，悲矣哉！」案：蔚宗此論，甚有微辭，似不以景伯所建立爲然。蓋此爲今古文廢興一大關係。漢時十四博士所傳今文爲一家，《左傳》、《毛詩》、古文《尚書》爲一家，故劉歆欲立《左氏春秋》，必牽引古文《尚書》、《毛詩》；景伯欲興《左氏春秋》，亦必牽引古文《尚書》、《毛詩》。歆之説行於王莽而旋廢，景伯之説行於章帝而遂興，漢世經學之盛，亦利禄之途然也。其先古文不立學，故不能興，景伯導以利禄之途，而四經遂行於世矣。迺四經行世而二家《公羊》、三家《尚書》、三家《詩》遂以漸亡。若景伯者，可謂古文之功首，今文之罪魁。景伯於《左氏春秋》增竄傳文，附合圖讖，曲學阿世，亦與劉歆畧同。《史通・申左》篇云：「賈逵撰《左氏長義》，稱在秦者爲劉氏，乃漢室所宜推先。但取悦當時，殊無足採。」徵君過於稱揚，蓋爲古文之説所壓。❶

二十九之一

更例以今文之例，如武王命康叔爲衛侯，作《康誥》，直云「王若曰，孟侯，朕其弟，小子封」；平王以晉侯爲方伯，作《文侯之命》，直云「王若曰，父義和」。

辨曰：宋儒以前，無有云武王封康叔、作《康誥》者，説已見前。徵君云以今文例之，不知所引是何等今文，兩漢今文家不

❶ 以上所辨《疏證》引文出自《疏證》第七十八「言《説文》有《虞書》《商書》《周書》等曰，今忘采用」。

受誣也。《文侯之命》，今文亦不以爲平王。皆失考。

二十九之二

又按：孔傳以「蔡」圻内國名，自非；以《康誥》之「康」爲圻内國名，卻是。遠勝鄭康成解作謚號者。嘗證以二事：一，定四年「命以《康誥》而封於殷虚」，當既有誥文，輒有篇名，豈待身後之謚取以冠其篇乎？一，《史記·衛世家》「康叔卒，子康伯代立」，父謚康，子亦謚康，將兩代同一易名之典乎？故《世本》宋忠注曰：「封從畿内之康徙封衛，衛即殷墟。畿内之康，不知所在。」良然。《括地志》故康城在許州陽翟縣西北三十五里。

辨曰：馬季長已曰「康」圻内國名。僞傳蓋本馬注，然不如鄭注謚號之塙。《史記·管蔡世家》云：「康叔少，未得封。」並無先封於康之説，故宋忠不知所在。若《括地志》，乃僞傳盛行之後，附會其地，何足爲據。豈有漢人不知而唐人知之者哉！若疑父謚康，子不應亦謚康，父子不可同名，未聞不可同謚。《謚法》周公所定，文王謚文，公亦謚文，見於《國語》。如其非禮，當時明知公定謚法，豈有以非禮之謚加之公者？春秋時，魯又有文公，則祖孫又同謚矣。今由翰林出身者例謚文，常有數代同謚文者，何獨康叔父子不可同一易名之典乎？至謂名以《康誥》，不應待身後之謚，《左氏》失誣，不可盡信。徵君亦嘗論之。《康誥》《伯禽》之命，❶百篇

❶「康」，據《尚書古文疏證》卷一第十五「言《左傳》《國語》引逸《書》皆今有」，當作「唐」。

序皆無之，此大可疑者。予又疑康叔亦生前之號，與成王同。觀《康誥》篇多云「康」，如「康乂」、「康保」、「康乃心」、「迪吉康」，可證。蓋以生號爲謚，則亦可無疑於《左氏》之説。康叔封於衛，以國名篇，當云「衛誥」。即云先封於康，亦不當仍先封之名，而没其見在之國也。又案：徵君此書屢言武王封康叔，且謂封康叔即在克殷之時，此又信僞傳以康爲圻内國名。誠如其説，不知康叔當以何時封於圻内，豈猶在克殷之前乎？徵君又不信文王改元稱王，則克殷以前周未稱王，又安得有圻内乎？以子之矛刺子之盾，徵君將何説之辭？

二十九之三

武王、康叔同爲文王之子，而此一子向彼一子，《康誥》則曰「惟乃丕顯考文王，克明德慎罰」，《酒誥》則曰「乃穆考文王，肇國在西土」，亦從而「乃」之。武豈自外於文考乎？竊以古人不甚拘與？或以「乃」作虚辭用，亦可。

辨曰：《康誥》非武王作，説見前。改「武王」爲「周公」，乃不誤。

二十九之四

又按：馬端臨云：譬之聽訟，《詩》者，其事也；齊、魯、韓、毛，證驗之人也。《毛詩》本書具在，流傳甚久，譬如其人親身到官，供指詳明，具有本末者也。齊、魯、韓三家本書已亡，於它書中間見一二，真僞不可知，譬如其人元不到官，又已身亡無可追對，徒得諸風聞道聽，以爲其説如是者也。余終譬之《春秋》，毛公自謂子夏所傳，譬左氏曾見國史，考事頗精，得經之旨爲多；齊、魯、韓三家遠遜於毛，然不無可取，則譬之公羊氏而已矣，穀梁氏而已矣。合者疑聖人之舊，不合者是雜以己意，抑豈能一筆抹撥哉！此文公《詩集傳》出，説者謂一洗末師專己守殘之陋，允矣。

辨曰：自古文盛而今文十四博士之傳遂亡，三家《詩》之不能與《毛詩》争，《公》、《穀》之不能與《左氏》争，猶今文《尚書》之不能與古文争也。人多習所見，而疑所不見，故率以古文爲是，今文爲非。治今文者，始自乾嘉以來，其前皆治古文者也。然古文實不可盡信。即以《詩》而論，毛傳與《序》亦不盡愜於人心，如變風、變雅、美刺之例，及解「成王」、「湯孫」之類。故宋儒出而盡反之。近人多抑宋儒而申毛義，然朱子《集傳》亦有本於三家而勝於毛義者，必欲一切廢之，專主毛公一家之説，亦非平情之論也。徵君之説雖通達，於今古文亦抑揚太過。

二十九之五

又按：胡朏明曰：「誦三百，不取《桑中》、《溱洧》之類；讀晉、宋以後詩，不取《子夜》、《讀曲》、宫體之類，亦未爲不善學也。」

辨曰：胡氏辨《易圖》、解《禹貢》，學甚精博，而所言如是，蓋於《詩》全未肄業者。以聖人手訂之篇，比之《子夜》、《讀曲》，何太不倫！三百篇本無淫詩，解者誤以爲淫，乃以導淫爲詩人罪，而詆之且刪之，大可嗤笑。

二十九之六

又按：余久而後得王文憲《詩疑》曰：「昔東萊呂成公嘗疑《桑中》、《溱洧》非桑間濮上之音，以爲夫子既曰『鄭聲淫』而放之矣，豈有刪《詩》示後世而反取之乎？晦庵朱文公則曰：『不然。今若以桑中濮上爲雅樂，當以薦何等鬼神，接何等賓客？不知何辭之風，何義理之止乎？』故文公説《詩》，以爲善者興起人之善心，惡者懲創人之逸志。以此法觀後世之詩，實無遺策。何者？蓋其規橅恢廣，心志融釋，不論美惡，無非爲吾所受用之益，而邪思不萌。以此法觀《詩》可也，觀《書》亦可也，雖觀史亦可也。以此論樂，則恐有所未盡。某嘗疑今日三百五篇者，豈果爲聖人之三百五篇乎？秦法嚴密，《詩》無獨全之理。竊意夫子已刪去之詩，容有存於閭巷浮薄者之口，蓋雅奥難識，淫俚易傳。❶漢儒病其亡逸，妄取而攙雜以足三百之數，某亦不能保其無也。不然，則不柰聖人『放鄭聲』之一語終不可磨滅，且又復言其所以放之之意，曰『鄭聲淫』，又曰『惡鄭聲之亂雅樂也』，某是以敢謂淫奔之詩，聖人之所必削，決不存於雅樂也，審矣！妄意以刺淫亂，如《新臺》、《牆有茨》之類凡十篇，猶可以存之，懲創人之逸志；若男女自相悦之詞，如《桑中》、《溱洧》之類，悉削之，以遵聖人之至戒，無可疑

❶「淫」，原作「浮」，今據《尚書古文疏證》卷五上改。

者。所去者亦不過三十有二篇，使不得滓穢《雅》、《頌》，淆亂二《南》，初不害其爲全經也。如此則二先生之疑亦俱釋矣。」

辨曰：朱子信鄭樵之妄説，撥棄《小序》，以《鄭》、《衛》爲淫詩，謂當以接何等賓客，似並《左氏傳》七子賦詩皆未讀過，殊屬可怪。其門人王魯齋作《詩疑》，乃删去鄭、衛《風》，並易《詩》之次序。《四庫提要》極斥其謬，曰：「柏何人斯，敢奮筆以進退孔子哉！」魯齋亂經之罪，無可辭矣！宋儒果於疑經，疏於考古，於《易》則疑《十翼》非孔子作，於《詩》則三百篇非孔子原本，《春秋》則詆爲斷爛朝報，《戴禮》則多謂非孔子之言，删改《孝經》，移易《大學》，於《尚書》二十八篇亦移改其次序，實不可訓。徵君之學，深於《尚書》而淺於《詩》，故魯齋《書疑》置之不取，《詩疑》則深信之。徵君漢學名家，恐學者誤聽其言，啟荒經蔑古猖狂無忌之弊，不得不辨其誤。至其所引魯齋、華川、篁墩、陽明、鹿門諸人之論，其謬誤不勝摘。此辨《尚書》，連及於《詩》，故僅言其大概，而未暇詳辨也。

二十九之七

又按：《日知録》有《〈詩〉之世次必不可信》一篇，曰：「今《詩》亦未必皆孔子所正，且如『褒姒滅之』，幽王之詩也，而次於前；『召伯營之』，宣王之詩也，而次於後。《序》者不得其説，遂並《楚茨》、《信南山》、《甫田》、《大田》、《瞻彼洛矣》、《裳裳者華》、《桑扈》、《鴛鴦》、《魚藻》、《采菽》十詩，皆爲刺幽王之作，恐不然也。又如《碩人》，莊姜初歸事也，而次於後；《緑衣》、《日月》、《終風》，莊姜失位而作，《燕燕》，送歸妾作，《擊鼓》，國人怨州吁而作也，而次於前。《渭陽》，秦康公爲太子時作也，而次於後；《黄鳥》，穆公薨後事也，而次於前。此皆經有明文可據。故鄭氏謂《十月之交》、《雨無正》、《小旻》、《小宛》皆刺厲王之詩，《十月之交》有「艷妻」之云，自當是幽王。漢興之初，師移其第耳。而《左氏傳》楚莊王之言曰：『武王作《武》，其卒章曰：「耆定爾功。」其三曰：「鋪時繹思，我徂維求定。」其六曰：「綏萬邦，屢豐年。」』今《詩》但以『耆定爾功』一章爲《武》，而其三爲《賚》，其六爲《桓》，章次復相隔越。《儀禮》歌《召南》三篇，越《草蟲》而取《采蘋》，正義以爲《采蘋》舊在《草蟲》之前。知今日之《詩》已失古人之次，非夫子所謂《雅》、《頌》各得其所者矣。」余謂此益足證《詩》非孔門之舊本也。

辨曰：齊、魯、韓三家與《毛詩》次序不甚相合。《齊詩》以《采蘋》居《草蟲》之前，《魯詩》以《黍離》爲《衛風》，三家以《采薇》、《杕杜》、《出車》爲宣王時，皆其明證。今所據者《毛詩》次序，三家次序已不可知，未可專據《毛詩》謂其失古人之次也。四家次序雖異，三百篇之篇數不異，其爲孔門舊章固無可疑。若因此疑其非舊而妄删之，是非聖無法矣。徵君與亭林先生蓋猶未見及此。❶

三十之一

又按：朱子言羲、和即是下四子，或云有羲

❶ 以上所辨《疏證》引文出自《疏證》第八十「言《左傳》引《蔡仲之命》追叙其事，今不必爾」。

伯、和伯共六人，未必是。金仁山案：「《尚書大傳》舜巡四岳，奏羲伯之樂、和伯之樂，則羲伯、和伯當有其人。蓋四子分職，必有二伯以總之，不然曆法無所統矣。」説致確。羲伯、和伯猶今監正、監副，四子則猶今春官正、夏官正、秋官正、冬官正。若羲、和即四子，當其分遣遠出，猝有休祥，誰爲上聞？又古者太史職掌察天文、記時政，蓋合占候、紀載之事，司以一人。漢時太史公掌天官，不治民，而紬史記、石室金匱之書猶是任也。四子盡出，帝之左右誰爲載筆哉？其必不然者。

辨曰：朱子之説是也。兩漢今文家皆謂羲、和即是四子。馬、鄭乃謂羲、和與四子共六人。鄭云：即周六卿掌天地者，其曰伯乎？又曰：「其時官名，蓋曰稷、司徒。」曰「乎」曰「蓋」，皆作疑辭，蓋由本無塙證。《大傳》所云羲伯、和伯當是別有其人，非此司天之官。若謂即此羲、和，其餘六伯又是何人？鄭云四子即四岳，又謂分岳事置八伯。案：《大傳》明以四岳、八伯並列，何得云分四岳爲八伯？四子司天之官，何得主掌方岳？《周禮》自是周制，何可以解唐、虞？徵君以今欽天監官制準之，尤屬附會。至於分遣遠出，不過分命時暫使測驗，斷非終年在外，何必國都更留其人。僞傳以羲、和即是四子，不誤。惟以四子即四岳，乃誤耳。❶

❶ 以上所辨《疏證》引文出自《疏證》第八十二「言以歷法推《堯典》，蔡傳猶未精」。

三十一之一

天祚宋代，絶學有繼。程子出而理明，凡六經中言心、言性、言仁、言義等，無不析之極其精，仍可融之會於一。邵子出而數明，凡《堯典》二帝之載數，《無逸》中宗、高宗、祖甲及文王年數；《洛誥》「惟周公誕保文武受命，惟七年」，參以《魯世家》成王七年，周公往營雒邑，此七年即在成王紀年内，成王共三十七年；《吕刑》「王享國百年」，參以《周本紀》「穆王即位，春秋已五十，立五十五年崩」，此百年謂《書》所作之年，在位仍五十五年，皆合。《夏本紀》「帝相崩，子帝少康立」，中闕寒浞簒位四十年，亦從補出。豈非數往者順，邵子不啻足蹈之；知來者逆，邵子不啻目覩之。上下千萬載，罔或牴梧者。草廬曰：「孔子之後，惟邵子一人而已矣。」

辨曰：理，猶可以空言；數，豈可以懸度？《史記》年表始自共和，其前已無可徵。劉歆《三統術》所推，後人謂難盡信。《竹書紀年》尤不足依據。況邵子生於數十年後，❶元會世運，憑臆推測。其可信者，不過據諸書附會而成；其不可信者，牴牾必不能免。徵君以爲不啻足蹈目覩，亦過信宋學之故。

三十一之二

又按：《多士》本在《多方》前。金仁山案：「《多方》云：『惟五月丁亥，王來自奄。』《多

❶「十」，疑當作「千」。

士》云：『昔朕來自奄。』則《多方》在《多士》之前明甚。而自今文以來失之，從而緒正，繫《多士》於成王七年三月下，爲即「甲子，周公朝用書」之書。《多方》繫成王五年五月下，篇有「奔走臣我，監五祀」之文，「監」即三監，謂其從三監以叛於今五年也。是書非作於五年而何？余謂此斷以文理，理至而數不能違，遂推以曆法。成王五年庚寅歲，距積二千三百九十一年，中積八十七萬三千三百〇〇日五三四三八一，冬至五十四日五二五六一九，戊午日。天正經朔二十二日六二八二一一，丙戌日。步至五月建辰之月，經朔二十〇日七五〇五八三，甲申日。則丁亥月之四日也。脗合如此，吾欲起仁山於今日而告之，令補入《前編》。❶

辨曰：《多士》在《多方》前，《書序》與《史記》同。《多士》、《多方》二篇，皆在成王即政之後，《書序》與《史記》亦同。是今古文皆無異說，而自鄭康成以後，解者多誤。鄭注《多士》「惟三月」爲成王元年三月，甚是。而注《多方》「王來自奄」云：「奄國在淮夷之旁，周公居攝之時亦叛。王與周公征之，三年滅之，自此而來歸。」如其說，則《多方》當在《多士》前矣。蓋鄭不知奄叛非止一次，疑成王踐奄即周公踐奄，當在東征之時，故注《書序》「成王政」云「編篇於此未聞」，疑其次序倒亂。注此「王來自奄」云：「王與周公征之。」不知周公東征，王不親行，且其時周公攝王，何又以王爲成王？鄭義已不免自相矛盾，以致後人倒亂篇次，移易經文，皆由此說啟之。惟僞孔傳云：「周公

❶「令」，原作「今」，今據《尚書古文疏證》卷六上改。

歸政之明年，淮夷、奄又叛。」其説與《書序》、《史記》皆合，塙當不誤。江艮庭、王西莊必欲是鄭非孔，不信奄有再叛、再征之事，乃致二篇之義皆不可通。此從金氏臆説，又以曆法附會之，皆非是。❶

三十二之一

又按：沈括《筆談》以定四年楚子濟江「入于雲中」，證雲在江北；昭三年「王以田江南之夢」，證夢在江南。所以太宗時得古本《禹貢》，「雲」、「夢」二字不連，「雲土夢作乂」，❷蓋雲才土見，而夢已可耕治也。

辨曰：丁晏云：「雲夢，諸書有合稱者。《周禮·職方》、《爾雅·十藪》、《呂覽》、《淮南》同。❸《戰國策》『楚王遊於雲夢』，宋玉《高唐賦》『楚襄王與宋玉遊於雲夢之臺』，此合稱『雲夢』者也。有單稱『雲』者：《左傳》定四年『楚子涉睢濟江，入於雲中』、《楚語》『雲連徒洲』是也。有單稱『夢』者：宣四年『棄子文於夢中』、昭三年楚子以鄭伯『田江南之夢』、宋玉《招魂》曰與楚王『趁夢兮課後先』是也。或合稱連文，或單稱省文，雲夢一而已。自沈括，羅泌等創江南爲夢、江北爲雲之説，蔡傳分爲二澤。『雲土』者，雲之地土見而已，『夢作乂』者，夢之地已可耕治也。其説支矣。」案：丁辨宋人之誤是矣，而未盡也。王逸注《楚辭》云「楚人謂澤爲

❶ 以上所辨《疏證》引文出自《疏證》第八十三「言以歷法推古文《畢命》六月朏，正合」。

❷ 「雲」上，《尚書古文疏證》卷六上有「作」字。

❸ 「十」下，原有「二」字，今據丁晏《禹貢集釋》（清同治間丁氏《頤志齋叢書》本）卷二、《爾雅注疏》卷七刪。

夢」，是今文説以爲「夢」即是「澤」。然則「雲夢」猶言「雲澤」，「夢中」猶言「澤中」，「江南之夢」猶言江南之澤耳。經云「雲土夢」，猶言「雲土澤」。雲土即雲杜，亦即「雲連徒洲」，土、杜、徒一聲之轉。今《史記》作「雲土夢」，不誤。《漢書》「雲夢土」，由傳寫誤倒。段玉裁辨之甚明。而以「雲夢土」爲古文《尚書》，則猶過信僞古文本，而未能一從今文爲定也。

三十二之二

又按：「至於陪尾」，孔、蔡二傳並云豫州山。《漢志》江夏郡安陸縣：横尾山在其東北，古文以爲陪尾。杜君卿隸諸古荆州，則陪尾當爲南條江漢北境之山，與内方一列，豈得爲北條大河南境之山乎？宜改正。然則何以正？曰：《博物志》云「泗出陪尾」，其徐州之山乎？徐西境、豫東境正相接。禹既下太華，乃於是而熊耳，洛所經也。而外方，伊所經也。而桐柏，淮所出也。至於陪尾，泗所出也。則諸水之治，亦可見矣。若横尾，淮曷爲經此，孔傳自誤。或曰柰《漢志》何？余曰：《漢志》、《禹貢》山川不從之者衆矣，奚有于是。《周官·保章氏》賈疏：「外方、熊耳以至泗水、陪尾屬搖星。」公彦實從《春秋緯》文來，則漢人早作是解矣。

辨曰：丁晏云：「鄭注亦引《地理志》，陪尾在江夏安陸東北。若横尾者，《晉·地理志》江夏郡安陸縣：横尾山在東北，古之陪尾山。胡東樵引吴澄《書纂言》，謂泗水縣陪尾山。毛晃《禹貢指南》曰：『《博物志》「泗出陪尾」，即斯阜也。此自是魯國泗水之所出，俗呼嫣亭山，偶名陪尾，非安陸之陪尾山也。』此解最析，東樵失之。」案：徵君與東樵同時相得，所解《禹貢》多同東樵。此與東樵同誤。

三十二之三

又按：「西傾因桓是來」，朱子亦從鄭康成《書》注曲爲説。忽讀宋葉氏曰：「雍言織皮昆崙、析支、渠搜，非中國之貢明矣。疑西傾即西戎之境，『熊、羆、狐、狸織皮』文與『西傾因桓是來』相屬，謂四獸織皮西傾之戎因桓水而以此來貢也。」不覺躍然。然葉猶存「傾」字，余謂直「戎」字之譌，蓋「西戎因桓是來」最直截了當。

辨曰：鄭引《地理志》西傾山在隴西臨洮，今在陝西洮州衛西南三百三十餘里西套厄魯特界，延袤千里，外跨諸羌，正與桓水行羌中相接。《魏書·吐谷渾傳》「阿豺田于西彊山」，即西傾，段國《沙州記》稱嵹臺山，❶皆一山異名。徵君謂直「戎」字之譌，勇於改經，未敢附和。

三十二之四

又按：太史公曰「余南登廬山，觀禹疏九江」。嘗得《廬山圖經》案之，有所謂上霄峰者，爲山絶頂處，傳司馬遷嘗登於此，因思當日從北而觀有九江焉。班固《志》尋陽縣：九江在其南，皆東合爲大江。❷應劭注

❶「沙」，原作「河」，今據影印文淵閣《四庫全書》本宋樂史《太平寰宇記》卷一百五十三、清徐文靖《禹貢會箋》卷十三改。

❷「南」、「東」，原誤倒，今據《尚書古文疏證》、《漢書·地理志第八上》改。

「江自廬江尋陽分爲九」是也。從南而觀有九江焉。劉歆曰：湖漢等九水入彭蠡，故爲九江。王莽更豫章郡曰九江是也。然《通典》以湖漢水隸古揚州，則與《禹貢》在荆者不合。太史公其必從北乎？記其遺蹤故道，漢、唐猶存。孔安國曰：「江於此州界分爲九道，甚得地勢之中。」郭璞賦江曰：「源二分於崌崍，流九派乎尋陽。」注：「《山經》曰：江自尋陽而分爲九，皆東會於大江。」陸德明引《緣江圖》曰：「九江參差，隨水勢而分，其間有洲，或長或短，百里至五十里，始別於鄂陵，終會於江口。」徐堅曰：「江至尋陽分爲九道。」杜佑曰：「是大禹所疏，桑落洲上下三百餘里合流。」皆歷歷可指數。與太史公「疏」字合，與湖漢等各爲一源者不同，❶與洞庭湖爲衆水會聚者復異。夫孔曰「甚得地勢之中」，則不必如九河例，曰「既道」、曰「播爲九」可知。「九江孔殷」繼於「江漢朝宗于海」之下者，蓋上句大概説，❷下句其細目。江漢安流，無復横決勢，遂奔趨於海，非得此疏爲九派之力乎？正蔡傳所謂「費疏鑿者，雖小必記」之例也，豈別爲一地，與上不相屬者？然且最爲明證：「九江納錫大龜」，孔曰：「大龜出九江水中。」《史記·龜策列傳》：「神龜出於江水中，廬江郡常歲時生龜長尺二寸者二十枚，輸太卜官。」是迄漢猶然。向嘗謂《禹貢》紀山川不紀風俗，紀物産不紀人才，以山川物産亘千年而不變者，於兹益信。則兩九江爲一處，在尋陽而不在澧州之下、巴陵之上，斷可識矣。或曰：蔡傳謂即今之洞庭，引《水

❶「各」，原作「合」，今據《尚書古文疏證》改。

❷「句」，原無，今據《尚書古文疏證》補。

經》者非與？曰：未盡非也。詳玩《水經》之文，上有衡山，下有東陵、敷淺原，曰九江地在長沙下雋縣西北，似爲導山之九江、導江之九江作注，於「九江孔殷」無涉。

辨曰：徵君謂九江在尋陽最是，而又引《水經》云：「『九江在長沙下雋縣西北』，似爲導山之九江、導江之九江作注，於『九江孔殷』無涉。」有兩九江，未免騎牆之見。案：全謝山校正《水經》，謂長沙下雋之説非《水經》之本文，乃後世所竄入也。且《水經·江水》篇缺佚不完。《淮水注》：「秦立九江郡，治壽春縣，兼得廬江、豫章之地，故以九江名郡。」是即尋陽之九江。《吕刑》云：「禹平水土，主名山川。」《爾雅·釋地》以下至九江，皆禹所名，則《禹貢》一書不得有兩九江迷惑後人耳，自當一從前説爲定。太史公不敢言，《山海經》尤非可以證經義者。❶

三十三之一

朱子言孔安國解經最亂道。余謂亂道之尤者，是「江自彭蠡分而爲三，共入震澤」。大江安流，千古無易，遠在震澤東北二百餘里，由揚子以入於海。此豈入震澤者哉？善乎！鄭氏言三江既入海耳，不入震澤也，若似逆知魏晉間有爲異説者。豈作僞者並鄭注不觀與？抑王肅議禮必反鄭玄，而《書》注亦然，傳實從肅來與？或曰：解「三江」者衆矣，畢竟以何説爲不可易？余曰：蔡傳不可易已。蔡本酈注，酈

❶ 以上所辨《疏證》引文出自《疏證》第八十六「言《泰誓上》、《武成》皆認孟津爲在河之南」。

用《揚都賦》注，參以顧夷《吴地記》、陸德明《釋文》、張守節《正義》並合，非一人之私説也。

辨曰：《漢志》會稽郡吴注云「南江在南，東入海」，毗陵注云「江在北，東入海」，丹陽郡蕪湖注云「中江出西南，東至陽羨入海」。《水經》、司馬彪《續郡國志》、盛弘之《荆州記》，❶皆從班説。導江，孔疏亦依《漢志》。此三江之説最古可據者。徐堅《初學記》引鄭注「左合漢爲北江，會彭蠡爲南江，岷江居其中，爲中江」，與孔疏引鄭注「三江分於彭蠡爲三孔，東入海」其説不同，《錐指》據之，已未可信。徵君據蔡傳所引，亦非古義，當以《班》志、《水經》爲定。❷

三十四之一

或問：孔傳云三江有北有中，則南可知。其説何如？余曰：未易盡非。只是《地理志》有南江、中江、北江，中江至陽羨入海，於今不合。

辨曰：三江當從班《志》、《水經》，説見前。水勢遷徙無常，後世之水多非禹蹟，不必以「於今不合」爲疑。

三十四之二

或又問：《職方氏》「揚州其川三江」，解孰爲

❶「弘」，清人避乾隆帝諱作「宏」，今回改。以下逕改，不再出校。

❷ 以上所辨《疏證》引文出自《疏證》第九十「言安國傳三江入震澤之非」。

定？余曰：鄭無注，賈疏非，當以郭景純解「三江者，岷江、松江、浙江也」以當之，斯爲定。蓋一州之内，其山鎮澤藪川浸至多，選取最大者而言，揚州之最大川，孰有過岷、浙二江者哉？即松江之在當時，亦必水勢洪闊，與揚子、錢塘相雄長，而後可以稱禹迹，非如今所見之淺狹。此豈專指洩震澤之下流者之江？《國語》申胥曰：「吴與越，三江環之。」范蠡曰：「我與吴争三江、五湖之利。」夫環二國之境而食其利，正《職方》之三江。我故曰《周禮》一三江，《禹貢》又一三江也。

辨曰：阮文達公云：「元案：閻氏於地理之學最精，謂《周禮》三江即《國語》之三江，是也。惟其解《禹貢》三江，則專取庾仲初之説，尚未盡合耳。」案：阮氏《浙江圖考》以浙江爲三江之一，説極精塙，即郭景純所謂岷江、松江、浙江是也。徵君以此解《周禮》，不以此解《禹貢》，以爲三江有二，則是騎牆之見，與解九江有二皆失之。❶

三十五之一

又按：向謂釋《禹貢》山川不從《漢志》者衆，兹復得二條：一終南。《地志》：古文以太壹山爲終南山，在扶風武功縣。《元和志》：終南山在萬年縣南五十里。經傳所説終南，一名太一，亦名中南。據張衡《西京賦》「終南太一，隆崛崔崒」，潘岳《西征賦》「九嵕巀嶭，太一龍嵸」、「面終南而背雲陽，

❶ 以上所辨《疏證》引文出自《疏證》第九十一「言安國傳華山之陽解非是」。

跨平原而連嶓冢」，然則終南、太一非一山也。李善曰：「終南、太一以二賦徵之，不得爲一山明矣。蓋終南，南山之總名；太一，一山之別號。」洵是，固當於「京兆尹長安縣」下注「《禹貢》終南山在南」。一汧山。❶《地志》：「扶風汧縣西吴山，古文以爲汧山。」此則余所舊遊。汧山在隴州西四十里，《唐六典》隴右道名曰秦嶺者是。吴嶽山在隴州南八十里，《唐六典》關内道名曰吴山者是。尤非一山。不知固家扶風安陵，距長安咫尺，吴嶽亦不遠，何緣皆認錯。祇當於「右扶風汧縣」下注「《禹貢》岍山在西，雍州山」九字耳。

辨曰：《初學記》「終南山」引《五經要義》云：「終南山，長安南山也。一名太一。」《要義》劉向撰，在班《志》前。向親校中祕古文，説尤可據。《續郡國志》：太一山本終南。《水經·渭水注》引杜預曰：中南亦曰太白山，太一亦名太白山也。《初學記》又引《秦州記》、《福地記》，皆以終南、太一爲一山。惟《文選·西京賦》「於前則終南、太一」，吴薛綜注：「二山名也。」未可偏據。《周禮·職方氏·雍州》「山鎮曰嶽山」，鄭注：「嶽，吴嶽也，在汧。」與班《志》合。徵君以爲非一山，此等蓋皆於古不分，而後人分之，仍當從古義爲正。❷

❶「汧」，《尚書古文疏證》卷六下作「岍」。下一「汧」字同此。

❷以上所辨《疏證》引文出自《疏證》第九十二「言安國傳梁、岐在雍州解仍是」。

三十六之一

又按：陳第季立，閩人也。嘗登黃鶴樓，望隔江漢陽府東北山，實名大别，爲漢水入江之處。因憶《左氏》楚師「濟漢而陳，自小别至于大别」，蓋近漢也。杜預《土地名》至云：「大别，闕，不知何處。」豈未經斯地耶？抑果以未見孔傳耶？

辨曰：《漢志》六安國安豐，注云：「《禹貢》大别山在西南。」鄭注與《水經》亦謂在廬江安豐縣。胡東樵據杜預謂大别在江夏，不在安豐，引《元和志》「魯山一名大别山，在漢陽縣東北一百步」。案：魯山，《水經·江水注》所稱翼際山也。唐人以爲大别，東樵從之，恐未可據。徵君蓋同東樵之説。❶

三十七之一

又按：朱圉山，向所登陟者，山最小。《元和志》所謂朱圉山在伏羌縣西南，最合。近徧徵之，《通典》天水郡上邽縣有朱圉山，❷《九域志》秦州成紀縣有朱圉山，岷州大潭縣有朱圉山，何朱圉之多也？説者遂謂朱圉山連峰疊嶂，綿亘於伏羌縣之西南，皆可以朱圉目之。予以爲否。班氏明於冀縣下注曰：「朱圉山，在縣南梧中聚。」一村落中所有之山，他縣寧得而附會去耶？或曰：子言在伏羌西南三十里，而《元和志》則六十里，不合者何也？予曰：今之縣治，乃宋熙

❶ 以上所辨《疏證》引文出自《疏證》第九十三「言蔡傳濰沮二水解不屬兖州」。

❷ 「郡」，原作「部」，今據《尚書古文疏證》卷六下改。

寧三年以伏羌寨爲城者，在秦州西九十里，見《九域志》。與《元和志》云縣東南至秦州一百二十里者，移卻三十里矣。或曰：子亦知秦、漢冀縣故城乎？在今縣南五十步，亦余所目覩。大抵山水、澤藪、原隰，非身所親歷及文獻之鑿鑿者，都未可憑。余猶嫌王伯厚謂朱圉在大潭之不甚確耳。

辨曰：魏源云：「《伏羌縣志》稱縣西南諸山皆朱圉之別峯，隨地異名，則是山或曰白岩，或曰石鼓。《禹貢》總謂之朱圉。西接洮水，與鳥鼠南北相直，其山脈横行，自南而北，則朱圉固可爲鳥鼠之來脈，故道山先朱圉於鳥鼠。《漢志》謂在冀南梧中聚者，就其盡處而言，或祀典所在，猶上曲陽之不可以盡恒山，西縣之不可盡嶓冢。而閻百詩泥之，謂一聚可容，阯必非廣，則經曷爲繫諸鳥鼠之上、西傾之下？即謂禹道水循行次第，亦豈有循洮水至渭源，乃不道鳥鼠而先東至朱圉，始折西至鳥鼠，復折東至太華者耶？」

三十七之二

大小積石之名，莫明辨於唐人。故魏王泰曰：「大積石山在吐谷渾界，小積石山在枹罕縣西北。」張守節曰：「河自鹽澤潛行，入吐谷渾界大積石山，又東北流至小積石山。」李弘憲曰：「河出積石山，在西南羌中，注於蒲昌縣，潛行地下，出於積石，爲中國河。故今人目彼爲大積石，此爲小積石。」余癸丑秋客臨洮，欲策馬尋小積石之河源，亦不果。嗟乎！漢如段熲破西羌，且鬭且行四十餘日，至河首積石山。唐如李靖等攻吐谷渾，靖踰積石山，任城王道宗、侯君集行空荒之地二千里，乃次星宿川，達柏海，望積石山，覽觀河源。彼何人哉！吾徒仰面看屋梁而著書，不可愧恥乎？或曰：然則蔡傳當云何？曰：當作積石。《地志》在金城郡河關縣西南羌中。積石山，漢在羌中，唐在吐谷渾界。今河州枹罕縣、鄯州龍支縣界有積石山，雖河所經，非禹所導者。

辨曰：《漢志》「金城河關」注云：「積石山在西南。」《水經》、《續郡國志》並云隴西河關縣西南，並無兩積石之說。毛晃《指南》云：「積石本無異説，《元和志》乃有大積石、小積石。大積石首受于闐河源，小積石在河、鄯之間。或謂大積石爲導河之始，然禹導不過岷山，未嘗達入西域，河源乃深跨羌戎絶迹之地。説者流於荒誕不經也。」萬斯同《羣書疑辨》云：「唐置積石軍，今河州境，禹之導河始於此。過此即爲西域，不必導且河不爲患也。」惟唐張守節《正義》謂「河源出吐谷渾界大積石山，又在北流至小積石山」。❶夫張騫、都寔尋河源，皆不言經大積石山，張氏果何所據而云然乎？徵君謂大、小積石之名莫明辨於唐人，亦與胡東樵同誤。

三十七之三

又按：蔡傳「大陸云者，四無山阜，曠然平地」，解最妙，謂「杜佑、李吉甫以邢、趙、深三州爲大陸者，得之」。予徵諸《通典》、《元和志》，良然。因思於此平地有澤焉，人遂名之大陸澤，非大陸一片土盡爲澤藪也。

❶「在」，據《史記・夏本紀第二》張守節正義，當作「東」。

果盡澤藪，水患雖平，人可得而耕作乎？故知「大陸」在《禹貢》主地言，在《爾雅》指藪言，不得合而一之。合而一之，自班氏《地理志》「《禹貢》大陸澤在鉅鹿縣北」始。果爾，經文當作「北過大陸，至於洚水」，何則？枯洚渠在貝、冀二州，今在鉅鹿縣大陸澤之北。故經文既是「北過洚水，至于大陸」，其必不屬枯洚渠可知。

辨曰：丁晏云：「冀州有三『大陸』。《漢志》鉅鹿：《禹貢》大陸澤在北。呂氏《有始覽》云趙之鉅鹿，高注『廣阿澤』也。大陸澤在今直隸順德府鉅鹿、任縣及趙州隆平縣界，此《禹貢》之大陸也。《呂覽・九藪》又云『晉之大陸』，注云魏獻子所居。《左傳》定元年，魏獻子田於大陸。杜預謂吴澤陂，近寧，在今河内修武縣。《淮南子》亦分大陸、鉅鹿爲二藪。《水經・濁漳水注》謂『自寧迄於鉅鹿，出於東北，皆爲大陸』，合大陸、鉅鹿爲一，非也。《水經注》又謂《呂氏春秋》大陸即鄔澤，在今太原介休縣界。二者皆非《禹貢》之大陸也。蔡傳引程大昌：大陸非鉅鹿廣阿，鉅鹿去古河遠，❶大陸者，四無山阜，曠然平地。杜佑、李吉甫以爲邢、趙、深三州之地，❷今不從。」丁説較塙。徵君駮班《志》，似未得班氏之旨。❸

三十八之一

又按：蔡傳「沱潛既道」，曰「若潛水，則未有

❶「河」，原作「何」，今據丁晏《禹貢集釋》卷一改。
❷「吉甫」，原誤倒，今據丁晏《禹貢集釋》卷一乙正。
❸ 以上所辨《疏證》引文出自《疏證》第九十四「言蔡傳不諳本朝輿地」。

見也」。讀之不覺失笑。《寰宇記》：❶乾德三年，升唐白洑徵科巡院爲潛江縣。《九域志》：潛江縣在江陵府東北一百二十里。

辨曰：鄭注「潛則未聞象類」，蔡云潛未有見，頗得闕疑之旨。若宋乾德始置潛江縣，傅寅《集解》以爲即《禹貢》潛水，恐涉傅會。此所引《寰宇記》、《九域志》等書，皆出乾德置潛江縣之後，不足以證經。當從鄭、蔡闕疑爲是。

三十八之二

又按：蔡傳引：「《水經》曰：『漾水出隴西郡氐道縣嶓冢山，❷東至武都。』常璩曰：『漢水有兩源，此東源也，即《禹貢》所謂嶓冢導漾者。其西源出隴西西縣二字今增嶓冢山，會泉，始源曰沔，逕葭萌入漢。東源在今西縣之西，西源在今三泉縣之東也。』酈道元謂東西兩川俱出嶓冢，而同爲漢水者，是也。」《水經》原文乃「東至武都沮縣，爲漢水」，茲節去五字，語不完。「會泉，始源曰沔」，泉乃「白」、「水」二字。「始源曰沔」，當移在「逕葭萌入漢」之下，《華陽國志》可證。至逕葭萌入漢，是西東兩漢水異源同流。宇宙間水之大者，不可不極論焉。酈道元雖前引庾仲雍「漢水南至關城，合西漢水」之文，及自歷次津流，止云又西南逕關城北，除水流入焉，❸不云及東漢，是二水不合者一。關城，今陽平關，在寧羌州西北八十里，州北九十里爲嶓冢山，漾水所出，

❶「宇」，原作「州」，今據《尚書古文疏證》卷六下改。
❷「水」，原無，今據《尚書古文疏證》補。
❸「除」，原作「津」，今據《尚書古文疏證》卷六下、《水經注》卷二十改。

東流入沔縣界。西漢水則在州西，自略陽縣流入，又西南入四川廣元縣界。是二水不合者二。經文「岷、嶓既藝」，「導嶓冢，至于荆山」，山爲梁州之山；「嶓冢導漾，東流爲漢」，則水即爲梁州之水。與漢西縣在雍州地，西漢水即出在雍州地者，原不相涉，豈得以後代同名之水上混聖經？是二水不合者三。梁州貢道，「浮於潛」，潛，鄭康成注爲西漢水；「逾於沔」，沔即東漢。兩水中有間阻，不能以舟通行者，故經文曰「逾」。是二水不合者四。其彊爲附合者，一誤於班固，再誤於常璩。班固曰：「西縣，《禹貢》嶓冢山，西漢水所出。」多卻「禹貢」二字。此蓋別嶓冢，爲西漢水源，與酈注亦雅合。常璩曰「逕葭萌入漢」，今寧羌州有三泉故城、金牛廢縣，皆古葭萌地，何曾見兩川同注？異者直至魏收撰《地形志》，曰：「嶓冢縣有嶓冢山，漢水出焉。」此地方顯。此名前此僅班《志》有於西縣，《水經》有於氐道縣耳，何《禹貢》三千年後始知當日導漾實在此地？故世翻滋擬議。或曰《通典》云嶓山在漢中府金牛縣，❶《寰宇記》嶓冢在三泉縣東二十八里，既知漾水出此，則亦知漢氐道縣所在，何以謂氐道無考？嘗質諸黄子鴻，子鴻曰：「宋三泉縣，今寧羌州也，爲漢廣漢郡葭萌縣地。其北今略陽縣，爲漢武都郡沮縣地。又北，今鞏昌之兩當、漢中之鳳縣，皆漢武都故道縣地。至於漢氐道縣，屬隴西郡。隴西東南境爲今秦州，與漢葭萌縣相去五六百里，中隔武都郡，何由接壤？其水又有嘉陵江水隔之，亦不能通入東漢。故曰無考。」且云「西源

❶「云」，原作「雲」，今據《尚書古文疏證》卷六下改。

在今三泉縣之東」當作「東源在今三泉縣之東」，「東源在今西縣之西」當作「西源在今秦州清水縣上邽鎮及西和州之境」。蔡氏始終不辨宋西縣在今沔縣。非漢之西縣爾。

辨曰：丁晏云：「班《志》『隴西郡西』下：《禹貢》嶓冢山，西漢所出。『氐道』下：《禹貢》養水所出，至武都爲漢。武都郡『武都』下：東漢水受氐道水，一名沔。《水經・禹貢》篇云『嶓冢山在隴西氐道縣之南』，❶今甘肅秦州即漢隴西地，嶓冢在秦州西南，是《禹貢》之嶓冢也。東、西漢同出嶓冢，西漢水出嶓冢之西，東漢水出嶓冢之東，即沮水也，與氐道漾水合流，又稱沔水。《漢志》於『氐道』下雖不言出嶓冢，然氐道、西縣俱屬隴西郡，相距甚近。酈注及《山海經》郭注皆言嶓冢在武都氐道縣南，蓋山勢綿亘，氐道亦得有嶓冢甚明。《志》文互見，不重出也。東樵沿後魏《地志》之誤，以寧羌州之嶓冢爲東漢水之源，不知寧羌州爲漢葭萌縣地，《水經》漾水西源出西縣，逕葭萌入漢，實爲西漢水所經。至東漢水即沮水，並不經寧羌之地。其謬甚矣。」案：徵君此説，與東樵誤同。❷

三十九之一

嘗思緯書萌於成帝，成於哀、平，逮東京尤熾。有非讖者，至比諸非聖無法，罪殊死。❸嘗詔東平王蒼正五經章句，皆命從讖。其

❶「禹貢」，《水經注》卷四十題作「禹貢山水澤地所在」。

❷以上所辨《疏證》引文出自《疏證》第九十六「言《史記》『滎陽下引河』爲《禹貢》後」。

❸「殊」，原作「誅」，今據《尚書古文疏證》卷七改。

撰禮名樂，又不待云。當時能心知其非而力排之者，桓譚氏而止耳，張衡氏而止耳。縱有儒宗賈逵氏摘讖互異三十餘事以難諸言讖者，及條奏帝前，仍復附會圖讖，以成其説，身亦以貴顯，他更可知。於此有人焉，能料二百載後，其學寖微，有發使四出搜天下書籍與讖緯相涉者，悉焚之，被糾輒死，如隋之代也哉？又料有乞取《九經正義》删去讖緯之文，使學者不爲怪異之言惑亂，然後經義純一，無所駁雜，如歐陽氏之請也哉？

辨曰：緯書不始於哀、平，金鶚、徐養原辨之甚明，俞正燮《緯書論》考證尤塙。緯蓋起於春秋、戰國之時，漢儒據以解經，雖未可盡據，要是古義。至宋人乃盡反其説，且以引用讖緯爲漢儒罪案。歐陽請《九經正義》删去讖緯，幸而其説不行，如行則並注疏不完，漢學不可問矣。徵君以爲萌於成帝，尚未深探其原。❶

四十之一

鄭夾漈謂：六書明，則六經如指諸掌。余亦謂：今文明，則古文如指諸掌。其相關合尤在《金縢》、《蔡仲之命》二篇。《金縢》爲千載來儒者聚訟，今亦漸次涣釋，獨難處則「罪人斯得」一語。以爲知流言出管、蔡，謂之罪人邪？何不立歸公？且《鴟鴞》詩「既取我子」，分明管、蔡已陷於死，公痛其兄之詞如此。上文「辟將」又作「刑」，「居東」又作「東征」。近讀郝氏敬辨解云：其居

❶ 以上所辨《疏證》引文出自《疏證》第九十九「言《書》之隱見亦有時運，古文盛行已久後當廢」。

東二年何也？王疑久未釋也。則「罪人斯得」，謂管叔始伏辜也。公初至東，管叔謀阻而終不肯改步。明年將以殷叛，成王覺，使人執而殺之，故曰「罪人斯得」。罪人，即管叔也。不曰「討」而曰「得」，不用師，以計得也。誰得之？王與二公得之。公不知乎？曰：不知也。公居東，叔叛，王疑公黨叔，故取叔必不使公知。公知，亦不敢爲叔請，進無以白於王，退無以解於兄。管叔所以驀然被戮，公所以黯然沈痛，不能伸一臂之力。於後公知，而乃作《鴟鴞》之詩貽王也。《鴟鴞》見《豳風》。然史不稱叔，稱罪人，何也？叛，故曰罪人。《孟子》云：「管叔以殷畔。」朝廷以畔殺罪人，非以流言殺叔也。何以知之？以王不悟知之。何以知王不悟？得《鴟鴞》之詩猶不悔也，欲誚讓公而未敢耳。如王以流言殺叔，自知公無罪矣，何待風雷、啓金縢，然後悟耶？惟王不悟，故殺叔不以流言，以叛也。以叛爲罪，則以流言爲忠。以叛爲罪，知叔之當討。以流言爲忠，不察公之無辜。甚矣！成王蔽於讒也。蓋流言初不知所起，公知而不言。及公居東久，管叔既以叛誅，而王尚不悟流言之即叔也，使元宰淹恤在外。故史臣記「罪人斯得」於公居東之年，以正叔之罪，以舒公之冤，即詩云「謀欲譖言，豈不爾受？既其女遷」之意。世儒不達，誤謂公以流言得叔。嗟乎！夫古人立木求謗，聞謗動色即非聖人，況口舌風聞，殺兄自明，視管叔所爲，賢不肖之相去，其間不能以寸也。或曰：何據而知其非公得邪？曰：公得必以師，是世儒所謂東征也。時成王方以流言疑公，公欲出師則必請，請則王必不從。不請獨行，則王愈疑。人謂己不利，而又專制興師，是救焚益薪也。故當時聞謗不辨，輒自引避，處憂患而巽以行權，非聖人不能，豈有倉皇東征之事乎？東征之説，由漢儒誤解「我之弗辟」爲刑辟，孔書承訛僞撰《蔡仲之命》，謂公以流言，致辟管叔，囚蔡叔。其説緣飾於《春秋傳》，衛祝鮀云：「管、蔡啟商，惎間王室。王殺管叔，蔡蔡叔，以車七乘，徒七十人。其子蔡仲改行帥德，周公舉爲己卿士，見諸王而命以蔡。」此言成王殺管叔，周公不能救而推恩其子，始末甚明。杜元凱釋之，云「周公以王命殺之」，將爲公文殺兄之過，而不知公本未嘗殺兄也。據孔書爲辟叔，而不知孔書後人僞增也。《詩》詠東山、破斧缺斨，是爲東征在成王悔悟迎周公歸之明年，非居東之二年也；爲討武庚禄父，非討管叔也；爲黜商命，非爲流言也。是時罪人已得，管叔已死。《序》謂將黜殷作《大誥》，既黜殷殺武庚是也。故《書・大誥》後《金縢》，《詩・東山》後《鴟鴞》，篇次正同。世儒誤以居東爲東征，不思《書》記居東二年，《詩》詠東征三年也。又以《大誥》爲討管叔，今《大誥》在，何嘗一字及管、蔡？曖昧片語，奚損盛德，而擅興師旅，甘心同氣；兄弟之惡，不過鬩牆，而羽檄星馳，播告四方，豈聖人所爲？況被謗之初，既不忍累兄自白，避位之後，又豈肯因謗殺兄？學者窮經，此何等事，可以不辨？既厚誣公矣，乃稱大義滅親，援湯、武放殺爲解。夫湯、武放殺，無地可避，公一避而心迹昭然。桀、紂負天下，天下棄之；兄雖負弟，弟詎忍棄兄？《常棣》一歌，千古含悽。《七月》、《鴟鴞》皆爲傷兄作，《大誥》、《康誥》垂泣而語，《無逸》戒譸張亂殺，《立政》教「敬爾由獄」。《詩》云：

「鼠思泣血，無言不疾。」公蓋終身未忘於管叔之死也。豈其既殺兄，而呻恫至此極乎？《孟子》之書，最爲近古。陳賈問孟子曰：「周公使管叔監殷，管叔以殷畔，有諸？」孟子曰：「然。」陳賈曰：「知而使之，是不仁；不知而使之，是不智。」孟子曰：「周公，弟也；管叔，兄也。周公之過，不亦宜乎？」皆言公失於使兄耳。若更有殺兄之事，陳賈巧詆，豈不盡言？而孟子又豈直以誤使爲過？❶不知誤使猶爲過，況其殺之，豈但過而已邪？故某嘗竊幸公所以得免於殺兄，成王、二公所以能取罪人如反掌者，正惟以公居東一行耳。使公聞謗不早避，避不即東，管叔之畔，何待二年？旦夕率紂子挺戈西向，公於此時欲避不及，欲不與於殺叔不得矣。惟其聞言即去，不利之謗自解；去而居東，反側之謀坐銷。是以管叔之叛，遲至二年之後；東方情形，悉於居東之久。公在外，二公在內，罪人束手，社稷晏然，而公亦賴以免於推刃同氣之慘。此其應變精密，幾事能權，豈尋常思慮可到？當世疑公殺兄，亦以是耳。嘗觀虞舜愛弟，周公愛兄，同也。舜寧不有天下，而不忍亡弟？公寧不有冢宰，而不忍亡兄？其志同也。顧舜爲人主，力可曲全，而公爲人臣，勢不能兼芘。家庭之變，舜慘於公，而遇主之知，公不及舜。舜所以卒能容弟，而公卒不能救兄，今古遭逢，有幸不幸哉！世儒又有疑《金縢》非古者。嗟乎！不有《金縢》，公之冤不白於後世矣！其曰：「我之弗辟，無以告我先王。」傳寫聖人心跡，曠世如見。曰：「公居東二年，則罪人斯

❶「直」，原作「真」，今據《尚書古文疏證》卷七改。

得。」立言有體，紀時紀事，可徵可信，爲千古尚論公案。後人得據此以折服好事之口，作史之功於斯爲大。世儒不察《蔡仲之命》爲妄作，顧謂《金縢》爲可疑。某嘗哂千古少讀書人，非誑語也。

辨曰：徵君謂今文明，則古文如指諸掌，其説郅塙。然則今文豈有古於《大傳》、《史記》者乎？《大傳》曰：「周公攝政，一年救亂，二年克殷，三年踐奄。」《史記·魯世家》曰：「管、蔡、武庚等果率淮夷而反。周公乃奉成王命，興師東伐，作《大誥》。遂誅管叔，殺武庚，放蔡叔。收殷餘民，以封康叔於衛，封微子於宋，以奉殷祀。寧淮夷、東土，二年而畢定。」是今文家説以「居東二年」即是東征，「罪人斯得」即管、蔡、武庚、奄君、淮夷之屬。自東漢古文説出，乃以「居東」爲避居東都，「罪人斯得」爲周公之屬黨。其説按之經文既不可通，準之事實又不相合。後之袒護古文者曲爲之辨，終覺難通。若郝氏之解，尤多妄説。今舉其説辨之。郝氏曰：「公初至東，管叔謀阻而終不肯改步。明年將以殷叛，成王覺，使人執而殺之，故曰『罪人斯得』。罪人，謂管叔也。」案：管叔以殷叛，見《孟子》。據《逸周書》、《大傳》、《史記》，皆謂已叛。今曰「將」，是猶未叛也，成王何遽覺而殺之？且罪人尚有蔡叔、武庚、奄、淮夷，何得獨指管叔？郝氏既欲以罪專歸管叔，以便其周公不殺兄之説，又先以將叛未叛爲管叔出脱，以便其周公不知之説。進退無據，可謂甚難而實非矣。郝氏又曰：「世謂公以流言得叔。口舌風聞，殺兄自明，視管叔所爲，賢不肖之相去，其間不能以寸。」案：管叔之罪，若祗流言，公可不辨。而管、蔡啟商，惎間王室，國家危如累卵，豈止口舌風聞？《逸周書》云：「管叔經而卒。」是公並無殺兄之事。蔡叔之罪，止於流粲。管叔若在，必不手刃。欲爲公辨，即此可據，何必變亂事實，謂成王疑公黨叔，而管叔未叛，罪止流言乎？郝氏又曰：「衛祝鮀云『管、蔡啓商，惎間王室。王殺管叔，蔡蔡叔。其子蔡仲改行帥德，周公舉爲己卿士，見諸王而命以蔡』。此言成王殺管叔，周公不能救而推恩其子。」案：蔡仲是蔡叔之子，非管叔之子也。管叔誅死，無後，見《史記·管蔡世家》。郝氏詞不別白，似蔡仲是管叔之子，殊可駭怪。郝氏又引湯、武放殺，無地可避，虞舜愛弟，周公愛兄，以爲公辨。案：公爲王室懿親，大義滅親，無地可避，正如湯、武放殺。若象之罪，止於殺舜，管叔之罪，不止流言間公，豈可並論？郝氏又以東征三年非居東二年，罪人已得，管叔已死，乃黜殷作《大誥》，皆由不考古義。《大傳》列《大誥》本在《金縢》之前，《史記》以東伐作《大誥》，誅武庚、管、蔡，寧淮夷、東土，皆在居東二年，「罪人斯得」之候。蓋自馬、鄭古文説出，而《金縢》今文家説亂。僞孔傳則斟酌於古今之間，自成一解。宋、明以後人又各自爲説，如郝氏解多沿馬、鄭之誤，又添出成王疑周公一層，成王殺管叔一層，愈變愈支，去古愈遠。今之爲《尚書》學者亦多爲鄭説所壓，不能一準古義。陳樸園治今文學，猶必以鄭説汩之，於郝氏輩何尤？

四十之二

按：❶讀「辟」爲「避」，太史公書亦然。王肅始解作「刑辟」，漢儒當是魏儒也。以《康誥》爲成王書，《書序》及《傳》定四年皆然。蔡氏從經文證辨，屬之武王，良是。郝氏必欲易之，得毋以由舊爲翻新地耶？余嘗愛黄楚望注經，於先儒舊説可從者，拳拳尊信，不敢輕肆臆説，以相是非。尹和靖云：「解經而欲新奇，何所不至？」朱子至讀之汗下。將合是二説，爲郝氏告焉。

辨曰：徵君引尹、黄二先生之言，乃解經要訣也。然漢人以《書序》爲孔子作，朱子謂是周、秦間人。《序》即非孔子作，亦七十子所傳也。若伏生爲《尚書》家初祖，太史公傳伏生今文，又從孔安國問古文，先儒舊説無舊於此者。乃徵君於《書序》、《大傳》、《史記》皆不信，而獨信蔡傳。郝氏治經好新奇，而此以《康誥》爲成王，不從蔡傳則未誤，徵君反以不從蔡爲好新奇。是豈《書大傳》、《史記》皆爲新奇，獨蔡爲先儒舊説乎？亦豈宋之蔡氏更先於孔子、七十子、伏生、孔安國、太史公乎？顛倒之見，令人不解。

四十之三

又按：郝氏自謂《金縢》之解古所無，達者信之。余亦謂仁山《梓材》之解古所無，惜少未盡。蓋自《康誥》篇首錯簡四十八字，蘇子瞻欲移冠《洛誥》，朱子是之，蔡傳從之。

❶ 「按」，原作「接」，今據《尚書古文疏證》卷七改。

而仁山則以《洛誥》乃告卜往復、成土往來、周公留後之文，與咸勤、誥治之事不合，不可冠，致確。《梓材》一書，吴才老斷自「王其效邦君」以下爲宅洛之文，朱子是之，蔡傳又頗不然。而仁山則以其前章皆周公「咸勤」之意，其後章則乃「洪大誥治」之辭，正合以《康誥》敘冠《梓材》一書，但衍「王」字、「封」字，仍「曰」字耳，致確。其所未盡者，謂《召誥》「三月甲子，❶周公乃朝用書，命庶殷、侯、甸、男邦伯」。其命庶殷之書，則《多士》篇是，敘所謂「惟三月，周公初於新邑洛，用告商王士」者也。其命侯、甸、男邦伯之書，即此《梓材》是，其敘即《康誥》之敘，所謂「惟三月哉生魄，周公初基，作新大邑于東國洛，四方民大和會。侯、甸、男邦、采、衛，百工播民和，見士於周。周公咸勤，乃洪大誥治」者也。愚考甲子乃月之二十一日。「哉生魄」，則月之十六日。「哉生魄」在前，甲子在後，豈可併於一時？又豈可以「哉生魄」不合而擅削去之與？竊以是歲三月甲辰朔乙卯，周公始至洛，丁巳用牲于郊，戊午社于新邑，祭告事畢。翼日己未望，方大興斧斤築版之事。侯、甸、男邦、采、衛咸在，周公乃作《大誥》焉。後又五日甲子，周公以書命庶殷、侯、甸、男邦伯焉。故前敘從詳，後敘從略，亦可概見。或曰：命庶殷、侯、甸、男邦伯，必一句讀與？曰：然。侯、甸、男邦伯，周有九服，此居其三，根庶殷言之也。侯、甸、男邦、采、衛，遂有九服之五，此本四方言之也。服有廣狹，則當時徒衆有多寡，❷各任厥事。且細玩《召

❶「召」，原作「詔」；「月」，原作「曰」，今據《尚書古文疏證》卷七改。

❷「徒」，原作「從」，今據《尚書古文疏證》卷七改。

誥》一書，似專爲庶殷。一則曰「以庶殷攻位」，再則曰「用書命庶殷」，三則曰「庶殷丕作」。即下召公「旅王若公」，亦以「誥告庶殷」爲詞，初未闌入他諸侯。故雖興役于望日大誥爾邦君，亦不見《召誥》之敘，其書法嚴於此。仁山謂此庶復見古書之舊。余嘉其有大復古之功，而少案文切理之實，故訂之以俟後之君子云。又案：蔡傳計《金縢》書首尾凡七年，非也。克商二年，歲在庚辰。後五年乙酉，武王崩。明年，成王紀元，周公辟居東，凡二年，罪人始得。「秋，大熟」輒係於此二年中。獨仁山以「於後」二字謂詩當作于二年之後，「秋，大熟」乃成王三年戊子，尤合。蓋是書首尾凡九年云。❶

辨曰：移易經文，宋儒陋習，皆可一筆抹摋。徵君亦附會其說，何耶？若「秋，大熟」在周公薨後，未知何年秋，則尤宋人所未知也。❷

四十一之一

百篇《序》謂之《小序》，伏生時猶未得《小序》，《盤庚》三篇合爲一，《康王之誥》合於《顧命》。孔安國始據以序古文《書》。兩漢諸儒並以爲孔子作，《孔子世家》云「序《書》傳，上紀唐虞，下至秦繆」，似以《序》出自孔氏云。故寧屈經以從《序》，而不顧其說之不可通。有宋諸儒出，始力排之，排之誠是也。朱子謂是周、秦間低手人所作，尤屬特見。

辨曰：兩漢諸儒，自史公至馬、鄭，皆謂

❶「九」，原作「七」，今據《尚書古文疏證》卷七改。

❷以上所辨《疏證》引文出自《疏證》第一百一「言《蔡仲之命》『周公致辟于管叔』本王肅《金縢》『辟』字解」。

《書序》是孔子作。即如朱子說以爲周、秦間人，則亦在秦焚書之前，親見百篇《書》者。宋儒何苦排之？徵君何反以排之爲是？《書序》亦有今古文之分。伏生今文已有序，見於《史記》所載。今所傳《書序》，出於馬、鄭，與《史記》不盡合，當爲古文。《史記》所載《序》皆可信，馬、鄭《書序》則間有可疑。如《君奭》篇，《史記》以爲在周公攝政時，次當在《大誥》、《康誥》間。馬、鄭列於《無逸》篇後，乃有召公疑周公貪位之說，蓋失其次。若《盤庚》三篇本是一篇，漢石經於篇後空一格，可見古經舊式。《史記》載《顧命》、《康王之誥》之《序》已分二篇。故云伏生傳《書》二十九篇，何待孔安國分之？又何獨孔壁古文有《序》？皆考之未審。❶

四十二之一

《呂刑》：「爰始淫爲劓、刵、椓、黥。」鄭本「劓、刵、椓、黥」作「臏、宮、劓、割、頭庶剠」。又考孔疏云：「鄭康成注：『刵，斷耳。劓，截鼻。椓，謂椓破陰。黥，爲羈黥人面。苗民大爲此四刑者，言其特深刻，異於皋陶之爲。』」是鄭本又初不異，未知穎達何自矛盾。

辨曰：此引鄭注「宅嵎鐵」、「柳谷」、「憂腎陽」、「臏、宮、劓、割、頭庶剠」，皆誤據今文爲鄭注，云「考孔疏，鄭本初不異，未知穎達何自矛盾」，此是徵君讀孔疏斷句偶誤，非孔氏矛盾也。❷

❶ 以上所辨《疏證》引文出自《疏證》第一百五「言百篇《小序》伏生所未見，然實出周、秦之間」。

❷ 以上所辨《疏證》引文出自《疏證》第一百六「言晚出古文與真古文互異處，猶見於《釋文》、孔疏」。

四十三之一

安國《大序》一篇，冠五十八篇之首者，朱子謂其不類西漢人文章，又曰只是魏晉間人所作，又曰「傳之子孫，以貽後代」，漢時無這般文章。余直謂此篇蓋規摹許慎《説文解字序》而作，觀其起處猶可見，至承襲而譌，遂謂「科斗書廢已久，時人無能知」，以所聞伏生《書》考論文義，始得知其妄，可得而辨焉。《説文解字序》曰：「秦焚滅經書，滌除舊典，初有隸書，以趣約易，而古文由此絕矣。自爾秦書有八體，曰大篆、小篆、刻符、蟲書、摹印、署書、殳書、隸書。漢興，以八體試學僮。新莽居攝時有六書，曰古文、奇字、篆書、佐書、繆篆、鳥蟲書。古文者，即孔子壁中書。」若以自秦以後，魯恭王壞孔子宅以前，無所爲古文也者。不知《蓺文志》云：「漢興，蕭何草律，著其法，曰：『太史試學童，能諷書九千字以上，乃得爲史。又以六體試之，課最者以爲尚書御史史書令史。吏民上書，字或不正，輒舉劾。』六體者，古文、奇字、篆書、隸書、繆篆、蟲書，皆所以通知古今文字，摹印章，書幡信。」蕭何固以習古文爲一代之功令也，豈得云「書廢已久，時人無能識」乎？

辨曰：《漢志》與《説文序》皆但云古文與篆、籀不同，並無科斗之説。惟鄭君《書贊》云：「《書》初出屋壁，皆周時象形，今所謂科斗書。以形言之爲科斗，指體即周之古文。」是鄭謂古文作科斗形，即科斗書。僞孔之《序》蓋本鄭説。然《説文》自序云「其稱《書》孔氏，皆古文」，而《説文》所列古文，並不作科斗形，未知鄭説

何據。《説文》古文字亦無幾，疑即杜林漆書一卷中字。杜傳之賈景伯，賈又傳之許也。❶

四十四之一

自僞孔傳有「河圖，八卦。伏羲王天下，龍馬出河，遂則其文以畫八卦，謂之河圖」及「天與禹，洛出書，神龜負文而出，列於背，有數至於九。禹遂因而第之，以成九類」之説，後説《易》者皆以河圖，説《洪範》者皆以洛書，紛紜膠葛，莫可爬剔。甚哉！其爲經之蠹久矣。及讀《漢・五行志》，劉歆曰：「虙犧氏繼天而王，受河圖，則而畫之，八卦是也；禹治洪水，賜雒書，法而陳之，洪範是也。」乃知孔出於歆。向嘗謂魏晉間書多從《漢書》來者，豈無徵哉？雖然，「河圖，八卦是也」，孔注《論語》，有是説矣，要未可盡抹煞。蓋《易・繫詞》曰：「古者包犧氏之王天下也，仰則觀象於天，俯則觀法於地，觀鳥獸之文與地之宜，近取諸身，遠取諸物，於是始作八卦。」又曰：「河出圖，洛出書，聖人則之。」圖與書同出伏羲之世。程子謂聖人見河圖、洛書而畫八卦，即如前所云，伏羲取法固自多矣，亦何妨更法圖、書？且圖、書之法，亦不過所謂觀鳥獸之文而已，遠取諸物而已，豈得謂龍馬出伏羲始能畫，不然，將束手不作《易》哉！至洛書出禹，經傳都無其事，於《洪範》尤了不相涉。祇緣歆當莽時，尚符瑞，敢爲矯誣傅會。

辨曰：徵君於《易》，不信宋人先、後天圖，

❶ 以上所辨《疏證》引文出自《疏證》第一百七「言安國《大序》謂科斗書廢已久，本許慎《説文序》」。

自是卓見。而並駁劉歆河圖、洛書之説，則非也。「河出圖，洛出書，聖人則之」，明見於《繫辭》。歐陽公不信徵祥，乃並謂《十翼》非孔子作，豈可爲訓！

四十四之二

又按：《洪範》篇，二孔俱不言有錯簡。宋蘇子瞻始言之，以「曰王省惟歲」至「則以風雨」八十七字爲「五紀」之傳，繫於「五曰曆數」之下。逮金仁山參以子王子，益定。又以「無偏無頗」至「歸其有極」爲「皇極」經文，「曰皇極之敷言」至「以爲天下王」爲「皇極」傳文，共一百字，皆繫於「皇建其有極」之下。「斂時五福」至「其作汝用咎」一百四十六字，繫於「五曰考終命」下，爲「五福」之傳。「惟辟作福」至「民用僭忒」四十八字，繫於「六曰弱」下，爲「五福六極」之總傳。讀之頗覺如昌黎所謂文從字順、皇甫湜所謂章妥句適云。

辨曰：此皆宋人竄易經文之陋習。徵君乃稱爲文從字順、章妥句適，鄙人不敢附和。❶

四十五之一

又按：姚際恒立方亦以經與傳同出一手，僞則俱僞，笑世人但知辨僞傳，而不知辨僞經，未免觸處成礙耳。似暗指朱子言。余問：何謂也？立方曰：「如辨《伊訓》傳太甲繼湯而立之非矣，則於僞經『王徂桐宮居

❶ 以上所辨《疏證》引文出自《疏證》第一百十二「言僞孔傳以洛書數有九，禹因之以成九類之説非」。

憂』不能通，蓋未有太甲服仲壬之喪而處祖墓旁者。辨《泰誓上》傳武王承襲父年之非矣，則於僞經『大勳未集』、『九年大統未集』不能通，蓋未有文王不受命改元而得稱九年者。蔡沈徒爲曲解，不足據，故莫若俱僞之。俱僞之，斬卻葛藤矣。」

辨曰：經傳同出一手，僞則俱僞，極是。然文王受命改元，武王承襲父年，皆是古義，並非僞傳所創。九年之説，出於劉歆，本《逸周書》，較《大傳》、《史記》文王受命七年多二年，自當從今文七年爲正。即從劉歆之説，亦猶勝於文王不改元、武王不承父年之臆説也。徵君此等處多不辨。❶

四十六之一

又按：石紫嵐謂《三統曆》《武成》篇乃以庶國祀馘于周廟，在廟獻馘，似非武王所以待紂，古文未必實。予曰：參以《周書·世俘解》，當日正有此事，但不必如《周書》已甚。《周書》云：負商王受，懸首白旂，妻懸首赤旂，乃以先馘入燎于周廟。寧至於此！若《王制》出征執有罪，反以訊馘告，《牧誓》明數紂惟四方之多罪逋逃崇長信使，暴虐奸宄，非所稱有罪者乎？又如戮飛廉於海隅，即截其左耳來，以告先王而明武功之成。❷聖人動舉磊落光明，豈若後世回互者

❶ 以上所辨《疏證》引文出自《疏證》第一百十四「言朱子於古文猶爲調停之説」。

❷ 「王」，原無，今據《尚書古文疏證》卷八補。

之所爲哉！

辨曰：徵君知此，可無疑於文王改元、武王觀兵及周公攝王之事矣。

四十六之二

又按：《禮記・曾子問》有公館、私館之别。公館凡二，一是公家所造之館，即賈所謂正客館；一仍是卿大夫、士家爲君所使停舍者，即爲公館。《聘禮》一篇，自「卿致館」、「賓即館」後，❶「有司入陳」，注云：「入賓所館之廟。」「揖入，及廟門」，注云：「舍於大夫廟。」「卿館於大夫」，注云：「館者必於廟。」皆《曾子問》後所稱之公館，非前所稱，不得以公彦曲説爲藉口。

辨曰：俞正燮云：此言公館，故有右房，何以明之？《記》云「君不見，使大夫受，❷自下聽命，自西階升，受，負右房而立」，與《聘禮》「還玉，賓自碑内聽命，升自西階，受，負右房而立」，均爲代君受玉，儀節同，則必均在公所，右房之爲公館無疑也。以《左傳》言之，魯、衛、鄭、宋在晉，各於大夫有所主。襄公三十一年，❸鄭子産壞晉館垣，「納車馬」，非毁所主大夫、士家之垣也。故知負右房行禮，是公館，其私館，大夫士家無右房也。❹

❶「致」，原作「至」，今據《尚書古文疏證》卷八、《儀禮注疏》卷二十《聘禮》改。

❷「使」，原無，今據《儀禮注疏》卷二十四《聘禮記》補。

❸「三」，原作「二」，今據《春秋左傳正義》卷四十改。

❹以上所辨《疏證》引文出自《疏證》第一百二十「言與石華峙論東漢時今文與逸篇或離或合」。

四十七之一

孔安國之從祀，在唐貞觀二十一年，實以古文《尚書》。今子既辨古文《尚書》經與傳皆屬假託，然則安國之從祀，亦可得而去乎？余曰：唯唯，否否，安國之《尚書》誠假託，然其於經籍之功亦有不可得而泯者。如《孝經》二十二章傳至梁始亡。《論語》二十一篇，何晏時雖不傳，而今《論語》注有所謂「孔曰」者，即安國之辭，是其有功於《論語》，不可泯也。《禮》古經五十六篇，十七篇與高堂生所傳正同，餘三十九篇謂之逸《禮》，哀帝時欲立學官，不果。鄭康成本習小戴《禮》，後以古經校之，取其義長者，爲鄭氏學。今鄭注有所謂古文作某，即安國之本；所謂今文作某者，乃從安國本也。逸《禮》三十九篇，唐初猶傳，諸儒曾不以爲意，遂燬於兵。而吴澄所纂逸《經》八篇，猶安國之逸也。是其有功於《儀禮》，不可泯也。《禮記》未詳篇數，然《漢志》亦謂自孔壁得之。伏生今文《盤庚》三篇合爲一，《康王之誥》合於《顧命》，安國古文出，始分析。《酒誥》、《召誥》率多脱簡，劉向以中古文校之，始復完備。是即其有功於今文《尚書》，亦不可泯也。

辨曰：安國《孝經》《論語》注皆僞書，説已見前。逸《禮》雖出孔壁 ，未聞安國有校正之功。《漢志》、《説文敘》皆有《禮記》，而非今之《戴記》。《盤庚》三篇本是一篇，《康王之誥》與《顧命》，伏生未嘗合而爲一，説亦見前，且其析亦非由安國古文。惟《酒誥》、《召誥》脱簡，劉子政以中古文校之，則當是孔壁原文藏於秘府者。子國傳經之功，蓋亦不多，而比於杜子

春、后蒼，子國從祀固可無愧。當如此解。❶

四十七之二

安國壁中所得，實止《論語》、《孝經》、《尚書》、《禮經》四部，無《禮記》。今云然者，亦偶本《漢志》。余又曾疑《漢志》魯恭王壞孔子宅一段，《禮記》「記」字爲衍文，或「經」字之譌。因顏注未明，故未盡削去，實非屬定論也。

辨曰：許叔重《説文解字序》亦曰：「魯恭王壞孔子宅而得《禮》、《記》。」段懋堂云：「禮者，禮古經也；記者，謂禮之記也。」《志》云：「《記》百三十一篇，七十子後學者所記也。《明堂陰陽》三十三篇，古明堂之遺事也。《王史氏》二十七篇，七十子後學者也。」《漢志》「禮記」字或亦

❶ 以上所辨《疏證》引文出自《疏證》第一百二十八「言安國從祀未可廢，因及漢諸儒」。

尚書大傳輯校

〔西漢〕伏勝　撰
〔東漢〕鄭玄　注
〔清〕陳壽祺　輯校
曹書傑
楊棟　校點
劉書惠

目　録

校點説明

《尚書大傳輯校》三卷，清陳壽祺撰。壽祺（一七七一——一八三四），字恭甫、介祥、葦仁，號梅修、左海，晚號隱屏山人。福建閩縣（今閩侯）人。嘉慶四年（一七九九）進士，選翰林院庶吉士，散館授編修，曾任廣東、河南鄉試副考官，會試同考官。京察一等，記名御史。壽祺初治宋明理學，後專治漢學，尤用心於今文，以爲兩漢經師莫先於伏生，莫備於許慎、鄭玄，乃搜集漢儒舊説，輯成《尚書大傳定本》。另有《五經異義疏證》三卷，《洪範五行傳輯本》三卷，《禮記鄭讀考》六卷，《左海經辨》二卷，《左海文集》十卷，《左海駢體文》二卷，《絳趺堂詩集》六卷，《東越儒林文苑後傳》二卷，《東觀存稿》一卷等。其中大部分收入《左海全集》《續集》。

《尚書大傳》古來多有言説，《漢書·藝文志·書類》載有「《傳》四十一篇」，無撰人，《經典釋文·序録》始稱「《尚書大傳》三卷，伏生作」，《隋書·經籍志》稱「伏生作《尚書傳》四十一篇，以授同郡張生」，並載《尚書大傳》三卷，鄭玄注。鄭玄《尚書大傳序》稱，此書乃伏生卒後，弟子張生、歐陽生等輯師説大義而成。此書亡佚約在南宋之後，其佚文及鄭玄注之輯佚，清代有孫之騄、盧見曾、董豐恒、孔廣林等十餘家，而陳壽祺輯本晚出，較之舊輯本可稱佳善。全書體例明晰，輯佚之功深厚，所輯佚文皆注出處，且有陳氏案語附於其間，考辨審慎翔實，「於伏傳可謂有功矣」。李慈銘《越縵堂讀書記》評價云：「恭甫氏考證精洽，條系出處，較之盧本實爲遠勝。蓋盧刻雖稱宋本，得之吴中藏書家，要出於掇拾，不足信也。吾邑樊氏廷筠亦有輯本，余舊有之，今已失，不能復記。陳氏此編，可謂空前絶後矣。」

陳氏《尚書大傳定本序》稱「伏生之學，尤善於禮，其言巡狩、朝覲……路寢之制，后、夫人入御」等，然考諸所輯佚文，未見「后、夫人入御」之制，而晚清王闓運《尚書大傳補注》乃輯有「古者后、夫人將侍於君前，息燭後舉燭至於房中。釋朝服，襲燕服，然後入御於君。雞鳴，太師奏《雞鳴》於階下。夫人鳴佩玉於房中，告去也。然後應門擊柝，告辟也。然後少師奏《質明》於階下，然後夫人入庭立，君出朝」。此外，董豐恒輯本陳氏未見，相較兩本所輯佚文，陳本又有十餘條缺漏，而陳澧在重編此書時仍未補入，可謂此本之缺憾也。晚清皮錫瑞所輯《尚書大傳疏證》是目前所見最爲佳善之本，因亦已收入《儒藏》精華編，此不贅述。陳本雖有不足之處，但在清代諸多輯本中堪稱善本，而王氏、皮氏之作皆多受其啓發。

陳壽祺《定本序》云「三卷，首爲《序録》一卷」，又「《訂誤》一卷」，合爲五卷。是書初刻爲嘉、道間陳氏家刻《左海全集》本，五卷，題名《尚書大傳定本》，附《序録》、《辨訛》（即《訂誤》）各一卷，民國《四部叢刊》即影印此本。然是本體式前後不整，字體大小不一。同治間，陳澧重加整理改訂，分爲三卷，即同治十二年（一八七三）粵東書局《古經解彙函》本，民國《叢書集成初編》即據此本排印。光緒間《清經解續編》本則僅存《大傳》正文三卷，删去《序録》、《辨譌》等，題名《尚書大傳輯校》。各本卷帙雖異，但所輯内容並無不同。

此次校點，以《清經解續編》本爲底本，以《四部叢刊》影印《左海全集》本（簡稱「左海本」）、《古經解彙函》本爲校本。參校陳氏所輯引諸書，十三經用中華書局影印清嘉慶間南昌府學刊《十三經注疏》本，二十四史用中華書局點校本。版式基本保持《經解》本之面貌，雙行小字注文依《儒藏》精華編體例改爲單行小字。卷首據「左海本」補入陳壽祺《尚書大傳定本序》，卷末補入《尚書大傳辨譌》。

校點者　曹書傑
　　　　楊　棟
　　　　劉書惠

尚書大傳定本序

《尚書大傳》四十一篇，見《漢書·藝文志》。鄭康成《序》謂出自伏生，至康成詮次爲八十三篇。《隋書·經籍志》、《新唐書·藝文志》、《崇文總目》、《郡齋讀書志》並著録三卷，《唐志》别出《暢訓》一卷，疑即《略説》之譌。《舊唐志》直云「《尚書暢訓》三卷，伏勝注」，繆甚。自葉夢得、晁公武皆言今本首尾不倫，《直齋書録解題》言印板刓闕，宋世已無完本，迄明遂亡。近人編輯，有仁和孫晴川本，德州盧雅雨本，曲阜孔叢伯本。孫、盧本多殽舛，孔氏善矣，而分篇强復《漢志》之舊，非也，其他譌漏猶不免焉。今覆加稽覈，楬所據依，稍參愚管而爲之案。三卷，首爲《序録》一卷，其所芟除别爲《訂誤》一卷，末載《漢書·五行志》，綴以它書所引劉氏《五行傳論》三卷，總爲八卷。

序曰：伏生以明經爲秦博士，漢孝文時年且百歲，計其生在周末，得見《詩》、《書》古文，且博識先秦舊書雅記，多漢諸儒所未聞。遭時燔災，明哲退隱，嬴祚既顛，守道不出。初抱百篇藏之山中，漢興亡失，求得二十九篇，而《九共》、《帝告》、《嘉禾》、《揜誥》、《臩命》諸闕篇猶能言其作意，述其佚句。文帝命掌故晁錯從受《尚書》，而伏生亦自以二十九篇授張生、歐陽生，教於齊魯之間。迄武、宣世，有歐陽、大小夏侯氏立學官，是爲今《尚書》。孔安國晚得壁中古文，多逸《書》十六篇，顧絶無師説。終漢之世，獨傳二十九篇而已。何則？二十九篇今文具存，文字異者不過數百，其餘與古文大恉略均，足相推校。逸十六篇既無今文可考，遂莫能盡通其義。凡古文《易》、《書》、《詩》、《禮》、《論語》、《孝經》所以傳，悉由今文爲之先驅，今文所無輒廢。古《春秋左氏傳》賴張蒼先修其業，故傳。《禮》古經五十六卷，傳《士禮》十七篇，與後戴同，而三十九篇逸《禮》竟廢。《書》亦猶是也。向微伏生，則唐、虞、三代典謨誥命之經，煙銷灰滅，萬古長夜。夫天爲斯文，篤生名德，期頤之壽，以昌大道，豈偶然哉！

《尚書》今學，精或不逮古文，然亦各守師法。賈逵以爲俗儒，康成以爲嫉此蔽冒不悛，迺謂當時博士末師破碎章句之過。而伏生《大傳》條撰大義，因經屬恉，其文辭爾雅深厚，最近大小戴《記》七十子之徒所説，非漢諸儒傳訓之所能及也。康成百世儒宗，獨注《大傳》，其釋三禮每援引之，及注古文《尚書》、《洪範》五事、《康誥》孟侯、文王伐崇戡耆之歲、周公克殷踐奄之年，咸據《大傳》以明事，豈非閎識博通信舊聞者哉！

且夫伏生之學，尤善於禮。其言巡狩、朝覲、郊尸、迎日、廟祭、族燕、門塾、學校、養老、擇射、貢士、考績、郊遂、采地、房堂、路寢之制，后、夫人入御，太子迎問諸侯之法，三正之統，五服之色，七始之素，八伯之樂，皆唐、虞、三代遺文，往往六經所不備，諸子百家所不詳。漢始定天下，庶事艸刱，獨一叔孫通略定制度，雜以秦儀，若迺正朔、服色、郊望、宗廟之事，數世猶未章焉。假令當高帝時，伏生年未篤老，尊其高節，安車禮徵，與張蒼等考舊章，立經制，議禮樂，則魯兩生息面諛違古之誚，絳、灌諸臣汨年少紛更之譏，規橅粗定，然後繼以賈誼、董仲舒、河間獻王、王吉、劉向之倫，先後討論，法象明備，成康之治何必不復見西京？今其書散佚，十無四五，猶可寶重。宋朱子與勉齋黄氏纂《儀禮經傳通解》，攈摭《大傳》獨詳，蓋有裨禮學，不虚也。

《五行傳》者，自夏侯始昌，至劉氏父子傳之，皆善推禍福，著天人之應。漢儒治經，莫不明象數、陰陽以窮極性命。故《易》有孟京卦氣之候，《詩》有翼奉五際之要，《春秋》有《公羊》災異之條，《書》有夏侯、劉氏、許商、李尋《洪範》之論，班固本《大傳》，攈仲舒，别向、歆，以傳《春秋》。告往知來，王事之表不可廢也。是以録《漢書・五行志》附於後，以備一家之學云。

東越　陳壽祺

尚書大傳輯校一

侯官陳壽祺恭甫著

唐傳

案曰：《困學紀聞》卷二云：「《大傳》說《堯典》，謂之《唐傳》，則伏生不以是謂虞書。」❶

堯典

堯年十六，以唐侯升爲天子，遂以爲號。《論語·泰伯》疏。

案曰：《堯典》正義云：「徧檢《書傳》，無帝堯即位之年。」則此似非伏生《大傳》文，疑出《書緯》。

辯章百姓。見《毛詩·采薇》正義、《史記·五帝紀》索隱、《後漢書》注。

辨章百姓，百姓昭明。《癸辛雜識·前集》引「《尚書大傳》第一曰」云云。

主春者張，昏中可以種穀。主夏者火，昏中可以種黍。主秋者虛，昏中可以種麥。主冬者昴，昏中可以收斂。以上見《禮書》卷三十五、《尚書·堯典》正義。又《周禮·司寤氏》疏引「穀」作「稷」，「收斂」下多「蓋藏」二字，「黍」下多「菽」字。又《周禮·考工記》疏，《北堂書鈔》，《太平御覽》二十一《時序部六》、八百三十八《百穀部二》、八百四十二《百穀部六》，並節引。

案曰：《太平御覽·時序部》十八，又二十一、又二十四。引《尚書考靈曜》曰：「鳥星爲春候，火星爲夏期，專陽相助，同精感符。虛星爲秋候，昴星爲冬期，陰氣相佐，德乃弗邪。子助母收，母合子符。」鄭康成注：「虛星，北方宿也。昴星，西方宿也。陰指母也。」《禮記·月令》正義引《書考靈曜》曰：「主春者鳥星，昏中可以種稷。主夏者心星，昏中可以種黍。主秋

❶「謂」，左海本、《古經解彙函》本作「爲」。

者虛星，昏中可以種麥。主冬者昴星，昏中則入山可以斬伐，具器械。王者南面而坐，視四星之中者而知民之緩急，急則不賦力役，故敬授民時。」《書緯》之言，與伏生《書傳》同。《淮南子·主術訓》：「張昏中則務種穀，大火中則種黍、菽，虛中則種宿麥，昴中則收斂畜積，伐薪木。」此即本《大傳》。

秋昏虛星中，可以種麥。【注】虛，北方玄武之宿，❶八月昏中，見於南方。《齊民要術》二。

主冬者昴，昏中可以收斂、田獵、斷伐，當上告之天子，而下賦之民。故天子南面而視四星之中，知民之緩急。急則不賦籍，不舉力役。故曰「敬授人時」，此之謂也。【注】籍，公家之常徭。《太平御覽》二十六《時序部十一》。又《尚書·堯典》正義、《北堂書鈔》、《路史·後紀十一》引小異。

東方者何也？動方也，物之動也。何以謂之春？春，出也。故謂東方春也。《太平御覽》十八《時序部三》。又《藝文類聚》三。

春，出也，萬物之出也。《廣韻·十八真》。

南方者何也？任方也。任方者，物之方任。何以謂之夏？夏者，假也，吁荼萬物養之外者也。故曰南方夏也。《御覽》二十一《時序部六》。

夏者，假也，吁荼萬物而養之外也。【注】吁荼，讀曰噓舒。《事類賦注》。末六字是鄭注。

西方者何也？鮮方也。鮮，訊也。訊者，始入之皃。始入者何以謂之秋？秋者，愁也。愁者，萬物愁而入也。故曰西方者秋也。【注】秋，收斂皃。《御覽》二十四《時序部九》。

案曰：「愁」當如《禮記》作「揫」，字之誤。注「秋」字亦當作「揫」。

北方者何也？伏方也。伏方也者，萬物伏藏之方。伏藏之方，則何以謂之冬？冬者，中也。中也者，萬物方藏於中也。故曰北方冬也。陽盛則吁荼萬物而養之外也，

---

❶「玄」，原避康熙帝諱改作「元」，今回改。下同，不再出校。

陰盛則呼吸萬物而藏之内也。【注】吁荼，氣出而温。呼吸，氣入而寒。温則生，寒則殺也。故曰：吁吸也者，陰陽之交接，萬物之終始。《御覽》二十六《時序部十一》。又《藝文類聚》三、《記纂淵海》卷三節引。又《事類賦》五。

中春辯秩東作，中夏辯秩南譌，中秋辯秩西成，中冬辯在朔易。《周禮・馮相氏》注。賈公彦疏云：「據《書傳》而言。」

便秩東作。《史記・五帝紀》集解引《尚書傳》。

辯秩東作。《史記・五帝紀》索隱引《尚書傳》。

便在伏物。《史記・五帝紀》索隱引《尚書傳》。

分命和仲，度西曰柳穀。《周禮・縫人》注。賈疏云：「是濟南伏生《書傳》文。」

寅餞入日，辯秩西成。傳曰：天子以秋命三公將率，選士厲兵，以征不義。決獄訟，斷刑罰，趣收斂，以順天道，以佐秋殺。《御覽》二十四《時序部九》。

辯在朔易，日短。朔，始也。傳曰：天子以冬命三公，謹蓋藏，閉門閭，固封境，入山澤田獵，以順天道，以佐冬固藏也。《御覽》二十六《時序部十一》。

案曰：伏生《尚書大傳》引《書》「日短」下無「星昴」二字，或傳寫失之，或以「日短」斷句。

【注】否，不也。《文選・羽獵賦》注引鄭玄《尚書大傳》注。

案曰：此疑「否德」之注。

孔子對子張曰：「男子三十而娶，女子二十而嫁。女二十而通織紝績紡之事，黼黻文章之美。不若是，則上無以孝於舅姑，下無以事夫養子也。」《周禮・媒氏》疏無「女二十而」四字。《通典》五十九《嘉禮四》。〇又《毛詩・摽有梅》正義。

婦人八歲備數，十五從嫡，二十承事君子。《公羊》隱七年解詁。徐疏云：「《書傳》文。」

孔子曰：「舜父頑母嚚，不見室家之端，故謂之鰥。」《毛詩・桃夭序》正義引《唐傳》。又《尚書・

堯典》正義，《通鑑前編・帝堯七十載》注。○《堯典》正義曰：「鰥者，無妻之名，不拘老少。《書傳》以舜年尚少，爲之説耳。」

男三十而娶，女二十而嫁。《書》：「有鰥在下，曰虞舜。」《大戴禮・本命》篇盧辯注。❶

舜生姚墟。《風俗通・山澤第十》：「謹案《尚書》云云，姚墟在濟陰城陽縣。」

案曰：《尚書》無此文，此蓋《尚書傳》文。

昔舜耕于歷山，陶于河濱。【注】歷山，在河東。《毛詩・魏譜》正義。又《尚書・大禹謨》正義。

【注】歷山，在河東。今有舜井。《水經・瓠子水》注。《御覽》四十二《地部七》「井」作「墓」，引鄭玄云。

販于頓丘，就時負夏。《史記・五帝紀》索隱。又《御覽》八百二十九《資産部九》引上句。

舜漁于雷澤之中。【注】雷夏，沇州澤，今屬濟陰。《史記・五帝紀》集解。《御覽》七十二《地部三十七》，又八百三十三《資産十三》引傳。❷

正月上日，受終于文祖。在旋機玉衡，以齊七政。齊，中也。七政者，謂春、秋、冬、夏、天文、地理、人道，所以爲政也。道正而萬事順成，故天道政之大也。旋機者何也？傳曰：旋者，還也。機者，幾也，微也。其變幾微而所動者大，謂之旋機。是故旋機謂之北極。受，謂舜也。上日，元日。《御覽》二十九《時序部十四》。又《史記・五帝紀》正義、《天官書》索隱。○《玉海・天文上》引《大傳》與此不同，蓋誤。

案曰：《隋書・天文志》引《尚書考靈曜》：「璇璣中而星未中爲急，急則日過其度，月不及其宿。璇璣未中而星中爲舒，舒則日不及其度，月過其宿。璇璣中而星中爲調，調則風雨時，庶艸蕃蕪而百穀登，萬事康也。」《玉海・天文門》引此文，首有「昏明主時乃命中星者」九字，是《書緯》言在旋機以定中星之法也。

【注】渾儀中筩爲旋機，外規爲玉衡也。《史記・天官書》索隱引鄭玄注《大傳》云。

❶ 「辯」，原作「辨」，今據《周書・盧辯傳》改。

❷ 「八」，原作「二」，今據左海本、《古經解彙函》本改。

萬物非天不生，非地不載，非春不動，非夏不長，非秋不收，非冬不藏。故《書》曰「煙于六宗」，此之謂也。【注】煙，祭也。字當爲「禋」。馬氏以爲六宗謂日、月、星辰、泰山、河、海也。經曰：「肆類于上帝，禋于六宗，望秩于山川，偏于羣神。」《月令》：「天子祈來年于天宗。」如此則六宗近謂天神也。以《周禮》差之，則爲星、辰、司中、司命、風師、雨師也。《御覽》十八《時序部三》、《儀禮經傳通解續》二十六上《因事之祭》。〇又《御覽》五百二十八《禮儀部七》、《續漢・祭祀志中》注、《北堂書鈔》引並無注。

案曰：注「司中」，宋本《御覽》作「司人」，非。「煙」舊作「湮」，《路史・餘論五》云：「禋于六宗，《大傳》作『煙』，則事止燔燎。」據此，《大傳》字从火旁垔作「煙」，故鄭注直釋之曰「祭也」。《周禮・大宗伯》疏引《尚書・洛誥》注云：「禋，芬芳之祭。」康成注《周禮》「以禋祀，祀昊天上帝」云：「禋之言煙。周人尚臭，煙氣之臭聞者也。」是鄭據《書・堯典》「煙于六宗」之文以解禮也。他書誤爲「湮」字，則注語不可通矣。《史晨祀孔子廟碑》「以供煙祀」，《樊毅修西嶽廟記》「奠柴燎煙」，《西京賦》「升高煙于太乙」，《魏受禪碑》「煙于六宗」，與《大傳》合。

古者圭必有冒，言不敢專達之義也。天子執冒以朝諸侯，見則覆之。【注】君恩覆之，臣敢進。《周禮・玉人》疏。

古者圭必有冒，言下之必有冒，不敢專達也。天子執冒以朝諸侯，見則覆之。故冒圭者，天子所與諸侯爲瑞也。瑞也者，屬也。無過行者得復其圭以歸其國，有過行者留其圭，能改過者復其圭。三年圭不復，少黜以爵。六年圭不復，少黜以地。九年圭不復而地畢。此所謂諸侯之朝於天子也。義則見屬，不義則不見屬。《禮書》五十二。又《御覽》八百六《珍寶部五》、《文獻通考》節引，「留其圭」下有「三年」二字。

天子執瑁以朝諸侯，見則覆之。故圭瑁者，

天子所與諸侯爲瑞也。瑞也者，屬也。諸侯執所受圭與璧以朝於天子，無過者得復其圭以歸其國，其餘有過者留其圭，能正行者復還其圭。三年圭不復，少絀以爵。六年圭不復，少絀以地。九年圭不復而地削。此謂諸侯之朝于天子也。義則見屬。不義則不見屬。《白虎通·文質》篇。又《路史·後紀十二》、《山堂考索》、《演繁露》、《玉海》並節引。

古者巡守，以遷廟之主行。出以幣帛皮圭告於祖，遂奉以載於齊車。每舍，奠焉，然後就舍。反必告奠，卒，斂幣玉藏之兩階之閒。蓋貴命也。《路史·後紀十二·疏仡紀·有虞》。

見諸侯，問百年。命大師陳詩以觀民風俗，命市納賈以觀民好惡。山川神祇有不舉者爲不敬，不敬者削以地。宗廟有不順者爲不孝，不孝者黜以爵。變禮易樂爲不從，不從者君流。改衣服制度爲畔，畔者君討。有功者賞之。《尚書》曰：「明試以功，車服以庸。」《白虎通·巡守》篇。

【注】百年，老成人。見尊之之至也。《路史·後紀十二·疏仡紀·有虞》引鄭康成注云。

舜修五禮、五玉、三帛。《廣韻·入聲·二十陌》「帛」字注。

以賢制爵，以庸制禄，故人慎德興功，輕利而興義。《路史·後紀十一·陶唐氏》。

三年一使三公絀陟。《公羊》隱八年何休解詁。疏云：「《書傳》文。」

五年親自巡守。巡猶循也，狩猶守也，循行守視之辭。亦不可國至人見爲煩擾，故至四嶽，知四方之政而已。《公羊》隱八年解詁。疏云：「《堯典》文。」

案曰：《堯典》無此文，蓋皆出伏生《堯典傳》，疏脱「傳」字耳。今附録於此。

古之帝王必有命民。能敬長矜孤、取舍好讓者，命於其君，然後得乘飾車駢馬，衣文錦。未有命者，不得衣，不得乘。乘、衣者有罰。《後漢書·王符傳》注。又《藝文類聚·舟車部》引同，惟無「命於其君」四字，「不得乘」作「不乖車」。又《禮書》卷十四引同，「未有命者」作「民之未命者」。又《毛詩·都人士》正義、《禮記·大學》正義、《御覽》八百十五《布帛部二》、《路史·後紀十一》併節引，「好讓」下有「舉事力」三字。

【注】飾，漆之。駢，併也。《周禮·巾車》疏引鄭注云。

【注】居士錦帶。《禮書》十四引「鄭氏釋之曰」。

古者有命民有飾車、駢馬、衣錦。《禮記·玉藻》正義引《唐傳》云。

唐、虞象刑而民不敢犯，苗民用刑而民興相漸。唐、虞之象刑，上刑赭衣不純，中刑雜屨，下刑墨幪。以居州里而民恥之。【注】純，緣也。時人尚德義，犯刑者但易之衣服，自爲大恥。屨，履也。幪，巾也，使不得冠飾。《御覽》六百四十五《刑法部十一》。〇又《文選·求賢良詔》注、《七命》注、《初學記》二十、《白帖·象刑》、《荀子·正論篇》注，並節引。

唐、虞之象刑，上刑赭衣不純，中刑雜屨，下刑墨幪。以居州里而反於禮。【注】純，緣也。時人尚德義，犯刑者但易之衣服，自爲大恥。《周禮》罷民亦然。上刑易三，中刑易二，下刑易一，輕重之差。《公羊傳》襄二十九年疏。

案曰：傳末「而反於禮」四字，《公羊》襄二十九年疏作「而民恥之」。據《路史·後紀十一·紀陶唐》云：「《唐傳》作『而反于禮』，《甫刑傳》以三刑爲有虞氏者，非。」今依改。〇案：又曰：《路史》引「而反於禮」四字爲《唐傳》，下即言三刑非有虞制，是此四字與上刑、中刑、下刑云云相屬，皆在《唐傳》中。《路史》此下又釋云：「純，緣也。幪，巾也。《周禮》罷民亦然。上刑易三，下刑易一，輕重之差也。」皆用鄭注文，則《唐傳》有此節傳注甚明。吴中本以此四字綴上條「而民恥之」下，非也。

唐、虞象刑，犯墨者蒙皂巾，犯劓者赭其衣，犯臏者以墨幪其臏處而畫之，犯大辟者布衣無領。《北堂書鈔·象刑》。〇《酉陽雜俎》卷八引首九字，無「蒙」字。「皂」舊譌爲「帛」，今從《雜俎》引改。○《雜俎》下引《白虎通》：「墨者，額也。取漢法火之勝金。」

帝猶反側晨興，闢四門，來仁賢。《文選·刻漏銘》注。又《毛詩·關雎》正義引首句。《書》曰：「三歲考績，三考黜陟幽明。」其訓曰：三歲而小考者，正職而行事也。九歲而大考者，黜無職而賞有功也。其賞有功也，諸侯賜弓矢者得專征，賜鈇鉞者得專殺，賜圭瓚者得爲鬯以祭。不得專征者，以兵屬於得專征之國。【注】《春秋傳》曰：魯賦八百，邾賦六百，以兵屬於晉，由是也。不得專殺者，以獄屬於得專殺之國。不得賜圭瓚者，資鬯於天子之國然後祭。【注】資，取。《儀禮集傳集注》三十三《王制之己》。又《儀禮經傳通解續·宗廟》、《路史·發揮五》、《禮記·王制》正義並節引。又《路史·後紀十二·有虞紀》引作《周傳·考績訓》。

案曰：《周書》無考績之文，「周」當爲「唐」字之誤。《路史》「賞有功也」下尚有「一之三以至九年」云云三十八字，其文詞不類《大傳》，蓋羅氏泌之語。今不録。

堯南撫交阯。《水經注》三十七《淹水》注。

堯時麒麟在郊藪。《毛詩·麟趾序》正義引《唐傳》云。

堯使契爲田。《路史·發揮》卷四注引伏氏書。

弃爲田。《路史·後紀十一》云：「伏書亦謂弃爲田。」

虞傳

○案曰：《尚書正義》卷二云：「伏生雖有一《虞夏傳》，以外亦有《虞傳》、《夏傳》。」

九共❶

○案曰：《困學紀聞》卷二云：「《虞傳》有《九共》篇。」《漢藝文志考證》云：「《大傳》篇有《九共》。」

《書》曰：「予辯下土，使民平平，使民無敖。」《困學紀聞》卷二，《玉海》卷三十七。○《路史·後

❶「共」下，左海本有「傳」字。

紀十一》引作「民以無敖」。

《九共》，以諸侯來朝，各述其土地所生美惡，人民好惡，爲之貢賦政教。略能記其語，曰：「予辯下土，使民平平，使民無敖。」薛季宣《書古文訓》十六引伏生稱。

五年一朝。《公羊》桓元年解詁。徐疏云：「《虞傳》文。」

古者諸侯之於天子，五年一朝。朝，見其身，述其職。述其職者，述其所職也。《文選》二十六謝靈運《之郡初發都詩》注。又《上林賦》注、張景陽《雜詩》注、《五等諸侯論》注。

案曰：《公羊疏》以「五年一朝」爲《書傳》文，其詳見此，蓋即《九共》之傳也。

虞夏傳

案曰：《禮記·王制》正義云：「伏生《書傳》有《虞夏傳》。」

堯爲天子，丹朱爲太子，舜爲左右。【注】左右，助也。若周之冢宰典國事。堯知丹朱之不肖，【注】肖，似也。《史記·五帝本紀》索隱亦引此三字。必將壞其宗廟，滅其社稷，而天下同賊之。故堯推尊舜而尚之，屬諸侯焉，致天下於大麓之野。【注】堯受《運衡》，知天命之所在而授。又深知朱之不似，不欲命於天誅如桀、紂也。《御覽》百四十六《皇親部十二》引傳並注。

堯推尊舜，屬諸侯，致天下於大麓之野。【注】山足曰麓。麓者，録也。古者天子命大事、命諸侯，則爲壇國之外。堯聚諸侯，命舜陟位居攝，致天下之事，使大録之。《路史·發揮五》引《虞夏傳》及鄭康成注云。

堯得舜，推而尊之，贈以昭華之玉。《文選·石闕銘》注、《曲水詩序》注。

堯致舜天下，贈以昭華之玉。《御覽》八百四《珍寶部三》。又見《事類賦九》。

案曰：此上二條當與《路史》所引爲一。

《尚書》曰：堯將禪舜，納之大麓之野，烈風雷雨不迷，致之以昭華之玉。《水經・濁漳水》注引《尚書》。

案曰：疑《尚書》逸篇之文，且與《文選》注、《御覽》所引異，恐非《尚書傳》。

舜耕于歷山，堯妻之以二女，屬其九子也，贈以昭華之玉。《初學記・帝王部》。

維元祀，巡守四嶽八伯。【注】祀，年也。元年，謂月正元日舜假于文祖之年也。巡，行也，視所守也。天子以天下爲守。堯始得羲、和，命爲六卿，其主春夏秋冬者，並掌方嶽之事，是爲四嶽，出則爲伯。其後稍死，鵙吺、共工等代之，乃分置八伯。注見《儀禮通解續》二十六。亦見《周禮序》，《御覽・皇王部六》《禮儀部十六》。又《通鑑前編》節引。 壇四奥，沈四海，封十有二山，兆十有二州。【注】奥，内也，安也。四方之内，人所安居也。爲壇祭之，謂祭四方之帝、四方之神也。祭水曰沈。注見《儀禮通解續》，又見《文選・宋郊祀歌》注。《御覽・禮儀部十六》亦引此句。 祭者必封，封亦壇也。十有二山，十有二州之鎮也。兆，域也。爲營域以祭十二州之分星也。壇、沈、封、兆皆因所宜爲之名。《御覽》八十一《皇王部六》引「維元祀」至此，下有「濬川」二字，宜從之。○注見《儀禮通解續》。 樂正定樂名。【注】樂正，樂官之長。《周禮》曰大司樂。注見《儀禮通解續》。 元祀代泰山，【注】元，始也。歲二月東巡守，始祭代氣於泰山也。東稱代。《書》曰：「至于岱宗，柴。」注見《儀禮通解續》。 貢兩伯之樂焉。陽伯之樂，【注】陽伯猶言春伯，春官秩宗也。伯夷掌之。《毛詩・小雅・鼓鐘》疏引《虞傳》，「陽伯」上有「東嶽」二字。《儀禮經傳通解續》二十六、《通鑑前編》並同。○注見《儀禮通解續》。 舞《株離》。【注】株離，舞曲名。言象物生育離根株也。注見《儀禮通解續》。又《毛詩・鼓鐘》正義、《周禮・鞮鞻氏》疏引注「株離」至此。 其歌聲比余謠，【注】徒歌謂之謠。其聲清濁比如余謠，然後應律也。注見《儀禮通解續》。名曰《皙陽》。【注】「皙」當爲「析」。春，厥民析。皙陽，樂正所定名也。是時契爲司徒掌地官矣，後又舉禹掌天官。注見《儀禮通解續》。儀伯之樂，【注】「儀」當爲「羲」，羲仲之後也。注見《儀禮通解續》。舞《蕘哉》。其歌聲比大謡，名曰《南陽》。【注】蕘，動貌。哉，始也。言象物應雷而動，始出見也。南，任也。注見《儀禮通解續》。中祀大交霍山，《爾雅·釋地》疏引《虞夏傳》「霍山爲南嶽」。貢兩伯之樂焉。【注】中，仲也，古字通。春爲元，夏爲仲。五月南巡守，仲祭大交氣於霍山也。南交稱大交，《書》曰「宅南交」是也。注見《通鑑前編》。夏伯之樂，【注】夏伯，夏官司馬也。棄掌之。舞《謾彧》。《聖賢羣輔録》「謾彧」作「漫哉」，「舞」下有「武」字。一無「武」字。《玉海》同。其歌聲比中謡，名曰《初慮》。《羣輔録》作「祁慮」。《玉海》同。【注】謾猶曼也。彧，長貌。言象物之滋曼彧然也。初慮，陽上極，陰始謀也。「謾」或爲「謗」。羲伯之樂，【注】羲伯，羲叔之後也。舞《將陽》。其歌聲比大謡，名曰《朱于》。案曰：《羣輔録》作「朱華」，《玉海》同。《詩考》作「干」。【注】將陽，言象物之秀實動摇也。于，大也。秋祀柳穀華山，貢兩伯之樂焉。【注】八月西巡守，祭柳穀之氣於華山也。柳，聚也。齊人語。秋伯之樂，【注】秋伯，秋官士也。咎陶掌之。舞《蔡俶》。其歌聲比小謡，名曰《苓落》。案曰：苓，《羣輔録》作「零」。【注】蔡猶衰也。俶，始也。言象物之始衰也。和伯之樂，【注】和伯，和仲之後也。案曰：注「和仲」，《儀禮通解續》及《路史·後紀》引作「和叔」，非。今改正。舞《玄鶴》。其歌聲比中謡，名曰《歸來》。【注】玄鶴，言象陽鳥之南也。歸來，言反其本也。幽都弘山祀，【注】弘山，恒山也。十有一月朔巡守，祭幽都之氣於恒山也。互言之者，明祭山北稱幽都也。貢兩伯之樂焉。冬伯之樂，【注】冬伯，冬官司空也。垂掌之。舞《齊落》。【注】齊落，終也。言象物之終也。「齊」或爲「聚」。歌曰《縵縵》。垂爲冬伯。舞《丹鳳》，一曰《齊落》。歌曰《齊樂》，一曰《縵縵》。【注】和伯樂闕。《聖賢羣輔録》引。又《玉海》百二十五引《大傳》，云：「見《羣輔録》。」○注「和伯樂闕」四字見《通鑑前編》。○案曰：「一曰齊落」、「一曰縵縵」二句疑鄭注之文，非《大傳》文也。并論八音四會，【注】此上下有脱辭，其説未聞。《羣輔録》。歸假于禰祖，用特。五載一巡守，羣后德讓，貢正聲而九族具成。【注】「族」當爲「奏」。言諸侯貢其正聲，而天子九奏之樂乃具成也。以上傳自「維元祀」至此，見《儀禮經傳通解續》二十六上《因事之祭》全引。又《通鑑前編・帝舜元載》引《虞夏傳》「維元祀」至「用特」止。○又《御覽》八十一《禮儀部十六》引「維元祀」至「兆十有二州」，《路史・餘論》卷八引「舜元祀」，《後紀十二・有虞紀》引「維元祀」至「八伯」，並云《虞夏傳》。《毛詩・小雅・鼓鐘》正義引「東嶽陽伯之樂」，《尚書・堯典》正義引説《舜典》之四岳及羲伯、和伯，《周禮・鞮鞻氏》疏引「陽伯之樂，舞《株離》」，並云《虞傳》。○又《周禮序》，《文選・上林賦》注、《長笛賦》注、顔延年《郊祀歌》注，《御覽・皇王部六》、《禮記・王制》正義、《路史・後紀十二》、《通鑑前編・帝堯元載》、《玉海・詩考》、《小學紺珠》、《聖賢羣輔録》，並引。○以上注自「夏伯」至此，並見《儀禮經傳通解續》二十六。

五載一巡守，羣后德讓，貢正聲而九族具成。雖禽獸之聲，猶悉關於律。樂者，人性之所自有也。故聖王巡十有二州，觀其風俗，習其性情。因論十有二俗，定以六律、五聲、八音、七始。著其素蔟以爲八，此八伯之事也。分定於五，此五嶽之事也。五聲，天音也。八音，天化也。七始，天統也。《通鑑前編・帝舜六載》引《書大傳》。又《北堂書鈔・樂》、《隋書・音樂志》、《禮書》百十七、《路史・後紀十二》、《詩地理考》並節引。【注】「族」當爲「奏」。言諸侯貢其正聲，而天子九奏之樂乃具成也。關猶入也。入，《路史・後紀》引作「統」。今《詩・國風》是也。案曰：此「因論十有二俗」下注。五聲：宮、商、角、徵、羽也。八音：鐘、鼓、笙、磬、塤、篪、柷敔、琴也。七始：黄鐘、林鍾、大蔟、南吕、姑洗、應鍾、蕤賓也。歌聲不應此則去之。素猶始也。蔟猶聚也。樂音多，聚以爲八也。五，謂塤在北方，鼓在東方之屬。天所以理陰陽也。注見《通鑑前編》全引。○又《隋書·音樂志》、《禮書》百十七。維五祀，定鐘石，論人聲，乃及鳥獸，咸變於前。故更著四時，推六律、六吕，詢十有二變，而道宏廣。五作十道，孝力爲右。秋養耆老而春食孤子，乃浡然《招》樂興於大鹿之野。執事還歸，二年，謍然乃作《大唐之歌》。《通鑑前編·帝舜五載》引《虞夏傳》。又《宋書·禮志》、《路史·後紀十二·有虞紀》、《路史·發揮五》、《詩考》。【注】詢，均也。五作，五教也。十道，謂君令、臣共、父慈、子孝、兄愛、弟敬、夫和、妻柔、姑慈、婦聽者也。興，成也。樂以致天神，出地祇，致人鬼爲成也。謍猶灼也。《大唐之歌》，美堯之禪也。注見《通鑑前編·帝舜五載》。○又《路史·後紀十二》引「五作」「十道」注。樂曰：「舟張辟雍，鶬鶬相從。八風回回，鳳皇喈喈。」《玉海·音樂》。又《六藝流別》卷一。

案曰：《路史·後紀十二》云：「維五祀，定鐘石，論人聲，鳥獸咸變。乃更著四時，推律吕，均十有二變，而道宏廣。于是勃然興《韶》于大麓之野。執事還歸，二年，謗然乃作《大唐之歌》，以聲帝美。聲成而絑鳳至。故其樂曰：舟張辟雍，鶬鶬相從。八風回回，鳳皇喈喈。」據此，則「樂曰」以下當與上文相屬，但疑尚有脱文耳。「謍」作「謗」，字之誤。

又案曰：《尚書·無劮》「無或侜張爲幻」，《爾雅·釋訓》「侜張，誑也」，《説文解字》「侜，有壅蔽也」，揚雄《國三老箴》「姦寇侏張」，「侏張」即「侜張」之異文。鄭注《周禮·甸祝》「禂，今侏大也」，注《論語》「朱張」爲「侏張」，與「夷逸」皆不作人名解。鄭意「夷逸」謂夷于逸民，「侏張」謂狂士張大皃也。《尚書大傳》「舟張辟雍」，舟即侜之省，同聲假借，言辟雍之形有壅蔽而張大也。

維五祀，定鐘石，論人聲，【注】舜始欲改堯樂。乃及鳥獸，咸變於前。【注】百獸率舞之屬。秋養耆老而春食孤子，乃浡然《招》樂興於大鹿之野。報事還歸。二年，謑然乃作《大唐之歌》。【注】謑猶灼也。《大唐之歌》，美堯之禪也。歌者三年，昭然乃知乎王世明有不世之義。《招》爲賓客，而《雍》爲主人。【注】《招》、《雍》，皆樂章名也。賓入奏《招》，主人入奏《雍》也。始奏《肆夏》，納以《孝成》。【注】始，謂尸入時也。納，謂薦獻時也。《肆夏》、《孝成》，皆樂章名。舜爲賓客，而禹爲主人。【注】舜既使禹攝天子之事，於祭祀避之，居賓客之位，獻酒則爲亞獻也。樂正道贊曰：「尚考太室之義，唐爲虞賓。【注】尚考猶言往時也。太室，明堂中央室也。「義」當爲「儀」，儀，禮儀也。謂祭太室之禮，堯爲舜賓也。至今衍於四海。成禹之變，垂於萬世之後。」【注】衍猶溢也。言舜之禪天下，至於今，其德業溢滿四海也。《御覽》五百七十一《樂部九》。又《御覽·天部八》《人事部四十六》，《詩考》。

維十有三祀，帝乃稱王，而入唐郊，猶以丹朱爲尸。於時百執事咸昭然乃知王世不絕，爛然必自有繼祖守宗廟之君。【注】舜承堯，猶子承父。雖已改正易樂，猶祭天於唐郊，以丹朱爲尸。至十三年，天下既知已受堯位之意矣，將自正郊，而以丹朱爲王者後，欲天下昭然知之，然後爲之，故稱王也。晉祀夏郊，以董伯爲尸，知當以丹朱爲王者後，使祭其郊也。「祖」或爲「體」。《儀禮經傳通解續》二十二《天神》引傳及注。○又《禮記·曲禮》正義載《異義》引《虞夏傳》「舜入唐郊」二句。《禮書》七十四《尸》、《通鑑前編·帝堯七十載》引同。

維十有四祀，帝乃《雍》而歌者重篇。《通鑑前編·帝舜十四載》引《虞夏傳》。

維十有四祀，鐘石笙筦變。聲樂未罷，疾風發屋，天大雷雨。帝沈首而笑曰：「明哉！非一人天下也。乃見於鐘石。」《北堂書鈔·石》。○又《路史·發揮五》注引《虞傳》云：「維五祀，輿

《韶》樂於大鹿之野。十四祀，笙管變，天大雷雨，疾風，爲遜禹之事也。」

維十有五祀，祀者貳尸。《通鑑前編・帝舜十五載》引《虞夏傳》。

維十有五祀，舜爲賓客，禹爲主人。樂正進贊曰：「尚考太室之義，唐爲虞賓。」《文選》王元長《曲水詩序》引《尚書大傳》。

還歸二年，而廟中苟有歌《大化》、《大訓》、《六府》、《九原》，而夏道興。《通鑑前編》。

歌《大化》、《大訓》、《六府》、《九原》，而夏道興。【注】四章皆歌禹之功。《困學紀聞》卷二。

於時卿雲聚，俊乂集，百工相和而歌《卿雲》。《御覽・人事部四十六》，又《天部八》。又《藝文類聚・天部上》《祥瑞部上》，《後漢書・崔駰傳》注，《文選》江文通《雜體》、顔特進《侍宴詩》注，並引，小異。

於時俊乂百工，相和而歌《卿雲》。帝乃倡之曰：「卿雲爛兮，【注】和氣之明者也。糺縵縵兮，【注】教化廣遠。或以爲雲出岫，回薄而難名狀也。日月光華，旦復旦兮。」【注】言明明相代。八伯咸進，稽首曰：「明明上天，爛然星陳。日月光華，弘於一人。」帝乃載歌，旋持衡曰：「日月有常，星辰有行。四時從經，萬姓允誠。於予論樂，配天之靈。遷於賢聖，莫不咸聽。鼚乎鼓之，軒乎舞之。菁華已竭，褰裳去之。」於時八風循通，卿雲藂藂。【注】「藂」或爲「蔟」。言和氣應也。蟠龍賁信於其藏，【注】蟠，屈也。蛟魚踴躍於其淵，龜鼈咸出於其穴，遷虞而事夏也。《通鑑前編・帝舜十五載》。又《御覽・樂部九》引「帝乃倡之」至末，引傳及注。○又《御覽》八《天部八》引「舜時卿雲見，於時百工和歌，舜歌曰」云云。又《御覽》九《天部九》、《御覽》八百七十二《休徵部一》，《事類賦二・雲》注、卷十一《歌》注，《藝文類聚》四十三《祥瑞部上》，《文選・東京賦》注、《別賦》注、《曲水詩序》注、潘正叔《贈陸機詩》注、《七命》注，並分別。「載歌」，《藝文》四十三、《御覽》五百七十一並作「再歌」。「舞之」，《御覽》作「僛之」。「循通」，《御覽》作「循涌」，「賁」作「僨」。他書「循通」作「脩通」，非。「於其藏」，《文選・七命》注「於」作「越」。「旋持衡」三字，《御覽》無，今從《前編》增。「旋」上，依《宋書・符瑞志》當有「擁」字，《前編》亦脫。

案曰：「談然作《大唐之歌》」，徐陵《梁禪陳策文》云：「精華既竭，耄勤已倦，則抗首而笑，惟賢是與，謗然作歌，簡能斯授。」悉用《尚書大傳》事，而「談」字作「謗」。《路史》亦作「謗」。據鄭注「談猶灼也」，則作「謗」者誤。又《北堂書鈔》引《大傳》「沈首而笑」，徐陵文作「抗首」，《通鑑外紀》作「枕首」。尋其文義，「抗首」是也。又《宋書・符瑞志》云「舜乃擁璿持衡而笑」，《北齊書・文宣帝紀》云「重華握曆，持衡擁璇」，《通鑑前編》引《大傳》「帝乃載歌旋持衡」，「旋」上當脱「擁」字。「載歌」，《藝文類聚》四十三、《御覽》五百七十一引並作「再歌」。《外紀》說此事亦然，惟於「歌《卿雲》」後云：「帝乃再歌，擁旋持衡，枕首而笑曰：『時哉夫！天下非一人之天下也，亦見乎鐘石竽瑟。』」此則上下舛亂，劉道原所據《大傳》已失其舊矣。

案曰：《宋書・符瑞志》：「禹乃興《九招》之樂，致異物，鳳皇來翔。」又曰：「舜在位十有四年，奏鐘石笙筦未罷，而天大雷雨，疾風發屋拔木，桴鼓播地，鐘磬亂行，舞人頓伏，樂正狂走。舜乃擁璿持衡而笑曰：『明哉乎！天下非一人之天下也，亦乃見於鐘石笙筦乎。』乃薦禹於天，使行天子事。於時和氣普應，慶雲興焉，若煙非煙，若雲非雲，郁郁紛紛，蕭索輪囷，百工相和而歌《卿雲》。帝乃倡之曰：『慶雲爛兮，糺縵縵兮。日月光華，旦復旦兮。』羣臣咸進，稽首曰：『明明上天，爛然星陳。日月光華，弘予一人。』❶帝乃再歌曰：『日月有常，星辰有行。四時從經，萬姓允誠。於予論樂，配天之靈。遷於聖賢，莫不咸聽。鼚乎鼓之，軒乎舞之。精華既竭，褰裳去之。』於是八風脩通，慶雲藂藂，蟠龍奮迅於其藏，蛟魚踊躍於其淵，龜鼈咸出其穴，遷虞而事夏。」《宋志》此文，蓋悉本《大傳》。今《大傳》舜五祀、十二祀、十四祀、十五祀之事錯見，書籍所引闕佚不全，又先後乖舛。吳中舊本徒據《太平御覽・樂部九》所引一條，實多闕漏。

❶「弘」，清人避乾隆帝諱改作「宏」，今回改。以下逕改，不再出校。

考《路史・後紀十二・有虞紀》言：「維五祀，定鐘石，論人聲，興《韶》於大麓之野。還歸，二年，作《大唐之歌》。聲成而絲鳳至。故其樂曰：『舟張辟雍，鶬鶬相從。八風回回，鳳皇喈喈。』」《困學紀聞》卷二引《大傳》「樂曰」以下四句，是宜與「《大唐之歌》」相屬也。《御覽・樂部九》引「歌者三年，昭然乃知乎王世明有不世之義」，❶此十七字亦宜綴「樂曰」四句之下。蓋所謂「歌者」，即歌《大唐之歌》也。所謂「明有不世之義」，即指堯禪舜而言也。《儀禮經傳通解續》卷二十二引「維十有三祀，帝乃稱王，而入唐郊，猶以丹朱爲尸」，正説舜受禪事。下言「百執事咸知王世不絶，必有繼祖守宗廟之君」，與「乃知王世明有不世之義」正相對照。是此段宜與「歌者三年」三句相屬也。《路史・發揮五》注引《虞傳》云「十四祀，笙管變，天大雷雨，疾風，爲遜禹之事」，《北堂書鈔》引「維十有四祀，鐘石笙筦變」云云，《通鑑前編》引「維十有四祀，帝乃《雍》而歌者重篇」，是此數條宜相屬也。《宋書・符瑞志》説舜十四年奏樂事甚詳，與《北堂書鈔》所引《大傳》合，則《宋志》之爲全採《大傳》無疑。《書鈔》所引有不備者，當據《宋書》、《路史》補之也。《路史・後紀十二》敘舜咨禹而巽位，下云：「鐘石渝，笙筦變，未及終，天大雷電，烈風，大木盡拔，大屋盡發，宮羽盡革。二工伏柷以操雅。帝乃《雍》而歌者重篇。樂人重贊，舞人復綴。乃更容貳節，備十有二變，奏《肆夏》而納以《孝成》。四岳三公暨百執事咸贊于帝者，尚稽太室，唐爲虞賓。始而狂然，汔兹羨于四海。誠禹之命敷于四海，《韶》爲賓，而《雍》爲主人矣。」尋《路史》此段，多本《大傳》，其次第略可見。「帝乃《雍》而歌者重篇」，在「鐘石笙筦變」之下，尚有「樂正重贊，舞人復綴」數語，而「始奏《肆夏》，納以《孝成》。尚稽太室，唐爲虞賓」一節，據《文選・曲水詩序》注，乃十有五祀事，《路史》乃與「歌《雍》重篇」聯爲一時。今詳審文義，「納以《孝成》」以上當爲十四祀事，❷下當接「還歸二年，❸而廟中苟有歌《大化》、《大訓》、《六府》、

❶「昭然」，原脱，今據前文及《四部叢刊三編》景宋本《太平御覽》卷五七一《樂部九》引補。

❷「孝」，原作「教」，今據前文改。

❸「還歸」，原作「歌者」，今據前文改。

《九原》，而夏道興」；「舜爲賓客」以下，當從《選注》爲十五祀事，其上當據《前編》增「祀者貳尸」一語，❶如此則文從而不紊矣。《聖賢羣輔録》云十有五祀，後又有「百工相和而歌《慶雲》，八伯稽首而進見」，是《卿雲》之歌在十五祀後也。《通鑑前編》引《虞夏傳》「維十有四祀，帝乃《雍》而歌者重篇」，下即接云「于時俊乂百工，相和而歌《卿雲》」云云，亦失次。今參訂諸書所徵，更定之如左。

今重定傳文：

維五祀，定鐘石，論人聲，乃及鳥獸，咸變於前。故更著四時，推六律、六吕，詢十有二變，而道宏廣。五作十道，孝力爲右。秋養耆老而春食孤子，乃浡然《招》樂興於大鹿之野。報一作「執」。事還歸，二年，譣然乃作《大唐之歌》。樂曰：「舟張辟雍，鶬鶬相從。八風回回，鳳皇喈喈。」歌者三年，昭然乃知乎王世明有不世之義。維十有三祀，帝乃稱王，而入唐郊，猶以丹朱爲尸。於時百執事咸昭然乃知王世不絶，爛然必自有繼祖守宗廟之君。維十有四祀，鐘石笙筦變。聲樂未罷，疾風發屋，天大雷雨。帝沈首而笑曰：「明哉！非一人之天下也，乃見於鐘石。」案曰：「雷雨」下，當依《宋書·符瑞志》補「桴鼓播地，鐘磬亂行，舞人頓伏，樂正狂走。帝乃擁璿持衡」，凡二十二字。又「發屋」下補「拔木」二字，「明哉」下補「天下」二字，「乃見於鐘石」下補「笙筦乎」三字。帝乃《雍》而歌者重篇。此下當依《路史·後紀十二》補「樂正重贊，舞人復綴。乃更容貳節，備十有二變」，凡十八字。《招》爲賓客，而《雍》爲主人。始奏《肆夏》，納以《孝成》。還歸二年，而廟中苟有歌《大化》、《大訓》、《六府》、《九原》，而夏道興。維十有五祀，祀者貳尸，舜爲賓客，

❶「祀」，原作「記」，今據左海本改。

而禹爲主人。樂正進贊曰：「尚考太室之義，唐爲虞賓。至今衍於四海。成禹之變，垂於萬世之後。」於時卿雲聚，俊乂集，百工相和而歌《卿雲》。帝乃倡之曰：「卿雲爛兮，礼案曰：「礼」字當作「糺」。縵縵兮。日月光華，旦復旦兮。」八伯咸進，稽首曰：「明明上天，爛然星陳。日月光華，弘予一人。」帝乃再案曰：「再」字一作「載」。歌，旋持衡曰：「日月有常，星辰有行。四時從經，萬姓允誠。於予論樂，配天之靈。遷于賢聖，莫不咸聽。鼚乎鼓之，軒乎舞之。菁華已竭，褰裳去之。」于時八風循通，卿雲藂藂。蟠龍賁信於其藏，蛟魚踊躍於其淵，龜鼈咸出於其穴，遷虞而事夏也。

皋繇謨

翊，輔也。《華嚴經》第七十四《音義》卷下引《尚書大傳》。

案曰：此今文《尚書》「夙夜翊明有家」之訓。今文見《史記·五帝本紀》。

古者諸侯之於天子也，三年一貢士。天子命與諸侯輔助爲政，所以通賢共治，示不獨專，重民之至。大國舉三人，次國舉二人，小國舉一人。一適謂之攸好德，【注】適猶得也。注見《後漢書·蔡邕傳》注。再適謂之賢賢，三適謂之有功。有功者，天子賜以車服弓矢，再賜以秬鬯，三賜以虎賁百人，號曰命諸侯。命諸侯得專征者，鄰國有臣弒其君、孽伐其宗者，【注】孽，支子也。宗，適子也。注見《儀禮經傳通解集注》三十三。雖弗請於天子，而征之可也，征而歸其地於天子。【注】征，伐也。注見《儀禮通解集注》。有不貢士，謂之不率正者，【注】率，循也。正，由也。注見《儀禮通解集注》。天子絀之。一不適謂之過，【注】謂三年時也。再不適謂之敖，【注】謂六年時也。三不適謂之誣。【注】謂九年時也。注見《禮記·射義》正義。誣者天子絀之，一絀少絀以爵，【注】言少絀，明以漸也。再絀少絀以地，三絀而爵、地畢。【注】凡十五年。《後漢書·左周黃傳論》注。

《儀禮經傳通解·王制之己》「有不貢士」以下十字，《通解》引作「諸侯之有不率正者」。又見《禮記·射義》正義，小異。《路史·後紀十一·陶唐氏》云：「三適之賞，見《虞夏傳》。」○注見《禮記·射義》正義。○又《公羊》莊元年解詁引「三年一貢士」至「小國舉一人」。《儀禮集傳集注》三十三引伏書「禮，諸侯三年一貢士」至「三絀而地畢」，小異。又《禮書》卷一百八、《漢書·武帝紀》注、《後漢書·蔡邕傳》注、《通典·選舉一》、《文選》晉武帝《華林園集詩》注、《困學紀聞》卷五並節引。

《書》稱「天工人其代之」。傳曰：「夫成天地之功者，未嘗不蕃昌也。」《潛夫論》卷二《思賢》篇。

天子衣服，其文華蟲、作繢宗彝、藻、火、山龍。諸侯，作繢宗彝、藻、火、山龍。子、男，宗彝、藻、火、山龍。大夫，藻、火、山龍。士，山龍。故《書》曰：「天命有德，五服五章哉。」《禮書》卷三。又卷一引至「士山龍」止。

山龍純青，華蟲純黃，作會宗彝純黑，藻純白，火純赤。《隋書·禮儀志七》引《尚書大傳》，下云「以此相間而爲五采」八字，恐非《大傳》文，今不録。

山龍，青也。華蟲，黃也。作繢，黑也。宗彝，白也。藻火，赤也。天子服五，諸侯服四，次國服三，大夫服一，士服一。【注】玄或疑焉。《禮書》卷一，又卷三。○案：此注有闕。○又《御覽》六百九十《服章部七》。【注】五采相錯，非一色也。《隋書·禮儀志》引「鄭玄議已非之」云。

案曰：《續漢書・輿服志》：「孝明皇帝永平二年，初詔有司采《周官》、《禮記》、《尚書・皋陶》篇，乘輿服從歐陽氏説，❶公卿以下從大小夏侯氏説。」又曰：「衣裳玉佩備章采，乘輿刺繡，公、侯、九卿以下皆織成。」又曰：「顯宗初服旒冕，衣裳文章，❷赤舄絇屨，以祠天地，養三老五更于三雍。天子、三公、九卿、特進侯、侍祠侯，祀天地明堂，皆冠旒冕，衣裳玄上纁下，乘輿備文日、月、星辰十二章，三公、諸侯用山龍九章，九卿以下用華蟲七章，皆備五采。」《後漢書・明帝紀》「永平二年」注引董巴《輿服志》曰：「顯宗初服冕衣裳以祀天地。衣裳以玄上纁下，乘輿備文日、月、星辰十二章，三公、諸侯用山龍九章，卿已下用華蟲七章，皆五色采。乘輿刺繡，公卿已下皆織成。陳留襄邑獻之。」徐廣《車服注》曰：「漢明帝案古禮備其服章，天子郊廟衣皂上絳下，前三幅，後四幅，衣畫而裳繡。」然則顯宗更定服章，所謂從歐陽、夏侯説，即此是也。然《書傳》之文，無「日、月、星辰」，而云「天子服五」，何與？陳祥道《禮書》卷三引《尚書大傳》「山龍青也，宗彝白，藻火赤」，陳氏辨之曰：「『大夫之服，自玄冕而下；士之服，自皮弁而下』，固無藻、火、山龍矣。既曰『子、男，宗彝、藻、火、山龍。士，山龍』，又曰『次國服三，大夫服二，士服一』，是自戾也。」壽祺案：《書傳》所言，虞制也，固與周禮不同。《書傳》服五、服四、服三、服二、服一者，言其采色，非言其章數，前後之文未嘗相戾。永平初定冕服，公卿已下從大小夏侯説，乘輿服從歐陽説，日、月、星辰十二章，三公、諸侯用山龍九章，卿已下用華蟲七章，則是歐陽説冕服章數仍以十二、九、七爲節，大小夏侯説冕服章數乃自天子至公、侯以九爲節，卿以下以七爲節明矣。《尚書・益稷》正義引鄭玄《書注》云：「自日、月至黼、黻凡十二章，天子以飾祭服。至周而變之，以三辰爲旂旗。」王肅以爲：「舜時三辰即畫於旌旗，不在衣也。天子山龍、華蟲耳。」考王肅雖善賈、馬之學，而其父朗師楊賜，則治歐陽《尚書》者。肅解《虞書》作服與伏生《大傳》相合，蓋亦用今文家説也。《大傳》五服無日、月、星辰，又無粉米、黼、黻，故知五服是采色，非章數也。《隋書・禮儀志》大業元年虞

❶「服」，原無，今據《後漢書・輿服志下》補。

❷「文章」，原無，今據《後漢書・輿服志下》補。

世基奏：「近代故實，依《尚書大傳》『山龍純青，華蟲純黄，作繪宗彝純黑，藻純白，火純赤』，以此相間，而爲五采。後周故事，升日、月於旌旗，乃闕三辰，而章無十二。但有山、龍、華蟲、作繪宗彝、藻、火、粉米、黼、黻，乃與三公不異。開皇中，就裏欲生分別，故衣重宗彝，裳重黼、黻，合重二物，以就九章，爲十二等。但每一物上下重行，衮服用九，鷩服用七。今重此三物，乃非典故。」據此，虞世基既言近代服依《書傳》，而後周於山、龍、華蟲、作繪宗彝、藻、火之外，仍有粉米、黼、黻，此章數也。《大傳》以山龍爲青，華蟲爲黄，「作繢宗彝」四字連讀爲黑，藻爲白，火爲赤。陳祥道引云「作繢黑也，宗彝白也，藻火赤也」，分作繢、宗彝爲二，合藻、火爲一，非伏生本文，由所見《大傳》本誤，當從《隋志》更正。又引云「子、男，宗彝、藻、火、山龍」，以「次國服三」核之，「子男」下「宗彝」亦誤衍，宜删。陳氏反以是疑傳文自戾，過矣。《説文》十三《糸部》「繪，會五采繡也」，引《虞書》「山龍、華蟲、作繪」。以《後漢書·明帝紀》「乘輿刺繡，公卿已下皆織成」考之，則《大傳》五服亦皆謂繡，非畫也。鄭康成注《尚書》始云：「繪讀爲繢，凡畫者爲繢。」與伏、許異。見《尚書正義》、《左傳》昭二十五年正義、《文選·景福殿賦》注。作繪何以爲黑也？《説文》十上《黑部》「⿰黑會，沃黑色」，十二下《女部》「嬒，女黑色也」。繪之爲黑，此其義。

六律者何？黄鍾、蕤賓、無射、太蔟、夷則、姑洗是也。故天子左五鍾，右五鍾。【注】六律爲陽，六吕爲陰。凡律、吕十二，各一鍾。天子宫縣，黄鍾、蕤賓在南北，其餘則在東西。天子將出則撞黄鍾，《周禮·樂師》注引「黄鍾」下有「之鍾」二字。右五鍾皆應。【注】黄鍾在陽，陽氣動。西五鍾在陰，陰氣静。君將出，故以動告静，静者皆和也。馬鳴中律，步者皆有容，駕者皆有文，御者皆有數。步者中規，折還中矩。立則磬折，拱則抱鼓。【注】言聲合於樂，體比於禮也。然後太師奏登車，告出也。【注】《周禮》：「王出入奏《王夏》。」入則撞蕤賓，《周禮·樂師》注引「蕤賓」下有「之鍾」二字。左五鍾皆應。【注】蕤賓在陰，東五鍾在陽。君入，故以静告動，動者則亦皆和之也。以治容貌，容貌得則氣得，氣得則肌膚安，肌膚安則色齊矣。【注】入，故欲其静也。蕤賓聲，狗吠彘鳴，及倮介之蟲，皆莫不延頸以聽蕤賓。【注】皆守物及陰之類也。在内者皆玉色，在外者皆金聲。【注】玉色，反其正性也。金聲，其事殺。然後少師奏登堂就席，告入也。【注】少師，佐成大師之事者也。此言至樂相和，物動相生，同聲相應之義也。以上傳、注全見《儀禮經傳通解集傳集注》卷二十七《樂記》。〇又《周禮·樂師》注、《儀禮·大射儀》疏、《禮記·玉藻》正義、《後漢書·班固傳》注、《文選·東都賦》注、《太平御覽》三百八十八卷《人事部二十九》。

古者天子必有四鄰。前曰疑，後曰丞，左曰輔，右曰弼。天子有問無以對，責之疑。可志而不志，責之丞。可正而不正，責之輔。可揚而不揚，責之弼。其爵視卿，其禄視次國之君也。《禮記·文王世子》正義、《通典》卷二十《職官二》、《儀禮經傳通解集傳集注·王制之丙》、《玉海》卷百二十。〇又《史記·夏本紀》注、《漢書·伏湛傳》注、《太平御覽》卷七十六、《路史·後紀》並節引。

古者天子必有四鄰。前曰疑，後曰丞，左曰輔，右曰弼。天子中立而聽朝，則四聖維之。是以慮無失計，舉無過事。故《書》曰：「欽四鄰。」此之謂也。《通鑑前編·帝舜元載》注。

天子必有四鄰。前儀，後丞，左輔，右弼。直立而敢斷，廣心而從欲。輔善而相承，謂之輔；廉潔而切直，謂之弼。《華嚴經》第八十《音義》卷下。〇案曰：「直立而敢斷」下，當脱「謂之儀」三字。「廣心而從欲」下，當脱「謂之丞」三字。以下文輔、弼二句文法知之。

案曰：《萬卷菁華·前集》引云：「道是周公也，克是太公也，弼是召公也，丞是史佚也。故成王中立而聽朝，則四聖維之。」與前篇所引不同。此《大戴記・保傳》篇及賈子《新書》文也。克，二書作「充」。❶ 此以文字相近，類書誤耳。

古者帝王升歌《清廟》之樂，【注】《清廟》，樂章名。大琴練弦達越，大瑟朱弦達越。以韋爲鼓，謂之搏拊。何以也？【注】練弦、朱弦，互文也。越，下孔也。凡練弦達越搏拊者，象其德寬和。君子有大人聲，不以鐘鼓竽瑟之聲亂人聲。《清廟》升歌者，歌先人之功烈德澤也。【注】烈，業也。故欲其清也，其歌之呼也，【注】呼，出聲也。曰：「於穆清廟，肅雝顯相。」【注】肅雝顯相，四海敬和，明德來助祭。傳、注「肅雝」以下共十七字，見《毛詩・清廟》正義。於者，歎之也。穆者，敬之也。清者，欲其在位者徧聞之也。故周公升歌文王之功烈德澤，苟在廟中嘗見文王者，愀然如復見文王。故《書》曰：「搏拊琴瑟以詠，祖考來假。」此之謂也。《儀禮經傳通解集傳集注》卷二十七《樂記》全引傳、注。又見《通解續・宗廟樂舞二十五》。又《禮記・樂記》正義引首二句，云《虞書傳》。○又《樂記》正義引「以韋爲鼓」以下八字。又《毛詩・文王》《周頌譜》《清廟序》《清廟》諸正義、《文選》江文通《雜體詩》、《白帖・琴》、朱子《詩集傳》、陳暘《樂書》並節引。

拊，革裝之以糠。《周禮・太師》疏載《白虎通》引《尚書大傳》。又見《禮記・樂記》正義引《白虎通》。曲阜孔廣林曰：「《周禮》、《禮記》疏兩引《白虎通》如此，賈、孔皆云今《書傳》無其文。案：《白虎通》今亦無此文，其《禮樂》篇引《書傳》云『搏拊鼓振以秉』，疑即『革裝以糠』之譌。」

搏拊鼓振以秉，琴瑟練絲徽弦。鳴者，貴玉聲也。《白虎通・禮樂》。

舜彈五弦之琴，歌《南風》之詩，而天下治。《風俗通》卷六《琴》稱「謹案《尚書》」云云。○案曰：《尚書》無此文，蓋出《書傳》。

舜之時，西王母來獻白玉琯。《風俗通・聲音第

❶ 「充」，原作「克」，今據元至正刻本《大戴禮記・保傳》改。《新書・保傳》實作「輔」。

六》。又《漢書・律志一上》孟康注。

「元首明哉！股肱良哉！」元首，君也。股肱，臣也。《文選・褚淵碑文》注。

夏傳

禹貢

夏成五服，外薄四海。【注】言德廣之所及。東海，魚須、魚目。【注】所貢物。魚須，今以爲簪。又魚目，今以雜珠。南海，魚革、珠璣、大貝。【注】魚革，今以飾小車，纏兵室之口。貝，古以爲貨，王莽時亦然。西海，魚骨、魚幹、魚脅。【注】魚幹、魚脅，未聞。北海，魚劒、魚石、出瑱、擊閭。【注】魚劒，魚兵如劒也。魚石，頭中石也。出瑱，狀如凝膏，在水上。擊閭，狀如鮐魚，大五六尺，今海家謂之□□。河，魭。【注】「魭」當作「黿」，黿狀如鼈而大。《月令》「季夏，命漁人伐鮫，取鼉、登龜、取黿」也。江，鱓、大龜。【注】「鱓」或作「鼉」，鼉狀如蜥蜴，長六七尺。「鱓」或爲「鱣」，鱣，鯉也。五湖，玄唐。【注】五湖，揚州浸也，今屬吴。玄唐，未聞。鉅野，菨。【注】鉅野，大野也，魯藪，今屬山陽。菨，芰。鉅定，蠃。【注】鉅定，澤也，今屬樂安所有，故縣則屬齊。蠃，蝸牛也。濟中，詹諸。【注】詹諸，鼁黽也。孟諸，靈龜。【注】孟諸，宋藪也。龜俯者靈。《周禮》：「天龜曰靈屬。」降谷，玄玉。【注】「降」讀如「厖降」之「降」。或作「函谷」，今河南穀城西闞山也。大都，經魚、魚刀。【注】大都，明都。經魚，今江南以爲鮑。魚刀，魚兵如刀者也。咸會於中國。【注】言德能及之，異物來至也。傳、注並見《玉海・王會解注》後。○又《初學記・政理部三》、《御覽》七百六十六《雜物部一》、九百四十七《蟲豸部四》、九百七十五《果部十二》、《禮書》五十一、《爾雅翼》卷三十，《錦繡萬花谷・後集》卷十八、《困學紀聞》二。

禹成五服，齒革羽毛器備。《禹貢合注》、《太平御覽》七百六十六。

文皮千合。《史記・貨殖傳》索隱。

白羽之矰。《路史・疏仡紀・高辛》。

高山、大川、五嶽、四瀆之屬。《史記・夏本紀》集解。

五嶽謂岱山、霍山、華山、恒山、嵩山也。《白虎通・巡守》篇。

江、河、淮、濟爲四瀆。《白虎通・巡守》。《風俗通・山澤第十》「謹案《尚書大傳》、《禮三正記》」。

五嶽皆觸石而出雲，扶寸而合，不崇朝而雨天下。【注】四指爲扶。《藝文類聚》卷一《天部上》、《文選》應休璉《與從弟君苗君胄書》注。〇又《後漢書・章帝紀》、《御覽》卷八、卷十《天部》。〇又《事類賦》三。

大川相間，小川相屬，東歸於海。《水經注・序》。

大水、小水，東流歸海也。《文選・海賦》注、《郭有道碑文》注。

百川趨於東海。《文選・郭有道碑文》注。〇又《吴都賦》、《海賦》、孫子荆《爲石仲容與孫皓書》注。又《長歌行》注作「百川赴東海」。

非水無以準萬里之平，非水無以通遠道任重也。《藝文類聚》卷八《水部》、《御覽》五十八《地部二十三》。〇又《白帖・水》、《記纂淵海》卷一《水》。《藝文》引無「遠」字，《記纂》引無「道」字。

五嶽視三公，四瀆視諸侯，其餘山川視伯，小者視子、男。【注】所視者，謂其牲幣、粢盛、籩豆、爵獻之數，非謂尊卑。《禮記・王制》正義引「《夏傳》曰」並注。又《尚書・舜典》正義引注。〇又《風俗通・山澤第十》引，「其餘山川」下作「或伯或子、男，大小爲差」。注「所視者」三字，據《書疏》增。〇又《禮書》。

禹奠南方霍山。【注】謂奠祭也。《兩漢刊誤補遺》引《夏傳》曰。

東原底平。大而高平者，謂之大原。《水經・汾水注六》。

下而平者，謂之隰，隰之言濕也。《御覽》五十七《地部二十三》。

《夏傳》曰：下溼曰隰。《毛詩・隰桑》正義引「《夏傳》曰」。

順流而下曰沿。《事類賦》七引《書大傳》。

圻者，天子之境也。諸侯曰境。天子游，不出封圻。諸侯非朝聘不出境。《路史・國名紀八》。

天子游，不出封圻，不告祖廟。【注】《周禮》：「方千里曰王圻。」《詩》曰：「邦圻千里，惟民所止。」《儀禮經傳通解續》二十六上《因事之祭》。

夏傳

天子三公：一曰司徒公，二曰司馬公，三曰司空公。【注】《周禮》天子六卿，與太宰、司徒同職者則謂之司徒公，與宗伯、司馬同職者則謂之司馬公，與司寇、司空同職者則謂之司空公。一公兼二卿，舉下以爲稱。傳、注並見《周禮・地官・序官》疏。又《匠人》疏引《書傳》云司徒公、司馬公、司空公。又《大戴禮・保傅》篇注引今《尚書》説：「三公：司馬、司徒、司空也。」○案曰：《漢書・百官公卿表》或説「司馬主天，司徒主人，司空主土，是爲三公」。

案曰：《禮記・月令》「命太尉」，正義云：「案《書傳》有司馬公、司徒公、司空公領三卿，此夏制也。」

百姓不親，五品不訓，則責之司徒。《御覽》二百七《職官部》。

蠻夷猾夏，寇賊奸宄，則責之司馬。《御覽》二百九《職官部》。

溝瀆壅遏，水爲民害，田廣不墾，則責之司空。《御覽》二百八《職官部》。

案曰：《朱子文集》云：「伏生書多説司徒、司馬、司空。」

【注】坐而論道謂之三公，通職名，無正官名。《考工記・序工》疏引《夏傳》注。

司馬在前。《周禮・序官》疏引《夏傳》。

古者天子三公，每一公三卿佐之，每一卿三

大夫佐之，每一大夫三元士佐之。故有三公、九卿、二十七大夫、八十一元士。❶所與爲天下者，若此而已。《御覽》二百二《職官部二》，《儀禮經傳通解·王制之戊集傳集注三十二》。又《藝文類聚》四十五《職官一》引至「三元士佐之」。【注】自三公至元士凡百二十，此夏時之官也。周之官三百六十。《禮志》曰：「有虞氏官五十，夏后百，殷二百，周三百。」近之，未得其實也。據夏、周推其差，則有虞之官六十，夏后氏百二十，殷二百四十，周三百六十，爲有所法。《儀禮集傳集注》三十二。又《御覽》二百三引首三句。

舜攝時，三公、九卿、百執事，此堯之官也，故使百官事舜。《路史·後紀·陶唐》。【注】所謂六卿者，后稷、司徒、秩宗、司馬、士、共工爲六卿。《路史·後紀十四·夏后紀下》引《大傳·夏書》注。又《禮記·曲禮下》正義。

案曰：《路史》引此條爲《夏書》注，則是注説有虞之官制如此也。上條引舜攝時堯之官制，當與此注相屬，故入之《夏傳》。此篇當是説《甘誓》「乃召六卿」之文。

天子、諸侯必有公桑蠶室，就川而爲之，築官有三尺，【注】「官」當爲「宮」。雉長三丈，高一丈。度長以長，度高以高，則蠶宮高一丈。《禮志》曰：「仞有三尺。」七尺曰仞。案曰：《毛詩·瞻卬》正義引此傳、注，云：「彼文直云『宮有三尺』，『宮』下當脱『仞』字也。」棘牆而外閉之。大昕之朝，【注】季春朔日之朝也。三宮之夫人浴種於川。世婦卒蠶，獻繭於夫人。【注】此諸侯之禮。天子則獻繭於后。繅，三盆手。【注】手猶親也。言后夫人親以手總之也。《毛詩·瞻卬》正義分引傳、注，云《尚書·夏傳》文。○又《齊民要術》卷五節引傳首三句、「大昕之朝」二句。○又《儀禮·鄉射記》疏引注。

---

❶ 「三」，原作「二」，今據左海本、《古經解彙函》本改。

殷傳

案曰：《周禮·考工記·輿人》疏、《禮記·文王世子》正義、《毛詩·文王序》正義、《路史·後紀十四》、《困學紀聞》卷二並引《殷傳》。

帝告

《困學紀聞》卷二云：「《殷傳》有《帝告篇》。」○《玉海》卷三十七。

《殷傳》：未命爲士者，不得乘飾車。《考工記·輿人》疏引《殷傳》。

未命爲士者，不得乘朱軒。【注】軒，輿也，士以朱飾之。軒，車通稱也。《文選·別賦》注，又張景陽《詠史詩》注、顔延年《曲水詩序》注、《褚淵碑文》注、《安陸昭王碑文》注。

未命爲士，車不得有飛軨。【注】如今窗車也。《文選·七發》《劇秦美新》注。

未命爲士，不得衣繡。《廣韻·四十九宥》「繡」字注，《太平御覽·布帛部二》。

士乘飾車，兩馬。庶人單馬，木車。《公羊》隱元年疏。

庶人單馬，木車，衣布帛。《路史·後紀十一》注。

《帝告篇》：《書》曰：「施章乃服，明上下。」《困學紀聞》卷二。

案曰：《外紀》卷二：「成湯令未命之爲士者，車不得朱軒及有飛軨，不得乘飾車、駢馬，衣文繡。命，然後得，以順有德。」《通志·器服略》：「湯令未命之士不得朱軒及飛軨，不得飾車、駢馬、衣文繡。既命，然後得，以旌有德。」據二書所言，皆本伏生《大傳》。二書皆云「湯令」，則知此文在《殷傳》無疑。今並録以補《書傳》之闕逸。

湯誓

《殷傳·湯誓》云：夏人飲酒，醉者持不醉者，不醉者持醉者，相和而歌曰：「盍歸于亳，盍歸于亳，【注】亳，湯之都也。注惟見《繹史》十四。亳亦大矣。」故伊尹退而閒居，深聽歌聲，【注】思其故也。是時伊尹在桀。更曰：「覺兮較兮，吾大命格兮。【注】覺兮，謂先知者。較兮，謂直道者。格，至也。吾，謂桀也。去不善而就善，何不樂兮。」伊尹入告于桀曰：「大命之亡有日矣。」桀僩然歎，啞然笑曰：「天之有日，猶吾之有民也。日有亡哉？日亡吾乃亡矣。」【注】自比于天，言常在也；比于日，言去復來也。注見《文選·西征賦》注。是以伊尹遂去夏適湯。《路史·後紀十四·夏后紀》引伏書。○又《藝文類聚·帝王部二》、《太平御覽》八十三《皇王部八》。《御覽》不重「盍歸于亳」句。又《藝文》、《御覽》並無「僩然歎」三字，今依《路史》增。○「日有亡哉」四字，惟見《文選·西征賦》注、《史記·殷本紀》集解，據增。○《藝文類聚》十二《帝王部二》、《太平御覽》八十三《皇王部八》。《御覽》無注「吾謂桀也」四字。○《通鑑前編·夏桀四十歲》引《新序》，注云：「《大傳》與此大同小異。」湯放桀居中野，士民皆奔湯。桀與其屬五百人南徙千里，止於不齊，不齊士民往奔湯。桀與其屬五百人徙於魯，魯士民復奔湯。桀曰：「國，君之有也。吾聞海外有人。」與五百人俱去。《太平御覽》八十三《皇王部八》。

湯放桀而歸於亳，三千諸侯大會。湯取天子之璽置之於天子之坐左，復而再拜，從諸侯之位。湯曰：「此天子之位，有道者可以處之矣。夫天下非一家之有也，唯有道者之有也，唯有道者宜處之。」湯以此三讓，三千諸侯莫敢即位，然後湯即天子之位。《太平御覽》八十三《皇王部八》。❶

桀殺刑彌厚而民彌暴，故爾梁遠，遂以是亡。【注】故爾，窮其近也。梁讀爲掠。《路史·後紀十四·夏后紀下》引《殷傳》。○案曰：傳及注「故」字有

---

❶ 下「八」字，原無，今據本書文例及《太平御覽》補。

誤。

湯之君民，聽寬而獄省。《太平御覽》八十三《皇王部八》。

桀無道，囚湯，後釋之，諸侯八譯來朝者六國。《北堂書鈔》十《帝王部·來遠》。漢南諸侯聞之，歸之四十國。《路史·後紀·夏后紀下》。

湯伐桀之後，大旱七年。史卜曰：「當以人爲禱。」湯乃翦髮斷爪，自以爲牲，而禱於桑林之社，而雨大至，方數千里。《左傳》襄十年正義。○案曰：湯禱旱之事見《吕覽》。

景亳之命，費昌爲御。《路史·後紀十四·夏后紀下》。

般庚

《書》曰：「若德明哉。湯任父言，卑應言。」《困學紀聞》卷二，《漢藝文志考證》。

古者諸侯始受封則有采地，百里諸侯以三十里，七十里諸侯以二十里，五十里諸侯以十五里。其後子孫雖有罪黜，其采地不黜，使其子孫賢者守之，世世以祠其始受封之人，此之謂興滅國、繼絶世。《書》曰：「兹予大享于先王，❶爾祖其從與享之。」此之謂也。《路史·國名紀四》。○案曰：《韓詩外傳》與此同。

高宗肜日

武丁祭成湯，有飛雉升鼎耳而雊。武丁問諸祖己，祖己曰：「雉者，野鳥也，不當升鼎。今升鼎者，欲爲用也。遠方將有來朝者乎？」故武丁内反諸己，以思先王之道。三年，編髮重譯來朝者六國。《藝文類聚·鳥部》，《太平御覽》九百十七《羽族部四》。又《御覽》八十三

❶「王」，原作「生」，今據左海本、《古經解彙函》本改。

《皇王部八》。又《論衡·是應篇》「祖己」作「祖乙」。又《後漢書·郎顗傳》注、《記纂淵海》六十六。

孔子曰：「吾於《高宗肜日》，見德之有報之疾也。」【注】《肜日》，《尚書》篇名。《御覽·皇王部八》。○又《後漢書·郎顗傳》注。

三二

武丁之時，《外紀》卷二此句上有「成湯之後」四字，下有「王道虧」三字。《困學紀聞》卷二此句下有「先王道虧刑罰犯」七字。桑穀俱生於朝，❶七日而大拱。【注】兩手搤之曰拱。生七日而見其大，滿兩手也。注上六字又見《史記·殷本紀》集解，「生七日」以下十一字惟見《尚書·咸乂》正義。武丁召其相而問焉。其相曰：「吾雖知之，吾不能言也。」問諸祖己，曰：「桑穀，野艸也。【注】此木也，而云草，未聞。劉向以爲艸妖。野草生於朝，亡乎？」武丁懼，側身脩行，思昔先王之政，興滅國，繼絶世，舉逸民，明養老之禮，重譯來朝者六國。【注】九州之外國也。《太平御覽》八十三《皇王部八》引傳、注，惟無注「生七日」以下十一字。○又《尚書·咸乂》正義引「七日大拱」四字。又《漢書·五行志》引傳「俱生於朝」二句。又《外紀》卷二、《記纂淵海》卷六十六《朕兆》。又《史記·殷本紀》集解、索隱並節引。又《繹史》十七引「重譯」上有「三年之後」四字。

案曰：《外紀》劉恕曰：「按伏生、劉向以武丁有桑穀，而向著《説苑》以大戊、武丁時俱有桑穀，《吕氏春秋》湯時穀生於廷，比旦而大拱，《韓詩外傳》三日而大拱，皆與《書序》不同。」壽祺案：《尚書·咸乂》正義引《帝王世紀》，亦以爲大戊事。鄭注所引劉氏説，乃劉向《五行傳論》語，見《漢書·五行志》。

西伯戡耆

案曰：《尚書音義》：「黎，《尚書大傳》作『耆』。」《外紀》卷二「西伯勝黎，伏生、司馬遷作『耆』」，《路史·國名紀》卷一「《大傳》作『西伯戡耆』」，卷六云「《大傳》作『戡耆』」，《漢藝文志考證》卷一「《大傳》以

❶「穀」，原作「穀」，今據通行本《尚書》改。本篇内下同。

《西伯戡黎》爲『戡耆』」。

伯夷避紂，居北海之濱。太公避紂，居東海之濱。皆率其黨曰：「盍歸乎？吾聞西伯昌善養老。」此二人者，蓋天下之大老也。往而歸之，是天下之父歸之也。天下之父歸之，其子曷往？《聖賢羣輔録》引《尚書大傳》。

周文王至磻溪，見呂望。文王拜之。尚父曰：「望釣得玉璜，刻曰：周受命，呂佐檢，德合於今昌來提。」《初學記・武部・漁》，《御覽》八百三十四《資産十四》。○又《白帖・溪》、《御覽》六十七《地部十三》。

案曰：釣璜事與《尚書中候》同。

周文王至磻溪，見呂尚釣，文王拜。尚云：「望釣得玉璜，刻曰：姬受命，呂佐檢，德合於今昌來提。」【注】釣得魚，中得玉璜也。佐檢猶助。提者，取也。半璧曰璜。《開元占經・器服休咎占》篇引傳及鄭玄云。

虞人與芮人質其成於文王。入文王之境，則見其人萌讓爲士、大夫；入其國，則見士、大夫讓爲公、卿。二國相謂曰：「此其君亦讓以天下而不居也。」讓其所争以爲閒田。《文選・西征賦》注。○又《毛詩・緜》正義、《通鑑前編舉要・紂十四祀》。

文王一年質虞、芮，二年伐于，三年伐密須，四年伐畎夷。紂乃囚之。四友獻寶，乃得免於虎口，出而伐耆。《左傳》襄三十一年正義。○正義又引：「鄭玄《尚書注》據《書傳》爲説，云：『紂聞文王斷虞、芮之訟，後又三伐皆勝，始畏而惡之，拘于羑里。紂得散宜生等獻寶而釋文王，文王釋而伐黎。』」

案曰：于，他書引並作「邘」，從《史記集解》徐廣引改正。

案曰：據《毛詩・文王序》正義、《禮記・文王世子》正義兩引《殷傳》，言獻寶後克耆事，則《左傳正義》引此條即《殷傳》文無疑。而《毛詩・文王序》疏引「文王受命一年，斷虞、芮之訟」云云，稱《尚書・周傳》，《禮記正義》先引《書傳》云「五年伐耆」，後引《殷傳》云「五年之初，得散宜生等獻寶」云云，是《周傳》別有「受命一年」以下之文也。

西伯得四友獻寶，免於虎口而克耆。《毛詩・文王序》正義引「《殷傳》云」。

五年之初，得散宜生等獻寶而釋文王。文王出則克耆，六年伐崇則稱王。《禮記・文王世子》正義引「《殷傳》云」。

既伐于密。《詩考・詩異字異義》。

散宜生、南宮括、閎夭三子相與學訟於太公，遂與三子見文王於羑里，獻寶以免文王。《毛詩・緜》正義引《書傳》。

散宜生、南宮括、閎夭三子相與學訟於太公，四子遂見西伯於羑里。《毛詩・文王序》正義引《書傳》。

散宜生等受學於太公。太公除師學之禮，酌酒切脯，約爲朋友。《公羊》定四年疏引《書傳》。

散宜生、閎夭、南宮括三子者學乎太公。太公見三子，知爲賢人，遂酌酒切脯，除爲師學之禮，約爲朋友。《太平御覽》四百六《人事部四十七》。

散宜生、閎夭、南宮适三子者學乎太公。見三子，知三子之爲賢人，遂酌酒切脯，約爲朋友。《御覽》六十二《飲食部二十》。❶又《藝文類聚》七十二《食物部》。

閎夭、南宮适、散宜生三子學於太公望。望曰：「嗟乎！西伯，賢君也。」四子遂見西伯於羑里。【注】散宜生，文王四臣之一也。呂尚有勇而爲將，散宜生有文德而爲相。《繹史》十九。

太公之羑里，見文王。散宜生遂之犬戎氏取美馬，駮身朱鬣雞目；六字又見《山海經・海內北經》注。○又《爾雅翼》卷十八引作「騶身朱髦」，此下有「除凡取九六焉」六字。之西海之濱取白狐青翰；【注】翰，毛之長大者。注見《文選・羽獵賦》《檄

❶「飲」，原作「飯」，今據《太平御覽》改。

吴將校部曲》注。又《藝文類聚・祥瑞部下》作「長毛也」。之於陵氏取怪獸，案曰：吴中本「取怪獸」下有「大不辟虎狼閑」六字，傳文無「騶」字，注有「閑，大也。虞，蓋騶虞也」八字。尾倍其身，名曰騶虞；八字見《御覽》八百九十《獸部二》。之有參氏取姜女；之江淮之浦取大貝，如車渠。【注】渠，車罔也。注見《文選・江賦》注引「鄭玄曰」。陳於紂之廷。紂出見之，還而觀之，曰：「此何人也？」散宜生遂趨而進曰：「吾西蕃之臣昌之使者。」見《繹史》十九引此三十字。紂大悦，曰：「非子罪也，崇侯也。」遂遣西伯伐崇。《御覽》六百四十一《刑法部七》。○又《御覽》八百七《珍寶部六》。又《御覽》八百九十《獸部二》。又《尚書・顧命》正義、《儀禮・士喪禮》「貝三實于笄」疏、《周禮・天府》疏、《藝文類聚》八十四《寶玉部下》、九十九《祥瑞部下》、《文選・江賦》注、《爾雅翼》十八、《路史・國名紀》、《路史・餘論五》、《夢溪筆談》二十二、《記纂淵海》四。○《藝文類聚》、《文選》注、《御覽・珍寶部》《獸部》引此文之上並有「文王囚於羑里」六字。

案曰：《六韜》亦説散宜生等獻寶事，與此小異。

文王以閎夭、太公望、南宮括、散宜生爲四友。《玉海・官制》。

周文王胥附、奔輳、先後、禦侮，謂之四鄰，以免於羑里之害。懿子曰：「夫子亦有四鄰乎？」《繹史》九十五。

孔子曰：「文王得四臣，丘亦得四友焉。自吾得回也，門人加親，是非胥附與？自吾得賜也，遠方之士日至，是非奔輳與？自吾得師也，前有輝，後有光，是非先後與？自吾得由也，惡言不入於門，是非禦侮與？文王有四臣以免虎口，丘亦有四友以禦侮。」《毛詩・緜》正義。○《後漢書・祭肜傳》注引「孔子曰」至「是非禦侮邪」止。❶「疏附」，「疏」作「胥」；「奔走」，

❶「肜」，原作「彤」，今據《後漢書・祭肜傳》改。

「走」作「輳」，今依改。四「與」字皆作「邪」。又《世説新語》卷五《品藻》注引與《後漢書》注同。《孔子集語》卷下引全，「與」亦作「邪」，「門」作「耳」。又《玉海・官制》《人物》、《繹史》九十五引至「是非禦侮與」止。又《御覽》三百六十六《人事七》節引，「門」亦作「耳」。又《小學紺珠》節引。又《文選・安陸昭王碑文》注引《周書》，與此略同。

微子

微子將往朝周，過殷之故墟，見麥秀之蔪，曰：「此父母之國，宗廟社稷之所立也。」志動心悲，欲哭則爲朝周，俯泣則婦人，推而廣之，作雅聲。《文選・魏都賦》《辨亡論下》注。歌曰：「麥秀蔪蔪兮，黍禾⿰日黽⿰日黽。彼狡童兮，不我好兮。」《文選・思舊賦》注。【注】狡童，謂紂。《文選・宣德皇后令》注引「鄭玄曰」。

微子朝周，過殷故墟，見麥秀之蔪蔪兮，禾黍之⿰日黽⿰日黽也，曰：「此故父母之國。」乃爲《麥秀之歌》，曰：「麥秀漸漸兮，禾黍油油。彼狡童兮，不我好仇。」《學齋佔畢》卷二。

案曰：《文選・思舊賦》注引歌作「黍禾⿰日黽⿰日黽」，於韻不協，非也。蓋緣篇首云云而誤。當從《學齋佔畢》所引作「油油」，與「仇」協韻。《禮記・樂記》正義引「黍禾之油油」爲箕子歌，亦誤。曲阜孔廣林説。

史繩祖云：《史記》、《尚書傳》所載之歌，只差末句一句，惟《書傳》序與歌「蔪蔪」、「⿰日黽⿰日黽」不同。宋玉《笛賦》、枚乘《七發》皆作「麥秀蔪兮」，注「麥芒也」。字之稍差，不爲要切。但《史記》以爲箕子，而《書大傳》以爲微子，且稱「父母之國」，尤爲有理。不知司馬何所據，而與《書傳》牴牾耶？

尚書大傳輯校二

侯官陳壽祺恭甫著

周傳

大誓

案曰：《洛誥傳》曰：《周書》自《大誓》就《召誥》而盛於《洛誥》。然則今文《周書》首《大誓》也。

唯四月，太子發上祭于畢，下至于孟津之上。【注】四月，周四月也。發，周武王也。卒父業，故稱太子也。乃告於司徒、司馬、司空、諸節：「亢才！予無知，以先祖、先父之有德之臣左右小子。予受先公，戮力賞罰，以定厥功，明于先祖之遺。」太子發升于舟，中流，白魚入于舟，王跪取，出俟以燎。羣公咸曰：「休哉！」《太平御覽》百四十六《皇親部十二》。

案曰：亢才，《史記·周本紀》作「信哉」，「才」、「哉」古通。同年王大理伯申云「亢」乃「允」字之誤。司馬子長以訓詁改經文，故爲「信」也。

八百諸侯俱至孟津，白魚入舟。《尚書·孔序》正義卷一引《書傳》，有「八百諸侯俱至孟津，白魚入舟」之事，與《大誓》同。

武王伐紂，觀兵于孟津。有火流于王屋，化爲赤烏，三足。《御覽》百八十一《居處部九》。

周將興之時，有大赤烏銜穀之種而集王屋之上者。武王喜，諸大夫皆喜。周公曰：「茂哉茂哉！天之見此以勸之也。」❶恐恃

❶「天」下，原有「下」字，今據《武英殿聚珍版叢書》本《春秋繁露》卷一三《同類相動第五十七》刪。

之。《春秋繁露・同類相動》篇引《尚書傳》言。❶

武王伐紂，至于商郊，停止宿夜。士卒皆歡樂，歌舞以待旦。《禮記・祭統》正義。

案曰：正義云「舞莫重于《武宿夜》」者，皇氏云「師説《書傳》」云云。《武宿夜》，其樂名也。此據《書傳》釋《武宿夜》最確。

王升舟入水，鼓鐘惡，觀臺惡，將舟惡，宗廟惡。【注】「惡」皆爲「亞」。亞，次也。觀臺，靈臺，知天時占候者也。宗廟，遷主。《周禮・肆師》注引《尚書傳》十七字，「惡」仍作「亞」。《儀禮經傳通解續・因事之祭》卷二十六上引傳、注。

案曰：《周禮・肆師》疏曰：「『王升舟』以下者，謂説武王於文王受命十一年觀兵之時，武王於孟津渡河，升舟入水在前，鐘鼓亞，亞王舟後。觀臺亞者，觀臺可以望氛祥，亞鼓鐘後。將舟亞者，以社主主殺戮，而軍將同，故名社主爲將，將舟亞在觀臺後。宗廟亞者，宗廟則遷主也，亞在將舟後。」

惟丙午，王逮師。前師乃鼓鼗譟，師乃慆，前歌後舞。【注】慆，喜也。衆大喜，前歌後舞也。《御覽》四百六十七《人事部一百八》引傳、注全，惟「前師」無「前」字。此句六字又見《周禮・大司馬》注。又《御覽》五百七十四《樂部十二》。

案曰：《周禮・大司馬》注引《書》曰：「前師乃鼓鼗譟。」賈疏云：「《書傳》文。彼説武王伐紂事。」《隸釋・魏大饗碑》：「士有拊譟之歡，民懷惠康之德。」「拊譟」與「鼗譟」同。《文選》二十一《秋胡詩》注引班彪《冀州賦》曰：「感鳧藻以進樂兮。」《後漢書・杜詩傳》「士卒鳧藻」，《劉陶傳》「武旅有鳧藻之士」。錢詹事大昕《廿二史考異》曰：「『鳧藻』即『鼗譟』也。王逸《楚詞章句》曰：武王三軍，人人樂戰，並馳驅赴敵争先，前歌後舞，鳧噪讙呼。」惠徵君棟《後漢書補注》曰：「『鼗譟』，漢人讀爲『鳧噪』，言如鳧之噪呼。《杜詩》《劉陶傳》又作『鳧藻』，釋云『如鳧之戲於藻』，非《尚書》之義也。」壽祺謂「鼗譟」、「鳧藻」字别而聲、義同，此或歐陽、夏侯之異。李賢《後漢書》注言「如鳧

❶「動」，原作「勸」，今據《春秋繁露》改。

之戲於藻」，所謂望文生義，差之遠矣。《蔡邕集・上加元服與羣臣上壽表》云：「臣等不勝踴躍鳧藻。」《魏志・文帝紀》注：「臣妾遠近，莫不鳧藻。」此亦均本《大傳》，用爲讙呼之義矣。顔延年《秋胡詩》「鳧藻馳目成」，似與李賢注同意，亦失之。又案《藝文類聚》引《樂緯稽耀嘉》曰：「武王承命興師誅於商，萬國咸喜。軍渡孟津，前歌後舞。」是《書傳》所説伐紂之事也。

丕天之大律。【注】云：律，法也。奉天之大法。

《唐律疏義》卷一。又《翻譯名義集》九卷。❶

案曰：《漢書・郊祀志》引《大誓》曰：「正稽古立功立事，可以永年。丕天之大律。」是此五字乃古文《大誓》詞，而《大傳》載之也。

大戰篇

武王與紂戰於牧之野。紂之卒輻分，紂之車瓦裂，紂之甲魚鱗下，賀乎武王。《文選・宣德皇后令》注引至此，「與」作「伐」，「牧之野」無「之」字，「魚」作「如」，「乎」作「于」，「王」下有「也」字。紂死，武王皇皇若天下之未定，召太公而問曰：「入殷奈何？」太公曰：「臣聞之也，愛人者兼其屋上之烏，此句又引見《毛詩名物解》八。不愛人者及其胥餘。【注】胥餘，里落之壁。何如？」武王曰：「不可。」召公趨而進曰：「臣聞之也，有罪者殺，無罪者活，咸劉厥敵，毋使有餘烈。何如？」武王曰：「不可。」周公趨而進曰：「臣聞之也，各安其宅，各田其田，毋故毋私，惟仁之親。《後漢書・申屠剛傳》引「武王入殷，周公曰：各安其宅，各田其田，無故無新，惟仁之親」。何如？」武王曠乎若天下之已定，遂入殷，封比干之墓，表商容之閭，發鉅橋之粟，散鹿臺之財，歸傾宮之女。又引見《後漢書・郎顗傳》注。而民知方，曰：「王之於仁人

❶「九卷」，據景宋刊本《翻譯名義集》，當作「卷四」。

也，死者封其墓，況於生者乎？ 王之於賢人也，亡者表其閭，況於在者乎？ 王之於財也，聚者散之，況於復藉乎？ 王之於色也，在者歸其父母，況於復徵乎？」《通鑑前編・武王十三年》引全。○又《記纂淵海》六十一引「太公曰：愛人者兼其屋上之烏」，注「出《尚書大傳・大戰篇》」，是此篇皆《大戰篇》之文也。○《記纂淵海》又引「憎人者惡其胥餘」。

案曰：《説苑・貴德》篇、《韓詩外傳》三載太公、召公、周公之語，與此略同。

《大戰篇》云：太公曰：「罵女毋歎，唾女毋乾。毋歎毋乾，是謂艱難。」吴曾《能改齋漫録》卷二引《尚書大傳・大戰篇》。

洪　範

武王勝殷，繼公子禄父。【注】武庚字禄父。《尚書・洪範序》正義引鄭云。

武王勝殷，繼公子禄父，【注】禄父，紂之子也。釋箕子囚。箕子不忍周之釋，走之朝鮮。【注】誅我君而釋己，嫌苟免也。此注惟見《通鑑前編》。 武王聞之，因以朝鮮封之。【注】朝鮮，今樂浪郡。 箕子既受周之封，不得無臣禮，故於十三祀來朝。《太平御覽》卷七百八十四《夷部一》。又《通鑑前編》引《書・洪範大傳》，自首至「封之」止，並注。又《御覽》二百一《封建部四》、《路史・後紀十二》並節引。

汨，亂也。《華嚴經》第七十八《音義》卷下。○案曰：此疑《洪範傳》「汨陳五行」之訓。

水、火者，百姓之所飲食也。金、木者，百姓之所興作也。土者，萬物之所資生也。是爲人用。《尚書・洪範》正義引《書傳》。

八政何以先食？ 傳曰：食者，萬物之始，人事之本也。故八政先食。《尚書・洪範》正義、《文選・藉田賦》注。又《白帖・食》、《御覽》八百四十七《飲食部五》。

《洪範》曰：「不叶于極，不麗于咎，毋侮鰥寡而畏高明。」《困學紀聞》卷二引《大傳》。

聖人在上，其君子不誦無用之言，其工不作無用之器，其商不通無用之物。《御覽》四百一《人事部四十二》。

聖人者，民之父母也。母能生之、能食之，父能教之、能誨之。聖王曲備之者也，能生之、能食之、能教之、能誨之也，爲之城郭以居之，爲之宫室以處之，爲之庠序學校以教誨之，爲之列地制畝以飲食之。故《書》曰：「作民父母，以爲天下王。」此之謂也。《御覽》四百一《人事部四十二》。

晦而月見西方謂之朓，【注】朓，條也，條達行疾貌。朓則侯王其荼。【注】荼，緩也。朔而月見東方謂之側匿，【注】側匿猶縮縮，行遲貌。側匿則侯王其肅。【注】肅，急也。日，君象也。月，臣象也。君政急則日行疾、月行徐，臣逡遁不進；君政緩則日行徐、月行疾，臣放恣也。《太平御覽》四引傳、注全，注「君政緩」上誤衍「朓則侯王其徐。徐，緩也」十字，又誤「荼」爲「徐」，今删。○又《周禮・保章氏》疏引傳。又散見《文選・元皇后哀策文》《月賦》《舞賦》注、《藝文類聚》一、《穀梁傳序》疏、《後漢書・蔡邕傳》注。○《文選・月賦》注引鄭注作「朓，條達行疾貌也」，《元皇后哀策文》注引鄭注作「朓猶條達也」，當從之。「側匿猶縮縮」，當作「猶縮朒」。

案曰：《文選・舞賦》注引鄭玄《尚書五行傳》注「闇跳，行疾皃」，是鄭注「條達」一作「闇跳」也。「側匿」一作「朒」，一作「朏」，《説文》「朏，月未成之名」、「晦而月見西方謂之朓」、「朔而月見東方謂之縮朒」，此則「側匿」與「縮朒」聲近義一也。《漢書・五行志》：「『晦而月見西方謂之朓，朔而見東方謂之仄匿。仄匿則侯王其肅，朓則侯王其舒。』劉向以爲：朓者疾也，君舒緩則臣驕慢，故日行遲而月行疾也；仄匿者不進之意，君肅急則臣恐懼，故日行疾而月行遲，不敢迫近君也。不舒不急以正失之者，食朔日。劉歆以爲：舒者侯王展意顓事，臣下促急，故月行疾也；肅者王侯縮朒不任事，臣下弛縱，故月行遲也。當春秋時，侯王率多縮朒不任事，故食二日仄匿者十八，食晦日朓者一，此其效也。」案此《漢志》據伏生《書傳》爲說，「仄匿」並作「仄慝」，字之譌，而劉歆則作「縮朒」，「側匿」猶「縮朒」也。孟康注《漢書》曰「朓者，月行疾，在日前，故早見。仄匿者，行遲，在日後，當没而更見」是也。❶ 蔡卞《毛詩名物解》：「禮曰：大明生於東，月生於西。蓋朔而月出西方，夕見，暮見也。故王者早見曰朝，暮見曰夕，義取諸此。所謂朝、夕，放於日、月者也。至望，然後出於東方，夕見。《尚書大傳》以爲晦而月見西方謂之朏，朔而月見東方謂之朒，蓋言異也。」又《事文類聚》亦引《尚書大傳》：「晦而月見西方謂之朓，朔而月見東方謂之朏。」諸書所引朓、朒、朏、闇跳、側匿、縮朒各字，每相互異。考《後漢書・盧植傳》，植上封事，諫曰：「臣聞日晦而月見謂之朓，王侯其舒。」李賢注：「《五行傳》，劉向所著，字與此小異。」然則伏、劉諸本固有別矣。惟「朏」與「朓」異，它書「朓」作「朏」者誤。

洪範五行傳

維王后元祀，【注】王，謂禹也。后，君也。祀，年也。禹始居攝爲君之元年也。注又見《通鑑前編》。帝令大禹步于上帝。【注】帝，舜也。步，推也。于，於也。上帝，謂天也。令禹推演天道，謂覩得失反覆也。注又見《玉海》。又《文選・演連珠》注引「步，推也」。又《通鑑前編》引注末句。維時洪祀六沴，用咎于下，【注】用此時始大祀六沴之用咎于下者，用極□□□□□□其祀之□□也。❷ 案曰：文淵閣本《儀禮通解續》此注「用」作「言」，「始」上有「禹」字，「者」下有「咎，凶也。民其祀之令消也」十字。是用知不畏而神之怒。【注】而，乃也。舜任禹，禹能治其道□無其神。舜知禹敬，神之怒可知也。若六沴作見，若是共禦，【注】若，順也。共，讀曰恭。禦，止也。帝用不差，神則不怒。【注】

❶ 「更」，原作「再」，今據左海本、《漢書・五行志第七下》改。

❷ 此句，宋嘉定十五年刊《儀禮經傳通解續》卷二六作「用極於下者，謂備極其祀之豐美也」。

□，□也。舜見禹知人□□□之無復疑也。❶五福乃降，用章于下。八字又見《周禮・疾醫》疏。【注】降，下也。章，明也。若六沴作見，若不共禦，六伐既侵，❷六極其下。【注】侵，陵也。庶幾□□行罰，❸殺萬物也。□□□□□□□ □□凶也。❹禹乃共辟厥德，受命休令，【注】□，□。❺厥，其也。休，美也。禹於是恭明□□ □□孳孳受舜之美令奉行之。❻爰用五事，建用王極。【注】王極，或皆爲皇極。初，禹治水，得神龜負文於洛，於以盡得天人陰陽之用，至是奉帝命而陳之也。案曰：注「初，禹」以下至末，據《通鑑前編》引補，《儀禮通解續》無。長事，【注】長猶君也。一曰貌：貌之不恭，是謂不肅。【注】肅，敬也。君貌不恭，則是不能敬其事也。案曰：此注《儀禮通解續》缺「貌」、「不能敬事也」六字，據《續漢書・五行志》及注補。下同。厥咎狂，【注】君臣不敬，則倨慢如狂矣。案曰：《儀禮通解續》注缺「君」、「倨」二字，據《續漢志》補。厥罰常雨，【注】貌曰木，木主春，春氣生，生氣失則踰其節，故常雨也。案曰：《儀禮通解續》缺注「貌」、「氣失則」四字，據《續漢志》補。厥極惡。【注】生氣失，故於人則爲惡。案曰：「厥極惡」注，《續漢志》、《儀禮通解續》並缺，見《文獻通考》卷八十八《郊社考》。時則有服妖，【注】服，貌之飾也。時則有龜孽，【注】龜，蟲之生於水而游於春者也，屬木。時則有雞禍，【注】雞，畜之有冠翼者也，屬貌。時則有下體生于上之痾，【注】痾，病也。貌氣失之病也。時則有青眚、青祥。【注】青，木色

---

❶「知人」下闕文，《儀禮經傳通解續》卷二六作「遂專一用」。

❷「伐」，原作「代」，今據左海本改。

❸「庶幾」及其下闕文，《儀禮經傳通解續》卷二六作「既已侵陵」。

❹此句闕文，《儀禮經傳通解續》卷二六作「六極其下謂下皆備其」。

❺此句闕文，《儀禮經傳通解續》卷二六作「辟，明也」。

❻此句闕文，《儀禮經傳通解續》卷二六作「其身之德」。

也。眚生於此，祥自外來也。維金沴木。【注】沴，殄也。凡貌、言、視、聽、思心，案曰：「思心」二字，《儀禮通解續》無，據《續漢志》注增。一事失則逆人之心，人心逆則怨，木、金、水、火、土氣爲之傷，傷則衝勝來乘殄之，於是神怒人怨，將爲禍亂。故五行先見變異以譴告人也。及妖、孽、禍、痾、眚、祥，皆其氣類暴作非常，爲時怪者也，各以物象爲之占也。案曰：自「貌之不恭」至「惟金沴木」，傳、注全節並見《續漢書·五行志》及劉昭注、《文獻通考·郊社考》。次二事曰言：言之不從，是謂不艾。案曰：艾，各本多作「乂」，據《漢書·五行志》、《文獻通考》引，作「艾」。【注】艾，治也。君言不從，則是不能治其事也。厥咎僭，【注】君臣不治，則僭差矣。厥罰常陽，案曰：《漢志》、《續漢志》引並作「陽」，蓋今文也。各本作「暘」，乃改從古文，非。【注】言曰金，金主秋，秋氣殺，殺氣失，故常陽也。案曰：注「言曰金」三字，《續漢志》缺，據《文獻通考》卷八十八引增。厥極憂。【注】殺氣失，故於人爲憂。時則有詩妖，【注】詩之言志也。時則有介蟲之孽，【注】蟓、螽、蜩、蟬之類，蟲之生於火而藏於秋者也，屬金。案曰：注「蟲之」二字，《續漢志》缺，據《文獻通考》引增。時則有犬禍，【注】犬，畜之以口吠守者也，屬言。時則有口舌之痾，【注】言氣失之病。時則有白眚、白祥。維木沴金。案曰：「惟木沴金」，《周禮·疾醫》《太祝》疏引「木」作「火」，當從之。作「木」者誤也。〇又曰：自「言之不從」至「維木沴金」，傳、注全節並見《續漢·五行志》及劉昭注、《文獻通考·郊社考》。次三事曰視：視之不明，是謂不悊。【注】悊，視瞭也。君視不明，則是不能瞭其事也。厥咎荼，【注】荼，緩也。君視不瞭，則荼緩矣。案曰：注「荼，緩也」三字，惟見《玉海·天文五》，據增。厥罰常奧，案曰：他書所引多作「燠」，惟《續漢志》作「奧」，今從之。【注】視曰火，火主夏，夏氣長，長氣失，故常奧也。厥極疾。【注】長氣失，故於人爲疾。時則有草妖，【注】草視之物，可見者莫衆於草。案曰：《文獻通考》引注無「草視之」三字。時則有倮蟲之孽，【注】蠶、螟蟲之類，蟲之生於火而藏於秋者也。時則有羊禍，【注】羊，畜之遠視者也，屬視。時則有目痾，時則有赤眚、赤祥。維水沴火。案曰：自「視之不明」至「維水沴火」，傳、注全節並見《續漢志》及劉昭注、《文獻通考·郊社考》。次四事曰聽：聽之不聰，是謂不謀。【注】君聽不聰，則是不能謀其事也。厥咎急，【注】君臣不謀，則急矣。厥罰常寒，【注】聽曰水，水主冬，冬氣藏，藏氣失，故常寒也。厥極貧。【注】藏氣失，故於人爲貧。時則有鼓妖，【注】鼓，聽之應也。時則有魚孽，【注】魚，蟲之生於水而游於水者也。時則有豕禍，【注】豕，畜之居閑衛而聽者也，屬聽。時則有耳痾，【注】聽氣失之病。時則有黑眚、黑祥。維火沴水。案曰：「維火沴水」，《周禮·疾醫》《太祝》疏引「火」作「土」，當從之。〇自「聽之不聰」至「維火沴水」，傳、注全節並見《續漢·五行志》及劉昭注、《文獻通考·郊社考》。次五事曰思心：思心之不容，是謂不聖。【注】「容」當爲「睿」。睿，通也。心明曰聖。孔子説休徵曰：聖者，通也。兼四而明，則所謂聖。聖者，包貌、言、視、聽而載之以思心者，通以待之。君思心不通，則是非不能心明其事也。案曰：「思心之不容」此節注，《續漢志》缺，見《文獻通考》。厥咎霿，【注】霿，冒也。君臣心有不明，則相蒙冒矣。案曰：霿，《文獻通考》引作「雺」，非。今從《漢書·五行志》、《續漢·五行志》所引。厥罰常風，【注】思心曰土，土王四時，主消息生殺長藏之氣，風亦出内雨陽寒奥之微，皆所以殖萬物之命者也。殖氣失，故常風。厥極凶短折。【注】殖氣失，則於人爲凶短折。未齔曰凶，未冠曰短，未昏曰折。案曰：「厥極凶短折」注，《儀禮通解續》缺，見《文獻通考·郊社考》。時則有脂夜之妖，【注】夜，讀曰液。時則有華孽，【注】「華」當爲「夸」。夸，蚓蟲之生於土而遊於土者。時則有牛禍，【注】地厚德載物。牛，畜之任重者也，屬思心。案曰：注「地厚德載物」五字，惟見《禮記・月令》正義，今據補。「屬思心」三字，《文獻通考》引缺。他本或作「屬王極」，亦誤。惟《月令》正義作「屬思」，脱「心」字，今據正義，以上下文定，補。時則有心腹之痾，【注】思心氣失之病。時則有黄眚、黄祥。維木、金、水、火沴土。【注】《志》、《論》皆言君不寬容則地動，玄或疑焉。今四行來沴土，地乃動，臣下之相帥爲畔逆之象，君不通於事所致也。以爲不寬容，亦皆爲陰勝陽、臣强君之異。案曰：自「思心之不容」至「惟木金水火沴土」，傳並見《漢志》、《續漢志》，鄭注全節惟見《文獻通考・郊社考》及《禮記・月令》正義，《續漢志》缺鄭注。《志》、《論》，謂《漢書・五行志》、劉向等《五行傳論》也。王之不極，是謂不建。案曰：「王」字，《漢志》、《續漢志》並作「皇」。劉昭注云「《尚書大傳》作『王』」，《文獻通考》、《玉海》引同。【注】王，君也。不名體而言王者，五事象五行，則王極象天也。人法天，元氣純，則不可以一體而言之也。天變化爲陰爲陽，覆成五行。經曰：「曆象日月星辰，敬授民時。」《論語》曰：「爲政以德，譬如北辰。」是則天之通於人政也。孔子説《春秋》曰：「政以不由王出，不得爲政。」則是王，君出政之號也。極，中也。建，立也。王象天，以性情覆成五事，爲中和之政也。王政不中，則是不能立其事也。案曰：「王之不極」以下至「星辰逆行」注，見《續漢・五行志》劉注。惟注「人法天」至「而言之也」，《續漢志》缺，見《文獻通考》。

厥咎瞀，【注】瞀，與思心之咎同耳。故子駿傳曰：「瞀，眊。眊，亂也。」君臣不立，則上下亂矣。案曰：瞀，《漢志》、《續漢志》引並作「眊」。劉昭注云：「《尚書大傳》作『瞀』。」鄭注引劉子駿《五行傳》，以「眊」釋「瞀」，是也。《文獻通考・郊社考》引作「霿」，與「思心」傳同，非。《續漢志》注引此注脱「子駿」二字，今從《文獻通考》。厥罰常陰，【注】王極象天，天陰養萬物。養氣失，故常陰也。厥極弱。【注】天爲剛德。剛氣失，故於人爲弱。《易》曰：「貴而无位，高而无民，賢人在下位而無輔。」此之謂弱。或云懦，不毅也。

案曰：《續漢志》注引此注「敎」作「敬」，誤。 時則有射妖，【注】射，王度之極也。射人將發矢，必先於此儀之，發矢則必中於彼矣。君將出政，亦先於朝廷度之，出則應於民心。射，其象也。 時則有龍蛇之孽，【注】龍，蟲之生於淵、行於無形、游於天者也，屬天。蛇，龍之類也。或曰：龍無角者曰蛇。時則有馬禍，【注】天行健。馬，畜之疾行者也，屬王極。 時則有下人伐上之痾，【注】夏侯勝説「伐」宜爲「代」，《書》亦或作「代」。陰陽之神曰精氣，情性之神曰魂魄。君行不由常，侜張無度，則魂魄傷也，王極氣失之病也。天於不中之人，恒耆其味、厚其毒，增以爲病，將以開賢代之也。《春秋傳》所謂「奪伯有魄」者是也。不名病者，病不著於身體也。 案曰：注「味厚其」三字，《續漢志》注無，見《儀禮通解續》二十六、《文獻通考·郊社考》。○自「時則有龜孽」注「龜蟲之生」至「時則有下人伐上之痾」注「情性之神曰魂魄」，《儀禮通解續》二十六並缺引，今據《續漢·五行志》注、《文獻通考》引補。 時則有日月亂行，星辰逆行。【注】亂，謂薄食鬬並見。逆，謂贏縮反明、經天守舍之類也。不言沴天，天至尊，無能沴之者。「離逢非沴，維鮮之功」，謂此也。 案曰：《續漢·五行志》注引此節注「王，君也」至「守舍之類也」，缺「不言沴天」至「謂此也」二十三字，見《儀禮通解續》二十六。 維五位復建，辟厥沴。【注】君失五事則五行相沴，違其位。復立之者當明其吉凶變異，則知此爲貌邪言，輒改過以共禦之。至司之日月，又必齋肅祭祀以撫其神，則凶咎除矣。不言六位，天不違其位也。 案曰：注「君失五事」至「不違其位也」，見《儀禮通解續》。○案又曰：「貌邪言」下有脫文，當以言、視、聽、思心之失與貌邪並列也。《文獻通考》引此注亦略，今無從補。 曰：二月、三月維貌是司，四月、五月維視是司，六月、七月維言是司，八月、九月維聽是司，❶十月、十一月維思心是司，十二月與正月維王極是司。【注】司，主

❶ 「聽」，原作「聽」，今據《儀禮經傳通解續》卷二六改。

也。此月數，夏數也。夏數得天之正。玄或疑焉，此用五事之次，則四月、五月主視，六月、七月主言，非也。若五行王相之次，❶則八月、九月主聽，十月、十一月主思心，亦非也。子駿傳曰：二月、三月維貌是司，四月、五月維視是司，六月、七月維思心是司，八月、九月維言是司，十月、十一月維聽是司，十二月與正月維王極是司。於四時之氣似近其類也。凡六沴之作：歲之朝、月之朝、日之朝，則后王受之；歲之中、月之中、日之中，則公、卿受之；歲之夕、月之夕、日之夕，則庶民受之。【注】自正月盡四月爲歲之朝，自五月盡八月爲歲之中，自九月盡十二月爲歲之夕。上旬爲月之朝，中旬爲月之中，下旬爲月之夕。平旦至食時爲日之朝，禺中至日昳爲日之中，下側至黄昏爲日之夕。受之，受其凶咎也。其二辰以次相將，其次受之。【注】二辰，謂日、月也。假令歲之朝也，日、月中則上公受之，日、月夕則下公受之；歲之中也，日、月朝則孤卿受之，日、月夕則大夫受之；歲之夕也，日、月朝則上士受之，日、月中則下士受之。其餘差以尊卑多少，則悉矣。案曰：注「歲之中也」四字、「則孤卿受之」五字、「日月夕則」四字，《儀禮通解續》、《文獻通考》引並脱，惟《續漢・五行志》注具，今據補。星辰莫同，【注】莫，夜也。星辰之變，夜見亦與晝同。初昏爲朝，夜半爲中，將晨爲夕。或曰：將晨爲朝，初昏爲夕也。是離逢非沴，維鮮之功。【注】離，憂也。逢，見也。是謂憂見之象，非沴也。言五行非能沴天者也。鮮，殺也。功，成也。維凶咎之殺已成，故天垂變異以示人也。禦貌于喬忿，【注】止貌之失者，在於喬忿也。驕忿者，是不恭之形也。喬忿，謂若傲很明德、忿戾無期之類也。案曰：注「謂若」上，惟《儀禮通解續》重「喬忿」二字。以其月從其禮祭之，參乃從。【注】從，順也。三祭之，其神乃順不怒也。禦言于訖衆，以其月從其禮祭

❶「若」，原闕，今據《儀禮經傳通解續》卷二六補。

之，參乃從。【注】訖，止也。止言之失者，在於去止衆。止衆者，是不從之刑也。止衆，謂若周威厲王弭謗以障民口之類也。禦視于忽似，以其月從其禮祭之，參乃從。【注】止視之失者，在於去忽似。忽似者，是不明之刑也。忽似，謂若亂於是非，象龔滔天及不辨鹿馬之類也。案曰：注「謂若」上，惟《儀禮通解續》重「忽似」二字。禦聽于怵攸，以其月從其禮祭之，參乃從。【注】怵，讀爲「獸不狘」之「狘」。攸，讀爲「風雨所漂飄」之「飄」。止聽之失者，在於去怵攸。怵攸者，是不聽之刑也。怵攸，謂若「老夫灌灌，小子蹻蹻」、「誨爾訰訰，聽我眊眊」之類。禦思心于有尤，以其月從其禮祭之，參乃從。【注】尤，過也。止思心之失者，在於去欲有所過。欲有所過者，是不容之刑也。欲有所過，謂若昭公不知禮而習小儀、不脩政而欲誅季氏之類也。案曰：注「者是不容」上，《儀禮通解續》脱「有所過」三字，今增。「謂若昭公」上，惟《通解續》多「欲有所過」四字。禦王極于宗始，以其月從其禮祭之，參乃從。【注】宗，尊也。止王極之失者，在於尊用始祖之法度。不言其惡者，人性備於五德，得失在斯。王不極則五事皆失，非一惡也。大者易姓，小者滅身。其能宗始則録延。其受命之君，承天制作，猶天之教命也。故掌祖廟之藏者，❶謂之天府也。六沴之禮，散齊七日，致齊，新器絜祀用赤黍。三日之朝，于中庭祀四方，從東方始，卒于北方。【注】《禮志》「致齊三日」，《周禮》「凡祭祀，前期十日，宗伯帥執事卜日」，是爲齊一旬乃祀也。今此致齊即祀者，欲得容三祀也。蓋八日爲致齊期，九日朝而初祀，亦一旬有一日，事乃畢也。新器、赤黍，改過之宜也。中庭，明堂之庭也，或曰朝廷之廷也。此祀五精之神，其牲器粢盛有常禮，記其異者也。不祀天，非正月。亦以此禮祀此神也。案曰：《太平御覽》五百二十四引傳「致齊」下衍「三日」二字，非，《儀禮通解續》、

❶「藏」，原作「祭」，今據左海本、《古經解彙函》本改。

《文獻通考》引並無。玩注，則傳不當有此二字。一本《御覽》「從東方始」下衍「自南至西」四字，亦非，《通解續》、《通考》並無。○《御覽》引注自「禮志」至「事乃畢也」止。

其祀禮曰《格祀》，【注】篇名也。今亡。曰某也方祀，曰播國率相行祀。【注】篇中大祝贊主人辭也。某，天子名也。方祀，祀四方也。「播」讀曰「藩」，藩國謂諸侯。❶相，助也。言諸侯率其常事來即助行祭之禮也。其祝也，案曰：「祝」字，他書所引作「祀」，今據《御覽》五百二十四引改。【注】大祝告神以君悔過之辭也。《周禮》大祝「掌六祝之辭，以事鬼神祇，祈福祥，求永貞也」。曰：若爾神靈，洪祀六沴是合。【注】神靈，謂木精靈威仰、火精赤熛怒、土精含樞紐、金精白招矩、水精叶光紀，及木帝太皞、火帝炎帝、土帝黄帝、金帝少皞、水帝顓頊、木官句芒、火官祝融、土官后土、金官蓐收、水官玄冥，皆是也。古者生能其事，死在祀典，配其神而食。合猶爲也。六沴是神靈所爲也。無差無傾，無有不正。【注】言神靈正直無邪類，❷所謂災皆是也。❸若民有不敬事，則會批之于六沴。【注】若民，廣謂天下有過者也。事，六事也。會，合也。批，推也。言天下有過，神靈亦合内推於六沴，天子以天下爲任者也。六事之機，以縣示我，案曰：《玉海》引「縣」作「垂」，非。觀注，宜作「縣」。【注】六事，貌、言、視、聽、思心、王極也。機，天文也。天文運轉，以縣見六事之變異示我。我，謂天子。我民人無敢不敬事上下王祀。【注】我與民人無敢不敬畏六事，上下君祀之所縣示變異者，言皆悔過也。上君祀靈威仰，下君祀太皞之屬也。以上自傳首「維王后元祀」至「上下王祀」止，傳、注並見《儀禮經傳通解續》卷二十六下《因事之祭》，惟五事鄭注不全。又《文獻通考》卷八十八《郊社考・祈禳》引同，但傳、注間有詳略。《玉海・天文五》引

❶「諸」，原無，今據《儀禮經傳通解續》卷二六補。
❷「邪」，原闕，今據《儀禮經傳通解續》卷二六補。
❸「災」，原闕，今據《儀禮經傳通解續》卷二六補。

自傳首至「上下王祀」，惟不引「六沴之禮」至「辛於北方」。又《續漢書・五行志》引「貌之不恭」至「星辰逆行」傳，注「惟思心之不容」至「木金水火沴土」一節注，又引「凡六沴之作」至「其次受之」傳、注。又《太平御覽》八百七十四《咎徵部》引傳「爰用五事」至「星辰逆行」，又五百二十四《禮儀部三》引「六沴之禮」至「上下王祀」傳、注，卷十七《時序部二》引「凡六沴之作」至「庶民受之」。又《通鑑前編・帝舜三十三載》引傳首二句「禹乃共辟」至「建用王極」傳、注。今并合諸書參考。○又《周禮・疾醫》《太祝》注、《羊人・序官》疏，《文選・演連珠》注、《石闕銘》注，《尚書・洪範》正義、《禮記・月令》正義、《白虎通・災變》篇、《後漢書・申屠剛傳》注、《穀梁傳》桓十四年注，並節引。

田獵不宿，【注】不宿，不宿禽也。角主天兵。《周禮》：四時習兵，因以田獵。《禮志》曰：「天子不合圍，諸侯不掩羣。」過此則暴天物，爲不宿禽。角南有天庫、將軍、騎官。飲食不享，【注】享，獻也。《禮志》曰：「天子、諸侯無事則歲三田，一爲乾豆，二爲賓客，三爲充君之庖。」《周禮・獸人》：冬獻狼，夏獻麋，春秋獻獸物。此獻禮之大略也。出入不節，【注】角爲天門，房有三道，出入之象也。奪民農時，【注】房、心，農時之候也。季冬之月，命農師計耦耕事，是時房、心晨中。《春秋傳》曰：辰爲農祥，后稷之所經緯也。及有姦謀，【注】亢爲朝廷，房、心爲明堂，謀事出政之象。則木不曲直。【注】君行此五者，爲逆天東宮之政。東宮於地爲木，木性或曲或直，人所用爲器者也。無故生不暢茂，多有折槁，是爲木不曲直。木、金、水、火、土謂之五材，《春秋傳》曰：「天生五材，民並用之。」其政逆則神怒，神怒則材失性，不爲民用。其他變異皆屬沴，沴亦神怒。凡神怒者，日月五星既見適於天矣。以上傳自「田獵不宿」至「木不曲直」，見《續漢書・五行志一》，注見劉注。

棄法律，逐功臣，【注】東井主法令也。功臣，制法律者也。或曰：喙主尚食，七星主衣裳，張爲食厨，翼主天倡。經曰：「臣作朕股肱耳目，予欲左右有民，女翼。予欲觀古人之象，日、月、星辰、山、龍、華蟲、作繢宗彝、藻、火、粉、米、黼、黻、絺繡，以五采章施于五色作服，女明。予欲聞六律、五聲、八音，在治曶，以出納五言，女聽。」是則食與服樂，臣之所用爲大功也。七星，北有酒旗，南有天厨，翼南有器府。殺太子，【注】五行火生土，天文以參繼東井，四時以秋代夏，殺太子之象也。《春秋傳》曰：「夫千乘之主，將廢正而立不正，必殺正也。」以妾爲妻，【注】軒轅爲后妃，屬南宮，其大星女主之位，女御在前，妾爲妻之象也。則火不炎上。【注】君行此四者，爲逆天南宮之政。南宮於地爲火，火性炎然上行，人所用爲亨飪者也。無故因見作熱，燔熾爲害，是爲火不炎上。其他變異皆屬沴也。以上自「棄法律」至「火不炎上」，傳並見《續漢書·五行志二》，注見劉注。○案曰：《續志》引「火不炎上」傳，在「金不從革」之後，今依《大傳》五事之次移前。又此節傳亦見《開元占經·水火占》篇。

治宮室，飾臺榭，内淫亂，犯親戚，侮父兄，則稼穡不成。以上傳自「治宮室」至「稼穡不成」，見《續漢書·五行志四》。

好攻戰，【注】參、伐爲武府，攻戰之象。輕百姓，【注】輕之者，不重民命。《春秋傳》曰：「師出不正反，戰不正勝也。」飾城郭，【注】昴、畢間爲天街。《甘氏經》曰：「天街保塞，孔途道衢。」保塞，城郭之象也。《月令》曰：「四鄙入保。」注末七字見《御覽·咎徵部一》。 侵邊竟，【注】畢主邊兵。則金不從革。【注】君行此四者，爲逆天西宮之政。西宮於地爲金，金性從形而革，人所用爲器者也。無故冶之不銷，或入火飛亡，或鑄之裂形，是爲不從革。其他變異皆屬沴也。以上傳自「好攻戰」至「金不從革」，見《續漢書·五行志四》。注自「參、伐爲武府」至「皆屬沴也」，見《續志四》劉昭注。

簡宗廟，不禱祠，【注】虚、危爲宗廟。廢祭祀，【注】牽牛主祭祀之牲。逆天時，【注】日在星紀，周以爲正。日在玄枵，殷以爲正。皆不得四時之正，逆天時之象也。《春秋》定十五年夏五月辛亥郊，譏連卜三正以至失時，是其類也。則水不潤下。【注】君行此四者，爲逆天北宮之政也。北宮於地爲水，水性浸潤下流，人所用灌溉者也。無故源流竭絶，川澤以涸，是爲不潤下。其他變異皆屬沴也。以上傳自「簡宗廟」至「水不潤下」，見《續漢書·五行志三》。注自「虛、危爲宗廟」至「皆屬沴也」，並見《續志三》劉昭注。◯又傳「田獵不宿」以下至末，亦見《御覽》八百七十四《咎徵部一》，無鄭注。

東方之極，自碣石東至日出榑木之野。帝大皞、神句芒司之。自冬日至數四十六日，迎春於東堂，距邦八里，堂高八尺，堂階八等，青税八乘，旂旐尚青，田車載矛，號曰助天生。倡之以角，舞之以羽，此迎春之樂也。孟春之月，御青陽左个，禱用牡，索祀於艮隅，貌必恭，厥休時雨。朔令曰：挺羣禁，開閉闔，通窮室，達障塞，待優游。其禁：毋伐林木。仲春之月，御青陽正室，牲先脾，設主於户，索祀於震正。朔令曰：棄怒惡，解役罪，免優患，休罰刑，閉關梁。其禁：田獵不宿，飲食不享，出入不節，奪民農時，及有姦謀。季春之月，御青陽右个，薦用鮪，索祀於巽隅。朔令曰：宣庫財，和外怨，撫四方，行柔惠，止剛强，九門磔禳，出疫於郊，以禳春氣。

南方之極，自北户南至炎風之野。帝炎帝、神祝融司之。自春分數四十六日，迎夏於南堂，距邦七里，堂高七尺，堂階七等，赤税七乘，旂旐尚赤，田車載弓，號曰助天養。倡之以徵，舞之以鼓鼗，此迎夏之樂也。孟夏之月，御明堂左个，嘗麥用彘，索祀於巽隅，視必明，厥休時燠。朔令曰：爵有德，賞有功，惠賢良，舉力農。其禁：毋隳防。仲夏之月，御明堂正室，牲先肺，設主於竈，索祀於離正。朔令曰：振貧窮，惠孤寡，慮休疾，出大禄，行大賞。其禁：棄法律，逐功臣，殺太子，以妾爲妻。乃令民雩。季夏之月，御明堂右个，牲先心，設主於中霤，索祀於坤隅，思必睿，案曰：「睿」當爲「容」。厥休時風。朔令曰：起毁宗，立無後，封廢國，立賢輔，卹喪疾。

中央之極，自昆侖中至大室之野。帝黄帝、神后土司之。土王之日，禱用牲，迎中氣於中室，樂用黄鍾之宫，爲民祈福，命世婦治服章，令民□虐。案曰：「虐」字有誤，盧氏本缺此字。其禁：治宫室，飾臺榭，内淫亂，犯親戚，侮父兄。

西方之極，自流沙西至三危之野。帝少皞、神蓐收司之。自夏日至數四十六日，迎秋於西堂，距邦九里，堂高九尺，堂階九等，白税九乘，旍旄尚白，田車載兵，號曰助天收。倡之以商，舞之以干戚，此迎秋之樂也。孟秋之月，御總章左个，嘗穀用犬，索祀於坤隅，言必從，厥休時暘。案曰：「暘」當作「陽」。朔令曰：審用法，備盜賊，禁姦邪，飭羣牧，謹貯聚。其禁：毋弛戎備。仲秋之月，御總章正室，牲先肝，設主於門，索祀於兑正。朔令曰：謹功築，遏溝瀆，修囷倉，決刑獄，趣收斂。其禁：好攻戰，輕百姓，飾城郭，侵邊竟。乃令民畋醵，庶甿畢入于室，曰時殺將至，毋罹其菑。季秋之月，御總章右个，薦用田禽，索祀於乾隅。朔令曰：除道路，守門閭，陳兵甲，戒百官，誅不法，除道成梁，以利農夫。

北方之極，自丁令北至積雪之野。帝顓頊、神玄冥司之。自秋分數四十六日，迎冬於北堂，距邦六里，堂高六尺，堂階六等，黑税六乘，旗旐尚黑，田車載甲鐵，號曰助天誅。倡之以羽，舞之以干戈，此迎冬之樂也。孟冬之月，御玄堂左个，祈年用牲，索祀於乾隅，聽必聰，厥休時寒。朔令曰：申羣禁，修障塞，畢積聚，繫牛馬，收澤賦。其禁：

毋作淫巧。仲冬之月，御玄堂正室，牲先腎，設主於井，索祀於坎正。朔令曰：搜外徒，止夜樂，誅詐僞，省醞釀，謹閉關。其禁：簡宗廟，不禱祠，❶廢祭祀，逆天時。乃令民罷土功。季冬之月，御玄堂右个，薦用魚，索祀於艮隅。朔令曰：省牲牷，修農器，收秸薪，築囹圄，謹蓋藏。乃大儺以禳疾，命國爲酒，以合三族，君子說，小人樂。以上自「東方之極」至此，見明黄佐《六藝流别》卷十七《五行》篇。

案曰：《六藝流别》全載《五行傳》一篇，自「維王后元祀」至「上下王祀」，下即接「東方之極」云云，至「小人樂」，惟無「六沴之禮」至「卒於北方」之節，及「田獵不宿」至「水不潤下」一節。篇題下云：「伏生《尚書大傳》，紀帝舜命禹攝政初祀事。」盧氏本與《六藝流别》同，而多「六沴之禮」一節及末「田獵不宿」至「水不潤下」一節。今以盧本末一節「咎徵」移置「東方之極」云云之前，於文爲順。

案又曰：此節據《六藝流别》，明云「帝舜命禹攝政初祀事」，碻是伏書。然其文頗不類伏書，又時與伏書相複，他書亦無有稱引者，惟《皇覽》稱「逸《禮》」與此大同，皆可疑也。

大誥

《書》曰：民儀有十夫。《困學紀聞》卷二。

周公先謀於同姓，同姓從，謀於朋友，朋友從，然後謀於天下，天下從，然後加之蓍龜。是以君子、聖人謀義，不謀不義，故謀必成；卜義，不卜不義，故卜必吉；以義擊不義，故戰必勝。是以君子、聖人謀則吉，戰則勝。《太平御覽》四百五十《人事部九十一》。○又《六藝流别》卷二十。

❶「祠」，原作「祀」，今據明嘉靖四十一年刻《六藝流别》卷一七改。

金縢

案曰：葉夢得云：伏生《大傳》以天、地、四時爲七政，以《金縢》作於周公歿後。

武王殺紂，《毛詩·邶鄘衛譜》正義引此下有「立武庚」三字。而繼公子禄父，【注】繼者，以武庚爲商後也。使管叔、蔡叔監禄父。【注】不及霍叔者，蓋赦之也。武王死，成王幼，周公盛養成王，【注】盛猶長也。使召公奭爲傳，周公身居位，聽天下爲政。《通鑑前編》引「爲」作「之」。管叔疑周公，《毛詩·邶鄘衛譜》《豳風·破斧》正義、《左傳》定四年正義並引此傳「管蔡流言」，是「管叔」下當有「蔡叔」二字。《御覽》無之，宜據《詩疏》增。流言于國曰：「公將不利于王。」奄君薄姑【注】玄或疑焉。薄姑，齊地，非奄君名也。謂禄父曰：「武王既死矣，今王尚幼矣，《毛詩》《左傳》正義引此句作「成王幼」。周公見疑矣。此世之將亂也，《毛詩》《左傳》正義引此句作「百世之時也」。請舉事。」【注】言周弱且不和，欲伐之而復政也。然後禄父及三監叛也。周公以成王之命殺禄父。《太平御覽》六百四十七《刑法部十三》。又《御覽·封建部四》《四夷部一》《刑法部七》，《毛詩·邶鄘衛譜》《豳風·破斧》《齊譜》、《左傳》定四年諸正義，《通鑑前編·成王二年》，《繹史》二十二。遂踐奄。踐之云者，謂殺其身、執其家、瀦其宫。《毛詩·豳風·破斧》正義、《經典釋文·成王政序下》。

案曰：曲阜孔氏廣林本以「遂踐奄」云云入《成王政》篇，恐非。

成王幼，在襁褓。《毛詩·斯干》正義引：「《書傳》説成王之幼，云『在襁褓』。襁，小兒被也。」

案曰：「在襁褓」三字，當在上傳「成王幼」之下。

周公致政，封魯，老于周，心不敢遠成王，欲事文、武之廟。公疾，曰：「吾死，必葬成周，示天下臣於成王。」及死，成王葬之畢，而云「示天下不敢臣」。故公封於魯，身未嘗居魯。《路史·後紀十·高辛紀下》注。○又《詩地理考》五引「周公封於魯，未嘗居魯也」。

案曰：《荀子·儒效篇》「周公歸周，反籍於成王，而天下不輟事周」，楊倞注：「周公所封畿內之國亦名周，《春秋》周公黑肩蓋其後也。言周公自歸其國也。」此周公「老於周」之事。

三年之後，此句上，當依《路史》所引增「周公致政封魯」六字。周公老于豐，心不敢遠成王，而欲事文、武之廟。然後周公疾，曰：「吾死，必葬於成周，示天下臣於成王。」成王曰：「周公生欲事宗廟，死欲聚骨於畢。」畢者，文王之墓也。故周公薨，成王不葬於成周而葬之於畢，示天下不敢臣也，所以明有功、尊有德。故忠孝之道，咸在成王、周公之間。故魯郊，成王所以禮周公也。《通鑑前編·成王十一年》。○又《儀禮經傳通解續》卷五《喪大記上》注節引。

周公疾，曰：「吾死，必葬於成周，示天下臣於成王也。」周公死，案曰：此下當依《儒林傳》注增「成王欲葬之於成周」八字。天乃雷雨以風，禾盡偃，大木斯拔，國恐。案曰：當依《漢書·儒林傳》注引作「國人大恐」。王與大夫開金縢之書，執書以泣，曰：「周公勤勞王家，予幼人弗及知。」乃不葬於成周而葬之於畢，示天下不敢臣。《漢書·梅福傳》注。

周公死，成王欲葬之於成周，天乃雷雨以風，禾盡偃，大木斯拔，國人大恐。王乃葬周公於畢，示不敢臣也。《漢書·儒林傳》注。○又《後漢書·張奐傳》注「雨」作「雹」。

嘉禾

案曰：《漢藝文志考證》云：「《大傳序》又有《嘉禾》、《揜誥》，❶今本闕。」

成王之時，有三苗貫桑葉而生，同爲一穗，

---

❶「又有」，原誤倒，今據左海本、《古經解彙函》本乙正。

其大盈車，長幾充箱。民得而上諸成王。

成王時，有苗異莖而生，同爲一穟。人有上之者，王召周公而問之。公曰：「三苗爲一穟，抑天下共和爲一乎？」果有越裳氏重譯而來。《太平御覽》八百三十九《百穀部三》。○又《初學記》二十七《草部》，又《記纂淵海》卷四引，並無末九字。《記纂》作「異畝同穗」。《初學記》「穟」並作「穗」。
《尚書・歸禾序》正義。

拔而貢之。《尚書・歸禾序》正義。

案曰：《尚書正義》引「成王之時」云云，又引下傳云「拔而貢之」，其文不備。今盧本《大傳》「有越裳氏」上有「拔而貢之文王之廟」八字，《記纂淵海》卷四引孫氏《瑞應圖》曰：「周時嘉禾三本同穗，貫桑而生，其穗盈箱，生於唐叔之國，以獻。周公曰：『此嘉禾也，太和氣之所生焉。此文王之德。』乃獻文王之廟。」據此，則《大傳》當有「拔而貢之文王之廟」之語，而《書疏》僅存上四字，餘無所徵。因録《瑞應圖》之文以備考。《記纂淵海》又引《大傳》「嘉禾莖長五尺，三十五穗」，恐非《大傳》文，不録。

交阯之南有越裳國。周公居攝六年，制禮作樂，天下和平。越裳以三象重譯而獻白雉，曰：「道路悠遠，山川阻深，音使不通，故重譯而朝。」成王以歸周公，公曰：「德不加焉，則君子不饗其質；【注】質，亦贄也。政不施焉，則君子不臣其人。吾何以獲此賜也？」其使請曰：「吾受命吾國之黄耇曰：久矣，天之無烈風澍雨，意者中國有聖人乎？有則盍往朝之？」周公乃歸之於王，稱先王之神致以薦於宗廟。周德既衰，於是稍絶。《太平御覽》七百八十五《四夷部六》。○又《御覽・天部九》、《後漢書・馬融傳》注、《文選》王元長《曲水詩序》注、《事類賦》三。

成王之時，越裳重譯而來朝，曰：「道路悠遠，山川阻深，恐使之不通，故重三譯而朝也。」【注】鄭玄曰：欲其轉相曉也。《文選》應吉甫《華林園集詩》注。

案曰：《御覽》引但云「重譯」，《文選》應吉甫詩注引作「重三譯」，王元長文注引作「重九譯」。

周公辭不受，曰：「正朔不施，則君子不臣也。」《通典》七十四《賓禮一》。

正朔所不加，君子所不臣。《白虎通》卷三《王者不臣》篇。

周公謂越裳之譯曰：「德澤不加焉，則君子不享其質；政令不施焉，則君子不臣。」《毛詩·臣工》正義。

案：《詩疏》引此，較《御覽》多「澤」字、「令」字，惟《白虎通》、《通典》引「政令」作「正朔」，當是傳本各異。

久矣，天之無烈風澍雨。【注】暴雨也。《御覽》十《天部十》。❶

案曰：《御覽·天部十》本引作「天之無烈風，❷東西南北來也」，下六字當是注文，誤入傳。

案又曰：劉勰《文心雕龍》云：「《尚書大傳》『別風淮雨』，《帝王世紀》作『列風淫雨』。『列』、『淫』義當而不奇，『別』、『淮』理違而新異。」乃謂《大傳》字作「別」、「淮」。考《御覽》先引《尚書說》曰「淮雨」，注「淮，暴雨之名也」，下又引《尚書大傳》曰「久矣，天之無烈風澍雨」，注「暴雨也」。兩書兩注各不同，則《尚書說》非伏氏《大傳》，而《大傳》作「澍」不作「淮」明矣。《御覽·四夷部六》又引作「注」字，此寫誤也。《藝文類聚·天部》引作「烈風迅雨」，亦非。而「烈」字諸書不異，鄭君亦無注，則《大傳》作「烈」不作「別」又明矣。恐彥和適見誤本《大傳》，執以爲說，未可據也。《尚書·舜典》正義、《毛詩·蓼蕭序》《周頌譜》正義並引作「烈風淫雨」，則唐人因彥和之語改從《帝王世紀》，並易「澍」爲「淫」耳。《毛詩·周頌譜》正義引「越裳」作「越常」，裳、常古通，疑《大傳》舊本如此。

康誥

周公將作禮樂，優游之，三年不能作。君子

❶ 下「十」字，原作「七」，今據左海本改。

❷ 「十」，原作「一」，今據《太平御覽》卷一〇《天部十》改。

恥其言而不見從，恥其行而不見隨。將大作，恐天下莫我知也；將小作，恐不能揚父祖功業德澤。然後營洛，以觀天下之心。於是四方諸侯率其羣黨，各攻位於其庭。周公曰：「示之以力役且猶至，況導之以禮樂乎？」然後敢作禮樂。《書》曰「作新大邑于東國洛，四方民大和會」，此之謂也。《毛詩·周頌譜》正義。○又《禮記·明堂位》正義、《尚書·康誥》正義、《文選·聖主得賢臣頌》注並節引。《書》曰：「惟乃丕顯考文王，克明俊德。」《困學紀聞》卷二。

天之命文王，非啍啍然有聲音也。文王在位而天下大服，施政而物皆聽，命則行，禁則止，動摇而不逆天之道，故曰：天乃大命文王。文王受命，一年斷虞、芮之質，二年伐于，三年伐密須，四年伐畎夷，五年伐耆，六年伐崇，七年而崩。《通鑑外紀》卷二。○又《毛詩·文王序》正義引「文王受命」至末，云《尚書·周傳》。又《尚書·戡黎》正義。又《通鑑前編·紂十七祀》引「文王受命」至「伐崇」。○又《文選·褚淵碑文》注、《毛詩·緜》《皇矣》《二雅譜》正義、《左傳》襄三十一年正義、《禮記·文王世子》正義並節引。「畎」從《皇矣》正義作。《禮記》正義「邘」作「鬼方」，誤。【注】畎夷，混夷也。《詩》云「混夷駾矣」，四年伐之，南仲一行，并平二寇。《毛詩·采薇序》正義。

案曰：《毛詩·皇矣》正義云：「混夷，《書傳》作『畎夷』。蓋畎、混聲相近。或作『犬夷』，則『畎』字之省也。」《二雅譜》正義引作「昆夷」，《禮記·文王世子》正義引作「鬼方」，並誤。案又曰：《通鑑前編·紂十有八祀》「西伯伐邘」，注引徐廣曰：「邘城，在野王縣西北。《大傳》作『于』。」然則《大傳》「邘」字作「于」也。《史記集解》引徐廣説，❶下云「音于」，是《史記》本作「邘」，不作「邘」。諸家引並作「邘」，非。

子夏曰：「昔者三王慤然欲錯刑遂罰，【注】

---

❶「説」，原作「記」，今據左海本改。

錯，處也。遂，行也。平心而應之，和然後行之，然且曰：『吾意者以不平慮之乎？吾意者以不和平之乎？』如此者三，然後行之。此之謂慎罰。」《太平御覽》六百三十五《刑法部一》。

酒誥

天子有事，諸侯皆侍，尊卑之義。【注】事，謂祭祀。《儀禮·特牲饋食》疏引「《書傳·康誥》云」。○曲阜孔廣林云：《儀禮》疏「康」當爲「酒」之誤。宗室有事，族人皆侍終日，大宗已侍於賓奠，然後燕私。案曰：《儀禮·特牲》疏云「大宗已侍於賓奠」者，或有作「蓑」，或有作「餕」，皆誤，以「奠」爲正也。【注】謂卿、大夫以下。宗室，大宗子之家也。《禮志》云：「別子爲祖，繼別爲大宗，繼禰爲小宗。」賓，僚友助祭者。燕私者何也？祭已而與族人飲也。《儀禮經傳通解》卷五《五宗傳第七》引傳及注。又《儀禮·特牲》鄭注、《毛詩·湛露》正義、《尚書·酒誥》正義並引傳。《儀禮·特牲》疏亦引傳及注。

宗子燕族人於堂，宗婦燕族人於房，序之以昭穆。《儀禮·喪服·不杖章》疏。

不醉而出，是不親也。【注】出猶去也。醉而不出，是媟宗也。出而不止，是不忠也。【注】忠，厚。親而甚敬，忠而不倦。若是，則兄弟之道備。備者，成也。成者，成於宗室也。故曰：飲而醉者，宗室之意也。德將無醉，族人之意也。是故祀禮有讓，德施有復，義之至也。【注】復，反也。《儀禮經傳通解》卷五《五宗第七》引傳、注，連上「宗室有事」至「族人飲也」爲一條。

古者聖帝之治天下也，五十以下，非蒸、社不敢遊飲，在六十以上遊飲也。《大戴禮》四《曾子立事》篇盧注。

王曰：「封，惟曰若圭璧。」《困學紀聞》卷二，《漢藝文志考證》一。

案曰：王伯厚以此傳八字爲《尚書》之逸文。考今文與古文章句多寡異同非止一二，《酒誥》篇有「王曰：封，我聞惟曰，在昔殷先哲王」之語，《大傳》所引疑或此處之異文，未必爲逸句也。

梓材

案曰：金履祥《尚書表注》：「案《大傳》今文，當有『周公曰』而無『封』字。」又云：「《梓材》，伏生今文作周公教伯禽之書。」《通鑑前編・成王七年》載《梓材》云：「按，伏生今文當作『周公曰』而無『封』字。」又云：「按《梓材》之書，伏生《大傳》以爲周公命伯禽之書。」又云：「《梓材》之事，伏生誤以爲周公命伯禽之書。《大傳》所説喬梓之事，固非《梓材》之本意。然以爲周公命伯禽之書，則篇首當有『周公曰』之語，無『王曰封』之語矣。」

伯禽與康叔見周公，三見而三笞之。康叔有駭色，謂伯禽曰：「有商子者，賢人也，與子見之。」乃見商子而問焉。商子曰：「南山之陽有木焉，名喬。」二三子往觀之，見喬實高高然而上，反以告商子。商子曰：「喬者，父道也。南山之陰有木焉，名梓。」二三子復往觀焉，見梓實晉晉然而俯，反以告商子。商子曰：「梓者，子道也。」二三子明日見周公，入門而趨，登堂而跪。周公迎，拂其首，勞而食之，曰：「爾安見君子乎？」《世説新語注》卷七《排調》。

伯禽與康叔朝於成王，見乎周公，三見而三笞之。二子有駭色，乃問於商子曰：「吾二子見於周公，三見而三笞之，何也？」商子曰：「南山之陽有木名橋，南山之陰有木名梓，二子盍往觀焉？」於是二子如其言而往觀之，見橋木高而仰，梓木晉而俯。【注】晉，肅貌。此注惟見《藝文類聚》。反以告商子，商子曰：「橋者，父道也。梓者，子道也。」二子明日復見，入門而趨，登堂而跪。周公迎，拂其首而勞之，曰：「汝安見君子乎？」二子以實告，公曰：「君子哉！商子也。」《文選・王文憲集序》注。〇又左太沖《招隱詩》、謝靈運《經湖中瞻眺詩》注引「相與觀乎南山之陽」。又《長笛賦》注引「觀乎南山之陰」。又《藝文類聚》八十九節引「晉而俯」句，作「晉然實而俯」，「拂其首而勞之」作「拂其首，勞而食之」。它書引「實而俯」無「晉然」二字。又《錦繡萬花谷・前集》卷十六、《記纂淵海》卷九十、《六藝流別》、《繹史》二十一並節引。《六藝流別》「南山之陰」作「北山之陰」，非。

案曰：《太平御覽》五百十八《宗親十八》引《周書》、《說苑・建本》篇，皆與此文略同。

伯禽封於魯，周公曰：「於乎！吾與女族倫。吾，文王之爲子也，武王之爲弟也，今王之爲叔父也。吾於天下豈卑賤也？豈乏之士也？所執質而見者十二，委質而相見者三十，其未執質之士百。我欲盡智得情者千人，而吾僅得三人焉，案：千，一本作「十」。以正吾身，以定天下。是以敬其見者，則隱者出矣。謹諸！乃以魯而驕人，可哉？尸禄之士，猶可驕也。正身之士，去貴而爲賤，去富而爲貧，面目黧黑而不失其所，是以文不滅而章不敗也。慎諸！女乃以魯國而驕，豈可哉！」《通鑑前編・成王元年》。〇又《外紀》用此文。

案曰：此篇盧氏本入《洛誥》，蓋以爲王命周公後之傳也。今以類入《梓材》。

【注】贄者，所執以至也。君子見於所尊敬，必執贄以將其厚意也。十人，公卿之中也。三十人，羣大夫之中也。百人，羣士之中也。《荀子・堯問篇》楊倞注引「鄭注云」。

案曰：《荀子》注引鄭注作「十人」，則《前編》引傳作「十二」誤。

是其好自用也，以斂益之也。《荀子・堯問

篇》注。

曲阜孔廣林曰：楊倞注《荀子・堯問篇》「彼其好自用」句，云《大傳》作「是其好自用也」云云，而《通鑑前編》所載無之。蓋《前編》止取後文，未經全載，當以《荀子》文參考。

【附】《荀子・堯問篇》：伯禽將歸于魯，周公謂伯禽之傅曰：「女將行，盍志而子美德乎？」對曰：「其爲人寬，好自用，以慎，此三者其美德已。」周公曰：「嗚乎！以人惡爲美德乎？君子好以道德，故其民歸道。彼其寬也，出無辨矣，女又美之。彼其好自用也，是所以窶小也。君子力如牛，不與牛争力；走如馬，不與馬争走；知如士，不與士争知。彼争者，均者之氣也，女又美之。彼其慎也，是其所以淺也。聞之曰：無越踰不見士。見士問曰：『無乃不察乎？』不聞，即物少至，少至則淺。彼淺者，賤人之道也，女又美之。吾語女：我，文王之爲子，武王之爲弟，成王之爲叔父。吾於天下不賤矣。然而吾所執贄而見者十人，還贄而相見者三十人，貌執之士百有餘人，欲言而請畢事者千有餘人，於是吾僅得三士焉，以正吾身，以定天下。吾所以得三士者，亡於十人與三十人中，乃在百人與千人之中。故上士吾薄爲之貌，下士吾厚爲之貌。人人皆以我爲越踰好士，然故士至，士至而後見物，見物然後知是非之所在。戒之哉！女以魯國驕人，幾矣！夫仰禄之士猶可驕也，正身之士不可驕也。彼正身之士，舍貴而爲賤，舍富而爲貧，舍佚而爲勞，顔色黎黑而不失其所以，是以天下之紀不息，文章不廢也。」

召誥

成王在豐，欲宅洛邑，使召公先相宅。六日乙未，曲阜孔廣林曰：「六日」上當有脱文。王朝步自周，則至于豐，惟太保先周公相宅。【注】太保召公先周公視洛邑也。《太平御覽》二百六《職官部四》。

洛誥

《書》曰：「乃女其悉自學功。」悉，盡也。學，效也。傳曰：當其效功也，於卜洛邑，營成周，改正朔，立宗廟，序祭祀，易犧牲，制禮樂，一統天下，合和四海，二句又見《文選·求自試表》注。而致諸侯，皆莫不依紳端冕以奉祭祀者，【注】紳，大帶也。其下莫不自悉以奉其上者，莫不自悉以奉其祭祀者，此之謂也。盡其天下諸侯之志而效天下諸侯之功也。廟者，貌也。以其貌言之也。二句又見《藝文類聚》三十八《禮部上》。宮室中度，衣服中制，犧牲中辟，【注】辟，法也。殺者中死，割者中理，搙弁者爲文，【注】搙弁，或爲「振」，非。當言「拚帚」。爨竈者有容，椓杙者有數。【注】杙者，繫牲者也。太廟之中，繽乎其猶模繡也。【注】言文章之可觀也。模，所椓文章之範。天下諸侯之悉來，進受命於周而退見文、武之尸者，千七百七十三諸侯，【注】八州，州二百一十國，畿内九十三國，此周所因於殷九州諸侯之數。「天下諸侯」以下，又見《周禮·大司徒》疏、《禮記·王制》正義，並引作《洛誥傳》。又見《通鑑地理通釋》一、《詩考·補遺》。皆莫不磬折，玉音金聲玉色。【注】玉音金聲，言宏殺之調也。二句又見《文選·西都賦》《詠懷詩》《箜篌引》《七啟》《四子講德論》等注。然後周公與升歌而弦文、武。【注】與諸侯升歌文王、武王之德，又以琴瑟播之。諸侯在廟中者，伋然淵其志，和其情，【注】伋，讀曰播。播然，變動貌。案曰：注「播」當爲「憣」字之誤。愀然若復見文、武之身。然後曰：「嗟子乎！此蓋吾先君文、武之風也夫！」【注】子，成王也。案曰：王侍郎伯申《經義述聞》云：「嗟子，猶嗟咨。注釋『子』爲成王，非其義也。」及執俎、抗鼎、執刀、執匕者負廧而歌，憤於其情，發於中而樂節文。【注】卑賤者尚然，而況尊貴者乎？故周人追祖文王而宗武王也。是故《周書》自《大誓》，就《召誥》，而盛於《洛誥》也。故其《書》曰：「揚文、武之德烈，奉對天命，和恒萬邦四方民。」是以見之也。孔子曰：「吾於《洛誥》，見周公之德光明於上下，勤施四方，旁作穆穆，至於海表，莫敢不來服，莫敢不來享，以勤文王之鮮光，以揚武王之大訓，而天下大治。」故曰：聖之與聖也，猶規之相周，矩之相襲也。【注】聖，言太祖。《儀禮經傳通解續》二十九《祭義》全引傳、注。○末三句又見《文選·皇太子釋奠詩》注。

祭者，察也，至也。言人事至於神也。唐王涇《大唐郊祀録》卷一注。

祭之爲言察也。察者，至也。至者，人事至也。人事至然後祭。祭者，薦也。薦之爲言在也。在也者，在其道也。【注】《禮志》曰：「齋之日，思其居處，思其笑語，思其志意，思其所樂，思其所耆。齋三日，乃見其所爲齋者。祭之日，入室，僾然必有見乎其位；周旋出户，肅然必有聞乎其容聲；出户而聽，愾然必有聞乎其嘆息之聲。」是之謂至。《禮志》曰：「君子生則敬養，死則敬饗，思終身不忘。」是之謂在其道。《太平御覽》五百二十四《禮儀部三》引《尚書大傳·周傳》全。又《儀禮經傳通解續·祭義》全引傳、注。○又《藝文類聚·禮部上》。

夏后氏迎於廟庭，殷人迎於堂，周人迎於户。《公羊傳》隱二年疏。

古者處師八家而爲鄰，❶三鄰而爲朋，三朋而爲里，五里而爲邑，十邑而爲都，十都而爲師，州十有二師焉。【注】州凡四十三萬二千家，此蓋虞、夏之數也。《太平御覽》百五十七《州郡部三》。又《禮記·雜記》正義節引傳、注，云《洛誥傳》。○又《藝文類聚》八《州郡部》、《初學記·州郡部》、《廣韻》、《長安志》卷二節引。○又《玉海》二十《地理户口》引此注，云《洛誥》。

家不盈三口者不朋，由命士以上不朋。【注】或云：黄帝法。《玉海》二十《地理户口》。

八家爲鄰，三鄰爲朋，三朋爲里，五里爲邑。《華嚴經》第六十七《音義》卷下，末有「此虞夏之制也」六字，蓋《音義》之文。○案曰：此「朋」字作「閭」，疑誤。

周公攝政，一年救亂，二年克殷，三年踐奄，四年建侯衛，五年營成周，六年制禮作樂，七年致政成王。《隋書·李德林傳》。又《通鑑外紀》卷三。○又《尚書·康誥》正義、《毛詩·邶鄘衛譜》《豳風譜》《王城譜》《周頌譜》《清廟序》等正義、《周禮·序官》疏、《禮記·明堂位》正義、《通鑑前編·成王五年》、《通志》、《詩地理考》並分引。

二年克殷。【注】誅管、蔡及禄父等也。《毛詩·邶鄘衛譜》正義。

多士

古者百里之國，三十里之遂，二十里之郊，九里之城，三里之宫。七十里之國，二十里之遂，九里之郊，三里之城，一里之宫。五十里之國，九里之遂，三里之郊，一里之城，以城爲宫。遂、郊之門執禁，以譏異服，譏異言。【注】玄或疑焉。《周禮·匠人》「營國方九

❶「者處師」三字，原無，今據左海本、《古經解彙函》本補。

里」，謂天子城也。今大國九里，則與天子同。《春秋傳》曰：「中五之一，小九之一。」以此推説，小國大都之城方百步，中都之城六十步，小都之城三十二步三分之一，非也。然則大國七里之城，次國五里之城，小國三里之城焉，爲近可也。或者天子實十二里之城，諸侯大國九里，次國七里，小國五里。《儀禮經傳通解·王制之己集傳集注三十三》全引傳、注，傳末十三字或誤入注，非。又《禮書》二十四引傳至「以城爲宫」止，引注至末，中有脱文。又《禮記·王制》正義節引，云「伏生《多士傳》文」。〇又《毛詩·文王有聲》正義、《周禮·典命》疏、《左傳》隱元年正義並節引傳、注。《周禮疏》引作《無逸傳》，誤。又見《通典》五十三。

天子之堂廣九雉，三分其廣，以二爲内，五分内，以一爲高。東房，西房、北堂各三雉。以上又見《禮記·明堂位》正義，引作《多士傳》。公、侯七雉，三分其廣，以二爲内，五分内，以一爲高。東房、西房、北堂各二雉。伯、子、男五雉，三分其廣，以二爲内，五分内，以一爲高。東房、西房、北堂各一雉。士三雉，三分其廣，以二爲内，五分内，以一爲高。有室，無房、堂。自首至此，又見《儀禮釋宫》注。【注】廣，榮間相去也。雉長三丈。内，堂東、西序之内也。高，穹高也。今《士禮》有房，此云無房、堂也。

其桷，天子斲其材而礱之，加密石焉。二句又見《毛詩·閟宫》正義。《禮記》本脱「其材而礱加密石焉」八字，今補。大夫達稜，士首本，庶人到加。【注】礱，礪之也。密石，砥之也。稜，菱也。

天子賁庸，【注】賁，大也。牆謂之庸。大牆，正直之牆。「天子賁庸」至此傳、注，又見《初學記》二十四《居處部》、《太平御覽》百八十七《居處部十五》節引，注末句並作「大牆，正直也」。諸侯疏杼，【注】疏猶衰也。杼，亦牆也。言衰殺其上下，不得正直。大夫有石材，【注】柱下礩也。《御覽》百八十八《居處部十六》引注，「柱」上多「石材」二字，應補。庶人有石承。【注】當柱下而已，不外出爲飾也。《御覽·居處部十六》引注，「當」上多「石承」二字，應補。自首「天子之堂」至末傳、注，《禮書》四十三全引。又《朱子文集》小引《多士傳》。

案曰：《漢書・鼂錯傳》「家有一堂二内」，張晏注：「二内，二房也。」《論衡・別通篇》：「富人之宅，以一丈之地爲内。貧人之宅，亦以一丈爲内。」此與《大傳》説「内」之義甚明。王伯申侍郎《經義述聞》曰：《詩・唐風・山有樞》篇「子有廷内」，《人雅・抑》篇「灑掃廷内」，廷謂中廷，内謂堂與室也。《周官・寺人》「王之正内五人」，《夏小正》「傳曰：燕操泥而就家，入人内」，此皆兼堂、室而言之者也。《尚書大傳》「天子堂廣九雉，三分其廣，以二爲内，五分其内，❶以一爲高」，《漢書・鼂錯傳》「家有一堂二内」，《史記・封禪書》「有芝生殿房内中」，《續・外戚世家》「女亡匿内中牀下」，《論衡》以一丈之地爲内，《吉驗篇》曰「光武帝生於濟陽宮後殿第二内中」，此皆專指室而言之者也。

案又曰：《禮記・禮器》鄭注「宮室之飾，士首本，大夫達稜，諸侯斲而礱之，天子加密石焉」，正義引《禮緯含文嘉》云：「大夫達稜，謂斲爲四稜，以達兩端。士首本者，士斲去木之首本，令細與尾頭相應。」《尚書大傳》所言「天子斲其材而礱之」云云，本之《國語・晉語》，又與《禮緯》合也。然鄭君注《大傳》以「菱」訓「棱」，與孔異義。案《大傳》「庶人到加」，到，古「倒」字；「加」當爲「茄」。《爾雅》「荷，芙蕖。其莖茄，其本蔤」，《文選・西京賦》曰「蔕倒茄於藻井，披紅葩之狎獵」，《魯靈光殿賦》曰「圓淵方井，反植荷蕖」，《景福殿賦》曰「茄蔤倒植，吐被芙蕖」，《魏都賦》曰「綺井列疏以懸蔕，華蓮垂葩而倒披」，李善引薛綜《西京賦舊注》曰「以其莖倒植於藻井，其華下向倒披」，又引《風俗通》曰「今殿作天井。井者，東井之象也」。《淮南子・本經訓》「木巧之飾，菱杼紾抱」，高誘注「菱，芰。❷杼，采實。紾，戾也。抱，轉也」，皆壯采相銜貌也。案「抱」當爲「軳」，《廣雅》：「軫軳，轉戾也。」《淮南子》又曰「橑檐榱題，雕琢刻鏤，喬枝菱阿，夫容芰荷，五采爭勝，流漫陸離」，高誘注「阿，曲屋。夫容，藕華也。芰，菱角交菡也。荷，夫蕖也」。據

❶「五」，原作「二」，今據前文改。
❷「芰」，原脱，今據景鈔北宋本《淮南鴻烈解》卷八補。

此，達菱、倒茄爲一類，皆宮室之飾。殿作天井，以象東井。菱、茄，水中之物，所以示厭火。天子宮殿施於藻井，大夫以下惟施於桷而已，庶人無垂葩之飾也。《書》傳、注義自可通。〇又案：《漢書·揚雄傳》「反離騷」注，師古曰：「茄，亦『荷』字，見張揖《古今字詁》。」

毋逸

案曰：《困學紀聞》卷二云：「高宗亮陰，《大傳》作『梁闇』。」

《書》曰：「高宗梁闇，三年不言。」何謂梁闇也？傳曰：「高宗居倚廬，三年不言，百官總己以聽於冢宰而莫之違。此之謂梁闇。」子張曰：「何謂也？」孔子曰：「古者君薨，王世子聽於冢宰三年，不敢服先王之服、履先王之位而聽焉。以民臣之義，則不可一日無君矣。不可一日無君，猶不可一日無天也。以孝子之隱乎，則孝子三年弗居矣。【注】隱，痛也。字或爲「殷」。故曰：義者彼也，隱者此也。遠彼而近此，則孝子之道備矣。」《儀禮經傳通解續》十五《喪禮義》引傳，又卷五《喪大記上》引注。

案曰：《晉書》二十《禮志》杜預等議喪服云：「至周公旦，乃稱殷之高宗諒闇，三年不言。其傳曰：諒，信也。闇，默也。」預所引《書》字作「諒闇」，則古文《尚書》也。所引傳解「諒闇」與《大傳》異，則古文家說也。《論語》作「諒陰」，集解引孔安國注與預正同。今僞孔《書》傳乃與之合，豈僞孔襲用古文家說與？《禮記》作「諒闇」，鄭注以爲凶廬，從《大傳》義。

高宗有親喪，居廬三年，然未嘗言國事，而天下無背叛之心者，何也？及其爲太子之時，盡以知天下人民之所好惡，是以雖不言國事也，知天下無背叛之心。《太平御覽》百四十六《皇親部十二》。

揜誥 案曰：《困學紀聞》云：「《大傳》之序有《揜誥》。」曲阜孔廣林曰：「案百篇無《揜誥》，疑『揜』即『奄』也。成王既踐奄，作《成王政》，《揜誥》其即《成王政》與？」壽祺案：孔君此説甚善，然竟以《毛詩・破斧》正義所引《大傳》「遂踐奄」云云入此篇，恐非。今不從，而以「遂踐奄」以下之文入《金縢傳》「殺公子禄父」下較合。

周傳

古之帝王者，必立大學、小學，【注】《禮志》曰：「小學在公宮之左，大學在郊。」使王太子、王子、羣后之子以至公、卿、大夫、元士之適子，十有三年始入小學，見小節焉，踐小義焉；年二十入大學，見大節焉，踐大義焉。故入小學，知父子之道、長幼之序；入大學，知君臣之義、上下之位。小師取小學之賢者登之大學，大師取大學之賢者登之天子，天子以爲左右。【注】天子，當爲「太子」。《禮志》曰：「周公居攝，踐祚而治，亢世子法於伯禽，使之與成王居，欲使成王之知父子、君臣、長幼之義，所以善成王也。」《太平御覽》百四十八《皇親部十二》。〇又《禮書》四十八、四十九，《御覽》六百十三《學部七》，《大戴禮・保傳》注，《禮記・王制》正義，節引《尚書周傳》，各小異。

案曰：《禮記・王制》正義引《尚書・周傳》云「王子，公，卿、大夫、元士之適子，十五入小學，二十入大學」，是《周傳》有此文也。《大戴禮・保傳》注引：「《白虎通》曰：『八歲入小學，十五入大學。』此太子之禮。《尚書大傳》曰：『公、卿之太子，大夫、元士之適子，年十三始入小學，見小節而履小義；年二十入大學，見大節而踐大義。』此世子入學之期也。又曰：『十五入小學，十八入大學。』謂諸子晚成者至十五入小學，其早成者十八入大學。」盧辨此注，分引《書傳》而疏通之，最爲明晰。其《書傳》後一條「十五入小學」云云，《禮記・王制》正義亦引以爲《書傳・略説》文，則與《周傳》兩篇分見審矣。《大戴》注引「公、卿之太子」云云，《御覽・學部七》、《儀禮經傳通解・學制》所引並同，而《王制》正義與《御覽・皇親部》兩引又各異。今從《御覽・皇親部》，而他書異同附識於此。

使公、卿之太子，大夫、元士之適子，十有三年始入小學，見小節焉，踐小義焉；年二十入大學，見大節焉，踐大義焉。故入小學知父子之道、長幼之序，入大學知君臣之義、上下之位。故爲君則君，爲臣則臣，爲父則父，爲子則子。《儀禮經傳通解》卷九《學制第十六》引，多末十六字。

多　方

古者十稅一。多於十稅一，謂之大桀、小桀。少於十稅一，謂之大貊、小貊。王者十一而稅，而頌聲作矣。故《書》曰：「越維有胥賦小大多政。」《困學紀聞》卷二。○又《文選・報孫會宗書》注引「王者什一而稅」。

臩　命案曰：《漢藝文志考證》一：「《大傳》『冏命』爲『臩命』。」

鮮　誓案曰：《史記・魯世家》作「肸誓」，索隱云：「《大傳》作『鮮誓』。」《困學紀聞》卷二云：「『費誓』，《説文》作『粊』，《史記》作『肸』，《大傳》作『鮮』。」

擭，捕獸機檻。《經典釋文・禮記・中庸音義》。

甫　刑案曰：《漢藝文志考證》一：「《大傳》以『呂刑』爲『甫刑』。」

有虞氏上刑赭衣不純，中刑雜屨，下刑墨

幪，以居州里而民恥之。案曰：《路史・後紀十一・陶唐紀》注引《唐傳》，又云：《甫刑傳》以三刑爲有虞氏者，非。

案曰：《荀子・正論篇》曰：「世俗之爲説者曰：治古無肉刑而有象刑：墨黥，楊倞注：或曰「墨黥」當爲「墨幪」，但以墨巾蒙其頭而已。❶ 慅嬰，注：當爲「澡纓」，謂澡濯其布爲纓。《禮記》曰「緦冠澡纓」。澡，或讀爲草，《慎子》作「草纓」也。共，艾畢，注：共，未詳，或衍字耳。艾，蒼白色。「畢」與「韠」同，紱也，所以蔽前。君以朱，大夫素，士爵韋。令罪人服之，故以蒼白色爲韠也。菲，對屨，注：對，當爲「紂」。紂，枲也。《慎子》作「紂」。對，或作「蒯」。殺，赭衣而不純，注：純音準。殺，所介反。治古如是。是不然。」《路史・後紀十二》注引《慎子》曰：「有虞氏之誅也，以畫跪當黥，以草纓當劓，以履紂當刖，以艾畢當宫，布衣無領以當大辟，謂之戮。上世用戮而民不犯。」羅氏曰：「畫跪，一作『幪巾』。履紂，一作『菲履』。艾畢，韠也。草纓，荀作『慅黥』，❷墨刑也。與《甫刑傳》之説不同。布衣無領，即赭衣不純。」《路史・後紀・陶唐紀》謂：「『而民恥之』，《唐傳》作『而反於禮』。《甫刑傳》以三刑爲有虞氏者，非。」又引《慎子》與《甫刑傳》之説不同，是《甫刑傳》有有虞氏三刑之文甚明。且末句《唐傳》作「而反於禮」，則《甫刑傳》作「而民恥之」又明矣。今據補入《甫刑傳》。

子張曰：「堯、舜之王，一人不刑而天下治，何則？教誠而愛深也。以上又見《路史・後紀十一・陶唐紀》。「子張」作「子貢」，「曰」下有「傳云」二字。今一夫而被此五刑。」子龍子曰：「未可謂能爲《書》。」【注】二人俱罪甫侯之説刑也。被此五刑，喻犯數罪也。孔子曰：「不然也。五刑有此教。」【注】教然耳。犯數罪，猶以上一罪刑之。《太平御覽》六百三十五《刑法部一》。❸ ○又《御覽》八十《皇王部五》引首二句。

案曰：《荀子・議兵篇》「古者帝堯之治天下也，蓋殺一人、刑二人而天下治」，此傳云「一人不刑而天下治」，即《虞夏傳》所謂「唐、虞象刑而民不犯」之

❶「頭」，原作「頂」，今據左海本改。

❷「黥墨」，原誤倒，今據左海本、《古經解彙函》本乙正。

❸「法」，原脱，今據左海本、《古經解彙函》本補。

意也。

古者中刑用鑽鑿。《御覽》七百六十四《器物部九》。

夏刑三千條。《唐律疏義》卷一，《玉海・律令》引長孫無忌《唐律疏》。

夏后氏不殺、不刑，死罪罰二千饌。《史記・平準書》索隱。

禹之君民也，罰弗及强而天下治。一饌六兩。【注】所出金鐵也。死罪出三百七十五斤，用財少爾。《路史・後紀十三・夏后氏紀》引《甫刑傳》。

案曰：饌，他本作「鐉」，非。惟震澤王氏《史記》本不誤。

案又曰：鄭注「三百七十五斤」，適合千饌六千兩之數。今文經云：「大辟疑赦，其罰千率。」《史記索隱》引《大傳》「死罪罰二千饌」，「二」字當衍。

決關梁、踰城郭而略盜者，其刑臏。男女不以義交者，其刑宮。觸易君命、革輿服制度、奸軌、盜攘、傷人者，【注】攘，竊也。其刑劓。非事而事之，【注】令原作「令」，誤，今改。所不當爲也。以上注見《御覽・刑法部十四》。出入不以道義而誦不詳之辭者，其刑墨。降叛、寇賊、刼略、奪攘、矯虔者，其刑死。《周禮・司刑》注。〇又《太平御覽》百四十八《刑法部十四》引至「其刑墨」止。「詳」作「祥」，「奸軌盜攘」作「奸凶攘傷」。〇案曰：「其刑髕」，諸書引作「臏」，惟《華嚴經》第七十三《音義》卷下引傳首三句作「髕」。《音義》云：「字從骨。」今依改。〇又《尚書・吕刑》正義、《毛詩・召旻》正義、《北堂書鈔》並節引。

孔子曰：「古之刑者省之，今之刑者繁之。其教古者有禮然後有刑，是以刑省也；今也反是，無禮而齊之以刑，是以繁也。《書》曰：『伯夷降典禮，折民以刑。』謂有禮然後有刑也。又曰：『兹殷罰有倫。』今也反是，諸侯不同聽，【注】聽，議獄也。每君異法，聽無有倫，是故知法難也。」《御覽》六百三十五《刑法部一》。〇又《孔子集語》卷下引，至「是以繁也」止。

案曰：《孔叢》用此文。「諸侯不同聽」，「聽」作

「德」，其義長。疑注「聽，議獄也」四字當在傳文「聽無有倫」之下。

子曰：「吴越之俗，男女同川而浴，其刑重而不勝，由無禮也。中國之教，内外有别，男女不同椸架，不同巾櫛，其刑重而勝，由有禮也。語曰：夏后氏不殺，不刑，罰有罪而民不輕犯。」《孔子集語》卷下。

子曰：「今之聽民者，求所以殺之。古之聽民者，求所以生之。不得其所以生之之道，乃刑殺，君與臣會焉。」《孔子集語》卷下。

案曰：《孔叢》用此文。《漢書·刑法志》引孔子曰「今之聽獄者」四句，不言《大傳》。

子曰：「古之聽民者，察貧窮，哀孤、獨、矜、寡，宥老、幼、不肖、無告，有過必赦，小過勿增，大罪忽纍，【注】延罪無辜曰纍。注見《御覽·刑法部一》，又《刑法部十八》。老弱不受刑，有過不受罰。是故老而受刑謂之悖，弱而受刑謂之暴，不赦有過謂之賊，率過以小謂之枳。《孔子集語》卷下。又《御覽》六百三十五《刑法部一》引「有過」至「謂之賊」。○案曰：《孔叢》用此文。故與其殺不辜，甯失有罪；與其增以有罪，甯失過以有赦。」《御覽》六百五十二《刑法部十八》。

聽訟之術，大略有三：治必寬，寬之術歸於察，察之術歸於義。【注】察猶審也。是故聽而不寬是亂也，寬而不察是慢也。古之聽訟者，言不越辭，辭不越情。是故聽民之術，怒必思兼，思意小罪勿兼。【注】怒，責也。責囚之罪，必思意兼，謂思其辭，思其義。思義，罪小可求以出之罪也。《御覽》六百三十九《刑法部五》。○案曰：《孔叢》用此文，「辭不越情」下有「情不越義」一句。

子曰：「聽訟者雖得其情，必哀矜之。死者不可復生，斷者不可復續也。」《孔子集語》卷下。○案曰：《孔叢》用此文。

《書》曰：「哀矜哲獄。」《困學紀聞》卷二。獄貨非可寶也，然後寶之者，未能行其法者也。貪人之寶，受人之財，未有不受命以矯其上者也。親下以矯其上者，未有能成其功者也。《御覽》六百四十一《刑法部七》。

子夏曰：「昔者三王慤然欲錯刑遂罰，【注】錯，處也。遂，行也。平心而應之，和然後行之。然且曰：『吾意者以不平慮之乎？吾意者以不和平之乎？』如此者三，然後行之。此之謂慎罰。」《御覽》六百三十五《刑法部一》。

孔子如衛，人謂曰：「公甫不能聽訟。」【注】公甫，魯大夫。子曰：「非公甫之不能聽獄也。【注】答而反之。公甫之聽獄也，有罪者懼，無罪者恥，民近禮矣。」《御覽》六百三十九《刑法部五》。「非」字作「不知」，從《孔子集語》卷下引改。《集語》無「公甫之聽獄也」六字。

君子之於人也，有其語也，無不聽者，皇於聽獄乎？【注】皇猶況也。必盡其辭矣。聽獄者或從其情，或從其辭。

案曰：《孔叢》用此文。

大夫有汙豬之宮，殺君之地，雖有美菜，有義之士弗食。《藝文類聚》八十二《草部下》，《御覽》九百七十六《菜部一》。

尚書大傳輯校三

侯官陳壽祺恭甫著

略説

遂人爲遂皇，伏羲爲戲皇，神農爲農皇也。遂人以火紀，火，太陽也，陽尊，故託遂皇於天。伏羲以人事紀，故託戲皇於人。蓋天非人不因，人非天不成也。神農悉地力，種穀疏，故託農皇於地。天地人之道備，而三五之運興矣。《風俗通・皇霸第一》引《尚書大傳》説。〇又《太平御覽》七十七《皇王部二》，又七十八《皇王部三》，又《火部一》，《初學記》九、《事類賦注》、《藝文類聚》十一《帝王》、《路史・因提紀》，並節引。

案曰：孫之騄本首列此條目爲《三五傳》，無據，不可從。今姑入之《略説》，爲近似。

伏羲氏没，神農氏作。神農氏没，黄帝、堯、舜氏作。羅璧《識遺》卷二引《大傳》言。

案曰：《識遺》云：「敘三五傳次甚明。」

伏羲氏作八卦。《路史・後紀卷一・太昊紀上》注。

天立五帝以爲相，四時施生，法度明察。春夏慶賞，秋冬刑罰。帝者，任德設刑以則象之，言其能行天道，舉錯審諦也。黄帝始制冠冕，垂衣裳，上棟下宇，以避風雨，禮文法度，興事創業。黄者，光也，厚也，中和之色。德施四季，與地同功，故先黄以別之也。顓者，專也。頊者，信也。言其承易，文之以質，使天下蒙化，皆貴貞慤也。嚳者，考也，成也。言其考明法度，醇美嚳然，若酒之芬香也。堯者，高也，饒也。言其隆興煥炳，最高明也。舜者，推也，循也。言其推行道德，案曰：四字原文誤在「舜者推也」之上，今移此。循堯緒也。《風俗通義・皇霸》卷一《五帝》篇「謹案《易》、《尚書大傳》」云云。○又《御覽》七十七《皇王部二》載《風俗通》同，惟無「黄帝始制」以下二十五字，又無「嚳然」二字、「饒也」二字，「蒙化」之「蒙」作「遵」，末四句作「舜者，准也，循也。言其准行道以循堯緒也」，當從之。「准」、「循」與「舜」聲近，「推」則遠矣。今本《風俗通》字誤。

堯八眉，舜四瞳子，禹其跳，湯扁，文王四乳。八眉者，如八字者也。其跳者，踦也。【注】其，發聲也。踦，步足不能相過也。扁者，枯也。【注】言湯體半小象扁枯。言皆不善也。《御覽》三百六十三《人事部四》。○又《玉篇》卷四《目部》、《初學記》九《帝王部》、《路史・有虞紀》、《荀子・非相篇》注。

案曰：《荀子・非相篇》曰：「禹跳，湯偏，堯、舜參眸子。」楊倞注引《尸子》曰：「舜兩眸子，是謂重明。作事成法，出言成章。」又引《尸子》曰：「禹之勞，十年不窺其家。手不爪，脛不生毛。偏枯之病，步不相過，人曰禹步。」《吕氏春秋》曰：「禹通水濬川，顔色黎黑，步不相過。」

多聞而齊給。【注】齊，疾也。《史記・五帝本紀》索隱。○案曰：此蓋《尚書大傳》説黄帝語。

乃命五史以書五帝之蠱事。李鼎祚《周易集解》載伏曼容注引此，釋云：「然爲訓者，正以太古之時无爲无事也。」

成王問周公曰：「舜之冠何如焉？」周公曰：「古之人有冒皮而句領者，然鳳皇巢其樹，麒麟聚其域也。」《北堂書鈔・冠》。

成王問周公曰：「舜何人也？」周公曰：「其政也，好生而惡殺。」《文選・檄蜀文》注、《路史・後紀十二・有虞紀》注。

舜好生惡殺，鳳皇巢其樹。《御覽》九百十五《羽族部二》，又九百二十八《羽族部十五》、《事類賦注》十八、《玉海》百九十九。

古之人，衣上有冒而句領。【注】言在德不在服也。古之人，三皇時也。冒，覆頂也。句領，繞頸也。禮，正服方領也。《荀子·哀公篇》楊倞注。

周公對成王云：「古人冒而句領。」【注】古人，謂三皇時。以冒覆頭，句領繞頸。至黄帝則有冕也。《禮記·冠義》篇目正義引《略説》。

案曰：《禮記·冠義》疏引此文爲《略説》，則自《北堂書鈔》以下四條皆《略説》文也。《晏子》曰：「古者有紩衣攣領而王天下者矣。」《淮南子》曰：「古有鍪頭而卷領以王天下。」與《略説》同意。《荀子·哀公篇》：「魯哀公問舜冠於孔子，孔子不對。三問，不對。哀公曰：『寡人問舜冠於子，何以不言也？』孔子對曰：『古之王者，有務而拘領者矣，其政好生而惡殺焉。注：「務，讀爲冒。『拘』與『句』同。」是以鳳在列樹，麟在郊野，烏鵲之巢，可俯而窺也。君不問而問舜冠，所以不對也。』」《荀子》作哀公問孔子，《書傳》作成王問周公，傳聞異辭。

舜不登而高，不行而遠，拱揖於天下而天下稱仁。《御覽》八十一《皇王部六》，又四百十九《人事部六十》。

夏后氏主教以忠。《儀禮·士喪禮》疏引《書傳·略説》。

周人之教以文。上教以文，君子。其失也，小人薄。【注】文，謂尊卑之差制也。習文法，無悃誠也。《文選·運命論》注。

案曰：《士喪禮》疏引「夏后氏主教以忠」，稱《書傳·略説》。此《文選注》所引「周人之教以文」云云，當相連屬，中閒尚有脱文及説殷人之教耳。

帝命周公踐阼，朱草暢生。《御覽》八百七十三《休徵部二》。

周公輔幼主，不矜功，則蓂莢生。【注】矜，夸也。《御覽》八百七十三《休徵部二》引傳。又《文選》鮑昭《詠史詩》注引傳及注。○又《記纂淵海》卷四。

王者德及皇天，則祥風起。《御覽》九《天部九》，又八百七十二《休徵部二》，《初學記》一。

王者德下究地之厚，則朱草生。《御覽》八百七十三《休徵部二》。又《文選·魯靈光殿賦》注、王元長《曲水詩序》注、《非有先生論》注，《記纂淵海》卷四。又《開元占經·竹木草藥占篇》引曰「德光地序則朱草生」，《文選》注同。

狄人將攻太王亶甫。《御覽》「甫」作「父」，此下重「亶父」二字。召耆老而問焉，曰：「狄人何欲？」耆老對曰：「欲得菽粟財貨。」太王亶甫曰：「與之。」每與，狄人至不止。太王亶甫贅其耆老而問之，《毛詩·緜》正義引「贅」作「屬」。〇案曰：《桑柔》正義引：「《孟子》曰『太王屬其耆老』，《書傳》云『贅其耆老』，是『贅』爲『屬』。」據此，則《緜》正義作「屬」者誤也，今改正。曰：「狄人又何欲乎？」耆老對曰：「又欲君土地。」太王亶甫曰：「與之。」耆老曰：「君不爲社稷乎？」❶太王亶甫曰：「社稷，所以爲民也，不可以所爲民亡民也。」耆老對曰：「君縱不爲社稷，不爲宗廟乎？」太王亶甫曰：「宗廟，吾私也。不可以私害民。」遂策杖而去，逾梁山，邑岐山。【注】梁山，在岐山東北。注見《毛詩·公劉》正義。岐山，在梁山西南。注見《毛詩·緜》正義。周人奔而從之者三千乘，一止而成三千户之邑。《毛詩·緜》正義引《書傳·略説》。又《御覽》七百九十九《四夷部二》。〇又《禮記·哀公問》正義、《毛詩·豳風譜》正義並引《書傳·略説》。又《毛詩·桑柔》《天作》正義節引。「周人」，《禮記正義》作「國人」。

案曰：《毛詩·緜》正義引《書傳》，又引《韓奕》箋云：「梁山，在馮翊夏陽縣西北。」鄭於《書傳》注云：「岐山，在梁山西南。」然則梁山之衺，其東當夏陽縣西北，其西當岐山東北。自豳適周，當踰之也。

宣王問於春子曰：「寡人欲行孝弟之義，爲之有道乎？」【注】宣王，齊君，陳敬仲之後也。春子曰：「昔者衛聞之樂正子【注】樂正子，曾子弟子也。曰：文王之治岐也，五十者杖於家，六十者杖於鄉，七十者杖於朝，【注】「朝」當爲「國」。見君揖杖。【注】「揖」當爲「去」。八十者杖於朝，見君揖杖。【注】揖，挾也。君曰：『趣見客，毋俟朝。』【注】不欲久停老者也。

❶「君」，原作「吾」，今據左海本改。

古者七十致仕，來者客之也。以朝乘車輲輪，【注】乘車，安車也。言輲輪，明其小也。案曰：此注見《禮記·曲禮》正義引《書傳·略説》。○案曰：《儀禮通解》引注無「言輲輪」以下七字，云「見前『乘安車』注」。蓋《通解》前引《曲禮》載疏引《書傳》及注之文，故此處不重載鄭注也。今補。御爲僕，送至於家。【注】御，君之御也。而孝弟之義達於諸侯。九十杖而朝，見君建杖。【注】建，樹也。君曰：『趣見，毋俟朝。』以朝車送之舍。天子重鄉養，【注】舍，館也。重，猶尊也。養，以禮食之也。卜筮巫醫御於前，祝咽祝哽以食，《禮書》引作「祝饐祝鯁」。乘車輲輪，胥與就膳徹，【注】胥，樂官也。就，成也。胥成膳徹，謂以樂食之也。送至於家。君如有欲問，明日就其室，以珍從。【注】明日，明旦。而孝弟之義達於四海。此文王之治岐也。君如欲行孝弟之大義，盍反文王之治岐？」《儀禮經傳通解》十九《五學》引傳、注。又《玉海》七十四末引注。○「九十」以下至「達於四海」，又見《禮書》五十。篇首見《困學紀聞》卷五。

案曰：《禮記·曲禮》正義引《書傳·略説》「致仕者以朝乘車輲輪」，在此篇。《呂氏春秋》「春居問於齊宣王」，王稱之。春居，王氏《困學紀聞》以爲即《大傳》所謂春子。《家語》言養老事則孔子之問哀公，疑王肅剽《書傳》而爲之。

大夫、士七十而致仕，老於鄉里。大夫爲父師，士爲少師。【注】所謂里庶尹也。古者仕焉而已者，歸教於閭里。耰鉏已藏，祈樂已入，【注】祈樂，當爲「新穀」。歲事已畢，餘子皆入學。【注】餘子猶衆子也。古者適子恒代父而仕也。十五始入小學，見小節，踐小義。十八入大學，見大節，踐大義焉。【注】小節、小義，正謂始□典□師受業。大節、大義，謂博習盡識也。距冬至四十五日始出學，傅農事。【注】立春學止。上老平明坐於右塾，庶老坐於左塾，餘子畢出，然後皆歸。夕亦如之。【注】

上老，父師也。庶老，少師也。餘子皆入，父之齒隨行，兄之齒鴈行，朋友不相踰。輕任并，重任分，頒白者不提攜。出入皆如之。《儀禮通解》卷九《學制第十六》引傳、注全。又《禮書》四十九引傳全。○又《儀禮・鄉飲酒》疏、《禮記・曲禮》《王制》正義並節引，稱《書傳・略説》。○又《尚書・洛誥》正義、《禮記・學記》正義、《藝文類聚》三十八《禮部》、《御覽》五百三十四《禮儀部十三》並節引。《類聚》、《御覽》「已畢」並作「欲畢」。又見《文獻通考》、《玉海》、《困學紀聞》卷八。

案曰：門塾之學，《漢書・食貨志》、《白虎通》、《公羊傳》宣十年注、《禮記・學記》注皆有此説，蓋本《書傳》。《尚書・洛誥》正義引《書傳》此文而釋之曰「是教農人以義也」，以爲「予其明農哉」之證。然則《略説》亦是申解《洛誥》此句經文耳。

傳曰：已有三牲，必田狩者，孝子之意，以爲己之所養不如天地自然之性逸豫肥美。禽獸多則傷五穀，因習兵事，又不空設，故因以捕禽獸，所以共承宗廟，示不忘武備，又因以爲田除害。鮮者何也？秋取嘗也。【注】取禽嘗祭。秋取嘗何以也？習鬥也。習鬥也者，男子之事也。然而戰鬥不可空習，故於蒐狩閑之也。閑之者，貫之也。貫之者，習之也。已祭，取餘獲陳於澤，【注】澤，射宫也。然後卿、大夫相與射。命中者雖不中也取，命不中者雖中也不取。何以也？所以貴揖讓之取而賤勇力之取也。鄉之取也於囿中，勇力之取也；於澤，揖讓之取也。《儀禮集傳集解》卷三十六《王制之壬》引傳、注。○又《儀禮・鄉射・記》注引「戰鬥」以下至末，「何以也」，「也」作「然」。又《毛詩・六月》正義、《周禮・大司徒・囿人》疏、《禮記・郊特牲》《射義》正義、《玉海・射》並節引。❶

案曰：此條諸書所引不言何篇，盧氏本入之《略

❶ 「徒」，原作「馬」，今據《周禮注疏》卷一六改。

說》，無所據。觀傳文專釋「鮮」字爲「秋取嘗」，疑是《鮮誓》之傳，未敢斷也。

天子太子年十八曰孟侯。【注】孟，迎也。注惟見《毛詩·豳譜》正義。孟侯者，於四方諸侯來朝，迎於郊者，問其所不知也。問之人民之所好惡、土地所生美珍怪異、山川之所有無，及父在時，皆知之。【注】十八，嚮入太學爲成人，博問庶事也。《太平御覽》百四十六《皇親部十二》引全，惟傳首無「天子」二字，注無「孟，迎也」三字。《毛詩·豳風譜》正義節引，作《書傳·略説》，有「天子」二字。○又《尚書·康誥》正義、《毛詩·采菽》正義、《儀禮·覲禮》疏、《禮記·月令》正義、《周禮·大行人》疏、《藝文類聚》十六《儲宮部》。

古者帝王躬率有司、百執事，而以正月朝迎日於東郊，以爲萬物先而尊事天也。祀上帝於南郊，❶所以報天德。迎日之辭曰：「維某年某月上日，明光於上下，勤施於四方，旁作穆穆。維予一人某，敬拜迎日東郊。」迎日，謂春分迎日也。《堯典》曰「寅賓出日」，此之謂也。《儀禮通解續》二十二《天神》。○又《禮記·玉藻》正義引「祀上帝於南郊，即春迎日於東郊」，作《書傳·略説》。○又《毛詩·噫嘻》正義、《禮記·郊特牲》正義、《宋書·禮志》、《玉海》。

王者存二王之後，與己爲三，所以通三統，立三正。周人以至日爲正，殷人以日至後三十日爲正，夏人以日至後六十日爲正。天有三統，土有三王。三王者，所以統天下也。【注】所存二王後者，命使郊天，以天子禮祭其始祖，受命之王，自行其正朔服色。此謂通天三統。《尚書·微子之命》正義引傳、注。○案曰：末句「三統」或作「之統」。案《毛詩·生民》正義云：「王者存先代，所以通天三統。」此用《書傳》及鄭注，作「通天三統」是也。

案曰：《漢書·成帝紀十》綏和元年詔曰：「蓋聞王者必存二王之後，所以通三統也。」本此。

❶「祀」，原作「祝」，今據左海本、《古經解彙函》本改。

天有三統，物有三變，故正色有三。天有三生、三死，故土有三王，王特一生死。《禮記·檀弓上》正義引《書傳·略説》。

周以至動，殷以萌，夏以牙。【注】謂三王之正也。至動，冬日至，物始動也。物有三變，故正色有三。天有三生三死，故土有三王，王特一生死。是故周人以日至爲正，殷人以日至三十日爲正，夏以日至六十日爲正。是故三統三正若循連環，周則又始，窮則反本。《公羊傳》隱元年疏引《書傳·略説》。

夏以孟春爲正，殷以季冬爲正，周以仲冬爲正。夏以十三月爲正，色尚黑，以平旦爲朔。殷以十二月爲正，色尚白，以雞鳴爲朔。周以十一月爲正，色尚赤，以夜半爲朔。不以二月後爲正者，萬物不齊，莫適所統，故必以三微之月也。三正之相承，若順連環也。《白虎通·三正》篇。又《御覽》二十九《時序部十四》引同，惟「二月」作「二三月」，「所統」作「所立」，末句無「順」字。○又《御覽》二十六《時序部十一》、《初學記·歲時下》。

夏以十三月爲正，色尚黑，以平旦爲朔。殷以十二月爲正，色尚白，以雞鳴爲朔。周以十一月爲正，色尚赤，以夜半爲朔。必以三微之月爲正者，當爾之時，物皆尚微，王者受命，當扶微理得章成之義也。《後漢書·章帝紀》注。又《通典·賓禮一》引，末云：「必用三微之月爲正，時物尚微，以明王者受命，扶微章成，此正使其道重大正始也。」

案曰：《書傳》説正朔二字最晰。❶

周以至動，殷以萌，夏以牙。【注】謂三王之政也。至動，冬至日物始動也。物有三變，故正色有三。天有三生三死，【注】異時生者恒異時

❶「案曰」至「最晰」，原脱，今據左海本、《古經解彙函》本補。

死。是故周人以日至爲正，殷人以日至三十日爲正，夏以日至六十日爲正。天有三統，土有三王。【注】統，本也。三統者，所以序生也。三正者，所以統天下也。三統若循連環，周則又始，窮則反本也。夏以孟春爲正者，貴形也。《御覽》二十九《時序部一四》。○又《文選·西征賦》《游仙詩》《臨終詩》《廣絶交論》等注並引「三王之統，若循連環」云云。

三王之治，若循環之無端，如水之勝火。《御覽》七十六《皇王部一》。

王者一質一文，據天地之道。《白虎通·三正》篇。

正色三而復者也。《文選·皇太子宴玄圃賦詩》注。

諸侯有德者，一命以車服、弓矢，再命以虎賁三百人，三命秬鬯。諸侯三命者，皆受天子之樂，以祀其宗廟。《儀禮通解續·宗廟樂舞》。又《路史·後紀十一·陶唐紀》引至「以祀其宗廟」止，作《略説》。

案曰：此與《虞夏傳》所言不同。

晉平公問師曠曰：「吾年七十，欲學，恐已暮。」師曠曰：「臣聞老而學者如執燭之明，執燭之明孰與昧行？」公曰：「善。」《藝文類聚》八十《火部》。

高郵王侍郎伯申曰：「執燭」之「執」當爲「熱」。熱，古「爇」字。《説苑·建本》篇作「炳燭」，「炳」乃「焫」之譌，「焫」與「爇」同。

案曰：自此以下七條，諸書所引《大傳》未稱《略説》。今以意定之，宜入此篇。

子曰：「心之精神是謂聖。」《孔子集語》卷下。又《繹史》八十六。

案曰：孫之騄本入《五行傳》，蓋以爲「思心曰睿」、「睿作聖」之訓也，似近之。

子曰：「君子不可以不學，見人不可以不飾。不飾無貌，無貌不敬，不敬無禮，無禮不立。夫遠而光者，飾也；近而逾明者，學也。譬之圩邪，水潦集焉，菅蒲生焉。從上觀之，誰知非源水也。」《孔子集語》卷下。

案曰：《大戴禮・勸學》篇與此大同。

子張曰：「仁者何樂於山也？」孔子曰：「夫山者崽然高。」「崽然高則何樂焉？」「夫山，草木生焉，鳥獸蕃焉，財用殖焉，生財用而無私爲焉，四方皆代焉，每無私予焉。出雲風以通乎天地之間，陰陽和合，雨露之澤，萬物以成，百姓以饗。此仁者之所以樂於山者也。」《太平御覽》四百十九《人事部六十》。○又三十八《地部三》，「崽然」作「嵬嵬然」，無「崽然高」以下八字，「鳥」作「禽」，「財用」作「材木」，「風」作「雨」，無「生財」以下八字，又無「代焉每」三字。○又《文選・頭陀寺碑文》注引「夫山」至「無私與焉」。

案曰：《孔叢》引此文，「代」作「伐」。

子貢曰：「葉公問政於夫子，子曰：『政在附近而來遠。』魯哀公問政，子曰：『政在於論臣。』齊景公問政，子曰：『政在於節用。』三君問政，夫子應之不同。然則政有異乎？」子曰：「荆之地廣而都狹，民有離志焉，故曰在於附近而來遠。哀公有臣三人，内比周以惑其君，外障距諸侯、賓客以蔽其明，故曰政在論臣。齊景公奢於臺榭，淫於苑囿，五官之樂不解，一旦而賜人百乘之家者三，故曰政在節用。」《孔子集語》卷下。

案曰：《韓非子・難三》、《家語・辯政》、《説苑・政理》篇與此大同。《漢書・武帝紀》元朔六年詔：「蓋孔子對定公以徠遠，哀公以論臣，景公以節用，非期不同，所急異也。」臣瓚注曰：「《論語》及《韓子》皆言葉公問政於孔子，孔子答以悦近來遠。今云定公，與二書異。」

東郭子思問於子貢曰：「夫子之門，何其雜也？」子貢曰：「夫檃括之旁多枉木，良醫之門多疾人，砥礪之旁多頑鈍。」夫子聞之曰：「修道以俟天下，來者不止，是以雜也。」《孔子集語》卷下。又《繹史》九十五。

案曰：《説苑・雜言》篇與此同，惟「子思」之「思」作「惠」。《荀子・法行篇》與此小異，「東郭子惠」作「南郭惠子」。劉恕《外紀》卷九載「東郭子惠問於子貢」云云，不著所徵，然與《説苑》異，與《書傳》同，則《書傳》之文也。思，當爲「惠」。

子夏讀《書》畢，見夫子。夫子問焉：「子何爲於《書》？」對曰：「《書》之論事也，昭昭若日月之明，離離若參辰之錯行。上有堯舜之道，下有三王之義。商所受於夫子者，志之弗敢忘也。雖退而窮居河、濟之間，深山之中，壤室編蓬爲户，於中彈琴詠先王之道，則可發憤慷慨矣。」《藝文類聚》六十四《居處部四》。○又五十五《雜文部一》。又《草部下》，《文選》蘇子卿《古詩》注、左太沖《招隱詩》注、《非有先生論》注節引。《御覽・百卉四》。

子夏讀《書》畢，孔子問曰：「吾子何爲於《書》？」子夏曰：「《書》之論事，昭昭若日月焉。所受於夫子者，弗敢忘。退而窮居河、濟之間，深山之中，壤室蓬户，彈琴瑟以歌先王之風，有人亦樂之，無人亦樂之，上見堯舜之道，下見三王之義，可以忘死生矣。」孔子愀然變容曰：「嘻！子殆可與言《書》矣。雖然，見其表未見其裏，闚其門未入其中。」顔回曰：「何謂也？」孔子曰：「丘常悉心盡志以入其中，則前有高岸，後有大谿，填填正立而已。六《誓》可以觀義，五《誥》可以觀仁，《甫刑》可以觀誡，《洪範》可以觀度，《禹貢》可以觀事，《皋陶謨》可以觀治，《堯典》可以觀美。」《外紀》卷九。○又《文選・夏侯常侍誄》注引「子見其表，未見其裏」。《御覽》四百十九《人事部六十》、《困學紀聞》卷二、《小學紺珠》卷四並引「六誓」以下。

案曰：《外紀》引「子夏讀《書》畢」一條，未舉所徵。然《文選》注、《御覽》、《困學紀聞》分引數條，並與此合，是爲《書傳》文無疑。薛季宣《書古文訓・序》亦有此文，末有「通斯七者，《書》之大義舉矣」二句，亦不稱所出。而末敘七觀云：「是故《帝典》可以觀美，《大禹謨》、《禹貢》可以觀事，《皋陶謨》、《益稷》可以觀政，《洪範》可以觀度，六《誓》可以觀義，五《誥》可以觀仁，《甫刑》可以觀戒。」其序次與《孔叢子》同，與《御覽》、《困學紀聞》所引《大傳》七觀異，則非《書大傳》之文明矣。《孔叢》言《大禹謨》、《益稷》者，蓋作僞者羼入，而不知真古文與今文皆無《大禹謨》，其《益稷》一篇則統於《皋陶謨》中也。又《韓詩外傳》説此事，以爲子夏讀《詩》。

子曰：「參！女以爲明主爲勞乎？昔者舜左禹而右皋陶，不下席而天下治。」《孔子集語》卷下。

案曰：此與《大戴禮·王言》篇同，末二句又與《説苑》卷一《君道》篇同。

尚書大傳❶

諸書所引，有未審何篇無所附者，今雜綴於此。

伊尹母方孕，行汲，化爲枯桑。其夫尋至水濱，見桑穴中有兒，乃收養之。《錦繡萬花谷·前集》卷十引《尚書大傳》。❷

民擊壤而歌，鑿井而飲，畊田而食，帝力何有。《禮記·經解》正義引《尚書傳》。

周人以仁接民而天下莫不仁，故曰大矣。【注】言文王仁，故謂之大矣。《太平御覽》四百十九《人事部六十》。

文王施政而物皆聽。《文選·褚淵碑文》注、沈休文《奏彈王源》注。

周人可比屋而封。《文選·七命》注，《四子講德論》、《勸進今上箋》、《奏彈王源》等注。

成王削桐葉爲珪以封唐叔。《禮記·大傳》正義。

公，爵。劉，名也。《毛詩音義》。

周公兼思三王之道，❸以施於春秋冬夏。《困

❶「尚書大傳」，原脱，今據左海本補。
❷「尚」，原作「大」，今據左海本、《古經解彙函》本改。
❸「兼思」，原誤倒，今據左海本乙正。

學紀聞》卷八。

戰者，憚警之也。《白虎通·誅伐》篇、《藝文類聚》五十九《武部》。又《御覽》三百四《兵部三十五》，又三百八《兵部三十九》，「警」並作「驚」。❶

王者躬耕，所以供粢盛。《文選·籍田賦》注。

煙氛郊社不修，山川不祝，風雨不時，霜雪不降，責於天公。臣多弑主，孽多殺宗，五品不訓，責於人公。城郭不繕，溝池不修，水泉不隆，水爲民害，責於地公。《論衡》卷十五《順鼓篇》。○又《丹鉛總録》卷二十六《瑣語類》引，小異。

案曰：《韓詩外傳》卷十八亦説天公、人公、地公，此與《夏傳》天子三公又爲一義。

季夏可以大赦罪人。《北堂書鈔·夏》。

衣錦尚蘏。《詩考·異字異義》、《困學紀聞》卷三。

【注】蘏讀爲絅，或爲絺。《困學紀聞》卷三。

剴，切。《毛詩·雨無正》正義。

矜、寡、孤、獨，天民之窮而無告者，皆有常餼。《毛詩·大田》正義。

外無曠夫，内無怨女。《毛詩·雄雉序》正義。○正義云：「《書傳》『曠夫』謂未有室家者。」

老而無妻謂之鰥，老而無夫謂之寡，幼而無父謂之孤，老而無子謂之獨，行而無資謂之乏，居而無食謂之困，此皆天下之至悲哀而無告者。故聖人在上，君子在位，能者任職，必先施此，無使失職。《御覽》四百七十七《人事部百十八》。○又《毛詩·何草不黄》正義、《周禮·遺人》《廩人》疏節引。

火發於密，水洩於深。《記纂淵海》卷一《水火》引《尚書大傳》。《萬卷菁華·前集》。

案曰：《韓昌黎外集·擇言解》有「火洩於密，水發於深」二語，蓋本《書大傳》。

凡宗廟有先王之主曰都，無曰邑。唐釋湛然《止觀輔行傳宏決》卷第四之三注引《尚書大傳》。

❶「驚」，原作「警」，今據左海本、《古經解彙函》本改。

案曰：傳文「宗廟」二字似有誤。

子夏葉拱而進。《困學紀聞》卷二。

案曰：「葉拱」二字，亦見《家語・辯樂解》。❶

魏文侯問子夏，子夏乃遷延而退。《文選・難蜀父老》注。

髴髴，周成王時州靡國獻之。《爾雅・釋獸》疏。

案曰：《山海經・海內南經・梟陽國》「髴髴」注引《周書》「成王時」云云，是《逸周書・王會解》文也。《爾雅疏》明引《大傳》，未審當在何篇，抑或邢叔明記憶之誤與？

【注】灌是獻尸，尸得獻，乃祭酒以灌地也。皇侃《論語義疏・八佾篇》。

❶「辯」，原作「辨」，今據左海本改。

尚書大傳辨譌

《尚書大傳》，南宋時已多佚脱。今坊間盛行盧氏雅雨堂本，譌漏不可勝舉。如「納之大麓之野，烈風雷雨不迷，致之以昭華之玉」，乃《尚書》逸篇文，見《水經·濁漳水》注，而誤入《唐傳》。「厥兆天子爵」乃《尚書》逸篇文，見《白虎通·爵》篇，而誤入《毋逸傳》。《太平御覽·兵部三十五》引《白虎通》曰：「戰者何謂也？《尚書大傳》曰：『戰者，憚驚之也。』又曰：『諸侯之義，非天子之命不得動衆起伐殺不義者，所以强榦弱枝，尊天子、卑諸侯也。』」「又曰」以下，仍是《白虎通》文，見今本《誅伐》篇，而誤入《鮮誓傳》。《困學紀聞》云：「費誓，《説文》作『粊』，《史記》作『肸』，《大傳》作『鮮』。『度作刑以詰四方』，《周禮》注云『度作詳刑』。」案：此「《大傳》作『鮮』」四字斷句，「度作刑」以下又一事，而誤連「鮮度作刑以詰四方」爲句，入《甫刑傳》。「《學禮》：帝入東學」至「化輯于下矣」一段，乃《大戴禮·保傅》篇文，注亦盧辯注，而誤連「宣王問於春子」條，入《略説》。

《補遺》所採亦多誤。《毛詩·生民》正義稱「上傳云」、「下傳云」，皆謂毛傳。又引《五帝》傳云：「堯見天因邰而生后稷，因之。」案此乃「即有邰家室」句毛傳文，疏「五帝」二字有譌，而誤仞爲《大傳》。《文選》應休璉《與從弟君苗君胄書》注引：「《尚書大傳》曰：『扶寸而合，不崇朝而雨天下。』鄭玄曰：『四指爲扶。』」下云「扶音膚」，此三字乃李善語，而誤并爲鄭注。《毛詩·文王》正義：「書傳之美太公，言其翼佐文、武，身有殊勛，世祚太公，以表東海。」案正義所稱「書傳」，似泛舉傳記，非謂伏生《大傳》。盧學士文弨《續補遺》載「神農始治農功」一條二十二字，出楊泉《物理論》；「容成作曆」一條，出《世本》，並見《藝文類聚》卷五《歲時部下》及《御覽》卷十六。「日者，陽德之母」一條十八字，「月，羣陰之宗」一條十五字，並出皇甫謐《年曆》，見《藝文類聚》卷一《天部》、《御覽·天四》。「湛濁爲地」至「故地者濁陰也」一條三句，首句出《神農書》，下二句出《黄帝素問》，並見《類聚》卷六《地部》分引。「河色黄赤」一條二十五字，出《物理論》，見《類聚》卷八《水部上》及《御覽》六十一。「往古之時」至「女媧殺黑龍，以祭冀州」一條二十一字，出《淮南子》，下引「鄭注云：冀州，取地以爲名也」云云三十一字，乃《釋名》文，並見《類聚》卷六《州部》連引。「堯南撫交阯」一條，見《水經》三十七《淹水》注，惟首五字是《大傳》文，其下「于《禹貢》荆州之南」云云十五字，乃酈道元語。「洧盤之水出崦嵫山」一條，出《禹大傳》，此別一古書，見《楚詞章句》。「五年一朝」一條，見《公羊傳》桓元年注，惟首四字疏云《虞傳》文，其下「王者亦貴得天下之歡心」云云三十五字，乃何休語。「文王受命四年，伐昆夷」一條，見《詩·大雅譜》正義，惟首九字是《大傳》文，下云「《采薇》爲伐昆夷而作」，乃孔穎達語。「成王之幼在襁褓」一條，見《詩·斯干》正義，下云「襁褓，縛兒被」也五字，亦穎達語。「綴之以食而弗殊，有族食、族燕之禮也」一條，見《毛詩·角弓》正義，上句引《禮記·大傳》，下句則穎達語。「武王伐紂，都洛邑未成，陰寒，大雪」一條九十八字，出《金匱》，見《類聚》卷二《雪部》。「凡羣妃御見之法」一條，自首至「望後反之」七十八字，乃《周禮・九嬪》注文；自「凡進御君所」至「既御著于右手」四十八字，乃《詩・邶風・静女》毛傳文；自「孔子曰：日者，天之明」至「使婦從夫，放月紀」二十九字，亦《周禮・九嬪》注文，正義以爲出《孝經援神契》。「黄帝妃嫫母」一條二十二字，乃《列女傳》文，引見《類聚》十五《后妃部》。「夏刑二百」一條十八字，乃《周禮・司刑》注文。而盧氏一切羼入《大傳》。孔廣林本据《初學記・帝王部》增「夢眉與髮等」五字，而《初學記》無此文，乃見《北堂書鈔》引《帝王世紀》。又引「周文王至磻溪」云云，亦据《初學記・漁部》，然此乃《尚書中候》文，《初學記》誤爲《大傳》。又如「舜讓于德，不怡」、「惟刑之謐哉」、「予欲聞五聲六律八音，采政忽」、「禹鐵」、「滎播既都，被明都」、「予辛壬娶塗山，癸甲生啓」、「有火自上復于下，至于王屋，流爲烏，其色赤，其聲魄」、「上刑挾輕，下刑挾重」、「天齊乎人，假我一日」，以上雖系今文《尚書》，然不宜與傳相亂。其采「女則有逸罰」句，本《爾雅》注，恐是引《般庚》或《粊誓》之文而小有誤，今竟依邢氏斷爲今文。采《粊誓》曰「敿乃擭，敜乃阱」，引見《周禮》注，下句亦引見《説文・攴部》，真古文也，今竟依賈疏斷爲今文。皆不足據。

其篇次之亂者，如「古者處師」一條，《雜記》正義引作《洛誥傳》；「五嶽視三公」一條，《王制》正義引作《夏傳》，此本並入《咎繇謨》。「天子三公」一條，据《考工記・序工》正義引鄭《夏傳》注云云，又「古者天子三公」一條，《通解・王制之戊》引注云

「此夏時之官」，是兩文並在《夏傳》中，而此本一入《堯典傳》，一入《太誓傳》。「周以至動」一條，《檀弓》正義、《公羊傳》隱元年疏並云《略説》文，而此本入《甘誓傳》。「古之帝王必有大學、小學」一條，《王制》正義引作《周傳》；「天子、諸侯必有公桑蠶室」一條，《毛詩・瞻卬》正義引作《夏傳》；「祭之爲言察也」一條，《御覽》五百二十四引作《周傳》，此本皆誤入《略説》。又《説命傳》似當爲《毋逸傳》，《毋佚》：其在高宗，乃或諒陰，三年不言。《武成傳》似當爲《牧誓傳》，今文《牧誓》載《史記》。《微子之命》似當爲《微子》，《麥秀之歌》當在行遯時作。《歸禾》似當爲《嘉禾》。《大傳》之序有《嘉禾》。

至所載鄭氏《大傳》注，如「下刑墨幪」注「幪音蒙」三字，乃《文選・求賢良詔》注及《七命》注之文；「八伯」注「八伯者，據畿外八州。畿内不置伯，鄉遂之吏主之」十九字，乃《鄭志・答張逸問》之文；「舞株離」注「《詩》云『彼黍離離』」六字，乃《周禮・鞮鞻氏》正義文；「鯨魚魚刀」注「鯨」字夾注「渠成切」三字，乃《玉海・王會解》注後王伯厚語；「高宗梁闇」注「闇讀如鵪，鵪謂廬也」八字，乃《禮記》鄭注文；「決關梁、踰城郭而略盜者，其刑臏」一條，注「此二千五百罪之目略也」至「閉于宫中」三十九字，乃《周禮・司刑》注文；「師乃鼓鼗譟」注「音符」二字，乃《周禮・大司馬》釋文語。盧學士《考異》在「旋機玉衡」條載別本有鄭注云「轉運者爲機，持正者爲衡」，案此乃鄭《尚書》注文，見《文選》李蕭遠《運命論》注；「白魚入于舟中」條載別本有鄭注云「燔魚以祭，變禮也」，亦鄭《尚書》注文，見《後漢書・杜篤傳》注；「四年營侯衛」條載別本有鄭注云「建侯衛是封衛侯」云云五十四字，乃《毛詩·豳風譜》正義文。「遂踐奄」條載《詩正義》引此，云《多方傳》鄭有注云「奄國在淮夷之旁」云云三十字。案《破斧》正義引《書傳》「三年伐奄」下，引「多方」云云、「注」云云，乃孔穎達引《尚書》及鄭君《尚書》注之文。凡此皆舛繆之甚，不可不亟正者也。

尚書大傳疏證

〔西漢〕伏生撰
〔東漢〕鄭玄注
〔清〕皮錫瑞疏證
曹書傑
谷穎 校點

目録

校點説明

《尚書大傳疏證》七卷，清末皮錫瑞撰。皮錫瑞（一八五〇—一九〇八），字鹿門，一字麓雲，湖南善化（今屬長沙）人。自署其居曰「師伏堂」，以明其推崇伏生之意，學人遂稱之「師伏先生」。因久困於科場，遂以講學著述爲務。早年所作多屬詩文，有《師伏堂駢文》及《師伏堂詩草》。中年專治經學，著有《尚書古文疏證辨正》、《九經淺説》、《古文尚書冤詞平議》、《孝經鄭注疏》、《鄭志疏證》、《今文尚書考證》、《聖證論補議》、《尚書中候疏證》、《駁五經異義疏證》等書。晚年總結研究經學心得，撰成《經學歷史》、《經學通論》二書。皮氏博通群經，創通大義，雖學宗今文，但解經主張實事求是，不黨同妒真，故能持論公允，爲晚清經學大家之一。

《尚書大傳》，西漢伏生所傳，東漢鄭玄爲之注。元、明以來空言滋甚，《大傳》並鄭注不存於世。清儒迭相綴輯，其中福州陳壽祺輯本最善，然不無譌漏，且無疏解，不便研習。光緒十三年（一八八七），皮氏始治《尚書大傳》，以陳壽祺輯本爲底本，重加釐訂，更作疏證。其書初定名爲《尚書大傳箋》，前後越十年始成，平生學問實萃此書。正如其自序所云：「殫精數年，易稿三次，既竭駑鈍，粗得端緒。原注列鄭，必析異同；輯本據陳，間加釐訂。所載名物，亦詳引徵。」故梁啓超稱是書「補其（陳壽祺）缺失而續有發明，也算《尚書》學中一附帶的成功」（《中國近三百年學術史》）。可見其精洽博通，確在舊有諸家輯本之上。

皮氏《尚書大傳疏證》（以下簡稱《疏證》）雖以陳氏輯本爲底本，然對陳説亦間有辨正。如「天子必有四鄰」一節，陳壽祺將其列入《皋繇謨》，而皮氏則認爲應歸於《唐傳》；「古八家而爲鄰」一節當歸入《洛誥》，「舜攝時三公九卿」一節應歸爲《夏傳》。另外，皮氏學宗今文，推重伏氏之學，故書中多有「申伏抑鄭」之辨，然所論皆鑿鑿有據，絶非偏門户之激言。如「度西曰柳穀」一條，鄭玄注曰「柳之言聚」，賈公彦疏申鄭注「柳者，諸色所聚，日將没，其色赤，兼有餘色。故曰『柳穀』」，皮氏則采夏侯「『昧谷』爲『柳谷』」之説，認爲「《大傳》『柳穀』之『穀』字，蓋亦叚借爲『谷』」，「伏生用叚借，夏侯等用本字。春爲暘谷，秋爲柳谷，義正相對。《論衡》云『日出扶桑，暮入細柳』，故曰柳谷」。此所辯證可謂確論。皮氏對王鳴盛、孫星衍、陳喬樅等妄從鄭玄之説亦詳加辯證，故《自序》云：「西莊（王鳴盛）之作《後案》，阿鄭實多；樸園（陳喬樅）之攷今文（《今文尚書經説考》），詆伏尤妄。今將別漢司農之注，守秦博士之傳。」其推崇伏生之家法，可見一斑。綜觀《疏證》全書，博采多家之説，疏證詳實有據，貫通《大傳》與鄭注，間或發明經義，佚文出處較之陳氏輯本更爲詳明，稱爲《尚書大傳》最善之本，應不爲過。然亦或有徵引多而斷制少之憾，此乃其善中之失美也。

《疏證》僅有光緒丙申（二十二年，一八九六）師伏堂家刻本，校勘頗爲精心，版式也較爲嘉善，故取作底本。惟喜用通假異體字，凡此則依據通例逕改之。《大傳》文字校以陳壽祺《尚書大傳輯校》（簡稱《輯校》），並適當參校皮氏所引諸書，其中十三經用中華書局影印清嘉慶間南昌府學刊《十三經注疏》本，二十四史用中華書局點校本。

楊棟、李廣龍兩位同志幫助校核了底稿。

校點者　曹書傑　谷穎

序

秦變法而二帝三王之法永墜，秦燔書而二帝三王之書亦亡。書不可亡，天生伏生，傳《尚書》經二十九篇，傳四十一篇。或謂《大傳》是生歿後歐陽、張生撰集，猶之《論語》亦出門人，不可謂非濟南之書也。漢時，歐陽、夏侯三家皆立於學，別有古文出自孔壁。然孔安國先通伏生今文，歐陽和伯事伏生，授兒寬，寬又受業孔安國，歐陽、大小夏侯氏學皆出於寬。則漢時今、古文本是一家，初無殊旨。創古文以汩今文，蓋昉於劉歆。歆當新莽時，以古文《尚書》立學，必自爲之章句訓解。建武中興，廢之，而説已傳播，衛、賈、馬、許皆崇信，《五經異義》所載古《尚書》説多用《周禮》易今文義，蓋本歆説。歆説既行，學者遂爲古文二字所壓。以鄭君之精識，其注《大傳》猶多改其字、變其義，不守濟南師法，豈非爲古文所誤哉！

三家《尚書》既亡，濟南之傳中絶，賴有《大傳》巋然獨存。宋朱文公作《儀禮經傳通解》，多采其書。元、明以來，空言滋甚，並《大傳》亦不存於世。近儒迭相綴輯，福州陳氏輯本最善，然亦有譌漏，且無疏解，不便學者誦習。皮君鹿門治今文學，取陳氏本重加釐訂，爲作疏證，足以昌明濟南一家之學，藉存二帝三王之遺。予見其書，爲付剞氏以詔後學。書成，乃述其緣起，並發其大旨如此。

歲在柔兆涒灘相月，新建夏敬莊序。

自序

自暴秦燔坑，經義堙曖，而《易》主卜筮，《詩》存諷誦，《春秋》未箸竹帛，禮、樂本無成書。推原廢興，匪咎煨燼。惟《尚書》一經，上紀五家，邈乎百篇，末由再覩。斯文未喪，一老憖遺，箸録本於秦官，發藏先於孔壁，五三六經之旨如日中天，二十八篇之文比宿北斗。若夫別撰大義，不盡發明本經，而歐、張傳授皆出高足，劉、班《略》《志》首列傳名。漢世四家言《詩》，二戴述《禮》。《公羊》經旨，司馬史才。考其記禮之辭多相出入，序事之略亦堪證明，是知山東之大師無若沛南之閎遠。厥後東京祖鄭，南宋宗朱，懿彼兩賢，師法百禩。而六藝撰定，特爲注釋；《儀禮》通解，多引傳文。然則專家雖亡，莫尋虎觀之緒；四卷具在，猶見鴻生之遺。降逮元、明，競逞虚誕。俗學蔑古，委之榛蕪；空言禍經，烈於秦火。近儒蒐輯古書，不遺餘力，而伏傳全本莫睹人間。吴中略摭缺殘，侯官復增校訂，揆之鄙見，尚有譌漏，乃重加補正，爲作疏證。仿孔沖遠之例，釋滯求通；衍鼂家令之流，暢微抉隱。而皇、熊舊疏莫可據依，摩詰古圖空傳仿佛。拾遺訂墜，有四難焉。

伏生生自先秦，多識古禮；學興前漢，是爲今文。枝葉所嬗，非止三家《尚書》；符節相同，通夫十四博士。乃自紅休一出，赤伏中興，信列國陰謀之書，用山巖疑似之説，昧者遂疑今爲漢法，古是周文。素王之制，定自太常；六典之篇，可概上古。四輔匡主，以爲周禮無文；太子迎侯，孰識異代之法？今將祛此大惑，紹夫顓門，而曲臺逸文塵珠散失，石渠議奏碎璧湮淪。其難一也。

東京作章句，必曲曲以敷陳；西漢尚微言，不字字而比傅。江都之述《繁露》，太傅之傳《韓詩》，比於是編，實堪鼎足。乃或昧於古書之例，徒以耳食自矜。《皋謨》之言貢士必欲强通，《多士》之論宮城亦思影坿。成王幼在襁褓，不解甚言非真；《梓材》謂命伯禽，務在穿鑿立異。致爲此書詬病，實由誤會傳文。今將辨明體裁，析解淆惑，而譌謬沿襲，或且强作調人；摧陷廓清，莫能比於武事。其難二也。

漢通天人，多出齊學。《詩》説五際，《春秋》三科，擬諸《洪範》之辭，皆明災異之旨。故自漢至隋，並著於史，良以五行之義，自成一家之言。宋人疾緯書如仇讎，謂天變不足畏，《中候》十八既詆讏言，大法九章皆從棄置。今將甄極毖緯，推明禹疇，而河、洛遺文無由鉤擿，向、歆異説亦尟折衷。其難三也。

金縢既振，乃有壁書；門户斯歧，多逞胸臆。鄭君既注是書，自宜恪遵勿失，乃詆歐陽爲蔽冒，信衛、賈爲雅材。間下己意，比於箋毛；或易本文，同夫注《禮》。易「曰容」爲「曰睿」，變「大交」爲「南交」。《甘誓》「六卿」解以周制，《堯典》「八伯」義非虞官。帝者之服五章，天子之城九里。皆由泥古，不免獻疑。近人併伏、鄭爲一談，昧古、今之殊旨。西莊之作《後案》，阿鄭實多；樸園之敓今文，詆伏尤妄。今將別漢司農之注，守秦博士之傳，而庸俗異視，易謬玄黃，❶別定一尊，莫分黑白。其難四也。

錫瑞殫精數年，易稿三次，既竭駑鈍，粗得端緒。原注列鄭，必析異同；輯本據陳，間加釐訂。所載名物，亦詳引徵。冀以扶孔門之微言，❷具伏學之梗概。世有達者，理而董之。

歲在旃蒙協洽壯月，善化皮錫瑞自序於江右經訓書院。

❶ 「玄」，清人避康熙帝諱改作「元」，今回改。以下逕改，不再出校。

❷ 「微」，原作「徵」，今據光緒二十一年師伏堂刻皮錫瑞《師伏堂駢文之一》卷二所收本序改。

尚書大傳疏證卷一

善化皮錫瑞

唐　傳

《困學紀聞》卷二云：「《大傳》説《堯典》，謂之《唐傳》，則伏生不以是爲《虞書》。」

堯　典

辯章百姓，百姓昭明。《癸辛雜識・前集》引「《尚書大傳》第一曰」云云。又《毛詩・采菽》正義、《史記・五帝紀》索隱、《後漢書》注引「辯章百姓」。

疏證曰：《東觀漢記》《漢官解詁》皆引「辯章」。鄭注《尚書》云：「辯，別也。章，明也。」亦從今文。《白虎通・姓名》篇曰：「姓所以有百者何？以爲古者聖人吹律定姓，以紀其族。人含五常而生，正聲有五：宮、商、角、徵、羽，轉而相雜，五五二十五，轉生四時異氣，殊音悉備，故姓有百也。」鄭以「辯章」爲「別明」，今文家解「辯章百姓」，當如《白虎通》「吹律定姓」之説。

主春者張，昏中可以種穀。《堯典》正義、《禮書》引作「穀」，《周禮・司寤氏》疏引作「稷」。

疏證曰：《尚書》作「鳥」，而此云「張」者，《天官書》曰「張，素」，即鳥之嗉也。穀即禾，禾即粱，今之小米。《説文》：「禾，嘉穀也。二月始生，八月而孰，得時之中，故謂之禾。禾，木也。木王而生，金王而死。」穀，禾皮也。《氾勝之書》曰：「種禾無期，因地爲時。三月榆莢時雨，高地强土可種禾。」或引作「種稷」者，後世多誤認粱、稷爲一物。詳見程瑶田《九穀考》、劉寶楠《釋穀》。

主夏者火，昏中可以種黍、菽。《周禮・司寤氏》疏引作「黍菽」，《堯典》正義、《禮書》引無「菽」字。

疏證曰：《春秋説題辭》曰：「精移火轉生黍，夏出秋改。」杜預注曰：「去春之夏，故移也。」《農書》曰：「黍之言暑也，必須暑改得陰乃成也。」《説題辭》

又曰：「菽者，屬也。春生秋熟，理通體屬也。菽赤黑，陰生陽，大體應節，小變赤，象陽色也。」宋均注曰：「陰陽，謂春夏也。大體，謂多黑也。小變，謂時之然也。」《白虎通》曰：「清明風至，則黍、稷滋。」崔實《四民月令》曰：「四月可種黍，謂之上時。」《氾勝之書》曰：「黍者，暑也。種必待暑，先夏至二十日，此時有雨，强土可種黍。畝三升。黍心未生，雨灌其心，心傷無實。凡種黍，皆如禾，欲疏於禾。」又曰：「種大豆，率人五畝。大豆忌甲卯。三月榆莢時雨，高田可種大豆。夏至後二十日尚可種。小豆不保歲，難得。宜椹黑時種，畝五升。」

主秋者虛，昏中可以種麥。《堯典》正義、《周禮·司寤》疏、《禮書》引同。

疏證曰：《説文》曰：「麥，芒穀，秋種厚薶，故謂之麥。麥，金也。金王而生，火王而死。」《白虎通》曰：「閶闔風至，則種宿麥。」《氾勝之書》曰：「夏至後七十日，寒地可種宿麥。麥早種穗强有節，晚種穗小而少實。麥種以酢漿，無蟲。冬雪止，掩其雪，勿令從風飛去，❶則麥耐旱。」

主冬者昴，昏中可以收斂蓋藏。《周禮·司寤》疏引多「蓋藏」二字，《堯典》正義、《禮書》無。

疏證曰：陳壽祺曰：《太平御覽·時序部》十八、又二十一、又二十四引《尚書考靈曜》曰：「鳥星爲春候，火星爲夏期，專陽相助，同精感符。虛星爲秋候，昴星爲冬期，陰氣相佐，德乃弗邪。子助母收，母合子符。」鄭康成注：「虛星，北方宿也。昴星，西方宿也。陰指母也。」《禮記·月令》正義引《書考靈曜》曰：「主春者鳥星，昏中可以種稷。主夏者心星，昏中可以種黍。主秋者虛星，昏中可以種麥。主冬者昴星，昏中則入山可以斬伐、具器械。❷王者南面而坐，視四星之中者而知民之緩急，急則不賦力役，故敬授民時。」《書緯》之言，與伏生《書傳》同。《淮南子·主術訓》：「張昏中則務種穀，大火中則種黍、菽，虛中則種宿

❶「勿令」，原作「忽」，今據《四部叢刊》景明鈔本《齊民要術》卷二《大小麥第十》引《氾勝之書》改。

❷「入」上，原有「可以」二字，今據《輯校》卷一、《禮記正義》卷一四删。

麥，昴中則收斂畜積，伐薪木。」案此即本《大傳》。

秋昏虚星中，❶可以種麥。【注】虚，北方玄武之宿。八月昏中，見於南方。《齊民要術》二。主冬者昴，昏中可以收斂、田獵、斷伐，當上告之天子，而下賦之民。故天子南面而視四星之中，知民之緩急。急則不賦籍，不舉力役。故曰「敬授人時」，此之謂也。【注】籍，公家之常徭。《太平御覽》二十六《時序部十一》。又《尚書・堯典》正義、《北堂書鈔》、《路史・後紀十一》引小異。

疏證曰：《大傳》兩言「民」字，引經必作「敬授民時」。《説苑・雜言》篇文與《大傳》、《考靈曜》略同，引《書》曰「敬授民時」。他如《史記・五帝紀》、《漢書・百官公卿表敘》《律曆》《食貨》《藝文志》《李尋》《王莽傳》，《潛夫論・愛日》篇、《班禄》篇，《中論》、《國語》韋注、《漢官儀》、《孫叔敖碑》、《後漢書》劉陶《改鑄大錢議》皆作「民時」。段玉裁以爲衛包改經作「人時」，蓋淺人又依衛包所改經以改《大傳》。

東方者何也？動方也，物之動也。何以謂之春？春，出也。故謂東方春也。《太平御覽》十八《時序部三》。又《藝文類聚》三。又《廣韻・十八真》引「春，出也」下多「萬物之出也」。《玉燭寶典》引傳「物之動也」作「物方者動」，「春，出也」作「春者出也，出也者物之出」，「故謂」作「故曰」。

疏證曰：《尸子》曰：「東者，動也。震氣故動。」又曰：「東方爲春。春，動也。」《春秋元命包》曰：「春之猶言偆。偆者，喜樂之貌也。」又曰：「春含名蠢，位東方，動蠢明達。」注：「春之言蠢，東之言動，含此名以自明自達也。」《漢書・律曆志》曰：「少陽者，東方。東，動也，陽氣動物，於時爲春。春，蠢也，物蠢生，迺動運。」《白虎通・五行》篇曰：「木在東方。東方者，陽氣始動，萬物始生。木之爲言觸也，陽氣動躍觸地而出也。」又曰：「所以名之爲東方者，動方也，萬物始動生也。」又曰：「春之爲言偆，偆，動也。位在東方。其色青，其音角者，氣動躍也。」《風俗通・祀典》篇曰：「春者蠢也，蠢蠢摇動也。」《爾雅・釋文》引劉歆

❶「星」，原無，今據《輯校》卷一、《齊民要術》卷二補。

注曰：「角，觸也。物觸地而出，戴芒角也。」「春」與「出」雙聲，《召誥》「維丙午朏」一作「維丙午蠢」。

南方者何也？任方也。任方者，物之方任。何以謂之夏？夏者，假也，吁荼萬物養之外者也。故曰南方夏也。《御覽》二十一《時序部六》。【注】吁荼，讀曰嘘舒。《事類賦》。又《玉燭寶典》引傳「任方者」作「任方也者」，「吁荼萬物而養之外也」作「假也者，吁荼萬物而養之」，注「嘘舒」下多「也」字。

疏證曰：《禮記·鄉飲酒義》曰：「南方者夏。夏之爲言假也，養之、長之、假之，仁也。」《尸子》曰：「夏爲樂，南方爲夏。夏，興也。南，任也。是故萬物莫不任興，蕃植充盈，樂之至也。」《漢志》曰：「太陽者，南方。南，任也。陽氣任養物，於時爲夏。夏，假也，物假大，乃宣平。」《白虎通·五行》篇曰：「南方者，任養之方，萬物懷任也。」《三禮義宗》曰：「夏，大也，謂萬物長大也。夏謂南者，南，任也。」案古「南」、「男」、「任」三字通。《左氏傳》「鄭伯，男也」，亦作「南」；《禹貢》「二百里男邦」，《史記》作「任國」，可證。「懷任」猶「懷妊」也。

西方者何也？鮮方也。鮮，訊也。訊者，始入之皃。始入者何以謂之秋？秋者，愁也。愁者，萬物愁而入也。故曰西方者秋也。【注】秋，收斂皃。《御覽》二十四《時序部九》。《玉燭寶典》引傳曰：「西方者何也？鮮方。或曰鮮方者，誶誶之方也。誶誶者，始入之貌。始入則何以謂之秋？秋者，愁也。愁也者，物方愁而入也。故曰西方者秋也。」注「收斂也」作「收斂之皃」。

疏證曰：陳壽祺曰：「愁」當如《禮記》作「揫」，字之誤。注「秋」字亦當作「揫」。

錫瑞案：《爾雅·釋天》曰「秋爲白藏」，又曰「秋爲收成」，又曰「秋獵曰獮」。注：「獮，殺也，順秋氣。」《春秋元命苞》曰：「秋，愁也，物愁而入也。」《春秋繁露》曰：「秋之爲言猶湫。湫者，憂悲之狀。」又曰：「秋，怒氣，故殺。」《漢志》曰：「秋，䪞也，物䪞斂乃成就。」《白虎通》曰：「秋之言愁也。其帝少皞。少皞者，少斂也。其神蓐收。蓐收者，縮也。」《釋名》曰：「秋者，緧也，緧迫萬物使得時成也。」《三禮義宗》曰：

「秋之言揫縮之意，陰氣出地，始殺萬物，故以秋爲節名。」以西方爲鮮方者，《匡謬正俗》曰：「西有先音。」考古韻，西不與齊韻通。《詩・小明》「我征徂西」與「明明上天」叶。班固《西都賦》「汧涌其西」與「涇渭之川」叶。《樂府・雁門太守行》「安陽亭西」與「莫不欲傳」叶。此云「鮮方」，義亦由諧聲出也，「鮮」當如《爾雅》「秋獵曰獮」之義。古文《尚書》「粊誓」，《大傳》作「鮮誓」，《史記・魯世家》云作「肸誓」，徐廣曰：「一作鮮，一作獮。」索隱曰：「鮮，獮也。言於肸地誓衆，因行獮田之禮，以取鮮獸而祭，故字或作『鮮』，或作『獮』。」是鮮、獮聲義皆近。獮有殺義，故秋曰鮮方。《五行志》云：「金者，西方。萬物既成，殺氣之始也。」傳云：「離逢非沴，維鮮之功。」鄭注：「鮮，殺也。」《玉燭寶典》引「訊」作「誶」者，古者訊、誶通用，《詩》「訊予不顧」，「訊」一作「誶」。

北方者何也？伏方也。伏方也者，萬物伏藏之方。伏藏之方，則何以謂之冬？冬者，中也。中也者，萬物方藏於中也。故曰北方冬也。陽盛則吁荼萬物而養之外也，陰盛則呼吸萬物而藏之内也。故曰：吁吸也者，陰陽之交接，萬物之終始。【注】吁荼，氣出而温。呼吸，氣入而寒。温則生，寒則殺也。《御覽》二十六《時序部十一》。又《藝文類聚》三、《記纂淵海》卷三節引。又《事類賦》五。《玉燭寶典》引傳作「北方者何也？伏方也。萬物之方伏。物之方伏，則何以謂之冬？冬者，中也。中也者，物方藏於中也。故曰北方冬也」。

疏證曰：《禮記・鄉飲酒義》曰：「北方者冬，冬之爲言中也，中者藏也。」《尸子》曰：「北方爲冬。冬，終也。北方，伏方也。萬物至冬皆伏，貴賤若一也。」《漢志》曰：「太陰者，北方。北，伏也，陽氣伏於下，於時爲冬。冬，終也，物終藏，乃可稱。」《白虎通・五行》篇曰：「北方者，伏方也，萬物伏藏也。」《春秋繁露》曰：「冬氣衰，故藏。」

中春辯秩東作，中夏辯秩南譌，中秋辯秩西成，中冬辯在朔易。《周禮・馮相氏》注。賈公彦疏云：「據《書傳》而言。」《史記・五帝紀》索隱亦引「辯秩東作」。

便在伏物。《史記・五帝紀》索隱。

疏證曰：索隱曰：「使和叔察北方藏伏之物，謂人畜積聚等冬皆藏伏。《尸子》亦曰：『北方者，伏方也。』《尚書》作『平在朔易』。今案《大傳》云『便在伏物』，太史公據之而書。」段玉裁曰：「作『朔易』者，古文《尚書》；作『伏物』者，今文《尚書》也。今本《尚書大傳》：『辯在朔易，日短。朔，始也。傳曰：天子以冬命三公，謹蓋藏，閉門閭，固封竟，入山澤田獵，以順天道，以佐冬固藏也。』此『朔易』二字乃淺人所改，『朔，始也』三字亦淺人妄增。『命三公』云云，所謂『辯在伏物』，絶無始易之意也。漢人多用今文《尚書》。《王莽傳》曰：『予之北巡，以勸蓋藏。』蓋藏即伏物也。此今文《尚書》説也。」侯康曰：「段説非也。段所疑者，以《大傳》下數語絶無始易之意，然《大傳》於『辯秩西成』，傳亦與『西成』意不相涉，蓋渾舉大意而已。況正義引王肅此句注云：『改易者，謹約蓋藏，循行積聚。《詩》：「嗟我婦子，曰爲改歲，入此室處。」言人物皆易。』正與《大傳》意同。使《大傳》果爲『伏物』言之，王肅必不取以解『朔易』。此今文之不作『伏物』又一證也。」錫瑞案：二説皆屬偏見。三家今文《尚書》傳本各異，則《大傳》或亦有「朔易」、「伏物」兩本，賈公彦、小司馬各據其一，不必是此而非彼也。《大傳》以北方爲伏方，則「伏」即是「北」，不必定作「朔」字，始與東、西、南三方相對也。王肅亂經之人，其説何足爲據！

分命和仲，度西曰柳穀。《周禮・縫人》注。賈疏云：「是濟南伏生《書傳》文。」

疏證曰：《尚書正義》引夏侯等「昧谷」爲「柳谷」。《史記・五帝紀》曰「昧谷」，徐廣曰「一作柳谷」，則《史記》亦當本作「柳谷」，後人妄改之。《大傳》「柳穀」之「穀」字，蓋亦叚借爲「谷」，「谷」與「穀」通。《莊子》：「臧與穀二人相與牧羊。」崔譔本「穀」作「谷」，是其證也。蓋伏生用叚借，夏侯等用本字。春爲暘谷，秋爲柳谷，義正相對。《論衡》云「日出扶桑，暮入細柳」，故曰柳谷。徐廣曰「柳亦日入處地名」是也。孫星衍因《周禮》鄭注云「柳之言聚」，賈疏云「柳者，諸色所聚。日將没，其色赤，兼有餘色，故曰柳穀」，遂謂：「《説文》有『穀』字，云『日出之赤』。『穀』當叚借爲『穀』。」其説非是。

寅餞入日，辯秩西成。傳曰：天子以秋命

三公將率，選士厲兵，以征不義。決獄訟，斷刑罰，趣收斂，以順天道，以佐秋殺。《御覽》二十四《時序部九》。

疏證曰：《春秋感精符》曰：「霜，殺伐之表。季秋霜始降，鷹隼擊，王者順天行誅，以成肅殺之威。」《明堂之制》曰：「秋治以矩，矩之言度也。肅而不劾，剛而不匱，取而無怨，內而無害，威厲而不懾，令行而不廢。殺伐既得，仇敵乃克，矩正不失，百誅乃服。」《洪範五行傳》曰：「仲秋之月，乃令農隙民畋醵，庶甿畢入於室，曰時殺將至，毋罹其災。季秋之月，除道成梁，以利農夫也。孟冬之月，命農畢積聚，繫牛馬，收澤賦。」《王居明堂禮》亦與《五行傳》略同。

辯在朔易，日短。朔，始也。傳曰：天子以冬命三公，謹蓋藏，閉門閭，固封境，入山澤田獵，以順天道，以佐冬固藏也。《御覽》二十六《時序部十一》。

疏證曰：陳壽祺曰：《大傳》引《書》「日短」下無「星昴」二字，或傳寫失之，或以「日短」斷句。

錫瑞案：《淮南子·天文訓》曰：「不周風至，則修宮室，繕邊城。」注云：「立冬節土工其始，故治宮室，繕修邊城，備寇難也。」又曰：「廣莫風至，則閉關梁，斷刑罰，殺當罪。」注云：「象冬閉藏，不通關梁也。罰刑之疑者，於是順時而決之。」又曰：「太陰理冬，則欲猛毅剛強。」又《時則訓》：「其令曰：審群禁，固閉藏，修障塞，繕關梁，禁外徙，斷罰刑，守門閭，大搜客，止交遊，禁夜樂，早閉晏開，以索姦人。已得，執之必固。天節已幾，刑殺無赦。雖有盛尊之親，斷以法度。無行水，毋發藏，毋釋罪。」注云：「應陰殺也。」蔡邕《月令章句》曰：「冬，終也，萬物於是終也。」《京房易占》曰：「立冬，乾王，不周風用事。人君當興邊兵，治城郭，行罰決罪。」《三禮義宗》曰：「冬，終也。立冬之時，萬物終成。」《乙巳占》曰：「天子當以冬時賞死事，恤孤寡，察阿黨，謹蓋藏，修積聚，坯城郭，戒門閭，修鍵閉，慎筦鑰，固封疆，備邊境，防要害，謹關梁，塞蹊徑，飭喪紀。」皆與《大傳》義合。

孔子對子張曰：「男子三十而娶，女子二十而嫁。女二十而通織紝績紡之事，黼黻文章之美。不若是，則上無以孝於舅姑，下無以事夫養子也。」《周禮・媒氏》疏無「女二十而」四字。《通典》五十九《嘉禮四》。又《毛詩・摽有梅》正義。

疏證曰：《路史・前紀》：「逸《禮・本命》篇云：『太古男五十而娶，女三十而嫁。中古男三十而娶，女二十而嫁。』《地官・媒氏》：『掌萬民之判。男三十而娶，女二十而嫁。』蓋本於此。《書大傳》孔子之説亦然。」則《大傳》當更有「太古五十而娶」之文，與《本命》篇同，疏所引不備耳。疏載王肅曰：「《周官》云：『令男三十而娶，女二十而嫁。』謂男女之限，嫁娶不得過此也。三十之男，二十之女，不待禮而行之，所以奔者不禁。」引《家語》，以爲三十之男、二十之女，言其極法。馬昭則引《大傳》此文及《禮記・本命》篇：「中古男三十而娶，女二十而嫁，合於中節。太古男五十而有室，女三十而嫁。《穀梁傳》曰：『男子二十而冠，冠而列丈夫，三十而娶。』尹更始曰：『男三十而娶；女十五許嫁，笄，二十而嫁。』《曲禮》『三十曰壯，有室』，盧氏云：『三十盛壯，可以娶女。』《内則》：『三十而有室，始理男事。女子十五笄，二十而嫁。有故，二十三而嫁。』經有『夫姊之長殤』，舊説三十而娶，而有夫姊之長殤者，何關盛衰。一説關畏、厭、溺而殤之。盧氏以爲衰世之禮也。」又案：《詩疏》引《異義》：「今《大戴禮》説男子三十而娶，女子二十而嫁，天子以下及庶人同禮。又《左氏》説：人君十五生子，禮。三十而娶，庶人禮也。許君謹案：舜生三十不娶，謂之鰥。《禮・文王世子》云：文王十五生武王，武王有兄伯邑考在。故知人君早娶，所以重繼嗣。鄭玄不駁。」據民，則古文《左氏》説人君與庶人禮異，今文《大戴》説天子及庶人禮同。《大傳》不分别人君、庶人之異，亦當同《大戴》説。又《白虎通・嫁娶》篇曰：「男三十而娶，女二十而嫁何？陽數奇，陰數偶也。男長女幼者何？陽道舒，陰道促。男三十筋骨堅强，任爲人父。女二十肌膚充盈，任爲人母。合爲五十，應大衍之數，生萬物也。故《禮・内則》曰：『男三十壯有室，女二十壯而嫁。』三十數三終，奇，陽節也。二十再終，偶，陰節也。陽小成於陰，大成於陽，故二十而冠，三十而娶。陰小成於陽，大成於陰，故十五而笄，二十而嫁也。」《淮南・氾論訓》「禮，三十而娶」，注：「三十而娶者，陰陽未成時，俱生於子。男從子數，左行三十年立於巳，女從子數，右行二十年亦立於巳，合夫婦。故聖人制禮，使男三十娶，女二十嫁。」《説文》亦云：「元氣起於子。子，人所生也。男左行三十，女右行二十，俱立於巳，爲夫婦。」則兩漢經師皆以三十、二十爲嫁娶正數。王肅僞撰《家語》以逞其異説，不足據也。云「女二十而通織紝績紡之事」者，《内則》：「女子十年不出，姆教婉、娩、聽從，執麻枲，治絲繭，織紝、組、紃，學女事以供衣服。」此言未嫁之前所講女事之禮，及嫁時故通之也。

婦人八歲備數，十五從嫡，二十承事君子。《公羊》隱七年解詁。徐疏云：「《書傳》文。」

疏證曰：《公羊》本齊學，與濟南家法相同，故劭公引《大傳》解《公羊》。《白虎通·嫁娶》篇曰：「姪娣年雖少，猶從適人者，明人君無再娶之義也。還待年於父母之國者，未任答君子也。《詩》云『姪娣從之，祁祁如雲。韓侯顧之，爛其盈門』。《公羊傳》曰『叔姬歸于紀』，明待年也。」《穀梁》注引《異義》云：「謹案姪娣年十五以上，能共事君子，可以往，二十而御。《易》曰：『歸妹愆期，遲歸有時。』《詩》曰『韓侯娶妻』，『諸娣從之，祁祁如雲』。娣必少於嫡，知未二十而往也。」皆同《大傳》之義。

孔子曰：「舜父頑母嚚，不見室家之端，故謂之鰥。」《毛詩·桃夭序》正義引《唐傳》。又《尚書·堯典》正義、《通鑑前編·帝堯七十載》注。《堯典》正義曰：「鰥者，無妻之名，不拘老少。《書傳》以舜年尚少，爲之説耳。」

男三十而娶，女二十而嫁。《書》：「有鰥在下，曰虞舜。」《大戴禮·本命》篇盧辨注。❶

疏證曰：陳壽祺曰：《尚書》無此文，此蓋《尚書傳》文。

舜生姚墟。《風俗通·山澤第十》：「謹案《尚書》云云，姚墟在濟陰城陽縣。」

錫瑞案：《路史·餘論》引：「《援神契》云：『舜生姚墟。』應劭謂與雷澤相近。」《帝王世紀》曰：「瞽瞍妻曰握登，見大虹，意感而生舜於姚墟，故姓姚名重華，字都君。」

昔舜耕於歷山，陶於河濱。【注】歷山，在河

❶「盧辨」，《輯校》原文如此，據《周書·盧辯傳》，當作「盧辯」。下同。

東。《毛詩・魏譜》正義。又《尚書・大禹謨》正義。今有舜井。《水經・瓠子水》注。《御覽》四十二《地部七》「井」作「墓」，引「鄭玄云」。

疏證曰：《路史・餘論》：「《書大傳》云『舜陶河濱』，按《元和志》：『乃河東縣北四十里之故陶城。』」又曰：「皇甫謐謂『壽丘，❶在魯東門之北。河濱，爲即陶丘，乃定陶西南之陶丘亭』。」

販於頓丘，就時負夏。《史記・五帝紀》索隱。又《御覽》八百二十九《資産部九》引上句。

疏證曰：《帝王世紀》曰：「始遷於負夏，販於頓丘，責於傳虛，家本冀州，每徙則百姓歸之。」案《孟子》曰「遷於負夏」，「遷」乃「貿遷」之「遷」，即傳所云「就時」。

舜漁於雷澤之中。【注】雷夏，沇州澤，今屬濟陰。《史記・五帝紀》集解，《御覽》七十二《地部三十七》，又八百三十三《資産十三》引傳。

疏證曰：《史記・五帝紀》：「舜，冀州之人也。耕歷山，漁雷澤，陶河濱，作什器於壽丘，就時於負夏。」又曰：「舜耕歷山，歷山之人皆讓畔；漁雷澤，雷澤上人皆讓居；陶河濱，河濱器皆不苦窳。」《尸子》曰：「舜兼愛百姓，務利天下。其田歷山也，荷彼耒耜，耕彼南畝，與四海俱有其利；其漁雷澤也，旱則爲耕者鑿瀆，儉則爲獵者表虎。故有光若日月，天下歸之若父母。」《韓子》曰：「歷山農者侵畔，舜往耕，朞年而耕者讓畔。河濱漁者争坻，舜往，朞年而漁者讓坻。東夷之陶者苦窳，舜往陶，朞年而器以牢。」《呂氏春秋》曰：「大舜遇堯，天也。舜耕於歷山，陶於河濱，釣於雷澤，天下悦之。」《淮南・原道訓》曰：「昔者舜耕於歷山，朞年而田者争處墝埆，以封壤肥饒相讓；釣於河濱，朞年而漁者争處湍瀨，以曲隈深潭相與。」《說苑・反質》篇曰：「歷山之田者善侵畔，而舜耕焉；雷澤之漁者善争陂，而舜漁焉；東夷之陶器窳，而舜陶焉。故耕、漁與陶非舜之事，而舜爲之以救敗也。」《新序・雜事一》曰：「昔者舜自耕稼、陶、漁而躬孝友，故耕於歷山，歷山之耕者讓畔；陶於河濱，河濱之陶者器不苦窳；漁於雷澤，雷澤之漁者分均。」

❶「丘」，清人避孔子諱改作「邱」，今回改。以下逕改，不再出校。

《列女傳》卷三曰：「昔舜耕於歷山，漁於雷澤，陶於河濱。非舜之事，而舜爲之者，爲養父母也。」趙岐《孟子注》曰：「負夏，在海東方夷之地，故曰東夷之人也。」又曰：「舜耕歷山之時，居山之間，鹿豕近人，若與人遊。」

正月上日，受終於文祖。在旋機玉衡，以齊七政。齊，中也。七政者，謂春、秋、冬、夏、天文、地理、人道，所以爲政也。道正而萬事順成，故天道政之大也。旋機者何也？傳曰：旋者，還也。機者，幾也，微也。其變幾微而所動者大，謂之旋機。是故旋機謂之北極。受，謂舜也。上日，元日。《御覽》二十九《時序部十四》。又《史記·五帝紀》正義、《天官書》索隱。《玉海·天文上》引《大傳》與此不同，蓋誤。

【注】渾儀中筩爲旋機，外規爲玉衡也。《史記·天官書》索隱引「鄭玄注《大傳》云」。

疏證曰：陳壽祺曰：《隋書·天文志》引《尚書考靈曜》：「璇璣中而星未中爲急，急則日過其度，月不及其宿。璇璣未中而星中爲舒，舒則日不及其度，月過其宿。璇璣中而星中爲調，調則風雨時，庶草蕃蕪而百穀登，萬事康也。」《玉海·天文門》引此文，首有「昏明主時乃命中星者」九字，是《書緯》言在旋機以定中星之法也。

「齊，中也」至「政之大也」疑是鄭注，非傳文。錫瑞案：鄭注以爲渾儀，非《大傳》義。陳氏引《考靈曜》作「璇璣」，亦非《大傳》義也。古書皆以旋機、玉衡爲星名。《易通卦驗》曰：「遂皇始出握機矩。」是法北斗七星而立七政。《乾鑿度》曰：「合七八以視旋璣，審矣。」《尚書中候》曰：「昔帝軒提象，配永循機。」鄭注曰：「永，長也。循，順也。以長爲順斗機爲政也。」《詩·思文》正義引《尚書旋機鈐》，不作「璇璣」。《春秋文曜鉤》曰：「北斗七星，所謂『旋機玉衡，以齊七政』。」又曰：「北斗有七星，天子有七政。」又曰：「斗者，天之喉舌。玉衡屬杓，魁爲旋機。」又曰：「冀州屬旋星，兖、青之州屬機星。」《運斗樞》曰：「五帝所行，同道異位，皆循斗樞機衡之分，❶遵七政之紀、九星

❶「樞」，原作「極」，今據《四部叢刊三編》景宋本《太平御覽》卷五《天部五》引《春秋運斗樞》改。

之法。」又曰：「北斗七星，第二旋，第三機。」《感精符》曰：「人主含天光，據璣衡，齊七政。」《河圖》曰：「北斗第二星提旋序，第三星機耀緒。」《史記·律書》曰：「故『璇璣玉衡，以齊七政』，即天、地二十八宿。十母，十二子。」《天官書》曰：「北斗七星，所謂『璇璣玉衡，以齊七政』。」《説苑·辨物》篇曰：「《書》曰：『在璿璣玉衡，以齊七政。』璿璣，謂北辰句陳樞星也。」孫星衍曰：「疑脱『玉衡，謂斗九星也』一句。」《漢書·律曆志》曰：「衡，平也。其在天也，佐助旋機，斟酌建指，以齊七政，故曰玉衡。」《續漢志》曰：「昔者聖人之作曆也，觀璇璣之運，三光之行。」注引《星經》曰：「璇璣，謂北極星也。玉衡，謂斗九星也。」據《大傳》云「旋機謂之北極」，不及玉衡。緯候及班、馬之書則多以玉衡爲北斗，又或以旋機、玉衡并爲北斗，蓋渾言則合，析言則分。《續漢志》引《星經》以旋機爲北極，玉衡爲斗九星，分别甚塙。其餘兩漢人所引用亦皆以機、衡爲星名，不以爲渾天儀。如《京房易占·略例》：「故處旋機，以觀大運。」楊子《玄·攡》曰：「運諸泰政，即「七政」。繫之泰始，極焉，以通璇璣之統，正玉衡之平。」《甘泉賦》曰：「攀璇璣而下視兮，行遊目乎三危。」李善注云：「《漢書》曰：『北斗七星，所謂璇璣玉衡。』」《長楊賦》曰：「是以玉衡正而泰階平也。」玉衡與泰階對舉，自必以爲星名。劉歆《遂初賦》曰：「惟太階之侈濶兮，機衡爲之難運。懼魁杓之前後兮，遂隆集於河濱。」歆傳古文《尚書》，而以機衡與泰階、魁杓並言，亦以爲星名可知。傅毅《明帝誄》曰：「璇璣所建，靡不奄有。」崔駰《車左銘》曰：「虞、夏作車，取象璣衡。」又《襪銘》曰：「機衡建子，萬物含滋。」則以機衡並爲斗建。《堯廟碑》曰：「據旋機之政。」《周公禮殿記》曰：「旋機離常。」《山陽太守祝睦碑》曰：「升紫微，平機衡。」《後碑》又曰：「陟太微，準樞衡。」樞衡即機衡，皆星名。蔡邕《九疑山碑》曰：「旋璣是承，泰階以平。」亦以旋璣與泰階並舉。王逸《九思》曰「上察兮璇璣」，注云：「璇，一作『旋』，一作『琁』。」蓋叔師本作「旋機」，後人改之。「察」即「在」之義。下文云「大火兮西睨，攝提兮運低」，大火、攝提皆星名，則亦以旋機爲星矣。注又云：「璇璣天中，故先察之。」是以璇璣爲北極之明證。《九思》又曰「策謀從兮翼機衡」，注云：「璇璣玉衡，以喻君能任賢，斥去小人，以自輔翼也。」正文作「機」，而注作「璣」，此後人改之參差不一之證。《九辨序》曰「天有九星，以正機衡」，是亦以爲斗九星。兩漢人以機衡爲星名，足證明《大傳》古義。而《大傳》以旋機爲北極，則實本之《周髀算經》。《周髀》文多，不具録。《御覽》引《大象列星圖》曰：「北極五星：一名天極，一名北極。其第一星爲太子，第二星最明者爲帝，第三星爲庶子，餘二後宫屬也，並在紫微宫中央，故謂之中極。其占：明大則吉，若變動則有憂。」其説北極最詳。夫解古經必用古義。古無渾天儀器，故《大傳》不以機衡爲渾儀。古無測五星法，故《大傳》不以七政爲七緯。自馬、鄭搠爲古文異説，以機衡爲羲、和所立渾儀，又以北斗七星爲分主日、月、五星，既已誤解《尚書》，鄭注《大傳》復以此汨伏生之義，陳氏不加辨正，反引《考靈曜》説爲之推波助瀾，其失甚矣。又案《尚書》鄭注曰：「帝王易代，莫不改正建朔。堯正建丑，舜正建子。此時未改堯正，故云『正月上日』。即位乃改堯正，故云『月正元日』。」鄭此説與《大傳》合。蓋上日即是元日，特以改正、未改正而異其文耳。《尚書中候》：「曰若稽古帝舜曰重華，欽翼皇象，建黄授政改朔。」《詩緯推度災》曰：「軒轅、高辛、夏后氏、漢皆以十三月爲正，少昊、有唐、有殷皆以十二月爲正，高陽、有虞、有周皆以十一月爲正。」《漢書》董仲舒對策曰：「孔子曰：『無爲而治者，其舜乎！』改正朔，易服色，以順天命而已。其餘盡循堯道，何更爲哉！」《白虎通・三正》篇曰：「王者受命必改朔何？明易姓，示不相襲也。明受之於天，不受之於人，所以變易民心，革其耳目，以助化也。故《大傳》曰『王者始起，改正朔，易服色，殊徽號，異器械，別衣服』也。是以舜、禹雖繼太平，猶宜改以應天。」皆古説舜改正朔之義。

萬物非天不生，非地不載，非春不動，非夏不長，非秋不收，非冬不藏。故《書》曰「煙于六宗」，此之謂也。【注】煙，祭也。字當爲「禋」。馬氏以爲六宗謂日、月、星辰、泰山、河、海也。經曰：「肆類于上帝，禋于六宗，望秩于山川，偏于羣神。」《月令》：「天子祈來年於天宗。」如此則六宗近謂天神也。以《周禮》差之，則爲星、辰、司中、司命、風師、雨師也。《御覽》十八《時序部三》、《儀禮經傳通解續》二十六上《因事之祭》。又《御覽》五百二十八《禮儀部七》、《續漢・祭祀志中》注、《北堂書鈔》引並無注。

疏證曰：陳壽祺曰：注「司中」，宋本《御覽》作「司人」，非。「煙」舊作「湮」，《路史・餘論五》云：「禋于六宗，《大傳》作『煙』，則事止燔燎。」據此，《大傳》字從火旁垔作「煙」，故鄭注直釋之曰「祭也」。《周禮・大宗伯》疏引《尚書・洛誥》注云：「禋，芬芳之祭。」康成注《周禮》「以禋祀，祀昊天上帝」云：「禋之言煙。周人尚臭，煙氣之臭聞者也。」是鄭據《書・堯典》「煙于六宗」之文以解禮也。他書誤爲「湮」字，則注語不可通矣。《史晨祀孔子廟碑》「以供煙祀」，《樊毅修西嶽廟記》「奠柴燎煙」，《西京賦》「升高煙於太乙」，《魏受禪碑》「煙于六宗」，與《大傳》合。

錫瑞案：鄭注非伏義也。《禮記・祭法》正義引《異義》：「今《尚書》歐陽、夏侯説，六宗者，上不及天，下不及地，旁不及四方，中央恍惚無有，神助陰陽變化，有益於人，故郊天並祭之。」《漢書・郊祀志》引三家説曰：「上不及天，下不及墜，旁不及四方，在六者之間，助陰陽變化，❶實一而名六。」《續漢志》注引《李氏家書》曰：「司空李郃侍祠南郊，不見六宗祠，奏曰：『案《尚書》「肆類于上帝，禋于六宗」，六宗者，上不及天，下不及地，旁不及四方，在六合之中，助陰陽化成萬物。今宜復舊制度。』」安帝元初六年，「以《尚書》歐陽家説，謂六宗在天地四方之中，爲上下四方之宗，以元始中故事，謂六宗《易》六子之氣，日、月、雷、風、山、澤者爲非是」。楊雄《太玄・玄告》曰「神游乎六宗」，范望注曰：「不居四時、天、地者爲六宗。」《論衡・祭意篇》曰：「六宗，居六合之間，助天地變化，王者尊而祭之，故曰六宗。」《月令・孟冬》「乃祈來年於天宗」，盧植注曰：「天宗，六宗之神。」《呂氏春秋》文同《月令》，高誘注曰：「凡天、地、四時皆爲天宗。萬物非天不生，非地不載，非春不動，非夏不長，非秋不成，非冬不藏。《書》曰『禋於六宗』，此之謂也。」《楚辭・惜誦》「戒六神以鄉服」，王逸注曰：「六神，謂六宗之神也。」引《尚書》「禋于六宗」。《九歎》「訊九魁與六神」，王逸注曰：「上問九魁、六宗之神。」魏景初中，劉劭言：「萬物負陰抱陽，沖氣以爲和。六宗者，太極沖和之氣。」用實一名六之義。《晉書・禮志》載摯虞奏亦依之。皆與《大傳》今文説同。伏生

❶「助」，原無，今據《漢書・郊祀志下》補。

言天、地、四時，三家謂在天、地、四時之間，又變「四時」爲「四方」，蓋東方春、南方夏、西方秋、北方冬，其義亦不異也。

古者圭必有冒，言不敢專達之義也。天子執冒以朝諸侯，見則覆之。【注】君恩覆之，臣敢進。《周禮·玉人》疏。

疏證曰：《周禮·玉人》云：「天子執冒四寸，以朝諸侯。」注曰：「名玉曰冒者，言德能覆蓋天下也。」疏引此傳。《白虎通·文質》篇曰：「合符信者，謂天子執瑁以朝諸侯，諸侯執圭以覲天子。❶瑁之爲言冒也，上有所覆，下有所冒也。」《說文·玉部》：「瑁，諸侯執圭以朝天子，天子執玉以冒之。似犁冠。」古文作「珇」。《書·顧命》「上宗奉同瑁」，《吴志》注《虞翻別傳》引馬注訓爲「大同天下」，蓋以「同瑁」爲一物，亦取覆冒天下，故爲大同也。

古者圭必有冒，言下之必有冒，不敢專達也。天子執冒以朝諸侯，見則覆之。故冒圭者，天子所與諸侯爲瑞也。瑞也者，屬也。無過行者得復其圭以歸其國，有過行者留其圭，能改過者復其圭。三年圭不復，少黜以爵。六年圭不復，少黜以地。九年圭不復而地畢。此所謂諸侯之朝於天子也。義則見屬，不義則不見屬。《禮書》五十二。又《御覽》八百六《珍寶部五》、《文獻通考》節引，「留其圭」下有「三年」二字。《白虎通·文質》篇引「瑞也者，屬也」下多「諸侯執所受圭與璧以朝於天子」一句，「無過行者」、「有過行者」無「行」字，「有過者」上多「其餘」二字，「能改過者復其圭」作「能正行者復還其圭」，「地畢」作「地削」，餘同。又《路史·後紀十二》、《山堂考索》、《演繁露》、《玉海》並節引。

疏證曰：此解經「輯瑞」、「班瑞」之義。諸侯執圭朝天子，無過者還之，經言「班瑞」是也。有過者留其圭，以差黜削，此傳文是也。傳並言圭與璧，或疑一冒不得冒兩物，不知冒特取其覆冒之意，《大傳》、《白虎通》皆未嘗言圭必與冒相合，疑者自誤解耳。《說

❶「諸侯」，原不重，今據元大德九年刊《白虎通·文質》補。

苑・修文》篇曰：「諸侯貢士三不適謂之誣。誣者天子黜之，一黜以爵，再黜以地，三黜而地畢。」又曰：「諸侯有不貢士，謂之不率正。不率正者，天子黜之，一黜以爵，再黜以地，三黜而地畢。」言三黜之差與此傳合。誣與不率正，皆諸侯有過之一端也。

古者巡守，以遷廟之主行。出以幣帛皮圭告於祖，遂奉以載於齊車。每舍，奠焉，然後就舍。反必告奠，卒，斂幣玉藏之兩階之間。蓋貴命也。《路史・後紀十二・疏仡紀・有虞》。

疏證曰：《禮記》：「曾子問曰：『古者師行，必以遷廟主行乎？』孔子曰：『天子巡守，以遷廟主行，載於齊車，言必有尊也。今也取七廟之主以行，則失之矣。』」注云：「齊車，金路。」又：「曾子問曰：『古者師行無遷主，則何主？』孔子曰：『主命。』問曰：『何謂也？』孔子曰：『天子、諸侯將出，必以幣、帛、皮、圭告於祖禰，❶遂奉以出，載於齊車以行。每舍奠焉，而后就舍。』」注云：「以脯醢禮神，乃敢即安也。所告而不以出，即埋之。」又曰：「反必告，設奠，卒，斂幣、玉，藏諸兩階之間，乃出。蓋貴命也。」正義曰：「『孔子曰主命』者，孔子言天子、諸侯將出，既無遷主，乃以幣、帛及皮、圭告於祖禰之廟，遂奉以出行，載於齊車，以象受命，故曰『主命』。」「云『所告而不以出，即埋之』者，皇氏云：『謂有遷主者，直以幣、帛告神，而不將幣、帛以出行，即埋之兩階之間。無遷主者，加之以皮、圭，告於祖禰，遂奉以出。』熊氏以爲每告一廟，以一幣玉，告畢，若將所告遠祖幣玉行者，即載之而去。若近祖幣玉，不以出者，即埋之。以其反還之時，以此載行幣玉，告於遠祖，事畢，則埋於遠祖兩階間。❷其近祖以下，直告祭而已，不陳幣玉也。」案：《大傳》此文即本之《曾子問》。《曾子問》分別有「遷主」、「無遷主」甚晰。據孔疏言載遷主與載幣、帛是兩事，《大傳》不分者，文不備也。古者天子出軍巡守，必先由禰告於祖，以及遷主，故即載遷主以行。《甘誓》云「用命賞于祖」是也。其職則庶子守之。《文王世子》曰：「其在軍，則守於公禰。」注：「謂從軍者。公禰，

❶「祖」，原作「租」，今據《禮記・曾子問》改。

❷「間」，原作「前」，今據《禮記・曾子問》正義改。

行主也。遷主得言禰者，在外親也。」言在軍，則巡守亦然。《册府元龜》載皇氏《禮疏》云：「惟載新遷一室之主。」則當載高祖之禰矣。《白虎通·巡守》篇曰：「王者、諸侯出，必將主何？示有所尊。」引《曾子問》云云，又曰：「必以遷主者，明廟不可空也。」

見諸侯，問百年。命大師陳詩以觀民風俗，命市納賈以觀民好惡。山川神祇有不舉者爲不敬，不敬者削以地。宗廟有不順者爲不孝，不孝者黜以爵。變禮易樂爲不從，不從者君流。改衣服制度爲畔，畔者君討。有功者賞之。《尚書》曰：「明試以功，車服以庸。」《白虎通·巡守》篇。【注】百年，老成人。見尊之之至也。《路史·後紀十二·疏仡紀·有虞》引「鄭康成注云」。

疏證曰：《禮·王制》有此文，蓋伏生引以釋《尚書》。鄭君云：「孟子當赧王之時，《王制》之作復在其後。」是《王制》爲列國時人作。或以《王制》爲漢文時博士作，作《王制》者引《大傳》義，其說非也。《王制》注曰：「陳詩，謂采其詩而視之。市，典市者。賈，謂物貴賤厚薄也。質則用物貴，淫則侈物貴。舉猶祭也。不順者，謂若逆昭穆。流，放也。討，誅也。」正義曰：「此謂到方嶽之下，見諸侯之後，問百年者就見之。若未至方嶽，於道路之上，有百年者，則亦王先見之。故《祭義》云『天子巡守，諸侯待於竟，天子先見百年者』，下云『八十、九十者，東行，西行者弗敢過』，道經之則見之，則知百年者，道雖不經所在，就見之，與此少別。王巡守，見諸侯畢，乃命其方諸侯。大師是掌樂之官，各陳其國風之詩，以觀其政令之善惡。若政善，詩詞亦善；政惡，則詩詞亦惡。觀其詩，則知君政善惡。故《天保》詩云『民之質矣，日用飲食』，是其政和。若其政惡，則《十月之交》『徹我牆屋，田卒汙萊』是也。命典市之官，進納物賈之書，以觀民之所有愛好、所有嫌惡。山川是外神，故云『不舉』。不舉，不敬也。山川在其國竟，故削以地。宗廟是内神，故云『不順』。不順，不孝也。宗廟可以表明爵等，故黜以爵。禮樂雖爲大事，非是切急所須，故以爲不從，君惟流放。制度、衣服便是政治之急，故以爲畔，君須誅討。此四罪先輕後重。」

舜修五禮、五玉、三帛。《廣韻·入聲·二十陌》

「帛」字注。

疏證曰：「五禮」下，當有「五樂」二字。《漢書·郊祀志》引《虞書》「修五禮、五樂、三帛」，師古曰：「五樂，謂春則琴瑟，夏則笙竽，季夏則鼓，秋則鐘，冬則磬也。「五樂」，《尚書》作『五玉』，今《志》亦有作『五玉』者，『五玉』即『五瑞』。」陳喬樅曰：「據《禮記》『東巡守』文下言『禮、樂、制度、衣服，正之』，則是其所據《尚書·堯典》亦有『修五禮、五樂』之文，尤足與《郊祀志》互相發明。班固《漢書》多用夏侯《尚書》，《禮記》本與夏侯《尚書》同一師承，故脗合也。迨後，歐陽、夏侯學亡於永嘉之亂，今文遂無可考。後人傳寫《史》、《漢》，疑文與東晉晚出本《尚書》不同，故或存『五樂』而去『五玉』，或存『五玉』而去『五樂』，此《志》所以有作『玉』、作『樂』之不同耳。師古之解『五樂』，謂『春則琴瑟』云云，實襲《漢書音義》舊説而爲之注也。」謹案：陳氏之説是也。《大傳》當作「五禮、五樂、五玉、三帛」，淺人據晚出古文刪之。「五樂」見《虞夏傳》「維元祀」篇，「五玉」當從《白虎通·文質》篇義。其説曰：「何謂五瑞？謂珪、璧、琮、璜、璋也。《禮》曰：『天子珪尺有二寸。』又曰：『博三寸，剡上，左右各寸半，厚半寸。半珪爲璋，方中圓外曰璧，半璧曰璜，圓中牙外曰琮。』五玉者各何施？蓋以爲璜以徵召，璧以聘問，璋以發兵，珪以質信，琮以起土功之事也。」其下文多，不載。三帛，當從鄭義。《公羊傳疏》、《史記正義》皆引鄭《尚書》注云：「三帛，所以薦玉也。受瑞玉者以帛薦之。必三者，高陽氏之後用赤繒，高辛氏之後用黑繒，其餘諸侯皆用白繒。《周禮》改之爲纁也。」鄭與《大傳》三統三正之義合，其餘謂堯、舜之諸侯也。《禮緯含文嘉》曰：「天子、三公、諸侯皆以三帛以薦玉。」宋均注云：「其殷禮，三帛謂朱、白、蒼，象三正。其五帝之禮，薦玉用一色之帛。」與鄭説不同。

以賢制爵，以庸制禄，故人慎德興功，輕利而興義。《路史·後紀十一·陶唐氏》。

疏證曰：《周禮·大司徒》：「施十有二教。十有一曰以賢制爵，則民慎德。十有二曰以庸制禄，則民興功。」鄭注：「慎德，謂矜其善德，勸爲善也。庸，功也。爵以顯賢，禄以賞功。」正與傳合。蓋傳以此爲陶唐氏之事也。

三年一使三公黜陟。《公羊》隱八年何休解詁。疏云：「《書傳》文。」

疏證曰：《白虎通・巡守》篇曰：「三歲一閏，天道小備，五歲再閏，天道大備。故五年一巡守，三年二伯出，述職黜陟。一年物有終始，歲有所成，方伯行國；時有所生，諸侯行邑。傳曰：『周公入爲三公，出作二伯，中分天下，出黜陟。』《詩》曰：『周公東征，四國是皇。』言東征述職，周公黜陟而天下皆正也。又曰：『蔽芾甘棠，勿翦勿伐，召伯所茇。』言召公述職，親説舍於野樹之下也。」《五經通義》曰：「王者已有州伯，所以復有二伯何？欲使黜陟也。三歲一閏，天道小備，故二相黜陟也。何以爲二伯乎？曰：以三公在外稱伯，東西分爲二。所以稱爲伯何？欲抑之也。三公，臣之最尊者，又以王命行天下，爲其盛，故抑之也。明有所屈也。」

五年親自巡守。巡猶循也，狩猶守也，循行守視之辭。亦不可國至人見爲煩擾，故至四嶽，知四方之政而已。《公羊》隱八年解詁。疏云：「《堯典》文。」

疏證曰：陳壽祺曰：《堯典》無此文，蓋皆出伏生《堯典傳》，疏脱「傳」字耳。今附録於此。

錫瑞案：《王制》曰：「天子五年一巡守。」注曰：「天子以海内爲家，時一巡省之。五年者，虞、夏之制也。」逸《禮》曰：「王者必制巡狩之禮何？尊天重民也。所以五年一巡狩何？五歲再閏，天道大備。所以至四嶽何？盛德之山，四方之中，能興雲致雨也。巡狩者何？巡，循也。狩，牧也。爲天循行牧民也。」《白虎通・巡狩》篇曰：「王者所以巡狩者何？巡者，循也。狩者，牧也。爲天下巡行守牧民也。道德太平，恐遠近不同化，幽隱不得所者，故必親自行之，謹敬重民之至也。」又曰：「所以不歲巡守何？爲太煩也。過五年，爲太疏也。因天道，三歲一閏，天道小備，五歲再閏，天道大備，故五年一巡守。」《風俗通・山澤》篇曰：「巡者，循也。狩者，守也。道德太平，恐遠近不同，故必親自行之，循功考德，黜陟幽明也。」《公羊》隱八年注：「王者所以必巡守者，天下雖平，自不親見，猶恐遠方獨有不得其所，故三年一使三公黜陟，五年親自巡守。巡猶循也，守猶守也，循行守視之辭。亦不可國至人見爲煩擾，故至四嶽，足以知四方之政而已。」《御覽》引《禮記・外傳》曰：「溥天之下，莫非王土。封建諸侯各守天子之地，故巡行之。夏、殷五載一巡狩，周制十二年一巡狩，皆在仲月，以至嶽下，燔柴告天。巡狩之年，四方諸侯先會嶽之下以俟見。考其制度以齊同，有善惡以黜陟之。」

唐、虞象刑而民不敢犯，苗民用刑而民興相漸。唐、虞之象刑，上刑赭衣不純，中刑雜屨，下刑墨幪。以居州里而民恥之。【注】純，緣也。時人尚德義，犯刑者但易之衣服，自爲大恥。屨，履也。幪，巾也，使不得冠飾。《御覽》六百四十五《刑法部十一》。又《文選·求賢良詔》注、《七命》注、《初學記》二十、《白帖·象刑》、《荀子·正論篇》注，並節引。

唐、虞之象刑，上刑赭衣不純，中刑雜屨，下刑墨幪。以居州里而反於禮。【注】純，緣也。時人尚德義，犯刑者但易之衣服，自爲大恥。《周禮》罷民亦然。上刑易三，中刑易二，下刑易一，輕重之差。《公羊傳》襄二十九年疏。

疏證曰：陳壽祺曰：傳末「而反於禮」四字，《公羊》襄二十九年疏作「而民恥之」。據《路史·後紀十一·紀陶唐》云：「《唐傳》作『而反於禮』，《甫刑傳》以三刑爲有虞氏者，非。」今依改。又曰：《路史》引「而反於禮」四字爲《唐傳》，下即言三刑非有虞制，是此四字與上刑、中刑、下刑云云相屬，皆在《唐傳》中。《路史》此下又釋云：「純，緣也。幪，巾也。《周禮》罷民亦然。上刑易三，下刑易一，輕重之差也。」皆用鄭注文，則《唐傳》有此節傳注甚明。吴中本以此四字綴上條「而民恥之」下，非也。

錫瑞案：《路史》引此下有云：「此以四萬二千家爲州，七十二家爲里。」與《周禮》異。羅氏知唐、虞與《周禮》不同，然據《大傳》所推，一州當有四十三萬二千家，或今本《路史》脱「十三」兩字耳。

唐、虞象刑，犯墨者蒙皁巾，犯劓者赭其衣，犯臏者以墨幪其臏處而畫之，犯大辟者布衣無領。《北堂書鈔·象刑》。《酉陽雜俎》卷八引首九字，無「蒙」字。「皁」舊譌爲「帛」，今從《雜俎》引改。

疏證曰：「象刑」，古説皆以爲「畫象」。《荀子》

曰：「古無肉刑，而有象刑。墨黥；溞嬰；即「纓」字。共，即「宮」字。艾畢；即「韠」字。菲，即「剕」字。對履；殺，赭衣而不純。」《慎子》曰：「有虞氏之誅，以幪巾當墨，以草纓當劓，以菲履當刖，以艾韠當宮，布衣無領當大辟。」《墨子》曰：「畫衣冠，而民不犯。」《周禮・司圜》注：「『弗使冠飾』者，著墨蒙，若古之象刑與？」疏引《孝經緯》曰：「『三皇無文，五帝畫象，三王肉刑。』畫象者，上罪墨幪、赭衣、雜履，中罪赭衣、雜履，下罪雜履而已。」《史記・孝文本紀》曰：「蓋聞有虞氏之時，畫衣冠、異章服以爲僇，而民不犯。」《漢書・武帝紀》曰：「朕聞昔在唐、虞，畫象而民不犯。」《元帝紀》曰：「蓋聞唐、虞象刑，而民不犯。」楊雄《廷尉箴》曰：「唐、虞象刑，天民是全。」《白虎通・五刑》篇曰：「五帝畫象者，其衣服象五刑也。犯墨者幪巾，犯劓者以赭著其衣，犯髕者以墨蒙其髕處而畫之，犯宮者履雜扉，犯大辟者布衣無領。」《風俗通》曰：「五帝畫象，三王肉刑。」《公羊》襄二十九年傳注引「孔子曰：五帝畫象世順機」，疏以「孔子曰」爲《孝經説》文。徐氏疏之曰：「其五帝之時，黎庶已薄，故設象刑以示其恥，當世之人，順而從之，疾之而機矣，故曰『五帝畫象世順機』也。」皆與《大傳》義合，而稍有異同。《北堂書鈔》引《大傳》與《白虎通》文合，而無宮刑，蓋有闕文。《御覽》、《公羊疏》引《大傳》，當作「上刑赭衣不純，雜屨、墨幪，中刑雜屨、墨幪，下刑墨幪」，乃與鄭注「上刑易三，中刑易二，下刑易一」之義相符。今本亦有缺文，據《孝經緯》之文可證。《孝經緯》言「下罪雜屨」，與《大傳》言「下刑墨幪」小異，蓋所傳不同。

帝猶反側晨興，闢四門，來仁賢。《文選・刻漏銘》注。又《毛詩・關雎》正義引首句。

《書》曰：「三歲考績，三考黜陟幽明。」其訓曰：三歲而小考者，正職而行事也。九歲而大考者，黜無職而賞有功也。其賞有功也，諸侯賜弓矢者得專征，賜鈇鉞者得專殺，賜圭瓚者得爲鬯以祭。不得專征者，以兵屬於得專征之國。【注】《春秋傳》曰：魯賦八百，邾賦六百，以兵屬於晉，由是也。不得專殺者，以獄屬於得專殺之國。不得賜圭瓚者，資鬯於天子之國然後祭。【注】資，取。《儀禮集傳集注》三十三

《王制之己》。又《儀禮經傳通解續・宗廟》、《路史・發揮五》、《禮記・王制》正義並節引。又《路史・後紀十二・有虞紀》引作《周傳・考績訓》。

疏證曰：陳壽祺曰：《周書》無考績之文，「周」當爲「唐」字之誤。《路史》「賞有功也」下尚有「一之三以至九年」云云三十八字，其文詞不類《大傳》，蓋羅氏泌之語。今不録。

錫瑞案：《漢書・宣帝紀》：地節三年，令郡國舉孝弟，詔曰：「反側晨興，念慮萬方，故並舉賢良方正，以親萬姓。」正用傳義。《唐志》别出《暢訓》一卷，《舊唐志》直云：「《尚書暢訓》三卷，伏勝注。」此引「其訓曰」，蓋即《暢訓》之文。陳壽祺以《暢訓》爲《略説》之譌，非也。《訓》謂「賞有功諸侯」，與《王制》説同。《王制》曰：「諸侯賜弓矢，然後征；賜鈇鉞，然後殺；賜圭瓚，然後爲鬯。未賜圭瓚，則資鬯於天子。」注云：「得其器乃敢爲其事。圭瓚，鬯爵也。鬯，秬酒也。」正義曰：「『賜弓矢』者，謂八命作牧者，若不作牧，則不得賜弓矢。故《宗伯》云：『八命作牧。』注云：『謂諸伯有功德者，加命得專征伐。』此謂征伐當州之內。若九命爲二伯，則得專征一方五侯九伯也。若七命以下，不得弓矢賜者，《尚書大傳》云『以兵屬於得專征伐』者。此弓矢，則《尚書》『彤弓一，彤矢百；盧弓十，盧矢千』。於《周禮》則當『唐弓大弓』，合七而成規者。故《司弓矢》云：『唐弓大弓，以授使者勞者。』注云：『若晉文侯、文公受王弓矢之賜者。』『賜鈇鉞』者，謂上公九命得賜鈇鉞，然後鄰國臣弑君，子弑父者，得專討之。『賜圭瓚』者，亦謂上公九命者，若未賜圭瓚者，則用璋瓚。故《周禮・小宗伯》注云：『天子圭瓚，諸侯璋瓚。』既不得鬯，則用薰。故《王度記》云：『天子以鬯，諸侯以薰。』此弓矢、鈇鉞、圭瓚等八命、九命而加九賜也。」正義疏證甚晰。然九命、九賜有二説，《曲禮》疏引許慎、鄭司農説，皆以九賜即九命。《白虎通・考黜》篇曰：「五十里不過五賜而進爵土，七十里不過七賜而進爵土。能有小大，行有進退也。」莊元年《公羊》注曰：「禮有九錫，皆所以勸善助不能。禮，百里不過九命，七十里不過七命，五十里不過五命。」《穀梁》注曰：「禮有九錫，皆所以襃德賞功。德有厚薄，功有輕重，故命有多少。」是以侯、伯七賜，子、男五賜，但不得九賜。此一説也。《白虎通》又云：「一説盛德始封百里者，賜三等，得專征伐，專殺，斷獄。七十里伯始封，賜二等，至虎賁百人。後有功，賜弓矢。後有功，賜秬鬯，增爵爲侯，益土百里。復有功，入爲三公。五十里子、男始封，賜一等，至樂則。復有功，稍賜至虎賁，增爵爲伯。復有功，稍賜至秬鬯，增爵爲侯。」此以九錫非即九命，當分爲三等，分授百里、七十里、五十里之國。此又一說也。鄭注《曲禮》「三賜不及車馬」云：「三賜，三命也。凡仕者，一命而受爵，再命而受服，三命而受車馬。」用《周禮》「九命」文當之，而不以爲九錫之三，則以九錫皆作牧，作伯後始得受之。其注《書傳》，亦必以七命以下不得有弓矢、鈇鉞、圭瓚之賜。伏生無明文，或如鄭説也。《白虎通》又曰：「能誅有罪者賜鈇鉞，能征不義者賜弓矢，孝道備者賜秬鬯。距惡當斷刑，故賜之鈇鉞，所以斷大刑。刑罰既正，則能征不義，故賜之弓矢，所以征不義、伐無道也。圭瓚、秬鬯，宗廟之盛禮，故孝道備而賜之秬鬯，所以極著孝道。」又曰：「喜怒有節，誅伐刑刺，賜以鈇鉞，使得專殺。好惡無私，執義不傾，賜以弓矢，使得專征。孝道之美，百行之本也。故賜之玉瓚，使得爲暢也。」宋均《禮緯》注曰：「其亢揚威武，志在宿衛，賜以鈇鉞，使得專殺。其內懷至仁，執義不傾，賜以弓矢，使得專征。其孝慈父母，賜以秬鬯，使得祭祀。」說大同小異，皆今文家説賞有功諸侯之義也。考績亦有二説。《路史》引《大傳》説之曰：「一之三以至九年，天數窮矣，陽德終矣，積不善至於幽，六極以類降，故絀之。積善至於明，五福以類升，故陟之。皆所自取，聖無容心也。」是以絀陟須至九年。此一說也。《白虎通》曰：「何以知始考輒黜之？《尚書》曰：『三年一考，少黜以地。』」所引《尚書》疑古文説，謂一考即黜。又一説也。黜陟爵土先後，亦有二說。《大傳》先爵後地，此一說也。《白虎通》曰：「先削地而後絀爵者何？爵者，尊號也。地者，人所任也。今不能治廣土衆民，故先削其土地也。」疑亦古文説，與《大傳》不同。又一説也。注引《春秋傳》，《左氏》哀七年傳文，集解云「魯以八百乘之賦貢於吴」是也。注云「以兵屬於晉」，微誤。

堯南撫交阯。《水經注》三十七《淹水》注。

疏證曰：《山海經》曰：「交脛國，人脚脛曲戾相交，所以謂之交趾。」《大戴禮》曰顓頊「南至交趾」，又曰：「虞舜以天德嗣堯，朔方幽都來服，南撫交趾。」

《墨子・節用》篇曰：「古者堯治天下，南撫交阯。」《韓子》曰：「昔堯有天下，其土南至交阯。」《淮南・修務訓》曰堯、舜「北撫幽都，南道交趾」。《說苑・反質》篇曰：「臣聞堯有天下，其地南至交阯。」

堯時麒麟在郊藪。《毛詩・麟趾序》正義引「《唐傳》云」。

疏證曰：《孝經援神契》云：「德至鳥獸，則鳳凰翔，麒麟臻。」《春秋感精符》曰：「明王動則有義，靜則有容，麒麟乃見。」又曰：「麟一角，明海内共一主也。王者不刳胎，不剖卵，則出於郊。」《京房易傳》曰：「麟，麕身、牛尾、馬蹄，有五彩，高丈二尺。聖人清靜，行乎中正，賢人至，民從命，厥應麒麟來。」

堯使契爲田。《路史・發揮》卷四注引伏氏書。

弃爲田。《路史・後紀十一》云：「伏書亦謂『弃爲田』」。

疏證曰：《淮南子》云：「堯之治天下也，后稷爲大田師。」《説苑・君道》篇云「后稷爲田疇」。「契爲田」，無可考。

尚書大傳疏證卷二

善化皮錫瑞

虞　傳

《尚書正義》卷二云：「伏生雖有一《虞夏傳》，❶以外亦有《虞傳》、《夏傳》。」

九　共

《困學紀聞》卷二云：「《虞傳》有《九共》篇。」《漢藝文志考證》云：「《大傳》篇有《九共》。」

《九共》，以諸侯來朝，各述其土地所生美惡，人民好惡，爲之貢賦政教。略能記其語，曰：「予辨下土，使民平平，使民無敖。」薛季宣《書古文訓》十六引伏生傳。又《困學紀聞》卷二、《玉海》卷三十七引《書》曰「予辯下土」云云，《書》即《書傳》。《路史·後紀》引作「民以無敖」。

疏證曰：《九共》已亡，據《大傳》是言諸侯述職之事。或以《九共》即《九丘》，非也。《書序》云：「帝釐下土方，設居方，別生分類，作《汩作》、《九共》、《槀飫》。」《釋文》：「馬云：『共，法也。』鄭云：『《九共》九篇逸。』」漢人以不立學官者爲「逸」，不傳者爲「亡」，「逸」與「亡」有別。蓋馬、鄭尚及見《九共》篇。

古者諸侯之於天子，五年一朝。朝，見其身，述其職。述其職者，述其所職也。《文選》二十六謝靈運《之郡初發都詩》注。又《上林賦》注、張景陽《雜詩》注、《五等諸侯論》注。又《公羊》桓元年傳解詁引「五年一朝」。

疏證曰：陳壽祺曰：《公羊疏》以「五年一朝」爲《書傳》文，其詳見此，蓋即《九共》之傳也。

錫瑞案：「五年一朝」，與《王制》、《公羊傳》合。《王制》：「諸侯之於天子也，比年一小聘，三年一大聘，五年一朝。」注云：「此大聘與朝，晉文霸時所制

❶「一」，原無，今據《輯校》卷一、《尚書正義》卷二補。

也。虞、夏之制，諸侯歲朝。」正義曰：「按《尚書·堯典》云：『五載一巡守，羣后四朝。』鄭注云『巡守之年，諸侯朝於方岳之下。其間四年，四方諸侯分來朝於京師，歲徧』是也。按《孝經》注：『諸侯五年一朝天子，天子亦五年一巡守。』熊氏以爲虞、夏制法，諸侯歲朝，分爲四部，四年又徧，總是五年一朝，天子乃巡守，故云『諸侯五年一朝天子，天子亦五年一巡守』。按鄭注《尚書》『四方諸侯分來朝於京師，歲徧』，則非五年乃徧。又《孝經》之注多與鄭義乖違，儒者疑非鄭注，熊氏之説非也。」桓公元年《公羊傳》「諸侯時朝乎天子」，何氏解詁曰：「五年一朝，王者亦貴得天下之歡心，以事其先王，因助祭以述其職。故分四方諸侯爲五部，部有四輩，輩主一時。《孝經》曰『四海之内，各以其職來助祭』，《尚書》曰『羣后四朝，敷奏以言，明試以功，車服以庸』是也。」《白虎通·朝聘》篇曰：「謂之朝何？朝者，見也。五年一朝，備文德而明禮義也。因用朝時見，故謂之朝，言諸侯當時朝於天子。朝用何月？皆以夏之孟四月，因留助祭。」亦同《公羊》之義。《王制》正義引：「《異義》云：『《公羊》説諸侯比年一小聘，三年一大聘，五年一朝天子。《左氏》説十二年之間八聘、四朝、再會、一盟。許慎謹案：《公羊傳》説，虞、夏制；《左氏》説，周禮。傳曰『三代不同物』，明古今異説。」鄭駁之曰：「三年聘，五年朝，文、襄之霸制。」錫瑞案：以三歲而聘、五歲而朝爲文、襄之制，僅見於《左傳》。《王制》作於赧王之後，其時《左氏》未出，不得據以爲難。且《公羊》家何必用《左氏》説？既用《左氏》，又何至誤以文、襄霸制爲古制乎？《大傳》與《公羊》、《王制》相符，今文家説塙有可據，而鄭據《左氏》古文説，故與《公羊》今文説及《王制》、《大傳》皆不同。然如熊氏之解，則「羣后四朝」、「五年一朝」義固可通。鄭注《孝經》蓋亦用今文義，孔穎達疑其違異，不知古、今文師説不同。鄭君注《禮》、箋《詩》，自相違異甚多，不得偏執一説也。陳喬樅曰：「《漢書·藝文志》載《孝經》有后氏説，后氏爲夏侯始昌弟子，與夏侯勝同師，故《孝經》説有與《尚書》説合者，以其同一師授也。」「但鄭《孝經》注與何《公羊傳》注又同中有異者，而何説較鄭爲允。鄭言四方諸侯分爲四部，四年乃徧，則是巡守之年諸侯不朝於京師也。據何云『五年一朝。王者貴得天下歡心，以事其先王』，是所重者不僅述職而已，兼重在助祭京師，『故分四方諸侯爲五部，部分四輩，輩主一時』，則五年之中，四時祭祀皆有諸侯助祭矣。至巡守之年，諸侯各就其方，以四時朝於方嶽之下，而所分之第五部，於是年亦分四輩，以四時朝於京師，因助祭而述職，故五年乃偏也。若如鄭説止分四部，四年而偏，則巡守之年，四方諸侯無一來京師助祭者，於大典有缺，是不如劭公之説爲長也。」

虞夏傳

《禮記・王制》正義云：「伏生《書傳》有《虞夏傳》。」

堯爲天子，丹朱爲太子，舜爲左右。【注】左右，助也。若周之冢宰典國事。

疏證曰：《周傳》曰：「小師取小學之賢者，登之大學。大師取大學之賢者，登之天子，天子以爲左右。」注：「天子，當爲『太子』。」《禮志》曰：「周公居攝，踐阼而治，亢世子法於伯禽，使之與成王居，欲使成王之知父子、君臣、長幼之義，所以善成王也。」據《周傳》及鄭注之説，此云「丹朱爲太子，舜爲左右」，亦當如《周傳》義，堯使舜爲太子左右，如亢法伯禽之事。蓋堯初得舜，使九男事之，猶欲使之化導丹朱。其後知丹朱不可化，乃廢朱而以舜爲太子。《尚書》曰：「賓于四門，四門穆穆。」《史記》解之曰：「諸侯、遠方賓客皆敬。」注引馬融曰：「四門，四方之門。諸侯、羣臣朝者，舜賓迎之，皆有美德也。」考《大傳・略説》曰：「天子太子年十八曰孟侯。孟侯者，於四方諸侯來朝迎於郊者，問其所不知也。」史公、馬氏以賓四門爲迎遠方諸侯，正太子迎四方諸侯於郊之事。四門，蓋四郊之門，與《略説》義正合。堯將使舜攝位，故以太子之職授之。其先則猶朱爲太子，舜爲左右也。

堯知丹朱之不肖，【注】肖，似也。必將壞其宗廟，滅其社稷，而天下同賊之。故堯推尊舜而尚之，屬諸侯焉，致天下於大麓之野。【注】堯受《運衡》，知天命之所在而授。又深知朱之不似，不欲命於天誅如桀、紂也。自「堯爲天子」至此，見《御覽》百四十六《皇親部十二》引傳並注。

疏證曰：《尚書中候》曰：「堯之長子監明早死，

不得立。監明之子封於劉。朱又不肖而弗獲嗣。」又曰：「初，堯在位七十載矣，見丹朱之不肖，不足以嗣天下，乃求賢以巽於位。至夢長人見而論治。舜之濬德，堯實知之。於是疇咨於衆，詢四岳，明明揚側陋，得諸服澤之陽。」據緯説，則堯尚有長子，堯未疇咨，先已知舜矣。《孟子》言九男，監明早死不數也。《論語》：「天之曆數在爾躬。」鄭注曰：「曆數在汝身，謂有圖籙之名。」此注所言《運衡》，蓋亦其義。所謂圖籙，即讖緯家言「五老遊河」等語，後人多以爲疑，《大傳》初無此説。

堯推尊舜，屬諸侯，致天下於大麓之野。

【注】山足曰麓。麓者，録也。古者天子命大事、命諸侯，則爲壇國之外。堯聚諸侯，命舜陟位居攝，致天下之事，使大録之。《路史·發揮五》引《虞夏傳》及「鄭康成注云」。

堯得舜，推而尊之，贈以昭華之玉。《文選·石闕銘》注、《曲水詩序》注。

堯致舜天下，贈以昭華之玉。《御覽》八百四《珍寶部三》。又見《事類賦九》。陳壽祺曰：此二條當與《路史》所引爲一。

疏證曰：鄭謂「麓」取「録」義，本之《漢書·于定國傳》：「萬方之事，大録於君。」桓譚《新論》曰：「昔堯試於大麓者，領録尚書事。」《論衡·正説篇》曰：「言大麓，三公之位也。居一公之位，大總録二公之事。」亦以「麓」爲「録」。陳喬樅以爲出於大、小夏侯《尚書》。然此傳云「大麓之野」，明有「之野」二字，則但可取義於「録」，不得竟以「麓」爲「録」也。云「致天下」，則是禪讓，亦與《漢書》、《新論》、《論衡》之説不同。《魏公卿上尊號奏》曰：「循唐典之明憲，遵大麓之遺訓，遂於繁昌築靈壇，皇帝乃受天子之籍。」又《受禪表》曰：「義莫顯於禪德，美莫盛於受終，故《書》陳『納於大麓』，傳稱『曆數在躬』。」與鄭注義同，或即用鄭説也。又案《水經注》引應劭説云：「鉅鹿，鹿者，林之大者也。《尚書》曰堯將禪舜，納之大麓之野，烈風雷雨不迷，而縣取目焉。」注又云：「鉅鹿，郡治。秦滅趙，以爲鉅鹿郡。漢景帝時爲廣平，世祖中興，更爲鉅鹿。」《水經注》又引古《書》云：「堯將禪舜，納之大麓之野，烈風雷雨不迷，乃致以昭華之玉。故鉅鹿縣取名焉。」與此略同。據酈氏説，大麓即鉅鹿之地。《十三州志》云：「鉅鹿，唐、虞時大麓也。虞舜百揆，納于大麓。麓者，林之大也。堯亦使天下皆見之，故置諸侯，合羣臣與百姓，納之大麓之野，然後以天下授之，明己禪之公也。大陸縣今有堯臺，高與城等，乃堯禪舜之處。」則大麓之地實有可考矣。《春秋緯合誠圖》曰：「赤龍負圖以出河見，堯與太尉舜等百二十臣集發，藏之大麓。」亦以「大麓」爲「山麓」之「麓」。而《史記·五帝本紀》曰：「堯使舜入山林川澤。」鄭注《書序》曰：「入麓伐木。」則不得以「入麓」爲受禪可知。《淮南·修務訓》曰：「既入大麓，烈風雷雨不迷，乃屬以九子，贈以昭華之玉，而傳天下焉。以爲雖有法度，而朱弗能統也。」《論衡·正説篇》曰：「復令入大麓之野，而觀其聖，逢烈風疾雨終不迷惑，堯乃知其聖，授以天下。」《三國·文帝紀》注引魏王上書曰：「天下神器，禪代重事。故堯將禪舜，納於大麓。舜之命禹，玄圭告功。烈風不迷，九州攸平，詢事考言，然後乃命。」諸説皆以納麓而風雨不迷乃命禪讓，非謂納麓即是受禪，其義甚明。《大傳》云「致天下於大麓之野」，本不以爲《書》之納麓，併爲一談者自誤耳。

舜耕於歷山，堯妻之以二女，屬其九子也，贈以昭華之玉。《初學記·帝王部》。

疏證曰：《尸子》曰：「舜一徙成邑，再徙成都，三徙成國。堯聞之賢，舉之草茅之中，與之語禮樂而不逆；與之語政，至簡而易行；與之語道，廣大而不窮。於是妻之以皇，媵之以娥，九子事之，而託天下焉。」《史記·五帝紀》曰：「堯於是乃以二女妻舜，以觀其內；使九男與處，以觀其外。」又曰：「舜居嬀汭，內行彌謹，堯二女不敢以貴驕事舜親戚，甚有婦道，堯九男皆益篤。」《列女傳》曰：「有虞二妃，帝堯之二女也，長曰娥皇，此與《尸子》説異。次曰女英。堯舉舜爲相，攝行王政，每事常謀於二女。舜既受禪爲天子，娥皇爲后，女英爲妃。」趙岐注《孟子》曰：「堯使九子事舜以爲師，以二女妻舜。」

維元祀，巡守四嶽、八伯。【注】祀，年也。元年，謂月正元日舜假於文祖之年也。巡，行也，視所守也。天子以天下爲守。堯始得羲、和，命爲六卿，其主春夏秋冬者，並掌方嶽之事，是爲四嶽，出則爲伯。其後稍死，鴅吺、共工等代之，乃分置八伯。注見《儀禮通解續》二十六。亦見《周禮序》、《御覽·皇王部六》《禮儀部十六》。又《通鑑前編》節引。

疏證曰：《路史》曰：「歲二月者，乃次一年二月也，世不之究。《虞夏傳》云：『惟元祀，巡守四岳、八伯。』馬融以爲受終後五年，非也。鄭云『建卯之月』，是矣。注以爲除堯喪即真之年，非。」錫瑞案：羅説是也。鄭注非伏義。《大傳》説古天子三公、九卿，無六卿。羲、和，古説皆以爲司天之官，即是四子，非羲、和别爲二人。詳見孫星衍《尚書今古文注疏》。鄭蓋傳會「南正重司天，北正黎司地」，羲近重，和近黎，故以羲、和爲掌天地，四子掌四時，即《周禮》之六卿。然《周禮》作於周公，不可以解唐、虞之制。羲、和司天之官，不得兼掌方嶽。《大傳》明以四嶽、八伯並列，則是四嶽之外更有八伯。鄭謂分四嶽、置八伯，則既有八伯，當無四嶽矣，説與《大傳》顯然不合。四嶽、八伯並列者，或如周時五侯九伯，二伯佐一侯之制，四嶽下别置八伯佐之，或四嶽、八伯分主十二州，皆無明文可知。

壇四奧，沈四海，封十有二山，兆十有二州。

【注】奥，内也，安也。四方之内，人所安居也。爲壇祭之，謂祭四方之帝、四方之神也。祭水曰沈。注見《儀禮通解續》，又見《文選·宋郊祀歌》注。《御覽·禮儀部十六》亦引此注。祭者必封，封亦壇也。十有二山，十有二州之鎮也。兆，域也。爲營域以祭十二州之分星也。壇、沈、封、兆皆因所宜爲之名。《御覽》八十一《皇王部六》引「維元祀」至此，下有「濬川」二字，宜從之。注見《儀禮通解續》。

疏證曰：據《大傳》文，今文《尚書》當以「封十有二山」列「兆十有二州」之上。《漢書·地理志》曰：「堯遭洪水，懷山襄陵，天下分絶爲十二州，使禹治之。水土既平，更制九州。」《王莽傳》曰：「《堯典》十二州，後定爲九州。」是十二州本非當時創置。故《大傳》作「兆」不作「肇」。《史記》作「肇」，是通叚字，其義亦當爲「兆」。《詩》「后稷肇祀」，《禮記》引作「兆祀」；「肇域彼四海」，箋云：「肇，當作『兆』。」是肇、兆古通之證。鄭注《大傳》不誤，注《尚書》從馬義，以分十二州在平水土置九州之後，則失之。江聲曰：「先儒以『肇』之始解爲始分十二州，殊未安也。聲竊謂十二州蓋自古有之，此當如《大傳》作『兆十有二州』，謂爲兆域以祭分星，於義允愜。十二州上繫十二次者，天有十二次，實爲十二州之分野，天象見於某次，則災祥應於某州，是相繫屬者也。」江説十二州象十二次者，《史記正義》引《星經》云：「角、亢，鄭之分野，兖州；氐、房、心，宋之分野，豫州；尾、箕，燕之分野，幽州；南斗、牽牛，吴、越之分野，揚州；須女、虚，齊之分野，青州；危、室、壁，衛之分野，并州；奎、婁，魯之分野，徐州；胃、昴，趙之分野，冀州；畢、觜、參，魏之分野，益州；東井、輿鬼，秦之分野，雍州；柳、星、張，周之分野，三河；翼、軫，楚之分野，荆州也。」

樂正定樂名。【注】樂正，樂官之長。《周禮》曰大司樂。注見《儀禮通解續》。 元祀代泰山，【注】元，始也。歲二月東巡守，始祭代氣於泰山也。東稱代。《書》曰：「至于岱宗，柴。」注見《儀禮通解續》。《玉燭寶典》引傳「代」作「岱」，注「始祭代氣於泰山也」作「始祭岱，柴於太山」，「東稱代」作「岱」。 貢兩伯之樂焉。 陽伯之樂，【注】陽伯猶言春伯，春官秩宗也。 伯夷掌之。《毛詩・小雅・鼓鐘》疏引《虞傳》，「陽伯」上有「東嶽」二字。《儀禮經傳通解續》二十六、《通鑑前編》並同。注見《儀禮通解續》。《玉燭寶典》引傳亦有「東嶽」二字。 舞《株離》。【注】株離，舞曲名。言象物生育離根株也。注見《儀禮通解續》。又《毛詩・鼓鐘》正義、《周禮・鞮鞻氏》疏引注「株離」至此。 其歌聲比余謡，【注】徒歌謂之謡。其聲清濁比如余謡，然後應律也。注見《儀禮通解續》。《玉燭寶典》引注「舞曲名」下多「也」字，「言象物生」下無「育」字，「比如余謡」無「如」字，「應律也」無「也」字。 名曰《晳陽》。【注】「晳」當爲「析」。春，厥民析。晳陽，樂正所定名也。是時契爲司徒掌地官矣，後又舉禹掌天官。 儀伯之樂，【注】「儀」當爲「羲」，羲仲之後也。 舞《鼚哉》。 其歌聲比大謡，名曰《南陽》。【注】鼚，動貌。哉，始也。言象物應雷而動，始出見也。南，任也。注皆見《儀禮通解續》。《玉燭寶典》引注「所定名也」無「名」字，「羲仲之後」上有「伯」字，下無「也」字，「鼚動貌」下多「也」字，「言象物」無「物」字，「始出見也」無「見也」字，「南任」，「任」誤「佳」。

疏證曰：《白虎通・禮樂》篇曰：「東夷之樂曰《朝離》。朝離者，萬物微離地而生。」《通典》引《通義》曰：「東方所謂《侏離》者何？陽氣始通，萬物之屬離地而生，故謂之侏離。」朝、侏一聲之轉，與鄭義同。其餘無可徵，或當如鄭所説。八伯不知何人，當闕疑。鄭以陽伯等四人爲伯夷、棄、咎陶、垂，儀伯等四人爲羲、和、仲、叔四子之後，蓋未可據。下明有羲伯，何知此儀伯當爲羲？又何以知此爲仲後，下羲伯爲叔後？恐皆屬傳會，非伏義。

中祀大交霍山，《爾雅・釋地》疏引《虞夏傳》「霍山爲南嶽」。貢兩伯之樂焉。【注】中，仲也，古字通。春爲元，夏爲仲。五月南巡守，仲祭大交氣於霍山。南交稱大交，《書》曰「宅南交」是也。《玉燭寶典》引注「古字」下無「通」字，「霍山」下多「也」字，「南交稱大交」無上「交」字，「《書》曰『宅南交』是也」作「《書》曰『度南交』也」。

疏證曰：王引之云：「《大傳》所稱皆今文《尚書》，鄭注《大傳》所引皆古文《尚書》，是古文作『交』，今文作『大交』也。以『曰暘谷』、『曰幽都』例之，『大交』之上當有『曰』字，古文《尚書》脱『曰大』二字耳。」案：王説似是。而據《大傳》上文云「元祀代泰山」，曰「代」不曰「暘谷」，則《大傳》未必即以「大交」當「南交」。

夏伯之樂，【注】夏伯，夏官司馬也。棄掌之。舞《謾彧》。《聖賢羣輔録》「謾彧」作「漫哉」，「舞」下有「武」字。一無「武」字。《玉海》同。其歌聲比中謡，名曰《初慮》。《羣輔録》作「祁慮」。《玉海》同。【注】謾猶曼也。彧，長貌。言象物之玆曼彧然也。初慮，陽上極，陰始謀也。「謾」或爲「謗」。羲伯之樂，【注】羲伯，羲叔之後也。舞《將陽》。其歌聲比大謡，名曰《朱于》。《羣輔録》作「朱華」，《玉海》同。《詩考》作「干」。【注】將陽，言象物之秀實動摇也。于，大也。《玉燭寶典》引傳「初慮」作「雷初」，「羲伯」作「儀伯」，「朱于」作「未竿」，注「司馬也」無「也」字，「滋曼彧然也」作「孶蔓彧然」，「初慮，陽上極，陰始謀也」作「雷初，陽上極，陰始謀之也」，「羲伯」作「儀伯」，「羲叔之後也」無「也」字，「將陽」上有「舞」字，「秀實」作「秀賁」，「于，大也」作「竿，大」。

疏證曰：《尚書中候》、《列女傳》、《論衡・率性篇》《初禀篇》《本性篇》、《潛夫論》皆云「稷爲司馬」，與鄭注合。然《尚書刑德放》云「益爲司馬」，《淮南子》云「堯之治天下也，契爲司馬」，《説苑・君道》篇同。《尚書》舜命九官，無司馬之名，故各據所聞言之。據《大傳》，司馬是夏制，見《夏傳》。

秋祀柳穀華山，貢兩伯之樂焉。【注】八月西巡守，祭柳穀之氣於華山也。柳，聚也。齊人語。秋伯之樂，【注】秋伯，秋官士也。咎陶掌之。舞《蔡俶》。其歌聲比小謡，名曰《苓落》。苓，《羣輔録》作「零」。【注】蔡猶衰也。俶，始也。言象物之始衰也。和伯之樂，【注】和伯，和仲之後也。和仲，《儀禮通解續》及《路史・後紀》引作「和叔」，非。今改正。舞《玄鶴》。其歌聲比中謡，名曰《歸來》。【注】玄鶴，言象陽鳥之南也。歸來，言反其本也。《玉燭寶典》引傳作「柳禦花山」，「名曰苓落」無「名」字，「玄鶴」作「玄鵠」，注「花山」下無「也」字，「齊人語」下多「也」字，「蔡猶衰」下無「也」字，「言象物之始衰也」作「言物之始衰者也」，「和伯之後」下無「也」字，「玄鶴，言象陽鳥之南也」作「玄鵠，言象物得陽鳥之南也」。

疏證曰：玄鶴與陽鳥無涉，注所云於義疑。

幽都弘山祀，【注】弘山，恒山也。十有一月朔巡守，祭幽都之氣於恒山也。互言之者，明祭山北稱幽都也。《玉燭寶典》引注「恒山」下無「也」字，「祭幽都」，「祭」作「祀」，「明祭」下多「此」字。

疏證曰：鄭注於代、大交、柳穀、幽都皆以氣言，蓋羲、和四子所度之地遠在四極，而此巡守祇到泰、霍、華、恒四嶽，故但遥祭其氣於泰、霍、華、恒四嶽之間，其禮當如後世之望祭。

貢兩伯之樂焉。冬伯之樂，【注】冬伯，冬官司空也。垂掌之。《玉燭寶典》引注「司空」下無「也」字。

疏證曰：鄭注《尚書》云：「禹登百揆之任，舍司空之職，爲共工與虞，故曰：『垂作共工，益作朕虞。』」是共工非即司空，垂爲共工，未嘗爲司空也。此注所云與《尚書》注不合。冬伯是垂，亦無明文可據。

舞《齊落》。【注】齊落，終也。言象物之終也。

「齊」或爲「聚」。歌曰《縵縵》。垂爲冬伯。舞《丹鳳》，一曰《齊落》。歌曰《齊樂》，一曰《縵縵》。和伯樂闕。《聖賢羣輔録》引。又《玉海》百二十五引《大傳》，云：「見《羣輔録》。」注「和伯樂闕」四字見《通鑑前編》。《玉燭寶典》引傳、注「齊落」作「齊洛」，傳「歌曰縵縵」下即接「論八音四會」，無「垂爲冬伯」數句，注「齊或爲聚」下有「也」字。

疏證曰：陳壽祺曰：「一曰齊落」、「一曰縵縵」二句疑鄭注之文，非《大傳》文也。

案：「垂爲冬伯」四字亦鄭注之文，《大傳》八伯無稱名者。據《玉燭寶典》引傳，「垂爲冬伯」以下皆非傳文，吴中本亦無「垂爲冬伯」以下十九字。今改正，作鄭注。

并論八音四會，【注】此上下有脱亂，其説未聞。《羣輔録》引注作「脱辭」。《玉燭寶典》引傳無「并」字，注作「脱亂」。 歸假于禰祖，用特。五載一巡守，羣后德讓，貢正聲而九族具成。【注】「族」當爲「奏」。言諸侯貢其正聲，而天子九奏之樂乃具成也。以上傳自「維元祀」至此，見《儀禮經傳通解續》二十六上《因事之祭》全引。又《通鑑前編・帝舜元載》引《虞夏傳》「維元祀」至「用特」止。又《御覽》八十一《禮儀部十六》引「維元祀」至「兆十有二州」，《路史・餘論》卷八引「舜元祀」，《後紀十二・有虞紀》引「維元祀」至「八伯」，並云《虞夏傳》。《毛詩・小雅・鼓鐘》正義引「東嶽陽伯之樂」，《尚書・堯典》正義引説《舜典》之四嶽及羲伯、和伯，《周禮・鞮鞻氏》疏引「陽伯之樂，舞《株離》」，並云《虞傳》。又《周禮序》，《文選・上林賦》注、《長笛賦》注、顔延年《郊祀歌》注，《御覽・皇王部六》、《禮記・王制》正義、《路史・後紀十二》、《通鑑前編・帝堯元載》、《玉海・詩考》、《小學紺珠》、《聖賢羣輔録》，並引。以上注自「夏伯」至此，並見《儀禮經傳通解續》二十六。

疏證曰：《公羊》何氏解詁引《尚書》亦作「禰祖」。《禮記・王制》、《史記・五帝紀》、《説苑・修文》篇、《後漢書・肅宗紀》《安帝紀》，《白虎通・三軍》篇、《巡守》篇，皆作「祖禰」，蓋所據本不同。《三軍》篇曰：「出所以告天何？示不敢自專也。非出辭反面之道也，與宗廟異義。還不復告天者，天道無外内，故不復告也。《尚書》言『歸假于祖禰』，不言告於天，知不告也。」《巡守》篇曰：「王者出必告廟何？孝子出辭反面，事死如事生。《尚書》曰『歸格于祖禰』，《曾子問》曰：『王者、諸侯出，親告祖禰，使祝徧告五廟。尊親也。』」今文家解「歸假于祖禰」爲出辭反面，其義甚精。注云「『族』當爲『奏』」者，《白虎通・宗族》篇曰：「族者，凑也，聚也。」《廣雅・釋言》曰：「族，凑也。」是「族」與「奏」聲近。

雖禽獸之聲，猶悉關於律。樂者，人性之所自有也。故聖王巡十有二州，觀其風俗，習其性情。因論十有二俗，定以六律、五聲、八音、七始。著其素簇以爲八，此八伯之事也。分定於五，❶此五嶽之事也。五聲，天音也。八音，天化也。七始，天統也。《通鑑前編・帝舜六載》引《書大傳》。又《北堂書鈔・樂》、《隋書・音樂志》、《禮書》百十七、《路史・後紀十二》、《詩地理考》並節引。【注】關猶入也。入，《路史・後紀》引作「統」。今《詩・國風》是也。此「因論十有二俗」下注。五聲：宮、商、角、徵、羽也。八音：鐘、鼓、笙、磬、塤、篪、柷敔、琴也。七始：黄鐘、林鐘、大簇、南呂、姑洗、應鐘、蕤賓也。歌聲不應此則去之。素猶始也。簇猶聚也。樂音多，聚以爲八也。五，謂塤在北方，鼓在東方之屬。天所以理陰陽也。注見《通鑑前編》全引。又《隋書・音樂志》、《禮書》百十七。

疏證曰：《虞夏傳》曰：「定鐘石，論人聲，乃及鳥獸，咸變於前。」又曰：「狗吠、彘鳴及倮介之蟲，皆莫不延頸以聽蕤賓。」此所謂禽獸之聲悉關於律也。《唐傳》言巡守曰：「命大師陳詩以觀民風俗。」故巡十二州，因論十二州之俗。鄭以《詩・國風》解之，是也。七始者，《漢書・律曆志》引《書》曰：「予欲聞六律、五聲、八音、七始，詠以出内五言，女聽。」注曰：「七者，天、地、四時、人之始也。」錫瑞案：《玉海》引《漢志》「予者，帝舜也」至「人之始也」，以爲顔氏之注。《禮樂志》唐山夫人《安世房中歌》曰：「七始，華始。」孟康曰：「七始，天、地、四時、人之始。」《敘傳》曰：「八音、七始。」劉德曰：「七始，天、地、四方、人之始也。」《樂説》曰：「則七始、八氣均各得其宜矣。」宋均注曰：「七始，謂四

❶「五」下，原有空格，今據《輯校》卷一、影印文淵閣《四庫全書》本《通鑑前編》卷二删。

方、天、地、人也。」四方，與「四時」義同。是此所謂七始，即《大傳》前所謂七政，與鄭注小異。江聲曰：「黄鐘，子之氣，天統也；大簇，寅之氣，人統也；大吕，丑之氣，地統也；南吕，酉之氣，秋也；姑洗，辰之氣，春也；應鐘，亥之氣，冬也；蕤賓，午之氣，夏也。春用季月、冬用孟月者，春陽，宜陽律，孟則人統，仲則陰律，冬陰，宜陰律，仲則陽律，且天統也，季則地統，故也。則是七者，亦爲三才、四時也。」段玉裁曰：「七始即七政，蓋泛言之爲七政，在樂即爲七始。昭二十年《左傳》謂之七音，《國語》謂之七律。賈逵注：『《周語》云周有七音，謂之七律，謂七器音也。當作「爲七音器也」。韋云：「意謂七律爲音器用。」黄鐘爲宫，太簇爲商，姑洗爲角，林鐘爲徵，南吕爲羽，應鐘爲變宫，蕤賓爲變徵。』韋昭注略同，皆與鄭君《大傳》『七始』注合，而班固、段以爲《漢志》不知是顔注。孟康、劉德又皆以七政釋七始，本於今文《尚書》。」據江、段二説，則鄭注與孟康諸人之義亦可通矣。又案：《大傳》云八伯之事，復云五嶽之事，是八伯外又有五嶽，足證鄭説分四嶽置八伯之非。前云四嶽，而此云五嶽者，今文家本有五嶽之文。《白虎通·巡守》篇曰：「嶽者何謂也？嶽之言桷，桷功德也。東方爲岱宗者，言萬物更相代於東方也。南方霍山者，霍之爲言護也，言萬物護也，太陽用事護養萬物也。西嶽爲華山，華之爲言穫也，言萬物成孰可得穫也。北方爲恒山，恒者，常也，萬物伏藏於北方有常也。中央爲嵩山，言其高大也。故《尚書大傳》曰：『五嶽謂岱山、霍山、華山、恒山、嵩山也。』」《白虎通》以五嶽繫之巡守，且明引《大傳》文，是今文《尚書》本有五嶽。《公羊》隱八年傳何氏解詁引《尚書》「歸假于禰祖，用特」之上有「還至嵩，如初禮」六字，是其明證。《史記·封禪書》、《漢書·郊祀志》於「皆如岱宗之禮」下文云：「中嶽，嵩高也。」皆可以證今文之義。後人專據古文《尚書》，謂古祇有四嶽，無五嶽，又謂「中嶽，嵩高」是漢制，《爾雅》後一説爲後人羼入，唐、虞時當以霍太山爲中嶽。此皆臆説，古無明文，何如據《大傳》及《爾雅》、《史記》、《漢書》、《白虎通》、《公羊解詁》之義有明文可證乎？

維五祀，定鐘石，論人聲，乃及鳥獸，咸變於前。故更著四時，推六律、六吕，詢十有二變，而道宏廣。五作十道，孝力爲右。秋養耆老而春食孤子，乃浡然《招》樂興於大鹿之野。執事還歸，二年，謖然乃作《大唐之歌》。《通鑑前編·帝舜五載》引《虞夏傳》。又《宋書·禮志》、《路史·後紀十二·有虞紀》、《路史·發揮五》、《詩考》。【注】詢，均也。五作，五教也。十道，謂君令、臣共、父慈、子孝、兄愛、弟敬、夫和、妻柔、姑慈、婦聽者也。興，成也。樂以致天神、出地祇、致人鬼爲成也。謖猶灼也。《大唐之歌》，美堯之禪也。注見《通鑑前編·帝舜五載》。又《路史·後紀十二》引「五作」、「十道」注。

疏證曰：《大傳》云「孝力爲右」者，蓋謂孝弟、力田。《漢書·高后紀》：「元年，初置孝弟、力田二千石者一人。」師古曰：「特置孝弟、力田官而尊其秩，欲以勸厲天下，令各敦行務本。」《文帝紀》十二年詔曰：「孝悌，天下之大順也。力田，爲生之本也。三老，衆民之師也。其遣謁者勞賜三老、孝者帛，人五匹，悌者、力田二匹。及問民所不便安，而目户口率置三老、孝悌、力田常員，令各率其意以導民焉。」師古曰：「計户口之數以率之，增置其員，廣教化也。」《後漢·肅宗紀》元和二年詔曰：「三老，尊年也。孝悌，淑行也。力田，勤勞也。國家甚休之。」漢置孝悌、力田，用今文家説也。云「秋養耆老，春食孤子」者，《禮記·郊特牲》亦有此文，云：「春饗孤子，秋食耆老。」其文小異。正義引皇氏云：「春是生養之時，故饗孤子，取長養之義。秋是成熟之時，故食耆老，取老成之義。」傳義亦當然也。陳祥道《禮書·養孤之禮》篇云：「《周禮》皆言『饗耆老、孤子』，《書大傳》言『食孤子』，則饗與食固兼用也。」古者嘉樂不野合。《大傳》云「《招》樂興於大鹿之野」者，「大鹿之野」，《大傳》以爲舜受禪之處，舜於此時已有禪禹之意，故興《招》樂於大鹿之野。《招》本舜樂，而《史記·五帝紀》云「於是禹乃興《九招》之樂」者，蓋以舜將禪禹，乃作《招》樂，欲禹之紹己，如己之紹堯，乃興樂於己受禪之地，以示其意。樂爲禹作，故《史記》以爲禹興《九招》之樂也。鄭注以爲《大唐之歌》美堯之禪，蓋亦以美堯禪示己將禪禹之意。

樂曰：「舟張辟雍，鶬鶬相從。八風回回，鳳皇喈喈。」《玉海·音樂》。又《六藝流别》卷一。

疏證曰：陳壽祺曰：《路史・後紀十二》云：「維五祀，定鐘石，論人聲，鳥獸咸變。乃更著四時，推律吕，均十有二變，而道宏廣。於是勃然興《韶》於大麓之野。執事還歸，二年，謗然乃作《大唐之歌》，以聲帝美。聲成而絑鳳至。故其樂曰：舟張辟雍，鶬鶬相從。八風回回，鳳皇喈喈。」據此，則「樂曰」以下當與上文相屬，但疑尚有脱文耳。「談」作「謗」，字之誤。又曰：《尚書・無劮》「無或侜張爲幻」，《爾雅・釋訓》「侜張，誑也」，《説文解字》「侜，有壅蔽也」，楊雄《國三老箴》「姦寇侏張」，「侏張」即「侜張」之異文。鄭注《周禮・甸祝》「禂，今侏大也」，注《論語》「朱張」爲「侏張」，與「夷逸」皆不作人名解。鄭意「夷逸」謂夷於逸民，「侏張」謂狂士張大皃也。《尚書大傳》「舟張辟雍」，舟即侜之省，同聲假借，言辟雍之形有壅蔽而張大也。

錫瑞案：鄭注《周禮・大司樂》「掌成均之法」，引董仲舒以爲「成均，五帝之學」，疑辟雍即是成均，取其四方來觀者均也。《異義》：「《韓詩》説：辟雍者，天子之學，圓如璧。壅之以水示圓，言辟，取辟有德。不言辟水言辟雍者，取其雍和也。」《御覽》引桓譚《新論》云：「王者作圓池，如璧形，實水其中，以圜壅之，故曰辟雍。」又引《禮統》云：「辟雍之制奈何？《王制》曰：『辟雍圓以象璧，雍以水，内如復，外如堰盤焉。』」《白虎通・辟雍》篇曰：「天子立辟雍何？辟雍所以行禮樂、宣德化也。辟者，璧也，象璧圓以法天也。雍者，壅之以水，象教化流行也。辟之言積也，積天下之道德。雍之爲言壅也。天下之儀則，故謂之辟雍也。」據此諸説，是辟雍本以有壅蔽得名。故《説文》以「侜」爲「有壅蔽」。凡有壅蔽，則多欺誑，故「侜張」又爲「誑」。此乃引申之義，非本義也。「八風回回」者，蓋於辟雍中作樂，以行八風。《左氏》隱五年傳：「夫舞，所以節八音而行八風。」疏引服注云：「八風，八卦之風。乾音石，其風不周。坎音革，其風廣莫。艮音匏，其風融。震音竹，其風明庶。巽音木，其風清明。離音絲，其風景。坤音土，其風涼。兑音金，其風閶闔。」高誘注《淮南・天文》「閶闔風至四十五日，不周風至」云：「乾卦之風也，爲磬也。」注「不周風至四十五日，廣莫風至」云：「坎卦之風也，爲鼓也。」注「距冬至四十五日，條風至」云：「艮卦之風，一名融，爲笙也。」注「條風至四十五日，明庶風至」

云：「震卦之風也，爲管也。」注「明庶風至四十五日，清明風至」云：「巽卦之風也，爲柷也。」注「清明風至四十五日，景風至」云：「離卦之風也，爲絃也。」注「景風至四十五日，涼風至」云：「坤卦之風也，爲塤也。」注「涼風至四十五日，閶闔風至」云：「兑卦之風也，爲鍾也。」此漢人以八風配八卦、八音之義。

維五祀，定鍾石，論人聲，【注】舜始欲改堯樂。乃及鳥獸，咸變於前。【注】百獸率舞之屬。秋養耆老而春食孤子，乃浡然《招》樂興於大鹿之野。報事還歸。二年，談然乃作《大唐之歌》。【注】談猶灼也。《大唐之歌》，美堯之禪也。歌者三年，昭然乃知乎王世明有不世之義。《招》爲賓客，而《雍》爲主人。【注】《招》、《雍》，皆樂章名也。賓入奏《招》，主人入奏《雍》也。始奏《肆夏》，納以《孝成》。【注】始，謂尸入時也。納，謂薦獻時也。《肆夏》、《孝成》，皆樂章名。舜爲賓客，而禹爲主人。【注】舜既使禹攝天子之事，於祭祀避之，居賓客之位，獻酒則爲亞獻也。樂正進贊曰：「尚考大室之義，唐爲虞賓。【注】尚考，猶言往時也。大室，明堂中央室也。「義」當爲「儀」，儀，禮儀也。謂祭大室之禮，堯爲舜賓也。至今衍於四海。成禹之變，垂於萬世之後。」【注】衍猶溢也。言舜之禪天下，至於今，其德業溢滿四海也。《御覽》五百七十一《樂部九》。又《御覽·天部八》《人事部四十六》、《詩考》。《原本玉篇·食部》引傳「春食餔子」，鄭注：「餔子，小人也。」即「春食孤子」之異文。

疏證曰：據《大傳》，則《肆夏》是古樂，虞、夏時亦有之，非作於周，足證呂叔玉以《肆夏》爲《時邁》之非。此「雍」亦非《周頌》之《雍》，即辟雍耳。「舜爲賓客，而禹爲主人」，乃釋《尚書》「虞賓在位」之義。《漢書·禮樂志》「九疑賓，夔龍舞」注：「如淳曰：言以舜爲賓客也。夔典樂，龍管納言，皆隨舜而來，舞以樂神。」又《王莽傳》，莽乃策命孺子曰：「永爲新室賓。」莽用今文《尚書》，自比禹之受禪，比孺子於舜，非比以丹朱也。《後漢書·獻帝紀》贊曰：「獻生不辰，身播國屯。終我四百，永作虞賓。」此蔚宗沿用謝承、華嶠舊文，亦用今文《尚書》，以獻帝禪魏比舜禪禹，故贊以虞賓。《史記・夏本紀》「於是夔行樂」至「帝拜曰：『然，往欽哉』」下，即系以「於是天下皆宗禹之明度數聲樂，爲山川神主。帝舜薦禹於天，爲嗣。十七年而帝舜崩」，是今文説以「夔曰：戛擊鳴球」以下爲舜薦禹於天時事，皆本《大傳》之義。若《白虎通・王者不臣》篇引《尚書》「虞賓在位」謂丹朱，馬融以祖考爲舜除瞽瞍之喪、祭宗廟之樂，皆與《大傳》義違。鄭注《尚書》云：「虞賓，謂舜以爲賓，即二王後丹朱也。」亦與此注不合。又案：「舜爲賓客」以下，當從《文選》王元長《曲水詩序》注作「維十有五祀」事，此所引有脱文也。鄭以大室爲明堂中央室，阮元云：「據此，明堂五室之制非始於夏。」

維十有三祀，帝乃稱王，而入唐郊，猶以丹朱爲尸。於時百執事咸昭然乃知王世不絶，爛然必自有繼祖守宗廟之君。【注】舜承堯，猶子承父。雖已改正易樂，猶祭天於唐郊，以丹朱爲尸。至十三年，天下既知已受堯位之意矣，將自正郊，而以丹朱爲王者後，欲天下昭然知之，然後爲之，故稱王也。晉祀夏郊，以董伯爲尸，知當以丹朱爲王者後，使祭其郊也。「祖」或爲「體」。

《儀禮經傳通解續》二十二《天神》引傳及注。《禮記・曲禮》正義載《異義》引《虞夏傳》「舜入唐郊」二句。《禮書》七十四《尸》、《通鑑前編・帝堯七十載》引同。❶

疏證曰：舜稱帝而此云「稱王」者，《春秋繁露・三代改制質文》篇曰：「王者之法必正號，絀王謂之帝，封其後以小國，使奉祀之。下存二王之後以大國，使服其服，行其禮樂，稱客而朝。故同時稱帝者五，稱王者三，所以昭五端、通三統也。是故周人之王，尚推神農爲九皇，而改號軒轅，謂之黄帝，因存帝顓頊、帝嚳、帝堯之帝號，絀虞，而號舜曰帝舜，録五帝以小國。下存禹之後於杞，存湯之後於宋，以方百里，爵稱公，皆使服其服，行其禮樂，稱先王客而朝。《春秋》作新王之事，變周之制，當正黑統，而殷、周爲王者之後，絀夏，改號禹，謂之帝禹，録其後以小國。故曰：絀夏，存周，以《春秋》當新王。」據董生之説，則

❶「七十四」，原作「四十七」，今據《輯校》卷一改。

今以夏、殷、周爲三王，黄帝至堯、舜爲五帝，皆沿周時之制。周始絀虞，謂之帝舜，在舜當日，本是稱王。《大傳》云「帝」，據後人所稱；云「稱王」，據當時所稱也。云「丹朱爲尸」者，《曲禮》疏引《異義》：「《公羊》説：祭天無尸。《左氏》説：晉祀夏郊，以董伯爲尸。《虞夏傳》云：『舜入唐郊，以丹朱爲尸。』是祭天有尸也。許慎引《魯郊祀》曰：❶『祝延帝尸。』從《左氏》説。」考《石渠論》：「周公祭天，太公爲尸。」亦祭天有尸之證。鄭君箋《詩・鳧鷖》「在渚」，以爲喻祭天地之尸。《禮疏》載皇侃舊疏「圜丘之祭，有王獻尸、尸酢王之禮」，亦以爲祭天有尸。但祭天又有配天者，有虞氏郊嚳，則郊以嚳配天。丹朱爲尸，或當爲帝嚳之尸也。孫星衍云：「疑丹朱爲顓頊尸也。其天尸及帝嚳、堯尸，無文可知。」孫氏蓋據有虞氏祖顓頊之義，然祖宗之祭皆在明堂，此《大傳》明言是郊，郊與明堂不得爲一，孫説非是。傳云「繼祖」者，諸侯不祖天子，惟二代之後得祖天子也。

維十有四祀，帝乃《雍》而歌者重篇。《通鑑前編・帝舜十四載》引《虞夏傳》。

維十有四祀，鐘石笙筦變。聲樂未罷，疾風發屋，天大雷雨。帝沈首而笑曰：「明哉！非一人天下也。乃見於鐘石。」《北堂書鈔・石》。又《路史・發揮五》注引《虞傳》云：「維五祀，與《韶》樂於大鹿之野。十四祀，笙管變，天大雷雨，疾風，爲遜禹之事也。」

疏證曰：《樂緯稽耀嘉》曰：「禹將受禪，天意大變，迅風靡木，雷雨晦冥。」

維十有五祀，祀者貳尸。《通鑑前編・帝舜十五載》引《虞夏傳》。

疏證曰：《左氏》僖十五年傳「其卜貳圉也」，杜預集解曰：「貳，代也。」此「貳」字亦當訓「代」。舜將使禹主祭，故更代其尸。

維十有五祀，舜爲賓客，禹爲主人。樂正進贊曰：「尚考太室之義，唐爲虞賓。」《文選》王元長《曲水詩序》引《尚書大傳》。還歸二年，而廟中

❶「祀」，據陳壽祺《五經異義疏證》（清嘉慶十八年三山陳氏家刻本）卷上，當作「禮」。

苟有歌《大化》、《大訓》、《六府》、《九原》，而夏道興。《通鑑前編》。【注】四章皆歌禹之功。《困學紀聞》卷二。於時卿雲聚，俊乂集，百工相和而歌《卿雲》。《御覽·人事部四十六》，又《天部八》。又《藝文類聚·天部上》、《祥瑞部上》、《後漢書·崔駰傳》注，《文選》江文通《雜體》、顏特進《侍宴詩》注，並引，小異。

疏證曰：《史記·天官書》曰：「若煙非煙，若雲非雲，郁郁紛紛，蕭索輪囷，是謂卿雲。卿雲見，喜氣也。」《西京雜記》曰：「瑞雲，曰慶雲，曰景雲，或曰卿雲。」

於時俊乂百工，相和而歌《卿雲》。帝乃倡之曰：「卿雲爛兮，【注】和氣之明者也。糺縵縵兮，【注】教化廣遠。或以爲雲出岫，回薄而難名狀也。日月光華，旦復旦兮。」【注】言明明相代。八伯咸進，稽首曰：「明明上天，爛然星陳。日月光華，弘於一人。❶」帝乃載歌，旋持衡曰：「日月有常，星辰有行。四時從經，萬姓允誠。於予論樂，配天之靈。遷於賢聖，莫不咸聽。鼚乎鼓之，軒乎舞之。菁華已竭，褰裳去之。」於時八風循通，卿雲蘗蘗。【注】「蘗」或爲「簇」。言和氣應也。蟠龍賁信於其藏，【注】蟠，屈也。蛟魚踴躍於其淵，龜鼈咸出於其穴，遷虞而事夏也。《通鑑前編·帝舜十五載》。又《御覽·樂部九》引「帝乃倡之」至末，引傳及注。又《御覽》八《天部八》引「舜時卿雲見，於時百工和歌，舜歌曰」云云。又《御覽》九《天部九》、《御覽》八百七十二《休徵部一》，《事類賦二·雲》注、卷十一《歌》注，《藝文類聚》四十三《祥瑞部上》，《文選·東京賦》注、《別賦》注、《曲水詩序》注、潘正叔《贈陸機詩》注、《七命》注，並分列。「載歌」，《藝文》四十三、《御覽》五百七十一並作「再歌」。「舞之」，《御覽》作「僊之」。「循通」，《御覽》作「循涌」，「賁」作「僨」。「循通」，他書作「修通」，非。「於其藏」，《文選·七命》注「於」作「越」。「旋持衡」三字，

❶「弘」，清人避乾隆帝諱改作「宏」，今回改。以下逕改，不再出校。

《御覽》無，今從《前編》增。「旋」上，依《宋書·符瑞志》當有「擁」字，《前編》亦脱。

陳壽祺曰：「談然作《大唐之歌》」，徐陵《梁禪陳策文》云：「精華既竭，耄勤已倦，則抗首而笑，惟賢是與，⿰言勞然作歌，簡能斯授。」悉用《尚書大傳》事，而「談」字作「⿰言勞」。《路史》亦作「⿰言勞」。據鄭注「談猶灼也」，則作「⿰言勞」者誤。又《北堂書鈔》引《大傳》「沈首而笑」，徐陵文作「抗首」，《通鑑外紀》作「枕首」。尋其文義，「抗首」是也。又《宋書·符瑞志》云「舜乃擁璿持衡而笑」，《北齊書·文宣帝紀》云「重華握曆，持衡擁璇」，《通鑑前編》引《大傳》「帝乃載歌旋持衡」，「旋」上當脱「擁」字。「載歌」，《藝文類聚》四十三、《御覽》五百七十一引並作「再歌」。《外紀》説此事亦然，惟於「歌《卿雲》」後云：「帝乃再歌，擁旋持衡，枕首而笑曰：『時哉夫！天下非一人之天下也，亦見乎鐘石竽瑟。』」此則上下舛亂，劉道原所據《大傳》已失其舊矣。又曰：《宋書·符瑞志》：「禹乃興《九招》之樂，致異物，鳳皇來翔。」又曰：「舜在位十有四年，奏鐘石笙筦未罷，而天大雷雨，疾風發屋拔木，桴鼓播地，鐘磬亂行，舞人頓伏，樂正狂走。舜乃擁璿持衡而笑曰：『明哉乎！天下非一人之天下也，亦乃見於鐘石笙筦乎。』乃薦禹於天，使行天子事。於時和氣普應，慶雲興焉，若煙非煙，若雲非雲，郁郁紛紛，蕭索輪囷，百工相和而歌《卿雲》。帝乃倡之曰：『慶雲爛兮，糺縵縵兮。日月光華，旦復旦兮。』羣臣咸進，稽首曰：『明明上天，爛然星陳。日月光華，弘予一人。』帝乃再歌曰：『日月有常，星辰有行。四時從經，萬姓允誠。於予論樂，配天之靈。遷於聖賢，莫不咸聽。鼚乎鼓之，軒乎舞之。精華既竭，褰裳去之。』於是八風修通，慶雲藂藂，蟠龍奮迅於其藏，蛟魚踴躍於其淵，龜鼈咸出於其穴，遷虞而事夏。」《宋志》此文，蓋悉本《大傳》。今《大傳》舜五祀、十二祀、十四祀、十五祀之事錯見，書籍所引闕佚不全，又先後乖舛。吳中舊本徒據《太平御覽·樂部九》所引一條，實多闕漏。考《路史·後紀十二·有虞紀》言：「維五祀，定鐘石，論人聲，興《韶》於大麓之野。還歸，二年，作《大唐之歌》。聲成而絑鳳至。故其樂曰：『俯張辟雍，鶬鶬相從。八風回回，鳳皇喈喈。』」《困學紀聞》卷二引《大傳》「樂曰」以下四句，是宜與「《大唐之歌》」相屬也。《御覽·樂部九》引「歌者三年，昭然乃知乎王世明有不世之義」，❶此十七字亦宜綴「樂曰」四句之下。蓋所謂「歌者」，即歌《大唐之歌》也。所謂「明有不世之義」，即指堯禪舜而言也。《儀禮經傳通解續》卷二十二引「維十有三祀，帝乃稱王，而入唐郊，猶以丹朱爲尸」，正説舜受禪事。下言「百執事咸知王世不絶，必有繼祖守宗廟之君」，與「乃知王世明有不世之義」正相對照。是此段宜與「歌者三年」三句相屬也。《路史·發揮五》注引《虞傳》云「十四祀，笙管變，天大雷雨，疾風，爲遜禹之事」，《北堂書鈔》引「維十有四祀，鐘石笙筦變」云云，《通鑑前編》引「維十有四祀，帝乃《雍》而歌者重篇」，是此數條宜相屬也。《宋書·符瑞志》説舜十四年奏樂事甚詳，與《北堂書鈔》所引《大傳》合，則《宋志》之爲全採《大傳》無疑。《書鈔》所引有不備者，當據《宋書》、《路史》補之也。《路史·後紀十二》敘舜咨禹而巽位，下云：「鐘石瀹，笙筦變，未及終，天大雷電，烈風，大木盡拔，大屋盡發，宫羽盡革。二工伏柷以操雅。帝乃《雍》歌者重篇。樂人重贊，舞人復綴。乃更容貳節，備十有二變，奏《肆夏》而納以《孝成》。四岳三公暨百執事咸贊於帝者，尚稽大室，唐爲虞賓。始而狂然，汔兹羡於四海。誠禹之命敷於四海，《韶》爲賓，而《雍》爲主人矣。」尋《路史》此段，多本《大傳》，其次第略可見。「帝乃《雍》而歌者重篇」，在「鐘石笙筦變」之下，尚有「樂正重贊，舞人復綴」數語，而「始奏《肆夏》，納以《孝成》。尚稽大室，唐爲虞賓」一節，據《文選·曲水詩序》注，乃十有五祀事，《路史》乃與「歌《雍》重篇」聯爲一時。今詳審文義，「納以《孝成》」以上當爲十四祀事，下當接「還歸二年」，❷而廟中苟有歌《大化》、《大訓》、《六府》、《九原》，而夏道興」；「舜爲賓客」以下，當從《選注》爲十五祀事，其上當據《前編》增「祀者貳尸」一語，如此則文從而不紊矣。《聖賢羣輔録》云十有五祀，後又有「百工相和而歌《慶雲》，八伯稽首而進見」，是《卿雲》之歌在十五祀後也。《通鑑前編》引《虞夏傳》「維十有四祀，帝乃《雍》而歌者重篇」，下即接云「於時俊乂百工，相和而歌《慶雲》」云云，亦失次。今參訂諸書所徵，更定之

❶「昭然」，原脱，《輯校》原文如此，今據前文及《太平御覽》卷五七一《樂部九》引補。

❷「還歸」，原作「歌者」，《輯校》原文如此，今據前文改。

如左：

維五祀，定鐘石，論人聲，乃及鳥獸，咸變於前。故更著四時，推六律、六吕，詢十有二變，而道宏廣。五作十道，孝力爲右。秋養耆老而春食孤子，乃浡然《招》樂興於大鹿之野。報一作「執」。事還歸，二年，談然乃作《大唐之歌》。樂曰：「舟張辟雍，鶬鶬相從。八風回回，鳳皇喈喈。」歌者三年，昭然乃知乎王世明有不世之義。維十有三祀，帝乃稱王，而入唐郊，猶以丹朱爲尸。於時百執事咸昭然乃知王世不絕，爛然必自有繼祖守宗廟之君。維十有四祀，鐘石笙筦變。聲樂未罷，疾風發屋，天大雷雨。帝沈首而笑曰：「明哉！非一人之天下也，乃見於鐘石。」「雷雨」下，當依《宋書·符瑞志》補「桴鼓播地，鐘磬亂行，舞人頓伏，樂正狂走。帝乃擁璿持衡」，凡二十二字。又「發屋」下補「拔木」二字，「明哉」下補「天下」二字，「乃見於鐘石」下補「笙筦乎」三字。帝乃《雍》而歌者重篇。此下當依《路史·後紀十二》補「樂正重贊，舞人復綴。乃更容貳節，備十有二變」，凡十八字。《招》爲賓客，而《雍》爲主人。始奏《肆夏》，納以《孝成》。還歸二年，而廟中苟有歌《大化》、《大訓》、《六府》、《九原》，而夏道興。維十有五祀，祀者貳尸，舜爲賓客，而禹爲主人。樂正進贊曰：「尚考太室之義，唐爲虞賓。至今衍於四海。成禹之變，垂於萬世之後。」於時卿雲聚，俊乂集，百工相和而歌《卿雲》。帝乃倡之曰：「卿雲爛兮，礼「礼」字當作「糺」。縵縵兮。日月光華，旦復旦兮。」八伯咸進，稽首曰：「明明上天，爛然星陳。日月光華，弘予一人。」帝乃再「再」字一作「載」。歌，旋持衡曰：「日月有常，星辰有行。四時從經，萬姓允誠。於予論樂，配天之靈。遷于賢聖，莫不咸聽。鼚乎鼓之，軒乎舞之。菁華已竭，褰裳去之。」於時八風循通，卿雲藂藂。蟠龍賁信於其藏，蛟魚踴躍於其淵，龜鼈咸出於其穴，遷虞而事夏也。

錫瑞案：陳氏所定傳文近是。舜爲賓客，故知王者不世；丹朱爲尸，故知王世不絕。觀《大傳》義，乃知聖人受天命而非妄，公天下而無私。《孟子》曰：「使之主祭，而百神享之。」舜之受堯，猶禹之受舜。古時天與民近，天人之應，昭然不爽，不必定有五老河圖等事如緯候所云也。舜五祀已有禪禹之意，十五祀已薦禹於天。《孟子》、《史記》皆云「舜薦禹於天。十有七年，舜崩」者，蓋由禹攝之年數起，其實舜之薦禹並不止十七年。十三祀稱王而入唐，十四祀以《招》爲賓客，可見舜不欲久居天位。魏源《書古微》謂五祀、十三祀當互易，其説無據。《路史・發揮》：「舜之授禹，亦有納麓、烈風、雷雨之事。《虞傳》云：『惟五祀，興《韶》樂於大麓之野。十四祀，笙管變，天大雷雨疾風，爲遜禹之事也。』」是羅氏所見《大傳》與今不異，不當如魏説矣。《大傳》以旋機爲北極，《史記》以玉衡爲北斗，是旋、衡皆星名。此傳「擁旋持衡」，不知何物。馬、鄭以旋機玉衡爲渾儀。此是郊天，古即有渾儀，亦無郊祀以渾儀隨往之理，當闕疑。祀天在郊，故有蛟龍、魚鼈之應。《周禮》所謂三變致鱗物、六變致介物也。夏金德，故水蟲應。「八風循通」者，孫氏《瑞應圖》曰：「循風者，八方之風應時而至。立春之日，則東方明庶風至。春分之日，則東南清明風至，一名薰風。立夏則南方景風至，一名巨風。夏至則西南方涼風至，一名凄風。立秋則西方閶闔風至，一名飀風。秋分則西北方不周風至，一名廣風。立冬則北方廣漠風至，一名寒風。冬至則東北方融風至，一名飈風。」《孝經援神契》曰：「德至八方，則祥風生。」

皋陶謨

翊，輔也。《華嚴經》第七十四《音義》卷下引《尚書大傳》。

陳壽祺曰：此今文《尚書》「夙夜翊明有家」之訓。今文見《史記・五帝本紀》。

古者諸侯之於天子也，三年一貢士。天子命與諸侯輔助爲政，所以通賢共治，示不獨專，重民之至。大國舉三人，次國舉二人，小國舉一人。一適謂之攸好德，【注】適猶得也。再適謂之賢賢，三適謂之有功。有功者，天子賜以車服弓矢，再賜以秬鬯，三賜以虎賁百人，號曰命諸侯。命諸侯得專征者，鄰國有臣弑其君、孽伐其宗者，【注】孽，支子也。宗，適子也。雖弗請於天子，而征之可也，征而歸其地於天子。【注】征，伐也。有不貢士，謂之不率正者，【注】率，循也。正，由也。天子絀之。一不適謂之過，【注】謂三年時也。再不適謂之敖，【注】謂六年時也。三不適謂之誣。【注】謂九年時也。誣者天子絀之，一絀少絀以爵，【注】言少絀，明以漸也。再絀少絀以地，三絀而爵、地畢。【注】凡十五年。《後漢書·左周黄傳論》注。《儀禮經傳通解·王制之己》「有不貢士」以下十字，《通解》引作「諸侯之有不率正者」。又見《禮記·射義》正義，小異。《路史·後紀十一·陶唐氏》云：「三適之賞，見《虞夏傳》。」注見《禮記·射義》正義。又《公羊》莊元年解詁引「三年一貢士」至「小國舉一人」。《儀禮集傳集注》三十三引伏書「禮，諸侯三年一貢士」至「三絀而地畢」，小異。又《禮書》卷一百八、《漢書·武帝紀》注、《後漢書·蔡邕傳》注、《通典·選舉一》、《文選》晉武帝《華林園集詩》注、《困學紀聞》卷五並節引。

疏證曰：《禮記·射義》曰：「是故古者天子之制，諸侯歲獻，貢士於天子，天子試之於射宫。其容體比於禮，其節比於樂，而中多者，得與於祭。其容體不比於禮，其節不比於樂，而中少者，不得與於祭。數與於祭而君有慶，數不與於祭而君有讓。數有慶而益地，數有讓而削地。」注曰：「三歲而貢士，舊説云：『大國三人，次國二人，小國一人。』」正義引《書傳》云云，曰：「不云益地者，文不具矣。」《漢書·武帝紀》有司奏議曰：「古者諸侯貢士，一適謂之好德，再適謂之賢賢，三適謂之有功，乃加九錫。不貢士，一則黜爵，再則黜地，三而黜爵，地畢矣。」《説苑·修文》篇云：「諸侯三年一貢士，士一適謂之好德，再適謂之尊賢，三適謂之有功。有功者，天子一賜以輿服弓矢，再賜以秬鬯，三賜以虎賁百人，號曰命諸侯。命諸侯者，鄰國有臣弑其君、孽弑其宗，雖不請於天子，征之可也，已征而歸其地於天子。諸侯貢士，一不適謂之過，再不適謂之敖，三不適謂之誣。天子黜之，一黜以爵，再黜以地，三黜而地畢。諸侯有不貢士者，謂之不率正。不率正者，天子黜之，亦三黜地畢。然後天子比年秩官之無文者而黜之，以諸侯之所貢士代之。」《白虎通》云：「三年一貢士者，治道三年有成也。諸侯所以貢士於天子者，進賢勸善者也。天子聘求之者，貴義也。治國之道，本在得賢，得賢則治，失賢則亂。故《月令·季春之月》『開府庫，出幣帛，周天下，勉諸侯，聘名士，禮賢者』。有貢者復有聘者何？以爲諸侯貢士，庸才者貢其身，盛德者貢其名。及其幽隱，諸侯所遺失，天子之所昭，故聘之也。」《潛夫論·考績》篇云：「古者貢士一適謂之好德，再適謂之尚賢，三適謂之有功，則加之賞。其不貢士也，一則黜爵，再則黜地，三則爵、土俱畢。」《公羊》莊元年何氏解詁云：「禮，諸侯三年一貢士於天子，天子命與諸侯輔助爲政，所以通賢共治，示不獨專，重民之至。大國舉三人，次國舉二人，小國舉一人。」《後漢書·魯丕傳》對策云：「古者貢士，得其人有慶，不得其人有罰。」皆本《大傳》之義也。傳云「大國舉三人，次國舉二人，小國舉一人」者，《王制》云：「大國三卿，皆命於天子。次國三卿，二卿命於天子，一卿命於其君。」注：「小國亦三卿，一卿命於天子，二卿命於其君。此文似脱誤耳。」《白虎通》引《王度記》曰：「子、男三卿，一卿命於天子。」然則諸侯之卿命於天子者，大國三人，次國二人，小國一人，故所貢之人數亦準此與？

《書》稱「天工人其代之」，傳曰：「夫成天地之功者，未嘗不蕃昌也。」《潛夫論》卷二《思賢》篇。

天子衣服，其文華蟲、作繢宗彝、藻、火、山龍。諸侯，作繢宗彝、藻、火、山龍。子、男，宗彝、藻、火、山龍。大夫，藻、火、山龍。士，山龍。故《書》曰：「天命有德，五服五章哉。」《禮書》卷三。又卷一引至「士山龍」止。山龍純青，華蟲純黄，作會宗彝純黑，藻純白，火純赤。《隋書·禮儀志七》引《尚書大傳》，下云「以此相間而爲五采」八字，恐非《大傳》文，今不録。【注】五采相錯，非一色也。《隋書·禮儀志》引「鄭玄議已非之」云云。山龍，青也。華蟲，黄也。作繢，黑也。宗彝，白也。藻火，赤也。天子服五，諸侯服四，次國服三，大夫服二，士服一。【注】玄或疑焉。《禮書》卷一，又卷三。又《御覽》六百九十《服章部七》。❶

❶「七」，原作「六」，今據《輯校》卷一改。

疏證曰：陳壽祺曰：《續漢書·輿服志》：「孝明皇帝永平二年，初詔有司采《周官》、《禮記》、《尚書·皋陶》篇，乘輿服從歐陽氏説，❶公卿以下從大、小夏侯氏説。」又曰：「衣裳玉佩備章采，乘輿刺繡，公、侯、九卿以下皆織成。」又曰：「顯宗初服旒冕，衣裳文章，❷赤舄絇履，❸以祠天地，養三老五更於三雍。天子、三公、九卿、特進侯、侍祠侯，祀天地明堂，皆冠旒冕，衣裳玄上纁下，乘輿備文日、月、星辰十二章，三公、諸侯用山龍九章，九卿以下用華蟲七章，皆備五采。」《後漢書·明帝紀》「永平二年」注引董巴《輿服志》曰：「顯宗初服冕衣裳以祀天地。衣裳以玄上纁下，乘輿備文日、月、星辰十二章，三公、諸侯用山龍九章，九卿以下用華蟲七章，❹皆五色采。乘輿刺繡，公卿以下皆織成。陳留襄邑獻之。」徐廣《車服注》曰：「漢明帝案古禮備其服章，天子郊廟衣皁上絳下，前三幅，後四幅，衣畫而裳繡。」然則顯宗更定服章，所謂從歐陽、夏侯説，即此是也。然《書傳》之文，無「日、月、星辰」，而云「天子服五」，何與？陳祥道《禮書》卷三引《尚書大傳》「山龍青也，宗彝白，藻火赤」，陳氏辨之曰：「『大夫之服，自玄冕而下；士之服，自皮弁而下』，固無藻、火、山龍矣。既曰『子、男，宗彝、藻、火、山龍。士，山龍』，又曰『次國服三，大夫服二，士服一』，是自戾也。」壽祺案：《書傳》所言，虞制也，固與周禮不同。《書傳》服五、服四、服三、服二、服一者，言其采色，非言其章數，前後之文未嘗相戾。永平初定冕服，公卿已下從大、小夏侯説，乘輿服從歐陽説，日、月、星辰十二章，三公、諸侯用山龍九章，卿已下用華蟲七章，則是歐陽説冕服章數仍以十二、九、七爲節，大、小夏侯説冕服章數乃自天子至公、侯以九爲節，卿以下以七爲節明矣。《尚書·益稷》正義引鄭玄《書注》云：「自日、月至黼、黻凡十二章，天子以飾祭服。至周而變之，以三辰爲旂旗。」王肅以爲：「舜時三辰即畫於旌旗，不在衣也。天子山龍、華蟲耳。」考王肅雖善賈、馬之學，而其父朗師楊

❶「服」，原無，今據《後漢書·輿服志下》補。

❷「文章」，原無，《輯校》原文如此，今據《後漢書·輿服志下》補。

❸「履」，《輯校》卷一、《後漢書·輿服志下》作「屨」。

❹「九」，《輯校》卷一、《後漢書·明帝紀》注引文無此字。

賜，則治歐陽《尚書》者。肅解《虞書》作服與伏生《大傳》相合，蓋亦用今文家説也。《大傳》五服無日、月、星辰，又無粉米、黼、黻，故知五服是采色，非章數也。《隋書・禮儀志》大業元年虞世基奏：「近代故實，依《尚書大傳》『山龍純青，華蟲純黄，作繪案：《隋志》作「會」，陳作「繪」誤。宗彝純黑，藻純白，火純赤』，以此相間，而爲五采。後周故事，升日、月於旌旗，乃闕三辰，而章無十二。但有山、龍、華蟲，作繪案：《隋志》作「會」，陳作「繪」誤。宗彝、藻、火、粉米、黼、黻，乃與三公不異。開皇中，就裹欲生分別，故衣重宗彝，裳重黼、黻，合重二物，以就九章，爲十二等。但每一物上下重行，衮服用九，鷩服用七。今重此三物，乃非典故。」據此，虞世基既言近代服依《書傳》，而後周於山、龍、華蟲，作繪宗彝、藻、火之外，仍有粉米、黼、黻，此章數也。《大傳》以山龍爲青，華蟲爲黄，「作繪宗彝」四字連讀爲黑，藻爲白，火爲赤。陳祥道引云「作繢黑也，宗彝白也，藻火赤也」，分作繢、宗彝爲二，合藻、火爲一，非伏生本文，由所見《大傳》本誤，當從《隋志》更正。又引云「子、男，宗彝、藻、火、山龍」，以「次國服三」核之，「子男」下「宗彝」亦誤衍，宜删。陳氏反以是疑傳文自戾，過矣。《説文》十三《糸部》「繪，❶會五采繡也」，引《虞書》「山龍、華蟲、作繪」。以《後漢書・明帝紀》「乘輿刺繡，公卿以下皆織成」考之，則《大傳》五服亦皆謂繡，非畫也。鄭康成注《尚書》始云：「繪讀爲繢，凡畫者爲繢。」與伏、許異。見《尚書正義》、《左傳》昭二十五年正義、《文選・景福殿賦》注。作繪何以爲黑也？《説文》十上《黑部》「䵳，沃黑色」，十二下《女部》「嬒，女黑色也」。繪之爲黑，此其義。

錫瑞案：陳氏據《隋志》證《禮書》之誤，甚是。《禮書》所引《大傳》當作「子、男，藻、火、山龍；大夫，火、山龍；士，山龍」，乃合「次國服三，大夫服二，士服一」之義。陳氏説猶未覈。陳氏又引《續漢志》及《隋志》以證《大傳》，不知歐陽、大小夏侯之説非伏生義，周、隋之制即沿《漢志》之誤，尤非所以證伏生義也。經云「五服五章」，並無十二章、九章、七章之文。虞土德，土數五，故天子服五；土色黄，故尚黄，以華蟲爲首章，惟天子得服之。周木德，木色青，故山龍居首。虞土

❶「糸」，原作「系」，今據《輯校》卷一改。

德，土色黃，故華蟲居首。不可以周制說虞。不取日、月、星辰與粉米、黼、黻者，日、月、星辰本不應繪於衣，故王肅用今文義，謂舜時即畫於旌旗，不在衣。許氏《說文敘》引《書》曰：「予欲觀古人之象，爲正文字之義。」是觀象所包甚廣，不止服章。《史記·五帝紀》以「作文繡服色」渾括山龍、華蟲以下，而日、月、星辰別見於上，則亦不以三辰列五章之中。粉米、黼、黻或繡於裳，或爲褋采，亦不入正數也。伏生首傳《尚書》，多識古制，其說與經文合，斷乎不誤。而歐陽、大小夏侯顯違斯義者。據《續漢志》云：「初，詔有司采《周官》、《禮記》、《尚書·皋陶》篇。」《尚書》古於《周官》，當以《尚書》列前，而永平之詔首列《周官》，蓋當東漢時，《周官》古文說已盛行，詔旨必以《周官》爲是，故三家博士背師說以希世用，改《尚書》舊說以徇《周官》。此其蹤跡之可尋者。陳氏不得其說，乃欲强合爲一，不知《大傳》明言天子服五，無十二章　九章之文，何得以三家之說誣伏生！《左氏傳》云：「三代各異物。」又云：「周之王也，上物不過十二，以爲天之大數。」是天子數用十二乃周制，周以前無十二旒之冕，即不必有十二章之服，又何得以《周官》之制爲虞制哉？且三家博士，其說又不同。歐陽說有日、月、星辰，大、小夏侯說無之，蓋日、月、星辰畫於衣，義不浹於人心，故兩夏侯去之。日、月、星辰可不入章數，則粉米、黼、黻亦可不入章數矣。王仲任習歐陽《尚書》，故《論衡·量知篇》云：「黼、黻、華蟲，山、龍、日、月。」《語增篇》云：「服五采之服，畫日、月、星辰。」此歐陽說有日、月、星辰之明證。鄭君注《尚書》、《周禮》，兼采歐陽、夏侯之義，以有日、月、星辰十二章爲虞制，從歐陽說，無日、月、星辰九章爲周制，從夏侯說。後人多信鄭說，以爲創解，不知其本於歐陽、夏侯。又解華蟲爲雉，宗彝爲虎蜼，以合《周官》之鷩冕、毳冕。說雖善於傅會，然皆周制，不可以解《虞書》。若《大傳》所言五章：山龍青者，龍，東方之色，故青。華蟲黃者，華蟲當是鳳。《大戴禮》曰：「羽蟲三百六十，鳳皇爲之長。」是鳳可稱蟲。《爾雅·釋言》云：「皇，華也。」「皇」與「黃」聲近，華蟲之「黃」，即鳳皇之「皇」。《王制》曰：「有虞氏皇而祭。」注：「皇，冕屬也，畫羽飾焉。」《周禮·樂師》教「皇舞」，先鄭注：「皇舞者，以羽冒覆頭上，衣飾翡翠之羽。」後鄭注：「皇，襍五采羽，如鳳皇色。」合先、後二鄭說，是「皇」爲鳳皇五采之色，飾於冠，並飾於衣。虞有鳳皇來儀之瑞，故以「皇」名其冠，又飾之於衣。鳳皇，羽蟲之長，故惟天子服之。鳳皇蓋五采而多黄，五采故曰華蟲，多黄故華蟲爲黄。所以知鳳皇色多黄者。《説文·鳥部》：「鷫，鷫鷞也，五方神鳥也。東方發明，南方焦明，西方鷫鷞，北方幽昌，中央鳳皇。」《兩漢刊誤補遺》曰：「仁傑按：師曠《禽經》：『白鳳謂之鷫。』《説文》謂鷫鷞爲西方神鳥者，以其爲鳳而白，得西方之色，故與南方焦明之屬並言之。蓋希世之瑞，不常有者也。」錫瑞案：《左氏傳》云唐成公「有兩肅爽馬」，賈逵曰「色如霜紈」，然則西方鷫鷞蓋色白。以此推之，東方發明當色青，南方焦明當色赤，北方幽昌當色黑，中央鳳皇當色黄，中央之色黄也。考《隋書·禮儀志》，古有冕服畫鳳皇者。其文曰：「天監七年，周捨議：『詔旨以王者衮服宜畫鳳皇，以示差降。按《禮》：「有虞氏皇而祭，深衣而養老。」鄭玄所言「皇」則是畫鳳皇羽也。鄭注但云「畫羽」，此謂是「鳳皇羽」。又案《禮》所稱雜服，皆以衣定名，猶加衮冕，❶則是衮衣而冕。明有虞言「皇」者是衣名，非冕明矣。❷此謂「皇」是衣名，足徵皇畫於衣。畫鳳之旨，事實灼然。』制：『可。』又王僧崇云：『今祭服，三公衣身畫獸，此「獸」字本是「虎」字，唐人避諱所改。其腰及袖又有青獸，形與獸此亦當是「虎」字。同，義應是蜼，即宗彝也。兩袖各有禽鳥，❸形類鸞鳳，據此，則當時已畫鳳矣。若是雉，形與鸞鳳不類。似是華蟲。今畫宗彝，即是周禮。但鄭玄云：「蜼，蝺屬，昂鼻長尾。」是獸之輕小者。謂宜不得同獸。此亦當作「虎」。尋冕服無鳳，應改爲雉。又裳有圓花，於禮無礙，疑是畫師加葩蘤耳。藻、米、黼黻，並乖古制，今請改正，並去圓花。』帝曰：『古文日、月、星辰，此以一辰攝三物也。山、龍、華蟲，又以一山攝三物也。藻、火、粉米，又以一藻攝三物也。❹是爲九章。今衮服畫龍，則宜應畫鳳明矣。孔安國云：「華者，花也。」則爲花非疑。若一向畫雉，差降之文，復將安寄？鄭義是所未允。』」《通典》引周捨《禮疑義》云：「按《禮》『有虞

❶「加」，據浙江書局刻《通典》卷六一、明黄國琦刻《册府元龜》卷五七九所引，當作「如」。

❷「明」，原作「名」，今據《隋書·禮儀志六》改。

❸「鳥」，原作「獸」，今據《隋書·禮儀志六》改。

❹「一」，原無，今據《隋書·禮儀志六》補。

氏「皇」而祭，深衣而養老」，鄭玄云『皇』是畫鳳皇羽也。又按《禮》『如袞冕』，則袞是衣，有虞氏言皇，皇亦是衣，非冕。今袞服宜畫鳳皇，以示差降。」據周捨説，有虞氏「皇」是畫鳳皇羽於衣。據王僧崇説，當時冕服本畫鳳，疑是古制之僅存者，非始於梁武也。但王氏專據鄭義，欲改爲雉，梁武以爲上下皆畫雉無差降，故仍用畫鳳耳。作會宗彝黑者，宗彝當即尊彝，古宗、尊通用。《左氏傳》「伯宗」，《穀梁》作「伯尊」可證。《禮・明堂位》云「夏后氏以雞彝」，是虞、夏已有彝。宗彝當畫繡尊彝之形，如黼作斧形，黻作亞形之比。尊彝古器，年久色黑，故爲黑。其必曰「作會」者，作，起也，如《考工記》云「作其鱗之而」之「作」。《淮南・天文訓》注云：「作，鄂，皆物芒枝起之貌。」玄衣繡黑章，色不甚著，必爲作起之象，以著其色，如今之堆花，故曰「作會宗彝」。藻白者，「藻」一作「璪」，即「玉藻」之「藻」，玉色白，故爲白。火赤者，當爲圜火形，《考工記》云「火以圜」是也。孫星衍《今古文注疏》説甚詳，然多傅會，且不知《禮書》所引《大傳》實誤，今不取。

六律者何？黄鐘、蕤賓、無射、太簇、夷則、姑洗是也。故天子左五鐘，右五鐘。【注】六律爲陽，六吕爲陰。凡律、吕十二，各一鐘。天子宫縣，黄鐘、蕤賓在南北，其餘則在東西。天子將出則撞黄鐘，《周禮・樂師》注引「黄鐘」下有「之鐘」二字。右五鐘皆應。【注】黄鐘在陽，陽氣動。西五鐘在陰，陰氣静。君將出，故以動告静，静者皆和也。馬鳴中律，步者皆有容，駕者皆有文，御者皆有數。步者中規，折還中矩。立則磬折，拱則桴鼓。【注】言聲合於樂，體比於禮也。然後太師奏登車，告出也。【注】《周禮》：「王出入奏《王夏》。」入則撞蕤賓，《周禮・樂師》注引「蕤賓」下有「之鐘」二字。左五鐘皆應。【注】蕤賓在陰，東五鐘在陽。君入，故以静告動，動者則亦皆和之也。以治容貌，容貌得則氣得，氣得則肌膚安，肌膚安則色齊矣。【注】入，故欲其静也。蕤賓聲，狗吠彘鳴，及倮介之蟲，皆莫不延頸以聽蕤賓。【注】皆守物及陰之類也。

在内者皆玉色，在外者皆金聲。【注】玉色，反其正性也。金聲，其事殺。然後少師奏登堂就席，告入也。【注】少師，佐成大師之事者也。此言至樂相和，物動相生，同聲相應之義也。

以上傳、注全見《儀禮經傳通解集傳集注》卷二十七《樂記》。又《周禮·樂師》注、《儀禮·大射儀》疏、《禮記·玉藻》正義、《後漢書·班固傳》注、《文選·東都賦》注、《太平御覽》三百八十八卷《人事部二十九》。《玉燭寶典》引傳，「撞蕤賓之鐘」有「之鐘」二字，「蕤賓聲」作「蕤賓有聲」，「聽蕤賓」上無「以」字；注「陰氣靜」作「陰五靜」，「君將出」作「君將行出」，「靜者皆和也」作「靜者則皆和，此之謂也」，「君入」作「君將入」，「皆和之也」無「之」字，「其事殺」下多「矣也」。

疏證曰：《韓詩外傳》曰：「古者天子左右五鐘。將出，則撞黃鐘，而右五鐘皆應之。馬鳴中律，駕者有文，御者有數。立則磬折，拱則抱鼓，行步中規，折旋中矩。然後太師奏升車之樂，告出也。入則撞蕤賓，以治容貌，容貌得則顔色齊，顔色齊則肌膚安。蕤賓有聲，鵠震馬鳴，及倮介之蟲，無不延頸以聽，在内者皆玉色，在外者皆金聲。然後少師奏升堂之樂，即席告入也。此言音樂相和，物類相感，同聲相應之義也。」與傳文略同。《吕氏春秋》曰：「黃帝又命伶倫鑄十二鐘，和五音，始奏之，曰《咸池》。」是十二鐘應十二律吕，始制於黃帝也。《國語·周語》曰：「名之曰黃鍾，所以宣養六氣、九德也。」韋注：「黃，中之色也。鍾之言陽氣鍾聚於下也。十一月陽伏於下，陰始萌。」《周語》又曰：「蕤賓，所以安靖神人，獻酬交酢也。」韋注：「蕤，委蕤，柔皃也。言陰氣爲主，委蕤於下，陽氣盛長於上，有似於賓主，故可用之宗廟、賓客，以安靖神人，行酬酢也。」《史記·律書》曰：「黃鍾者，陽氣踵黃泉而出也。蕤賓者，陰氣幼少，故曰蕤；痿陽不用事，故曰賓。」《漢書·律志》曰：「黃者，中之色，君之服也。鍾者，種也。黃，五色莫盛焉，故陽氣施種於黃泉，孳萌萬物，爲六氣元也。蕤，繼也。賓，道也，言陽氣始道陰氣使繼養物也。❶」《白虎通·五行》篇曰：「《月令》十一月律謂之黃鍾何？黃者，中和之色。鍾者，動也。言陽氣於黃泉之下，動養萬物

❶ 「使」，原作「始」，今據《漢書·律曆志上》改。

也。五月謂之蕤賓何？蕤者，下也。賓者，敬也。言陽氣上極，陰氣始起，故賓敬之也。」《易緯通卦驗》言：「冬至之禮曰：人主乃縱八能之士，擊黃鐘之鐘，乃權水輕重，釋黃鐘之公，稱黃鐘之重，然擊黃鐘之磬。公、卿、大夫、列士乃使八能之士擊黃鐘之鼓，鼓黃鐘之琴瑟，吹黃鐘之律，間音以竽，天地以和應。黃鐘之音得，蕤賓之律應，則公、卿、大夫、列士以德賀於人主。夏日至之禮如冬日至之禮，舞八樂，皆以肅敬爲戒。黃鐘之音調，諸炁和，人主之意慎，則蕤賓之律應。」《春秋緯感精符》、《樂緯叶圖徵》亦載其文略同，皆言黃鐘、蕤賓之義也。《文獻通考》元豐元年詔頒行《元正冬至大朝會儀》注云：「奏外辦，閤簾捲，殿上鳴蹕，太樂令令撞黃鐘之鐘，右五鐘皆應。」又云：「扇合，殿下鳴蹕，太樂令令撞蕤賓之鐘，左五鐘皆應。」蓋用傳義。《禮記・玉藻》「趨以《采齊》」，注：「路門外之樂節也。門外謂之趨。齊，當爲『楚薺』之『薺』。」「行以《肆夏》」，注：「登堂之樂節。」「周還中規」，注：「反行也，宜圜。」「折還中矩」，注：「曲行也，宜方。」正義曰：「路寢門外至應門謂之『趨』，於此趨時，歌《采齊》爲節。云『齊，當爲「楚薺」之「薺」』者，案《詩・小雅》有《楚茨》之篇，此作『齊』字，故讀爲『楚茨』之『茨』，音同耳，其義則異。路寢門內至堂謂之『行』，於行之時，則歌《肆夏》之樂。按《爾雅・釋宮》云：『室中謂之時，堂上謂之行，堂下謂之步，門外謂之趨，中庭謂之走，大路謂之奔。』此對文耳。若總而言之，門內謂之行，門外謂之趨。鄭注《樂師》云：『行，謂於大寢之中。趨，謂於朝廷。然則王出既服，至堂而《肆夏》作，出路門而《采薺》作。其反，入至於應門、路門，亦如之。此謂步迎賓客。王如有車出之事，登車於大寢西階之前，反降於阼階之前。』」引《尚書傳》云云，則此傳與《玉藻》相出入也。《周禮・樂師》注：「司農云：《肆夏》、《采薺》皆樂名，或曰皆逸《詩》。謂人君行步，以《肆夏》爲節；趨疾於步，則以《采薺》爲節。玄謂：《爾雅》曰：『堂上謂之行，門外謂之趨。』然則王至堂而《肆夏》作，出路門而《采薺》作。其反，入至應門、路門，亦如之。」亦與此傳義合。馬鳴不得中律，「馬鳴」疑是「鸞鳴」之誤。《玉藻》曰：「故君子在車，則聞鸞和之聲，行則鳴佩玉，是以非僻之心無自入也。」《大戴禮》曰：「行中鸞和，步中《采茨》，趨中《肆夏》，所以明有度也。」又曰：

「居則習禮文，行則鳴佩玉，升車則聞和鸞之聲，是以非僻之心無自入也。在衡爲鸞，在軾爲和，馬動而鸞鳴，鸞鳴而和應。其聲曰和，和則敬。此御之節也。上車以和鸞爲節，下車以佩玉爲節。」此鸞鳴中律之證。《御覽》引《通禮義纂》曰：「駕入，撞蕤賓之鐘，左五鐘皆應之。按蕤賓位居午，午爲陰，主静，象王自外静而入，方居之始，故先作之。而東廂應者，東爲陽，陽主動，明以静告動，使之相應。駕出，撞黄鐘，右五鐘皆應。黄鐘位居子，子爲陽，陽主動，象王自内動而出，方行之始，故先作之。而西廂應者，西爲陰，陰主静，明以動告静，使之相和也。」與傳、注義合。

古者天子必有四鄰。前曰疑，後曰丞，左曰輔，右曰弼。天子有問無以對，責之疑。可志而不志，責之丞。可正而不正，責之輔。可揚而不揚，責之弼。其爵視卿，其禄視次國之君也。《禮記·文王世子》正義、《通典》卷二十《職官二》、《儀禮經傳通解集傳集注·王制之丙》、《玉海》卷百二十。又《史記·夏本紀》注、《漢書·伏湛傳》注、《太平御覽》卷七十六、《路史·後紀》並節引。

古者天子必有四鄰。前曰疑，後曰丞，左曰輔，右曰弼。天子中立而聽朝，則四聖維之。是以慮無失計，舉無過事。故《書》曰：「欽四鄰。」此之謂也。《通鑑前編·帝舜元載》注。

天子必有四鄰。前儀，後丞，左輔，右弼。直立而敢斷，廣心而從欲。輔善而相承，謂之輔；廉潔而切直，謂之弼。《華嚴經》第八十《音義》卷下。陳壽祺曰：「『直立而敢斷』下，當脱『謂之儀』三字。『廣心而從欲』下，當脱『謂之丞』三字。以下文輔、弼二句文法知之。」又曰：「《萬卷菁華·前集》引云：『道是周公也，克是太公也，弼是召公也，丞是史佚也。故成王中立而聽朝，則四聖維之。』與《前編》所引不同。此《大戴記·保傳》篇及賈子《新書》文也。克，二書作『充』。此以文字相近，類書誤耳。」

疏證曰：《列子·天瑞》篇「舜問乎丞」，即四鄰之丞也。《莊子》書亦載之。「丞」或作「烝」，誤。《史記・夏本紀》解「欽四鄰」爲「敬四輔臣」，是「四鄰」即「四輔」。《文王世子・記》曰：「虞、夏、商、周，有師、保，有疑、丞。設四輔及三公，不必備，惟其人。」是自虞至周皆有四輔之官。《皋謨》所云「四鄰」，即《洛誥》所云「四輔」。特周之四輔，知爲周公、太公、召公、史佚四人，虞則不能指其人以實之耳。《孝經》云：「昔者天子有争臣七人。」鄭注：「七人者，謂太師、太保、太傅、左輔、右弼、前後疑丞，維持王者，使不危殆。」邢疏引此《大傳》文云：「《大傳》四鄰，則《記》之四輔，兼三公，以充七人之數。」又引劉炫駁云：「《洛誥》云成王謂周公曰：『誕保文、武受民亂，爲四輔。』《冏命》穆王命伯冏：『惟予一人無良，實賴左右前後有位之士匡其不及。』據此而言，則『左右前後』，四輔之謂也。疑、丞、輔、弼，當指於諸臣，非是別立官也。謹按：《周禮》不列疑、丞，《周官》歷敘羣司，《顧命》總名卿士，《左傳》云『龍師』、『鳥紀』，《曲禮》云『五官』、『六太』，無言疑、丞、輔、弼專掌諫争者。若使爵視於卿，禄比次國，《周禮》何以不載？經傳何以無文？且伏生《大傳》以『四輔』解爲『四鄰』，孔注《尚書》以『四鄰』爲前後左右之臣，而不爲疑、丞、輔、弼，安得又采其説也？」錫瑞案：劉炫信僞古文《尚書》、僞孔傳而詆伏傳，可謂眯目而道黑白者矣。《荀子・臣道篇》曰：「有能比知同力，率羣臣百吏而相與彊君撟君，君雖不安，不能不聽，遂以解國之患，除國之大害，成於尊君安國，謂之輔。」《説苑・臣術》篇同。《白虎通・諫諍》篇曰：「左輔主脩政，刺不法。」《賈子・保傅》、《大戴・保傅》作「充」，充即輔也。《説苑・臣術》篇曰：「有能亢君之命，反君之事，竊君之重，以安國之危，除主之辱，攻伐足以成國之大利，謂之弼。」《大戴・保傅》篇曰：「絜廉而切直，匡過而諫切者，謂之弼。」《白虎通・諫諍》篇曰：「右弼主糾害，言失傾。」又曰：「前疑主糾度，定德經。」《大戴・保傅》作「道」，道即疑也。《保傅》又曰：「博聞强記，接給而善對者，謂之丞。」《白虎通・諫諍》篇曰：「後承主匡正常，考變失。」諸書皆言有四輔，與《大傳》大同小異，安得以爲經傳無文？若以《周官》不列爲疑，《尚書・立政》官名皆不見於《周官》，豈可謂無此官乎？《保傅》篇曰：「成王中立而聽朝，則四聖維之，是以慮無失計而舉無過事。」《淮南子》曰：「心知規而師傅諭導，口能言而行人稱辭，足能行而相者先導，耳能聽而執政進諫。是故慮無失策，謀無過事。」《漢書·谷永傳》曰：「四輔既備，成王靡有過事。」皆本傳文。

古之帝王必有命民。能敬長矜孤、取舍好讓者，命於其君，然後得乘飾車駢馬，衣文錦。未有命者，不得衣，不得乘。乘、衣者有罰。《後漢書·王符傳》注。又《藝文類聚·舟車部》引同，惟無「命於其君」四字，「不得乘」作「不乘車」。又《禮書》卷十四引同，「未有命者」作「民之未命者」。又《毛詩·都人士》正義、《禮記·大學》正義、《御覽》八百十五《布帛部二》、《路史·後紀十一》並節引，「好讓」下有「舉事力」三字。【注】飾，漆之。駢，并也。《周禮·巾車》疏引鄭注云。居士錦帶。《禮書》十四引「鄭氏釋之曰」。古者有命民有錦車、駢馬、衣錦。《禮記·玉藻》正義引《唐傳》「古者有命民有飾車、駢馬、衣錦」，蓋節引。

疏證曰：陳壽祺輯本以此文入《唐傳》，蓋本《玉藻》正義，以此文爲《堯典》「車服以庸」之傳。然考《堯典》「車服以庸」，乃言黜陟、諸侯考績之事，《大傳》有明文可據，與此言命民無涉。此言命民，當爲《皋陶謨》「車服以庸」之傳。《皋陶謨》言舉黎獻，又有「誰敢不讓、敢不敬應」之文，與此傳云「敬長」、「好讓」之文相合，則此當爲《皋陶謨》「車服以庸」之傳無疑。《玉藻》正義云《唐傳》有誤，陳本不可依用，今移正之。《御覽》引《韓詩傳》與《大傳》文同，下云：「是故其民雖有錢財侈物，而無禮義功德，即無所用其錢財。故其民皆興仁義，而賤不爭貴，强不陵弱，衆不暴寡。是唐、虞之所以象典刑，而民莫敢犯也。」《潛夫論·浮侈》篇云：「古者必有命民，然後乃得衣繒綵而乘車馬。」蓋本《大傳》之義。古者命民之制，漢時猶行之。《史記·平準書》曰：「高祖乃令賈人不得衣絲乘車。」《漢書》曰：「賈人不得衣錦、繡、綺、縠、絺、紵、罽。」景帝二年詔曰：「賈人毋得衣錦。」《春秋繁露》曰：「散民不敢服雜采，百工、商賈不敢服狐貉，刑餘戮民不敢服絲玄、乘馬，謂之服制。」《鹽鐵論》曰：「士、庶人老耄而後衣絲，其餘則麻枲而已。故命曰布衣。」《袁子正書》曰：「漢制唯賈人不得乘馬車，有古非命民不得衣、乘遺意。」又秦漢民爵，近古之命民。《史記·秦本紀》曰：「秦王聞趙食道絶，王自之河内，賜民爵各一級。」又曰：「秦始皇四年，百姓内粟千石，拜爵一級。」《漢書・高帝紀》五年詔曰：「異日秦民爵公大夫以上，令丞與亢禮。其令諸吏善遇高爵，稱吾意。」惠帝元年、五年，高后元年，皆賜民爵户一級。其後諸帝每有恩詔，輒賜民爵，蓋古命民遺意。

古八家而爲鄰，❶三鄰而爲朋，三朋而爲里，五里而爲邑，十邑而爲都，十都而爲師，州十有二師焉。【注】州凡四十三萬二千家，此蓋虞、夏之數也。《太平御覽》百五十七《州郡部三》。又《禮記・雜記》正義節引傳、注，云《洛誥傳》。又《藝文類聚》八《州郡部》、《初學記・州郡部》、《廣韻》、《長安志》卷二節引。又《玉海》二十《地理户口》引此注，云《洛誥》。

疏證曰：吴中本以此列《虞夏傳》，陳壽祺輯本據《禮記疏》、《玉海》定爲《洛誥傳》。據傳文引「州十有二師」，注云「虞、夏之數」，此文當爲《虞夏傳》無疑。《禮疏》、《玉海》疑有誤，陳本未可依用，今更正之。段玉裁以《大傳》爲《廣雅》所本，《廣雅・釋地》「十邑爲鄉，十鄉爲都」，疑今本《大傳》「十邑」之下有脱文。錫瑞案：王念孫《廣雅疏證》云：「各本作『十邑爲鄉，十鄉爲都』，若加以『十都爲師，十二師爲州』，則一州凡有四百三十二萬家，與鄭注不合，蓋後人以意加之也。考《書大傳》及《晉書・地理志》、《初學記》、《太平御覽》、《路史・疏仡紀》，並作『十邑爲都』，今據以訂正。」據王説，則《大傳》本無脱文，段説非也。《晉書・地理志》亦以爲「昔在帝堯，叶和萬邦」之制，可爲《虞夏傳》之證。

家不盈三口者不朋，由命士以上不朋。【注】或云：黄帝法。《玉海》二十《地理户口》。

疏證曰：命士，即《大傳》所謂「命民」也。不朋者，優異之。

八家爲鄰，三鄰爲閭，三閭爲里，五里爲邑。《華嚴經》第六十七《音義》卷下，末有「此虞、夏之制也」六字，蓋《音義》之文。陳壽祺曰：此「朋」字作「閭」，疑誤。

疏證曰：此二條皆當屬《虞夏傳》，《華嚴音義》

❶「古」下，左海本、《古經解彙函》本《輯校》卷三有「者處師」三字。

可證。

古者帝王升歌《清廟》之樂，【注】《清廟》，樂章名。大琴練弦達越，大瑟朱弦達越。以韋爲鼓，謂之搏拊。何以也？【注】練弦、朱弦，互文也。越，下孔也。凡練弦達越搏拊者，象其德寬和。君子有大人聲，不以鐘鼓竽瑟之聲亂人聲。《清廟》升歌者，歌先人之功烈德澤也。【注】烈，業也。故欲其清也，其歌之呼也，「呼」字一作「歌」。【注】呼，出聲也。曰：「於穆清廟，肅雝顯相。」【注】肅雝顯相，四海敬和，明德來助祭。傳、注「肅雝」以下共十七字，見《毛詩·清廟》正義。於者，歎之也。穆者，敬之也。清者，欲其在位者偏聞之也。故周公升歌文王之功烈德澤，苟在廟中嘗見文王者，愀然如復見文王。故《書》曰：「搏拊琴瑟以詠，祖考來假。」此之謂也。《儀禮經傳通解集傳集注》卷二十七《樂記》全引傳、注。又見《通解續·宗廟樂舞二十五》。又《禮記·樂記》正義引首二句，云《虞夏傳》。又《樂記》正義引「以韋爲鼓」以下八字。又《毛詩·文王》《周頌譜》《清廟序》《清廟》諸正義、《文選》江文通《雜體詩》、《白帖·琴》、朱子《詩集傳》、陳暘《樂書》並節引。❶鄭《原本玉篇》引傳：「大瑟絑弦達越，大琴絑弦達越。」鄭注：「絑，赤文也。」

疏證曰：鄭注云「《清廟》，樂章名」，與前云《招》、《雍》、《肆夏》、《孝成》皆樂章名一例，不云即是《周頌·清廟》。據《大傳》明引「於穆清廟」、「升歌文王」，則是《周頌》無疑。蓋《大傳》引以釋經，不得據此爲古有《清廟》樂章之證也。《禮記·樂記》曰：「《清廟》之瑟，朱弦而疏越，一倡而三歎，有遺音者矣。」注：「《清廟》，謂作樂歌《清廟》也。朱弦，練朱弦，練則聲濁。越，瑟底孔也。畫疏之，使聲遲也。」正義引《虞書傳》云云，曰：「此云『朱弦』者，明練之可知也。云『練則聲濁』者，不練則體勁而聲清，練則絲熟而弦濁。云『越，瑟底孔也』者，案《鄉飲酒禮》『二

❶「諸」，原作「譜」，今據《輯校》卷一改。

人皆左荷瑟，後首，❶挎越」，是『越，琴底孔也』。故《燕禮》注云：『越，瑟下孔也。』云『畫疏之，使聲遲也』者，熊氏云：瑟兩頭有孔，畫疏之。疏，通也，使兩頭孔相達而通。孔小則聲急，孔大則聲遲，故云『使聲遲也』。」《淮南・泰族訓》曰「朱弦漏越」，注：「朱弦，練絲。漏，穿。越，琴瑟兩頭也。」《大戴禮・三本》曰「朱弦而通越」，與傳「達越」義合。《郊特牲》曰：「奠酬而工升歌，發德也。歌者在上，匏竹在下，貴人聲也。」正義曰：「歌是人聲，人聲可貴，故升之在堂。匏竹可賤，故在下。然瑟亦升堂者，瑟工隨歌工故也。」陳喬樅云：「《大傳》『鐘鼓竽瑟之聲』，『瑟』當作『笙』，字之譌也。琴、瑟皆堂上之樂。《儀禮》：『席工於西階上，工六人，四瑟，升自西階，北面，東上。』是瑟工與歌工皆在堂上，故知『竽瑟』當爲『竽笙』之譌也。」案：陳説是也。《爾雅・釋樂》曰：「大瑟謂之灑。」注：「長八尺一寸，廣一尺八寸，二十七絃。」「大琴謂之離」，注：「或曰：琴大者二十七絃，未詳長短。」《廣雅》曰：「琴長三尺六寸六分，五絃。」《釋名・釋樂器》曰：「搏，拊也。以韋盛糠，形如鼓，以手拊拍之也。」此傳釋經「搏拊琴瑟」之義也。「顯相」，當如《儀禮》「孝顯相」之義。《清廟》爲周公在洛邑祀文王之詩，「顯相」即謂周公。鄭以爲「助祭」，義未塙。《通典》引此傳曰：「案登歌各頌祖宗之功烈，去鐘徹竽，以明至德。所以傳云『其歌呼也』云云。」

拊，革裝之以糠。《周禮・太師》疏載《白虎通》引《尚書大傳》。又見《禮記・樂記》正義引《白虎通》。

疏證曰：孔廣林曰：「《周禮》、《禮記》疏兩引《白虎通》如此，賈、孔皆云今《書傳》無其文。案：《白虎通》今亦無此文。其《禮樂》篇引《書傳》文『搏拊鼓振以秉』，疑即『革裝以糠』之譌。」

段玉裁曰：「《史記・禮書》『尚拊膈』，徐廣曰：『一作搏膈。』『搏膈』蓋即《明堂位》之『搏拊』。《尚書大傳》謂之『拊革』，《史記》謂之『拊膈』，《荀卿子》謂之『拊鞷』。鞷，即『膈』字也，當是从革，❷鬲聲。拊革、拊膈、拊搏三者異字、異名，各如字讀，實一物也。依漢人所引《尚書大傳》，則今文《尚書》『搏拊』二字

❶「首」，原作「有」，今據《儀禮・鄉飲酒禮》改。

❷「革鬲」，原誤倒，今據清乾隆道光間《經韻樓叢書》本《古文尚書撰異》卷二乙正。

作『拊革』。」錫瑞案：「搏拊」本可單稱「拊」，見《周官》、《禮記》。搏拊，蓋搏其拊，與「鳴球」文法相同。《大傳》引《書》與古文不異，又曰：「以韋爲鼓，謂之搏拊。」則今文亦作「搏拊」，不作「拊革」可知。此云「拊，革裝之以糠」，當以「拊」字略逗，謂拊者用革而裝以糠耳，非以「拊革」連讀。《白虎通》用今文，亦作「搏拊」。若《史記・禮書》，即取之《荀子》，「拊膈」即「拊鞷」之異文，與《大傳》不必相合。段以「革」、「膈」、「鞷」强合爲一，疑「鞷」當作「霩」，「霩」與「搏」音同，似皆失之傅會。《書疏》引鄭注云：「搏拊，以韋爲之，裝之以糠，形如小鼓，所以節樂也。一名相。」《樂記》云「治亂以相」，注：「相，即拊也，裝之以糠。糠，一名相。」《明堂位》「搏拊」注：「以韋俗本誤作「葦」。爲之，充之以糠，形如小鼓。」《周禮・太師》「擊拊」，後鄭注：「拊，形如鼓，以韋俗本亦誤作「葦」。宋本作「韋」，不誤。爲之，著之以糠。」賈疏引此傳文。然則此傳所云「革」即鄭所云「韋」矣。

搏拊鼓振以秉。琴瑟練絲徽弦。鳴者，貴玉聲也。《白虎通・禮樂》。

疏證曰：《白虎通・禮樂》篇曰：「所以用鳴球、搏拊者何？鬼神清虚，貴净賤鏗鏘也。故《尚書大傳》曰：『搏拊鼓振以秉，琴瑟練絲徽弦。鳴者，貴玉聲也。』」陳立《疏證》本依盧改，「振以秉」作「裝以糠」，又云：「『鳴者，當作鳴球者。』《周禮疏》引鄭《書》注云：『鳴球，即玉磬也。磬，懸也，而以合堂上之樂。玉磬和，尊之也。』《爾雅・釋器》云：『球，玉也。』又《釋樂》注：『馨，形如犁錧，以玉石爲之。』是也。」錫瑞案：「鼓振以秉」，義亦可通，「秉」與「柄」古通用。《説文》「柄」重文作「棅」。《毛詩傳》曰：「秉，把也。」《春秋傳》「邴，意兹」，《史記・齊世家》作「秉，意兹」。《史記・天官書》「斗柄」作「斗秉」。此「秉」與「柄」通之證。「鼓振以秉」，或是振其柄以鼓之。孫星衍云：「一手振秉，一手拊拍之。」説近是。孔廣林、陳立必改「振以秉」爲「裝以糠」，殊嫌專輒。

舜彈五弦之琴，歌《南風》之詩，而天下治。

《風俗通》卷六《琴》稱「謹案《尚書》」云云。陳壽祺曰：《尚書》無此文，蓋出《書傳》。

疏證曰：《禮記・樂記》：「昔者舜作五弦之琴，以歌《南風》。」注：「南風，長養之風也。以言父母之長養己。其辭未聞也。」正義曰：「《南風》，詩名，是孝子之詩。南風長養萬物，而孝子歌之，言已得父母生長，如萬物得南風生也。舜有孝行，故以此五絃之琴歌《南風》之詩，而教天下之孝也。此詩今無，故鄭注云：『其辭未聞也。』」又曰：「如鄭此言，則非《詩·凱風》之篇也。熊氏以爲《凱風》，非矣。案《聖證論》引《尸子》及《家語》難鄭云：『昔者舜彈五弦之琴，其辭曰：「南風之薰兮，可以解吾民之慍兮。南風之時兮，可以阜吾民之財兮。」鄭云「其辭未聞」，失其義也。』今案馬昭云：『《家語》王肅所增加，非鄭所見。』又《尸子》雜説，不可取證正經，故言『未聞』也。」

舜之時，西王母來獻白玉琯。《風俗通·聲音第六》。又《漢書·律志一上》孟康注。

疏證曰：《大戴禮》亦有此文。又《風俗通》、孟康《漢書注》、《宋書·樂志》皆云：「漢章帝時，零陵文學奚景於泠道舜祠下得笙白玉琯。」惟孟注無「笙」字，盧注《大戴》作「明帝時」，亦無「笙」字。《風俗通》云：「夫以玉作音，故神人以和，鳳皇來儀也。」《説文·竹部》：「管，如篪，六孔。十二月之音，物開地牙，故謂之管。」重文「琯」：「古者管以玉。」下與《風俗通》文同。

「元首明哉！股肱良哉！」元首，君也。股肱，臣也。《文選·褚淵碑文》注。

疏證曰：《尚書正義》曰：「《釋詁》云：『元，良，首也。』僖三十三年《左傳》稱狄人歸先軫之元，則『元』與『首』各爲頭之别名，此以『元首』共爲頭也。君臣大體猶如一身，故『元首，君也』。」案「臣作股肱」，明見《臯謨》。鄒漢勛曰：「言汝翼敕作肱者，言汝爲敕作股者。」

尚書大傳疏證卷三

善化皮錫瑞

夏傳

禹貢

夏成五服，外薄四海。【注】言德廣之所及。

疏證曰：據《大傳》下文，實有東、南、西、北四海之名，與《爾雅》「九夷、八狄、七戎、六蠻，謂之四海」，其義不同。《漢書·王莽傳》云：「今謹案已有東海、南海、北海郡，未有西海郡。請受良願等所獻地爲西海郡。」蓋用今文《尚書》。

東海，魚須、魚目。【注】所貢物。魚須，今以爲簪。又魚目，今以雜珠。

疏證曰：《禮記·玉藻》：「大夫以魚須文竹。」庾氏云：「以鮫魚須飾竹以成文。」盧云：「以魚須及文竹爲笏。」《御覽》引《魏武四時食制》曰：「東海有大魚，如山，長五六里，謂之鯨鯢，其鬚長一丈，❶廣三尺，厚六寸，瞳子如三升椀大，骨可爲方臼。」崔豹《古今注》曰：「鯨，海魚也，大者長千里。其雌曰鯢，大者亦長千里，眼睛爲明月珠。」任昉《述異記》曰：「南海有珠，即鯨魚目瞳，夜可以鑑，謂之夜光。」曹毗《觀濤賦》曰：「目落爲明月之珠。」裴氏《廣州記》曰：「鯨鯢目即明月珠，故死不見有目睛。」《唐書》：「開元七年，大拂涅靺鞨獻鯨魚睛。」

南海，魚革、珠璣、大貝。【注】魚革，今以飾小車，纏兵室之口。貝，古以爲貨，王莽時亦然。

疏證曰：《詩·采薇》：「象弭魚服。」傳：「魚服，魚皮也。」正義曰：「魚服，以魚皮爲矢服。故云『魚服，魚皮』。《左傳》曰：『歸夫人魚軒。』服虔云：『魚，獸名。』則魚皮又可以飾車也。」陸機曰：『魚服，魚獸

❶「一」，原作「二」，今據《太平御覽》卷九三八《鱗介部十》改。

之皮也。魚獸似猪，東海有之，其皮背上斑文，腹下純青，今以爲弓鞬步叉者也。❶其皮雖乾燥，以爲弓鞬矢服，經年，海水潮及天將雨，其毛皆起。水潮還及天晴，其毛復如故。雖在數千里外，可以知海水之潮，自相感也。』」《山海經》曰：「燕山，漳水出焉，其中多鮫魚。」郭璞注：「鮫，背上有甲，朱文，尾長三四尺，皮可以飾刀劍口。」《說文·魚部》：「鮫，魚也，皮可以飾刀。」《御覽》引《魏武四時食制》曰：「海中魚皮生毛，可以飾物，出揚州。」又《南越記》曰：「鯌魚，其鰓鱗皮有珠文，❷可以飾刀劍口。」皆與鄭注義合。又案《說文·玉部》：「珠，蚌中陰精也。」「璣，珠不圓者。」《管子》曰：「珠起於赤野。」《鄒子》曰：「珠生於南海。」《鹽鐵論》曰：「珠璣出桂林。」《爾雅·釋魚》：「貝大者魧。」《孝經援神契》曰：「德至淵泉，則江生大貝。」《詩疏》曰：「有紫貝，質白如玉，紫點爲文，皆行列相當，大者徑一尺二寸。今九真、交阯以爲杯盤實物也。」

西海，魚骨、魚幹、魚脅。【注】魚幹、魚脅，未聞。

北海，魚劍、魚石、出瑱、擊閭。【注】魚劍，魚兵如劍也。魚石，頭中石也。出瑱，狀如凝膏，在水上。擊閭，狀如鮐魚，大五六尺，今海家謂之□□。

疏證曰：《御覽》引《魏武四時食制》曰：「斑魚，頭中有石，出北海。」又郭義恭《廣志》曰：「斑魚，頭中有玉石，如珠璣。」《嶺表録異》曰：「石首魚，腦有二石子，如蕎麥粒，瑩白如玉。」出瑱，如鄭注義，蓋即今之水母。《路史·後紀》：「東海，魚須、魚目。南海，魚革、珠璣、大貝。西海，骨、幹、脅。北海，魚石、魚劍、出瑱、擊閭。」不明引《大傳》，蓋本傳文。羅氏說之曰：「古貢必以用物，如怪石微物，亦適用然後貢。魚石，魚頭石。魚刀、魚劍，魚兵如刀劍者。與魚革、脇，皆以飾小車、纏兵室。羽葆者。❸出瑱如凝膏，浮水上。擊閭如鮐，大五六尺，可治劍。《周書》言閭似隃冠。隃冠，奇魚，出揚州。注《射禮》以閭爲射

❶「弓」上，原衍「可」字，今據《唐宋叢書》本《毛詩草木鳥獸蟲魚疏》卷下、《毛詩·采薇》正義刪。

❷「文」，原作「皮」，今據《太平御覽》卷九三八《鱗介部十》改。

❸「羽葆者」，據明萬曆刻《路史》卷二二《後紀十三》，其下有「旄牛尾，樂舞用，非甚切，故《禹貢》不著」十四字，當係皮氏多引，應刪。

器，《鄉射》注以爲獸，謂似驢，妄。」

河，魭。【注】「魭」當作「黿」，黿狀如鼈而大。《月令》「季夏，命漁師伐鮫，取鼉，登龜，取黿」也。

江，鱓，大龜。【注】「鱓」當作「鼉」，鼉狀如蜥蜴，長六七尺。「鱓」或爲「鱣」，鱣，鯉也。

疏證曰：此鱓與魭、龜爲類，當是鼉，而非鱣。《周書・王會解》「會稽以鼉」，《禹貢》「九江納錫大龜」，孔傳「尺二寸曰大龜」，《史記・龜策傳》曰「龜千歲，滿尺二寸」，《漢書・食貨志》曰「元龜距髯長尺二寸」。逸《禮》曰：「天子龜尺二寸，諸侯八寸，大夫六寸，民、士四寸。」褚先生曰：「神龜出於江中。廬江郡常歲時出龜，長尺二寸者二十枚，輸太卜官。」

五湖，玄唐。【注】五湖，揚州浸也，今屬吴。玄唐，未聞。鉅野，蔆。【注】鉅野，大野也，魯藪，今屬山陽。蔆，芰。

疏證曰：《爾雅・釋艸》：「蔆，厥攈。」郭注：「今水中芰也。」《周書》曰：「冬食蔆藕。」《周禮・邊人》：「加籩之實，蔆。」《廣志》曰：「鉅野大蔆，大於常蔆。淮漢以南，凶年以蔆爲蔬。」

鉅定，蠃。【注】鉅定，澤也，今屬樂安所有，故縣則屬齊。蠃，蝸牛也。

疏證曰：古蠃、蝸不分，非今所謂蝸牛。《周禮・鼈人》：「祭祀，供蠯、蠃、蚳，以授醢人。」《國語》大夫種曰：「今民大荒，其民必移就蒲蠃於東海之濱。」《三國魏志》注：「袁術在江淮，取給蒲蠃。」

濟中，詹諸。【注】詹諸，鼃黽也。

疏證曰：詹諸，即蟾蜍。《爾雅・釋魚》：「鼁䵹，蟾諸。」郭注：「似蝦蟆，居陸地。淮南謂之去蚥。」「在水者黽」，郭注：「耿黽也。似青蛙，大腹。一名土鴨。」古蛙與蟾蜍亦不分別。《漢書・霍光傳》「丞相擅減宗廟羔、菟、鼃」，是古人食鼃且薦宗廟。鄭君注《周禮》曰：「今御所食鼃。」

孟諸，靈龜。【注】孟諸，宋藪也。龜俯者靈。《周禮》：「天龜曰靈屬。」

疏證曰：《爾雅・釋魚》「二曰靈龜」，郭注：「涪陵郡出大龜，甲可以卜，緣中文似瑇蝐，❶俗呼爲靈

---

❶「文」，原作「叉」，今據《爾雅・釋魚》改。

黿，即今觜蠵黿。一名靈蠵，能鳴。」

降谷，玄玉。【注】「降」讀如「厖降」之「降」。或作「函谷」，今河南穀城西闕山也。

疏證曰：《禮記·玉藻》「公侯佩山玄玉」，《中候》曰：「湯沈璧於洛，黑鳥隨魚止，化爲黑玉。」王逸《正部論》曰：「黑如純漆，玉之符也。」魏文帝《與鍾繇書》同。

大都，鯉魚、魚刀。【注】大都，明都。鯉魚，今江南以爲鮑。魚刀，魚兵如刀者也。

疏證曰：《爾雅·釋魚》「鮤，鱴刀」，郭注：「今之鮆魚也，亦呼爲刀魚。」《山海經》曰：「浮玉之山，北望具區，苕水出於其陰，其中多鮆魚。」郭注：「鮆魚，狹薄而長鬚，一名刀魚，太湖中饒。」《御覽》引《魏武四時食制》曰：「望魚，倒如刀，可以刈草，出豫章明都澤。」又《臨海水土記》曰：「鉛刀魚，似鰲。今江淮有刀魚，土人以爲珍味。」《路史·後紀》：「大都，鯉魚、魚刀。河，蚖。江，鱓。五湖，玄唐。鉅野之芰。鉅定之蠃。治中，瞻諸。孟諸，九江大黿。降谷，玄玉。歲咸會於尚方，以俟其工之需。」蓋亦本傳文。

咸會於中國。【注】言德能及之，異物來至也。

「夏成五服」以下傳、注，並見《玉海·王會解注》後。又《初學記·政理部三》，《御覽》七百六十六《褋物部一》、九百四十七《蟲豸部四》、九百七十五《果部十二》，《禮書》五十一，《爾雅翼》卷三十，《錦繡萬花谷·後集》卷十八，《困學紀聞》二。

禹成五服，齒革羽毛器備。《禹貢合注》，《太平御覽》七百六十六。

疏證曰：《禹貢》「揚州」、《史記·夏本紀》作「齒革羽毛」。正義曰：「按西南夷常貢旄牛尾，以爲旌旗之飾。《書》、《詩》通謂之『旄』。故《尚書》曰『右秉白旄』，《詩》云『建旐設旄』，皆此牛也。」《漢書·地理志》亦作「齒革羽毛」，師古曰：「羽旄，謂衆鳥之羽可爲旄者也。」據張守節、顔師古之説，《史》、《漢》正文本當作「旄」，《史》、《漢》於荆州皆作「羽旄」可證，由淺人改之，參差不一也。《大傳》亦當作「旄」。

文皮千合。《史記·貨殖傳》索隱。

疏證曰：《爾雅·釋地》曰：「東北之美者，斥山之文皮焉。」郭注曰：「虎豹之屬，皮有縟綵。」

白羽之矰。《路史・疏仡紀・高辛》。

疏證曰：《國語》曰：「白常、白旗、素甲、白羽之矰，望之如荼。」《韓詩外傳》曰：「得白羽如月。」

高山、大川，五嶽、四瀆之屬。《史記・夏本紀》集解。五嶽謂岱山、霍山、華山、恒山、嵩山也。《白虎通・巡守》篇。

疏證曰：《白虎通・巡守》篇曰：「嶽者何謂也？嶽之言桷，桷功德也。東方爲岱宗者，言萬物更相代於東方也。南方爲霍山者，霍之爲言護也，言大陽用事，護養萬物也。西嶽爲華山者，華之爲言穫也，言萬物成孰，可得穫也。北方爲恒山者，恒者常也，萬物伏藏於北方有常也。中央爲嵩高者，言其高大也。」下引此傳云云。《爾雅・釋山》：「泰山爲東嶽，華山爲西嶽，霍山爲南嶽，恒山爲北嶽，嵩高爲中嶽。」《説苑》曰：「五嶽者何謂也？泰山東嶽也，霍山南嶽也，華山西嶽也，恒山北嶽也，嵩高山中嶽也。」《説文》曰：「嶽，東岱、南霍、西華、北恒、中嵩。」《廣雅・釋山》曰：「岱宗謂之泰山，天柱謂之霍山，華山謂之太華，常山謂之恒山，外方謂之嵩高，岣嶁謂之衡山。」以霍山列太、華之間，而衡山別見於後，則亦以霍山爲南嶽，皆同《大傳》之説。

江、河、淮、濟爲四瀆。《白虎通・巡守》。《風俗通・山澤第十》「謹案《尚書大傳》、《禮三正記》」。

疏證曰：《爾雅・釋水》曰：「江、河、淮、濟爲四瀆，四瀆者發源注海者也。」《史記》引古文《湯誥》曰：「古禹、皋陶久勞於外，東爲江，北爲濟，南爲淮，西爲河，四瀆已修，萬民乃有居。」《説苑》曰：「四瀆者何謂也？江、河、淮、濟也。」《風俗通・山澤》篇引此傳及《三正記》「江、河、淮、濟爲四瀆」，曰：「瀆者，通也，所以通中國垢濁，民陵居，殖五穀也。江者，貢也，珍物可貢獻也。河者，播爲九流，出龍圖也。淮者，均，均其務也。濟者，齊，齊其度量也。」《白虎通・巡守》篇曰：「謂之瀆何？瀆者，濁也。中國垢濁，發源東注海，其功著大，故稱瀆也。」《釋名・釋水》曰：「天下大水四，謂之四瀆，江、河、淮、濟也。瀆，獨出其所而入海也。」《水經・河水》注：「自河入濟，自濟入淮，自淮達江。江、河、淮、濟爲四瀆。」

五嶽皆觸石而出雲，扶寸而合，不崇朝而雨

天下。【注】四指爲扶。《藝文類聚》卷一《天部上》，《文選》應休璉《與從弟君苗君胄書》注，《後漢書·章帝紀》，《御覽》卷八、卷十《天部》。又《事類賦》三。

疏證曰：《公羊傳》曰：「觸石而出，膚寸而合，不崇朝而徧雨乎天下者，惟泰山爾。」《風俗通·正失》篇文同。何氏解詁曰：「側手爲膚，案指爲寸。」《玉篇》引《公羊傳》云「扶寸而合」，《廣韻》同，又引注云：「側手曰扶，案指曰寸。」是古本《公羊》亦作「扶寸」矣。注云「四指爲扶」者，《禮記·投壺》：「籌，室中五扶，堂上七扶，庭中九扶。」注云：「鋪四指曰扶。」《韓非子》云：「上失扶寸，下得尋常。」注云：「四指爲扶。」

大川相間，小川相屬，東歸於海。《水經注·序》。

百川趨於東海。《文選·郭有道碑文》注。又《吴都賦》、《海賦》、孫子荆《爲石仲容與孫皓書》注。又《長歌行》注作「百川赴東海」。

非水無以準萬里之平，非水無以通遠道任重也。《藝文類聚》卷八《水部》，《御覽》五十八《地部二十三》。又《白帖·水》、《記纂淵海》卷一《水》。《藝文》引無「遠」字，《記纂》引無「道」字。【注】准，度也。《原本玉篇·水部》引，引傳文「準」亦作「准」。

疏證曰：《周禮》「輪人爲輪」：「水之以眡其平沈之均也。」「匠人建國」：「水地以縣。」又《管子》論水曰：「準也者，五量之宗也。」《漢志》曰：「繩直生準。準者，所以揆平取正也。」韋昭注曰：「立準以望繩，以水爲平。」《白虎通·五行》篇曰：「水之爲言準也。養物平均，有準則也。」《説文·水部》、《廣雅·釋言》皆曰：「水，準也。」《釋名·釋天》曰：「水，準也，準平物也。」

五嶽視三公，四瀆視諸侯，其餘山川視伯，小者視子、男。【注】所視者，謂其牲幣、粢盛、籩豆、爵獻之數，非謂尊卑。《禮記·王制》正義引「《夏傳》曰」並注。又《尚書·舜典》正義引注。又《風俗通·山澤第十》引，「其餘山川」下作「或伯或子、男，大小爲差」。注「所視者」三字，據《書疏》增。又《禮書》。

疏證曰：《禮記·王制》曰：「五嶽視三公，四瀆視諸侯。」注：「視，視其牲器之數。」正義引此傳及注云：「按《周禮》，上公饔餼九牢，飧五牢，饗禮九獻，豆四十。侯、伯饔餼七牢，飧四牢，饗禮七獻，豆三十有二。子、男饔餼五牢，飧三牢，饗禮五獻，豆二十有四。又五等諸侯，膳皆太牢，祭亦太牢，簋皆十有二，祭四望山川，用毳冕。鄭注《禮器》『五獻察』：『謂祭四望山川。』又侯、伯無別，三公與子、男同。今此《王制》云『五嶽視三公，四瀆視諸侯』，則三公尊於諸侯。《夏傳》云『四瀆視諸侯，其餘山川視伯，小者視子、男』，是伯與侯別。今鄭注此『視，視其牲器』，又注《夏傳》『謂其牲幣、粢盛、籩豆、爵獻之數』，參驗上下，並與《周禮》不同，不可强解合之爲一。此《王制》所陳，多論夏、殷之制。《夏傳》所説，又非周代之禮。鄭之所注者，當據異代法也。此經云『四瀆視諸侯』，《夏傳》『視諸侯』之下云『其餘山川視伯，小者視子、男』，則此諸侯謂是侯爵者，不得總爲五等諸侯。」錫瑞案：孔疏極詳明，然據《王制》「公、侯田方百里」云云，鄭注：「此地，殷所因夏爵三等之制也。殷有鬼侯、梅伯。春秋變周之文，從殷之質，合伯、子、男以爲一，則殷爵三等者，公、侯、伯也。異畿内謂之子。周武王初定天下，更立五等之爵，增以子、男。」正義曰：「云『此地，殷所因夏爵三等之制也』者，以夏會諸侯於塗山，執玉帛者萬國，若不百里、七十里、五十里，則不得爲萬國也。故知夏爵三等之制。如此，經文不直舉夏時，而云『殷所因』者，若經指夏時，則下當云萬國，不得云『凡九州，千七百七十三國』，故以爲殷所因夏爵三等之制也。」依鄭、孔之説，則五等始於周所增立，夏、殷皆無五等之制。而《王制》正義又曰：「《元命包》云：『周爵五等，法五精。春秋三等，象三光。』説者因此以爲文家爵五等，質家爵三等。若然，夏家文，應五等，虞家質，應三等。按：《虞書》『輯五瑞，修五禮、五玉』，豈復三等乎？又《禮緯含文嘉》云：『殷爵三等。殷正尚白，白者，兼正中，故三等。夏尚黑，亦從三等。』按：《孝經》夏制，而云公、侯、伯、子、男，是不爲三等也。《含文嘉》之文，又不可用也。」據此，則孔穎達亦以爲虞、夏有五等之爵。今以經義斷之。《禹貢》曰「二百里男邦」，《酒誥》曰「侯、甸、男、衛邦伯」，今文《尚書》「男邦」作「任國」，男、任義同。則夏、殷有男爵。《尚書》有箕子、微子，則殷有子爵。鄭謂周立五等，增以子、男，蓋未可據。所謂「合伯、子、男爲一」者，殷爵雖有五等，而伯、子、男不分高下，則名五而實三，與周之截然分爲五等者不同。而合伯、子、男爲一，鄭、何説又少異。鄭君云「皆從伯」，何劭公云「皆從子」，則伯與子亦微有差降，故《夏傳》以此爲差也。《説苑》曰：「五嶽何以視三公？能大布雲雨焉，能大斂雲雨焉。雲觸石而出，膚寸而合，不崇朝而雨天下，施德博大，故視三公也。四瀆何以視諸侯？能蕩滌垢濁焉，能通百川於海焉，能出雲雨千里焉，爲施甚大，故視諸侯也。山川何以視子、男也？能出物焉，能潤澤物焉，能生雲雨，爲恩多，然品類以百數，故視子、男也。」與傳義合。

禹奠南方霍山。【注】謂奠祭也。《兩漢刊誤補遺》引「《夏傳》曰」。

疏證曰：《爾雅·釋山》：「霍山爲南嶽。」郭注：「即天柱山。漢武帝以衡山遼曠，因讖緯皆以霍山爲南岳，故移其神於此。」孫星衍云：「緯書皆本今文。漢武案古圖書復南嶽之舊，非以霍山爲南嶽始自漢武也。《通典》引《三禮義宗》云：『唐、虞以衡山爲南嶽，周氏以霍山爲南嶽。』蓋傳寫互誤，非崔靈恩之失也。《周禮》以衡山爲南嶽，唐、虞五嶽即是霍山也。竊疑經文言『五月，南巡守，至于南嶽』，則舜都平陽，吉行五十里，計一月可至霍山。若至衡山，遼遠且又踰江，不便以覲南方諸侯。故歐陽、夏侯等説爲霍山，蓋本之伏生。是以《大傳》又有『中祀霍山』及『奠南方霍山』之文也。」今考孫説甚塙。《説苑》、《白虎通》、《説文》、《廣雅》皆與《大傳》義合，已見前。又《水經》云：「霍山爲南岳，在廬江灊縣西南。」《論衡·書虚篇》云：「舜巡守，東至岱宗，南至霍山，西至大華，北至恒山。以爲四嶽者，四方之中，諸侯之來，竝會嶽下，幽深遠近，無不見者。聖人舉事，求其宜適也。」亦同《大傳》之説。而論者猶以爲是漢人書，皆據漢制而言。今考得一古義，可爲塙證。《楚辭·天問》曰：「吳獲迄古，南嶽是止。」王逸注曰：「獲，得也。迄，至也。古，謂古公亶父也。言吳國得賢君，至古公亶父之時，而遇泰伯陰讓避王季，辭之南嶽之下，采藥於是，遂止而不還也。」案：泰伯逃荆蠻，非楚地，是吳地。屈子所云南嶽必非衡山，乃是霍山。此文塙在漢武之先，足證以霍山爲南嶽不始於漢，《爾雅》亦非漢人所坿益矣。

東原底平。大而高平者，謂之大原。《水經·

汾水》注六。**下而平者，謂之隰，隰之言溼也。**《御覽》五十七《地部二十三》。《原本玉篇》引作「隰，隰言溼也」。**下溼曰隰。**《毛詩・隰桑》正義引《夏傳》曰」。**順流而下曰沿。**❶《事類賦》七引《書大傳》。

疏證曰：《春秋説題辭》云：「高平曰太原。原，端也，平而有度。」《爾雅・釋地》：「下溼曰隰。」李巡曰：「下溼謂土地窊下，常沮洳，名爲隰也。」《釋名》曰：「下溼曰隰。隰，蟄也。蟄，溼意也。」《史記・夏本紀》：「均江海，通淮泗。」集解：「鄭玄曰：均讀曰沿。沿，順水行也。」蓋本《大傳》。

圻者，天子之境也。諸侯曰境。天子遊，不出封圻。諸侯非朝聘不出境。《路史・國名紀八》。

疏證曰：《春秋》隱二年：「春，公會戎于潛。」何氏《公羊解詁》曰：「凡書『會』者，惡其虚内務、恃外好也。古者諸侯非朝時不得踰竟。」賈子《新書》：「燕君送桓公，入齊地百六十六里。桓公問於管仲曰：『禮，諸侯相送，固出竟乎？』管仲曰：『非天子不出竟。』」

天子游，不出封圻，不告祖廟。【注】《周禮》：「方千里曰王圻。」《詩》曰：「邦圻千里，惟民所止。」《儀禮經傳通解續》二十六上《因事之祭》。

疏證曰：《通典・禮十五》引子思之言曰：「古者天子將巡守，必先告於祖，命史告羣廟及社稷、圻内名山大川，七日而徧。親告用牲，史告用幣。」《白虎通・巡守》篇曰：「王者出必告廟何？孝子出辭、反面，事死如事生。」又引《王制》「造於禰」，曰：「造於禰，獨見禰何？辭從卑，不敢留尊者之命。至禰，不嫌不至祖也。」告祖廟禮，互見卷一「古者巡守」一條。

夏傳

天子三公：一曰司徒公，二曰司馬公，三曰司空公。【注】《周禮》天子六卿，與太宰、司徒同職者則謂之司徒公，與宗伯、司馬同職者則謂之司馬公，與司寇、司空同職者則謂之司空公。一公兼

❶「下」，原作「不」，今據《輯校》卷一、宋紹興十六年刻《事類賦》卷七《地部》改。

二卿，舉下以爲稱。傳、注並見《周禮・地官・序官》疏。又《匠人》疏引《書傳》云司徒公、司馬公、司空公。又《大戴禮・保傳》篇注引今《尚書》説：「三公：司馬、司徒、司空也。」

疏證曰：陳壽祺曰：《禮記・月令》「命太尉」，正義云：「案《書傳》有司馬公、司徒公、司空公領三卿，此夏制也。」又《五經異義疏證》曰：「以序言之，《書傳》『一曰司徒公』當作『司馬公』，『二曰司馬公』當作『司徒公』。《大戴禮・保傳》篇盧注引今《尚書》説『三公：司馬、司徒、司空也』，以司馬在司徒先，可證。《續漢・百官志》注引《漢官儀》曰：『王莽時，議以漢無司徒官，故定三公之號曰大司馬、大司徒、大司空。世祖即位，因而不改。』此則漢立三公，蓋取今《尚書》及《韓詩》説，亦大司馬先大司徒也。」

錫瑞案：《異義》：「今《尚書》夏侯、歐陽説，天子三公，一曰司徒，二曰司馬，三曰司空，九卿，二十七大夫，八十一元士，凡百二十。在天爲星辰，在地爲山川。古《周禮》説，天子立三公，曰太師、太傅、太保。冢宰、司徒、宗伯、司馬、司寇、司空，是爲六卿之屬。許慎謹案：『周公爲傅，召公爲保，太公爲師，無爲司徒、司空文，知師、保、傅三公官名也。五帝、三王不同物，此周之制也。』」是許氏以古説爲周制，今説爲前代制，鄭駁無考。《月令》疏引鄭注《書傳》，以三公領九卿爲夏制，則亦必以古文説爲周制，其於許氏無駁可知。而此注云「一公兼二卿」，則與《大傳》不合。今文家説皆謂古者祇有三公、九卿，而無六卿，六卿自是周制。若一公兼二卿，乃周大國三卿之制。《公羊》文八年：「宋人殺其大夫司馬，宋司城來奔。」注云：「天子有大司徒、大司馬、大司空，皆三公官名也。諸侯有司徒、司馬、司空，皆卿官也。」又襄十一年傳云：「古者上卿下卿，上士下士。」注：「説古制司馬官數。古者諸侯有司徒、司空，上卿各一，下卿各二；司馬事省，上、下卿各一。上士相上卿，下士相下卿，足以爲治。」《禮疏》引《三禮義宗》云：「諸侯三卿，司徒兼冢宰，司馬兼宗伯，司空兼司寇。三卿之下，則五小卿，爲五大夫。故《周禮・太宰職》云：『諸侯立三卿、五大夫也。』五大夫者，司徒之下立二人，小宰、小司徒也；司馬之下，以其事省，故立一人，爲小司馬，兼宗伯之事；司空之下立二人，小司寇、小司空。」據此諸説，一公兼二卿，與周諸侯制合。鄭以周制爲夏制，以諸侯之官爲天子之官，失之。

百姓不親，五品不訓，則責之司徒。《御覽》二百七《職官部》。**蠻夷滑夏，寇賊奸宄，則責之司馬。**《御覽》二百九《職官部》。**溝瀆壅遏，水爲民害，田廣不墾，則責之司空。**《御覽》二百八《職官部》。【注】**坐而論道謂之三公，通職名，無正官名。**《考工記・序工》疏引《夏傳》注。

疏證曰：鄭注云「通職名，無正官名」，此《周官》之三公，非《大傳》之所謂三公也。《韓詩外傳》曰：「三公者何？曰司空、司馬、司徒也。司馬主天，司空主土，司徒主人。君臣不正，人道不和，國多盜賊，人怨其上，則責之司徒。山陵崩陷，川谷不通，五穀不殖，草木不茂，則責之司空。陰陽不和，四時不節，星辰失度，災變非常，則責之司馬。」《公羊》隱五年傳注引《禮》曰：「司馬主兵，司徒主教，司空主土。」《漢書・百官公卿表》曰：「或説司馬主天，司空主土，司徒主人。」《白虎通・封公侯》篇曰：「司馬主兵，司徒主人，司空主地。王者受命爲天、地、人之職，故分職以置三公，各主其一，以效其功。《別名記》曰：『司徒典民，司空主地，司馬順天。』天者施生，所以主兵何？兵者，爲謀除害也，所以全其生、衛其養也，故兵稱天，寇賊，猛獸，皆爲除害者所主也。《論語》曰：『天下有道，則禮樂征伐自天子出。』不言兵言馬者，馬，陽物，乾之所爲，行兵用也。不以傷害爲文，故言馬也。司徒主人，不言人言徒者，徒，衆也，重民衆。司空主土，不言土言空者，空尚主之，何況於實？以微見著。」是今文説三公各有所主。《白虎通》明言「分職」、「各主其一」，與古文説「不以一職爲官名」者截然不同。鄭以古文解今文，失之。

司馬在前。《周禮・序官》疏引《夏傳》。

疏證曰：舜命九官，有司空、司徒而無司馬。《尚書中候・握河紀》曰「舜爲太尉」，《春秋元命苞》、《運斗樞》、《合誠圖》、《論語比考讖》皆有「太尉舜」之文，疑其時之三公以太尉合司空、司徒爲三。《運斗樞》曰：「舜以太尉受號，即位爲天子。」蓋舜以太尉攝政，遂以即位，未嘗以太尉授人，故九官中亦無太尉。至夏，乃更太尉爲司馬。故伏生以司徒、司馬、司空爲三公，列之《夏傳》。秦、漢以太尉名官，蓋亦本於古制。漢武改太尉爲大司馬，則法夏之制也。《月令》注：「三王有司馬，無太尉。」正義謂「堯置之，而三王不置」，其說近是。《御覽》引《古今通語》曰：「異官同爵，共位列職。興仁隆化、幽贊神明者，謂之太尉；和五教，理人倫，使風行俗平、萬國咸寧者，謂之司徒；使國無枉理、法措刑清、事均民聚者，謂之司空。」此以太尉、司徒、司空爲三公之證。

古者天子三公，每一公三卿佐之，每一卿三大夫佐之，每一大夫三元士佐之。故有三公、九卿、二十七大夫、八十一元士。所與爲天下者，若此而已。《御覽》二百二《職官部二》，《儀禮經傳通解·王制之戊集傳集注三十二》。又《藝文類聚》四十五《職官一》引至「三元士佐之」。【注】自三公至元士凡百二十，此夏時之官也。周之官三百六十。《禮志》曰：「有虞氏官五十，夏后百，殷二百，周三百。」近之，未得其實也。據夏、周推其差，則有虞之官六十，夏后氏百二十，殷二百四十，周三百六十，爲有所法。《儀禮經傳集注》三十二。又《御覽》二百三引首三句。

疏證曰：鄭君此注推闡極明。《禮記·王制》曰：「天子三公、九卿、二十七大夫、八十一元士。」注：「此夏制也。《明堂位》曰：『夏后氏之官百。』舉成數也。」《繁露》曰：「王者制官，三公、九卿、二十七大夫、八十一元士，凡百二十人，而列臣備矣。」又曰：「天子自參以三公，三公自參以九卿，九卿自參以三大夫，三大夫自參以三士。」《說苑·君道》篇湯問伊尹曰：「三公、九卿、二十七大夫、八十一元士，知之有道乎？」《臣術》篇：「三公者，所以參五事也；九卿者，所以參三公也；大夫者，所以參九卿也；列士者，所以參大夫也。」《白虎通·封公侯》篇曰：「王者所以立三公、九卿何？曰：天雖至神，必因日月之光；地雖至靈，必有山川之化；聖人雖有萬人之德，必須俊賢。三公、九卿、二十七大夫、八十一元士，以順天成其道。一公置三卿，故九卿也。天道莫不成於三：天有三光，日、月、星；地有三形，高、下、平；人有三等，君、父、師。故一公三卿佐之，一卿三大夫佐之，一大夫三元士佐之。天有三光，然後能徧照。各自有三，法物成於三：有始、有中、有終，明天道而終之也。三公、九卿、二十七大夫、八十一元士，凡百二十官，下應十二子。」《公羊》桓八年傳注：「天子置三公、九卿、二十七大夫、八十一元士，凡百二十官，下應十二子。」疏引《元命苞》曰：「立三台以爲三公，北斗九星爲九卿，二十七大夫内宿部衛之列，八十一紀以爲元士，凡百二十官焉，下應十二子。」注：「此言天子立百二十官者，非直上紀星數，亦下應十二辰，故曰『下應十二子』。」《考工》疏引：「《援神契》曰：『天子即政，置三公、九卿、二十七大夫、八十一元士，慎文命，下各十二子。』如是，甲、乙、丙、丁之屬，十日爲母，子、丑、寅、卯等十二辰爲子。」《大義》引《春秋合誠圖》曰：「天不獨立，陰陽俱動，扶佐立緒，合於二六。以三爲舉，故三能六星兩兩而比，以爲三公；三三而九陽精起，故北斗九星以爲九卿；三九二十七，故有攝提、少微、司空、執法、五諸侯，其星二十七，以爲大夫；九九八十一，故内列陪衛、閣道、郎位扶匡天子之類，八十一星，以爲元士。凡有百二十官，下應十二月。數之經緯，皆五精流氣，以立官廷。」此皆今文家説，與《大傳》義合。

舜攝時，三公、九卿、百執事，此堯之官也，故使百官事舜。《路史·後紀·陶唐》。【注】所謂六卿者，后稷、司徒、秩宗、司馬、士、共工爲六卿。《路史·後紀十四·夏后紀下》引《大傳·夏書》注。又《禮記·曲禮下》正義。

疏證曰：陳壽祺曰：《路史》引此條爲《夏書》注，則是注説有虞之官制如此也。上條引舜攝時堯之官制，當與此注相屬，故入之《夏傳》。此篇當是説《甘誓》「乃召六卿」之文。

錫瑞案：《甘誓》「六卿」乃六軍之將，非《周官》之六卿。《周官》所謂軍將皆命卿，亦是六軍之將，非天官冢宰等六卿也。冢宰尊於司馬，不應屬於司馬，且六卿皆出，冢宰六人無一人留守，誰與守國？故知周時六軍之將亦必非冢宰六卿。若周以前，止有三公、九卿，今文家説可據。舜命九官，並無司馬。當時若有其官，不應命官獨闕。漢人言爲司馬者，有稷，有契，有益，恐此數人爲司馬皆在夏時。然夏之司馬是三公，又非六卿。馬、鄭强引《周官》以證唐、虞，又以《甘誓》六卿爲《周禮》六卿，説皆非是。陳氏謂上條當與此注相屬，故入之《夏傳》，亦未必然。姑仍之，俟考。

天子、諸侯必有公桑蠶室，就川而爲之，築官有三尺，【注】「官」當爲「宫」。雉長三丈，高一丈。度長以長，度高以高，則蠶宫高一丈。《禮志》曰：「仞有三尺。」七尺曰仞。陳壽祺曰：《毛詩・瞻卬》正義引此傳、注，云：「彼文直云『官有三尺』，『官』下當脱『仞』字。」棘牆而外閉之。大昕之朝，【注】季春朔日之朝也。三宫之夫人浴種於川。世婦卒蠶，獻繭於夫人。【注】此諸侯之禮。天子則獻繭於后。繅，三盆手。【注】手猶親也。言后夫人親以手總之也。《毛詩・瞻卬》正義分引傳、注，云《尚書・夏傳》文。又《齊民要術》卷五節引傳首三句、「大昕之朝」二句。《儀禮・鄉射記》疏引注。

疏證曰：《禮記・祭義》曰：「古者天子、諸侯必有公桑蠶室，近川而爲之，築宫仞有三尺，棘牆而外閉之。及大昕之朝，君皮弁素積，卜三宫之夫人、世婦之吉者，使入蠶於蠶室，奉種浴於川，桑於公桑，風戾以食之。歲既單矣，世婦卒蠶，奉繭以示於君，遂獻繭於夫人。夫人曰：『此所以爲君服與！』遂副褘而受之，因少牢以禮之。古之獻繭者，其率用此與？及良日，夫人繅，三盆手，遂布於三宫夫人、世婦之吉者，使繅。遂朱緑之、玄黄之，以爲黼黻文章。服既成，君服以祀先王先公，敬之至也。」注：「諸侯夫人三宫，半王后也。三盆手者，三淹也。凡繅，每淹大總，而手振之，以出緒也。」正義曰：「『公桑蠶室』者，謂官家之桑，於處而築養蠶之室。『棘牆』者，謂牆上置棘。『外閉』，謂扇在户外閉也。『奉種浴於川』者，言蠶將生之時而又浴之，初於仲春已浴之，至此更浴之。」

殷傳

陳壽祺曰：《周禮・考工記・輿人》疏、《禮記・文王世子》正義、《毛詩・文王序》正義、《路史・後紀十四》、《困學紀聞》卷二並引《殷傳》。

帝告

《困學紀聞》卷二云：「《殷傳》有《帝告》篇。」《玉海》卷三十七。

《殷傳》：未命爲士者，不得乘飾車。《考工記・輿人》疏引《殷傳》。不得乘朱軒。【注】軒，輿也，士以朱飾之。軒，車通稱也。《文選・別賦》注，又張景陽《詠史詩》注、顏延年《曲水詩序》注、《褚淵碑文》注、《安陸昭王碑文》注。

未命爲士，車不得有飛軨，【注】如今窗車也。《文選・七發》《劇秦美新》注。不得衣繡。《廣韻・四十九宥》「繡」字注，《太平御覽・布帛部二》。

士乘飾車，兩馬。庶人單馬，木車，《公羊》隱元年疏。衣布帛。《路史・後紀十一》注。

《帝告》篇：《書》曰：「施章乃服，明上下。」《困學紀聞》卷二。

疏證曰：陳壽祺曰：《外紀》卷二：「成湯令未命之爲士者，車不得朱軒及有飛軨，不得乘飾車、駢馬、衣文繡。命，然後得，以順有德。」《通志・器服略》：「湯令未命之士不得朱軒及飛軨，不得飾車、駢馬、衣文繡。既命，然後得，以旌有德。」據二書所言，皆本伏生《大傳》。二書皆云「湯令」，則知此文在《殷傳》無疑。今並録以補《書傳》之闕逸。

錫瑞案：此傳解《帝告》之「施章乃服，明上下」，與《虞夏傳》解《皋陶謨》之「車服以庸」大旨略同。蓋成湯之令亦本古制。孫星衍《今古文疏》引此傳以解《皋陶謨》之「車服以庸」，義尚未諦也，《大傳》說古有命民、命士，未命爲士，謂非命民、命士也。

湯誓

《殷傳・湯誓》云：夏人飲酒，醉者持不醉者，不醉者持醉者，相和而歌曰：「盍歸於亳，盍歸於亳，【注】亳，湯之都也。注惟見《繹史》十四。亳亦大矣。」故伊尹退而閒居，深聽歌聲，【注】思其故也。是時伊尹在桀。更曰：「覺兮較兮，吾大命格兮。【注】覺兮，謂先知者。較兮，謂直道者。格，至也。吾，謂桀也。去不善而就善，何不樂兮。」伊尹入告於桀曰：「大命之亡有日矣。」桀僴然歎，啞然笑，曰：「天之有日，猶吾之有民也。日有亡哉？

日亡吾乃亡矣。」【注】自比於天，言常在也；比於日，言去復來也。注見《文選・西征賦》注。是以伊尹遂去夏適湯。《路史・後紀十四・夏后紀》引伏書。又《藝文類聚・帝王部二》，《太平御覽》八十三《皇王部八》。《御覽》不重「盍歸於亳」句。又《藝文》、《御覽》並無「僩然歎」三字，今依《路史》增。「日有亡哉」四字惟見《文選・西征賦》注、《史記・殷本紀》集解，據增。《藝文類聚》十二《帝王部二》，《太平御覽》八十二《皇王部八》。《御覽》無注「吾謂桀也」四字。《通鑑前編・夏桀四十歲》引《新序》，注云：「《大傳》與此大同小異。」

疏證曰：《新序・刺奢》篇曰：「桀作瑤臺，爲酒池糟隄，縱靡靡之樂，羣臣相持而歌曰：『江水沛沛，舟楫敗兮，我王廢兮。趣歸薄兮，薄亦大矣。樂兮樂兮，四牡蹻兮，六轡沃兮。去不善而從善，何不樂兮。』伊尹知天命之至，舉觶告桀曰：『君王不聽臣之言，亡無日矣。』桀拍然而作，啞然而笑，曰：『子何妖言！吾有天下，如天之有日也。日有亡乎？日亡吾亦亡矣。』於是接履而趍，遂適湯。」《帝王世紀》曰：「伊尹舉觴造桀，諫曰：『君王不聽羣臣之言，亡無日矣。』桀僩然折、啞然笑曰：『子又祆言矣。天之有日，猶吾之有民。日亡吾乃亡也。』」皆本《大傳》之文。鄭注《尚書》云：「桀見民欲叛，乃自比於日，曰：『是日何嘗喪乎？日若喪亡，我與女亦喪亡。』引不亡之徵以脅恐下民也。」鄭用《大傳》義，以「時日曷喪」二句爲桀之言。《史記・殷本紀》曰：「是日何時喪？予與女皆亡。」集解引《大傳》文釋之。楊雄《荆州牧箴》云：「至桀荒溢，曰：『我在帝位，若天有日。不順庶國，孰敢予奪！』」亦與《大傳》義同。古「亳」與「薄」通，《管子・輕重》篇云「湯以七十里之薄兼桀之天下」，《荀子・議兵篇》云「古者湯以薄，武王以鎬」，皆作「薄」字。湯始居之亳，在今商州。《書序》曰：「湯始居亳，從先王居。」正義引鄭云：「契本封商，國在太華之陽。」然則從先王居，蓋從契所居之商。《史記・六國表序》曰：「湯起於亳。」以爲收功西北之證。《尚書中候・雒予命》篇曰：「天乙在亳，東觀於洛。」《水經》：「洛水出京兆上洛縣讙舉山。」倉帝得書處，今商州地，是亳即商州無疑。蓋即位乃都偃師，仍以亳之名名之。商時天子之都稱亳，猶周時天子之都稱京。後儒不審，乃謂湯始居之亳即是偃師，皇甫謐又以爲穀熟，皆非是。

湯放桀居中野，士民皆奔湯。桀與其屬五百人南徙千里，止於不齊，不齊士民往奔湯。桀與其屬五百人徙於魯，魯士民復奔湯。桀曰：「國，君之有也。吾聞海外有人。」與五百人俱去。《御覽》八十三《皇王部八》。

湯放桀而歸於亳，三千諸侯大會。湯取天子之璽置之於天子之坐左，復而再拜，從諸侯之位。湯曰：「此天子之位，有道者可以處之矣。夫天下非一家之有也，唯有道者之有也，唯有道者宜處之。」湯以此三讓，三千諸侯莫敢即位，然後湯即天子之位。《御覽》八十三《皇王部八》。❶

疏證曰：《逸周書・殷祝解》曰：「湯將放桀於中野。士民聞湯在野，皆委貨扶老攜幼奔，國中虛。桀請湯曰：『國所以爲國者，以有家；家所以爲家者，以有人也。今國無家無人矣，君有人，請致國君之有也。』湯曰：『否。昔大帝作道，明教士民。今君王滅道殘政，士民惑矣。吾爲王明之。』士民復致於桀，曰：『以薄之君，濟民之殘，何必君更？』桀與其屬五百人南徙千里，止於不齊，不齊士民往奔湯於中野。桀復請湯，言：『君之有也。』湯曰：『否。我爲君王明之。』士民復，重請之。桀與其屬五百人徙於魯，魯士民復奔湯。桀又曰：『國，君之有也，吾則外。』人有言，彼以吾道是耶，我將爲之。』湯曰：『此君王之士也，君王之民也，委之何？』湯不能止桀。湯曰：『欲從者，從君。』桀與其屬五百人去，居南巢。湯放桀而復薄，三千諸侯大會，湯取天子之璽置之天子之坐左，退而再拜，從諸侯之位。湯曰：『此天子位，有道者可以處之，天下非一家之有也，有道者之有也。故天下者，唯有道者理之，唯有道者紀之，唯有道者宜久處之。』湯以此三讓，三千諸侯莫敢即位，然後湯即天子之位。」《逸周書》與《大傳》說同而較詳，觀此可見湯雖放伐，猶有揖讓遺意。湯放桀尚未即位，則伐桀必未稱王。《白虎通・三軍》篇曰：「王者受命，質

❶ 下「八」字，原無，《輯校》原文如此，今據本書文例及《太平御覽》補。

家先伐，文家先改正朔何？質家言天命己，使己誅無道，今誅，得爲王，故先伐。文家言天命已成，爲王者乃得誅伐王者耳。故先改正朔也。」然則商尚質，故先伐而後稱王。《史記·殷本紀》於「作《湯誓》」後乃云「號曰武王」，可證。《異義》「《公羊》説殷三千諸侯，周千八百諸侯」，亦本《大傳》之義。

桀殺刑彌厚而民彌暴，故爾梁遠，遂以是亡。【注】故爾，窮其近也。梁讀爲掠。《路史·後紀十四·夏后紀下》引《殷傳》。陳壽祺案曰：傳及注「故」字有誤。 湯之君民，聽寬而獄省。《御覽》八十三《皇王部八》。

疏證曰：故，當讀爲錮。「故」與「固」通。《論語·子罕》「固天縱之將聖」，《國語·越語》「道固然乎」，皇疏、韋注皆云：「固，故也。」《禮記·哀公問》「固民是盡」，注：「固猶故也。」《儀禮·士昏禮·記》「敢固以請」，《燕禮》「寡君固曰不腆」，注皆曰：「固，如『故』也。」《儀禮·士相見禮》「固請吾子之就家也」，又「敢固辭」，《禮記·少儀》「某固願聞名於將命者」，注皆曰：「固，如『故』也。」「固」又與「錮」通。《文選·求通親親表》「禁固明時」，注曰：「錮，與『固』通。」然則「故」可通「固」，即可通「錮」。《左氏》成二年傳「子反請以重幣錮之」，注曰：「禁錮勿令仕。」禁錮，即《孟子》「極之於其所往」之義，故鄭訓「故」爲「窮」，正以「錮」是窮極之義也。陳氏以傳注「故」字爲誤，蓋未得其解。《尚書中候·雒予命》曰：「夏桀無道，殺關龍逢，滅皇圖，壞歷綱，殘賊天下，賢人逃，日傷。」《帝命驗》曰：「夏桀無道，殺關龍逢，絶滅皇圖，壞亂曆紀，殘賊天下，賢人遁逃，淫色暴易，不事祖宗。」《大戴禮·少閒》篇曰：「桀不率先王之明德，乃荒耽於酒，淫泆於樂，德昏政亂，作宮室高臺、汙池土察，以民爲虐，粒食之民惛焉幾亡。」皆錮爾掠遠之事。

桀無道，囚湯，後釋之，諸侯八譯來朝者六國。《北堂書鈔》十《帝王部·來遠》。 漢南諸侯聞之，歸之四十國。《路史·後紀·夏后紀下》。

疏證曰：《史記·夏本紀》曰：「夏桀不務德而武傷百姓，百姓弗堪。迺召湯而囚之夏臺，已而釋之。湯修德，諸侯皆歸湯。湯率兵以伐夏桀，桀走鳴條，遂放而死。桀謂人曰：『吾悔不遂殺湯於夏臺，使至此。』」《淮南子》曰：「桀囚於焦門，不能自非其所行，而悔不殺湯於夏臺；紂拘於宣室，不自反其過，而悔不誅文王於羑里。天下非一湯、文也，殺一人，則必有繼之者矣。」《大戴禮・少間》篇曰：「商履循禮法，以觀天子。天子不悦，則嫌於死。」正言湯被囚之事。《尚書中候》曰：「天乙在亳，鄰國繦負歸德。」《帝王世紀》曰：「夏桀無道，湯使人哭之。桀因湯於夏臺，而後釋之。諸侯由是咸叛桀附湯，同日貢職者五百國，三年而天下悉服。」《世紀》所言國數過多，疑皇甫謐以意增之。

湯伐桀之後，大旱七年。史卜曰：「當以人爲禱。」湯乃翦髮斷爪，自以爲牲，而禱於桑林之社，而雨大至，方數千里。《左傳》襄十年正義。

疏證曰：《墨子・兼愛下》篇引湯説之辭曰：「惟予小子履，敢用玄牡，告於上天神后曰：『今天大旱，即當朕身履，未知得罪於上下，有善不敢蔽，有罪不敢赦，簡在帝心。萬方有罪，即當朕身，朕身有罪，無及萬方。』」釋之云：「此言湯貴爲天子，富有天下，然且不憚以身爲犧牲，以詞悦於上帝鬼神。」《尸子》曰：「湯之救旱，素車白馬布衣，身嬰白茅，以身爲牲。當此之時，絃歌舞者禁之。」《吕氏春秋・季秋紀》曰：「昔殷克夏，而天下大旱，五年不收。湯乃以身禱於桑林，曰：『余一人有罪，無及萬方；萬方有罪，在余一人。無以一人之不敏，使上帝鬼神傷民之命。』於是翦其髮，麗其手，自以爲牲，用祈福於帝。民悦，雨乃大至。」《淮南子》曰：「湯爲旱，以身禱於桑林之下。」公孫弘對策曰：「湯之旱，則桀之餘烈也。」京房《别對災異》曰：❶「若夏大旱，則雩祠之，以素車白馬布衣，以身爲牲。」《説苑・君道》篇曰：「湯之時，大旱七年，雒坼川竭，煎沙爛石。於是使人持三足鼎，祝山川，教之祝曰：『政不節邪？使人疾邪？苞苴行邪？讒夫昌邪？宫室營邪？女謁盛邪？何不雨之極也！』」蓋言未已而天大雨。」《論衡・感虚篇》曰：「傳《書》言湯遭旱七年，以身禱於桑林，自責以六過，

❶「别」，原作「列」，今據《太平御覽》卷八七九《咎徵部六》改。

天乃雨。或言五年。」《帝王世紀》曰：「湯自伐桀後，大旱七年，洛川竭。使人持三足鼎祝於山川曰：『慾不節耶？使民疾耶？苞苴行耶？讒夫昌耶？宮室營耶？女謁行耶？何不雨之極也！』殷史卜曰：『當以人禱。』湯曰：『吾所請雨者，民也。若必以人禱，吾請自當。』遂齋戒，剪髮斷爪，以己爲牲，禱於桑林之社曰：『唯予小子履，敢用玄牡，告於上天后土曰：「萬方有罪，罪在朕躬，朕躬有罪，無及萬方。無以一人之不敏，使上帝鬼神傷民之命。」』言未已而大雨至，方數千里。」衆説皆與《大傳》合。皇甫謐兼采衆説，其文最詳，引《論語》，亦引《墨子》。其所據《論語》有「履」字，與鄭本不同。以「萬方有罪」等語爲禱雨詞，與僞古文《尚書》亦不盡合。

景亳之命，費昌爲御。《路史·後紀十四·夏后紀下》。

疏證曰：《論衡》曰：「桀無道，兩日並照，在東者將起，在西者將滅。費昌問馮夷曰：『何者爲殷？何者爲夏？』馮夷曰：『西，夏也。東，殷也。』於是費昌徙族歸殷，殷果克隆。」

般庚

《書》曰：「若德明哉。湯任父言，卑應言。」《困學紀聞》卷二，《漢藝文志考證》。

疏證曰：此釋「古我先王，亦惟圖任舊人共政」至「罔有逸言」之義。父言，老成人之言。應言，從上如響斯應者。

古者諸侯始受封則有采地，百里諸侯以三十里，七十里諸侯以二十里，五十里諸侯以十五里。其後子孫雖有罪黜，其采地不黜，使其子孫賢者守之，世世以祠其始受封之人，此之謂興滅國、繼絶世。《書》曰：「兹予大享于先王，爾祖其從與享之。」此之謂也。《路史·國名紀四》。

疏證曰：陳壽祺曰：《韓詩外傳》與此同。

錫瑞案：《韓詩外傳》云「五十里諸侯以十里」，較

《大傳》所言少五里。陳喬樅云：「以百里、七十里例之，采地皆遞減十里。《韓詩外傳》是也。《大傳》『五十里諸侯以十五里』，『五』蓋衍字。」今考《春秋繁露·爵國》篇曰：「附庸，字者方三十里，名者方二十里，人、氏者方十五里。」董子分別三十里、二十里、十五里，正與《大傳》文合。則《大傳》文不誤，《韓詩外傳》或脱「五」字，陳説非是。又案：如董子義，則「采地不黜，使其子孫賢者守之」，即附於諸侯之附庸。其先百里之國，其後爲稱字之三十里；其先七十里之國，其後爲稱名之二十里；其先五十里之國，其後爲稱人、氏之十五里。殷爵三等，附庸亦分三等，其數適合。董子與伏生之言，可互相發明。附庸亦有五廟，見《春秋》「紀季入酅」《公羊傳》。蓋子孫有罪黜，而猶使爲附庸，得有五廟，以祀其始受封之人。此古者興滅繼絶之義也。《御覽》引《古今表臣記》曰：「夫爲諸侯始受封，各有菜地。百里之諸侯以四十里爲菜地，七十里之諸侯以二十里爲菜地，五十里之諸侯以十里爲菜地。其後子孫雖有黜地，而菜地世世不黜。」數與《大傳》不合，恐誤。

高宗肜日

武丁祭成湯，有飛雉升鼎耳而雊。武丁問諸祖己，祖己曰：「雉者，野鳥也，不當升鼎。今升鼎者，欲爲用也。遠方將有來朝者乎？」故武丁内反諸己，以思先王之道。三年，編髮重譯來朝者六國。《藝文類聚·鳥部》，《太平御覽》九百十七《羽族部四》。又《御覽》八十三《皇王部八》。又《論衡·是應篇》「祖己」作「祖乙」。又《後漢書·郎顗傳》注，《記纂淵海》六十六。又《稽瑞》引作「有雉飛昇而雊」、「辮髮重譯者六國」，餘同。

孔子曰：「吾於《高宗肜日》，見德之有報之疾也。」【注】《肜日》，《尚書》篇名。《御覽·皇王部八》，《後漢書·郎顗傳》注。

疏證曰：《史記·殷本紀》：「帝武丁祭成湯。明日，有飛雉登鼎耳而呴，武丁懼。祖己曰：『王勿憂，先修政事。』祖己乃訓王云云。武丁修政行德，天下咸驩，殷道復興。武丁崩，子祖庚立。祖己嘉武丁之以祥雉爲德，立其廟爲高宗，遂作《高宗肜日》及《訓》。」《漢書·五行志》：「《書序》曰：『高宗祭成湯，有蜚雉登鼎而雊。』祖己曰：『惟先假王，正厥事。』劉向以爲雉雊鳴者雄也，以赤色爲主。於《易》，離爲雉，南方近赤，祥也。一曰：鼎三足，三公象，而以耳行。野鳥居鼎耳，小人將居公位，敗宗廟之祀。野木生朝，野鳥入廟，敗亡之異。武丁恐駭，謀於忠賢，修德而正事。内舉傳説，授以國政，外伐鬼方，以安諸夏。故能攘木、鳥之妖，致百年之壽，所謂『六沴作見，若是共御，五福迺降，用章於下』者也。」《論衡·指瑞篇》：「《尚書大傳》曰：『高宗祭成湯之廟，有雉升鼎耳而鳴。高宗問祖己，祖己曰：遠方君子殆有至者。』祖己見雉有似君子之行，今從外來，則曰：遠方君子將有至者矣。」又《異虚篇》曰：「殷高宗之時，桑穀俱生於朝，❶七日而大拱。高宗召其相而問之，相曰：『吾雖知之，弗能言也。』問祖己，祖己曰：『夫桑穀者，野草也，而生於朝，意朝亡乎？』高宗恐駭，側身而行道，思索先王之政，明養老之義，興滅國，繼絶世，舉逸民。桑穀亡。三年之後，諸侯以譯來朝者六國，遂享百年之福。高宗，賢君也，而感桑穀生，而問祖己，行祖己之言，修政行仁。桑穀之妖亡，朝諸侯而年久。修善之義篤，故瑞應之福渥。此虚言也。夫周亡之祥見於夏時，又何以知桑穀之生不爲紂亡出乎？高宗問祖己之後，側身行道，六國諸侯偶朝而至，高宗之命自長未終，則謂起桑穀之問，改政修行，享百年之福矣。夫桑穀之生，殆爲紂出，亦或時吉而不凶，故殷朝不亡，高宗壽長。祖己謂野草爲凶。高宗祭成湯之時，有蜚雉升鼎而雊，祖己以爲遠人將有來者。説《尚書》家謂雉凶，議駁不同。且從祖己之言，雉來吉也。周時天下太平，越裳獻雉於周公，然則雉之吉凶未可知，則夫桑穀之善惡未可驗也。桑穀或善物，象遠方之士將皆立於高宗之朝，故高宗獲吉福，享長久也。」據王仲任説雊雉、桑穀吉凶最詳，仲任不信祥異，故其言如此。漢人以桑穀爲高宗時事，蓋本《大傳》之義。《大傳》以雊雉爲吉，桑穀爲凶。漢人多以雊雉亦爲凶，《史記》、《漢

❶ 「穀」，據宋乾道三年刻宋元明遞修《論衡·異虚篇》及《尚書》，當作「穀」。本篇内下同。

志》、《杜欽》《杜鄴》《孔光》諸傳可證。仲任云「説《尚書》家謂雉凶，議駁不同」，蓋謂其與《大傳》所載祖己之言不同也。仲任從祖己之言，是以《大傳》爲信，不從當時《尚書》家説。又推其義，謂桑穀亦善物，象遠方之士立於朝，説亦可通。蓋吉凶由人，古人特因變致警，而書其事以爲勸戒，不必疑《大傳》與《尚書》不合也。

武丁之時，《外紀》卷二此句上有「成湯之後」四字，下有「王道虧」三字。《困學紀聞》卷二此句下有「先王道虧刑罰犯」七字。桑穀俱生於朝，七日而大拱。【注】兩手搤之曰拱。生七日而見其大，滿兩手也。注上六字又見《史記·殷本紀》集解，「生七日」以下十一字惟見《尚書·咸乂》正義。武丁召其相而問焉。其相曰：「吾雖知之，吾不能言也。」問諸祖己，曰：「桑穀，野草也。【注】此木也，而云草，未聞。劉向以爲草妖。野草生於朝，亡乎？」武丁懼，側身修行，思昔先王之政，興滅國，繼絶世，舉逸民，明養老之禮，重譯來朝者六國。【注】九州之外國也。《太平御覽》八十三《皇王部八》引傳、注，惟無注「生七日」以下十一字。《尚書·咸乂》正義引「七日大拱」四字。又《漢書·五行志》引傳「俱生於朝」二句。又《外紀》卷二、《記纂淵海》卷六十六《朕兆》。又《史記·殷本紀》集解、索隱並節引。又《繹史》十七引「重譯」上有「三年之後」四字。

疏證曰：陳壽祺曰：《外紀》劉恕曰：「據伏生、劉向以武丁有桑穀，而向著《説苑》以大戊、武丁時俱有桑穀，《呂氏春秋》湯時穀生於廷，比旦而大拱，《韓詩外傳》三日而大拱，皆與《書序》不同。」壽祺案：《尚書·咸乂》正義引《帝王世紀》，亦以爲大戊事。鄭注所引劉氏説，乃劉向《五行傳論》語，見《漢書·五行志》。

錫瑞案：殷人尚鬼，蓋信祥異之事。湯與大戊、武丁桑穀當是三見，傳者各異耳，不必疑《大傳》與《書序》不合。《史記》引《書序》是今文，而亦載桑穀於大戊時，《封禪書》又載之。是今、古文説同，非古文説桑穀在大戊時，今文説桑穀在武丁時也。《説苑·君道》篇以桑穀爲大戊，又以爲武丁。《敬慎》篇與《五行志》所引亦以爲武丁。《論衡·感類》《順鼓篇》以桑穀爲大戊，《異虛篇》又以爲武丁。子政、仲任皆習今文説，以大戊、武丁皆有桑穀之事。《君道》篇曰：「成湯之後，先王道缺，刑法違犯，桑穀俱生於朝，七日而大拱。武丁召其相而問焉，其相曰：『吾雖知之，吾弗得言也。』問諸祖己，『桑穀者，野草也，而生於朝，意者國亡乎？』武丁恐駭，飭身修行，思先王之政，興滅國，繼絶世，舉逸民，明養老。三年之後，蠻夷重譯而朝者七國。此之謂存亡繼絶之主，是以高而尊之也。」又《敬慎》篇曰：「昔者殷王武丁之時，先王道缺，刑法弛，桑穀俱生於朝，七日而大拱。工人占之曰：『桑穀者，野物也。野物生於朝，意者朝亡乎？』武丁恐駭，側身修行，思昔先王之政，興滅國，繼絶世，舉逸民，明養老之道。三年之後，遠方之君重譯而朝者六國。此迎天時，得禍反爲福也。」《五行志》又引：「劉向以爲殷道既衰，高宗承敝而起，盡涼陰之哀，天下應之。既獲顯榮，怠於政事，國將危亡，故桑穀之異見。桑猶喪也。穀猶生也。生殺之柄失而下，近草妖也。一曰：野木生朝而暴長，小人將暴在大臣之位，危亡國家，象朝將爲虛之應也。」《論衡・異虛篇》説見前。

西伯戡耆

陳壽祺曰：《尚書音義》：「黎，《尚書大傳》作『耆』。」《外紀》卷二「西伯勝黎，伏生、司馬遷作『耆』」，《路史・國名紀》卷一「《大傳》作『西伯戡耆』」，卷六云「《大傳》作『戡耆』」，《漢藝文志考證》卷一「《大傳》以『西伯戡黎』爲『戡耆』」。

伯夷避紂，居北海之濱。太公避紂，居東海之濱。皆率其黨曰：「盍歸乎？吾聞西伯昌善養老。」此二人者，蓋天下之大老也。往而歸之，是天下之父歸之也。天下之父歸之，其子曷往？《聖賢羣輔録》引《尚書大傳》。

周文王至磻溪，見呂望。文王拜之。尚父曰：「望釣得玉璜，刻曰：周受命，呂佐檢，德合於今昌來提。」《初學記・武部・漁》，《御覽》八百三十四《資産十四》。又《白帖・溪》、《御覽》六十七《地部十三》。【注】釣得魚，中得玉璜也。佐檢猶助。

提者，取也。半璧曰璜。注見《開元占經·器服休咎占》篇，引傳「吕望」作「吕尚」，下多「釣」字，「拜之」無「之」字，「尚父」作「尚」，「刻」作「剜」，「周」作「姬」。

疏證曰：陳壽祺曰：釣璜事與《尚書中候》同。

錫瑞案：《史記·齊世家》曰：「太公望吕尚者，東海上人。西伯出獵，得之，曰：『吾太公望子久矣。』故號之曰『太公望』。」《尚書中候·雒師謀》曰：「王即迴駕水畔，至磻溪之水，吕尚釣其崖。王下趨拜曰：『望公七年矣，乃今見光景於斯。』尚立變名，答曰：『望釣於渭濱，魚腹得玉璜，刻曰：姬受命，吕佐旌，德合昌來提，撰爾雒鈐報在齊。』」注曰：「所以言七年者，以本丹書命之『雒授金鈐師名吕』，故得命即望之。今受命六年，而言望公七年，通得命之年數之，故七。尚，名也，變名爲望。旌，理也。」《稽瑞》引《中候》，更有「昌用起，發遵題，五百世，姜吕霸世遵姬攜」數句。《宋書·符瑞志》與《中候》文同。是古説以爲太公本名「尚」，不名「望」，後乃更名「望」也。又《御覽》引《尚書帝命驗》曰：❶「至於磻溪之水，吕尚釣涯。王下趣拜曰：『公望七年，乃今見光景於斯。』答曰：『望釣得玉璜，刻曰：姬受命，吕佐旌。』遂置車左，王躬執驅，號曰師尚父。」注：「吕，氏。尚，名。急見也。公乎，❷我相望七年，言久也。尊之辭。斯，此也。半璧曰璜。釣得魚，中有璜。受天命爲天子，吕佐旌理之也。」《説苑》曰：「吕望釣于渭渚，得鯉魚，剖腹得書，曰『吕望封于齊』。」亦與《大傳》略同。

虞人與芮人質其成於文王。入文王之境，則見其人萌讓爲士、大夫；入其國，則見士、大夫讓爲公、卿。二國相謂曰：「此其君亦讓以天下而不居也。」讓其所争以爲閒田。《文選·西征賦》注。又《毛詩·緜》正義、《通鑑前編舉要·紂十四祀》。

疏證曰：《緜》毛傳曰：「虞、芮之君相與争田，久而不平，乃相謂曰：『西伯，仁人也，盍往質焉。』乃相與朝周。入其竟，則耕者讓畔，行者讓路。入其邑，男女異路，斑白不提挈。入其朝，士讓爲大夫，大夫

❶「尚書帝命驗」，原作「雒書靈準聽」，今據《太平御覽》卷八四《皇王部九》改。

❷「公」上，《太平御覽》卷八四《皇王部九》有「曰」字。

讓爲卿。二國之君感而相謂曰：『我等小人，不可以履君子之庭。』乃相讓，以其所争田爲閒田而退。天下聞之而歸者四十餘國。」正義曰：「自『虞、芮之君』以下，當有成文，不知出何書也。」又曰：「《家語》、《書傳》並有其事，與毛傳小異大同，由異人别説故也。」正義引《家語》不足據，毛傳與伏傳同，可據也。《説苑・君道》篇亦與傳文大同。《史記》見下文引，正義引《括地志》云：「閒田，在河北縣西六十五里。」

文王一年質虞、芮，二年伐于，三年伐密須，四年伐畎夷。紂乃囚之。四友獻寶，乃得免於虎口，出而伐耆。《左傳》襄三十一年正義。正義又引：「鄭玄《尚書注》據《書傳》爲説，云：『紂聞文王斷虞、芮之訟，後又三伐皆勝，始畏而惡之，拘於羑里。紂得散宜生等獻寶而釋文王，文王釋而伐黎。』」《詩・文王・序》正義引《殷傳》云：「西伯得四友獻寶，免於虎口而克耆。」

疏證曰：陳壽祺曰：于，他書並引作「邘」，從《史記集解》徐廣引改正。據《毛詩・文王・序》正義、《禮記・文王世子》正義兩引《殷傳》，言獻寶後克耆事，則《左傳正義》引此條即《殷傳》文無疑。而《毛詩・文王・序》疏引「文王受命一年，斷虞、芮之訟」云云，稱《尚書・周傳》，《禮記正義》先引《書傳》云「五年伐耆」，後引《殷傳》云「五年之初，得散宜生等獻寶」云云，是《周傳》别有「受命一年」以下之文也。

錫瑞案：《史記・周本紀》曰：「西伯陰行善，諸侯皆來決平。於是虞、芮之人有獄不能決，乃如周。入界，耕者皆讓畔，民俗皆讓長。虞、芮之人未見西伯，皆慙，相謂曰：『吾所争，周人所恥，何往爲！祇取辱耳。』遂還，俱讓而去。諸侯聞之，曰：『西伯蓋受命之君。』明年，伐犬戎。明年，伐密須。明年，敗耆國。殷之祖伊聞之，懼，以告帝紂。紂曰：『不有天命乎？是何能爲！』明年，伐邘。明年，伐崇侯虎而作豐邑，自岐下而徙都豐。明年，西伯崩。詩人道西伯，蓋受命之年稱王而斷虞、芮之訟。後七年而崩。」「七」，今本誤作「十」。史公以囚羑里在受命之前，又據《魯詩》説受命之年稱王，皆與《大傳》不合。《文王》正義曰：「《元命苞》云：『西伯既得丹書，於是稱王，改正朔。誅崇侯虎。』稱王之文在誅崇之上。《是類謀》云『稱王制命示王意』，《乾鑿度》云『改正朔，布王號於天下』，二文皆承伐崇、作靈臺之下。伐崇在六年，則亦六年始稱王也。但彼文以伐崇之等皆是文王大事，故歷言之，其言不必依先後爲次，未可即以爲定。《書傳》稱『二年伐邘，三年伐密須，四年伐犬夷』。《書序》云『殷始咎周』，注云：『咎，惡也。紂聞文王斷虞、芮之訟，後又三伐皆勝，而始畏惡之，拘於羑里。』又曰『周人乘黎』，注云：『乘，勝也。紂得散宜生等所獻寶而釋文王，文王釋而伐黎。明年，伐崇。』案《殷傳》云：『西伯得四友獻寶，免於虎口而克耆。』《大傳》曰：『得三子獻寶，紂釋文王，而出伐黎。』其言既同，則黎、耆一物，是文王伐犬戎之後乃被囚，得釋乃伐耆也。天無二日，土無二王。若五年已前即已稱王改正，則反形已露，紂當與之爲敵，非直咎惡而已。若已稱王，顯然背叛，雖紂之愚，非實能釋也。又《書序》『周人乘黎』之下云：『祖伊恐，奔告於受，作《西伯戡黎》。』若已稱王，則愚者亦知其叛，不待祖伊之明始識之也。且其篇仍云『西伯』，明時未爲王，是六年稱王爲得其實。故《乾鑿度》『布王號』之下注云：『受命後五年乃爲改。』此是鄭意以爲六年始王也。但文王自於國內建元久矣，無故更復改元，是有稱王之意，雖則未布行之，亦是稱王之迹。故《周本紀》云『詩人道西伯，蓋受命之年稱王』，皇甫謐亦云『受命元年始稱王矣』，正以改稱元年，故疑其年稱王。斯言非無理矣。但考其行事，必不得元年稱王耳。」據孔疏推鄭義以申《大傳》，說最詳覈，當從《大傳》爲正。《大戴禮·少間》篇曰：「紂不說諸侯之聽於周昌，則嫌於死，乃退伐崇許魏，以客事天子。文王卒受天命，作物配天。」亦以受命在伐崇之後。

五年之初，得散宜生等獻寶而釋文王。文王出則克耆，六年伐崇則稱王。《禮記·文王世子》正義引「《殷傳》云」。

疏證曰：《詩推度災》曰：「王者受命，必先祭天，乃行王事。《詩》曰：『濟濟辟王，左右奉璋。』此文王之祭天也。」《繁露·郊祭》篇曰：「文王受天命而王天下，先郊乃敢行事，而興師伐崇。」又曰：「已受命，必先祭天，乃行王事，文王之伐崇是也。」《詩·文王》正義曰：「然則伐崇之時未稱王矣。《皇矣》說伐崇之事，而云『是類是禡』，《王制》云『天子將出征，類乎上帝，禡於所征之地』，然則類者，祭天之名。未稱王而得祭天者，文王於伐崇之後尋即稱王，於時天期已至，崇又大敵，雖未稱王，已行王事，故類、禡也。」

既伐於密。《詩考·詩異字異義》。

散宜生、南宫括、閎夭三子相與學訟於太公，遂與三子見文王於羑里，獻寶以免文王。《毛詩·緜》正義引《書傳》。又《文王序》正義引《書傳》，「遂與三子」作「四子」，餘同。《兩漢刊誤補遺》「閎夭」下作「學於太公望，遂見西伯昌於羑里」。

疏證曰：「訟」、「誦」古通用。《史記·吕后本紀》「未敢訟言誅之」，《漢書·高后紀》作「未敢誦言誅之」，是「訟」、「誦」古通之證。學訟，謂學訟説之事。《楚辭·九辨》「自壓案而學誦」，王逸注云：「弭情定志，吟詩禮也。」叔師以學誦爲吟詩禮，即此傳「學訟」之義，非太公如鄧析之「教訟」也。

散宜生、閎夭、南宫括三子者學乎太公。太公見三子，知爲賢人，遂酌酒切脯，除爲師學之禮，約爲朋友。《太平御覽》四百六《人事部四十七》。又六十二《飲食部二十》、《藝文類聚》七十二《食物部》，❶不重「太公」二字，「知」字下多「三子之」三字，少「除爲師學之禮」句。又《公羊疏》引「散宜生等受學於太公」，「酌酒切脯」在「太公除師學之禮」下。❷

閎夭、南宫适、散宜生三子學於太公望，望曰：「嗟乎！西伯，賢君也。」四子遂見西伯於羑里。【注】散宜生，文王四臣之一也。吕尚有勇而爲將，散宜生有文德而爲相。《繹史》十九。

太公之羑里，見文王。散宜生遂之犬戎氏取美馬，駮身朱鬣雞目；六字又見《山海經·海内北經》注。《爾雅翼》卷十八引作「驄身朱髦」，此下有「除凡取九六焉」六字。

疏證曰：《山海經》曰：「犬戎之國有文馬，縞身朱鬣，目若黄金，名曰吉壃，一作「良」。乘之壽千歲。」《史記正義》曰：「《括地志》云：『驪戎故城在雍州新豐縣東南十六里，殷、周時驪戎國城也。』按：駿馬赤

❶ 「飲」，原作「飯」，《輯校》原文如此，今據《太平御覽》改。

❷ 「下」，原作「上」，今據《春秋公羊傳注疏》卷二五改。

鬣縞身，目如黃金，文王以獻紂也。」《六韜》曰：「文王囚於羑里，散宜生至犬戎，得文馬九六，獻紂，免西伯之難。」案：《六韜》云「九六」，與《爾雅翼》所引傳合。

之西海之濱取白狐青翰；【注】翰，毛之長大者。注見《文選・羽獵賦》《檄吴將校部曲》注。又《藝文類聚・祥瑞部下》作「長毛也」。

疏證曰：《穆天子傳》：「天子獵於滲澤，得白狐玄貉，祭於河宗。」《六韜》曰：「周文王拘羑里，散宜生之宛懷塗山，得青狐以獻紂，免西伯之難。」

之於陵氏取怪獸，陳壽祺曰：吴中本「取怪獸」下有「大不辟虎狼間」六字，傳文無「騶」字，注有「閒，大也。虞，蓋騶虞也」八字。**尾倍其身，名曰騶虞。**八字見《御覽》八百九十《獸部二》。錫瑞案：《詩・騶虞》釋文引《大傳》作「尾倍於身」。

疏證曰：《山海經》說「騶虞，如虎，五色畢具，白尾長於身」。《周書・王會》、《詩》毛傳皆曰「白虎黑文」。《説文》、陸機皆曰：「白虎黑文，尾長於身。」

于林氏怪獸，尾倍於其身，名曰虞。【注】虞，蓋騶虞。《兩漢刊誤補遺》卷七。

疏證曰：《兩漢刊誤補遺》曰：「今考《山海經》載『林氏國有珍獸，尾長於身，名曰騶吾』，此獸與《騶虞》之詩音讀本異，『吾』當讀如『允吾』之『吾』。而伏生《書大傳》乃云『于林氏怪獸，尾倍於其身，名曰虞』，鄭康成因曰『虞，蓋騶虞』，而郭璞於《山海經》遂云『吾』宜作『虞』者，誤也。」又曰：「建章之獸，長卿從《大傳》謂之騶虞。《大傳》乃是景帝世伏生所傳。」

之有參氏取姜女；之江淮之浦取大貝，如車渠。【注】渠，車罔也。注見《文選・江賦》注引「鄭玄曰」。

疏證曰：姜女，疑「美女」之誤。《書・顧命》正義引：「《書傳》『散宜生之江淮，取大貝如大車之渠云』，是言大小如車渠也。《考工記》謂車罔爲渠。大小如車罔，其貝形曲如車罔。故比之也。」《六韜》曰：「商王拘西伯昌於羑里，太公與散宜生金千鎰，求珍物，以免君罪。九江之浦有大貝百馮。」《淮南子》曰：「商拘文王於羑里，於是散宜生乃以千金求天下之珍怪，得大貝百朋。」《孝經援神契》曰：「王者德至淵泉，則江生大貝。」《春秋運斗樞》曰：「搖光得則吐大貝。」《御覽》引《相貝經》曰：「珪延得大貝於昌陽弱泉，爲五帝珤器也。得拘厹何貝，大如輪，爲文王壽。穆王得大紫貝，懸其殼於昭陽觀，以消毒霧。」《唐書》曰：「拂菻國有大貝，如車渠。」

貝自江出，大若車渠。文王拘羑里，散宜生之江淮，取大貝如車渠，以獻紂，免西伯之難。《稽瑞》引《尚書大傳》。

陳於紂之廷。紂出見之，還而觀之，曰：「此何人也？」散宜生遂趨而進曰：「吾西蕃之臣昌之使者。」見《繹史》十九引此三十字。❶

紂大悦，曰：「非子罪也，崇侯也。」遂遣西伯伐崇。自「太公之羑里」至「伐崇」，見《御覽》六百四十一《刑法部七》、《御覽》八百七《珍寶部六》。又《御覽》八百九十《獸部二》。又《尚書·顧命》正義、《儀禮·士喪禮》「貝三實于笲」疏、《周禮·天府》疏、《藝文類聚》八十四《寶玉部下》、九十九《祥瑞部下》、《文選·江賦》注、《爾雅翼》十八、《路史·餘論五》、《夢溪筆談》二十二、《記纂淵海》四均節引。《藝文類聚》、《文選》注、《御覽·珍寶部》《獸部》引此文之上並有「文王囚於羑里」六字。

疏證曰：陳壽祺曰：《六韜》亦説散宜生等獻寶事，與此小異。

錫瑞案：《六韜》曰：「紂囚文王於羑里，散宜生受命而行。宛懷條塗之山有玉女三人，宜生得之，因費仲而獻之紂，以免文王。」《史記·周本紀》曰：「崇侯虎譖西伯於殷紂曰：『西伯積善累德，諸侯皆嚮之，將不利於帝。』帝紂乃囚西伯於羑里。閎夭之徒患之，乃求有莘氏美女，驪戎之文馬，有熊九駟，他奇怪物，因殷嬖臣費仲而獻之紂。紂大悦，曰：『此一物足以釋西伯，況其多乎！』乃赦西伯，賜之弓矢斧鉞，使西伯得征伐。曰：『譖西伯者，崇侯虎也。』」亦與《大傳》小異，且以被囚在三伐之前。

文王以閎夭、太公望、南宫括、散宜生爲四友。《玉海·官制》。

周文王胥附、奔輳、先後、禦侮，謂之四鄰，

❶ 「繹」，原作「釋」，今據《輯校》卷一改。

以免於羑里之害。懿子曰：「夫子亦有四鄰乎？」《繹史》九十五。孔子曰：「文王得四臣，丘亦得四友焉。自吾得回也，門人加親，是非胥附與？自吾得賜也，遠方之士日至，是非奔輳與？自吾得師也，前有輝、後有光，是非先後與？自吾得由也，惡言不入於門，是非禦侮與？文王有四臣以免虎口，丘亦有四友以禦侮。」《毛詩·緜》正義。

《後漢書·祭肜傳》注引「孔子曰」至「是非禦侮邪」止。「疏附」，「疏」作「胥」；「奔走」，「走」作「輳」，今依改。四「與」字皆作「邪」。又《世説新語》卷五《品藻》注引與《後漢書》注同。《孔子集語》卷下引全，「與」亦作「邪」，「門」作「耳」。又《玉海·官制》《人物》、《繹史》九十五引至「是非禦侮與」止。又《御覽》三百六十六《人事七》節引，「門」亦作「耳」。又《小學紺珠》節引。又《文選·安陸昭王碑文》注引《周書》，與此略同。

疏證曰：《大傳》以太公望與閎、散、南宮爲四友，又爲四鄰，又爲四臣。《君奭》則有太顛而無太公，蓋古説以太公望即是太顛。《方言》六、《廣雅·釋詁一》皆云：「顛，上也。」古人名字相配，「尚」與「上」通，疑太公本名「尚」而字「顛」，後因文王之言乃改名「望」，改名或並改字，故太公又字「牙」。《君奭》所稱乃其本字。後人不知，誤分太公、太顛爲二人耳。太公之功在閎、散、南宮之上，不應周公舉「修和有夏」之臣獨不及太公。伏生之言，蓋得其實。《後漢書·班彪傳》彪上言曰：「昔成王之爲孺子，出則周公、召公、太史佚，入則太顛、閎夭、南宮适、散宜生，左右前後，禮無違者。」叔皮舉周初諸臣，獨無太公，蓋以太顛即是太公。《史記》、《漢書》皆有太顛，又有太公，亦誤分之耳。吴仁傑《兩漢刊誤補遺》曰：「太顛與師尚父豈異人乎。《書大傳》曰：『散宜生、南宮适、閎夭學於太公望，遂見西伯昌於羑里。故孔子曰：文王得四臣，丘亦得四友。』鄭康成謂周公作《君奭》，舉虢叔以下五人而不及太公者，太公教文王以大德，周公謙，不可以自比。誤與《表》同。」吴氏引《大傳》以太公、太顛爲一人，其説蓋非無據。又案：《詩·緜》毛傳曰：「率下親上曰疏附，相道前後曰先後，喻德宣譽曰奔走，武臣折衝曰禦侮。」正義曰：「直總言臣有四行而已，不指其臣云某爲疏附，某爲禦侮。故《君奭》云：『惟文王尚克修和我有夏，亦惟有若虢叔，有若閎夭，有若散宜生，有若泰顛，有若南宫适。』注云：『《詩傳》説有疏附、奔走、先後、禦侮之人，而曰文王有四臣以受命，此之謂。』引此四行以證五臣，明非一臣有一行也。彼注云：『不及吕望，太師也，教文王以大德，謙不以自比焉。』周公謙不自比，詩人不當代謙，明周、召之輩亦在其中。所言四行，無定人矣。」引《書傳》説「孔子曰」云云，曰：「如此言，則四人人有一行，與前説乖者，《書傳》因有四人爲之説耳。孔子以己弟子四人，擬彼四行。其於文王之臣，亦不言人爲一行。縱彼四人各爲一行，此詩所言，不獨指彼四人也。」據孔疏引鄭注所云《詩傳》説，乃魯、齊、韓三家詩。三家皆今文，與伏生義多合。此《詩傳》明以疏附、奔走、先後、禦侮爲四臣，正與《大傳》之説相符。《楚辭·離騷經》「忽奔走以先後兮」，王逸注曰：「奔走、先後，四輔之職也。《詩》曰：『予聿有奔走，予聿有先後。』此之謂也。」叔師所引亦三家詩，此今文説以太公、太顛爲一人之證。蓋言文王有四臣受命，必無不及太公之理。鄭謂周公謙不自比，殊屬强詞。周公舉伊尹諸人，何獨不謙乎？孔疏不知太公即是太顛，《大傳》四臣即《書》之四人，故謂非「四人人有一行」。依《大傳》説，四行實當分屬四臣，但如何分屬，未有塙據耳。《御覽》引《古今樂録》曰：「崇侯譖文王至十，紂用其言，乃徙文王於羑里，欲殺之。於是文王四臣太顛、閎夭、散宜生、南宫适之屬往見文王。文王爲瞤反目者，紂之好色也；拊桴其腹者，言欲得奇寶也；蹀躞其足者，使疾訊也。於是乃周流海内，經歷風土，得美女二人、水中大寶、白馬朱鬣以獻於紂，陳其中庭。紂見之，仰天而歎曰：『嘻哉！此誰寶？』散宜生趨而進曰：『是西伯之寶，以贖刑罰。』紂曰：『於寡人何其厚也！』立出西伯。紂謂宜生：『譖岐侯者，長鼻決耳也。』宜生還，以狀告文王，乃知崇侯虎譖之。」案：《樂録》所言，無太公而有太顛，亦可爲太公、太顛是一人之證。

微子

微子將往朝周，過殷之故墟，見麥秀之蔪

蘄，曰：「此父母之國，宗廟社稷之所立也。」志動心悲，欲哭則爲朝周，俯泣則婦人，推而廣之，作雅聲。《文選·魏都賦》《辨亡論下》注。 歌曰：「麥秀蘄蘄兮，禾黍䁅䁅。彼狡童兮，不我好兮。」《文選·思舊賦》注。【注】狡童，謂紂。《文選·宣德皇后令》注引「鄭玄曰」。微子朝周，過殷故墟，見麥秀之蘄蘄兮，禾黍之䁅䁅也，曰：「此故父母之國。」乃爲《麥秀之歌》，曰：「麥秀漸漸兮，禾黍油油。彼狡童兮，不我好仇。」《學齋佔畢》卷二。又《能改齋漫録》卷七引，「朝周」上多「將」字，「故墟」上多「之」字，「䁅」作「蠅」，餘同。

疏證曰：史繩祖云：「《史記》、《尚書傳》所載之歌，只差末句一句，惟《書傳》序與歌『蘄蘄』、『䁅䁅』不同。宋玉《笛賦》、枚乘《七發》皆作『麥秀蘄兮』，注『麥芒也』。字之稍差，不爲要切。但《史記》以爲箕子，而《書大傳》以爲微子，且稱『父母之國』，尤爲有理，不知司馬何所據，而與《書傳》抵牾耳。」吴曾云：「李善注枚乘《七發》曰『麥秀蘄兮雉朝飛』，引宋玉《笛賦》云『麥秀蘄兮鳥華翼』，非也。余按《尚書大傳》云云，文見前。蓋宋玉《笛賦》亦本此耳。『蘄』，《埤蒼》曰『麥芒也』，而《大傳》序與歌『蘄』、『漸』二字不同，何也？蘄，五臣音子兼切，李善音慈歛切。『蠅』、『油』，序、歌亦不同。」陳壽祺曰：「《文選·思舊賦》注引歌作『黍禾䁅䁅』，於韻不協，非也。蓋緣篇首云云而誤。當從《學齋佔畢》所引作『油油』，與『仇』協韻。《禮記·樂記》正義引『黍禾之油油』爲箕子歌，亦誤。曲阜孔廣林説。」

錫瑞案：陳氏謂當作「油油」，是也。而謂「油油與『仇』協韻」，則不必然。「不我好仇」，語近不辭。《史記》作「油油」，下云「彼狡童兮，不與我好兮」，與《詩·狡童》篇句法正同，當從《史記》之文爲正。古平、上、去三聲通用，蕭、肴、豪與尤同部。如《彤弓》篇首章藏、貺、饗爲韻，此三聲通用之證。末章好、酬爲韻，此蕭、肴、豪、尤同部之證。《遵大路》手、魗、好爲韻，亦其證也。此當以「好」字與「油」字爲韻。《學齋佔畢》作「好仇」，蓋疑「好」與「油」韻不協而妄改之，不可據。吴曾《能改齊漫録》陳氏未及引，吴氏疑序、歌「蕲」、「漸」、「蠅」、「油」皆不同，其理亦不可曉。

周傳

大誓

陳壽祺曰：《洛誥傳》曰：《周書》自《大誓》就《召誥》而盛於《洛誥》。然則今文《周書》首《大誓》也。

唯四月，太子發上祭於畢，下至於孟津之上。【注】四月，周四月也。發，周武王也。卒父業，故稱太子也。乃告於司徒、司馬、司空、諸節：「亢才！予無知，以先祖、先父之有德之臣左右小子。予受先公，戮力賞罰，以定厥功，明於先祖之遺。」太子發升於舟，中流，白魚入於舟，王跪取，出涘以燎。羣公咸曰：「休哉！」《御覽》百四十六《皇親部十二》。

疏證曰：陳壽祺曰：亢才，《史記·周本紀》作「信哉」，「才」、「哉」古通用。同年王大理伯申云「亢」乃「允」字之誤，司馬子長以訓詁改經文，故爲「信」也。

錫瑞案：《御覽》引《中候》及注同。《史記·周本紀》曰：「武王即位，太公望爲師，周公旦爲輔，召公、畢公之徒左右王師，修文王緒業。九年，武王上祭於畢，東觀兵，至於盟津。爲文王木主，載以車，中軍。武王自稱太子發，言奉文王以伐，不敢自專。乃告司徒、司馬、司空、諸節：『齊栗，信哉！予無知，以先祖有德臣，小子受先功，畢立賞罰，以定其功。』遂興師。師尚父號曰：『總爾衆庶，與爾舟楫，後至者斬。』武王渡河，中流，白魚躍入王舟中，武王俯取以祭。既渡，有火自上復於下，至於王屋，流爲烏。其色赤，其聲魄云。是時，諸侯不期而會盟津者八百諸侯。諸侯皆曰：『紂可伐矣。』武王曰：『女未知天命，未可也。』乃還師歸。」集解：「馬融曰：『畢，文王墓地名也。』」索隱曰：「按：文云『上祭於畢』，則畢，天星之名。畢星主兵，故師出而祭畢星也。」二說不同。案：古不墓祭，且《伯夷列傳》曰「父死不葬。不葬，不得有墓」，索隱本之。《後漢書·蘇竟傳》以爲畢星，其説近是。武王稱太子者，《白虎通·爵》篇：「或曰：天子之子稱太子。《尚書傳》曰：『太子發升於舟。』《中候》曰：『廢考，立發爲太子。』明文王時稱太子也。」《詩疏》引《中候·我應》曰：「文王之戒武王曰：『我終之後，但稱太子發。河、洛復告，遵朕稱王。』」《御覽》引《中候》曰：「日修我度，遵德紀，後恒稱太子發。」又引《中候·合符后》曰：「太子發以紂存，三仁附，即父位，不稱王。」注云：「武王以天誅未行，謙不自稱，故稱太子，明統緒而未稱王。」又曰：「予稱太子發，明慎父以名卒考。」注云：「予，我也。父死曰考。文王命武王『我終之後，恒稱太子』者，明慎文王之命也。君存稱世子，薨稱太子，未葬稱子，已葬稱公。今踰年稱太子者，父業未成，不敢自專之意。」與《大傳》、《史記》合。云「左右小子」者，「左右」即《史記》所云太公、周公、召公、畢公「左右王師」。《大傳·周傳》有「太子以爲左右」之文，武王時稱太子，故云「左右小子」也。「先公」，《史記》作「先功」，古「功」、「公」通用。文王已稱王，不應稱先公，當以先功義爲正也。又案《楚辭·天問》曰：「到擊紂躬，叔旦不嘉。」王逸注曰：「言武王始至孟津，八百諸侯不期而到，皆曰『紂可伐也』。白魚入於王舟，羣臣咸曰：『休哉！』周公曰：『雖休勿休。』故曰『叔旦不嘉』也。」據王注，則此傳下當有「周公曰：『雖休勿休』」句，《御覽》所引未備耳。

八百諸侯俱至孟津，白魚入舟。《尚書·孔序》正義卷一引《書傳》，有「八百諸侯俱至孟津，白魚入舟」之事，與《大誓》同。

武王渡河，中流，白魚雙躍入舟，武王俯取以祭。【注】鱗介之物，兵象也。白者，殷家之正。言殷以兵衆與也。《稽瑞》引傳及注。

疏證曰：《尚書中候》曰：「渡於孟津，太子發升於舟。中流，受文命，待天謀。白魚躍入於王舟，王俯取魚。魚長三尺，赤文，有字題目下，名『授右』，❶曰『姬發遵昌』。『授右』之下，猶有一百二十餘字。

❶「右」，原作「又」，今據下文及《太平御覽》卷八四《皇王部九》改。

王維退，寫成以二十字，魚文消。王燔以告天，出涘以燎。羣公咸曰：『休哉！』」《璇璣鈐》曰：「武王得兵謀鈐謀，東觀。白魚入舟，符取魚以燎。八百諸侯順同不謀。魚者，視用無足，翼從，欲紂如魚，乃討。」《史記·司馬相如傳》：「《封禪書》曰：『蓋周躍魚隕杭，休之以燎。』」《漢書·終軍傳》白鱗奇木對曰：「昔武王中流未濟，白魚入於王舟，俯取以燎。羣公咸曰：『休哉！』」是時《大誓》未出，所引或即《大傳》文也。《史記集解》：「馬融曰：『魚者，介鱗之物，兵象也。白者，殷家之正色。言殷之兵衆與周之象也。』」《詩疏》引：「《大誓》：『太子發升舟，中流，白魚入於王舟。王跪取，出涘以燎之。』注云：『魚入舟，天之瑞也。魚無手足，象紂無助。白者，殷正也。天意若曰以殷予武王，當待無助，今尚仁人在位，未可伐也。得白魚之瑞，即變稱王，應天命定號也。涘，涯也。王出於岸上，燔魚以祭，變禮也。』」注云得魚瑞而稱王，蓋本於《中候》「河洛復告，遵朕稱王」之義。

武王伐紂，觀兵於孟津。有火流於王屋，化爲赤烏，三足。《御覽》百八十一《居處部九》。

疏證曰：《尚書緯·帝命驗》曰：「太子發渡河，中流，火流爲烏，其色赤。」注云：「以魚燎於天，有火自上復於下，至於王屋，流爲烏。」是謂此火即燎魚之火，與《大誓》注「燎後五日有火」之説不同也。《元命苞》曰：「火流爲烏。烏，孝烏，陽精。天意烏在日中，從天，以昭孝也。」《史記集解》：「馬融曰：『王屋，王所居屋。流，行也。』鄭玄曰：『《書説》云烏有孝名，武王卒父大業，故烏瑞臻。赤者，周之正色也。』」又案「烏」或作「鵰」，與《大傳》不同。《索隱》曰：「案：今文《泰誓》『流爲鵰』。」錫瑞案：小司馬據僞孔本爲古文，故以古《大誓》爲今文，不知古《大誓》又有今古文之分。段玉裁云：「《尚書大傳》鄭所引《禮説》、《周本紀》、董仲舒書作『烏』，此後得本也。馬、鄭所注皆作『鵰』，此孔壁中本也。馬融曰：『鵰，鷙鳥也。明武王能伐紂。』此不改字也。鄭曰：『鵰，當爲雅，烏也。』此以後得之《大誓》正孔壁之《大誓》也。不云當爲『烏』者，『鵰』與『雅』形略相似，故云『當爲雅』，而訓烏也。」段分別今古文甚明。然伏生與董子、史公皆在漢初，未嘗見後出之《大誓》，蓋伏生所據之本自作「烏」耳。《春秋元命苞》曰：「赤烏，陽之精也。」《禮稽命徵》曰：「得禮之制，澤谷之中有赤烏。」孫氏《瑞應圖》曰：「王者不貪天而重民，則赤烏至。」

周將興之時，有大赤烏銜穀之種而集王屋之上者。武王喜，諸大夫皆喜。周公曰：「茂哉茂哉！天之見此以勸之也。❶恐恃之。」《春秋繁露·同類相動》篇引《尚書傳》言。❷

疏證曰：《尚書中候》曰：「有火自天出于王屋，流爲赤烏。五至，以穀俱來。赤烏成文，雀書之福。烏以穀俱來，云『記后稷之德』。」注云：「五至猶五來。文王得赤雀丹書，今武王致赤烏，俱應周尚赤，故言成文也。后稷好農稼，今烏銜穀，故云記之也。」《詩疏》引：「《大誓》云：『至於五日，有火自上復於下，至於王屋，流之爲鵰，其色赤，其聲魄。五至，以穀俱來。』注云：『五日，燎後日數。王屋，所在之舍上。流猶變也。鵰，當爲鴉。鴉，烏也。燎後五日，而有火爲烏。天報武王以此瑞。』《書説》曰：『烏有孝名。武王卒父業，故烏瑞臻。赤，周之正色。穀，記后稷之德。』又《禮説》曰：❸『武王赤烏穀芒，應周尚赤用兵。王命曰爲牟。天意若曰：須暇紂五年，乃可誅之。武王即位，此時已三年矣。穀，❹蓋牟麥也。《詩》云：「貽我來牟。」』」鄭注《大誓》極詳，可以補此傳之注。又《漢書·董仲舒傳》對策引《書》曰：「白魚入於王舟，有火復於王屋，流爲烏，此蓋受命之符也。周公曰：『復哉復哉！』」董子所云「復哉」，即《大傳》所云「茂哉」。茂者，懋勉之義。傳所謂「恐恃之」也。復、茂同在古音第三部，故得通用。師古曰：「復，報也。言周盛德，故天報以此瑞也。」其説非是。

武王伐紂，至於商郊，停止宿夜。士卒皆歡樂，歌舞以待旦。《禮記·祭統》正義。

疏證曰：陳壽祺曰：正義云「舞莫重於《武宿

❶「天」下，原有「下」字，《輯校》原文如此，今據《武英殿聚珍版叢書》本《春秋繁露·同類相動第五十七》删。

❷「動」，原作「勸」，《輯校》原文如此，今據《春秋繁露》改。

❸「説」，原作「記」，今據《詩·執競》正義改。

❹「穀」，原脱，今據《詩·執競》正義補。

夜》」者，皇氏云「師說《書傳》」云云。《武宿夜》，其樂名也。此據《書傳》釋《武宿夜》最塙。

錫瑞案：《國語・周語》曰：「王以二月癸亥夜陳，未畢而雨。」韋昭注曰：「二月，周二月。四日癸亥，至牧野之日。夜陳，陳師。未畢而雨，天地神人叶同之應也。」《漢書・律歷志》曰：「四日癸亥，至牧壄，夜陳。」

王升舟入水，鼓鐘惡，觀臺惡，將舟惡，宗廟惡。【注】「惡」皆爲「亞」。亞，次也。觀臺，靈臺，知天時占候者也。宗廟，遷主。《周禮・肆師》注引《尚書傳》十七字，「惡」仍作「亞」。《儀禮經傳通解續・因事之祭》卷二十六上引傳、注。

疏證曰：陳壽祺曰：《周禮・肆師》疏曰：「『王升舟』以下者，謂說武王於文王受命十一年觀兵之時，武王於孟津渡河。升舟入水在前。鼓鐘亞，亞王舟後。觀臺亞者，觀臺可以望氛祥，亞鼓鐘後。將舟亞者，以社主主殺戮，而軍將同，故名社主爲將，將舟亞在觀臺後。宗廟亞者，宗廟則遷主也，亞在將舟後。」

錫瑞案：「鼓鐘亞」者，《左》莊二十九年傳曰：「凡師，有鐘鼓曰伐。」《國語・晉語》曰：「宋人殺昭公，趙宣子請師於靈公以伐宋，令三軍之鐘鼓必備。趙同曰：『國有大役，不鎮撫民而備鐘鼓，何也？』宣子曰：『大罪伐之，伐備鐘鼓，聲其罪也。』鳴鐘鼓，以至於宋。」然則聲罪致伐必用鐘鼓，武王以鐘鼓聲紂之罪，故曰伐紂矣。「觀臺亞」者，《五經通義》曰：「王者受命而起，所以立靈臺何？以爲在於野中，國之南，附近辟雍，依仁宮也。靈臺制度奈何？師說云：積土崇增，其高九仞，上平無屋。高九仞者，極陽之數。上平無屋，望氣顯著。」《通義》言觀臺制度甚備。此載於軍中者，或不盡同國中制度也。「將舟亞，宗廟亞」者，《周禮・大司馬》：「若師不功，則厭而奉主車。」鄭注云：「厭，伏冠也。奉猶送也。送主歸於廟與社。」是社主、廟主並載以行，故《甘誓》有「賞于祖，戮于社」之文。《左》定四年傳云：「君以軍行，祓社釁鼓，祝奉以從。」亦言載社主事。載遷主，詳見前《唐傳》。古者行軍，無不載遷主之事。《史記》云：「武王載木主，號爲文王。」《楚辭・天問》有「載尸集戰」之文，王逸注：「以尸爲主。」此別是一事。《書古微》謂宗廟即文王木主，非也。

惟丙午，王逮師。前師乃鼓鼗譟，師乃慆，前歌後舞。【注】慆，喜也。衆大喜，前歌後舞也。《御覽》四百六十七《人事部一百八》引傳、注全，惟「前師」無「前」字。此句六字又見《周禮·大司馬》注。又《御覽》五百七十四《樂部十二》。

疏證曰：陳壽祺曰：《周禮·大司馬》注引《書》曰：「前師乃鼓鼗譟。」賈疏云：「《書傳》文。彼說武王伐紂事。」《隸釋·魏大饗碑》：「士有抃譟之歡，民懷惠康之德。」「抃譟」與「鼗譟」同。《文選》二十一《秋胡詩》注引班彪《冀州賦》曰：「感鳧藻以進樂兮。」《後漢書·杜詩傳》「士卒鳧藻」，《劉陶傳》「武旅有鳧藻之士」。錢詹事大昕《廿二史考異》曰：「『鳧藻』即『鼗譟』也。王逸《楚辭章句》曰：武王三軍，人人樂戰，並馳驅赴敵争先，前歌後舞，鳧藻讙呼。」惠徵君棟《後漢書補注》曰：「『鼗譟』，漢人讀爲『鳧噪』，言如鳧之噪呼。《杜詩》《劉陶傳》又作『鳧藻』，釋云『如鳧之戲於藻』，非《尚書》之義也。」壽祺謂「鼗譟」、「鳧藻」字別而聲、義同，此或歐陽、夏侯之異。李賢《後漢書》注言「如鳧之戲於藻」，所謂望文生義，差之遠矣。《蔡邕集·上加元服與羣臣上壽表》云：「臣等不勝踊躍鳧藻。」《魏志·文帝紀》注：「臣妾遠近，莫不鳧藻。」此亦均本《大傳》，用爲讙呼之義矣。顔延年《秋胡詩》「鳧藻馳目成」，似與李賢注同意，亦失之。又案《藝文類聚》引《樂緯稽耀嘉》曰：「武王承命興師誅於商，萬國咸喜。軍渡孟津，前歌後舞。」是《書傳》所説伐紂之事也。

錫瑞案：《詩疏》引《大誓》曰：「師乃鼓譟，前歌後舞。格於上天下地，咸曰『孜孜無怠』。」《白虎通·禮樂》篇曰：「樂所以必歌者何？夫歌者口言之也，中心喜樂，口欲歌之，手欲舞之，足欲蹈之。故《尚書》曰：『前歌後舞，假於上下。』」蓋本《大傳》文。「逮師」，或引作「還師」，誤。「師乃慆」，《説文》引《周書》曰「師乃搯」，此壁中本，與傳用今文不同也。《後漢書》曰：「板楯蠻俗喜歌舞，高祖觀之，曰：『此武王伐紂之歌也。』乃命樂人習之，所謂巴渝舞也。」《華陽國志》曰：「周武王伐紂，實得巴蜀之師，著乎《尚書》。巴師勇鋭，歌舞以淩，殷人倒戈。故世稱之曰『武王伐紂，前歌後舞』也。」

丕天之大律。【注】云：律，法也。奉天之大法。

《唐律疏義》卷一。又《翻譯名義集》卷九。❶

陳壽祺曰：《漢書·郊祀志》引《大誓》曰：「正稽古立功立事，可以永年。丕天之大律。」是此五字乃古文《大誓》詞，而《大傳》載之也。

大戰篇

武王與紂戰於牧之野。紂之卒輻分，紂之車瓦裂，紂之甲魚鱗下，賀乎武王。《文選·宣德皇后令》注引至此，「與」作「伐」，「牧之野」無「之」字，「魚」作「如」，「乎」作「于」，「王」下有「也」字。紂死，武王皇皇若天下之未定，召太公而問曰：「入殷奈何？」太公曰：「臣聞之也，愛人者兼其屋上之烏，此句又引見《毛詩名物解》八。不愛人者及其胥餘。【注】胥餘，里落之壁。何如？」武王曰：「不可。」召公趨而進曰：「臣聞之也，有罪者殺，無罪者活，咸劉厥敵，毋使有餘烈。何如？」武王曰：「不可。」周公趨而進曰：「臣聞之也，各安其宅，各田其田，毋故毋私，惟仁之親。《後漢書·申屠剛傳》引「武王入殷，周公曰：各安其宅，各田其田，無故、新，惟仁之親」。何如？」武王曠乎若天下之已定，遂入殷，封比干之墓，表商容之閭，發鉅橋之粟，散鹿臺之財，歸傾宮之女。又引見《後漢書·郎顗傳》注。而民知方，曰：「王之於仁人也，死者封其墓，況於生者乎？王之於賢人也，亡者表其閭，況於在者乎？王之於財也，聚者散之，況於復藉乎？王之於色也，在者歸其父母，況於復徵乎？」《通鑑前編·武王十三年》引全。又《記纂淵海》六十一引「太公曰：愛人者兼其屋上之烏」，注「出《尚書大傳·大戰篇》」，是此篇皆《大戰篇》之文也。《記纂淵海》又引「憎人者惡其胥餘」。

❶「九」，《輯校》原文如此，據景宋刊本《翻譯名義集》，當作「四」。

尚書大傳疏證卷四

善化皮錫瑞

洪　範

武王勝殷，繼公子禄父，【注】武庚字禄父。《尚書·洪範序》正義引。禄父，紂之子也。釋箕子囚。箕子不忍周之釋，走之朝鮮。【注】誅我君而釋己，嫌苟免也。此注惟見《通鑑前編》。武王聞之，因以朝鮮封之。【注】朝鮮，今樂浪郡。箕子既受周之封，不得無臣禮，故於十三祀來朝。《御覽》卷七百八十四《夷部一》。又《通鑑前編》引《書·洪範大傳》，自首至「封之」止，並注。又《御覽》二百一《封建部四》、《路史·後紀十二》並節引。

疏證曰：鄭注非《大傳》義。《白虎通·姓名》篇曰：「《春秋》譏二名何？所以譏者，乃謂其無常者也。若乍爲名，禄甫元言武庚。」所引譏二名説與《公羊傳》不同，蓋古《春秋左氏傳》義。鄭謂武庚字禄父，古文説也。若《大傳》今文説，則以武庚、禄父爲二人，説見後。《史記·周本紀》曰：「武王革殷，封商紂子禄父殷之餘民，乃使其弟管叔鮮、蔡叔度相禄父治殷。已而釋箕子之囚。已克殷後二年，問箕子殷所以亡。箕子不忍言殷惡，以存亡國宜告。武王亦醜，故問以天道。」《宋世家》曰：「武王封紂子武庚以續殷祀，使管叔、蔡叔傅相之。武王既克殷，訪問箕子，箕子對以洪範九等。於是武王乃封箕子於朝鮮而不臣也。」《史記》云文王受命七年今謂十年。而崩，與《大傳》合。武王即位二年，蒙文王受命之年爲九年，再期觀兵，又二年伐紂，爲十一年，與《書序》合。克殷二年，爲十三祀。《大傳》雖無觀兵、伐紂之年，而據受命七年，《洪範》「十三祀」，其中年數亦必相同。惟《史記》以爲陳《洪範》乃封朝鮮，《大傳》以爲封朝鮮來朝乃陳《洪範》。班孟堅謂：「遷書載《洪範》多古文説。」或從古文，與今文不同。然據《大傳》

受封來朝始陳《洪範》，則武王無慢賢之失，箕子無苟免之心，較之《史記》所云更爲墒當。而《書正義》引此傳云云，曰：「案：此《序》云『勝殷，以箕子歸』，明既釋其囚，即以歸之，不令其走去而後來朝也。又朝鮮去周路將萬里，聞其所在，然後封之，受封乃朝，必歷年矣，不得仍在十三祀也。《宋世家》云既作《洪範》，武王乃封箕子於朝鮮，得其實也。」錫瑞案：孔氏據劉歆及僞孔傳之説，以爲文王受命九年而崩，武王再期觀兵爲十一年，又二年伐紂爲十三年，即陳《洪範》之十三祀，故有「朝鮮去周萬里，受封乃朝，不得仍在十三祀」之疑。不知《書序》、《史記》皆以爲十一年伐紂，又二年乃陳《洪範》。《史記》有明文，則《大傳》云受封來朝亦必不在克殷之年，時歷二年，即往返萬里足以及之，不得以此爲疑。《書序》之文略，故受封、來朝皆不載。《序》以伐紂爲十一年，而訪《範》在十三祀，經有明文，則《序》亦必以訪《範》、克殷在二年之後，非謂以箕子歸即作《洪範》也。《大傳》之文本無可疑，孔疏以僞傳解之，故不合耳。

汩，亂也。《華嚴經》第七十八《音義》卷下。陳壽祺案曰：此疑《洪範傳》「汩陳五行」之訓。

水、火者，百姓之所飲食也。金、木者，百姓之所興作也。土者，萬物之所資生也。是爲人用。《尚書・洪範》正義引《書傳》。

疏證曰：陳喬樅曰：「案《尚書正義》云：『此章所演凡有三重：第一言其名次，第二言其體性，第三言其氣味。言五者各爲人用。』引《書傳》云云爲證。五行，即五材。《左氏》襄二十七年傳云：『天生五材，民並用之。』謂之行者，在天爲五氣，在地爲世所行用也。」

八政何以先食？傳曰：食者，萬物之始，人事之本也。故八政先食。《尚書・洪範》正義、《文選・籍田賦》注。又《白帖・食》、《御覽》八百四十七《飲食部五》。

疏證曰：《漢書・王莽傳》曰：「民以食爲命，是以八政以食爲首。」《論衡・讖日篇》曰：「人道所重莫如食急，故八政一曰食。」《後漢書・章帝紀》元和元年詔曰：「王者八政以食爲本，故古者急耕稼之業，致耒耜之勤，節用儲蓄，以備凶災。是以歲雖不登，而人無飢色。」

《洪範》曰：「不叶于極，不罹于咎，無侮鰥寡而畏高明。」《困學紀聞》卷二引《大傳》。

疏證曰：《史記・宋世家》作「不協于極，不離于咎」。《大傳》作「叶」者，古文「協」字。作「罹」者，《易・彖》曰：「離，麗也。」二字義同，蓋三家文異也。《列女傳・楚野辨女》篇引《周書》曰：「毋侮鰥寡，而畏高明。」《後漢書・肅宗紀》元和二年詔：「經曰：『無侮鰥寡。』」《釋文》云：「『無虐』，馬本作『亡侮』。」皆與傳文相合。

聖人在上，其君子不誦無用之言，其工不作無用之器，其商不通無用之物。《御覽》四百一《人事部四十二》。　聖人者，民之父母也。母能生之、能食之，父能教之、能誨之。聖王曲備之者也，能生之、能食之、能教之、能誨之也，爲之城郭以居之，爲之宫室以處之，爲之庠序學校以教誨之，爲之列地制畝以飲食之。故《書》曰：「作民父母，以爲天下王。」此之謂也。《御覽》四百一《人事部四十二》。

疏證曰：傳云「聖王曲備之」者，《禮記・表記》曰：「《詩》云：『凱弟君子，民之父母。』凱以强教之，弟以説安之。樂而無荒，有禮而親，威莊而安，孝慈而敬。使民有父之尊，有母之親。如此而后，可以爲民父母矣。」正義曰：「以其威莊，故『有父之尊』，言尊之如父。以其孝慈，故『有母之親』，言親之如母也。」云爲之城郭、宫室、庠序學校、列地制畝者，《禮記・禮運》曰：「今大道既隱，城郭溝池以爲固，以設制度，以立田里。」正義曰：「此明三代俊英之事。孔子生及三代之末，故稱今也。『城郭溝池以爲固』者，城，内城；郭，外城也；溝池，城之塹。『以設制度』者，又用禮義設爲宫室、衣服、車旗、飲食、上下、貴賤，各有多少之制度也。『以立田里』者，田，種穀稼之所；里，居宅之地，貴賤異品。」《禮運》又曰：「昔者先王未有宫室，後聖有作，然後修火之利。范金、合土，以爲臺榭、宫室、牖户。」正義曰：「昔者先王既云『未有宫室』，則揔是五帝之前。『以爲臺榭、宫室、牖户』者，謂五帝時也。」據此，則城郭、宫室、列地制畝皆始於五帝三王之時。庠序學校，則《孟子》曰：「夏曰校，殷曰序，周曰庠。學則三代共之。」是庠序學校始於三王之時。至周立四代之學，又兼有庠、序、學校也。《漢書・刑法志》曰：「上聖卓然先行敬讓博愛之德者，衆心悦而從之。從之成羣，是爲君矣。歸而往之，是爲王矣。《洪範》曰：『天子作民父母，爲天下王。』聖人取類以正名，而謂君爲父母，明仁愛德讓，王道之本也。」與傳義合。

晦而月見西方謂之朓，【注】朓，條也，條達行疾貌。朓則侯王其荼。【注】荼，緩也。朔而月見東方謂之側匿，【注】側匿猶縮縮，行遲貌。側匿則侯王其肅。【注】肅，急也。日，君象也。月，臣象也。君政急則日行疾、月行徐，臣逡遁不進；君政緩則日行徐、月行疾，臣放恣也。《太平御覽》四引傳、注全，注「君政緩」上誤衍「朓則侯王其徐。徐，緩也」十字，又誤「荼」爲「徐」，今删。又《周禮・保章氏》疏引傳。又散見《文選・元皇后哀策文》《月賦》《舞賦》注、《藝文類聚》一、《穀梁傳序》疏、《後漢書・蔡邕傳》注。《文選・月賦》注引鄭注作「朓，條達行疾貌也」，《元皇后哀策文》注引鄭注作「朓猶條達也」，當從之。「側匿猶縮縮」，當作「猶縮朒」。

疏證曰：陳壽祺曰：《文選・舞賦》注引鄭玄《尚書五行傳》注「闇跳，行疾皃」，是鄭注「條達」一作「闇跳」也。「側匿」一作「朒」，一作「朏」，《説文》「朏，月未成之名」、「晦而月見西方謂之朓」、「朔而月見東方謂之縮朒」，此則「側匿」與「縮朒」聲近義一也。《漢書・五行志》：「『晦而月見西方謂之朓，朔而月見東方謂之仄匿。仄匿則侯王其肅，朓則侯王其舒。』劉向以爲：朓者疾也，君舒緩則臣驕慢，故日行遲而月行疾也；仄匿者不進之意，君肅急則臣恐懼，故日行疾而月行遲，不敢迫近君也。不舒不急以正失之者，食朔日。劉歆以爲：舒者侯王展意顓事，臣下促急，故月行疾也；肅者王侯縮朒不任事，臣下弛縱，故月行遲也。當春秋時，王侯率多縮朒不任事，故食二日仄匿者十八，食晦日朓者一，此其效也。」案此《漢志》據伏生《書傳》爲説，「仄匿」並作「仄慝」，字之譌，而劉歆則作「縮朒」，「側匿」猶「縮朒」也。孟康注《漢書》曰「朓者，月行疾，在日前，故早見。側匿者，行遲，在日後，當没而更見」是也。蔡卞《毛詩名物解》：「禮曰：大明生於東，月生於西。蓋朔而月出西方，夕見，暮見也。故王者早見曰朝，暮見曰夕，義取諸此。

所謂朝、夕，放於日、月者也。至望，然後出於東方，夕見。《尚書大傳》以爲晦而月見西方謂之朏，朔而月見東方謂之朒，蓋言異也。」又《事文類聚》亦引《尚書大傳》：「晦而月見西方謂之朓，朔而月見東方謂之朏。」諸書所引朓、朒、朏、闇跳、側匿、縮朒各字，每相互異。考《後漢書·盧植傳》，植上封事，諫曰：「臣聞日晦而月見謂之朓，王侯其舒。」李賢注：「《五行傳》，劉向所著，字與此小異。」然則伏、劉諸本固有別矣。惟「朏」與「朓」異，它書「朓」作「朏」者誤。

錫瑞案：《漢書·五行志》引向、歆説而斷之曰：「考之漢家，食晦朓者三十六，終亡二日仄匿者，歆説信矣。此皆謂日月亂行者也。」案：向、歆二義不同。《後漢書·盧植傳》植上封事曰：「臣聞《五行傳》曰：『日晦而月見謂之朓，王侯其舒。』此謂君政舒緩，故日食晦也。」與向義合。又《鄭興傳》興上疏曰：「夫日月交會，數應在朔，而頃年日食，每多在晦。先時而合，皆月行疾也。日君象而月臣象，君亢極則臣下促迫，故行疾也。」與歆義合。鄭興《周禮》古文説得之劉歆，故用歆義。班説亦以歆説爲信，然其説甚迂回。鄭從劉向義，伏義亦當然也。

洪範五行傳

維王后元祀，【注】王，謂禹也。后，君也。祀，年也。禹始居攝爲君之元年也。注又見《通鑑前編》。帝令大禹步于上帝。【注】帝，舜也。步，推也。于，於也。上帝，謂天也。令禹推演天道，謂覩得失反覆也。注又見《玉海》。又《文選·演連珠》注引「步，推也」。又《通鑑前編》引注末句。維時洪祀六沴，用咎于下，【注】用此時始大祀六沴之神。用咎于下者，用極□□□□□□其祀之□□也。陳壽祺曰：文淵閣本《儀禮通解續》此句「用」作「言」，「始」上有「禹」字，「者」下有「咎，凶也。民其祀之令消也」十字。錫瑞案：梁開宗本《儀禮經傳通解》引傳文作「維時供祀六沴」，注：「供，謂大也。始大祀六沴之神。咎猶極也。用極于下者，謂備極其祀之豐美也。」是用知不畏而神之怒。【注】而，乃也。舜任禹，禹能治其道□無其神。舜知禹敬，神之怒可知也。若六沴作見，若是共禦，【注】若，順也。共讀曰恭。禦，止也。帝用不差，神則不怒。【注】□，□也。舜見禹知人，□□□之，無復疑也。錫瑞案：梁本《儀禮經傳通解》引注：「消，散也。舜見禹知人，遂專一用之，無復疑也。」五福乃降，用章于下。八字又見《周禮・疾醫》疏。【注】降，下也。章，明也。《原本玉篇・左部》引傳「帝用不差，則神不怒」、鄭注「差，疑也」。

疏證曰：《漢書・五行志》曰：「野木生朝，野鳥入廟，敗亡之異。武丁恐駭，謀於忠賢，修德而正事，内舉傅説，授以國政，外伐鬼方，以安諸夏，故能攘木、鳥之妖，致百年之壽，所謂『六沴作見，若是共御，五福乃降，用章于下』者也。」《漢志》引傳文爲攘災致福之應，徵驗甚明。漢時齊學多言災異，《尚書》有《五行傳》，《詩》有四始五際，《春秋》有《公羊傳》，皆通天人之故，塙有所見。《隋書・經籍志》：「濟南伏生之傳，惟劉向父子所著《五行傳》是其本法。」史官自漢至隋皆有《五行志》，原本伏義。至宋人始疑而不信，而王安石「天變不足畏」之説出矣。六沴，即下云金沴木、木沴金、水沴火、火沴水、木金水火沴土，沴止五而傳言六者，鄭注云：「不言沴天，天至尊，無能沴之者。」故傳文合言六沴矣。《路史》曰：「共，供也。共禦之法，備見《書大傳》。云『王后元祀』，舜攝之元年也。知《五行傳》不自後世，歆、向以來訛而謬之耳。《大傳》得正。」錫瑞案：「帝用不差」即「步於上帝」之帝，順是共禦之義於上帝，用以警人君者，敬奉不差，其神則不怒也。注以「帝」爲帝舜，以「不差」爲知人，上下文義未免隔礙。

若六沴作見，若不共禦，六伐既侵，❶六極其下。【注】侵，陵也。庶幾□□行罰殺萬物也。□□□□□□□□凶也。錫瑞案：梁本《儀禮經傳通解》引注：「侵，陵也。既已侵陵行罰殺萬物也。六極其下，謂下皆被其凶也。」禹乃共辟厥德，受命休令，【注】□，□。厥，其也。休，美也。禹於是恭明□□□□，孳孳受舜之美令奉行之。錫瑞案：梁本《儀禮經傳通解》引注「辟，明也。厥，其也。休，美也。禹於是恭明其德，孳孳受舜之美令奉行之。」袁鈞曰：「『受

❶「伐」，原作「代」，今據《左海文集》本《輯校》改。

命」之「命」，譌字。觀注「受舜之美令」疑當作「帝」，後注云「奉帝命而陳之」可證。」爰用五事，建立王極。【注】王極，或皆爲皇極。初，禹治水，得神龜負文於洛，於以盡得天人陰陽之用，至是奉帝命而陳之也。陳壽祺曰：「注『初，禹』以下至末，據《通鑑前編》引補，《儀禮通解續》無。」錫瑞案：陳本作「建用王極」，今從《通考》引傳作「建立」。

疏證曰：陳喬樅曰：「《洪範五行傳》『王極』，鄭注云：『王，或皆爲皇。』考《白虎通·號》篇曰：『皇，君也，美也，大也。』『皇』之訓爲『君』，亦爲『大』，故孔光、谷永説『皇極』竝以『大中』爲訓。此歐陽、夏侯三家之本不同也。《洪範五行傳》『王之不極，是謂不建』，鄭注云：『王，君也。』《漢書·五行志》引《洪範傳》『皇之不極』，云：『皇，君也。極，中。建，立也。』字異訓同。作『王極』者，歐陽氏之本。作『皇極』者，夏侯氏之本也。」

錫瑞案：三家雖有作「王」、作「皇」之不同，其義皆當訓「君」，不當訓「大」。「王之不極」、「皇之不極」，必訓爲「君」然後可通，訓爲「大之不中」則不辭甚矣。孔光、谷永所云與伏義不合。《史記·宋世家》「王極」字作「王」，而前後皆作「皇」。史公用歐陽《尚書》，蓋皆作「王」，其作「皇」者，淺人改之。「若不共禦」之「若」，亦當訓「順」。上順之敬之也，敬之無稍忽，因而共禦。此順之聽之也，聽之任其所爲，因而不共禦。

長事，【注】長猶君也。一曰貌：貌之不恭，是謂不肅。【注】肅，敬也。君貌不恭，則是不能敬其事也。陳壽祺曰：此注《儀禮通解續》缺「貌」、「不能敬事也」六字，據《續漢書·五行志》及注補。下同。厥咎狂，【注】君臣不敬，則倨慢如狂矣。陳壽祺曰：《儀禮通解續》注缺「君」、「倨」二字，據《續漢志》補。厥罰常雨，【注】貌曰木，木主春，春氣生，生氣失則踰其節，故常雨也。陳壽祺曰：《儀禮通解續》缺注「貌」、「氣失則」四字，據《續漢志》補。厥極惡。【注】生氣失，故於人則爲惡。陳壽祺曰：「厥極惡」注，《續漢志》、《儀禮通解續》並缺，見《文獻通考》卷八十八《郊社考》。時則有服妖，【注】服，貌之飾也。時則有龜孽,【注】龜,蟲之生於水而游於春者也,屬木。時則有雞禍,【注】雞,畜之有冠翼者也,屬貌。時則有下體生于上之痾,【注】痾,病也。貌氣失之病也。時則有青眚、青祥。【注】青,木色也。眚生於此,祥自外來也。維金沴木。【注】沴,殄也。凡貌、言、視、聽、思心,陳壽祺曰:「思心」二字,《儀禮通解續》無,據《續漢志》注增。一事失則逆人之心,人心逆則怨,木、金、水、火、土氣爲之傷,傷則衝勝來乘殄之,於是神怒人怨,將爲禍亂。故五行先見變異以譴告人也。及妖、孽、禍、痾、眚、祥,皆其氣類暴作非常,爲時怪者也,各以物象爲之占也。陳壽祺曰:自「貌之不恭」至「惟金沴木」,傳、注全節並見《續漢書·五行志》及劉昭注、《文獻通考·郊社考》。

疏證曰:《漢書·五行志》引此傳文,注云:「韋昭曰:『下體生上,若牛之足反出背上,下欲伐上之禍也。』李奇曰:『内曰眚,外曰祥。』服虔曰:『沴,害也。』如淳曰:『沴,音拂戾之戾,義亦同。』」《志》又引:「說曰:『凡草木之類謂之妖。妖猶夭胎,言尚微。蟲豸之類謂之孽,孽則牙孽矣。及六畜,謂之旤,言其著也。及人,謂之痾。痾,病貌,言寖深也。甚則異物生,謂之眚。自外來,謂之祥。祥猶禎也。氣相傷,謂之沴。沴猶臨莅,不和意也。每一事云『時則有』目絶之,言非必俱至,或有或亡,或在前或在後也。貌之不恭,是謂不肅。肅,敬也。内曰恭,外曰敬。人君行己,體貌不恭,怠慢驕蹇,則不能敬萬事,失在狂易,故其咎狂也。上嫚下暴,則陰氣勝,故其罰常雨也,水傷百穀,衣食不足,則姦軌竝作,故其極惡也。一曰民多被刑,或形貌醜惡,亦是也。風俗狂慢,變節易度,則爲剽輕奇怪之服,故有服妖。水類動,故有龜孽。於《易》,巽爲雞。雞有冠距文武之象,不爲威儀,貌氣毁,故有雞旤。一曰水歲雞多死及爲怪,亦是也。上失威儀,則下有彊臣害君上者,故有下體生於上之痾。木色青,故有青眚、青祥。凡貌傷者,病木氣;木氣病,❶則金沴之,衝氣相通也。於《易》,震在東方,爲春、爲木也;兑在西方,爲

❶「木氣病」,原脱,今據《漢書·五行志中之上》補。

秋，爲金也；離在南方，爲夏、爲火也；坎在北方，爲冬、爲水也。春與秋，日夜分，寒暑平，是以金、木之氣易以相變，故貌傷則致秋陰常雨，言傷則致春陽常旱也。至於冬夏，日夜相反，寒暑殊絶，水、火之氣不得相併，故視傷常奧，聽傷常寒者，其氣然也。逆之，其極曰惡；順之，其福曰攸好德。」《續漢書·五行志》引傳文同，「説云：『氣之相傷謂之沴。』」注引：「方儲對策曰：『君失制度，下不恭承，臣恣淫慢。』《管子》曰：『冬作土功，發地藏，則夏多暴雨，秋雨霖不止。』《淮南子》曰：『金不收則多淫雨。』《洪範傳》曰：『妖者，敗胎也，少小之類，言其事之尚微也。至孽，則牙孽也。至乎痾則著矣。』」《南齊志》：「《貌傳》曰：『失威儀之制，❶怠慢驕恣，謂之狂，則不肅矣。下不敬，則上無威。天下既不敬，又肆其驕恣，肆之則不從。夫不敬其君，不從其政，則陰氣勝，故曰厥罰常雨。』又曰：『上下不相信，大臣姦宄，民爲寇盜。故曰厥極惡。一曰：民多被刑，或形貌醜惡。』又曰：『危亂端見，則天地之異生。木者青，故曰青眚，爲惡祥。凡貌傷者，金沴木，木沴金，衝氣相通。』」《隋志》：「《鴻範五行傳》曰：『陰氣常積，然後生水雨之災。』」《說苑·敬慎》篇曰：「妖孽者，天所以警天子、諸侯也。」《白虎通·災變》篇曰：「妖者何謂也？衣服乍大乍小，言語非常。故《尚書大傳》曰『時則有服妖』也。孽者何謂也？曰：介蟲生爲非常。《尚書大傳》曰：『時則有介蟲之孽，時則有龜孽。』」

次二事曰言：言之不從，是謂不艾。陳壽祺曰：艾，各本多作「乂」，據《漢書·五行志》、《文獻通考》引，作「艾」。【注】艾，治也。君言不從，則是不能治其事也。厥咎僭，【注】君臣不治，則僭差矣。厥罰常陽，陳壽祺曰：《漢志》、《續漢志》引並作「陽」，蓋今文也。各本作「暘」，乃改從古文，非。【注】言曰金，金主秋，秋氣殺，殺氣失，故常陽也。陳壽祺曰：注「言曰金」三字，《續漢志》缺，據《文獻通考》卷八十八引增。厥極憂。【注】殺氣失，故於人爲憂。時則有詩妖，【注】詩之言志也。時則有介蟲之孽，【注】蟓、螽、蜩、蟬之類，蟲之生於火而藏於秋者

❶「制」，原作「則」，今據《南齊書·五行志》改。

也，屬金。陳壽祺曰：注「蟲之」二字，《續漢志》缺，據《文獻通考》引增。時則有犬禍，【注】犬，畜之以口吠守者也，屬言。時則有口舌之痾，【注】言氣失之病。時則有白眚、白祥。維木沴金。陳壽祺曰：「維木沴金」，《周禮·疾醫》《太祝》疏引「木」作「火」，當從之。作「木」者誤也。又曰：自「言之不從」至「維木沴金」，傳、注全節並見《續漢書·五行志》及劉昭注、《文獻通考·郊社考》。

疏證曰：《漢書·五行志》引此傳文云云，曰：『言之不從。』從，順也。『是謂不艾』，艾，治也。孔子曰：『君子居其室，出其言不善，則千里之外違之，況其邇者乎！』《詩》云：『如蜩如螗，如沸如羹。』言上號令不順民心，虛譁憒亂，則不能治海內，失在過差，故其咎僭。僭，差也。刑罰妄加，羣陰不附，則陽氣勝，故其罰常陽也。旱傷百穀，則有寇難，上下俱憂，故其極憂也。君炕陽而暴虐，臣畏刑而鉗口，則怨謗之氣發於歌謠，故有詩妖。介蟲孽者，謂小蟲有甲飛揚之類，陽氣所生也，於《春秋》爲螽，今謂之蝗，皆其類也。於《易》，兑爲口。犬以吠守，而不可信，言氣毁，故有犬旤。一曰旱歲犬多狂死及爲怪，亦是也。及人，則多病口喉欬者，故有口舌痾。金色白，故有白眚、白祥。凡言傷者，病金氣；金氣病，則木沴之。其極憂者，順之，其福曰康寧。」《春秋考異郵》曰：「君行非是，則言不見從。言不見從，則下不治。下不治，則僭差過制度，奢侈驕泰。天子僭天，大夫僭人主，諸侯僭上，陽無以制，從心之喜。上憂下，則常陽從之。推設其蹟，考之天意，則大旱不雨，而民庶大災。」《南齊志》：「《言傳》曰：『言《易》之道，西方曰兑，爲口。人君過差無度，刑罰不一，斂從其重，或有師旅，炕陽之節，若動衆勞民，是言不從。人君既失衆，政令不從，孤陽持治，下畏君之重刑，陽氣勝則旱象至，故曰厥罰常陽也。』又曰：『下既悲苦君上之行，又畏嚴刑而不敢正言，則必先發於歌謠。歌謠，口事也。口氣逆則惡言，或有怪謠焉。』又曰：『言氣傷則民多口舌，故有口舌之痾。金者白，故有白眚，若有白爲惡祥。』」《隋志》：「《鴻範五行傳》曰：『君持亢陽之節，興師動衆，勞人過度，以起城邑，不顧百姓，臣下悲怨，然而心不能從，故陽氣勝而失度，陰氣沈而不附。陽氣盛，旱災應也。』」

次三事曰視：視之不明，是謂不悊。【注】悊，視瞭也。君視不明，則是不能瞭其事也。厥咎荼，【注】荼，緩也。君視不瞭，則荼緩矣。陳壽祺曰：注「荼，緩也」三字，惟見《玉海·天文五》，據增。厥罰常奧，陳壽祺曰：他書所引多作「燠」，惟《續漢志》作「奧」，今從之。【注】視曰火，火主夏，夏氣長，長氣失，故常奧也。厥極疾。【注】長氣失，故於人爲疾。時則有草妖，【注】草視之物，可見者莫衆於草。陳壽祺曰：《文獻通考》引注無「草視之」三字。時則有倮蟲之孽，【注】蠶、螟蟲之類，蟲之生於火而藏於秋者也。時則有羊禍，【注】羊，畜之遠視者也，屬視。時則有目痾，時則有赤眚、赤祥。維水沴火。陳壽祺曰：自「視之不明」至「維水沴火」，傳、注全節並見《續漢志》及劉昭注、《文獻通考·郊社考》。

疏證曰：《漢書·五行志》引此傳文云云，曰：「『視之不明，是謂不悊。』悊，知也。《詩》云：『爾德不明，目亡陪亡卿。不明爾德，目亡背亡仄。』言上不明，暗昧蔽惑，則不能知善惡，親近習，長同類，亡功者受賞，有罪者不殺，百官廢亂，失在舒緩，故其咎舒也。盛夏日長，暑目養物，政弛緩，故其罰常奧也。奧則冬温，春夏不和，傷病民人，故極疾也。誅不行則霜不殺草，繇臣下則殺不目時，故有草妖。凡妖，貌則目服，言則目詩，聽則目聲，視則目色者，五色，物之大分也，在於眚祥。故聖人以爲草妖，失秉之明者也。温奧生蟲，故有蠃蟲之孽，謂螟螣之類當死不死，未當生而生，或多於故而爲災也。於《易》，剛而包柔爲離，離爲火爲目。羊上角下蹄，剛而包柔，❶羊大目而不精明，視氣毀，故有羊旤。一曰暑歲羊多疫死及爲怪，亦是也。及人，則多病目者，故有目痾。火色赤，故有赤眚、赤祥。凡視傷者，病火氣；火氣傷，則水沴之。其極疾者，順之，其福曰壽。」師古曰：「奧讀若燠，燠，暖也。螽螟之類，無鱗甲毛羽，故謂之蠃蟲也。」《南齊》：❷「傳曰：『犯上者不誅，則草犯霜而不死。或殺不以時，事在殺生失柄，故曰草妖

❶「剛」上，原衍「蹄」字，今據《漢書·五行志》刪。

❷「齊」下，據上下文例，當有「志」字。

也。一曰：草妖者，失衆之象也。』」《隋志》：「劉向《五行傳》曰：『視不明，用近習，賢者不進，不肖不退，百職廢壞，庶事不從，其過在政教舒緩。』」又引《洪範五行傳》曰：「羊禍，君不明，逆火政之所致也。」

次四事曰聽：聽之不聰，是謂不謀。【注】君聽不聰，則是不能謀其事也。厥咎急，【注】君臣不謀，則急矣。厥罰常寒，【注】聽曰水，水主冬，冬氣藏，藏氣失，故常寒也。厥極貧。【注】藏氣失，故於人爲貧。時則有鼓妖，【注】鼓，聽之應也。時則有魚孽，【注】魚，蟲之生於水而游於水者也。時則有豕禍，【注】豕，畜之居閑衛而聽者也，屬聽。時則有耳痾，【注】聽氣失之病。時則有黑眚、黑祥。維火沴水。陳壽祺曰：「維火沴水」，《周禮·疾醫》《太祝》疏引「火」作「土」，當從之。自「聽之不聰」至「維火沴水」，傳、注全節並見《續漢·五行志》及劉昭注、《文獻通考·郊社考》。

疏證曰：《漢書·五行志》引此傳文云云，曰：「『聽之不聰，是謂不謀。』言上偏聽不聰，下情隔塞，則不能謀慮利害，失在嚴急，故其咎急也。盛冬日短，寒以殺物，政促迫，故其罰常寒也。寒則不生百穀，上下俱貧，故其極貧也。君嚴猛而閉下，臣戰栗而塞耳，則妄聞之氣發於音聲，故有鼓妖。寒氣動，故有魚孽。雨以龜爲孽，龜能陸處，非極陰也；魚去水而死，極陰之孽也。於《易》，坎爲豕。豕大耳而不聰察，聽氣毀，故有豕旤也。一曰寒歲豕多死及爲怪，亦是也。及人，則多病耳者，故有耳痾。水色黑，故有黑眚、黑祥。凡聽傷者，病水氣；水氣病，則火沴之。其極貧者，順之，其福曰富。」《南齊志》：「《聽傳》曰：『不聰之象見，則妖生於耳，以類相動，故曰有鼓妖也。』一曰聲屬鼓妖，又曰：『陰極氣動，故有魚孽。魚孽者，常寒之罰也。』」《隋志》：「《鴻範五行傳》曰：『魚，陰類也，下人象。又有鱗甲，兵之應也。』又曰：『急之所致。』」錫瑞案：傳云：「聽之不聰，是謂不謀。」鄭注以爲謀事，《漢志》以爲謀慮，皆非傳意。王引之曰：「恭與肅、從與乂、明與哲、睿與聖，義並相近。若以謀爲謀事，則與『聽』字義不相近，斯爲不類矣。今案：謀與敏同，敏古讀若每，謀古讀若媒，並見《唐韻正》。謀、敏聲相近，故字相通。《中庸》：『人道敏政，地道敏樹。』鄭注曰：『敏，或爲謀。』是其證也。聽則敏，不聽則不敏。故《五行傳》曰：『聽之不聽，是謂不謀。』不謀則不敏，若以爲不能謀事，則『謀』上須加『能』字，而其義始明。伏生解聽作謀，以謀爲敏，正與經旨相合。而董、劉、馬、鄭諸儒以謀爲謀事，胥失之也。」王説是也。

次五事曰思心：思心之不容，是謂不聖。【注】「容」當爲「睿」。睿，通也。心明曰聖。孔子説休徵曰：聖者，通也。兼四而明，則所謂聖。聖者，包貌、言、視、聽而載之以思心者，通以待之。君思心不通，則是非不能心明其事也。陳壽祺曰：「思心之不容」此節注，《續漢志》缺，見《文獻通考》。 厥咎霧，【注】霧，冒也。君臣心有不明，則相蒙冒矣。陳壽祺曰：霧，《文獻通考》引作「雺」，非。今從《漢書·五行志》、《續漢·五行志》所引。 厥罰常風，【注】思心曰土，土王四時，主消息生殺長藏之氣，風亦出内雨陽寒奥之微，皆所以殖萬物之命者也。殖氣失，故常風。 厥極凶短折。【注】殖氣失，則於人爲凶短折。未齔曰凶，未冠曰短，未昏曰折。陳壽祺曰：「厥極凶短折」注，《儀禮通解續》缺，見《文獻通考·郊社考》。 時則有脂夜之妖，【注】夜讀曰液。時則有華孽，【注】當爲「夸」。夸，蚓蟲之生於土而游於土者。 時則有牛禍，【注】地厚德載物。牛，畜之任重者也，屬思心。陳壽祺曰：注「地厚德載物」五字，惟見《禮記·月令》正義，今據補。「屬思心」三字，《文獻通考》引缺。他本或作「屬王極」，亦誤。惟《月令》正義作「屬思」，脱「心」字，今據正義，以上下文定、補。 時則有心腹之痾，【注】思心氣失之病。 時則有黄眚、黄祥。 維木、金、水、火沴土。【注】《志》、《論》皆言君不寬容則地動，玄或疑焉。今四行來沴土，地乃動，臣下之相帥爲叛逆之象，君不通於事所致也。以爲不寬容，亦皆爲陰勝陽，臣强君之異。陳壽祺曰：自「思心之不容」至「惟木金水火沴土」，傳並見《漢志》、《續漢志》，鄭注全節惟見《文獻通考·郊社考》及《禮記·月令》正義，《續漢志》缺鄭注。《志》、《論》，謂《漢書·五行志》、劉向等《五行傳論》也。

疏證曰：《漢書·五行志》引此傳文云云，曰：「思心之不容，是謂不聖。」思心者，心思慮也；容，寬也。孔子曰：『居上不寬，吾何以觀之哉！』言上不寬大包容臣下，則不能居聖位。貌、言、視、聽，以心爲主。四者皆失，則區霿無識，故其咎霿也。雨、旱、寒、奧，亦以風爲本。四氣皆亂，故其罰常風也。常風傷物，故其極凶短折也。傷人曰凶，禽獸曰短，中木曰折。一曰：凶，夭也；兄喪弟曰短；父喪子曰折。在人腹中，肥而包裹心者，脂也。心區霿則冥晦，故有脂夜之妖。一曰：有脂物而夜爲妖，若脂水夜汙人衣，淫之象也。一曰：夜妖者，雲風並起而杳冥，故與常風同象也。温而風則生螟螣，有裸蟲之孽。劉向以爲於《易》，巽爲風、爲木，卦在三月、四月，繼陽而治，主木之華實。風氣盛，至秋冬木復華，故有華孽。一曰：地氣盛則秋冬復華。一曰：華者，色也。土爲内事，爲女孽也。於《易》，坤爲土、爲牛。牛大心而不能思慮，思心氣毁，故有牛旤。一曰牛多死及爲怪，亦是也。及人，則多病心腹者，故有心腹之痾。土色黄，故有黄眚、黄祥。凡心思傷者，病土氣；土氣病，則金、木、水、火沴之，故曰『時則有金、木、水、火沴土』。不言『惟』而曰『時則有』者，非一衝氣所沴，明其異大也，其極曰凶、短、折，順之，其福曰考終命。」《南齊志》：「《思心傳》曰：『心者，土之象也。思心不容，案：《志》文作「睿」，今改正。其過在於瞀亂失紀。風於陽則爲君，❶於陰則爲大臣之象，專恣而氣盛，故罰常風。心，五事主，猶土爲五行主也。』又曰：『土氣亂者，木、金、水、火亂之。』」《隋志》：「《鴻範五行傳》曰：『華者，猶榮華容色之象也。以色亂國，故謂華孽。』又曰：『晝而晦冥若夜者，陰侵陽，臣將侵君之象也。』又曰：『牛事，應宫室之象也。』」錫瑞案：鄭注用古文説，謂「容」當爲「睿」，故以《志》、《論》「君不寬容則地動」爲非，實則今文作「容」，於義爲長。錢大昕曰：「容與恭、從、聰爲韻。康成以爲字之譌，破『容』爲『睿』，晚出古文因之，未必鄭是而伏非。《説文》云：『思，容也。』亦用伏生義也。古之言心者，貴其能容，不貴其能察。《秦誓》云：『其心休休焉，其如有容焉。』《論語》云：『君子尊賢而容衆。我之大賢與，於人何所不容？』《老子》曰：『容乃公，公乃王，王

❶「君」，原作「陰」，今據《南齊書·五行志》改。

乃天，天乃道，道乃久。』《荀子》曰：『君子賢而能容衆，知而能容愚，博而能容淺，粹而能容雜。』孟子以仁爲人心，仁者必能容物，故視主明，聽主聰，而思獨主容。若睿、哲之義，已於明、聰中該之矣。」錢説是也。鄭讀「夜」爲「液」，謂「華」當爲「夸」，皆與《志》、《論》今文説不同，當據《志》、《論》以申伏義。

王之不極，是謂不建。陳壽祺曰：「王」字，《漢志》、《續漢志》並作「皇」。劉昭注云「《尚書大傳》作王」，《文獻通考》、《玉海》引同。【注】王，君也。不名體而言王者，五事象五行，則王極象天也。人法天，元氣純，則不可以一體而言之也。天變化爲陰爲陽，覆成五行。經曰：「曆象日月星辰，敬授民時。」《論語》曰：「爲政以德，譬如北辰。」是則天之通於人政也。孔子説《春秋》曰：「政以不由王出，不得爲政。」則是王，君出政之號也。極，中也。建，立也。王象天，以性情覆成五事，爲中和之政也。王政不中，則是不能立其事也。陳壽祺曰：「王之不極」以下至「星辰逆行」注，見《續漢・五行志》劉注。惟注「人法天」至「而言之也」，《續漢志》缺，見《文獻通考》。厥咎瞀，【注】瞀，與思心之咎同耳。故子駿傳曰：「瞀，眊。眊，亂也。」君臣不立，則上下亂矣。陳壽祺曰：瞀，《漢志》、《續漢志》引並作「眊」。劉昭注云：「《尚書大傳》作『瞀』。」鄭注引劉子駿《五行傳》，以「眊」釋「瞀」，是也。《文獻通考・郊社考》引作「雺」，與「思心」傳同，非。《續漢志》引此注脱「子駿」二字，今從《文獻通考》。厥罰常陰，【注】王極象天，天陰養萬物。養氣失，故常陰也。厥極弱。【注】天爲剛德，剛氣失，故於人爲弱。《易》曰：「貴而无位，高而无民，賢人在下位而无輔。」此之謂弱。或云懦，不毅也。陳壽祺曰：《續漢志》注引此注「毅」作「敬」，誤。時則有射妖，【注】射，王度之極也。射人將發矢，必先於此儀之，發矢則必中於彼矣。君將出政，亦先於朝廷度之，出則應於民心。射，其象也。時則有龍蛇之孽，【注】龍，蟲之生於淵，行於無形，游於天者也，屬天。蛇，龍之類也。或曰：龍無角者曰蛇。時則有馬禍，【注】天行健。馬，畜之疾行者也，屬王極。時則有下人伐上之痾，【注】夏侯勝説

「伐」宜爲「代」，《書》亦或爲「代」。陰陽之神曰精氣，性情之神曰魂魄。君行不由常，侜張無度，則魂魄傷也，王極氣失之病也。天於不中之人，恒耆其味，厚其毒，增以爲病，將以開賢代之也。《春秋傳》所謂「奪伯有魄」者是也。不名病者，病不著於身體也。陳壽祺曰：注「味厚其」三字，《續漢志》注無，❶見《儀禮通解續》二十六、《文獻通考·郊社考》。自「時則有龜孽」注「龜，蟲之生」至「時則有下人伐上之痾」注「性情之神曰魂魄」，《儀禮通解續》二十六并缺引，今據《續漢·五行志》注、《文獻通考》引補。時則有日月亂行，星辰逆行。【注】亂，謂薄食鬬並見。逆，謂贏縮反明、經天守舍之類也。不言沴天，天至尊，❷無能沴之者。「離逢非沴，維鮮之功」，謂此也。陳壽祺曰：《續漢·五行志》注引此節注「君，王也」至「守舍之類也」，缺「不言沴天」至「謂此也」二十二字，見《儀禮通解續》二十六。

疏證曰：《漢書·五行志》引此傳文云云，曰：『皇之不極，是謂不建。』皇，君也。極，中。建，立也。人君貌、言、視、聽、思心五事皆失，不得其中，則不能立萬事，失在眊悖，故其咎眊也。王者自下承天理物。雲起於山，而彌於天。天氣亂，故其罰常陰也。一曰：上失中，則下彊盛而蔽君明也。《易》曰『亢龍有悔。貴而亡位，高而亡民，賢人在下位而亡輔』，如此，則君有南面之尊而亡一人之助，故其極弱也。盛陽動，應輕疾。禮，春而大射，以順陽氣。上微弱則下奮動，故有射妖。《易》曰『雲從龍』，又曰『龍蛇之蟄，以存身也』。陰氣動，故有龍蛇之孽。於《易》，乾爲君，爲馬。馬任用而彊力，君氣毁，故有馬禍。一曰馬多死及爲怪，亦是也。君亂且弱，人之所叛，天之所去，不有明王之誅，則有篡弑之禍，故有下人伐上之痾。凡君道傷者，病天氣。不言五行沴天而曰『日月亂行，星辰逆行』者，爲若下不敢沴天，猶《春秋》曰『王師敗績於貿戎』，不言敗之者，以自敗爲文，尊尊之意也。」服虔曰：「眊，音老耄。」師古曰：「眊，不明也。悖，惑也。」《續漢書·五行志》引此傳文云云，曰：「皇，君也。極，中也。眊，不明也。說

❶「注」，原無，今據《輯校》卷二補。
❷「天」，原無，今據《輯校》卷二補。

云：此沴天也。不言沴天者，至尊之辭也。春秋『王師敗績』，以自敗爲文。」《南齊志》：「傳曰：『皇之不極，是謂不建。其咎在霧亂失聽，故厥咎霧。』思心之咎亦霧。天者正萬物之始，王者正萬事之始，失中則害天氣，類相動也。天者轉於下而運於上，雲者起於山而彌於天。天氣動，則其象應，故厥罰常陰。王者失中，臣下盛强而蔽君明，則雲陰亦衆多而蔽天光也。』」又引傳：「『《易》曰「乾爲馬」。逆天氣，故曰有馬禍。一曰：馬者，兵象也。將有寇戎之事，故馬爲怪。』」《隋志》：「《鴻範五行傳》曰：『逆天氣，故馬多死。』又曰：『龍，獸之難害者也。天之類，君之象。天氣害，君道傷，故龍亦害。鬥者，兵革之象也。』又曰：『龍，陽類，貴之象也。上則在天，下則在地，不當見庶人邑里家室。井中，幽深之象也。諸侯且有幽執之禍，皇不建之咎也。』又曰：『射者，兵戎禍亂之象。氣逆天，則禍亂將起。』」案：鄭注云夏侯勝説「伐，宜爲代」，考《漢書·夏侯勝傳》對言：「在《洪範傳》曰：『皇之不極，厥罰常陰，時則下人有伐上者。』」本傳言勝從夏侯始昌受《尚書》及《洪範五行傳》説，而引《洪範》作「伐」不作「代」。《漢志》、《續漢志》亦皆作「伐」。鄭義不知何據。

維五位復建，辟厥沴。【注】君失五事則五行相沴，違其位。復立之者當明其吉凶變異，則知此爲貌邪言，輒改過以共禦之。至司之日月，又必齋肅祭祀以撫其神，則凶咎除矣。不言六位，天不違其位也。陳壽祺曰：注「君失五事」至「不違其位也」，見《儀禮通解續》。又曰：「貌邪言」下有脱文，當以言、視、聽、思心之失與貌邪並列也。《文獻通考》引此注亦略，今無從補。

疏證曰：《續漢·五行志》注引蔡邕對問曰：「臣聞陽微則日蝕，陰盛則地震，思亂則風，貌失則雨，視闇則疾，簡宗廟，水不潤下，川流滿溢。明君臣，正上下，抑陰尊陽，修五事於聖躬，致精慮於共御，其救之也。」正用傳義。

曰：二月、三月維貌是司，四月、五月維視是司，六月、七月維言是司，八月、九月維聽是司，十月、十一月維思心是司，十二月與正月維王極是司。【注】司，主也。此月數，夏數也。夏數得天之正。玄或疑焉，此用五事之次，則四月、五月主視，六月、七月主言，非也。□五行王相之次，❶則八月、九月主聽，十月、十一月主思心，亦非也。子駿傳曰：二月、三月維貌是司，四月、五月維視是司，六月、七月維思心是司，八月、九月維言是司，十月、十一月維聽是司，十二月與正月維王極是司。於四時之氣似近其類也。

疏證曰：《漢書・外戚傳》曰：「正月於《尚書》爲皇極。皇極者，王氣之極也。白者，西方之氣，其於春當廢。今正於王極之月，興廢氣於後宮。」此漢人引傳之義也。鄭君疑傳以四月、五月主視，六月、七月主言，與五事之次不合。案：五事，視本屬火，言本屬金。鄭注《大傳》云：「貌曰木，言曰金，視曰火，聽曰水，思心曰土。」四、五月爲夏令，屬火。六、七月爲秋令，屬金。傳以四月、五月主視，六月、七月主言，與五事之義正合，與五事之次不必相合。然則八月、九月主聽，十月、十一月主思心，與五事之次相合，不必與五行王相之次相合矣。劉歆《五行傳》、《漢書・五行志》引其説，班氏皆以爲非。然則其説雖近理，恐非伏生之旨。俞正燮《五行傳用亥正論》曰：「鄭注以夏正推之，因疑於王相不合。按：此不關王相，且非夏正。伏生自以其時亥正言之，秦及漢初用顓頊法，以亥爲正。劉向承伏生所記之數，以子、丑月主貌，寅、卯視，辰、巳言，午、未聽，申、酉思，戌、亥王極。劉歆則以辰、巳思心，午、未言，申、酉聽。蓋古今説不同，然皆以伏生語爲亥正。鄭用夏正，則伏生語起卯、辰，宜不合矣。」

凡六沴之作：歲之朝、月之朝、日之朝，則后王受之；歲之中、月之中、日之中，則公、卿受之；歲之夕、月之夕、日之夕，則庶民受之。【注】自正月盡四月爲歲之朝，自五月盡八月爲歲之中，自九月盡十二月爲歲之夕。上旬爲月之朝，中旬爲月之中，下旬爲月之夕。平旦至食時爲日之朝，禺中至日昳爲日之中，下側至黄昏爲日之夕。受之，受其凶咎也。

❶「□」，《輯校》原闕，宋嘉定十五年刊《儀禮經傳通解續》卷二六作「若」。

疏證曰：《漢書·孔光傳》光引《書傳》曰：「六沴之作，歲之朝曰三朝，其應至重。❶」師古曰：「歲之朝、月之朝、日之朝，故曰三朝。」用此傳義。

其二辰以次相將，其次受之。【注】二辰，謂日、月也。假令歲之朝也，日、月中則上公受之，日、月夕則下公受之；歲之中也，日、月朝則孤卿受之，日、月夕則大夫受之；歲之夕也，日、月朝則上士受之，日、月中則下士受之。其餘差以尊卑多少，則悉矣。陳壽祺曰：注「歲之中也」四字、「則孤卿受之」五字、「日月夕則」四字，《儀禮通解續》、《文獻通考》引並脱，惟《續漢·五行志》注具，今據補。星辰莫同，【注】莫，夜也。星辰之變，夜見亦與晝同。初昏爲朝，夜半爲中，將晨爲夕。或曰：將晨爲朝，初昏爲夕也。是離逢非沴，維鮮之功。【注】離，憂也。逢，見也。是謂憂見之象，非沴也。言五行非能沴天者也。鮮，殺也。功，成也。維凶咎之殺已成，故天垂變異以示人也。

疏證曰：鄭君注義迂曲，疑非傳旨。「二辰，謂日、月」，星辰別於日、月言之。「星辰莫同」，謂星辰之變莫同於日、月。離，當爲「月離於畢」之「離」。《禮·月令》「宿離不貸」，注：「讀如『儷偶』之『儷』。」《晉語》「非天不離數」，注：「歷也。」離逢，即「歷見」之義，謂星辰所以莫同於日、月者，以其變異或是歷見，非六沴之作見也。《唐傳》曰：「鮮，訊也。訊者，始入之皃。」「維鮮之功」，亦當爲鮮訊之義。梁開宗曰：「『維五位復建，辟厥沴』，先總言共禦，而包下文禦之之事，禦之之祭在内也。禦之之事，必察乎貌、言、視、聽、思與王極；禦之之祭，必各依乎其月。故『二月、三月』一節將六事配乎十二月，以先爲下文之張本。至於『凡六沴之作』三節，又細别受沴之人不同。然人雖不同，而皆王爲之共禦者，以皆王之家人臣民故也。『是離逢非沴，維鮮之功』二語，只是緊起下文，言君之可憂，方見天不即沴之，維凶殺之事已成，天乃垂此變異之象。注謂『五行非能沴天者』，恐亦失此節之旨矣。所謂凶殺之事已成者，即指下文『喬忿』、『訖衆』、『忽似』、『怵攸』、『有尤』、王極之失而言

❶「至」上，原衍「立」字，今據《漢書·孔光傳》删。

也，故緊接以『禦貌於喬忿』等句。此七節正言禦之之事，而必言禦之之祭者，以天已垂沴象，故當祭以回天之怒耳。」又云：「此先分言共禦之大概，下文『六沴之禮』一節又總言祭禮，而詳其時日及其器物與地，下文又詳及其辭，而共禦、恭敬之義亦已詳盡矣。則皆所以申言休命也。」案梁説明顯，亦可從。引注「五行」作「王行」，誤。

禦貌於喬忿。【注】止貌之失者，在於喬忿也。驕忿者，是不恭之刑也。喬忿，謂若傲很明德、忿戾無期之類也。陳壽祺曰：注「謂若」上，惟《儀禮通解續》重「喬忿」二字。以其月從其禮祭之，參乃從。【注】從，順也。三祭之，其神乃順不怒也。

禦言於訖衆，以其月從其禮祭之，參乃從。【注】訖，止也。止言之失者，在於去止衆。止衆者，是不從之刑也。止衆，謂若周威厲王弭謗以障民口之類也。

禦視於忽似，以其月從其禮祭之，參乃從。【注】止視之失者，在於去忽似。忽似者，是不明之刑也。忽似，謂若亂於是非、象龔滔天及不辨鹿馬之類也。陳壽祺曰：注「謂若」上，惟《儀禮通解續》重「忽似」二字。

禦聽於怵攸，以其月從其禮祭之，參乃從。【注】怵，讀爲「獸不狘」之「狘」。攸，讀爲「風雨所漂飄」之「飄」。止聽之失者，在於去怵攸。怵攸者，是不聰之刑也。怵攸，謂若「老夫灌灌，小子蹻蹻」、「誨爾訰訰，聽我眊眊」之類。

禦思心於有尤，以其月從其禮祭之，參乃從。【注】尤，過也。止思心之失者，在於去欲有所過。欲有所過者，是不容之刑也。欲有所過，謂若昭公不知禮而習小儀，不修政而欲誅季氏之類也。陳壽祺曰：注「者是不容」上，《儀禮通解續》脱「有所過」三字，今增。「謂若昭公」上，惟《通解續》多「欲有所過」四字。

疏證曰：鄭注《大傳》「思心之不容」，謂「容」當爲「睿」。此注仍作「不容」，不云「不睿」者，以今文解今文，是鄭亦不堅持古文義也。「周厲王」作「周威厲王」，鄭君當有所據，今不可考。引《詩》「漂飄」、「訰訰」、「眊眊」，與《毛詩》字不同，蓋三家異文。傳云

「以其月」者，即「二月、三月維貌是司」之類。禦，即「若是共禦」之「禦」也。

禦王極于宗始，以其月從其禮祭之，參乃從。【注】宗，尊也。止王極之失者，在於尊用始祖之法度。不言其惡者，人性備於五德，得失在斯。王不極則五事皆失，非一惡也。大者易姓，小者滅身。其能宗始則録延。其受命之君，承天制作，猶天之教命也。故掌祖廟之藏者，謂之天府也。

疏證曰：注解「禦王極于宗始」，與「貌、言、視、聽、思心」不一律。「貌、言、視、聽、思心」皆言其惡，此獨不言其惡，反以尊用始祖法度爲言。鄭君强爲之説，恐非傳旨也。宗始，不知當作何解，未敢憑臆立訓。

六沴之禮，散齊七日，致齊，新器絜祀用赤黍。三日之朝，于中庭祀四方，從東方始，卒于北方。【注】《禮志》「致齊三日」，《周禮》「凡祭祀，前期十日，宗伯帥執事卜日」，是爲齊一旬乃祀也。今此致齊即祀者，欲得容三祀也。蓋八日爲致齊期，九日朝而初祀，亦一旬有一日，事乃畢也。新器、赤黍，改過之宜也。中庭，明堂之庭也，或曰朝廷之廷也。此祀五精之神，其牲器粢盛有常禮，記其異者也。不祀天，非正月。亦以此禮祀此神也。陳壽祺曰：《太平御覽》五百二十四引傳「致齊」下衍「三日」二字，非，《儀禮通解續》、《文獻通考》引並無。玩注，則傳不當有此二字。一本《御覽》「從東方始」下衍「自南至西」四字，亦非，《通解續》、《通考》並無。《御覽》引注自「禮志」至「事乃畢也」止。

疏證曰：古「志」、「記」通用。《周禮・小史》「掌邦國之志」，鄭司農曰「志，謂記也」是也。鄭注《大傳》所引《禮志》，即今之《禮記》。如引《禮志》曰「小學在公宮南之左」一條，「周公居攝，踐阼而治」一條，「君子生則敬養」一條，「天子不合圍」一條，「天子、諸侯無事則歲三田」一條，及此所引「致齊三日」，皆在今之《小戴記》中。鄭云「容三祀」者，即傳所云「參乃從」，鄭注以爲「三祭之，其神乃順」。依鄭義，致齊之次日即祭，三日而修三祭，合散齊七日、致齊一日，爲旬有一日也。中庭，當如鄭前説爲明堂之庭，明堂正祀五精之神處。若朝廷之廷，非祭祀之地。古未有於朝廷祀神者。且庭與廷別，庭有屋，廷無屋。傳云「中庭」，不云「中廷」也。

其祀禮曰《格祀》，【注】篇名也，今亡。曰某也方祀，曰播國率相行祀。【注】篇中大祝贊主人辭也。某，天子名也。方祀，祀四方也。播，讀曰藩，藩國謂諸侯。❶相，助也。言諸侯率其常事來即助行祭之禮也。其祝也，陳壽祺曰：「祝」字，他書所引作「祀」，今據《御覽》五百二十四引改。【注】大祝告神以君悔過之辭也。《周禮》大祝「掌六祝之辭，以事鬼神祇，祈福祥，求永貞也」。曰：若爾神靈，洪祀六沴是合。【注】神靈，謂木精靈威仰、火精赤熛怒、土精含樞紐、金精白招矩、水精叶光紀，及木帝太皞、火帝炎帝、土帝黄帝、金帝少皞、水帝顓頊，木官句芒、火官祝融、土官后土、金官蓐收、水官玄冥，皆是也。古者生能其事，死在祀典，配其神而食。合猶爲也。六沴是神靈所爲也。

疏證曰：鄭以「格祀」爲篇名，當有所據，今無可考。鄭以「某」爲天子名者，《禮記·曲禮》曰：「踐阼，臨祭祀，内事曰『孝王某』，外事曰『嗣王某』。」《中候·運衡》曰：「帝堯刻璧，率羣臣東沈于洛。書曰『天子臣放勳』。」此天子祭祀稱名之證也。鄭云「方祀，祀四方也」者，《曲禮》曰：「天子祭天地，祭四方、祭山川，祭五祀，歲徧。諸侯方祀，祭山川，祭五祀，歲徧。」鄭注云：「祭四方，謂祭五官之神於四郊也。句芒在東，祝融、后土在南，蓐收在西，玄冥在北。《詩》云『來方禋祀』，方祀者，各祭其方之官而已。」以鄭義推之，則五精帝、五人帝亦各於其方祀之矣。「播，讀曰藩」者，「播」與「藩」皆從番聲，「播」本義爲「播種」之「播」。《説文》：「播，種也。」叚借爲「譒敷」之「譒」，《盤庚》「王播告之」，《説文》引作「王譒告之」。叚借又爲「潘」，《禹貢》「滎播既都」，「播」即《説文》所云「潘，一曰水名，在河南滎陽」是也。然則「播」之叚借爲「藩」，亦猶叚借爲「譒」、爲「潘」矣。鄭

❶「謂」，原無，《輯校》原文如此，今據《儀禮經傳通解續》卷二六補。

云「神靈，謂木精靈威仰」云云者，出古緯書。《周官・大宗伯》注云：「天皇大帝，北辰耀魄寶也。」《小宗伯》「五帝」注云：「靈威仰、赤熛怒、含樞紐、白招拒、汁光紀，五帝食焉。」《五行大義》論「五帝」，引《河圖》云：「東方青帝靈威仰，木帝也；南方赤帝赤熛怒，火帝也；中央黄帝含樞紐，土帝也；西方白帝白招拒，金帝也；北方黑帝叶光紀，水帝也。」《禮記疏》引《春秋緯・文耀鉤》云：「蒼帝曰靈威仰，赤帝曰赤熛怒，黄帝曰含樞紐，白帝曰白招拒，黑帝曰汁光紀。」《史記索隱》引《尚書帝命驗》云：「五府者，五帝之廟。蒼曰靈府，赤曰文祖，黄曰神斗，白曰顯紀，黑曰玄矩。唐、虞謂之五府，❶夏曰世室，殷謂重屋，周謂明堂，皆祀五帝之所。」正義引《帝命驗》注，「五府」作「天府」，「世室」作「正室」，「重屋」作「重室」。以《考工記》證之，世室、重屋爲是。其文祖爲赤熛怒之府，火精光明，文章之祖。周曰明堂。神斗，周曰大室。顯紀，周曰總章。玄矩，周曰玄堂。靈府，周曰青陽。然明堂之名剏於神農，大室之文見於《虞傳》，亦自古有之矣。俞正燮曰：「六天之名，就所臨六府言之。不敢斥言帝，非斥帝之名也。《後漢書・明帝紀》注引《五經通義》，與《小宗伯》注同，惟『白招拒』作『白招矩』。劉攽云：『拒音矩，不便作矩。』矩亦不必是誤，拒、矩皆是白。《墨子・貴義》篇云：『今瞽曰：鉅者，白也。黔者，黑也。』雖明者無以易之，❷則字亦可作『鉅』。《河圖》府三字，《帝命驗》府皆二字，蓋各述所聞，皆就帝所臨言之。如言乘輿，止敢言『其輿』，如言陛下，止敢言『其陛』，言天皇大帝，止敢言『耀魄寶』，古人之慎也。《宋史・禮志》云：景德二年，王欽若言靈威仰等皆五帝之號，《漢書》注五帝自有名，即靈府、文祖之類是也。其時在朝之言如此。在下之儒妄意此必鄭君之言，謂鄭依《春秋緯》爲六天造名字。其實鄭言六天有府，不言六天名字。王肅《家語》注云：『讖緯皆爲之名氏，妖怪妄言。』是肅自爲名氏一説，又自駮之，鄭所不曉也。」案俞説是也。自王肅攻鄭，妄謂止有五人帝、五人神，無五天帝。詆諆高密者，率以六天藉口，不知五帝與上帝

❶「府」，原作「廟」，今據《史記・五帝本紀第一》索隱改。

❷「易」，原作「難」，今據清《連筠簃叢書》本《癸巳存稿》卷二《六府非六天名説》改。

別，明載《禮》經，何得謂五帝止有人帝無天帝乎！此祀五精之神，而兼及五人帝、五人官者，蓋祀木精，則以木帝、木官配之，其餘準此。明堂五室，本祀五帝之所，此非常祀，故不於室而於中庭。蓋亦各就其方祀之。如木氣爲沴，則祀木精靈威仰於東方，配以木帝太皞、木官句芒，餘亦準此。如六沴並作，五方並祀；沴止一氣，則止祀一方。祀一方，亦可稱方祀也。

無差無傾，無有不正。【注】言神靈正直無邪類，❶所謂災皆是也。❷若民有不敬事，則會批之于六沴。【注】若民，廣謂天下有過者也。事，六事也。會，合也。批，推。言天下有過，神靈亦合内推於六沴，天子以天下爲任者也。六事之機，以縣示我，陳壽祺曰：《玉海》引「縣」作「垂」，非。觀注，宜作「縣」。【注】六事，貌、言、視、聽、思心、王極也。機，天文也。天文運轉，以縣見六事之變異示我。我，謂天子。我民人無敢不敬事上下王祀。【注】我與民人無敢不敬畏六事，上下君祀之所縣示變異者，言皆悔過也。上君祀靈威仰，下君祀太皞之屬也。以上自傳首「維王后元祀」至「上下王祀」止，傳、注並見《儀禮經傳通解續》卷二十六下《因事之祭》，惟五事鄭注不全。又《文獻通考》卷八十八《郊社考・祈禳》引同，但傳、注間有詳略。《玉海・天文五》引自傳首至「上下王祀」，惟不引「六沴之禮」至「卒於北方」。又《續漢書・五行志》引「貌之不恭」至「星辰逆行」傳，注「惟思心之不容」至「木金水火沴土」一節注，又引「凡六沴之作」至「其次受之」傳、注。又《太平御覽》八百七十四《咎徵部》引傳「爰用五事」至「星辰逆行」，又五百二十四《禮儀部三》引「六沴之禮」至「上下王祀」傳、注，卷十七《時序部二》引「凡六沴之作」至「庶民受之」。又《通鑑前編・帝舜三十三載》引傳首二句「禹乃共辟」至「建用王極」傳、注。今并合諸書參考。又《周禮・疾醫》《太祝》注、《羊人・序官》疏，《文選・演連珠》注、《石闕銘》注，《尚書・洪範》正義、《禮記・月令》正義、《白虎通・災變》

❶「邪」，原闕，《輯校》原文如此，今據《儀禮經傳通解續》卷二六補。

❷「災」，原闕，《輯校》原文如此，今據《儀禮經傳通解續》卷二六補。

篇、《後漢書・申屠剛傳》注、《穀梁傳》桓十四年注並節引。

疏證曰：以上皆大祝告神之辭也。鄭以「機」爲「天文」者，《唐傳》曰：「旋機者何也？傳曰：『旋者，還也。機者，幾也，微也。其變幾微而所動者大，謂之旋機，是故旋機謂之北極。』」然則六事之機見於天文運轉，亦猶七政之機見於天文運轉矣。

田獵不宿，【注】不宿，不宿禽也。角主天兵。《周禮》：四時習兵，因以田獵。《禮志》曰：「天子不合圍，諸侯不掩羣。」過此則暴天物，爲不宿禽。角南有天庫、將軍、騎官。 飲食不享，【注】享，獻也。《禮志》曰：「天子、諸侯無事則歲三田，一爲乾豆，二爲賓客，三爲充君之庖。」《周禮・獸人》：冬獻狼，夏獻麋，春秋獻獸物。此獻禮之大略也。 出入不節，【注】角爲天門，房有三道，出入之象也。 奪民農時，【注】房、心，農時之候也。季冬之月，命農師計耦耕事，是時房、心晨中。《春秋傳》曰：辰爲農祥，后稷之所經緯也。 及有姦謀，【注】亢爲朝廷，房、心爲明堂，謀事出政之象。 則木不曲直。【注】君行此五者，爲逆天東宮之政。東宮於地爲木，木性或曲或直，人所用爲器者也。無故生不暢茂，多有折槁，是爲木不曲直。木、金、水、火、土謂之五材，《春秋傳》曰：「天生五材，民並用之。」其政逆則神怒，神怒則材失性，不爲民用。其他變異皆屬沴，沴亦神怒。凡神怒者，日月五星既見適於天矣。 以上傳自「田獵不宿」至「木不曲直」，見《續漢書・五行志一》，注見劉注。

疏證曰：《漢書・五行志》引此傳文云云，說曰：「木，東方也。於《易》，地上之木爲觀。其於王事，威儀容貌亦可觀者也。故行步有佩玉之度，登車有和鸞之節，田狩有三驅之制，飲食有享獻之禮，出入有名，使民以時，務在勸農桑，謀在安百姓，如此則木得其性矣。若乃田獵馳騁不反宮室，飲食沈湎不顧法度，妄興繇役㠯奪民時，作爲姦詐㠯傷民財，則木失其性矣。蓋工匠之爲輪矢者多傷敗，及木爲變怪，是爲木不曲直。」注：「服虔曰：『不宿，不得其時也。』或曰：不豫戒曰不宿，不戒以其時也。』李奇曰：『姦謀，增賦履畝之事也。』臣瓚曰：『姦，謂邪謀也。』師古曰：『姦謀，即下所謂作爲姦詐以奪農時。李説是也。不享，不行享獻之禮也。』」《續漢・五行志》引傳，謂「木失其性，而爲災也」。《南齊志》：「《木傳》曰：東方。《易經》地上之木爲觀，故木於人，威儀容貌也。木者，春，生氣之始，農之本也。無奪農時，使民歲不過三日，行什一之税，無貪欲之謀，則木氣從。如人君失威儀，逆木行，田獵馳騁不反宫室，飲食沈湎不顧禮制，出入無度，多發徭役以奪民時，作爲姦詐以奪民財，則木失其性矣。蓋以工匠之爲輪矢者多傷敗，故曰木不曲直。」《隋志》：「《五行傳》曰：木者，東方，威儀容貌也。古者聖王垂則，天子穆穆，諸侯皇皇。登車則有和鸞之節，田狩則有三驅之制，飲食則有享獻之禮。出入有名，使民以時，無事不出境。此容貌動作之得節，所以順木氣也。如人君違時令，失威儀，田獵馳騁不反宫室，飲食沈湎不顧法度，縱欲恣睢，出入無度，多徭役以奪人時，❶增賦税以奪人財，則木不曲直。」《春秋繁露・五行順逆》篇曰：「木者，春，生之性，農之本也。勸農事，無奪民時，使民歲不過三日，行什一之税，進經術之士，挺羣禁，❷出輕繫，去稽留，除桎梏，開閉闔，通障塞。恩及草木，則樹木華而諸草生；恩及鱗蟲，則魚大爲，鱣鯨不見，羣龍下。如人君出入不時，走狗試馬，馳騁不反宫室，好婬樂飲酒，沈湎縱恣，不顧政治，事多發役，以奪民時，作謀增税，❸以奪民財，民病疥搔，温體，足胻痛。咎及於木，則茂木枯槁，工匠之輪多傷敗。毒水淹羣，漉陂如漁，咎及鱗蟲，❹則魚不爲，羣龍深藏，鯨出見。」據《繁露》與傳義多合，則董子亦用伏傳矣。鄭注多以天文爲説者，《史記・天官書》曰：「東宫蒼龍，房、心。心爲明堂。」索隱曰：「《春秋説題辭》云：『房、心爲明堂，天王布政之宫。』《尚書運期授》曰：『所謂房，四表之道。』宋均云：『四星間有三道，日、月、五星所從出入也。』」《書》又曰：「房南衆星曰

❶「時增賦税以奪人財」，原作「材」，今據《隋書・五行志上》改補。

❷「挺」，原作「誕」，今據一九一〇年長沙王天謙原刻本《春秋繁露義證》卷一三改。

❸「税」，原作「端」，今據《春秋繁露義證》卷一三改。

❹「鱗」，原作「魚」，今據《春秋繁露義證》卷一三改。

騎官。左角，李；右角，將。」索隱曰：「《元命包》云：『左角理，物以起；右角將，帥而動。』又石氏云：『左角爲天田，右角爲天門也。』」《書》又曰：「亢爲疏廟，主疾。其南北兩大星，曰南門。」索隱曰：「《元命包》云『亢四星爲廟廷』，《文耀鉤》『爲疏廟』。宋均以爲：疏，外也。廟，或爲朝也。」正義曰：「南門二星，在庫樓南，天之外門。」皆與鄭義相合。

棄法律，逐功臣，【注】東井主法令也。功臣，制法律者也。或曰：喙主尚食，七星主衣裳，張爲食廚，翼主天倡。經曰：「臣作朕股肱耳目，予欲左右有民，女翼。予欲觀古人之象，日、月、星辰、山、龍、華蟲，作繢宗彝，藻、火、粉、米、黼、黻，絺繡，以五采章施于五色作服，女明。予欲聞六律、五聲、八音，在治曶，以出納五言，女聽。」是則食與服樂，臣之所用爲大功也。七星，北有酒旗，南有天廚，翼南有器府。殺太子，【注】五行火生土，天文以參繼東井，四時以秋代夏，殺太子之象也。《春秋傳》曰：「夫千乘之主，將廢正而立不正，必殺正也。」以妾爲妻，【注】軒轅爲后妃，屬南宮，其大星女主之位，女御在前，妾爲妻之象也。則火不炎上。【注】君行此四者，爲逆天南宮之政。南宮於地爲火，火性炎然上行，人所用爲亨飪者也。無故因見作熱，燔熾爲害，是爲火不炎上。其他變異皆屬沴也。以上自「棄法律」至「火不炎上」，傳並見《續漢書・五行志二》，注見劉注。陳壽祺曰：《續志》引「火不炎上」傳，在「金不從革」之後，今依《大傳》五事之次移前。又此節傳亦見《開元占經・水火占》篇。

疏證曰：《漢書・五行志》引此傳文云云，曰：「火，南方，揚光煇爲明者也。其於王者，南面鄉明而治。《書》云：『知人則悊，能官人。』故堯、舜舉羣賢而命之朝，遠四佞而放諸壄。孔子曰：『浸潤之譖、膚受之訴不行焉，可謂明矣。』賢佞分別，官人有序，率由舊章，敬重功勳，殊別適庶，如此則火得其性矣。若乃信道不篤，或燿虛僞，讒夫昌，邪勝正，則火失其性矣。自上而降，濫炎妄起。災宗廟，燒宮館，雖興師衆，弗能救也，是爲火不炎上。」《續漢志》引傳，謂：「火失其性而爲災也。」《南齊志》：「《火傳》曰：火，南方，揚光煇，出炎爚爲明者也。人君向明而治，蓋取其象。以知人爲分，讒佞既遠，羣賢在位，則爲明而火氣從矣。人君疑惑，棄法律，不誅讒邪，則讒口行，内間骨肉，外疏忠臣，至殺世子，逐功臣，以妾爲妻，則火失其性，上災宗廟，下災府榭，内熯本朝，外熯觀闕，雖興師衆，不能救也。」《隋志》：「《五行傳》曰：火者，南方，陽光爲明也。人君向南，蓋取象也。昔者聖帝明王負扆攝袂，南面而聽斷天下。攬海内之雄俊，積之於朝，以續聰明；推邪佞之僞臣，投之於野，以通壅塞，以順火氣。不明之君，惑於讒口，白黑雜糅，代相是非，衆邪並進，人君疑惑，棄法律，間骨肉，殺太子，逐功臣，以孽代宗，則火失其性。」《春秋繁露·五行順逆》篇曰：「火者，夏，成長，本朝也。舉賢良，進茂才，官得其能，任得其力，賞有功，封有德，出貨財，賑困乏，正封疆，使四方。恩及於火，則火順人而甘露降；恩及羽蟲，則飛鳥大爲，黄鵠出見，鳳皇翔。如人君惑於讒邪，内離骨肉，外疏忠臣，至殺世子，誅殺不辜，逐忠臣，以妾爲妻，棄法令，婦妾爲政，賜予不當，則民病血，壅腫，目不明。咎及於火，則大旱，必有火烖。摘巢探鷇，咎及羽蟲，則蜚鳥不爲，冬應不來，梟鴟羣鳴，鳳皇高翔。」鄭注以天文言之者，《史記·天官書》曰：「南宫朱鳥，權、衡。」正義曰：「柳八星爲朱鳥咮，天之廚宰，主尚食，和滋味。」《書》又曰：「權，軒轅。軒轅，黄龍體。前大星，女主象。旁小星，御者後宫屬。月、五星守犯者，如衡占。」索隱曰：「《援神契》曰：『軒轅十二星，后宫所居。』石氏《星讚》以軒轅龍體，主后妃也。」正義曰：「軒轅十二星，在七星北，黄龍之體，❶主雷雨之神，後宫之象也。其大星，女主也；次北星，夫人也；次北一星，妃也；其次諸星皆次妃之屬。女主南一小星，女御也；左一星，少民，后宗也。占：欲其小黄而明，吉；大明，則爲後宫争競；移徙，則國人流迸；東西角大張而振，后族敗。❷水、火、金守軒轅，女主惡也。」索隱曰：「宋均云：『責在后黨嬉，讒賊興，占此祥。』天子亦當誅之。」《書》又曰：「柳爲鳥注，主木草。張，素，爲廚，主觴客。翼爲羽翮，主遠客。」正義曰：「柳爲朱鳥喙，天之廚宰。張六星，六爲嗉，主天廚，飲食、賞

❶「體」，原作「神」，今據《史記·天官書第五》正義改。

❷「后族」，原脱，今據《史記·天官書第五》正義補。

賚，鶬客。翼二十二星，爲天樂府。」皆與鄭義合。鄭引經「作續」不作「作會」，「在治曶」不作「七始訓」，皆用古文，與伏生今文不同，非傳義也。所引《春秋傳》，見《公羊》哀六年「齊陳乞弒其君舍」傳文。

治宮室，飾臺榭，内淫亂，犯親戚，侮父兄，則稼穡不成。以上傳自「治宮室」至「稼穡不成」，見《續漢書・五行志四》。

疏證曰：《漢書・五行志》引此傳文云云，説曰：「土，中央，生萬物者也。其於王者，爲内事，宮室、夫婦、親屬，亦相生者也。古者天子、諸侯，宮廟大小、高卑有制，后、夫人、媵妾多少、進退有度，九族親疏、長幼有序。❶孔子曰：『禮，與其奢也，寧儉。』故禹卑宮室，文王刑于寡妻，此聖人之所以昭教化也。如此，則土得其性矣。若迺奢淫驕慢，則土失其性。亡水旱之災而草木百穀不孰，❷是爲稼穡不成。」《續漢志》引此傳，謂：「土失其性而爲災也。」《隋志》：「《五行傳》曰：土者，中央，爲内事，宮室臺榭、夫婦親屬也。古者天子至於士，宮室寢居大小有差，高卑有等，骨肉有恩。故明王賢君，修宮室之制，謹夫婦之別，加親戚之恩，敬父兄之禮，則中氣和。人君肆心縱意，大爲宮室，高爲臺榭，雕文刻鏤，以疲人力，淫佚無別，妻妾過度，犯親戚，侮父兄，中氣亂，則稼穡不成。」《春秋繁露・五行順逆》篇曰：「土者夏中，成孰百種。君之官，循宮室之制，謹夫婦之別，加親戚之恩。恩及土，則五穀成而嘉禾興；恩及倮蟲，則百姓親附，城郭充實，賢聖皆遷，仙人降。如人君好婬佚，妻妾過度，犯親戚，侮父兄，欺罔百姓，大爲臺榭，五色成光，雕文刻鏤，則民病心腹，宛黃，舌爛痛。咎及於土，則五穀不成，暴虐妄誅；咎及倮蟲，倮蟲不爲，百姓叛去，賢聖放亡。」

好攻戰，【注】參、伐爲武府，攻戰之象。輕百姓，【注】輕之者，不重民命。《春秋傳》曰：「師出不正反，戰不正勝也。」飾城郭，【注】昴、畢間爲天街。《甘氏經》曰：「天街保塞，孔途道衢。」保塞，城郭之象也。《月令》曰：「四鄙入保。」注末七字見

❶「疏」，原作「屬」，今據《漢書・五行志》改。

❷「亡」，原作「有」，今據《漢書・五行志》改。

《御覽・咎徵部一》。侵邊境，【注】畢主邊兵。則金不從革。【注】君行此四者，爲逆天西宮之政。西宮於地爲金，金性從形而革，人所用爲器者也。無故冶之不銷，或入火飛亡，或鑄之裂形，是爲不從革。其他變異皆屬沴也。以上傳自「好攻戰」至「金不從革」，見《續漢書・五行志四》。注自「參、伐爲武府」至「皆屬沴也」，見《續志四》劉昭注。

疏證曰：《漢書・五行志》引此傳文云云，説曰：「金，西方，萬物既成，殺氣之始也。故立秋而鷹隼擊，秋分而微霜降。其於王事，出軍行師，把旄杖鉞，誓士衆，❶抗威武，所以征叛逆、止暴亂也。《詩》云：『有虔秉鉞，如火烈烈。』又曰：『載戢干戈，載櫜弓矢。』動静應誼，『説以犯難，民忘其死』。如此，則金得其性矣。若乃貪欲恣睢，務立威勝，不重民命，則金失其性。蓋工冶鑄金鐵，金鐵冰滯涸堅，不成者衆，及爲變怪，是爲金不從革。」《續漢志》引此傳，謂：「金失其性而爲災也。」《南齊志》：「《金傳》曰：金者，西方，萬物既成，殺氣之始也。其於王事，❷兵戎戰伐之道也。王者興師動衆，建立旗鼓，仗麾把鉞，以誅殘賊，止暴亂，❸殺伐應義，則金氣從。工冶鑄化，革形成器也。❹人君樂侵陵，好攻戰，貪城邑，輕百姓之命，人民不安，内外騷動，則金失其性。蓋冶鑄不化，冰滯涸堅，故曰金不從革。」《隋志》：「《五行傳》曰：金者，西方，萬物既成，殺氣之始也。古之王者興師動衆，建立旗鼓，以誅殘賊，禁暴虐，安天下，殺伐必應義，以順金氣。如人君樂侵陵，好攻戰，貪城邑之賂，以輕百姓之命，人皆不安，外内騷動，則金不從革。」《春秋繁露・五行順逆》篇曰：「金者，秋，殺氣之始也。建立旗鼓，杖把旄鉞，以誅殘賊，禁暴虐，安天下，故動衆興師，必應義理，出則祠兵，入則振旅，以閑習之。因於蒐狩，存不忘亡，安不忘危。修城郭，繕墻垣，審羣禁，飭兵甲，警百官，誅不法。恩及於金石，則涼風出；恩及於毛蟲，則走獸大爲，麒麟至。如人君好戰，侵陵諸侯，貪城邑之賂，輕百姓之命，則民

❶「誓」，原作「警」，今據《漢書・五行志》改。
❷「王」，原作「五」，今據《南齊書・五行志》改。
❸「止」上，原衍「正」字，今據《南齊書・五行志》删。
❹「形」，原無，今據《南齊書・五行志》補。

病喉咳嗽，筋攣，鼻鼽塞。咎及於金，則鑄化凝滯，凍堅不成。四面張罔，焚林而獵，咎及毛蟲，則走獸不爲，白虎妄搏，麒麟遠去。」鄭注以天文言之者，《史記・天官書》曰：「昴曰髦頭，胡星也，爲白衣會。畢曰罕車，爲邊兵，主弋獵。」又曰：「昴、畢間爲天街。其陰，陰國；陽，陽國。」索隱曰：「《元命包》云：『畢爲天階。』《爾雅》云：『大梁，昴。』孫炎云：『畢、昴之間，日、月、五星出入要道，若津梁。』」正義曰：「天街二星，❶在畢、昴間，主國界也。街南爲華夏之國，街北爲夷狄之國。土、金守，胡兵入也。」孟康曰：「陰，西南，坤維，河山已北國；陽，河山已南國。」《書》又曰：「參爲白虎。三星直者，是爲衡石。下有三星，兑，曰罰，爲斬艾事。」正義曰：「罰，一作伐。《春秋運斗樞》曰『參伐事，主斬艾』也。」與鄭義合。注引《春秋傳》，見《公羊》僖二十六年「公子遂如楚乞師」傳文。

簡宗廟，不禱祠，【注】虛、危爲宗廟。廢祭祀，【注】牽牛主祭祀之牲。逆天時，【注】日在星紀，周以爲正。日在玄枵，殷以爲正。皆不得四時之正，逆天時之象也。《春秋》定十五年夏五月辛亥郊，譏連卜三正以至失時，是其類也。則水不潤下。【注】君行此四者，爲逆天北宮之政也。北宮於地爲水，水性浸潤下流，人所用灌溉者也。無故源流竭絶，❷川澤以涸，是爲不潤下。其他變異皆屬沴也。以上傳自「簡宗廟」至「水不潤下」，見《續漢書・五行志三》。注自「虛、危爲宗廟」至「皆屬沴也」，並見《續志三》劉昭注。又傳「田獵不宿」以下至末，亦見《御覽》八百七十四《咎徵部一》，無鄭注。

疏證曰：《漢書・五行志》引此傳文云云，説曰：「水，北方，終臧萬物者也。其於人道，命終而行臧，精神放越，聖人爲之宗廟㠯收魂氣，春秋祭祀，以終孝道。王者即位，必郊祀天地，禱祈神祇，望秩山川，懷柔百神，亡不宗事。慎其齋戒，致其嚴敬，鬼神歆饗，多獲福助。此聖王所以順事陰氣，和神人也。至

❶「二」，原作「三」，今據《史記・天官書》正義改。
❷「無故」，原無，今據《輯校》卷二、《後漢書・五行志三》補。

發號施令，亦奉天時，十二月咸得其氣，則陰陽調而終始成。如此，則水得其性矣。若迺不敬鬼神，致令逆時，則水失其性，霧水暴出，百川逆溢，壞鄉邑，溺人民，及淫雨傷稼穡，是爲水不潤下。」《續漢志》引此傳，謂：「水失其性而爲災也。」《南齊志》：「《水傳》曰：水，北方，冬藏萬物，氣至陰也，宗廟祭祀之象。死者精神放越不反，聖人爲之宗廟，以收其魂氣，春秋祭祀，而孝子得盡禮焉。敬之至，則神歆之。此則至陰之氣從，則水氣從溝瀆隨而流去，不爲民害矣。人君不禱祠，簡宗廟，廢祭祀，逆天時，則霧水暴出，川水逆溢，壞邑軼鄉，沉溺民人，故曰水不潤下。」《隋志》：「《五行傳》曰：水者，北方之藏，氣至陰也。宗廟者，祭祀之象也。故天子親耕以供粢盛，皇后親蠶以供祭服，敬之至也。發號施令，十二月咸得其氣，則水氣順。如人君簡宗廟，不禱祀，逆天時，則水不潤下。」《春秋繁露·五行順逆》篇曰：「水者，冬，藏至陰也。宗廟祭祀之始，敬四時之祭，禘祫昭穆之序。天子祭天，諸侯祭土。閉門閭，大搜索，斷刑罰，執當罪，飭關梁，禁外徙。恩及於水，則醴泉出；恩及介蟲，則黿鼉大爲，靈龜出。如人君簡宗廟，不禱祠，廢祭祀，執法不順，逆天時，則民病流腫、水脹、痿痺、孔竅不通。咎及于水，霧氣冥冥，必有大水，水爲民害；咎及介蟲，則龜深藏，黿鼉呴。」鄭注以天文言之者，《史記·天官書》曰：「北宮玄武，虛、危。」正義曰：「南斗六星，牽牛六星，並北宮玄武之宿。虛二星，危三星，爲玄枵。虛爲邑居廟堂祭祀禱祝之事，危爲宗廟祀事。」《書》又曰「牽牛爲犧牲」，與鄭義合。鄭以日在星紀、日在玄枵皆不得四時之正者。《月令》「仲冬之月，日在斗」，注：「仲冬者，日月會於星紀，而斗建子之辰也。」「季冬之月，日在婺女」，注：「季冬者，日月會於玄枵，而斗建丑之辰也。」周正建子，殷正建丑，不如夏數得天，故以爲不得四時之正。然古者三正相承，各以三微之月。《大傳·略説》備舉其義，鄭君以爲逆天之象，非伏生之旨也。鄭又引《春秋》定十五年郊，譏連卜三正。案《公羊傳》：「夏，五月，辛亥，郊。曷爲以夏五月郊？三卜之運也。」何氏解詁曰：「据魯郊，正當卜春三正也，又養牲不過三月。運，轉也。已卜春三正，不吉，復轉卜夏三月、周五月，得二吉，故五月郊也。《易》曰：『再三瀆，瀆則不告。』不得其事，雖吉，猶不當爲也。」據何氏義，是定十五年郊之所以可譏，謂其已卜春三正，不吉則當止，不當更卜五月，非謂三正不可並用也。鄭引以證殷正、周正皆逆天時，亦非其義。

東方之極，自碣石東至日出榑木之野。帝太皞、神句芒司之。

疏證曰：《淮南·時則訓》曰：「五位：東方之極，自碣石山過朝鮮，貫大人之國，東至日出之次，榑木之地，青土樹木之野，太皞、句芒之所司者，萬二千里。其令曰：挺羣禁，開閉闔，通窮窒，達障塞，行優游，棄怨惡，解役罪，免憂患，休罰刑，開關梁，宣出財，和外怨，撫四方，行柔惠，止剛强。」注云：「朝鮮，樂浪縣。貫，通也。大人國，在其東。榑木，榑桑。句芒，木神，司主也。」《淮南》義與此傳略同，或即本之此傳。《月令·孟春之月》「其帝太皞，其神句芒」，注云：「蒼精之君，木官之臣，自古以來著德立功者也。太皞，宓戲氏。句芒，少皞氏之子，曰重，爲木官。」正義曰：「元氣廣大謂之皞天，以伏戲德能同天，故稱皞。以東方生養，元氣盛大，西方收斂，元氣便小，故東方之帝謂之太皞，西方之帝謂之少皞。句芒者，主木之官。木初生之時，句出而有芒角，故云句芒。以此二人生時，木王，主春，立德立功。及其死後，春祀之時，則祀此太皞、句芒。」錫瑞案：太皞乃古者五行天帝之號，以伏戲木王，德合蒼精，故即以太皞之名加之，死即以配太皞。句芒亦然。如句龍配社，柱、棄配稷之比。傳與《月令》所云帝、神，皆謂天帝、天神，非伏戲與重也。若謂伏戲與重即太皞、句芒，則此二人之前豈無分司四時之帝、神乎？斯不然矣。《周官·大宗伯》「以青圭禮東方」，鄭注：「禮東方以立春，謂蒼精之帝，而太皞、句芒食焉。」是太皞、句芒當配食於蒼精之帝，而不宜即以帝爲伏戲也。《左》昭二十九年傳「封爲上公，祀爲貴神」，杜注謂：「配食於五官之神。」正義曰：「王者祭木、火、土、金、水之神，而以此人之神配之食，非專祭此人也。」又引《晉語》虢公夢蓐收之狀白毛虎狀，「必非該之貌，自是金神之形。由此言之，知句芒、祝融、玄冥、后土之徒皆是木、火、水、土之神名，非所配人之神名」，其義至塙。《鄭志》云：「春曰其帝太皞，其神句芒，祭蒼帝靈威仰，太皞食焉，句芒祭之于庭。」皆視《月令》注疏爲塙。然則太皞、句芒是天帝、天神，炎帝、祝融以下放此。《漢書·魏相傳》：「采《易》陰陽及《明堂月令》奏云：『東方之神太皞，乘震，執規，司春。南方之神炎帝，乘離，執衡，司夏。西方之神少皞，乘兑，執矩，司秋。北方之神顓頊，乘坎，執權，司冬。中央之神司下土。』」此古義以太皞等爲天帝之證也。

自冬日至數四十六日，迎春於東堂，距邦八里，堂高八尺，堂階八等，青税八乘，旂旐尚青，田車載矛，號曰助天生。倡之以角，舞之以羽，此迎春之樂也。

疏證曰：《續漢書·祭祀志》劉昭注引《皇覽》曰：「《迎禮》：春、夏、秋、冬之樂，又順天道，是故距冬至日四十六日，則天子迎春於東堂，距邦八里，堂高八尺，堂階八等，青税八乘，旗旄尚青，田車載矛，號曰助天生。唱之以角，舞之以羽翟，此迎春之樂也。」所引《迎禮》蓋逸《禮》篇名，與此傳文大同，傳或亦據逸《禮》爲説也。《御覽》引《禮含文嘉》曰：「五祀南郊、北郊、西郊、東郊、中郊兆正謀。❶」注云：「東郊去都城八里，西郊九里，南郊七里，北郊六里，中郊西南去城五里。兆者，作封畔兆域也。謀者，方欲迎氣，齋戒自端正，謀慮其事也。」又引《月令章句》曰：「迎春者，禮太皞、句芒之神也。於東郊就其位也，邑外爲郊，去邑八里内，因木數也。樂奏太簇，歌《青陽》，冕執干戚，舞《雲翹》、《育命》，所以導牧時和也。」《祭祀志》曰：「迎時氣，五郊之兆。自永平中，以《禮讖》及《月令》有五郊迎氣服色，因采元始中故事，兆五郊于雒陽四方。中兆在未，壇皆三尺，階無等。立春之日，迎春於東郊，祭青帝、句芒。車旗服飾皆青，歌《青陽》，八佾舞《雲翹》之舞。」案《月令·孟春之月》「其數八」，注云：「數者，五行佐天地生物、成物之次也。《易》曰：『天一地二，天三地四，天五地六，天七地八，天九地十。』而五行自水始，火次之，木次之，金次之，土爲後。木生數三，成數八，但言八者，舉其成數。」然則傳云八里、八尺、八等、八乘，義皆取木之成數矣。蔡邕《月令章句》曰：「東方有木三、土五，故數八。」與鄭義少異。《魏書·劉芳傳》引：「盧

❶ 末「郊」字，原脱，今據《太平御覽》卷五二七《禮儀部六》補。

植云：『東郊，八里之郊也。』賈逵云：『東郊，木帝太昊，八里。』許慎云：『東郊，八里郊也。』鄭玄別注云：『東郊，去都城八里。』高誘云：『迎春氣於東方，八里郊也。』王肅云：『東郊，八里，因木數也。』此皆同謂春郊八里之明據。」青稅者，稅即駕也。田車，即木路。號，亦祝也。《禮運》曰「作其祝號」。「田車載矛，號曰助天生」者，《周禮疏》引《孝經鉤命決》曰：「東夷之樂曰《韎》，持矛助時生。」《白虎通·禮樂》篇引《樂元語》曰：「東夷之樂持矛舞，助時生也。」《明堂位》疏引《白虎通》：「《樂元語》曰：『東夷之樂曰《朝離》，萬物微，離地而生。樂持矛舞，助時生也。』」《白虎通》又云：「一説東方持矛。」楊子雲云：「木爲矛。」《淮南·時則訓·孟春之月》「其兵矛」，注云：「矛有鋒鋭，似萬物鑽地生。」《穀梁傳》注：「徐邈云『矛在東』。」「倡之以角」者，《月令·孟春之月》「其音角」，注云：「謂樂器之聲也。三分羽益一以生角，角數六十四。屬木者，以其清濁中，民象也。春氣和，則角聲調。」《漢書·律曆志》曰：「協之五行，則角爲木。角，觸也，物觸地而出，戴芒角也。」《風俗通》引《鐘律書》同。《白虎通·禮樂》篇曰：「角者，躍也，陽氣動躍。」皆與鄭義合。

孟春之月，御青陽左个，禱用牡，索祀於艮隅，貌必恭，厥休時雨。朔令曰：挺羣禁，開閉闔，通窮室，達障塞，待優遊。其禁：毋伐林木。

疏證曰：傳云「青陽左个」者，《月令章句》曰：「青，木色。陽，木德。故明堂之東面曰青陽。左者，東面以北爲左也。今寅上之室，正月位也。」「禱用牡」者，《月令·孟春之月》「犧牲毋用牝」，注云：「爲傷妊生之類。」《淮南·時則訓·孟春之月》「犧牲用牡」，注云：「尚蠲潔也。」然則禱用牡，兼恐傷生及尚蠲潔兩義矣。「索祀於艮隅」者，索祀，謂正祀外更祀他神。《周禮》云「國索鬼神而祭祀」是也。艮，東北之卦。《易通卦驗》曰：「艮，東北也，主立春，雞鳴，黄氣出，直艮。此正氣也。」《月令》「天子居青陽左个」，注云：「大寢東堂北偏。」正義曰：「北偏，近北也。」《時則訓》「朝於青陽左个」，注云：「明堂中方外圜，通達四出，各有左右房，謂之个，猶隔也。左个之房東向，堂北頭室也。」是艮隅即青陽左个也。貌屬木，春盛德在木，故貌必恭而時雨應之。朔令，謂每月視朔所頒之政令。「通窮室」，據《時則訓》，「室」當作「窒」。「待優游」，依《時則訓》，「待」當作「行」。蓋形近而誤。「禁毋伐林木」者，《月令》「禁止伐木」，注云「盛德所在」；《時則訓》「禁伐木」，注云「春木王，當長養，故禁之」。《尚書考靈曜》曰：「氣在於春，其紀歲星，是謂大門。禁民毋得斬伐有實之木，是謂伐生絶氣。」

仲春之月，御青陽正室，牲先脾，設主於户，索祀於震正。朔令曰：棄怒惡，解役罪，免優患，休罰刑，閉關梁。其禁：田獵不宿，飲食不享，出入不節，奪民農時，及有姦謀。

疏證曰：傳云「青陽正室」者，《月令章句》曰：「卯上之室。」「牲先脾，設主於户」者，《月令·孟春之月》「其祀户，祭先脾」，注云：「春，陽氣出，祀之於户，内陽也。祀之先祭脾者，春爲陽中，於藏直脾，脾爲尊。凡祭五祀於廟，用特牲，有主有尸，皆先設席於奥。祀户之禮，南面設主於户内之西，乃制脾及腎爲俎，奠於主北；又設盛於俎西，祭黍稷、祭肉、祭醴，皆三。祭肉，脾一，腎再。既祭，徹之，更陳鼎俎，設饌於筵前，迎尸，略如祭宗廟之儀。」正義曰：「『凡祭五祀於廟，用特牲』之下，皆《中霤禮》文。」蔡邕《獨斷》曰：「户，春爲少陽，其氣始出生養，祀之於户。祀户之禮，南面設主於門内之西。」亦隱括逸《禮》文。《吕氏春秋·孟春紀》「祭先脾」，注云：「春，木勝土，先食所勝也。一説脾屬木，自用其藏也。」《淮南·時則訓·孟春之月》「祭先脾」，注云：「脾屬土，陳設鼎俎，脾在前也。春，木勝土，食所勝。」《白虎通·五祀》篇曰：「春祀户祭，所以特先脾者何？脾者，土也。春木王，煞土，故以所勝祭之也。」三説皆從「食所勝」爲義。《吕覽》注後一説乃古《尚書》説，不可從。傳繫祀户於仲春，與諸書不同者，似以仲春爲春之正月，其禮專行於仲春也。「索祀於震正」者，《易通卦驗》曰：「震，東方也，主春分，日出，青氣出，直震。此正氣也。」《時則訓》「朝於青陽太廟」，注云：「太廟東向，堂中央室。」是震正即青陽正室也。「棄怒惡」，依《時則訓》，「怒」當作「怨」。「優」，與「憂」通。「禁：田獵不宿」云云者，皆木不曲直之戒。仲春爲木王之正月，故尤禁之。

季春之月，御青陽右个，薦用鮪，索祀於巽隅。朔令曰：宣庫財，和外怨，撫四方，行柔惠，止剛强，九門磔禳，出疫於郊，以禳春氣。

疏證曰：「青陽右个」者，《月令章句》曰：「辰上之室。」「薦用鮪」者，《月令・季春之月》「薦鮪於寢廟」，注云：「進時美物。」正義曰：「按《爾雅・釋魚》云：『鮥，鮛鮪。』❶郭景純云：『似鱣而小，建平人呼鮥子。一本云：王鮪，似鱣，口在頷下。』音義云：『大者爲王鮪，小者爲鮛鮪，似鱣，長鼻，體無鱗甲。』」《時則訓・季春之月》「薦鮪於寢廟」，注云「鮪，魚似鯉而大。進此魚於寢廟」是也。「索祀於巽隅」者，巽，東南也。《月令》注云「青陽右个，東堂南偏」，《時則訓》注云「東向，堂南頭室曰右个」是也。「宣庫財」，即《月令》「發倉廩，開府庫」之義。「撫四方」，即《月令》「周天下」之義。「行柔惠」，即《月令》「布德行惠」之義。「九門磔攘，出疫於郊，以禳春氣」者，《月令》「命國難，九門磔攘，以畢春氣」，注云：「此難，難陰氣也。陰寒至此不止，害將及人。所以及人者，陰氣右行，此月之中，日行歷昴，昴有大陵積尸之氣，氣佚則厲鬼隨而出行，命方相氏帥百隸索室毆疫以逐之，又磔牲以禳於四方之神，所以畢止其災也。《王居明堂禮》曰：『季春出疫于郊，以攘春氣。』」《時則訓》注云：「裂牲謂之磔，除禍謂之攘。春者，陰氣之終，故磔攘以終畢厲氣也。」傳文與鄭所引《王居明堂禮》同。「九門」者，《月令》「餧獸之藥，毋出九門」，注云：「天子九門者，路門也、應門也、雉門也、庫門也、皋門也、城門也、近郊門也、遠郊門也、關門也。」《時則訓》注同。《月令章句》曰：「九門，天子之門旁三門，東方盛德所在，獵者不得出，嫌餘三方得行，故曰無出九門。」案：蔡説可以解「毋出九門」，不可以解「九門磔攘」，當從鄭義爲正。

南方之極，自北户南至炎風之野。帝炎帝、神祝融司之。自春分數四十六日，迎夏於南堂，距邦七里，堂高七尺，堂階七等，赤稅七乘，旂旐尚赤，田車載弓，號曰助天養。

❶「鮪」，原脱，今據《爾雅・釋魚》補。

倡之以徵，舞之以鼓鼗，此迎夏之樂也。

疏證曰：《淮南・時則訓》曰：「南方之極，自北户孫之外，貫顓頊之國，南至委火炎風之野，赤帝、祝融之所司者，萬二千里。其令曰：爵有德，賞有功，惠賢良，救饑渴，舉力農，振貧窮，惠孤寡，憂罷疾，出大禄，行大賞，起毁宗，立無後，封建侯，立賢輔。」注云：「北户孫，國名也。日在其北，皆爲北向户，故曰北户孫。」《續漢志》注引《皇覽》曰：「自春分數四十六日，則天子迎夏於南堂，距邦七里，堂高七尺，堂階七等，赤税七乘，旗旄尚赤，田車載戟，號曰助天養。唱之以徵，舞之以鼓鞉，此迎夏之樂也。」與傳義同。炎帝、祝融亦當爲天帝、天神。《月令》鄭注云：「炎帝，大庭氏。祝融，顓頊氏之子，曰黎，爲火官。」非也。《月令章句》曰：「迎夏者，禮炎帝、祝融神也，于南郊七里，因火數也。樂奏中吕，歌《朱明》。」《續漢・祭祀志》曰：「立夏之日，迎夏於南郊，祭赤帝、祝融。車旗、服飾皆赤，歌《朱明》，八佾舞《雲翹》之舞。」《月令・孟夏之月》「其數七」，注云：「火生數二，成數七。但言七者，亦舉其成數。」則傳云七里、七尺、七等、七乘，皆取義於火之成數矣。《月令章句》曰：「南方有火二、土五，故數七。」《劉芳傳》引：「盧植云：『南郊，七里郊也。』賈逵云：『南郊，火帝炎帝，七里。』許慎云：『南郊，七里郊也。』鄭玄云：『南郊，去都城七里。』高誘云：『南郊，七里之郊也。』王肅云：『南郊，七里，因火數也。』此又南郊七里之審據也。」「田車載弓，號曰助天養」者，《淮南・時則訓・孟夏之月》「其兵戟」，注云：「戟有枝幹，象陽布散也。戟，或作『弩』。」作「弩」與傳「載弓」義合，作「戟」則與《皇覽》引逸《禮》「載戟」相合。《周禮》疏引《鉤命決》：「南夷之樂曰《任》，持弓，助時養。」《白虎通》引《樂元語》云：「南夷之樂持羽舞，助時養。」則又作「羽」，皆由所傳不同，故不能盡合也。《御覽》引逸《禮》「載戟」之「戟」作「弓」，與此傳合。「倡之以徵」者，《月令・孟夏之月》「其音徵」，注云：「三分宫去一以生徵，徵數五十四。屬火者，以其徵清，事之象也。夏氣和，則徵聲調。」《漢書・律曆志》曰：「徵爲火。徵，祉也。物盛大而繁祉。」《鍾律書》同。《白虎通・禮樂》篇曰：「徵者，止也，陽氣止。」案：陽生於子，止於午，故徵取止爲義，而屬夏也。《樂記》、《樂緯叶圖徵》、《白虎通》皆以鼓屬震音，則鼓鼗當屬春。《鉤命決》、《樂元語》皆云「南夷之樂持羽舞」，則羽當屬夏。傳與逸《禮》皆以羽屬春，鼓鼗屬夏，或傳寫之誤，當互易其文與？

孟夏之月，御明堂左个，嘗麥用彘，索祀於巽隅，視必明，厥休時燠。朔令曰：爵有德，賞有功，惠賢良，舉力農。其禁：毋隳防。

疏證曰：傳云「明堂左个」者，《月令章句》曰：「明者，陽也，光也。鄉陽受光，故曰明。三面闕前曰堂，四周有户曰室。左个，明堂之東，巳上之堂。」「嘗麥用彘」者，《月令·孟夏之月》「農乃登麥，天子乃以彘嘗麥」，注云：「登，進也。麥之新氣尤盛，以彘食之，散其熱也。彘，水畜。」索祀仍「於巽隅」者，《易通卦驗》曰：「巽，東南也。主立夏，食時，青氣出，直巽。此正氣也。」《月令》注云：「明堂左个，大寢南堂東偏也。」《時則訓》注云：「東頭室，故曰左个。」東堂之南曰巽隅，南堂之東亦曰巽隅矣。視屬火，夏盛德在火，故視必明，而時燠應之。「爵有德，賞有功，惠賢良，舉力農，禁毋隳防」，即《月令》「贊桀俊，遂賢良，行爵出禄，命農勉作，毋有壞墮」之義。

仲夏之月，御明堂正室，牲先肺，設主於竈，索祀於離正。朔令曰：振貧窮，惠孤寡，慮休疾，出大禄，行大賞。其禁：棄法律，逐功臣，殺太子，以妾爲妻。乃令民雩。

疏證曰：「明堂正室」者，《月令章句》曰「午上之室」。「牲先肺，設主於竈」者，《月令·孟夏之月》「其祀竈，祭先肺」，注云：「夏陽氣盛，熱於外，祀之於竈，從熱類也。祀之先祭肺者，陽位在上，肺亦在上，肺爲尊也。竈在廟門外之東，祀竈之禮，先席於門之奥，東面，設主於竈陘，乃制肺及心、肝爲俎，奠於主西。又設盛於俎南，亦祭黍三，祭肺、心、肝各一，祭醴三。亦既祭徹之，更陳鼎俎，設饌於筵前。迎尸，如祀户之禮。」案：鄭君亦據逸《禮》文。傳繫竈於仲夏，似亦以此禮專行於仲夏矣。《時則訓》注云：「祝融，吴回爲高辛氏火正，死爲火神，託祀於竈。是月火王，故祀竈。」鄭讀《禮器》「燔柴於奥」之「奥」爲「爨」，故《駮異義》謂：祝融祭於四郊，而祭火神於竈，於禮乖。錫瑞謂此禮當分別言之。天子五祀禮大，當祀祝融。若士、庶人五祀，不當屈上公之神於竈陘，即祀竈神可也。此傳及《月令》、《時則訓》皆言天子之禮，當從《時則訓》注之義，不當從《月令》鄭注之義。其户、中霤、門、井之神，亦當爲句芒、后土、蓐收、玄冥矣。《月令章句》曰：「祭先肺，火神祀於竈，肺金藏，以金養火，食其所勝也。」《獨斷》曰：「竈，夏爲太陽，其氣長養，祀之於竈。祀竈之禮，在廟門外之東，先席於門奥，面東設主於竈陘也。」「索祀於離正」者，《易通卦驗》曰：「離，南方也，主夏至，日出，赤氣出，直離。此正氣也。」「禁：棄法律」云云者，皆火不炎上之戒。仲夏，火王之正月，故尤禁之。「乃令民雩」者，《月令·仲夏之月》：「命有司爲民祈祀山川百源，大雩帝，用盛樂。乃命百縣雩祀百辟卿士有益於民者，以祈穀實。」注云：「《春秋傳》曰『龍見而雩』，雩之正，常以四月。凡周之秋三月之中而旱，亦修雩禮以求雨，❶因著正雩，此月失之矣。天子雩上帝，諸侯以下雩上公。周冬及春、夏雖旱，禮有禱無雩。」案：此傳與《月令》義合，蓋今文家説如是。鄭君執古《春秋左氏傳》以駁《月令》，似未考古今文之異也。

季夏之月，御明堂右个，牲先心，設主於中霤，索祀於坤隅，思必睿，陳壽祺曰：「睿」當爲「容」。厥休時風。朔令曰：起毁宗，立無後，封廢國，立賢輔，卹喪疾。

疏證曰：「明堂右个」者，《月令章句》曰「未上之室」。「牲先心，設主於中霤」者，《月令》「其祀中霤，祭先心」，注云：「中霤，猶中室也。土主中央，而神在室。古者複穴，是以名室爲霤。云祀之先祭心者，五藏之次，心次肺，致此心，爲尊也。祀中霤之禮。」「索祀於坤隅」者，坤位在西南。《月令》注云：「明堂右个，南堂西偏。」心居中，屬土。季夏「中央，土」，盛德在土，故思心必容，而時風應之。「令：起毁宗，立無後，封廢國」者，《史記·三王世家》索隱：「案《明堂月令》：『季夏月，可以封諸侯，立大官。』」《白虎通》曰：「封諸侯以夏何？陽氣盛，故封諸侯，盛養賢也。」錫瑞案：《月令·孟秋》：「毋以封諸侯，立大官。」故封諸侯必在季夏。

中央之極，自昆侖中至大室之野。帝黄帝、

❶「亦」，原作「益」，今據《禮記正義》卷一六改。

神后土司之。土王之日，禱用牲，迎中氣於中室，樂用黃鍾之宮，爲民祈福，命世婦治服章，令民□虐。陳壽祺曰：「虐」字有誤，盧氏本缺此字。其禁：治宮室，飾臺榭，内淫亂，犯親戚，侮父兄。

疏證曰：《淮南·時則訓》曰：「中央之極，自崑崙東絶兩恒山，日月之所道，江漢之所出，衆民之野，五穀之所宜，龍門、河、濟相貫，以息壤堙洪水之州，東至於碣石，黃帝、后土之所司者，萬二千里。其令曰：平而不阿，明而不苛，包裹覆露，無不囊懷，溥氾無私，正静以和，行稃鬻，養老衰，弔死問疾，以送萬物之歸。」與傳義合。黃帝、后土亦當爲天帝、天神。《月令》鄭注云：「黃帝，軒轅氏。后土，亦顓頊子，曰黎，兼爲土官。」非也。傳云「禱用牲」，「牲」當作「牝」，對孟春「禱用牡」而言。離爲牝牛，故用牝也。「樂用黃鍾之宮」者，《月令》：「中央土，律中黃鍾之宮。」注云：「黃鍾之宮，最長也。十二律轉相生，五聲具，終於六十焉。季夏之氣至，則黃鍾之宮應。」「爲民祈福，命世婦治服章」者，《月令·季夏之月》：「命四監大合百縣之秩芻，以養犧牲。令民無不咸出其力，以共皇天、上帝、名山、大川、四方之神，以祠宗廟之靈，以爲民祈福。命婦官染采，黼黻文章，必以法故，無或差貸，黑黄蒼赤，莫不質良，無敢詐僞，以給郊廟祭祀之服，以爲旗章，以別貴賤等級之度。」「禁：治宮室」云云者，皆稼穡不成之戒。中央土王之月，故禁之。

西方之極，自流沙西至三危之野。帝少皞、神蓐收司之。自夏日至數四十六日，迎秋於西堂，距邦九里，堂高九尺，堂階九等，白稅九乘，旍旄尚白，田車載兵，號曰助天收。倡之以商，舞之以干戚，此迎秋之樂也。

疏證曰：《淮南·時則訓》曰：「西方之極，自崑崙絶流沙、沈羽，西至三危之國，石城金室，飲氣之民，不死之野，少昊、蓐收之所司者，萬二千里。其令曰：審用法，誅必辠，備盜賊，禁姦邪，飭羣牧，謹著聚，修城郭，補決竇，塞蹊徑，遏溝瀆，止流水，雝谿谷，守門閭，陳兵甲，選百官，誅不法。」《皇覽》引逸《禮》曰：「自夏至數四十六日，則天子迎秋於西堂，距邦九里，堂高九尺，堂階九等，白税九乘，旗旐尚白，田車載兵，號曰助天收。唱之以商，舞之以干戚，此迎秋之樂也。」與傳文同。少皞、蓐收亦當爲天帝、天神。鄭注《月令》云：「少皞，金天氏。蓐收，少皞氏之子，曰該，爲金官。」非也。《月令章句》曰：「迎秋者，禮少皞、蓐收之神。於西郊九里，因金數也。樂奏夷則，歌《白藏》。」《續漢·祭祀志》曰：「立秋之日，迎秋於西郊，祭白帝、蓐收。車旗、服飾皆白，歌《西皓》，八佾舞《育命》之舞。」《月令·孟秋之月》「其數九」，注云：「金生數四，成數九。但言九者，亦舉其成數。」然則九里、九尺、九等、九乘，皆取義於金之成數矣。《月令章句》曰：「西方有金四、土五，故數九。」《劉芳傳》引：「盧植云：『西郊，九里郊。』賈逵云：『西郊，金帝少皞，九里。』許慎云：『西郊，九里郊也。』鄭玄云：『西郊，去都城九里。』高誘云：『西郊，九里之郊也。』王肅云：『西郊，九里，因金數也。』」此又西郊九里之審據也。「田車載兵，號曰助天收。唱之以商，舞之以干戚」者，《周禮疏》引《鉤命決》云：「西夷之樂曰《侏離》，持鉞助時殺。」《白虎通》引《樂元語》云：「西夷之樂持戟舞，助時煞。」《通典》引《通義》則云「西方持鉞」，《穀梁傳》注「徐邈云『鉞在西』」，楊子雲云「金爲鉞」，皆與「舞以干戚」合也。《御覽》引「載兵」之「兵」作「戟」。《月令》「其音商」，注云：「三分徵益一以生商，商數七十二。屬金者，以其濁次宫，臣之象也。秋氣和，則商聲調。」《漢書·律曆志》曰：「金爲商。商之爲言章也，物成孰可商度也。」《鍾律書》同。《白虎通·禮樂》篇曰：「商者，張也。陰氣開張，陽氣始降也。」故倡之以商矣。

孟秋之月，御總章左个，嘗穀用犬，索祀於坤隅，言必從，厥休時暘。陳壽祺曰：「暘」當作「陽」。朔令曰：審用法，備盜賊，禁姦邪，飭羣牧，謹貯聚。其禁：毋弛戎備。

疏證曰：「總章左个」者，《月令章句》曰：「西曰總章。總，合也。章，商也。和金氣之意也。左个，申上室。」「嘗穀用犬」者，《月令·孟秋之月》「食麻與犬」，注云：「犬，金畜也。」又：「是月也，農乃登穀。天子嘗新，先薦寢廟。」又《仲秋之月》「以犬嘗麻，先薦寢廟」。是穀與犬皆秋之時食。傳云「嘗穀用犬」，與《月令》稍異，義亦得通矣。索祀仍「於坤隅」者，

《月令》注云：「總章左个，大寢西堂南偏。」西南正當坤位。言屬金，秋盛德在金，故言必從而時陽應之。「審用法，備盜賊，禁姦邪」者，即《月令》「命有司脩法制，繕囹圄，具桎梏，禁止姦，慎罪邪，務搏執」之義。「謹貯聚」、「毋弛戎備」，即《月令》「命百官，始收斂，天子乃命將帥，選士厲兵」之義也。

仲秋之月，御總章正室，牲先肝，設主於門，索祀於兑正。朔令曰：謹功築，遏溝瀆，修囷倉，決刑獄，趣收斂。其禁：好攻戰，輕百姓，飾城郭，侵邊竟。乃令民畋醵，庶甿畢入於室，曰時殺將至，毋罹其菑。

疏證曰：「總章正室」者，《月令章句》曰「西上之室」。「牲先肝，設主於門」者，《月令·孟秋之月》「其祀門，祭先肝」，注云：「秋陰氣出，祀之於門外陰也。祀之先祭肝者，秋爲陰中，於藏直肝，肝爲尊也。祀門之禮，北面設主於門左樞，乃制肝及肺、心爲俎，奠於主南。又設盛于俎東。其他皆如祭竈之禮。」蔡氏《獨斷》云：「門，秋爲少陰，其氣收成，祀之於門。祀門之禮，北面設主於門左樞。」「索祀於兑正」者，兑位正西。《月令》注曰：「總章，大廟西堂，當大室也。」「謹功築，遏溝瀆，脩囷倉，決刑獄，趣收斂」者，即《月令》「可以築城郭，建都邑，穿竇窖，脩囷倉。乃命有司趣民收斂」。「決刑獄」者，《月令》在季秋之月曰「乃趣獄刑，毋留有罪」，注云：「殺氣已至，有罪者即決也。」傳屬仲秋，與《月令》稍異矣。「禁：好攻戰」云云者，皆金不從革之戒。仲秋，金王正月，故尤禁之。「乃令民畋醵，庶甿畢入于室」者，《月令》亦屬季秋之月，曰：「天子乃教於田獵，以習五戎，班馬政。乃命有司曰：『寒氣總至，民力不堪，其皆入室。』」傳屬仲秋，亦與《月令》稍異。而《禮器》鄭注引《王居明堂禮》曰：「仲秋，乃命國醵。」《月令·仲秋之月》「可以築城郭，建都邑，穿竇窖，脩囷倉」，注引《王居明堂禮》曰：「仲秋，命庶民畢入于室，曰：『時殺將至，毋罹其災。』」正與此傳文同。《周禮·夏官·大司馬》：「中秋，教治兵，遂以獮田。」亦與此傳義合。

季秋之月，御總章右个，薦用田禽，索祀于乾隅。朔令曰：除道路，守門閭，陳兵甲，戒百官，誅不法，除道成梁，以利農夫。

疏證曰：「總章右个」者，《月令章句》曰：「戌上之室。」「薦用田禽」者，《月令・季秋之月》「命主祠祭禽於四方」，注云：「以所獲禽祀四方之神也。《司馬職》曰：『羅弊，致禽以祀祊。』」正義曰：「四時田獵，皆祭宗廟。《司馬》冬狩云：『致禽饁獸于郊，入獻禽以享蒸。』鄭云：『冬田，主用衆物多，衆得取也。致禽饁獸于郊，聚所獲禽，因以祭四方神于郊也。《月令》季秋，天子既田，「命主祠祭禽四方」是也。入，又以禽祭宗廟。』」此秋田薦用禽之證。「索祀於乾隅」者，乾，西北之卦也。《月令》注云：「總章右个，西堂北偏。」是西北隅也。「除道路」者，《時則訓・季秋之月》：「通路除道，從境始，至國而後已。」「陳甲兵，戒百官」者，《月令・季秋之月》「天子乃教於田獵，以習五戎」，注云：「五兵：弓矢、殳、矛、戈、戟也。」《時則訓》注云：「刀、劍、矛、戟、矢曰五戎。」《月令》又曰：「申嚴號令，命百官貴賤無不務内，以會天地之藏，無有宣出。」是其證也。「除道成梁」者，《周語》引：「《夏令》曰：『九月除道，十月成梁。』」《孟子》曰：『歲十一月徒杠成，十二月輿梁成。』」周之十一月，即夏之九月，是九月已有成梁之事。《月令・仲秋之月》「水始涸」，注云：「此甫八月中，雨氣未止，而云水竭，非也。《周語》曰：『辰角見而雨畢，天根見而水涸。』又曰：『雨畢而除道，水涸而成梁。』辰角見，九月本也。天根見，九月末也。《王居明堂禮》曰：『季秋，除道致梁，以利農也。』」正與此傳文合。

北方之極，自丁令北至積雪之野。帝顓頊、神玄冥司之。自秋分數四十六日，迎冬於北堂，距邦六里，堂高六尺，堂階六等，黑稅六乘，旗旄尚黑，田車載甲鐵，號曰助天誅。唱之以羽，舞之以干戈，此迎冬之樂也。

疏證曰：《淮南・時則訓》曰：「北方之極，自九澤窮夏晦之極，案：《後漢書・張衡傳》注引作「大海」。「夏」與「大」義近，「海」、「晦」古字通用。北至令正之谷，有凍寒積冰、雪雹霜霰、漂潤羣水之野，顓頊、玄冥之所司者，萬二千里。其令曰：申羣禁，固閉藏，修障塞，繕關梁，禁外徙，斷罰刑，殺當罪，閉關閭，大搜客，止交游，禁夜樂，蚤閉晏開，以索姦人。已得，執之必固。天節已幾，刑殺無赦，雖有盛尊之親，斷以法度。毋行水，毋發藏，毋釋罪。」《皇覽》引逸《禮》曰：「自秋分數四十六日，則天子迎冬於北堂，距邦六里，堂高六尺，堂階六等，黑稅六乘，旗旄尚黑，田車載甲鐵鍪，號曰助天誅。唱之以羽，舞之以干戈，此迎冬之樂也。」皆與此傳文合。顓頊、玄冥亦當爲天帝、天神。鄭注《月令》云：「顓頊，高陽氏。玄冥，少皞氏之子，曰修、曰熙，爲水官。」非也。《月令章句》曰：「迎冬者，禮顓頊、玄冥之神也。於北郊六里，水數也。樂奏應鍾，歌《玄英》。」《續漢・祭祀志》曰：「立冬之日，迎冬於北郊，祭黑帝、玄冥。車旗、服飾皆黑，歌《玄冥》，八佾舞《育命》之舞。」《月令・孟冬之月》「其數六」，注云：「水生數一，成數六。但言六者，亦舉其成數。」然則六里、六尺、六等、六乘，皆取義於水之成數矣。《月令章句》曰：「北方有水一、土五，故數六。」《劉芳傳》引：「盧植云：『北郊，六里郊也。』賈逵云：『北郊，水帝顓頊，六里。』許慎云：『北郊，六里郊也。』鄭玄云：『北郊，去都城六里。』高誘云：『北郊，六里之郊也。』王肅云：『北郊，六里，因水數也。』此又北郊六里之審據也。」《月令》曰「載玄旂」，故旗旄尚黑。又曰「駕鐵驪」，注云：「鐵驪，色如鐵。」傳曰「載甲鐵」，「鐵」當即是「鐵驪」，《詩》所謂「駟鐵」，馬被具裝者也。逸《禮》作「鐵鍪」，則是冑。甲、冑同類，或此傳「甲鐵」亦即是「鐵甲」與？「號曰助天誅。唱之以羽，舞之以干戈」者，《周禮疏》引《鉤命決》曰：「北夷之樂曰《禁》，持楯，助時藏。」《白虎通》引《樂元語》曰：「北夷之樂持干舞，助時藏也。」《穀梁傳》注「徐邈云『盾在北』」，楊子雲曰「水爲盾」，《禮記隱義》曰「北方盾」，皆與傳舞干合。而傳云兼舞干戈，「號曰助天誅」，則與《鉤命決》、《樂元語》義少異矣。《御覽》引《皇覽》「干戈」之「干」作「籥」，下又云：「所以迎四時樂，秋養九志於西堂，冬養九勝於北堂，養後三日而止。天子行殺，必順天道。」《月令・孟冬之月》「其音羽」，注云：「三分商去一以生羽，羽數四十八。屬水者，以爲最清，物之象也。冬氣和，則羽聲調。」《漢書・律曆志》曰：「羽爲水。羽者，宇也。物聚臧宇覆之也。❶」《鍾律書》同。《白虎通・禮樂》篇曰：「水謂羽。羽者，紆也。陰氣在上，陽氣在下。」

孟冬之月，御玄堂左个，祈年用牲，索祀於

❶「臧宇覆」，原作「盛宇象」，今據《漢書・律曆志上》改。

乾隅，聽必聰，厥休時寒。朔令曰：申羣禁，修障塞，畢積聚，繫牛馬，收澤賦。其禁：毋作淫巧。

疏證曰：「玄堂左个」者，《月令章句》曰：「北曰玄堂。玄者，黑也。其堂嚮玄，故曰玄堂。左个，亥上之室也。」「祈年用牲」者，《月令·孟冬之月》「天子乃祈來年于天宗，大割祠于公社及門閭。臘先祖五祀」，注云：「此《周禮》所謂蜡祭也。天宗，謂日、月、星辰也。大割，大殺羣牲割之也。臘，謂以田獵所得禽祭也。五祀：門、户、中霤、竈、行也。或言祈年，或言大割，或言臘，互文。」「索祀仍於乾隅」者，《月令》注曰：「玄堂左个，北堂西偏也。」北西隅，即西北隅矣。聽屬水，冬盛德在水，故聽必聰，而時寒應之。「申羣禁，修障塞，畢積聚」者，即《月令》「命百官謹蓋藏，命司徒循行積聚，無有不斂，坏城郭，戒門閭，修鍵閉，慎管籥，固封疆，備邊竟，完要塞，謹關梁，塞徯徑」之義。「繫牛馬」者，《月令·仲冬之月》「農有不收藏積聚者，馬牛畜獸有放佚者，取之不詰」，注云：「此收斂尤急之時，人有取者不罪，所以警懼其主也。《王居明堂禮》曰：『孟冬之月，命農畢積聚，繫牛馬。』」傳繫此於孟冬之月，與《月令》少異，而與逸《禮》正合也。「收澤賦」者，《月令》曰：「乃命水虞、漁師收水泉池澤之賦，毋或敢侵削衆庶兆民，以爲天子取怨於下。其有若此者，行罪無赦。」注云「因盛德在水，收其税」是也。「禁：毋作淫巧」者，《月令》「命工師效功，陳祭器，案度程，毋或作爲淫巧，以蕩上心」，注云「淫巧，謂奢僞怪好也」；《時則訓》曰「作爲淫巧，必行其罪」，注云「淫巧，非常之巧」是也。

仲冬之月，御玄堂正室，牲先腎，設主於井，索祀於坎正。朔令曰：搾外徒，止夜樂，誅詐僞，省醖釀，謹閉關。其禁：簡宗廟，不禱祠，廢祭祀，逆天時。乃令民罷土功。

疏證曰：「玄堂正室」者，《月令章句》曰「子上之室」。「牲先腎，設主於井」者，《月令·孟冬之月》「其祀行，祭先腎」，注云：「冬陰盛，寒於水，祀之於行，從辟除之類也。祀之先祭腎者，陰位在下，腎亦在下，腎爲尊也。行在廟門外之西爲軷壤，厚二寸，廣五尺，輪四尺。祀行之禮，北面設主於軷上，乃制腎及脾爲俎，奠於主南。又設盛於俎東，祭肉，腎一、脾再。其他皆如祀門之禮。」是鄭本《月令》作「其祀行」，而《白虎通・五祀》篇引《月令》曰「其祀井」。秦静云：「今《月令》謂『行』爲『井』。」《吕氏春秋》注曰：「行，或作井。」《淮南・時則訓》「其祀井」，注云「或作行」，是《月令》有「祀行」、「祀井」兩本不同，此蓋同今《月令》作「井」也。「索祀於坎正」者，坎正，北方之卦也。《月令》注云：「玄堂，太廟北堂，當大室。」「搒外徒，止夜樂，誅詐僞」，與《時則訓》同義。「省醖釀，謹閉關」者，即《月令》「乃命大酋，秫稻必齊，麴櫱必時，湛熾必絜，水泉必香，陶器必良，火齊必得。兼用六物，大酋監之，毋有差貸。命奄尹申宫禁，審門閭，謹房室，必重閉」之義。「禁：簡宗廟」云云者，皆水不潤下之戒。仲冬，水王之正月，故尤禁之。「令民罷土功」者，《月令》：「命有司曰：『土事毋作，慎毋發蓋，毋發室屋，及起大衆，以固而閉。地氣沮泄，是謂發天地之房。』」

季冬之月，御玄堂右个，薦用魚，索祀於艮隅。朔令曰：省牲牷，修農器，收秸薪，築囹圄，謹蓋藏。乃大儺以禳疾，命國爲酒，以合三族，君子説，小人樂。以上自「東方之極」至此，見明黄佐《六藝流别》卷十七《五行》篇。

疏證曰：「玄堂右个」者，《月令章句》曰：「丑上之室。」《月令・季冬之月》「命漁師始漁。天子親往，乃嘗魚，先薦寢廟」，注云「此時魚絜美」。《詩・周頌序》曰「季冬薦魚」，毛傳曰「冬，魚之性定」。「索祀亦於艮隅」者，艮，東北之卦也。萬物之所成終而所成始也。《月令》注云：「玄堂右个，北堂東偏。」北東亦爲艮隅，蓋孟春，青陽左个，艮隅之所以成始；季冬，玄堂右个，艮隅之所以成終矣。「省牲牷，修農器，收秸薪」者，《月令》：「乃命太史次諸侯之列，賦之犧牲，以共皇天、上帝、社稷之饗。乃命同姓之邦，共寢廟之芻豢。命宰，歷卿、大夫至於庶民土田之數而賦犧牲，以共山林名川之祀。」「令告民出五種。命農計耦耕事，修耒耜，具田器。」「乃命四監收秩薪柴，以供郊廟及百祀之薪燎。」是其證也。「築囹圄，謹蓋藏」者，《月令・仲冬之月》「塗闕廷門閭，築囹圄，此以助天地之閉藏也」，與此稍殊。「乃大儺以禳疾」者，《月令》：「命有司大難，旁磔，出土牛，以送寒氣。」注云：「此難，儺陰氣也。難陰始於此者，陰氣右行，此月之中，日歷虚、危，虚、危有墳墓四司之氣，爲厲鬼，將隨强陰出害人也。」正義曰：「言大者，以季春唯國家之難，仲秋唯天子之難，此則下及庶人，故云『大難』。」《月令章句》曰：「日行北方之宿，北方太陰，恐爲所抑，故命有司大儺，所以扶陽抑陰也。」「命國爲酒，以合三族，君子説，小人樂」者，《月令》「命樂師大合吹而罷」，注云：「歲將終，與族人大飲，作樂於大寢，以綴恩也。言罷者，此用禮樂於族人最盛，後年若時乃復然也。凡用樂必有禮，用禮則有不用樂者。《王居明堂禮》：『季冬，命國爲酒，以合三族，君子説，小人樂。』」正義曰：「三族，父、子及身，則《小記》云『親親以三爲五，以五爲九』是也。『君子説』，謂卿、大夫、士。『小人樂』，謂凡庶也。」據鄭注，則此傳亦本逸《禮》文也。

陳壽祺曰：《六藝流别》全載《五行傳》一篇，自「維王后元祀」至「上下王祀」，下即接「東方之極」云云，至「小人樂」，惟無「六沴之禮」至「卒於北方」之節，及「田獵不宿」至「水不潤下」一節。篇題下云：「伏生《尚書大傳》，紀帝舜命禹攝政初祀事。」盧氏本與《六藝流别》同，而多「六沴之禮」一節及末「田獵不宿」至「水不潤下」一節。今以盧本末一節「咎徵」移置「東方之極」云云之前，於文爲順。又曰：此一節據《六藝流别》，明云「帝舜命禹攝政初祀事」，碻是伏書。然其文頗不類伏書，又時與伏書相複，他書亦無有稱引者，惟《皇覽》稱「逸《禮》」與此大同，皆可疑也。

錫瑞案：《淮南·時則訓》、鄭注《月令》引《王居明堂禮》，皆與傳文若合符節，蓋同據古禮爲説，其爲伏書，殆無可疑。

尚書大傳疏證卷五

善化皮錫瑞

大誥

《書》曰：「民儀有十夫。」《困學紀聞》卷二。

疏證曰：《漢書·翟義傳》曰：「民獻儀九萬夫。」孟康曰：「民之表儀，謂賢者。」段玉裁云：「孟此注釋『儀』字而已，非釋『獻』也。此《大誥》多依今文，必作『民儀九萬夫』，『獻』字必系用古文改『儀』字，遂致兩存，而小顏不辨。《古文苑》班固《車騎將軍北征頌》云：『民儀響慕，群英影附。』此用今文《尚書》『民儀』二字也。」

周公先謀於同姓，同姓從，謀於朋友，朋友從，然後謀於天下，天下從，然後加之蓍龜。是以君子、聖人謀義，不謀不義，故謀必成；卜義，不卜不義，故卜必吉；以義擊不義，故戰必勝。是以君子、聖人謀則吉，戰則勝。《御覽》四百五十《人事部九十一》。又《六藝流別》卷二十。

疏證曰：此解經「朕卜并吉」文也。《書正義》引鄭注云：「『卜并吉』者，謂三龜皆從也。時既卜乃後出誥，故云然。」考此傳，亦與《洪範》文義相通。《說苑·權謀》篇曰：「聖王之舉事，必先諦之於謀慮，而後考之於蓍龜。白屋之士，皆關其謀；芻蕘之役，咸盡其心。」故《洪範》先謀卿、士、庶人，後卜筮也。《白虎通·蓍龜》篇曰：「所以先謀及卿、士何？先盡人事。念而不能得，思而不能知，然後問于蓍龜。聖人獨見先睹，必問蓍龜何？示不自專也。或曰：清微無端緒，非聖人所及，聖人亦疑之。《尚書》曰：『女則有疑。』謂武王也。」

金　縢

陳壽祺曰：葉夢得云：伏生《大傳》以天、地、四時爲七政，以《金縢》作於周公歿後。

武王殺紂，立武庚《毛詩·邶鄘衛譜》正義引有「立武庚」三字。而繼公子禄父，【注】繼者，以武庚爲商後也。

疏證曰：《論衡·恢國篇》曰：「隱彊，異姓也。尊重父祖，復存其祀。立武庚之義，繼禄父之恩，方斯羸矣。」王仲任習歐陽《尚書》，此引「立武庚」、「繼禄父」，與《大傳》文合，蓋所引即《大傳》今文家説，以武庚、禄父爲二人，立武庚、繼禄父爲二事。鄭注以武庚即禄父，此古文義，與今文不同。依今文，當從《詩譜》正義所引《大傳》，有「立武庚」三字。吴中本亦有之。陳本無，今增入。武王立武庚而繼公子禄父者，武庚王子，禄父公子，誅君之子不立，故以公子禄父繼殷後，別立武庚，以備三監。下文云管、蔡監禄父，不及武庚者，據周人之監者言之。

使管叔、蔡叔監禄父。【注】不及霍叔者，蓋赦之也。

疏證曰：《史記·周本紀》、《管蔡》《魯》《衛世家》皆言管叔、蔡叔，不及霍叔。王引之歷引古書以證三監當數管、蔡、武庚，不數霍叔，其説甚塙，然則《大傳》之義本不及霍叔，鄭注謂赦之故不及，非《大傳》義也。

武王死，成王幼，周公盛養成王，【注】盛猶長也。使召公奭爲傅，周公身居位，聽天下爲政。《通鑑前編》引「爲」作「之」。管叔疑周公，《毛詩·邶鄘衛譜》《豳風·破斧》正義、《左傳》定四年正義並引此傳「管蔡流言」，是「管叔」下當有「蔡叔」二字。《御覽》無之，宜據《詩疏》增。流言於國曰：「公將不利於王。」奄君薄姑【注】玄或疑焉。薄姑，齊地，非奄君名也。

疏證曰：《書序》：「成王既踐奄，將遷其君於蒲姑。周公告召公，作《將蒲姑》。」《釋文》：「蒲如字，徐又扶各反。馬本作『薄』。」《史記·周本紀》：「東伐淮夷，殘奄，遷其君薄姑。」馬融曰齊地。然則「蒲」、「薄」古通用，鄭蓋用其師説，以蒲姑爲地名，非人名也。江聲曰：「據伏生《大傳》云『奄君蒲姑謂禄父曰』，《周本紀》云『遷其君蒲姑』，然則蒲姑，奄君之名，此敘當言『將遷其君薄姑』，『於』乃衍字也。成王遷奄君，其地遂爲齊所有，故《左傳》云：『蒲姑氏因之，而後太公因之。』蒲姑氏即奄君也。」案：江説雖通，然《書序》、《史記》所云「踐奄」與《大傳》「踐奄」實非一事，不得混而爲一。《大傳》周公踐奄是攝政三年，《書序》、《史記》成王踐奄是即政之後。周公伐奄，成王不親行，而《多方》云「王來自奄」。此異人異時之證。《大傳》云：「踐之者，謂殺其身，執其家，瀦其宫。」是周公殺奄君。而成王踐奄，則遷其君而不殺。又異人異事之證。《書序》：「成王東伐淮夷，遂踐奄。」僞孔傳云：「成王即政，淮夷、奄國又叛，王親征之，遂滅奄而徙之，以其數反覆。」正義曰：「周公攝政之初，奄與淮夷從管、蔡作亂，周公征而定之。成王即政之初，淮夷與奄又叛，成王親往征之。」傳、疏此説按之經文、《書序》、《大傳》、《史記》，皆不相背，其義必有所受。蓋本於今文家，不得以其異於鄭義而疑之。然則周公踐奄，誅其君而未滅其國；成王踐奄，滅其國而遷其君，兩事各不相蒙。《大傳》云「奄君薄姑」，必是人名；《書序》云「將遷其君於蒲姑」，當是地名。奄君名薄姑，不妨齊地亦名薄姑。如晉悼公名周，魯定公名宋，皆違「名子不以國」之義。解者必欲合爲一事，鄭君以地名疑人名，江氏又以人名疑地名，胥失之矣。

謂禄父曰：「武王既死矣，成王尚幼矣，❶《毛詩》《左傳》正義引此句作「成王尚幼矣」。

疏證曰：作「成王」者是也。《酒誥》「王若曰」，《釋文》曰：「馬本作『成王若曰』」，注云：『俗儒以爲成王骨節始成，故曰成王。或曰：以成王爲少成二聖之功，生號曰成王，没因爲謚。』」正義曰：「馬、鄭、王本以文涉三家而有『成』字，三家云：王年長，骨節成立。」是三家今文與馬、鄭、王古文皆作「成王」。三家直以「成王」爲生時之號。《大傳》：「周公疾，曰：『吾死，必葬成周，示天下臣於成王。』」《史記・魯世家》

❶「成」，《輯校》卷二作「今」，據下文，係皮氏校改作「成」。

文略同。又周公誡伯禽曰：「我，文王之子，武王之弟，成王之叔父。」《荀子·堯問篇》、《韓詩外傳》文略同。此皆生號「成王」，如湯生號「武王」之例。《周頌》作於成王、周公時，《昊天有成命》云「成王不敢康」，《國語》以爲「道成王之德」，亦其明證。自馬、鄭不從今文之説，世遂不知「成王」是生號，並《大傳》之文亦妄改之，云「今王尚幼矣」，蓋疑成王在，不得稱謚也。此當從《詩》《左傳疏》作「成王」。陳本作「今王」，今更正。

周公見疑矣。此世之將亂也，《毛詩》《左傳》正義引此句作「百世之時也」。請舉事。」【注】言周弱且不和，欲伐之而復政也。然後祿父及二監叛也。周公以成王之命殺祿父。自「武王殺紂」下，見《御覽》六百四十七《刑法部十三》。又《御覽·封建部四》《四夷部一》《刑法部七》、《毛詩·邶鄘衛譜》《豳風·破斧》《齊譜》、《左傳》定四年諸正義，《通鑑前編·成王二年》、《繹史》二十二。

疏證曰：《大傳》止言管、蔡，不言霍叔，是止有二監，並祿父爲三監，此「三監」當作「二監」，淺人誤改之耳。傳言「周公身居位，聽天下爲政」，此又言「以成王之命」者，蓋言「居攝踐阼」者紀事之實，言「以成王之命」者推公之心。《史記》亦云「周公奉成王命」。此與攝政、稱王之説兩義，當互相證，初不相背。世有據此文以駁攝王者，非也。

遂踐奄。踐之云者，謂殺其身、執其家、瀦其宮。《毛詩·豳風·破斧》正義、《經典釋文·成王政序下》。

疏證曰：陳壽祺曰：曲阜孔氏廣林本以「遂踐奄」云云入《成王政》篇，恐非。

錫瑞案：陳説是也。《成王政》下爲《將蒲姑》，云「將遷其君」，與此傳云「殺其身」不合。《禮記·檀弓》曰：「邾婁定公時，有殺其父者。公曰：『寡人嘗學斷斯獄矣。臣弒君，凡在官者，殺無赦；子弒父，凡在宮者，殺無赦。殺其人，壞其室，洿其宮而瀦焉。』」鄭注：「明其大逆，不欲人復之也。」

成王幼，在襁褓。《毛詩·斯干》正義引：「《書傳》説成王之幼，云『在襁褓』。襁，小兒被也。」

疏證曰：陳壽祺曰：「在襁褓」三字，當在上傳

「成王幼」之下。

錫瑞案：《史記・魯世家》云：「成王少，在强葆之中。」《蒙恬列傳》曰：「昔周成王初立，未離襁緥。」賈子《新書》曰：「昔者周成王幼，在襁褓之中。」《春秋繁露》曰：「武王崩，成王幼而在襁褓之中。」《淮南・要略》篇云：「武王崩，成王在襁褓之中。」《大戴禮・保傅》曰：「昔者周成王幼，在襁褓之中。」盧辨注曰：「武王崩，成王十有三也，而云在襁褓之中，言其小。」錫瑞謂：盧注是也。古書多形容已甚之詞，非可執爲事實。《異義》古《尚書》説：「武王崩，成王年十三。」鄭康成以爲武王崩時，成王年十歲。今文雖無明文可據，然《史記》既云「成王少，在强葆之中」，後又云：「成王七年，成王長，能聽政，於是周公乃還政於成王。」若誠立在强葆，加以七年，不過十歲上下，何得遂云「長，能聽政」乎？公既攝政，何不再攝數年，而輕授之十歲孺子乎？且《鴟鴞》貽王在居攝三年，若成王止六七歲，何以云「王未敢誚公」？《洛誥》載成王與周公往復之辭，亦非十齡幼子可辦。《大傳》「七年致政」與《史記》同，則所云「在襁褓」亦當與《史記》同，皆甚言之耳。成王初立之年，當如古《尚書》説，年十三，加以七年，爲二十歲，故曰「長，能聽政」。今文之義，當與古文無大異。近人有執襁褓爲事實，謂今文必與古文不同，蓋未證以《史記》之文，亦未知其與經文不合也。

周公致政，封魯，老於周，心不敢遠成王，欲事文、武之廟。公疾，曰：「吾死，必葬成周，示天下臣於成王。」及死，成王葬之畢，而云「示天下不敢臣」。故公封於魯，身未嘗居魯。《路史・後紀十・高辛紀下》注。又《詩地理考》五引「周公封於魯，未嘗居魯也」。

疏證曰：陳壽祺曰：《荀子・儒效篇》「周公歸周，反籍於成王，而天下不輟事周」，楊倞注：「周公所封畿内之國亦名周，《春秋》周公黑肩蓋其後也。」言周公自歸其國也。」此周公「老於周」之事。

錫瑞案：《公羊》文十三年傳曰：「然則周公之魯乎？曰：不之魯也。封魯公，以爲周公主。王念孫云：「主，衍字。」然則周公曷爲不之魯？欲天下之一乎周也。」注：「周公聖人，德至重，功至大，東征則西國怨，西征則東國怨。嫌之魯，恐天下迴心趣鄉之，故封伯禽，命使遥供養，死則奔喪爲主，所以一天下之心於周室。」《白虎通・封公侯》篇曰：「周公不之魯何？爲周公繼武王之業也。」

三年之後，此句上，當依《路史》所引增「周公致政封魯」六字。周公老於豐，心不敢遠成王，而欲事文、武之廟。然後周公疾，曰：「吾死，必葬於成周，示天下臣於成王。」成王曰：「周公生欲事宗廟，死欲聚骨於畢。」畢者，文王之墓也。故周公薨，成王不葬於成周而葬之於畢，示天下不敢臣也，所以明有功、尊有德。故忠孝之道，咸在成王、周公之間。故魯郊，成王所以禮周公也。《通鑑前編・成王十一年》。又《儀禮經傳通解續》卷五《喪大記上》注節引。

疏證曰：公本欲葬文、武之墓，而以遠成王爲嫌，故遺命云「必葬成周」，然非公之本意。故天動威以戒成王，王知公意，乃葬之於畢也。公不敢遠成王，是忠；欲葬於文、武墓，是孝。

周公疾，曰：「吾死，必葬於成周，示天下臣於成王也。」周公死，陳壽祺曰：此下當依《儒林傳》注增「成王欲葬之於成周」八字。天乃雷雨以風，禾盡偃，大木斯拔，國恐。陳壽祺曰：當依《漢書・儒林傳》注引作「國人大恐」。王與大夫開金縢之書，執書以泣，曰：「周公勤勞王家，予幼人弗及知。」乃不葬於成周而葬之於畢，示天下不敢臣。《漢書・梅福傳》注。

疏證曰：《史記・魯世家》曰：「周公在豐，病，將没，曰：『必葬我成周，以明吾不敢離成王。』周公既卒，成王亦讓，葬周公於畢，從文王，以明予小子不敢臣周公也。周公卒後，秋未穫，暴風雷雨，禾盡偃，大木盡拔。周國大恐。成王與大夫朝服以開金縢書，王乃得周公所自以爲功代武王之説。二公及王乃問史、百執事，史、百執事曰：『信有。昔周公命我勿敢言。』成王執書以泣，曰：『自今後其無繆卜乎！昔周公勤勞王家，惟予幼人弗及知。今天動威以彰周公之德，惟朕小子其迎，我國家禮亦宜之。』王出郊，天乃雨，反風，禾盡起。二公命國人，凡大木所偃，盡起而築之。歲則大孰。於是成王乃命魯得郊祭文王。魯有天子禮樂者，以褒周公之德也。」今文家言《金縢》惟此最詳，義蓋本於《大傳》。《漢書・梅福傳》福上書曰：「昔成王以諸侯禮葬周公，而皇天動威，雷風著災。」又《儒林傳》谷永上疏曰：「昔周公薨，成王葬以變禮，而當天心。」《白虎通・封公侯》篇曰：「周公身薨，天爲之變。成王以天子之禮葬之，命魯郊，以明至孝，天所與也。」又《喪服》篇曰：「養從生，葬從死。周公以王禮葬何？以爲周公踐阼理政，與天同志，展興周道，顯天度數，萬物咸得，休氣充塞，原天之意，子愛周公，與文、武無異，故以王禮葬，使得郊祭。《尚書》曰『今天動威以彰周公之德』，下言『禮亦宜之』」。《論衡・順鼓篇》曰：「周成王之時，天下雷雨，偃禾拔木，爲害大矣。成王開金縢之書，求索行事，得周公之功，執書以泣，遏雨止風，反禾，大木復起。」又《感類篇》：「《金縢》曰：『秋，大孰，未穫。天大雷電當作「雨」。以風，❶禾盡偃，大木斯拔，邦人大恐。』當此之時，周公死。儒者説之，以爲成王狐疑於周公：欲以天子禮葬公，公人臣也；欲以人臣禮葬公，公有王功。狐疑於葬周公之間，天大雷雨，動怒示變，以彰聖功。」《後漢書・周舉傳》詔問曰：「昔者周公攝天子事。及薨，成王欲以公禮葬之，天爲動變。及更葬以天子之禮，即有反風之應。」舉對曰：「昔周公有請命之應，隆太平之功，故皇天動威，以章聖德。」李賢注引《尚書・洪範五行傳》曰：「周公死，成王不圖大禮，故天大雷雨，禾偃，木拔。及成王寤金縢之策，改周公之葬，尊以王禮，申命魯郊，而天立復風雨，禾稼盡起。」又《張奐傳》奐上疏曰：「昔周公葬不如禮，天乃動威。」何休「僖三十一年」《公羊解詁》曰：「昔武王既没，成王幼少，周公居攝，行天子事，制禮作樂，致太平，有王功。周公薨，成王以王禮葬之，命魯使郊，以彰周公之德。」兩漢人引今文家説，大旨相同。自馬、鄭古文創爲異義，習聞其説者乃疑今文爲誤，謂「秋，大孰」以上前無所承，首尾不相聯貫。不知據《魯世家》「王亦未敢訓周公」之下，「周公在豐」之上，事隔多年，書隔數篇。則今文《尚書》之文當與古文不同。孫星衍以「秋，大孰」以下爲

❶「大」，原作「乃」，今據《論衡・感類篇》改。

《亳姑》篇文，似亦近之。不得據後出之古文，而疑《大傳》最初之義也。

周公死，成王欲葬之於成周，天乃雷雨以風，禾盡偃，大木斯拔，國人大恐。王乃葬周公於畢，示不敢臣也。《漢書·儒林傳》注。又《後漢書·張奂傳》注「雨」作「雹」，誤。

嘉禾 陳壽祺曰：《漢藝文志考證》云：「《大傳序》有《嘉禾》、《揜誥》，今本闕。」

疏證曰：《尚書中候》曰：「嘉禾長五尺，三十五穗。」《禮斗威儀》曰：「人君乘土而王，其政昇平，則嘉穀並生。」《孝經援神契》曰：「德下至地，則嘉禾生。」《春秋運斗樞》曰：「旋星明，則嘉禾液。」《感精符》曰：「日下淪於地，則嘉禾興。」《説題辭》曰：「天文以七，列精以五，故嘉禾之滋，莖長五尺，五七三十五，神盛，故連莖三十五穗，以成盛德，禾之極也。」《白虎通·封禪》篇曰：「德至地，則嘉禾生。嘉禾者，大禾之爲美瑞者也。」

成王之時，有三苗貫桑葉而生，同爲一穗，其大盈車，長幾充箱。民得而上諸成王。《尚書·歸禾序》正義。

疏證曰：《韓詩外傳》五云：「成王之時，有三苗貫桑而生，同爲一秀，大幾滿車，長幾充箱。武王問周公曰：『此何物也？』周公曰：『三苗同一秀，意者天下殆同一也。』比期三年，果有越裳氏重九譯而至，獻白雉於周公。」《説苑》、《白虎通》所載略同，蓋皆本《大傳》。

成王時，有苗異莖而生，同爲一穟。人有上之者，王召周公而問之。公曰：「三苗爲一穟，抑天下共和爲一乎？」果有越裳氏重譯而來。《御覽》八百三十九《百穀部三》。又《初學記》二十七《草部》，又《記纂淵海》卷四引，並無末九字。《記纂》作「異畝同穗」。《初學記》「穟」並作「穗」。

疏證曰：《書序》云：「唐叔得禾，異畝同穎。」《魯世家》云：「唐叔得禾，異母同穎。」據此傳云「異莖」，則今文當作「異母」，與古文《序》作「畝」不同。陳喬樅謂「母」疑是「晦」之壞字，非也。

拔而貢之。《尚書・歸禾序》正義。

陳壽祺曰：《尚書正義》引「成王之時」云云，又引下傳云「拔而貢之」，其文不備。今盧本《大傳》「越裳氏」上有「拔而貢之文王之廟」八字，《記纂淵海》卷四引孫氏《瑞應圖》曰：「周時嘉禾三本同穗，貫桑而生，其穗盈箱，生於唐叔之國，以獻。周公曰：『此嘉禾也，太和氣之所生焉。此文王之德。』乃獻文王之廟。」據此，則《大傳》當有「拔而貢之文王之廟」之語，而《書疏》僅存上四字，餘無所徵。因録《瑞應圖》之文以備考。《記纂淵海》又引《大傳》「嘉禾莖長五尺，三十五穗」，恐非《大傳》文，不録。

交趾之南有越裳國。周公居攝六年，制禮作樂，天下和平。越裳以三象重譯而獻白雉，曰：「道路悠遠，山川阻深，音使不通，故重譯而朝。」成王以歸周公，公曰：「德不加焉，則君子不饗其質；【注】質，亦贄也。政不施焉，則君子不臣其人。吾何以獲此賜也？」其使請曰：「吾受命吾國之黃耇曰：久矣，天之無別風淮雨，【注】淮，暴雨之名也。意者中國有聖人乎？有則盍往朝之？」周公乃歸之於王，稱先王之神致以薦於宗廟。周德既衰，於是稍絶。《御覽》七百八十五《四夷部六》，「別風淮雨」及注從吴中本。又《御覽・天部九》、《後漢書・馬融傳》注、王元長《曲水詩序》注、《事類賦》三。❶又《文選》應吉甫《華林園詩集》注引作「恐使之不通，故重三譯而朝也」，注：「鄭玄曰：欲其轉相曉也。」王元長文注引作「重九譯」。《毛詩・臣工》正義引「德」下多「澤」字，「政」下多「令」字。《白虎通》、《通典》引「政」作「正朔」。

周成時，越裳氏來獻白雉，曰：「吾聞國之黃耇曰：『天無烈風淫雨，江海不波溢，於茲久矣。意中國有聖人，盍往朝之？』」故重三譯而至。」《稽瑞》引《尚書大傳》。

疏證曰：陳壽祺曰：《御覽・天部十》本引作「天

❶「三」，原作「二」，今據《輯校》卷二改。

之無烈風，❶東西南北來也」，下六字當是注文，誤入傳。又曰：劉勰《文心雕龍》云：「《尚書大傳》『別風淮雨』，《帝王世紀》作『列風淫雨』。『列』『淫』義當而不奇，『別』、『淮』理違而新異。」乃謂《大傳》字作「別」、「淮」。考《御覽》先引《尚書説》曰「淮雨」，注「淮，暴雨之名也」，下又引《尚書大傳》曰「久矣，天之無烈風澍雨」，注「暴雨也」。兩書兩注各不同，則《尚書説》非伏氏《大傳》，而《大傳》作「澍」不作「淮」明矣。《御覽・四夷部六》又引作「注」字，此寫誤也。《藝文類聚・天部》引作「烈風迅雨」，亦非。而「烈」字諸書不異，鄭君亦無注，則《大傳》作「烈」不作「別」又明矣。恐彦和適見誤本《大傳》，執以爲説，未可據也。《尚書・舜典》正義、《毛詩・蓼蕭序》《周頌譜》正義並引作「烈風淫雨」，則唐人因彦和之語以從《帝王世紀》，並易「澍」爲「淫」耳。《毛詩・周頌譜》正義引「越裳」作「越常」，「裳」、「常」古通，疑《大傳》舊本如此。

錫瑞案：《御覽》九《天部・風》引《大傳》曰：「成王時，越裳重譯而來朝，曰：『久矣，天之無烈風淮雨，意中國有聖人乎？』」又卷十《天部・雨》引《大傳》曰：「成王時，有越裳氏來朝，曰：『久矣，天之無烈風東西南北來也，無淫雨，注：暴雨也。意中國有聖人乎？』」又引《尚書説》曰「淮雨」，注「淮，暴雨之名也」。《御覽》九引《大傳》作「淮雨」，卷十引《大傳》亦必作「淮雨」，注云「暴雨」，與《尚書説》注「淮，暴雨之名」正同，是卷十作「淫雨」塙是「淮雨」之訛，且「淫雨」不須注，「淮雨」乃須注。鄭注云「暴雨」，鄭所據《大傳》必作「淮」，《世紀》妄改爲「淫」，後人又據《世紀》以改《大傳》，故《御覽》所據之本或作「淮」或作「淫」，參差不合。又作「澍」或作「迅」，蓋皆後人所改。《稽瑞》作「烈」與「淫」，亦後人改也。又案：「東西南北來也」塙是「烈風」之注，陳説不誤。依注義，則《大傳》文當作「別風」，不作「烈風」，謂風從東西南北來，四方可分別，故云「別風」。若傳作「烈」，與注「從東西南北來」之義不合，且「烈風」不須注，「別風」乃須注。淮、淫、別、列，皆形似。後人多見「烈風淫雨」，少見「別風淮雨」，故致誤。而「列」又變作「烈」。

❶「十」，原作「一」，《輯校》原文如此，今據《太平御覽》卷一〇《天部十》改。

據《御覽》所引與《文心雕龍》正合，彥和所見並非誤本，謂彥和誤，豈傳武仲、王元長皆誤乎？陳氏說不足據，今改從吳中本。盧文弨曰：「陸雲《九愍》有『振袂於別風』之句，此亦一證。鄭康成注《大傳》云：『淮，急雨之名也。』是不以爲字誤。而《詩正義》引《大傳》竟改作『列風淫雨』，蓋義僻，則人多不曉也。」案：盧說是，而所引鄭注與《御覽》所引不同，未知何據。又案：《琴操》曰：「《越裳操》者，周公之所作也。周公輔相成王，成就文、武之道，天下太平，萬國和會，江黄納貢。越裳重九譯，而來獻白雉，執贄曰：『吾君在外國也，頃無迅風暴雨，意者中國有聖人乎？故遣臣來。』周公於是仰天而歎之，援琴作歌。」蓋本傳義。傳云「君子不臣其人」者，《鉤命決》曰：「不臣夷狄之君者，政教所不加，謙不臣也。」《白虎通・王者不臣》篇曰：「王者所不臣者三，何也？謂二王之後、妻之父母、夷狄也。夷狄者，與中國絶域異俗，非中和氣所生，非禮義所能化，故不臣也。」下引此傳文。漢宣帝時，呼韓邪單于來朝，蕭望之議曰：「戎狄荒服，言其荒忽無常。至，亦宜待以客禮，讓而不臣。」班固《漢書》傳論云：「《春秋》内諸夏而外四夷。夷狄之人，貪而好利，披髮左衽，人面獸心，其與中國殊章服，異習俗，飲食不同，言語不通。是以聖人外而不内，疏而不戚，政教不及其人，正朔不加其國也。」皆同傳義。《論衡》曰：「周公時，雨不破塊，風不鳴條，旬而一雨，雨必以夜，丘陵高下皆然。」可證周公時「無別風淮雨」之義。「白雉」者，《典略》曰：「白雉者，岱宗之精也，出於孟山。」《抱朴子》曰：「九真、越裳有之。」《東觀漢記》曰：「光武建武二年，南越獻白雉。」

康誥

周公將作禮樂，優游之，三年不能作。君子恥其言而不見從，恥其行而不見隨。將大作，恐天下莫我知也；將小作，恐不能揚父祖功業德澤。然後營洛，以觀天下之心。於是四方諸侯率其羣黨，各攻位於其庭。周公曰：「示之以力役且猶至，況導之以禮樂乎？」然後敢作禮樂。《書》曰：「作新大邑于東國洛，四方民大和會。」此之謂也。《毛詩・周頌譜》正義。又《禮記・明堂位》正義、《尚書・康誥》正義、《文選・聖主得賢臣頌》注並節引。

疏證曰：《白虎通・禮樂》篇曰：「太平乃制禮作樂何？夫禮樂，所以防奢淫。天下人民飢寒，何樂之乎？」傳所言即太平作禮樂之義。公所以優游者，後世如漢董仲舒、賈誼、王吉、劉向皆議作禮樂而未能作，曹褒作而不行；唐《開元》《顯慶禮》、宋《政和禮》皆不過存其書，當時並未行用。公蓋早慮及此，踐奄歸後，已有制作之意，至六年營洛有成，乃敢制作，則其所作必實見之施行。今《儀禮》十七篇近之。若《周官》六篇，周時並未見之施行，疑非公作。

《書》曰：「惟乃丕顯考文王，克明俊德。」《困學紀聞》卷二。

疏證曰：據此，今文《尚書》多一「俊」字，與《堯典》文同。

天之命文王，非啍啍然有聲音也。文王在位而天下大服，施政而物皆聽，命則行，禁則止，動搖而不逆天之道，故曰：天乃大命文王。文王受命，一年斷虞、芮之質，二年伐于，三年伐密須，四年伐畎夷，五年伐耆，六年伐崇，七年而崩。《通鑑外紀》卷二。又《毛詩・文王序》正義引「文王受命」至末，云《尚書・周傳》。又《尚書・戡黎》正義。又《通鑑前編・紂十七祀》引「文王受命」至「伐崇」。又《文選・褚淵碑文》注、《毛詩・緜》《皇矣》《二雅譜》正義、《左傳》襄三十一年正義、《禮記・文王世子》正義並節引。「畎」從《皇矣》正義作。《禮記》正義「邘」作「鬼方」，誤。【注】畎夷，混夷也。《詩》云「混夷駾矣」，四年伐之，南仲一行，並平二寇。《毛詩・采薇序》正義。

疏證曰：陳壽祺曰：《毛詩・皇矣》正義云：「混夷，《書傳》作『畎夷』。蓋畎、混聲相近。或作『犬夷』，則『畎』字之省也。」《二雅譜》正義引作「昆夷」，《禮記・文王世子》正義引作「鬼方」，並誤。又曰：《通鑑前編・紂十有八祀》「西伯伐邘」，注引徐廣曰：

「邘城，在野王縣西北。」❶《史記》本作「邘」，不作「邗」，諸家引作「邗」，非。

錫瑞案：《論衡・初稟篇》曰：「《康王王，當作「叔」。之誥》曰：『冒聞於上帝，帝休，天乃大命文王。』所謂大命者，非天乃命文王也。聖人動作，天命之意也，與天合同，若天使之矣。《書》方激勸康叔，勉使爲善，故言文王行道，上聞於天，天乃大命之矣。」《論衡》與傳義合。據傳義，疑緯候所云「赤雀丹書」之命非古義也。又案：鄭注「南仲」云云，與伏生義不合。三家以《采薇》、《杕杜》、《出車》皆宣王詩，《古今人表》以南仲列宣王之下，方叔、召虎、仲山甫、申伯、吉甫之間，然則南仲是宣王時人，《出車》之「王命南仲」，即《常武》之「王命卿士，南仲太祖」。三家之義遠勝於毛。今、古文各自名家，伏生多與三家《詩》合。鄭以毛傳注伏傳，以爲即文王伐畎夷，失之。

子夏曰：「昔者三王慤然欲錯刑遂罰，【注】錯，處也。遂，行也。平心而應之，和然後行之。然且曰：『吾意者以不平慮之乎？吾意者以不和平之乎？』如此者三，然後行之。此之謂慎罰。」《御覽》六百三十五《刑法部一》。

酒誥

天子有事，諸侯皆侍，尊卑之義。【注】事，謂祭祀。《儀禮・特牲饋食》疏引「《書傳・康誥》云」。孔廣林曰：《儀禮》疏「康」當爲「酒」之誤。宗室有事，族人皆侍終日，大宗已侍於賓奠，然後燕私。陳壽祺曰：《儀禮・特牲》疏云「大宗已侍於賓奠」者，或有作「養」，或有作「餕」，皆誤，以「奠」爲正也。【注】謂卿、大夫以下。宗室，大宗子之家也。《禮志》云：「別子爲祖，繼別爲大宗，繼禰爲小宗。」賓，僚友助祭者。燕私者何也？祭已而與族人飲也。《儀禮經傳通解》卷五《五宗傳第七》引傳及注。又《儀禮・特牲》鄭注、《毛詩・湛露》正義、《尚書・酒誥》正義

❶「北」下，《輯校》卷二有「大傳作于然則大傳邘字作于也史記集解引徐廣説下云音于是」二十六字。

並引傳。《儀禮・特牲》疏亦引傳及注。

宗子燕族人於堂，宗婦燕族人於房，序之以昭穆。《儀禮・喪服・不杖章》疏。

疏證曰：《儀禮・特牲饋食禮》：「徹庶羞，設於西序下。」鄭注引此傳云云，曰：「此徹庶羞置西序下者，爲將以燕飲與？然則自尸祝至於兄弟之庶羞，宗子以與族人燕飲於堂，内賓宗婦之庶羞，主婦以燕飲於房。」《詩・楚茨》：「諸父兄弟，備言燕私。」傳云：「燕而盡其私恩。」箋云：「祭祀畢，歸賓客豆俎，同姓則留與之燕，所以尊賓客、親骨肉也。」《白虎通・宗族》篇引《禮》曰：「宗人將有事，族人皆侍。」與此傳合。《儀禮疏》引傳作《康誥》者，《韓非子》引《酒誥》「毋彝酒」亦作《康誥》。段玉裁云：「周時通以《酒誥》爲《康誥》。」疏或亦有據，非誤也。

不醉而出，是不親也。【注】出猶去也。醉而不出，是媟宗也。出而不止，是不忠也。【注】忠，厚。親而甚敬。❶ 忠而不倦。若是，則兄弟之道備。備者，成也。成者，成於宗室也。故曰：飲而醉者，宗室之意也。德將無醉，族人之意也。是故祀禮有讓，德施有復，義之至也。【注】復，反也。《儀禮經傳通解》卷五《五宗第七》引傳、注，連上「宗室有事」至「族人飲也」爲一條。

疏證曰：《詩・湛露》：「厭厭夜飲，不醉無歸。」傳云：「厭厭，安也。夜飲，私燕也。宗子將有事，則族人皆侍。不醉而出，是不親也；醉而不出，是渫宗也。」箋云：「天子燕諸侯之禮亡，此假宗子與族人爲説爾。」正義曰：「言宗子將有事，族人皆入侍。宗子或與之圖事，則當飲之酒。若宗子不飲之酒，使不醉而出，是不親族人也。若族人飲宗子酒，至醉仍不出，是渫慢宗子也。言此者，明宗子之義，族人雖醉，尚留之飲；族人之義，雖不至醉，亦當辭出，不得盡宗子之意。是主法自當留賓，賓則可以辭主去。天子於諸侯，義亦當然。」引《書傳》云云，曰：「與此傳同。毛、伏俱大儒，當各有所據而言也。」案：鄭注《大傳》云：「事，謂祭祀。」故以毛傳引「宗子將有事」爲「假宗

❶「親而甚敬」，據《輯校》，當爲傳文。

子與族人爲説」也。孔疏以《詩》非言祭祀，乃謂「有事」爲「圖事」，與《大傳》義不合，亦非毛傳之義。

古者聖帝之治天下也，五十以下，非烝、社不敢遊飲，在六十以上遊飲也。《大戴禮》四《曾子立事》篇盧注。

疏證曰：此傳解經「羞耇」之義。《禮記·鄉飲酒義》曰：「鄉飲酒之禮，六十者坐，五十者立侍，以聽政役，所以明尊長也。六十者三豆，七十者四豆，八十者五豆，九十者六豆，所以明養老也。」「烝」、「社」者，《禮記·月令·仲春之月》：「擇元日，命民社。」《孟冬之月》：「是月也，大飲烝。」注云：「十月農功畢，天子、諸侯與其群臣飲酒於大學，以正齒位。謂之大飲，別之於他。其禮亡。今天子以燕禮、郡國以鄉飲酒禮代之。烝，謂有牲體爲俎也。《黨正職》曰：『國索鬼神而祭祀，則以禮屬民，而飲酒於序，以正齒位。』亦謂此時也。」正義曰：「云『烝，謂有牲體爲俎』者，按《國語》云：『王公立飫，則有房烝。』此既大飲饗禮，當用房烝半體之俎。若《黨正》飲酒，雖饗，而用餚烝。故宣十六年《左氏》云：『王享有體薦，宴有折俎，公當饗，卿當宴。』是也。」傳言「烝、社」當即《月令》之「烝、社」。

王曰：「封，惟曰若圭璧。」《困學紀聞》卷二，《漢藝文志考證》一。

陳壽祺曰：王伯厚以此傳八字爲《尚書》之逸文。考今文與古文章句多寡異同非止一二，《酒誥》篇有「王曰：封，我聞惟曰，在昔殷先哲王」之語，《大傳》所引疑或此句之異文，未必爲逸句也。

梓材

陳壽祺曰：金履祥《尚書表注》：「案《大傳》今文，當有『周公曰』而無『封』字。」又云：「《梓材》，伏生今文作周公教伯禽之書。」《通鑑前編·成王七年》載《梓材》云：「按，伏生今文當作『周公曰』而無『封』字。」又云：「按《梓材》之書，伏生《大傳》以爲周公命伯禽之書。」又云：「《梓材》之事，伏生誤以爲周公命伯禽之書。《大傳》所説喬梓之事，固非《梓材》之本意。然以爲周公命伯禽之書，則篇首當有『周公曰』

之語，無『王曰封』之語矣。」

案：陳説誤，説見後。

伯禽與康叔見周公，三見而三笞之。康叔有駭色，謂伯禽曰：「有商子者，賢人也，與子見之。」乃見商子而問焉。商子曰：「南山之陽有木焉，名喬。」二三子往觀之，見喬實高高然而上，反以告商子。商子曰：「喬者，父道也。南山之陰有木焉，名梓。」二三子復往觀之，見梓實晉晉然而俯，反以告商子。商子曰：「梓者，子道也。」二三子明日見周公，入門而趨，登堂而跪。周公迎，拂其首，勞而食之，曰：「爾安見君子乎？」《世説新語注》卷七《排調》。

伯禽與康叔朝於成王，見乎周公，三見而三笞之。二子有駭色，乃問於商子曰：「吾二子見於周公，三見而三笞之，何也？」商子曰：「南山之陽有木名橋，南山之陰有木名梓，二子盍往觀焉？」於是二子如其言而往觀之，見橋木高而仰，梓木晉而俯。【注】晉，肅貌。此注惟見《藝文類聚》。反以告商子，商子曰：「橋者，父道也。梓者，子道也。」二子明日復見，入門而趨，登堂而跪。周公迎，拂其首而勞之，曰：「汝安見君子乎？」二子以實告，公曰：「君子哉！商子也。」《文選·王文憲集序》注。又左太沖《招隱詩》、謝靈運《經湖中瞻眺詩》注引「相與觀乎南山之陽」。又《長笛賦》注引「觀乎南山之陰」。又《藝文類聚》八十九節引「晉而俯」句，作「晉然實而俯」，「拂其首而勞之」作「拂其首，勞而食之」。他書引「實而俯」無「晉然」二字。又《錦繡萬花谷·前集》卷十六、《記纂淵海》卷九十、《六藝流別》、《繹史》二十一並節引。《六藝流別》「南山之陰」作「北山之陰」，非。

疏證曰：陳壽祺曰：《太平御覽》五百十八《宗親十八》引《周書》、《説苑·建本》篇，皆與此文略同。

錫瑞案：金履祥引《大傳》，謂《梓材》「伏生作周公教伯禽之書」。近人治今文《尚書》者，如鄭漢勛、魏源，皆從其說。鄒又謂《梓材》古本作《子才》，「封」字古作「㞷」，「子」古文或借「㞢」爲之，「土」字與「才」形近，故「子才」二字誤作「㞷」字。此皆穿鑿傅會之説，非伏生之意也。知伏生不以《梓材》爲命伯禽之書者，《史記・衛康叔世家》曰：「周公旦以成王命，封康叔爲衛君。懼康叔齒少，乃申告康叔爲梓材，示君子可法則。故謂之《梓材》以命之。」又《自序》曰：「收殷餘民，叔封始邑，申以商亂，《酒》《材》是告。」太史公去伏生甚近，治歐陽《尚書》，亦以《梓材》爲命康叔。《衛世家》云「示君子可法則」，即《大傳》云商子君子以喬、梓示法之義，是史公解《梓材》義實本於《大傳》，則《大傳》亦必以《梓材》爲命康叔，非命伯禽矣。其兼載伯禽事者，《大傳》一書本別撰大義，非必字字與經比坿。且此事原有康叔在内，故坿見周公命康叔書中。「喬梓」之「梓」與「梓材」之「梓」，其字偶同，本不相涉，伏生並非以「喬梓」之「梓」釋「梓材」之義也。《梓材》一書，周公誥康叔，並戒成王。《文王世子》云：「周公抗世子法於伯禽，使之與成王居。成王有過，則撻伯禽。」然則此之三答，亦即抗法之意。康叔齒少，與伯禽年蓋相若，故同在子弟之列。且此時周公攝位踐阼，康叔亦在臣列。臣子一體，故公得答康叔。《論衡・譴告篇》曰：「康叔、伯禽失子弟之道，見於周公，拜起驕悖，三見三笞。往見商子，商子令觀橋梓之樹。二子心感覺悟，❶以知父子之禮。」此其明證。後人不知此義，又忘卻此傳本有康叔在内，乃謂周公專教伯禽，《梓材》一書即《左氏傳》所云「命以伯禽」。或又謂傳云康叔乃唐叔之譌，引《文選》「陰康氏」誤作「陶唐氏」爲證，重恠貤繆，愈巧愈鑿。而詆其誤者又並詆伏生今文爲誤，不知此篇今文與古文並無異説，伏生初不以《梓材》爲命伯禽之書，乃説者自誤耳。陳氏案語亦不了了，下引「伯禽封魯」爲此篇之傳，蓋亦誤信金仁山説，以《梓材》爲封伯禽。今以「伯禽封魯」依吳中本入《洛誥傳》，而辨諸説之誤於此。

召誥

成王在豐，欲宅洛邑，使召公先相宅。六日

❶「悟」，原無，今據《論衡・譴告篇》補。

乙未，孔廣林曰：「六日」上當有脱文。王朝步自周，則至于豐，惟太保先周公相宅。【注】太保召公先周公視洛邑也。《御覽》二百六《職官部四》。

疏證曰：《史記·魯世家》曰：「成王七年二月乙未，王朝步自周，至豐，使太保召公先之洛相土。」集解：「馬融曰：『周，鎬京也。豐，文王廟所在。朝者，舉事上朝，將即土中易都，大事，故告文王、武王廟。』鄭玄曰：『步，行也。堂下謂之步。豐、鎬異邑，而言步者，告武王廟即行，出廟入廟，不以爲遠，爲父恭也。』」索隱曰：「豐，文王所作邑。在鄠縣東，臨豐水，東去鎬二十五里。後武王都鎬，於豐立文王廟。」是也。陳喬樅曰：「伏生《大傳》云：『周公攝政五年，營成周。』《周禮·大司徒》疏引鄭《召誥》注云：『是時周公居攝五年。二月、三月，當爲一月、二月。不云正月者，蓋待治定制禮，乃正言正月故也。』鄭以營雒爲居攝五年，是本伏生爲説。《史記·魯世家》作七年，與伏生《大傳》不同，蓋所傳聞異辭也。劉歆《三統曆》以《召誥》、《雒誥》爲一年内事，《雒誥》是七年致政時事，故亦以《召誥》爲七年也。」案：陳氏之説分明可據。《周本紀》云「作《召誥》、《洛誥》」，是史公亦以《召誥》、《洛誥》爲一時作，與劉歆説同，或參用孔安國古文説與？《大傳》云「營洛，以觀天下之心，然後敢作禮樂」，是營成周塙在制禮樂之先，但建都大事非一時能辦。封康叔爲「四年建侯衛」事，而《康誥》篇首已有「作新大邑于東國洛」之文。鄭注《尚書》訓「基」爲「謀」，是四年已謀作成周，五年始經營，至七年乃告成。《召誥》、《洛誥》二篇或是七年同時所作。《史記》之文亦未必誤，惟太保相宅之年當作五年，不當作七年，史公誤以告成之年爲即經始之年耳。

洛誥

《書》曰：「乃女其悉自學功。」悉，盡也。學，效也。傳曰：當其效功也，於卜洛邑，營成周，改正朔，立宗廟，序祭祀，易犧牲，制禮樂，一統天下，合和四海，二句又見《文選·求自試表》注。而致諸侯，皆莫不依紳端冕以奉祭祀者，【注】紳，大帶也。其下莫不自悉以奉其上者，莫不自悉以奉其祭祀者，此之謂也。盡其天下諸侯之志而效天下諸侯之功也。廟者，貌也。以其貌言之也。二句又見《藝文類聚》三十八《禮部上》。《原本玉篇·广部》引：「廟者，皃也。以其皃言之也。」宫室中度，衣服中制，犧牲中辟，【注】辟，法也。殺者中死，割者中理，搙弁者爲文，【注】搙弁，或作「振」，非。當言「拚帚」。爨竈者有容，椓杙者有數。【注】杙者，繫牲者也。太廟之中，繽乎其猶模繡也。【注】言文章之可觀也。模，所椓文章之範。天下諸侯之悉來，進受命於周而退見文、武之尸者，千七百七十三諸侯，【注】八州，州二百一十國，畿内九十三國，此周所因於殷九州諸侯之數。「天下諸侯」以下，又見《周禮·大司徒》疏、《禮記·王制》正義，並引作《洛誥傳》。又見《通鑑地理通釋》一、《詩考·補遺》。皆莫不磬折，玉音金聲玉色。【注】玉音金聲，言宏殺之調也。二句又見《文選·西都賦》《詠懷詩》《箜篌引》《七啟》《四子講德論》等注。然後周公與升歌而弦文、武。【注】與諸侯升歌文王、武王之德，又以琴瑟播之。諸侯在廟中者，伋然淵其志，和其情，❶【注】伋，讀曰播。播然，變動貌。陳壽祺曰：注「播」當爲「憣」字之誤。愀然若復見文、武之身。然後曰：「嗟子乎！此蓋吾先君文、武之風也夫！」【注】子，成王也。陳壽祺曰：王侍郎伯申《經義述聞》云：「嗟子，猶嗟咨。注釋『子』爲成王，非其義也。」及執俎、抗鼎、執刀、執匕者負廧而歌，憤於其情，發於中而樂節文。【注】卑賤者尚然，而況尊貴者乎？故周人追祖文王而宗武王也。是故《周書》自《大誓》，就《召誥》，而盛於《洛誥》也。故其《書》曰：「揚文、武之德烈，奉對

❶「情」，原作「清」，今據《輯校》卷二改。

天命，和恒萬邦四方民。」是以見之也。孔子曰：「吾於《洛誥》，見周公之德光明于上下，勤施四方，旁作穆穆，至于海表，莫敢不來服，莫敢不來享，以勤文王之鮮光，以揚武王之大訓，而天下大治。」故曰：聖之與聖也，猶規之相周，矩之相襲也。【注】聖，言太祖。《儀禮經傳通解續》二十九《祭義》全引傳、注。末三句又見《文選·皇太子釋奠詩》注。

疏證曰：犧牲殺割之法，詳見《儀禮》。搙，當作「槈」，去草也。弁，即「拚」字。陳喬樅曰：「韋昭《魯語》注云：『周公初時，祖后稷而宗文王。至武王，雖承文王之業，有伐紂定天下之功，其廟不可以毀。故先推后稷以配天，而後更祖文王而宗武王。』韋昭所述，亦本今文家《尚書》説，故與《大傳》合。據《大傳》言，『周人追祖文王而宗武王』，引此經『揚文、武之德烈』者，即謂『祖文王而宗武王』也。周公此時功成治定，制禮作樂，故成王稱公德以贊美之。言公保予沖子安受其成，予沖子惟夙夜毖慎其祭祀而已。」又引《漢書·王莽傳》：「周公居攝，郊祀后稷以配天，宗祀文王於明堂以配上帝，是以四海之内各以其職來助祭，蓋諸侯千八百矣。」曰：「周公治定制禮，追祖文王而宗武王，而《王莽傳》仍言『宗文王』者，蓋公雖已制禮，於時未用，俟成王即政而後始行之。觀此經下文『王曰：四方迪亂，未定于宗禮』，謂四方雖進於治，而尚未定宗祀之禮也。篇末云：『王在新邑，烝祭歲，文王騂牛一，武王騂牛一。』乃是改殷禮而行周禮。周尚赤，故用騂牛，此與《召誥》『用牲于郊，牛二』、『社于新邑，牛一、羊一、豕一』牛不言『騂』者文異。然則祖文王而宗武王，在成王即政後舉行此禮益明矣。」又引《大戴禮·公符》篇迎日東郊辭曰：「明光於上下，勤施於四方，旁作穆穆。」曰：「據《大戴禮》，則知此三句古有是語，而成王以之贊美周公，謂公德如日月之照臨也。《書傳·略説》載迎日之辭，文與《大戴禮》同。」案：陳氏申傳説詳明可據。傳云「改正朔」，見前引《召誥》「二月」鄭注。「立宗廟」，即《周書·作雒解》「宗宫」、「考宫」。洛邑雖不備七廟之制，當别立文、武廟。或謂洛邑止有明堂，無文、武廟，傳云「宗廟」即是「明堂」。宗廟不得與明堂爲一，其説非也。「序祭祀」，即祖文宗武事。此經所云「宗禮」、

「易犧牲」，即陳氏所云騂牛尚赤之義也。注以千七百七十三諸侯爲周因於殷者，《王制》「凡九州，千七百七十三國」，注曰：「《春秋傳》云：『禹會諸侯於塗山，執玉帛者萬國。』言執玉帛，則是惟謂中國耳。中國而言萬國，則是諸侯之地有方百里、有方七十里、有方五十里者，禹承堯、舜而然矣。要服之内，地方七千里，乃能容之。夏末既衰，夷狄内侵，諸侯相并，土地減，國數少。殷湯承之，更制中國方三千里之界，亦分爲九州，而建此千七百七十三國焉。周公復唐、虞之舊域，分其五服爲九，其要服之内，亦方七千里，而因殷諸侯之數，廣其土、增其爵耳。《孝經説》曰：『周千八百諸侯，布列五千里内。』此文改周之法，關盛衰之中、三七之間以爲説也。」正義引此傳云云，曰：「其數與此同，是周因殷諸侯之數也。按《大司徒》『公五百里，侯四百里』，與此公、侯百里，是廣其土也。殷爵三等，周爵五等，是增其爵耳。云『《孝經説》』者，此《孝經緯》文。云『千八百』者，舉成數，其實亦千七百七十三諸侯也。云『此文改周之法，關盛衰之中、三七之間以爲説也』者，『此文』謂此《孝經緯》文；『改周之法』，謂改周公盛時之法；『盛』謂地方七千里，『衰』謂地方三千里，故云『關盛衰之中、三七之間』。若指文言之，『盛』謂周公制禮太平時也，『衰』謂夏末殷初之時也，『盛衰之中』謂武王時也。若以當代言之，『衰』謂周末幽、厲之時，與夏末同；『盛衰之中』謂昭王、恭王之時，與武王同。」又引《異義》：「《公羊》説『周千八百諸侯』。」「準《王制》千七百七十三國，而言周千八百者，舉其全數。」按：《王制》注、疏極詳明。《王制》、《孝經》、《公羊》皆今文，故皆與《大傳》義合。

祭者，察也，至也。言人事至於神也。唐王涇《大唐郊祀録》卷一注。

祭之爲言察也。察者，至也。至者，人事至也。人事至然後祭。祭者，薦也。薦之爲言在也。在也者，在其道也。【注】《禮志》曰：「齋之日，思其居處，思其笑語，思其志意，思其所樂，思其所耆。齋三日，乃見其所爲齋者。祭之日，入室，僾然必有見乎其位；周旋出户，肅然必有聞乎其容聲；出户而聽，愾然必有聞乎其歎息之聲。」是之謂至。《禮志》曰：「君子生則敬養，

死則敬饗，思終身不忘。」是之謂在其道。《御覽》五百二十四《禮儀部三》引《尚書大傳・周傳》全。又《儀禮經傳通解續・祭義》全引傳、注。又《藝文類聚・禮部上》。

疏證曰：《穀梁傳》曰：「祭者，薦其時也，薦其敬也，薦其美也，非享味也。」《春秋繁露》曰：「祭之爲言際也與察也。」與傳義近。《廣雅・釋詁一》：「察，至也。」是「察」有「至」義。「在」亦訓「察」，《爾雅・釋詁》、《書・舜典》「在璿璣玉衡」傳、《詩・文王》「在帝左右」箋、《周書・大聚》「王親在之」注、《漢書・郊祀志上》《司馬相如傳下》集注、《文選》謝靈運《戲馬臺集詩》注引《莊子》司馬注皆云：「在，察也。」

夏后氏逆於廟庭，殷人逆於堂，周人逆於户。《公羊傳》隱二年疏。

疏證曰：《公羊》隱二年傳「譏始不親迎也」，何氏解詁曰：「禮所以必親迎者，所以示男先女也。於廟者，告本也。夏后氏逆於庭，殷人逆於堂，周人逆於户。」疏引此傳云云，蓋何氏即本此傳。《春秋繁露・三代改制質文》篇曰：「三正以黑統，昏禮逆於庭。正白統者，昏禮逆於堂。正赤統者，昏禮逆於户。」與此傳義合，亦何氏所本也。《通典・嘉禮三》曰：「遂皇始有夫婦之道。伏羲制嫁娶，以儷皮爲禮。五帝馭時，娶必告父母。夏后氏親迎於庭，殷於堂。周制男女之歲，定婚姻之時，親迎于户。」注引何休曰：「後代漸文，而迎於户，示其親。」《白虎通・嫁娶》篇引《昏禮經》曰：「賓升，北面，奠雁，再拜稽首，降，出。婦從房中，降自西階。壻御婦車，授綏。」較今本《士昏禮》多「房中」二字，蓋此時奠雁在房户之外，當楣北面也。《說苑・修文》篇曰：「女拜，乃親引其手，授夫乎户，夫引手出户。夫行女從，拜辭父於堂，拜諸母於大門。」此「逆於户」之明證。陳本三「逆」字皆作「迎」，誤。今據《公羊疏》更正。吴中本作「逆」，不誤。

周公攝政，一年救亂，二年克殷，【注】誅管、蔡及禄父等也。《毛詩・邶鄘衛譜》正義。**三年踐奄，四年建侯衛，五年營成周，六年制禮作樂，七年致政成王。**《隋書・李德林傳》。又《通鑑外紀》卷三。又《尚書・康誥》正義，《毛詩・邶鄘衛譜》、《豳風》

《王城》《周頌譜》、《清廟序》等正義，《周禮・序官》疏，《禮記・明堂位》正義，《通鑑前編・成王五年》，《通志》，《詩地理考》，並分引。

疏證曰：傳云「二年克殷」者，即《金縢》所云「居東二年，罪人斯得」也。鄭不以「居東」爲「東征」，與傳異義。而此注循文爲解，不復置辨者，蓋傳以爲武王崩，周公即攝政，攝政二年克殷；鄭則以爲周公避居東都三年，歸乃攝政，攝政二年克殷。說似同而實異，故鄭亦依違其詞。鄭義本於《異義》所引古《尚書》說，蓋出自衛、賈諸人，西漢以前初無此說。《逸周書》、《史記・周本紀》《魯世家》敘述皆甚明，未有避居之事；毛傳是古文說，亦不言避居，皆與伏生義同，東漢古文說非也。《大傳》不言周公踐阼稱王，而前《金縢》篇云「周公身居位，聽天下爲政」，居位即攝王位。魏源力辨公無攝王之事，謂《大傳》但言攝政，未嘗言踐阼，則亦未考《金縢》「身居位」之文耳。

伯禽封於魯，周公曰：「於乎！吾與女族倫。吾，文王之爲子也，武王之爲弟也，今王之爲叔父也。吾於天下豈卑賤也？豈乏士也？所執質而見者十二，委質而相見者三十，其未執質之士百。我欲盡智得情者千人，而吾僅得三人焉，案：千，一本作「十」。以正吾身，以定天下。是以敬其見者，則隱者出矣。謹諸！乃以魯而驕人，可哉？尸祿之士，猶可驕也。正身之士，去貴而爲賤，去富而爲貧，面目黧黑而不失其所，是以文不滅而章不敗也。慎諸！女乃以魯國而驕，豈可哉！」《通鑑前編・成王元年》。又《外紀》。【注】贄者，所執以至也。君子見於所尊敬，必執贄以將其厚意也。十人，公卿之中也。三十人，群大夫之中也。百人，群士之中也。《荀子・堯問篇》楊倞注引「鄭注云」。❶

疏證曰：陳壽祺曰：《荀子》注引鄭注作「十人」，則《前編》引傳作「十二」誤。

錫瑞案：盧本以此入《洛誥》，蓋以爲「王命周公

❶「篇」，原作「編」，今據《輯校》卷二改。

後」之傳也。陳本移入《梓材》，則誤信金仁山，以《梓材》爲周公教伯禽之書。辨見《梓材》篇。此文從盧本，仍入《洛誥》。又案：「今王」，當從《荀子》作「成王」。楊倞注《荀子》云：「周公先成王薨，未宜知成王之謚。此云『成王』，乃後人所加。」楊倞不知成王是生號，故有此疑。淺人惑於其説，並妄改此傳耳。傳與《荀子》大同，蓋即本之《荀子》。《韓詩外傳》曰：「成王封伯禽於魯，周公誡之曰：『往矣，子無以魯國驕士。吾，文王之子，武王之弟，成王之叔父也。』」亦稱「成王」。《説苑·敬慎》篇作「今王」，亦淺人改。

是其好自用也，以斂益之也。《荀子·堯問篇》注。曲阜孔廣林曰：楊倞注《荀子·堯問篇》「彼其好自用」句，云《大傳》作「是其好自用也」云云，而《通鑑前編》所載無之。蓋《前編》止取後文，未經全載，當以《荀子》文參考。

【附】《荀子·堯問篇》：伯禽將歸於魯，周公謂伯禽之傳曰：「女將行，盍志而子美德乎？」對曰：「其爲人寬，好自用，以慎，此三者其美德已。」周公曰：「嗚乎！以人惡爲美德乎！君子好以道德，故其民歸道。彼其寬也，出無辨矣，女又美之。彼其好自用也，是所以窶小也。君子力如牛，不與牛爭力；走如馬，不與馬爭走；知如士，不與士爭知。彼爭者，均者之氣也，女又美之。彼其慎也，是其所以淺也。聞之曰：無越踰不見士。見士問曰：『無乃不察乎？』不聞，即物少至，少至則淺。彼淺者，賤人之道也，女又美之。吾語女：我，文王之爲子，武王之爲弟，成王之爲叔父。吾於天下不賤矣。然而吾所執贄而見者十人，還贄而相見者三十人，貌執之士百有餘人，欲言而請畢事者千有餘人，於是吾僅得三士焉，以正吾身，以定天下。吾所以得三士者，亡於十人與三十人中，乃在百人與千人之中。故上士吾薄爲之貌，下士吾厚爲之貌。人人皆以我爲越踰好士，然故士至，士至而後見物，見物然後知是非之所在。戒之哉！女以魯國驕人，幾矣！夫仰禄之士猶可驕也，正身之士不可驕也。彼正身之士，舍貴而爲賤，舍富而爲貧，舍佚而爲勞，顔色黎黑而不失其所以，是以天下之紀不息，文章不廢也。」

尚書大傳疏證卷六

善化皮錫瑞

多士

古者百里之國，三十里之遂，二十里之郊，九里之城，三里之宮。七十里之國，二十里之遂，九里之郊，三里之城，一里之宮。五十里之國，九里之遂，三里之郊，一里之城，以城爲宮。遂、郊之門執禁，以譏異服，譏異言。【注】玄或疑焉。《周禮·匠人》「營國方九里」，謂天子城也。今大國九里，則與天子同。《春秋傳》曰：「中五之一，小九之一。」以此推説，小國大都之城方百步，中都之城六十步，小都之城三十二步三分之一，非也。然則大國七里之城，次國五里之城，小國三里之城焉，爲近可也。或者天子實十二里之城，諸侯大國九里，次國七里，小國五里。

《儀禮經傳通解·王制之己集傳集注三十三》全引傳、注，傳末十三字或誤入注，非。又《禮書》二十四引傳至「以城爲宮」止，引注至末，中有脱文。又《禮記·王制》正義節引，云「伏生《多士傳》文」。又《毛詩·文王有聲》正義、《周禮·典命》疏、《左傳》隱元年正義並節引傳、注。《周禮疏》引作《無逸傳》，誤。又見《通典》五十三。

疏證曰：《禮記·王制》鄭注引此傳文，正義曰：「所引《書傳》者，伏生《多士傳》文。假令百里之國，國城居中，面有五十里，二十里置郊，郊外仍有三十里。七十里之國，國城居中，面有三十五里，九里置郊，郊外仍有二十六里。五十里之國，國城居中，面有二十五里，三里置郊，郊外仍有二十二里。此皆以四里爲差。此經『小學在公宮南之左，大學在郊』，既是殷制，故引《書傳》郊之所在以明之。若周制，則《司馬法》云：『百里郊，天子畿内方千里。』百里爲郊，則諸侯之郊，皆計竟大小。故《聘禮》注云：『遠郊，上公五十里，侯、伯三十里，子、男十里。近郊，各半之。』鄭必知近郊半遠郊者。按《書序》云：『命君陳分正東郊成周。』注云：『東郊，周之近郊也。』蓋五十里，今河南、洛陽相去則然。以天子近郊半遠郊，則知諸侯近郊皆半遠郊也。」案：孔疏分别甚明。然此是《周傳》，非必殷制，蓋伏生之義與鄭君不必盡同也。又案：《周官·典命》：「上公九命，侯、伯七命，子、男五命。其國家、宫室以九、以七、以五爲節。」注云：「公之城蓋方九里，宫方九百步。侯、伯之城蓋方七里，宫方七百步。子、男之城蓋方五里，宫方五百步。」《詩·文王有聲》箋、《禮·坊記》注義與此同。鄭又云：「鄭伯之城，方七里，大都三之一，方七百步，實過百雉矣。而云都城不過百雉，舉子、男小國之大都以駮京城之大，其實鄭之大都過百雉矣。」皆主天子城十二里而言。而《駮異義》則云：「公七里，侯五里，子、男三里。」準此，天子之城九里也。孔疏、賈疏皆謂鄭兩解不定。今按《周書·作雒解》曰：「作大邑成周於土中，立城方千七百二十丈。」計每五步得三丈，每百八十丈得一里，以九乘之，千六百二十丈，與天子之城九里合。《左氏傳》曰：「都城過百雉，國之害也。」百雉，方一里三分里之二，五百步。三乘之爲方五里。鄭爲伯爵，與侯、伯之城五里合。則鄭兩説當以前説爲是。而《大傳》之義與鄭兩説不同者，《周官》、《左氏傳》皆古文，若今文别有師承，其言城制必有所據，不能與古文强合。陳奂《毛詩傳疏》引《周禮·典命》鄭注，謂「以開方計之，與《書大傳》同」。今不知其開方之法若何，未得其説，不敢傅會。陳氏又謂：「一里之城，以城爲宫，其宫四面皆屬城。三里之城，其宫南面屬城，三面不屬城。九里之城，其宫室四面有牆，四面不屬城。《説文》：『古者城缺其南方，謂之𩫖。』《公羊傳》所謂『諸侯軒城』也。」案：陳氏推傳文以城爲宫之制，近是；而傳會臯門、郭門，則失之。

天子之堂廣九雉，三分其廣，以二爲内，五分内，以一爲高。東房、西房、北堂各三雉。以上又見《禮記·明堂位》正義，引作《多士傳》。公、侯七雉，三分其廣，以二爲内，五分内，以一爲高。東房、西房、北堂各二雉。伯、子、男五雉，三分其廣，以二爲内，五分内，以一爲高。東房、西房、北堂各一雉。士三雉，三分其廣，以二爲内，五分内，以一爲高。有室，無房、堂。自首至此，又見《儀禮釋宮》注。【注】廣，榮間相去也。雉長三丈。内，堂東、西序之内也。高，穹高也。今《士禮》有房，此云無房、堂也。其桷，天子斲其材而礱之，加密石焉。二句又見《毛詩·閟宫》正義。《禮記》本脱「其材而礱加密石焉」八字，今補。大夫達稜，士首本，庶人到加。【注】礱，礪之也。密石，砥之也。稜，菱也。天子賁庸，【注】賁，大也。牆謂之庸。大牆，正直之牆。「天子賁庸」至此傳、注，又見《初學記》二十四《居處部》、《太平御覽》百八十七《居處部十五》節引，注末句並作「大牆，正直也」。諸侯疏杼，【注】疏猶衰也。杼，亦牆也。言衰殺其上下，不得正直。大夫有石材，【注】柱下礩也。《御覽》百八十八《居處部十六》引注，「柱」上多「石材」二字，應補。庶人有石承。【注】當柱下而已，不外出爲飾也。《御覽·居處部十六》引注，「當」上多「石承」二字，應補。自首「天子之堂」至末傳、注，《禮書》四十三全引。又《朱子文集》亦引《多士傳》。錫瑞案：陸佃《陶山集》引《尚書大傳》曰：「天子之桷，斲之礱之，加密石焉。」注謂：「礱，礪也。」又「《大傳》曰：天子賁墉」，注謂「賁，大也。牆謂之墉。大牆，正直之牆。不衰殺其上」。又「《大傳》曰：諸侯疏序」，注謂「序，牆也。於上爲疏。疏，牕也」。又「《大傳》曰：士、大夫有石材，庶人有石承」，注謂「石材，柱下礩也。石承，當柱下而已，不外出爲飾」。傳、注文皆略異。

疏證曰：陳壽祺曰：《漢書·鼂錯傳》「家有一堂二内」，張晏注：「二内，二房也。」《論衡·别通篇》：「富人之宅，以一丈之地爲内。貧人之宅，亦以一丈爲内。」此與《大傳》説「内」之義甚明。王伯申侍郎《經義述聞》曰：《詩·唐風·山有樞》篇「子有廷内」，《大雅·抑》篇「灑埽廷内」，廷謂中廷，内謂堂與室也。《周官·寺人》「王之正内五人」，《夏小正》「傳曰：燕操泥而就家，入人内」，此皆兼堂、室而言之者也。《尚書大傳》「天子堂廣九雉，三分其廣，以二爲内，五分其内，以一爲高」，《漢書·鼂錯傳》「家有一堂二内」，《史記·封禪書》「有芝生殿房内中」，《續·

外戚世家》「女亡匿内中牀下」，《論衡》以一丈之地爲内，《吉驗篇》曰：「光武帝生於濟陽宫後殿第二内中」，此皆專指室而言之者也。又曰：《禮記・禮器》鄭注「宫室之飾，士首本，大夫達稜，諸侯斲而礱之，天子加密石焉」，正義引《禮緯含文嘉》云：「大夫達稜，謂斲爲四稜，以達兩端。士首本者，士斲去木之首本，令細與尾頭相應。」《尚書大傳》所言「天子斲其材而礱之」云云，本之《國語・晉語》，又與《禮緯》合也。然鄭君注《大傳》以「菱」訓「棱」，與孔異義。案《大傳》「庶人到加」，「到」，古「倒」字；「加」當爲「茄」。《爾雅》「荷，芙蕖。其莖茄，其本蔤」，《文選・西京賦》曰「蔕倒茄於藻井，披紅葩之狎獵」，《魯靈光殿賦》曰「圓淵方井，反植荷渠」，《景福殿賦》曰「茄蔤倒植，吐被芙蕖」，❶《魏都賦》曰「綺井列疏以懸蔕，華蓮垂葩而倒披」，李善引薛綜《西京賦舊注》曰：「以其莖倒植於藻井，其華下向倒披。」又引《風俗通》曰：「今殿作天井。井者，東井之象也。」《淮南子・本經訓》「木巧之飾，菱杼紾抱」，高誘注「菱，芰。❷杼，采實。紾，戾也。抱，轉也」，皆壯采相銜貌也。案「抱」當爲「軳」，《廣雅》：「軫軳，轉戾也。」《淮南子》又曰「橑檐榱題，雕琢刻鏤，喬枝菱阿，夫容芰荷，五采争勝，流漫陸離」，高誘注：「阿，曲屋。夫容，蕅華也。芰，菱角交菭也。荷，芙蕖也。」據此，達菱、倒茄爲一類，皆宫室之飾。殿作天井，以象東井。菱、茄，水中之物，所以示厭火。天子宫殿施於藻井，大夫以下惟施於桷而已，庶人無垂葩之飾也。《書》傳、注義自可通。又案：《漢書・楊雄傳》「反離騷」注，師古曰：「茄，亦『荷』字，見張揖《古今字詁》。」

錫瑞案：王伯申解《詩》「廷内」之「内」爲堂室，甚塙；解此傳文之「内」爲室，似未必然。傳云：「天子之堂廣九雉，三分其廣，以二爲内。」又云：「東房、西房、北堂各三雉。」三者「各三雉」，與「廣九雉」之文正合。蓋雖不言室，而室在内，室亦當爲三雉。若内即是室，三分堂之廣，以二爲室，室當有六雉，東、西房各止一雉半，與「東房、西房、北堂各三雉」之文不合矣。凡言尺度者，皆廣、高、深三者並舉，此言廣、

❶「被」，原作「彼」，今據《輯校》卷二改。

❷「芰」，原脱，《輯校》原文如此，今據景鈔北宋本《淮南鴻烈解》卷八補。

高而不及深，蓋内即是深。三分九雉之廣以爲深，則堂深六雉。五分六雉之深，以一爲高，則堂高一雉又六尺也。張惠言《儀禮圖》引《大傳》文，作東房、西房、北堂圖，以東、西序之内爲内，云内六雉，序外各一雉半。其解「内」字用鄭注文，似亦未塙。張《圖》又據《大傳》「南北七雉」之文，謂堂深四雉，室三雉，東、西室亦三雉，兼北堂在内。案：《大傳》云：「路寢東西九雉，南北七雉。」東西、南北文義一律，則九雉、七雉專言路寢之堂廣、深之度，不應七雉兼房、室言之。且傳明云：「東房、西房、北堂各三雉。」今張《圖》既變廣爲深，亦應東西房、北堂各深三雉，乃與傳文比附。《圖》乃截東、西房之半以爲北堂，則東西房、北堂各止一雉半，合之乃深三雉，與傳文「各三雉」大相背戾矣。張氏引《大傳》云云，曰：「天子、諸侯東房、西房、北堂，蓋人君東、西房皆有北堂，唯有北堂，故夫人得由北階而入房中。房雖有二，其下北階止一，故夫人奔喪入自闈門，升自側階。」案：張《圖》東房、西房之後皆有北堂，惟東房、北堂有側階，西房無之，與《大傳》之文亦未合。《大傳》云：「堂廣九雉，東房、西房、北堂各三雉。」明是三者並列，各得三雉，北堂當在室後，不在東、西房後。堂之後爲室，室之後爲北堂，如後世所謂後堂與前堂之向南者，南北相對，故有北堂之稱。《大傳》以東西房、北堂三者並舉，各廣三雉，則九雉之數已合，故言北堂而略室也。北堂止有一，非有二，側階亦止有一。側猶特也，無偶曰特，當如《士冠禮》「側尊」、《曲禮》「側席」之義。前堂有東階、西階，而北堂止一階，故曰側階。《襍記》注云：「側階，亦旁階也。」其説蓋誤。張《圖》有二北堂，夫前堂止一，而後堂乃有二，殊非制度，與《大傳》尤不相符。且有二北堂，止一側階，西房之北堂無階，則堂無以升矣。虚設北堂，將何爲乎？鄒漢勛云：「廣兩序相出，修序内端至堂廉基，正方四堂如一。三分堂之都廣，以二爲兩序間。《尚書大傳》宮室之率悉如此。」今考其圖，雖知以北堂正置室後，而誤信路寢、明堂同制之説，以室爲大室，非是。其據《大傳》推公、侯以下之制，以雉爲五丈，圖皆未可據也。傳云：「公、侯七雉，東房、西房、北堂各二雉。子、男五雉，東房、西房、北堂各一雉。」蓋皆舉其大凡而略其細數。實當云：公、侯東西房、北堂各二雉又一丈，子、男東西房、北堂各一雉又二丈也。「士有室，無房、堂。」張皋文據傳作《圖》，有三室，云：「士於堂後爲三室，不爲房、堂，非止有一室也。禮文殘缺，所傳不與經合，或當云『無右房、堂』。鄭不知右房有堂，故不能定其脱字也。」案：右房本無堂，張氏説亦非是。傳文「有室」之「有」字，或當爲「右」。右室無房，即鄭君「大夫東房、西室」之義，「堂」字或是衍文。傳自天子至士，九、七、五、三，堂之廣降殺以兩，獨不言大夫者，蓋舉下，以爲稱大夫之制與士等也。傳文「其桷」云云者，《國語・晉語》曰：「天子之室，斲其椽而礱之，加密石焉。」注：「密，細密文理。石謂砥也。先粗礱之，加以密砥。」又曰「諸侯礱之」，注：「無密石也。」又曰「大夫斲之」，注：「不礱。」「士首之」，注：「斲其首也。」《穀梁》莊二十四年傳曰：「禮，天子之桷，斲之礱之，加密石焉。諸侯之桷，斲之礱之。大夫斲之。士首本。」《公羊》何氏解詁曰：「禮，天子斲而礱之，加密石焉。諸侯斲而礱之，不加密石。大夫斲之。士首本。」《説文・石部》「礱」云：「天子之桷，椓而礱之。」段注：「椓，當作『斲』。」《鹽鐵論・散不足》篇曰：「及其後世，采椽不斲，茅茨不翦，無斲削之事，磨礱之功。大夫達稜楹。士穎首。庶人斧成木構而已。」皆與傳文義合。

周人路寢，東西九雉，南北七雉，室居二雉。

《考工記・匠人》疏引「《書傳》云」。

疏證曰：《匠人》疏引《書傳》云云，曰：「則三室之外，南北各有半雉，雉長三丈，則各有一丈五尺，足容殯矣。」張惠言《儀禮圖》引《大傳》「天子之堂廣九雉」云云及此傳文，謂「蓋互相備，特以三雉爲二雉耳」。案：傳云：「三分其廣，以二爲内。」南北當深六雉，與此云七雉不合者，蓋「三分其廣，以二爲内」，亦舉其大凡，而未詳細數也。「室居二雉」，當承七雉之文言之，是言其深，非言其廣，與東西房、北堂三雉之言廣者初不相背。焦循《群經宮室圖・宮圖一》曰：「自應門至路門，自路門至路寢之階，各百步可見，是三朝各方一夫之地也。伏生《書大傳》云：『路寢之制，南北七雉，東西九雉。』七雉得三十五步，田曹云六尺爲步。廷深三倍，《聘禮》注云：「中廷者，南北之中也。設碑近如堂深。」《士昏禮》疏云：「碑在堂下，三分庭之一，在北。」當得百□五步，亦合也。」又《宮圖六》曰：「依《書大傳》路寢之制言之，堂修七雉，則門堂修二十三步二尺，堂廣九雉，則門堂廣三十步也。」《匠人》疏引《書傳》壖實可據，張惠言、焦循皆依以考經。陳氏輯本遺此條，今從吴中本增入。《匠人》疏不言何篇之傳，吴中本列《補遺》，今以此傳與《多士傳》相類，故坿之於後。

古者后夫人將侍君，前息燭，後舉燭。至於房中，釋朝服，襲燕服，然後入御。史奏雞鳴於階下，然後夫人鳴佩玉於房中，告去也，然後擊柝告闢也，然後少師奏質明於陛下，然後夫人入庭立，❶君出朝。【注】奏猶白也。階，陛也。應門，朝門也。闢，啟也。質，正也。《太平御覽·皇親部一》引《尚書大傳》。又《毛詩·雞鳴》正義節引。

疏證曰：《毛詩·雞鳴》正義曰：「《書傳》説夫人御於君所之禮云：『太師奏雞鳴於階下，夫人鳴佩玉於房中，告去。』則雞鳴以告，當待太師告之。❷然此夫人自聽雞鳴者，彼言告御之正法，有司當以時告君。此説夫人相警戒，不必待告方起，故自聽之也。」錫瑞案：孔疏所引《書傳》與《御覽》所引塙是伏書，而不言是何篇之傳。吴中本列《多士傳》。陳壽祺《尚書大傳定本序》有「后夫人入御」之語，輯本遺之，今從吴中本補入。《列女·周宣姜后傳》曰：「夫禮，后夫人御於君，以燭進，至於君所，滅燭，適房中，脱朝服，衣褻服，然後進御於君。雞鳴，樂師擊鼓以告旦，后夫人鳴佩而去。」亦與傳合。傳云「釋朝服，襲燕服」者，《周禮·天官·内司服》鄭注差次服之所用云：「展衣，以禮見王及賓客之服。褖衣，御於王之服。」又《追師》「掌王后之首服，爲副、編、次」，注云：「次，次第髮長短爲之，服之以見王。王后之燕居，亦纚笄總而已。」據鄭義推之，則朝服當爲展衣，燕服當爲褖衣，其首服皆當服次矣。展衣色白，與皮弁素積之色相應。天子朝服皮弁，故后朝服當爲展衣也。云「應門擊柝」者，《後漢書·顯宗紀》永平八年詔曰：「昔應門失守，《關雎》刺世。」注云：「《春秋説題辭》曰：『人主不正，應門失守，故歌《關雎》以感之。』宋均注曰：『應門，聽政之處也。』」又引薛君《韓詩章句》：

❶「入」，原無，今據《太平御覽》卷一三五《皇親部一》補。
❷「太」，原無，今據《毛詩·雞鳴》正義補。

「人君退朝，❶入於私宫，后妃御見有度，應門擊柝，鼓人上堂，退反宴處，體安志明。」《韓詩》説用此傳義也。「夫人入庭立，君出朝」者，夫人朝禮有二説。《毛詩・雞鳴》傳曰：「東方明，則夫人纚笄而朝，朝已昌盛，則君聽朝。」箋云：「東方明，朝既昌，亦夫人也，君也，可以朝之常禮。君日出視朝。」正義曰：「《列女傳》：『魯師氏之母齊姜戒其女云：「平旦纚笄而朝，則有君臣之嚴。」』莊二十四年《公羊傳》何休注，其言與《列女傳》亦同。然則古之《書傳》有言夫人纚笄而朝君者，毛當有所依據而言，未必與鄭同也。或以爲夫人纚笄而朝，謂聽治内政。案《列女傳》稱『纚笄而朝，則有君臣之嚴』，謂朝於夫，非自聽朝也。此傳亦云『纚笄而朝』，文與彼同，安得聽内政乎？宫内之政，蓋應寡耳。君於外政尚日出而朝，夫人何當先君之朝而聽内政？且東方始明，君時初起，衆妾皆當朝君，夫人有何可治，而以東方既明便即聽之？傳又言：『朝已昌盛，則君聽朝。』於君言『聽朝』，夫人言『而朝』，足知纚笄而朝君矣。」案：孔疏以爲夫人朝君，非聽朝，此傳言夫人入庭立，不言朝，亦當以爲朝君也。

毋逸 陳壽祺曰：《困學紀聞》卷二云：「高宗亮陰，《大傳》作『梁闇』。」

《書》曰：「高宗梁闇，三年不言。」何謂梁闇也？傳曰：「高宗居倚廬，三年不言，百官總己以聽於冢宰而莫之違。此之謂梁闇。」子張曰：「何謂也？」孔子曰：「古者君薨，王世子聽於冢宰三年，不敢服先王之服、履先王之位而聽焉。以民臣之義，則不可一日無君矣。不可一日無君，猶不可一日無天也。以孝子之隱乎，則孝子三年弗居矣。【注】隱，痛也。字或爲「殷」。故曰：義者彼也，隱者此也。遠彼而近此，則孝子之道備

❶「退」，原作「聽」，今據《後漢書・顯宗孝明帝紀第二》注改。

矣。」《儀禮經傳通解續》十五《喪禮義》引傳，又卷五《喪大記上》引注。

疏證曰：陳壽祺曰：《晉書》二十《禮志》杜預等議喪服云：「至周公旦，乃稱殷之高宗諒闇，三年不言。其傳曰：諒，信也。闇，默也。」預所引《書》字作「諒闇」，則古文《尚書》也。所引傳解「諒闇」與《大傳》異，則古文家説也。《論語》作「諒陰」，集解引孔安國注與預正同。今僞孔《書》傳乃與之合，豈僞孔襲用古文家説與？《禮記》作「諒闇」，鄭注以爲凶廬，從《大傳》義。丁晏《尚書餘論》曰：「今《晉書·禮志》泰始十年，武元楊皇后崩。尚書杜預建議：『古者天子、諸侯三年之喪，始服齊斬，既葬，除喪服，諒闇以居心喪。』杜議引：『高宗諒闇，三年不言。其傳曰：「諒，信也。闇，默也。」稱高宗，不云服喪三年，而云諒闇三年，此釋服心喪之文也。』杜所引傳即古文孔傳也。《左傳》隱元年杜注：『諸侯以上，既葬則縗麻除，無哭位，諒闇終喪。』正義引：『《晉書·杜預傳》曰：「太始十年，元皇后崩。既葬，帝及群臣皆除服，諒闇以居，心喪終制，不與士庶同禮。」杜議引《尚書傳》云：「亮，信也。陰，默也。爲聽於冢宰，信默而不言。」鄭玄以諒陰爲凶廬，杜所不用。』今《晉書·杜預傳》無文。《論語》邢疏引《杜預傳》與孔疏同。又《通典·總論喪期》云：『博士段暢重申杜元凱議：《尚書·毋逸》云：「高宗諒陰，三年不言。」諸儒皆云：「亮陰，默也。」唯鄭玄獨以諒闇爲凶廬。今據諸儒爲正。』又《通典·皇太子爲太后服議》云：『杜亦不自解説，退使博士段暢采典籍爲證。』《左傳疏》謂暢爲預鄉人，然則段暢之議實元凱嗾使爲之，其稱諸儒者，即指僞孔傳文也。特其書尚未通行於時，故或稱傳，或稱諸儒，不指名稱孔氏。」

錫瑞案：丁説是也。陳氏謂僞孔襲用古文家説，然其説僅見於馬季長注，前無所承。史稱王肅善賈、馬之學，不好鄭氏，此肅用馬義駁鄭之一證也。鄭據伏傳，其義最古。《史記》注引鄭《無逸》注，云：『諒闇』轉作『梁闇』，楣謂之梁，闇謂廬也。小乙崩，武丁立，憂喪三年之禮，居倚廬柱楣，不言政事。」《禮記·喪服四制》云：「《書》曰：『高宗諒闇。』」鄭注：「諒，古作『梁』。楣謂之梁。闇，讀如『鶉鵪』之『鵪』，闇謂廬也。廬有梁者，所謂柱楣也。」《儀禮·喪服傳》云：「既虞，翦屏柱楣。」鄭注云：「楣謂之梁。柱楣，所謂梁闇。」又注《既夕》云：「倚木爲廬，在中門外東方，北户。」蓋始喪時倚東壁爲廬，户北向，簷著於地，用草爲屏，不翦。至虞後，乃以楣柱及地之簷，令高，翦其餘，而西向開户。蓋古天子至士，喪禮皆同此制。父母之喪，無貴賤，一也。伏生今文與《禮》經合。自馬氏創爲古文異説，杜預遂以逞其短喪之邪辭，故立説不可不慎也。《白虎通·爵》篇曰：「天子大斂之後稱王者，明民臣不可一日無君也。故《尚書》曰：『王麻冕、黼裳。』此大斂之後也。何以知不從死後加王也？以上迎子釗，不言迎王也。王者既殯而即繼體之位何？緣臣民之心不可一日無君也。故先君不可得見，則後君繼體矣。故《尚書》曰：『王再拜興對，乃受銅瑁。』明爲繼體君也。緣終始之義，一年不可有二君。故《尚書》曰：『王釋冕喪服。』吉冕服，受銅，稱王，以接諸侯。明已繼體爲君也。釋冕，藏銅，反喪服，明未稱王以統事也。《春秋傳》曰『天子三年然後稱王者，謂稱王統事發號令也。』《尚書》曰『高宗諒闇三年』是也。《論語》曰：『君薨，百官總己聽于冢宰三年。』緣孝子之心，則三年不忍當也。故三年除喪，乃即位統事，踐阼爲主，南面朝臣下，稱王以發號令也。故天子、諸侯凡三年即位，終始之義乃備，所以諒闇三年，卒孝子之道。故《論語》曰：『古之人皆然，君薨，百官總己聽于冢宰三年。』所以聽于冢宰三年者何？以爲冢宰職在制國之用，是以由之也。故《王制》曰：『冢宰制國用。』所以名之爲冢宰何？冢者，大也。宰者，制也。大制事也。故《王度記》曰：『天子冢宰一人，爵禄如天子之大夫。』或曰冢宰視卿，《周官》所云也。」《白虎通》用今文《尚書》之説推闡伏義，極爲詳明。《公羊》隱三年「武氏子來求賻」傳：「何以不稱使？當喪，未君也。」注：「當喪，謂天子也。未君者，未三年也，未可居君位稱使也。」文九年「毛伯來求金」傳：「何以不稱使？當喪，未君也。踰年矣，何以謂之未君？以天子三年然後稱王也。」《春秋繁露·玉英》篇曰：「天子三年然後稱王，經禮也。有故，則未三年而稱王，變禮也。康王以子繼父，非有他故而稱王者，史臣之詞也。」是今《春秋公羊》説亦與伏義合。《白虎通》以冢宰爲天子之大夫者，《曲禮》：「天子建天官，先六太，曰太宰。」鄭注以爲殷制。宋承殷後，其六卿之名見於《左氏》文七年、十六年，昭二十二年、哀二十六年者，其目曰：右師、左師、司徒、司馬、司城、司寇，無所謂冢宰也。惟成十六年，於六卿之外，復有向帶爲太宰，列於司寇之下，其非上卿可知。是殷制冢宰當爲天子之大夫，而百官聽之者，蓋以其制國用。《王制》，鄭君以爲多殷制，其義正相合。此言高宗之事，當以殷制解之，不當解爲周之天官。或以僞古文不應襲《論語》「百官總己以聽冢宰」爲疑，蓋未知殷自有冢宰，而非周之冢宰也。

高宗有親喪，居廬三年，然未嘗言國事，而天下無背叛之心者，何也？及其爲太子之時，盡以知天下人民之所好惡，是以雖不言國事也，知天下無背叛之心。《太平御覽》百四十六《皇親部十二》。

疏證曰：《略説》曰：「天子太子年十八曰孟侯。孟侯者，於四方諸侯來朝，迎於郊者，問其所不知也。問之人民之所好惡、土地所生美珍怪異、山川之所有無，及父在時，皆知之。」其義與此傳相發明。傳云：「爲太子之時，盡已知天下人民之所好惡。」正以其爲太子迎諸侯，故能盡知之也。《白虎通·朝聘》篇曰：「朝禮奈何？諸侯將至京師，使人通命于天子。天子遣大夫迎之百里之郊，遣世子迎之五十里之郊矣。」賈公彥《儀禮疏》引《書大傳》太子出迎之文，以爲此異代之制，又引《孝經》鄭注「天子使世子郊迎」，皆異代法，非周制也。然則周以前皆使太子迎諸侯。高宗能知天下之事，即能行諒闇之禮。其後孟侯之制廢，而諒闇之禮亦廢矣。

揜誥

疏證曰：陳壽祺曰：《困學紀聞》云：「《大傳》之序有《揜誥》。」曲阜孔廣林曰：「案百篇無《揜誥》，疑『揜』即『奄』也。成王既踐奄，作《成王政》，《揜誥》其即《成王政》與？」壽祺案：孔君此説甚善，然竟以《毛詩·破斧》正義所引《大傳》「遂踐奄」云云入此篇，恐非。今不從，而以「遂踐奄」以下之文入《金縢傳》「殺公子禄父」下較合。

錫瑞案：陳説是也。成王踐奄，遷其君薄姑，與周公踐奄殺其君不同，並非一事。詳見上《金縢傳》。

周傳

古之帝王者，必立大學、小學，【注】《禮志》曰：「小學在公宮南之左，大學在郊。」使王太子、王子、羣后之子以至公、卿、大夫、元士之適子，十有三年始入小學，見小節焉，踐小義焉；年二十入大學，見大節焉，踐大義焉。故入小學，知父子之道、長幼之序；入大學，知君臣之義、上下之位。小師取小學之賢者登之大學，大師取大學之賢者登之天子，天子以爲左右。【注】天子，當爲「太子」。《禮志》曰：「周公居攝，踐阼而治，亢世子法於伯禽，使之與成王居，欲使成王之知父子、君臣、長幼之義，所以善成王也。」《太平御覽》百四十八《皇親部十二》。又《禮書》四十八、四十九，《御覽》六百十三《學部七》，《大戴禮·保傳》注，《禮記·王制》正義，節引《尚書周傳》，各小異。

疏證曰：陳壽祺曰：《禮記·王制》正義引《尚書·周傳》云「王子，公、卿、大夫、元士之適子，十五入小學，二十入大學」，是《周傳》有此文也。《大戴禮·保傳》注引：「《白虎通》曰：『八歲入小學，十五入大學。』此太子之禮。《尚書大傳》曰：『公、卿之太子，大夫、元士之適子，年十三始入小學，見小節而履小義；年二十入大學，見大節而踐大義。』此世子入學之期也。又曰：『十五入小學，十八入大學。』謂諸子晚成者至十五入小學，其早成者十八入大學。」盧辨此注，分引《書傳》而疏通之，最爲明晰。其《書傳》後一條「十五入小學」云云，《禮記·王制》正義亦引以爲《書傳·略説》文，則與《周傳》兩篇分見審矣。《大戴》注引「公、卿之太子」云云，《御覽·學部七》、《儀禮經傳通解·學制》所引並同，而《王制》正義與《御覽·皇親部》兩引又各異。今從《御覽·皇親部》，而他書異同附識於此。

錫瑞案：《大戴禮·保傳》篇曰：「古者年八歲而出就外舍，學小藝焉，履小節焉；束髮而就大學，學大藝焉，履大節焉。」注：「小學，謂虎門，師保之學也。

大學，王宮之東者。束髮，謂成童。」《白虎通》曰「八歲入小學，十五入大學」是也。此太子之禮。《尚書大傳》曰：「公、卿之太子，大夫、元士嫡子，年十三始入小學，見小節而踐小義；年二十入大學，見大節而踐大義。」此世子入學之期也。又曰：「『十五年入小學，十八入大學』者，謂諸子姓晚成者至十五入小學，其早成者十八入大學。」《公羊》僖十年傳注：「禮，諸侯之子八歲受之少傅，教之以小學，業小道焉，履小節焉；十五受太傅，教之以大學，業大道焉，履大節焉。」《賈子·容經》曰：「古者年九歲入就小學，蹍小節焉，業小道焉；束髮就大學，蹍大節焉，業大道焉。」《白虎通·辟雍》篇曰：「古者所以年十五入大學何？以爲八歲毀齒，始有識知，入學學書計。七八十五，陰陽備，故十五成童志明，入大學，學經術。」《漢書·食貨志》：「八歲入小學，學六甲、五方、書計之事，始知室家長幼之節。十五入大學，學先聖禮樂，而知朝廷君臣之禮。」案：諸家説入學之年，皆與《大傳》不合，或是天子太子、諸侯世子之禮與公、卿、大夫適子不同。《後漢書·楊終傳》曰：「禮制，人君之子八歲爲置少傅，教之書計，以開其明；十五置太傅，教之經典，以道其志。」此人君之子入學較早之證也。《禮記·内則》曰：「十有三年，學樂，誦《詩》，舞《勺》；成童，舞《象》；二十而冠，始學禮。」下云「四十始仕」、「五十命爲大夫」，則此制通大夫、士言之。傳云：「十三年入小學，二十入大學。」與《内則》所云年數相符，蓋亦舉公、卿、大夫、元士適子而言，故與諸書言天子、諸侯之制異也。「太子以爲左右」，可爲《虞夏傳》「舜爲左右」、《大誓傳》「左右小子」之證，説見前。又案：鄭注引《禮志》「小學在公宮南之左，大學在郊」者，乃《禮記·王制》文。鄭注《王制》云「此小學、大學，殷之制」，而此復引以解《周傳》，則鄭君亦不堅持殷制之説矣。考公宮南之小學，即周師氏、保氏門闈之學，當爲歷代通制。盧辨注《大戴禮》曰「小學，謂虎門，師保之學也」，其説最塙。曰「大學，王宮之東者」，則沿誤。公宮南之小學，與鄉學絶不相涉。蓋此小學爲王太子、王子、群后之太子、公卿大夫元士之適子所入，故在公宮南之左。鄉學爲凡民之俊秀所入，故在各鄉。及其學成之後，則入公宮南小學者、入各鄉小學者，皆可登於大學。蓋大學即辟雍，與明堂、靈臺同處。又有沼、有囿，自應在郊。此三代所同，而實本於五帝。《大傳》曰「俘張辟雍」，是虞時已有辟雍之證。《諱詩》說：「辟雍者，天子之學。在南方七里之內，立明堂於中。」《孝經援神契》：「明堂在國之陽，三里之外，七里之內。」然則辟雍、大學與明堂同處，皆在南郊。《王制》曰「大學在郊」，此古天子通制，非獨殷制爲然。《王制》多與《大傳》合，傳義亦當以大學爲在郊矣。大學止一，而小學有二。說者多以公宮南之小學與各鄉之小學掍而爲一，遂至轇轕不明。鄭君泥於《王制》「養老」之文，必謂四代質文相變，亦未敢據爲塙解也。

使公、卿之太子，大夫、元士之適子，十有三年始入小學，見小節焉，踐小義焉；年二十入大學，見大節焉，踐大義焉。故入小學知父子之道、長幼之序，入大學知君臣之義、上下之位。故爲君則君，爲臣則臣，❶爲父則父，爲子則子。《儀禮經傳通解》卷九《學制第十六》引，多末十六字。

疏證曰：此專舉公、卿、大夫、元士言之，可見人君之子入學較早矣。前兼王太子、王子、群后之子而言，蓋舉其大概，未及分別，其實不當兼人君之子言之。故《大戴禮》注引《大傳》，但云「公、卿、大夫、元士之子」也。明乎此，則知伏義與《大戴》、《公羊》初不相背，蓋各舉其一言之，故年數不合耳。

多方

古者十税一。多於十税一，謂之大桀、小桀。少於十税一，謂之大貊、小貊。王者十一而税，而頌聲作矣。故《書》曰：「越維有胥賦小大多政。」《困學紀聞》卷二。又《文選·報孫會宗書》注引「王者什一而税」。

疏證曰：此以大桀、小桀、大貊、小貊解《多方》「大」、「小」二字。政者，正也。大、小各得其正也。江聲曰：「胥，繇役。繇役亦賦也，故曰胥賦。蓋胥賦即税。正，即謂什一中正，謂胥賦之輕重一本於中

❶「則」下，原衍「爲」字，今據《輯校》卷二刪。

正，小之不致爲小桀、小貊，大之不致爲大桀、大貊。」孫星衍曰：「胥者，《周禮·天官·序官》云：『胥十有二人，徒百有二十人。』注云：『此民給繇役者。』是給繇役者有胥名。賦者，《周禮·大司馬》云：『凡令賦，以地與民制之。上地，食者參之二，其民可用者家三人；中地，食者半，其民可用者二家五人；下地，食者叁之一，其民可用者家二人。』是繇役亦賦也。」

錫瑞案：江、孫二説是也。《公羊》宣十五年傳曰：「古者什一而藉。古者曷爲什一而藉？什一者，天下之中正也。多乎什一，大桀、小桀。寡乎什一，大貉、小貉。什一者，天下之中正也。什一行而頌聲作矣。」何氏解詁曰：「什一以借民力，以什與民，自取其一爲公田。奢泰多取於民，比於桀也。蠻貉無社稷、宗廟、百官制度之費，税薄。頌聲者，太平歌頌之聲，帝王之高致也。」徐疏曰：「若十取四、五，則爲桀之大貪；若取二、三，則爲桀之小貪。故曰『多乎什一，大桀、小桀』。若十四、五乃取其一，則爲大貉行；若十二、十三乃取一，則爲小貉行。故曰『寡於什一，則大貉、小貉』也。」《公羊》與伏生皆齊學，用今文説，故其義同。《孟子》曰：「欲重之於堯、舜之道者，大桀、小桀也；欲輕之於堯、舜之道者，大貉、小貉也。」趙岐注曰：「今欲輕之，二十而税一者，夷貉爲大貉，子爲小貉也；欲重之，過什一，則夏桀爲大桀，而子爲之小桀也。」趙注與徐疏義異，當以徐疏爲長。大桀、小桀、大貊、小貊，蓋古人成語，故《孟子》、《公羊》與伏生並引之。《漢書·賈山傳》曰：「什一而藉，君有餘財，民有餘力，而頌聲作。」《王莽傳》曰：「古者設廬井八家，一夫一婦田百畝，什而税一，則國給民富而頌聲作。」皆用今文説也。

臩命

疏證曰：陳壽祺曰：《漢藝文志考證》一：「《大傳》『冏命』爲『臩命』。」

錫瑞案：《史記·周本紀》：「穆王閔文、武之道缺，乃命伯臩申誡太僕國之政，❶作《臩命》。」《漢書·古今人表》伯臩列中上第四等。段玉裁曰：《説

❶「太」上，原衍「之」字，今據《史記·周本紀》删。

文》引《周書》曰「伯臩」，古文「冏」字。按：此七字不可解，當作「古文言『伯冏』」五字。如「㽕栟」古文言「由栟」之比。蓋作「冏」者古文《尚書》，作「臩」者今文《尚書》。是以《周本紀》、《古今人表》皆作「臩」。

鮮　誓

疏證曰：陳壽祺曰：《史記·魯世家》作「肹誓」，索隱云：「《大傳》作『鮮誓』。」《困學紀聞》卷二云：「『費誓』，《說文》作『粊』，《史記》作『肹』，《大傳》作『鮮』。」

錫瑞案：《史記》徐廣音義曰：「肹，一作『鮮』，一作『獮』。」索隱曰：「『鮮誓』即『肹誓』，古今字異，義亦變也。鮮，獮也。言於肹地誓衆，因行獮田之禮，以取鮮獸而祭，❶故字或作『鮮』，或作『獮』。」案：小司馬之說當有所受，疑出於今文家。鄭注《周禮》引：「《書》曰：『敹乃擭，敜乃阱。』時秋也。」鄭君蓋以誓文作於秋時。《周禮·大司馬職》云：「中秋教治兵，遂以獮田。」《爾雅》亦云「秋獵爲獮」。鄭蓋據今文《尚書》說，以爲因秋獮治兵而誓衆也。《略說》有「鮮者何也？秋取嘗也」之文，陳壽祺疑是《鮮誓》之傳，與小司馬合，見後。

擭，捕獸機檻。《經典釋文·禮記·中庸音義》。

疏證曰：《周禮·雍氏》「秋令塞阱杜擭」，鄭注曰：「擭，柞鄂也。堅地阱淺，則設柞鄂於其中。」賈疏以爲：「豎柞於中，向上鄂鄂然，所以載禽獸，使足不至地，不得躍而出，謂之柞鄂。」《國語·魯語》曰「鳥獸成」、「設穽鄂」，韋昭注云「鄂，柞格，所以誤獸」是也。

甫　刑

陳壽祺曰：《漢藝文志考證》一：「《大傳》以『吕刑』爲『甫刑』。」

疏證曰：《禮記》、《孝經》、《史記》、《漢志》、《鹽鐵論》皆引作「甫刑」。《尚書正義》曰：「《揚之水》，平

❶「鮮」，原作「獮」，今據《史記·魯周公世家》索隱改。

王之詩，云『不與我戍甫』，明子孫改封爲甫侯。穆王時未有『甫』名，稱『甫刑』者，後人以子孫國號名之，猶叔虞初封唐，子孫對晉，而《史記》稱《晉世家》。」錫瑞案：正義之説非也。《詩·崧高》曰：「生甫及申。」毛傳曰：「於周，則有甫、有申。」是甫之爲國舊矣，非至平王時始有甫也。甫，其國也。吕，其氏也。今文作「甫」，於義爲長。

有虞氏上刑赭衣不純，中刑雜屨，下刑墨幪，以居州里而民恥之。陳壽祺案曰：《路史·後紀十一·陶唐紀》注引《唐傳》，又云：《甫刑傳》以三刑爲有虞氏者，非。

疏證曰：陳壽祺曰：《荀子·正論篇》曰：「世俗之爲説者曰：治古無肉刑而有象刑：墨黥，楊倞注：或曰「墨黥」當爲「墨幪」，但以墨巾蒙其頭而已。慅嬰，注：當爲「澡纓」，謂澡濯其布爲纓。《禮記》曰「緦冠澡纓」。澡，或讀爲草，《慎子》作「草纓」也。共，艾畢，注：共，未詳，或衍字耳。艾，蒼白色。畢與韠同，紱也，所以蔽前。君以朱，大夫素，士爵韋。今罪人服之，故以蒼白色爲韠也。菲，對屨，注：對，當爲「紂」。紂，枲也。《慎子》作「紂」。對，或作「蒯」。殺，赭衣而不純。注：純音準。殺，所介反。治古如是。是不然。」，《路史·後紀十二》注引《慎子》曰：「有虞氏之誅，以畫跪當黥，以草纓當劓，以履紂當刖，以艾畢當宮，布衣無領以當大辟，謂之戮。上世用戮而民不犯。」羅氏曰：「畫跪，一作『幪巾』。履紂，一作『菲履』。艾畢，韠也。草纓，荀作『慅黥』，墨刑也。與《甫刑傳》之説不同。布衣無領，即赭衣不純。」《路史·後紀·陶唐紀》謂：「『而民恥之』，《唐傳》作『而反於禮』。《甫刑傳》以三刑爲有虞氏者，非。」又引《慎子》與《甫刑傳》之説不同，是《甫刑傳》有有虞氏三刑之文甚明。且末句《唐傳》作「而反於禮」，則《甫刑傳》作「而民恥之」又明矣。今據補入《甫刑傳》。

錫瑞案：《荀子》「共，艾畢」，「共」即「宮」之假借。「菲，對屨」，「菲」即「剕」之叚借。《慎子》以「履紂」當「刖」，以「艾畢」當「宮」，其明證也。楊倞注不得其義。陳氏引之，不加辨證，失之。「殺，赭衣而不純」，即《大傳》之「上刑」。楊注：「殺，所介反。」蓋亦不得其義也。餘詳《唐傳》。

子張曰：「堯、舜之王，一人不刑而天下治，何則？教誠而愛深也。以上又見《路史・後紀十一・陶唐紀》。「子張」作「子貢」，「曰」下有「傳云」二字。今一夫而被此五刑。」子龍子曰：「未可謂能爲《書》。」【注】二人俱罪《甫刑》之説刑也。❶被此五刑，喻犯數罪也。孔子曰：「不然也。五刑有此教。」【注】教然耳。犯數罪，猶以上一罪刑之。《太平御覽》六百三十五《刑法部一》。又《御覽》八十《皇王部五》引首二句。

疏證曰：陳壽祺曰：《荀子・議兵篇》「古者帝堯之治天下也，蓋殺一人、刑二人而天下治」，此傳云「一人不刑而天下治」，即《虞夏傳》所謂「唐、虞象刑而民不犯」之意也。孫星衍曰：「『犯數罪，猶以上一罪刑之』，言犯二罪以上，止科一罪也。一云：當作『犯數罪以上，猶以一罪刑之』，待決於王也。」

錫瑞案：子張所云「一夫被五刑」，蓋如秦漢具五刑之法，如《漢書・刑法志》所云：「當三族，皆先黥、劓，斬左右止，笞殺之，梟其首，菹其骨肉於市。其誹謗詈詛者，又先斷舌。故謂之具五刑。」此秦漢所剏，非古法。春秋時或已有之，而説《書》者誤引以解《書》之五刑。故子張以爲問，夫子曰：「不然也。五刑有此教。」謂《書》所謂五刑，特並列以示教，未有一夫被五刑者也。鄭謂「犯數罪，猶以上一罪刑之」，蓋以一人雖犯數罪，惟科其重之一罪，而輕罪不更科。如墨、劓並犯，則惟劓而不墨；臏、宫並犯，則惟宫而不臏；大辟並犯墨、劓、臏、宫，惟加大辟而已，不如秦漢時具五刑之法也。《甫刑》所謂「有並兩刑」，義蓋如此。《公羊》莊十年傳解詁曰：「律，一人有數罪，以重者論之。」昭三十一年傳解詁同。何氏所引蓋漢律也，鄭注亦引漢律耳。鮑刻《御覽》作「二人刑而天下治」，吴中本亦作「二人刑」，與《荀子》「刑二人」之説相合，義亦得通。

古者中刑用鑽鑿。《御覽》七百六十四《器物部九》。

疏證曰：《漢書・刑法志》曰：「大刑用甲兵，其次用斧鉞；中刑用刀鋸，其次用鑽鑿；薄刑用鞭扑。大者陳諸原野，小者致之市朝。」孫星衍曰：「古文以五刑爲象刑。班《志》引經而説之，云：『聖人因天秩

❶ 上「刑」字，《輯校》卷二作「侯」。

而制五禮，因天討而作五刑。』是本今文説也。《御覽》引《大傳》，今脱其全文，以班氏補其説。五刑始於有苗，制自夏代，唐、虞所無。古文説是也。」

錫瑞案：孫説非也。《唐傳》明有「唐、虞象刑」之文，何得以象刑爲古文説而謂今文不然乎？伏生於《唐傳》曰「唐、虞象刑」，於《甫刑傳》曰「中刑用鑽鑿」，分析極爲精審。蓋唐、虞象刑，夏以後用肉刑。伏生《唐傳》「犯墨者蒙巾」云云者，爲唐、虞言之。《甫刑傳》「決關梁，踰城郭而略盜者，其刑臏」云云者，爲夏以後言之。孫氏乃誤併爲一談，據《甫刑傳》所云以概唐、虞，而忘《唐傳》象刑之明説，失之甚矣。《大傳》以肉刑爲古者，肉刑始於夏后，夏亦可以稱古，伏生初不以爲唐、虞之制也。

夏刑三千條。《唐律疏義》卷一，《玉海·律令》引長孫無忌《唐律疏》。

疏證曰：《孝經》：「孔子曰：『五刑之屬三千』。」孫星衍以爲據周律言之。《大傳》謂爲「夏刑」，則周律亦與夏刑同矣。《論衡·謝短篇》曰：「古禮三百，威儀三千。刑亦正刑三百，科條三千。」《白虎通·五刑》篇曰：「科條三千者，應天、地、人情也。五刑之屬三千，大辟之屬二百，宫辟之屬三百，腓辟之屬五百，劓、墨、辟之屬各千。」今文説以「五刑之屬三千」爲「夏刑三千條」，蓋據《書序》云「穆王訓夏贖刑」，故以《甫刑》所云即是夏刑也。《漢書·刑法志》曰：「昔周之法，建三典以刑邦國，詰四方：一曰刑新邦用輕典，二曰刑平邦用中典，三曰刑亂邦用重典。五刑：墨罪五百，劓罪五百，宫罪五百，刖罪五百，殺罪五百，所謂『刑平邦用中典也』。《甫刑》：『墨罰之屬千，劓罰之屬千，臏罰之屬五百，宫罰之屬三百，大辟之罰其屬二百。』蓋多於平邦中典五百章，所謂『刑亂邦用重典』者也。❶」錫瑞案：孟堅兼采古文説，以《尚書》比之《周禮》，多五百章，故以爲用重典，然其説殊非是。《周禮》古文説與今文説本不相通，《大傳》以三千條爲夏刑，「穆王訓夏贖刑」是用古法，非穆王自造，何得因其多於《周禮》，以爲「刑亂邦用重典」乎？《刑法志》又云：「宜删定律令，纂二百章，以應大辟。其餘罪次，皆復古刑，爲三千章。如此，則刑可畏而禁易避，輕重當罪，民命得全，合刑罰之中，殷天人之

❶「刑」，原作「行」，今據《漢書·刑法志》改。

和。」則孟堅亦不盡以三千章爲重典矣。

夏后氏不殺、不刑，死罪罰二千饌。《史記·平準書》索隱。

疏證曰：肉刑始於夏后。傳云「夏后氏不殺、不刑」者，刑法一代嚴於一代，苗民始作肉刑，堯、舜之時未可遽廢，故以畫象代之。至夏后，乃正用肉刑，然不輕用，乃制罰以贖罪，故傳云「夏后氏不殺、不刑」也。《漢書·董仲舒傳》武帝策曰：「殷人執五刑以督姦，傷肌膚以懲惡。」據此，則實用刑殺當始於殷人。周成、康時，刑措不用。至穆王，刑殺益繁，故復古制，而仍參用夏之贖刑耳。夏侯、歐陽說：「墨罰疑赦，其罰百率。古以六兩爲率。」然則今文《尚書》於「墨辟疑赦」等句之「辟」字皆作「罰」字。「穆王訓夏贖刑」，則肉刑亦不輕用，而但用罰。如罪可疑，則並不罰，赦之而已，故云「墨罰疑赦」。不可赦，乃罰之六百兩，故云「其罰百率」。推之劓、宫、臏、大辟，其義當同。今文《尚書》作「罰」，較古文作「辟」爲長。《大傳》所云「不殺、不刑」，即此可以推其義矣。「二千饌」，當作「千饌」，說見後。

禹之君民也，罰弗及强而天下治。一饌六兩。【注】所出金鐵也。死罪出三百七十五斤，用財少耳。《路史·後紀十三·夏后氏紀》引《甫刑傳》。

疏證曰：陳壽祺曰：饌，他本作「鐉」，非。惟震澤王氏《史記》本不誤。又曰：鄭注「三百七十五斤」，適合千饌六千兩之數。今文經曰：「大辟疑赦，其罰千率。」《史記索隱》引《大傳》「死罪罰二千饌」，「二」字當衍。

錫瑞案：僞孔傳云：「六兩曰鍰。鍰，黄鐵也。」《釋文》曰：「鍰，户關反，六兩也。鄭及《爾雅》同。《說文》云：『亦鋝也。「亦」舊訛作「六」，從段玉裁所訂正。鋝，十一銖二十五分銖之十三也。』馬同。賈逵說俗儒以鋝重六兩，《周官》『劍重九鋝』，俗儒近是。」《周禮·職金》疏曰：今文作「率」，說云一率六兩。古文作「鍰」，說云一鍰十一銖二十五分銖之十三也，百鍰爲三觔。鄭玄以爲古「率」多作「鍰」，據此則鄭君以爲「鍰」即是「鋝」，亦即是「率」，其重六兩。千率爲六千兩，與伏生、歐陽、夏侯之義合。若古文說，百鍰僅爲銅三觔，可贖墨罪，推之大辟，亦僅用銅三十觔，可贖死罪。較之今文之數，輕重懸殊，失之太輕矣。故賈景伯以俗儒爲是。鄭從今文，不從古文也。

決關梁、踰城郭而略盜者，其刑臏。男女不以義交者，其刑宮。觸易君命、革輿服制度、奸軌、盜攘、傷人者，【注】攘，竊也。其刑劓。非事而事之，【注】令原作「今」，誤，今改。所不當爲也。以上注見《御覽·刑法部十四》。出入不以道義而誦不詳之辭者，其刑墨。降叛、寇賊、刼略、奪攘、矯虔者，其刑死。《周禮·司刑》注。又《太平御覽》百四十八《刑法部十四》引至「其刑墨」止。「詳」作「祥」，「奸軌盜攘」作「奸凶攘傷」。陳壽祺曰：「其刑髕」，諸書引作「臏」，惟《華嚴經》第七十三《音義》卷下引傳首三句作「髕」。《音義》云：「字從骨。」今依改。又《尚書·吕刑》正義、《毛詩·召旻》正義、《北堂書鈔》並節引。

疏證曰：《周禮疏》解傳文云：「『男女不以義交者，其刑宮』者，以義交，謂依六禮而婚者。云『觸易君命，革輿服制度』者，觸君命令不行及改易之。云『革輿服制度』

者，依《典命》，上公九命，國家、宮室、車旗、衣服、禮儀皆以九爲節。侯、伯已下及卿、大夫、士皆依命爲多少之節，是不革。今乃革之。革，改也。」謂上僭也。制度，即宮室、禮儀制度也。云『姦軌』者，案《舜典》云『寇賊姦軌』，鄭注云：『强聚爲寇，殺人爲賊，由内爲姦，起外爲軌。』案成十七年，長魚矯曰：『臣聞亂在外爲姦，在内爲軌。御姦以德，御軌以刑。』鄭與傳不同。鄭欲見在外亦得爲軌，在内亦得爲姦，故反覆見之。或後人轉寫誤，當以傳爲正。云『降叛、寇賊、刼略、奪攘、撟虔者，其刑死』者，案《吕刑》云『寇賊、姦軌、奪攘、撟虔』，注云：『有因而盜曰攘。撟虔，謂擾攘。《春秋傳》「虔劉我邊垂」，謂刼奪人物以相撓擾也。』」錫瑞案：《潛夫論·述赦》篇曰：「罔不寇賊、消義、姦宄、奪攘。」此引今文《尚書》。「寇賊」，即傳所謂「決關梁、踰城郭而略盜」也。「消義」猶「滅義」，即傳所謂「男女不以義交」也。「姦宄」，即傳所謂「觸易君命、革輿服制度、奸軌、盜攘」也。「奪攘」，即傳所謂「降畔、寇賊、奪攘、矯虔」也。傳所謂「非事而事之，出入不以道義，而誦不詳之辭者」，或亦在「消義」中矣。《書正義》曰：「夏侯、歐陽等書『劓、刵、劅、黥』

云『臏、宮、劓、割、頭庶剠』。」王引之曰「宮、劓、割」當作「宮、割、劓」，引此傳之文爲先後之次，云：『《大傳》不言『割』者，言『宮』可以統『割』。《尚書刑德放》曰：『涿鹿者，笮人顙也。黥者，馬羈笮人面也。』『涿』，古讀若『獨』。『涿鹿』，疊韻字也。『頭庶剠』，卽『涿鹿黥』。『頭』、『涿』古同聲，『庶』則『鹿』之訛耳。」然則《大傳》此文，正以釋《甫刑》之五刑。其分屬之詞，疑出古法家言，今不可考。

孔子曰：「古之刑者省之，今之刑者繁之。其教古者有禮然後有刑，是以刑省也；今也反是，無禮而齊之以刑，是以繁也。《書》曰：『伯夷降典禮，折民以刑。』謂有禮然後有刑也。又曰：『茲殷罰有倫。』今也反是，諸侯不同聽，【注】聽，議獄也。每君異法，聽無有倫，是故知法難也。」《御覽》六百三十五《刑法部一》。又《孔子集語》卷下引，至「是以繁也」止。

疏證曰：陳壽祺曰：《孔叢》用此文。「諸侯不同聽」，「聽」作「德」，其義長。疑注「聽，議獄也」四字當在傳文「聽無有倫」之下。陳喬樅曰：「案：《大傳》引此經，『典』下有『禮』字，此當是歐陽《尚書》本也。《漢書·刑法志》引《書》無『禮』字，『折民以刑』作『悊民惟刑』，當爲夏侯《尚書》本。此三家今文之本有不同也。考《皋陶謨》，以『天命有典』與『天秩有禮』並舉，此有『禮』字，於誼尤備。伏生於《甫刑傳》屢屢言『禮』，非以經文本有『禮』字，故言之如是其詳歟？」

錫瑞案：《世本》曰「伯夷作五刑」，是伯夷典禮兼作刑，故云「有禮然後有刑」。

子曰：「吳越之俗，男女同川而浴，其刑重而不勝，由無禮也。中國之教，內外有別，男女不同椸架，不同巾櫛，其刑重而勝，由有禮也。語曰：夏后氏不殺、不刑，罰有罪而民不輕犯。」《孔子集語》卷下。

疏證曰：《春秋》莊公二十九年：「秋，有蜚。」《五行志》云：「劉向以爲蜚色青，近青眚也，非中國所有。南越盛暑，男女同川澤，淫風所生。」此「吳越之俗，男女同川而浴」之證也。《禮記·曲禮》曰：「男女不雜坐，不同椸枷，不同巾櫛。」正義曰：「皆爲重別，防淫亂。椸，可以枷衣者。」

子曰：「今之聽民者，求所以殺之。古之聽民者，求所以生之。不得其所以生之之道，乃刑殺，君與臣會焉。」《孔子集語》卷下。

疏證曰：陳壽祺曰：《孔叢》用此文。《漢書·刑法志》引孔子曰「今之聽獄者」四句，不言《大傳》。

錫瑞案：《禮·王制》：「成獄辭，史以獄成告於正，正聽之。正以獄成告於大司寇，大司寇聽之棘木之下。大司寇以獄之成告於王，王命三公參聽之。三公以獄之成告於王，王三又，然後制刑。」鄭注：「《周禮》：王欲免之，乃命公會其期。又，當作『宥』。宥，寬也。一宥曰不識，再宥曰過失，三宥曰遺忘。」此「不得其所以生之道，乃刑殺，君與臣會焉」之事。

子曰：「古之聽民者，察貧窮，哀孤、獨、矜、寡，宥老、幼、不肖、無告，有過必赦，小罪勿增，大罪勿累，【注】延罪無辜曰累。注見《御覽·刑法部一》，又《刑法部十八》。老弱不受刑，有過不受罰。是故老而受刑謂之悖，弱而受刑謂之尅，不赦有過謂之賊，率過以小謂之枳。《孔子集語》卷下。又《御覽》六百三十五《刑法部一》引「有過」至「謂之賊」。陳壽祺曰：《孔叢》用此文。故與其殺不辜，寧失有罪；與其增以有罪，寧失過以有赦。」《御覽》六百五十二《刑法部十八》。

疏證曰：《禮記·曲禮》曰：「八十、九十曰耄，七年曰悼。耄與悼雖有罪，不加刑焉。」《周禮·司刺》曰：「壹赦曰幼弱，再赦曰老旄，三赦曰惷愚。」注：「惷愚，生而癡騃童昏者。鄭司農云：『幼弱、老旄，若今律令年未滿八歲、八十以上，非手殺人，他皆不坐。』」《漢書·刑法志》孝景下詔曰：「高年老長，人所尊敬也。鰥寡不屬逮者，人所哀憐也。其著令：年八十以上、八歲以下，及孕者未乳，師、朱儒當鞠繫者，頌繫之。」孝宣又下詔曰：「諸年八十，非誣告、殺傷人，它皆勿坐。」成帝鴻嘉元年，定令：「年未滿七歲，賊鬥殺人及犯殊死者，上請廷尉以聞，得減死。」此古宥老、幼、不肖、無告之法。《志》曰：「與其殺不辜，寧失有罪。」此條陳本引《御覽》有誤，今從鮑刻更正。

聽訟之術，大略有三：治必寬，寬之術歸於

察，察之術歸於義。【注】察猶審也。是故聽而不寬是亂也，寬而不察是慢也。古之聽訟者，言不越情，情不越義。是故聽民之術，怒必畏，畏思意，小罪勿兼。【注】怒，責也。因責之罪必思兼，謂思其辭，思其義。思義重罪小，可求以出之罪也。《御覽》六百三十九《刑法部五》。錫瑞案：陳本有誤。吴中本與鮑刻《御覽》合，今從之。

子曰：「聽訟者雖得其情，必哀矜之。死者不可復生，斷者不可復續也。」《孔子集語》卷下。

陳壽祺曰：《孔叢》用此文。

疏證曰：《論語》：「曾子曰：『如得其情，則哀矜而勿喜。』」《漢書·刑法志》緹縈上書曰：「妾傷夫死者不可復生，刑者不可復屬。」與傳文下二句略同，蓋亦本古語。

《書》曰：「哀矜哲獄。」《困學紀聞》卷二。

疏證曰：《漢書·于定國傳》贊曰「于定國父子哀鰥哲獄」，注：「應劭曰：『哲，智也。』」陳喬樅曰：「案：矜、鰥，古通用字。隸古定本『矜』作『敬』，『哲』作『折』。然則《大傳》『哲』字當即『折』之叚借也。」錫瑞案：陳説是也。《漢書》於「明悊」字作「悊」，於此「哲獄」作「哲」，班氏意以「明悊」字當從心，「折斷」字當從口。應劭以「哲」爲「智」，失之。《兩漢刊誤補遺》云：「案：《書大傳》引孔子曰：『聽獄者雖得其情，必哀矜之。《書》曰：哀矜哲獄。』又曰：『古之聽民者，察貧窮，哀孤、獨，矜、寡。』」與諸書所引同。

獄貨非可寶也，然後寶之者，未能行其法者也。貪人之寶，受人之財，未有不受命以矯其上者也。親下以矯其上者，未有能成其功者也。《御覽》六百四十一《刑法部七》。

疏證曰：孫星衍以傳爲釋「獄貨非寶，惟府辜功」之義，云：「今文讀『府』爲『誣』，聲相近也。字亦或作『誣』。《周語》云『其刑矯誣』，注云：『以詐用法曰矯，加謀無罪曰誣。』受人之財，則親下以矯誣其上也。以『辜功』爲『未能成其功』者，《漢書·律曆志》注：『孟康曰：「辜，必也。」』《一切經音義》引《漢書音義》云：『辜，固也。謂規固販鬻以求利也。』則『辜功』謂取必規固以求功也。」案：傳文不必字字與經比坿，孫説近鑿。

孔子如衛，人謂曰：「公甫不能聽訟。」【注】公甫，魯大夫。子曰：「非公甫之不能聽獄也。【注】答而反之。公甫之聽獄也，有罪者懼，無罪者恥，民近禮矣。」《御覽》六百三十九《刑法部五》。「非」字作「不知」，從《孔子集語》卷下引改。《集語》無「公甫之聽獄也」六字。

君子之於人也，有其語也，無不聽者，皇於聽獄乎？【注】皇猶況也。必盡其辭矣。聽獄者或從其情，或從其辭。陳壽祺曰：《孔叢》用此文。

疏證曰：「皇」與「況」通。《無逸》：「無皇曰：『今日耽樂。』」熹平石經作「毋兄曰」。《秦誓》「我皇多有之」，《公羊傳》引作「而況乎我多有之」是也。江聲以爲傳釋「非從」、「惟從」之義，云：「據《大傳》言，聽獄者或從其辭，或從其情，則此經兩『從』字，有從辭、從情兩誼，而斷獄必以情，當以『非從』貼辭、『惟從』貼情言也。」《大傳》文見《孔叢子》引，尚有「辭不可從」、「必斷以情」二語。

大夫有汙豬之宮，殺君之地，雖有美菜，有義之士弗食。《藝文類聚》八十二《草部下》，《御覽》九百七十六《菜部一》。

疏證曰：《漢書·王莽傳》曰：「臣聞古者畔逆之國既以誅討，則豬其宮室以爲汙池，納垢濁焉，名曰凶虛，雖生菜茹，而人不食。」蓋即本此傳。

尚書大傳疏證卷七

善化皮錫瑞

略説

遂人爲遂皇，伏羲爲戲皇，神農爲農皇也。遂人以火紀，火，太陽也，陽尊，故託遂皇於天。伏羲以人事紀，故託戲皇於人。蓋天非人不因，人非天不成也。神農悉地力，種穀疏，故託農皇於地。天地人之道備，而三五之運興矣。《風俗通·皇霸第一》引《尚書大傳》説。又《太平御覽》七十七《皇王部二》，又七十八《皇王部三》，又《火部一》，《初學記》九、《事類賦注》、《藝文類聚》十一《帝王》、《路史·因提紀》，並節引。

疏證曰：陳壽祺曰：孫之騄本首列此條目爲《三五傳》，無據，不可從。今姑入之《略説》，爲近似。

錫瑞案：《河圖》及《三五曆》謂開闢時有天、地、人三皇，其言不雅馴。據《大傳》説，天皇、地皇、人皇即是遂人、伏羲、神農，非别有天、地、人三皇也。《風俗通》引此傳云云，又引《禮含文嘉》曰：「虙戲、遂人、神農。」《白虎通·號》篇曰：「三皇者何謂也？謂伏羲、神農、燧人也。」其數三皇名號，與傳説同。而《含文嘉》列遂人於羲、農間，《白虎通》列燧人於羲、農後，與傳説稍異。《路史》注引《命曆序》曰：「伏羲，燧人。」則與《含文嘉》同。《路史》注又引《世紀》云：「燧人氏没，包羲代之。」又引《古史考》云：「燧人次有三姓，乃至伏羲。」又引「孔演命，❶明道經」，注云：「遂皇謂燧人，❷在伏羲前。風姓，始王天下者。」小司馬《三皇本紀》云：「太皞，庖犧氏，風姓，代燧人氏繼天而王。」則又以燧人在伏羲前。《易通卦驗》曰：「燧皇

❶「命」，原無，今據《七緯易通卦驗》卷上補。

❷「遂皇謂燧人」，原作「燧人謂人皇」，今據《七緯易通卦驗》卷上改。

始出，握機矩表計寘圖，其刻曰：『蒼渠通靈。』」鄭玄注曰：「矩。法也。燧皇，世謂燧人，在伏羲前，作其圖緯之計，寘時無書，刻石而謂之耳。刻曰：蒼精渠肩之人，能通神靈之意也。」又《六藝論》曰：「遂皇之後，歷六紀、九十一代，至伏羲，始作十二言之教。」是鄭君亦以遂人在伏羲前，與傳說合。案：遂人教民熟食，鑽木取火，去茹毛飲血之俗未遠，其世次當在伏羲前，傳説是也。《雒書甄曜度》與武梁祠象碑、宋均《援神契》注、譙周《古史考》皆以遂人爲三皇。《白虎通》又引：「或曰伏羲、神農、祝融也。《禮》曰：『伏羲、神農、祝融，三皇也。』」《風俗通》引《禮號謚記》：「伏羲、祝融、神農。」則無遂人而有祝融。《風俗通》又引《運斗樞》曰：「伏羲、女媧、神農，是三皇也。」《禮疏》引鄭注《中候勑省圖》主之，又無遂人而有女媧。祝融、女媧無大功德於人，當以《大傳》之説爲正。《白虎通》又曰：「古之時未有三綱、六紀，民人但知其母，不知其父，能覆前而不能覆後，卧之詓詓，行之吁吁，飢即求食，飽即棄餘，茹毛飲血而衣皮葦。于是伏羲仰觀象于天，俯察法于地，因夫婦，正五行，始定人道，畫八卦以治下，下伏而化之，故謂之伏羲也。謂之神農何？古之人民皆食禽獸肉，至於神農，人民衆多，禽獸不足，於是神農因天之時，分地之利，制耒耜，教民農作，神而化之，使民宜之，故謂之神農也。謂之燧人何？鑽木燧取火，教民熟食，養人利性，避臭去毒，謂之燧人也。」《含文嘉》曰：「伏者，别也。羲者，獻也，法也。伏羲始别八卦，以變化天下，天下法則咸伏貢獻，故曰伏羲也。遂人始鑽木取火，炮生爲熟，令人無腹疾，有異於禽獸，遂天之意，故曰遂人也。神農，神者信也，農者濃也。始作耒耜，教民耕種，其德濃厚若神，故爲神農也。」

伏羲氏没，神農氏作。神農氏没，黄帝、堯、舜氏作。羅璧《識遺》卷二引「《大傳》言」。陳壽祺曰：《識遺》云：「敘三五傳次甚明。」

疏證曰：傳本《易》義，敘次明塙，足見或以遂人列羲、農之間，或以遂人列羲、農之後，皆不若傳説之精矣。

伏羲氏作八卦。《路史·後紀卷一·太昊紀上》注。

天立五帝以爲相，四時施生，法度明察，春夏慶賞，秋冬刑罰。帝者，任德設刑以則象之，言其能行天道，舉錯審諦也。黄帝始制冠冕，垂衣裳，上棟下宇，以避風雨，禮文法度，興事創業。黄者，光也，厚也，中和之色。德施四季，與地同功，故先黄以别之也。顓者，專也。頊者，信也。言其承易，文之以質，使天下蒙化，皆貴貞慤也。嚳者，考也，成也。言其考明法度，醇美嚳然，若酒之芬香也。堯者，高也，饒也。言其隆興煥炳，最高明也。舜者，推也，循也。言其推行道德，陳壽祺曰：四字原文誤在「舜者推也」之上，今移此。循堯緒也。《風俗通義·皇霸》卷一《五帝》篇「謹按《易》、《尚書大傳》」云云。又《御覽》七十七《皇王部二》載《風俗通》同，惟無「黄帝始制」以下二十五字，又無「嚳然」二字、「饒也」二字，「蒙化」之「蒙」作「遵」，末四句作「舜者，准也，循也。言其准行道以循堯緒也」，當從之。「准」、「循」與「舜」聲近，「推」則遠矣。今本《風俗通》字誤。

疏證曰：《春秋演孔圖》曰：「天子皆五帝精寶，各有題序，次運相據。❶起必有神靈符紀，諸神扶助，使開階立遂。」注：「遂，當作『隧』，隧道也。」《白虎通·號》篇曰：「五帝者何謂也？《禮》曰：『黄帝、顓頊、帝嚳、帝堯、帝舜，五帝也。』《易》曰：『黄帝、堯、舜氏作。』《書》曰『帝堯』、『帝舜』。黄者，中和之色，自然之性，萬世不易。黄帝始作制度，得其中和，萬世常存，故稱黄帝也。謂之顓頊何？顓者，專也。頊者，正也。能專正天人之道，故謂之顓頊也。謂之帝嚳何？嚳者，極也。言其能施行窮極道德也。謂之堯者何？堯猶嶤嶤也，至高之貌。清妙高遠，優游博衍，衆聖之主，百王之長也。謂之舜者何？舜猶僢僢也。言能推信堯道而行之。」《風俗通·皇霸》篇：「《易傳》、《禮記》、《春秋》、《國語》、《太史公記》：『黄帝、顓頊、帝嚳、帝堯、帝舜也，是五帝也。』」錫瑞案：《世本》、《大戴禮》及宋均、譙周諸古説皆以黄帝、顓頊、帝嚳、堯、舜爲五帝，不數少昊，與傳説合。蓋少昊金天氏，僅王西方，不在五帝之列。《禮疏》引鄭

❶「運」，原作「連」，今據《太平御覽》卷七六《皇王部一》引改。

注《中候勑省圖》云：「德合五帝座星者稱帝。則黃帝、金天氏、高陽氏、高辛氏、陶唐氏、有虞氏是也。實六人而言五者，以其俱合五帝座星故也。」如鄭説，名五而實六，名實不相應。僞孔《書傳序》、《帝王世紀》、孫氏注《世本》乃數少昊以下爲五帝，而以黃帝上列三皇。黃帝稱帝而曰皇，其名尤不正矣。《白虎通・謚》篇曰：「黃帝先黃後帝者何？古者質，生死同稱，各持行合而言之，美者在上。黃帝始制法度，得道之中，萬世不易，後世雖聖，莫能與同也。後世德與天同，亦得稱帝；不能制作，故不得復稱黃帝。」《繁露・三代改制質文》篇曰：「黃帝之先謚，四帝之後謚，何也？曰：帝號必存五，代帝首天之色，號至五而反。周人之王，軒轅直首天黃號，故曰黃帝云。帝號尊而謚卑，故四帝後謚也。」《論衡》曰：「謚法：『静民則法曰黃，德象天地曰帝。』黃帝者，安民之謚，非得道之稱也。」皆與傳稱黃帝之義合也。《通典》引《通義》云：「顓頊者，顓猶專，頊猶愉。幼少而王，以致太平，常自愉儉約自少之意，故兩字爲謚也。」《白虎通・謚》篇曰：「帝者，天號也。以爲堯猶謚，顧上世質直，死後以其名爲號耳。所以謚之爲堯何？爲謚有七十二品。《禮謚法記》曰：『翼善傳聖謚曰堯。』」劉熙《謚法》曰：「以爲其尊高堯堯然，物莫之先，故謂之堯也。」亦與傳合。

堯八眉，舜四瞳子，禹其跳，湯扁，文王四乳。八眉者，如八字者也。其跳者，踦也。【注】其，發聲也。踦，步足不能相過也。扁者，枯也。【注】言湯體半小象扁枯。言皆不善也。

《御覽》三百六十三《人事部四》。又《玉篇》卷四《目部》、《初學記》九《帝王部》、《路史・有虞紀》、《荀子・非相篇》注。

疏證曰：陳壽祺曰：《荀子・非相篇》曰：「禹跳，湯偏，堯、舜參牟子。」楊倞注引《尸子》曰：「舜兩眸子，是謂重明。作事成法，出言成章。」又引《尸子》曰：「禹之勞，十年不窺其家。手不爪，脛不生毛。偏枯之病，步不相過，人曰禹步。」《呂氏春秋》曰：「禹通水濬川，顔色黎黑，步不相過。」

錫瑞案：傳云「堯八眉」者，《白虎通・聖人》篇云：「聖人皆有異表。傳曰：『堯眉八彩，是謂通明，曆象日月、璇璣玉衡。』」《大義》引《文耀鉤》同。《御覽》引：「《援神契》曰：『堯鳥庭，荷勝，八眉。』注：『八眉，眉彩色有八也。』」《合誠圖》云：「堯面八彩。」注：「彩色有八。」《元命苞》亦云：「眉有八彩。」「舜四瞳子」者，《白虎通》引傳曰：「舜重瞳子，是謂滋涼，上應攝提，以象三光。」《大義》引《元命苞》、《御覽》引《文耀鉤》皆同，「象」作「統」。《御覽》引《演孔圖》云：「舜目四童，謂之重明。承乾踵堯，海內富昌。」又《路史》引《演孔圖》曰：「舜目重瞳，是謂無景。」《類聚》引《演孔圖》云：「舜重童子，是謂重明。」《孝經援神契》曰：「舜龍顔重瞳，大口，手握褒。」注：「重瞳，取象雷多精光也。」《雒書靈準聽》曰：「有人方面，日衡重華。」注：「重華，重童子。」《尸子》、《淮南子》曰：「舜兩童子，是謂重明。作事成法，出言成章。❶」《荀子》曰：「堯、舜參牟子。」《世紀》曰：「因瞳子，名重華。」傳云「四童子」，則《荀子》云「參牟」非也。「文王四乳」者，《白虎通》引傳曰：「文王四乳，是謂至仁，天下所歸，百姓所親。」《淮南·脩務訓》文同。《路史》注引《演孔圖》，曰：「文王四乳，是謂含良。」又引《元命苞》文同。《書鈔》又引《元命苞》云：「蓋法酒旗，布恩舒惠。」注：「酒，乳也。能乳天下，布恩之謂也。」禹跳、湯扁，詳陳說。

多聞而齊給。【注】齊，疾也。《史記·五帝本紀》索隱。陳壽祺曰：此蓋《尚書大傳》說黃帝語。

乃命五史以書五帝之蠱事。李鼎祚《周易集解》載伏曼容注引此，釋云：「然爲訓者，正以太古之時无爲无事也。」

疏證曰：蠱，故也。蠱事，故事也。五帝之名，周人所定。《繁露·三代改制質文》篇曰：「王者之法必正號，絀王謂之帝，封其後以小國，使奉祀之。下存二王之後以大國，使服其服，行其禮樂，稱客而朝。故同時稱帝者五，稱王者三，所以昭五端、通三統也。是故周人之王，尚推神農爲九皇，而改號軒轅，謂之黃帝，因存帝顓頊、帝嚳、帝堯之帝號，絀虞，而號舜曰帝舜，録五帝以小國。」據董子說，則稱黃帝、顓頊、帝嚳、帝堯爲五帝實始於周。五帝爲周時之稱，則五史亦當爲周制。《周禮·春官》有大史、小史、內史、外史、御史五官，當即傳所云五史。外史「掌三皇五

❶「出」，原作「此」，今據《淮南鴻烈解·脩務訓》改。

帝之書，掌達書名於四方」，注云：「楚靈王所謂三墳、五典，謂若《堯典》、《禹貢》，達此名使知之。」此五史書五帝故事之證也。

成王問周公曰：「舜之冠何如焉？」周公曰：「古之人有冒皮而句領者，然鳳皇巢其樹，麒麟聚其域也。」《北堂書鈔·冠》。【注】言在德不在服也。古之人，三皇時也。冒，覆項也。句領，繞頸也。禮，正服方領也。注見《荀子·哀公篇》楊倞注。又引傳作「衣上有冒而句領」。

成王問周公曰：「舜何人也？」周公曰：「其政也，好生而惡殺。《文選·檄蜀文》注、《路史·後紀十二·有虞紀》注。鳳皇巢其樹。」《御覽》九百十五《羽族部二》，又九百二十八《羽族部十五》、《事類賦注》十八、《玉海》百九十九。周公對成王云：「古人冒而句領。」【注】古人，謂三皇時。以冒覆頭，句領繞頸。至黃帝則有冕也。《禮記·冠義》篇目正義引《略說》。

疏證曰：陳壽祺曰：《禮記·冠義》疏引此文爲《略說》，則自《北堂書鈔》以下四條皆《略說》文也。《晏子》曰：「古者有紩衣攣領而王天下者。」《淮南子》曰：「古有鍪頭而卷領以王天下。」與《略說》同意。《荀子·哀公篇》：「魯哀公問舜冠於孔子，孔子不對。三問，不對。哀公曰：『寡人問舜冠於子，何以不言也？』孔子對曰：『古之王者，有務而拘領者矣，其政好生而惡殺焉，注：務，讀爲冒。「拘」與「句」同。是以鳳在列樹，麟在郊野，烏鵲之巢，可俯而窺也。君不此問而問舜冠，所以不對也。』」《荀子》作哀公問孔子，《書傳》作成王問周公，傳聞異辭。

錫瑞案：《禮記·王制》：「有虞氏皇而祭。」注：「皇，冕屬也，畫羽飾焉。」《周禮·樂師》「教皇舞」，先鄭注：「皇舞者，以羽冒覆頭上，衣飾翡翠之羽。」後鄭注：「皇，襍五采羽，如鳳皇色。」然則舜之冠當爲冕屬，而用羽飾，其制非不可考，而周公不對者，蓋欲成王務其大者耳。又案《淮南子》曰：「古者有鍪而綣領以王天下者矣，其德生而不辱，予而不奪，天下不非其服，同懷其德。當此之時，陰陽和平，風雨時節，萬物蕃息，烏鵲之巢可俯而探也，禽獸可羈而從也，豈必褒衣博帶、句襟委章甫哉？」注云：「古者，蓋三皇以前也。鍪，頭著兜鍪帽，言未知制冠也。綣領，衣皮屈而紩之，如今胡家韋襲反褶以爲領也。一説鍪，放髮也；綣，繞頸而已，皆無飾也。」注視鄭注爲詳。《漢書·輿服志》曰：「上古衣毛而冒皮。後世聖人見鳥獸有冠角、頔胡之制，遂作冕冠纓緌，以爲首飾。」陳祥道《禮書》引荀卿「古者有務而拘領」，云：「《書大傳》『務』作『冒』，『拘』作『句』。」

舜不登而高，不行而遠，拱揖於天下而天下稱仁。《御覽》八十一《皇王部六》，又四百十九《人事部六十》。夏后氏主教以忠，《儀禮·士喪禮》疏引《書傳·略説》。周人之教以文。上教以文，君子。其失也，小人薄。【注】文，謂尊卑之差制也。習文法，無悃誠也。《文選·運命論》注。

疏證曰：陳壽祺曰：《士喪禮》疏引「夏后氏主教以忠」，稱《書傳·略説》。此《文選注》所引「周人之教以文」云云，當相連屬，中間尚有脱文及説殷人之教耳。

錫瑞案：《説苑·脩文》篇曰：「夏后氏教以忠，而君子忠矣，小人之失野。救野莫如敬，故殷人教以敬，而君子敬矣，小人之失鬼。救鬼莫如文，故周人教以文，而君子文矣，小人之失薄。救薄莫如忠。故聖人之與聖也，如矩之三雜，規之三雜。周則又始，窮則反本也。」《白虎通·三教》篇曰：「王者設三教何？承衰救弊，欲民反正道也。三王之有失，故立三教以相指受。夏人之王教以忠，其失野，救野之失莫如敬。殷人之王教以敬，其失鬼，救鬼之失莫如文。周人之王教以文，其失薄，救薄之失莫如忠。繼周尚黑，制與夏同。三者如順連環，周而復始，窮則反本。」又曰：「三教所以先忠何？行之本也。忠法人，敬法地，文法天。人道主忠，人以至道教人，忠之致也。人以忠教，故忠爲人教也。地道謙卑，天之所生，地敬養之，以敬爲地教也。」闕天教一段。❶《禮疏》引《元命苞》曰：「『三王之有失，故立三教以相變。夏人之立教以忠，其失野，故救野莫如敬。殷人之立教以敬，其失鬼，故救鬼莫如文。周人之立教以文，其失蕩，故救蕩「蕩」疑皆「薄」之誤。莫若忠。』如此循環，周

❶「段」，原作「殷」，今據光緒元年淮南書局刊《白虎通疏證》盧文弨校語改。

則復始，窮則相承是也。」案：此皆今文説，可補《略説》之缺。

帝命周公踐阼，朱草暢生。《御覽》八百七十三《休徵部二》。

疏證曰：《孝經援神契》曰：「周公踐阼理政，與天合，朱草生。」

周公輔幼主，不矜功，則蓂莢生。【注】矜，夸也。《御覽》八百七十三《休徵部二》引傳，又《文選》鮑昭《詠史詩》注引傳及注。又《記纂淵海》卷四。

疏證曰：《路史·餘論·蓂莢》：「《書中候·摘洛戒》云：『堯、舜時皆有之，周公攝政七年又生。』亦見伏書《大傳》。或云『朱草』。《大戴禮》云：『朱草日生一葉，❶至十五日後日落一葉，周而復始。』按：《孝經援神契》云：『朱草生，蓂莢孳。』則二物也。」錫瑞案：《大傳》亦當以爲二物。《運斗樞》曰：「老人星臨國，則蓂莢生。」又曰：「箕星得，則蓂莢生。」《援神契》曰：「王者德至於地，則蓂莢生。」又曰：「蓂莢，堯時夾階而生，以紀朔也。」《白虎通·封禪》篇曰：「德至地則蓂莢起。」又曰：「日曆得其分度，則蓂莢生於階間。蓂莢者，樹名也。月一日一莢生，十五日畢，至十六日一莢去，故夾階而生，以明日月也。」《御覽》引《世紀》曰：「堯時有草夾階而生，每月朔日生一莢，至月半則生十五莢，至十六日後日落一莢，至月晦而盡。月小餘一莢。王者以是占曆。」「莢十五葉，日生一葉，從朔至望畢。從十六日毀一葉，至晦而盡。月小則一葉卷而不落。聖明之瑞也，人君德合乾坤自生。」

王者德及皇天，則祥風起。《御覽》九《天部九》，又八百七十二《休徵部一》、《初學記》一。

疏證曰：《禮斗威儀》曰：「王者乘火而王，其政昇平，則祥風至。」《援神契》曰：「王者至八方，則祥風起。」《白虎通·封禪》同。《符瑞圖》曰：「朔風者，瑞風也，一名景風。」

王者德下究地之厚，則朱草生。《御覽》八百七十三《休徵部二》。又《文選·魯靈光殿賦》注、王元長《曲水詩序》注，《非有先生論》注，《記纂淵海》卷四。又《開元

---

❶「葉」，原作「莢」，今據元至正刻《大戴禮記》卷八改。

占經・竹木草藥占》篇引曰「德光地序則朱草生」，《文選》注同。

疏證曰：《春秋感精符》曰：「王者德洽於地，則朱草廣生。」《孝經援神契》曰：「德至草木則朱草生。」《白虎通・封禪》同。又曰：「朱草者，赤草也，可以染絳，别尊卑也。」《三禮義宗》：「朱草者，赤草也，可以染絳爲服，以别尊卑。王者施德有常，則應德而生。」《御覽》引《中候》云：「朱草生郊。」注：「朱草，可以染服者。」

狄人將攻太王亶甫。《御覽》「甫」作「父」，此下重「亶甫」二字。召耆老而問焉，曰：「狄人何欲？」耆老對曰：「欲得菽粟財貨。」太王亶甫曰：「與之。」每與，狄人至不止。太王亶甫贅其耆老而問之，《毛詩・緜》正義引「贅」作「屬」。○陳壽祺曰：《桑柔》正義引：「《孟子》曰『太王屬其耆老』，《書傳》云『贅其耆老』，是『贅』爲『屬』。」據此，則《緜》正義作「屬」者誤也，今改正。曰：「狄人又何欲乎？」耆老對曰：「又欲君土地。」太王亶甫曰：「與之。」耆老曰：「君不爲社稷乎？」太王亶甫曰：「社稷，所以爲民也，不可以所爲民亡民也。」耆老對曰：「君縱不爲社稷，不爲宗廟乎？」太王亶甫曰：「宗廟，吾私也。不可以私害民。」遂策杖而去，逾梁山，邑岐山。【注】梁山，在岐山東北。注見《毛詩・公劉》正義。岐山，在梁山西南。注見《毛詩・緜》正義。周人奔而從之者三千乘，一止而成三千户之邑。《毛詩・緜》正義引《書傳・略説》。又《御覽》七百九十九《四夷部二》。又《禮記・哀公問》正義、《毛詩・豳風譜》正義並引《書傳・略説》。又《毛詩・桑柔》《天作》正義節引。「周人」，《禮記正義》作「國人」。

疏證曰：陳壽祺曰：《毛詩・緜》正義引《書傳》，又引《韓奕》箋云：「梁山，在馮翊夏陽縣西北。」鄭於《書傳》注云：「岐山，在梁山西南。」然則梁山之袤，其東當夏陽縣西北，其西當岐山東北。自豳適周，當踰之也。

錫瑞案：《詩》毛傳與《孟子》同，人所知，不録。

《詩疏》引《莊子》與《吕氏春秋》，皆云：「太王亶甫居豳，狄人攻之，與之珠玉而不肯，狄人之求者，土地也。太王亶甫曰：『與人之兄居而殺其弟，與人之父居而殺其子，吾不忍也，請免吾乎！爲吾臣與狄人臣，奚以異也？吾聞之，不以所養害所養。』杖策而去。人相連而從之，遂成國於岐山之下。」又引《書傳·略説》云云，申毛曰：「與此大意皆同。此言『不得免焉』，《略説》云『每與之，不止』，《吕氏春秋》言『不受』，異人别説，故不同耳。此言『犬馬』，《略説》言『菽粟』，明國之所有莫不與之。」又案：《史記·周本紀》曰：「古公亶父復修后稷、公劉之業，積德行義，國人皆戴之。薰育戎狄攻之，欲得財物，予之。已復攻，欲得地與民。民皆怒，欲戰。古公曰：『有民立君，將以利之。今戎狄所爲攻戰，以吾地與民。民之在我，與其在彼，何異？民欲以我故戰，殺人父子而君之，吾不忍爲。』乃與私屬遂去豳，渡漆、沮，踰梁山，止於岐下。豳人舉國扶老攜弱，盡復歸古公於岐下。及他旁國聞古公仁，亦多歸之。」《吴越春秋》曰：「古公去邠，處岐周，居三月成城郭，一年成邑，二年成都，而民五倍其初。」《帝王世紀》曰：「古公亶父遂策杖而去，止於岐山之陽，邑于周地，故始改國曰周。豳人聞之曰：『仁人不可失也。』東循而奔從之者如歸市焉。一年而成三千户之邑，二年而成都，三年五倍其初。」《琴操》曰：「《岐山操》者，周太王之所作也。太王居豳，狄人攻之，仁恩惻隱，不忍流血，選練珍寶、犬馬、皮幣、束帛與之。狄侵不止。問其所欲，欲得土地。太王曰：『土地者，所以養萬民也。吾將委國而去矣，二三子亦何患乎無君焉！』遂杖策而去，踰乎梁，而邑乎岐山。自傷劣不能化夷狄，爲之所侵，喟然歎息，援琴而鼓之。」諸説皆與傳相發明。「策杖」似誤倒，當從《莊子》、《吕覽》、《琴操》作「杖策」。

宣王問於春子曰：「寡人欲行孝弟之義，爲之有道乎？」【注】宣王，齊君，陳敬仲之後也。春子曰：「昔者衛聞之樂正子【注】樂正子，曾子弟子也。曰：文王之治岐也，五十者杖於家，六十者杖於鄉，七十者杖於朝，【注】「朝」當爲「國」。見君揖杖。【注】「揖」當爲「去」。八十者杖於朝，見君揖杖。【注】揖，挾也。君曰：『趣見客，毋俟朝。』【注】不欲久停老者也。古者七十致仕，來者客之也。以朝乘車輲輪，【注】乘車，安車也。言輲輪，明其小也。陳壽祺曰：此注見《禮記・曲禮》正義引《書傳・略説》。又曰：《儀禮通解》引注無「言輲輪」以下七字，云：「見前『乘安車』注。」蓋《通解》前引《曲禮》載疏引《書傳》及注之文，故此處不重載鄭注也。今補。御爲僕，送至於家。【注】御，君之御也。而孝弟之義達於諸侯。九十杖而朝，見君建杖。【注】建，樹也。君曰：『趣見，毋俟朝。』以朝車送之舍。天子重鄉養，【注】舍，館也。重，猶尊也。養，以禮食之也。卜筮巫醫御於前，祝咽祝哽以食，《禮書》引作「祝饐祝鯁」。乘車輲輪，胥與就膳徹，【注】胥，樂官也。就，成也。胥成膳徹，謂以樂食之也。送至於家。君如有欲問，明日就其室，以珍從。【注】明日，明旦。而孝弟之義達於四海。此文王之治岐也。君如欲行孝弟之大義，盍反文王之治岐？」《儀禮經傳通解》十九《五學》引傳、注。又《玉海》七十四末引注。「九十」以下至「達於四海」，又見《禮書》五十。篇首見《困學紀聞》卷五。

疏證曰：陳壽祺曰：《禮記・曲禮》正義引《書傳・略説》「致仕者以朝乘車輲輪」，在此篇。《呂氏春秋》「春居問於齊宣王」，王稱之。春居，王氏《困學紀聞》以爲即《大傳》所謂春子。《家語》言養老事則孔子之問哀公，疑王肅剽《書傳》而爲之。

錫瑞案：《禮・王制》：「五十杖於家，六十杖於鄉，七十杖於國，八十杖於朝，九十者天子欲有問焉，則就其室，以珍從。七十不俟朝。」注云：「大夫、士之老者，揖君則退。」正義曰：「此謂大夫、士老年而聽致仕者，則七十杖於國，朝君之時，入門至朝位，君出，揖之即退，不待朝事畢也。」案：如正義，是君揖老者，非老者揖君。宋本「揖君」作「君揖」是也。鄭注云：「朝，當爲『國』。揖，當爲『去』。」蓋據《禮》，七十者杖於國，猶未能杖於朝。云「七十致仕，來者客之」，亦與《王制》注文合也。「揖杖」者，持杖如揖。《呂氏春秋》：「孔子弟子從遠方來者，持杖而揖之，問曰：『子之母不有急乎？』」即「揖杖」之證。注云「乘車，安車。輲輪，明其小」者，《曲禮》曰：「行，役以婦人。適四方，乘安車。」注：「婦人、安車，所以養其身體也。安車，坐乘，若今小車矣。」疏引此傳云云。案：《説文・車部》：「輇，蕃車下庳輪也。」車有蕃蔽，而下爲卑輪，故爲安車，以輪卑則車安也。「輪」下云「無輻曰輇」，蓋喪車、安車皆無輻，取其安。故喪車亦曰輇車，鄭注《周禮》「蜃車」云「《禮記》或作『槫』，或作『輇』」是也。輇車亦曰輲車，《雜記》「大夫載以輲車」是也。戴震云：「輇者，輪之名。輲者，❶車之名。」然則輲輪當亦如葬車之輪，近地而行。故鄭云「明其小」也。若《援神契》云「安車輭輪」，注云：「安車，坐乘之車。輭輪，蒲裹輪。」是輭輪即蒲輪，與此云輲輪之義不同矣。「鄉養」者，鄉飲養老之禮。鄭君《目録》曰：「凡鄉飲酒禮有四，四則黨正蜡祭飲酒。」《鄉飲酒義》所云「六十者坐，五十者立侍」是已。十月行禮，當爲黨正飲酒事。《周禮・黨正》云：「國索鬼神而祭祀，則以禮屬民，而飲酒於序，以正齒位。」注：「國索鬼神而祭祀，謂歲十二月大蜡之時，建亥之月也。正齒位者，《鄉飲酒義》所謂『六十者坐，五十者立侍。六十者三豆，七十者四豆，八十者五豆，九十者六豆』是也。必正之者，爲民三時務農，將闕於禮，至此農隙而教之尊長養老，見孝弟之道也。」天子十月亦與羣臣有飲酒之禮。《月令・孟冬之月》云：「是月也，大飲烝。」注：「十月農功畢，天子與其諸侯、羣臣飲酒於大學，以正齒位，謂之大飲。別之于燕，其禮亡。今天子以燕禮、郡國以鄉飲酒禮代之。」《詩・七月》云：「十月滌場，朋酒斯饗。曰殺羔羊，躋彼公堂，稱彼兕觥。」亦即此禮也。「祝咽祝哽」者，《後漢・明帝紀》：「幸辟雍，初行養老禮。詔曰：『尊事三老，兄事五更，朕親袒割，執爵而酳。祝哽在前，祝噎在後。』」注云：「老人食多哽噎，故置人於前後祝之，令其不哽噎也。」鄭注云「膳徹，謂以樂食之也」者，《文王世子》曰：「適饌省醴，養老之珍具，遂發咏焉。退修之，以孝養也。反，登歌《清廟》。既歌而語，以成之也。言父子、君臣、長幼之道，合德音之致，禮之

❶「輲」，原作「輪」，今據清乾隆紀氏閲微草堂刻《考工記圖・釋車》改。

大者也。下管《象》，舞《大武》，大合衆以事，達有神，興有德也。正君臣之位、貴賤之等焉，而上下之義行矣。有司告以樂闋。」注云：「發咏，謂以樂納之。獻畢而樂闋，反就席，乃席工於西階上，歌《清廟》以樂之。既歌，謂樂正告正歌備也。闋，終也。告君以歌舞之樂終。此所告者，謂無算樂。」據此，則天子養老有納賓、登歌、下管及無算樂。《文王世子》多言文王時事，其與傳言文王治岐尤可相發明。

大夫、士七十而致仕，老於鄉里。大夫爲父師，士爲少師。【注】所謂里庶尹也。古者仕焉而已者，歸教於閭里。耰鉏已藏，祈樂已入，【注】祈樂，當爲「新穀」。歲事已畢，餘子皆入學。【注】餘子猶衆子也。古者適子恒代父而仕也。十五始入小學，見小節，踐小義。十八入大學，見大節，踐大義焉。【注】小節、小義，正謂始□典□師受業。大節、大義，謂博習盡識也。距冬至四十五日始出學，傳農事。【注】立春學止。上老平明坐於右塾，庶老坐於左塾，餘子畢出，然後皆歸。夕亦如之。【注】上老，父師也。庶老，少師也。餘子皆入，父之齒隨行，兄之齒雁行，朋友不相踰。輕任并，重任分，頒白者不提攜。出入皆如之。

《儀禮通解》卷九《學制第十六》引傳、注全。又《禮書》四十九引傳全。又《儀禮・鄉飲酒》疏、《禮記・曲禮》《王制》正義並節引，稱《書傳・略説》。又《尚書・洛誥》正義、《禮記・學記》正義、《藝文類聚》三十八《禮部》、《御覽》五百三十四《禮儀部十三》並節引。《類聚》、《御覽》「已畢」並作「欲畢」。又見《文獻通考》、《玉海》、《困學紀聞》卷八。

疏證曰：陳壽祺曰：門塾之學，《漢書・食貨志》、《白虎通》、《公羊傳》宣十年注，當作「十五年」，此云十年，誤。《禮記・學記》注皆有此説，蓋本《書傳》。《尚書・洛誥》正義引《書傳》此文而釋之曰「是教農人以義也」，以爲「予其明農哉」之證。然則《略説》亦是申解《洛誥》此句經文耳。

錫瑞案：《爾雅・釋宮》：「門側之堂謂之塾。」《禮・學記》：「古之教者，家有塾。」注云：「古者仕焉而已者，歸教於閭里，朝夕坐於門。門側之堂謂之塾。」正義曰：「《周禮》：百里之内，二十五家爲閭，同共一巷，巷首有門，門邊有塾。謂民在家之時，朝夕出入，恒受教於塾。故云『家有塾』。」《白虎通》曰：「所以必有塾何？欲以飾門，因取其名。明臣下當見於君，必先孰思其事也。」則古字本作「孰」，後乃增「土」字耳。《公羊》宣十五年傳解詁曰：「一里八十户，八家共一巷。中里爲校室。選其耆老有高德者名曰父老，其有辨護伉健者爲里正，皆受倍田，得乘馬。父老比三老孝弟官屬，里正比庶人在官吏。民春、夏出田，秋、冬入保城郭。田作之時，春，父老及里正旦開門，坐塾上，晏出後時者不得出，莫不持樵者不得入。五穀畢入，民皆居宅。十月事訖，父老教於校室，八歲者學小學，十五者學大學。」《漢書·食貨志》曰：「春，將出民，❶里胥平旦坐於右塾，鄰長坐於左塾，畢出然後歸，夕亦如之。入者必持薪樵，輕重相分，斑白不提挈。冬，民既入。是月，餘子亦在於序室。八歲入小學，學六甲、五方、書計之事，始知室家長幼之節。十五入大學，學先聖禮樂，而知朝廷君臣之禮。」《白虎通·辟雍》篇曰：「古之教民者，里皆有師。里中之老有道德者爲里右師，其次爲左師，教里中之子弟以道藝、孝悌、仁義。立春而就事，朝則坐於里之門，餘子皆出就農而後罷。其有出入不時，早晏不節，有過，故使語之，言心無由生也。此處有脱文。若既收藏，皆入教學。其有賢才美質知學者，足以開其心。頑鈍之民，亦足以别於禽獸而知人倫。故無不教之民。孔子曰：『以不教民戰，是謂棄之。』明無不教民也。」案：諸説皆與傳相發明。右尊於左，蓋用殷法。上老、庶老坐於塾，所以教之學。里胥、鄰長坐於塾，所以教之耕。段玉裁曰：「《尚書大傳》蓋謂北面之塾也，《食貨志》蓋謂南面之塾也。」「父之齒隨行」云云者，亦見《禮·王制》。《王制》正義曰：「任，謂有擔負者俱應擔負，老少並輕，則併與少者擔之也。重任分者，老少並重，不可併與少者一人，則分爲輕重，重與少者，輕與老者。」《王制》多與傳義合也。

傳曰：已有三牲，必田狩者，孝子之意，以

---

❶「將」，原作「秋」，今據《漢書·食貨志》改。

爲己之所養不如天地自然之性逸豫肥美。禽獸多則傷五穀，因習兵事，又不空設，故因以捕禽獸，所以共承宗廟，示不忘武備，又因以爲田除害。鮮者何也？秋取嘗也。【注】取禽嘗祭。秋取嘗何以也？習鬥也。習鬥也者，男子之事也。然而戰鬥不可空習，故於蒐狩閑之也。閑之者，貫之也。貫之者，習之也。已祭，取餘獲陳於澤，【注】澤，射宮也。然後卿、大夫相與射。命中者雖不中也取，命不中者雖中也不取。何以也？所以貴揖讓之取而賤勇力之取也。鄉之取也於囿中，勇力之取也；於澤，揖讓之取也。《儀禮集傳集解》卷三十六《王制之壬》引傳、注。又《儀禮·鄉射·記》注引「戰鬥」以下至末，「何以也」，「也」作「然」。又《毛詩·車攻》正義、《周禮·大司徒·囿人》疏、《禮記·郊特牲》《射義》正義、《玉海·射》並節引。

疏證曰：陳壽祺曰：此條諸書所引不言何篇，盧氏本入之《略説》，無所據。觀傳文專釋「鮮」字爲「秋取嘗」，疑是《鮮誓》之傳，未敢斷也。

錫瑞案：陳説是也。《穀梁》昭八年傳曰：「秋，蒐于紅，正也。因蒐狩以習用武事，禮之大者也。禽雖多，天子取三十焉，其餘與士衆，以習射於射宮。射而中，田不得禽，則得禽；田得禽，而射不中，則不得禽。是以知古之貴仁義而賤勇力也。」注云：「射宮，澤宮。射以不爭爲仁，揖讓爲義。」疏云：「『古之貴仁義』者，謂田獵之時，務在得禽，不升降，是勇力也；射宮之内，有揖讓周旋，是仁義也。田雖不得禽，射中則得禽，是貴仁義而賤勇力也。」《毛詩·車攻》傳曰：陳云《六月》傳，誤。「禽雖多，擇取三十焉，其餘以與大夫、士，以習射於澤宮。田雖得禽，射不中不得取禽；田雖不得禽，射中則得取禽。古者以辭讓取，不以勇力取。」正義曰：「其餘每禽三十之外，以與卿、大夫、士習射澤宮，所以班餘獲射也。不言諸侯，諸侯不常在。卿、大夫尚得與射，諸侯在射可知也。以大獸公之，非復己物，君賜使射，故非中不取。言嚮者田獵，所取用勇力；今射者禮樂，所取用辭讓也。此當有成文，《書傳》、《穀梁傳》與此略同。」案：孔疏甚明，傳蓋與《穀梁》、毛傳同用古禮。《周禮・地官陳云「大司馬」誤，當作「大司徒」。・囿人》疏曰：「案《孟子》：『文王之囿七十里，芻蕘者往焉。』天子之囿百里，並是田獵之處。」引《書傳》云云，曰：「是爲蒐狩之常處也。」《禮記・郊特牲》正義曰：「王者獵在囿，而主皮射亦在澤。故鄭注《鄉射記》引《尚書傳》云云，曰：『澤，習禮之處。』」《射義》：「天子將祭，必先習射於澤者，所以擇士也。已射於澤，而后射於射宮。」正義曰：「澤是宮名。於此宮中射而擇士，故謂此宮爲澤。澤所在無文，蓋於寬閑之處，近水澤而爲之也。非唯祭而擇士，餘射亦在其中。」引《書傳》論「主皮射」云云，曰：「是主皮之射亦近於澤也。選士於澤，不射侯也，但試武而已。故《司弓矢》云：『澤，共射椹質之弓矢。』鄭司農引此《射義》之文以釋之，是知於澤中射椹質而已。又鄭注《司弓矢》云：❶『樹椹，以爲射正，射甲與椹，試弓習武也。』其主皮之射，則張皮，亦揖讓也。」《儀禮・鄉射記》：「禮，射不主皮。主皮之射者，勝者又射，不勝者降。」注云：「主皮者無侯，張獸皮而射之，主於獲也。」引《尚書傳》云云，曰：「澤，習禮之處，非所於行禮，其射又主中，此主皮之射與？」賈疏云：「揖讓取即是行禮。而云『非所於行禮』者，揖讓雖是禮，對大射之等，其體比於禮，其節比於樂，爲非所行禮也。云『此主皮之射與』者，《書傳》不言『主皮』，以義約同，故云『與』以疑之也。」下與《禮記》孔疏略同。傳云「已有三牲，必田狩」云云者，《白虎通・田獵》篇曰：「王者、諸侯所以田獵者何？爲田除害，上以共宗廟，下以簡集士衆也。四時之田總名爲田何？爲田除害也。王者祭宗廟，親自取禽者何？尊重先祖，必欲自射，加功力也。」《公羊》桓四年傳解詁曰：「已有三牲，必田狩者，孝子之意，以爲己之所養不如天地自然之牲逸豫肥美。禽獸多則傷五穀，因習兵事，又不空設，故因以捕禽獸，所以共承宗廟，示亦防武備，❷又因以爲田除害也。」皆與傳義相合，解詁更與傳文多同，蓋即用傳文。傳云「囿中」

❶「云」，原作「之」，今據《禮記・射義》正義改。

❷「亦防」，宋刻本《春秋公羊經傳解詁》卷二作「不忘」。皮氏此處轉引自《白虎通疏證》卷一二。

者，《毛詩・靈臺》「王在靈囿」，傳曰：「天子百里，諸侯四十里。」《白虎通・田獵》篇曰：「囿，天子百里，大國四十里，次國三十里，小國二十里。」《公羊》成十八年傳解詁曰：「天子囿方百里，公、侯十里，伯七里，子、男五里。」疏以爲《孟子》文，《司馬法》亦云。今《孟子》無其文，或《孟子》外篇語也，其説不同。焦循《孟子正義》曰：「意者《公羊傳》注所指爲離宫，《毛詩傳》、《白虎通》所指爲御苑，義或然也。」

天子太子年十八曰孟侯。【注】孟，迎也。注惟見《毛詩・豳譜》正義。

孟侯者，於四方諸侯來朝，迎於郊者，問其所不知也。問之人民之所好惡、土地所生美珍怪異、山川之所有無，及父在時，皆知之。【注】十八，嚮入大學爲成人，博問庶事也。《太平御覽》百四十六《皇親部十二》引全，惟傳首無「天子」二字，注無「孟，迎也」三字。《毛詩・豳風譜》正義節引，作《書傳・略説》，有「天子」二字。又《尚書・康誥》正義、《毛詩・采菽》正義、《儀禮・覲禮》疏、《禮記・月令》正義、《周禮・大行人》疏、《藝文類聚》十六《儲宫部》。

疏證曰：《白虎通・朝聘》篇曰：「朝禮奈何？諸侯將至京師，使人通命於天子，天子遣大夫迎之百里之郊，遣世子迎之五十里之郊矣。」引《覲禮》及此傳云云。《覲禮》賈公彦疏引《書大傳》太子出迎之文，以爲此異代之制，又引《孝經》鄭注「天子使世子郊迎」，「皆異代法，非周制也」。鄭君注《康誥》曰：「依《略説》，太子十八爲孟侯，而呼成王。」孔疏駁之，以爲禮制無文。錫瑞案：《大傳・説命》篇云：「高宗爲太子之時，盡已知天下人民之所好惡。」其義正與《略説》相合，是太子迎侯本殷法。封康叔在居攝四年，未作《周禮》，周公呼成王爲孟侯，蓋循殷制。其後定禮，損益前代，無復此制，故《覲禮》無太子迎侯之文。惟伏生多見古書，猶識其事。賈疏以爲異代之制，近是。孔疏謂禮制無文，非也。孔疏又云：「豈周公自許天子，以王爲孟侯？皆不可信。」案：周公攝政稱天子，見《逸周書・明堂解》、《禮記・明堂位》、《大傳》、《史記》、《淮南》、《説苑》、《論衡》。土無二王，公稱天子，則成王止可稱世子。古者世子之稱，繫與今君，亦繫於先君。《禮記》：「曾子問曰：『君薨而世子生，如之何？』」是君薨仍可稱世子。

「孔子曰：『卿、大夫、士從攝主。』」是古有代君攝位之事。《左氏傳》曰：「是以隱公立而奉之。」杜注云：「立爲太子，帥國人奉之。」孔疏云：「太子，父在之稱。今惠公已薨，而云立爲太子者，以其未堪爲君，仍處太子之位故也。」以此推之，成王少，未堪爲君，猶之魯桓；周公攝位，猶之魯隱。隱公可奉桓公爲太子，周公何不可奉成王爲太子乎？《文王世子》云「抗世子法於伯禽」，此周公奉成王爲世子之明證。成王爲太子，故曰孟侯。「孟」訓「迎」，句。「侯」屬諸侯。周公使成王迎諸侯，非周公以王爲侯也。王鳴盛據《大戴記・公冠》篇謂「成王可稱公，即可稱侯」。孫星衍據《釋詁》云「侯，君也」，謂「孟侯猶云長君。漢靈帝皇子辯號史侯，皇子協號董侯」。案：王氏、孫氏雖申伏義，與伏義全不相符。傳云「孟侯」，謂太子迎諸侯。王氏、孫氏皆謂太子爲侯，明與伏、鄭之説相違，且無以解孔疏之惑。史侯、董侯乃亂世之事，何可以證古制？

古者帝王躬率有司、百執事，而以正月朝迎日於東郊，以爲萬物先而尊事天也。祀上帝於南郊，所以報天德。迎日之辭曰：「維某年某月上日，明光於上下，勤施於四方，旁作穆穆。維予一人某，敬拜迎日東郊。」迎日，謂春分迎日也。《堯典》曰「寅賓出日」，此之謂也。《儀禮通解續》二十二《天神》。又《禮記・玉藻》正義引「祀上帝於南郊，即春迎日於東郊」，作《書傳・略説》。又《毛詩・噫嘻》正義、《禮記・郊特牲》正義、《宋書・禮志》、《玉海》。錫瑞案：《玉燭寶典》引《大傳》，「以爲」上多「所」字；「祀上帝」作「禮上帝」；「天德」下多「也」字；「某年月上日」作「其月上日」；「迎日東郊」，「日」下多「於」字。

疏證曰：《大戴禮・公冠》篇曰：「維某年某月上日，明光於上下，勤施於四方，旁作穆穆。維予一人某，敬拜迎於郊。以正月朔日，迎日於東郊。」與傳文略同。《禮記・玉藻》：「玄端而朝日於東門之外。」注云：「『端』，當爲『冕』，字之誤也。玄衣而冕，冕服之下。朝日，春分之時也。」正義曰：「按《書傳・略説》云『祀上帝於南郊』，即春迎日於東郊。彼謂孟春，與此春分朝日別。」又「郊之祭也，迎長日之至也」，注云：「《易説》曰：『三王之郊，一用夏正。』夏正，建寅之月也。此言『迎長日』者，建卯而晝夜分，分而日長也。」正義曰：「按《書傳》云：『迎日，謂春分迎日也。』即引『寅賓出日』，皆謂春分。知此迎長日非春分者，此云『兆於南郊，就陽位』，若是春分朝日，當在東郊，故知非也。」據孔疏之説，則古天子迎日之禮有二：一建寅之月迎日於南郊，一春分迎日於東郊。傳文蓋兼舉之，而云：「正月朝迎日於東郊，祀上帝於南郊。」似與孔疏之説略異。蓋謂正月郊天在南郊，而迎日仍在東郊，與春分迎日同。《南齊書·禮志》何佟之引：「《覲禮》：『天子出，拜日於東門之外。』盧植以立春之日也。《禮記·保傅》云：『三代之禮，天子春朝朝日，秋暮夕月，所以明有敬也。』❶而不明所用之定辰。馬、鄭云用二分之時，盧植云用立春之日。」據此，則盧氏以朝日在立春之日，與傳云正月合；鄭注以爲春分，未合傳義。

王者存二王之後，與己爲三，所以通三統，立三正。周人以至日爲正，殷人以日至後三十日爲正，夏人以日至後六十日爲正。天有三統，土有三王。三王者，所以統天下也。

【注】所存二王後者，命使郊天，以天子禮祭其始祖，受命之王，自行其正朔服色。此謂通天三統。《尚書·微子之命》正義引傳、注。陳壽祺曰：末句「三統」或作「之統」。案《毛詩·生民》正義云：「王者存先代，所以通天三統。」此用《書傳》及鄭注，作「通天三統」是也。

疏證曰：陳壽祺曰：《漢書·成帝紀十》綏和元年詔曰：「蓋聞王者必存二王之後，所以通三統也。」本此。

錫瑞案：《禮記·郊特牲》曰：「天子存二代之後，猶尊賢也。尊賢不過二代。」疏引《異義》：「《公羊》説：存二王之後，所以通天三統之義。引此文。古《春秋左氏》説周家封夏、殷二王之後以爲上公，封黄帝、堯、舜之後，謂之三恪。許慎謹案云：治魯《詩》丞相韋玄成、治《易》施讎等説引《外傳》曰：『三王之樂可得觀乎？』知王者所封三代而已。不與《左氏》説同。鄭駁之云：『所存二王之後者，命使郊天，以天

❶「敬」，《大戴禮記》卷三作「別」。

子之禮祭其始祖、受命之王，自行其正朔、服色。恪者，敬也。敬其先聖而封其後，與諸侯無殊異，何得比夏、殷之後？』」又《魯頌譜》曰：「故孔子亦録其詩之頌，同於王者之後也。」鄭君蓋用此傳與《公羊》也。《繁露·三代改制質文》篇曰：「王者之法必正號，絀王（當作「三王之前」）。謂之帝，封其後以小國，使奉祀之。下存二王之後以大國，使服其服，行其禮樂，稱客而朝。故同時稱帝者五，稱王者三，所以昭五端，通三統也。」❶《公羊》隱三年「春，王二月」，解詁曰：「二月、三月皆有王者。二月，殷之正月也。三月，夏之正月也。王者存二王之後，使統其正朔，服其服色，行其禮樂，所以尊先聖，通三統。師法之義，恭讓之禮，於是可得而觀之。」《白虎通·三正》篇曰：「王者所以存二王之後何也？所以尊先王，通天下之三統也。明天下非一家之有，謹敬謙讓之至也。故封之百里，使得服其正色，行其禮樂，永事先祖。《春秋傳》曰：『王者存二王之後，使服其正色，行其禮樂。』」伏生與《公羊》皆齊學今文家，故其義同矣。《史記·舜本紀》曰：「堯子丹朱，舜子商均，皆有疆土，以奉先祀。服其服，禮樂如之。以客見天子，天子弗臣，示不敢專也。」《漢書·谷永傳》曰：「垂三統，列三正。明天下迺天下之天下，非一人之天下也。」《劉向傳》曰：「王者必通三統，明天命所授者博，非獨一姓也。」《左傳疏》引服注曰：「孔子作《春秋》，於春每月書『王』，以統三王之正。」皆同傳義。

天有三統，物有三變，故正色有三。天有三生、三死，故土有三王，王特一生死。《禮記·檀弓上》正義引《書傳·略説》。

周以至動，殷以萌，夏以牙。【注】謂三王之正也。至動，冬日至，物始動也。物有三變，故正色有三。天有三生三死，故土有三王，王特一生死。是故周人以日至爲正，殷人以日至三十日爲正，夏以日至六十日爲正。是故三統三正若循連環，周則又始，窮則反本。《公羊傳》隱元年疏引《書傳·略説》。

夏以孟春爲正，殷以季冬爲正，周以仲冬爲

❶「通」上，原有空格，今據《春秋繁露》卷七删。

正。夏以十三月爲正，色尚黑，以平旦爲朔。殷以十二月爲正，色尚白，以雞鳴爲朔。周以十一月爲正，色尚赤，以夜半爲朔。不以二月後爲正者，萬物不齊，莫適所統，故必以三微之月也。三正之相承，若順連環也。《白虎通・三正》篇。又《御覽》二十九《時序部十四》引同，惟「二月」作「二三月」，「所統」作「所立」，末句無「順」字。又《御覽》二十六《時序部十一》、《初學記・歲時下》。錫瑞案：《玉燭寶典》引「仲冬爲正」下多「孟春爲正，其貴刑也」八字。

疏證曰：《春秋緯感精符》曰：「十一月建子，天始施之端，謂之天統，周正服色尚赤，襐物萌色赤也。十二月建丑，地始化之端，謂之地統，殷正服色尚白，襐物牙色白。正月建寅，人始化之端，謂之人統。夏正服色尚黑，襐物生色黑也。周以天統，服色尚赤者，陽道尚左，故天左旋，周以木德王，火是其子，火色赤，左行，用其赤色也。殷以地統，服色尚白者，陰道尚右，其行右轉，殷以水德王，金是其母，金色白，故右行，用其白色。夏以人統，服色尚黑者，人亦尚左，夏以金德王，水是其子，水色黑，故左行，用其黑色。」《白虎通・三正》篇曰：「正朔者三何？本天有三統，謂三微之月也。明王者當奉順而成之，故受命各統一正也，敬始重本也。朔者，蘇也，革也。言萬物革更於是，故統焉。《禮三正記》曰『正朔三而改，文質再而復』也。三微者何謂也？陽氣始施黃泉，動微而未著也。十一月之時，陽氣始養根株黃泉之下，萬物皆赤。赤者，盛陽之氣也。故周爲天正，色尚赤也。十二月之時，萬物始牙而白。白者，陰氣。故殷爲地正，色尚白也。十三月之時，萬物始達，孚甲而出，皆黑，人得加功。故夏爲人正，色尚黑。」引此傳文云云，曰：「孔子承周之弊，行夏之時，知繼十一月正者，當用十三月也。」《公羊》隱元年解詁曰：「夏以斗建寅之月爲正，平旦爲朔，法物見，色尚黑。殷以斗建丑之月爲正，雞鳴爲朔，法物牙，色尚白。周以斗建子之月爲正，夜半爲朔，法物萌，色尚赤。」《後漢書・章帝紀》元和二年詔曰：「《春秋》於春每月書『王』者，重三正，愼三微也。」注引《禮記》曰：「三微者，三正之始，萬物皆微，物色不同，故王者取法焉。十一月時，陽氣始施於黃泉之下，色皆赤。赤者，陽氣。故周爲天正，色尚赤。十二月，萬物始牙而色白。白者，陰氣。故殷爲地正，色尚白。十三月，萬物孚甲而出，其色皆黑，人得加功展業，故夏爲人正，色尚黑。」又《陳寵傳》奏曰：「三微成著，以通三統。」注引《義宗》曰：「故曰三微，王者奉而成之，各法其一，以改正朔也。」又《魯恭傳》曰：「孝章皇帝深惟古人之道，助三正之微。」皆本傳義。

夏以十三月爲正，色尚黑，以平旦爲朔。殷以十二月爲正，色尚白，以雞鳴爲朔。周以十一月爲正，色尚赤，以夜半爲朔。必以三微之月爲正者，當爾之時，物皆尚微，王者受命，當扶微理弱奉成之義也。《後漢書·章帝紀》注。又《通典·賓禮一》引，末云：「必用三微之月爲正，時物尚微，以明王者受命，扶微章成，此正使其道重大正始也。」錫瑞案：陳本作「理得章成」，據《後漢·章帝紀》注改。

疏證曰：陳壽祺曰：《書傳》説「正朔」二字最晰。

錫瑞案：傳文與《禮緯》、《白虎通》、《公羊解詁》皆云：「夏以平旦爲朔，殷以雞鳴爲朔，周以夜半爲朔。」蓋夏正建寅，而朔亦用寅時；殷正建丑，而朔亦用丑時；周正建子，而朔亦用子時。後世既從夏正建寅，應以平旦爲朔，乃正建寅而朔用子，是名爲夏正，而實從周朔。此《太玄》所謂「童牛角馬，不今不古」者。蓋自漢武時改正已誤，後遂莫能是正，近儒孫星衍始辨其失。

周以至動，殷以萌，夏以牙。【注】謂三王之政也。至動，冬至日物始動也。物有三變，故正色有三。天有三生三死，【注】異時生者恒異時死。是故周人以日至爲正，殷人以日至三十日爲正，夏以日至六十日爲正。天有三統，土有三王。【注】統，本也。三統者，所以序生也。三正者，所以統天下也。三統若循連環，周則又始，窮則反本也。夏以孟春爲正者，貴形也。《御覽》二十九《時序部十四》。又《文選·西征賦》《遊仙詩》《臨終詩》《廣絶交論》等注並引「三王之統，若循連環」云云。錫瑞案：《玉燭寶典》引傳「天有三統」作「火有三統」，注「物始動也」作「始動之也」。

殷以季冬爲正者，其貴萌也。周以仲冬爲

正者，其貴微也。《玉燭寶典》。

三王之治，若循環之無端，如水之勝火。《御覽》七十六《皇王部一》。王者一質一文，據天地之道。《白虎通・三正》篇。

疏證曰：《白虎通・三正》篇曰：「王者必一質一文者何？所以承天地，順陰陽。陽之道極則陰道受，陰之道極則陽道受，明二陰二陽不能相繼也。質法天，文法地而已。故天爲質，地受而化之，養而成之，故爲文。」引此傳云云及《禮三正記》「質法天，文法地」也。《樂緯稽耀嘉》曰：「天道本下，親親而質省；地道敬上，尊尊而文煩。故王者始起，先本天道以治天下，質而親親。及其衰敝，其失也親親而不尊，故後王起，法地道，以文治天下，文而尊尊。及其衰敝，其失也尊尊而不親，故復反之於質也。」《文選注》引《元命苞》曰：「王者一質一文，據天地之道也，天質而地文也。」《説苑・修文》篇曰：「商者，常也。常者質，質主天。夏者，大也。大者，文也，文主地。故王者一商一夏，再而復者也。」《公羊》桓十一年解詁曰：「天道本下，親親而質省；地道敬上，尊尊而文煩。」疏云「出《樂説》文」是也。

正色三而復者也。《文選・皇太子宴玄圃賦詩》注。

疏證曰：《堯典》「三帛」，《史記》注引鄭注云：「高陽氏之後用赤繒，高辛氏之後用黑繒，其餘諸侯皆用白繒。」《通典》引《中候》云：「高陽氏尚赤，薦玉以赤繒；高辛氏尚黑，薦玉以黑繒；陶唐氏尚白，薦玉以白繒。」《公羊疏》引：「《禮説》云：『若尚色，天命以赤，尚赤；以白，尚白；以黑，尚黑。』宋氏云：『赤者，命以赤烏，故周尚赤。湯以白狼，故尚白。禹以玄珪，故尚黑也。』」《大義》引《感精符》云：「帝王之興，今從符瑞。周感赤雀，故尚赤；殷致白狼，故尚白；夏錫玄珪，故尚黑。」此「正色三而復」之證。《禮記・大傳》、《漢書》董仲舒對策、《公羊》隱元年解詁、《白虎通》引《春秋瑞應傳》，皆有「改正朔，易服色」之文。《後漢書》注引《禮記》曰：「正朔三而改，文質再而復。」《白虎通》引《禮三正記》曰：「正朔三而改，文質再而復。」皆與傳義相合。《通典》引《三禮義宗》曰：「若以《書傳》、《中候》文，依《三正記》推之，則三皇五帝之所尚，可得而知也。以周人代殷用天正而尚赤，殷人代夏用地正而尚白，夏以人正代舜而尚黑，則知虞氏之王當用天正而尚赤，陶唐氏當用地正而尚白，高辛氏當用人正而尚黑，高陽氏當用天正而尚赤，少皞氏當用地正而尚白，黃帝當用人正而尚黑，炎帝當用天正而尚赤，共工氏當用地正而尚白，太皞氏當用人正而尚黑也。」

諸侯有德者，一命以車服、弓矢，再命以虎賁三百人，三命秬鬯。諸侯三命者，皆受天子之樂，以祀其宗廟。《儀禮通解續·宗廟樂舞》。又《路史·後紀十一·陶唐紀》引至「以祀其宗廟」止，作《略説》。陳壽祺曰：此與《虞夏傳》所言不同。

疏證曰：漢人言九命、九賜，有數説。《説苑·修文》篇紀三賜之禮：「一賜以輿服，弓矢，再賜以鬯，三賜以虎賁百人。」其言一賜與此傳合，再賜、三賜則與傳先後互異。《白虎通·考黜》篇曰：「車馬、衣服、樂則三等者，賜與其物。《禮》：『天子賜侯氏車服，路先設，路下四亞之。』又曰：『諸侯奉篋服。』《王制》曰：『天子賜諸侯樂則，以柷將之。』《詩》曰：『君子來朝，何錫與之？雖無與之，路車乘馬。又何與之？玄袞及黼。』《書》曰：『明試以功，車服以庸。』朱户、納陛、虎賁者，皆與之制度，而鈇鉞、弓矢、矩鬯，皆與之物，各因其宜也。』」此班氏別載異義，分九錫爲三等，車馬、衣服、樂則爲一等，朱户、納陛、虎賁爲一等，鈇鉞、弓矢、秬鬯爲一等，而第一等已有樂則，第三等乃有弓矢，亦與此傳略異。

晉平公問師曠曰：「吾年七十，欲學，恐已暮。」師曠曰：「臣聞老而學者如執燭之明，執燭之明孰與昧行？」公曰：「善。」《藝文類聚》八十《火部》。

疏證曰：王引之曰：「執燭」之「執」當爲「熱」。熱，古「爇」字。《説苑·建本》篇作「炳燭」，「炳」乃「焫」之譌，「焫」與「爇」同。陳壽祺曰：自此以下七條，諸書所引《大傳》未稱《略説》。今以意定之，宜入此篇。

錫瑞案：《説苑》：「晉平公問師曠曰：『吾年七十，欲學恐晚，如何？』對曰：『暮不炳燭耶？臣聞少而學者，如日出之陽；壯而學者，如日中之光；老而學者，如炳燭之明。炳燭之明，孰與昧行？』平公曰：『善哉！善哉！』」

子曰：「心之精神是謂聖。」《孔子集語》卷下。又《繹史》八十六。

疏證曰：陳壽祺曰：孫之騄本入《五行傳》，蓋以爲「思心曰容」、「容作聖」之訓也，似近之。

錫瑞案：今文《尚書》作「思心曰容」、「容作聖」，陳案作「容」，非也。

子曰：「君子不可以不學，見人不可以不飾。不飾無貌，無貌不敬，不敬無禮，無禮不立。夫遠而光者，飾也；近而逾明者，學也。譬之圩邪，水潦集焉，菅蒲生焉。從上觀之，誰知非源水也。」《孔子集語》卷下。

疏證曰：陳壽祺曰：《大戴禮·勸學》篇與此大同。

錫瑞案：《大戴》「圩邪」作「洿邪」，「菅蒲」作「莞蒲」，「源水」作「源泉」。孔廣森補注曰：「洿邪，地之窳者也。《史記》曰：『汙邪滿車。』源泉喻學，水潦、莞蒲喻飾。」

子張曰：「仁者何樂於山也？」孔子曰：「夫山者⿱山忌然高。」「⿱山忌然高則何樂焉？」「夫山，草木生焉，鳥獸蕃焉，財用殖焉，生財用而無私爲焉，四方皆代焉，每無私予焉。出雲風以通乎天地之間，陰陽和合，雨露之澤，萬物以成，百姓以饗。此仁者之所以樂於山者也。」《太平御覽》四百十九《人事部六十》。又三十八《地部三》，「⿱山忌然」作「嵬嵬然」，無「⿱山忌然高」以下八字，「鳥」作「禽」，「財用」作「材木」，「風」作「雨」，無「生財」以下八字，又無「代焉每」三字。又《文選·頭陀寺碑文》注引「夫山」至「無私與焉」。陳壽祺曰：《孔叢》引此文，「代」作「伐」。

子貢曰：「葉公問政於夫子，子曰：『政在附近而來遠。』魯哀公問政，子曰：『政在於論臣。』齊景公問政，子曰：『政在於節用。』三君問政，夫子應之不同。然則政有異乎？」子曰：「荆之地廣而都狹，民有離志焉，故曰在於附近而來遠。哀公有臣三人，內比周以惑其君，外障距諸侯、賓客以蔽其明，故曰政在論臣。齊景公奢於臺榭，淫於苑囿，五官之樂不解，一旦而賜人百乘之家者三，故曰政在節用。」《孔子集語》卷下。

疏證曰：陳壽祺曰：《韓非子·難三》、《家語·辯政》、《説苑·政理》篇與此大同。《漢書·武帝紀》元朔六年詔：「蓋孔子對定公以徠遠，哀公以論臣，景公以節用，非期不同，所急異也。」臣瓚注曰：「《論語》及《韓子》皆言葉公問政於孔子，孔子答以悦近來遠。今云定公，與二書異。」

錫瑞案：傳與《論語》、《韓非》、《説苑》皆合，作「葉公」自不誤。云地廣都狹，此尤當屬葉公之明證。若魯之定公，不得云地廣矣。夫子口中不得稱哀公之謚，蓋記者以意改之。「有臣三人」，即季孫、叔孫、孟孫三家。

東郭子思問於子貢曰：「夫子之門，何其雜也？」子貢曰：「夫檃括之旁多枉木，良醫之門多疾人，砥礪之旁多頑鈍。」夫子聞之曰：「修道以俟天下，來者不止，是以雜也。」《孔子集語》卷下。又《繹史》九十五。

疏證曰：陳壽祺曰：《説苑·雜言》篇與此同，惟「子思」之「思」作「惠」。《荀子·法行篇》與此小異，「東郭子思」作「南郭惠子」。劉恕《外紀》卷九載「東郭子惠問於子貢」云云，不著所徵，然與《説苑》異，與《書傳》同，則《書傳》之文也。思，當爲「惠」。

錫瑞案：《荀子》作：「子貢曰：『君子正身以俟，欲來者不距，欲去者不止。且夫良醫之門多病人，檃括之側多枉木，是以雜也。』」傳以「修道以俟天下」三語爲夫子之言，與《荀子》不同，蓋所傳異。東郭子惠，不知何人。《莊子·外篇》田子方稱其師東郭順子，或即其人與？子方之師，正與子貢時代相接。《説文》：「檃，栝也。」「栝，檃也。」檃栝者，所以矯正曲木。字本从木，或通用「隱括」字。《公羊解詁序》云：「故遂隱括，使就繩墨焉。」《大戴禮·衛將軍文子》篇曰：「外寬而內直，自設於隱括之中。」盧注曰：「能以禮自聳直也。孔子曰：『隱括之旁多曲木也。』」

子夏讀《書》畢，見夫子。夫子問焉：「子何爲於《書》？」對曰：「《書》之論事也，昭昭若日月之明，離離若參辰之錯行。上有堯舜之道，下有三王之義。商所受於夫子者，志之弗敢忘也。雖退而窮居河、濟之間，深山之中，壞室編蓬爲户，於中彈琴詠先王之道，則可發憤慷慨矣。」《藝文類聚》六十四《居處部四》。又五十五《雜文部一》。又《草部下》，《文選》蘇子卿《古詩》注、左太沖《招隱詩》注、《非有先生論》注節引。《御覽·百卉四》。

子夏讀《書》畢，孔子問曰：「吾子何爲於《書》？」子夏曰：「《書》之論事，昭昭若日月焉。所受於夫子者，弗敢忘。退而窮居河、濟之間，深山之中，壞室蓬户，彈琴瑟以歌先王之風，有人亦樂之，無人亦樂之，上見堯舜之道，下見三王之義，可以忘死生矣。」孔子愀然變容曰：「嘻！子殆可以言《書》矣。雖然，見其表未見其裏，闚其門未入其中。」顏回曰：「何謂也？」孔子曰：「丘常悉心盡志以入其中，則前有高岸，後有大谿，填填正立而已。六《誓》可以觀義，五《誥》可以觀仁，《甫刑》可以觀誡，《洪範》可以觀度，《禹貢》可以觀事，《皋陶謨》可以觀治，《堯典》可以觀美。」《外紀》卷九。又《文選·夏侯常侍誄》注引「子見其表，未見其裏」。《御覽》四百十九《人事部六十》、《困學紀聞》卷二、《小學紺珠》卷四並引「六誓」以下。

疏證曰：陳壽祺曰：《外紀》引「子夏讀《書》畢」一條，未舉所徵。然《文選》注、《御覽》、《困學紀聞》分引數條，並與此合，是爲《書傳》文無疑。薛季宣《書古文訓·序》亦有此文，末有「通斯七者，《書》之大義舉矣」二句，亦不稱所出。而末敘七觀云：「是故《帝典》可以觀美，《大禹謨》、《禹貢》可以觀事，《皋陶謨》、《益稷》可以觀政，《洪範》可以觀度，六《誓》可以觀義，五《誥》可以觀仁，《甫刑》可以觀誡。」其序次與《孔叢子》同，與《御覽》、《困學紀聞》所引《大傳》七觀異，則非《書大傳》之文明矣。《孔叢》言《大禹謨》、《益稷》者，蓋作僞者羼入，而不知真古文與今文皆無

《大禹謨》，其《益稷》一篇則統於《皋陶謨》中也。又《韓詩外傳》説此事，以爲子夏讀《詩》。

錫瑞案：「六誓」者，《甘誓》、《湯誓》、《太誓》三篇、《牧誓》也；「五誥」者，《大誥》、《康誥》、《酒誥》、《洛誥》、《召誥》也，皆今文《尚書》文。伏生傳《書》，本無《太誓》，而此並數之，且分《太誓》爲三篇者，蓋歐陽、張生據後出篇數增之也。

子曰：「參！女以爲明主爲勞乎？昔者舜左禹而右皋陶，不下席而天下治。」《孔子集語》卷下。陳壽祺曰：此與《大戴禮·王言》篇同，末二句又與《説苑》卷一《君道》篇同。

疏證曰：孔廣森《大戴禮解詁》曰：「天道左陽而右陰，王者左德而右刑。禹宅百揆，故言左。皋陶作士，故言右。不下席，所謂無爲而治。」

尚書大傳

諸書所引，有未審何篇無所附者，今雜綴於此。

伊尹母方孕，行汲，化爲枯桑。其夫尋至水濱，見桑穴中有兒，乃收養之。《錦繡萬花谷·前集》卷十引《尚書大傳》。

疏證曰：《吕氏春秋》曰：「伊尹之母，居伊水上，孕，夢有神告之曰：『臼出水而東走，無顧。』明日，❶視臼中出水，告其鄰，東走，顧，其邑盡爲水，身化爲桑。有莘氏采桑，得嬰兒於桑之中，獻之於君。君命乳之，命之曰伊尹。」《水經注》曰：「昔有莘氏女采桑於伊川，得嬰兒於空桑中，言其母孕於伊水之濱，夢神告之曰：『臼水出而東走。』母明視而見臼水出焉，告其鄰居而走，顧望其邑，咸爲水矣。其母化爲空桑，子在其中矣。莘女取而獻之，命養於庖。長而有賢德，殷以爲尹，曰伊尹也。」其説小異。

民擊壤而歌，鑿井而飲，畊田而食，帝力何有。《禮記·經解》正義引《尚書傳》。

疏證曰：王充《論衡》曰：「堯時，五十之民擊壤於塗，觀者曰：『大哉！堯之德也。』擊壤者曰：『吾

❶「明」，原作「朝」，今據《四部叢刊》景明刊本《吕氏春秋·孝行覽》改。

日出而作，日入而息，鑿井而飲，耕田而食，堯何等力？』」《帝王世紀》曰：「堯帝之世，天下太和，百姓無事。有老人擊壤而歌曰：『日出而作，日入而息，鑿井而飲，畊田而食，帝力於我何有哉？』」《論語比考讖》曰：「叔孫武叔毀孔子，譬若堯民曰：『我畊田而食，穿井而飲，堯何力焉？』」《文選》注引《風土記》曰：「壤，以木爲之，前廣後鋭，長四尺三寸，其形如履。將戲，先側一壤，以地遥於三四十步，以手中壤擊之，中者爲上。」《御覽》亦載之，云「長尺三四寸」，其文小異。長四尺三寸，則不得如履形。當從《御覽》。

周人以仁接民而天下莫不仁，故曰大矣。

【注】言文王仁，故謂之大矣。《太平御覽》四百十九《人事部六十》。

文王施政而物皆聽。《文選·褚淵碑文》注、沈休文《奏彈王源》注。　周人可比屋而封。《文選·七命》注，《四子講德論》、《勸進今上箋》、《奏彈王源》等注。

成王削桐葉爲珪以封唐叔。《禮記·大傳》正義。

疏證曰：《吕氏春秋》曰：「叔虞與成王居，王援桐葉爲珪以授之，曰：『吾以此封汝。』虞以告周公。周公請曰：『天子封虞乎？』王曰：『余戲耳。』公曰：『天子無戲言。』時唐滅，乃封之於唐。」又《韓詩外傳》稱：「周成王與弟戲，以桐葉爲圭，曰：『吾以封汝。』周公曰：『天子無戲言。』王乃應時而封，故曰『應侯』。」《史記·晉世家》曰：「成王與叔虞戲，削桐葉爲珪，以與叔虞，曰：『以此封若。』史佚因請擇日立叔虞。成王曰：『吾與之戲爾。』史佚曰：『天子無戲言。言，則史書之，禮成之，樂歌之。』於是遂封叔虞於唐。」一以爲周公，一以爲史佚，所傳聞異。周公、史佚同在四輔之列，故致誤耳。

公，爵。劉，名也。《毛詩音義》。

疏證曰：《釋文》曰：「公劉，王云：『公，號。劉，名也。』王基云：『公劉，字也。』」正義曰：「鄭不辨『公劉』是名是字。王肅曰：『公，號也。劉，名也。』王基云：『周人以諱事神，王者祫百世。召公大賢，出自姬姓，稱揚先祖盛德之君而舉名，不亦遠於禮乎？』其意以爲公劉必是字也。計虞、夏之時，世代尚質，名字之别，難得而知。《世本》、《史記》不應皆没其名而盡書其字，以之爲名，未必非矣。鄭以姜嫄爲名，詩人亦得稱之，何獨公劉不可言其名也？周人自以諱事神，於時未有諱法，祫祭之及羣公，未能重於先妣，何當許姜嫄而怪公劉？王基雖述鄭，未必然也。王肅以『公』爲號，猶可焉。何則？后稷至於大王，十有餘世，唯三人稱公，何故三君特以公號，豈餘君不爲公也？若爲名單而以『公』配，則古公、祖紺者，復二名而加『公』矣。」據孔疏，則「劉」應爲名。周十有餘世，唯三人稱公，蓋嘗以諸侯入爲三公者，公劉爵爲公。傳義當有所據。

周公兼思三王之道，以施於春秋冬夏。《困學紀聞》卷八。

疏證曰：傳以四事爲四時之事者，詳見《五行傳》及《禮記·月令》、《漢書·魏相傳》：「相采《易》陰陽及《明堂月令》奏之，曰：『東方之神太昊，乘震執規司春；南方之神炎帝，乘離執衡司夏；西方之神少昊，乘兑執矩司秋；北方之神顓頊，乘坎執權司冬；中央之神黄帝，乘坤、艮執繩司下土。茲五帝所司，各有時也。東方之卦，不可以治西方；南方之卦，不可以治北方。春興兑治則饑，秋興震治則華，冬興離治則洩，夏興坎治則雹。明王謹於尊天，慎於養人。故立義、和之官以乘四時，節授民事。』」與傳義相合。

戰者，憚警之也。《白虎通·誅伐》篇，《藝文類聚》五十九《武部》。又《御覽》三百四《兵部三十五》，又三百八《兵部三十九》，「警」並作「驚」。

疏證曰：傳以「戰」爲「憚警」者，《廣雅·釋言》：「戰，憚也。」《法言·吾子篇》云「見豺而戰」，注：「戰，悸也。」「悸」有驚意，則訓「憚」者疊韻爲訓，訓「驚」者輾轉相訓。《論語·述而》云：「子之所慎：齊、戰、疾。」則作「警」亦通。

王者躬耕，所以供粢盛。《文選·籍田賦》注。

疏證曰：《禮記·祭義》曰：「是故昔者天子爲藉千畝，冕而朱紘，躬秉耒；諸侯爲藉百畝，冕而青紘，躬秉耒，以事天地、山川、社稷、先古，以爲醴酪齊盛於是乎取之，敬之至也。」《祭統》曰：「是故天子親耕於南郊，以共粢盛。」注：「齊，或爲『粢』。」

煙氛郊社不修，山川不祝，風雨不時，霜雪不降，責於天公。臣多弑主，孽多殺宗，五

品不訓，責於人公。城郭不繕，溝池不修，水泉不隆，水爲民害，責於地公。《論衡》卷十五《順鼓篇》。又《丹鉛總録》卷二十六《瑣語類》引，小異。

疏證曰：陳壽祺曰：《韓詩外傳》卷十八亦説天公、人公、地公，此與《夏傳》天子三公又爲一義。

錫瑞案：今文説以司馬主兵，亦謂天公；司徒主人，亦稱人公；司空主地，亦稱地公。此與《御覽》引《書傳》「百姓不親」云云見《夏傳》。似殊，而其義實不異。

季夏可以大赦罪人。《北堂書鈔・夏》。

衣錦尚蘏。《詩考・異字異義》、《困學紀聞》卷三。

【注】蘏，讀爲絅，或爲絺。《困學紀聞》卷三。

疏證曰：盧文弨曰：「字書無『蘏』字。《儀禮・士昏禮》『被顈』注：『顈，禪也。』賈疏引《詩》曰『褧衣』。又『加景』疏亦引『衣錦褧衣，裳錦褧裳』。『顈』與『景』即《詩》之『褧』字，字異而義同也。」陳喬樅曰：「案：『蘏』即『蘔』字轉寫之譌。蘔，即『顈』也。《禮記》釋文：『絅，本又作顈。《詩》作褧，同。』又《玉篇》『檾』亦作『苘』，云與『檾』同。《廣韻》又作『蔮』，並云與『苘』同，可證也。」《禮記・雜記》鄭注：「顈，草名。無葛之鄉，去麻則用顈。」《類篇》云：「蔮，麻屬。」是褧、絅義同，顈、檾字同。蓋以禪衣無裏言之，則爲絅、爲褧；以用枲反古言之，則爲顈，爲檾。蔮即蘔之渻文，蔮、蘔、苘皆「檾」之或體耳。

剴，切。《毛詩・雨無正》正義。

矜、寡、孤、獨，天民之窮而無告者，皆有常餼。《毛詩・大田》正義。

疏證曰：《禮記・王制》曰：「少而無父者謂之孤，老而無子者謂之獨，老而無妻者謂之矜，老而無夫者謂之寡。此四者，天民之窮而無告者也，皆有常餼。」正義曰：「此一節論矜恤鰥、寡、孤、獨之事。無妻無夫謂之矜寡者，按《孝經》云：『男子六十無妻曰鰥，婦人五十無夫曰寡。』舜年三十而《尚書》謂之鰥者，以其父頑母嚚，無爲娶之端，故雖三十而亦稱鰥。《詩》云：『何草不黄？』『何人不矜？』據久役在外，嫁娶失時，亦謂之爲矜。矜與鰥同。其男子無妻亦謂之寡。《左傳》云：『崔杼生成及彊而寡。』按劉熙《釋名》云：『無妻曰鰥。愁悒不能寐，目恒鰥鰥然。其字從魚，魚目恒不閉。無夫曰寡。寡者，倮也，倮然單獨也。無父曰孤。孤，顧也，顧望無所瞻見也。無子曰獨。獨，鹿也，鹿鹿無所依也。」

外無曠夫，内無怨女。《毛詩·雄雉序》正義。正義云：「《書傳》『曠夫』，謂未有室家者。」

老而無妻謂之鰥，老而無夫謂之寡，幼而無父謂之孤，老而無子謂之獨，行而無資謂之乏，居而無食謂之困，此皆天下之至悲哀而無告者。故聖人在上，君子在位，能者在職，必先施此，無使失職。《御覽》四百七十七《人事部百十八》。又《毛詩·何草不黄》正義、《周禮·遺人》《稾人》疏節引。

火發於密，水洩於深。《記纂淵海》卷一《水火》引《尚書大傳》。《萬卷菁華·前集》。❶

陳壽祺曰：《韓昌黎外集·擇言解》有「火洩於密，水發於深」二語，蓋本《書大傳》。

凡宗廟有先王之主曰都，無曰邑。唐釋湛然《止觀輔行傳宏決》卷第四之三注引《尚書大傳》。陳壽祺曰：傳文「宗廟」二字似有誤。

疏證曰：《左氏》莊二十八年傳：「凡邑，有宗廟先君之主曰都，無曰邑。」集解曰：「《周禮》：『四縣爲都，四井爲邑。』然宗廟所在，則雖邑曰都，尊之也。」據《左氏傳》，則此傳「宗廟」二字應在「有」字之下，蓋傳寫誤倒。《左氏》兼諸侯言，故曰「先君」。此專言天子，故曰「先王」耳。《周禮·春官》「都宗人掌都祭祀之禮」，注云：「王子弟則立其祖王之廟。」疏曰：「《左氏傳》莊二十八年云『邑，有先君之主曰都』，明天子禮亦然，故知都内王子弟有祖王之廟也。」又「家宗人掌家祭祀之禮」，注云：「大夫采地之所祀，與都同。若先王之子孫，亦有祖廟。」疏曰：「云『若先王之子孫，亦有祖廟』者，亦如上都宗人，但天子與諸侯禮異。諸侯之卿、大夫，同姓，邑有先君之主則曰都，無曰邑。天子之臣，同姓大夫，雖有先君之主，亦曰邑也。」賈疏過求分析，與此傳不合，似失之。

子夏葉拱而進。《困學紀聞》卷二。

❶「菁」，原作「英」，今據《輯校》卷三改。

陳壽祺曰：「葉拱」二字，亦見《家語·辯樂解》。

魏文侯問子夏，子夏乃遷延而退。《文選·難蜀父老》注。

鼨鼨，周成王時州靡國獻之。《爾雅·釋獸》疏。

陳壽祺曰：《山海經·海内南經·梟陽國》「鼨鼨」注引《周書》「成王時」云云，是《逸周書·王會解》文也。《爾雅疏》明引《大傳》，未審當在何篇，抑或邢叔明記憶之誤與？

尚書大傳補遺

泰嶽，即伯夷。言「僉」，非一人也。

疏證曰：《路史·後紀》：「泰嶽蓋長，伯夷之子。世謂即伯夷，始繆於伏氏。按《朝鮮記》云：『伯夷生西嶽。』則泰嶽爲伯夷之子明矣。故子晉云共工從孫四嶽佐之。《書》『咨四嶽。僉曰』，言『僉』，非一人也。見《書大傳》。伯夷之子爲西嶽，或襲之爾。」羅氏所考，未足爲據，而其文明引伏氏《書傳》，則《大傳》當有此二句。

出教不得民心，則民讙譈。《原本玉篇·言部》。

故先較其志，見其事。【注】較猶見也。《原本玉篇·車部》。

淯槃之水，出崦嵫之山。《離騷經》王逸注引《書大傳》。或作《禹大傳》。

疏證曰：《離騷經》「朝濯髮於淯槃」，王逸注：「淯槃，水名也。」案：《北山經·繡山》：「淯水出焉，東流注於河。」與鄭之「溍淯」別。

尚書大傳刊誤

堯年十六，以唐侯升爲天子，遂以爲號。《論語·泰伯》疏。

陳壽祺曰：《堯典》正義云：「偏撿《書傳》，無帝堯即位之年。」則此似非伏生《大傳》文，疑出《書緯》。

錫瑞案：《論衡·氣壽篇》曰：「《堯典》曰：『朕在位七十載。』求禪得舜，舜徵三十歲在位。堯退而老，八歲而終，至殂落，九十八歲。未在位之時，必已成人。今計數百有餘矣。」《論衡》「三十歲在位」，當作「二十」，乃與「九十八歲」合，淺人用古文《尚書》改之。王仲任習今文《尚書》，如《大傳》有堯即位之年，仲任無緣不知，乃云「必已成人」，爲約略之詞，則《書傳》必無堯即位之年矣。《帝王世紀》曰：「年二十而登帝位。」皇甫謐之説既不可信，亦與「年十六」之數不合。陳云「疑出《書緯》」，仲任亦非不見緯書者。僞孔傳云「堯年十六即位」，正義曰：「孔氏必當有所案據，未知出何書。」然則僞孔傳外，無載堯即位之年者。《論語疏》所引《書傳》正與僞孔傳同，則其所謂《書傳》即僞孔傳，非伏生《大傳》明矣。吴中本無此條，陳氏疑之而仍增入，由未知此《書傳》即孔傳耳。今删去。

《尚書》曰：「堯將禪舜，納之大麓之野，烈風雷雨不迷，致之以昭華之玉。」《水經·濁漳水》注引《尚書》。

陳壽祺曰：疑《尚書》逸篇之文，且與《文選》注、《御覽》所引異，恐非《尚書傳》。

錫瑞案：陳氏知此條非《尚書傳》，又於《辨譌》首列此條，謂是《尚書》逸篇文，雅雨堂本誤入《唐傳》，其説其塙。而輯本仍載之，蓋猶未免騎牆之見。今删去。

子夏曰：「昔者三王慤然欲錯刑遂罰，平心而應之，和然後行之，然且曰：『吾意者以不平慮之乎？吾意者以不和平之乎？』如此者三，然後行之。此之謂慎罰。」《御覽》六百三十五《刑法部一》。

錫瑞案：陳本《康誥》中列此條，《甫刑》中又複出，今於《甫刑》中刪去。

大水、小水東流歸海也。《文選・海賦》注、《郭有道碑文》注。

錫瑞案：吴中本、陳本皆列此條。考《文選》兩處之注，並無之。今刪去。

鳴謝

《儒藏》精華編惠蒙善助，共襄斯文；謹列如左，用伸謝忱。

本焕法師 壹佰萬元

智海企業集團董事長 馮建新先生 壹佰萬元

NE·TIGER時裝有限公司董事長 張志峰先生 壹佰萬元

張貞書女士 壹佰萬元

方正控股有限公司、金山軟件有限公司創始人 張旋龍先生 壹佰萬元

北京大學《儒藏》編纂與研究中心

本册審稿人　陳　新
本册責任編委　谷　建

圖書在版編目(CIP)數據

儒藏.精華編.二一/北京大學《儒藏》編纂與研究中心編.—北京：北京大學出版社，2022.2

ISBN 978-7-301-11739-2

Ⅰ.①儒… Ⅱ.①北… Ⅲ.①儒家 Ⅳ.①B222

中國版本圖書館CIP數據核字（2022）第034006號

書　　名	儒藏（精華編二一） RUZANG（JINGHUABIAN ERYI）
著作責任者	北京大學《儒藏》編纂與研究中心　編
責任編輯	周　粟　武　芳
標準書號	ISBN 978-7-301-11739-2
出版發行	北京大學出版社
地　　址	北京市海淀區成府路205號　100871
網　　址	http://www.pup.cn　　新浪微博：@北京大學出版社
電子信箱	dianjiwenhua@126.com
電　　話	郵購部 010-62752015　發行部 010-62750672　編輯部 010-62756449
印 刷 者	北京中科印刷有限公司
經 銷 者	新華書店
	787毫米×1092毫米　16開本　58印張　763千字
	2022年2月第1版　2022年2月第1次印刷
定　　價	1200.00元

ISBN 978-7-301-11739-2
9 787301 117392 >
定價：1200.00元